마이어스의
사회심리학 제13판
SOCIAL PSYCHOLOGY

KB171325

Social Psychology, 13th Edition

Korean Language Edition Copyright © 2020 by McGraw-Hill Education Korea, Ltd., and Sigma Press Inc. All rights reserved. No part of this publication may be reproduced or distributed in any form or by any means, or stored in a database or retrieval system, without prior written permission of the publisher.

3 4 5 6 7 8 9 10 SP 20 23

Original: Social Psychology, 13th Edition © 2019
        By David G. Myers, Jean M. Twenge
        ISBN 978-1-26-039711-6

This authorized Korean translation edition is jointly published by McGraw-Hill Education Korea, Ltd., and Sigma Press Inc. This edition is authorized for sale in the Republic of Korea.

This book is exclusively distributed by Sigma Press Inc.

When ordering this title, please use ISBN 979-11-6226-248-1

Printed in Korea

SOCIAL PSYCHOLOGY 제13판

마이어스의
사회심리학

David G. Myers, Jean M. Twenge 지음

이종택, 고재홍, 김범준, 노혜경, 설선혜, 최해연 옮김

McGraw Hill

Σ 시그마프레스

마이어스의 **사회심리학**, 제13판

발행일 | 2020년 2월 25일 1쇄 발행
        2021년 7월 20일 2쇄 발행
        2024년 1월 5일 3쇄 발행

저 자 | David G. Myers, Jean M. Twenge
역 자 | 이종택, 고재홍, 김범준, 노혜경, 설선혜, 최해연
발행인 | 강학경
발행처 | ㈜ **시그마프레스**
디자인 | 고유진
편 집 | 이호선

등록번호 | 제10-2642호
주소 | 서울특별시 영등포구 양평로 22길 21 선유도코오롱디지털타워 A401~402호
전자우편 | sigma@spress.co.kr
홈페이지 | http://www.sigmapress.co.kr
전화 | (02)323-4845, (02)2062-5184~8
팩스 | (02)323-4197

ISBN | 979-11-6226-248-1

이 책은 McGraw-Hill Education Korea, Ltd.와 ㈜ **시그마프레스** 간에 한국어판 출판 · 판매
권 독점 계약에 의해 발행되었으므로 본사의 허락 없이 어떠한 형태로든 일부 또는 전
부를 무단복제 및 무단전사할 수 없습니다.

* 책값은 뒤표지에 있습니다.
* 이 도서의 국립중앙도서관 출판예정도서목록(CIP)은 서지정보유통지원시스템 홈페이지
 (http://seoji.nl.go.kr)와 국가자료공동목록시스템(http://www.nl.go.kr/kolisnet)에서
 이용하실 수 있습니다.(CIP제어번호 : CIP2020005421)

역자 서문

인간은 잠잘 때를 제외하면 많은 시간을 사람들과 함께 지낸다. 일상에서 "나는 누구인가"의 물음에 대한 답 중의 하나도 "누구와 함께 하는가", "어떤 집단에 속해 있는가"이다. 이와 같이 관계와 소속은 인간 삶의 핵심 중의 핵심이라 하겠다. 사람들이 가장 행복을 느끼는 순간은 바로 좋은 인간관계에서 탄생하며, 가장 큰 불행도 역시 관계에서 나온다. 이러한 인간관계의 탐구가 사회심리학의 주요 관심 중 하나이다. 사회심리학은 인간관계뿐만 아니라 사회적 영향 및 사고를 과학적으로 다루는 분야이며 이 책도 이 세 가지 주제를 중심으로 구성되어 있다.

좋은 관계를 맺으려면 어떻게 해야 할까? 사람들을 어떻게 설득해야 효과적일까? 왜 재난 상황에서 사람들은 쉽게 피할 수 있었음에도 피하지 않을까? 왜 사람들은 긴박한 상황에서 어떤 때는 돕고 어떤 때는 돕지 않을까? 왜 평소에 환경보호를 주장하던 사람이 장관이 되자 환경개발론자가 되는 것일까? 사람들의 예상은 왜 어긋날까? 사람들은 착각 속에 살면서 왜 스스로는 객관적이라고 인식할까? 외국인들에 대한 반감과 호감의 근원은 무엇이며, 어떻게 대처하는 것이 현명할까? 사회심리학은 이처럼 일상생활 속에서 누구나 한 번쯤 생각했음 직한 의문에 대해 종종 예상을 벗어나는 답안과 현실적인 해결책을 제시한다. 장구한 역사를 지닌 철학이 인간에 대한 근본적인 질문을 던졌다면, 사회심리학은 그 역사는 짧지만, 현실에 뿌리를 둔 실제적인 답을 제공하는 것이다. 더구나 최근엔 뇌과학의 발전으로 인간의 사고와 감정을 신경을 비롯한 신체적 변화를 통해 눈으로 확인하고 탐구할 수 있는 길이 열려 사회심리학의 학문적 가치와 기대가 높아졌다.

혹자는 사회심리학이 응용학문이라고 오해할 수 있겠으나 사회심리학은 명백히 이론심리학이자 기초심리학이다. 그러면 딱딱한 이론을 아는 것이 세상을 살아가는 데 무슨 유익함이 있을까 반문하는 분도 있을 것이다. 일찍이 쿠르트 레빈은 가장 이론적인 것이 가장 실용적인 것이라고 했듯이, 수학의 공식처럼 핵심 원리를 아는 것은 거기에 그치지 아니하고 다양한 현상을 설명하고 응용할 수 있게 해준다. 이는 사회심리학이 다른 학문의 기초이기도 하고 실생활에서 응용 가능하다는 의미이기도 하다. 예컨대, 사랑하니까 결혼하는 것이 맞을까? 아니면 결혼하니까 사랑하는 것이 맞을까? 현대 사회심리학이 발견한 다양한 사실에 의하면, 행동은 예상보다 강력하여 사소한 행동으로부터 태도나 감정이 만들어진다고 한다. 따라서 양자 중 보다 진실에 가까운 것은 바로 결혼이라는 행동을 했기 때문에 이어서 소속감과 사랑이라는 감정이 만들어지고 강도가 증가한다는 것이다. 전 세계적으로 연애결혼의 이혼율이 높은 것은 사랑했기 때문에 결혼했다는 착각(?) 때문일 수도 있겠다.

이 책의 목적은 기본적으로 대학교재로 활용하는 데 있다. 다만 앞에서 밝힌 대로 자신의 삶과 세상에 대한 이해에 관심이 큰 일반 독자들도 충분히 소화할 수 있는 내용도 이 책에 다수 포함되어 있음을 알리고 싶다. 이를테면, "불확실한 상황에서 의사결정을 해야 할 때 모험을 해야 할까, 신중해야 할까?"라는 질문에 사회심리학자들은 구체적인 실험과 연구를 통하여 나름대로 이해의 틀과 해결책을 제시하고 있다. 즉, 인간은 이익을 볼 때는 안전을 추구하고 손실이 났을 때는 모험을 한다는 노벨 경제학상 수상자 대니얼 카너먼의 이론을 활용하면 자신의 입장을 이해하고 훨씬 현명하게 대처할 수 있을 것이다.

역자들은 사회심리학의 실제성과 실용성을 누구나 쉽게 체득하도록 하기 위하여 이 책의 번역에 착수하였다. 무엇보다 최신 연구 결과를 충분히 반영한 풍부한 내용으로 구성되어 있다는 것이 이 책의 큰 장점 중 하나이다.

이 책의 번역에 참가한 분들은 새로 참가한 설선혜 교수를 제외하고는 제11판과 거의 동일하다. 구체적으로 제1, 2장은 김범준, 제3, 11장은 최해연, 제4, 7, 12장은 이종택, 제5, 13장은 노혜경, 제6, 8장은 고재홍, 제9, 10장은 설선혜가 담당했다. 원서는 총 16개 장으로, 14~16장의 3개 장은 응용사회심리학의 내용을 담고 있는데, 한 학기에 소화하기엔 너무 많아 응용심리학 부분은 번역에서 제외하기로 하였다. 그리고 본문의 이해와 크게 관계없고 한국의 실정에 맞지 않는 여백의 일부 표현은 제외하였다. 책의 분량이 너무 많아 참고문헌은 시그마프레스 출판사 홈페이지에 올리는 것으로 대체하였다. 개념의 정확한 이해를 번역의 지침으로 삼아 가급적 원문에 충실하려고 하였다. 용어의 통일을 기하려고 노력하였으나 여러 교수님들이 다른 장을 번역한 관계로 일부는 다소 상이한 용어를 썼어도 그대로 두었다. 예컨대, gender는 '성'이나 '성별'로, trait는 '특성'이나 '특질'로 번역되어 있다. 독자들이 의미를 파악하는 데 거의 혼란이 없을 뿐더러 그 용어가 해당 맥락에서 더욱 정확한 의미 전달이라 여겨져 그렇게 한 것이다. 제11판 번역이 기초가 되어 조금 수월한 면이 있기는 했으나 매끄럽지 못한 문장이나 일부 미흡한 부분이 있을 것이다. 이 부분 독자 제현의 양해를 구하며, 잘못된 곳이나 누락된 부분이 발견되면 언제라도 알려주시기 바란다. 끝으로 이 책을 위하여 물심양면으로 애써주신 (주)시그마프레스 강학경 사장님과 역자들을 조율하느라 고생하신 문정현 부장님을 위시하여 직원 여러분의 노고에 깊은 감사를 드린다. 특히 오탈자 수정뿐만 아니라 최대한 매끄러운 문장이 되도록 노력을 아끼지 않으신 편집부 이호선 과장님과 세련된 디자인 작업을 하느라 힘써주신 고유진 대리님께도 깊이 감사드린다.

2020년 1월
역자 대표 이종택

저자들의 메시지

우리 인간의 역사는 대단히 길지만, 사회심리학은 겨우 한 세기를 넘긴 대단히 짧은 역사를 지니고 있다. 우리가 이제 막 시작했다는 점을 감안하면, 그 결과는 만족할 만하다. 사회심리학이 제공하는 아이디어의 향연은 어느 정도인가! 다양한 연구방법을 통하여 신념과 착각, 사랑과 증오, 동조와 독립에 대한 의미 있는 통찰을 누적하고 있다.

인간 행동에 대한 많은 부분들이 여전히 신비로운 것으로 남아 있지만, 사회심리학은 현재 많은 복잡한 질문에 부분적 해답을 제공하고 있다:

- 우리의 사고는 의시적 · 무의식적으로 우리의 행동을 어떻게 추동하는가?
- 사람들이 때때로 서로에게 상처를 주거나 서로를 돕도록 만드는 것은 무엇인가?
- 사회적 갈등을 촉발하는 것은 무엇이며, 어떻게 꽉 쥔 주먹을 도움의 손길로 바꿀 수 있는가?

이와 같은 많은 질문에 대한 해답(다음 페이지에서 우리의 의무)으로 우리의 이해를 넓힐 수 있고 우리에게 작용하는 사회적 힘에 예민해질 수 있을 것이다.

우리는 이 책에 다음과 같은 것을 담고자 했다:

- 확고하게 과학적이며 따뜻하게 인간적인, 사실로서 엄격한, 그리고 지적으로 도전적인 것
- 과학자들이 밝혀내고 설명할 뿐만 아니라 중요한 사회현상을 보여주는 것
- 학생들의 사고를 자극하는 것, 즉 탐구하고 분석하고 일상에 그 원리를 관련시키려는 동기를 고취시키는 것

우리들은 사회심리학을 인문학의 지적 전통 속에 넣고 싶었다. 위대한 문학, 철학 및 과학의 교육을 통하여 인문학은 우리의 인식을 넓히고 현재의 구속에서 우리를 해방시키고자 한다. 인간에 관한 의미 있는 쟁점에 주목함으로써 우리는 사회심리학의 핵심 주제와 발견 사실을 예비 전문심리학도들에게 제공하려는 목표를 세웠고, 모든 학생들을 자극하는 방식으로 그렇게 하고 싶어 한다. 그리고 게임이 진행되는 방식에 대한 세밀한 탐구를 통하여, 즉 우리의 사회적 본성의 비밀을 드러내는 다양한 연구 도구에 대한 탐구로 학생들이 더욱 현명하게 생각할 수 있기를 희망한다.

사회심리학을 가르치고 배우는 것을 도와주는 것은 대단한 특권이자 의무이다. 그러니 망설이지 말고 우리가 더욱 잘할 수 있는 방식과 내용을 알려주기 바란다.

David G. Myers
미국 호프칼리지
www.davidmyers.org

Jean M. Twenge
미국 샌디에이고주립대학교
www.jeantwenge.com

사회심리학은 학생들에게 우리 인간에 대한 과학을 소개한다: 사회적 세계에서 우리의 사고, 감정 및 행동. 사회심리학을 공부함으로써 학생들은 일상의 행동에 대하여 비판적으로 사고하는 법을 배울 수 있으며 우리가 서로를 보고 영향을 주고받는 법을 인식하게 되는 이점을 갖게 된다.

사회심리학에 관한 이야기를 들으면 학생들은 이 비교적 젊고 흥미로운 과학을 접하여 즐길 수 있을 것이다. 사회심리학에서 학생들은 사랑과 증오, 동조와 독립, 편견과 도움, 그리고 설득과 자기결정에 대한 과학적 설명을 발견하게 될 것이다.

사회심리학은 사람들이 타인을 어떻게 보고, 그들에게 어떻게 영향을 미치며, 관계를 맺는지에 주목한다. 이 책은 각 장의 서두에 실은 이야기부터 해당 사회심리학적 주제와 인간의 실제 경험을 관련시켰다. 또한 최신 사회심리학 연구를 가장 선두에 두어 지난 판 이래로 새롭거나 개정된 450개 이상의 인용 자료를 수록했다.

'연구 보기'는 이 판에서도 대들보 역할을 하며 세상에 대한 사회심리학 분야에서 현재 연구의 포괄적 견해를 제공하고 있다. 제2장의 '초조하게 보일까 봐 초조해 하는 것'부터 제13장의 '오해와 전쟁'에 이르기까지 다양한 범위를 포함한다. 연구 보기는 학생들에게 사회심리학이 자연관찰부터 실험실 실험, 문헌과 인터넷 자료의 수집에 이르기까지 다양한 연구방법을 어떻게 사용하는지 실제 본보기를 제공해준다.

이 외에도 제13판에도 유지된 흥미롭고 교훈적인 특징은 다음과 같다.

- 초점 문제 : 각 장에 제시된 주제에 대한 심층적 탐색이다. 예를 들어 제11장의 초점 문제 '인터넷으로 인해 사람들은 더 가까워질까, 고립될까?'는 커뮤니케이션과 소속감을 위하여 인터넷을 사용하는 것에 대한 찬반론을 기술한 것이다.
- 숨은 이야기 : 유명 연구자가 직접한 말로서 발견 사실을 유도하거나 때때로 오도하는 흥미와 질문을 강조한 것이다. 예를 들어 제5장에는 성별 유사성과 차이에 대한 Eagly의 글이 실려 있다.
- 후기 : 각 장의 핵심 주제에 대한 후기는 학생들에게 사고를 촉발하는 질문과 개인적 반응을 유도한다.

인간 행동에 대한 많은 부분들이 여전히 신비로운 채 남아 있지만 사회심리학은 우리 자신과 우리가 사는 세상에 대한 많은 질문에 통찰을 제공할 수 있다. 다음의 몇 가지 예를 보자.

- 의식적이든 무의식적이든 우리의 사고가 어떻게 행동을 추동하는가?
- 자긍심이란 무엇인가? 자긍심은 높을수록 좋은가?
- 주변의 사람들이 어떻게 우리의 행동에 영향을 미치는가?
- 사람들이 때때로 서로에게 상처를 주거나 서로를 돕도록 만드는 것은 무엇인가?
- 무엇이 사회적 갈등을 촉발하며, 우리는 어떻게 꽉 쥔 주먹을 도움의 손길로 바꿀 수 있을까?

이런 질문을 탐구하고 답하는 것이 이 책의 임무이다. 즉, 학생들의 자기이해를 넓혀주고, 작용하는 사회적 힘을 밝혀내려고 한다. 이 책을 읽고 일상 행동에 대하여 비판적으로 사고한 후에 학생들은 그들 자신뿐만 아니라 일하고 놀고 사랑하는 세상에 대하여 더욱 잘 이해하게 될 것이다.

요약 차례

차례

제 1 부   사회적 사고

© Mike Kemp/Blend Images/Getty Images

제 3 장 사회적 신념과 판단

제 4 장 행동과 태도

© rerrnc/iStock/Getty Images

제2부   사회적 영향

ⓒ Ronnie Kaufman/Blend Images LLC

제8장 집단 영향

제3부　사회적 관계

제9장　편견

제10장　공격성

제11장　매력과 친밀감

제 12 장   도움

© Ariel Skelley/Blend Images LLC

제 13 장   갈등과 화해

사회심리학에 대한 소개

© Lifesize/Getty Images

옛날에 허영심 많고 이기적인 두 번째 부인을 맞이한 한 남자가 있었다. 그 부인에게는 그녀와 비슷하게 허영심 많고 이기적인 두 딸이 있었다. 그러나 그 남자의 딸은 유순하고 이타적이었다. 이 귀엽고도 친절한 딸은 바로 우리가 알고 있는 신데렐라이다. 그녀는 어려서부터 자신에게 주어진 일을 하고, 부당한 대우와 모욕을 받아들이고, 이복자매와 새엄마가 싫어할 만한 일은 어떤 것도 하지 않도록 교육을 받았다.

그러나 마침내, 어느 날 저녁 신데렐라는 요정 덕분에 자신의 처지에서 벗어나 대연회에 참석하여 멋진 왕자님의 주목을 받게 되었다. 사랑에 빠진 왕자가 후에 신데렐라의 볼품없는 집에서 그녀를 다시 보았을 때, 왕자는 그녀를 알아보지 못했다.

믿기 어려운가? 이 옛날 이야기는 우리가 상황의 힘을 받아들이도록 요구한다. 그녀의 포악한 새엄마가 존재할 때에는 신데렐라는 비천하고 매력적이지 않았다. 신데렐라는 연회장에서 더 아름답게 느껴졌다. 그녀는 마치 원래 그랬던 것처럼 걷고, 말하고, 웃음 지었다. 한 상황에서 그녀는 위축되었지만, 다른 상황에서 그녀는 매력을 발산했다.

프랑스의 철학자이자 작가인 Jean-Paul Sartre(1946)는 신데렐라의 전제를 받아들이는 데 문제가 없다고 했다. 우리 인간은 "무엇보다도 상황 내에서 존재한다"고 적고 있다. "우리는 처한 상황과 우리를 구별할 수 없다. 왜냐하면 상황이 우리를 만들어내고 우리의 가능성을 결정하기 때문이다(pp. 59-60, 재인용)."

사회심리학이란 무엇인가?

사회심리학의 핵심 아이디어는 무엇인가?

인간의 가치관이 어떻게 사회심리학에 영향을 미치는가?

나는 이미 그것을 알고 있다 : 사회심리학은 단순히 상식에 지나지 않는가?

연구 방법 : 우리는 어떻게 사회심리학을 연구하는가?

후기 : 우리는 왜 이 책을 쓰는가?

사회심리학이란 무엇인가?

사회심리학에 대한 정의와 사회심리학이 무엇을 하는가에 대해 설명한다.

사회심리학
우리가 서로에 관해 어떻게 생각하고, 어떻게 영향을 주고받고, 어떻게 관계를 맺는가에 관한 과학적 연구

사회심리학(social psychology)은 우리가 어떻게 서로를 보고 영향을 받는가에 특별히 주의를 두면서, 우리가 처한 상황의 영향을 연구하는 과학이다. 좀 더 자세히 말하자면, 사회심리학은 우리가 서로에 관해 어떻게 생각하고, 어떻게 영향을 주고받고, 어떻게 관계를 맺는가에 대해 과학적으로 연구하는 것이다(그림 1.1).

사회심리학은 심리학의 경계선에서 사회학과 맞닿아 있다. 사회학(집단이나 사회 속의 사람들을 연구하는 학문)과 비교했을 때, 사회심리학은 실험 연구방법을 방법론으로 사용하고 개인에 초점을 둔다. 성격심리학과 비교할 때, 사회심리학은 개인 간의 차이에 덜 관심을 두며, 일반적으로 개인이 서로를 어떻게 보고, 서로 어떻게 영향을 받는가에 좀 더 관심을 두고 있다.

사회심리학은 여전히 젊은 학문 영역이다. 첫 사회심리학 실험이 보고된 지 100년이 조금 더되었다. 그리고 거의 1900년까지도 첫 사회심리학 교과서가 나타나지도 않았다(Smith, 2005). 1930년대까지도 사회심리학은 지금의 형태를 이루지 못했다. 그리고 제2차 세계대전까지도 오늘날과 같은 정도로 왕성한 활동을 보이지 못했다. 아시아의 경우 1970년대를 지난 이후에야 인도를 시작으로 성장하기 시작하였다. 이후 홍콩과 일본, 최근에는 중국과 대만에서 발전 속도를 높이고 있다(Haslam & Kashima, 2010).

사회심리학은 우리 모두가 호기심을 가질 만한 질문을 던짐으로써 우리의 사고, 영향력, 그리고 관계를 연구한다. 그 예는 다음과 같다:

- 우리의 사회 행동은 직면하고 있는 객관적 상황에 더 의존할까 혹은 그 상황을 우리가 어떻게 해석하는가에 더 의존할까? 예를 들어, 행복한 결혼 생활을 하는 사람들은 배우자의 신랄한 비판("당신은 한 번이라도 물건을 원래 있던 곳에 놓은 적이 있나요?")을 어떤 외적 요인에 귀인할 것이다("그에게 아마 좋지 않은 일이 있었나 봐"). 불행한 결혼 생활을 하는 사람은 똑같

그림 1.1
사회심리학은 …

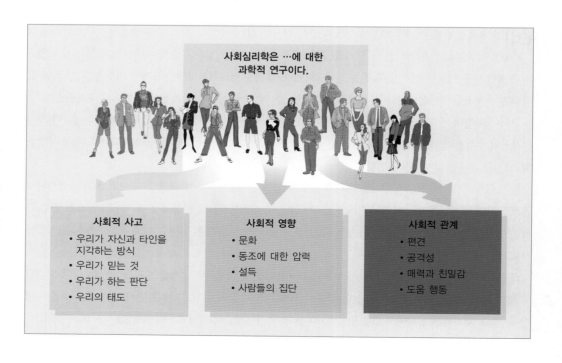

사회심리학은 …에 대한 과학적 연구이다.

사회적 사고	사회적 영향	사회적 관계
• 우리가 자신과 타인을 지각하는 방식	• 문화	• 편견
• 우리가 믿는 것	• 동조에 대한 압력	• 공격성
• 우리가 하는 판단	• 설득	• 매력과 친밀감
• 우리의 태도	• 사람들의 집단	• 도움 행동

은 내용의 비판을 무례한 기질적 요인으로 귀인할 것이다("그는 항상 공격적이야!"). 그리고 그것을 되받아치는 공격적 반응을 보일 것이다. 더 나아가 배우자의 공격적 행동을 예상하고서 화를 낼 것이다. 결과적으로 그들이 예상하는 공격적 행동이 나타날 것이다.

- **만약 명령을 받는다면, 사람들은 잔인해질까?** 나치 독일은 600만 유대인에 대한 비양심적인 학살을 어떻게 착안하고 실행했을까? 이런 악마 같은 행동은 부분적으로 대다수의 사람들이 명령을 따랐기 때문에 발생한 것이다. 그들은 죄수들을 열차에 태우고, 빽빽한 샤워실에 몰아넣어서 독가스로 살해했다. 사람들은 어떻게 그 같은 끔찍한 행동에 개입하게 되었을까? 그들은 보통 사람들인가? Milgram(1974)은 이 같은 의구심을 가졌다. 그는 계열 단어 학습에 문제를 보이는 이들에게 전기충격의 강도를 증가시키면서 처벌을 하는 상황을 연출하였다. 제6장에서 보게 되겠지만, 실험 결과는 사실 우려할 만한 것이었다: 거의 3분의 2에 해당하는 피험자들이 전적으로 명령에 따랐다.

- **타인을 돕기 위해? 혹은 자신을 돕기 위해?** 어느 가을날 무장한 현금 수송차에서 현금 가방이 굴러 떨어져서 오하이오주의 콜럼버스 시내의 거리에 200만 달러가 흩어졌다. 일부 운전자들은 이들을 돕기 위해 차를 멈추었다. 이때 돌아온 돈은 10만 달러였다. 후에 없어진 것으로 판정된 돈은 190만 달러였다. 결과적으로 더 많은 사람들이 자신을 돕기 위해 멈추어 섰던 것이다. (당신이라면 어떻게 했겠는가?) 비슷한 사건이 몇 주 후 샌프란시스코와 토론토에서 발생하였다. 결과는 비슷했다: 지나가던 사람들이 대부분의 돈을 가져갔다(Brown, 1988). 어떤 상황이 사람들로 하여금 남을 돕게 하거나 탐욕스럽게 하는 것일까? 어떤 문화적 맥락에서(아마도 마을이나 촌락 같은 곳이겠지만) 더 많은 도움 행동이 양산될까?

이 같은 모든 질문들은 사람들이 서로를 어떻게 보고 영향을 주고받는가를 다룬다. 그리고 그것이 사회심리학이 다루고 있는 주제이다. 사회심리학자들은 태도와 신념, 동조와 독립, 사랑과 미움을 연구한다.

별을 관찰하는 것이 지겨워진 Mueller 교수는 사회심리학을 시작했다.

Reprinted with permission of Jason Love at www. jasonlove.com.

사회심리학의 핵심 아이디어는 무엇인가?

사회심리학의 주요 개념들에 대해 규명 및 기술한다.

많은 학문 영역에서, 수많은 연구 및 조사들의 결론과 무수한 이론들의 통찰을 통합하면 몇 가지 핵심적 아이디어로 묶을 수 있다. 생물학은 자연 도태 및 적응과 같은 원리를 우리에게 제공한다. 사회학은 사회 구조와 조직 같은 개념을 정립하였다. 음악은 리듬, 멜로디, 조화에 대한 우리의 아이디어를 원동력으로 한다.

사회심리학은 세밀한 부분은 잊어버린다고 하더라도 오랜 시간 동안 우리가 기억해야 할 주제 혹은 기본적 원리들을 기반으로 하고 있다. '우리가 잊지 말아야 할 핵심 아이디어'에 대한 나의 간단한 목록으로는 앞으로 더 자세히 보게 되겠지만(그림 1.2) 다음과 같은 것들이 있다.

우리는 우리의 사회적 실체를 구성한다

인간인 우리는 행동을 설명하고, 그 행동의 원인을 어딘가에 귀인하고, 결과적으로 규칙성을 발견하고 예견하고 통제하고 싶어 하는 주체할 수 없는 충동을 가지고 있다. 나와 여러분은 같은 상황이라고 하더라도 서로 **다르게** 생각하기 때문에 다르게 반응을 한다. 우리가 친구의 모욕적인

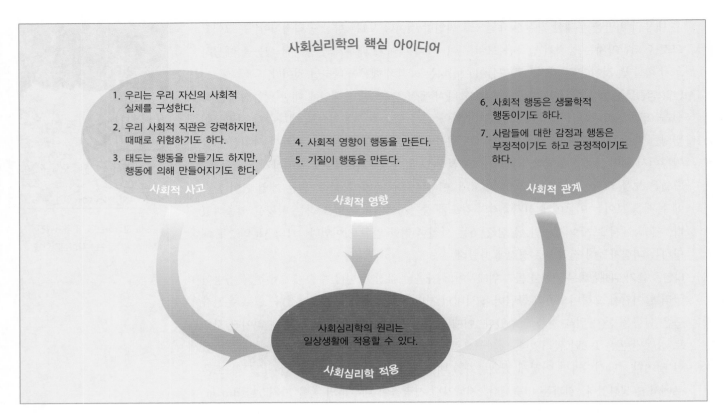

그림 1.2
사회심리학의 핵심 아이디어

언사에 어떻게 반응하는가 하는 것은 우리가 그 같은 모욕적 행동이 적개심의 표현이라고 귀인하는가 혹은 단지 그 친구가 나쁜 사람이라고 귀인하는가에 따라 달라진다.

프린스턴과 다트머스 대학교 간의 미식축구 경기에 대한 연구가 바로 우리가 현실을 어떻게 구성하는가를 잘 보여주는 예이다(Loy & Andrews, 1981). 이 경기는 악의에 찬 경기로 정평이 나 있다. 이 경기는 각 학교의 역사에서 가장 거칠고, 지저분한 경기 중의 하나로 알려져 있다. 프린스턴대학교의 한 선수가 공격적인 태클을 했고, 선수들이 그 위를 덮쳤다. 그리고 결과적으로 코뼈가 부러져 경기를 중단해야 했다. 선수들 간에 싸움이 발생했고 양 진영에서 부상 선수가 발생하였다. 전반적으로 보여준 그들의 행동은 아이비리그가 가지고 있는 상류사회의 신사적 이미지와는 맞지 않는 것이었다.

그 일이 있고 얼마 지나지 않아, 각각의 학교에 있는 2명의 심리학자가 각 학교의 학생들에게 그 경기 내용을 보여주었다. 학생들은 자신들이 보았던 각 장면에서 그것에 대한 책임이 누구에게 있는가를 주시하는 과학자와 같은 관찰자의 역할을 수행하였다. 그러나 그들은 자신들의 충성도에서 벗어나지 못했다. 예를 들어, 프린스턴 대학생들은 다트머스 대학생들에 비해 다트머스대학교의 반칙이 두 배 많다고 보고하였다. 정치적 입장과 관련된 최근 연구에서도 같은 결과를 보였다: 시위 현장에서 시위에 반대하는 입장을 가지고 있는 사람들은 시위자의 행동을 진로를 차단하거나 행진하며 야유하는 것으로 더 묘사하였다(Kahan et al., 2012). 결론적으로 실제로 객관적인 실체가 있지만, 우리는 항상 우리 자신의 신념과 가치관의 렌즈를 통해서 그것을 보는 것이다.

우리는 모두 직관적 과학자들이다. 우리는 충분한 속도와 일상 욕구에 적절한 정확성을 가지고 사람의 행동을 설명한다. 어떤 사람의 행동이 일관적이고 독특할 때, 우리는 그 행동의 원인을 그 혹은 그녀의 성격에 귀인한다. 예를 들어, 여러분이 비열한 비판을 반복하는 사람을 관찰한다면, 여러분은 아마도 그 사람이 비열한 성격을 가진 사람일 거라고 추론할 것이다. 그리고 여러분은 그 사람을 피하려고 할 것이다.

우리 자신에 대한 우리의 신념 역시 문제가 된다. 당신은 낙관적인 전망을 가지는가? 당신은 자신이 사물을 통제하고 있다고 보는가? 당신은 자신을 상대적으로 우월하다고 보는가 또는 열등하다고 보는가? 당신의 대답은 당신의 정서와 행동에 영향을 미친다. 즉 이 같은 신념은 우리가 세상과 자기 자신을 어떻게 이해하는가에 영향을 미친다.

우리의 직관은 종종 강력하지만 때로는 위험하다

우리의 즉각적인 직관은 우리의 공포(나는 것은 위험한가?), 인상(내가 그를 믿을 수 있을까?), 그리고 관계(그녀가 나를 좋아할까?)를 형성한다. 직관은 위기의 시기에 회장들에게 영향을 미치고, 도박장의 도박사, 유죄를 평가하는 배심원, 그리고 지원자를 면접하는 인사담당자에게 영향을 미친다. 이 같은 직관은 평범한 것이다.

참으로, 심리과학은 프로이트가 결코 우리에게 말해 주지 않았던 직관의 뒤편에 있는 마음인 매혹적인 무의식적 마음을 보여준다. 최근까지 심리학자들이 알고 있던 것 이상으로 사고는 보이는 것보다 보이지 않는 것에서 작용하고 있다. 우리의 직관 능력은 이후의 장들에서 설명될 연구들에서 소개하겠다: '자동적 처리', '암묵적 기억', '휴리스틱', '즉각적 정서', 그리고 비언어적 의사소통. 우리는 통상 두 가지 처리 수준을 생각할 수 있다 — 직관적(intuitive) 수준과 의도적(deliberate) 수준(Kruglanski & Gigerenzer, 2011). 혹은 Kahneman(2011)의 유명한 저서 생각에 관한 생각(*Thinking, Fast and Slow*)에서는 시스템 1(system 1)과 시스템 2(system 2)라고 한다.

직관은 무한한 것이다. 그러나 직관은 또한 위험한 것이기도 하다. 예를 들어, 우리는 대부분 자동적 과정이라는 조타수에 의해 일상을 항해하고 있기 때문에, 우리는 얼마나 쉽게 여러 가지 사례들이 마음에 떠오르는가에 따라 일이 발생할 가능성을 직관적으로 판단하게 된다. 특히 2001년 9월 11일 이후로 우리는 쉽게 비행기 충돌에 대한 가용한 정신적 상상을 떠올릴 수 있다. 결과적으로, 대부분의 사람들이 운전보다 비행하는 것을 더 두려워한다. 그리고 사람들은 하늘에서의 위험을 피하기 위해 먼 거리를 운전하게 될 것이다. 실제로는 미국 안전 위원회(National Safety Council, 2017)의 보고에 의하면, 자동차보다 상업용 비행기가 우리에게 86배 더 안전하다.

심지어 우리 자신에 관한 우리의 직관은 종종 실수를 저지른다. 우리는 직관적으로 우리가 해야 하는 것보다 더 우리의 기억을 신뢰한다. 우리는 우리 자신의 마음을 잘못 읽는다: 실험에 의하면, 우리에게 영향을 미치는 어떤 것에 의해서 영향을 받는다는 것을 우리는 부정한다. 우리는 우리 자신의 감정을 잘못 읽는다 — 우리가 자신의 일자리를 잃거나 연인과 헤어진다면, 지금부터 일 년 동안 얼마나 우리의 기분이 나쁠까 하는 것, 그리고 우리가 복권에 당첨된다면, 지금부터 일 년 동안 얼마나 기분이 좋을까? 그리고 우리는 종종 우리의 미래를 잘못 예견한다 — 옷을 고를 때, 중년이 되어가는 사람은 꼭 맞는 옷을 살 것이다("나는 몇 파운드 줄어들 거야"); "나는 좀 더 헐렁한 옷을 사는 것이 나아. 내 나이의 사람들은 체중이 늘어나는 경향이 있거든"과 같이 좀 더 현실성 있게 말하는 사람은 거의 없다.

결국, 우리의 사회적 직관의 힘과 위험성에 주목해야 한다. 우리가 직관의 장점을 마음에 새기고, 그 함정을 변화시킴으로써, 사회심리학자들은 우리의 사고를 강화시키고자 한다. 대부분의 상황에서 '빠르고 단순한' 순간의 판단은 우리에게 충분히 유용한 것이다. 그러나 다른 측면 즉,

올바른 판단이 요구되고 따라서 우리의 자원을 그것에 사용하는 것 같은 정확성의 문제에서 보면, 우리는 충동적인 직관을 최대한 억제하고 비판적 사고를 하게 된다. 우리의 직관과 무의식적 정보처리는 일상적으로 강력하게 작용하지만 때때로 위험한 것이다.

사회적 영향은 우리의 행동을 만들어간다

아리스토텔레스가 오래 전에 말했던 것처럼 우리는 사회적 동물이다. 우리는 다른 사람으로부터 배운 언어를 통해서 말하고 생각한다. 우리는 다른 사람과 관계 맺기를 갈망하고, 어딘가 속하기를 갈망하며, 좋은 평판을 듣기를 갈망한다. Mehl과 Pennebaker(2003)는 텍사스대학교의 학생들에게 소형 녹음기와 소형 마이크를 착용하도록 하여 사회적 행동을 계량화하였다. 그들이 걸어가는 시간 동안 매 12분마다 한 번씩 컴퓨터로 통제되는 녹음기를 통해 그들이 알아차릴 수 없게 30초 동안 녹음을 하였다. 비록 관찰이 주중(수업시간을 포함하여)에만 이루어졌지만, 학생들 시간의 거의 30%는 타인과의 대화에 사용되었다. 페이스북에서는 20억 명의 사용자들이 접속하며, 미국에서 평균 18세 이용자들은 메시지를 보내는 데 하루에 2시간 정도의 시간을 소비한다(Twenge, 2017). 이런 사실은 관계 유지가 인간에게 있어서 가장 큰 부분이라는 것을 나타낸다.

사회적 동물로서, 우리는 직접 관련이 있는 맥락에 대해 반응한다. 때때로, 사회적 상황의 힘에 이끌려 우리가 표명했던 태도와 다른 방식으로 행동한다. 강력한 악마 같은 상황은 사람들을 거짓말에 동의하도록 하거나 잔혹함을 따르도록 하여 인간의 선의를 압도한다. 나치 시대에 많은 좋은 사람들이 홀로코스트의 도구로 전락하였다. 다른 상황은 대단한 관대함이나 연민을 일으키기도 한다. 2017년 휴스턴, 플로리다, 그리고 푸에르토리코를 휩쓸었던 허리케인 같은 심각한 자연재난이 발생한 지역에서는 기부나 자원봉사자가 급증한다.

상황의 힘은 동성애에 대한 다양한 시각에서도 역시 나타난다. 여러분이 어느 지역에서 살고 있는가에 대해 말해준다면[아프리카 혹은 중동(동성애에 대해 매우 부정적인) 아니면 서유럽이나 캐나다, 미국 혹은 호주/뉴질랜드(동성애에 대해 매우 우호적인)], 우리는 당신의 동성애에 대한 태도를 추측할 수 있다. 이에 더해 교육 수준, 교류하는 친구들의 연령, 그리고 주로 시청하는 매체에 대해 말해준다면, 우리 더 자신 있게 말할 수 있을 것이다. 이것이 상황의 문제라는 것을 말이다.

우리의 문화가 우리의 상황을 규정하는 것을 도와줄 수 있다. 즉각성, 솔직함, 그리고 의복에 관한 우리의 규준은 우리의 문화에 따라 달라진다.

- 풍만한 여성이 더 아름다운가 아니면 마른 여성이 더 아름다운가 하는 것은 여러분이 언제 그리고 어디에 살고 있는가에 따라 달라진다.
- 평등(equality, 모두 동일하게 받는다)으로 사회적 정의를 규정하는가 아니면 형평(equity, 받을 만한 사람이 더 받는다)으로 규정하는가 하는 것은 여러분의 사상이 사회주의에 가까운가 아니면 자본주의에 가까운가에 따라 달라진다.
- 여러분이 표현을 하는 경향을 가지고 있는지 혹은 과묵한 경향을 가지고 있는지, 캐주얼한지 혹은 형식적인지 하는 것은 부분적으로 여러분의 문화나 인종에 달려 있다.
- 여러분이 여러분 자신에 우선적으로 초점을 두는지 — 여러분의 개인적 욕구, 욕망, 그리고 도덕성 — 혹은 여러분의 가족이나 씨족, 공동체 집단에 초점을 두는지는 여러분이 얼마나

현대 서구의 개인주의의 산물인가에 달려 있다.

사회심리학자인 Markus(2005)는 다음과 같이 요약하고 있다: 무엇보다도 사람은 적응적이다. 다르게 말하면, 우리는 사회적 맥락에 적응한다. 우리의 태도와 행동은 외부의 사회적 힘에 의해 형성되는 것이다.

개인의 태도와 기질 역시 행동을 만들어낸다

내적 힘 역시 문제가 된다. 우리는 사회적 상황이라는 바람에 단지 이리저리 날아다니는 수동적인 잡초가 아니다. 우리의 내적 태도가 우리의 행동에 영향을 미친다. 우리의 정치적 태도는 우리의 투표 행위에 영향을 미친다. 우리의 흡연에 대한 태도는 담배를 권하는 동료의 압력의 민감성에 영향을 미친다. 빈곤에 대한 우리의 태도는 타인을 돕고자 하는 우리의 의도에 영향을 미친다(우리가 보게 되겠지만, 우리의 태도 역시 우리의 행동에 **영향을 받는다**. 이것은 우리가 개입되었거나 고민하고 있는 그 어떤 것을 강하게 믿도록 만든다).

성격적 기질 역시 행동에 영향을 미친다. 비슷한 상황을 접했을 때, 사람마다 다르게 반응할 수 있다. 정치적 구금의 시대에서 벗어난 사람은 반감을 발산한다. 하지만 남아프리카 공화국의 넬슨 만델라 같은 사람은 화해를 추구하고 한때 적이었던 사람들과 통합하려 한다. 태도와 성격은 행동에 영향을 미친다.

사회 행동은 생물학적 근간을 가지고 있다

21세기 사회심리학은 우리 행동의 생물학적 기초에 관한 지금까지 밝혀진 통찰력을 우리에게 제공한다. 많은 사회 행동은 깊은 생물학적 지식을 반영한 것이다.

심리학 입문을 수강한 사람들은 우리가 선천적인 부분과 후천적인 부분이 합해진 것이라는 것을 배워왔다. 직사각형의 영역이 길이와 폭에 의해 결정되는 것처럼, 생물학적인 것과 경험하는 것이 함께 우리를 만들게 된다. **진화심리학자**들이 우리에게 일깨워준 것처럼(제5장 참조), 물려받은 인간의 본성은 우리 조상들이 생존하고 종족을 번식하는 데 도움이 되었던 방식으로 우리가 행동하기 쉽게 한다(후손도 같은 방식으로 한다). 결국 진화심리학자들은 우리가 이성 교제를 하고, 미워하고, 감정을 상하게 하고, 돌봐주고, 공유할 때 자연 도태가 어떻게 우리의 행동을 형성하는지 질문한다. 본성은 우리가 변화하는 환경에서 배우고 적응하는 방대한 역량을 역시 부여한다. 우리는 우리의 사회적 맥락에 민감하게 반응한다.

모든 심리학적 사상(event, 사고, 정서, 행동)이 동시에 생물학적 사상이라면, 사회 행동의 기초가 되는 신경생물학을 역시 살펴보아야 한다. 우리가 사랑, 경멸, 도움과 공격성, 지각과 믿음에 대한 경험을 가능하게 하는 것은 뇌의 어떤 영역일까? 부끄러움이 많은 사람(vs. 사회적으로 더 안전한 삶을 사는 사람)은 호의적인 얼굴을 접할 때 다른 반응을 보일까? 하나의 통합된 체계로서 뇌, 마음, 행동이 어떻게 함께 기능할까? 어떤 뇌 사상들의 적절

© Cade Martin/UpperCut Images/Getty Images

사회적 지지와 사랑이 마음과 몸 모두에 영향을 미친다는 사실은 사회심리학자들이 생물-정신-사회적 효과를 고려하도록 한다.

사회신경과학
사회적·정서적 과정과 행동 그리고 이 같은 과정과 행동이 뇌와 생물학적 과정에 어떻게 영향을 미치는가를 신경에 근거해서 밝히고자 하는 학제 간 학문 영역

한 시기가 어떻게 우리가 정보를 처리하는지를 보여줄까? 이 같은 질문들이 **사회신경과학**(social neuroscience)에서 관심을 가지고 있는 질문이다(Cacioppo & Cacioppo, 2013; Cikara & Van Bavel, 2014).

사회신경과학자들은 복잡한 도움 행동과 경멸 같은 사회 행동을 단순한 신경 혹은 분자 메커니즘으로 축소하려 하지 않는다. 각 학문 영역(과학)은 더 기초적인 과학의 원리를 근간으로 성립된다(사회학은 좀 더 기초적인 심리학, 생물학, 화학, 물리학, 수학을 근간으로 한다). 각각의 지식들은 또한 더 기초적인 과학들에게 예측하지 못한 새로운 원리를 소개하기도 한다(Eisenberg, 2014). 사회 행동을 이해하기 위해서, 우리는 피부 아래(생물학적)와 피부 간의(사회적) 영향 모두를 고려해야 한다. 마음과 육체는 하나의 거대한 시스템이다. 스트레스 호르몬은 우리가 어떻게 느끼고 행동하는가에 영향을 미친다: 테스토스테론의 복용은 신뢰를 감소시키고 옥시토신의 복용은 신뢰를 증가시킨다(Bos et al., 2010). 사회적 배척은 혈압을 상승시킨다. 사회적 지지는 병과 싸우는 면역체계를 강화시킨다. 우리는 **생물-심리-사회적 유기체**(bio-psycho-social organism)인 것이다. 우리는 바로 생물학적·심리적·사회적 영향의 상호작용을 반영한 것이다. 그리고 이것이 바로 오늘날의 심리학자들이 이 같은 다른 수준의 분석으로부터 행동을 연구하려고 하는 이유이다.

사회심리학의 원리는 일상생활에 적용할 수 있다

사회심리학은 여러분의 인생을 조명할 수 있고 여러분의 사고와 행동을 인도하는 세밀한 영향들을 볼 수 있도록 해주는 잠재력을 가지고 있다. 앞으로 여러분이 보게 되겠지만, 사회심리학은 어떻게 우리가 자신을 더 잘 알 수 있는가, 어떻게 친구를 이길 수 있으며, 다른 사람에게 영향을 끼칠 수 있는가, 어떻게 불끈 쥐었던 주먹을 활짝 펼 수 있을까 하는 것에 대한 많은 아이디어들을 제공한다.

학자들은 항상 사회심리학적 통찰을 적용한다. 사회적 사고, 사회적 영향, 그리고 사회적 관계에 관한 원리에는 인간의 건강과 잘 사는 것, 사법 절차와 법정에서의 배심원의 결정, 그리고 환경적으로 유지할 수 있는 인간의 미래를 가능하게 하는 행동을 장려하기 위한 심리적 의미를 내포하고 있다.

인간의 존재에 하나의 관점만이 존재하지 않는 것처럼, 심리과학은 매혹적인 인생의 궁극적 질문을 추구하는 것은 아니다: 인생의 의미는 무엇인가? 우리의 목적은 무엇이 되어야 하는가? 우리의 궁극적인 운명은 무엇인가? 그러나 사회심리학은 매우 흥미롭고 중요한 질문들을 묻고 답할 수 있는 방법을 우리에게 알려준다. 사회심리학은 신념, 태도, 관계 등 여러분의 인생과 관련된 모든 것이다.

이 장의 나머지 부분은 사회심리학의 내면과 관련된 것이다. 먼저, 어떻게 사회심리학자 자신의 가치관이 명백하고 섬세한 방식으로 그들의 업적에 영향을 미치고 있는가를 살펴보겠다. 다음으로 이 장에서 중요하게 생각하는 과제, 즉 어떻게 우리가 사회심리학을 연구하는지에 관해 살펴보겠다. 사회적 사고, 사회적 영향, 그리고 사회적 관계를 설명하기 위해 우리는 어떻게 탐구하는가? 그리고 여러분과 내가 더 현명하게 생각하기 위해 이 같은 분석 도구를 어떻게 사용하는가?

요약 : 사회심리학의 핵심 아이디어는 무엇인가?

사회심리학은 사람들이 어떻게 생각하고, 영향을 미치고, 타인과 관계를 맺는가를 과학적으로 연구하는 것이다. 관심 주제는 다음과 같다:

- 어떻게 우리가 우리의 사회적 세상을 해석하는가?
- 어떻게 우리의 사회적 직관이 우리를 이끌어 가고 때때로 기

만하는가?
- 어떻게 우리의 사회적 행동이 타인에 의해서, 우리의 태도와 성격에 의해서, 그리고 우리의 생물학적 기저에 의해서 만들어지는가?
- 어떻게 사회심리학의 원리들이 우리의 일상과 여러 가지 다른 영역에 응용되는가?

인간의 가치관이 어떻게 사회심리학에 영향을 미치는가?

> 가치관이 사회심리학자의 업적에 담겨 있는 방식을 규명한다.

사회심리학은 단순하게 발견들을 묶어놓은 것이라기보다는 질문에 답하기 위한 전략의 틀이다. 법정에서처럼, 과학에서 개인적 의견은 증거로 인정될 수 없다. 아이디어가 시험대에 오르면, 증거가 판정을 결정하는 것이다.

그러나 사회심리학자는 정말로 그렇게 객관적인가? 왜냐하면 사회심리학자도 인간이기 때문에 그들의 **가치관**, 즉 무엇이 바람직하고 사람이 어떻게 행동해야 하는가에 대한 자신들의 확신이 그들의 업적에 스며들지 않았을까? 그렇다면 사회심리학이 정말로 과학적일 수 있는가?

가치관이 심리학에 스며드는 두 가지 일반적인 방법으로는 명백한(obvious) 방법과 덜 명백한(subtle) 방법이 있다.

가치관이 심리학에 스며든 명백한 방식

가치관은 사회심리학자들이 **연구 주제**를 선정할 때 그 청사진에 들어가 있다. 이 같은 선택에는 종종 현재의 사건들이 반영된다(Kagan, 2009). 파시즘이 유럽에서 맹위를 떨치던 1940년대 동안 편견 연구가 풍성했던 것은 우연이 아니다. 1950년대에는 다른 관점의 열풍이 몰아쳐, 동조연구가 나타났다. 1960년대에는 폭동과 범죄율의 증가로 공격성에 관한 연구가 관심의 대상이 되었고, 1970년대는 여성운동의 결과로 성과 성차별주의에 관한 연구의 물결이 일었다. 1980년대에는 군비 경쟁에 대한 심리학적 관점이 다시 주목받게 되었다. 1990년대와 21세기 초에는 문화, 인종, 성적 지향의 다양성에 어떻게 사람들이 반응하는가에 관심이 쏠렸다. Fiske(2011a)의 제안에 따르면, 이민, 성적 유동성(gender fluidity), 소득불균형, 노화와 같은 오늘과 미래의 쟁점들을 반영하는 연구들이 앞으로 관심의 대상이 될 것이다.

가치관은 시간에 따라 다를 뿐 아니라 문화에 따라서도 다르다. 유럽에 사는 사람들은 자신들의 국적에 대한 자부심이 강하다. 스코틀랜드 사람들은 영국 사람들과 구별되려는 자의식이 더 강하다. 그리고 비슷하게 거리가 떨어져 있는 미시간 사람들이 오하이오 사람들과 구별되려는 것보다는 독일 사람들과 구별되고자 하는 오스트리아 사람들의 자의식이 더 강하다. 결과적으로 유럽 사람들은 우리에게 사회 정체감 이론이라는 주요한 이론을 시사하고 있다. 이에 반해 미국 사회심리학자들은 개인에게 더 초점을 두고 있다 — 한 사람이 다른 사람을 어떻게 생각하고

사회적 사건은 사회심리학자의 관심 영역에 영향을 미친다. 오늘의 사회적 이슈에 대한 반응으로 이민, 노화, 불평균, 그리고 인종적 양극화가 내일의 사회심리학의 중요한 연구 주제가 될까?

그들에 의해 어떻게 영향을 받으며, 그들과 어떻게 관계를 맺는가?(Fiske, 2004; Tajfel, 1981; Turnet, 1984). 호주의 사회심리학자들은 유럽과 북미 모두로부터 이론과 방법론을 끌어들였다(Feather, 2005).

가치관은 여러 가지 원리에 매력을 느끼는 **사람의 유형**에 영향을 미친다(Campbell, 1975; Moynihan, 1979). 여러분의 학교에서 인문학, 예술, 자연과학, 사회과학을 전공으로 하는 학생들은 서로 주목할 만큼 차이가 있는가? 예를 들어, 과거를 보존하기보다는 미래를 만들어가고자 하는 경향을 가진 사람들, 즉 전통에 도전하는 사람들이 사회심리학과 사회학을 더 좋아한다(Prentice, 2012). 사회과학을 공부함으로써 이 같은 신념들이 강해질 수 있다(Dambrun et al., 2009; Inbar & Lammers, 2012). 이 같은 요인들이 심리학자인 Haidt(2011)가 전국 규모의 학술대회에서 약 1,000명의 사회심리학자들에게 자신들의 정치적 입장에 대해 물었을 때, 참석자의 80~90%가 자신의 정치적 입장이 진보적이라고 답했던 이유를 설명한다. 그가 이들에게 보수주의자가 있는가라고 물었을 때 단지 3명만이 손을 들었다(이 책에서 다루고 있는 대부분의 주제 — 태도가 어떻게 행동에 영향을 미치는가에서부터 TV 폭력이 공격 행동에 영향을 미치는가까지 — 가 편파적인 것은 아니다).

마지막으로, 가치관은 확실하게 사회심리학적 분석의 **목적**에 깃들어져 있다. 사회심리학자들은 어떻게 가치관이 형성되는가, 왜 가치관이 변하는가, 그리고 그것이 어떻게 태도나 행동에 영향을 미치는가를 알고자 한다. 그리고 어떤 것도, 우리에게 어떤 가치관이 옳다고 말해주지는 않는다.

가치관이 심리학에 스며든 덜 명백한 방식

우리는 객관적 진리인 체하는 가치관이 연루되어 있는 더 세밀한 방법을 깨닫지 못한다. 심리학에 들어 있는 세 가지 명확하지 않은 방법을 생각해보자.

과학의 주관적 관점

과학자와 철학자들은 오늘날 과학이 완전히 객관적이지 않다는 것에 동의한다. 과학자들은 단순히 과학책을 읽는 것은 아니다. 그보다 그들은 자신들의 정신적 범주를 사용해서 과학을 해석한다.

우리의 일상에서 역시, 우리는 자신의 선입견이라는 렌즈를 통해서 세상을 본다. 여러분의 지각에 따라 하늘에 보이는 움직이는 불빛을 비행물체로 볼 수도 있고 아닐 수도 있다. 여러분이 이 단어를 읽는 동안, 여러분은 자신의 코를 보고 있다는 것을 의식하지 않았을 것이다. 여러분의 마음은 사전에 지각하도록 조치해 놓았을 때는, 거기에 있는 무엇인가를 의식하지 않도록 한다. 우리의 기대에 근거해서 실제를 사전에 판단하는 이 같은 경향은 우리의 마음에 관한 기초적 사실 중 하나다.

주어진 영역에서 활동하는 학자들은 종종 공통적인 시각을 가지고 있거나 같은 **문화**(culture)적 배경을 가지고 있기 때문에, 그들의 가정은 도전을 받지 않는다. 우리에게 당연한 것은 —

문화
많은 사람이 공유하고 한 세대에서 다음 세대로 전달되는 지속적인 행동, 생각, 태도 및 전통

몇몇 유럽 사회심리학자들이 **사회적 표상**(social representations)이라고 부르는 공유된 신념들 (Moscovici, 1988, 2001; Rateau et al., 2012) ─ 종종 우리에게 여전히 매우 중요한 검증되지 않은 확신이다. 그러나 때때로, 공유된 신념을 가지고 있지 않은 외부로부터 온 누군가가 그 같은 가정들에 이의를 제기할 것이다. 1980년대, 여성학자들과 막스주의자들이 검증되지 않은 사회심리학의 가정들을 비난하였다. 여성학자들의 비판은 세부적인 오류들에 대한 것에 집중되었다 ─ 예를 들어 사회 행동에 있어서 성차에 대해 생물학적 해석을 주장하는 과학자들의 정치적 보수주의(Unger, 1985). 막스주의자들의 비판은 경쟁이 되는 개인주의자들의 오류에 초점을 맞추었다. 예를 들어, 동조는 나쁜 것이고 개인적 보상은 좋은 것이라는 가정 같은 것이었다. 물론, 막스주의자들이나 여성학자들도 그들의 가정을 가지고 있었다. 이것은 학문적 비판으로서 주석을 다는 것을 좋아하는 것과 같은 정치적 수정이라고 할 수 있다. 예를 들어, 사회심리학자인 Jussim(2005, 2012)은 진보적인 사회심리학자들은 때때로 집단 간 차이를 부정하려고 하는 것 같고, 집단 차이에 대한 고정관념이 실제에 근거를 둔 것이 아니라 항상 인종주의라고 가정하는 것 같다고 비판하였다.

'사회적 신념과 판단' 부분에서 우리는 우리의 선입견이 우리의 해석을 어떻게 이끄는가 하는 것에 대한 더 많은 방법들을 보게 될 것이다. 프린스턴대학교와 다트머스대학교 간의 축구 팬이 보여준 것처럼, 우리의 행동을 이끄는 것은 상황 그 자체보다는 우리가 해석하는 상황이라는 것이다.

심리학적 개념은 숨어 있는 가치관을 내포한다

심리학자들 자신의 가치관이 그들이 제공하는 이론과 판단에 중요한 역할을 한다는 것을 현실화시켜주는 것은, 심리학은 객관적이지 않다는 우리의 이해에 잠재해 있다. 심리학자들은 인간은 잘 적응한다거나 잘 적응하지 못한다거나, 정신적으로 건강하다거나 혹은 건강하지 않다거나 하는 것뿐만 아니라. 인간은 성숙하다거나 혹은 성숙하지 않다고 보고 있다. 사람들은 실제로 가치 판단을 할 때, 그들이 사실을 말하고 있는 것처럼 이야기한다. 다음에 그 예들이 있다.

좋은 삶을 정의하는 것 가치관은 인생을 가장 잘 사는 방법에 대한 우리의 생각에 영향을 미친다. 예를 들어, 성격심리학인 에이브러햄 매슬로우는 그의 섬세한 기술인 '자아 실현'하는 사람(생존, 안전, 소속감, 자존감의 욕구가 충족되고 인간적 잠재력으로 충만한 사람)으로 잘 알려져 있다. 그는 토머스 제퍼슨, 에이브러햄 링컨, 엘리너 루스벨트 같은 사람들을 기술하였다. 몇몇 독자들은 아마도 자신의 가치관에 영향을 받은 매슬로우 자신이 그가 묘사했던 자아실현된 사람의 표본을 선정했다고 주장한다. 자발적이고, 자율적이며, 신비로움 등등으로 묘사된 자아실현된 사람은 매슬로우의 개인적 가치관을 반영하고 있다. 나폴레옹, 알렉산더 대왕, 그리고 록펠러 같은 영웅 중 누군가로 시작한다 하더라도, 그의 자아실현에 대한 결론은 다를 것이다 (Smith, 1978).

전문적인 조언 심리학적 조언에는 항상 조언을 주는 사람의 개인적 가치관이 반영되어 있다. 정신 건강 전문가가 우리에게 배우자 혹은 동료와 어떻게 잘 지낼 수 있을까에 대한 조언을 한다고 할 때나, 보육 전문가가 우리에게 어떻게 우리 아이들을 다룰 것인가에 대해 조언할 때, 그리고 어떤 심리학자가 남들의 기대에서 벗어나 자유롭게 살자고 주장할 때, 그들은 자신의 가치관을 피력하는 것이다(서구사회에서 이 같은 가치관은 주로 개인주의적인 ─ 나에게 가장 좋은 것을

사회적 표상
사회적으로 공유된 신념들. 우리의 가정과 문화적 이데올로기를 포함하는 폭넓게 주장되는 사상과 가치를 말한다. 우리의 사회적 표상은 우리가 우리 세상을 이해하는 데 도움을 준다.

숨어 있는(그리고 그렇게 숨어 있지 않은) 가치관들이 심리학적 조언 속에 스며들어 있다. 이것들은 생활과 사랑에 관한 가이드라인을 제시하는 대중적인 심리학 서적 속에 있다.

추구하는 — 것이다. 비서구사회에서는 '우리'에게 가장 좋은 것을 추구한다). 이 같은 숨은 가치관을 의식하지 못하는 많은 사람들은 그 전문가를 따른다. 그러나 전문적인 심리학자들은 궁극적인 도덕적 의무, 목적이나 지향점, 그리고 인생의 의미와 같은 질문에 대한 답을 할 수 없다.

개념의 형성 숨어 있는 가치관은 심지어 심리학 연구의 기초가 되는 개념에 스며들기도 한다. 여러분이 성격검사를 한다고 가정해보자. 여러분의 응답지를 채점한 후에 심리학자가 자존감 척도에서 여러분의 점수가 높고, 불안 수준은 낮으며, 예외적인 자아 강도를 가졌다고 말해주었다. 여러분은 "아, 무엇인가 미심쩍지만, 그것을 알게 되어 좋다"고 생각할 것이다. 이제 다른 심리학자가 여러분에게 유사한 검사를 실시하였다. 특별한 어떤 이유 때문에 이 검사는 몇몇 같은 질문을 포함하고 있다. 검사가 끝나고 나서, 심리학자가 당신이 방어적이라고 알려주었다. 왜냐하면, 억압성 차원의 점수가 높기 때문이라고 하였다. "어떻게 이럴 수 있는가?" 여러분은 의구심이 들 것이다. "다른 심리학자는 나에 대해 그렇게 좋은 말을 했는데". 이것은 아마도 이 모든 명명들이 같은 반응들로 이루어져 있기 때문이다(그 자체에 대해 좋은 것으로 말하고 문제점을 의미한 것은 아닌 경향). 이것을 우리는 자존심이 높다고 하여야 하는가? 혹은 방어적이라고 하여야 하는가? 명명하는 것은 판단을 반영하는 것이다.

명명하는 것 우리 사회심리학적 언어 내에서 보면, 가치 판단은 숨겨져 있다. 그러나 그것은 일상 언어에서 또한 진실이다.

- 판단하기에 따라 조용한 아이를 수줍음을 탄다고 하거나 조심스럽다고 한다. 혹은 망설인다고 하거나 관찰자라고 한다.
- 원인의 측면에서 보면, 게릴라전에 참여한 어떤 사람을 우리가 '테러리스트'라고 부르기도 하고 '자유의 전사'라고 부르기도 한다.
- 전쟁 중 민간인의 죽음을 '무고한 생명의 희생'이라고 볼 것인가 아니면, '불가피한 피해'로 볼 것인가는 우리가 그것을 어떻게 받아들이는가에 영향을 미친다.
- 우리의 견해에 따라 정보를 '선전 선동'이라고 하기도 하고 '교육'이라고 하기도 한다.
- 공공보조를 우리는 '복지'로 부를 것인지 아니면 '빈민을 돕는 것'이라고 부를 것인가는 우리의 정치관을 반영한다.
- '그들'이 그들의 나라와 국민을 찬양하면 그것은 민족주의이지만, '우리'가 그렇게 하면 애국심이 된다.
- 누군가 혼외정사를 했을 때, 그것이 '개방형 결혼'의 실행인지 아니면 '간통'이 되는지 하는 것은 그 사람의 개인적 가치관에 달려 있다.
- '세뇌'하는 것은 우리가 용인하지 않은 사회적 영향이다.
- '변태'란 우리가 하지 않는 성행위이다.

이 같은 예에서 지적한 것처럼, 가치관은 정신건강, 인생을 위한 심리학적 조언, 개념, 그리고 심리학적 명명에 대한 우리의 문화적 정의 내에 숨어 있다. 이 책 전반에서 나는 숨어 있는 가치관에 대한 추가적인 예들에 여러분이 집중해주기를 바란다. 요점은 암묵적인 가치관이 필연적으로 나쁘다는 것은 결코 아니라는 것이다. 과학적 해석은, 심지어 현상을 명명하는 수준에서 인간의 활동이라는 것이다. 결국, 우선시되는 신념과 가치관이 사회심리학자가 생각하고 글을 쓰는

데 영향을 미친다는 것은 당연한 것이고 필연적이라는 것이다.

이 같은 과학의 주관적인 면 때문에 과학을 버려야 할까? 전혀 반대이다: 인간 사고가 해석과 연관된다는 것을 이해하는 것은 바로 우리가 과학적 분석을 하기 위해 과학자들에게 오류를 수 정하기를 요구하는 이유이다. 사실에 반대되는 우리의 신념을 끊임없이 점검함으로써, 최상으로 우리는 그것을 알고, 우리는 우리의 오류를 점검하고 억누른다. 체계적인 관찰과 실험을 통해서 우리는 현실을 보는 렌즈를 깨끗하게 하는 것이다.

요약 : 인간의 가치관이 어떻게 사회심리학에 영향을 미치는가?

- 사회심리학자의 가치관은 명백하게 그들의 연구, 즉 연구 주 제의 선택, 다양한 연구 영역에 매력을 느끼는 사람들의 유형 과 같은 것에 스며들어 있다.
- 개념을 형성하거나 명명하거나, 그리고 조언을 할 때 숨어 있 는 가정이 하는 것처럼, 가치관은 미세한 방식으로 영향을 미 친다.

- 과학에 가치관이 배어 있는 것은 사회심리학이나 다른 과학 이 잘못되었기 때문은 아니다. 만약 우리가 현실에 반해서 우 리가 마음에 품은 것을 점검해본다면, 인간의 사고가 거의 냉 정하지 않은 것이 바로 우리가 체계적인 관찰과 실험을 요구 하는 이유이다.

나는 이미 그것을 알고 있다 : 사회심리학은 단순히 상식에 지나지 않는가?

사회심리학의 이론은 인간의 조건에 대한 새로운 시각을 어떻게 제공하는가를 살펴본다.

사회심리학적 현상은 우리 주변에 있는 일들이다. 즉 이 책에서 제시한 많은 결론은 이미 일어났 던 것일 수 있다. 우리는 항상 사람들이 생각하고, 영향을 주고, 다른 사람들과 관계를 맺는 것 을 관찰한다. 그것은 표정이 예측하는 것, 누군가가 무언가를 어떻게 하게 되는가, 혹은 다른 사 람을 친구로 보는가 적으로 보는가를 인식하는 것에 집중하는 것이다. 오랫동안 철학자, 소설 가, 그리고 시인들은 사회 행동을 관찰하고 비평해 왔다.

이것은 간단하게 말해서 사회심리학이 단지 상식이라는 의미인가? 그렇게 생각했다면, 나는 이 책을 쓰지 않았을 것이다. 그럼에도 불구하고, 사회심리학이 두 가지 대별되는 비판에 직면해 있다는 것을 알아야 한다: 첫째, 사회심리학은 명백한 증거가 있기 때문에 사소한 것이다. 둘째, 사회심리학적 발견들은 사람들을 조작하는 데 익숙해져 있기 때문에 위험한 것이다.

제7장 '설득' 부분에서 두 번째 비판에 대해 살펴보고, 여기서는 첫 번째 비판을 살펴보겠다. 사회심리학을 포함한 사회과학은 비전문가가 이미 직관적으로 알고 있는 것을 단순히 형식화 한 것에 불과한가? Murphy(1990)는 다음과 같은 관점을 제시했다: "날마다 사회심리학자는 세 상으로 나가고 있다. 날마다 그들은 사람들의 행동이 여러분이 예견했던 것과 동일하다는 사실 을 발견한다." 거의 반세기 전, 역사학자인 Schlesinger, Jr.(1949)는 제2차 세계대전에 참전한 미 국 병사에 관한 사회과학자들의 연구에 대해서도 비슷하게 냉소적인 반응을 보였다. 사회학자인 Lazarsfeld(1949)는 이 연구들을 개관하고 해석적 비평의 몇 가지 예를 제시했는데, 그 일부는 다 음과 같다:

1. 교육 정도가 높은 병사가 낮은 병사보다 적응하는 데 더 어려움을 겪었다(지적인 사람들이 거리의 약삭빠른 사람보다 전쟁 스트레스에 덜 준비되었다).

2. 북부 출신의 병사에 비해 남부 출신의 병사들이 남양군도의 더위에 더 잘 대응하였다(남부 출신이 더운 날씨에 더 익숙하다).

3. 백인 병사가 흑인 병사보다 승진하는 데 더 열중하였다(억압의 세월이 성취 동기에 영향을 미쳤다).

4. 남부 출신 흑인들은 북부 출신의 백인 장교보다 남부 출신의 백인 장교를 선호했다(남부 출신 장교가 흑인과 상호작용하는 데 있어 더 경험이 많고 더 숙달되었다).

위의 결과를 읽고, 여러분은 이 결과가 기본적으로 상식적인 것이라는 것에 동의하는가? 그렇다면, Lazarsfeld가 다음과 같이 말했다는 것을 알면 놀랄 것이다: "위 같은 진술은 실제로 발견된 결과와 정반대이다." 실제로, 연구 결과에 의하면, 교육 정도가 낮을수록 더 잘 적응하지 못했고, 남부 출신이 북부 출신보다 열대기후에 더 적응을 잘하는 것은 아니었으며, 승진에 있어서 백인보다 흑인이 더 열중하였다. 만약 우리가 먼저 실제 조사결과를 언급했다면(Schleslinger가 경험한 것처럼), 독자들은 이것 역시 명확한 것이라고 명명했을 것이다.

상식이 가지고 있는 하나의 문제점은 우리가 사실을 알고 난 후에 같은 반응을 한다는 것이다. 사전보다는 사후에 이 같은 사실이 확실한 것이고 예견했던 것이라고 한다. 실험은 사람들이 실험의 결과를 배우고자 할 때, 그 결과가 갑작스럽게 놀랍지 않다는 것을 보여준다 — 실험의 절차와 가능한 결과에 대해 단순히 말하는 사람들보다는 확실히 덜 놀라운 것이다(Slovic & Fischhoff, 1977). 이전의 우리의 기대가 맞는가를 재확인하기 위해 800개 이상의 연구를 통해 **뒷궁리 편향**(hindsight bias, '나는 이미 그것을 알고 있었다 현상'으로 불리기도 한다)은 심리학에서 잘 정립된 현상이 되었다(Roese & Vohs, 2012).

뒷궁리 편향

결과를 알고 난 후 어떻게 될까 하고 예견하는 개인의 능력을 과장하는 경향성. 이미 나는 그것을 알고 있었다는 현상으로 알려져 있다.

또한 일상생활에서 종종 실제로 일이 일어나기 전까지 발생할 일을 예견할 수 없다. 이후에 우리는 갑자기 사건이 일어날 것이고 그것이 놀랍지 않게 느껴지는 힘을 확실하게 느끼게 된다. 더욱이 우리는 이전의 자신의 견해에 대해 잘못 기억하기도 한다(Blank et al., 2008; Nestler et al., 2010). 미래를 예견하는 판단과 과거의 기억에 대한 오류는 뒷궁리 편향과 관련이 있다.

결국, 선거 후 혹은 주식시장에서 일이 일어난 후에, 대부분의 논평가들은 그 일이 놀라운 일이라고 하지 않는다: "시장이 조정 국면에 들어설 것입니다.", "2016년은 변화된 선택이었다. 그래서 도널드 트럼프가 당선된 것은 당연한 것이다." 덴마크의 철학자이자 신학자인 키르케고르가 말한 것처럼, 인생은 앞으로 살아가고 뒤로 이해한다.

뒷궁리 편향이 깊숙이 존재하는 것이라면, 여러분은 이제 그 현상에 대해 이미 알고 있었다는 느낌을 가져야 한다. 정말로, 상상할 수 있는 심리학적 결과는 상식처럼 보일 것이다 — 여러분이 그 결과를 알고 나서.

여러분 자신이 그 현상을 보여줄 수 있다. 일군의 사람들 중 절반에게는 심리학적 결과를 그리고 다른 절반에게는 그 결과와 반대되는 결과를 말해준다. 예를 들어, 다음과 같이 말해준다.

사회심리학자의 연구 결과에 따르면, 친구를 선택하거나 연인을 선택할 때, 우리는 자신과 다른 특성을 가진 사람을 가장 매력적으로 느낀다. 이것은 옛말에 "반대자가 매력적이다"라는 말과 같다.

다른 절반에게는 이렇게 말한다:

사회심리학자의 연구 결과에 따르면, 친구를 선택하거나 연인을 선택할 때, 우리는 자신과 비슷한 특성을 가진 사람을 가장 매력적으로 느낀다. 이것은 옛말에 "유유상종"이라는 말과 같다.

먼저 사람들에게 그 결과를 설명하라고 하자. 그러고 나서 그것을 놀라운 사실인지 혹은 놀라운 사실이 아닌지를 물어보라. 실제로 모든 사람들이 어떤 결과가 주어졌던지 간에 훌륭한 설명을 발견할 것이다. 그리고 그것이 놀라운 것이 아니라고 할 것이다.

만약 당신이 비슷한 사람끼리 매력을 느낀다(유유상종)라는 말을 들었다면, 그것은 상식이라고 생각할 수 있다. 그러나 '서로 전혀 다른 경우에도 매력을 느끼는 것'도 그렇다.

실제로, 우리는 격언들 속에서 말이 되는 것 같은 결과를 거의 대부분 만들어낼 수 있다. 어떤 사회심리학자가 별거가 로맨틱한 매력을 증가시킨다고 보고했다면, 존 Q 퍼블릭은 "이 같은 연구가 필요한가?"라고 반응할 것이다. 누구나 떨어져 있으면 그리움이 커진다는 것을 안다. 만약 별거가 사랑을 약화시킨다고 하면, 존은 다음과 같이 말할 것이다. "나의 할머니께서 여러분에게 이렇게 말할 겁니다. '보지 않으면 마음도 멀어진다.'"

Teigen(1986)은 레스터대학교의 학생들에게 실제 격언과 그와 반대되는 것들을 평가하도록 하였을 때, 실소를 금치 못했다. "공포는 사랑보다 더 강하다"라는 격언을 주었을 때, 대부분의 평가자들은 이것이 사실이라고 하였다. 이와 반대되는 격언 "사랑은 공포보다 더 강하다"를 주었을 때, 역시 사실이라고 하였다. 또한 진짜 격언인 "떨어지는 사람은 내려가는 사람을 도울 수 없다"도 높은 비율로 옳다고 했지만, "떨어지는 사람은 내려가는 사람을 도울 수 있다" 역시 같은 결과로 나타났다. 그러나 내가 가장 좋아하는 것은 다음의 것들이다: "현명한 사람은 격언을 만들고 우둔한 사람은 그것을 반복한다"와 그 반대인 "우둔한 사람이 격언을 만들고 현명한 사람은 그것을 반복한다" 더 많은 이중적인 격언들이 '초점 문제 : 나는 이미 그것을 알고 있었다'에 제시되어 있다.

뒷궁리 편향으로 많은 심리학도들이 문제를 만들어내었다. 때때로 어떤 결과는 정말로 놀라운 것이었다(예 : 올림픽 동메달 수상자는 은메달 수상자보다 자신의 성과에 더 기뻐한다). 더 종종 여러분이 교과서에서 실험 결과를 읽을 때, 교재는 쉽고 심지어 명백하다. 여러분이 여러 가지 가능한 결론 중 하나를 선택해야 하는 다지선다형 시험을 볼 때는 그 문제는 놀랍도록 어렵다. "무슨 일이 있었는지 나는 모르겠어"라고 현혹된 학생이 이후에 중얼거린다. "나는 교재의 내용을 알고 있었다고 생각했었어."

이미 나는 알고 있었다는 현상은 불행한 결과를 초래한다. 이것은 오만하게 만들고 자신의 지적 능력을 과신하게 된다. 더 나아가 결과를 예견할 수 있는 것처럼 만들어서 명백하게 좋은 선택을 한 것을 칭찬하기보다는 우리가 회상을 통해 명백하게 나쁜 선택을 했다고 의사결정자를 비난하게 한다.

9/11 테러가 일어났던 아침 이후에 그 이전의 사실을 모아보면, 곧 일어날 것 같은 재앙의 신호들이 명백해지는 것 같다. 한 미국 상원 위원의 조사보고서에서 놓치거나 잘못 해석한 단서들은 다음과 같다(Gladwell, 2003): CIA는 알카에다 작전요원들이 미국에 들어왔다는 것을 알고 있었다. FBI 요원은 다음과 같은 경고성 제목의 메모를 본부에 전달하였다: "빈 라덴이 미국에 있는 민간항공 대학에 학생들을 보낸 것으로 보아 FBI와 뉴욕이 가능성이 있음." FBI는 정확한

초점문제

나는 이미 그것을 알고 있었다

*Atlantic*의 편집국장인 Murphy(1990)는 사회학, 심리학, 그리고 다른 사회과학은 너무도 자주 명백한 것을 식별하거나 보통의 것을 확인하려 한다고 비판했다. 그 자신의 사회과학 발견 사실들에 대한 일상적 조사에 따르면, *Bartlett*이나 다른 백과사전의 인용구에서 발견할 수 없는 아이디어나 결론은 없었다. 그럼에도 불구하고 바꾸어 말하자면, 우리에게 연구는 필요하다. 대립적인 격언을 생각해보자.

이것이 더 진실인가?

목표를 향하라.

사공이 많으면 배가 산으로 간다.

문은 무보다 강하다.

노인은 새로운 것을 아무것도 배울 수 없다.

피는 물보다 진하다.

망설이는 자는 기회를 놓친다.

유비무환이다.

혹은 이것이 진실인가?

열심히 일만 하라.

백짓장도 맞들면 낫다.

백문이 불여일견이다.

배우는 데는 나이가 없다.

멀리 있는 친척보다 가까이 있는 이웃이 낫다.

잘 생각해보고 행동하라.

돌다리도 두들겨보고 건너라.

경고를 무시했다. 테러리스트들이 항공기를 무기로 사용할 계획이라는 보고서와 연결시키지 못했다. 국장은 "빈 라덴이 미국 내를 공격하기로 결정했다"는 일일 보고를 받고도 휴가를 보내고 있었다. "바보들!! 왜 그 보고들을 연결하지 못했지?"라는 뒷궁리 편향의 비판을 보였다.

그러나 뒷궁리 편향에서 명백한 것은 역사의 전면에서는 거의 명확하지 않다는 것이다. 정보 사회에는 압도하는 많은 '잡음'들이 있다 — 거의 조각난 유용한 정보를 둘러싸고 있는 무용한 정보 덩어리들. 결과적으로 분석자는 어떤 것을 추적할 것인가를 선택적으로 결정해야 한다. 그리고 그것은 추적하는 단서가 다른 단서와 연결될 수 있을 때만 선택된다. 9/11 테러 6년 전에, FBI의 대테러부서는 조사되지 않은 6만 8,000개의 단서를 추적하지 않았다. 뒷궁리 편향에서 보면, 소수의 유용한 정보가 이제 명백한 것으로 된다.

마찬가지로 우리는 우리 자신이 바보 같은 실수를 했다고 책망한다 — 아마도 사람이나 상황을 더 좋게 다루지 못했다고. 회고해보면, 우리는 그것을 어떻게 다루어야 하는지 알고 있었는가? "나는 내가 학기 말에 얼마나 바쁜가를 알았어야 했다. 그리고 좀 더 일찍 논문을 시작했어야 했다." 그러나 때때로 우리는 자신에게 너무 야박하다. 우리는 지금은 명백한 것이 그 당시에는 거의 명백하지 않았다는 것을 잊어버린다.

환자의 증상과 죽음의 원인(해부에 의해 결정되는) 모두에 대해 이야기하는 내과의사는 때때로 어떻게 오진을 하게 되는가를 의심한다. 증상만이 주어진 다른 내과의사는 거의 명확한 진단을 내리지 못한다(Dawson et al., 1988). 만약 이들에게 뒷궁리 편향적 조망을 갖게 했을 때보다 미래 지향적 조망을 갖게 했다면 배심원들이 잘못된 처치를 가정하는 데 더 늦었을까?

우리는 상식이 대개 틀렸다고 결론지을 수 있는가? 어떤 때는 상식이 틀리다. 다른 때는 관습적인 지혜가 옳거나 — 혹은 논쟁의 두 측면 모두에 적용될 수도 있다: 행복은 진리를 알게 되는 데서 오는가? 아니면 착각을 유지함으로써 오는가? 다른 사람들과 함께? 아니면 평안하게 혼자 있을 때 오는가? 의견은 흔해 빠진 것이다: 우리가 무엇을 발견하든, 그것을 예견했을 사람이 있을 것이다(마크 트웨인은 무엇인가를 말할 때, 누구도 이전에 그것을 말했을 적이 없다는 것을 알고 있는 유일한 사람은 바로 아담이라고 조롱하였다). 그러나 많은 대안적 아이디어 중 어떤 것이 현실에 정말 잘 맞을까? 연구는 상식적 진실주의가 타당하게 되는 상황을 규명해줄 수 있다.

말하고 싶은 점은 상식이 예견하는 데 있어서 틀렸다는 것이 아니다. 그보다, 상식은 **사실이 일어나고 난 다음**에는 항상 옳다. 결국 우리는 우리가 하거나 했던 것 이상으로 알거나 알고 있었다고 생각하여 자신을 쉽게 속인다는 것이다. 그리고 그것이 쉬운 뒷궁리 편향에서 진정한 예측으로 그리고 착각으로부터 사실로 전환하기 위해 과학이 우리에게 필요한 이유이다.

요약 : 나는 이미 그것을 알고 있다 : 사회심리학은 단순한 상식에 지나지 않는가?

- 사회심리학은 명백한 것을 서류로 입증하는 것에 지나지 않는 사소한 것이라고 비판받는다.
- 그러나 실험은 사실을 안 후에 결과가 더 '명백'하다는 것을 보여준다.
- 이 같은 뒷궁리 편향(나는 이미 알고 있었다)은 사람들로 하여금 자신이 한 판단이나 예측에 대한 타당성을 과신하게 만든다.

연구 방법 : 우리는 어떻게 사회심리학을 연구하는가?

사회심리학이 과학이 되는 방법을 살펴본다.

사회심리학이 답하고자 하는 매력적인 질문을 생각해보자. 물론 우리는 사회심리학자가 수행하는 일에 주관적 혹은 무의식적 과정이 영향을 미친다는 것에 대해 알고 있다. 이제 사회심리학을 과학으로 만드는 과학적 방법에 대해 생각해보자.

가설의 형성과 검증

우리가 그 비밀을 찾기 위해 인간의 본성의 문제에 씨름함으로써 우리는 아이디어와 결과를 통해 이론을 만들어간다. **이론**(theory)은 관찰된 사상들을 설명하고 예언하는 원리들의 통합된 집합이다. 이론은 과학적 속기법이다.

일상의 대화에서 이론이 단순한 사실이라는 것은 아니다 — 이론의 추론으로부터 사실로 이어지는 확신의 사다리상의 중간 단계. 예를 들어, 사람들은 '단순한 이론'으로서 다윈의 진화론을 거부하였다. 미국 과학발전협회의 최고 책임자인 Leshner(2005)가 지적한 것처럼, 진화는 단지 이론이라기보다는 중력과 같은 것이다. 종종 사람들은 중력이 하나의 사실이라고 반응한다. 그러나 여러분의 열쇠가 땅에 떨어질 때, 그것은 하나의 사실이 된다. 중력은 이처럼 관찰된 사실들을 해석해주는 이론적 설명이라고 할 수 있다.

과학자에게 사실과 이론은 사과와 오렌지와 같다. 사실은 우리가 관찰한 것과 일치하는 진술이다. 이론은 사실을 요약하고 설명한 아이디어들이다. 프랑스 과학자인 쥘 앙리 푸앵카레는 말했다. "돌을 쌓아올려 지은 집처럼, 과학은 사실을 쌓아올린 것이다. 그러나 돌무더기가 집이 아닌 것처럼, 단순한 사실의 축적이 과학은 아니다."

이론은 요약일 뿐만 아니라 가설이라고 부르는 검증 가능한 예언을 의미한다. **가설**(hypothesis)은 여러 가지 목적으로 사용된다. 첫째, 이것은 우리가 가설이 어떻게 거짓인가를 **입증**하는 노력을 함으로써 이론을 검증하도록 한다. 둘째, 예언은 연구의 **방향**을 정해주며, 때때로 연구자가 결코 생각해보지 않았던 것을 찾도록 한다. 셋째, 좋은 가설의 예언적 특징은 **실용적**이기도 하다는 것이다. 예를 들어 공격성에 관한 완벽한 이론은 언제 공격성을 기대할 수 있고, 그것을

이론
관찰된 사상들을 설명하고 예언하는 원리들의 통합된 집합

가설
두 사상 간에 존재할 수 있는 관계를 기술한 검증 가능한 제안

어떻게 통제할 수 있는가를 예언한다. 현대 사회심리학의 설립자 중의 한 사람인 쿠르트 레빈이 말한 것처럼 좋은 이론만큼 실용적인 것은 없다.

이것이 어떻게 작용하는지 생각해보자. 우리가 집단 혹은 군중에서 약탈하고, 조롱하고 공격하는 사람을 관찰했다고 가정해보자. 결국 우리는 군중 혹은 집단 속에서 개인은 익명성을 느끼고 억제력이 낮아진다고 이론화할 것이다. 우리가 어떻게 이 이론을 검증할까? 아마도 우리는 집단 속에 있는 개인에게 자신이 실제로 전기충격을 가하는지 성원들이 알 수 없게 한다면, 이 불운한 희생자에게 사람들이 전기 충격을 줄 수 있을까라고 물을 것이다. 우리의 이론이 예측하는 것처럼, 혼자 있는 경우보다 집단 속의 개인들이 더 강한 전기충격을 줄까?

우리는 또한 익명성을 조작할 수 있을 것이다. 사람들이 마스크를 쓰면, 더 강한 전기충격을 줄까? 결과가 우리의 가설을 지지한다면, 이 같은 결과는 우리에게 실용적인 함의를 제시할 것이다. 아마도 경찰들에게 큰 이름표를 달고 경찰차에 큰 번호를 달거나 혹은 구속하는 것을 녹화함으로써 경찰의 무자비한 폭력은 줄어들 것이다 — 실제로 많은 도시에서 이 같은 일을 한다.

그러나 우리는 어떻게 한 이론이 다른 이론보다 더 좋다고 결론을 내릴 것인가? 좋은 이론은 (1) **효과적으로 방대한 관찰들을 요약**해준다. 그리고 (2) 우리가 이론을 (a) 지지하거나 수정하고, (b) 새로운 조사를 만들어내고 (c) 실제적인 적용을 제안할 수 있도록 **명확하게 예측한다**. 우리가 이론을 배제하는 경우는 통상적으로 오류가 입증되었기 때문이 아니다. 오히려 더 새롭고 더 나은 모델로 대체된다.

표본 추출과 질문을 위한 언어 선정

잠시 뒤로 물러서서 사회심리학이 어떻게 연구되는지 살펴보자. 이것은 이후 논의되는 결과들을 이해하는 데 도움이 될 것이다. 연구의 논리를 이해하는 것은 일상의 사건들을 비판적으로 생각할 수 있도록 해주며 매체에서 언급되는 연구들을 더 잘 이해할 수 있게 한다. 이 장에서는 두 가지 문제를 생각해볼 것이다: 누가 연구에 참여하고, 그들에게 무엇을 물을 것인가.

무작위 표집
연구의 대상이 되는 전집의 개개인이 표본에 포함될 기회가 동등한 서베이 절차

© Warren Miller, All rights reserved. Used with permission.

인간에게 가장 흥미로운 주제는 인간이다.

표본 추출 : 참가자 선정

연구자가 해야 할 결정 중 하나는 표본(연구에 참여할 사람)이다. 연구자가 전체 모집단을 기술하기를 원한다면(많은 심리학 연구가 이것을 목적으로 하지 않는다), 연구자들은 **무작위 표집**(random sampling, 연구되는 전집의 모든 사람들이 표집에 추출될 동등한 기회를 갖는 것)을 통해 집단의 대표성을 확보한다. 이 같은 절차를 통해, 어떤 하위집단의 사람들이(금발머리, 조깅하는 사람, 자유주의자) 전집을 대표할 수 있는 정도로 조사에 반영될 수 있을 것이다.

우리가 도시에서 조사를 하든지 혹은 전국적으로 하든지, 1,200명을 무작위로 표집한다면 3%의 오차한계에 95%의 신뢰도를 갖고 전집을 기술할 수 있다는 것은 놀라운 일이다. 콩으로 가득 찬 큰 항아리가 있다고 상상해보자. 이중 50%는 붉은 콩이고 나머지 50%는 흰 콩이다. 이 중 1,200개를 무작위 표집하여 여러분은 95% 확신을 가지고 붉은 콩이 47%에서 53%일 수 있는 추출을 할 수 있다 — 항아리 속에 1만 개의 콩이 있든 100만 개의 콩이 있든 상관이 없다. 우리가 붉은 콩을 한 대통령 후보의 지지자라고 하고 흰 콩을 다른 대통령 후보의 지지자라고 가정한다면, 우리는 왜 1950년 이후, 미국 선거에서 갤럽의 조사가 선

거 결과를 2% 내에서 예측했는가를 이해할 수 있다. 혈액 몇 방울로 몸 전체를 이야기할 수 있는 것처럼, 무작위 표본은 전집을 이야기할 수 있다.

여론조사는 엄밀하게 말해서 투표를 예측하는 것은 아니라는 것을 명심하라. 여론조사는 오직 그들이 조사한 시점의 여론을 기술하는 것뿐이다. 여론은 변할 수 있다. 서베이를 평가하기 위해서, 우리는 역시 다음과 같은 네 가지 잠재적인 편파의 영향력을 생각해야 한다: 대표성이 없는 표본, 질문 순서, 반응 선택 항목, 그리고 질문에 사용되는 용어.

표본이 얼마나 명확하게 전집을 대표하는가는 연구에서 매우 중요한 문제이다. 칼럼니스트 Landers는 "여성은 섹스보다 애정을 발견하는 것을 더 중요하게 생각하는가" 라는 질문을 그녀의 독자들에게 물어보는 작가의 도전이라는 편지를 수락하였다. 그녀의 질문은 "당신은 꼭 껴안고, 부드럽게 만져주면 만족하고 행동하는 것을 잊어버립니까?"라는 것이었다. 응답한 10만 명이 조금 넘는 여성 중 "네"라고 답한 사람은 72%이었다. 세계적인 평판의 물결이 쇄도했다. 비판에 대한 반응으로 Landers(1985, p. 45)는 다음과 같이 시인하였다. "표집이 모든 미국 여성을 대표하지 못한다. 그러나 이것은 공공의 대표적 단면으로부터 정직하고 값진 통찰을 제공한다. 그 이유는 내 칼럼은 약 7,000만 명쯤 되는 모든 계층의 사람들이 읽는다." 여전히 여기에도 의문은 남는다. 7,000만 독자가 전집을 대표하는가? 700명의 독자 중 조사를 받고 수고를 아끼지 않은 1명이 조사에 응하지 않은 남은 699명을 대표하는가?

1936년 주간지 *Literary Digest*가 1,000만 미국인들에게 대통령 선거에 대한 엽서를 발송했을 때, 대표성의 중요성을 효과적으로 보여주었다. 200만 명 이상의 회수 응답에 따르면, 알프 랜던이 프랭클린 루스벨트에게 압승하는 것으로 나타났다. 그러나 실제 투표 결과는 정반대였다. 랜던은 오직 2개 주에서만 이겼다. 잡지사는 전화번호부와 자동차 등록표에 나와 있는 사람만 조사하였다. 결국 전화도 자동차도 가지지 않은 수백만의 투표자들은 무시한 것이다(Cleghorn, 1980).

낮은 응답률(low response rate)이라고 하는 적은 숫자가 조사에 응답한 경우와 그들과 다른 방식으로 응답하지 않은 사람들이 있다면, 표본은 대표성을 갖지 못한다. 이것이 2016 대선조사가 과거 선거만큼 정확하게 결과를 예측하지 못한 이유라고 일부 사람들은 추측하고 있다: 전화 조사 응답률이 36%에서 9%로 떨어졌다(Keeter et al., 2017). 그렇기는 하지만, 힐러리 클린턴의 지지율이 4% 차이일 것이라고 예측했던 전국 조사도 2% 차이를 보인 실제 결과와 근접했었다. 가장 영향력 있었던 것은 중서부의 여러 주(state) 단위 조사였다. 이 주들의 도널드 트럼프 선거인단의 승리에 결정적이었다. 대부분의 심리학 연구들은 최근의 조사(poll)보다 응답률이 높기 때문에 여기 논의하려는 연구들에서 다행히도 반응률은 문제되지 않는다.

올바른 질문

연구자는 편파된 반응이 일어나지 않도록 자신의 서베이나 설문지를 구성해야 한다. 예를 들어, 서베이에서 질문의 순서는 결과에 크게 영향을 미칠 수 있다.

반응 선택 항목의 극적인 효과를 역시 생각해보자. Plight와 그의 동료들(1987)이 영국 투표자들에게 그들이 희망하는 핵발전에 의한 원자력 에너지의 영국의 사용 퍼센트를 질문하였을 때, 평균 선호도는 41%이었다. 이들은 다른 투표자들에게 (1) 핵, (2) 석탄, 그리고 (3) 다른 재원으로부터 에너지를 얻기를 원하는 퍼센트를 질문하였다. 그 결과 이들의 원자력에 대한 선호도는 21%였다.

출구조사는 투표자의 무작위(대표성이 있는) 표집을 요구한다.

질문에 사용되는 세세한 용어 역시 응답에 영향을 미칠 수 있다. 한 여론 조사에 의하면, 단지 미국인의 23%만이 미국 정부가 '가난한 사람을 도와주는 데' 너무 예산을 많이 사용한다고 생각하였다. 하지만 53%의 사람들이 정부가 '복지'에 너무 많은 예산을 사용한다고 생각하였다(Time, 1994). 마찬가지로 대부분의 사람들은 '외국에 대한 원조'를 삭감하는 것에 찬성하고 '다른 나라의 굶는 사람들을 돕는 것'에 예산을 증가하는 것에 찬성한다(Simon, 1996).

서베이 질문의 단어 선택은 매우 민감한 사항이다. 심지어 질문의 어투를 조금만 변화시켜도 효과가 발생한다(Krosnick & Schuman, 1988; Schuman & Kalton, 1985). 무엇인가를 금지하는 것은 그것을 허락하지 않는 것과 같을 수 있다. 그러나 1940년, 54%의 미국인은 미국이 민주주의를 반대하는 연설을 금지해야 한다고 했고, 75%의 미국인이 미국은 이 같은 행위를 허락하지 않아야 한다고 했다. 심지어 사람들이 쟁점에 대해 강력하게 느낄 때에도 질문의 형태와 용어는 그들의 응답에 영향을 미칠 것이다.

때론 매우 미세한 단어의 차이가 놀라운 결과를 가져온다. "사람들이 무선적으로 선정될 가능성은 얼마나 될까요?"라고 질문하는 것과 "사람들이 선정될 확률은 얼마나 될 것 같습니까?"라고 사람들에게 질문하는 것은 비슷한 것 같다. 하지만 결과는 달라진다. 왜냐하면, 첫 번째 질문은 개인과 개인의 도덕 의식에 초점을 맞추게 한다. 이에 반해 두 번째 질문은 사회적 규범과 같은 집단 수준의 영향력에 초점을 맞추게 한다(Critcher & Dunning, 2013). 비슷하게 임금 불균형을 말할 때 "부자가 가난한 사람보다 돈을 더 많이 벌기 때문이다"라는 말은 "가난한 사람이 부자보다 돈을 더 적게 벌기 때문이다"라는 말과 거의 다르지 않다. 그러나 전자가 주어진다면 보수주의자는 부자들에 대한 높은 세금을 더 지지한다(Chow & Galak, 2012).

틀 잡기
질문 혹은 쟁점이 제기되는 방법. 틀 잡기는 사람들의 결정과 의견의 표명에 영향을 미칠 수 있다.

순서, 반응, 그리고 용어의 효과는 정치 조정자들이 서베이를 이용하여 공공대중이 자신들의 정책을 지지하는 것처럼 보일 수 있도록 한다. 컨설턴트, 광고자, 그리고 의사들도 그들이 우리의 선택을 어떻게 **틀 잡기**(framing)를 하였는가에 의해 우리의 결정에 비슷하게 혼란을 주는 영향을 미친다. 예를 들어, 같은 쇠고기에 요구되는 식품 표기의 경우, '70%의 살코기에 30%의 지방'이라는 표기 대신에 '30%의 지방'이라는 표기와 같은 문제에 대해 로비를 한다는 것은 놀라운 것이 아니다. 콘돔이 AIDS 예방에 95%의 성공률을 가진다면 콘돔이 효과적이라고 10명 중 9명의 학생이 응답했다. 그러나 5%의 실패율이라고 했을 때에는 10명 중 4명의 학생만이 그것이 효과적이라고 응답하였다(Linville et al., 1992). 배경 점검을 요구하는 것처럼 '총기 안전' 계획으로 틀 잡기를 했을 때 '총기 규제' 노력은 더 많은 대중의 지지를 받는다(Steinhauer, 2015). '규제(control)'를 원하지 않는 대다수의 사람들은 '안전(safety)'이라는 말을 더 지지한다.

틀 잡기 연구는 또한 일생에서 지정된 선택항목을 규정하는 데 적용할 수 있다. 사람들의 자유를 제약하지 않고, 완전하게 틀 잡

미국 미시간대학교의 사회과학연구소에 있는 SRC의 사회조사연구실은 개인 면담을 모니터링하는 시스템을 통해 스태프와 면담자가 모든 면담에서 신뢰롭게 임하겠다는 서약을 한다.

기가 이루어진 선택지는 사람들로 하여금 더 혜택받는 듯한 결정으로 다가가게 한다(Benartzi & Thaler, 2013).

- 장기기증에 동의하거나 동의하지 않는 선택 : 많은 나라에서 운전면허증을 갱신할 때, 사람들에게 자신의 장기를 기증할 것인가 여부를 결정하도록 한다. 자동선택의 항목이 기증하겠다는 것이고 동의하지 않으면 '아니요'라고 선택할 수 있는 나라에서는 거의 100%의 사람들이 장기를 기증하는 것을 선택한다. 미국, 영국, 그리고 독일은 자동선택 항목이 '아니요'이고 원하는 사람만 '네'를 선택하도록 되어 있다. 이 나라들은 4명 중 1명 만이 장기 기증을 하겠다고 선택한다(Johnson & Goldstein, 2003).

어떤 기업과 기관은 어떻게 선택을 틀 잡기를 하는가에 따라 은퇴연금에 대해 종업원들이 원하는 방법으로 움직일 수 있는 방법을 찾고 있다. 자동적으로 퇴직연금에 가입되는가 아닌가 하는 틀 잡기에 따라 달라진다. 자신들이 선택하도록 하는 경우보다 선택하지 않도록 하는 경우에 더 많은 사람이 연금 저축에 참여한다.

- 연금 저축에 가입하는가 가입하지 않는가에 대한 선택 : 수년 동안 401(k) 퇴직연금제도의 보상을 미루고자 하는 미국 노동자들은 자신들의 실질 임금 소득을 낮추도록 선택할 수 있었다. 그러나 대부분의 노동자들은 그렇게 하지 않았다. 틀 잡기 연구의 영향을 받는 2006 연금법에서는 선택의 틀을 재설정하였다. 즉, 지금은 기업들이 법률에 의해 종업원들에게 자동적으로 인센티브를 지급한다. 하지만 종업원이 원하지 않는다고 선택하는 경우에는 그렇게 하지 않는다(실질 임금이 상승하게 된다). 이 같은 선택은 잘 지켜졌다. 그러나 한 연구에 따르면 반대로 틀 잡기를 한 경우(opt out framing) 선택은 49%에서 86%로 급등하였다(Rosenberg, 2010).

이야기는 자신의 이를 모두 잃어버린 꿈을 꾼 술탄에 관한 것이다. 그가 꿈을 해석해보라고 명령했을 때, 첫 번째 해몽가가 말하기를 "오오, 이를 모두 잃은 것은 당신이 가족들의 죽음을 보게 될 것이라는 의미입니다"라고 말했다. 격노한 왕은 나쁜 소식을 전달한 해몽가에게 50대의 채찍을 치라고 명령했다. 그의 꿈 이야기를 들은 두 번째 해몽가는 왕의 행운으로 설명하였다: "당신은 일족보다 더 오랫동안 살 것입니다". 안심한 왕은 이 좋은 소식을 전달한 사람에게 금 50냥을 주도록 신하에게 명령하였다. 가는 길에 당황한 신하는 두 번째 해몽가에게 "당신의 해몽은 첫 번째 해몽과 다를 것이 없습니다"라고 말했다. 그러자 그 현명한 해몽가는 "네, 그러나 기억하십시오: 문제는 당신이 무엇을 이야기하는가뿐만 아니라 어떻게 이야기하는가입니다"라고 답했다.

상관연구 : 자연적 연관의 탐지

사회심리학 연구는 실험실 연구(통제된 상황) 또는 **현장연구**(field research, 일상의 상황)이다. 그리고 그것은 방법에 따라 달라진다 — **상관연구**(correlational research, 둘 혹은 그 이상의 요인들이 논리적으로 자연스럽게 관계 있는가를 묻는 것) 혹은 **실험연구**(experimental research, 한 요인이 다른 요인에 영향을 미치는가를 보기 위해 요인들을 조작하는 것). 여러분이 신문이나 잡지에 보고된 심리학 연구를 비판적으로 볼 수 있는 독자가 되고자 한다면, 여러분은 상관연구와 실험연구의 차이를 이해해야 한다.

먼저 상관연구(자연적 상황에서 중요한 변인들이 관여된다)의 장점과 중요한 단점(인과관계

현장연구
실험실 밖의 실생활의 장면에서 자연스럽게 수행되는 연구

상관연구
변인들 간의 논리적으로 자연스럽게 발생하는 관계에 대한 연구

실험연구
다른 것들은 통제하고(그것들을 일정하게 한다) 하나 혹은 그 이상의 요인들을 조작함으로써(독립변인) 인과관계의 단서를 찾고자 하는 연구

그림 1.3
부와 장수의 상관관계
부의 지표인 사람을 기념하는 묘지 표
지석이 높으면 더 오래 사는 경향이
있다.

출처 : Carroll, D., Davey Smith, G., &
Bennett, P. (1994).

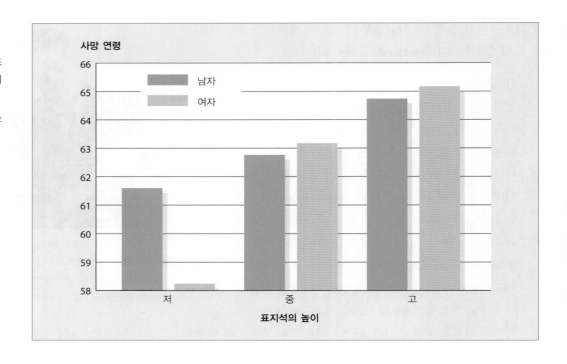

© Jon Bower/AGE Fotostock

글래스고 대성당 묘지의 추모비

의 모호성)을 실례를 통해 살펴보자. Carroll과 그의 동료들은(1994) 사회 경제적 지위와 건강과
의 연관 가능성을 찾기 위해 글래스고의 오래된 묘지 843기를 조사하였다. 부의 측정치로 그들
은 묘지 표지석의 높이를 측정하였다. 왜냐하면, 표지석이 높아지면 비용이 많이 들었고 결국 이
는 유복함을 의미하기 때문이다. 그림 1.3에 나타난 것처럼, 묘비석이 높을수록 남녀의 수명이
더 길었다.

다른 자료들도 부와 건강 간의 관계를 지지한다. 최소한의 인구 과밀과 미취업률(가장 부유한)
을 보이는 스코틀랜드의 우편번호 지역이 가장 장수하는 곳이었다. 미국의 경우, 수입은 장소
와 상관이 있다(빈곤과 낮은 지위의 사람들일수록 일찍 죽을 위험성이 더 크다). 10년 동안 1만
7,350명의 영국 민간 서비스 종사자들을 대상으로 한 연구에 따르면, 최고 관리자에 비해서 전문
경영간부의 사망률이 1.6배나 높았다. 사무직 종사자는 2.2배, 노동자는 2.7배나 사망률이 더 높
았다(Adler et al., 1993, 1994). 시공간적으로 볼 때, 지위와 건강의 상관 관계는 신뢰할 만한 것
이다.

지위와 장수의 문제는 아마추어와 전문적 사회심리학자 간에 만들어지는 정말 어쩔 수 없는
사고의 오류를 잘 보여준다: 지위와 건강 두 요소가 함께 간다고 할 때, 하나가 다른 하나의 원
인이 된다는 결론을 내리는 것은 말도 안 되는 것이다. 사회적 지위가 어떻게 건강의 위험으로
부터 개인을 보호해줄 수 있다고 가정할 수 있는가. 그러나 다른 관계를 설정할 수도 있다: 아마
도 건강한 사람은 경제적으로 성공할 가능성이 높을 수 있다. 혹은 더 오래 사는 사람이 부를 축
적할 시간이 더 많을 것이다. 제3변인이 관련될 수도 있을 것이다. 예를 들면, 인종이나 종교가
건강을 더 좋게 하고 부를 더 키울지도 모른다. 다시 말해서 상관은 관계를 나타낸다. 그러나 그
같은 관계가 꼭 원인과 결과일 필요는 없다. 상관연구는 매우 초보적 수준에서 하나가 다른 하
나를 예측할 수 있다는 정보를 줄 뿐이다. 그것은 하나의 변인(부)이 다른 하나(건강)의 원인이
된다고 하는 것은 아니다.

상관과 인과관계에 대한 혼돈은 대중심리학에서 혼란스러운 사고를 일으킨다. 자긍심과 학

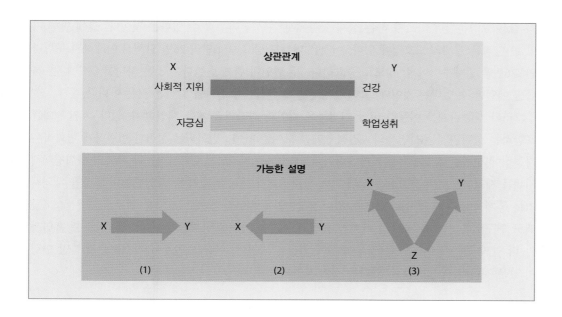

그림 1.4
상관과 인과관계
두 변인이 상관이 있을 때, 설명에 대한 세 가지 조합이 가능하다. 즉, 어떤 하나가 다른 것의 원인이 되거나 제3의 요인이 내재적으로 두 변인에 영향을 미칠 수 있다.

업 성취 간의 상관이라는 또 다른 실제적 사례를 살펴보자. 높은 자긍심을 가진 아동은 높은 학업성취를 보인다(어떤 상관에서처럼, 다른 방식의 기술이 가능하다: 높은 성취는 높은 자긍심을 갖게 하는 경향이 있다). 왜 여러분은 이 같은 가정을 하는가?(그림 1.4)

몇몇 사람들은 건강한 자기개념이 성취에 공헌한다고 믿는다. 결국 아동의 자기상을 상향시키는 것은 역시 학업 성취를 상향시키는 것이 된다. 그렇게 믿기 때문에 미국의 30개 주에서 170여 개 이상의 자긍심을 향상시키는 법안을 입안하였다.

그러나 Damon(1995), Dawes(1994), Leary(2012), Seligman(1994, 2002), Baumeister와 Tierney(2011), 그리고 우리 중 한 사람(2013, 2014)과 같은 다른 사람들은 자긍심이 낮은 성취(혹은 약물 오남용과 비행)로부터 아동을 보호할 수 있는 진정한 무기가 된다는 것에 의구심을 가지고 있다. 아마도 다른 방향이 있을 수 있다: 아마도 문제와 실패가 낮은 자긍심의 원인일 것이다. 아마도 자긍심은 어떻게 일이 우리에게 진행되는가 하는 현실을 반영한다. 일을 잘하면, 여러분은 자신에 대해 좋은 느낌을 가질 것이다. 일부 연구들은 이를 지지한다. 잘하고 그것에 대해 칭찬을 받은 아이들은 높은 자긍심으로 발전하였다(Skaalvik & Hagtvet, 1990).

자긍심과 성취가 모두 그 기저에 지능과 가족의 사회적 경제적 지위 혹은 부모의 행동과 연결되기 때문에 상관관계가 있을 수 있다. 2,000명 이상을 조사한 한 연구에서 연구자들이 수리적으로 지능과 가족의 사회경제적 지위의 예측력을 제거시켰을 때, 자긍심과 성취와 관계는 사라졌다(Bachman & O'Malley, 1977; Maruyama et al., 1981). 또 다른 연구에서 부모의 약물 사용과 같은 요인을 통제했을 때 자긍심과 비행 간의 관계성이 사라졌다(Bodern et al., 2008). 바꾸어 말해, 낮은 자긍심과 좋지 않은 행동은 둘 다 하나의 요인이 원인이 된다: 불행한 가정환경. 즉 서로가 인과관계에 있다기보다는 좋지 않은 어린 시절의 증상이다.

상관은 상관계수로 알려진 *r*을 사용하여 두 관계의 정도를 −1.0(한 요인이 상승하면 다른 한 요인은 하향하는 관계)에서부터 0, 그리고 1.0(두 요인이 함께 상승하거나 하향하는 관계) 사이의 수치로 수량화한다. 자긍심과 우울의 관계는 부적 상관을 보이며(약 −.60), 일란성 쌍생아 간의 지능은 정적 상관을 보인다(+.80 이상).

상관연구의 가장 큰 장점은 인종, 성, 그리고 사회적 지위(실험실에서 조작할 수 없는 요인들)

와 같은 요인을 검증하고자 하는 실제 상황에서 연구가 이루질 수 있다는 것이다. 그에 반해 가장 큰 단점은 실제의 모호성에 있다. 이것은 너무도 중요해서 만약 25번 말해서 이해하지 못한다면, 26번을 말해주어야 할 정도로 중요하다: 두 변인이 함께 변한다는 것은 하나를 알면 다른 하나를 예언할 수 있다는 것이다. 그러나 상관관계가 원인과 결과를 말하는 것은 아니다.

그러나 상관관계를 이용한 고급 기법들은 원인과 결과의 관계를 제언할 수 있다. 시간 경과를 포함하는 상관관계는 사건들의 시간적 전개를 보여준다(예 : 변화되는 성취가 빈번하게 변화하는 자긍심에 선행한다거나 혹은 따라온다거나 하는 것을 지적함으로써). 지능과 가족의 사회경제적 지위를 제거함으로써 자긍심과 성취 간의 상관관계가 사라질 때처럼, 오염변인의 영향을 제외시키는 통계적 기법을 역시 사용할 수 있다(**통제변인**을 적용하는 것). 또 다른 연구의 경우, 스코틀랜드 연구팀은 지위와 장수의 관계가 흡연의 효과를 제거했을 때도 존재하는가(상류층 흡연자가 더 일찍 죽는 경우는 드문 경우이다)에 의문을 가졌다. 다른 요인들이 저소득층의 사망 연령이 낮은 것을 역시 설명할 수 있다는 것이 제안되었다.

실험연구 : 인과관계 추구

대부분의 사회심리학자들이 상관관계를 갖는 사건들의 인과관계를 찾는 과정에서 어려움을 겪기 때문에, 실현 가능하거나 윤리적으로 문제가 없는 경우 일상생활에 대한 실험실적 시뮬레이션을 만들어낸다. 이런 시뮬레이션은 항공공학의 풍향 터널과 유사하다. 항공 엔지니어들은 처음에 비행 물체가 다양한 환경에서 어떻게 동작하는지 관찰하지 않는다. 대기 상태와 비행 물체는 너무 복잡하게 변하기 때문이다. 대신 엔지니어들은 바람 상태와 날개 구조를 조작할 수 있는 시뮬레이션 실체를 만든다. 시뮬레이션 실체를 사용하기 때문에 실험은 상관연구에 비해 무작위 배정과 통제라는 두 가지 강점이 있다.

무작위 배정 : 위대한 평등자

어린 시절의 폭력적인 TV 프로그램 시청이 이후에 더 공격적으로 행동하는 경향으로 이어진다는 연구를 생각해보자(Huesmann, et al., 2003). 그런데 이 연구는 상관관계 연구이다. 이 경우 폭력적인 TV 프로그램 시청이 공격 행동의 원인이 된다고 말하기 곤란하다. 왜냐하면, TV 프로그램 시청 전에 이미 어린이가 공격적이었을 수도 있고, 폭력적인 TV 프로그램 시청과 이후의 공격 행동 간에 제3의 변인이 있을 수 있다(좀 더 자세한 예로 표 1.1 참조). 조사 연구자들은 가능한 제3의 변인들을 측정하여 통계적으로 통제할 수 있고 이후 둘 간의 관계가 통계적으로 유의미할 수도 있다. 그러나 폭력적인 TV 프로그램을 좋아하는 사람과 그렇지 않은 사람을 구별해주는 모든 요인들을 통제할 수는 없다. 어쩌면 그들은 성격, 지능, 자아 통제성(연구에서 고려하지 않은 다양한 방식들)에서 차이가 있을 수 있다.

무작위 배정(random assignment)은 그러한 모든 이질적 요소를 단번에 배제한다. 예를 들어, 연구자가 폭력적인 TV 프로그램과 비폭력적인 TV 프로그램을 시청하는 사람들을 무작위로 배정하고 그들의 공격성을 측정했다고 하자. 무작위 배정을 함으로써 실험에 참여한 개인은 폭력적인 TV 프로그램과 비폭력적인 TV 프로그램을 시청할 동등한 기회를 갖는다. 결국 이러한 두 집단에 속한 사람들은 가족 상황, 지능, 교육, 초기 공격성, 머리 색깔 등 일반적으로 생각할 수 있는 모든 면에서 거의 평균에 가깝다. 예를 들어 매우 공격적인 사람이 두 집단에 속하게 될 가능성이 같아진다. 무작위 배정을 통해 동등한 두 집단을 만들 수 있기 때문에 이후 두 집단 간

무작위 배정
모든 사람이 주어진 조건에 할당될 기회가 동등한 것처럼 실험의 조건에 참가자들이 배정되는 절차(실험에서 무작위 배정과 서베이에서 무작위 표집을 구별하라. 무작위 배정은 우리가 인과관계를 추론할 수 있게 한다. 무작위 표집은 전집으로 일반화할 수 있게 해준다).

표 1.1 상관과 실험연구 확인

	실험 참가자들이 조건에 무작위로 배정되는가?	독립변인	종속변인
조숙한 아이가 더 자신감이 있는가?	아니다 → 상관연구		
학생들은 온라인에서 더 잘 배우는가 아니면 교실에서 더 잘 배우는가?	그렇다 → 실험연구	온라인 수업 혹은 교실 수업	학습
학점은 직업적 성공을 예언하는가?	아니다 → 상관연구		
사람들은 혼자 있을 때 더 크게 환호하는가 아니면 군중 속에서 더 크게 환호하는가?	그렇다 → 실험연구	공격적 게임하기 혹은 비공격적 게임하기	공격성
사람들은 혼자일 때 더 웃기는 코미디를 찾는가 아니면 다른 사람과 함께 있을 때 더 웃기는 코미디를 찾는가?	(당신이 답한다)		
더 부자인 사람이 더 오래 사는가?	(당신이 답한다)		

의 공격 행동의 차이는 폭력적인 것을 시청했는가 하는 단 한 가지에서 차이가 발생한다고 확신할 수 있다(그림 1.5).

통제 : 변인 조작

사회심리학자들은 우리 일상생활의 중요한 특징을 시뮬레이션하여 사회적 상황을 만들어낸다. 한 가지 혹은 두 가지 요인을 동시에 변화시켜[이를 **독립변인**(independent variable)이라고 부름], 실험자들은 어떤 영향력이 있는지에 관한 특징을 보여준다. 풍향 터널이 항공 엔지니어가 공기역학 원리를 발견하는 데 도움이 되는 것처럼, 실험은 사회심리학자들이 사회적 사고, 영향, 관계의 원리를 알아낼 수 있도록 한다.

어떻게 실험이 인과관계를 명확하게 보여주는가? 폭력적인 TV 프로그램 시청과 공격성에 대한 사례를 계속 살펴보자.

실험적 방법을 사용하여 이 같은 의문을 연구하기 위해, Boyatzis와 동료들(1995)은 초등학생에게 1990년의 가장 인기 있던 폭력적인 어린이 TV 프로그램인 '파워레인저' 한 편을 보여주고

독립변인
연구자가 조작하는 실험 요소

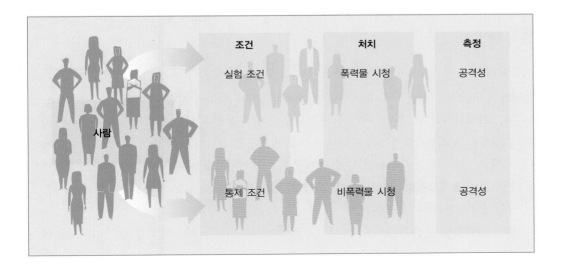

그림 1.5
무작위 배정
실험은 참여자들을 실험적 처치를 받는 조건 혹은 처치를 받지 않는 통제 조건 중 하나에 무선적으로 배정한다. 이것은 연구자에게 이후 어떤 차이가 처치에 의해 발생한 것이라는 자신감을 갖게 한다.

TV나 혹은 다른 매체를 통한 폭력물 시청은 공격성을 유발하는가? 특히 아이들에게?
실험연구에 따르면 그렇다고 제언하고 있다.

종속변인

측정되는 변인. 독립변인의 조작에 의
존하기 때문에 이렇게 불린다.

반복 검증

연구를 반복하는 것. 종종 다른 상황에
서 다른 참여자를 대상으로 결과가 다
시 나타나는가를 확인한다.

다른 아이들에게 보여주지 않았다. 결국 연구자들은 일부
아이들에게는 어떤 것을 하게 하고 다른 아이들에게는 그
것을 하지 않게 함으로써 상황을 통제하였다. 이것이 연구
자들이 어떻게 통제를 통해 변인을 조작하는가를 보여주는
예이다. 아이들이 파워 레인저를 보는가 혹은 보지 않는가
가 이 실험에서 독립변인이 되었다.

시청이 끝난 직후, 그 프로그램 한 편을 본 아이들은 보
지 않는 아이들보다 7배 정도의 공격 행동을 보였다. 이 연
구에서 관찰된 공격적 행동이 **종속변인**(dependent variable,
측정되는 결과)이다. 이 같은 실험은 텔레비전이 아동의 공
격적 행동의 한 원인이라는 것을 나타낸다(이 책의 제10장
'공격성' 부분에서 이같이 논쟁이 되는 연구들을 더 소개하
겠다).

반복 검증 : 연구 결과가 반복되어 나타나는가?

거짓 자료를 이용하여 엉터리 결과를 제시하는 일부 연구자들의 믿을 수 없는 일부 결과들 때
문에 의학 및 심리학 연구에서는 반복 검증에 관한 관심이 고조되고 있다. 비록 다른 사람 연구
의 미미한 **반복 검증**(replication)이 따분한 것으로 보이지만(이것은 거의 뉴스에서 미미하게 다루
어진다), 오늘날 과학에서 반복 검증 연구는 가치 있는 것이다. 연구자는 다른 연구자들이 자극
과 절차를 연결할 수 있도록 이를 상세히 설명해야 한다. 오늘날 온라인 자료인 '개방 과학(open
science)' 아카이브에 세밀한 공공 자료와 연구 방법들이 축적되어 있다(Brandt et al., 2014;
Miguel et al., 2014).

이에 더해 학술지에 이미 게재된 논문의 결과를 반복 검증하기 위해 노력하는 국제적으로 협
력하는 연구팀이 결성되었다. 이들은 3개의 주요 심리학 학술지에 실린 100개의 연구를 반복
검증하였다. 그 결과 절반 정도의 연구들이 원작 연구와 비슷한 결과를 보였다(Open Science
Collaboration, 2015). 개별 연구 문제에 대한 더 많은 연구들을 살펴본 또 다른 반복 검증 노력
의 결과에 따르면(the 'Many Labs' 프로젝트) 85%가 반복 검증되었다는 고무적인 결과를 보였
다(Klein et al., 2014). 이 같은 반복 검증이 바로 심리학이 훌륭한 과학으로 남는 데 필요한 중요
한 구성요소이다. 중복 연구에 의해 모아진 자료가 더 낫다(Stanley & Spence, 2014). 반복 검증
은 곧 확인이다.

실험 윤리

텔레비전과 공격성의 관계에 대한 연구는 왜 실험들에서 윤리적 쟁점이 부각될 수 있는가를 보
여준다. 사회심리학자들은 한 어린이 집단을 오랜 시간 동안 잔인한 폭력에 노출시키지는 않았
다. 그보다는 사회심리학자들은 사람들의 사회적 경험을 간단하게 바꾸고, 그 결과를 기록하였
다. 때때로 실험 처리는 해가 없고, 심지어 즐거운 경험이기도 하여 사람들이 한다고 하더라도
동의할 수 있을 정도이다. 그러나 때때로 실험자들은 위험 요소 유무가 확실하지 않은 애매모호
한 상황에서 실험을 하기도 한다.

사회심리학자들은 종종 강도 높은 사고와 감정이 요구되는 실험을 계획할 때 윤리적으로 애매

모호한 상황을 위험을 무릅쓰고 감행한다. 실험에서 **일상의 현실성**(mundane realism, Aronson et al., 1985)이 필요한 것은 아니다. 즉, 실험 행위가 일상적인 행동과 전적으로 똑같을 필요는 없다. **실험상의 현실성**(experimental realism)이 기본적 바탕이 된다. 실험상의 현실성이 실험 참가자들에게 존재하여야 한다. 실험자들은 실험 참가자들이 의식적으로 행동하거나 지루해하는 것을 원하지 않는다: 실험 참가자들이 진정한 심리적 과정에 개입해 있기를 바란다. 이 같은 개입을 위한 한 예로 공격성에 관한 연구에서 실제로 전기충격을 참가자에게 주기도 한다. 사람들에게 누군가에게 강도 높은 혹은 약한 전기 충격을 가할 것인지에 관해 결정하도록 강요함으로써 실제 공격성을 측정할 수 있다. 풍향 터널을 통해 항공 풍향을 시뮬레이션하는 것처럼 이 같은 방법은 실제 공격성의 기능을 시뮬레이션한다.

일상의 현실성
실험이 외견상 일상적 상황과 유사한 정도

실험상의 현실성
실험에 참가자가 빠져들고 관여되도록 하는 정도

가끔은 그럴싸한 이야기를 꾸며내어 사람들을 속여 실험상의 현실성을 만들어내기도 한다. 옆방에 있는 사람이 실제로 충격을 받고 있지 않으나, 실험자는 실험 참가자에게 그 사실을 알리지 않는다. 실험상의 현실성을 훼손할 수 있기 때문이다. 이와 같이 사회심리학 연구에서 약 3분의 2는(비율이 줄고 있기는 하다) 참가자가 진정한 연구의 목적을 모르게 하는 **기만**(deception)을 사용해왔다(Korn & Nicks, 1993; Vitelli, 1998).

기만
연구에서 참가자에게 연구의 방법과 목적에 관해 틀린 정보를 주거나 틀리게 참가자를 이끎으로써 발생하는 효과

실험자들은 또한 실험 참가자들이 '좋은 실험 참가자'가 되고 싶은 나머지 기대행동을 하거나, 야비하게 그 반대 행동을 하지 않도록 자신들의 예측을 드러내지 않는다. 우크라이나 사람인 Anatoly Koladny 교수는 실험에서 우크라이나인 설문 응답자 중 소비에트 공산주의 지배 아래 정부가 종교를 탄압하던 1990년대 시절에는 15%만이 '종교인'이라고 응답하였지만, 공산주의 시대 이후인 1997년에는 70%가 종교인이라고 하였다(Nielsen, 1998). 또한 교묘하게 실험자들은 단어, 목소리 톤, 행동 등의 미묘한 방식으로 원하는 대답을 끌어냈을 수도 있다. 심지어 폭발물이나 마약을 탐지하도록 훈련된 개를 조련사가 불법 물건이 있다고 틀리게 생각하도록 하는 장소에서 짓도록(오경보) 하기도 한다(Lit et al., 2011). 그러한 특정 행동을 요구하는 것 같은 단서가 되는 **요구특성**(demand characteristics)을 최소화하기 위해, 실험자들은 일반적으로 그들의 지시 사항을 표준화하거나 컴퓨터를 이용하여 지시 사항이 나타나게 하기도 한다.

요구특성
실험에서 참가자에게 행동하도록 기대하는 것을 말해주는 단서

연구자들은 윤리적인 문제가 수반될 수 있는 실험을 계획하는 데 있어 외줄 타기 하듯 위험성을 감수한다. 여러분이 누군가에게 상처를 준다고 믿거나, 강한 사회적 압박을 받고 있다면 잠시나마 불편함을 느낄 수 있다. 그러한 실험이 정당화될 수 있는지에 대해 오래 전부터 의문점이 제기되어 왔다. 이 같은 위험성은 일상생활에서 우리가 경험하는 그것들을 넘어서는가(Fiske & Hauser, 2014)? 사회심리학자들의 기만은 보통 실제 생활에서 생길 수 있는 많은 잘못 전해진 말들이나 텔레비전의 몰래 카메라, 리얼리티 쇼에 비해 간단하고 무난한 편이다(한 네트워크 리얼리티 텔레비전 시리즈에서는 한 평범한 노동자를 잘생긴 백만장자로 속여 여자들이 그의 선택을 받도록 경쟁하게 하였다).

대학의 윤리위원회는 참가자를 인간답게 대접하는지 그리고 과학적 이점이 일시적으로 참가자를 속이거나 불안하게 하는 것을 정당화할 수 있는지 심의한다. 미국 심리학회(APA, 2017), 캐나다 심리학회(2017), 그리고 영국 심리학회(2010)에서 제정한 윤리규정은 연구자들이 다음 사항을 준수하도록 되어 있다:

- 잠재적 실험 참가자들이 **통보 후 동의**(informed consent)할 수 있을 정도로 실험에 관하여 충분히 설명하라.

통보 후 동의
실험 참가자가 자신의 연구에 참가할 것인가를 선택할 수 있도록 충분히 설명해줄 것을 요구하는 윤리적 원칙

세상에 살고 있는 다수의 사람들은 대부분의 심리학 연구가 수행된 서구의 산업화된 나라가 아닌 개발도상국에 살고 있다.

사후해명
사회심리학에서 실험 참가자에게 실험 후에 하는 연구에 대한 설명. 사후해명은 어떤 기만이 종료된 후에 통상적으로 이루어진다. 종종 참가자의 이해와 느낌에 대해 질문하기도 한다.

• 진실되라. 반드시 필요하고 중요한 목적이 있는 정당한 경우에만 속임수를 사용하고, '기꺼이 실험에 참가하고자 하는 태도에 영향을 주는 요소'가 있는 경우에는 금지하라.

• 피해와 심각한 불쾌감으로부터 실험 참가자들을(필요한 경우, 방관자도) 보호하라.

• 실험 참가자 개인 정보의 비밀을 유지하라.

• 실험 참가자에게 **사후해명**(debriefing)하라. 향후 실험이 전개될 상황을 기만도 포함하여 충분히 설명해준다. 실험 참가자가 자신의 우둔함이나 잔인함을 깨닫게 하는 것과 같이 피드백을 통해 괴롭게 만드는 경우는 예외로 한다.

실험자는 참가자에게 실험에 대해 충분한 정보를 제공해야 하고 참가자들이 실험실에 올 때 느끼고 있던 좋은 감정과 같은 느낌을 가지고 돌아갈 수 있도록 해야 한다. 더 좋은 것은 참가자들이 실험을 통해 무엇인가를 배울 수 있어 그것이 보상이 될 수 있도록 해야 한다(Sharpe & Faye, 2009). 참가자를 존중하면 그들이 속았다는 느낌을 거의 갖지 않는다(Epley & Huff, 1998; Kimmel, 1998). 실제로 사회심리학 옹호자들은 교수들이 학생들로 하여금 학과 시험을 치게 하고 점수를 줌으로써 느끼는 불안이나 고통이 실험자들이 실험에서 느끼는 것보다 훨씬 더 크다고 한다.

실험실에서 일상생활로의 일반화

텔레비전과 폭력에 관한 연구에서 알 수 있듯이, 사회심리학은 일상 경험과 실험 분석이 혼합되어 있다. 이 책을 통해 우리는 연구실에서 이루어진 자료와 일상생활의 실례를 이끌어내는 작업을 할 것이다. 사회심리학은 실험 연구와 일상생활 사이의 건전한 상호 작용을 보여준다. 일상 경험에서 얻어진 것들은 종종 실험연구에 영감을 제공하며, 이것이 우리의 경험에 대한 이해를 깊게 한다.

이러한 상호 작용을 어린이 텔레비전 실험에서 볼 수 있다. 사람들이 일상생활에서 보았던 것들이 상관관계 연구를 제안하고 이것이 역시 실험연구를 이끌었다. 변화를 가져올 수 있는 사람들인 네트워크와 정부의 정책 수립가들이 이제 이러한 연구 결과에 관심을 가진다. 실험실 연구나 현장 연구에서 텔레비전의 영향력이 일관성 있게 나타나는 것은 도움 행동, 리더십 유형, 우울, 그리고 자기 효능감을 포함하는 다른 영역에서도 같이 나타나는 것이다. 실험실에서 발견된 효과는 현장에서 나타난 결과에 의해서 투영된다(Mitchell, 2012). Anderson과 그의 동료들(1999)은 "심리학 실험실은 사소한 것보다는 심리적 진실을 일반적으로 양산한다"고 지적했다.

그러나 우리는 연구 결과를 일상생활에 일반화하는 데 있어서 주의해야 한다. 비록 실험에서 인간 존재의 기본적 역동성을 발견한다고 하더라도, 그것은 아직 단순화되고 통제된 현실일 뿐이다. 그것은 모든 다른 조건이 동일한 상태에서, 변인 X에 의해 기대되는 결과만을 우리에게 이야기해주는 것이다(현실 세계는 절대 그렇지 않다). 더욱이, 여러분이 알게 되겠지만, 많은 실험에 있어 실험 참가자는 대부분 대학생이다. 비록 여러분이 그것을 규명하는 데 도움이 되겠지만, 대학생이 모든 인간을 대상으로 하는 무작위 표본이라 할 수 없다(Henry, 2008a; 2008b). WEIRD(western, educated, industrialized, rich, and democratic) 배경을 가지고 있는 대부분의 피험자는 인류의 12%만을 대표하는 문화적 배경에 지나지 않는다(Henrich et al, 2010). 연령, 교육 수준, 문화 등을 달리하여 실험하여도 동일한 결과가 나올 수 있을까? 이것은 항상 해결되지 않는 문제점이다.

그럼에도 불구하고, 우리는 사람의 생각과 행동의 내용(예 : 그들의 태도), 그들이 생각하고 행동하는 과정(예 : 태도가 행동에 어떤 영향을 미치고, 반대로 행동은 태도에 어떤 영향을 주는가)을 구분할 수 있다. 그러한 내용은 과정에서보다 문화에 따라 다양하게 변한다. 다양한 문화권 출신의 사람들은 자신을 똑같은 방식으로 적응시키는 데 다른 의견을 가지고 있을 수 있다. 다음 내용을 고려해보자:

- 푸에르토리코 출신의 대학생은 미국 본토 출신의 학생보다 외로움을 더 많이 느낀다고 보고한다. 두 문화 사이에서 외로움이라는 요소는 매우 똑같다. 수줍음, 인생의 불확실한 목표, 낮은 자존감 등도 마찬가지이다(Jones et al., 1985).
- 민족 집단은 학교 내 성취도와 비행에 있어 차이가 있지만, 그 차이는 그다지 크지는 않다고 Rowe와 그의 동료들(1994)은 발표했다. 가족 구조, 친구 영향, 부모 교육 정도가 한 민족 집단의 성취도와 비행을 예견할 수 있다면, 다른 집단에게도 마찬가지이다.

비록 우리의 행동은 다를 수 있지만, 똑같은 사회적 영향을 받는다. 우리의 표면적 다양성 바로 밑에는 차이점보다는 비슷한 점이 더 많이 있다.

요약 : 연구 방법 : 우리는 어떻게 사회심리학을 연구하는가?

- 사회심리학자들은 자신들의 아이디어와 발견 사실을 이론으로 조직화한다. 훌륭한 이론은 일련의 사실을 정제하여 훨씬 단순한 예언 원리의 목록을 만들 수 있게 해준다. 우리는 이런 예언을 사용하여 그 이론을 확증하거나 수정할 수 있고, 새로운 연구를 창안할 수 있으며, 실제적인 응용을 제안할 수 있다.
- 연구자들은 자신들이 누구(자신들이 표집하는 사람들)를 연구할 것인가를 결정해야 한다. 그들은 또한 서베이 질문에 어떤 단어를 사용할 것인가를 결정해야 한다.
- 대부분의 사회심리학 연구는 **상관연구**이거나 **실험연구**이다. 상관연구는 때때로 체계적 서베이 방식으로 수행되기도 하는데 변인들 관계, 이를 테면 교육과 수입의 관계를 알아본다. 두 사건이 논리적으로 자연스럽게 관련이 있다는 것을 아는 것은 가치 있는 정보이지만, 인과관계의 신뢰할 만한 지표가 아니거나 제3의 변인이 연관되어 있을 수도 있다.
- 가능하다면, 사회심리학자들은 인과관계를 탐구하는 실험의 수행을 더 선호한다. 통제하에 놓인 축소된 현실을 구축함으로써 실험자들은 한 가지씩을 변화시켜서 그것들이 별개로 또는 조합해서 행동에 영향을 미치는지를 발견해낼 수 있다. 우리는 실험 참가자들을 실험 처치를 받는 실험 조건 또는 실험 처치를 받지 않는 통제 조건에 무작위로 배정한다. 그리고 나서 우리는 두 조건 사이의 어떠한 결과적 차이도 **독립변인**에 귀인할 수 있다(그림 1.6). 연구된 결과를 **반복 검증**함으로써, 또한 오늘날의 심리학자들은 자신들의 연구 결과가 재생산될 수 있는가를 평가한다.
- 실험을 창출하기 위하여 사회심리학자들은 때때로 사람들의 정서를 사로잡는 상황을 설정한다. 그렇게 할 때, 그들은 전문적인 윤리 지침, 즉 통고 후 동의 구하기, 피해로부터 보호하기, 그리고 나중에 일시적 기만을 완전히 공개하기와 같은 것을 따를 의무를 지닌다. 실험실 실험으로 사회심리학자들은 생활 경험에서 얻은 아이디어를 검증하고, 원리와 발견 사실을 실제 세계에 적용할 수 있다.

(계속)

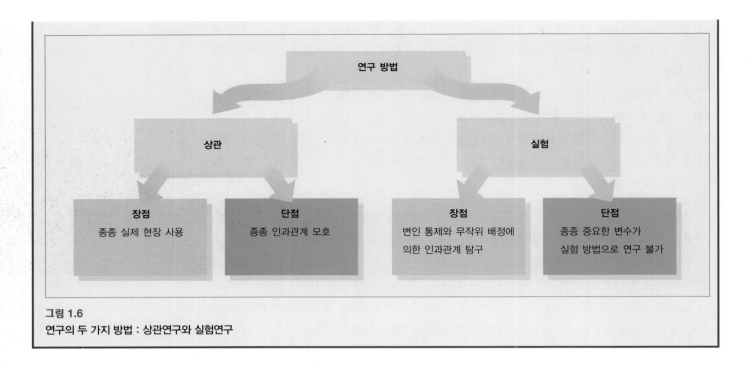

그림 1.6
연구의 두 가지 방법 : 상관연구와 실험연구

후기 :
우리는 왜 이 책을 쓰는가?

우리는 강력하고도 노력이 깃든 사회심리학 이론을 제시하기 위해 이 책을 쓴다. 우리는 이 이론들이 당신의 마음을 확장시키고, 당신의 인생을 풍부하게 할 것이라고 믿는다. 당신이 이 책을 읽고 나서 날카로운 비판적 사고 기술을 갖게 되고, 우리 자신을 어떻게 보고 서로 어떻게 영향을 주고받는지를 좀 더 깊이 이해하게 된다면 ― 왜 우리가 때론 좋아하고 사랑하며, 서로 돕고, 때론 싫어하고, 미워하며, 서로를 헤치려 하는지를 ― 우리는 이 책의 저자로서 만족할 것이고 당신이 상을 받을 만한 독자라고 우리는 믿는다.

우리는 많은 독자들이 자기 인생의 목표, 정체성, 가치, 태도를 규정하고 있는 과정이라는 것을 알고 있다. 소설가인 Chaim Potok는 자신의 어머니가 글 쓰는 것을 포기시키기 위해 다음과 같이 타일렀던 것을 기억한다: "뇌를 전문으로 하는 신경외과 의사가 되렴. 너는 많은 사람들을 죽음으로부터 구할 수 있을 거다. 그리고 돈도 많이 벌 수 있다." Potok는 이에 대해 다음과 같이 답했다. "어머니, 저는 사람들을 죽음으로부터 구하고 싶지 않아요. 나는 그들에게 어떻게 사는가를 보여주고 싶어요"(Peterson, 1992, p. 47 인용).

심리학을 가르치고 책을 쓰는 우리 대부분은 사람들에게 심리학을 전파하는 것을 좋아할 뿐만 아니라 학생들이 인생을 더 잘 살아가기를, 즉 더 지혜롭고, 더 성취감을 느끼며, 더 온정적인 삶을 살기를 ― 바란다. 이 점에서 우리는 선생님이며 작가이다. 신학자인 Robert McAfee Brown은 "왜 우리가 글을 쓰니까?"라고 질문했다. 그는 이렇게 말했다. "나는 모든 보상을 떠나서… 우리는 무엇인가를 변화시키고자 하기 때문에 글을 쓴다고 답하겠습니다. 우리가 차이(difference)를 만들 수 있다는 확신을 가지고 있기 때문에 우리는 글을 씁니다. '차이는 아름다움에 대한 새

로운 지각일 수도 있고, 자기이해에 대한 새로운 통찰력, 기쁨에 대한 새로운 경험 혹은 혁명에
가담하기로 결정하는 것일 수도 있습니다."(Marty, 1988 인용). 우리는 우리의 작업을 통해, 비
판적 사고를 가지고 직관을 통제하고, 온정을 가지고 판단은 개선하고, 환상을 이해로 대체하기
를 바라면서 글을 쓴다.

사회 속에서 자기

CHAPTER

2

© Adam Lubroth/Getty Images

"세상에 어려운 세 가지가 있다. 그것은 강철, 다이아몬드, 그리고 자신을 아는 것이다."

— Benjamin Franklin, *Poor Richad's Almanack*, 1750)

이 책은 사회심리학의 정의에 관해서 말하고 있다: 제1부에서는 우리가 어떻게 *생각하는가*? 제2부에서는 *영향력*, 그리고 제3부에서는 서로 간의 *관계*에 대해 언급한다. 제4부에서는 사회심리학의 연구와 이론들이 실제 생활에 어떻게 적용되는지에 관해 초점을 맞춘 부가적 예들을 제시하고 있다.

제1부는 우리가 서로에 관해 어떻게 생각하는지(*사회적 인지*라고 부른다)에 관한 과학적 연구들을 보여준다. 각 장에서 가장 중요한 몇몇 질문들을 보게 된다: 우리의 사회적 태도, 설명, 그리고 신념이 얼마나 합리적인가? 자신과 타인에 대한 우리의 인상이 일반적으로 정확한가? 우리의 사회적 사고가 어떻게 형성되는가? 어떻게 사회적 사고가 편파와 오류의 경향성을 갖게 되는가와 우리는 어떻게 그것이 실체에 더 가까워지게 하는가?

세상의 중심에서 우리들에게 그 무엇보다 중요한 것은 우리들 자신이다. 우리가 일상생활을 향해 줄일 때 우리 자신에 대한 감각은 점점 더 세상에 몰입하게 된다.

다음 사례를 생각해보자 : 어느 날 아침에 일어나 보니 자신의 머리가 우스꽝스럽게 헝클어지고 머리가 덕지덕지 붙은 이상한 모습이었다. 모자를 찾지 못해 대충 헝크러진 머리를 정리하고 수업에 가려고 나선다. 매일 아침 당신은 머리가 정리되지 않은 날들을 정확하게 의식하고 있다. 하지만 놀랍게도 수업에 있는 당신의 친구들은 아무 말도 하지 않는다. 당신의 우스꽝스러운 모습을 보고 친구들은 은밀하게 비웃고 있을까? 혹은 친구들은 자신들에게 사로잡혀 있어 당신의 우스꽝스러운 모습을 알아보지 못하는 것일까?

스포트라이트와 착각 : 우리 자신에 대해 무엇을 가르쳐주는가?

| 스포트라이트 효과와 투시의 착각과의 관계를 살펴본다.

우리는 왜 다른 사람들이 실제로 우리를 주시하는 것보다 더 크게 우리를 주시하고 있다고 느끼는가? **스포트라이트 효과**(spotlights effect)는 우리가 우리 자신을 무대 중앙에 있다고 보려고 한다는 것을 의미한다. 그 결과 직관적으로 다른 사람의 주의가 자신에게 집중되어 있다고 생각하는 정도를 과대평가하게 된다.

스포트라이트 효과
다른 사람들이 자신의 외모와 행동에 실제로 그들이 하는 것보다 더 주의를 기울일 것이라고 믿는 것

Lawson(2010)은 대학생들에게 'American Eagle'이 새겨진 셔츠로 갈아입고 친구들 모임에 참석하도록 하여 스포트라이트 효과를 살펴보았다. 거의 40%가 관찰자들이 그 셔츠를 기억할 것이라고 확신하였으나 단지 10%만이 정확하게 기억하였다. 대부분의 관찰자들은 잠깐 동안 그 방을 나간 후 학생들이 셔츠를 갈아입었다는 것조차 알지 못했다. 다른 실험에서 Barry Manilow 티셔츠와 같은 입기 창피한 옷을 입게 했다. 그 결과 자기 인식을 조장하는 티셔츠를 입은 학생들은 친구들의 절반 정도가 자신이 셔츠를 입은 것에 주목할 것이라고 예측하였다. 그러나 실제로는 단지 23%의 친구들만이 알았다(Gilovich et al., 2000).

투시의 착각
우리의 비밀스러운 정서가 흘러 나와 다른 사람들에게 쉽게 읽힐 수 있다고 생각하는 착각

이상한 옷, 흉측한 머리 모양, 그리고 보청기에서 나타난 사실들은 또한 우리의 정서에도 적용된다: 불안, 초조, 역겨움, 사기, 혹은 매력(Gilovich et al., 1998). 우리가 추정하는 것보다는 훨씬 적은 사람이 주목한다. 예민하게 자신의 정서에 주의를 기울이는 것과 같이 종종 우리는 **투시의 착각**(illusion of transparency)에 괴로워한다. 우리가 행복하고 우리가 그것을 알고 있다면, 우리의 표정에 그것이 나타날 것이다. 그리고 다른 사람들이 그것을 주목할 것이라고 우리는 추측한다('연구 보기 : 초조해 보일까 봐 초조해 하는 것' 참조).

우리의 비밀스러운 정서가 흘러 나와 다른 사람들에게 쉽게 읽힐 수 있다는 생각과 더불어 우리는 사회적 실수들과 대중의 생각에 어긋나는 것들을 과대평가한다. 우리가 도서관의 경보기를 울리게 했다거나 혼자만이 저녁 초대에서 주인에게 선물을 주지 않는 단 한 사람의 손님이 되었을 때, 우리는 괴로울 것이다("모든 사람이 바보라고 여길 거야"라고). 그러나 연구에 따르면, 우리는 그것에 대해 괴로워하지만 다른 사람들은 잘 알지 못하거나 금방 잊어버린다(Savitsky et al., 2001).

스포트라이트 효과와 그것과 관련된 투시의 착각은 자신에 대한 감각과 사회적 세계들 사이의 상호작용에 관한 많은 예 중 단 2개에 불과하다. 더 많은 예들은 다음과 같다.

© David Burch/Uppercut Images/Getty Images

스포트라이트 효과 때문에 비록 그녀의 동료들 중 누구도 주시하고 있지 않지만 신입생은 모두 그녀를 보고 있을 것이라고 생각하여 그녀 부모의 관심에 당황해한다.

연구 보기

초조하게 보일까 봐 초조해 하는 것

여러분이 매력적이라고 생각한 사람이 여러분에게 접근해 왔을 때 자의식을 느껴본 적이 있는가? 혹은 당신이 긴장한 것이 탄로 날까 봐 걱정해본 적이 있는가? 또한 관객 앞에서 이야기할 때 떨고 있는 자신을 발견하거나 모든 사람들이 이것을 알아 차렸다고 상상해본 적이 있는가?

Savitsky와 Gilovich(2003)는 자기들과 다른 사람들의 연구를 통해 자신의 내적 상태가 '노출'되는 정도를 사람들이 과대평가한다는 것을 알았다. 거짓말을 하도록 부탁받은 사람들은 다른 사람들이 자신의 속임수를 찾아낼 것이라고 상상한다. 확실히 맛이 없는 음료수를 시음하도록 부탁 받은 사람들은 다른 사람들이 자신의 메스꺼움을 알아 차릴 것이라고 생각한다. 그리고 이같은 생각은 거의 억제할 수 없다.

수업이나 대중 앞에서 발표를 하는 사람들 중 다수는 걱정스럽고 불안하다. 그들이 대중 앞에서 설 때, 무릎이 흔들리고 손이 떨리는 것을 느끼면 다른 사람들이 이것을 알아차리고 있다는 추정을 하게 되고 그들의 불안은 계속된다. 이것은 불면증에 대한 초조감과 같으며 더 나아가 잠들지 못하도록 방해한다. 또한 이것은 말을 더듬는 것에 대한 불안이 더욱 말을 더듬게 하는 것과 같다.

Savitsky와 Gilovich는 투시의 착각이 대중 연설 경험이 없는 사람에게 나타나는지 그리고 그것이 그의 연설을 방해하는지에 대해 궁금했다. 이것을 알아보기 위해 그들은 40명의 코넬대학교 학생을 2명씩 짝지어 실험실에 오도록 하였다. 한 사람은 연단에 서고 다른 한 사람은 앉아 있었다. 연단에 선 사람은 Savitsky가 제시하는 '요즘 인생에서 가장 좋고 나쁜 일들'과 같은 주제에 대해 3분 동안 이야기하도록 하였다. 연설이 끝나면 그들에게 자신이 이야기하는 동안 긴장한 것이 어느 정도 표출되었는지, 다른 사람은 어느 정도 긴장한 것처럼 보였는지 각각 평정하도록 하였다[전혀 아니다(0)부터 매우 그렇다(10)까지].

결과는? 사람들은 자기 자신(평균 6.65)이 파트너(평균 5.25)보다 더 긴장했다고 평가했다. 이런 차이는 통계적으로 유의미했다(표본에서 나타난 이 대단한 차이는 우연 때문이 아닌 것 같다는 의미이다). 40명의 참가자 중 27명(68%)은 자신이 파트너보다 더 긴장했다고 믿었다.

Savitsky와 Glovich는 자신들의 연구 신뢰도를 알아보기 위해 한 치의 흐트러짐 없이 집중하여 듣는 청중 앞에서 연설하는 실험을 반복하였다. 그 결과 역시 연설자들은 자신의 긴장이 드러난 정도에 대해 과대평가했다.

다음으로 Savisky와 Gilovich는 자신의 긴장을 다른 사람들이 잘 알아차리지 못한다는 것을 알고 있는 연설자들은 긴장을 덜하고 연설을 더 잘할 수 있을지 궁금했다. 그들은 77명의 코넬대학교 학생을 역시 실험실로 불러 5분 동안 준비할 시간을 주고 자신들의 학교에서 인종 간의 관계에 대해 연설하는 비디오를 3분 동안 틀어주었다. 이 집단(통제 조건) 사람들은 더 이상 어떤 지시도 받지 않았다. 그리고 다른 두 실험 집단에게는 실험자가 "나는 당신이 불안하다는 것을 알고 있습니다. 그것은 자연스러운 일입니다…"라고 말하고 사람들이 자신의 수행과 긴장이 표출되는 것에 대해 불안해하는 것에 대해 설명해주었다. 그런데 실험 집단의 반(안심 조건)에게는 "다른 사람들이 무슨 생각하는지 걱정할 필요가 없습니다. 단지 긴장을 풀고 최선을 다하는 것만 명심하십시오. 초조해진다고 느끼면, 그것을 걱정할 필요가 없습니다"라고 지시하였다. 나머지 반(정보 조건)에게는 투시의 착각에 관해 설명해주었다. "연구에 의하면 청중들은 여러분이 생각하는 것처럼 여러분을 알아차리지 못합니다…. 연설자는 자신의 긴장이 환히 비쳐 보이는 것처럼 느끼지만, 사실상 여러분의 감정은 명확하게 보이지 않습니다…. 이런 사실을 염두에 두고 긴장을 풀고 최선을 다하십시오. 여러분이 긴장한 것을 알았을 때 그 사실을 알 수 있은 사람은 오직 당신뿐입니다."

연설 후 연설자들은 자신의 연설의 질과 지각한 긴장에 대해 평정했다(7점 척도). 관찰자 역시 이에 대해 평정하였다. 표 2.1에서 보는 것처럼, 투시의 착각에 대해 설명을 들은 사람들은 통제 조건과 안심 조건의 사람들보다 자신의 연설과 모습에 대해 더 좋게 생각했다. 더 나아가 관찰자 역시 연설자의 자기평가 결과와 같았다.

그러므로 누군가 나를 바라보고 있다고 생각해서 긴장될 때, 이 실험의 교훈을 떠올려라: 다른 사람들은 여러분이 생각하는 것보다 잘 알아차리지 못한다.

표 2.1 연설자와 관찰자의 평정 평균(7점 척도)

평가 영역	통제 조건	안심 조건	정보 조건
연설자의 자기평가			
연설의 질	3.04	2.83	3.50*
편안함	3.35	2.69	4.20*
관찰자의 평가			
연설의 질	3.50	3.62	4.23*
차분함	3.90	3.94	4.65*

* 통제 조건과 안심 조건이 통계적으로 유의미한 차이가 있음

- **사회적 환경은 자기인식에 영향을 미친다.** 서로 다른 문화, 인종, 성별이 공존하는 집단에 속한 개인들은 자신이 어떻게 다르며 자신의 이런 차이에 대해 다른 사람이 어떻게 반응하는지 알고 있다. 이 글을 쓴 날 유럽계 미국인 친구가 방금 전에 네팔에서 돌아와 그가 시골 마을에서 사는 동안 자의식적으로 자신이 백인임을 느꼈다고 내(이 책의 저자인 David G. Myers, 이하 DM)게 말했다. 한 시간 후에는 아프리카계 미국인 친구가 와서 그녀가 아프리카에 머무는 동안 자의식적으로 미국인임을 느꼈다고 했다.
- **이기심은 사회적 판단에 영향을 준다.** 부부와 같이 아주 가까운 관계에서 문제가 생긴 경우 우리는 일반적으로 자기 자신보다 상대방에게 더 많은 책임을 지운다. 가정, 직장, 또는 활동에서 모든 일이 잘 되면, 우리는 자신이 더 많은 공헌을 했다고 생각한다.
- **자기에게 관심을 갖는 것은**(self-concern) 우리의 사회 행동을 동기화한다. 긍정적인 인상을 주기 위해 우리는 외모를 가꾸는 데 필사의 노력을 다한다. 빈틈없는 정치가처럼 우리는 타인의 행동과 기대를 잘 살피고 그에 따라 우리의 행동을 조절한다.
- **사회 관계는 자기에 관해 정의를 내리는 데 도움을 준다.** Anderson과 Chen(2002)에 따르면, 우리는 다양한 관계들 속에서 자기를 변화시킨다. 우리는 어머니일 수도, 친구일 수도, 선생님일 수도 있다. 우리가 자기를 어떻게 생각하고 있는지는 그 순간 관계를 맺고 있는 사람과 관계가 있다. 관계가 변하면 자기개념 역시 변할 수 있다. 최근 연인과 헤어진 대학생은 내가 누구인가에 관한 확인이 줄어드는 것 같은 자기지각에 전환이 일어난다. 이 같은 이유 중 하나는 연인과 헤어지는 것은 정서적 불안정을 가져오기 때문이다(Slotter et al., 2010).

예들이 보여주듯이 자기와 타인들 간의 소통은 양방향적이다. 자기에 관한 자신의 생각과 감정은 타인에게 어떻게 반응할지에 영향을 미친다. 그리고 타인은 우리 자신에 대한 감각을 형성하는 데 도움을 준다.

오늘날 심리학의 어떤 주제도 자기에 관한 연구보다 더 활발한 것은 없다. 2016년 '자기'라는 단어는 2만 6,016권의 책에 제시되고 있다. 그리고 *PsyINFO*(심리학 연구에 대한 온라인 데이터베이스)에는 1970년에 비해 연구 요약이 25배가 더 많다. 우리의 자기에 대한 감각은 우리의 생각, 감정, 행동을 조직화한다. 우리의 자기에 대한 감각은 과거를 기억하고, 현재에 어떤 결정을 내리며, 미래에 대해 계획을 세울 수 있게 해준다. 그리고 그로 인해 적합한 행동을 한다.

이어지는 장에서 우리의 많은 행동은(내가 생각한 것보다 더 많이) 의식적이라기보다 자동적이고 무의식적으로 통제된다는 것을 알 수 있다. 그러나 자기는 장기적인 계획을 세우고, 목표를 정하며, 제지할 수 있는 능력이 있다. 그것은 대안을 생각하고 자신을 타인과 비교하며 평판이나 관계들을 조절한다. 더 나아가 Leary(2004a)가 자신의 저서 **자기의 저주**(*The Curse of the Self*)에서 지적한 것처럼 자기는 때때로 만족스러운 삶에 방해물이 되기도 한다. 종교적 명상에서는 자신을 평온하게 하고, 물질적 쾌락에 대한 애착을 줄이고, 자기를 재설정함으로써 자기 자신에게만 몰두하는 것을 못하게 한다. 심리학자 Haidat(2006)는 "신비주의란 언제 어디서나 자기에 대한 생각을 버리고 자기를 초월하여 자기보다 더 큰 것으로 동화되는 것"이라고 덧붙였다.

이 장의 나머지 부분에서 우리는 자기개념(우리들 자신에 대해 어떻게 알게 되는가)과 행동에서의 자기(우리의 자기에 대한 감각이 우리의 태도와 행동들을 어떻게 이끌어 가는지)에 대해 살펴볼 것이다.

요약 : 스포트라이트와 착각 : 우리 자신에 대해 무엇을 가르쳐주는가?

• 우리가 타인에게 주는 인상에 관해 우리는 타인들이 실제로 우리에게 더 많은 주의를 기울이고 있다고 믿는 경향이 있다 (스포트라이트 효과).

• 또한 우리의 감정이 실제로 드러나는 것보다 더 명백하게 표출된다고 믿는 경향이 있다(투시의 착각).

자기개념 : 나는 누구인가?

어떻게 그리고 얼마나 정확하게 내가 누구인지 그리고 무엇이 자기개념을 결정하는지를 이해한다.

"나는 _____이다"라는 빈칸에 단어를 넣어 다섯 가지 문장을 완성해보자. 당신이 완성한 문장은 당신의 **자기개념**(self-concept)과 관련 있다.

자기개념
우리가 자신에 대해 알고, 믿고 있는 것

세상의 중심에서 : 자기에 대한 감각

당신 자신에게서 가장 중요한 부분은 자기이다. 당신은 당신이 누구인지, 그 손이 누구의 것인지, 당신이 느끼는 것이 누구의 감정이고 기억인지 알고 있다. 이러한 자기에 대한 감각이 어디서 생기는지 알아내기 위해, 신경과학자들은 자신에 관한 항구적인 감각의 기저가 되는 뇌 활동에 관해 연구하고 있다. 대부분의 연구들은 우반구가 중요한 역할을 한다고 제안하고 있다(van Veluw & Chance, 2014). 오른쪽 경동맥을 마취시킨 후 잠을 자면, 아마도 당신은 자신의 얼굴을 인식해 내는 데 어려움을 느낄 것이다. 우뇌가 손상된 한 환자는 자신이 왼팔을 갖고 있고 그것을 조정하고 있다는 것을 인식하지 못했다(Decety & Sommerville, 2003). 당신의 눈 뒤에 있는 반구들 사이의 절편에 위치한 신경 경로인 전전두엽 중앙부의 대뇌피질이 당신의 자기 감각을 함께 연결하도록 도와주는 곳 같다. 당신이 자신에 대해 생각할 때 그곳은 더 활성화된다(Farb et al., 2007; Zimmer, 2005).

자기개념의 요소들과 자신에 관해 정의 내리는 정확한 믿음이 **자기도식**(self-schemas)이다 (Markus & Wurf, 1987). 도식은 우리가 우리의 세상을 조직화하는 정신 판형이다. 우리의 **자기도식**은 — 자신을 운동선수 같은 몸매로, 똑똑하고 또는 그 외의 무엇인가로 지각하는 — 우리가 지각하고 기억하며 자기와 타인에 대해 평가하는 데 큰 영향을 미친다. 만약 운동선수가 되는 것이 여러분의 자기도식의 하나라면, 여러분은 타인의 신체나 기술에 주목하는 경향을 갖게 될 것이다. 여러분은 운동과 관련된 경험들을 재빠르게 기억할 것이다. 그리고 여러분은 자신의 자기도식과 일관된 정보를 더 잘 받아들인다(Kihlstrom & Cantor, 1984). 생일은 흔히 자기도식 내의 중심적 정보 중 하나이기 때문에, 만약 친구의 생일이 가까워지면, 당신은 그것을 더 잘 기억하게 된다(Kesebir & Oishi, 2010). 우리 자신이 개념을 구성하는 자기도식은 우리가 우리 경험을 조직화하고 상기하는 데 도움을 준다.

자기도식
자기 관련 정보처리를 조직화하거나 이끄는 자기에 대한 신념들

사회 비교

우리는 어떻게 자신이 부유하고 똑똑하며, 그리고 키가 작다는 것을 결정하는가? 하나의 방법은 **사회 비교**(social comparison)를 통한 것이다(Festinger, 1954). 주변 사람들과 자기 자신을 비교

사회 비교
자신과 타인을 비교함으로써 자신의 능력과 의견을 평가하는 것

하는 것을 통해 그들은 우리가 부유하다거나, 가난하다거나, 똑똑하다거나, 멍청하다거나, 길고 짧은 것에 대한 기준을 정하는 것을 도와준다. 사회 비교는 소수만이 매우 능력 있는 학교에 다니는 경우, 왜 그 학교의 학생들이 학력과 관련된 높은 자기개념을 갖는 경향이 있는지를 설명해준다(Marsh et al., 2000; Wang, 2015). 그리고 보통 수준의 고등학교에서 우수했던 학생들이 졸업 후 매우 좋은 대학에 진학한 후 어떻게 자기개념에 위험을 받는지를 설명해준다. '큰 고기'는 더 이상 작은 연못에는 없다.

대부분의 삶은 사회 비교와 연관되어 있다. 우리는 남들이 못생겼으면 자신이 잘생겼다고, 다른 사람이 바보 같으면 자신이 똑똑하다고 느낀다. 그리고 다른 사람이 냉담하면 자신이 타인을 잘 돌본다고 느낀다. 더 많은 돈이 항상 더 많은 행복을 가져다주지는 않는다. 그러나 주변 사람들보다 돈을 더 많이 가지고 있는 것은 행복을 느끼게 한다(Solnick & Hemenway, 1998). 우리가 친구의 행동을 볼 때 자기 자신과 비교하지 않을 수 없다(Gilbert et al., 1995). 그래서 우리는 다른 친구의 실패에 기뻐할 수 있다. 특히 내가 질투하거나 자기 자신에게 큰 피해가 없다고 생각할 때 친구의 실패에 기뻐한다(Lockwood, 2002; Smith et al., 1996). 당신은 '샤덴프로이데 (*Schadenfreude*, 다른 사람의 불운에 즐거워하는 것)'라는 독일어 단어를 들어보았을 것이다.

사회 비교는 때론 불완전한 정보에 의존한다. 당신은 페이스북을 보고 "내 친구들은 모두 나보다 더 즐겁게 사는구나"라고 생각해본 적이 있는가? 페이스북에서 더 많은 시간을 보내는 대학생들은 자신보다 다른 사람들이 더 행복하고 더 나은 삶을 살고 있다고 믿는 경향이 있다 (Chou & Edge, 2012). 물론 모두가 다른 모든 사람보다 더 행복하다는 것은 진실이 될 수 없다. 단지 페이스북 사용자들이 자기 삶의 흥미롭고 긍정적인 부분을 더 부각시키는 특징을 가지고 있을 뿐이다. 사이트에서 자신을 타인과 사회적으로 비교하는 페이스북 사용자가 더 우울한 경향이 있다. 이것을 연구자들은 '다른 사람의 화려한 부분(highlight reels)만을 보는' 현상이라고 한다(Steers et al., 2014). 이러한 근간이 되는 사회 비교가 페이스북을 사용하는 젊은 사람들이 종종 더 불안하고 더 외로워하고 자신의 삶에 덜 만족하는 이유 중의 하나이다(Huang, 2017; Kross et al., 2013). 한 실험 결과도 이를 지지한다: 일주일 동안 페이스북 사용을 중지시킨 사람들이 계속 페이스북을 했던 사람들보다 더 행복했다(Tromholt, 2016).

사회 비교는 또한 다른 방식으로 우리의 만족을 감소시킬 수 있다. 풍족함, 직위, 성취가 증가함을 경험했을 때, 우리는 자신의 성취를 평가할 수 있는 기준을 높이는 '상향 비교(compare upward)'를 한다. 우리는 성공의 사다리를 오를 때 위를 보는 경향이 있다. 아래를 보지는 않으며, 자신보다 잘하는 다른 사람과 비교한다(Gruder, 1977; Suls & Tesch, 1978; Wheeler et al., 1982). 경쟁에 맞설 때, 우리는 흔히 경쟁자가 유리하다고 지각하여 우리의 위태위태한 자기개념을 보호한다. 예를 들어 대학생 수영 선수들은 자신들의 경쟁자들이 더 나은 코치를 받았거나 연습을 더 많이 했다고 믿는다 (Shepperd & Taylor, 1999). 심지어 성 행위도 사회 비교의 대상이다. 성 행위를 더 많이 하는 성인은 대개 더 행복하다(당신은 그것을 추측할 수 있을 것이다). 하지만 정반대로도 사회 비교가 작용한다. 성 행위를 많이 한 사람도 만약 동료가 자신보다 더 많이 성 행위를 했다면 덜 행복하다(Wadworth, 2014). 확실히 우리

© Sam Edwards/Caiaimage/Getty Images

사회 비교 : 사회 매체에서 사람들은 자신의 인생에서 단지 최고 혹은 가장 멋졌던 부분만 초점을 두는 경향이 있기 때문에 온라인에서 사회 비교는 종종 불완전한 정보에 의존한다.

는 얼마나 즐거웠는가만으로 판단하지 않는다. 다른 사람들이 한 것이 얼마나 즐거운가에 따라 판단한다.

다른 사람의 판단

다른 사람들이 우리를 좋게 생각할 때, 그것으로 우리가 우리 자신을 좋게 생각하게 된다. 다른 사람들이 재능을 타고 났다거나, 열심히 한다거나, 도움이 된다고 불리는 아이들은 이 같은 평판에 부합하도록 자기개념을 갖고 행동하는 경향이 있다. 조력자가 되었다고 칭찬받는(돕는다는 것보다) 아이들은 이후에 더 도움 행동을 한다 — 자신들의 정체성의 일부가 된다(Bryan et al., 2014). 소수 집단의 학생들이 자신들의 학업 능력에 대한 부정적인 고정관념에 의해서 위협을 받는다고 느끼거나, 여성이 수학이나 과학에서 수행이 낮을 거라는 기대에 의해서 위협을 받는다고 느낀다면, 이들은 이 같은 사실에 의해서 잘못된 정체감을 형성할 수도 있을 것이다. 이 같은 선입견을 이겨내기보다는 그들이 관심이 있는 다른 것으로부터 정체감을 형성할 수도 있다 (Steele, 2010).

거울에 비친 자기란 사회학자 Cooley(1902)가 주장한 것으로 우리가 거울을 통해서 우리를 보는 것처럼, 타인이 우리를 어떻게 지각하는가를, 그리고 우리가 어떻게 사용하는가를 보여주는 것이다. 사회학자 Mead(1934)는 이 개념을 자기개념은 타인이 우리를 어떻게 사실적으로 보았는가가 아니라 우리가 그들이 우리를 보는 것을 **상상하는** 방식이라고 재정의하였다. 사람들은 비판하기보다는 칭찬하는 것을 더 자유롭게 느낀다. 즉 그들은 찬사를 말하고 우롱을 억제한다. 그러므로 우리는 타인의 칭찬이나 부풀려지는 우리 자신의 상을 과대평가할 수 있다. 예를 들어 사람들은 자신들이 실제 모습보다 자신을 신체적으로 더 매력적이라고 여기는 경향이 있다 (Epley & Whitchurch, 2008).

자기와 문화

당신은 "나는 _____이다"라는 문장을 어떻게 완성시켰는가? 당신은 "나는 정직하다", "나는 키가 크다", "나는 외향적이다"와 같은 당신의 개인적 특질에 대해 설명하였는가? 아니면 "나는 물고기자리이다", "나는 맥도널드가 사람이다", "나는 이슬람교도이다"와 같은 당신의 사회적 정체감으로 기술했는가?

누군가에게는, 특히 산업화된 서구문화 속의 사람들에게, **개인주의**(individualism)는 보편화되어 있다. 정체성은 거의 자기 개인과 관련되는 것이다. 청소년기는 부모로부터 분리되는 시기이며, 자립하게 되고, **독립적 자기**(independent self)라는 개인을 정의하는 시기이다. 외국으로 거주지를 옮겨 정착해도, 특유의 능력, 특성, 가치관, 꿈을 가진 독특한 개인으로서의 자신의 정체성은 그대로 남아 있을 것이다.

서구 문화권의 심리학자들은 가능한 자기를 명확히 하고 자기통제에 대한 당신의 힘을 믿는 것에 의해 당신의 삶이 풍부해질 것이라고 생각한다. 일리아드부터 허클베리 핀의 모험까지의 서구 문학은 자립적인 개인을 찬양한다. 영화 줄거리들에서 주인공은 특권에 저항하는 거친 영웅을 특징으로 한다. 노래에서도 "나는 오직 나일 뿐(I gotta be me)"이라고 선언하고 "모든 것 중 가장 위대한 것은 사랑", 즉 "자기 자신에 대한 사랑입니다"라고 찬양하였다(Schoeneman, 1994). 혹은 "나는 신이다"라거나 "세상이 나를 중심으로 움직여야 한다"라고 말하기도 한다. 개인주의는 사람들이 부, 이동성, 도시화 및 대중매체를 경험할 때 번성한다. 그리고 경제가 제

개인주의
집단의 목표보다는 개인의 목표를 우선시 하는 개념, 그리고 집단 동일시보다는 개인의 속성으로 개인의 정체성을 규정함

독립적 자기
자율적 자기로서 자신의 정체성을 해석함

© xavierarnau/Getty Images

집합주의적 문화는 개인 정체성보다는 집단 정체성에 더 초점을 둔다.

집합주의
집단(종종 확대가족이나 일을 같이 하는 집단)의 목표를 우선시 하며 그에 따라 자신의 정체성을 규정한다.

조업에서 정보와 서비스 산업으로 전환될 때 번성한다(Bianchi, 2016; Grossmann & Varnum, 2015; Triandis, 1994). 이 같은 변화는 전 세계적으로 일어나고 있으며, 우리가 예견한 것처럼 개인주의는 전 세계적으로 증가하고 있다(Santos et al., 2017).

아시아, 아프리카, 중남미 지역의 대부분의 문화들은 집단을 존중하고 집단과 더불어 자신을 규정하는 **집합주의**(collectivism)에 더 많은 가치를 둔다. 이 문화에서 사람들은 더욱 자기비판적이고 긍정적 자기애에 덜 초점을 맞춘다(Hein et al., 2001). 예를 들어, 말레이시아인, 인디언, 일본인 그리고 마사이족 같은 전통적 케냐인들은 오스트레일리아인, 미국인, 영국인들보다 그들의 집단 정체성을 통해 "나는 _____이다"의 문장을 더욱 쉽게 완성할 수 있다(Kanagawa et al., 2001; Ma & Schoeneman, 1997). 이야기를 할 때, 집합주의 국가의 언어를 사용하는 사람들은 '나(I)'를 잘 말하지 않는다(Kashima & Kashima, 1998, 2003). 미국 교회 웹사이트에 비해 한국 교회 웹사이트는 사회적 연결과 참여를 더 강조하고 개인의 영적 성숙 및 향상을 덜 강조한다(Sasaki & Kim, 2011).

물론 어떤 문화 내에서 개인주의는 사람마다 다르기 때문에, 오직 개인주의자 혹은 집합주의자라고만 문화를 구분하는 것은 과도하게 단순화시키는 것이다(Oyserman et al., 2002a, 2002b). 중국인 개인주의자나 미국인 집합주의자도 있고, 우리 대부분도 때로는 집단적으로 때로는 개인주의적으로 행동한다(Bandura, 2004). 개인주의–집합주의는 나라의 지역과 정책적인 면에 따라서도 차이가 난다. 보수주의자들이 경제적 개인주의자("나에게 부담을 주거나 통제하려고 하지마")나 도덕적 집합주의자("부도덕함에 대항하여 법률을 제정하자")일 수 있다. 자유주의자들이 경제적 집합주의자("보편적 의료보험을 통과시키자")나 도덕적 개인주의자("당신의 법을 지키세요") 성향이 있다. 미국에서 하와이 원주민과 남부 깊숙이 사는 사람들은 오리건과 몬태나 같은 서부에 위치한 주에 사는 사람들보다 집합주의적이다(Plaut et al., 2012; Vandello & Cohen, 1999). 가난한 사람보다는 부자가, 여자보다는 남자가, 비백인보다는 백인이, 보스턴 사람보다는 샌프란시스코 사람이 더 개인주의적이다. 중국에서 쌀농사를 짓는 지역(집합적 협동이 더 요구되는 지역)의 사람들이 밀농사를 짓는 지역의 사람들보다 더 집합적이다(Talhelm et al., 2014). 개인과 하위문화의 다양성에도 불구하고, 연구자들은 개인주의와 집합주의를 진정한 문화의 다양성이라고 여겨오고 있다(Schimmack et al., 2005).

문화 내에서 개인주의의 증가

문화 역시 시간이 지나면서 변화한다. 많은 사람들은 더 개인주의적으로 되어가는 것 같다. 이를 알아보는 방법 중 하나는 구글 북스 엔그램 뷰어를 이용하는 것이다. 이것은 1800년대 이후 출간된 500만 권 이상의 책의 단어나 구절의 사용 내용을 보여준다(한번 사용해보라. 온라인에서 무료로 사용할 수 있다). 2000년대의 경우, 지난 20여 년과 비교해서 '가지다(get)'는 더 사용하고 있지만 '주다(give)'는 덜 사용하고 있다(Greenfield, 2013). 'I', 'me', 그리고 'you'의 사용은

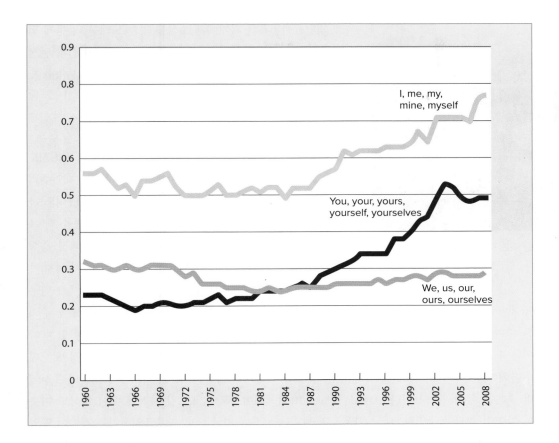

그림 2.1
구글 북스 데이터베이스에 따르면, 2000년대의 미국 책에서(vs. 1960년대와 1970년대) I, me, mine, myself 그리고 you, your, yours, yourself, yourselves를 더 많이 사용한다.

출처 : Twenge et al., 2012.

늘어났고 'we'와 'us'의 사용은 줄었다(Twenge, et al., 2013; 그림 2.1 참조). 개인주의 증가의 패턴은 전 세계 8개국의 책들에서도 역시 나타난다(Yu et al., 2016).

1980년부터 2007년 사이의 팝송 가사에서도 역시 'I'와 'me'는 더 많이 사용되었고 'we'와 'us'는 더 적게 사용되는 경향을 보였고(DeWall et al., 2011), 규범 역시 1980년대의 감성적인 사랑 노래('Endless Love', 1981)에서 2000년대의 자축(self-celebration)하는 것으로 전환되었다(저스틴 팀버레이크의 'Sexy Back', 2006).

심지어 이름에서도 개인주의로의 전환이 보인다: 오늘날 미국 부모들은 자녀에게 일반적인 이름을 지어주기보다 평범하지 않은 이름을 더 많이 지어주는 경향이 있다. 1990년에 태어난 남자아이들 중 거의 20% 정도가 열 가지의 공통된 이름을 가지고 있는 것에 반해 2016년에 태어난 아이들은 8%도 안 된다. 여자아이들 역시 비슷한 경향이다(Twenge et al., 2016). 오늘날 노스, 수리 혹은 애플만큼 독특한 이름을 갖기 위해 유명 연예인의 자녀가 될 필요는 없다. 이민자의 후예인 미국인과 호주인은 자녀들에게 유럽인보다 평범하지 않은 이름을 더 많이 지어준다. 동부의 부모들보다 독립적인 개척자의 후예인 미국 서부와 캐나다 부모들은 자녀에게 평범하지 않은 이름을 더 많이 지어준다(Varnum & Kitayama, 2011). 시대와 사람들이 개인주의적이게 되면 될수록 아이들은 더 독특한 이름을 받게 된다.

이 같은 변화는 이름보다 더 깊은 원리를 보여준다: 개인과 사회 간의 상호작용. 문화가 먼저 독특성에 초점을 맞춰서 부모의 작명을 야기했을까? 혹은 개별 부모들이 자녀가 독특한 이름을 갖기를 원해서 결과적으로 문화가 형성된 것일까? 닭이 먼저인가 달걀이 먼저인가와 비슷한 문제가 노래 가사에도 적용된다: 자기에 초점을 맞춘 대중이 자기에게 초점을 맞춘 노래를 더 들

© Carlos Arguelles/Shutterstock

개인주의적 문화에서 구별되는 것과 두드러지는 것은 자산이 되지만 집합주의적 문화에서는 손해가 된다.

게 되었을까? 혹은 자기에게 초점을 맞춘 노래를 더 듣게 되면 사람들은 더 자기에게 초점을 맞추게 될까? 여전히 완전한 것은 아니지만 대답은 둘 다 가능한 것 같다(Markus & Kitayama, 2010).

문화와 인지

사회심리학자인 Richard Nisbett은 그의 저서 생각의 지도(*The Geography of Thought*, 2003)에서 집합주의는 개인주의인 서구와는 사회관계가 다를 뿐만 아니라 사고의 방식도 다르다고 주장하였다. 생생한 바닷속 장면을 보여줬을 때(그림 2.2), 일본인은 무의식적으로 미국인에 비해 배경 특성을 60% 이상 더 많이 회상해냈고, 더 많은 관계에 대해 이야기했다(식물 옆의 개구리). 눈동자 추적과 관련된 후속 연구에서 지지된 것처럼, 미국인들은 큰 물고기 한 마리 같은 초점이 되는 대상(focal object)에 주의를 주며 주변 환경에는 주의를 잘 주지 않았다(Chua et al., 2005; Nisbett, 2003). 모여 있는 아이들의 그림을 보여주었을 때, 일본 학생들은 한 아이의 기쁘거나 화가 난 기분을 평정하는 데 주변의 다른 아이들의 표정을 고려하였다. 그러나 미국 학생들은 제시된 그 아이 개인의 표정에만 초점을 두어 평가하였다(Masuda et al., 2008). 페이스북의 프로필 사진에 대한 분석도 비슷한 문화적 효과를 보였다: 미국 학생들의 셀피는 자신의 얼굴을 더 클로즈업시키는 경향이 있었던 반면에 대만 학생들은 배경에 더 초점을 두는 경향이 있었다(Huang & Park, 2012). Nisbett과 Masuda(2003)는 이러한 연구들로부터 동아시아인들은 서로 간의 관계와 그들 환경 간의 관계 속에서 대상과 사람들을 지각하고 사고하면서 더 종합적으로 사고한다고 결론지었다.

만약 당신이 서구 문화에서 성장했다면, 당신은 "자신을 표현하라"는 말을 자주 들었을 것이다 — 글, 당신의 선택, 당신이 구매한 물건, 그리고 아마도 타투 혹은 피어싱을 통해. 언어의 목적에 대한 질문을 받았을 때, 미국 학생들은 자기를 표현할 수 있게 해준다고 설명하는 경향이 있는 반면에 한국 학생들은 언어를 통해 어떻게 다른 사람과 의사소통할 수 있는가에 초점을 맞추었다. 미국 학생들은 또한 자신들의 선택을 자신들을 표현하는 것으로 보았고 자신들의 선택을 더 호의적으로 평가하였다(Kim & Sherman, 2007). 개인의 기호에 맞춘 라떼 커피 '무카페인, 작은 컵, 지방을 제거한 커피, 기본보다 뜨거운 커피'는 북미 커피 전문점에서는 당연한 권리로 보일 테지만, 서울에서는 이상하게 보일 것이라고, Kim과 Markus(1999)가 언급한 바 있다. 한국에서 사람들은 그들의 독특함을 표현하는 것보다는 전통과 관습에 더욱 중요성을 둔다(Choi & Choi, 2002, 그림 2.3). 한국의 광고는 사람들이 함께하는 것을 주요 특색으로 삼는 경향이 있다. 그들은 개인의 선택이나 자유를 강조하는 일이 드물다(Markus, 2000; Morling & Lamoreaux, 2008).

집합주의 문화는 또한 소속감을 증진시키고 자신과 타인이 더 통합

그림 2.2
동서양의 사고
물속 장면을 볼 때 미국인은 가장 큰 물고기에 초점을 둔다. 아시아인은 수초, 공기방울, 그리고 돌과 같은 배경을 더 참조한다.

적으로 구성되어 있다. 중국 참가자들에게 자신의 어머니를 생각해보라고 요
구했을 때 자아와 연관되는 뇌의 영역이 활성화되는데, 이 영역은 서양의 참
가자들이 그들 자신에 대해서 생각할 때만 활성화되는 영역이다(Zhu et al.,
2007). 상호의존적 자기는 하나의 자기가 아니라 많은 자기를 가지고 있다:
부모와 함께 하는 자기, 직장에서 자기, 친구와 함께 하는 자기(Cross et al.,
1992). 그림 2.4와 표 2.2에 제시된 것처럼, 상호의존적 자기는 사회 구성원
안에 깊숙이 박혀 있다. 대화는 덜 직접적이고 좀 더 예의바르다(Holtgraves,
1997). 사람들은 소속된 사회로부터의 승인에 초점을 맞춘다(Lalwani et al.,
2006). 미국 학생들의 3분의 1이 그렇게 했던 것에 반해, 중국 학생들 중 절
반은 부모가 반대한다면 사귀던 사람과 헤어지겠다고 했다(Zhang & Kline,
2009). 개인주의 문화에서 개인의 향상과 독립적 선택을 중요하게 생각하는
것에 반해 집합주의 문화에서 사회생활의 목적은 자신이 속한 사회를 지원하
고 사회와 조화를 이루는 것이다.

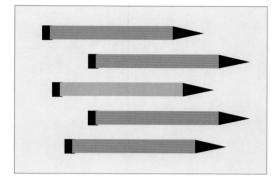

그림 2.3
어떤 펜을 선택할 것인가?
김희정과 Markus(1999)의 연구에서 사람들에게 이같은 펜들
중 하나를 선택하라고 했을 때, 미국인의 77%가 독특한 색의
펜(오렌지)을 선택했으나 아시아인은 단지 31%만 독특한 색을
선택했다. 이 같은 결과는 독특함과 동조에 대한 선호에 있어서
문화적 차이를 보여주는 예라고 김희정과 Markus는 주장했다.

문화와 자긍심

집합주의 문화 내에서의 자긍심은 안정적(상황에 따라 지속되는)이기보다는 융통성이 있다(상황
특수적). 한 연구에서 5명 중 4명의 캐나다 학생, 그러나 3명 중 단 1명의 중국과 일본 학생이 "네
가 누구인지에 대해(너의 내면 속의 자신) 가지고 있는 신념은 다른 활동을 넘어서도 그대로 유
지된다는 것에 동의했다(Tafarodi et al., 2004)."

개인주의 문화 속의 사람들에게 자긍심은 더 개인적이고 덜 관계 중심적이다. 서구 문화권 사
람은 자신의 집합주의적 정체감이 위협받을 때보다 개인적 정체감이 위협받을 때, 더 화를 내고
더 우울해 한다(Gaertner et al., 1999). 일본 사람들과는 달리 개인주의 국가의 사람들은 성공이
자긍심을 더 높여주기 때문에 성공할 때 과업에 더 열중한다(Heine et al., 2001). 서양의 개인주
의자들은 자신들의 자긍심을 지지해주는 다른 사람들과 비교하기를 좋아한다. 그러나 아시아의
집합주의자들은 자기발전을 촉진시킬 수 있는 방법으로 비교를(흔히 위쪽에 있는, 더 뛰어난 이
들과) 한다(White & Lehman, 2005).

그렇다면 추측해볼 때, 언제 집합주의자인 일본의 대학생과 개인주의자인 미국의 대학생의 기

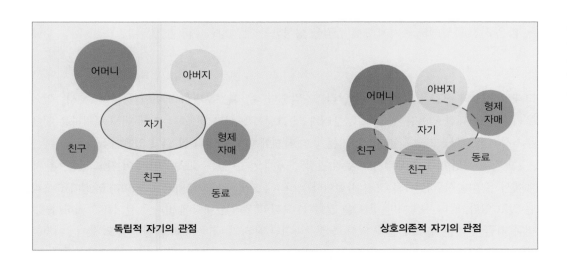

그림 2.4
독립적 자기/상호의존적 자기 해석
독립적 자기는 타인과의 관계를 인정
한다. 그러나 상호의존적 자기는 타인
들이 더 깊숙하게 겹쳐 있다.

표 2.2 자기개념 : 독립적 혹은 상호의존적

	독립적인(개인주의적)	상호의존적(집합주의적)
정체감	개인적, 개개의 특성과 목표에 의해 규정	사회적, 타인과의 연결에 의해 규정
주요문제	개인 성취와 충족감(나의 권리와 자유)	우리 집단 목표와 결속(우리의 사회적 책임과 관계성)
거부	동조	이기주의
격언	"내 자신에 충실하라"	"사람은 혼자 살 수 없다"
문화	개인주의적 서양	집합주의적 아시아와 제3세계

ⓒ Visage/Getty Images

집합적 문화에서 조화는 동일함과 동의에서 나온다.

뻠과 행복과 같은 긍정적인 감정들이 보고될 가능성이 가장 클까? 일본 학생들의 경우, 행복은 친밀감, 친절함, 존경의 감정과 같은 긍정적인 사회적 관계에 따라 나타난다. 미국 학생들에게는 행복은 유능감, 우월감 그리고 자부심과 같은 해방되어 있는 감정에 따라 나타난다(Kitayama & Markus, 2000). 집합주의 문화 내의 대립은 종종 집단 간에 일어난다. 반면 개인주의 문화는 더 많은 대립(그리고 범죄와 이혼)이 개인 간에 일어난다(Triandis, 2000).

Kitayama(1999)가 미국에서 10년 동안 교습과 연구를 마친 후 모교인 교토대학교를 방문했을 때 대학원생들은 그에게 서양의 독립적 자아에 대한 사상 설명을 듣고 "몹시 놀랐다." "나는 서양의 자아개념에 대한 관념을 설명하는 것을 지속했다 — 나의 미국 학생들은 직관적으로 이해했던 — 그리고 마침내 분명히 참으로 많은 미국인들이 그러한 독립된 자신에 대한 관념을 가지고 있음을 설득해 나가기 시작했다. 여전히 그들 중 한 명은 한숨을 깊이 내쉬며 마지막으로 말했다. "이것이 정말 사실일 수 있습니까?"라고(두 문화 간의 심리적 차이에 대해 보다 자세한 것은 '숨은 이야기: 문화심리학에서 Hazel Markus와 Shinobu Kitayama' 참조).

동양이 서양을 만나면, 자기개념이 더 개인화될까? 일본 사람이 자기 자신의 가능성을 믿으라는 서양인의 조언을 받거나 한 경찰관이 다른 이들의 방해에도 불구하고 영웅적으로 갱을 잡는 영화를 본다면 무슨 일이 일어날까? 그런 것 같다고 Heine과 그의 동료 연구원들은 보고하고 있다(1999). 교환 학생의 경우 비슷한 효과가 나타났다: 브리티시컬럼비아대학교에서 7개월을 지낸 일본 교환 학생들 사이에서 개인적 자긍심은 증가했다. 또한 캐나다에서도 장기 아시아 이민자들 사이에서의 자긍심은 최근 이민자들보다 높다(그리고 아시아에 살고 있는 이들보다). 문화는 짧은 시간 동안에도 자기에 대한 관점을 형성하는 데 영향을 미친다.

자기 지식

고대 그리스의 신관은 "너 자신을 알라"고 말했다. 우리는 분명히 노력한다. 우리는 서슴없이 우리 자신에 대한 믿음을 형성하고, 우리가 왜 그렇게 느끼고 행동하는지에 대해 설명하는 것을 주저하지 않는다. 그러나 실제로 우리는 우리 자신에 대해 얼마나 잘 알고 있을까?

"한 가지 분명한 것은 우리가 외부의 관찰을 통해 알 수 있는 것보다 더 많이 알고 있는, 온 세계에서 유일한 사람은 바로 자기 자신이다"라고 C. S. Lewis(1952, pp. 18-19)가 말했다. "우리는 알고 있다. 말하자면 내막(정보)을 말이다. 그리고 우리는 내막에 밝다." 실제로 그러하다. 그러나 가끔 우리는 우리가 알고 있다고 생각하지만 우리의 내막 정보가 틀릴 때도 있다. 이것이

숨은 이야기

문화심리학에서 Hazel Markus와 Shinobu Kitayma

우리는 요란스럽게 의구심을 내보이면서 함께 연구하기 시작했다. Shinobu는 미국인의 생활이 왜 이렇게 이상한가 의심스러웠다. Hazel은 일본의 기묘함에 관한 일화로 맞섰다. 문화심리학이란 낯선 것을 친숙하게 하고 친숙한 것을 낯선 것으로 만드는 것이다. 우리가 공유하는 문화적 접촉들은 우리를 놀라게 하며 그것이 심리적 기능을 할 때는 장소의 문제라는 것을 우리에게 인식시킨다.

일본에서 뛰어난 영어 구사력을 가진 학생들에게 강의하고 몇 주 흐른 후 Hazel은 왜 학생들이 아무 말도 하지 않는지 궁금했다 — 질문도 없고 논평도 없었다. 그녀는 학생들이 그녀와 다른 아이디어에 관심이 있다고 확신했다. 그런데 왜 아무런 응답도 없었을까? 논쟁, 토론과 비판적인 생각의 신호가 어디에 있을까? 심지어 그녀가 직설적인 질문을 한다고 하더라도, "최고의 국수를 파는 식당이 어딘가요?"라고 물어도, 이에 대한 대답은 변함없이 "경우에 따라서"였다. 일본 학생들은 선호, 생각, 의견 그리고 태도가 없었던 것일까? 이런 것들이 없으면 그들의 머릿속에는 무엇이 있을까? 만약 그녀가 당신에게 그녀의 생각을 말하지 않았다면 당신은 어떻게 알 수 있었을까?

Shinobu는 학생들이 단지 강의를 듣기만 하는 것이 왜 안 되는지, 미국 학생들은 왜 서로에게 끼어들어서, 서로 혹은 교수와 이야기해야 하는지 의문이 생겼다. 의견과 질문은 왜 강한 감정과 경쟁 우위를 드러낼까? 이 주장의 요점은 무엇인가? 서로 잘 알고 있는 학급 안에서조차 다른 사람이 최고가 되는 것을 왜 지능과 관련 있다고 여길까?

Shinobu는 선택의 문제로 손님들에게 공세를 퍼붓는 미국 주인에게 놀라움을 표시했다. 포도주, 맥주, 청량음료, 주스, 커피, 차 중에서 어떤 걸 드릴까요? 왜 사소한 결정으로 손님을 부담되게 할까? 상황에 맞는 좋은 다과와 간단하게 적당히 제공할 만한 것이 무엇인지 주인은 확실히 알고 있다.

부담가는 선택? Hazel은 만약 이것이 일본에서의 굴욕적인 경험에 대한 실마리가 될 수 있는지 궁금했다. 8명의 한 무리가 프랑스 레스토랑에 있었다. 각각은 보편적인 레스토랑 스크립트에 따르면서 메뉴를 세세히 살펴보고 있었다. 웨이터가 다가와 근처에 서 있었다. Hazel은 전체 요리와 메인음식을 선택하여 주문하였다. 그다음에 일본 주인 및 일본 손님 사이에 긴장된 대화가 오고 갔다. 식사가 제공되었지만, 그녀가 주문한 메뉴가 아니었다. 식탁의 모든 사람에게 같은 식사가 제공되었다. 매우 불편한 분위기였다. 만약 당신의 저녁식사를 스스로 선택하지 못한다면 그게 즐거울 수 있을까? 모두가 동일한 식사를 제공받는다면 메뉴가 필요가 있을까?

같다는 느낌이 일본에서 좋거나 바람직한 감정일 수 있을까? Hazel은 교토의 사원 주위를 걷고 있을 때 길이 갈라지며 '평범한 길'이라는 표지판을 읽었다. 누가 평범한 길로 가고 싶어 할까? 특별하고, 사람들이 지나가지 않은 새로운 길은 어디일까? 평범하지 않은 길을 선택하는 것은 미국인에게는 확실한 선택일지도 모르지만, 이 경우에는 우리를 사원 밖의 쓰레기장으로 이끄는 것과 같다. 평범한 길은 지루하고 재미없는 길이 아닌 적절하고 좋은 길을 의미한다.

이 같은 서로의 경험은 우리의 실험 연구에 영감을 주고, 우리 각자가 알고 있는 최고 이상의 삶의 길이 있음을 주지시켰다. 지금까지, 심리학의 대부분은 중산층 유럽계 미국인 응답자를 연구한 중산층 유럽계 미국인 심리학자에 의해 구축되어 왔다. 다른 사회 문화적 맥락에서, 좋은 인격체로 의미 있는 삶을 사는 방법에 대한 생각과 관습에서 차이가 있을 수 있고, 이러한 차이점들은 심리학 기능에 영향을 미친다. 이런 인식은 공동 연구와 문화심리학에서 우리가 지속적인 관심사를 갖도록 활기를 불어 넣는다.

Hazel Rose Markus
스탠퍼드대학교

Shinobu Kitayama
미시간대학교

일부 매혹적인 연구의 피할 수 없는 결론이다.

우리의 행동을 예측하기

우리가 어떻게 자신에 대한 예측에 오류를 범하는지 다음 예를 살펴보자:

• 영화 보기 : 넷플릭스는 사람들이 어떤 영화를 보고 싶어 하는가를 예측하기 위해 사용자들을 초청하였다. 그러나 실제로 그들이 나중에 본 것은 저급 영화였다. "이 같은 불일치에 직면했습니다"라고 Stephens-Davidowtiz(2017)는 보고하면서, "넷플릭스는 다음에 어떤 영화를 보고 싶은지를 그들에게 묻는 것을 중지했습니다." 대신에 "비슷한 고객에게서 얻은 견해나 조회수를 근거로 제안을 해달라고 했습니다… 그 결과 고객들은… 더 많은 영화를 보

았습니다."

• 데이트와 연인관계의 미래 : 데이트하는 커플은 장밋빛 미래를 전망하며 그들 관계가 오래 지속될 것이라고 예상하는 경향이 있다. MacDonald와 Ross(1997)의 연구에 따르면, 주변의 친구와 가족들이 종종 더 잘 알고 있는 것으로 나타났다. 워털루대학교의 학생의 경우, 연인과의 사랑이 얼마나 지속될까 하는 것을 당사자인 자신보다 그들의 룸메이트가 더 잘 예측하였다. 의과대학의 레지턴트의 경우 자신의 외과 수술 기술시험 성적을 잘 예측하지 못했다. 하지만 동료들은 서로의 수행 정도를 놀랄 정도로 정확하게 예측하였다(Lutsky et al., 1993). 관찰자들은 심리학 전공 학생들의 시험 성적을 학생 자신보다 더 잘 예측하였다. 왜냐하면 학생 자신은 시험에 대한 낙관적 희망에 의존하지만 관찰자들은 학생의 과거 수행에 의존해서 예측하기 때문이다(Hezler & Dunning, 2012). 만약 여러분이 사랑에 빠져 있고 그것이 얼마나 지속될 것인지를 알고 싶다면, 여러분의 심장 소리를 듣지 말고 여러분의 룸메이트에게 물어보라.

계획오류
과제를 완수하는 데 걸리는 시간을 과소 추정하는 경향성

행동 예측에서 우리가 범하는 매우 공통적인 오류는 과제를 완수하는 데 얼마나 시간이 걸리는가를 과소평가하는 것이다. 이를 **계획오류**(planning fallacy)라고 부른다. 보스턴에서 Big Dig 고속도로 건설계획을 할 때, 10년이 걸릴 것이라고 예측하였지만, 실제로 20년이 걸렸다. 시드니 오페라 하우스의 경우 완성하는 데 6년이 걸릴 것이라고 예상하였으나 16년이 걸렸다. 자신들이 예상했던 것보다 빨리 결혼 계획을 달성한 커플은 약혼한 커플의 3분의 1도 안 된다. 자신이 정한 날짜에 계획했던 밸런타인데이 선물을 사는 연인은 10명 중 4명에 지나지 않는다(Min & Arkes, 2012). 대학생들은 졸업논문을 쓸 때 자신들이 가장 이상적인 계획이라고 생각했던 것보다 3주 늦게 마쳤다 — 가장 최악의 경우는 이보다 일주일 더 늦게 완성하였다(Buehler et al., 2002). 그러나 친구들과 선생님들은 보고서가 얼마나 늦을 것인가를 정확하게 예측하였다. 당신의 연인관계가 얼마나 지속될 수 있을 것 같은가를 당신의 친구에게 물어봐야 하는 것처럼, 만약 당신이 기말보고서를 언제 끝마칠 수 있을지를 알고 싶다면 당신의 기숙사 룸메이트나 당신의 어머니에게 물어보아야 한다. 당신도 역시 마이크로소프트사가 하는 것처럼 할 수 있다 : 프로그램 개발자가 프로그램을 완성할 수 있다고 예측한 기간에 관리자는 30%를 자동적으로 더한다. 그리고 만약 프로젝트에 새로운 OS가 포함된다면 기간의 50%를 더한다(Dunning, 2006).

언제 당신의 기말보고서를 끝낼까? 당신의 친구가 당신보다 더 정확하게 답할지 모른다. 각 단계를 개별적으로 예측하면 당신은 더 정확하게 예측할 수 있다.

어떻게 하면 우리의 자기 예력력을 향상시킬 수 있을까? 가장 좋은 방법은 과거에 얼마나 걸렸는가를 생각해보는 것이 좀 더 현실적으로 생각하는 것이다. 사람들은 자신들이 과거에 그 과제를 수행하는 데 얼마나 시간이 필요했는가를 생각할 때, 실제로 걸린 것보다 덜 걸렸다고 잘못 기억하기 때문에 과제 수행의 시간을 과소평가하게 된다(Roy et al., 2005). 다른 유용한 전략도 있다 : 프로젝트에서 각 단계마다 얼마나 소요될까를 추정하는 것이다. 결혼 계획 단계에서 보다 상세하게 기술한 약혼커플은 그 과정이 얼마나 소요될까를 더 정확하게 예측했다(Min & Arkes, 2012).

사람들은 자신들이 돈을 얼마나 쓰게 될지를 예측하는 것도 못하는가? Peetz와 Buehler(2009)의 연구에 따르면, "그렇다." 캐나다 학부생들의 경우, 자신들이 다음 주에 소비하게 될 돈이 94달러 좀 넘을 것이라고 예측하였으나 실제로 소비한 돈은 122달러였다. 연구 전에 자신들이 그 주에 126달러를 소비했다는 것을 고려했더라면, 그들의 추측은 좀 더 정확했을 것이다. 1주일 후에 이들

이 다시 돌아왔을 때, 그들은 돌아오는 1주일 동안 자신들이 단지 85달러만을 쓸 것이라고 여전히 예측하였다. 돈을 저축하고 싶다고 했던 학생들은 자신들이 돈을 더 적게 소비할 것이라고 예측했지만, 결과적으로 다른 사람과 비슷한 정도로 돈을 소비하였다. 주방을 다시 꾸미는 데 1만 8,658달러를 쓸 것이라고 계획했던 미국 주택 소유자들은 실제로 3만 8,769달러를 지출하였다 (Kahneman, 2011, p. 250). 우리가 과제를 빨리 끝낼 것이라고 생각하는 것처럼, 우리는 돈을 저축할 것이라고 생각한다. 여기에 어려운 점이 있다. 만약 "다른 사람을 아는 사람은 박식한 사람이다. 자기 자신을 아는 사람은 현명한 사람이다"라고 한 노자의 말이 옳다면, 대부분의 사람들은 현명하다기보다는 박식한 사람인 것 같다.

감정 예측

인생의 많은 경우 큰 결정을 할 때 미래의 감정이 포함된다. 이 사람과 결혼을 한다면 일생을 만족할 것인가? 이 직장에 들어간다면 만족스러운 일을 할 수 있을까? 이번 방학 때 행복한 경험이 계속될 수 있을까? 혹은 이혼을 하거나 직장에서 해고가 되거나 휴일의 실망과 같은 결과를 얻을까?

때때로 우리는 어떻게 감정을 느낄 것인지 안다. 즉, 우리가 시험에 실패하면, 큰 게임에서 이기거나 혹은 30분 동안의 조깅으로 불안을 가라앉히면 어떤 느낌일지 안다. 우리는 무엇이 우리의 기분을 좋게 하는지, 무엇이 불안하거나 지루하게 만드는지 알고 있다. 다른 경우에는 우리의 반응이 잘못된 해석일 수도 있다. 사람들에게 만약 직장 인터뷰에서 성희롱적인 질문을 받는다면 어떤 느낌이 들 것인가를 물어보라. Woodzicka와 LaFrance(2001)의 연구에 참가했던 대부분의 여성들은 사람들이 분노를 느낄 것이라고 말했다. 그러나 실제로 이 같은 질문을 받게 되면, 여성은 흔히 공포를 경험한다.

'감정 예측(affective forecasting)'에 관한 연구에 따르면, 사람들은 그들의 미래에 나타날 정서의 **강도**와 **지속** 정도를 예측하는 것을 가장 어려워한다(Wilson & Gillbert, 2003). 사람들은 그들의 낭만적인 이별 후의 시간, 선물을 받을 때, 선택권을 잃었을 때, 게임에서 이겼을 때 그리고 공격을 받았을 때의 느끼는 감정을 잘못 예측한다(Gilbert & Ebert, 2002; Loewenstein & Schkade, 1999). 몇 가지의 예를 들면:

- 젊은 남성들은 야한 사진에 의해 성적으로 각성된 다음 정열적인 데이트 시나리오에 노출되고, 그들에게 '멈출' 것을 요구받아도 그들은 멈추지 않을 것이라고 시인하였다. 만약 처음에 성적인 자극 사진을 보여주지 않았다면, 그들은 성적으로 적극적일(공격적일) 가능성에 대해 더 인정하지 않았을 것이다. 각성되기 전에는, 각성되고 나서 자신들이 어떻게 느끼고 행동할 것인가를 쉽게 잘못 해석한다: 열정적 사랑 중 예기치 않은 고백을 하는 것, 원하지 않은 임신, 그리고 다시 그렇게 하지 않겠다고 하고선 성추행을 반복하는 것과 같은 현상.

- 단순히 4분의 1 파운드의 블루베리 머핀을 즐기는 손님보다 배가 고픈 손님이 더 충동적으로 구매한다("이 도넛 정말 맛있겠다!")(Gilbert & Wilson, 2000). 배가 고플 때는, 우리가 배가 부르고 나면 기름에 흠뻑 튀긴 도넛이 얼마나 클 거라고 할 것인지를 잘못 해석한다. 하나

심리 읽기

"나는 당신이 좀 더 명확하게 무엇인가 말해주길 원했습니다 — 여전히 믿기 좀 어려워서요."

© BWP

행동을 예측하는 것은, 심지어 그것이 자신의 행동이라 하더라도, 쉬운 일이 아니다. 이것이 바로 사람들이 도움을 받고자 심령술사나 타로 카드 점쟁이를 찾는 이유이다.

Reprinted with permission of Brett Pelham at brettpel@yahoo.com.

혹은 두 개를 더 먹고 난 뒤에는 더 먹고 싶은 욕구가 빨리 소멸되는 것과 같이 배가 부를 때는 한밤에 우유 한 컵과 함께 먹는 도넛이 얼마나 맛있는지를 과소평가한다.

- 허리케인 같은 자연재해가 발생했을 때, 사람들은 인명피해가 더 많이 발생한다면 자신들의 슬픔이 더 클 것이라고 예상한다. 그러나 2005년 허리케인 카트리나가 지나간 후, 50명의 인명피해가 발생했다고 믿을 때나 1,000명의 인명피해가 발생했다고 믿을 때나 학생들의 슬픔은 비슷하였다(Dunn & Ashton-James, 2008). 사람들에게 슬픔을 느끼게 하는 것은 무엇일까? 피해자 사진을 보는 것이다. TV에서 비난에 의한 비통한 영상이 우리에게 영향을 미친다는 것은 의심할 여지가 없다.

- 사람들은 나쁜 사건(연애 관계가 깨지거나 운동 목표 달성에 실패하는 것)(Eastwick et al., 2007; van Dijk et al., 2008)과 좋은 사건(겨울을 따뜻하게 보내고, 체중을 감소시키며, 더 많은 TV 채널을 갖고, 더 많은 자유시간을 갖게 됨) 모두에게 자신의 심리적 안녕감에 미친 영향을 과대평가한다. 심지어 복권 당첨이나 전신 마비와 같은 사건으로 고통받는 것과 같은 극단적인 사건들은 대부분의 사람들이 가정하는 것보다 장기적 행복에 덜 영향을 미친다.

우리의 직관적 이론은 다음과 같은 것 같다: 우리는 원하고 그것을 얻고, 그렇게 되면 우리는 행복하다. 이것이 만약 진실이라면, 이 장에서 이야기할 것은 많지 않을 것이다. 실제로 Gilbert와 Wilson(2000)이 지적한 것처럼 우리는 종종 "잘못 말한다(miswant)." 아름다운 무인도에서 작열하는 태양, 파도타기, 그리고 백사장이 있는 휴가를 꿈꾸는 사람들은 그들이 얼마나 일상의 사회 구조, 지적 자극 혹은 긍정적인 보상을 규칙적으로 공급받는 것을 얼마나 요구하고 있는가를 발견하고는 실망하게 된다. "우리는 우리 후보 혹은 우리 팀이 승리하면 얼마나 오랫동안 즐거울까라고 생각한다. 그러나 연구 결과는 우리가 **충격 편향**(impact bias, 정서가 원인이 되는 사건의 영향을 이겨낼 수 있다고 과대평가)에 취약하다는 것을 보여준다. 기대보다 더 빠르게 그처럼 좋은 일의 정서적 흔적은 사라진다.

우리는 특히 **부정적인** 사건 후에 충격 편향의 경향이 있다. 개인적 상황을 만들어보자. Gillbert와 Wilson은 당신에게 잘 쓰지 못하는 한 손을 잃고 난 후의 1년의 기분이 어떨지 상상해보라고 했다. 오늘과 비교해 당신은 얼마나 행복할까?

당신은 아마도 이 고난이 무엇을 의미하는지에 초점을 맞출 것이다. 손뼉을 치지 못하고 신발도 묶지 못하며, 농구 시합을 못하고 빠르게 키보드도 치지 못한다. 당신은 비록 손이 없어진 것을 영원히 후회할 것 같지만, 당신의 일반적인 행복은 그 일 후에 다음과 같은 두 가지 일에 영향받을 것이다: (a) 사건과 (b) 그 밖의 모든 것(Gillbert & Wilson, 2000). 부정적인 사건에 초점을 맞추면 우리는 행복에 기여하는 그 밖의 모든 것의 중요성을 깎아내리고 불운을 견디는 것을 과도하게 예측하게 된다. 여러분이 초점을 두는 것에 대해 여러분이 생각하는 것만큼 차이가 있는 것은 전혀 없다고 Schkade와 Kahneman(1998)도 생각을 같이했다.

더욱이 Wilson과 Gilbert(2003)가 말한 것처럼, 사람들은 그들이 합리화하고 깎아내리며, 용서하고 정서적 충격을 제한시키는 전략을 할 수 있는 대처 기제(coping mechanisms)의 힘과 속도를 경시한다. 왜냐하면 우리가 심리적 대처 기제의 힘과 속도를 무시하기 때문에, 우리가 예상했던 것보다 무능력, 연인과의 이별, 시험의 실패, 정년 보장 실패, 그리고 개인과 팀의 패배에 우리는 더 쉽게 적응한다. 역설적으로 Gilbert와 그의 동료들(2004)이 언급한 것처럼, 주요한 부정적 사건들(우리의 심리적 방어체계를 활성화시키는)이 소소한 자극들(우리의 심리적 방어체계를 활성

충격 편향
정서가 원인이 되는 사건의 영향 지속을 과대평가하는 것

화시키지 않는)보다 그렇게까지 오랫동안 우리를 불안하게 만들지 않는다. 대부분의 상황에서 우리는 놀라운 복원력을 가지고 있다.

자기분석의 지혜와 착각

놀라울 정도로 우리의 직관은 종종 우리에게 영향을 미치는 것, 우리가 느끼게 될 것과 할 것에 관해 잘못 작용한다. 그러나 사례를 너무 과장하지는 말라. 우리 행동의 원인이 눈에 잘 띄거나, 올바른 설명이 우리의 직관에 잘 맞을 때, 자기지각(self-perception)은 정확해진다(Gavanski & Hoffman, 1987). 행동의 원인이 관찰자에게 명확할 때, 우리에게도 역시 주로 명확해진다. 전반적으로 예측되는 감정과 실제 감정 간의 상관관계는 .28이다: 통계적으로 유의미하지만 완벽한 관계는 아니다(Mathieu & Gosling, 2012).

우리 마음에서 작동하고 있는 것에 우리는 덜 주의를 기울인다. 지각과 기억에 관한 연구에 따르면, 우리는 우리 사고의 과정보다는 그 결과에 주의를 기울인다. 창조적인 과학자와 예술가들이 그 결과에 대한 훌륭한 지식을 가지고 있을지라도, 흔히 그들의 통찰 결과를 초래한 사고 과정을 말하지 못한다.

Wilson(1985, 2000)은 기발한 견해를 제시하였다: 우리 사회 행동을 통제하는 심리 과정과 우리 행동을 설명하는 심리 과정을 구분하였다. 그렇기 때문에 우리의 이성적 설명은 실제로 우리 행동을 이끄는 무의식적 태도를 빠뜨린다. 9개 실험을 통해 Wilson과 동료들(1989)은 사물 혹은 사람에 대해 의식적으로 사람들이 표명하는 태도는 보통 뒤따르는 행동을 합리적으로 잘 예측한다는 것을 발견하였다. 그러나 만약 참가자들에게 먼저 자신의 느낌을 분석하도록 요구한다면, 그들의 태도 보고는 무용지물이 된다. 예를 들면 데이트를 하는 커플의 관계에 관한 행복의 수준은 그들이 몇 달 후에도 여전히 데이트를 하는지 안 하는지 정확히 예측하였다. 그러나 다른 참가자들에게는 행복을 평정하기 전에 왜 그들의 관계가 좋다고 또는 나쁘다고 생각하는지에 대한 모든 이유를 기입하도록 하였다. 이 경우, 참가자들의 행복 평정이 미래의 관계를 예측하는 데 쓸모가 없었다! 명백히, 세밀하게 관계를 조사하는 과정은 관계에 관해 말로 하기 어려웠던 측면만큼 실제로 중요하지 않았던 쉽게 언어로 표현되는 요인들에 주의를 끌게 한다. 우리는 종종 우리 자신에게 낯선 사람이라고 Wilson(2002)은 결론지었다.

이와 같은 발견에 대해 우리가 **이중 태도 체계**(dual attitude system)를 지닌다고 Wilson과 그의 동료들(2000)은 설명하였다. 누군가 혹은 무엇인가에 대한 우리의 자동적인 **암묵적 태도**는 의식적으로 통제되는 **외현적 태도**와는 종종 다른 것이다(Gawronski & Bodenhausen, 2006; Nosek, 2007). 신뢰로운 자신의 직관에 따라 의사결정을 했다고 누군가 말했다면 그것은 자신의 암묵적 태도에 따른 것이다(Kendrick & Olson, 2012). '외현적 태도'가 상대적으로 쉽게 바뀌는 것에 반해 오래된 습관 같은 '암묵적 태도'는 더 천천히 바뀐다고 Wilson은 지적하였다. 그러나 반복적 연습을 통해 오래된 태도는 새로운 습관적 태도로 대체된다.

자기지식의 제한점에 대한 연구는 두 가지 함의를 가지고 있다. 첫째, 심리학적 의문에 관한 것이다. 자기보고는 종종 믿을 수 없다. 자기이해에 있어서 오류들로 인해 주관적인 개인 보고의 과학적 유용성이 제한된다.

두 번째 함의는 우리의 일상을 위한 것이다. 비록 사람들이 자신의 경험을 정직하게 보고하고 해석한다고 하지만, 그들의 보고가 진실은 아니다. 개인적 증명은 대단한 설득력을 가지고 있다. 그러나 그것들은 역시 틀리기도 한다. 오류의 가능성을 잘 생각하는 것은 우리가 타인에 의해서

이중 태도 체계
같은 대상에 대한 구분되는 암묵적(자동적) 태도와 외현적(의식적, 통제적) 태도. 언어적으로 표현된 외현적 태도는 교육과 설득으로 변화될 수 있다. 암묵적 태도는 새로운 습관을 형성하는 연습과 함께 서서히 변한다.

위협을 덜 받고 덜 속을 수 있도록 도와준다.

요약 : 자기개념 : 나는 누구인가?

- 우리의 자기에 대한 감각은 우리의 생각과 행동을 조직화하는 데 도움이 된다. 우리가 자신을 참조하여 정보를 처리할 때, 우리는 그것을 더 잘 기억한다(자기도식을 사용함으로써). 자기개념은 두 가지 요소로 구성되어 있다: 자기 관련 정보 처리 과정을 이끄는 자기도식과 꿈꾸거나 두려워하는 가능한 자기.

- 문화 역시 자기에 대한 개념에 영향을 미친다. 개인주의적 서구문화의 사람들은 **독립적 자기**를 가정한다. 집합주의적 문화의 사람들은 더 **상호의존적인 자기**를 가정한다. 이처럼 대별되

는 아이디어가 사회 행동의 문화적 차이를 설명하는 데 공헌하였다.

- 우리의 자기 지식은 이상한 결점이 있다. 우리는 종종 우리가 하는 방식대로 왜 행동하는지 알지 못한다. 우리 행동에 영향을 미치는 것들이 관찰자에게 보이기에 충분하지 않을 때, 우리 역시 그것을 놓친다. 무의식적인, 우리의 행동을 통제하는 암묵적 과정은 우리의 의식, 즉 그것에 대한 외현적 설명과 다르다.

자긍심의 본질과 동기적 힘은 무엇인가?

| 자긍심과 행동 및 인지에 대한 자긍심의 함의를 이해한다.

누구나 자긍심을 강화하고자 갈구한다. 자긍심은 문제가 될 수 있는가?

자긍심
자신이 가치 있다고 느끼는 개인의 전반적인 자기평가

먼저 우리는 자신의 자긍심이 어느 정도인지 알아야 한다. **자긍심**(self-esteem)은 다양한 영역들에 대한 자기 관점의 총합인가? 만약 우리가 자신이 매력적이고, 운동을 잘하며, 명석하고, 부자일 수밖에 없는 운명을 타고 났으며, 사랑받을 만하다고 생각한다면, 우리의 자긍심은 높다고 할 수 있을까? Crocker와 Wolfe(2001)는 그렇다고 말한다. 우리가 자신의 자긍심에서 중요한 영역(용모, 재능을 비롯한 그 무엇이든지)에 대해 좋다고 느낀다면 말이다: 어떤 사람은 자긍심을 학업 성적과 외모에 의존한다. 이에 반해 어떤 사람은 자긍심이 신으로부터 사랑을 받는 것과 도덕적 기준을 지키는 것에 의존할 수 있다. 결국, 전자는 머리가 좋다고 생각하고 외모가 잘생겼다고 생각하면 높은 자긍심을 느끼게 되고, 후자는 도덕적이라고 생각할 때 높은 자긍심을 느낀다.

그러나 Brown과 Dutton(1994)은 이처럼 자긍심에 대한 상향식 관점이 전부는 아니라고 주장한다. 그들은 인과관계의 방향이 다른 방향으로 간다고 믿는다. 일반적인 측면에서 자신에게 가치를 두는 사람, 즉 자긍심이 높은 사람은 자신의 외모, 능력 등등에 더 가치를 두는 경향이 있다. 그들은 사랑하는 자녀의 손가락, 발가락, 머리카락에 기뻐하는 신생아의 부모와 같다: 부모는 신생아의 손톱 혹은 발톱을 먼저 평가하고 전체적으로 자녀가 얼마나 가치 있는가를 결정하지 않는다.

그러나 세부적인 자기지각은 어느 정도 영향력을 가지고 있다. 만약 당신이 수학을 잘한다고 생각한다면, 당신은 앞으로 수학을 더 잘하게 될 것이다. 비록 전반적인 자긍심이 학업 수행을 잘 예언하지 못하지만, 학업과 관련된 자기개념은 당신이 학교에서 잘한다고 생각하는가에 관계없이 학업 수행을 예측한다(Marsh & O'Mara, 2008). 물론 각각은 다른 것의 원인이 된다: 수학을 잘함으로써 당신은 자신이 수학을 잘한다고 생각할 것이다. 그리고 그것이 당신을 더 잘하도록 동기화한다. 만약 당신이 누군가(혹은 자신)의 용기를 북돋아주고 싶다면, 일반적인 칭찬("너

는 훌륭해")보다는 구체적인("너는 수학을 잘해") 것이 좋다. 그리고 당신이 지적한 내용이 비현실적으로 낙관적인 내용("너는 무엇인가를 잘할 수 있어")보다는 그 사람의 진정한 능력이나 수행("마지막 시험에서 너의 성적은 정말로 향상되었어")을 반영하는 것이 더 좋다. 피드백은 사실적이고 구체적인 것이 가장 좋다(Swann et al., 2007).

자긍심에 있어서 매우 일반적인 피드백의 효과를 연구한 흥미로운 연구가 있다. 여러분이 심리학 수업의 첫 시험을 보고 성적을 받았을 때를 생각해보자. 여러분이 자신의 학점(D⁻ 학점)을 보고 탄식한다. 그러나 이후 여러분은 수업에 대한 리뷰 질문과 다음과 같은 이메일 메시지를 받는다: "높은 자긍심을 가진 학생들은 더 나은 학점을 받게 될 뿐만 아니라 자신감 있고 확신에 차 있다…. 결론적으로 머리를 치켜 들어라. 그리고 자신의 자긍심을 높여라." 반면에 다른 집단의 학생들은 자신의 수행에 대한 통제감을 가지라는 메시지를 받거나 단지 리뷰 질문만을 받았다. 이후 어떤 집단의 기말 성적이 더 좋았을까? 놀랍게도 자긍심을 북돋아주는 메시지를 받은 학생들의 기말 성적이 가장 나빴다(사실 낙제를 하였다)(Forsyth et al., 2007). 고군분투하던 학생들은 자신들에 대해 좋다는 느낌을 이야기했다고 연구자들은 기억했다. "나는 이미 훌륭한데 왜 공부해?"라고 학생들은 생각했던 것 같다.

자긍심 동기

대부분의 사람들은 자신의 자긍심을 유지하도록 동기화되어 있다. 사실 대학생들은 자신이 좋아하는 음식을 먹는 것, 자신들이 선호하는 성 행동을 하는 것, 좋아하는 친구를 만나는 것, 술을 마시는 것, 혹은 급여를 받는 것보다 자긍심을 증진시키는 것을 선호한다(Bushman et al., 2011). 즉, 믿을 수 없겠지만 자긍심은 피자, 섹스, 그리고 맥주보다 더 중요하다.

자긍심을 위협받을 때, 예를 들어 실패하거나 혹은 누군가와 비교해서 호의적이지 않은 반응을 받을 때 어떤 일이 발생할까? 형제들이 괄목할 만하게 다른 능력 수준을 가지고 있을 때, 예를 들어 한 사람은 운동을 잘하고 다른 사람은 그렇지 않을 때 그들은 서로 잘 어울리지 못한다(Tesser et al., 1988). '아메리칸 아이돌'의 네덜란드 버전의 오디션에서 노래를 부르는 젊은 여자가 심하게 음이탈을 하는 것을 시청할 때, 부정적인 피드백을 경험한 네덜란드 대학생들은 더 샤덴프로이데를 느꼈다(van Dijk et al., 2012). 불평이 많은 사람은 다른 사람의 불운을 조롱하는 것을 좋아한다.

자긍심 위협은 낯선 사람의 성공보다 친구의 성공이 더 위협이 되는 친구들 간에 발생한다(Zuckeman & Jost, 2001). 자긍심 수준 역시 차이를 발생시킨다. 자긍심이 높은 사람들은 자긍심 위협에 대해 그것을 보상하는 방향으로 반응한다(누군가를 비난하거나 혹은 다음에 더 열심히 하거나). 이 같은 반응은 자신에 대한 긍정적 감정을 유지하는 데 도움이 된다. 그러나 자긍심이 낮은 사람들은 자신을 비난하거나 포기하는 경향이 더 크다(VanDellen et al., 2011).

자긍심을 유지하거나 고양시키려는 동기의 기저에는 무엇이 있는가? Leary(1998, 2004b, 2007)는 우리의 자긍심 정서는 연료 계측기 같다고 믿는다. 관계는 생존과 성장을 할 수 있도록 한다. 결국 자긍심 계측기는 우리를 사회적 배제에 위협을 느끼도록 변화시켜 다른 사람의 기대에 더 민감하게 행동하도록 우리를 동기화한다. 연구에 따르면, 사회적 배제는 자긍심을 낮추고 우리가 더 열심히 인정받으려고 하도록 만든다. 버림받거나 차버리는 것을 우리는 매력적이라거나 적절하다고 느끼지 않는다. 깜박거리는 계기판 불빛처럼, 이 같은 고통은 행동하도록 동기화한다(자기향상, 수용과 어딘가에 포함되기를 추구한다). 다른 사람들이 우리를 좋아할 뿐만 아

형제자매 간의 관계에 있어서 어린 형제자매가 뛰어난 능력을 보이는 것은 더 나이가 많은 형제자매의 자긍심에 가장 위협이 된다.

공포관리이론
자신의 죽음을 상기시키면 사람들은 자기보호적인 정서적·인지적 반응(문화적 세계관과 편견을 더 강하게 담고 있는 반응)을 보인다고 제안한다.

니라 존경할 때 높아지는 것처럼, 자긍심은 또한 타인과의 지위 관계를 나타내기도 한다(Gebauer et al., 2015).

Greenberg(2008)는 '**공포관리이론**(terror management theory)'이라고 부르는 다른 관점을 제시하였다. 이 이론에 따르면, 인간은 압박해오는 죽음에 대한 공포를 관리하는 방법을 발견하려고 한다는 것이다. 그는 만약 자긍심이 단지 수용의 문제라면, "왜 사람들은 단지 수용되기보다는 그 이상이 되려고 추구하는가?"라고 반박하였다. 그는 자기 자신의 죽음에 대한 실체적 사실을 마주하면, 우리의 업적과 가치를 통해 자신을 인식하고자 하는 동기를 갖게 된다고 주장하였다. 사과 안에는 벌레가 있는 법이다(어느 것도 완벽한 것은 없다는 뜻), 그러나 왜 그것이 가치 있는가를 정확하게 인식하는 사람도 없으며, 왜 자긍심이 완전하게 무조건적이지("당신은 그 자체로 특별하다"라고 부모가 말하는 것처럼 어떤 근거도 없는) 않은지를 인식하는 사람도 없다. 우리의 인생이 허망하지 않다고 느끼기 위해서 우리는 우리 사회의 규범에 따르는 자긍심을 의식적으로 추구해야 한다고 그는 주장한다.

그러나 적극적으로 자긍심을 추구하는 것에는 역효과가 있다. 자신의 가치를 내적 요인(개인적 선행과 같은)에 더 근거하는 학생들보다 자신의 가치를 외적 요인(학점이나 다른 사람의 의견 같은)과 연관시키는 학생들은 스트레스, 분노, 관계에 문제, 약물과 술 사용, 식이 장애가 더 많다는 것을 Crocker와 그녀의 동료들은 발견하였다(Crocker, 2002; Crocker & Knight, 2005; Crocker & Luhtanen, 2003; Crocker & Park, 2004).

역설적으로 Crocker와 Park(2004)는 아름답고, 부유하거나 인기를 얻으려고 노력하는 것으로 자긍심을 추구하는 사람은 무엇이 진짜 더 좋은 삶을 만드는 것인가에 대한 시각을 잃을 수 있다고 지적하였다. 자신의 좋은 점을 강조하고 자신의 좋지 않은 점을 숨김으로써 룸메이트에게 좋은 인상을 얻으려 노력하는 대학생들은 실제로 자신의 룸메이트가 그들을 덜 좋아하여 결국 자긍심이 약화된다는 것을 발견하였다(Canevello & Crocker, 2011). 자긍심을 추구하는 것은 사과 통의 작은 구멍에 손을 넣어 맛있는 사과를 꽉 잡고 있는 것과 같다고 Crocker는 설명하였다. 즉 사과를 잡고 있는 주먹이 그 구멍을 빠져나오지 못할 정도로 커서 구멍에 손이 끼게 된다는 것이다(Crocker, 2011). 우리가 자긍심을 북돋는 것에 초점을 맞출 때, 우리는 자신에 대한 비판을 피하게 되고, 다른 사람에 덜 공감하게 되며, 활동을 즐기기보다 그 활동에서 성공해야 한다는 압박감을 더 느끼게 된다. 그래서 사과를 얻기보다는 실패하게 된다. 자신을 위해 사과를 먹기보다 이타적으로 씨를 심어 다른 사람들이 사과를 먹도록 한 Johnny Appleseed를 모방하는 것이 더 낫다고 Crocker는 보았다. 예를 들어, 룸메이트에 대한 동정 어린 목표(나는 룸메이트를 지지하기를 원한다)를 가지고 있는 대학생들은 그들과 더 좋은 관계를 형성하고 결과적으로 더 높은 자긍심을 향유한다(Canevello & Crocker, 2011). 비슷한 접근이 우리 자신에 대한 우리의 시각에도 작용한다. Neff(2011)는 이 같은 것을 자기연민이라고 제안하였다 — 타인에 대한 연민을 뒤에 두고, 대신 친절하게 우리 자신을 다루는 것은 고귀한 것이 아니다. 인디언 격언에 있는 것처럼 하는 것이다. "다른 사람보다 우월한 존재가 되는 것은 고귀한 것이 아니다. 진정으로 고귀한 것은 예전의 당신보다 우월해지는 것이다."

낮은 자긍심과 높은 자긍심 간의 균형

낮은 자긍심을 가진 사람들은 불안, 외로움, 그리고 섭식 장애에 취약하다. 나쁜 기분과 위협을 느낄 때 자긍심이 낮은 사람들은 종종 모든 사물에 대해 부정적 시각을 취한다. 그들은 다른 사람들이 했던 최악의 행동들에 주의를 주고 기억하며 부모가 자신들을 사랑하지 않는다고 생각한다(Murray et al., 2002; Quesnel, 2013). 비록 낮은 자긍심을 가진 사람들이 덜 바람직한 상대를 선택한다는 증거는 없지만, 그들은 자신의 파트너가 자신들을 비판하고 배척할 것이라고 빠르게 믿는다. 아마도 이 같은 결과로, 자긍심이 낮은 사람들은 그들과 관계에 대해 덜 만족하게 된다(Fincham & Bradbury, 1993). 또한 그들은 자신들의 관계를 빨리 청산하는 경향을 보인다. 낮은 자긍심을 보이는 학부생들은 자신들을 긍정적으로 보는 룸메이트와 함께 있지 않겠다고 결정하기도 한다(Swann & Pelham, 2002). 불행하게도 반복적으로 긍정적인 장면들과 접하여("나는 사랑스러운 사람이다" 같은) 낮은 자긍심을 높이기 위한 노력은 역효과를 발생시킨다(Wood et al., 2009). 자긍심이 낮은 사람들은 역시 부정적인 경험에 대해 긍정적인 면을 듣는 것("적어도 당신은 무엇인가를 배웠습니다" 같은)을 원하지 않는다. 대신 비록 자신들에게 부정적("정말 후졌군" 같은)이지만, 그 반응을 이해하려 한다(Marigold et al., 2014).

자긍심이 낮은 사람들은 또한 인생에 더 많은 문제를 경험한다(돈을 적게 벌고, 약물을 더 사용하며, 더 우울해 하는 경향이 있고, 칼로 자해하는 것 같은 자신을 손상시키는 행동을 더 많이 한다)(Forrester et al., 2017; Orth & Robins, 2013; Salmela-Aro & Nurmi, 2007). 그들의 성장 과정을 추적한 연구들[**장기종단적 연구**(longitudinal study)라고 부른다]에 따르면, 십 대가 되면 자긍심이 낮은 사람들은 이후 우울해지는 경향이 있는 것으로 보아 낮은 자긍심이 다른 주변의 요인들에 비해 우울의 원인이 되는 것 같다(Sowislo & Orth, 2013). 그러나 앞에서 배운 것처럼, 두 변인 간의 상관관계에서 제3의 변인이 원인이 되기도 한다. 아마도 자긍심이 낮은 사람은 어린 시절에 역시 가난했거나, 성적 학대를 경험했을 수도 있고, 혹은 부모가 약물을 사용했을 수 있다(이 모든 것들이 이후 생을 힘들게 하는 요인이 된다). 이 같은 요인들을 통제한 연구에 따르면, 자긍심과 부정적 결과들과의 관계는 사라진다(Boden et al., 2008). 낮은 자긍심은 기저 질병으로 나타나는 증상 같은 것이다(이 경우 힘들었던 어린 시절).

좋은 일을 접하게 되면, 높은 자긍심을 가진 사람들은 좋은 감정을 잘 갈무리하고 지속시키려는 경향이 있다(Wood et al., 2003). 우울과 불안에 관한 연구들이 제안하는 것처럼, 자기본위적 지각은 유용할 수 있다. 이것은 실제의 자신보다 자신이 더 스마트하고, 더 강하며 더 사회적으로 성공할 수 있다고 믿게 하는 전략이다. 우월성에 대한 믿음은 우리를 성취하고자 하게 만들고(자기충족적 예언이 만들어진다), 힘든 시간 동안 우리의 희망을 유지시켜준다(Willard & Gramzow, 2009).

높은 자긍심을 갖는 것은 몇 가지 이점이 있다(즉 주도성, 융통성, 그리고 유쾌한 감정을 키운다)(Baumeister et al., 2003). 하지만 십 대 갱 리더들, 극단적인 민족주의자들, 테러리스트, 강력범죄를 저지르고 교도소에 수감된 남자 죄수들도 자긍심 수준이 평균보다 높다(Baumeister & Baumeister, 2002; Dawes, 1994, 1998). "히틀러 역시 높은 자긍심을 가지고 있었다"고 Baumeister와 그의 공저자들(2003)은 지적하였다. 자긍심이

© Mike Twohy. All rights reserved. Used with permission.

장기종단적 연구
같은 사람을 긴 시간 동안 연구하는 것

일기에게,
너를 다시 지루하게 해서 미안해.

낮은 자긍심

성공의 열쇠는 아니다. 학업 성취가 더 높아지게 하거나 직무 수행을 더 잘하게 하는 원인도 아니다(Baumeister et al., 2003). 미국에서 어느 민족이 가장 자긍심이 낮을지 당신은 추측할 수 있는가? 학업 성취가 높고 중위소득이 가장 높은 것은 아시안계 미국인이다. 앞에서 언급했던 것처럼, 아시아 문화는 자긍심보다는 자기향상을 더 강조한다. 이 같은 강조의 결과로 더 나은 수행을 하게 된다. "자긍심 운동을 열정적으로 부르짖는 것은 대부분 환상에서부터 시시한 것에 해당한다"라고 누구보다 자긍심 연구를 많이 한 Baumeister(1996)는 지적하였다. 또한 "자긍심의 효과는 적고 제한적이며 항상 좋은 것은 아니다"라고 그는 말했다. 그는 높은 자긍심을 가진 사람들은 짜증을 잘 내고 제지를 잘하는 경향이 있으며 그들보다는 사람들과 이야기한다고 보고하였다(이에 반해 자긍심이 낮은 사람들은 부끄러움을 잘 타고 겸손하다). "나의 결론은 자긍심보다 자기통제가 열 배는 중요하다는 것이다."

나르시시즘 : 자긍심의 자만하는 동지

높은 자긍심을 가지고 있는 사람들이 나르시시즘에 빠지거나 자기를 부풀리게 되면 특히 문제가 된다. 대부분의 높은 자긍심을 가지고 있는 사람들은 개인적 성취와 다른 사람과의 관계를 가치 있게 생각한다. 나르시시스트는 보통 높은 자긍심을 가지고 있지만, 다른 사람을 배려하고 돌보는 것을 등한시한다(Cambell et al., 2007; Jones & Brunell, 2014). 나르시시스트들은 높은 자긍심을 가진 것 그 이상을 보여준다(자긍심이 높은 사람들은 자신들이 가치 있고 좋은 사람이라고 생각하는데 나르시시스트는 다른 사람들보다 더 낫다고 생각한다)(Baumeister et al., 2016). 비록 나르시시스트는 종종 뛰어나고 처음에는 충분히 매력적이지만, 그들의 자기중심적인 특성 때문에 장기적 관점에서 보면, 다른 사람들과의 관계에 문제를 발생시킨다(Campbell, 2005). Paulhus와 Williams(2002)는 나르시시스트와 문제가 되는 사회적 관계가 연관되는 것은 나르시시스트가 마키아벨리즘(조작성)과 반사회적 정신병질적 성격과 같은 부정적 성격특질의 부정적 측면을 포함하고 있기 때문이라고 지적하였다.

Bushman과 Baumeister(1998)가 수행한 일련의 연구에서는 학부생 자원자들에게 간단한 에세이를 쓰게 하고 "이것은 내가 읽었던 글 중 최악이야"와 같이 조작된 피드백을 제시하였다. 그 결과 나르시시즘 점수가 높은 참가자들은 자신들을 비판했다고 믿는 학생의 헤드폰에 고통스러운 소음 폭발을 들려주는 보복적인 행동을 하는 경향을 보였다. 하지만 자신들의 글을 칭찬한("훌륭한 글이에요") 학생들에게는 공격적이지 않았다. 모욕을 그들에게 방출한 것이다. 그러나 자긍심의 경우는 어떤가? 아마도 '불안정한' 나르시시스트(낮은 자긍심을 가진 사람)만이 남을 비난하였다. 그러나 어떻게 그렇게 되는지는 알 수가 없다. 대신에 자긍심과 나르시시즘 모두 높은 학생들이 가장 공격적이었다. 교실 장면에서도 같은 결과를 보였다. 자긍심과 나르시시즘 모두 높은 학생들은 자신을 비판하는 학급 친구에게 나쁜 점수를 부여하는 방식으로 보복을 하였다(Bushman et al., 2009; 그림 2.5). 나르시시스트는 특히 공개적으로 모욕당할 때 — 자신들이 조심스럽게 세운 우월성이라는 풍선에 구멍을 낸다. 이를 위해 누군가는 대가를 반드시 지불해야 한다(Ferriday et al., 2011). 나르시시스트는 매력적이고 재미있을 수 있다. 그러나 "당신이 그들을 이겨낼 수만 있다면, 신이 당신을 도울 것이다"라는 재치 있는 말을 해주고 싶다.

과장된 자아는 단지 내면에 자리 잡은 불안정성을 감추기 위한 것인가? 나르시시스트들은 실제로는 마음 깊이 자기 자신을 미워하는 것일까? 연구에 따르면 그 대답은 '아니요'이다. 나르시시스트 성격 척도에서 높은 점수를 받은 사람들은 자긍심 척도에서도 역시 높은 점수를 보인

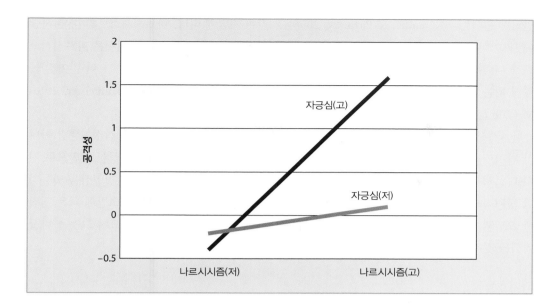

그림 2.5
나르시시즘, 자긍심, 그리고 공격성
나르시시즘과 자긍심은 공격성에 상
호작용한다. Bushman과 동료들
(2009)의 연구에 따르면, 나르시시
즘과 자긍심이 높은 경우에 자신에게
비판적인 학급 친구에게 가장 공격적
이었다.

다. 나르시시스트들이 보여주기 위해 일부러 높은 자긍심을 표방할 경우를 대비하여 연구자들
은 대학생들에게 컴퓨터 게임을 하게 하고 가능한 한 빠르게 단어를 조합하도록 하였다. 즉 '나'
라는 단어와 '좋은', '훌륭한', '대단한', '옳은'과 같은 긍정적인 단어와 '나쁜', '끔직한', '지독
한', '틀린'과 같은 부정적 단어를 가능한 빨리 조합하도록 하였다. 그 결과 나르시시스트 척도
에서 높은 점수를 받은 사람들은 다른 사람보다 자신과 긍정적 단어를 더 빨리 연결하였으며 부
정적 단어들은 다른 사람보다 자신과 더 천천히 연결하였다(Campbell et al., 2007). 그리고 나르
시시스트들은 자신을 '솔직한', '우세한', '자기주장이 강한' 같은 단어들과 동일시하는 데 더 빨
리 반응하였다. 비록 오만한 친구가 자신의 불안정성을 감추려는 것뿐이라면 위안이 될지도 모
르겠지만 그의 내면 깊숙한 곳에서 그는 자신이 대단하다고 생각한다는 것에 위험성이 존재한다.
감추려는 것뿐이라면 위안이 될지도 모르겠지만 그의 내면 깊숙한 곳에서 그는 자신이 대단하다
고 생각한다는 것에 위험성이 존재한다.

내면 깊숙이 이는 우월성에 대한 감정은 어린 시절에 형성되는 것 같다. 장기적 연구에 따르
면, 부모가 자신의 아이들이 특별한 대우를 받을만 하다고
믿을 때, 그 아이들은 6개월 후 나르시시즘 검사에서 높은
점수를 받았다. 반면에 아이들에 대한 부모의 사랑과 친절
의 감정은 나르시시즘과 관계가 없었다(Brummelman et al.,
2015). 이 연구의 결과는 부모에게 다음과 같은 직설적인 조
언을 준다: "너는 특별하단다"라는 말보다는 "너를 사랑한
다"고 아이들에게 말하라.

자신감 때문에 나르시시스트는 종종 초기에는 다른 사람
들에게 인기가 있다. 한 실험에 따르면, 나르시시즘이 높은
사람들은 그들을 이전에 만나지 못했던 학생들 사이에서 리
더가 되는 경향이 있다(Brunell et al., 2008). 그러나 집단의
모임이 거듭될수록 리더가 진심으로 자신들에게 관심을 가
지고 있지 않다는 것을 깨닫게 되어 나르시시스틱한 리더의

© Maridav/Shutterstock

나르시시즘이 높은 사람은 소셜 미디어 사이트에서 더 활동적이고 더 인기가 있다. 온
라인 커뮤니티에서 그들의 영향력은 증가하고 있다.

인기가 줄어든다(Rosenthal & Pittinsky, 2006). 시간이 지남에 따라, 나르시시스트의 다른 사람에 대한 적대감과 공격성 때문에 인기가 점점 줄어든다(Leckelt et al., 2015). 이것은 나르시시스트가 더 활동(포스트이나 트윗을 많이 함)을 많이 해서 더 인기(친구나 팔로우가 더 많아짐)를 얻게 되는 소셜 미디어에서 더 문제가 된다(Gnambs & Appel, 2017; Liu & Baumeister, 2016; McCain & Campbell, 2017).

　　나르시시스트는 자신의 나르시시즘을 인식하는 것 같다. 표준화된 40문항의 측정치뿐만 아니라 단지 "당신은 나르시시스트입니까?"라는 질문에 동의하는가를 사람들에게 묻는 것만으로 거의 나르시시스틱한 행동을 예측한다(Carlson et al., 2011). 또한 사람들은 좋은 첫인상을 만들지만 장기적으로 주로 능동적으로 싫어하게 된다(Paulhus et al., 2013). "인생의 초반에 나는 정직한 오만과 위선적 겸손 중 하나를 선택해야 했다. 나는 정직한 오만을 선택했으며 그것을 바꿀 기회를 갖지 못했다"라고 Frank Lloyd Wright가 말했다.

자기효능감

자기효능감
자신이 능력 있고 효과적이라는 느낌.
자신이 가치 있다고 느끼는 자긍심과
구별된다. 군대의 저격수는 높은 자기
효능감을 보이지만 자긍심은 낮다.

스탠퍼드대학교의 심리학자 Bandura(1997, 2000, 2008)는 그의 연구에서 긍정적 사고의 힘을 포착하고 **자기효능감**(self-efficacy, 우리가 과제에 대해 얼마나 유능한지 느끼는 것)에 대해 이론화하였다. 우리 자신의 능력과 효과를 믿는 것은 이득이 된다(Bandura et al, 1999; Maddux & Gosselin, 2003). 강한 자기효능감을 지닌 청소년과 성인들은 더 끈기가 있고, 덜 불안하거나 덜 우울하였다. 그들은 또한 더 건강한 삶을 살고 학업적으로도 더 성공적이었다.

　　매일의 삶에서 자기효능감은 어려운 목표를 설정하고 견딜 수 있도록 한다. 100개 이상의 많은 연구에 따르면, 자기효능감이 노동자들의 생산성을 예측하는 것으로 나타났다(Stajkovic & Luthans, 1998). 241개 연구의 결과에 따르면 수행에 대한 자기효능감은 대학에서 학생의 GPA를 가장 잘 예측하는 요인으로 나타났다(Richardson et al., 2012). 문제가 발생하였을 때 강한 자기효능감은 사람들이 자신의 부적절함을 곱씹기보다는 조용히 생각하며 해결책을 찾도록 한다. 성취란 유능함과 끈기를 합한 것이다. 그리고 성취와 함께 자기확신이 자란다. 자긍심과 같이 자기효능감도 어렵게 얻어진 성취와 함께 자라는 것이다.

　　자기효능감과 자긍심은 비슷하지만 다른 개념이다. 만약 당신이 무엇인가를 할 수 있다고 믿는다면, 그것은 효능감이다. 만약 당신이 전반적으로 자신을 좋아한다면 그것은 자긍심이다. 어린 시절 부모님이 당신에게 "너는 특별하다(자긍심을 세우려고)" 혹은 "나는 네가 그것을 할 수 있다는 것을 알아(자기효능감을 높이려고)"와 같은 말을 해서 당신의 용기를 북돋으려 했을 것이다. 한 연구에 따르면, 자기효능감에 대한 피드백("너는 정말 열심히 했구나")이 자긍심을 높이려는 피드백("너 정말 똑똑하구나")보다 더 높은 성과를 이끌어내는 것으로 밝혀졌다. 똑똑하다는 평가를 받은 아이들은 다시 시도하는 것을 두려워했다. 다시 시도했을 때 똑똑해 보이지 않을 수도 있기 때문이다. 그러나 노력에 대해 칭찬받은 아이들은 다시 하더라도 더 열심히 할 수 있다는 것을 알았다(Muller & Dweck, 1998). 만약 누군가를 격려한다면, 그들의 자긍심보다는 자기효능감에 맞춰 말해주는 것이 좋다.

"내가 열심히 하면, 나는 수영을 빨리 할 수 있어"라고 생각하는 사람은 자기효능감이 높은 것이다. "나는 훌륭한 수영선수야"라고 생각하는 사람은 자긍심이 높은 것이다.

© Dean Drobot/Shutterstock

요약 : 자긍심의 본질과 동기적 힘은 무엇인가?

- 자긍심은 우리의 특성과 능력을 평가할 때 사용하는 것으로 전반적으로 자신에 대해 가치 있다고 보는 것이다. 자기개념은 우리의 역할, 우리가 하는 비교, 사회적 정체성, 우리를 평가하는 다른 사람을 어떻게 지각하는지, 그리고 성공과 실패의 경험을 포함하는 다양한 영향 요인들에 의해 결정된다.

- 자긍심 동기는 우리의 인지 처리에 영향을 미친다. 실패에 대응하는 데 있어서 높은 자긍심을 가진 사람은 다른 사람 역시 실패한다는 것을 지각하고 타인보다 자신이 우수하다는 것을 과장함으로써 자기가치를 유지한다.

- 일반적으로 자긍심이 높은 것이 자긍심이 낮은 것보다 더 유익하다 할지라도 연구자들은 자긍심과 나르시시즘이 높은 사람들이 가장 공격적이라는 것을 발견했다. 사회적 배제에 의해 위협받거나 위축된 큰 자아를 가진 사람은 잠재적으로 공격적이다.

- 자기효능감은 자신이 효과적이고 능력이 있어 무엇인가를 할 수 있다고 믿는 것이다. 높은 자긍심과 달리 높은 자기효능감은 일관성 있게 성공과 관련이 있다.

자기본위 편향은 무엇인가?

| 자기본위 편향 및 이에 대한 적응 및 부적응적 측면을 설명한다.

우리 대부분은 우리 자신에 대해 좋은 평판을 가지고 있다. 자긍심에 대한 연구에서 낮은 점수를 획득하는 사람조차도 가능한 점수의 중간 값에 응답했다(자긍심이 낮은 사람은 "나는 좋은 생각이 있어"와 같은 진술에 '다소' 또는 '때때로'와 같은 한정적인 용어로 응답한다). 53개국을 대상으로 실시한 자긍심 연구에 의하면, 자긍심 점수의 평균이 모든 나라에서 중간 값 이상이었다(Schmitt & Allik, 2005). 게다가 사회심리학에서 가장 도발적이면서도 확실히 정립되지 않은 결론들이 **자기본위 편향**(self-serving bias)의 잠재력과 관계가 있다.

자기본위 편향
자신을 호의적으로 지각하는 경향

긍정적 사건과 부정적 사건에 대한 설명

많은 실험에 따르면 사람들은 그들이 성공했다고 들었을 때 비로소 신뢰를 받아들이는 것으로 나타났다. 그들은 그 성공을 자신의 능력이나 노력 덕택으로 여긴다. 그러나 실패는 외부 요인, 예를 들면 악운이나 그 문제 고유의 불가능성 탓으로 여긴다(Campbell & Sedikides, 1999; Wang et al., 2017). 비슷하게 그들의 승리를 설명하는 데 있어서 운동선수들은 보통 그들 자신을 신뢰하고 그들의 패배는 실수, 부적절한 심판의 선언, 또는 다른 팀의 대단한 노력이나 반칙 탓 때문으로 생각한다(Grove et al., 1991; Lalonde, 1992; Mullen & Riordan, 1988). 그리고 여러분은 자동차 운전자들이 그들 자신이 일으킨 사고에 대해서 얼마나 많은 책임감을 느낀다고 생각하는가? 보험서류상, 운전자들은 자동차 사고를 다음과 같은 말로 표현했다: 보이지 않던 차가 갑자기 나타나서 내 차를 들이받고 사라졌다. 내가 교차로에 도달했을 때 내 시야를 방해하는 장애물이 튀어 올라서 난 다른 차를 보지 못했다. 한 보행자가 내게 부딪쳐서 차 밑에 깔렸다(Toronto News, 1977).

기술과 기회를 결합시키는 상황(게임, 시험, 구직 신청)이 특히 이 현상과 관련이 깊다. 예를 들어, 철자 맞추기 게임(스크래블 게임)에서 당신이 이겼을 때는 당신의 뛰어난 언어 능력 때문이라고 하지만, 졌을 때는 운이 없었기("Q를 가지고 있는데 U가 없어 단어 만들기 어려운 조건이야") 때문이라고 한다. 정치인들도 비슷하게 그들의 승리를 근면, 선거에서의 서비스, 명성,

전략 등 자신에게 귀인하는 경향이 있다. 그리고 실패는 그들 지역의 정당 구성, 경쟁자의 이름, 정치적 동향 같은 그들의 통제 밖의 요인들 탓으로 여긴다(Kingdon, 1967). 회사 이윤이 증가할 때, 최고 경영자들은 그들의 경영 기술에 대한 큰 보너스를 받고자 한다. 이윤이 손해로 돌아섰을 때 "여러분은 이런 불경기에 무엇을 기대하십니까?"라고 한다. 이러한 **자기본위 귀인**(self-serving attribution)은 인간의 편향 중 가장 강력한 것의 하나이다(Mezulis et al., 2004). 이 같은 행동에는 이유가 있다: 자기본위 귀인을 했을 때, 보상과 쾌락이 관련되는 뇌 영역이 활성화된다(Siedel et al., 2010).

자기본위 귀인은 결혼생활의 불화, 노동자들의 불만족, 교섭상의 난국의 원인이 된다(Kruger & Gilovich, 1999). 이혼한 사람들은 이별의 원인에 대해 보통 배우자를 비난하고(Gray & Silver, 1990), 관리자들이 종종 낮은 성과를 노동자들의 능력이나 노력의 부족 탓을 하지만, 노동자는 과도한 작업량이나 어려운 동료들 같은 외적 요인에 책임을 돌리는데 이것은 전혀 이상하지 않다(Imai, 1994; Rice, 1985). 사람들이 대부분의 동료들보다 훨씬 더 많은 봉급 인상을 받았을 때 봉급 인상을 공정한 것으로 평가하는 것 역시 전혀 이상하지 않다(Diekmann et al., 1997).

우리는 우리 자신을 성공과 연관시키고 실패와는 거리를 두게 하는 것으로 우리의 긍정적인 자아상을 유지한다. 예를 들어 "난 경제학 시험에서 A를 받았어" vs. "교수가 역사 시험에서 나에게 C학점을 주었어"이다. 실패 혹은 배제를 외적 요인에 책임을 돌리는 것 심지어 다른 사람의 편견으로 책임을 돌리는 것은 자신을 가치 없는 것으로 보는 것보다 덜 우울하다(Major et al., 2003). 기자는 "'우리(we, 사람들은 그들을 좋아한다)'가 긍정적인 결과를 만들었다"고 기술하는 반면에 "'그들(they, 그들과 다른 타인)'이 부정적 결과를 갖게 되었다"라고 기술하는 경향이 있다(Sendén et al., 2014). 그러나 먼 과거의 실패는 이전의 자기에 의해서 이루어진 것으로 치부할 수도 있다고 Wilson과 Ross(2001)는 지적하고 있다. 대학생이 되기 이전의 자기 자신을 평가할 때, 워털루대학교의 학생들은 긍정적인 진술만큼이나 많은 부정적 진술을 제시하였다. 현재 자신을 평가할 때 그들은 세 배나 많은 부정적 진술을 보고하였다. "나는 학습해 왔으며 성장하였고, 그리고 난 지금 더 훌륭한 사람이다"라고 대부분의 사람들이 생각했다. 과거엔 바보였지만 현재는 승리자라고.

자기본위 귀인

자기본위의 한 형태. 긍정적인 결과는 자기 자신 덕택으로, 부정적인 결과는 다른 요인으로 귀인하는 경향

아이러니하게도 우리는 이미 가지고 있는 편향을 편향된 시각으로 바라보기도 한다. 사람들은 자신은 자기본위 편향을 가지고 있지 않다고 항변하지만, 타인이 드러내는 자기본위 편향은 너무 쉽게 인정한다(Pronin et al., 2002). 이른바 '편향 맹점(bias blind spot)'은 갈등 상황에서 심각한 결과를 불러올 수도 있다. 만약 당신이 룸메이트와 가사노동에 대해 협상 중이라면 당신은 룸메이트가 상황을 편향적으로 보고 있다고 믿을 것이다. 따라서 더 화가 날 가능성이 높다(Pronin & Ross, 2006). 분명히 우리는 자기 자신은 객관적이고 그 밖에 모든 사람들은 편파적이라고 본다. 모두 각자가 '옳고', 편향으로부터 자유롭다고 믿기 때문에, 싸우게 되는 것은 이상한 일이 아니다. 티셔츠에 쓰인 슬로건처럼, "누구나 '자기' 의견을 개진할 수 있다."

자기본위 편향은 만국 공토의 현상일까? 아니면 집합주의 문화권 사람들은 이 현상에 면역되었을까? 집합주의 문화권 사람들은 긍정적인 단어와 가치 있는 성향들에 스스로를 연합시킨다(Gaertner et al., 2008; Yamaguchi et al., 2007). 하지만 어떤 연구에 의하면 집합주의자들은 덜 자기본위적(자신이 남보다 낫다

일에서 자기본위 편향 : 만약 자기 팀이 경기에서 지면, 페널티를 받은 선수는 자신의 부진함 대신에 심판 판정 탓을 한다.

© Corbis/VCG/Getty Images

고 믿는)인 경향이 있다(Church et al., 2014; Falk et al., 2009; Heine & Hamamura, 2007). 특히 리더십 혹은 개인적 성취 같은 개인주의적 영역에서는 특히 그렇다(Sedikides et al., 2003, 2005).

모든 것을 평균 이상으로 할 수 있을까?

자기본위 편향 또한 사람들이 자신과 다른 사람들을 비교할 때 나타난다. 만약 기원전 16세기 중국의 철학자 노자는 "분별 있는(sane) 사람은 결코 스스로 도를 지나치지도 않고(over-reach), 분수에 넘치게 돈을 쓰지도 않으며(over-spend), 과대평가하지 않는다"라고 언급하면서 우리들 대부분은 약간 비정상적(insane)이라고 말했다. **주관적·사회적 바람직성 차원들, 그리고 보통의 차원들**에 대해 대부분의 사람들은 자신들이 평균적인 사람들보다 더 낫다고 여긴다. 일반적으로 사람들을 비교해보면, 대부분의 사람들은 그들 스스로가 더 도덕적이고, 일에 유능하며, 친절하고, 지적이며, 잘생겼다고 본다. 또한 덜 편견적이고, 더 유익하며, 심지어 더 통찰력 있고, 덜 편향적이라고 그들 스스로가 보고한다. 심지어 강력범죄자들도 자신이 대부분의 사람들에 비해 더 도덕적이고 더 친절하고 더 신뢰롭다고 평가한다(Sedikedes et al., 2014)('초점 문제 : 자기본위 편향 — 얼마나 나를 사랑할까? 그 방법을 나에게 설명해보라' 참조).

모든 지역사회는 Garrison Keillor의 허구 소설인 워비곤 호수의 나날(*Lake Wobegon Days*) 같다. 그곳은 "모든 여성들이 강하고, 모든 남성들이 미남이며, 그리고 모든 아이들이 평균 이상이다." 많은 사람들은 자신들이 미래에 평균 이상이 될 것이고 만약 지금 좋다면 나는 곧 더 좋아질 거라고 사람들은 생각하는 것 같다(Katen & Teigen, 2008). 대부분의 아내가 남편에 대해 이야기하길 "만약 우리 중 한 명이 죽는다면, 내 생각에 나는 파리에 가서 살았을텐데"라는 프로이트식 유머를 상기하게 된다.

자기본위 편향은 결혼생활에서도 흔한다. 2008년의 조사에 따르면 기혼 남성의 49%가 자신은 육아의 절반 이상을 분담하고 있다고 답했다. 하지만 그들의 배우자 중 31%만이 남편들의 의견과 일치하였다. 동일한 설문조사에서 응답 여성의 70%가 요리를 거의 다 한다고 답했지만 그녀들의 배우자 중 56%가 본인이 요리를 거의 다 한다고 답하였다(Galinsky et al., 2009).

아내와 나는 우리의 세탁물을 침실 옷 바구니의 아래로 던지곤 한다. 아침에 우리들 중 누군가가 세탁물을 안에 넣었다. 그녀가 이것에 대해 나에게 좀 더 책임을 물으면 나는 "음? 나는 이미 75%만큼 했다." 그래서 나는 그녀에게 얼마나 자주 옷을 집어넣는지 물어보았다. 그녀는 "약 75%"라고 대답했다.

일반적인 규칙에 의하면 집단 구성원들이 협동과제에서 각자가 공헌하는 정도를 합하면 100%가 넘는다(Savitsky et al., 2005). 특별히 사람들이 많은 다른 사람들의 공헌에 주의를 기울이지 않는 상황, 즉 매우 큰 집단의 경우 이것은 사실이다(Schroeder et al., 2016).

자기본위 편향은 보통 더 주관적 혹은 측정하기 어려운 특질들에 있어서 더 강하다. 2016년 대학생의 76%가 '성취하고자 하는 욕구(주관적 특질)' 수준이 평균 이상이라고 믿었다. 그러나 수학 능력과 같이 양적으로 볼 수 있는 영역에서 평균 이상인 사람은 단지 48%에 지나지 않았다(Twenge, 2017). 주관적인 특성은 우리가 자기 자신만의 성공에 대한 정의를 세울 여지를 준다(Dunning et al., 1989, 1991). 나의 '운동 능력'을 평가하면서 나는 수영 능력에 초점을 맞출 수 있다. 그리고 소프트 볼의 외야수로서 내가 있는 위치로 공이 오지 않기를 바라면서 몸을 움츠리고 있었던 것을 잊어버린다. 대학입학시험 위원회에서 82만 9,000명의 고등학교 3학년생을 대상

초점문제

칼럼니스트인 Barry(1998)에 따르면, "나이, 성별, 종교, 사회경제적 지위 또는 인종적인 배경과 상관없이 모든 인간을 하나로 통합하는 방법은 내면 깊숙이 들어가 우리 모두가 평균 이상의 운전자라고 믿는 것이다. 또한 우리는 대부분의 어떤 다른 주관적이고 바람직한 특성이 평균 이상이라고 믿는다. 자기본위 편향의 다양한 측면들은 다음과 같다:

- **윤리.** 대부분의 사업가들은 보통의 사업가에 비해 그들 스스로가 더 윤리적이라고 생각한다(Baumhart, 1968; Brenner & Molander, 1997). 한 전국 조사에서 1~100까지(100은 완벽하다)의 척도에서 "자신의 도덕성과 가치에 대해 어떻게 평가하는가"라고 질문하였다. 그 결과 50%의 사람들이 그들 스스로가 90 또는 그 이상이라고 평가하며; 단지 11%만이 74 또는 그 이하라고 대답했다(Lovett, 1997).
- **전문가적인 유능함.** 한 조사에 의하면, 90%의 경영 관리자들은 그들 스스로를 평균보다 더 우수한 수행능력을 가진 것으로 평가했다(French, 1968). 오스트레일리아에서, 86%의 사람들이 그들의 직업 수행능력을 평균 이상으로 평가했고, 1%가 평균 이하라고 평가했다(Heady & Wearing, 1987). 대부분의 외과 의사들은 그들 환자의 사망률이 평균보다 낮을 것이라고 믿는다(Gawande, 2002).
- **미덕.** 네덜란드에서, 대부분의 고등학생들은 그들 스스로가 보통의 고등학생들보다 정직하고, 끈기 있고, 창의적이고, 친절하며, 믿을만 하다고 평가한다(Hoorens, 1993, 1995). 대부분의 사람들은 또한 헌혈, 자선, 임산부에게 버스 자리를 양보하는 것들에서 다른 사람보다 자신들이 그 같은 행동을 더 한다고 생각한다(Kein & Epley, 2017).
- **투표.** 다가오는 선거에서 투표를 하겠느냐는 질문을 받았을 때, 학생

의 90%가 그렇게 할 것이라고 답했다. 그러나 그들은 자신들의 친구는 75%만이 투표에 참여할 것이라고 추측하였다. 정확한 결과는? 69%만 투표에 참가하였다(Epley & Dunning, 2006). 우리는 자신보다 타인의 사회적으로 바람직한 행동을 과도하게 예측한다.
- **지능.** 대부분의 사람들은 그들 스스로가 보통 사람들에 비해 지적이고, 더 잘생기고 덜 편견적이라고 본다(Public Opinion, 1984; Watt & Larkin, 2001; Wylie, 1979). 누군가가 그들보다 더 뛰어날 때, 사람들은 그들을 천재라고 생각하는 경향이 있다(Lassiter & Munhall, 2001).
- **부모의 부양.** 대부분의 성인은 그들 자신이 다른 형제, 자매들보다 연로한 부모님을 더 부양한다고 믿는다(Lerner et al. 1991).
- **건강.** 로스엔젤레스 거주자들은 그들의 이웃보다 더 건강하다고 여기고, 대부분의 대학생들은 그들이 생각하고 있는 평균 수명보다 10년 정도 더 오래 살 수 있다고 믿는다(Larwood, 1978; C. R. Snyder, 1978).
- **매력.** 나(DM)처럼, 대부분의 당신 사진에 대한 당신의 판단이 올바르지 않은 적이 있는가? 한 연구에 따르면, 사람들에게 자신의 실제 사진과 좀 더 매력적이거나 좀 덜 매력적으로 합성한 사진들을 함께 제시하였다(Epley & Whitchurch, 2008). 참여자에게 어떤 것이 자신의 실제 사진인가를 물었을 때, 좀 더 잘생긴 모습으로 합성한 사진을 선택하는 경향이 있었다.
- **운전.** 대부분의 운전자들은 심지어 사고로 입원을 했던 운전자들조차 그들 스스로가 보통의 운전자들보다 더 안전하고 더 능숙하다고 믿는다(Guerin, 1994; McKenna U & Myers, 1997; Svenson, 1981). Barry가 옳았다.

으로 한 조사에 따르면, '다른 사람과 잘 어울리는 능력'(주관적이고, 바람직한 특성)을 평균보다 낮게 평가한 학생은 아무도 없었고, 60%가 상위 10% 안에 들어간다고 평가했으며, 25%가 상위 1%라고 응답했다. 2013년 영국에서 실시된 조사에서 17~25세의 98%가, 비록 운전시험 통과 후 6개월 내에 20%가 사고를 냈지만, 자신들이 훌륭한 운전자라고 응답하였다(AFP, 2013).

연구자들이 줄곧 궁금했던 것은, 사람들이 정말로 평균 이상이라는 자기평가를 믿는가 하는 것이었다. 사람들의 자기본위 편향은 질문이 어떻게 표현되는가와 부분적으로 관련이 있는가(Krizan & Suls, 2008)? Williams와 Gilovich(2008)는 사람들로 하여금 과제에 대한 자신의 상대적 성과를 평가하여 실제 돈을 걸도록 하는 실험을 통해 이것을 살펴보았다. 그 결과에 따르면, 답은 "그렇다"라는 것이다. 사람들은 자기본위적인 자기평가를 정말로 믿는다.

비현실적 낙관주의

낙관주의는 삶에 대해 긍정적인 접근을 하는 경향이 있다. Brown(1990, p. 79)은 "낙관주의자는 매일 아침 일어나 창문으로 가서, '좋은 아침입니다, 하느님(Good morning, God)'이라고 말한

다"고 지적하였다.

22개국에서 9만 명 이상을 대상으로 진행한 연구 결과에 따르면, 대부분의 사람들은 비관주의보다 낙관주의적 경향을 가지고 있다(Fisher & Chalmers, 2008; Shepperd et al., 2013, 2015). 연구가인 Weinstein(1980, 1982)의 말을 빌린다면 우리 대부분은 '미래의 인생 사건들에 관해 비현실적인 낙관주의'를 가지고 있다. 2006년에서 2008년까지 세계적으로 행해진 설문조사에 따르면 대부분의 사람들은 자신의 삶이 지난 5년에 비해 앞으로 5년간 더 나아질 것이라고 기대하였다(Deaton, 2009). 뒤이은 세계적 경기침체를 고려했을 때 이것은 특히 놀라운 기대라고 할 수 있다. 부분적으로 다른 사람의 운명에 대해 상대적으로 비관적이기 때문에(Hoorens et al., 2008; Shepperd, 2003), 학생들은 좋은 직업을 얻고, 많은 연봉과 집을 가질 가능성이 동급생보다 자신이 더 높다고 지각하였다. 그들은 또한 알코올 문제, 40대 이전에 심장마비를 겪거나 해고되는 것 같은 부정적 경험을 자신이 덜 겪을 것이라고 보았다. 성인 여성들은 자신들의 유방암 발병 위험에 대해 비관적 관점을 취하기보다는 과도하게 낙관적인 경향이 있었다(Waters et al., 2011). 평균적으로 축구팬들은 자신이 좋아하는 팀이 다음 경기에서 이길 확률이 70%라고 믿었다(Massey et al., 2011).

누구 아이를 돌보는가? 아버지는 절반은 자기가 본다고 생각한다. 그러나 어머니는 동의하지 않는다.

착각적인 낙관주의가 우리의 취약성을 증가시킨다. 불행한 사건에 대해 우리 자신이 면역력을 가지고 있다고 믿고서 우리는 현명한 사건 예방책을 취하지 않는다. 피임기구를 항상 사용하지 않고 성관계를 자주하는 여대생들은 다른 여대생에 비해 자신들이 원하지 않는 임신을 할 위험성이 더 적다고 지각한다(Burger & Burns, 1988). 금연을 시도하는 사람들 중 자신의 의지력이 평균 이상이라고 믿는 사람들은 담배를 눈에 보이는 곳에 두거나 흡연자 근처에 서 있으려는 경향이 더 강하다. 그리고 이런 행동들이 그를 다시 흡연으로 이끌기 쉽다(Nordgren et al., 2009). 자신이 '평균 이상'의 운전 실력을 가지고 있다고 생각하는 나이 든 운전자들은 스스로 보통이라고 생각하는 운전자들에 비해 운전면허 재시험에서 '안전하지 않음' 판정을 받고 불합격할 확률이 네 배나 높았다(Freund et al., 2005). 스스로의 학업 능력을 과장되게 평가하던 대학 신입생들은 종종 자긍심과 안녕감의 위축을 겪었고, 더 많이 중퇴하는 경향을 보였다(Robins & Beer, 2001). 아마도 가장 광범위하게 영향을 미친 예는 다음과 같은 사례일 것이다. 2000년대 중반 수많은 주택 구입자들과 담보대출을 해 준 금융기관과 부동산 투자자들은 "집값은 절대 떨어지지 않을 것"이라는 비현실적 낙관주의를 신봉하며 천문학적인 부채를 쌓아갔다. 하지만 결과적으로 1930년대 경제공황 이래 최악의 경제위기라고 일컬어지는 2007~2009 경기침체로 인해 주택들은 대거 압류에 들어갔다. 심지어 인간의 경제적 합리성의 옹호자였던 17세기 경제학자인 애덤 스미스조차 사람들은 자신이 이득을 얻을 가능성을 과대평가한다고 예견하였다. 이 같은 자신의 좋은 미래에 대한 어리석은 추정은 자신들이 대단한 능력을 가지고 있다고 생각하는 오만한 과대평가로부터 발생한다고 그는 말했다(Spiegel, 1971, p. 243).

반면에 낙관주의는 자기효능감, 건강 그리고 안녕감의 증진에 있어서 비관주의를 이긴다(Armor & Taylor, 1996; Segerstorm, 2001). 타고난 낙관주의자들인 대부분의 사람들은 미래의 자신의 인생이 더 행복할 것이라고 믿는다. 이 믿음은 확실히 현재의 행복을 창출하는 데 도움이 된다(Robinson & Ryff, 1999). 비관주의자들은 더 일찍 사망한다. 왜냐하면 불운한 사고를

착각적 낙관주의 : 대부분의 커플은 그들의 사랑이 오래 지속될 거라는 자신감에 결혼한다. 사실 개인주의적 문화에서 절반은 결혼에 실패한다.

방어적 비관주의
예견되는 문제와 효과적인 행동을 동기화하는 데 동력이 되는 사람들의 불안의 적응적 수준

더 고통스러워하는 경향이 있기 때문이다(Peterson et al., 2001). 만약 우리의 낙관주의 선조들이 그들의 비관주의적인 이웃들에 비해 도전을 극복하고 살아남을 가능성이 더 있었다면, 우리가 낙관주의적 기질을 갖는 것은 놀라운 것이 아니다(Haselton & Nettle, 2006).

하지만 현실주의의 돌진 — Norem(2000)이 **방어적 비관주의**(defensive pessimism)이라고 부른 것 — 은 비현실적인 낙관주의의 위험으로부터 우리를 구해줄 수 있을 것이다. 방어적 비관주의는 문제를 예견하고 효과적인 대응을 동기화한다. 중국의 격언에 "평화로울 때 위험을 준비하라"는 말이 있다. 과도한 낙관주의를 나타내는 학생들은(낮은 성적을 받기로 예정된 많은 학생들이 그러는 것처럼) 약간의 자기회의로부터 이익을 얻을 수 있다. 이것이 공부하도록 동기화하기 때문이다(Prohaska, 1994; Sparrell & Sharauger, 1984). 과도한 자신감을 가진 학생은 준비가 부족한 경향이 있다. 반면에 동등한 능력을 지녔지만, 자신감이 조금 낮은 학생은 더 열심히 공부해서 더 높은 학점을 받게 된다(Goodhart, 1986; Norem & Cantor, 1986; Showers & Ruben, 1987). 보다 즉각적이고 현실적으로 사물을 바라보는 관점이 때로는 도움이 된다. 한 실험에 참가한 학생들에게 가상의 시험이 주어졌을 때, 그들은 자신들의 수행을 몹시 낙관적으로 예측하였다. 하지만 시험이 임박했을 때는 대단히 정확하게 예측을 하였다(Armor & Sackett, 2006). 즉, 한편으로 우리가 틀렸음을 증명할 길이 없을 때에는 스스로를 대단하다고 믿지만, 맞고 틀림을 평가하는 시점이 임박하면 최소한 잘난 척하는 바보로 보이지 않도록 하는 것이 최선이라는 것이다.

또한 비판을 듣는 것도 중요하다. Dunning(2006)은 자신의 저서에서, "내가 학생들에게 권하는 한 가지 원칙은 두 사람이 각각 부정적인 피드백을 줄 때는 적어도 그 의견의 현실성을 제고해보아야 한다는 것"이라고 말한다. 결과적으로 긍정적 사고뿐만 아니라 부정적 사고도 힘이 된다. 도덕성: 학교와 그 이후의 성공에도 희망을 지탱해줄 충분한 낙관주의와 걱정을 동기화하는 충분한 비관주의가 요구된다.

잘못된 합의와 독특성

우리는 다른 사람들이 우리가 하는 것처럼 생각하고 행동하는 정도를 과대평가하거나 과소평가함으로써 자아상을 향상시키는 신비로운 경향이 있다. 입장을 표명하는 **문제**에 있어서 우리는 다른 사람이 동의하는 정도를 과대평가함으로써 자신의 견해가 옳다고 지지받고 있다고 생각한다. 이것을 **잘못된 합의 효과**(false consensus effect)라고 부른다(Krueger & Clement, 1994; Marks & Miller, 1987; Mullen & Goethals, 1990). 페이스북 사용자들은 정치적 혹은 다른 이슈들에 대해 그들이 친구들에게 동의할 때에는 90% 정확하게 추측했지만, 의견 차이를 추측할 때에는 고작 41% 정확하게 추측하였다(Goel et al., 2010). 다시 말해서 대부분의 경우 실제보다 더 친구들이 자신의 의견에 동의한다고 생각한다. 정치에서만 그런 것은 아니다: 캘리포니아 대학생들에게 자신들이 좋아하는 유명 연예인을 생각하게 했을 때, 그 아이돌 스타를 다른 사람들이

잘못된 합의 효과
자신의 의견과 자신의 바람직하지 않은 혹은 성공하지 못한 행동의 공유성(commonality)을 과대평가하는 경향

싫어할 가능성을 추측하게 했을 때 유의미하게 과소평가하였다(Bui, 2012). 원주민들에게 편견을 갖고 있는 호주 백인들은 다른 백인들 역시 자신과 같은 편견을 가지고 있다고 믿는 경향이 있었다(Watt & Larkin, 2010). 우리가 세상에 대해 가지고 있는 감각은 상식과 같다고 할 수 있다.

우리가 과제를 잘못하거나 실패한 경우, 우리는 그 같은 실패가 누구나 그런 것이라고 생각함으로써 자신을 안심시킨다. 한 사람이 다른 사람에게 거짓말을 한 후, 거짓말을 한 사람은 **다른** 사람들이 정직하지 못한 것이라고 지각하기 시작한다(Sagarin et al., 1998). 만약 우리가 다른 사람에 대해 성적 욕구를 느낀다면, 우리는 다른 사람의 상호적 욕구를 과대평가할 수도 있다. 그들은 다른 사람이 그들이 행한 것처럼 생각하고 행동한다고 추측한다. "나는 거짓말을 했지만 모두들 그렇지 않은가?" 만약 우리가 우리의 소득세, 흡연 그리고 성형 사실을 속였다면, 우리는 그 같은 행동을 한 다른 사람의 수를 과대평가하는 경향이 있다. '베이워치'에 출현했던 David Hasselhoff는 다음과 같이 말했다. "나는 보톡스를 맞았지만 다른 사람들도 다 맞는다.", 탈무드에 따르면, "우리는 사물을 있는 그대로 보지 않는다.", "우리는 우리가 가지고 있는 것을 보는 것이다."

Dawes(1990)는 이러한 잘못된 믿음이 자신을 포함하는 현저하게 제한된 표본으로부터 일반화하기 때문에 발생할 수 있다고 제안하였다. 다른 정보가 부족할 때 왜 우리 자신을 투사하지 않는가: 왜 우리 자신의 지식을 다른 사람에게 귀속시키지 않는가? 그리고 왜 그들이 반응 경향의 단서로 우리의 반응을 사용하지 않는가? 대부분의 사람들은 다수에 속한다: 그래서 사람들은 그들이 다수에 포함된다고 여길 때, 그들은 대개 옳다고 추측한다. 또한 우리는 태도와 행동을 공유한다고 여기는 사람들과 더 많은 시간을 보내는 것 같으며 그리고 그 결과로서 우리가 아는 사람들로부터 세상을 판단하는 경향이 있다. 독일 사람들은 전형적인 유럽은 독일과 같다고 생각하는 경향이 있다. 반면에 포르투갈 사람들은 유럽인을 좀 더 포르투갈 사람처럼 보는 것은 별로 놀랄 일이 아니다(Imhoff et al., 2011).

그러나 **능력**과 관련해서 혹은 우리가 행동을 잘했을 때 혹은 성공적으로 수행했을 때 **잘못된 독특성 효과**(false uniqueness effect)가 종종 발생한다(Goethals et al., 1991). 사람들은 자신의 재능과 도덕적 행동을 상대적으로 보편적인 것으로 봄으로써 자아상에 도움을 준다. 네덜란드 대학생들은 정치와 같은 견해에 관해서는 더 큰 집단의 일원이 되기를 선호한다(잘못된 합의). 하지만 음악적 선호와 같은 취향에 관해서는 더 작은 집단의 일원이 되기를 원한다(잘못된 독특성: Spears et al., 2009). 어쨌든 많은 사람들이 좋아한다면, 그 밴드는 더 이상 멋지지 않다. 예를 들어, 대리운전사를 지정하거나 식사와 함께 음주를 함으로써 자신을 지키는 여대생들은 다른 여성들도 그와 같은 일을 한다는 것을 과소평가한다(Benton et al., 2008). 결국 우리의 실패는 상대적으로 정상적인 것이 되고 우리의 미덕은 상대적으로 예외적인 것이 된다.

요약하자면, 자기본위 편향은 자기본위 귀인, 자기축하적 비교, 착각적 낙관주의, 그리고 자신의 실패에 대한 잘못된 합의로 나타난다(그림 2.6).

자기본위 편향에 대한 설명

왜 사람들은 자기본위적 방법으로 그들 자신을 지각하는가? 아마도 자기본위 편향은 다른 사람에 대한 정보를 처리하는 과정과 기억하는 과정에서의 오류 때문에 발생한다. 자기 자신을 타인

© Purestock/Alamy Stock Photo

외출할 때 당신은 운전할 사람을 선택했는가? 잘못된 독특성 효과로 인해 그렇지 않음에도 불구하고 당신의 강점이 특별한 것이라고 생각하게 될 수 있다.

잘못된 독특성 효과
누군가의 능력, 욕구 혹은 성공적인 행동의 공통성을 과소평가하는 경향

그림 2.6
자기본위 편향이 어떻게 작용하는가?

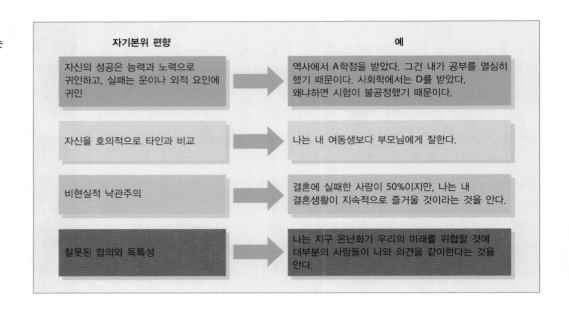

자기본위 편향	예
자신의 성공은 능력과 노력으로 귀인하고, 실패는 운이나 외적 요인에 귀인	역사에서 A학점을 받았다. 그건 내가 공부를 열심히 했기 때문이다. 사회학에서는 D를 받았다. 왜냐하면 시험이 불공정했기 때문이다.
자신을 호의적으로 타인과 비교	나는 내 여동생보다 부모님에게 잘한다.
비현실적 낙관주의	결혼에 실패한 사람이 50%이지만, 나는 내 결혼생활이 지속적으로 즐거울 것이라는 것을 안다.
잘못된 합의와 독특성	나는 지구 온난화가 우리의 미래를 위협할 것에 대부분의 사람들이 나와 의견을 같이한다는 것을 안다.

과 비교하려면 자신과 타인의 행동을 주목하고 평가하고 회상하는 것이 필요하다. 이 정보 처리 과정 안에서 다양한 결함의 가능성이 발생한다(Chambers & Windschitl, 2004). 자신의 배우자보다 집안일을 더 많이 했음을 자기 스스로 인정했던 결혼한 사람들에 대한 연구를 회상해보자. 이 같은 결과는 자신이 했던 사실은 기억하고 배우자가 했던 사실은 기억하지 못했기 때문에 발생했을 것이다(Kahneman & Deaton, 2010). 세탁물 바구니 밑에 떨어진 세탁물을 주어 담는 나 자신은 쉽게 그릴 수 있다. 그러나 얼빠져 떨어진 세탁을 못 보고 지나쳤던 횟수에는 주의를 두지 않는다.

그렇다면 편파된 지각은 단순히 지각적 오류, 즉 우리가 정보를 어떻게 처리하는가에 있어서 정서와 무관한 조그만 결함인가? 혹은 자기본위 **동기**가 역시 관여된 것인가? 다양한 동기를 가지고 있는 연구로부터 그것을 이제 명확히 밝혀보자. 자기지식을 탐구했을 때 우리는 우리의 능력을 평가하려고 동기화된다(Dunning, 1995). 자기확증을 탐구할 때 우리는 우리의 **자기개념**을 검증하려고 동기화된다(Sanitioso, et al., 1990; Swann, 1996, 1997). 자기확언을 탐구할 때 우리는 특별한 **자아상**을 고양시키려고 동기화된다(Sedikies, 1993). 게다가 자긍심 동기는 우리의 자기본위 편향의 힘이 된다. 사회심리학자인 Batson(2006)이 요약한 것처럼, "머리는 심장의 확장이다."

요약 : 자기본위 편향은 무엇인가?

- 대부분의 사람들이 낮은 자긍심 또는 열등감으로 괴로워한다는 추정과는 반대로, 연구자들은 대부분의 사람들이 **자기본위 편향**을 나타낸다는 것을 일관되게 발견하였다. 실험상황과 일상생활에서, 우리는 종종 성공을 자신의 공로로 돌리고 동시에 실패를 상황의 탓으로 돌린다.
- 대부분의 사람들은 스스로를 주관적이며, 바람직한 특성과 능력에 대해 평균 이상이라고 평가한다.

- 우리는 우리의 미래에 대해 비현실적인 낙관주의를 표명한다.
- 우리는 우리의 의견과 약점의 공통점을 과대평가하는(**잘못된 합의**) 반면, 우리의 능력과 장점의 공통점을 과소평가한다(**잘못된 독특성**).
- 이 같은 지각은 부분적으로 자긍심을 유지하고 강화하기 위한 동기에서 기인하는데, 그 동기는 우울로부터 사람들을 보호하지만 오판과 집단 갈등의 원인이 된다.

- 자기본위 편향은 우리 생활에서 일어나는 좋은 일을 만끽할 수 있도록 하는 것에서는 적응적일 수 있다. 그러나 나쁜 일이 생겼을 때 자기본위 편향은 우리로 하여금 타인을 비난하게 하거나 '응당한' 무언가를 속이고 있다고 생각하게 만드는 부적응적인 영향을 줄 수 있다.

사람들은 어떻게 자기제시를 하는가?

자기제시를 규명하고 어떻게 인상관리를 통해 행동을 설명하는가를 이해한다.

지금까지 우리는 자기가 사회적 세상의 중심에 있다는 것, 자긍심과 자기효능감에는 약간의 배당금이 지급된다는 것, 그리고 자기본위 편향은 자기평가에 영향을 미친다는 것을 살펴보았다. 아마 여러분은 다음과 같은 의구심이 들었다. 자기본위 표현은 항상 진실인가? 사람들은 공적으로 표현할 때처럼 사적으로 표현할 때도 똑같은 느낌을 가질까? 혹은 심지어 살아가면서 자기를 의심하면서 긍정적인 얼굴을 보일 수 있을까?

구실 만들기

때때로 사람들은 성공의 가능성을 줄이는 장애물을 만들어 놓음으로써 성공의 기회를 방해하는데, 이를 **구실 만들기**(self-handicapping)라고 한다.

듀크대학교에서 Berglas와 Jones(1978)가 진행한 실험의 참가자라고 상상해보라. 지금 당신은 어려운 적성검사 질문에 답했고, "당신 점수가 지금까지 결과 중 가장 좋습니다!"라는 말을 들었다. 믿을 수 없는 행운을 느끼면서 당신은 더 많은 항목에 답하기 전에 두 가지 약물 중 하나를 선택할 것을 제안받는다. 한 약물은 지적 수행을 도와주는 것이고 다른 하나는 그것을 억제하는 것이다. 당신은 어떤 것을 선택하겠는가? 대부분의 학생들은 자신의 사고를 방해할 거라는 약물을 선택했다. 결국 앞으로 예견될 수 있는 저조한 수행을 위한 간단한 핑계를 제공한 것이다.

연구자들은 사람들이 구실을 만드는 다른 방법을 밝혔다. 실패를 두려워하면서 사람들은 다음과 같은 것을 한다.

구실 만들기
이후의 실패를 위해 간단한 핑계로 창출된 행동으로 자아상을 보호하는 것

- 중요한 개인 체육활동을 위한 준비를 줄인다(Rhodewalt et al., 1984).
- 상대편에게 이점을 준다(Shepperd & Arkin, 1991).
- 도달할 수 없다는 기대치를 만들지 않기 위해 초기 과제 수행을 좋지 않게 한다(Baumgardner & Brownlee, 1987).
- 힘든 자아 관련 과제에서 열심히 하지 않으려고 한다(Hormuth, 1986; Pyszcynski & Greenberg, 1987; Riggs, 1992; Turner & Pratkanis, 1993).

일부러 자기를 파괴하는 것과 달리 이 같은 행동은 전형적으로 자기를 보호하는 데 목적이 있다(Arkin et al., 1986; Baumeister & Scher, 1992; Rhodewalt, 1987). "나는 진정으로 실패한 것이 아니다. 나는 이 문제를 제외하면 잘할 것이다." 불행하게도 이 같은 전략은 항상 부작용이 있다. 구실을 만드는 학생은 GPA가 낮다(Schwinger et al., 2014).

왜 사람들은 자멸적인 행동을 통해 스스로 구실을 만들까? 우리가 열심히 실패를 외부 요인에 귀인함으로써 자아상을 보호하는 것을 회상해보자. 실패를 두려워하면서, 어째서 사람들은 직업

면접 전날 밤 파티를 하거나 중요한 시험 전날 공부가 아닌 비디오 게임을 함으로써 자신의 구실을 만드는지 아는가? 자아상이 수행과 연결될 때, 연기하거나 핑계를 갖는 것보다 열심히 하여 실패한 경우에 더 자기를 깎아내리는 것이 될 수 있다. 어떤 방법으로든 구실이 있으면서 우리가 실패한다면, 우리는 능력이 있다는 느낌을 가질 수 있다. 이 같은 조건에서 우리가 성공한다면, 우리는 자아상을 유지할 수 있다. 구실은 실패를 재능이나 능력의 부족보다는 어떤 일시적인 것 혹은 외적 요인에 귀인할 수 있게 함으로써 자긍심과 공적인 상을 보호해준다("나는 아팠어", "전날 밤 늦게까지 밖에 있었어").

인상 관리

자기본위 편향, 꾸민 겸손, 그리고 구실 만들기는 자아상에 대한 우리의 깊은 관심을 보여준다. 정도를 달리하면서, 우리는 계속적으로 우리가 창조하는 인상을 관리한다. 감동을 줄 것인가, 두려워할 것인가, 혹은 무력하게 보일 것인가, 어떤 것이든 우리가 원하는 것을 위해, 사회적 동물인 우리는 청중을 위해 연극을 한다. 사회적 수용에 대한 인간의 열망이 너무 크면 흡연, 폭식, 이른 성관계, 약물 중독, 알코올 중독을 통해 사람들은 자기 자신을 해칠 위험에 빠질 수 있다 (Rawn & Vohs, 2011).

자기제시
호의적인 인상을 창출하기 위해 혹은 이상적인 것과 일치하는 인상을 창출하기 위해 행동하거나 자신을 표현하는 행위

자기제시(self-presentation)는 외적 청중(다른 사람)과 내적 청중(자신) 모두를 위해 바라는 상을 제시하기를 원하는 것을 말한다. 우리는 자신이 만든 인상을 관리하려고 노력한다. 우리는 우리의 자긍심을 지탱하고 자아상을 검증하기 위해 필요하다면 핑계를 대고, 정당화하고 혹은 사과한다(Schlenker & Weigold, 1992). 우리가 우리의 자긍심을 보호하려는 것처럼, 또한 우리는 너무 자랑해서 다른 사람의 반감을 사지 않아야 한다(Anderson et al., 2006). 한 연구에 따르면, "자신의 가장 좋은 모습을 내놓으시오"라고 들었던 학생들이 자신을 드러내지 말라고 했던 학생들보다 자신이 만났던 사람들로부터 더 부정적인 인상 평가를 받았다(Human et al., 2012). 자기제시를 하는 하나의 전략은 불평을 숨기고 잘난 척하는 '겸손한 척하면서 잘난 척하거나 (humblebragging)' 혹은 거짓 겸손(false humility)하는 것이다("300명의 지원자 중 합격한 한 사람이 나라는 것을 믿을 수 없어", "화장도 하지 않았어, 그럼에도 나는 아직도 잘 나가"). 한 연구 결과에 따르면, 겸손한 척하는 것은 겸손함으로 전달하는 것에 실패하거나 혹은 인상을 심어주는 데 실패할 가능성이 있다는 역효과가 있다(Sezer et al., 2018).

사회적 상호작용은 좋게 보이는 것과 너무 좋게 보이지 않게 하는 것 간에 조심스럽게 균형을 이루는 것이다. 집합적 문화에서는 특히 그렇다. 이 문화에서 겸손은 타인으로부터의 공격을 피하는 '기본적 전략(default strategy)'이다. 공격의 위험이 없다면 실험에 참가한 일본인은 미국인 정도로 자신을 고양한다(Yamagishi et al., 2012).

친숙한 상황에서 자기제시는 의식적 노력 없이 발생한다. 친숙하지 않은 상황에서는 아마도 사람들과의 파티에서 우리는 감동을 주려 할 것이다. 사랑하고자 하는 누군가와의 대화에서는 우리는 실제로 우리가 만들어내는 감동을 의식적으로 주려고 할 것이다. 그래서 우리는 우리가 잘 아는 친구들보다 덜 겸손할 것이다(Leary et al., 1994; Tice et al., 1995). 사진을 찍기 위해 준비할 때, 우리는 거울에서와는 다른 얼굴을 보이려고 노력한다. 우리가 보여주는 이 같은 노력은 비록 에너지를 소모하는 적극적인 자기제시이지만, 종종 효과

셀피의 시대에 자기제시는 항상 관심 사이다.

© mindof/123RF

를 떨어뜨린다. 예를 들어, 지루한 실험 과제를 지속하지 못하거나 답답한 감정을 표출하는 데 더 어려워한다(Vohs et al., 2005). 자기제시가 분위기를 예상치 못하게 향상시키는 긍정적인 면도 있다. 사람들은 가장 좋은 인상을 심어주기 위해 노력하고, 자신의 남자 친구나 여자 친구에게 긍정적인 인상을 남기기 위해 집중한 후에 자신들이 생각했던 것보다 기분이 훨씬 좋아진 것으로 느낀다. Dunn과 동료들(2008)은 오랜 연인들이 데이트하는 날 적극적으로 자기제시를 하기 때문에 기분이 좋아진다고 하였다.

집단 정체성. 아시아 국가에서 자기제시는 제한된다. 아이들은 집단을 통해 자신의 정체성을 형성하는 것을 배운다.

페이스북과 같은 소셜 네트워크 사이트는 자기제시를 위한 새롭고 때때로 강렬한 장이 된다. 커뮤니케이션학 교수인 Joseph Walther는 "과한 인상 관리(impression management on steroids)와 같다"고 말했다(Rosenbloom, 2008). 사용자들은 어떤 사진, 활동, 그리고 관심사들을 그들의 프로필에 강조할지에 대해 신중한 결정을 한다. 온라인에서 자기제시를 생각하는 것은 확실히 이익이 있다: 자신의 페이스북 프로파일을 편집하는 사람들은 나중에 더 높은 자긍심을 보고한다(Gentile et al, 2012; Gonzales & Hancock, 2011). 소셜 네트워킹상에서 지위나 매력에 관심을 갖고 있다면, 페이스북에서 더 많은 친구와 관계를 맺으려 하고 더 매력적인 자신의 사진을 선택하는 것 같은 높은 나르시시스트적 특성을 추구하는 것은 놀랄 만한 일은 아니다(Buffardi & Campbell, 2008).

자기제시에 관심을 가지고 있다면, 우리의 실패가 자신을 나쁘게 보일 것 같을 때, 사람들이 구실 만들기를 하는 것이 이상하지 않을 것이다. 건강상의 위험을 감수하는 것(주름질 수 있고 피부암의 원인이 될 수 있는 선택을 하는 것, 적절한 위생적 절차 없이 코를 뚫거나 문신을 새기는 것, 식욕 부진이 되어가는 것, 흡연, 음주, 약물 사용에 대한 동료의 압력을 받아들이는 것)도 이상하지 않을 것이다(Leary et al., 1994). 아마도 그들의 자기평가가, 속속들이 다 밝힐 전문가에 의해서 아첨이 밝혀질 위험성이 클 때, 사람들이 더 겸손해지는 것이 이상하지 않을 것이다(Arkin et al., 1980; Riess et al., 1981; Weary et al., 1982). Smith 교수는 자신의 연구 결과를 학생에게 발표할 때보다 전문적인 동료들에게 발표할 때 자신의 연구 결과의 중요성에 대해 더 겸손해질 것이다.

어떤 사람에게 있어서 의식적 자기제시는 하나의 삶의 방식이다. 그들은 자신의 행동을 감시한다. 어떻게 다른 사람이 반응하는지 주시하고, 원하는 것을 얻기 위해 사회적 수행을 조정할 것이다. **자기감찰**(self-monitoring) 경향성 검사에서 높은 점수를 받은 사람(예 : "나는 사람들이 나에게 되기를 기대하는 것대로 하는 경향이 있다에 동의한다")은 사회적 카멜레온처럼 행동한다. 즉, 그들은 외적 상황에 맞추어 자신의 행동을 적응시킨다(Gangestad & Snyder, 2000; Snyder, 1987; Tyler et al., 2015). 상황에 그들의 행동을 맞춤으로써 자신들이 실제로 갖고 있지 않은 태도를 표명할 가능성이 더 높고, 자신의 태도를 표명하거나 행동할 가능성이 더 적다(Zanna & Olson, 1982). Leary(2004b)가 관찰한 것처럼, 그들이 아는 자기는 그들이 보는 자기와 종종 다르다. 사회적 카멜레온으로서, 자기감찰 점수가 높은 사람은 자신들의 인간관계에 덜 전념하고 자신의 결혼생활에 더 불만족한다(Leone & Hawkins, 2006). 반면에 자기감찰이 높은 사람들은 온라인에서 더 많은 연결을 추구한다. 예를 들어, 페이스북에 포스팅을 더 하고 친구들

자기감찰
사회적 상황에서 자신을 제시하는 방식을 조율하고 바람직한 인상을 창출하기 위해 자신의 수행을 조절하는 것

"음… 오늘은 무엇을 써야 하지?"

© Mike Marland.

로부터 "좋아요"를 더 받는다(Hall & Pennington, 2013).

자기감찰 점수가 낮은 사람들은 다른 사람들이 생각하는 것을 덜 염려한다. 그들은 더 내적으로 이끌리고 결국 그들이 느끼고 믿는 대로 말하고 행동하는 경향이 있다(McCann & Hancock, 1983). 예를 들어, 게이 커플에 대한 생각을 그들에게 묻는다면, 그들은 예상되는 청중의 태도에 관계없이 자신들의 생각을 간단히 표현한다(Klein et al., 2004). 상상하는 것처럼, 자기감찰 점수가 극단적으로 낮은 사람은 야비한 사람으로 다가올 수 있다. 그러나 극단적으로 자기감찰 점수가 높은 사람은 거짓말쟁이 같은 부정적인 행동을 결과적으로 보여줄 수 있다. 대부분의 사람들은 이상의 두 가지 극단 사이 어딘가에 존재한다.

원하는 인상을 창조하는 방식으로 자신을 보여주는 것은 세밀하고 균형 잡힌 행동이다. 사람들은 능력 있게 보이기를 원한다. 그러나 또한 겸손하고 정직해보이기를 원하기도 한다(Carlston & Shovar, 1983). 대부분의 상황에서 겸손은 좋은 인상을 만들어낸다. 원하지 않은 자랑은 나쁜 짓이다. 결국 거짓으로 꾸민 겸손 현상(종종 우리가 사적으로 느끼는 것보다 우리는 낮은 자긍심을 보인다)이다(Miller & Schlenker, 1985). 그러나 우리가 확실하게 극단적으로 잘하면, 부인하는 사람의 위선은("나는 잘했어, 그러나 그것은 별거 아니야" — 겸손한 척하는 것) 명백해진다. 좋은 인상을 만들기 위해서는 겸손하지만 유능한 사회적 기술이 요구된다.

요약 : 사람들은 어떻게 자기제시를 하는가?

- 사회적 동물로서 우리는 청중에 적합한 용어와 행동으로 조정한다. 정도가 다르기는 하지만, 우리는 자신의 수행을 보이고 자신이 원하는 인상을 만들어내기 위해 그것을 조정한다.
- 때때로 사람들은 실패를 위한 변명을 제공함으로써 **자긍심**을 보호하기 위해 심지어 자멸적인 행동으로 구실을 만들려고 한다.

- 자기제시는 외적 청중(다른 사람)과 내적 청중(자기 자신) 모두에게 호의적으로 보이기 원하는 것에서 발생한다. 외적 청중을 생각해서 자기감찰 검사에서 높은 점수를 받은 사람은 각 상황에 맞추어 자신의 행동을 조정한다. 그러나 **자기감찰** 검사에서 낮은 점수를 받은 사람은 무감각한 것처럼 사회적 조정을 거의 하지 않는다.

'자기통제'를 한다는 것은 무엇을 의미하는가?

행동하는 자기에 대한 시험을 통한 자기통제를 이해한다.

Baumeister와 그의 동료들은 자기의 행동 능력은 제한이 있다고 말한다(1998; 2000; Baumeister & Tierney, 2001; Muraven et al., 1998). 다음을 살펴보자:

- 자기통제를 발휘하는 사람들(그들 스스로 초콜릿보다는 무를 먹거나 금지된 생각을 억압한 사람들)은 풀리지 않는 퍼즐을 받았을 때 결과적으로 더 빨리 그만둔다.
- 엉망진창인 영화에 대한 감정을 통제하려는 사람들은 체력 감소를 보인다 예를 들어, 더 짧은 시간에 움켜쥐었던 손을 푼다거나 더 공격적이고 자신의 파트너와 더 싸우는 경향이 있다(DeWall et al., 2007; Finkel & Campbell, 2001).

• 무언가에 대해 자기통제를 하려고 고군분투하는 사람은 성적인 생각과 행동을 덜 억제한다. 자기 파트너에게 친밀감을 표현해 달라고 요구받았을 때, 의지력이 감소된 사람들은 파트너와 더 열정적으로 키스하는 경향을 보였고, 심지어 연구실에서 옷을 벗기도 했다(Gailiot & Baumeister, 2007).

자기통제의 총체적 손실

자기통제 실패는 아주 힘들고, 어렵고, 불쾌한 어떤 일을(가능할 것 같은데 풀 수 없는 퍼즐) 해야 할 때 나타나는 경향이 있다. 사람들은 과업에 대한 보상이 주어질 때 혹은 개인적으로 그것에 투자했을 때, 자기통제를 하려고 노력한 후에 그들의 수행은 나빠지지 않는다(Boksem et al., 2006). 자기통제가 고갈되면 사람들은 자신의 제한된 자원들을 더 즐겁거나 의미 있는 행동들을 위해 헌신한다. 자기통제 실패를 이끄는 자기통제 노력은 특별하게 서양에서 나타난다. 인도의 경우 더 힘든 과제를 한 사람들은 미국 참가자들이 자기통제 감소를 보이는 것과 달리 자기통제가 증가한다(Savani & Job, 2017).

자기통제 고갈의 원리는 또한 다른 면을 가지고 있다. 즉, 자기통제가 고갈될 수 있지만 또한 근육처럼 강화될 수도 있다(Baumeister & Exline, 2000; Muraven et al., 1999). 한 실험에서, 대학생들은 연구 계획을 세우거나 연구일지를 지속적으로 쓰는 것처럼 계획하거나 자기통제를 기초로 하는 연구 기술 프로그램을 배웠다. 당연히 이 같은 기술을 배우지 않은 통제집단에 비해 이 같은 기술의 배운 학생들이 더 많은 시간 연구를 하였다. 그러나 어떻게 계획을 세우는가를 배운 학생들은 또한 증진된 자기통제의 이점을 갖게 되었다. 그들은 흡연이나 음주를 덜 하는 경향을 보였고, 주변에 빨랫감이나 먹고 난 접시를 덜 두었으며, 몸에 좋은 음식을 더 먹었다. 다시 말해서 한 영역에서 자기통제를 훈련하면 전반적인 자기통제력이 향상되었다(Oaten & Cheng, 2006). 그래서 만약 자신의 의지력을 증진시키고자 한다면, 새해 계획을 길게 모두 적고, 1월에 모든 것을 한번에 하려고 하지 마라. 이 연구가 제안하는 더 나은 전략은 우선 한 영역의 일을 시작하라는 것이다. 그러면 당신의 증진된 자기통제력이 당신을 완전히 새롭게 향상된 인생으로 이끌 것이다. 또 다른 인생의 결단은 유혹받을 가능성을 줄임으로써 하지 말아야 할 것을 하는 것을 즉시 그만두는 것이다 — 코너에 쿠키를 두지 마세요. 그리고 닿지 않는 곳에 전화기를 두세요(Milyavskaya et al., 2015). Baumeister와 Tierney는 의지력(*Willpower*)이라는 그들의 저서에 다음과 같이 언급하였다. "인생에서 스트레스를 줄이는 가장 좋은 방법은 결단을 내리는 것을 멈추는 것이다(2011, p. 238)." 지금 약간의 자기통제를 한다는 것은 나중에 자기통제력을 덜 필요로 한다는 의미이다.

심리학에서 유명한 연구 중 하나에 따르면, 잠깐 동안 마시멜로우 먹는 것은 참을 수 있는 아동은 이후 학업이나 직장에서 더 성공한다는 것이다(Moffitt et al., 2011). 또 다른 연구에 따르면, 자기통제력은 건강한 행동(Raynor & Levine, 2009), 장수(Friedman et al., 2014), 그리고 직장에서의 성공(Barrick et al., 2001)의 좋은 예언변인들 중 하나이다. 결론적으로 자기통제력을 키우는 것은 자신의 인생을 향상시키는 가장 좋은 방법의 하나이다.

요약 : 자기통제를 한다는 것은 무엇을 의미하는가?

- 자기통제력은 근육과 같다: 당신은 그것을 너무 사용하면 피곤해질 수 있다. 의지력은 에너지를 요구한다.

- 그러나 자기통제력을 많이 사용한다면 자기통제력은 더 강해진다. 하나의 영역에서 자기통제력을 증진시키면 다른 영역에서의 향상을 이끌 수 있다.

후기 :
서로 닮아 있는 진실 — 자긍심의 위험성과 긍정적인 사고의 힘

이 장에서는 두 가지 기억할 만한 진실을 제시하였다: 자기효능감의 진실과 자기본위적 편향의 진실. 자기효능감은 우리가 부정적인 상황에 처했을 때, 포기하지 않고 해결해 나갈 수 있도록 우리를 고무시킨다. 우리는 초기의 실패에 굴하지 않고, 자신에 대한 회의적인 생각에 방해받지 않고, 노력을 계속하는 것이 필요하다. 마찬가지로 우리가 자긍심을 지키려는 노력은 적응적 기제일 수 있다. 우리가 자신의 긍정적인 가능성을 믿을 때, 우리는 좌절에 상처받지 않고 안정감을 느낄 수 있다.

따라서 긍정적으로 생각하고 열심히 노력하는 것은 매우 중요하다. 하지만 환상에 가까운 목표를 세우거나 나르시시즘적인 태도로 타인을 배제하는 등의 자기과잉적인 태도는 지양해야 한다. 과도한 자기효능감을 가지는 것은 피해자를 비난하게 한다: 만약 긍정적인 생각을 갖는 것으로 모든 것을 이루어 줄 수 있다면, 우리가 행복하지 않은 결혼생활을 하거나, 가난하거나, 우울한 것에 대해 비난할 수 있는 것은 우리 자신밖에 없다. 열심히 했다면, 좀 더 능숙했다면, 덜 멍청했다면, 이라고 비난하면서 말이다. 이러한 시각은 좋은 사람들에게도 불행한 일이 발생한다는 것을 인지하지 못하게 한다. 삶의 가장 큰 성취와 실망 역시 너무 높은 기대를 갖는 것에서 비롯된다.

이 같은 서로 닮아 있는 진실(자기효능감과 자기본위적 편향)은 300년 전 파스칼이 생각했던 것을 떠오르게 한다: 이 세계는 복잡하기 때문에 하나의 진실만으로 절대 충분하지 않다. 상보적 진실에서 떨어져 나간 진실은 반쪽짜리일 뿐이다.

사회적 신념과 판단

© PeopleImages/Getty Images

당파성에는 특이한 힘이 있다. 미국 정치를 생각해보자.

- 민주당원 중 86%는 '중요한 사안들'에 대하여 진실을 알릴 것으로, 트럼프 대통령보다 뉴스 매체를 신뢰한다. 그러나 공화당원 중에서는 13%만이 뉴스 매체를 더 신뢰한다(Malloy, 2017).
- 대통령이 민주당원일 때, 민주당은 높은 가스 가격을 대통령이 어떻게 할 수 없다고 말한다. 대통령이 공화당원일 때 공화당도 똑같이 말한다. 그러나 대통령이 상대 정당에 속할 때, 두 정당원들은 모두 대통령이 가스 가격에 영향을 미칠 수 있다고 믿는다(Vedantam, 2012).

'동기화된 추론(특정 정치인에 대한 직관적 수준의 호불호)'은 우리가 증거를 해석하고 현실을 보는 데 강력하게 영향을 미칠 수 있다. 그리고 지각은 정당에 대한 지지를 예측한다. 중국 속담과 같이, "우리가 보는 것의 3분의 2는 우리의 눈 뒤에 있다."

전 세계의 정치 인식에서 똑같이 확인되는, 다른 신념을 가진 사람들의 서로 다른 반응은, 우리가 사회의 인식과 신념을 어떻게 구성하는지를 보여준다.

- 우리는 즉흥적 판단으로 이끄는 암묵적 규칙과 기분의 영향을 받아, 사건을 판단한다
- 우리 자신의 가정의 필터를 통해 사건을 인식하고 기억한다.
- 때로는 상황에 귀인하며, 때로는 사람에 귀인하며 사건을 설명한다.
- 특정 사건을 예상하고, 때때로 그로 인해 사건이 발생되게 한다.

이 장에서는 우리가 어떻게 사회적 세계를 판단, 인식, 설명하는지 그리고 왜 우리의 기대가 중요한지를 탐구한다.

의식적 · 무의식적으로, 우리는 사회적 세계를 어떻게 판단하는가?

판단이 어떻게 무의식과 의식 시스템 모두에 의해 영향을 받는지 이해한다.

노벨상 수상자인 Daniel Kahneman은 그의 저서 **생각에 대한 생각**(*Thinking, Fast and Slow*, 2011)에서 인간은 두 가지의 뇌 시스템을 가진다는 점을 강조하였다. **시스템 1**은 자동적이고 의식 밖에서 작동한다(직관 또는 육감으로 불린다). 반면 **시스템 2**는 의식적 주의와 노력을 요한다. 최근 연구에서 밝혀진 핵심 교훈은 다음과 같다: 시스템 1은 우리가 알아차리는 것보다 더 많이 우리의 행동에 영향을 미친다.

점화

의식적으로 알아차리지도 못한 것들이 우리가 사건을 해석하고 기억하는 데 미묘하게 영향을 미칠 수 있다. 이어폰으로 "우리는 뱅크(bank, '은행' 또는 '둑, 제방'의 의미가 있다 – 역주) 옆에 서 있었다"와 같은 모호하게 들리는 문장에 집중하고 있다고 상상해보자. 이때 관련된 단어(강 또는 돈)가 다른 귀에 동시에 제시되면, 이를 의식적으로 듣지는 못한다. 그렇지만 들리지 않았던 그 단어는 당신의 문장 해석을 '점화'한다. 왼쪽 그림에서 위에서 아래로, 또는 왼쪽에서 오른쪽으로 읽으면서 가운데 글자(또는 숫자)에 대한 해석이 점화되는 것과 같다(Baars & McGovern, 1994).

우리의 기억체계는 복잡하게 연결된 연상들의 망인데, **점화**(priming)는 특정한 연상을 깨우거나 활성화하는 것이다. 하나의 생각을 점화시키면, 의식되지도 않으면서, 다른 생각 또는 행동까지 영향을 미칠 수 있음을 여러 실험들이 보여준다(Herring et al., 2013). Bargh(2017)는 점화를 마음의 집사(작은 무의식적인 것들을 관리하는 사람)만이 들을 수 있는 종소리에 비유했다. 많은 연구에서 자극이, 너무 짧아서 의식적으로 지각할 수 없는, 무의식적 수준에서 제시되어도 점화 효과는 나타난다. 너무 약해서 느껴지지 않는 전기자극도 나중에 주어지는 쇼크의 지각된 강도를 높일 수 있다. '빵'이라는 단어가, 의식적으로 알아차리지 못할 정도로, 아주 짧게 깜박이며 제시된다면, 당신은 '버터'와 같이 관련된 단어를 '방울'과 같이 관련되지 않은 단어보다 더 빨리 탐지할 것이다(Epley et al., 1999; Merikle et al., 2001). 종교와 관련된 단어에 부지불식중에 노출된 종교인들은 다른 사람들을 도울 가능성이 더 높다(Shariff et al., 2016). 각각의 경우 보이지 않는 이미지나 단어는 이후 과제에 대한 반응을 점화한다. 다른 실험에서, 사과와 오렌지 주스와 비교하여 맥주와 보드카 포스터가 붙어 있는 방에서 있을 때, 평균대 위에서 더 많이 뒤뚱거렸다(Cox et al., 2014).

눈에 띄지 않은 사건들도 우리의 사고와 행동을 미묘하게 점화할 수 있다. Holland와 동료들

시스템 1
직관적 · 자동적 · 무의식적인 빠른 사고 유형. 자동적 처리로 알려짐

시스템 2
의도적 · 통제적 · 의식적인 느린 사고 유형. 통제된 처리로 알려짐

점화
기억에서 특정 연상이 활성화됨

(2005)은 다목적 청소세제 향에 노출된 학생들이 청소 관련 단어들을 더 빨리 찾고, 자신의 하루를 설명하면서 청소 관련 활동들을 더 많이 기억하고, 심지어 잘 부서지는 과자를 먹는 동안 책상을 보다 깨끗하게 유지하는 것을 관찰하였다. 네덜란드의 다른 심리학 연구팀은 청소용품의 향에 노출되었던 사람들이 쓰레기를 덜 버리는 것을 발견하였다(de Lange et al., 2012). 실험에서 생선 냄새에 노출시켰는데, 이는 사람들이 서로를 더 의심하고 덜 협력하게 하였다. '수상한 냄새(fishy)'로 수상한 거래라는 인식을 점화(Lee & Schwarz, 2012)한 것이다. 이 모든 효과는 참가자들이 향이나 그 영향에 대한 의식적인 인식 없이 발생했다.

점화 실험과 부합하는 현상들을 우리 일상생활에서 접할 수 있다고 Bargh(2006)은 설명한다.

- 집에서 혼자 무서운 영화를 볼 때 정서가 점화되고, 이는 의식하지 못한 채 벽난로에서 나는 소음을 누군가 집안에 침입한 것으로 해석하게 한다. 나도 실제로 이를 경험한 적이 있다: '유령투어' 후 뉴올리언스 호텔 방으로 돌아가면서, 전에는 보지 못했던 그림자 하나가 불길하게 보였다. 자세히 보니 그것은 유령이 아니었고 테이블이 이상한 각도로 있었던 것이었다.

- 우울한 기분은, 이 장 후반부에서 설명하듯, 부정적인 연상을 점화한다. 그러나 좋은 기분이 되면, 갑자기 과거는 더 멋져지고 미래는 더 밝아진다.

- 많은 심리학 전공생들에게, 정신병리 공부는 자신의 불안과 우울한 기분을 어떻게 해석할지를 점화한다. 의과 대학생들 역시 질병의 증상에 대해 읽으면서 자신에게 나타나는 충혈, 열, 두통을 걱정하도록 점화된다.

심어진 아이디어나 이미지가 우리의 해석과 기억을 어떻게 점화할 수 있는지에 대한 연구들은 이 책의 학습 내용 중 하나를 설명한다: 사회적 정보처리의 많은 부분이 자동적이다. 의도적이지 않고, 보이지 않고, 의식적인 알아차림 없이 발생한다 — 시스템 1에 기반하여. Bargh와 Chartrand(1999)가 설명하듯, "대다수 사람들의 일상생활은 의식적인 의도나 신중한 선택에 의해서가 아니라 환경의 요소에 의해, 의식적 인식 밖에서 작동되는 정신 과정에 의해 결정된다."

신체적인 감각조차도, **체화된 인지**(embodied cognition) 덕분에, 우리의 사회적 판단을 점화한다. 그리고 그 역도 마찬가지이다.

체화된 인지
신체적 감각과 인지적 선호 및 사회적 판단 사이의 상호 영향

- 따뜻한 사람을 평가한 경우에 비해, 차가운 사람을 평가한 후 사람들은 방이 더 차갑다고 판단한다(Szymkow et al., 2013; Zhong & Leonardelli, 2008). 다른 사람과 함께 식사한 사람보다 혼자 식사한 사람이 방의 온도를 더 낮게 판단한다(Lee et al., 2014). 사회적 소외는 문자 그대로 차갑게 느껴진다.

- 부드러운 공을 들고 있을 때보다 딱딱한 공을 들고 있을 때, 사람들은 같은 얼굴에 대해 민주당원보다는 공화당원으로, 그리고 역사학자보다는 물리학자로 보다 많이 판단한다(Slepian et al., 2012).

- 가망이 없다고 느끼는 사람들은 방을 더 어둡게 지각한다. 그들에게는 '희망의 빛'이 없는 것이다(Dong et al., 2015).

- 흔들의자에 앉아 있을 때, 사람들은 다른 커플의 관계를 보다 불안정하다고 평가한다(Kille et al., 2013).

© McGraw-Hill Education

함께 걷는 것은 함께 생각하고 공감하게 할 수 있다.

- 체화된 인지는 사회적이기도 하다. 춤추거나 노래하거나 같이 걸을 때와 같이, 두 사람이 서로의 동작을 맞출 때, 그들은 자신의 정신 역시 일치시킬 수 있다. 두 명의 보행자가 함께 환경에 주의하고 발걸음을 맞추면서, 상호관계와 공감이 증가하고 가끔은 갈등이 해결된다 (Webb et al., 2017).

결론 : 우리의 사회적 인지는 체화되어 있다. 우리의 신체적 감각을 처리하는 뇌의 시스템은 사회적 사고를 관할하는 뇌의 시스템과 소통한다.

직관적 판단

추론이나 분석 없이 무언가를 즉시 아는, 직관의 힘은 무엇인가? '직관적 관리'의 옹호자들은 우리의 예감에 열심히 귀를 기울여야 한다고 믿는다(시스템 1의 사용). 다른 사람을 판단할 때, 우리는 '우뇌의' 비논리적인 지성과 연결되어야 한다고 주장한다. 고용하거나 해고하거나 투자할 때, 자신의 예감에 귀 기울여야 한다. 판단할 때, 내면에 힘을 신뢰해야 한다.

의식적인 분석과 별개로 중요한 정보가 가용하다는 직관주의자들이 옳은 것일까? 아니면 회의주의자들이 보듯 직관은 "사실 여부와 관계없이 자신이 옳다고 생각"하는 것이거나, 자신이 직관적이라 말하는 사람들이 직관 평가 과제에서는 다른 사람보다 낫지 않다는 발견들(Leach & Weick, 2018)이 옳은 것일까?

직관의 힘

17세기 철학자이며 수학자인 블레스 파스칼은 "마음은 이성이 알지 못하는 고유의 이성을 지니고 있다"는 것을 관찰하였다. 3세기가 지나, 과학자들은 파스칼이 옳았음을 증명하였다.

우리는 우리가 아는 것보다 더 많은 것을 알고 있다. 무의식적 정보처리 연구들은 마음속에서 일어나고 있는 일에 접근이 제한적임을 확인하였다(Bargh et al., 2012; Banaji & Greenwald, 2013; Strack & Deutsch, 2004). 우리의 사고는 부분적으로는 **자동적**(automatic processing, 충동적이고, 적은 노력을 들이며, 알아차리지 못함–시스템 1)이고 부분적으로는 **통제적**(controlled processing, 사색적이고, 신중하며, 의식적인–시스템 2)이다. 자동적이고 직관적인 사고는 '스크린 위'가 아니라 스크린에 비치지 않는, 우리의 시야 밖, 이성이 미치지 못하는 곳에서 이루어진다. 다음 자동적 사고의 예들을 생각해보자.

자동적 처리
노력을 들이지 않고, 습관적이고, 자각 없는 '암묵적' 사고. 대략 '직관'과 상응함. 시스템 1로도 알려짐

통제된 처리
의도적이고, 반성적이며, 의식적인 '명시적' 사고. 시스템 2로도 알려짐

- 도식은 직관적으로 우리의 지각과 해석을 이끄는 정신적 개념 또는 형판이다. 누군가가 종교 교구(religious sects)를 말하는 것인지, 아니면 종교적 성(religious sex)를 말하는 것인지는 우리가 그 소리를 자동적으로 어떻게 해석하느냐에 달려 있다.
- 정서적 반응은 신중하게 생각할 시간을 갖기 전에 발생하는 일로 거의 즉각적이다. 신경계의 최단로를 통해 정보가 눈이나 귀로부터 뇌의 감각 교환소인 시상으로 전달되고, 사고를 담당하는 피질이 개입할 기회도 없이 그 정보는 뇌의 위협 탐지 센터(편도)로 보내진다 (LeDoux, 2002, 2014). 덤불 속에서 나는 소리에 직관적으로 두려움을 느꼈을 우리의 조상들은, 그들이 옳고 그 소리가 위험한 포식자의 것일 때 더 잘 생존할 수 있었고 우리에게 그러한 유전자를 물려줬을 것이다.
- 충분한 전문성이 있다면, 사람들은 직관적으로 문제의 답을 알 수 있다. 피아노 연주에서 골프 스윙에 이르기까지 많은 기술들은, 통제되고 신중한 프로세스로 시작하여 점차 자동적이

고 직관적이게 된다(Kruglanski & Gigerenzer, 2011). 체스의 대가는 초보자는 놓치는 의미 있는 패턴을 직관적으로 인식하고, 그 상황이 기억에 저장된 정보를 불러와, 종종 판을 흘낏 한번 보고는 다음 수를 둔다. 유사하게, 어떻게인지는 모르나 우리는 전화를 받으며 한 단어만 들어도 친구의 목소리를 바로 알아차릴 수 있다.

- 누군가에 대한 극히 적은 정보만으로서 — 그들의 사진을 아주 잠깐만 보아도 — 사람들의 **즉흥적 판단**은 그가 활달한지, 수줍은지, 게이인지 아닌지를 우연 수준보다 잘 맞춘다(Rule, 2014).

우리는 사실, 이름, 과거의 경험 같은 것들을 시스템 2를 사용하여 외현적으로(의식적으로) 기억한다. 그러나 기술이나 조건화된 성향 같은 다른 것들을, 의식적으로 알거나 우리가 안다는 것을 표명하는 일 없이, 시스템 1을 사용하여 **암묵적으로** 기억한다. 이는 우리 모두에게 일어나는 사실이지만, 외현적 기억을 새롭게 형성할 수 없는 뇌 손상 환자들에게는 놀랍도록 확실하다. 한 뇌 손상 환자는 자신의 주치의를 알아볼 수 없어 매일 자기소개를 반복해야 했다. 어느 날 의사가 손에 압정을 붙여, 악수를 할 때 펄쩍 뛰며 아프게 하였다. 다음에 의사가 다시 왔을 때, 환자는 여전히 외현적으로는 의사를 알아보지 못했다. 그렇지만, 암묵적 기억 때문에, 환자는 의사와 악수하려 하지 않았다.

맹시(blindsight)의 경우 역시 극적이다. 수술이나 발작으로 인해 시각 피질 일부를 상실하면, 사람들은 시야 일부에 있어서는 기능적으로 눈먼 상태가 된다. 보이지 않는 시야에 막대기들을 세워 제시하면, 그들은 아무것도 보이지 않는다고 보고한다. 그러나 그 막대가 수직으로 서 있었는지 아니면 수평으로 누워 있었는지 추측하게 하면, 환자들은 스스로 놀랄 정도로 잘 맞춘다. 고통스러운 악수를 '기억했던' 환자와 같이, 이 사람들은 자신이 안다고 알고 있는 것보다 더 많은 것을 알고 있는 것이다.

우리가 너무나도 당연하게 여겼던 얼굴을 알아보는 능력에 대해 생각해보자. 얼굴을 볼 때, 당신의 뇌는 시각 정보를 색상, 깊이, 움직임, 형태 등의 하위 차원으로 나누고, 각각의 측면에 동시에 작동하여 요소들을 하나로 합친다. 마지막으로, 자동적 처리를 사용하여 당신의 뇌는 지각한 이미지와 사전에 저장된 이미지를 비교한다. 짜짠! 순식간에 그리고 노력도 들이지 않고, 당신은 할머니를 알아본다. 직관이 무언가를 논리적인 분석 없이 즉각적으로 아는 것이라면, 지각은 탁월한 직관이다.

즉, 많은 일상적인 인지 기능은 자동적으로, 의도 없이, 자각 없이 일어난다. 우리의 마음이 큰 회사처럼 기능한다고 그려봄으로써, 자동적 처리가 우리가 삶을 살아가는 데 어떻게 도움을 주는지 상기해볼 수 있다. 우리의 CEO(통제된 의식)는 가장 중요하고, 복잡하고, 새로운 문제들에 주의를 기울인다. 한편, 부하들은 일상적인 사건들과 즉각적 행동을 요구하는 문제들을 다룬다. CEO처럼, 의식은 목표와 우선순위를 설정하고, 기초 부서의 운영 활동에 대해서는 종종 지식이 거의 없다. 이러한 자원의 이양은 우리가 많은 상황에 신속하고 효과적으로 반응할 수 있도록 한다. 결론은, 우리의 뇌는 우리에게 말해주는 것보다 더 많이 안다는 것이다.

직관의 한계

우리는 지금까지 어떻게 자동적이고 직관적인 사고가 '우리를 똑똑하게 만들 수 있는지' 살펴보았다(Gigerenzer, 2007, 2010). 그럼에도, Loftus와 Klinger(1992)는 직관의 탁월함에 의문을 가진 일군의 인지심리학자들을 대변한다. 그들은 "무의식은 우리가 믿어왔던 것만큼 똑똑하지 않다는 전반적인 합의"를 보고한다. 예를 들어, 역하자극(의식적 자극은 안 되지만 느낌을 불러일으킬 정도의)이 약하고 순간적인 반응을 촉발할 수는 있지만, 식역하의 오디오를 듣는다고 성공을 위한 "무의식적인 마음을 재프로그래밍할 수 있다"는 증거는 없다. 실제로 상당한 증거들은 오히려 그럴 수 없음을 가리킨다(Greenwald, 1992).

사회심리학자들은 오류 발생이 쉬운 사후해석 판단(hindsight judgments)뿐 아니라, 지각적 오해석(perceptual misinterpretation), 환상(fantasy), 구성된 믿음(constructed belief)과 같이 착각 능력에 관해서도 연구해왔다. Gazzaniga(1992, 1998, 2008)는 뇌 반구가 외과적으로 분리된 환자들이 그들의 이해할 수 없는 행동에 대해 즉시 설명을 만들어내고, 그것을 믿는다는 것을 보고하였다. 실험자가 환자의 비언어적 우반구에 "걸어라"라는 지시를 주고, 환자가 일어서서 몇 걸음을 걷는다면, 언어적인 좌반구는 즉각적으로 ("뭐라도 좀 마시고 싶은걸"과 같이) 환자에게 이해할 만한 설명을 제공한다.

착각적 직관은 우리가 사회적 정보를 받아들이고, 저장하며, 상기하는 데 또한 나타난다. 지각 연구자들이 착시를 통하여 정상적인 지각 메커니즘을 알아내기 위해 연구하는 것과 같이, 사회심리학자들은 착각적 사고를 통해 일반적인 정보 처리를 밝히고자 한다. 이러한 연구자들은 우리에게 일상생활에서의 사회적 사고의 지도를 제시해주고, 그 위험도 명백하게 보여주려 한다.

이러한 효율적인 사고 패턴을 살펴보면서 이를 기억하라: 사람들이 어떻게 거짓 믿음을 만들어내는지를 보여주는 것이, 모든 믿음이 거짓이라 증명하지는 못한다(위조를 인정하더라도, 어떻게 되었는지 아는 것은 도움이 된다).

과잉 확신

지금까지 우리는 인지 체계가 방대한 양의 정보를 효율적이고 자동적으로 처리하는 것을 살펴보았다. 그러나 그러한 효율성에는 대가가 존재한다. 경험을 해석하고 기억을 구성할 때 우리의 자동적인 시스템 1의 직관은 때때로 틀린다. 우리는 대개 그런 오류를 알아채지 못한다. 다시 말하면, 우리는 **과잉 확신**(overconfidence)한다.

과잉 확신
실제 정확성보다 더욱 확신하는 경향, 자신이 믿는 바의 정확성을 과잉 추정하는 경향

Kahneman과 Tversky(1979)는 사람들에게 다음 진술문을 주고 빈칸을 채우도록 했다: "뉴델리와 북경 사이의 비행 거리는 _____ 마일 이상이고 _____ 마일보다는 적다고 98% 확신한다." 대부분의 사람들은 과잉 확신하였다. 약 30% 경우에서, 정답은 사람들이 98% 확실하다고 생각했던 범위의 밖에 있었다. 참가자들이 답을 맞추면 복권을 받게 될 때도, 여전히 지나치게 과잉 확신하여, 너무 좁은 범위를 제시한다(과잉 정밀로 알려진). "과잉 확신의 결과는 심각하다"고 Mannes와 Moore(2013, p. 1196)는 지적한다. "사람들은 종종 너무 촘촘하게 자른다. 그래서 늦게 도착하고, 비행기를 놓치고, 탑승을 거부당한다." 일이 어떻게 진행될지 정확히 안다는 생각 속에서, 우리는 때때로 때를 놓친다.

역설적이게도, 무능함이 과잉 확신을 키운다. 능력을 인식하려면 능력이 필요하다고 Kruger와 Dunning(1999)은 짚었다. 문법, 유머, 논리 시험에서 점수가 가장 낮은 학생들은 자신의 능력을 과대평가하기 가장 쉬웠다. 무엇이 올바른 논리나 문법인가를 알지 못하는 이들은 종종 자신이 이를 잘 모른다는 사실을 자각하지 못한다. 'psychology'라는 단어의 철자들로 만들 수 있는 모든 단어들의 목록을 만든다면 당신은 자신이 똑똑하다 느끼겠지만, 다른 친구가 당신이 놓친 단어들을 만들기 시작하면 자신을 어리석다고 생각할 것이다. Caputo와 Dunning(2005)은 이 현

상을 실험 상황으로 재구성하여, 무지에 대한 무지가 우리의 자신감을 유지한다는 것을 검증하였다. 후속 연구들은 이 '자신의 무능력에 대한 무지'가 대부분 비교적 쉬워 보이는 과제에서 나타난다는 것을 밝혀냈다. 명백히 어려운 과제에서는, 수행이 좋지 못했던 사람들이 자신의 기술 부족을 더 자주 인정하였다(Burson et al., 2006).

Vallone과 동료들(1990)은, 9월에 대학생들은 그들이 교과목을 포기할 것인지, 전공을 정할 것인지, 내년에 캠퍼스 밖에서 살기로 선택할 것인지 등을 예측하도록 하였다. 학생들은 자신의 예측을 평균 84% 확신했지만, 그들은 예상했던 바의 거의 두 배를 틀렸다. 자신의 예측에 100% 확실하다고 느낄 때도 85%만 맞았다. 자신의 무능력에 대한 무지는 "다른 사람이 우리에게서 보는 것은… 우리가 자신에게서 보는 것보다 객관적인 결과와 더 높은 상관이 있다"는

과잉 확신의 위험. 폭발한 굴착 플랫폼에서 멕시코만으로 기름이 뿜어져 나올 때까지, BP는 안전 문제를 경시했고 이후에는 기름 유출이 적을 것이라 과잉 확신하였다(Mohr et al., 2010; Urbina, 2010).

Dunning(2005)의 직원평가 연구의 결론을 설명할 수 있다. 만약 무지가 잘못된 확신을 가져온다면, 당신과 내가 알지도 못한 채 무지한 부분은 어디인가?

사람들이 대개 단순하고 양극화된 견해를 갖는, 공공 정책에 대한 의견이 한 예가 될 수 있다. 사람들에게 이라크 제재나 탄소배출권거래제 환경보호에 대해 물어보라. 아마도 그들은 애매한 말들을 더듬거릴 것이다. 그러나 자신이 아는 바가 매우 적다는 것을 발견하면 자신의 의견을 조정할 것이다.

전공 시험과 같은 어떤 과제를 성공할 확률을 평정함에 있어, 진실이 밝혀질 시간이 한참 미래일 때는, 사람들의 자신감은 가장 높다. 시험 당일이 되면, 실패할 가능성은 더 커져 보이고 대개 자신감은 떨어진다(Gilovich et al., 1993; Shepperd et al., 2005). Buehler와 동료들(1994, 2002, 2003)은 또한 대부분의 학생들이 자신 있게 보고서 및 다른 전공 과제들을 끝마치는 데 시간이 얼마나 걸릴지에 대해 과소 평정한다고 보고했다. 이런 것은 그들만은 아니다.

- **주식중매인의 과잉 확신** : 투자 분석가들이 선택한 뮤추얼 펀드의 포트폴리오들은 무작위로 선택된 주식들과 수익이 엇비슷하다(Malkiel, 2016). 분석가들은 그들이 가장 좋은 주식들을 골라낼 수 있다고 생각할 수 있지만, 다른 사람도 모두 그렇게 생각한다(주식은 자신감 게임이다). 더 나쁜 것은, 과신에 빠진 사람들은, 공개적으로 자신의 선택을 밝힌 이후 더 확고히 버티며, 상황이 좋지 않을 때도 점점 더 많은 투자를 한다는 것이다(Ronay et al., 2017).

- **정치적 과잉 확신** : 의사결정자의 과잉 확신은 심각한 피해를 초래할 수 있다. 전 유럽을 상대로 1939년부터 1945년까지 전쟁을 일으킨 것은 확신에 찬 아돌프 히틀러였다. 1960년대에 남베트남의 민주주의를 구해내기 위해 미국의 무기와 병사를 쏟아부었던 것은 자신감 넘치는 린든 존슨이었다. 2003년 이라크가 대량학살 무기를 가지고 있다고 공언했던 것은 확신에 찬 조지 W. 부시였지만, 무기는 발견되지 않았다.

- **학생들의 과잉 확신** : 시험을 준비하며 심리학 용어를 외우고 있는 학생들에게 어떤 학점을 받을 것인지 예측하게 하는 실험을 하였다. 과잉 확신하는 학생들은(실제보다 자신이 더 정

확하다고 생각하는 이들) 시험 점수가 가장 낮았는데, 대부분은 공부를 더 하지 않았기 때문이다(Dunlosky & Rawson, 2012).

과잉 확신은 왜 끈질기게 지속되는 것일까? 아마도 우리가 자신감 있는 사람을 좋아하기 때문일 것이다: 실험에서, 그룹원들은 자신감이 높은 사람들에게(그들의 자신감이 실제 능력으로 확인되지 않을 때도) 더 높은 지위를 보상하였다. 지나치게 자신 있는 사람들은 먼저 이야기하고, 더 길게 이야기하고, 보다 사실적인 톤을 사용하고, 자신을 실제보다 더 능력 있어 보이도록 하였다(Anderson et al., 2012). 반복적으로 함께 일하고 지나치게 자신있는 자들이 보이는 모습처럼 정확하지 않다는 것을 알게 되어도, 그룹원들은 그들에게 지위 부여를 지속한다(Kennedy et al., 2013). 자신만만한 사람들은 자신감이 보다 적은 사람보다 연애 상대로 더 바람직하게 여겨진다(Murphy et al., 2015). 자신감이, 실제 능력이 아닌, 리더가 되고 이성을 매료시키는 데 도움이 된다면, 과잉 확신이 만연하는 것이 그다지 놀랍지 않다. 그렇지만 아마도 더 괴로운 일이다.

확증 편향

확증 편향
자신의 선입견을 확인하는 정보를 찾는 경향

사람들은 또한 자신이 믿는 것이 틀렸음을 확인하는 정보들을 찾으려 하지 않는다. 우리는 몹시 자신의 믿음을 확인하고 싶어 하고, 이를 부정할 증거들을 찾는 것은 별로 내켜 하지 않는데, 이러한 현상을 **확증 편향**(confirmation bias)이라고 부른다. 동성결혼 반대자들은, 상대편의 의견을 듣지 않기 위해 돈을 벌 수 있는 기회를 포기한다. 이는 동성결혼 지지자들도 마찬가지이다. 다양한 정치적·사회적 이슈들에 대해, 진보와 보수 모두 상대편의 주장을 알고 싶지 않아 한다(Frimer et al., 2017). 그래서 사람들은 대개 자신의 신념에 맞는 뉴스나 페이스북 친구를 선택하는데, 이런 현상은 '이념적 반향실(Del Vicario et al., 2017)'로 알려져 있다.

우리의 기본적인 반응이 자신의 예상에 일치하는 정보를 찾는다는 점에서, 확증 편향은 시스템 1, 스냅 판단처럼 보인다. 잠시 멈추고 생각하는 것은 ─ 시스템 2를 불러내는 ─ 우리가 이러한 오류를 저지를 가능성을 낮춘다. 예를 들어 Hernandez과 Preston(2013)은 대학생들에게 사형에 관한 기사를 읽게 하였다. 짙은 표준 글씨체의 기사를 읽은 학생들은 자신의 의견을 바꾸지 않았다. 그런데 옅은 회색의 기울임체일 때, 더 많은 학생이 자신의 의견을 바꾸었다. 아마도 신경 써서 단어를 읽는 것이, 두 입장을 모두 생각해볼 만큼 참가자의 사고를 느리게 하였기 때문일 것이다. 사색은 확신을 줄인다.

확증 편향은 왜 우리의 자아상이 놀랍도록 안정적인지를 설명해준다. 오스틴텍사스주립대학교에서 수행된 실험에서, Swann과 동료들(1981; Swann et al., 1992a, 1992b, 2007)은 학생들이 스스로에 대한 자신의 믿음에 부합하는 피드백들을 찾고, 끌어내고, 기억한다는 것을 발견하였다. 사람들은 자신의 자아상을 강화하는 친구들과 배우자를 찾으려 한다. 자신에 대해 잘못 생각하고 있을 때조차도(Swann et al., 1991, 2003).

Swann과 Read(1981)는 자기확증을 거만한 자아상을 가진 사람이 파티에서 행동하는 방식에 비유한다. 도착하자마자, 그녀는 자신의 우월함을 인정해주는 지인들을 찾는다. 대화 중에는 그녀가 기대하는 존경을 끌어내는 방식으로 자신의 견해를 제시한다. 파티가 끝난 후에, 그녀는 자신의 영향력이 약했던 대화는 거의 기억하지 못하지만, 그녀가 주도했던 대화 중 보였던 자신의 설득력에 대해서는 훨씬 더 잘 기억한다. 이렇게 파티에서의 경험은 그녀의 자아상을 더욱 강화한다.

과잉 확신에 대한 처방전

과잉 확신 연구들에서 우리는 어떤 교훈을 얻을 수 있을까? 첫 번째 교훈은 타인의 단정적인 발언에 대해 경계심을 가져야 한다는 것이다. 맞다고 확신해도 틀릴 수 있다. 확신과 능력이 항상 일치하는 것은 아니다.

두 기법이 과잉 확신 편파를 성공적으로 줄였다. 첫째는 신속한 피드백이다(Koriat et al., 1980). 일기예보나 경마 승률을 정하는 사람들은 매일 명확한 피드백을 받는다. 그 결과인지 두 그룹의 전문가들은 상당히 정확하게 예측한다(Fischhoff, 1982).

사람들이 어떤 생각이 사실일 수 있다고 생각할 때, 이는 사실처럼 보이기 시작한다(Koehler, 1991). 그래서 과잉 확신을 줄이는 두 번째 방법은, 판단이 **틀릴** 수 있는 이유 하나를 충분히 생각하게 하는 것이다. 즉, 부정적인 정보를 고려해보도록 강제하는 것이다(Koriat et al., 1980). 관리자들은 모든 제안서나 추천서가 틀릴 수 있는 이유도 포함하도록 하여, 보다 현실적인 판단을 촉진할 수 있을 것이다.

한편, 우리는 사람들이 갖는 합리적인 자신감을 폄하하거나 자기주장성을 손상하지 않도록 주의해야 한다. 그들의 지혜가 필요할 때, 자신감의 부족은 발언이나 어려운 결정을 피하게 할 수 있다. 과잉 확신에는 대가가 있지만, 현실적인 자기확신은 적응적이다.

휴리스틱 : 마음의 최단로

너무나도 많은 정보를 처리할 시간은 너무나도 적기 때문에, 우리의 인지 시스템은 빠르고 알뜰하다. 특히 최단로를 만들어내는 데 전문화되어 있다. 놀랍도록 쉽게, 우리는 인상을 형성하고, 판단하며, 설명을 만든다. **휴리스틱**(heuristic)으로 일상적인 결정들을 최소한의 노력으로 내릴 수 있다(Shah & Oppenheimer, 2008). 대부분 상황에서, 시스템 1의 즉흥적 일반화("그것은 위험해!")는 적응적이다. 이러한 직관적 가이드의 속도가 우리의 생존을 높인다. 사고의 생물학적인 목적은 우리를 올바르게 만드는 것이 아니라, 우리를 생존하게 만드는 것이다. 그러나 어떤 상황에서는 서두름은 실수를 낳는다.

휴리스틱
신속하고 효율적인 판단을 가능하게 하는 사고 전략

대표성 휴리스틱

오리건주립대학교 학생들에게 설명하기를, 심리학자 패널이 30명의 엔지니어와 70명의 변호사들을 면담하였고, 그들의 인상을 각각 간략하게 정리했다고 알려주었다. 다음의 기술은 30명의 엔지니어와 70명의 변호사 중에서 무작위로 뽑은 것이다.

제임스는 두 번 이혼하였고 여가 대부분을 컨트리클럽에서 보낸다. 그가 클럽하우스 바에서 나누는 대화는 종종 존경하는 아버지처럼 되려고 노력했던 것에 대한 후회에 집중된다. 힘든 공부를 하느라 쏟아 부었던 시간을, 다른 사람과의 관계에서 어떻게 덜 싸울 수 있을지를 배우는 데에 사용하였더라면 더 좋았을 것이다.

질문 : 제임스가 엔지니어보다 변호사일 확률은 얼마일까?

제임스의 직업을 추측하는 질문에, 80% 이상의 학생들이 그가 변호사라고 추측하였다(Fichhoff & Bar-Hillel, 1984). 충분히 합당하지만 만약에 이 기술문을 다른 학생들에게 보여주며, 70%가 엔지니어라고 조건을 바꾸면, 추정이 어떻게 변할 것이라 생각하는가? 조금도 바뀌지 않았다. 학생들은 엔지니어(70%)와 변호사(30%)의 기본 비율을 무시하였다. 그들의 마음속에서 제임스가 좀 더 변호사를 대표하는 듯해 보였고, 그것이 중요해 보였다. 다른 예로 존을 떠올려 보자. 23세 백인이고 무신론자이며 약물을 남용한다. 그는 어떤 종류의 음악을 좋아할까? 대부분의 사람들은 헤비메탈이라 추측한다. 헤비메탈 애호자들은 전체 인구에서 매우 적은 소수임에도 불구하고 말이다(Lonsdale & North, 2012).

마음속 어떤 범주의 정신적 표상과 직관적인 비교를 통해 무언가를 판단할 때, 우리는 **대표성 휴리스틱**(representativeness heuristic)을 사용하는 것이다. 대표성(전형성)은 보통 현실을 반영한다. 그러나 우리가 제임스의 사례를 보듯 항상 그런 것은 아니다. 31살의 미혼, 솔직하며 매우 발랄한 린다를 떠올려보자. 그녀는 대학에서 철학을 전공하였다. 그녀는 학창시절 차별 등의 사회 문제들에 관심이 많았고, 반핵 운동에 참여하였다. 이러한 설명을 바탕으로, 둘 중에 어느 쪽이 더 맞다고 생각하는가?

대표성 휴리스틱

전형적인 예를 닮았을 때, 때로는 대조적인 불일치에도 불구하고, 어떤 사람이나 사물이 특정 집단에 속한다고 가정하려는 경향

a. 린다는 은행원이다.
b. 린다는 은행원이고 페미니즘 활동에 적극적이다.

대부분 b의 가능성을 더 높이 본다. 왜냐하면 린다는 그들이 가지고 있는 여성주의자의 이미지를 더 잘 대표하기 때문이다(Mellers et al., 2001). 그러나 스스로에게 물어보라. 린다가 은행원인 동시에 페미니스트인 경우보다 그냥 은행원(페미니스트인지 아닌지에 상관없이)일 가능성이 더 높은가? Tversky와 Kahneman(1983)은 두 사건의 교집합이 일어날 가능성은 둘 중 하나의 사건이 일어날 가능성보다 더 클 수 없다는 사실을 상기시켰다.

가용성 휴리스틱

생각해보자 : 이라크와 탄자니아 중 어디에 사람이 더 많이 살까?

당신은 아마 이라크와 탄자니아 중 어느 것이 더 빠르게 떠오르는지에 따라 답했을 것이다. 우리의 기억 속에서 사례가 보다 쉽게 가용할 때(이라크처럼) 우리는 그러한 예들이 더 흔하리라 생각한다. 대개 이는 사실이며, 우리는 종종 **가용성 휴리스틱**(availability heuristic)이라 불리는 이러한 인지 규칙의 영향을 받는다(표 3.1). 단순하게 이야기하면, 무엇인가를 더 쉽게 떠올릴수록, 더 가능성이 높아 보인다(답 : 탄자니아의 인구는 5,500만 명으로 이라크의 3,700만보다 훨씬 많다. 대부분의 사람들은, 이라크의 이미지가 더 생생하기 때문에, 잘못 추측한다).

가용성 휴리스틱

기억에서 떠올리기 쉬운 관점에서 사건의 발생 가능성을 판단하려는 인지적 규칙. 만약 어떤 것의 예가 쉽게 떠오른다면, 그것이 보편적인 일이라고 가정한다.

한 성별의 유명인의 이름 목록(오프라 윈프리, 레이디 가가, 힐러리 클린턴)을, 동수의 유명하지 않은 남성들의 이름들(도널드 스카, 윌리엄 우드, 멜 재스퍼)과 섞어 들으면, 유명한 사람들의 이름은 후에 좀 더 인지적으로 가용할 것이다. 그 결과, 대다수가 여성의 이름을 더 많이 들었다고 믿게 된다(McKelvie, 1995, 1997; Tversky & Kahneman, 1973). 마찬가지로, 미디어에서 게이나 레즈비언은 주목받고 인지적으로 가용하게 된다. 그래서 2015년 갤럽 조사에서 미국 성인은 미국인의 23%가 게이이거나 레즈비언이라 추정하였다(Newport, 2015). 조사 결과 게이, 레즈비언 또는 양성애자라고 보고[4.1%(Gates, 2017)]한 바의 다섯 배 이상을 많게 추정한 것이다.

다음 4개 도시를 범죄율에 따라 순서를 매기자: 애틀란타, LA, 뉴욕, 세인트 루이스. TV 범죄 드라마부터 떠올릴 수 있는 이미지를 마음에 두었다면, 당신은 뉴욕과 LA가 가장 범죄에 시달릴 것으로 생각하겠지만, 다시 추측해

린다는 은행원인가? 은행원이자 페미니스트인가?

© Image Source

표 3.1 신속하고 간소한 휴리스틱

휴리스틱	정의	예시	함정
대표성	누군가 또는 무엇인가가 범주에 잘 맞는지에 대한 즉흥적 판단	사서의 이미지를 더 잘 표현하기 때문에, 마리가 트럭운전사이기보다는 사서라고 생각하는 것	다른 중요한 정보를 무시함
가용성	사건의 가능성(기억에서 얼마나 가용한지)에 따른 빠른 판단	학교 총기 사고 이후에 청소년 폭력을 추정하는 것	생생한 예에 가중치를 부여함으로써, 예컨대 엉뚱한 것을 두려워함

보자: 두 도시는 모두 애틀랜타와 세인트 루이스(FBI, 2017)의 3분의 1 정도의 폭력 범죄율을 나타낸다.

가용성 휴리스틱의 사용은 사회적 사고의 기본적인 원칙을 부각한다: 사람들은 일반적인 사실에서 특정한 예를 추론하는 데에는 느리지만, 생생한 사례에서 일반적인 사실을 추론하는 데에는 매우 빠르다. 강간, 강도, 폭행에 관한 이야기들을 보고 들은 후에 10명 중 9명의 캐나다인들이 폭력을 연루된 범죄율에 대해서 과도한 평가를 한다는 것은 놀랄 일이 아니다(Doob & Roberts, 1988). 남아프리카에서 강도, 살해와 같은 조직범죄에 관한 뉴스를 연일 접하면서, 1998~2004년 사이에 실제로는 폭력범죄가 급격히 감소했는데도, 두 배나 증가하였다고 믿는 것 역시 이상한 일이 아니다(Wines, 2005). 발이 묶인 항공 승객을 위한 호텔의 조식 담당자는, 날씨와 정비 문제로 인한 항공 지연에 대한 너무나도 많은 생생한 이야기를 들어와서, 절대로 비행기를 타지 않을 것이라고 말하는 것이 놀랍지 않다.

가용성 휴리스틱은, 왜 상어 공격이나 떠올리기 쉬운 증상의 질병처럼 선명하고 상상하기 쉬운 이미지를 가진 사건들이 떠올리기 힘든 사건들보다 더 많이 일어나는 것처럼 보이는지를 설명한다(MacLeod & Campbell, 1992; Sherman et al., 1985). 마찬가지로 강력한 일화는 통계적 정보보다 설득력이 있다. 우리는 어린이 안전벨트를 매는 데는 소홀하면서도, 극히 드문 어린이 납치에 대해 걱정한다. 테러를 걱정하지만 지구 기후 변화에는 무관심하다. 2011년 일본 쓰나미와 원자력 재해 이후 특히, 우리는 원자력에 두려움을 가지지만, 석탄 채굴 및 연소로 인한 더 많은 죽음에 대해서는 우려하지 않는다(von Hippel, 2011). 요약하자면, 우리는 더 높은 확률을 무시하면서 동떨어진 가능성에 대해 걱정한다. 사회과학자들을 이런 현상을 '개연성 무시'로 부른다.

대부분 비행기가 추락하는 뉴스 장면은 쉽게 떠오르는 기억이기 때문에, 우리는 종종 자동차보다 비행기로 여행하는 편이 더 위험하다고 짐작한다. 실제로 2000년에서 2014년 사이 미국 여행객은 자동차로 여행할 때, 같은 거리를 비행기로 여행할 때보다, 교통사고로 죽을 가능성이 거의 2,000배 더 높았다(National Safety Council, 2017). 2017년에는 심각한 비행기 충돌이 전 세계 어디에서도 없었다(BBC, 2018). 대부분의 비행기 여행객들에게 가장 위험한 부분은 공항까지 운전하는 것이다.

9/11 직후, 많은 사람들이 비행기 대신에 차를 택했고, 나는 만약 미국인들이 비행을 20% 줄이고 대신 그 거리를 운전한다면, 다음 해에 800건의 교통사고

아가, 무서워하지 마. 운전보다 안전하단다.

© Dave Coverly/Speedbump.com

생생하고, 기억할 만하고 인지적으로 가용한 사건은 사회적 세계에 대한 지각에 영향을 미친다. '개연성 무시'는 흡연, 운전, 또는 기후 변화보다 비행이나 테러와 같이 잘못된 것을 두려워하게 만든다. 만약 어린이를 태운 점보 제트기 네 대가 매일 추락한다면(로타 바이러스로 인한 유년기 설사 사망자 수를 추정한 것)이에 대해 무엇인가를 했어야만 한다.

사망이 추가로 발생하리라 기대할 수 있었다(Myers, 2001). 호기심이 생긴 독일 연구자는 실제 사고 자료와 비교하였고, 다음 해에 약 1,595건의 교통사고 사망이 초과 발생하였음을 확인하였다(Gigerenzer, 2004). 9/11 테러리스트들은, 네 대의 비행기로 265명을 죽인 것보다 눈에 띄지 않게 미국 도로에서 더 많은 사람을 죽인 것 같다.

투쟁한 것이 혜택을 본 것보다 잘 기억되기 때문에, 가용성 휴리스틱은 우리가 불공정성에 더 민감하게 만들 수 있다. 민주당원이나 공화당원 모두 미국의 선거 지형이 자신의 당에 불리하다고 믿는다. 학생들은 자신의 부모가 다른 형제들보다 자신에게 엄했다고 생각한다. 학자들은 자신이 논문 리뷰를 하느라 평균보다 더 수고해왔다고 믿는다(Davidai & Gilovich, 2016).

순진한 통계적 직관과 그로 인한 공포는 이성이나 분석을 통한 것이 아니라 가용성 휴리스틱에 조율된 감정에 의한 것임이 이제 분명하다. 이 책이 출판된 이후에도, 또 다른 극적인 자연재해나 테러가 있을 것이고, 이는 다시 우리의 공포, 경계, 자원들을 새로운 방향으로 몰아갈 것이다. 테러리스트들은, 미디어의 도움으로, 다시 우리의 관심을 끄는 데 성공하고 자원을 소모시킬 것이다. 그리하여 로타 바이러스처럼(매일 보잉 747기 4대를 채울 만큼의 아이들을 앗아가는 감염) 일상적이고, 평범하고, 교활하지만 시간이 지나면 삶을 황폐화하는 위험들로부터 주의를 빼앗는다(Parashar et al., 2006). 그러나 극적인 사건들은 우리에게 실제 위험들에 대해 경각심을 불러일으키기도 한다. 일부 과학자들이 언급하듯, 극적인 기상 재해들은, 지구의 기후 변화가 해수면을 높이고 극한의 날씨를 만들어, 자연 자체가 대량 살상 무기가 될 수 있음을 우리에게 상기시킨다. 호주인과 미국인에게, 더운 날은 지구온난화를 믿도록 점화할 수 있다(Li et al., 2011). 실내에서 덥다고 느끼는 것도 지구온난화에 대한 믿음을 높인다(Risen & Critcher, 2011).

역사실적 사고

쉽게 상상되는, 인지적으로 가용한 사건들은 우리의 죄책감, 후회, 좌절, 안도와 같은 경험들에도 역시 영향을 미친다. 만약 우리 팀이 중요한 경기에서 한 점 차이로 지면(혹은 이기면), 우리는 그 반대의 결과를 쉽게 생각할 수 있으므로 더 큰 아쉬움(혹은 안도감)을 느낀다. 더 나쁜 반대 상황을 생각하면 기분이 좋아진다. 스키선수 린제이 본이가 올림픽에서 0.03초 차이로 메달을 놓쳤을 때, 그녀는 경쟁자에게 만족했지만 "그녀가 차라리 1초 차이로 이겼더라면 좋았겠다"라고 말했다. 더 나은 대안을 상상하며, 다음에 어떻게 다르게 할지를 궁리하는 것은 미래에 더 잘 준비하게 한다(Epstude & Roese, 2008; Scholl & Sassenberg, 2014).

올림픽 경기에서 경기 후 선수들의 감정은 대개 기대 대비 얼마나 잘한지를 반영하지만, 한 분석에 따르면, 그럴 뻔한 일을 마음속으로 그려보는 **역사실적 사고**(counterfactual thinking) 역시 나타낸다(McGraw et al., 2005; Medvec et al., 1995). 동메달을 딴 선수들은(메달을 하나도 따지 못한 상황을 쉽게 상상할 수 있는) 은메달리스트보다(금메달을 따는 자신을 쉽게 상상할 수 있

역사실적 사고
발생할 수도 있었으나 발생하지 않은, 대안적 시나리오와 결과를 상상하는 것

는) 더 많은 기쁨을 보였다. 시상대에서 행복은 1-3-2처럼 단순하다. 이와 비슷하게, 같은 성적 범주 안에서 최고 점수를 받은 학생은(예 : B+), 가장 기분이 안 좋다(Medvec & Savitsky, 1997). A−를 한 점 차이로 놓치고 B+를 받은 학생은 이보다 못해 간신히 B+를 받은 학생보다 기분이 안 좋다. 스포츠경기나 TV 게임쇼에서, 간발의 차이로 놓치는 일은 특히 경쟁이 끝나가고 미래의 성공 가능성이 없을 때 특히 괴롭다(Covey & Zhang, 2014).

이러한 반사실적 사고는 반대의 결과를 쉽게 상상할 수 있을 때 일어난다(Kahneman & Miller, 1986; Markman & McMullen, 2003; Petrocelli et al., 2011):

- 우리가 간발의 차이로 비행기나 버스를 놓치면, 평상시 나오던 시간에 떠나고, 원래 다니던 길로 가고, 중간에 멈춰 이야기하지만 않았더라면 하고 생각한다. 30분이나 늦었거나 평소대로 왔는데 연결편을 놓쳤다면, 다른 결과를 상상하기 어려우므로, 우리는 좌절감을 덜 느낀다.
- 만약 시험에서 답을 바꿔서 틀리게 되면, 우리는 "만약 ~했더라면…"하고 생각할 수밖에 없고, 다음에는 처음 직감을 믿을 것이라고 다짐할 것이다. 그러나 학생들의 생각과는 반대로 오답에서 정답으로 바꾸는 경우가 더 많다(Kruger et al., 2005).
- 전공을 선택했지만, 선택하지 않은 전공의 이점들을 생각하는, 학생들은 자신의 선택에 덜 만족하고 성적이 좋지 않았다(Leach & Patall, 2013).
- 아깝게 진 팀이나 정치 후보자는 어떻게 하면 이길 수 있었는지를 반복해서 되뇐다(Sanna et al., 2003).

역사실적 사고는 운에 대한 느낌의 기초가 된다. 우리가 간신히 나쁜 일을 피하게 되었을 때(마지막 순간 골을 넣어 패배를 면했다거나 떨어지는 고드름을 간신히 피했다거나) 우리는 쉽게 그 반대의 안 좋은 결과(패배하거나 맞는)를 상상할 수 있고, 그러므로 "운이 좋다"라고 느끼게 된다(Teigen et al., 1999). 반대로 쉽게 피할 수 있었던 나쁜 일들에 대해서는 "운이 나쁘다"라고 느끼게 된다(Sittser, 1994).

중요하고 일어날 것 같지 않은 일일수록, 역사실적 사고는 강해진다(Roese & Hur, 1997). 교통사고로 배우자나 자녀를 잃거나 영아사망증후군으로 아이를 잃은 사람들은, 공통적으로 그 사건을 되씹으면 취소 상상을 하는 것으로 나타난다(Davis et al., 1995, 1996). 한 지인이 음주운전자의 차와 정면충돌하여 자신은 살아남았지만 아내와 딸, 어머니를 잃었다. "여러 달 동안… 매일매일 마음속에서 그날의 사건을 떠올린다. 끊임없이 그날을 다시 살면서, 사건들의 순서를 바꾸면서 그 사건이 일어나지 않는 것을 상상한다."(Sittser, 1994).

그러나 대부분의 사람들은 그들이 한 일보다 하지 않은 일을 더 아쉬워하며 살아간다. 예를 들면 "대학 다닐 때 좀 더 신중했더라면…" 혹은 "아버지가 돌아가시기 전에 사랑한다고 말했더라면…"과 같이(Gilovich & Medvec, 1994; Rajagopal et al., 2006). 어른들을 대상으로 한 설문조사 결과, 가장 후회되는 것은 교육을 진지하게 받지 않은 것이었다(Kinnier & Metha, 1989). 우리가 만약 안전지

역사실적 사고. 'The Price is Right' 참가자가 답을 맞히지 못하고 상금을 놓칠 때, 그들은 역사실적 사고(이랬으면 어땠을까)를 하기 쉽다.

대 너머로 실패를 각오하고 모험을 한다면, 적어도 시도라도 했다면, 후회를 덜 하고 살 수 있을까?

착각적 사고

일상적 사고에 또다른 영향 요인은 무작위적인 사건들 속에서 규칙을 발견하려고 하는, 우리를 온갖 종류의 잘못된 길로 이끌 수 있는 경향성이다.

착각적 상관

착각적 상관
존재하지 않는 관계를 지각, 또는 실제보다 관계를 더 강하게 지각

존재하지 않는 상관관계를 찾는 것은 쉬운 일이다. 의미있는 관계를 찾을 것이라 기대할 때, 쉽사리 임의의 사건들을 관련시켜 **착각적 상관**(illusory correlation)을 인식한다. Ward와 Jenkins(1965)는 사람들에게 50일간 구름씨 뿌리기의 가상 실험 결과를 보여주었다. 그들은 참가자들에게 50일 동안 언제 구름씨가 뿌려졌고, 언제 비가 내렸는지를 말해주었다. 그 정보는 결과들을 임의로 섞은 것일 뿐이었다: 어떤 때는 구름씨가 뿌려진 뒤에 비가 내렸고, 어떤 때는 내리지 않았다. 그런데도 참가자들은 구름씨 뿌리기의 효과에 대한 자신의 생각을 확신했고, 구름씨와 비의 관련성을 실제로 관찰하였다.

다른 실험에서도 사람들이 쉽사리 임의의 사건들을 자신의 믿음을 확인하는 것으로 잘못 지각한다는 것이 확인되었다(Crocker, 1981; Ratliff & Nosek, 2010; Trolier & Hamilton, 1986). 우리가 상관이 있다고 믿으면, 우리는 이를 증명할 사례들을 더 잘 찾고 기억한다. 어떤 전조가 특정 사건과 상관이 있다고 믿으면, 다음에 그 전조와 사건이 함께 일어나는 것을 쉽게 알아보고 기억해낸다. 과체중 여성이 행복하지 않다고 생각한다면, 그렇지 않은 경우에도 그러한 상관을 목격한 것으로 인식한다(Viken et al., 2005). 우리는 특이한 일들이 같이 발생하지 않는 것들은 항상 무시하거나 잊어버린다. 만약 우리가 한 친구를 생각했는데, 그 친구에게서 전화가 온다면 이 우연의 일치를 알아차리고 기억한다. 그렇지만 친구를 생각했지만 전화가 없거나 다른 친구에게서 전화가 올 때는 이에 주목하지 않는다.

도박 자기가 고른 복권 번호를 가진 사람들은, 주어진 번호를 가진 사람들에 비해, 그 복권을 팔라고 하면 네 배나 많은 돈을 요구하였다. 운에 좌우되는 게임을 할 때도, 사람들은 말쑥하고 자신감 있는 상대와 하는 경우보다 이상하고 긴장한 사람들과 할 때 더 많이 돈을 걸었다(Langer, 1977). 주사위를 던지거나 휠을 돌리는 사람일 때 자신감이 높아진다(Wohl & Enzle, 2002). 다양한 방법의 수십 개의 실험에서, 사람들이 우연의 사건들을 예측하거나 통제할 수 있는 것처럼 행동한다는 것을 일관되게 발견했다(Stefan & David, 2013).

실제 도박가를 관찰한 결과 역시 위 실험 결과를 지지하였다(Orgaz et al., 2013). 주사위 게임을 하는 사람들은 낮은 숫자를 위해서는 살살, 높은 숫자를 위해서는 세게 던졌다(Henslin, 1967). 도박 산업은 도박가의 착각을 바탕으로 번영한다. 도박가들의 자신의 기술과 선견지명 덕분에 승리했다고 생각한다. 실패는 '성공 일보 직전'이거나 '요행'이고, 스포츠 도박가들의 경우 심판의 잘못이나 이상하게 공이 튄 탓이다(Gilovish & Douglas, 1986).

주식 거래인들도 자신이 주식거래를 선택하고 통제하는 과정에서 오는 '권능의 느낌'을 좋아하고, 마치 그러한 통제감을 갖는 것이 시장 평균을 능가하게 만드는 것처럼 느낀다. 한 광고는 온라인 투자는 '통제감'에 관한 것이라고 단언하였다. 슬프게도, 통제 착각은 과잉 확신을 낳고, 종종 거래 비용을 공제 후 남는 손실을 가져온다(Barber & Odean, 2001a, 2001b).

사람들은 통제감을 좋아한다. 그래서 통제력 부족을 경험할 때 예측 가능성을 만들어내도록 행동한다. 실험에서, 통제력 상실은 주식 정보에서 착관적 상관을 보게 하고, 존재하지 않는 음모를 지각하거나 미신을 발전시키게 하였다(Whitson & Galinsky, 2008).

평균으로 회귀 Tversky와 Kahneman(1974)은 통제 착각이 발생할 수 있는 또 다른 경로를 주목하였다: 우리는 **평균으로 회귀**(regression toward the average)라는 통계적인 현상을 알아차리지 못한다. 시험 점수는 조금씩 변하기 때문에, 한 시험에서 과하게 높은 점수를 받은 학생 대부분은 다음 시험에서 더 낮은 점수를 받게 된다. 첫 번째 점수는 거의 상한이기 때문에 두 번째 점수는 상한을 더 높이기보다는 자신의 평균으로 낮아질('회귀') 가능성이 더 크다. 이것이 바로 지속적으로 좋은 점수를 낸 학생이 최고 점수를 받지 않더라도 학기 말 최우수 학생으로 마감하는 이유이다. 반대로 첫 시험에서 가장 낮은 점수를 받은 학생은 더 향상될 가능성이 크다. 가장 낮은 점수를 받은 학생은 첫 시험 이후에 과외를 받을 것이고, 과외가 전혀 효과가 없었더라도, 학생이 향상되면 과외가 효과 있다고 느낀다.

당신이 숫자를 고르든 다른 사람이 고르든 돈을 딸 확률은 같다. 그러나 돈을 따면, 많은 사람들이 자신의 '행운의 숫자' 때문이라 믿는다(착각적 상관의 예)

평균으로 회귀
극단의 점수나 극단의 행동은 자신의 평균을 향해 되돌아가는 통계적 경향

정말로, 일이 바닥을 치면 우리는 어떤 일이라도 하려고 할 것이고, 우리가 무슨 일을 하려 노력하든지 간에(심리 상담을 받든, 새로운 다이어트 운동 계획을 시작하든, 자기계발 도서를 읽든) 더 이상의 퇴보보다 향상이 뒤따를 가능성이 크다. 우리는 극히 좋거나 나쁜 일들이 계속되지는 않으리라 생각한다. 경험을 통해서, 모든 일이 좋게 흘러가면 무엇인가 안 좋을 일이 일어나리라는 것을 배웠고, 반대로 삶이 너무 힘들 때 상황이 나아질 것을 기대한다. 그러나 우리는 이러한 회귀 효과를 자주 잊고 지낸다. 신인상을 받은 야구선수가 다음 해에는 평범한 성적을 내는지에 의문을 가진다. 그 선수가 과잉 확신한 것일까? 자의식이 강한 걸까? 예외적으로 특출한 성과는 정상적인 상태로 회귀한다는 것을 잊은 것이다.

칭찬과 처벌을 이용한 모의실험을 통하여, Schaffner(1985)는 어떻게 통제 착각이 인간관계에 침투하는지를 보여주었다. 그는 보든대학 학생들을 초청하여 가상의 4학년 소년 '해럴드'를 오전 8:30까지 등교하도록 훈련하게 하였다. 3주 동안 학교 가는 날이 되면, 컴퓨터에는 해럴드의 도착 시각이 뜨고, 그 시간은 항상 8:20에서 8:40 사이었다. 그러면 학생들은 해럴드에게 강한 칭찬에서 강한 질책 사이의 반응을 선택하였다. 예상대로, 대부분 학생들은 해럴드가 8:30 전에 도착할 때는 칭찬하였고, 그 후에 늦게 도착하면 질책하였다. Schaffner는 도착 시간을 무작위 순서로 보여주도록 프로그래밍해 놓았기 때문에, 해럴드의 도착 시간은 그가 야단을 맞고 나아지는(8:30분을 향해 회귀) 경향이 있다. 예를 들어, 만약 해럴드가 8:39에 도착하면 그는 분명히 질책을 받을 것인데, 그의 무작위로 선택된 다음날의 도착 시간은 8:39보다는 빠를 가능성이 높다. 따라서 **질책이 어떤 효과도 미치지 않음에도**, 학생들 대부분은 자신의 질책이 효과적이라 믿으며 실험을 마쳤다.

이 실험은 Tversky와 Kahneman의 도발적인 결론을 증명하였다: 자연의 섭리가 그러하듯, 우리는 때로 타인에게 보상을 주고 벌을 받는 느낌을 갖기도 하고, 그들을 벌하여 보상을 얻기도 한다. 실제로는, 심리학입문에서 배웠겠지만, 옳은 일에 대한 긍정적인 강화는 대개는 보다 효과

평균으로 회귀. 우리가 매우 저조한 상태에 있을 때는, 어떤 일이라도 하면 효과적이게 보인다. "요가가 나의 삶을 나아지게 할 거야" 세상사는 계속 이상하게 저조하기만 한 경우는 드물다.

적이며 부정적인 부작용이 더 적다.

기분과 판단

사회적 판단은 효율적인 정보 처리가 포함된다. 이는 또한 우리의 느낌도 포함한다. 우리의 기분은 판단에 영향을 미친다. 불행한 사람들(특히 사별하거나 우울증을 겪는 사람들)은 보다 자기초점적이며 생각에 잠기는 경향이 있다(Myers, 1993, 2000). 그렇지만 슬픔에는 좋은 면도 있다(Forgas, 2013). 우울한 기분은, 자신의 환경을 보다 기억에 남고, 이해 가능하고 통제 가능하게 만들어줄 정보를 찾는, 강렬한 사고를 동기화한다.

반면, 행복한 사람들은 보다 신뢰하고, 사랑하고, 반응적이다. 쇼핑몰을 둘러보다 작은 선물을 받고 일시적으로 행복해지면, 선물을 받지 않은 후 응답한 사람들에 비해, 사람들은 몇 분 후 설문조사에서 자신들의 차와 TV가 아주 잘 작동하고 있다고 응답한다.

기분은 우리의 사고에 광범위하게 영향을 미친다. 월드컵 우승을 즐기고 있는 독일인에게 (Schwarz et al., 1987), 가슴을 따뜻하게 하는 영화를 보고 나온 호주인에게(Fogas & Moylan, 1987), 인간은 착한 심성을 가졌고 인생은 멋진 것으로 보인다. 우리가 행복한 기분에 있을 때는 세상이 더 우호적으로 보이고, 결정을 내리기가 더 쉬우며, 좋은 소식이 더 쉽게 떠오른다 (DeSteno et al., 2000; Isen & Means, 1983; Stone & Glass, 1986).

기분을 우울하게 바꿔보자, 그러면 사고도 다른 길로 들어선다. 장밋빛 안경을 벗고 어두운 안경을 써보라. 이제 나쁜 기분은 부정적인 사건들에 대한 우리의 추억을 점화한다(Bower, 1987; Johnson & Magaro, 1987). 관계는 졸렬해 보이고, 자기상은 곤두박질친다. 미래에 대한 희망은 어둡다. 다른 사람들의 행동은 더 못돼 보인다(Brown & Taylor, 1986; Mayer & Salovey, 1987).

Forgas(1999, 2008, 2010, 2011)는 기억과 판단이 기분에 따라 얼마나 변화하는지에 대해 종종 놀라움을 금할 수 없었다. 좋거나 나쁜 기분 상태가 유도되고, 누군가와 이야기하고 있는 자신에 대한 녹화물(전날 만들어진)을 본다고 하자. 행복이 유도되었다면, 보는 것으로 인해 즐거워지고, 당신의 자세, 흥미, 그리고 사회적 기술에 대한 많은 것들을 발견하게 된다. 만약 나쁜 기분 상태에 놓였다면, 동일한 녹화물은 뻣뻣하고 과민하고 말을 똑똑히 못하는 상당히 다른 당신을 드러낼 것이다(Forgas et al., 1984, 그림 3.1). 당신의 기분이 당신의 판단을 어떻게 변화시키는지 고려한다면, 실험자가 당신이 실험실을 떠나기 전 행복한 기분으로 전환해줄 때, 당신은 상황이 밝아짐에 안도감을 느낀다. 흥미롭게도, 우리는 변화한 지각을 기분 전환에 귀인 하지 않는다. 그보다는, 세상이 정말로 다른 것 같다(기분과 기억에 대한 심층 학습을 위해서, '숨은 이야기 : Joseph P. Forgas : 나쁜 날씨가 기억을 향상시킬 수 있을까?'를 참조).

기분은 부분적으로는 그 기분과 연합된 과거 경험을 마음에 떠올리게 함으로써 우리가 어떻게 세상을 판단할지에 영향을 준다. 나쁜 기분 상태에서 우리는 더욱 우울하게 만드는 생각을 한다. 기분과 관련된 사고는 다른 것에 대한 복잡한 사고에 집중하기 어렵게 한다. 그래서 우리가 정서적으로 각성되었을 때(화가 났거나 매우 좋은 기분 상태일 때도) 보다 즉흥적 판단을 더 하게 되고 고정관념에 기반하여 다른 사람들을 평가한다(Bodenhausen et al., 1994; Paulhus & Lim, 1994).

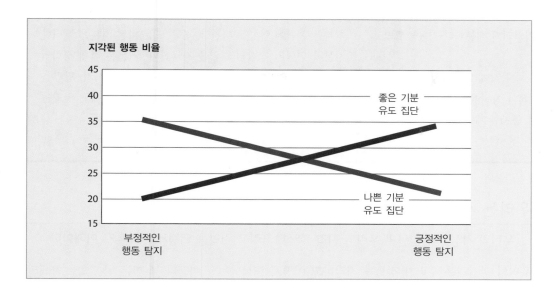

그림 3.1
일시적으로 좋거나 나쁜 기분은 녹화된 자신의 행동에 대한 평가에 강력한 영향을 미친다. 나쁜 기분 상태인 사람은 훨씬 더 적은 긍정적 행동들을 발견하였다.

출처 : Forgas et al., 1984.

숨은 이야기

Joseph P. Forgas : 나쁜 날씨가 기억을 향상시킬 수 있을까?

얼마 전 내가 춥거나 비가 오는 날이면 나쁜 기분에 빠지는 것을 알게 되었다. 그런데 놀라운 것은 그런 날 일어난 일에 대해 세부사항을 더 분명히 기억하는 것 같다는 것이다. 부정적인 기분도 우리가 환경을 잘 모니터하는지 영향을 줄 수 있을까? 아마도 부정적 기분은 가벼운 경고 신호처럼 작용해서 우리 주변에 일어나는 일에 더 주의를 기울이도록 우리를 경각시키는 것일까? 나는 현장 실험으로 이러한 가능성을 검증해보기로 하였다. 우리는 시드니 교외 신문사 근처에 여러 개의 작고 특이한 장신구들을 배치하였다. 그리고는 추운 날, 비가 오는 날 또는 따뜻하고 햇볕이 잘 드는 날에 상점을 들렀다 떠나는 고객들이 이 물건들을 얼마나 잘 기억하는지를 확인하였다(Forgas, Goldenberg, & Unkelbach, 2009). 내 직감이 확인되었다: 이 상점에서의 물건에 대한 기억은, 기분 좋은 맑은 날보다 기분이 좋지 않은 날(불쾌한 날)에, 유의하게 더 좋았다. 기분은 우리를 둘러싼 외부를 얼마나 면밀히 관찰하는지, 부정적인 기분은 주의력과 기억을 향상시켜, 무의식적으로 영향을 미치는 것으로 보인다.

Joseph P. Forgas
호주, 뉴사우스웨일스대학교

ⓒ Joseph P. Forgas

요약 : 의식적 · 무의식적으로, 우리는 사회적 세계를 어떻게 판단하는가?

- 우리에게는 자동적이고, 효율적이며, 직관적 사고(시스템 1)를 위한 매우 큰 능력이 있다. 이러한 인지적 효율성은, 보통은 적응적이나 가끔 오류의 대가를 치른다. 일반적으로 우리의 사고에 이러한 오류가 있다는 것을 의식하지 못하므로, 우리가 거짓 신념을 형성하고 유지하는 방식을 인식하는 것이 유용하다.

- 우리의 선입견은 우리가 사건을 해석하고 기억하는 데 강력한 영향을 미친다. 점화 현상에서, 사람들의 편견은 그들이 정보를 지각하고 해석하는 데 눈에 띄는 효과를 나타낸다.

- 우리는 종종 자신의 판단을 과대평가한다. 이 과잉 확신의 현상은, 부분적으로 우리가 틀릴 수 있는 이유보다 맞을 수 있는 이유를 상상하기가 훨씬 쉬우므로 생겨난다. 더구나 사람들은 반박 증거보다 자신의 신념을 확증하는 정보들을 훨씬 더 찾는 경향이 있다.

- 필요 없는 정보일지라도 강렬한 일화가 주어지면 우리는 종종 유용한 기초-비율 정보를 무시한다. 이는 부분적으로는

(계속)

생생한 정보가 이후에 더 쉽게 기억되기 때문이다(가용성 휴리스틱)

- 우리는 종종 상관이나 개인적 통제 착각에 의해 움직인다. 유혹당하듯, 아무 관계도 없는 곳에서 상관을 지각하고(착각적 상관) 우연한 사건을 예언하거나 통제할 수 있다고 생각한다(통제 착각).

- 기분은 판단에 영향을 미친다. 좋은 또는 나쁜 기분은 그러한 기분과 연합된 경험의 기억을 자극한다. 기분은 현재 경험의 해석에 영향을 준다. 그리고 우리의 주의를 분산시켜, 판단을 내릴 때 얼마나 깊이 또는 피상적으로 생각할지에도 영향을 미친다.

우리는 사회적 세계를 어떻게 지각하는가?

우리의 가정과 선입관이 우리의 지각, 해석, 그리고 기억을 어떻게 이끄는지 이해한다.

우리의 선입견은 우리가 정보를 지각하고 어떻게 해석할지를 이끈다. 우리는 믿음으로 착색된 안경을 통해 세상을 해석한다. "선입견이 분명히 문제가 된다"는 데 사람들이 동의하지만 그들 자신의 경향성의 영향력을 충분히 깨닫지 못한다.

우선 몇 개의 도발적인 실험들을 살펴보자. 첫 그룹의 실험들은 성향과 선입견이 정보를 지각하고 해석하는 데 어떻게 영향을 미치는지 알아보고 있다. 두 번째 그룹에서는 사람들에게 정보를 주어 마음속에 어떤 판단이 들어서게 하고, 정보를 받은 후에 사고가 어떻게 기억을 편향시키는지 연구하였다. 이들을 아우르는 초점은, 우리는 있는 그대로의 현실이 아니라 우리가 해석한 현실에 반응한다는 것이다.

사건을 지각하고 해석하기

우리가 서로를 지각하고 이해하는 데 있어 놀랄 만한 편향과 논리적 결함에도 불구하고, 우리는 대부분 정확하다(Jussim, 2012). 서로에게 가졌던 첫인상은 틀리기보다 맞는 경우가 많다. 더구나 우리가 상대를 더 잘 알수록 그들의 생각과 느낌을 보다 정확하게 읽을 수 있다. 그러나 때로 우리의 선입견은 실수한다. 선입견과 기대의 효과는 심리학개론 과목의 단골 메뉴이다. 다음 구절을 보자.

A
BIRD
IN THE
THE HAND

여기서 잘못된 부분을 알아차렸는가? 눈에 보이는 것보다 지각하는 것이 더 많다.

정치적 지각

정치적 지각도 마찬가지이다. 정치적 지각은 보는 사람의 시각에 의존하기 때문에, 단순한 자극조차 사람마다 상당히 다르게 인식될 수 있다. Vallone, Ross, Lepper(1985)의 실험은 선입견이 얼마나 강력할 수 있는지를 밝히고 있다. 그들은 아랍계와 이스라

© Alex Gregory. All rights reserved. Used with permission.

"당신의 정직하고 편향되지 않은, 그리고 어쩌면 경력을 끝장낼 수 있는, 의견을 듣고 싶네"

GREGORY

어떤 상황들은 편향되지 않기 어렵게 한다.

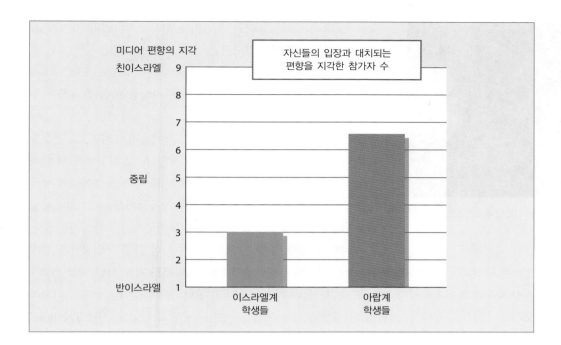

미디어 편향의 지각

친이스라엘 9

자신들의 입장과 대치되는
편향을 지각한 참가자 수

8

7

6

5 중립

4

3

2

반이스라엘 1

이스라엘계
학생들

아랍계
학생들

그림 3.2
'베이루트 학살'을 보도하는 네트워크
방송 뉴스를 본 이스라엘계 그리고 아
랍계 학생은 방송 내용이 자신들의 입
장과 대치되어 편향되었다고 믿었다.

출처 : Vallone, Ross, & Lepper, 1985

엘계 학생들에게 레바논 베이루트의 두 수용소에서 일어난 난민 학살을 보도하는 6개 네트워크 뉴스 부문을 보여주었다. 그림 3.2에 그려지듯, 각 그룹은 그 네트워크들이 자기 편에게 적대적 이라고 지각하였다.

이런 현상은 흔한 일이다. 스포츠 팬은 심판이 상대편에 편파적이라 인식한다. 정치 입후보자 들과 그 지지자들은 거의 항상 뉴스매체가 자신의 대의에 동조하지 않는다고 본다(Richardson et al., 2008). 퓨 리서치센터에서 미국인들에게 "당신 편이 줄곧 더 많이 이겼다 또는 졌다고 말할 수 있겠습니까?" 질문하자, 양쪽 진영의 대다수가 자신의 편이 더 많이 져왔다고 믿었다 (Fingerhut, 2015).

스포츠 팬과 정치인만이 아니다. 어느 곳에서나 사람들은 중재자와 미디어가 자신의 입장에 불 리하게 편파적이라 인식한다. 한 언론 평론가(Poniewozik, 2003)는 "어떤 주제도 객관성만큼 사람 들이 객관적이지 못한 주제는 없다"고 지적한다. 실제로, 사람들의 편견에 대한 인식은 그들의 태 도를 평가하는 데 사용될 수 있다(Saucier & Miller, 2003). 당신에게 편견이 보이는 곳을 말한다 면, 이는 당신의 태도를 나타내는 것이다.

정치, 종교, 그리고 과학에서 모호한 정보가 때로 갈등을 부채질하는 이유가 이것일까? 미국 의 대통령 선거토론은 대개 토론 전 의견을 강화할 뿐이다. 거의 10대 1의 차이로, 이미 한 후보 에게 호의를 가지고 있는 사람들은 그들의 후보가 이겼다고 지각하였다(Kinder & Sears, 1985). Munro와 그의 동료(1977)는 양측이 모두 대통령 선거토론을 본 후 각자의 후보를 더욱 지지하 게 되었다고 보고하였다.

결론은, 우리는 신념, 태도 그리고 가치관의 안경을 통해 사회적 세계를 본다는 것이다. 이것 이 우리의 신념이 그토록 중요한 그 이유이다. 이는 세상 모든 것에 대한 우리의 해석을 형성한다.

신념 고수

저녁에 우는 아기를 돌보며, 분유를 먹여 배앓이가 생겼다고 확신하는 보모를 떠올려보자 : "생

© Win McNamee/Getty Images News/Getty Images

당파적 인식. 특정 후보의 지지자들은 보통 그들의 후보가 토론에서 이겼다고 믿는다.

신념 고수
특정 신념을 형성하게 한 정보가 신빙성을 잃었지만 그 신념이 사실일 수 있는지에 대한 설명은 살아남아 자신의 초기 신념을 유지함

각해봐, 소젖은 사람보다는 송아지에게나 맞지" 만약 아기가 고열 때문에 아픈 것이라 밝혀지면, 그래도 젖병으로 분유를 먹인 것이 배앓이의 원인이라고 고집할까(Ross & Anderson, 1982)? Lee Ross, Craig Anderson, 그리고 동료들은 사람들 마음에 거짓을 주입하고는 이를 믿지 않게 하려 하였다.

연구 결과, 일단 사람들이 어떤 논리를 떠올리게 되면, 그 거짓을 뒤엎기가 놀라울 만큼 어렵다는 것을 밝혔다. 각 실험에서 첫 단계에서는 사실이라고 말해주거나 약간의 일화 증거를 보여주어 참가자들에게 **신념**을 주입하였다. 그리고 참가자들에게 왜 그것이 사실인지 설명하도록 요청했다. 마지막으로 연구자들은 참가자들에게, 그 정보는 실험을 위해 조작된 것이며 실험 참가자의 절반은 반대 정보를 받았다는 사실을 **설명**하여 처음 정보를 완전히 **부정**했다. 그럼에도 거짓 신념은 약 75%가 손상되지 않고 유지되었다. 아마도 참가자들은 자신이 신념과 관련하여 만들어낸 설명을 여전히 보유하기 때문일 것이다. 신념이 허위임에도 참가자들은 이를 굳게 잡고 있었다. **신념 고수**(belief perseverance)라고 불리는 이 현상은 신념이 스스로 강화되며 반대되는 증거에도 유지될 수 있음을 보여준다. 가짜 뉴스(클릭과 광고 수익을 유도하기 위해 만들어진 가짜 이야기)가 소셜 미디어에 퍼질 때(Fulgoni & Lipsman, 2017), 사람들이 왜 틀린 정보를 계속 믿는지를 이해하는 것은 특히 중요하다.

또다른 신념 고수의 예로, Anderson, Lepper와 Ross(1980)는 참가자들에게 위험을 감수하는 사람이 좋은 소방관이 될지 나쁜 소방관이 될지 결정하도록 하였다. 한 그룹은 훌륭한 소방관이면서 위험에 취약한 사람과 성공적이지 못했던 조심스러운 사람에 대해 생각하였다. 다른 그룹에서는 반대의 결론을 시사하는 사례에 대해 생각하게 하였다. 위험-감수 경향의 사람이 더 좋은(혹은 더 나쁜) 소방관이 된다는 자신들의 이론을 형성한 후, 참가자들은 그에 대한 설명을 적었다(예 : 위험을 무릅쓰는 사람이 용감하다든지 조심스러운 사람은 사고가 더 적다든지). 일단 각각의 설명이 만들어지고 나면, 이는 처음에 그 신념을 형성시킨 정보와 독립적으로 존재할 수 있다. 그 정보가 의심될 때도, 참가자들은 여전히 자신이 만든 설명을 지키며 위험을 무릅쓰는 사람이 정말로 더 좋은 혹은 더 나쁜 소방관이 된다고 믿기를 계속하였다.

이런 실험들은 또한 자신의 이론을 더 많이 검토하고 어떻게 그것이 사실일 수 있는지 더 많이 설명할수록, 자신의 신념에 도전하는 정보에 더 폐쇄적으로 됨을 보여준다. 일단 우리가 왜 피고가 유죄인지, 왜 화난 이방인이 그렇게 행동했는지, 왜 내가 선택한 주식이 오를 것인지에 대해 생각하기 시작하면, 반증에도 불구하고 우리의 설명을 유지할 것이다(Davies, 1997; Jelalian & Miller, 1984).

증거는 매우 강력하다 : 우리의 신념과 기대는 우리가 정신적으로 사건을 구성하는 데 강력한 영향을 미친다. 과학자가 사건들에 주의하고 해석하는 데 지침이 되는 이론을 만들어 득을 보듯, 대개 우리의 선입견도 우리에게 이롭다. 그렇지만 이로 인한 이득은 때로 대가를 치른다. 자신의 사고방식 안에 갇히는 것이다. 그래서 20세기 천문학자들이 발견하고 기뻐했던 화성 표면의 '홈'이 지적인 삶의 부산물(망원경의 지구 편의 정보)인 것으로 밝혀지게 되는 것이다.

자신과 세계에 대한 기억의 구성

여러분은 다음의 내용에 대해 동의하는가, 동의하지 않는가?

> 기억은 뇌 속의 저장 상자(재료들을 보관해두었다가 나중에 필요하면 꺼낼 수 있는)에 비교될 수 있다. 때로 '상자'에서 무엇을 잃어버리면, 우리는 잊어버렸다고 말한다.

실시된 연구에서 약 85%의 대학생들은 동의하였다(Lamal, 1979). "과학은 평생 쌓아온 경험이 우리의 마음속에 완벽하게 보존된다는 것을 증명하였다"는 한 잡지 광고의 문구처럼.

사실, 심리학 연구는 정반대의 결과를 증명하였다. 기억은 기억 은행에 예치되어 보관되는 경험의 정확한 복사물이 아니다. 오히려, 우리는 인출 시점에서 기억을 구성한다. 고생물학자가 뼈조각들로 공룡의 생김새를 유추하듯이, 우리는 현재의 감정과 기대를 사용하고 정보의 조각들을 결합하여 오래된 과거를 재구성한다. 그래서 우리는 손쉽게(비록 무의식적이나) 현재 알고 있는 것에 맞게 우리의 기억을 바꿀 수 있다. 내 아들은 "크리켓 6월호가 안 왔다" 불평하다가도, 그것이 어디 있는지 보여주면, "좋아, 내가 그걸 받은 걸 알고 있었지"라며 기쁘게 대답했다.

실험자나 치료자가 참가자들의 과거에 대한 추정을 조작하면, 상당 비율의 사람들이 잘못된 기억을 구성한다. 참가자들에게 아이였을 때, 결혼식에서 그릇을 넘어뜨리는 상상을 하도록 요청하면, 4분의 1의 참가자들이 이후 이 가상 사건을 실제 일어난 것으로 기억하였다(Loftus & Bernstein, 2005). 진실을 찾는 과정에서 마음은 가끔 거짓을 구성한다.

2만 명 이상이 참가한 실험에서 Loftus(2003, 2007, 2011a)와 동료들은 기억을 구성하는 우리 마음의 경향을 연구하였다. 전형적인 실험으로, 사람들이 한 사건을 목격하고, 그에 대해 호도하는 정보를 받고(또는 받지 않고), 기억검사를 받는다. 결과는 **오정보 효과**(misinformation effect)로, 사람들은 잘못된 정보를 자신의 기억에 통합시킨다(Scoboria et al., 2017). 그들은 양보 신호를 정지 신호로 기억하고, 망치를 드라이버로, 보그를 마드모아젤로, 헨더슨 박사를 데이비드슨 박사로, 아침 시리얼을 달걀로, 면도를 깨끗이 한 남자를 수염을 기른 남자로 기억한다. Loftus는 암시된 오정보로 유년기 성적 학대의 거짓기억까지 만들어낼 수 있다고 주장한다.

이런 과정은 물리적 사건뿐 아니라 사회적 사건에 대한 기억에도 영향을 미친다. Croxton과 그의 동료들(1984)은 학생들에게 15분간 누군가와 이야기하도록 하였다. 나중에 이 사람이 자신을 좋아했다고 정보를 받은 사람은 그 사람의 행동을 이완되고, 편안하고 행복했다고 기억했다. 자신을 싫어했다고 들은 사람들은 그 사람을 과민하고 편안하지 못하며 그다지 행복하지 않았던 것으로 기억했다.

우리의 과거 태도의 재구성

당신은 5년 전 이민자에 대해 어떻게 느꼈는가? 대통령 또는 총리에 대해서는? 부모님에 대해서는? 만약 당신의 태도가 바뀌었다면, 그 변화가 어느 정도라 생각하는가?

연구자들은 이런 질문들을 탐구했고, 결과는 우리를 불안하게 한다. 태도가 바뀌었던 사람들은 자주 그들이 지금 느끼는 것처럼 항상 느껴왔다고 주장한다(Wolfe & Williams, 2018). 카네기 멜론대학교 학생들은 긴 설문에 응답했는데, 여기에는 대학 교과과정에 대한 학생의 통제권에 대한 질문이 포함되어 있었다. 일주일이 지나 학생들은 학생들의 통제권에 대해 반대하는 글을 쓰는 데 동의하였다. 그렇게 한 후, 그들의 태도는 학생들의 통제권에 더 많이 반대하는 쪽으로 바뀌었다. 글을 쓰기 전에 그들이 그 질문에 어떤 응답을 했는지 기억해달라고 했을 때, 학생

오정보 효과
사건을 목격하고 호도시키는 정보를 받은 후, 오정보를 사건에 대한 자신의 기억에 통합함

지금 싸우라. 그러면 당신은 당신의 관계가 행복하지 않았다고 잘못 기억할 수 있을 것이다.

들은 현재 가진 그 의견을 유지했다고 '기억하고', 실험이 그들에게 영향을 미쳤다는 점은 부인했다(Bem & McConnell, 1970).

유사하게 학생들이 자신의 이전 태도를 부인하는 모습을 관찰한 후, Wixon과 Laird(1976)은 학생들이 자신의 행적으로 바꾸는 "속도와 정도, 그리고 확신은 놀랍다"고 언급하였다. Vaillant(1977)는 성인 대상 종단연구 후, "유충이 나비가 되고 나서는 자기가 어릴 때도 작은 나비였다고 주장하는 것은 너무나도 흔하다. 성숙은 우리 모두를 거짓말쟁이로 만든다"고 짚었다.

긍정적인 기억의 구성은 우리의 추억을 빛나게 한다. Mitchell, Thompson과 동료들(1994, 1997)은 사람들이 자주 장미빛 회상을 한다는 것을 보고하였다. 연구 참가자들은 양호하게 유쾌한 사건들을 실제 경험보다 좋게 기억했다. 3주간 자전거 여행을 하는 대학생, 오스트리아 관광을 하는 노인, 휴가를 떠난 대학생 모두, 여행 중 자신의 경험을 즐기고 있다고 응답하였다. 그렇지만 이후에는 여행에서 불쾌하거나 지루했던 면은 최소화하고 정말 좋았던 순간들을 기억하며, 그런 경험을 훨씬 더 애정을 가지고 회상하였다. 그래서 내가 스코트랜드에 머물렀던 그 유쾌한 시간을(사무실에 돌아와 마감과 방해물을 마주하면서), 지금 나는 그 순수한 행복을 낭만적으로 기억한다. 부슬부슬 내리던 비나 성가신 벌레는 희미한 기억이다. 멋진 풍경과 신선한 바다 공기와 좋아한 찻집은 여전히 나와 함께 한다. 어떤 긍정 경험도, 즐거움의 일부는 기대 속에, 일부는 실제 경험 속에, 그리고 일부는 장밋빛 회상 속에 있다.

McFarland와 Ross(1985)는 관계가 변함에 따라, 다른 사람에 대한 기억도 변한다는 것을 발견했다. 연구자들은 대학생들에게 자신이 안정적으로 만나고 있는 데이트 상대를 평정하도록 하였다. 두 달이 지나, 그들을 다시 평정하였다. 이전보다 사랑에 많이 빠진 학생들은 첫눈에 사랑을 느낀 것으로 기억하는 경향이 있었다. 관계가 깨진 사람들은 상대가 다소 이기적이고 성격이 나쁜 것을 알았다고 기억하는 경향이 있다.

Holmberg와 Holmes(1994)는 이런 현상이 373쌍의 신혼부부에게서도 나타난다는 것을 발견했다. 신혼에는 대부분이 매우 행복하다고 보고했지만, 2년이 지나 다시 설문했을 때, 결혼생활이 싫어진 사람들은 상황이 항상 나빴다고 기억했다. 그 결과는 '무서운' 것이었다고 Holmes는 말한다. "그런 선입관은 위험한 악순환으로 이어질 수 있다. 현재 당신의 상대를 보는 관점이 부정적일수록, 가지고 있는 기억이 나쁠수록, 이는 부정적인 태도를 더욱 강화할 뿐이다."

이는 우리가 예전에 어떻게 느꼈었는지를 완전히 의식 못한다는 것이 아니고, 기억이 모호할 때, 지금의 느낌이 우리 기억의 길잡이가 된다는 것이다. 과부와 홀아비가 5년 전 배우자의 죽음에 느꼈던 슬픔을 기억하려 할 때, 그들의 현재 정서 상태는 그들의 기억을 물들인다(Safer et al., 2001). 환자가 전날의 두통을 기억할 때 그들의 현재 느낌은 회상을 좌우한다(Eich et al., 1985). 미간 주름을 예방하는 보톡스 주사를 맞은 우울증 환자는 우울증에서 더 빨리 회복하는데, 아마도 왜 슬펐는지를 기억하기가 더 어려울 수 있기 때문이다(Lewis & Bowler, 2009).

과거 행동의 재구성

기억의 구성은 우리 자신의 역사를 바꿀 수 있게 한다. 워털루대학교의 학생들에게 양치질의 이점에 대한 메시지를 읽었다. 나중에 다른 실험으로 생각된 장면에서, 그 메시지를 듣지 않은 학생들의 응답에 비해, 이 학생들은 앞선 2주 동안 보다 자주 양치질한 것으로 기억했다 (Ross, 1981). 마찬가지로, 사람들은 실제 팔린 양에 비해 아주 적게 담배를 피운다 보고했다 (Hall, 1985). 그리고 실제 기록된 바보다 투표에 더 자주 참여한 것으로 기억했다(Bureau of the Census, 2013).

사회심리학자인 Greenwald(1980)는 그런 발견들과 조지 오웰의 소설 1984의 유사점을 지적한다 — "이미 발생한 사건들을 바라는 방식대로 기억하는 것이 필요하다." 실제로, 우리 모두는 과거를 현재의 관점에 맞게 수정하는 '전체주의 자아'를 가지고 있다고 Greenwald는 논하였다. 그래서 우리는 나쁜 행동은 축소하고 좋은 행동은 과장해서 말한다.

때로 우리의 현재의 관점은 우리가 향상되었다는 것이다. 이 경우 우리는 실제보다 과거가 현재와 매우 달랐다고 잘못 기억하고 있을 수 있다. 이 경향성은 수수께끼 같은 일관된 결과들을 설명한다. 체중 조절, 금연, 운동을 위한 심리치료와 자기개선 프로그램에 참가한 사람들은 평균적으로 양호한 수준의 향상을 보였다. 그렇지만 참가자들은 종종 상당한 효과를 경험했다고 주장한다. Conway와 Ross(1986)는 그 이유를 이렇게 설명한다: 그렇게 많은 시간, 노력, 그리고 돈을 자기개선에 소비했기 때문에, 사람들은 "내가 지금 완벽하지 않을지 모르지만, 전에는 훨씬 나빴어. 여기서 득을 크게 봤어"라고 생각할지 모른다.

우리의 사회적 판단은 관찰과 기대, 이성과 열정의 혼합이다.

요약 : 우리는 사회적 세계를 어떻게 지각하는가?

- 실험에서 사람들에게 정보를 준 후, 판단이나 틀린 사고를 주입한다. 이런 실험들은 **사실 전 판단이 우리의 지각과 해석을 편향시키며, 사실 후 판단이 우리의 기억을 편향시킨다**는 것을 밝힌다.
- 신념 고수는 사람들이 자신의 초기 믿음과 그 믿음이 왜 진실

- 인지 이유에 믿음의 근거가 의심되어도 집착하는 현상이다.
- 기억은 과거에 대한 사실들의 저장소가 아니다. 우리의 기억은 실제로 이를 인출할 때 만들어지고, 인출 시점에 우리가 가지고 있는 태도와 느낌의 영향을 강하게 받는다.

우리는 사회적 세계를 어떻게 설명하는가?

어떻게, 그리고 얼마나 정확하게 우리가 다른 사람의 행동을 설명하는지 인식한다.

사람들은 타인을 설명하는 것을 일삼으며, 사회심리학자는 사람들의 설명을 설명하는 것을 일삼는다.

사람에 대한 판단은 우리가 상대의 행동을 어떻게 설명하는지에 달려 있다. 어떤 설명인지에 따라, 우리는 살인을 살해, 고살, 정당방위 또는 영웅적 행동으로도 판단한다. 우리의 설명에 따라, 우리는 노숙자를 주도성이 부족한 사람으로도, 또는 고용 복지 예산 삭감의 피해자로도 볼 수 있다. 우리의 설명에 따라, 누군가의 우호적인 행동을 따뜻한 진심 또는 아부로 해석한다. 귀인 이론은 이러한 설명이 어떻게 작용하는지 이해할 수 있도록 돕는다.

인과관계 귀인 : 사람에게 또는 상황으로

우리는, 특히 부정적이거나 기대치 않은 일을 경험할 때 왜 일이 그렇게 되었는지 끊임없이 분석

오귀인? 데이트 강간은 때로 남성이 여성의 따뜻함을 성적인 유혹으로 잘못 읽어 시작된다.

오귀인
행동을 틀린 원인에 잘못 귀인하는 것

귀인 이론
사람이 타인의 행동을 어떻게 설명하는 지에 대한 이론으로, 예를 들어 행동을 내적인 성향(지속되는 특질, 동기, 그리고 태도) 또는 외부 상황에 귀인한다

성향 귀인
행동을 그 사람의 성향이나 특질에 귀인

상황 귀인
행동을 환경에 귀인

하고 이야기한다(Weiner, 1985, 2008, 2010). 노동 생산성이 떨어지면, 근로자들이 게으른지 아니면 업무환경의 효율이 떨어졌는지 추정한다. 반 친구들을 때린 소년은 적대적인 성격을 가진 것일까 아니면 끊임없는 놀림에 반응한 것일까?

연구자들은 결혼한 사람들이 배우자의 행동, 특히 부정적인 행동을 분석한다는 사실을 발견했다. 차가운 적대감을 느낄 때, 따뜻한 포옹보다는, 상대가 '왜' 그런지 의아해하며 상대를 떠난다(Holtzworth & Jacobson, 1988). 배우자의 대답은 그들의 결혼 만족도와 상관이 있었다. 불행한 부부들은 부정적인 행동들에 대해 대개 내적인 설명을 하였다("그녀는 나를 배려하지 않으니까 늦은거야"). 행복한 부부는 더 자주 외부에서 원인을 찾았다("그녀는 교통체증 때문에 늦었어"). 긍정적인 행동에 대해서도, 그들의 설명은 유사하게 고통을 유지하거나("꽃을 가져온 것은 나와 섹스를 원해서겠지") 관계를 증진하는 작용을 하였다("꽃을 가져온 것은 나에 대한 사랑을 보여주려는 거야")(Hewstone & Fincham, 1996; McNulty et al., 2008; Weiner, 1995).

Abbey와 동료들(1987, 1991, 2011)은 남자들은 여자들보다 여성의 다정함을 성적 관심으로 귀인할 가능성이 더 크다는 것을 반복적으로 발견하였다. 여성의 따뜻함을 성적 유혹으로 잘못 읽는 것은, **오귀인**(misattribution)의 한 예로, 성희롱이나 강간까지 유발할 수 있다(Farris et al., 2008; Kolivas & Gross, 2007; Pryor et al., 1997). 많은 남성이 데이트 신청을 계속하면 여성이 좋아할 것이라 믿지만, 여성들은 이를 괴롭힘으로 보는 경우가 잦다(Rotundo et al., 2001). 남자가 권력의 위치에 있을 때, 오귀인은 특히 발생할 가능성이 크다.

관리자는 부하 여성의 공손함과 친절한 행동을 잘못 해석하고 자신으로 가득 차서, 그녀를 성적 시각으로 본다(Bargh & Raymond, 1995). 남성은 여성보다 성에 대해 더 자주 생각한다. 마음속에 성을 생각하는 남성은 여자의 공손한 미소를 성적 의미로 과도하게 받아들일 수 있다(Levesque et al., 2006; Nelson & LeBoeuf, 2002). 미국 여성 23%가 원하지 않는 성적 행위를 강요받은 적이 있다고 응답했지만, 남성은 3%만이 여성에게 성적 행위를 강요한 적이 있다고 응답한 이유 역시 오귀인으로 설명 가능하다(Laumann et al., 1994).

귀인 이론(attribution theory)은 우리가 사람들의 행동을 어떻게 설명하고 그로부터 무엇을 추론하는지를 분석한다(Gilbert & Malone, 1995; Heider, 1958). 우리는 때로 사람들의 행동을 내적 원인(예 : 그 사람의 성격이나 정신 상태)에, 때로 외적인 원인(예 : 그 사람의 상황의 무엇)에 귀인한다. 선생님은 학생의 학습 부진이 동기나 능력 부족 때문인지[내적 원인 또는 **성향 귀인**(dispositional attribution)], 물리적이거나 사회적 환경 때문인지[외적 원인 또는 **상황 귀인**(situational attribution)] 궁금할 수 있다. 어떤 사람들은 행동의 원인을 안정적인 성격에서 찾는 경향이 있는 한편, 다른 사람은 행동을 상황에 귀인하는 경향을 더 보인다(Bastian & Haslam, 2006; Robins et al., 2004).

특질 추론

우리는 종종 타인의 행동이 그들의 의도나 성향을 나타낸다고 추론한다(Jones & Davis, 1965). 메이슨이 애슐리에게 비꼬는 말을 하는 것을 보면, 우리는 메이슨이 적대적인 사람이라 추론한

다. 사람들은 언제 타인의 행동이 성격 때문이라고 추론을 더 하게 될까? 한 가지는, 특정 상황에서 정상적인 행동보다 그 상황에는 특이한 행동이 그 사람에 대해 더 많은 것을 알려준다. 만약 사만다가 빈정거리는 일이 드문 상황인 입사면접에서 빈정거렸다면 이는 형제에게 빈정거리는 것보다 그녀에 대해 더 많은 것을 알려준다.

우리는 놀라울 정도로 쉽게 특질을 추론하는데, 이를 **자연적 특질 추론**(spontaneous trait inference) 현상이라 부른다. 뉴욕대학교에서 이루어진 실험에서 Uleman(1989; Uleman et al., 2008)은 학생들에게 "사서가 할머니의 식료품을 길 건너로 옮기고 있다"와 같은 문장을 기억하도록 들려주었다. 학생들은 즉각적으로, 비의도적으로, 무의식적으로 특질을 추론하였다. 나중에 참가자들이 문장을 기억할 때, 가장 도움이 되는 중요한 단어는 '책'(사서에 대한 단서)이나 '봉지'(식료품에 대한 단서로)가 아니고, 당신 또한 자연스럽게 사서에 귀인했으리라 짐작하는 추론된 특질인, '도움 주는'이었다. 누군가의 얼굴을 단지 10분의 1초만 노출하여도, 사람들은 자연스럽게 특정한 성격 특질을 추론하였다(Willis & Todorov, 2006).

근본적 귀인 오류

사회심리학의 가장 중요한 교훈은 사회적 환경의 영향에 관한 것이다. 어느 순간에도, 우리의 내적 상태와 그로 인한 말과 행동은, 상황 그리고 우리가 그 상황으로 가져온 것에 의존한다. 두 상황에서 근소한 차이가 사람들의 반응에 때로는 커다란 영향을 미친다는 것을 보여주는 실험을 하나 소개하겠다. 교수인 나(DM)는, 같은 교과목을 오전 8:30분과 오후 7:00에 가르치며 이를 경험한다. 8:30에는 학생들이 조용한 응시로 인사를 하지만, 7:00에는 떠드는 것을 중단시켜야 한다. 두 경우 모두, 다른 학생들보다 수다스러운 학생들이 있기도 하지만, 두 상황의 차이는 개인차를 넘어선다.

귀인 연구자들은 귀인과 관련하여 보편적으로 나타내는 문제를 발견하였다. 누군가의 행동을 설명할 때, 우리는 종종 상황의 영향을 과소평가하고 개인의 성격과 태도가 반영되는 정도는 과대평가한다. 그래서 강의시간이 언제인지가 강의실 내 잡담 정도에 영향을 미친다는 것을 알고 있음에도, 오후 7:00 강좌의 학생들이 오전 8:30에 만나는 '조용한 유형'의 학생들보다 훨씬 외향적이라고 생각하고 싶은 유혹이 너무나도 크다. 마찬가지로, 사람이 넘어지면 무엇에 걸려서라기보다 칠칠찮다고 추론할 수 있다. 사람들이 웃는 것은 우호적으로 보이려고 가장한다기보다는 행복하기 때문이라고, 고속도로에서 과속으로 우리를 추월하면 중요한 회의에 늦어서라기보다는 그들이 공격적이기 때문이라고 추론한다.

근본적 귀인 오류(fundamental attribution error; Ross, 1977)라 불리는, 이러한 상황을 무시하는 현상은 여러 실험에서 나타났다. 첫 연구로 Jones와 Harris(1967)는 듀크대학교 학생들에게 당시 쿠바의 지도자인 피델 카스트로를 지지하거나 공격하는 토론자의 연설문을 읽게 하였다. 토론자가 어느 입장을 택했다고 들었을 때, 학생들은 논리적으로 그것이 그 사람 자신의 태도를 반영한다고 가정했다. 그렇지만 토

여백 주석

자연적 특질 추론
다른 사람의 행동에 노출된 후 쉽고, 자동적으로 특질을 추론

예외 : 아시아인은 사람들의 행동을 성격 특질에 귀인하는 경향이 적다(Na & Kitayama, 2011).

근본적 귀인 오류
관찰자들이 타인의 행동에 대해 상황적 영향을 과소 추정하고 성향적 영향을 과잉 추정하는 경향(우리가 행동이 성향과 일치한다고 보기 때문에 대응 편향이라고도 불린다)

학생이 졸음을 무엇에 귀인해야 할까? 수면 부족? 지루함? 내적 귀인 또는 외적 귀인을 할지는, 그녀의 졸음이 이 수업이나 다른 수업에서도 일관적인지, 다른 학생들도 이 특정 과목에 대해 그녀와 같이 반응하는지에 따라 결정된다.

© Wavebreakmedia/Shutterstock

그림 3.3
근본적 귀인 오류
사람들이 카스트로를 지지하는 토론문을 읽을 때, 그들은 대응하는 태도를 연설문을 쓴 사람에게 귀인한다. 토론 코치가 작가의 입장을 할당했을 때조차.

출처 : Data from Forgas et al., 1984.

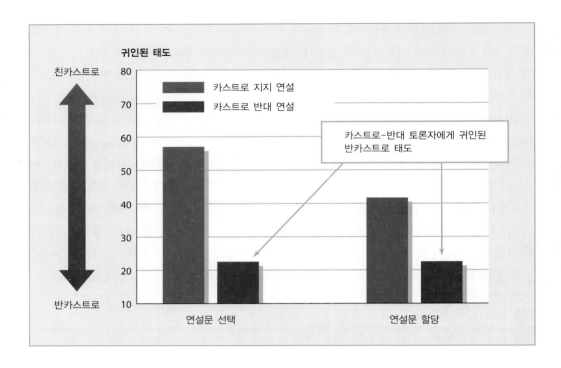

론 코치가 각자 지지할 입장을 할당한 것이라고 듣는다면 무슨 일이 생길까? 학생들은 여전히 그 토론자가 지정된 경향성을 가졌다고 추론하였다(그림 3.3). 사람들은 "그가 그 입장을 할당받았다는 것을 알아. 그렇지만 그가 정말 그걸 믿는다고 생각해"라고 생각하는 것 같다.

사람들은 자신이 다른 사람의 행동을 초래했다는 것을 알 때도, 여전히 외적인 영향을 과소평가한다. 개인이 의견을 말하고, 다른 누군가가 이를 표현해야 한다면, 그들은 여전히 그 사람이 실제 그 의견을 가졌다고 보려는 경향이 있다(Gilbert & Jones, 1986). 만약 사람들이 요구받아 면담에서 자기를 고양하거나 또는 폄하한다면, 그들은 자신이 왜 그렇게 행동했는지 매우 잘 안다. 그렇지만 그들이 다른 사람들에게 미치는 영향은 모르고 있다. 만약 후안이 조심스럽게 행동하면, 그의 대화 상대 이선 역시 조심스러움을 보이기 쉽다. 후안은 자신의 행동은 쉽게 이해하지만, 가여운 이선은 낮은 자존감으로 힘들어한다고 생각할 것이다(Baumeister et al., 1988). 요약하면, 우리는 타인을 그들의 행동하는 방식 그 자체라고 가정하는 경향이 있다. 자신에 대해서는 똑같은 추정을 하지 않을 때조차도 말이다. 숨 막히는 집에서 위축된 신데렐라의 모습을 보면 (상황은 무시하고) 사람들은 그녀가 너무 유순하다고 판단한다. 그러나 무도회에서 그녀와 함께 춤을 춘 왕자는 신데렐라에게서 상냥하고 매혹적인 사람을 본다. 신데렐라는 그녀가 두 상황 모두에서 같은 사람이라는 것을 알고 있다.

Lee Ross는 자신이 대학원생에서 교수가 되는 과정에서 직접 경험한 바를 실험으로 구현하였다. 그에게 박사 논문 구술시험은, 너무나도 명석한 교수들이 자신들의 전공 주제들에 대해 그에게 질문을 던졌던 초라한 경험이었다. 6개월 후, Ross 박사는 이제 심사자였고, 자신이 좋아하는 주제들에 대해 날카로운 질문을 할 수 있었다. Ross의 운 나쁜 학생들은 이후에 Ross가 반년 전에 가졌던 바로 그 느낌(자신의 무식함에 실망하고 심사위원들의 명석함에 감탄하는)을 고백하였다.

학생에서 교수로의 경험을 따라 Ross는 모의 퀴즈 게임을 준비하였다. 그는 스탠퍼드대학교 학생들을 무작위로 할당하여 일부는 질문자, 일부는 참가자의 역할을 맡게 하고 다른 사람들은 관찰하도록 하였다. 연구자들은 질문자에게 자신의 풍부한 지식을 보여줄 어려운 질문들을 만들라고 권했다. 우리 중 누구라도 자신 있는 분야에서 그런 까다로운 질문들을 만들 수 있다: "베인브리지는 어디에 있습니까?", "스코틀랜드의 여왕 매리는 어떻게 죽었습니까?", "아프리카와 유럽 중 어느 쪽 해안선이 더 길까요?" 이 몇 질문에 잘 모르겠다는 느낌이 든다면, 이제 이 실험의 결과를 감지할 것이다(Ross et al., 1977).*

질문자가 유리하리라는 것을 모두가 알아야 했다. 그렇지만 참가자와 관찰자(질문자 외에) 모두 질문자가 참가자보다 실제로 아는 것이 많다는 잘못된 결론을 내렸다(그림 3.4). 후속 연구는 이러한 잘못된 인상이 사회적 지능이 낮기 때문도 아니라는 것을 보였다. 관련이 있다면, 지능이 높고 사회적으로 유능한 사람들이 더 귀인 오류를 쉽게 한다는 것이다(Bauman & Skitka, 2010; Block & Funder, 1986).

실제 삶에서 보통 사회적 힘이 있는 사람들이 대화를 시작하고 통제하는데, 이 때문에 다른 사람들은 그들의 지식이나 지능을 과대평가하게 된다(Jouffre & Croizet, 2016). 예를 들어 의사는 의학과 무관한 모든 종류의 질문에도 해박할 것이라 종종 생각된다. 마찬가지로 학생들은 보통 자기 선생님의 명석함을 과대평가한다(실험에서처럼, 선생님은 자신들의 전공과목에서 질문하는 사람들이다). 이들 학생 중 일부는 후에 선생님이 되어, 선생님들이 아무튼 그렇게 명석하지 않다는 것을 알고 놀라

선한 사람 또는 악한 사람을 연기하는 연기자를 볼 때, 연출된 행동이 그 그 사람의 내적인 성향을 반영한다는 착각을 버리기 어렵다. '위험한 정사'에서 토끼를 죽이는 여성부터 TV드라마에서 비윤리적인 변호사까지 악랄한 역할을 연기해온 글렌 클로스는, 실제 삶에서는, 정신질환에 대한 인식을 높이기 위한 비영리 단체를 설립한 배려심 많은 운동가이다.

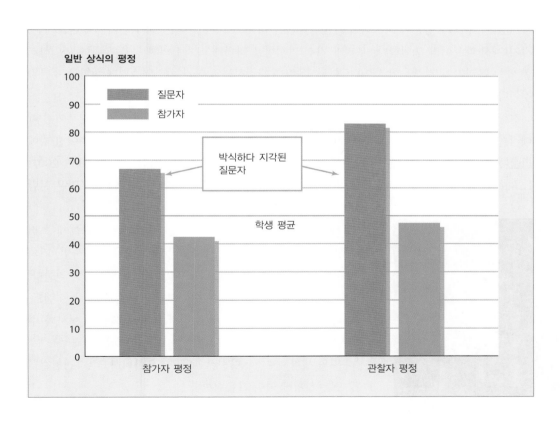

그림 3.4

모의 퀴즈 게임의 참가자와 관찰자 모두 임의로 질문자 역할을 맡은 사람을 참가자보다 훨씬 똑똑하다 생각했다. 실제로는 질문자와 참가자의 주어진 역할들이 질문자를 보다 똑똑한 것으로 보이게 한 것이었다. 이를 헤아리지 못하는 것은 근본적 귀인 오류의 실례를 보여주는 것이다.

출처 : Ross, Amabile, & Steinmetz의 자료, 1977

---

* 베인브리지는 시애틀의 퓨젓사운드 건너편에 있다. 매리는 사촌 엘리자베스 1세에게 참수당했다. 아프리카 대륙은 유럽의 두 배 이상의 면적이지만, 유럽의 해안선이 더 길다(해양무역의 역사에서 그 역할에 기여한 지리적 사실로, 많은 항구와 만들이 있는 보다 구불구불한 해안선이다).

게 된다.

근본적 귀인 오류를 설명하는데, 대부분은 자신의 경험을 떠올리기만 하면 된다. 새로운 친구들을 사귀기로 마음먹고 니콜은 미소를 지으며, 그렇지만 걱정스럽게 파티에 참가한다. 다른 사람들은 웃고 대화를 나누며 상당히 편안하고 행복해 보인다. 니콜은 "모든 사람은 이런 모임에서 항상 편안한데, 왜 나만 수줍고, 긴장하지?"라고 혼자 고민한다. 사실은, 모두가 마찬가지로 긴장하고 있으며, 니콜을 포함한 다른 사람들도 보이는 대로 파티를 즐긴다고 가정하면 동일한 귀인 오류를 범하고 있다.

왜 귀인 오류가 생기는가?

지금까지 우리는 타인의 행동을 설명하는 과정에 나타나는 편향들을 살펴보았다. 우리는 종종 강력한 상황적 결정요인을 무시한다. 왜 자신에게는 그러지 않으면서, 다른 사람의 행동을 설명할 때는 상황적 요인을 과소평가하는 경향을 보일까?

조망과 상황 인식 귀인 이론가들은 우리 자신을 관찰할 때와 타인을 관찰할 때 우리가 다른 조망을 취한다는 점을 지적한다(Jones, 1976; Jones & Nisbett, 1971). 우리가 행동할 때 환경은 우리의 주의를 필요로 한다. 그렇지만 우리가 타인의 행동을 볼 때는, 그 사람이 우리의 주의 초점이 되며 환경은 상대적으로 눈에 덜 들어온다. 내가 화가 났다면, 나를 화나게 한 것은 상황이다. 반면에 다른 사람이 화를 내는 것은 성질이 나빠서 그런 것처럼 보인다.

그렇지만 Malle(2006)은 173개의 연구를 분석하여, 행위자-관찰자 차이가 종종 최소라고 결론지었다. 우리의 행동이 의도적이고 존경받을 만하다고 느껴질 때는 우리는 이를 상황보다는, 자기 자신 때문이라 귀인한다. 우리가 자신의 성향을 나타내고 자신의 행동을 상황에 귀인하려 할 때는 우리가 **잘못** 행동할 때이다. 한편, 우리를 관찰하는 누군가는 자연스럽게 성향을 추론할 것이다.

경찰 심문 동안 용의자가 자백하는 동영상을 볼 때, 자백 장면이 용의자에게 초점 맞추어진 카메라를 통해 보면 사람들은 그 자백이 진짜라고 지각한다. 만약 수사관에게 초점 맞추어진 카메라를 통해 본다면, 사람들은 그 자백을 보다 강요된 것으로 지각한다(Lassiter et al., 2005, 2007; Lassiter & Irvine, 1986). 판사가 그런 일이 발생하지 않도록 지시할 때도, 카메라의 조망은 사람들의 판결에 영향을 미쳤다(Lassiter et al., 2002).

법정에서, 대부분의 자백 녹화물은 자백하는 사람에게 초점을 둔다. 기대할 수 있듯, 검사가 그런 녹화물을 제시하면, 거의 100% 유죄판결을 내린다고 Lassiter와 Dudley(1991)는 지적한다. 카메라 조망 편향에 대한 Lassiter의 연구를 적용하여, 뉴질랜드, 캐나다와 미국 일부에서 지금은 경찰 조사 녹화물은 형사와 수사관 모두 동일하게 초점을 맞추도록 요구하고 있다.

다음을 생각해보자 : 당신은 보통 조용합니까, 수다스럽습니까? 또는 상황에 따라 다릅니까?

'상황에 따라'가 보편적인 응답이다. 마찬가지로, 성적을 받은 지 2주 후나 국민선거의 결과를 알게된 지 2주 후 감정을 예측하라고 질문받으면, 사람들은 자신의 감정을 좌우할 상황을 예상

사람들은 보통 선생님이나 퀴즈쇼 진행자와 같이 다른 사람의 지식을 시험하는 사람에게 훌륭한 지성을 귀인한다.

한다. 그들은 자신의 밝은 또는 뚱한 성격의 중요성은 과소평가한다(Quoidbach & Dunn, 2010). 그러나 친구를 설명하거나 자신의 5년 전 모습을 설명하라고 요구받으면, 사람들은 특성 설명을 더 많이 한다. 과거를 회상할 때, 우리는 다른 사람을 관찰하는 것과 같게 된다(Pronin & Ross, 2006). 우리 대부분에게 '예전의 당신'은 오늘의 '진짜 당신'과 다른 사람이다. 우리는 먼 과거의 자신을(그리고 먼 미래의 자신도) 마치 우리 몸을 차지하고 있는 다른 사람처럼 간주한다.

근본적 귀인 오류 : 관찰자는 상황을 과소평가한다. 주유소에 들어오면서, 두 번째 주유기에 차를 세우는 사람이(첫 번째 차를 막으며) 배려가 없다고 생각할 수 있다. 그렇지만 첫 번째 주유기가 사용 중일 때 도착한 그 사람은 자신의 행동을 상황에 귀인한다.

이런 실험들은 모두 귀인 편향의 한 가지 이유를 가리킨다 : 우리는, 이유를 찾는 곳에서 이유를 찾는다. 당신 자신의 경험에서 이 현상을 보려면, 생각해보라 : 사회심리학 강사가 조용한 또는 수다스러운 사람이라 생각하는가?

당신은 그/그녀가 상당히 외향적이라고 생각할 것이다. 그렇지만 이걸 생각해보자. 당신이 강사에게 주의를 기울일 때는, 그가 이야기해야 하는 공적인 맥락에서 행동하고 있을 때이다. 당신 강사는 마찬가지로 여러 상황에서(교실, 회의, 집에서) 자신의 행동을 본다. 그러고는 "내가 수다스럽다고?"라고 이야기할지도 모르겠다. "글쎄, 그건 모두 상황에 달려 있지. 내가 강의를 하거나 좋은 친구들과 있을 때는 다소 외향적이야. 그렇지만 컨벤션에 가거나 친숙하지 않은 상황에서는 오히려 낯을 가리지." 우리는 우리의 행동이 상황에 따라 달라진다는 것을 정확히 알고 있으므로, 자신이 다른 사람보다 가변적이라 본다(Baxter & Goldberg, 1987; Kammer, 1982; Sande et al., 1988). "니겔은 잘 긴장하고 피오나는 태평해. 나는 때에 따라 다르지."

문화 차 문화 역시 귀인 오류에 영향을 미친다(Ickes, 1980; Watson, 1982). 개인주의적인 서구의 세계관에서는, 상황이 아닌 사람이 사건을 초래한다고 가정한다. 내적 설명이 보다 사회적으로 인정된다(Jellison & Green, 1981). 긍정적으로 사고하는 서구 문화의 팝 심리학에 의해 "당신은 할 수 있다"는 확신을 갖는다. 당신은 받을 자격이 있는 것을 얻을 것이고, 얻은 것만큼 가치가 있다.

서구의 어린이는 성장하면서, 다른 사람의 행동을 그들의 개인적 특징의 관점에서 설명하는 것을 배운다(Rholes et al., 1990; Ross, 1981). 1학년인 우리 아들에게 있었던 예 하나를 들겠다. 아이는 "문에 소매가 걸렸다 탐 그의"라는 문장을 "문에 탐의 소매가 걸렸다"로 잘 바로 잡았다. 그렇지만 선생님은, 그 과제에 서구문화의 가정을 적용하면서, 틀린 곳을 표시했다. 정답은 원인을 탐에게 두는 것이다 : "탐은 그의 소매가 문에 걸리게 했다."

근본적 귀인 오류는 다양한 문화에서 나타난다(Krull et al., 1999). 그렇지만 동아시아 문화권의 사람들은 서구인에 비해 상황의 중요성에 보다 민감하다. 그래서 사회적 맥락을 인식할 때는, 타인의 행동이 그의 성격 때문이라 가정하는 경향이 더 적다(Choi et al., 1999; Farwell & Weiner, 2000; Masuda & Kitayama, 2004).

어떤 언어들은 외부 귀인을 촉진한다. 스페인어는 "내가 늦었다" 대신에 "시계 때문에 늦어졌다"라는 표현이 가능하다. 집단주의 문화에서는, 개인적 성향의 관점에서 타인을 지각

사람에게 초점 두기. 당신의 교수님은 천성적으로 외향적이라고 추론하겠는가?

그림 3.5
귀인과 반응
어떤 사람의 부정적인 행동을 어떻게
설명하는지는, 그에 대해 어떻게 느낄
지를 결정한다.

사진 출처 : ⓒ Esbin-Anderson/The
Image Works

하는 경향이 덜하다(Lee et al., 1999; Zebrowitz-McArthur, 1988). 그들은 행동이 내면의 성격을 반영한다고 자연스럽게 해석하는 경향이 적다(Newman, 1993). 누군가의 행동에 대해 들으면, 미국인에 비해 인도의 힌두교도들은, 성향적 설명("그녀는 친절하다")을 적게 하고 상황적 설명("그녀는 친구들이 그녀와 함께한다")을 더 많이 하는 경향이 있다(Miller, 1984).

근본적 귀인 오류는, 우리의 설명을 기초적이고 중요한 방식으로 채색하기 때문에 근본적이다. 영국, 인도, 호주, 미국의 연구자들은 사람들의 귀인 방식이 빈곤자나 실직자에 대한 태도를 예 언한다는 것을 발견하였다(Furnham, 1982; Pandey et al., 1982; Skitka, 1999; Wagstaff, 1983; Weiner et al., 2011). 가난과 실직을 개인적 성향의 탓으로 돌리는("그들은 단지 게으르고 자격 이 없다") 사람들은 그들에게 동정심 없는 정치적 입장을 취하는 경향이 있다(그림 3.5). 이런 성 향 귀인은 행동을 성향과 특질의 탓으로 돌린다. **상황 귀인**("당신이나 내가 동일하게 혼잡하고, 교육받지 못하고, 차별을 받으며 살았다면, 우리는 더 나았을까?")을 하는 사람들은 빈민에게 더 직접적인 지원을 하는 정치적 입장을 취하는 경향이 있다.

우리가 귀인 오류를 의식한다면 도움이 될까? 나(DM)는 교수초빙 면접에 참여한 적이 있다. 한 지원자가 우리 6명과 면담을 하였다: 우리들 각자 2~3개의 질문을 할 수 있었다. 나는 "정말 뻣뻣하고 어색한 사람이네"라고 생각하며 그 자리를 나왔다. 두 번째 지원자와는 커피를 마시며 개인적으로 만났는데, 우리는 곧 서로가 아는 가까운 친구가 있다는 사실을 알게 되었다. 이야 기하면서 점차로 "정말 따뜻하고, 매력적이고, 지지적인 여성이다"라는 인상을 받았다. 나는 나 중에야 근본적 귀인 오류를 기억했고 나의 분석을 다시 평가했다. 나는 그의 뻣뻣함이나 그녀의 따뜻함을 그들의 성격에 귀인하였다. 사실, 나중에 깨달았지만, 그런 행동은 부분적으로는 면접 상황이 달랐던 데에서 기인했다.

우리는 왜 귀인 편향을 연구하는가

이 장은 앞 장과 마찬가지로 우리의 사회적 사고에서의 결점과 오류를 설명하고 있다. 이런 내용을 읽고 있으면, 한 학생이 언급한 것처럼 '사회심리학자는 사람을 가지고 장난치는 것을 좋아하는 것'처럼 보인다. 그렇지만 이런 실험들은 때로 재미있기는 하지만, '인간이 얼마나 어리석은지'를 검증하려고 설계된 것은 아니다: 실험의 진지한 목적은 우리가 어떻게 자신과 타인에 대해 생각하는지 밝히는 데 있다.

착각이나 자기기만 능력이 충격적이었다면, 우리의 사고방식이 전반적으로 적응적이라는 점을 기억할 필요가 있다. 착각적 사고는 복잡한 정보를 단순화하기 위해 마음이 취하는 전략의 부산물이다. 이는 우리의 지각 메커니즘도 마찬가지인데, 일반적으로 세상에 대한 유용한 이미지를 제공하지만 때로는 우리를 미혹하기도 하는 것이다.

근본적 귀인 오류와 같은 사고 편향에 주목하는 두 번째 이유는 인도주의이다. 사회심리학의 '위대한 인본주의적 메시지' 중 하나는, Gilovich와 Eibach(2001)가 이야기하듯, 사람들이 자신의 문제에 대해 항상 비난받아야 하는 것은 아니라는 것이다. "사람들이 순순히 인정하는 것보다도 더 자주, 실패, 장애, 불운은 실제 환경으로 인한 결과이다."

편향에 주목하는 세 번째 이유는, 우리가 대부분 이를 의식하지 않으며 더 많이 의식하는 것이 도움이 되기 때문이다. 자기본위 편향(제2장)을 비롯한 다른 편향들과 마찬가지로, 사람들은 자신은 다른 사람들보다 귀인 오류에 덜 취약하다고 생각한다(Pronin, 2008). 추측건대, 논리와 지적 성취와 관련된 인간의 능력에 대한 증언보다, 오류와 편견에 대한 분석에서 더 많은 놀라움, 더 많은 도전, 더 많은 이점을 찾을 수 있을 것이다. 세계 문학이 그토록 자주 자부심과 다른 인간의 결점들을 묘사하는 이유도 이와 같다. 사회심리학은, 우리가 더 합리적이고 보다 현실과 접촉하며, 보다 비판적 사고에 수용적으로 될 것이라는 희망에서, 우리 사고의 결점을 더 많이 알게 하려 한다.

요약 : 우리는 사회적 세계를 어떻게 설명하는가?

- 귀인 이론은 사람들의 행동을 어떻게 설명하는가와 관련된다. 오귀인(잘못된 원인에 행동을 귀인하는 것)은 힘을 가진 사람(주로 남성)이 친근함을 성적인 유혹으로 해석하는 것처럼, 성희롱의 주요한 요인이다.
- 우리는 보통 합리적인 귀인을 하지만, 타인의 행동을 설명할 때 자주 근본적 귀인 오류를 저지른다. 우리는 타인의 행동을 너무나 자주 그들의 내적 특질과 태도로 귀인하고, 상황의 제약이 분명할 때에도 이를 경시한다. 우리가 이런 귀인 오류를 만드는 이유는 부분적으로, 우리가 누군가 행동하는 것을 볼 때, 그 **사람**이 우리의 주의 초점이 되고 상대적으로 상황은 보이지 않기 때문이다. 우리가 행동할 때는, 주의는 우리가 반응하는 것에 향하므로 상황이 더 잘 보이는 것이다.

우리의 사회적 신념은 어떻게 중요한가?

사회적 세계에 대한 우리의 기대가 어떻게 중요한지 통찰력을 얻는다.

지금까지는 우리가 다른 사람을 어떻게 설명하고 판단(효율적이고, 적응적이지만, 가끔 오류가 있는)하는지 살펴보았고, 이제 사회적 판단의 효과를 살펴보며 이 장을 마무리할 것이다. 사회적 신념이 중요한가? 그것이 현실을 변화시킬 수 있는가?

우리의 사회적 신념과 판단은 정말 중요하다. 이는 우리가 어떻게 느끼고 행동할지에 영향을 미치고, 그리하여 그 자체의 현실을 만들어내게 한다. 우리의 생각이 그것을 확인하는 방식으로 행동하도록 할 때, 이는 사회학자 Merton(1948)이 제안한 **자기충족적 예언**(self-fulfilling prophecy), 스스로 충족되게 이끄는 신념이 된다. 만약 자신이 거래하는 은행이 곧 파산할 것이라 믿게 된다면, 그 은행의 고객들은 자신의 돈을 찾으려 서두르고, 이러한 잘못된 지각이 현실을 만들어낼 수 있다고 Merton은 이야기한다. 만약 주식 가격이 곧 치솟을 것이라 사람들이 믿게 된다면, 실제로 그렇게 될 것이다('초점 문제 : 주식시장의 자기충족 심리' 참조).

자기충족적 예언
자체 충족으로 이어지는 신념

잘 알려진 **실험자 편향** 연구에서, Rosenthal(1985, 2006)은 연구 참가자들이 종종 실험자가 자신에게 기대한다고 믿는 바에 따라 행동한다는 것을 발견하였다. 한 연구에서, 실험자들은 참가자들에게 다양한 사진을 보며 그 사람의 성공 여부를 판단하도록 요청한다. 실험자들은 모든 참가자에게 동일한 지시문을 읽어주었고 동일한 사진들을 보여주었다. 그런데도, 자신의 연구 참가자들이 사진 속 인물을 성공한 사람으로 보기를 기대했던 참가자들의 실험자들은, 자신의 참가자들이 사진 속 인물을 실패자로 보기를 기대한 실험자들에 비해 더 높은 평정치를 얻었다. 더 놀라운 그리고 논란이 되었던 연구 결과는, 자신의 학생들에 대한 교사들의 신념이 자기충족적 예언과 유사한 기능을 한다는 것이다. 만약 어떤 선생님이 한 학생이 수학에 재능이 있다고 믿으면, 그 학생은 정말 성적이 좋아질까? 이 문제에 대해 알아보자.

교사의 기대와 학생의 수행

교사들은 일부 학생들에 대해서 다른 학생들보다 높은 기대를 한다. 같은 학교를 먼저 다닌 형이나 언니가 있었거나, '영재' 또는 '학습장애'와 같은 진단을 받거나, '특별' 수업을 수강한 후 이런 기대를 감지할 수 있다. 새 담임 선생님은 학적부를 꼼꼼히 살펴보고 당신 가족의 사회적 지

초점 문제

주식 시장의 자기충족 심리

1981년 1월 6일 저녁, 플로리다의 유명한 투자 고문인 Joseph Granville은 자신의 고객들에게 "주식 가격이 폭락할 것이니 내일 팔라"고 몰래 알렸다. Granville의 충고는 곧 퍼져나갔고, 1월 7일은 뉴욕 주식 시장 거래에 유래 없이 침울한 날이 되었다. 주식 가치는 400억 달러의 손실을 내었다.

반세기 전쯤, John Maynard Keynes는 그러한 주식 시장의 심리를 런던 신문사가 주최하는 인기 있는 미인대회에 비유했다. 이기기 위해서는, 심사자는 100여 명 중, 다른 신문사의 대회에서 가장 많이 선택된, 6명의 미인을 뽑아야 한다. 즉 "경쟁자들은 자신이 가장 예쁘다고 생각한 얼굴들이 아니라, 다른 경쟁자들의 환상을 사로잡을 가능성이 큰 사람들을 뽑아야 한다."

투자자들도 마찬가지로 자신이 선호하는 주식이 아니라 다른 투자자들이 선택할 것 같은 주식들을 찾아내려 한다. 이런 게임의 이름은 다른 사람의 행동 예언하기이다. 월스트리트의 한 펀드매니저가 설명하듯, "당신은 Granville의 의견에 동의할 수도 동의하지 않을 수도 있다. 그러나 이는 요점을 벗어난 것이다." 만약 그의 충고가 다른 사람들이 주식을 팔게 할 것으로 생각하며, 당신은 가격이 더 내려가기 전에 재빨리 팔고 싶을 것이다. 다른 사람이 살 것

이라고 예상되면 사람들이 몰려오기 전에 지금 살 것이다.

주식시장의 자기충족의 심리는 1987년 10월 19일 극단적으로 작용하였고 다우존스는 20%나 폭락했다. 이런 폭락 중에 발생한 일들 중 일부는, 방송 매체와 소문의 근원지에서 이를 설명하기 위해 가능한 모든 나쁜 뉴스들에 집중하였다는 것이다. 일단 방송되고 나면, 뉴스는 사람들의 기대를 한층 더 낮추고 이미 떨어지고 있는 가격은 더 추락하게 하였다. 주식 가격이 오를 때는 좋은 뉴스를 증폭시킴으로써 반대의 과정이 작용한다.

2000년 4월, 변덕스러운 기술주들은 또다시, 지금은 '모멘텀 투자'라 불리는 자기충족 심리를 증명하였다. 2년 동안 열정적으로 주식을 사들이고 나서(가격이 계속 올랐기 때문에), 사람들은 미친 듯이 이를 팔기 시작했다(가격이 내려가기 때문에). 그런 큰 폭의 시장 변동(주식시장의 폭락으로 이어지는 '비이성적 과열')은 대부분 자기발생적이라고 경제학자인 Shiller(2005)는 지적한다. 2008년과 2009년에 시장의 심리는 또다른 거품으로 다시 남쪽으로 향했다.

위를 알게 될 수도 있다. 교사의 평가가 학생의 수행과 상관이 있다는 점은 분명하다: 교사는 공부 잘하는 학생을 좋게 생각한다. 이것은 보통 교사들이 학생의 능력과 성취를 정확하게 평가하기 때문이다. "교사의 기대와 학생의 미래 성취 사이의 약 75%의 상관은 그 정확성을 반영한다"고 Jussim, Robustelli와 Cain(2009)는 보고하였다.

그렇다면, 교사의 평가가 학생 수행에 관한 결과뿐 아니라 원인이 되기도 할까? 4,300명의 영국 초등학생을 대상으로 벌인 상관연구에 따르면, 대답은 "그렇다"이다. 교사가 수행이 좋을 것이라고 예상한 학생들은 정말로 수행이 좋았다(Crano & Mellon, 1978). 교사의 높은 기대에 좋은 수행이 따를 뿐 아니라 그 반대의 경우 역시 사실이다. 교사의 판단은 학생의 실제 능력 이상으로 이후 수행을 예측하였다(Sorhagen, 2013).

교사의 기대는 학생의 수행에 얼마나 영향을 미칠 수 있을까?

그럼 이 '교사-기대 효과'를 실험적으로 검증할 수 있을까? 한 교사에게 무작위로 선택된 올리비아, 엠마, 이선, 그리고 마누엘 네 학생이 특별하게 유능하다는 인상을 주었다고 가정해보자. 그렇다면 그 교사는 이 네 학생에게 특별한 대우를 하고 그들로부터 월등한 수행을 끌어낼 수 있을까? 지금은 잘 알려진 Rosenthal과 Jacobson(1968)의 연구에서는 정말 그렇다는 결과를 보여주었다. 샌프란시스코의 초등학교에서 무작위로 선택되었지만, (가상의 검사 결과에 근거하여) 눈부신 지적인 발전을 할 것이라고 알려준 아동들은 이후 지능검사에서 더 높은 점수를 보였다.

그런 극적인 결과는 '불우한' 아동들의 학교 문제에 교사들의 낮은 기대가 관련될 가능성을 시사한다. 이 결과는 곧 방송과 많은 대학 교재에 실렸다. 그러나 그다지 많이 알려지지 않은 심층적인 분석 결과, 교사-기대 효과가 초기 연구로 사람들이 믿게 된 것만큼 강력하거나 신뢰롭지 않다고 밝혀졌다(Jussim et al., 2009; Spitz, 1999). Rosenthal이 자체 집계했을 때, 출판된 500개 실험에서 대략 10개 중 4개의 연구에서만 기대가 수행에 유의하게 영향을 미쳤다(Rosenthal, 1991, 2002). 낮은 기대가 유능한 아동을 운명 짓지도 않았으며, 높은 기대가 공부 못하는 아이를 최우수 학생으로 마법같이 바꾸지도 않았다. 인간의 본성이 그렇게까지 유연한 것은 아니다.

그러나 높은 기대는 낮은 성취도를 높이는 것으로 보이는데, 교사의 긍정적인 태도가 그들에게 희망을 불어넣는 것 같다(Madon et al., 1997). 그런 기대들은 어떻게 전달되는 것일까? Rosetal과 연구자들은 교사들이 '높은 잠재성을 지닌 학생들'을 보다 많이 보고, 웃으며, 고개를 끄덕인다고 보고한다. 또한 교사들은 '재능 있는' 학생들을 더 많이 가르치며, 더 높은 목표를 제시하고, 더 자주 만나며, 그들에게 대답할 시간을 더 많이 준다(Cooper, 1983; Harris & Rosental, 1985, 1986; Jussim, 1986).

한 연구에서 Babad, Bernieri, Rosethal(1991)은 교사가 본 적이 없으나 높은 또는 낮은 기대를 하게 된 학생에 대해 말하거나 말을 거는 장면을 녹화하였다. 교사의 목소리나 표정을 무작위로 10초간 촬영하여 보여주면, 아이와 어른 관찰자 모두 그 대상이 우수한 혹은 열등한 학생인지, 그리고 교사가 그들을 얼마나 좋아하는지 충분히 알 수 있었다. 비록 교사는 자신의 느낌을 숨기고 학급을 향해 편애 없이 행동한다고 생각할지 모르지만, 학생들은 교사의 표정과 몸짓에 대단히 민감하다(Babad et al., 1991).

학생들이 선생님에게 갖는 기대의 효과는 어떨까? 신학기에 당신은 틀림없이 수강하려는 강좌에 대해 "홍길동 교수님은 재미있다", "김철수 교수님은 지루하다" 등의 정보를 들으며 시작한다. Feldman과 Prohaska(1979; Feldman & Theiss, 1982)은 그런 기대가 학생과 교수 모두에게 영향을 미칠 수 있음을 발견했다. 뛰어난 교사에게 배울 것이라 기대한 학생들은 낮은 기대를 했던 학생들에 비해 자신의 교사(학생들의 기대에 대해서는 모르는)를 더욱 유능하고 재미있다고 지각했다. 나아가, 그 학생들은 실제로 더 많이 배웠다. 이후 연구에서, 남성 강사가 성차별주의자라고 들은 여성들은 그에 대해 더 적은 긍정 경험을 하였고, 성적이 더 나빴고, 성차별에 대해 기대를 하지 않은 여성보다 그를 덜 유능하다고 평가하였다(Adams et al., 2006).

이러한 결과가 전적으로 학생의 지각이나 교사에게 영향을 미친 자기충족적 예언 때문일까? 후속 연구에서 Feldman과 Prohaska(1979)는 교사를 촬영하였고, 관찰자들이 그를 평정하게 하였다. 비언어적으로 긍정적인 기대를 전하는 학생이 배정되었을 때, 교사들은 가장 유능하다고 판단되었다.

이런 효과들이 교실에서도 실제로 발생하는지 알아보기 위해 Jamieson(1987)이 이끄는 연구팀은 온타리오주에 새로 부임해온 교사들이 가르치는 4개의 고등학교 학급에서 실험을 진행했다. 두 반의 학생들에게 개별 인터뷰를 하는 동안, 다른 학생들과 연구팀은 그 교사를 높게 평가했다고 말해주었다. 통제 집단과 비교했을 때, 긍정적인 기대를 한 학생들이 수업 시간에 주의를 더 잘 집중하였다. 또한 그들은 학기 말에 더 높은 성적을 받았고 그 선생님이 더 잘 가르친다고 평정하였다. 학급이 교사에게 갖는 태도는 교사가 학생에게 갖는 태도만큼 중요한 것으로 보인다.

우리가 기대한 것을 타인에게서 얻기

실험자와 교사의 기대는 대개는 상당히 정확하지만, 때로 자기충족적 예언으로 작용하기도 한다. 전반적으로 다른 사람들에 대한 인식은 편견보다 더 정확하다(Jussim, 2012). 자기충족적 예언은 특별한 힘보다는 작다. 그럼에도 가끔, 자기충족적 예언은 업무 장면(높은 혹은 낮은 기대를 가진 관리자에게), 법정(판사가 배심원에게 지시할 때), 그리고 모의 수사 맥락(수사관이 유죄 또는 무죄의 기대를 하고 용의자를 심문하고 압박할 때)에서도 역시 작용한다(Kassin et al., 2003; Rosenthal, 2003, 2006).

© IKO/123RF

Sandra Murray의 연구에 따르면, 자신의 파트너를 장밋빛 안경을 통해 보는 것은 이득이 된다.

자기충족적 예언은 우리의 관계들을 윤색하는가? 가끔은, 부정적인 기대 때문에 그 사람을 필요 이상으로 친절하게 대하고, 상대도 보답으로 친절하도록 하여, 결국 우리의 기대가 틀렸음을 확인하는 경우들도 있다. 그렇지만 사회적 상호작용 연구의 보다 보편적인 결과는, 어느 정도까지는 우리가 기대하는 대로 된다는 것이다(Olson et al., 1996).

실험실 게임에서, 적대감은 거의 항상 적대감을 낳는다. 상대가 비협조적일 것이라 믿으면, 상대는 종종 비협조적으로 되어 반응한다(Kelley & Stahelski, 1970). 각 측이 상대를 공격적이고, 분노에 차 있고, 복수심이 있다고 지각하면, 상대가 자기방어를 위해 그러한 행동을 하도록 유도하고, 그럼으로써 자기영속적인 악순환을 만들어낸다. 다른 실험에서, 사람들은 다른 인종의 사람과 상호작용을 예상한다. 그 사람이 자기와 같은 인종과 상호작용을 싫어한다고 기대하게 되었을 때, 사람들은 분노를 더 많이 느꼈고, 그 사람을 향해 적대감을 더 많이 보였다(Butz & Plant, 2006). 배우자가 나쁜 기분 혹은 애정 어린 기분일 것이라는 기대는 그녀가 그를 대하는 데 영향을 미칠 수 있고, 그럼으로써 그에게 그녀의 믿음을 확인하도록 유도한다.

그렇다면, 파트너가 서로를 이상화할 때 친밀한 관계가 깊어질까? 다른 사람의 장점에 대한 긍정적인 착각은 자기충족적일까? 아니면, 그것은 충족시킬 수 없는 높은 기대를 만들기 때문에 오히려 자기패배적으로 작용할까? Murray와 동료들(1996a, 1996b, 2000)이 워털루대학교에서 교재 중인 커플들을 연구한 결과, 자신의 파트너에 대한 긍정적인 이상화는 좋은 징조였다. 이상화는 갈등을 완화하고 만족감을 높였고, 개구리를 왕자나 공주로 보게 하였다. 누군가가 우리를 사랑하고 존경할 때, 이는 그가 상상하는 그러한 사람이 되도록 돕는다.

연애 중인 커플이 갈등을 다룰 때, 희망에 찬 낙관주의자와 그 파트너는 서로를 건설적으로 참여한다고 인식하는 경향이 있다. 보다 비관적인 기대를 가진 사람들에 비해, 그들은 더 지지받는다고 느꼈고 결과에 더 만족하였다(Srivas-tava et al., 2006). 부부 사이에도 역시, 배우자가 자신을 사랑하고 수용하지 않는다고 걱정하는 사람들은 사소한 상처를 거절로 해석하고, 이는 상대를 평가절하하고 자신과 거리를 두게 하였다. 배우자가 자신을 사랑하고 수용한다고 생각하는 사람들은 덜 방어적으로 반응하고, 스트레스 사건에 의미를 덜 부여하였고, 파트너에게 더 잘해 주었다(Murray et al., 2003). 사랑은 마음속에 그린 현실을 만들어내도록 돕는다.

미네소타대학교의 Snyder(1984)는, **행동 확증**(behavioral confirmation)이라 불리는 현상에 대한 여러 실험을 실시하여, 사회적 세계에 대해 잘못된 신념이 일단 형성되면, 어떻게 다른 사람이 이런 신념을 확증시키도록 하는지 보여주었다. 예를 들어, 남학생들은 매력적이거나 매력적이지 않다고 생각하는(사진을 미리 보아서) 여성과 전화 통화를 한다. 매력적이라고 짐작된 여성들은, 매력적이지 않다고 짐작된 여성에 비해, 더 따뜻하게 말을 했다. 남성의 잘못된 믿음은 자기충족적 예언이 되어, 상대 여성이 예쁜 여자가 성격도 좋다는 남성의 고정관념을 충족시키도록 영향을 미치는 방식으로 행동하게 하였다(Snyder et al., 1977).

행동확증은 사람들이 잘못된 신념을 가지고 상대와 상호작용할 때 역시 발생한다. 다른 사람들이 외로울 것이라 믿는 사람들은 덜 사교적으로 행동한다(Rotenberg et al., 2002). 자신이 수용받고 사랑받는다고 믿는 사람들은(남들이 싫어한다고 믿기보다) 보다 따뜻하게 행동하고, 진짜로 수용과 사랑을 얻는다(Stinson et al., 2009). 다른 사람들이 성차별주의자라 생각하는 남자들은 여성들에게 덜 우호적으로 행동한다(Pinel, 2002). 따뜻할 것이라 믿어진 지원자는 더 따뜻하게 행동한다.

당신이 Ridge와 Reber(2002)의 실험에 참가한 60명의 젊은 남자와 60명의 젊은 여자 중 한 명이라 가정해보자. 각 남성은 여성들 중 한 명을 면담하여 그녀가 수업 조교로 적당한지 평가해야 한다. 이를 실시하기 전에, 그는 그녀가 자신에게 매력을 느꼈다(자전적 질문에 대한 응답을 보고) 또는 매력을 느끼지 않았다는 이야기를 듣는다(당신이 막 만나려는 사람이 당신을 알아가고 사귀는 데 상당한 흥미가 있다. 또는 아무런 관심이 없다고 말했다는 것을 들었다 상상해보라). 결과는 행동 확증이다. 매력을

행동 확증

자기충족적 예언의 한 유형으로, 사람들이 갖는 사회적 기대는 타인이 그들의 기대를 증명하게 하는 방식으로 그들을 행동하게 이끈다.

© Alija/Getty Images

행동 확증. 만약 이 사람들이 모두 서로에게 매력을 느끼지만, 이러한 감정이 화답받지 못할 것이라 가정하면, 각각이 거절감을 느끼지 않기 위해 차갑게 행동할 수 있고 상대의 차가움에서 자신의 가정을 확인했다고 결론짓는다. Stinson과 그의 동료들(2009)은 이런 '자기보호적인 친밀함의 억압'이 미래의 관계에 그림자를 지운다고 지적한다.

느낀다고 생각된 지원자들은 보다 유혹적인 행동들을 보였다(자신이 그러는지 의식하지 못한 채로). Ridge와 Reber는 이 과정이, 앞서 다룬 오귀인 현상과 마찬가지로, 성희롱의 한 이유가 될 수 있다고 생각했다. 만약 여성의 행동이 남성의 믿음을 확인하게 되면, 여성이 그가 부적절하거나 괴롭힌다고 느끼고 해석하기 충분할 정도로, 그는 더 접근을 넓혀갈 수 있다.

기대는 아이들의 행동 역시 영향을 미친다. 3개 학급에서 쓰레기양을 관찰한 후, Miller와 그의 동료들(1975)은 교사와 다른 사람들이 한 학급에서는 깔끔하고 단정해야 함을 반복적으로 이야기하게 하였다. 이런 설득은 휴지통 속 쓰레기양을 15~45% 증가시켰으나, 일시적일 뿐이었다. 한편, 쓰레기의 15%만 휴지통에 버려왔던 다른 학급에서는 그렇게 깔끔하고 단정한 것에 대해 반복적으로 칭찬하였다. 8일간 칭찬을 들은 후 2주가 지나, 이 아이들은 쓰레기를 80% 이상 휴지통에 버려 그 기대를 충족시키고 있었다. 아이들에게 열심히 공부하고 있고 착하다고 말해주라(게으르고 못됐다고 하기보다), 그러면 그들은 들은 대로 살지도 모른다.

이런 실험들은 장애인 또는 특정 인종이나 성에 대한 고정관념과 같은 사회적 믿음이 어떻게 자기확증적일 수 있는지 이해하는 데 도움이 된다. 다른 사람이 우리를 어떻게 대하는지는 우리와 사회가 그들을 어떻게 대해 왔는지를 반영한다.

요약 : 우리의 사회적 신념은 어떻게 중요한가?

- 우리의 신념은 때로 그 자체의 생명을 갖는다. 대개, 타인에 대한 우리의 신념은 현실적 근거를 가진다. 그렇지만, 실험자 편향과 교사 기대에 관한 연구에서, 특정 인물들이 비범하다는(혹은 무능하다는) 잘못된 신념은 교사와 연구자들이 그 사람들에게 특별한 대우를 하게 이끌 수 있다. 이는 우월한(혹은 열등한) 수행 결과를 끌어낼 수 있고, 그래서 사실은 거짓

- 이었던 가정을 확증하는 것으로 보인다.

- 유사하게, 일상생활에서 우리는 종종 우리가 기대하는 것에 **행동 확증**을 얻는다. 곧 만날 누군가가 지적이고 매력적이라고 듣는다면, 그/그녀가 얼마나 지적이고 매력적인지에 감명받을 수 있다.

사회적 신념과 판단에 대한 결론은 무엇인가?

인지사회심리학을 통해 인간의 본성을 본다.

사회 인지 연구들은 우리의 정보 처리 능력이 효율성과 적응성 면에서 인상적임을 밝혔다. 그렇지만 우리는 예상 가능한 오류와 오판단에도 취약하다. 이러한 연구에서 우리는 어떤 현실적인 교훈과 인간 본성에 대한 통찰을 얻을 수 있는가?

지금까지 사람들이 왜 가끔 잘못된 믿음을 형성하는지 원인을 개관하였다. 우리는 이런 실험 결과들은 쉽게 무시할 수 없다. 연구 참가자 대부분이 지적인 사람들이고, 종종 명문대 학생들이었다. 지능 점수는 여러 다른 사고 편향의 취약성과 상관이 없다(Stanovich & West, 2008). 사람은 매우 똑똑하면서도 동시에 심각하게 잘못된 판단을 할 수 있다.

열심히 노력한다고 사고 편향을 없앨 수 있는 것도 아니다. 이러한 예측 가능한 왜곡과 편향은 정답을 맞히면 돈을 받기 때문에 사람들이 합리적으로 생각하려는 동기가 있을 때도 발생한다. 한 연구자가 결론짓듯, 이런 착각은 "지각적 착각과는 달리, 지속되는 성질을 가진다"(Slovic, 1972).

인지사회심리학의 연구는 문학, 철학, 그리고 종교에서 제시하는 인간성에 관한 엇갈린 평가를 그대로 반영한다. 수많은 심리학 연구자들이 인간 마음의 경이로운 능력을 연구하는 데 일생을 바쳤다. 우리는 자신의 유전자 지도를 풀어내고, 말하는 컴퓨터를 발명하고, 사람을 달에 보낼 만큼 명석하다.

그렇지만, 효율적인 판단을 위한 비싼 대가로, 상상 이상으로 직관을 오판에 취약하게 만들었다. 우리는 틀린 신념을 너무나 쉽게 만들고 유지한다. 선입견에 이끌려, 생생한 일화에 설득되어, 우리는 실제 존재하지 않는 상관관계와 통제감을 지각하고, 사회적 신념을 구성하고 다른 사람들이 이를 확증시키도록 영향을 미친다. 소설가 매들렌 렝글은 "벌거벗은 지성은 놀랍도록 부정확한 도구"임을 관찰하였다.

그렇지만 이런 실험들이 불운한 참가자들에게 영리한 속임수를 부려, 그들이 실제보다 형편없이 보이게 한 것은 아닐까? Nisbett과 Ross(1980)는, 만약에 있다면, 실험 절차가 우리의 직관적 힘을 과대평가한 것이라고 논하였다. 실험은 보통 사람들에게 분명한 증거를 제시하며 참가자들에게 지금 추론 능력이 검사되고 있다고 알려준다. 그렇지만 실제 삶은 우리에게 "여기 증거가 있습니다. 사고력을 발휘해서 이 세 질문에 답하시오"라고 하지 않는다.

일상적인 실수는 대개 중요하지 않지만, 항상 그런 것은 아니다. 잘못된 인상, 해석, 그리고 신념은 심각한 결과를 초래하기도 한다. 중요한 사회적 판단을 해야 할 때는 작은 편향조차도 막대한 사회적 파장을 초래할 수 있다: 왜 그렇게 많은 사람이 노숙자일까? 불행할까? 살인을 저지를까? 내 친구는 나를 사랑하는 것일까, 내 돈을 사랑하는 것일까? 인지적 편향은 복잡한 과학적 사고마저 파고들 수 있다. 구약성서에 "누구도 자신의 오류는 보지 못한다"고 기록된 이후 3,000년 동안 인간의 본성은 거의 바뀌지 않았다.

너무 냉소적으로 들리는가? Martin과 Erber(2005)는 어떤 지적인 존재가 내려와 인간이라는 종을 이해하는 데 도움되는 정보를 요청하는 장면을 상상해보라고 권한다. 이 사회심리학 교과서를 건네주면 그들은 고맙다는 말을 남기고 우주로 돌아갈 것이다. 인간의 삶에 대한 사회심리학의 분석에 어떤 느낌이 드는가? Krueger와 Funder(2003a, 2003b)는 아주 좋은 기분이 아니었다. 그들은 사회심리학이 인간의 결함에 몰두하고 있으며 이는 '인간 본성에 대한 보다 긍정적인 관점'과 균형을 이룰 필요가 있다고 주장하였다.

동료 사회심리학자인 Jussim(2005, 2012)은 "근본적 귀인 오류, 거짓 합의, 불완전한 휴리스틱에의 과도한 의존, 자기본위 편향 등 판단과 사회적 지각에서 논리적인 결함과 체계적인 편향이 존재한다는 것이 빈번히 증명되어도, 사람들이 서로에게 갖는 인식은 놀라울 정도로 정확하다 (비록 완벽하지는 않지만)". 사고의 불완전성에 대한 세련된 분석은 그 자체로 인간의 지혜에 기여한다. 모든 인간의 사고가 착각이라고 주장한다면, 그 주장 역시 자기반박적이며 그 역시 하나의 착각에 지나지 않을 것이다. 이는 "이 주장을 포함하여, 모든 일반화가 거짓이다"라는 주장과 논리적으로 비등한 것이다.

의사가 모든 신체 기관이 각각의 기능을 갖는다 가정하는 것처럼, 행동과학자들은 우리의 사고와 행동 양식이 적응적이라 가정한다. 잘못된 신념과 결함 있는 직관을 유발하는 사고의 법칙들이 대개는 우리에게 도움이 된다. 이러한 오류는 우리가 받아들이는 복잡한 정보를 단순화하는 정신적 효율화의 부산물들인 것이다.

노벨상 수상자인 심리학자 Simon(1957)은 인간 이성의 한계를 처음으로 논한 현대 연구자들 중 한 명이다. Simon은 현실에 대처하기 위해 우리가 현실을 단순화시킨다고 주장하였다. 체스

게임의 복잡성을 생각해보자: 가능한 게임의 수는 우주 미립자의 수보다 많다. 이에 어떻게 대처할 수 있는가? 우리는 휴리스틱이라는 단순화 규칙을 받아들여야 한다. 이 휴리스틱들은 때로는 우리를 난처하게 한다. 그러나 이들은 효율적인 즉흥적 판단을 가능하게 한다.

착각적 사고 역시 생존을 돕는 유용한 휴리스틱에서 비롯되었을 수 있다. 여러 방식으로 휴리스틱은 우리를 현명하게 만든다(Gigerenzer & Gaissmaier, 2011). 사건을 통제할 힘을 가졌다는 믿음은 우리에게 희망과 노력을 지속하게 한다. 때로는 통제 가능하고 때로는 그렇지 않다면, 우리는 긍정적인 사고로 성과를 극대화하려 한다. 낙관주의에는 소득이 있다. 신념은 과학적 이론과 같다고도 할 수 있다(가끔 문제가 있지만, 전반적으로 유용하다). 사회심리학자인 Fiske(1992)가 말하듯, "생각은 행동하기 위한 것이다."

우리는 사회적 사고에서의 오류를 줄일 수 있지 않을까? 학교에서, 수학 선생님은 수 정보를 정확하고 자동적으로 처리할 수 있도록 훈련될 때까지 가르치고, 가르치고, 가르친다. 우리는 그런 능력이 자연적으로 생기지 않는다고 생각한다. 그렇지 않다면, 왜 수년간의 훈련을 고생스럽게 하겠는가? 심리학 연구자인 Dawes(1980a, 1980b)는 "연구의 연구를 거쳐 알게 된 바, 사람들은 의식적인 수준에서, 특히 사회적 정보에 대해서는 아주 제한된 정보 처리 능력을 가졌다는 것이다"는 데 실망하며, 우리도 사회적 정보를 어떻게 처리하는지 가르치고, 가르치고, 가르쳐야 한다고 제안한다. Nisbett과 Ross(1980)는 교육이 특정 유형의 오류에 대한 취약성은 줄일 수 있다고 동의하였다. 그들은 다음의 제안을 하였다.

- 자신의 사회적 직관에 있어 가능한 오류의 원천을 인지하도록 훈련시킨다.
- 논리적 · 사회적 판단의 일상적인 문제에 맞추어진 통계 강좌들을 개설해야 한다. 그런 훈련을 받는다면, 사람들은 실제로 일상의 사건에 더 나은 추론을 한다(Lehman et al., 1988; Nisbett et al., 1987).
- 구체적이고 생생한 일화와 일상생활의 실례를 풍부하게 그려주는 것이 그러한 교육을 더욱 효과적이게 한다.
- 기억하기 쉽고 유용한 슬로건을 가르친다: 예를 들면, 이것은 경험적인 질문이다. 그 샘플은 어디에서 왔는가? 또는 당신은 통계를 이용해 거짓말을 할 수 있지만, 잘 고른 예시는 더 좋은 효과를 낸다.

요약 : 사회적 신념과 판단에 대한 결론은 무엇인가?

사회적 신념과 판단에 대한 연구들은, 대개는 우리를 위해 기능하지만 때로 우리를 호도하기도 하는 신념을 우리가 어떻게 형성하고 유지하는지를 밝히고 있다. 그러므로 균형 잡힌 사회심리학은 사회적 사고의 힘과 위험 모두를 인정한다.

후기 :
착각적 사고에 대한 고찰

인지 오류에 대한 연구가 너무 비하적인가? 우리는 분명 인간의 한계에 대한 견고한 진실을 인정할 수 있는 동시에 인간이 기계 이상의 존재라는 더 깊은 메시지에도 여전히 공감한다. 주관적인 경험은 우리의 인간성(예술과 음악, 우정과 사랑의 향유, 신비하고 종교적인 경험)의 산물이다.

착각적 사고를 연구하는 인지 및 사회 심리학자들은 인간을 감정 없는 논리적 기계로 재창조하려는 것이 아니다. 그들은 정서가 인간의 경험을 풍부하게 하며 직관이 창조적인 사고에 중요한 원천이란 것을 안다. 이에 더하여, 우리가 오류에 취약하기 때문에 마음의 훈련이 필요함을 분명하게 상기시키려는 것이다. 미국의 작가인 Cousins(1978)은 이를 "학습에 관한 가장 큰 진실은, 그 목표가 인간의 마음을 열고, 사고(개념적 사고, 분석적 사고, 절차적 사고)할 수 있는 존재로 발전시키는 것이다.

사회적 판단에서 오류와 착각에 대한 연구들은 '심판하지 말 것'을, 약간의 겸손함과 함께 우리가 잘못 판단할 가능성을 기억할 것을 상기시킨다. 이는 또한 자신의 편향과 오류 가능성을 보지 못하는 사람들의 오만함에 주눅 들지 않도록 용기를 준다. 우리 인간은 경이롭게 지적이지만 동시에 틀릴 수 있는 존재이다. 우리는 존엄함을 갖지만 신성을 가진 것은 아니다.

인간의 권능에 대한 그런 겸양과 불신은 종교와 과학의 중심에 있다. 현대 과학의 창시자 중 상당수가 신앙심이 깊은 사람들로 그들의 믿음은 자연 앞에서 겸손하고 인간의 권능에 회의를 갖도록 하였다(Hookaas, 1972; Merton, 1938). 과학은 언제나 직관과 엄격한 검증, 창조적인 육감과 회의주의 사이의 상호작용을 수반하였다. 착각에서 현실을 가려내는 데에는 열린 마음의 호기심과 빈틈없는 엄밀함 모두가 필요하다. 이런 관점은 삶에 접근하는 좋은 태도이다: 비판적이되 냉소적이지는 말 것, 호기심을 갖지만 쉽게 속지는 말 것, 열려 있되 착취당하지 말 것.

행동과 태도

© JGI/Jamie Grill/Getty Images

"모든 행위의 조상은 하나의 생각이다."

— Ralph Waldo Emerson, *Essays, First Series*, 1841

우리가 (내적으로) 누구인가 하는 것이 (외적으로) 우리가 하는 일을 얼마나 잘 예측할 수 있을까? 철학자, 신학자 그리고 교육자들은 태도와 행위, 성격과 행동, 그리고 사적인 말과 공적인 실행 사이의 관계에 대하여 숙고한다. 대부분의 교수법, 상담 및 아동 훈육의 근저에는 하나의 가정이 놓여 있다: 우리의 사적인 신념과 감정은 우리의 공적인 행동을 결정한다. 그래서 만약 우리의 행동을 바꾸려 한다면, 우리는 먼저 심장과 마음을 변화시켜야 한다.

처음에 사회심리학자들은 동의했다: 사람들의 태도를 아는 것은 행위를 예측하는 것이다. 인종 학살자들과 자살 테러리스트들은 극단적인 행동을 만들어낼 수 있는 극단적인 태도를 지니고 있다. 다른 나라의 지도자를 혐오하는 나라들은 그들에 대한 테러 행위를 할 가능성이 더 높다(Krueger & Malečková, 2009). 증오하는 태도는 폭력 행동을 낳는다.

태도는 행동을 얼마나 잘 예측하는가?

행동은 언제 태도에 영향을 주는가?

행동은 왜 태도에 영향을 주는가?

후기 : 행위를 통하여 자신을 변화시키기

그러나 1964년 Festinger는 사람들의 태도를 바꾸는 것이 좀처럼 행동에 영향을 주지 못한다는 것을 관찰했다. Festinger는 태도-행동 관계가 마차(태도)와 말(행동)의 관계처럼 다른 방식으로 작동한다고 믿었다. Abelson(1972)의 주장처럼, 우리는 "자신의 행위에 대한 이유를 찾아내는 데는 대단히 잘 훈련되어 있고 익숙하지만, 이유를 찾아낸 것을 행하는 데에는 그렇게 익숙하지 못하다." 이 장은 태도와 행동의 상호작용을 탐구한다.

태도
사물, 사람 및 사건에 대하여 호의적 또는 비호의적으로 반응하게 하는 감정으로 흔히 자신의 신념에 의하여 영향을 받음

사회심리학에서는 **태도**(attitude)를 어떤 사람이나 사건에 관련된 신념과 감정으로 정의한다(Eagly & Chaiken, 2005). 그래서 어떤 사람은 커피에 대해 부정적 태도를, 프랑스어에 대해 중립적 태도를, 그리고 이웃집 사람에 대해 긍정적 태도를 지닐 수 있는 것이다.

태도는 세상을 효율적으로 평가한다. 우리가 어떤 것에 대하여 재빨리 반응해야 할 때, 그것에 대하여 우리가 느끼는 방식이 어떻게 반응할지를 안내할 수 있다. 예를 들면, 특별한 인종 집단을 게으로고 공격적이라고 믿는 사람은 그런 사람에 대하여 혐오감을 느낄 수도 있고, 그래서 차별적 방식으로 행동하려는 의도를 지닐 수 있다. 이 세 가지 차원을 태도의 ABC라고 기억할 수 있을 것이다: 감정(Affect, 느낌), 행동 경향성(Behavior tendency) 및 인지(Cognition, 사고)(그림 4.1).

태도의 연구는 사회심리학의 핵심이며 첫 번째 관심사 중의 하나였다. 지난 세기의 많은 시간 동안 연구자들은 우리의 태도가 행위에 얼마나 많은 영향을 주는지 궁금해 했다.

태도는 행동을 얼마나 잘 예측하는가?

어느 정도로 그리고 어떤 조건에서 우리의 내적 태도가 외적 행위를 추동하는지 말해본다.

사회심리학자 Wicker(1969)가 다양한 사람, 태도 및 행동을 포함한 수십 개의 연구를 개관한 후에 태도의 가상적 힘에 일격을 가했다. Wicker는 충격적인 결론을 내놓았다: 사람들의 표현된 태도는 그들의 다양한 행동을 거의 예측하지 못한다.

• 부정행위에 대한 학생들의 태도는 실제로 부정행위를 하는 것과는 거의 관계가 없었다.
• 교회에 대한 태도는 일요일 예배 참여에 단지 미미하게 관계가 있었다.
• 자기 기술된 인종 태도는 실제 상황에서의 행동에 미약한 단서를 제공해주었다. 많은 사람들은 누군가가 인종차별적인 말을 할 때 당황스러움을 표현할 것이라고 하지만, 그들이 인종차별적인 말을 들었을 때(예 : 니그로 같은 말을 들을 때) 무심하게 반응하였다(Kawakami et al., 2009).

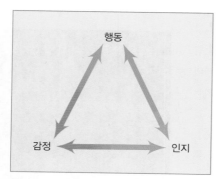

그림 4.1
태도의 ABC

Batson과 동료들(1997, 2001, 2002; Valdesolo & DeSteno, 2007, 2008)은 태도와 행위 사이의 분리를 '도덕적 위선'(그렇게 되는 것의 부담을 피하는 동안에 도덕적으로 보이기)이라고 부른다. 그들의 연구는 30달러의 상금을 포함한 매력적인 과제와 아무런 부상도 없는 지루한 과제를 사람들에게 제시하는 것이었다. 참가자들은 그중 하나를 할당받고 나머지는 두 번째 참가자가 할 것이라고 했다. 단지 20분의 1만이 매력적인 과제를 그들 자신에게 할당하는 것이 더 도덕적인 것이라고 믿었지만, 80%가 그렇게 했다. 후속 연구에서 참가자들은 원한다면 사적으로 던져 올릴 수 있는 동전을 받았다. 비록 그들이 동전을 던져 선택할 수 있었을지라도 90%가 자신들에게 매력적인 과제를 할당하였다! 동전 토스 이후 그들이 앞면과 뒷면의 결과를 지정할 수 있었기 때문에 그랬을까? 또 다른 실험에서 Batson은 동전의 각 면에 스티커를 붙였고, 이것은 던지기 결과

가 중요할 것이라는 것을 보여주는 것이었다. 여전히 동전 던지기를 한 28명 중 24명이 매력적인 과제를 자신에게 할당하였다. 도덕성과 탐욕이 충돌하게 되었을 때면, 탐욕이 대개 승리했다.

2017년 미 펜실베이니아주 하원의원 Murphy는 진술된 태도와 실제 행동 사이의 불일치에 대한 충격적인 예를 제공했다. 자신의 정치 경력 초창기부터 줄기찬 낙태 반대론자였으나 원치 않는 임신이 그에게 영향을 주었을 때 그의 행동은 달랐다. 자신과 혼외관계에 있던 여성이 임신했다고 믿었을 때, 그는 그녀에게 낙태를 요구했다(Doubeck & Taylor, 2017). 그리고 나서 Murphy는 사임했다. "거리에서는 낙태 불법을, 침실에서는 낙태 합법을"이라고 한 권위자는 조롱했다(Weiner, 2017).

2017년 뉴저지 주지사 크리스 크리스티는 7월 4일 휴일 전 주말에 예산 부족을 이유로 주의 해변을 폐쇄했다. 그 후에 크리스티와 가족들은 '폐쇄된' 주의 해변 한 곳에서 가족사진을 찍고 놀았다. 이는 행동과 태도 사이의 명백한 갈등의 예이다.

만약 사람들이 자신이 말한 길을 가지 않는다면 태도를 변화시킴으로써 행동을 변화시키려는 시도는 흔히 실패하리라는 것은 놀랍지 않은 일이다. 흡연의 위험에 대한 경고는 이미 담배를 피우는 사람들에게는 단지 조금 영향을 줄 뿐이다. 성교육 프로그램은 장기간의 금욕과 콘돔 사용의 행동에 영향을 주지 않고도 금욕과 콘돔 사용에 대한 태도에 영향을 주어왔다. 우리는 위선의 존재인 것처럼 보인다. 호주인들은 환경적 경고를 받든 그것에 회의적이든 관계없이 대략 동일한 양의 에너지, 물 및 거주 공간을 소비한다(Newton & Meyer, 2013). 잘 구축된 습관과 관습은 태도를 능가한다. 우리는 위선의 집단처럼 보인다.

사람들이 말하는 것과 행동하는 것이 다르다는 이 놀라운 발견 사실은 사회심리학자들에게 그 이유를 서둘러 찾아보게 한다. 확실히 우리가 추론컨대, 신념과 감정은 **때때로** 차이가 난다.

태도가 행동을 예측할 때

우리의 행동과 표현된 태도가 다른 이유는 다른 많은 경우처럼 행동과 태도 모두 영향을 주고받는다는 것이다. 한 사회심리학자는 그 관계에 얽혀 있는 40개의 요인들을 헤아려 냈다(Trindis, 1982; 또한 Kraus, 1995 참조). 태도가 행동을 유도하기 위해서는 호감을 원해야 하며, 목표가 설정되어 있어야 하며, 그리고 구체적인 행동이 선택되어야 한다 (Kruglanski et al., 2015). 우리가 말하고 행동하는 것에 대한 영향이 사소할 때, 태도가 행동에 특수할 때, 그리고 태도가 강력할 때 우리의 태도는 분명히 행동을 예측한다.

우리가 말하는 것에 대한 사회적 영향이 사소할 때

심장 박동을 측정하는 물리학자와 달리, 사회심리학자들은 결코 태도에 대한 직접적 해독을 구할 수 없다. 그렇게 하기보다는 우리는 **표현된** 태도를 측정한다. 다른 행동처럼 표현은 외부의 영향을 받는다. 예컨대, 의원들이 개인적으로 반대하는 인기있는 군축이나 감세에 찬성표를 던지듯이 때때로 우리는 다른 사람이 듣고 싶어 한다고 생각하는 것을 말한다.

오늘날의 사회심리학자들은 사람들의 태도 보고에 대한 사회적 영향을 최소화하기 위하여 임의대로 할 수 있는 상당히 재치있는 수단을 지니고 있다. 이들 중 일부는 암묵적(무의식적) 태도의 측정인데, 이것은 명시적(의식적) 태도와 일치할 수도 있고 그렇지 않을 수도 있는 종종 인식되지 않는 내적 신념이다.

암묵적 연합 검사
암묵적 태도에 대한 컴퓨터 활용 평가. 태도 대상과 평가 단어 사이의 사람들의 자동적 연상을 측정하기 위하여 반응 시간을 사용한다. 더 쉬운 짝(그리고 더 빠른 반응)은 더 강력한 무의식적 연합을 나타내는 것으로 간주된다.

더 새롭고 광범위하게 사용되는 태도 측정 방법은 **암묵적 연합 검사**(implicit association test, IAT)인데, 얼마나 빨리 사람들이 개념을 연합하는지를 측정하기 위해 반응 시간을 사용한다 (Banaji & Greenwald, 2013). 예컨대, 백인들이 백인 얼굴보다 흑인 얼굴에 대한 긍정적 단어에 더 오래 시간을 보내는지를 평가함으로써 암묵적 인종 태도를 측정할 수 있다. 암묵적 태도 연구자들은 다양한 IAT 온라인(projectimplicit.net) 평가문항을 제공하고 있다. 1998년 이래 약 500만 개의 완성된 검사 결과는 다음과 같은 사실을 보여주었다고 그들은 보고한다.

- 암묵적 편향이 만연해 있다. 예컨대, 80%의 사람들은 젊은이에 비해서 노인들에 대해서 더욱 암묵적 부정성을 보인다.
- 사람들의 암묵적 편향은 다르다. 집단 멤버십, 의식적 태도 및 즉각적 상황에 대한 편향에 따라 일부 사람들은 다른 사람들보다 더욱 암묵적 편향을 보인다.
- 사람들은 흔히 자신들의 암묵적 편향을 의식하지 못한다. 그들 스스로 편견이 없다고 생각할지라도 심지어 연구자들조차 약간의 암묵적 편향을 보인다.

암묵적 편향이 행동에 정말로 영향을 미치는가? 가용한 연구(현재 수백 개의 연구) 개관 결과, 암묵적 · 명시적(자기보고식) 측정도구가 결합되었을 때 행동이 가장 잘 예측된다는 것이 밝혀졌다(Greenwald et al., 2015; Nosek et al., 2011). 둘을 함께 사용하는 것이 하나보다 행동을 더 잘 예측한다(Karpen et al., 2012; Spence & Townsend, 2007). 행동 예측은 치실 사용에서 낭만적 관계의 운명, 자살 시도에 이르기까지 광범위하다(Lee et al., 2010; Millar, 2011; Nock et al., 2010). 한 연구에서 채용 관리자가 자격 있는 능력에 걸맞는 직업 지원서를 받았지만, 그와 더불어 지원자의 사진들을 더 풍뚱해 보이도록 디지털로 수정했다. 몇 달 이후에, 153명의 관리자가 IAT를 완성했을 때, 그들의 자동적인 반비만적 편향 점수가 어느 지원자를 면접에 초대할지를 예측했다(Agerström & Rooth, 2011).

생애 이른 시기에 형성된 태도(인종이나 성별에 대한 태도 등)에서 암묵적 태도는 행동을 예측할 수 있다. 예컨대, 암묵적 인종 태도는 인종 간 룸메이트 관계와 다른 인종에 대한 처벌 의도를 성공적으로 예측해주었다(Kubota et al., 2013; Towles-Schwen & Fazio, 2006). 다른 태도, 즉 소비자 행동과 정치 후보자 지지와 같은 경우에 명시적 자기보고가 더 나은 예측 요인이다.

최근의 신경과학 연구는 우리의 자동적 · 암묵적 반응을 생성하는 뇌 센터를 확인해냈다(Stanley et al., 2008). 우리가 자동적으로 사회적 자극을 평가할 때, 뇌 내부의 한 영역(공포 지각 센터인 편도체)이 활성화된다. 예컨대, IAT에서 강한 무의식적 인종 편향을 보이는 백인들은 백인 얼굴보다 친숙하지 않은 흑인 얼굴을 볼 때 또한 높은 편도체 활성화를 보인다.

주목할 단어 : 마음의 기저에 숨어 있는 암묵적 태도에 대한 이러한 최근의 연구에 걸친 많은 흥분에도 불구하고, 암묵적 연합 검사는 비판을 받는다(Blanton et al., 2006, 2015, 2016; Oswald et al., 2013). 그들은 IAT가 적성검사와 달리 개인들

© Rawpixel.com/Shutterstock

IAT를 사용한 연구에서 많은 사람들은 자신들의 명시적 태도에는 편견이 없을지라도 자신의 인종에 호의적인 암묵적 편향을 지니고 있음을 밝혀냈다.

을 평가하고 비교하는 용도에서 충분한 신뢰도를 보여주지 못하고 있다고 언급한다. 예컨대, 인종 IAT는 대부분의 다른 성격 및 태도 검사와 달리 검사-재검사 신뢰도가 낮다(Bar-Anan & Nosek, 2014). 비판자들은 또한 인종 IAT가 차별을 예측하는 정도를 논박한다(Oswald et al., 2015). 그럼에도 구분되는 암묵적·명시적 태도의 존재는 심리학의 가장 큰 교훈 중 하나를 확인해준다: **자동적**(무노력적, 습관적, 암묵적, 시스템 1) 사고와 **통제적**(의도적, 의식적, 명시적, 시스템 2) 사고에 대한 '이중 처리' 용량.

행동에 대한 기타 영향이 사소할 때

물론 개인적 태도가 행도의 유일한 결정 요인은 아니다. 상황 또한 중요하다. 우리가 반복해서 보게 되겠지만, 사회적 영향은 대단히 커서 자신들의 깊은 신념을 위반하도록 유도할 정도로 충분히 엄청날 수 있다. 그래서 많은 경우를 평균하는 것이 우리의 태도의 영향을 더욱 분명히 탐지하게 해줄 수 있을까? 사람들의 행동을 예측하는 것은 야구나 크리켓 선수의 안타를 예측하는 것과 같다. 타석에서 어떤 특정한 차례의 결과는 예측하기 거의 불가능하다. 그러나 우리가 타석의 많은 횟수를 누적한다면, 그들의 안타 평균치의 근삿값을 비교할 수 있다.

예컨대, 종교에 대한 사람들의 일반적 태도는 그들이 다음 주에 예배보러 갈지를 제대로 예측하지 못한다(왜냐하면 참석은 기후, 예배 지도자, 사람들의 호감 등등의 요인에 의해서도 또한 영향을 받기 때문이다). 그러나 종교적 태도는 시간에 걸친 종교 행동의 전체 양은 꽤 잘 예측한다(Fishbein & Ajzen, 1974; Kahle & Berman, 1979). 그래서 답은 '그렇다'이다. 이 발견 사실은 **누적의 원리**(principle of aggregation)라고 정의한다: 태도의 효과는 우리가 어떤 사람의 고립된 행위보다는 누적된 또는 평균적 행동을 볼 때 더 명백해진다.

태도가 행동에 구체적일 때

다른 조건들이 태도의 예측 정확성을 더욱 향상시킨다. Ajzen과 Fishbein(1977, 2005)가 지적하듯이 측정된 태도가 일반적인 것이고(예 : 아시아인에 대한 태도) 행동이 매우 구체적일(specific) 때(예 : 특정 상황에서 특정 아시아인들을 도울지를 결정하는 것일 때), 우리는 말과 행위 사이의 밀접한 일치를 기대할 수 없을 것이다. 실제로 27개 중 26개의 그러한 연구에서 태도가 행동을 예측하지 못했다고 Fishbein과 Ajzen은 보고했다. 그러나 측정된 태도가 상황과 직접적으로 관련된 26개의 연구 모두에서 태도가 행동을 정말로 예측해냈다. 따라서 '건강 단련'의 일반적 개념에 대한 태도는 구체적인 운동과 다이어트 실시를 별로 예측하지 못하지만, 조깅의 이해 득실에 대한 개인의 태도는 그가 규칙적으로 조깅할 것인지에 대한 상당히 강력한 예측 요인이다.

더 많은 연구(27만 6,000명의 참가자의 700개 이상의 연구)가 특수한, 관련된 태도는 의도적인 실제의 행동을 정말로 예측한다는 것을 확증했다(Armitage & Conner, 2001; Six & Eckes, 1996; Wallace et al., 2005). 예컨대, 콘돔에 대한 태도는 콘돔 사용을 강력히 예측한다(Albarracin et al., 2001). 그리고 재활용에 대한 태도(환경 문제에 대한 일반적 태도가 아니라)는 재활용 의도를 예측하고, 이것은 실제의 재활용을 예측한다(Nigbur et al., 2010; Oskamp, 1991). 실용적 교훈: 설득을 통한 습관을 변화시키기 위하여 우리는 사람들의 태도를 **구체적인 실행**으로 변화시켜야 한다.

그렇지만, Ajzen과 Fishbein의 '계획된 행동이론'에서 사람들의 **의도된** 행동과 지각된 자기효능성과 통제력을 아는 것이 행동을 더 잘 예측해준다고 한다(그림 4.2). 심지어 어떤 행동에 참여

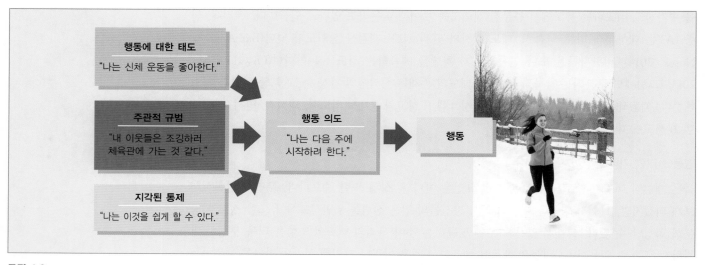

그림 4.2

계획된 행동이론

Ajzen은 Fishbein과 함께 연구하여 어떤 사람의 태도(a), 지각된 행동 규범(b) 및 통제감(c)이 그의 행동 의도를 함께 결정하고, 이것이 행동을 유도한다는 것을 보여주었다. 건강한 행동 양식에 대한 일반적 태도와 비교하여, 사람들의 조깅에 대한 구체적인 태도는 조깅 행동을 더욱 잘 예측해준다.

출처 : ⓒ Jozef Polc/123RF

할 의도가 있는지를 묻는 것도 그 가능성을 증대시켜준다(Levav & Fitzsimons, 2006; Wood et al., 2016). 다음 2주 이후에도 이빨에 치실을 사용할 의도가 있는지 물어보라, 그러면 그들은 그렇게 할 가능성이 커질 것이다. 다음 선거에서 투표할 의도가 있는지를 물어보라, 그러면 대부분을 그렇다고 답할 것이고 투표할 확률이 더욱 높아질 것이다.

지금까지 우리는 태도가 행동을 예측할 수 있는 두 가지 조건을 살펴보았다: (1) 우리가 태도 진술과 행동 사이의 기타 영향을 최소화할 때, 그리고 (2) 태도가 관찰된 행동에 구체적으로 관련되었을 때. 제3의 조건이 존재한다: 태도가 강력할 때 태도는 행동을 더욱 잘 예측한다.

태도가 강력할 때

우리의 많은 행동은 자동적이다. 우리는 우리가 무엇을 하고 있는지를 숙고하지 않고 친숙한 각본을 실행해낸다. 홀에서 만나는 사람들에게 자동적으로 "안녕하세요"라고 반응한다. 레스토랑 점원이 "음식이 어때요?"라고 물을 때 심지어 맛이 없을 때조차도 "좋았어"라고 답한다.

그런 무심함은 적응적이다. 그것은 우리의 마음을 다른 일에 작용하도록 풀어주는 역할을 한다. 습관적 행동(안전벨트 사용, 카피 마시기, 수업 참가)에서 의식적 의도는 거의 활성화되지 않는다(Ouellette & Wood, 1998). 철학자 Whitegead(1911, p. 61)가 주장했듯이, "문명은 생각하지 않고 실행할 수 있는 조작의 수를 확대함으로써 전진한다."

태도를 생각해내기 만약 우리가 행동하기 전에 자신의 태도에 대하여 숙고하도록 자극된다면, 우리 자신에 더욱 진실할까? Snyder와 Swann(1976)은 이것을 알아내고 싶었다. 120명의 미네소타대학교 학생들이 차별철폐 고용 정책에 대하여 자신의 태도를 나타낸 후 2주가 지나서, Snyder와 Swann은 그들을 초대하여 성차별 모의 법정의 배심원으로 행동하게 했다. "차별철폐 문제에 대하여 자신의 생각과 의견을 몇 분 동안 조직하게" 하여 먼저 태도를 기억해 내도록 유도한 학생들에 대해서만 참가자들의 태도는 행동(평결)을 예측하였다. 우리의 태도는 그것에 대하여 생각하는 경우에 강력해진다.

이것은 사람들에게 내적 신념에 주목하도록 유도하는 또다른 방법을 시사한다: 아마도 거울 앞에서 행동하게 함으로써 **자의식적으로 만들기**(Carver & Scheier, 1981). 아마 당신도 또한 큰 거울이 있는 방에 가자마자 자신에 대하여 갑자기 민감하게 회상할 수 있을 것이다. 이런 방식으로 사람들을 자의식적으로 만드는 것은 말과 행위 사이의 일관성을 촉진한다(Froming et al., 1982; Gibbons, 1978).

Diener와 Wallbom(1976)은 거의 모든 대학생들이 부정행위는 도덕적으로 잘못된 것이라고 말한다는 것에 주목했다. 그러나 그들은 셰익스피어의 폴로니우스의 충고인 "당신 자신에게 진실하라"를 따를 것인가? Diener와 Wallbom은 워싱턴대학교 학생들에게 철자 바꾸어 쓰기 과제(이것은 IQ를 예측해주는 것이라고 말했다)를 하게 했고 방의 벨이 울리면 그만두라고 말했다. 혼자 남겨졌을 때 71%의 학생들이 벨 소리 이후에도 작업함으로써 부정행위를 했다. 그들 자신의 녹음된 목소리를 듣는 동안에 거울 앞에서 작업함으로써 자의식이 높아진 학생들은 단지 7%만이 부정행위를 했다. 핼러윈데이 때 그릇에서 사탕을 하나만 집어가라는 부탁을 받은 아이들은 그릇 앞에 거울이 있을 때 그 부탁을 더 많이 따랐다(Beaman et al., 1979). 한 가지 의문점이 생긴다: 가게에 설치한 눈높이의 거울은 도둑질에 대한 태도를 더욱 스스로 의식하게 만들까?

도덕적 위선에 대한 Batson의 연구를 기억하는가? 추후 실험에서 Batson과 동료들(2002)은 거울이 관련된 도덕적 태도와 일치하는 행동을 정말로 유도한다는 것을 발견해냈다. 사람들이 거울 앞에서 동전 던지기를 하면 동전 던지기는 양심적으로 공정하게 되었다. 정확히 절반의 자의식적 참가자들이 다른 사람에게 매력적 과제를 할당했다. 도덕적인 것이 사람들의 정체성의 중요한 부분일 때, 그들은 더욱 도덕적으로 행동한다(Hertz & Krettenauer, 2016).

경험을 통해서 강한 태도를 주조하기　행동을 가장 잘 예측하는 태도는 안정적일 뿐만 아니라 접근 용이한(쉽게 생각되는) 것이다(Glasman & Albarracin, 2006). 만약 당신이 사형제도에 대하여 반대한다고 즉시 말할 수 있고, 항상 그런 식으로 생각했다면, 사형제도 폐지의 청원에 서명할 가능성이 더 높을 것이다. 한 연구에서 대학생들 모두 주거 부족에 대한 학교의 반응에 부정적인 태도를 표명했다. 그러나 청원하기, 서명 요청하기, 위원회에 가입하기 또는 편지 쓰기와 같이 행동할 기회를 갖게 되면 태도가 직접 경험에서 나온 사람들만이 행동을 했다(Regan & Fazio, 1977).

요약 : 태도는 행동을 얼마나 잘 예측하는가?

- 어떻게 우리의 내적 **태도**(흔히 신념에 기반을 두고 있으며 사물이나 사람에 대한 평가적 반응)가 외적 행동과 관련되는가? 비록 인기 있는 속담의 행동에 대한 태도의 영향을 강조할지라도, 사실 태도는 흔히 행동에 대한 빈약한 예측 요인이다. 게다가 사람들의 태도를 변화시키는 것은 행동에서 많은 변화를 대체로 산출하지 못한다. 이 발견 사실은 왜 사람들이 그렇게 자주 말하는 대로 행동하지 않는지의 이유를 사회심리학자들이 찾도록 했다.

- **해답** : 우리의 태도 표현과 행동은 각각 많은 영향에 종속적이다. 우리의 태도는 다음과 같은 조건에서 우리의 행동을 예측한다: (1) 이러한 '다른 영향들'이 최소일 때, (2) 태도가 (투표 연구에서처럼) 예측된 행동과 매우 밀접하게 관련될

(계속)

때, 그리고 (3) 태도가 강력할 때(어떤 것이 우리에게 그 태도 를 상기시키기 때문에 또는 우리가 직접적 경험으로 그것을 획득했기 때문에)이다. 이러한 조건에서 우리가 생각하고 느 끼는 것은 우리가 행동할 것을 예측해준다.

행동은 언제 태도에 영향을 주는가?

행위가 생각을 만들어낼 수 있는 증거를 요약한다.

그래서 어느 정도 태도는 중요하다. 우리는 스스로 생각하여 행동할 수 있다. 현재 우리는 더욱 놀라운 아이디어에 관심을 기울이고 있다: 행동이 태도를 결정한다는 것. 우리는 때때로 우리가 믿는 것을 지지하는 것은 사실이다. 그러나 우리가 지지하는 것을 믿게 되는 것도 또한 사실이 다. 사회심리학이론은 많은 연구를 자극하여 이런 결론에 다다르게 했다. 그렇지만 이 이론을 소 개하는 대신에 설명할 것이 있다는 것을 먼저 보자. 우리가 행동이 태도에 영향을 준다는 증거에 관심을 가질 때, 왜 이런 일이 발생하는지를 생각하고 나서 당신의 아이디어와 사회심리학자의 설명을 비교해보자.

다음 사건들을 고려해보자.

- 사라는 최면에 걸려 책이 마루에 떨어질 때 신발의 벗으라는 말을 듣는다. 15분 후 책이 떨 어지고 사라는 조용히 슬리퍼를 벗는다. "사라, 왜 당신은 신을 벗었나요?"라고 최면술사가 묻는다. "글쎄요… 내 발이 뜨겁고 지쳤어요"라고 사라는 대답한다. "오래된 일이에요." 행 위가 생각을 만들어낸다.
- 조지는 그의 머리의 움직임을 통제하는 영역에 일시적으로 전극이 부착되어 있다. 신경과 의사인 Delgado(1973)는 리모콘으로 그 전극을 자극할 때, 항상 그의 머리를 돌린다. 리모콘 자극을 모른 채, 조지는 그가 머리 돌린 것에 대하여 그럴듯한 설명을 한다: "나는 슬리퍼를 찾는 중이다", "나는 소음을 들었다", "나는 불안하다", "나는 침대 아래를 보고 있었다"
- 캐롤의 심각한 발작은 그의 두 뇌반구를 외과적으로 분리수술함으로써 경감되었다. 오늘날 한 실험에서 Gazzaniga(1985)는 캐롤의 시야의 왼쪽에 여자의 누드 사진을 재빨리 보여주었 는데, 이것은 그녀의 비언어적 우반구에 투사된다. 부끄러운 듯한 미소를 지으며, 그녀는 키 득거리기 시작한다. 이유를 물으면, 그럴듯한 설명을 만들어내며 그 설명을 분명히 믿는다: "오우, 정말 재미있는 기계군요." 프랭크라는 또다른 분리뇌 환자에게 "미소"라는 단어 를 비언어적 우반구에 투사시켰다. 그는 의무적이고 마지못해 미소를 짓는다. 그 이유를 물 으면, "이 실험은 매우 재미있군요"라고 그는 설명한다.

우리 행동의 심리적 사후 효과는 또한 설득에 대한 많은 사회심리학적 예에서 나타난다. 우리 가 자주 보게 되듯이 태도는 행동을 추종한다.

역할 실연

역할
일정한 사회적 지위에 있는 사람들이 어떻게 행동해야 하는지를 규정하는 규 범의 총체

역할(role)이라는 단어는 연극에서 차용한 것으로 연극에서처럼 특별한 사회적 지위를 점하는 사 람들에게 기대되는 행위를 지칭한다. 새로운 사회적 역할을 만들어낼 때, 우리는 처음에는 가짜 로 느낄 수도 있다. 그러나 우리의 불편은 좀처럼 지속되지 않는다.

아마도 직장이나 대학에서의 첫 며칠처럼 여러분이 새로운 역할 속으로 발을 들여놓았을 때를 생각해보자. 예컨대, 캠퍼스에서 그 첫 주에는 새로운 사회적 상황에 초민감해져서 성숙하게 행동하면서 고등학생 때의 행동을 억압하려고 애쓸지도 모른다. 그런 때에 여러분은 자의식적으로 느끼게 될 것이다. 여러분의 새로운 말과 행위가 여러분에게 자연스럽지 않기 때문에 그 새로운 말과 행위를 관찰하게 된다. 그러고 나서 어느 날 놀라운 일이 발생한다: 당신의 가짜 지적인 대화가 더 이상 강요된 것으로 느껴지지 않게 된다. 그 역할은 여러분의 낡은 청바지나 티셔츠만큼이나 편안해지기 시작한다.

한 유명하고 논란이 있는 연구에서 남자 대학생들은 Zimbardo(1971; Haney & Zimbardo, 1998, 2009)가 스탠퍼드대학교 심리학과에 설치한 모의감옥 실험에 참여하여 시간을 보냈다. Zimbardo는 다음과 같은 사실을 알고 싶어 했다: 감옥의 잔인성이 사악한 죄수와 악의적 간수의 산물이냐? 또는 간수와 죄수의 제도적 역할이 심지어 온정적인 사람들도 괴롭히고 강경하게 만드는가? 사람들은 그 장소를 폭력적으로 만드는가? 또는 그 장소가 사람들을 폭력적으로 만드는가?

동전을 던져서 Zimbardo는 일부 학생을 간수로 지정했다. 그는 그들에게 유니폼, 곤봉 및 호루라기를 주고 규칙을 지키도록 지시했다. 나머지 절반은 죄수 역할을 맡았는데, 그들은 감방에 갇혀 있었고 창피한 병원 가운 같은 옷을 입게 했다. 그 역할을 '실연한' 유쾌한 첫날 이후에 간수와 죄수, 심지어 실험자들조차도 그 상황에 휩쓸리게 되었다. 간수는 죄수를 모욕하기 시작했고, 일부는 잔인하고 모멸적인 일과를 고안해냈다. 죄수들은 굴복하거나 반항하거나 냉담해졌다. "현실과 착각, 역할 연기와 자기정체감 사이의 혼란이 증대되었다… 우리가 창조한 이 감옥은 실제의 피조물처럼 우리를 동화시키기 시작했다"고 Zimbardo(1972)는 보고했다. 사회적 병리 현상이 출현하는 것을 관찰하고서 Zimbardo는 2주간의 실험계획을 취소하고 단 6일만에 끝냈다. 2015년에 개봉한 영화 '더 스탠퍼드 프리즌 익스페리먼트'는 이를 극화한 것이다(Dunn, 2016).

비판자들은 Zimbardo의 관찰의 자발성과 신뢰성에 의문을 제기했다(Griggs, 2014). 무엇보다 핵심은 우리에게 부과된 역할에 우리가 무기력하다는 것이 아니다. Zimbardo의 모의 감옥에서, 아브 그라이브 감옥(간수가 이라크 전쟁 포로를 학대한 장소)에서, 그리고 또 다른 잔학 행위를 하는 상황에서, 일부 사람들은 가학적이 되고 또 다른 일부는 그렇지 않았다(Haslam & Reicher, 2007; Mastroianni & Reed, 2006; Zimbardo, 2007). 물에서 소금은 녹지만 모래는 그렇지 않다. 그와 같이 썩은 통 안에 놓이게 되면 일부 사람들은 썩은 사과가 되지만 일부는 그렇지 않다고 Johnson(2007)은 말한다. 행동은 개인과 상황 양자의 산물이고, 감옥 연구는 공격적 경향이 있는 자원자들은 매혹시킨 것처럼 보인다(McFarland & Carnahan, 2009).

역할 실행 연구의 더 깊은 교훈은 우리가 무력한 기계는 아니라는 것이다. 그보다는 실제적이 아닌 것(인공 역할)이 어떻게 실제적인 것으로 미묘하게 만들어질 수 있는가 하는 것이다. 새 직업(예 : 교사, 군인 또는 사업가 등)에서 우리는 우리의 태도를 형성하는 역할을 제정한다. 한 연구에서 군사훈련은 독일 남성의 성격을 거칠게 만들었다. 통제집단과 비교해서 제대한 후 심지어 5년이 지나도 그들은 덜 친절했다(Jackson et al., 2012). 미국 청소년에 대한 한 국가적 연구에서 '위험 찬미' 비디오 게임의 역할 연습을 지속하는 것은 위험하고 일탈적인 실생활 행동을 증가시켰다(Hull et al., 2014). 교훈: 우리가 역할

스탠퍼드 감옥 모의실험에서 간수와 죄수들은 그들이 할 역할을 재빨리 흡수했다.

© Washington Post/Getty Images News/Getty Images

아브 그라이브 이라크 포로 학대 사건 이후, Zimbardo(2004a, 2004b)는 "그 간수들과 스탠퍼드 감옥실험의 '간수' 사이에는 직접적이고 슬픈 평행 모습이 있다"고 말했다. 그런 행동은 선한 사람도 악을 행하는 범죄자로 만들 수 있는 상황에 귀인할 수 있다고 주장한다. 핵심은 나쁜 사과를 좋은 통에 담는 것이 아니다. 우리가 좋은 사과를 나쁜 통에 담는다. 그 통은 접촉하는 모든 것을 썩게 한다.

을 실행할 때, 우리는 이전 자아를 그 역할과 약간 비슷하게 변화시키게 된다.

노예의 역할을 단지 6일이 아니라 수십년 동안 했다고 상상해보자. 단 며칠이 Zimbardo '감옥'에서 그들의 행동을 변화시켰다면, 수십년의 비굴한 행동의 소모적 효과를 상상해보자. 주인은 훨씬 더 심각하게 영향을 받을 수도 있는데, 왜냐하면 주인의 역할이 선택되었기 때문이다. 노예였던 Douglass는 그녀가 자신의 역할을 받아들였을 때 그의 새 주인의 변화를 회상한다:

나의 새 여주인은 현관에서 내가 처음에 만났을 때, 가장 친절한 마음과 감정을 지닌 여성으로 보였다… 나는 그녀의 선량함에 대단히 놀랐다. 나는 그녀를 어떻게 대해야 할지 모를 지경이었다. 그녀는 내가 지금까지 보아왔던 어느 다른 백인 여자와도 철저히 달랐다… 미천한 노예는 그녀의 면전에서 완전히 편안했고, 대단히 좋은 감정으로 그녀를 바라보았다. 그녀의 얼굴은 천사의 미소로 가득 찼고, 그녀의 목소리는 평온한 음악이었다. 그러나 우와! 그런 마음은 한 순간에 지나지 않았다. 무책임한 권력의 치명적 독은 이미 그녀의 손에 놓여 있었고, 곧 지옥 같은 일이 시작되었다. 그 쾌활한 눈은 노예제의 영향 아래에서 곧 분노로 붉어졌다. 감미로운 화음으로 이루어졌던 그 목소리는 일종의 거칠고 무시무시한 불협화음이 되었다. 그리고 천사 같은 얼굴은 악마의 얼굴에 자리를 비켜주었다(Douglass, 1845, pp. 57-58).

말하는 것은 믿음이 된다

사람들은 종종 듣는 사람을 기쁘게 하기 위해서 자신들이 말하는 것을 적응시키게 된다. 그들은 나쁜 소식보다 좋은 소식을 더 빨리 말하며, 듣는 사람의 지위에 따라 메시지를 맞춘다(Manis et al., 1974; Tesser et al., 1972; Tetlock, 1983). 그들이 의심하는 어떤 것에 대한 언어적 또는 서면 지지를 하도록 유도될 때, 사람들은 종종 자신들의 기만에 대하여 불편한 느낌이 들 것이다. 그럼에도 불구하고 뇌물을 받거나 그렇게 하도록 강요당하지 않았다면, 자신들이 말하는 것을 믿기 시작한다. 자신의 말에 대한 강제적 외부 설명이 없을 때 말하는 것은 믿음이 된다(Klaas, 1978).

Higgins와 동료들(Hausmann et al., 2008; Higgins & McCann, 1984; Higgins & Rholes, 1978)은 어떻게 말하는 것이 믿음이 되는지를 보여주었다. 그들은 대학생들에게 어떤 사람(에밀리라 부르자)의 성격 기술문을 읽게 하고 나서 그 사람을 좋아하거나 싫어한다고 믿게 한 다른 누군가(헬렌)를 위해서 그것을 요약하게 했다. 그 학생들은 수취인이 그 사람을 좋아할 때 더 긍정적 기술을 적었다. 긍정적인 것을 말했을 때 그들도 또한 스스로 그 사람을 더욱 좋아했다. 그들이 읽은 것을 회상하라고 했을 때, 그들은 그 기술을 실제보다 더 긍정적으로 기억했다. 요약하면, 사람들은 자신들의 메시지를 듣는 사람에 맞추어 적응하는 경향이 있고, 그렇게 해서 변화된 메시지를 믿게 된다.

© Joseph Farris, All rights reserved. Used with permission.

"이런, 화이트컬러 투표자의 연설을 블루컬러에게 하고 있다니."

말하면 믿게 된다: 생각을 다른 사람에게 표현할 때, 때로는 자신의 말을 그들이 듣고 싶어 한다고 생각하고 자신의 말을 믿게 된다.

악행과 도덕적 행위

행동-추종-태도 원리는 또한 비도덕적 행위에도 작동한다. 악은 때로 점차적으로 확대되는 개입의 결과이다. 사소한 악행이 도덕적 민감성을 조금씩 깎을 것이고, 그것은 더 악행을 저지르기 쉽게 할 것이다. 라 로슈푸코의 잠언집이라는 1665년의 책을 바꾸어 말해보면, 유혹에 결코 굴복한 적이 없는 사람을 발견하는 것은 단지 한 번만 굴복한 사람을 찾아내는 것만큼 어렵지 않다. '하얀 거짓말'을 한 후에, "그래, 그것은 그렇게 나쁘지 않군"이라고 생각하고 그 사람은 더 큰 거짓말을 하는 쪽으로 나아가게 될지도 모른다.

1994년 르완다 인종학살과 같이 잔인한 행동은 더욱 잔인하고 증오심 가득 찬 태도를 낳는 경향이 있다. 르완다 인종학살의 한 참가자는 "처음에 학살은 의무적이었다"고 설명했다. "나중에 우리는 그것에 익숙해졌다. 우리는 자연적으로 잔인해졌다. 우리는 더 이상 학살을 부추기거나 강제할 필요도 없었고, 심지어 명령이나 조언도 필요없었다"(Hatzfeld, 2005, p. 71 인용).

악행이 태도에 미치는 또 다른 방식은 우리가 싫어하는 사람들에게 상처를 줄 뿐만 아니라 우리가 상처를 주는 사람을 싫어하는 경향이 있다는 역설적 사실이다. 몇 개의 연구(Berscheid et al., 1968; Davis & Jones, 1960; Glass, 1964)는 무고한 희생자에게 상처받는 말을 하거나 전기 충격을 주는 식으로 위해를 가하는 것이 전형적으로 공격자가 그 희생자를 경멸하게 만들고, 따라서 자신들의 잔인한 행동을 정당화시켜준다는 것을 밝혀냈다. 이것은 특히 우리가 그렇게 되도록 유도될 때 그랬고, 강요당했을 때는 그렇지 않았다. 우리가 어떤 행위에 자발적으로 동의할 때, 우리는 그것에 대해 더 많은 책임을 느끼게 된다.

태도는 또한 평화시에 행동을 따른다. 노예 시대에 다른 사람을 소유한 집단은 노예 자신들의 압제를 정당화시켜주는 특징을 그들이 지니고 있는 것으로 지각하게 될 가능성이 클 것이다. 사형 집행에 참여하는 교도관들은 그 희생자들이 자신들의 운명을 받을 짓을 했다고(다른 교도관들보다 더 강하게) 믿게 됨으로써 '도덕적 분리'를 경험한다(Osofsky et al., 2005). 행위와 태도는 서로 순환적이어서, 때때로 도덕적 마비에 이르게 된다. 다른 사람에게 해를 가하고 자신의 태도를 더욱 정당화할수록, 그것이 더욱 해를 가하기 쉽게 한다. 양심은 침식당한다.

'살해가 살해를 낳는' 과정을 모사하기 위하여 Martens와 동료들(2007)은 애리조나대학교 학생들에게 벌레를 죽이게 했다. 그들은 궁금했다: '연습' 시행에서 처음으로 벌레를 죽이는 것이 나중에 더 많은 벌레를 죽이려는 의지를 증가시킬까? 이것을 알아내기 위하여 일부 학생들에게 용기 안의 작은 벌레를 지켜보게 한 후 그것을 그림 4.3과 같은 커피 가는 기계에 넣고 3초 동안 '작동 버튼'을 누르게 했다(실제로 벌레는 죽지 않았다. 보이지 않는 장치를 사용하여 흐릿한 살해 기계에 들어간 벌레를 죽지 않게 했고, 살해 소리만 나게 했다). 다섯 마리 벌레를 죽였다고 생각한 학생들은 계속된 20초 기간 동안에 유의미하게 더 많은 벌레를 '살해'하게 되었다.

해로운 행동은 스스로를 형성하기도 하지만, 그래서 다행히도 도덕적 행위를 하게도 한다. 우리의 성격은 누구도 보고 있지 않다고 생각할 때 우리가 하는 일에 반영된다. 연구자들은 누구도 보고 있지 않은 것처럼 만든 상태에서 아이들에게 유혹을 제공함으로써 성격을 검사했다. 극적인 실험에서 Freedman(1965)은 매혹적인 배터리 조작 로봇을 초등학교 학생들에게 소개한 후 그가 방 밖을 나간 동안에 그것을 가지고 놀지 말라고 말했다. Freedman은 절반의 아이들에게는 강한 위협을 사용했고, 다른 아이들에게는 약한 위협을 사용했다. 둘 다 아이들을 단념시키기에

그림 4.3

살해는 살해를 낳는다.

이 명백한 살해 기계에 빠뜨려서 벌레 몇 마리를 죽였다고 믿었던 학생들은, 나중에 자기 속도에 맞춘 살해 기간 동안 더 많은 벌레를 죽였다(실제로 벌레는 죽지 않았다).

충분했다.

몇 주 후에 이전 사건과 외관적으로 관계가 없어 보이는 다른 연구자가 동일한 방에서 각각의 아이가 같은 장난감을 가지고 놀게 했다. 심한 위협을 받은 아이들 중에서 4분의 3은 자유롭게 그 로봇을 가지고 놀고 있었다. 약한 위협을 받은 아이들 중에서 3분의 2는 여전히 그 로봇을 가지고 노는 것을 참고 있었다. 분명히 약한 위협은 원하는 행동을 유도하기에 충분히 강했지만 선택의 의미를 지니고 그들을 떠나게 하기에는 그 정도로 약해도 충분했다. 이전에 그 장난감을 갖고 놀지 않기로 의식적으로 선택했을 때 약한 위협을 받은 아이들은 그 결정을 내면화했다. 도덕적 행위는 강요되기보다는 선택되었을 때 도덕적 사고에 영향을 준다.

게다가 긍정적 행동은 그 사람에 대한 호감을 강화한다. 실험자가 또 다른 참가자에 대한 호의를 베풀거나 학생을 가르치는 것은 대개 도움받은 사람에 대한 호감을 증가시킨다(Blanchard & Cook, 1976). 낭만적 파트너를 위해 기도하는 사람들은 (심지어 통제된 실험에서조차) 그 후에 그 파트너에 대하여 더 많은 헌신과 충실성을 보인다(Fincham et al., 2010). 이것은 기억할 만한 교훈이다. 어떤 사람을 더욱 사랑하고 싶다면, 마치 당신이 사랑하는 것처럼 행동하라.

1793년 벤자민 프랭클린은 호의를 베푸는 것이 호감을 낳는다는 생각을 검증했다. 펜실베이니아 의회의 서기로서 그는 다른 중요한 의원의 반대로 괴로웠다. 그래서 프랭클린은 그를 설득시키기로 했다:

> 나는 … 그에 대한 비굴한 존경을 표함으로써 그의 호의를 얻을 목적을 버렸지만, 얼마 후에 이 다른 방법을 사용했다. 나는 그가 자신의 도서관에 어떤 매우 귀하고 진기한 책을 소장하고 있다는 말을 듣고, 그 책을 읽고 싶다는 열망을 표현하며 며칠 동안 빌려주는 호의를 베풀어 주기를 요청하는 편지를 그에게 썼다. 그는 즉시 그 책을 보냈고 나는 그것을 약 일주일 후에 되돌려주며 호의를 강하게 표현했다. 의회에서 우리가 다시 만났을 때, 그는 나에게 말을(그것도 대단히 공손하게) 걸어왔는데 (그전에는 결코 그런 적이 없었다) 그는 그 후에도 모든 경우에 나를 기꺼이 도와준다는 의견을 명시했고, 그래서 우리는 좋은 친구가 되었으며 우리의 우정은 그가 죽을 때까지 계속되었다(Rosenzweig, 1972, p. 769 인용).

인종 간 상호작용과 차별적 태도

만약 도덕적 행위가 도덕적 태도를 낳는다면, 안전벨트 강제 착용이 안전벨트에 대해 호의적인 태도를 낳은 것과 꼭 같이 긍정적 인종 간 행동은 인종 편견을 낮출 것인가? 이것은 학교에서 인종차별을 폐지하기 위한 미 대법원 1954년 결정 이전에 사회과학자들의 증명의 일부였다. 그들의 주장은 다음과 같다: 만약 우리가 설교나 교육을 통하여 변화하려는 마음을 기다린다면, 인종 정의를 위하여 장구한 세월을 기다려야 할 것이다. 그러나 우리가 도덕적 행위를 입법한다면, 올바른 조건에서 진정성 있는 태도에 간접적으로 영향을 줄 수 있다.

이 착상은 "당신은 도덕성을 입법할 수 없다"는 추정에 반하는 것이다. 그렇지만 일부 사회심리학자들이 예측한 것처럼 태도 변화는 인종차별 철폐에 수반되었다. 다음 사항을 고려해보자:

- 대법원 결정에 따라 인종 통합에 호의적인 백인의 비율이 급증했고 현재는 거의 모든 사람들을 포함한다(옛날과 지금의 인종차별 태도에 대한 또 다른 예는 제9장 참조).
- 1964년 공민권법 시행 후 10년이 지나자, 이웃, 친구, 공동 작업자 또는 다른 학생들을 모두 백인이라고 기술한 백인 미국인의 비율이 각각의 측정치에서 대략 20%로 줄어들었다. 인종 간 행동은 증가하고 있었다. 동일 기간 동안에 흑인도 이웃으로 사는 것이 허용되어야 한다

고 말한 백인 미국인의 비율은 65%에서 87%로 증가하였다(ISR Newsletter, 1975). 태도도 또한 변화하고 있었다.

• 다른 종교, 계층 및 지리적 지역의 사람들 사이에서 인종 간 태도의 차이가 줄어듦으로써 차별에 대한 더욱 단일한 국가 표준이 수반되었다(Greeley & Sheatsley, 1971; Taylor et al., 1978). 미국인들이 더욱 유사하게 행동하게 되었을 때, 그들은 더욱 유사하게 생각하게 되었다.

사회 운동

우리는 현재 사회의 법, 그리고 그에 기인한 행동은 인종차별 태도에 강력한 영향을 지닐 수 있다는 것을 보아왔다. 대규모의 정치적 사회화를 위하여 동일한 아이디어를 채택할 가능성이 존재한다는 위험이 도사리고 있다. 1930년대 많은 독일인들에게 나치 집회에 참여하고 나치 기를 흔들며 특히 "하일 히틀러"라고 공개적으로 인사하는 것은 행동과 신념 사이의 심대한 불일치를 구축했다. 히틀러에 대하여 의심을 품은 사람들에게도 "그 '독일식 인사'는 강력한 조건형성적 장치였다. 동조의 외부 표시로서 그렇게 말하기로 일단 결정하고 나서, 많은 사람들이 그들의 말과 감정 사이의 모순에서 불편함을 경험했다. 그들이 믿는 것을 말하기를 자제하고, 그들은 자신들이 말한 것을 그들 스스로가 믿게 하도록 의식적으로 만듦으로써 심리적 평형을 구축하려고 했다"(p. 27)고 역사학자 Grunberger(1971)는 보고했다.

이 실천은 전체주의 정권에만 제한되는 것이 아니다. 정치적 의례(아이들의 국기에 대한 경례, 애국가 제창 등)는 애국심을 사적 신념으로 형성하기 위하여 공개적인 동조를 활용한다. 나(DM)는 시애틀의 보잉사에서 멀지 않은 곳의 초등학교에 다닐 때 비행공습 훈련에 참가한 기억이 난다. 우리가 러시아 공격의 표적인 것처럼 반복적으로 행동한 후에 우리는 러시아를 두려워하게 되었다.

많은 사람들은 가장 강력한 사회적 주입이 세뇌(brainwashing)를 통하여 온다고 가정하는데, 이 용어는 1950년대 한국전쟁 동안에 미군 포로들에게 발생한 일을 기술하기 위하여 주조한 것이다. '세뇌'가 시사하는 것만큼 '사고-통제' 프로그램이 불가항력적은 아닐지라도, 여전히 그 결과는 혼란스럽다. 수백 명의 포로들이 자신들의 억류자들과 함께 협동작업했다. 미국으로 되돌아가도록 허용된 이후에도 21명은 남아 있기를 선택했다. 그리고 되돌아온 많은 미군 포로들은 "공산주의가 비록 미국에서 효과적이지 않을지라도 아시아에서는 좋은 것이라고 나는 생각한다"라고 믿으며 고향으로 돌아왔다(Segal, 1954).

Schein(1956)은 많은 포로를 면접하고 억류자들이 점차적인 요구 증폭의 방법을 사용했다고 보고했다. 억류자들은 항상 사소한 요청부터 시작하여 점차적으로 더욱 중요한 것으로 작업해 나갔다. "그래서 포로는 일단 사소한 것에 말하거나 쓰도록 '훈련된' 후, 더욱 중요한 쟁점에 대한 진술을 강요당했다." 게다가 그들은 항상 적극적인 참여를 기대했는데, 그것은 어떤 것을 베끼거나 집단토론에 참여하거나 자아비판을 적거나 또는 공개적인 고백을 하는 것이었다. 일단

우리의 정치적 의례(학생들이 국기에 대한 경례를 하고, 국가를 부르는 것)는 공적 동조를 활용하여 개인적 충성심을 만들어낸다.

포로가 말을 하거나 글을 적기만 하면 자신들의 신념이 자신들의 행위와 일치하게 만들고 싶은 내적 욕구를 느꼈다. 이것이 흔히 그들이 스스로 잘못했다는 것을 설득당하게 되는 길이다. 이 '작게 시작하여 만들어 나가기' 전술은 오늘날도 테러리스트와 고문자의 사회화에서 마찬가지로 계속된다.

더 읽기 전에 이제 이론가로서의 당신의 견해는 어떠한가? 자문해보자: 이 연구와 실제 사례에서 왜 태도는 행동을 따랐는가? 왜 역할을 연기하고 연설을 하는 것이 태도에 영향을 주는가?

요약 : 행동은 언제 태도에 영향을 주는가?

- 태도–행위 관계는 또는 역방향으로도 작용한다: 우리가 우리 스스로 생각하는 것을 행동으로 옮길 뿐만 아니라 스스로 행동한 것을 사고방식으로 만들기도 하는 것 같다. 우리가 행동할 때, 우리가 행한 것에 기초하는 생각을 증폭시키는데, 특히 우리가 그것에 책임이 있다고 느낄 때 그러하다. 많은 수의 증거가 이 원리로 수렴한다.

- 마찬가지로 우리가 말하거나 쓰는 것이 후속적으로 우리가 유지할 태도에 강하게 영향을 줄 수 있다.

- 행위는 또는 사람들의 도덕적 태도에도 영향을 준다: 사람들은 나쁜 일일지라도 자신이 한 것을 정당화시키는 경향이 있다.

- 마찬가지로 우리의 인종적·정치적 행동은 우리의 사회적 의식을 형성하는 데 영향을 준다: 우리는 믿는 것을 지지할 뿐만 아니라 우리가 지지하는 것을 믿는다.

- 정치적·사회적 운동은 대규모로 태도 변화를 이끌기 위하여 설계된 행동을 입법화시킬 수도 있다.

행동은 왜 태도에 영향을 주는가?

> 행동–추종–태도 현상을 설명하기 위한 이론들을 말하고, 이 경합적 이론들 사이의 경연이 어떻게 과학적 설명의 과정을 실증하는지 토론한다.

우리는 합쳐서 강이 되는 다수의 지류 증거를 보았다: 우리의 행동이 우리의 태도에 영향을 준다. 이러한 관찰이 행위가 태도에 영향을 주는 이유에 대한 어떤 실마리를 포함하고 있는가? 사회심리학 탐구자들은 세 가지 가능한 출처를 생각해냈다.

- 자기제시이론(self-presentation theory)은 우리가 전략적 이유로 일관되게 보이도록 하는 태도를 표현한다고 가정한다.
- 인지부조화이론은 불편감을 줄이기 위해 우리의 행동을 우리 자신에게 정당화시킨다고 가정한다.
- 자기지각이론은 우리의 행위가 자기의 진심을 보여준다고 가정한다: 우리의 감정이나 신념에 대해서 불확실할 때, 타인의 행동을 보고 그의 감정을 짐작하는 것과 꼭 마찬가지로 자신의 행동을 돌아보게 된다.

자기제시 : 인상관리

행위가 태도에 영향을 주는 이유에 대한 첫 번째 설명은 단순한 생각으로 시작한다. 우리들 중 누가 다른 사람들이 생각하는 것에 신경쓰지 않을 수 있겠는가? 사람들은 옷, 다이어트, 화장, 그리고 오늘날의 성형수술에 수십억 달러를 쓰는데, 이것 모두는 다른 사람이 생각하는 것에 안달하기 때문이다. 우리는 사회적·물질적 보상을 얻기 위한, 우리들에 대하여 좋게 느끼도록 하기 위한, 심지어 사회 정체성에서 더 안전해지기 위한 방안으로 좋은 인상을 만들려 한다(Leary, 1994, 2010, 2012).

누구도 어리석을 만큼 오락가락하는 사람으로 보이기를 원치 않는다. 그렇게 보이는 것을 피하기 위하여, 우리는 우리의 행위와 어울리는 태도를 표현한다. 다른 사람들에게 일관적인 것처럼 보이기 위하여 우리는 우리의 행동과 일치하는 태도를 지니고 있는 것처럼 자동적으로 가장할 수도 있다. 비록 그것이 약간의 불성실이나 위선을 나타낸다는 것을 의미할지라도 그것이 우리가 만들어내는 인상을 관리하는 것과 상쇄된다. 이것이 자기제시이론이 시사하는 바다.

© Jack Ziegler. All rights reserved. Used with permission.

"마침내 그가 바보 같은 머리 장식을 안 한 모습을 보게 되는군."

우리의 기만적인 일관성이 행동에 일관적인 방향으로의 태도 이동을 표현하는 이유를 설명해주는가? 어느 정도는 그렇다. 즉, 가짜 거짓말 탐지기가 좋은 인상을 만드는 것을 방해할 때 사람들은 훨씬 더 적은 태도 변화를 보인다(Paulhus, 1982; Tedeschi et al., 1987).

그러나 자기제시와 관계없는 태도도 있는데, 왜냐하면 사람들은 자신의 이전 행동을 모르는 사람들에게조차도 변화된 태도를 표현하기 때문이다. 사람들이 때때로 자신의 자기제시를 진정한 태도 변화로 내면화하는 이유를 설명해주는 두 가지 다른 이론이 있다.

자기정당화 : 인지부조화

한 가지 이론은 우리의 인지 사이의 일관성을 유지하려는 동기 때문에 우리의 태도가 변화한다는 것이다. 이것이 Festinger(1957)의 유명한 **인지부조화**(cognitive dissonance) 이론의 함축이다. 이 이론은 단순하지만 그 응용 범위는 엄청나서, 오늘날의 교육받은 사람들의 어휘에 '인지부조화'라는 항목을 만들 정도이다. 이 이론은 두 가지의 동시에 접근 가능한 생각이나 신념('인지')이 심리적으로 불일치하면 우리는 긴장 또는 조화의 부족('부조화')을 느낀다고 가정한다. Festinger는 이 불쾌한 흥분(arousal)을 줄이기 위하여 우리는 흔히 우리의 사고를 수정한다고 주장하였다. 이 단순한 착상과 여기에서 파생된 일부 놀라운 예언이 2,000개 이상의 연구를 산출하게 했다(Cooper, 1999).

이 이론에 대한 영감이 Festinger와 동료들(1956)이 실시한 참여-관찰 연구였는데, 이것은 심리과학협회의 의장이 전대미문의 가장 선호하는 심리학 연구로 선언한 연구이기도 하다(Medin, 2011). Festinger와 동료들은 1954년 12월 21일 예정된 대홍수에서 비행접시에 의하여 구조되기를 기다리는 UFO 사이비 종교에 대한 새로운 기사를 읽었다. 연구자들의 반응은? 그들은 그 단체에 가입하여 다음에 일어날 일을 관찰하였다.

12월 21일이 다가오자 가장 헌신적인 추종자들은 직장을 그만두고, 재산을 처분하고, 심지어 자신들의 배우자도 버렸다. 그래서 "예언이 실패했을 때?" 무슨 일이 벌어졌을까? 12월 21일이 무사히 지나갔을 때, 그 집단은 자신들의 신념을 버리는 것이 아니라 그것에 더 많은 열정을 보임으로써 대규모 부조화에 대처하였다. 그들의 믿음이 하느님이 세상을 구원하게 했다고 생각했으며, 이 메시지를 그들은 이제 대담하게 주장하였다. 현대의 실험에서 또한 확신한 신념이 흔들리는 사람들은 다른 사람들을 설득시키는 쪽으로 흔히 반응할 것이다. 연구자들은 "의심스러울

인지부조화
사람들이 두 가지의 불일치하는 인지를 동시에 의식하게 될 때 발생하는 긴장. 예컨대, 우리의 태도와 상반되게 정당화시키기 어려운 행동을 했거나 다른 것에 호의적인 이유가 있음에도 불구하고 하나의 대안을 선호하는 결정을 내렸다는 것을 알았을 때 부조화가 발생할 것이다.

때면, 외쳐라!"라고 결론지었다(Gal & Rucker, 2010).

선택적 노출
자신의 견해와 일치하는 정보와 미디어를 추구하고 부조화 정보를 회피하려는 경향성

사람들이 부조화를 최소화하는 또 다른 방법은 유쾌한 정보에 대한 **선택적 노출**(selective exposure)을 통해서라고 Festinger는 믿었다. 연구에서 사람들에게 다양한 주제에 대한 견해를 묻고 나서 자신의 관점을 지지하거나 반박하는 정보 중 어느 것을 원하는지 선택하게 했다. 두 배의 사람들이 도전적인 정보보다 지지적인 정보를 선호하였다(Fischer & Greitemeyer, 2010; Hart et al., 2009; Sweeny et al., 2010). 우리는 우리에게 정보를 제공하는 뉴스보다 확신시키는 뉴스를 선호한다.

사람들은 특히 자신들의 정치적 · 종교적 · 윤리적 관점을 지지하는 정보를 읽는 데 예민하며, 이것은 우리들 대부분이 애호하는 뉴스와 블로그를 통하여 확인하는 현상이다. 게다가 어떤 주제(예 : 총기 규제, 기후 변화 또는 경제 정책)에 대하여 강한 견해를 지닌 사람들은 '정체성-방어 인지'를 보이는 경향이 있다(Kahan et al., 2011, 2014; Landrum et al., 2017). 부조화를 최소화하기 위하여 그들의 신념이 자료의 추리와 평가를 조종한다. 인간이 유발한 기후 변화에 대한 동일한 자료를 보여주었을 때, 사람들은 사전 의견에 따라 그 내용을 다르게 읽을 것이다. 실용적이지만 덜 중요한 주제에 대하여, '정확성 동기'가 우리들을 추동하는 것 같다. 그래서 구매 전에 가정 조사를 하고, 수술 전에 두 번째 의견을 환대한다.

부조화 이론은 대부분 행동과 태도 사이의 격차에 해당한다. 우리는 이 둘 다를 알고 있다. 그래서 만약 우리가 어떤 불일치, 아마도 위선을 느끼면 변화의 압력을 느끼게 된다. 이것은 영국과 미국의 흡연자들이 왜 비흡연자보다 담배가 위험하다고 믿을 가능성이 훨씬 적은지를 설명해준다(Eiser et al., 1979; Saad, 2002).

2003년 이라크 전쟁 이후 국제 정치 태도 프로그램의 회장은 일부 미국인들이 '인지부조화의 경험'을 줄이려고 애쓴다고 언급하였다(Kull, 2003). 그 전쟁의 주요 전제는 사담 후세인이 세계가 인내하고 있는 다른 대부분의 야만적 독재자와 달리 대량 살상 무기를 지니고 있다는 것이었다. 전쟁이 시작되었을 때, 단지 38%의 미국인들은 이라크가 대량 살상 무기를 가지고 있지 않을지라도 그 전쟁은 정당한 것이라고 말했다. 거의 다섯 중 네 명의 미국인들이 자신들의 침략군은 그것을 찾아낼 것이라고 믿었고, 비슷한 수는 이제 막 시작한 전쟁을 지지했다(Duffy, 2003; Newport et al., 2003).

그런 무기가 발견되지 않았을 때, 전쟁을 지지한 다수는 부조화를 경험했는데, 이것은 전쟁의 재정과 인력 비용, 혼돈 속의 이라크 장면, 유럽과 회교 국가의 급증하는 반미 태도 및 흥분한 친테러적 태도에 의해서 고양되었다. 그들의 부조화를 감소시키기 위하여 국제정책 태도 프로그램은 일부 미국인들이 전쟁에 대한 정부의 원래의 명분에 대한 기억을 수정했다고 언급했다. 그 이유는 이제 전제적이고 인종학살적 통치에서 억압받는 사람들을 해방시키는 것이 되었고, 더 평화스럽고 민주적인 중동을 위한 초석을 세우는 것이 되었다. 전쟁 시작 석 달 후 한때 소수의 의견이 한동안 다수의 견해가 되었다. 58%의 미국인들은 어떠한 형태의 선언된 대량 살상 무기가 없을지라도 이제는 그 전쟁을 지지하였다(Gallup, 2003). "전쟁을 위한 명분이 바뀌었기 때문에 대량 살상 무기를 찾았느냐 마느냐 하는 문제는 중요하지 않다"고 공화당 여론 조사원 Luntz(2003)는 주장하였다.

"실수가 있었다(그러나 내가 한 것은 아니다): 우리가 어리석은 신념, 잘못

선택적 노출: 많은 사람들은 자신의 정치적 견해에 호의적인 출처의 뉴스나 기사를 선택해서 읽는 반면, 반대되는 출처는 피한다.

© Marc Romanelli/Blend Images LLC

된 결정 및 해로운 행위를 정당화하는 이유"에서 사회심리학자 Tavris와 Aronson(2007, p. 7)은 그들이 내린 결정이나 그들이 선택한 행위 과정이 잘못되거나 심지어 재앙적이라고 판명된 명백한 증거에 직면하게 되었을 때 다양한 정치 정당의 리더가 행하는 부조화 감소를 예시했다. 이 인간적 현상은 초당파적이라고 Tavris와 Aronson은 말한다: "자신의 행동을 스스로에게 정당화하는 대통령은 자신이 진실을 지니고 있다고 믿으며 자기 교정에 둔감하게 된다." 예를 들면, 민주당 대통령 린든 존슨의 전기작가는 베트남의 수렁 속으로 빠지고 있을 때조차도 '문제시되는 사실'에도 불구하고 그를 자신의 신념을 지키는 사람으로 묘사했다. 그리고 이라크 전쟁을 시작하고 나서 몇 년 지나 공화당 대통령 조지 W. 부시는 "오늘날 내가 아는 것을 알았더라도 나는 다시 그 결정을 내렸을 것이고"(2005), "내가 한 결정이 올바른 결정이라는 것을 더 이상 확신할 수 없을 정도이며"(2006), 그리고 "이 전쟁은 … 생명과 재산에 큰 비용이 되지만 그 비용은 필수적이다"(2008)라고 말했다.

인지부조화 이론은 자기 설득을 위한 해명을 제공하고, 몇 가지 놀라운 예언을 제공한다. 그것들을 기대한다면 더 살펴보자.

불충분한 정당화

창의적인 Festinger와 그의 제자 Carlsmith(1959)가 고안한 유명한 실험에서 당신이 실험 참가자라고 상상해보자. 당신은 한 시간 동안 나무 손잡이를 계속해서 돌리는 것과 같은 지루한 과제를 수행하라는 요구를 받는다. 그 일이 끝난 다음 실험자(Carlsmith)는 이 연구는 기대가 수행에 어떤 영향을 주는지에 관한 것이라고 설명한다. 밖에서 기다리는 다음 실험 참가자는 흥미로운 실험을 기대하도록 유도되어야 한다. 외관상으로 당황한 실험자(그가 완전히 납득할 때까지 가르치는 데 Festinger가 몇 시간을 쓴 실험자)는 주로 이 기대를 만들었던 조교가 이번에는 할 수 없게 되었다고 설명한다. 손을 붙잡고 그가 간청한다. "당신이 그 대신에 이것을 해줄 수 있겠습니까?"

이것은 과학을 위한 일이고 당신은 대가를 지불받을 것이며, 그래서 다음 실험 참가자(실제로는 실험자의 공모자)에게 당신이 방금 한 경험이 얼마나 기분 좋은 경험이었는지를 말해주는 것에 동의하면 된다. 가상적 참가자가 "정말입니까?"라고 대답한다. "내 친구들 중 한 사람이 일주일 전에 이 실험에 참가했는데 그녀는 지루하다고 말했습니다." 당신이 대답하기를, "아, 아니요. 그것은 매우 흥미로운 것입니다. 손잡이를 돌리는 동안 좋은 경험을 했습니다. 내가 확신하건대 당신도 그것을 즐길 것입니다"라고 한다. 끝으로, 실험에 사람들이 어떻게 반응하는지를 연구하는 그 밖의 누군가가 당신이 실제로 그 손잡이 돌리는 경험을 얼마나 많이 즐겼는지를 묻는 질문지를 완성해 달라고 부탁한다.

이제 예언에 대하여: 어느 조건에서 당신이 자신의 작은 거짓말을 가장 많이 신뢰하게 되어 그 지겨운 실험을 진정으로 흥미롭다고 말할까? 거짓말에 대한 대가로 1달러를 받기로 했을 때, 일부 실험 참가자들이 그렇게 할까? 아니면 아주 후하게 20달러를 받기로 했을 때에 그렇게 할까? 큰 보상이 큰 효과를 낸다는 일반적 생각과 반대로 Festinger와 Carlsmith는 대담한 예언을 했다: 단지 1달러(거짓말에 대한 대가로 거의 충분치 못한 정당화)를 받기로 한 사람들이 가장 많이 자신들의 행위에 맞추어 태도를 조정할 것이다. 자신들의 행위에 **불충분한 정당화**(insufficient justification)를 하게 되면, 더욱 불편함(부조화)을 겪게 될 것이고 그래서 자신들이 했던 것을 믿으려는 동기가 더욱 커지게 될 것이다. 20달러를 받기로 한 사람들은 자신들의 일에 대한 충분한

불충분한 정당화
외적인 정당화가 '불충분'할 때 자신의 행동을 내적으로 정당화함으로써 부조화를 감소시킴

그림 4.4

불충분한 정당화

우리의 행위가 외적 보상이나 강요에 의해 완전히 설명될 수 없을 때, 우리는 부조화를 경험할 것이고 우리가 행동한 것을 믿음으로써 이 부조화를 감소시킬 수 있을 것이라고 인지부조화 이론은 예측한다.

출처 : Data from Festinger & Carlsmith, 1959.

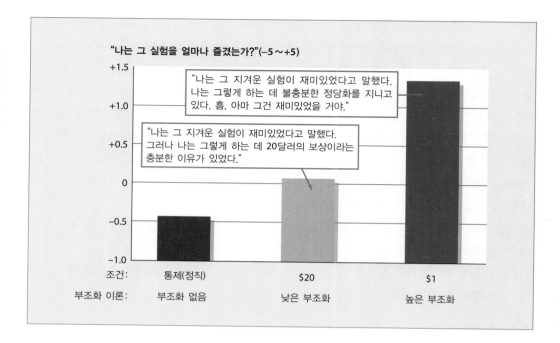

정당화를 하게 될 것이고 그래서 더 작은 부조화를 경험해야 할 것이다. 그림 4.4가 보여주듯이 결과는 이 흥미로운 예언에 잘 들어맞는다.*

나중의 수십 개의 실험에서, 행동 추종 태도 효과는 사람들이 약간의 선택권이 있다고 느낄 때 그리고 자신들의 행위가 예측 가능한 결과를 지니고 있을 때 가장 강력했다. 한 실험에서 사람들이 변호사를 경멸하는 농담을 읽어서 녹음하게 했다(예 : "당신은 변호사가 거짓말하고 있다는 것을 어떻게 말할 수 있는가? 그의 입술이 움직이니까"). 그 낭독(reading)은 강제 활동일 때보다 선택 활동일 때 변호사에 대하여 더 부정적일 태도를 산출했다(Hobden & Olson, 1994). 다른 실험들도 기껏 1.5달러 정도에 사람들이 에세이를 쓰도록 했다. 그 에세이가 그들이 믿고 싶지 않은 어떤 것(예 : 수업료 인상)을 주장할 때, 낮은 보상을 받고 쓴 사람들이 그 정책에 다소 더 큰 공감을 느끼기 시작했다. 핑계는 실제가 된다.

불충분한 정당화가 처벌에 어떻게 작용하는지를 앞에서 언급했다. 아이들은 순종을 불충분하게 정당화하는 미약한 위협을 받았을 때 매력적인 장난감을 가지고 놀지 말라는 부탁을 더욱 내면화하는 것 같다. 한 부모가 "조슈아, 네 방을 치워라, 그렇지 않으면 두들겨 맞을 줄 알아라"고 말한다면, 조슈아는 자신의 방 청소를 내면적으로 정당화할 필요가 없을 것이다. 심한 위협은 충분한 정당화이다.

인지부조화이론은 행위 이후에 집행되는 보상과 처벌의 상대적 효과성에 초점을 두는 것이 아니라 희망했던 행위를 유도하는 것에 초점을 둔다. 그것이 의도하는 바는 "내가 방 청소를 하지 않으면 부모가 혼을 낼 것이기 때문에 내 방을 청소한다"는 것이 아니라 "내가 깨끗한 방을 원

---

* 이 1950년대 실험에는 드물게 보고된 최종 측면이 있다. 당신 스스로 전체 실험을 진실되게 설명하는 연구자에게 최종적으로 되돌아가야 한다는 것을 상상해보자. 당신은 자신이 속임을 당했다는 것을 알 뿐만 아니라 연구자들이 20달러를 되돌려 달라고 요청한다. 당신은 이에 응할까? Festinger와 Carlsmith는 모든 스탠퍼드 대학생 실험 참가자들이 기꺼이 그들의 주머니를 열어 그 돈을 돌려주었다는 것에 주목한다. 이것은 제6장에서 논의할 순종과 동조에 관한 상당히 놀라운 관찰의 사전 맛보기이다. 우리가 보게 되듯이 상황이 명확한 요구를 만들어내면, 사람들은 대개 그에 맞추어 대응한다.

하기 때문에 내 방을 청소한다"고 조슈아가 말하도록 하는 것이다. 자신들의 필요한 지역사회 서비스를 그들이 하려고 선택했던 것으로 지각하는 학생들은 강제적이라고 느끼는 학생들보다 추후의 자원봉사를 더 기대하는 것 같다(Stukas et al., 1999). 원리란 이것이다: 태도는 약간의 책임을 느끼는 행동을 따른다.

권위주의 경영은 권위가 현존할 때만 효과적일 것이라고 이 이론은 예측한다. 왜냐하면 사람들은 강요된 행동을 내면화하지 않을 것 같기 때문이다. C. S. Lewis의 말과 소년(*The Horse and His Boy*, 1974)에서 노예였던 말하는 말 브리는 "노예인 것과 어떤 일을 하도록 강요되는 것의 가장 나쁜 결과 중 하나는 더 이상 당신을 강요할 누군가가 없을 때 스스로를 강요할 힘을 거의 잃고 있다는 것을 알게 되는 것"을 관찰한다(p. 193). 부조화 이론은 격려와 유도는 바람직한 행위를 유도하기에(그래서 태도가 행동을 뒤따르게 될 것이다) 충분해야 한다고 주장한다. 그러나 경영자, 교사 및 부모는 바람직한 행동을 유도하기 위해서 최소한도의 유인물을 사용해야 한다고 이 이론은 시사한다.

인지부조화이론은 바람직한 행위의 유도에 초점을 둔다. 연구자들은 부모들이 바람직한 행동을 유도하기 위해서 '최소한도의' 유인물을 사용해야 한다고 주장한다.

의사결정 후 부조화

지각된 선택과 책임에 대한 강조는 의사결정이 부조화를 낳는다는 것을 함축한다. 중요한 결정에 직면하게 될 때(대학 지원, 데이트 상대, 직업 선택 등) 우리는 때로 두 가지 등가 매력 대안 사이에서 몹시 괴로워한다. 아마도 스스로 개입되어 부조화 인지, 즉 거부한 것의 바람직한 측면과 선택한 것의 바람직하지 못한 측면을 고통스럽게 의식하고 있었던 때를 당신은 회상할 수 있을 것이다. 당신이 캠퍼스에서 지내기로 결정했다면, 갑갑하고 시끄러운 기숙사 숙소를 선호하고 아파트의 널찍함과 자유를 포기해야 함을 깨닫게 될지도 모른다. 만약 당신이 캠퍼스 밖에서 살기를 선택한다면, 당신의 결정은 캠퍼스와 친구로부터 물리적으로 분리되고 스스로 청소하고 요리해야 함을 깨닫게 될지도 모른다.

중요한 결정을 내린 후에 우리는 대개 선택한 대안의 가치를 높이고 선택하지 않은 대안의 가치는 낮춤으로써 부조화를 감소시킨다. 최초로 출간한 부조화 실험(1956)에서 Brehm은 그의 결혼 선물 몇 가지를 사서 미네소타대학교 실험실로 가지고 갔고 토스터, 라디오, 헤어 드라이어와 같은 8개의 물건을 여성들이 평가하게 했다. 그리고 나서 여성들이 가장 비슷하게 평가한 두 가지 물건을 보여주고 그들이 선택한 것을 가질 수 있다고 말했다. 그 후 8개 물건을 다시 평가했을 때 여성들은 그들이 선택한 항목의 평가를 증가시켰고 거절당한 항목의 평가를 낮추었다. 우리가 선택한 후에는 울타리 바깥의 잔디는 더 푸르게 자라지는 않는 것 같다(후에 그들이 선택한 것을 줄 여유는 없었다고 고백했다).

단순한 결정과 더불어 이러한 '결정이 신념이 되는 효과'는 과잉 확신을 낳을 수 있다(Blanton et al., 2001): "내가 결정한 것은 옳은 것임에 틀림없다." 그 효과는 매우 빨리 발생할 수 있다. Knox와 Inkster(1968)는 방금 돈을 건 경마 베팅자는 돈을 걸려고 하는 사람보다 자신의 베팅에 대

사람들이 나중에 선택된 것의 부정적 측면과 선택되지 않은 것의 긍정적 측면을 숙고하게 될 때, 큰 결정은 큰 부조화를 만들어낼 수 있다.

숨은 이야기

부조화 감소에 관한 Leon Festinger

1934년 인도 지진 이후에, 재앙 지역 밖에서 더 큰 재앙이 따라올 것이라는 루머가 돌았다. 이 루머가 '불안의 정당화', 즉 잔존하는 공포를 정당화시키는 인지일 수 있다는 생각이 들었다. 그 아이디어에서 출발하여 나는 부조화 감 소 이론을 개발했다. 이것은 자신의 세계관을 스스로 느끼는 것이나 행동한 것에 맞추도록 하는 것이다.

Leon Festinger(1920~1989)
ⓒ Estate of Francis Bello/Science Source/ Photo Researcher, Inc.

하여 더 긍정적으로 느낀다는 것을 발견했다. 결정 행위와 그것에 대한 그 사람의 감정을 제외하고는, 베팅 대기 줄에 서 있는 것과 베팅 후에 걸어 나오는 것 사이의 몇 분간에는 어느 것도 달라지지 않는다.

우리의 선호는 우리의 결정에 영향을 주고, 그 후 이것은 우리의 선호를 높인다. 이 선택(영향) 선호 효과는 식역하로 제시된 휴가 선택지였다고 생각하는 것을 버튼을 눌러 선택한 이후에도 나타난다(어느 것도 그들은 실제로 보지 못했다). 그들은 나중에 그들이 선택했다고 믿는 휴일을 선호하는 경향이 있었다(Sharot et al., 2010, 2012). 더욱이 사람들이 휴일 지정을 일단 선택하기만 하면, 3년이 지난 후에도 그것을 더 선호하였다.

결정이란 일단 되기만 하면 지지의 자기정당화 다리가 된다. 흔히 이 새 다리는 하나의 다리가 치워졌을 때(아마도 이라크 전쟁 경우와 같이 원래의 것) 그 결정이 붕괴되지 않을 만큼 충분히 강하다. 로잘리아는 500달러 이하의 비행기 요금으로 가능하다면 고향집에 가기로 결정한다. 그것이 가능하고, 그래서 그녀는 예약을 하고 그녀의 가족을 보면 얼마나 기쁠 것인가 하는 부가적 이유를 생각하기 시작한다. 그렇지만 그녀가 티켓을 사러 가서 575달러로 요금이 인상되었다는 것을 알게 된다. 하지만 이것은 문제가 되지 않는다(그녀는 이제 가기로 결정한다). 차 판매상이 아주 싼 값을 부를 때처럼 "선택이 먼저 이루어지지 않았다면 그 추가적 이유는 결코 존재하지 않을 것이다"라고 Cialdini(1984, p. 103)가 보고하듯이 그것은 사람들에게 결코 발생하지 않는다.

자기지각

비록 인지부조화이론이 많은 연구를 자극했을지라도 하나의 훨씬 단순한 이론이 또한 그 현상을 설명해낸다. 우리가 다른 사람의 태도에 대한 추리를 어떻게 하는지 생각해보자. 우리는 어떤 사람이 특정 상황에서 어떻게 행동하는지 보고 나서 그 행동을 그 사람의 특성과 태도 또는 환경적 요소에 귀인한다. 만약 우리가 10세의 브렛이 "미안해요"라고 말하도록 부모가 강요하는 것을 보았다면, 우리는 브렛의 사과를 상황에 귀인하지, 개인적 후회에 귀인하지는 않을 것이다. 만약 우리가 부모의 명백한 유도 없이 브렛의 사과를 보았다면 우리는 그 사과를 브렛 자신에게 귀인할 것이다(그림 4.5).

사회지각이론(self-perception theory, Bem의 제안, 1972)은 우리 자신의 행동을 관찰할 때 우리가 유사한 추리를 한다고 가정한다. 우리의 태도가 약하거나 애매할 때, 우리는 외부에서 우리를

사회지각이론
자신의 태도를 확신하지 못할 때, 우리의 행동과 그것이 발생한 환경을 관찰함으로써 다른 사람이 우리를 관찰하는 것과 똑같이 태도를 추론한다는 이론

그림 4.5
태도가 행동을 따르는 이유를 설명한 세 가지 이론
ⓒ Anton Dotsenko/123RF

관찰하는 사람의 입장이 된다. 스스로 말하는 것을 듣는 것은 나에게 나의 태도를 알려주는 것이다(나의 행위를 보는 것은 나의 신념이 얼마나 강한지에 대한 단서를 제공하는 것이다). 내가 리더로서 행동하는 자신을 관찰하게 되면, 나는 스스로 리더라고 생각하기 시작한다(Miscenko et al., 2016). 내가 담배을 피울 때, 나는 스스로 흡연자라고 생각한다(Hertel & Mermelstein, 2016). 이것은 내가 나의 행동을 외부적인 제약에 귀인하는 것이 쉽지 않을 때 특히 그러하다. 우리가 자유롭게 하는 행위는 자신을 드러내는 것이다.

우리의 행동이 우리의 자기지각을 얼마나 잘 유도하는지는 스웨덴 룬트대학교의 연구자들이 재치있게 증명했다(Lind et al., 2014). 그들은 궁금했다: 우리가 어떤 것을 말하고, 그와 다른 것을 들었을 때 우리는 무엇을 경험할까? 사람들은 회색으로 된 초록 단어를 보았을 때 헤드셋을 통하여 '회색'과 같은 다양한 색으로 스스로 부르는 소리를 들었다. 그러나 때로는 장난꾸러기 연구자가 이전에 녹음된 단어를 말하는 참가자 자신의 목소리를 '초록'과 같이 바꾸어 버렸다. 놀랍게도 단어 교체의 3분의 2는 탐지되지 않았다. 사람들은 삽입된 단어를 자신이 만들어낸 것으로 경험했다.

심리학의 선구자 윌리엄 제임스는 1세기 전에 정서에 대한 유사한 설명을 제안했다. 우리는 자신의 신체와 행동으로 우리의 정서를 추론한다고 그는 주장했다. 숲속에서 한 여성이 으르렁거리는 곰과 같은 자극을 마주친다. 그녀는 긴장하고, 심장박동은 증가하고, 아드레날린은 흘러나오고, 그리고 그녀는 도망간다. 이러한 모든 일을 관찰하고 나서 그녀는 공포를 경험한다. 내 (DM)가 강의하기로 한 대학에서 나는 새벽부터 깨어서 잠을 잘 수 없다. 나의 불면을 주목하고 나는 내가 불안함에 틀림없다고 결론짓는다. 내 친구는 강의를 하려고 기다리며 무대 뒤에 서서 떨고 있었고 그는 진정으로 불안초조하다고 추론했다. 그가 공기조절 장치의 바닥이 떨고 있다는 것을 알고는 그의 자기지각적 불안 증상은 사라졌다.

표현과 태도

내가 예전에 그랬던 것처럼, 여러분도 자기지각의 효과에 회의적일지도 모른다. 표정의 효과에 대한 실험은 당신이 그것을 경험하고 있다는 것은 시사해준다. Laird(1974, 1984)가 대학생들의 얼굴에 전극을 부착하는 동안에 얼굴을 찡그리도록 유도했을 때("근육을 수축하라", "미간을 찡그려라") 그들은 화난 느낌이라고 보고했다. Laird의 다른 발견 사실을 시도해보는 것은 더 재미있다: 웃는 얼굴을 하도록 유도된 사람들은 더 행복하다고 느꼈고 만화가 더 유머러스하다고 생각했다. 반복적으로 행복한(반대로 슬프거나 화난) 표정을 실행하도록 유도된 사람들은 더 행복한 기억을 회상하고 행복한 기분이 지속된다고 생각한다(Schnall & Laird, 2003). 일본인 연구팀도 고무 밴드를 얼굴의 옆면에 붙이고 이마 끝이나 턱 아래에 움직이게 해서 비슷한 표정(그리고 정서)을 만들어냈다(Mori & Mori, 2009).

영리한 후속 연구들이 이 **안면**(그리고 신체) **피드백 효과**(facial feedback effect)의 예를 더 많이 찾아냈다.

안면 피드백 효과
표정이 공포, 분노 또는 행복과 같은 상응하는 감정을 촉발하는 경향

- 보톡스는 정서적 찡그림을 완화시킨다. 보톡스 맞은 찡그린 얼굴이 어떤 느낌일지 알기 어렵다면, 또한 그들이 그들 스스로를 알기도 어렵다. 보톡스로 찡그린 근육을 마비시키는 것은 사람들의 정서 관련 대뇌 회로의 활동을 둔하게 하고 슬픔 또는 분노 관련 문장의 독해를 느리게 한다(Havas et al., 2010; Hennenlotter et al., 2008). 게다가 타인의 표정을 흉내 내지 못하게 되기 때문에, 그들이 다른 사람의 정서를 이해하는 것도 더 힘들게 된다(Neal & Chartrand, 2011). 보톡스는 체화된 인지에 개입한다.
- 사람들이 똑바로 앉아서 가슴을 앞으로 나오게 하도록 했을 때, 그들은 구부리고 앉아 눈이 아래로 향하게 했을 때보다 자신이 쓴 아이디어에 더 자신감을 가진다(Brinol et al., 2009).
- 심지어 단어 발성 움직임 자체도 정서를 띤다. 일련의 실험에서 독일어와 영어를 다 말할 수 있는 사람들은 "BENOKA"와 같이 삼키듯이 안쪽으로 입을 움직여 발음하는 무의미 철자를 "KENOBA"와 같이 내뱉듯이 바깥쪽으로 입을 움직여 발음하는 무의미 철자보다 더 좋아하였다(Topolinski et al., 2014).

우리 모두가 이 현상을 경험한다. 우리는 불쾌한 기분이지만, 전화벨이 울리거나 누군가 우리 집에 오면 우리에게서 따뜻하고 예의바른 행동을 끌어내게 한다. "어떻게 지내?", "잘 지내. 고마워. 너는 어때?", "오우, 나쁘지 않아…" 만약 우리의 불쾌함이 강렬한 것이 아니라면, 이런 따뜻한 행동이 우리의 전체 태도를 바꾸어줄 수도 있다. 웃으면서 시무룩하기는 어렵다. 움직임은 정서를 촉발한다.

심지어 당신의 걸음걸이도 당신의 감정에 영향을 줄 수 있다. 이 장을 읽고 일어나서 잠깐 발을 질질 끌며 눈을 아래로 깔고 걸어보라. 그것은 우울한 느낌을 만드는 탁월한 방식이 될 것이다. "온종일 찡그린 얼굴로 앉아 한숨 쉬며 우울한 목소리로 모든 일에 대응하라. 그러면 당신의 우울함은 지속될 것이다"라고 윌리엄 제임스는 말했다(1890, p. 463). 기분이 더 좋아지기를 바라는가? 잠깐 동안 팔을 크게 흔들고 눈을 정면으로 하여 활보하라.

만약 당신의 표정이 감정에 영향을 준다면, 다른 사람의 표정을 흉내 내는 것도 그들의 감정을

아는 데 도움이 될까? Vaughan 및 Lanzetta(1981)는 그렇다고 주장한다. 그들은 다트머스 대학생들에게 다른 사람들이 전기충격을 받는 것을 지켜보게 했다. 그들은 그 충격이 올 때는 언제라도 관찰자의 일부에게 아픈 표정을 짓도록 했다. 프로이트와 다른 사람들이 주장하는 것처럼 만약 정서를 표현하는 것이 그것을 방출하게 하는 것이라면, 아픈 표정은 내적으로 아픔을 진정시켜야 한다(Cacioppo et al., 1991). 그렇지만 그 표정을 연기하지 않은 다른 학생들에 비하여 이 찡그린 학생들은 충격이 전달되는 것을 볼 때는 언제나 호흡을 더 많이 하고 심장박동은 더 빨랐다. 그 사람의 정서를 연기하는 것이 관찰자에게 더 많은 공감을 느끼도록 만들었다. 그래서 타인의 감정을 알고 싶다면 당신의 얼굴로 그들의 표정을 비추어 보라.

모든 일본 항공 승무원들이 나무젓가락을 입에 물고 미소 훈련 중 웃고 있다. 연구자들은 실험실 스트레스 경험 중에 젓가락을 사용하여 미소 근육을 활성화시킨 사람들이 훨씬 빨리 회복한다고 보고하였다(Kraft & Pressman, 2012).

실제로 당신은 거의 노력할 필요가 없다. 타인의 얼굴, 자세, 글쓰는 방식 및 목소리를 관찰하게 되면 우리는 자연스럽고 무의식적으로 흉내 낸다(Hatfield et al., 1992; Ireland & Pennebaker, 2010). 우리는 우리의 움직임, 자세 및 목소리 톤을 타인의 것들과 일치시킨다. 그렇게 하는 것이 그들의 감정과 조율하게 해준다. 그것은 또한 '정서적 감염'을 위한 것이 되는데, 이것은 왜 행복한 사람 주위에서는 기쁘고 우울한 사람 주위에서는 우울해지는지를 설명해준다.

우리의 표정은 또한 우리의 태도에 영향을 준다. 재치있는 실험에서 Wells와 Petty(1980)는 앨버타대학생교 학생들에게 라디오 기사를 들으며 머리를 가로로 또는 세로로 흔들면서 '헤드폰 세트를 검사하도록' 했다. 누가 그 기사에 가장 동의했을까? 머리를 앞뒤로 끄덕인 학생들이었다. 왜일까? Wells와 Petty가 요약하기를 긍정적 사고는 수직적 끄덕임과 양립할 수 있지만 수평적 움직임과는 양립할 수 없다고 하였다. 다른 사람의 말을 들을 때 직접 해보라: 머리를 가로저을 때보다 끄덕일 때 더 기분이 좋아질까? 심지어 오른쪽이 아니라 왼쪽으로 기대어 의자에 앉는 것조차도 정치적 태도에서 더 왼편으로 기울게 만든다(Oppenheimer & Trail, 2010)!

과잉 정당화와 내적 동기

불충분한 정당화 효과를 회상해보자. 사람들에게 어떤 것을 하도록 유도한 최소한의 유인이 가장 효과적으로 그것을 좋아하고 그 일을 계속하도록 해준다. 인지부조화이론은 이 현상을 설명한다: 외적 유도가 우리의 행동을 정당화하기 위해 불충분할 때, 그 행동을 정당화함으로써 내적으로 부조화를 감소시킨다.

자기지각이론은 다른 설명을 제안한다. 사람들은 그것이 발생하는 조건을 주목함으로써 자신들의 행동을 설명한다. 20달러를 받았기 때문에 수업의 질이 높아질 것이라고 주장하는 사람의 이야기를 듣는다고 상상해보자. 그 사람이 그 의견을 아무 대가 없이 표현하고 있다고 생각한다면, 분명히 그 진술은 더욱 진실해 보일 것이다. 아마 다른 사람을 관찰할 때도 비슷한 추론을 한다. 우리는 우리의 강요되지 않은 행위를 관찰하고 태도를 추론한다.

자기지각이론은 한 걸음 더 나간다. 보상이 항상 동기를 증가시킨다는 개념과 반대로, 불필요한 동기는 숨겨진 손해(cost)가 있다는 것이다. 이미 즐기고 있는 일에 보상을 주는 것은 그들의

© Ed Frascino. All rights reserved. Used with permission.

그림 4.6
내적 동기와 외적 동기
사람들이 보상이나 강요 없이 즐기는 일을 할 때, 그들은 자신들의 행동을 그 활동에 대한 사랑으로 귀인한다. 외적 보상은 그 행위를 유인가에 귀인하도록 함으로써 내적 동기에 손상을 가한다.

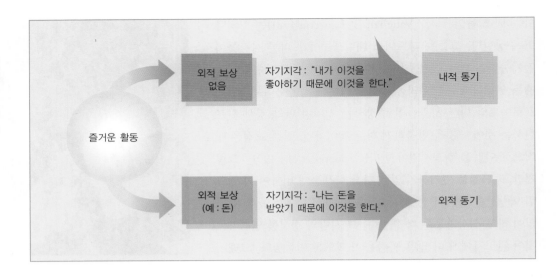

과잉 정당화 효과
사람들이 이미 좋아하는 일을 하도록 부추기는 것의 결과로, 그 후에 그들은 자신의 행위를 내적인 호소가 아니라 외적인 통제에 의한 것으로 간주하게 될 수 있다.

행위를 보상에 귀인하게 만들 수 있다. 만약 그렇다면, 이것은 그들이 그것을 좋아하기 때문에 그 일을 한다는 자기지각에 손상을 가할 것이다. 많은 실험들이 이 **과잉 정당화 효과**(overjustification effect)를 확증해주었다(Deci & Ryan, 1991, 2012; Lepper & Greene, 1979). 퍼즐을 가지고 노는 사람들에게 보상을 주어라. 그러면 그들은 보상 없이 퍼즐을 가지고 논 사람들보다 나중에 퍼즐을 덜 가지고 놀게 될 것이다. 아들이 내적으로 즐기는 것(예 : 마술 카드 가지고 놀기)에 보상을 약속하라. 그러면 그들은 그 놀이를 노동으로 전환하게 될 것이다(그림 4.6 참조).

민담도 과잉 정당화 효과를 보여준다. 한 노인이 거리에서 혼자 살고 있었는데, 거기에서 아이들이 오후마다 시끄럽게 놀고 있었다. 그 소음이 그를 괴롭혔고, 그래서 어느 날 그는 그 아이들을 그의 문으로 불렀다. 그는 아이들에게 자신이 아이들의 활기찬 큰 목소리를 좋아한다고 말하고 만약 다음 날에 온다면 각자 50센트를 약속했다. 다음 날 오후 아이들은 달려와서 예전보다 더욱 활발하게 놀았다. 노인은 돈을 주었고 다음 또 다른 보상을 약속했다. 다시 되돌아와서 환호성을 질렀고 그 남자는 다시 약속을 했다(이번에는 25센트). 다음 날 그들은 15센트만 얻었고, 그 남자는 그의 적은 자금이 바닥이 났다고 설명했다. "제발, 그래도 내일 10센트 받고 놀러올 거지?" 실망한 소년들은 돌아오지 않을 것이라고 말했다. 오후 내내 그의 집에서 단지 10센트를 받고 놀아주는 것은 노력한 만큼 가치가 없다고 아이들이 말했다.

자기지각이론이 시사하듯이, 예기치 않은 보상은 내적인 흥미를 감소시키지 않는데, 왜냐하면 사람들은 여전히 자신의 행위를 자신의 동기에 귀인시킬 수 있기 때문이다(Bradley & Mannell, 1984; Tang & Hall, 1995; 그것은 나무꾼과 사랑에 빠져 나중에 그가 정말 왕자인 것을 알게 된 여주인공과 같다). 그리고 만약 좋은 직업에 대한 칭찬이 우리에게 더욱 유능하고 성공적이 되도록 해준다면 이것은 실제로 우리의 내적 동기를 상승시킬 것이다. 제대로만 다루어진다면, 보상은 또한 창의성을 드높일 수 있다(Eisenberger et al., 1999, 2003, 2009).

많은 인생 과제는 내적ㆍ외적 보상의 조합이다. 간호사는 환자 보호에 만족하면서 봉급을 받는다. 학생들은 배우면서 좋은 학점을 받는다. 아이러니하게도 사람들에게 자신의 일에 내적 의미를 부여하게 하는 것이 일의 질과 직업적ㆍ재정적 성공

"나는 행복하기 때문에 노래하는 게 아냐. 나는 노래하기 때문에 행복한 거야."

자기지각 작동

둘 모두를 높인다고 Wrzesniewski, Schwartz 및 동료들(2014 a, b)은 보고하였다.

과잉 정당화 효과는 행동을 통제하기 위해 명백한 노력이 필요한 상황에서 미리 불필요한 보상을 제공할 때 발생한다. 중요한 것은 보상이 함축하는 것이다. 사람들에게 성취를 알려주는 보상과 칭찬(그들에게 "나는 이 일에 대단히 솜씨가 좋다"라고 느끼게 하는 것)은 내적인 동기를 드높인다. 사람들을 통제하려 하고 자신의 노력을 유발한 것은 바로 보상이라고("나는 돈 때문에 그 일을 했다") 믿게 한 보상은 즐거운 과제의 내적인 매력을 감소시킨다(Rosenfeld et al., 1980; Sansone, 1986).

그렇다면 우리는 애초 매력적이지 않은 과제를 사람들이 즐기도록 길러줄 방법은 없을까? 마리아는 그의 첫 피아노 수업이 실망스럽다고 생각한다. 토쉬는 9등급을 맞은 과학에 대한 내적인 기호가 없을 수 있다. 숀은 첫 판매 전화를 기대하지 않고 일을 시작할지도 모른다. 그런 경우에 부모, 교사 또는 경영주는 바람직한 행동을 유발하기 위하여 아마도 약간의 보상을 사용해야 할 것이다(Boggiano & Ruble, 1985; Cooke et al., 2011; Workman & Williams, 1980). 그 사람이 따른 후에, 그렇게 한 것에 대한 내적인 이유를 제안하라: "판매 전화가 잘되고 있는 것에 나는 놀라지 않는다. 왜냐하면 당신이 첫인상을 만드는 데 대단히 솜씨가 좋기 때문이다."

만약 우리가 학습과제를 수행하는 데 꼭 맞는 정당화를 학생들에게 제공하고 스스로 유능하다고 느끼도록 보상과 표시를 사용한다면, 우리는 그들의 흥미와 열정을 고양시켜 그들 스스로 그 과목을 수행하게 할 수 있을 것이다. 너무 지나친 보상(교실에서 발생하는 일처럼, 교사가 행동을 명령하고 아이들을 통제하기 위한 보상)이 있을 때, 학생 주도적 학습은 줄어들 것이다(Deci & Ryan, 1985, 1991, 2008). 나의 더 어린 아들은 열정적으로 일주일에 6권 내지 8권의 도서관 책을 보았다(우리 도서관이 3개월에 10권의 책을 읽은 사람에게 파티를 약속한 독서 클럽을 시작할 때까지. 3주 후에 그는 주간 방문 동안에 단지 1~2권의 책만 대출하기 시작했다. 왜? "알다시피 10권만 읽을 필요가 있기 때문에").

이론의 비교

우리는 우리의 행위가 우리의 태도에 영향을 주는 것처럼 보인다는 이유에 대하여 한 가지 설명을 보아왔다(자기지각이론). 그리고 우리는 우리의 행위가 우리의 태도에 정말로 영향을 주는 이유에 대한 두 가지 설명을 살펴보았다: (1) 우리는 내적인 불편을 감소시키기 위하여 자신의 행동을 정당화한다는 **인지부조화이론** 가정, (2) 우리가 타인을 관찰하고 그 태도를 추론하는 것과 꼭 마찬가지로 자신의 행동을 관찰하고 태도에 대한 합당한 추론을 한다는 **자기지각이론** 가정.

이 두 설명은 서로 모순인 것처럼 보인다. 어느 것이 옳을까? 결정적 검증을 하기 어렵다. 대부분의 예에서 유사한 예언을 하고, 각 이론을 활용하여 우리가 살펴본 대부분의 예를 수용할 수 있다(Greenwald, 1975). 자기지각 이론가 Bem(1972)은 심지어 그것은 사적인 충실성과 선호의 문제로 요약할 수 있다고까지 주장하였다. 이것은 과학적 이론화에 인간적 요소가 개입됨을 보여준다. 인지부조화이론도 자기지각이론도 자연적으로 우리에게 건네진 것은 아니다. 둘 다 인간 상상력의 산물이다(우리가 관찰하는 것을 단순화하고 설명하려는 창의적인 시도이다).

"태도가 행동을 뒤따른다"와 같은 하나의 원리가 한 가지 이론 이상으로부터 예측할 수 있다는 것을 찾아내는 것이 과학에서 이상한 것은 아니다. 물리학자 Feynman(1967)은 "자연의 경이로운 특징 중 하나는 우리가 그것을 기술할 수 있는 아름다운 방식이 광범위하다"는 것이라고 찬탄했다: "나는 물리학의 올바른 법칙이 그렇게 엄청나게 다양한 방식으로 표현될 수 있는 것으로 보이는 이유를 이해하지 못한다"(pp. 53-55). 같은 장소로 가는 다른 길처럼, 다른 가정이 동일한 원리를 도출할 수 있다. 조금이라도 그런 일이 있다면, 이것은 그 원리에 대한 우리의 확신을 강화시킨다. 그것은 지지하는 자료뿐만이 아니라 그것이 한 가지 이상의 이론적 기둥에 의지하고 있기 때문에 더욱 신뢰롭게 된다.

흥분으로서의 부조화

이론들 중 하나가 더 나은지를 우리가 말할 수 있을까? 한 가지 핵심에서 부조화 이론이 승리한다: 특히 행동이 그 사람이 책임 있다고 느끼는 것에 원치 않는 결과를 낸다면, 태도와 행동의 불일치는 흥분을 산출하는 것 같다(Cooper, 1999; Elliot & Devine, 1994). 당신 방에서 몰래 당신이 믿지 않는 무언가를 당신이 말한다면, 부조화는 사소할 것이다. 불쾌한 결과가 있다면 - 어떤 사람이 듣고 당신을 믿는다면, 그 진술이 해를 가져오고 부정적 결과를 취소할 수 없다면, 그리고 해를 입은 사람이 당신이 좋아하는 사람이라면, 그것은 훨씬 커질 것이다. 게다가 당신이 그 결과에 책임이 있다고 느끼면(당신이 그것에 자유롭게 동의했기 때문에 당신의 행위를 쉽사리 변명할 수 없다면 그리고 그 결과를 예측할 수 있었다면) 불편한 부조화가 야기될 것이다. 그런 부조화 관련 흥분은 호흡과 심장박동의 증가로 탐지할 수 있다(Cacioppo & Petty, 1986; Croyle & Cooper, 1983; Losch & Cacioppo, 1990).

왜 바람직하지 않은 것을 말하거나 행하기를 '자발적으로 하는 것(volunteering)'이 그렇게 흥분을 야기할까? **자기확증이론**(self-affirmation theory)에 따르면 그런 행동은 당황스럽기 때문이라고 한다(Steele, 1988). 그 행위가 우리를 바보처럼 느끼게 만든다. 그것은 우리의 개인적 유능성과 선의를 위협한다. 그러므로 우리의 행위와 결정을 정당화하는 것은 자기확증하는 것이다; 그것은 우리의 성실과 자존감을 보호하고 지지해준다. 사람들이 부조화-생성 행위를 하게 될 때, 그들의 사고는 전두엽에 부가적인 흥분을 야기했다(Harmon-Jones et al., 2008). 이것이 작동 중인 신념 변화의 연마 기어이다.

그런데 우리가 자기모순적 행동을 한 사람들에게 선행을 베푸는 것과 같은 자존감을 재확인하는 방식을 제공한다면 무슨 일이 일어난다고 생각하는가? 몇 개의 실험에서 자기개념이 회복되면 자신의 행동을 정당화할 필요성을 적게 느낀다는 것을 알아냈다(Steele et al., 1993). 또한 높고 안정적인 자긍심을 지닌 사람들은 자기정당화의 의지가 약했다(Holland et al., 2002).

그래서 부조화 조건은 특히 긍정적 자존감을 위협당하는 경우 정말로 긴장을 유발한다. 그러나 이 흥분이 태도-추종-행동 효과(attitudes-follow-behavior effect)에 필수적일까? Steele과 동료들(1981)은 그렇다고 믿는다. 명백히, 음주는 그들을 이완시켜 부조화로 인한 흥분을 충분히 사라지게 해주었다. Steele 등의 실험에서 워싱턴대학교 학생들에게 높은 수업료 인상을 찬성하는 글을 쓰게 했다. 그 학생들은 등록금 인상 반대 태도를 누그러뜨림으로써 발생한 부조화를 감소시켰다(불편한 글을 쓴 후에 술을 마시지만 않았다면).

자기모순적이 아닐 때의 자기지각

부조화 절차는 불편하게 흥분을 일으키는 것이다. 그것은 자신의 태도와 반하는 행동을 한 후에 자기설득이 작용하게 한다. 그러나 부조화 이론은 부조화가 없는 상황에서 발생한 태도 변화를 설명할 수 없다. 사람들이 자신의 의견과 일치하는 입장을 주장할 때, 그것을 넘어서는 한두 단계가 있을지라도 흥분을 제거하는 절차가 태도 변화를 제거하지는 않는다(Fazio et al., 1977,

자기확증이론

(a) 사람들이 바람직하지 않은 행동에 개입되고 나면 흔히 자아상의 위협을 경험하고, (b) 자신의 다른 측면을 확증함으로써 상쇄할 수 있다는 이론. 한 영역에서 사람들의 자기개념을 위협하라. 그러면 그들은 재초점화 또는 다른 영역에서 선행을 함으로써 상쇄할 것이다.

1979). 부조화 이론은 또한 과잉 정당화 효과를 설명할 수 없다. 왜냐하면 보상받고 좋아하는 일을 하는 것이 대단한 긴장을 유발해서는 안 되기 때문이다. 그리고 행위가 어떠한 태도와도 모순적이지 않은 상황, 예컨대 사람들이 미소짓거나 찡그리도록 유도된 상황은 어떠한가? 여기도 또한 부조화는 존재하지 않아야 한다. 이런 이유로 자기지각이론은 여전히 설명력을 지닌다.

요약하면, 인지부조화이론은 우리가 명백히 분명한 태도와 모순되게 행동할 때 발생하는 것을 성공적으로 설명해주는 것으로 보인다. 우리는 긴장을 느끼고, 그래서 우리는 자신의 태도를 적응시켜 그것을 감소시킨다. 그 경우 부조화 이론이 태도 변화를 설명한다. 우리의 태도가 제대로 형성되어 있지 않은 상황에서 자기지각이론은 태도 형성을 설명한다. 우리가 행동하고 반추할 때, 우리는 우리의 미래의 행동을 안내하기에 더욱 손쉽게 접근 가능한 태도를 개발하게 된다(Fazio, 1987; Roese & Olson, 1994).

© Ariel Skelley/Blend Images LLC

바람직하지 않거나 당황스러운 일을 한 후, 사람들은 선행을 함으로써 자아상을 재확인할 수 있다.

요약 : 행동은 왜 태도에 영향을 주는가?

세 가지 경쟁적 이론이 행위가 태도에 영향을 주는 이유를 설명한다.

- **자기제시이론**은 특히 좋은 인상을 만들어내기를 바라면서 자기를 감찰하는 사람들은 자신의 행위와 일치하게 보이도록 자신의 태도를 적응시킬 것이라고 가정한다. 가용한 증거는 다른 사람들이 생각할 것에 대한 염려로 자신의 태도 진술을 정말로 적용시킨다는 것을 확증한다. 그러나 그것은 또한 어떤 진정한 태도 변화가 발생한다는 것을 보여준다.

이 이론들 중 두 가지는 우리의 행위가 전정한 태도 변화를 촉발한다고 제안한다.

- **부조화 이론**은 우리의 태도와 모순되는 행동을 하거나 어려운 결정을 한 후에 우리가 긴장을 느낀다고 가정함으로써 이 태도 변화를 설명한다. 이 흥분을 감소시키기 위하여 우리는 우리의 행동을 내적으로 정당화한다. 한 발 더 나아가 부조화 이론은 바람직한 행위에 대해 지니는 외적 정당화가 적을수록, 그것에 더욱 많이 책임을 느끼고, 그래서 부조화가 더 많이 발생할수록 태도 변화가 더 커진다고 주장한다.

- **자기지각이론**은 우리의 태도가 미약할 때 우리는 자신의 행동과 상황을 단순히 관찰하고 나서 자신의 태도를 추론한다고 가정한다. 자기지각이론의 흥미로운 함축 하나는 '과잉 정당화 효과'이다. 사람들에게 보상을 주어 그들이 좋아하는 일을 하도록 하는 것은 기쁨을 고역으로 변화시킬 수 있다(만약 그 보상이 자신의 행동을 보상 때문이라고 귀인하게 된다면).

- 증거는 두 이론의 예측을 지지해주며, 각각 특정 상황에서 발생하는 일을 기술한다는 것을 시사한다.

후기 :
행위를 통하여 자신을 변화시키기

어떤 것을 습관으로 만들고 싶으면, 그것을 하라.
그것을 습관으로 만들고 싶지 않으면, 그것을 하지 마라.
습관을 고치고 싶으면, 그 대신에 다른 것을 하라.

—그리스 금욕주의 철학자 에픽테투스

이 장의 태도-추종-행동 이론은 인생에 강력한 교훈을 제공한다. 만약 우리가 중요한 방식으로 자신을 변화시키고 싶으면, 통찰이나 영감을 얻기 위하여 기다리지 않는 것이 최선이다. 때로 우리는 행동하고 싶지 않을 때조차도 행동할 필요가 있다(논문을 쓰기 시작하고, 그들에게 전화를 걸고, 그 사람을 보는 것이다). Barzun(1975)은 사람들이 자신의 아이디어가 확실치 않아 생각할 점이 남아 있다고 느낄 때조차도 쓰는 행위에 돌입하도록 저자들에게 충고했을 때 발생하는 행위의 강력한 힘을 확인했다:

> 만약 당신이 가능한 독자에 대하여 스스로 너무 겸손하거나 전적으로 냉담하여 아직 글쓰기를 요청받기만 하고 있다면, 당신은 하는 체 해야 한다. 당신 의견에 대하여 당신은 주변 사람들에게 물어보고 싶어한다고 믿어라. 환언하면 주제를 선택하고 그것을 서술하기 시작하라… 시작부터의 이런 사소한 노력(발언의 도전)으로 당신의 위장은 사라지고 실제 관심이 다가온다는 것을 알게 될 것이다. 모든 습관적인 저자들의 작업에서 그러하듯이 주제는 당신을 이끌게 될 것이다(pp. 173-174).

이 태도-추종-행동 현상은 비합리적이거나 마술적인 것이 아니다. 우리가 행동하도록 자극하는 것은 또한 우리가 생각하도록 자극한다. 글을 쓰는 것이나 반대 의견을 실연하는 것은 그렇지 않았다면 우리가 무시했을 논제를 생각하게 만든다. 또한 우리는 자신의 용어로 그것을 설명한 이후에 그 정보를 가장 잘 기억한다. 한 학생이 저자에게 글을 써서 물었을 때, "내가 나의 신념을 표현하려고 시도하고 나서야 실제로 그것을 이해하게 되었다"고 했다. 그러므로 교수자이자 저자로서 나(DM)는 항상 완성된 결과를 내는 것은 아니라는 사실을 명심해야 한다. 학생들에게 이론의 함축을 통하여 생각하도록 자극하고 그들이 능동적 청취자이자 독자가 되도록 만드는 것이 최선이다. 심지어 주목하는 것조차도 인상을 깊게 하는 것이다. 윌리엄 제임스(1899)는 한 세기 전에 핵심을 짚었다: "반응이 없으면 수용이 없고, 관련된 표현이 없으면 인상이 없다(이것은 교사들이 결코 망각하지 않아야 할 위대한 격언이다)."

유전자, 문화 그리고 젠더

CHAPTER
5

© hadynyah/E+/Getty Images

"태어날 땐 같으나, 관습에 따라 달라진다."

—공자, 논어

이전 장들은 우리가 서로에 대해 어떻게 생각하는지에 관한 것이었다. 다음 장은 어떻게 서로 영향을 주고 관련되는가에 관한 것이다. 우리는 사회심리학의 주요 관심사인 사회적 영향의 힘을 살펴볼 것이다. 우리를 밀고 당기는 보이지 않는 사회적 힘은 무엇인가? 그것은 얼마나 강력한가? 사회적 영향에 관한 연구는 사회적 세계가 우리를 움직이도록 하는 보이지 않는 끈을 밝히는 데 도움을 준다. 이 장에서는 세 가지 관련 주제인 유전적 · 진화적 · 문화적 영향과 젠더 차이를 살펴본다.

지구에서 몇 광년 떨어진 곳에서 외계의 과학자들은 호모사피언스를 연구하기 위해 지구에 접근하면서 흥분에 휩싸였다. 그들의 계획은 임의로 표집한 두 인간을 관찰하는 일이었다. 그들의 첫 번째 대상 제시카는 말투가 공격적인 법정 변호사이고 내슈빌에서 태어났지만 '캘리포니아 라이프스타일'을 찾아 서부로 이주한 사람이다. 스캔들과 이혼을 겪은 후 제시카는 두 번째 결혼 생활을 즐기고 있다. 친구들은 제시카를 자

우리는 생물학에 의해 어떻게 영향을 받는가?

우리는 어떻게 문화의 영향을 받는가?

남성과 여성은 어떻게 유사하고 다른가?

유전자, 문화, 젠더에 대해 어떤 결론을 내릴 수 있는가?

후기 : 우리는 스스로를 생물학 또는 문화의 산물로 보아야 하는가?

신감 있고, 경쟁적이며 다소 지배적인 자유로운 사고의 소유자로 묘사한다.

두 번째 대상인 토모코는 부인 및 두 아이와 함께 일본의 시골 마을에 살며, 집에서 가까운 도보 거리에는 그들의 부모님이 살고 있다. 토모코는 좋은 아들이자 충성스러운 남편, 그리고 보호적 부모인 것을 자랑스럽게 여긴다. 친구들은 토모코를 친절하고, 온화하고, 정중하고, 세심하며, 대가족을 지지하는 사람으로 묘사한다.

서로 다른 성별과 문화를 가진 두 사람의 표본에서 우리의 외계 과학자들은 인간의 본성에 대해 어떤 결론을 내릴 수 있을까? 이 두 사람은 서로 다른 종에 속한다고 놀라워할까? 아니면 표면적 상이함 속의 심오한 유사성에 감탄을 할까?

외계 과학자가 직면한 질문은 오늘날 지구의 과학자들이 직면한 문제이다. 우리 인간은 얼마나 다른가? 우리는 얼마나 비슷한가? 문화 차이로 다투고 있는 세계에서 우리는 다양성을 수용하고 문화 정체성을 존중하며 인류의 친족관계를 인정할 수 있을까? 우리는 그렇게 믿는다. 이유를 알기 위해 인류의 진화적 · 문화적 · 사회적 뿌리를 생각해보자. 그런 다음 각 영향이 성별 유사점과 차이점을 이해하는 데 어떻게 도움이 되는지 알아보도록 하자.

우리는 생물학에 의해 어떻게 영향을 받는가?

진화론적 시각이 젠더 차이를 포함하여 인간 행동을 어떻게 설명하는지 기술한다.

여러 면에서 제시카와 토모코는 상이성보다는 유사성이 더 많다. 공동의 조상을 지닌 하나의 대가족 구성원으로서 그들은 공동의 생물학뿐 아니라 또한 공동의 행동 양식을 지닌다. 둘 다 취침하고 깨어나며, 배고픔과 갈증을 느끼고, 유사한 기제로 언어를 발달시킨다. 제시카와 토모코는 둘 다 신맛보다 단맛을 좋아하고, 참새보다 뱀을 두려워한다. 그들과 전 세계의 친족은 모두 서로의 찡그림과 미소를 이해한다.

제시카와 토모코, 그리고 우리 모두는 매우 사회적이다. 우리는 집단에 합류하고, 동조하고, 사회적 지위의 차이를 인정한다. 은혜에 보답하고, 악을 벌하며, 사랑하는 사람의 죽음을 슬퍼한다. 아동은 약 8개월경부터 낯선 사람에 대한 두려움을 표시하고, 어른이 되면 내집단 구성원을 선호한다. 상이한 태도나 특성을 지닌 사람을 마주하면 경계하거나 부정적으로 반응한다. 인류학자인 Brown(1991, 2000)은 그러한 수백 개의 보편적 행동과 언어 유형을 찾아냈다. V로 시작하는 예시를 든다면 모든 인간 사회는 동사(verbs), 범죄(violence), 방문(visiting), 그리고 모음(vowels)을 공통으로 가지고 있다.

우리의 도덕성조차 문화와 시대에 걸쳐 공통적이다. 아기들은 걷기 이전에 잘못되었거나 나쁜 것을 못마땅해 함으로써 도덕 감각을 나타낸다(Bloom, 2010). 노인이나 젊은이, 여성과 남성, 도쿄, 테헤란, 톨레도 어디에 살든 "치명적인 가스가 환기구로 새어나가 7명이 있는 방으로 향한다면, 누군가를 환기구로 밀어 넣어 가스가 7명에게 도달하지 못하도록 하는 대신 1명은 죽게 되는 것은 괜찮을 것인가?" 물으면 모두 "아니요"라고 답한다. 그리고 누군가가 자발적으로 환기구에 뛰어들어 한 생명을 희생하여 7명을 구하는 것이 허용될지 묻는 질문에 "그렇다"고 답할 가능성이 크다(Hauser, 2006, 2009).

우리의 외계 과학자들은 어느 곳을 가더라도 인간이 대화하고 논쟁하고 웃고 울고 축제하며 춤추고, 노래하고 숭배하는 것을 볼 것이다. 어느 곳에서든 인간은 가족이나 공동체 집단 등 다른 사람과 사는 것을 혼자 사는 것보다 선호한다. 어느 곳에서든 우리가 즐겨보는 가족 드라마는 그리스의 비극으로부터 중국의 소설, 멕시코의 연속극에 이르기까지 거의 비슷한 구성을 가지고 있다(Dutton, 2006). 마찬가지로 모험 이야기에서는 강하고 용감한 남자가 현명한 노인의 도움을 받아 아름다운 여성, 위협당하는 아동을 위해 악과 싸운다.

그러한 공통점은 공유된 인간 본성을 말해준다. 차이점이 우리의 관심을 끌지만, 우리는 다르기보다는 비슷하다. 우리는 피부 바로 아래 모두 친족인 것이다.

유전자, 진화, 행동

인간의 본성을 알려주는 보편적인 행동은 생물학적 유사성으로부터 나온다. 우리는 "나의 조상은 아일랜드에서 왔다" 또는 "나의 뿌리는 중국이다", "나는 이탈리아 사람이다"라고 말한다. 하지만 인류학자들은 10만 년 이상 거슬러 조상을 찾으면 우리 모두는 아프리카인이라고 한다(Shipman, 2003). 기후 변화로 인해, 그리고 식량 확보를 위해 인류는 아프리카를 건너 아시아, 유럽, 오스트레일리아, 아메리카로 이주하였다. 새로운 환경에 적응하면서 초기의 인류는 차이성을 발달시키고, 이러한 인류학적 척도로 측정되는 차이는 비교적 최근의 것이며 또한 표면적이다. 예를 들어 아프리카에 남은 사람들은 하버드 심리학자인 Pinker(2002)가 말하는 "열대 지방을 위한 차양막"인 어두운 피부 색소를 가지고 있다. 그리고 적도 북쪽으로 멀리 간 사람들은 적은 양의 태양빛만으로도 비타민 D의 합성이 가능하도록 밝은 피부로 진화되었다.

Pinker는 "유전자의 새 버전이 축적되는 시간이 길지 않았기 때문에" 우리는 아직도 충분히 아프리카인이라고 한다(2002, p. 143). 또한 실제로 유전자를 연구하는 생물학자들은 인간은 제시카와 토모코처럼 달라 보여도 한 종족의 구성원으로 놀라울 만큼 유사하다는 것을 발견했다. 인간은 침팬지보다 양적으로는 많을지라도, 유전적으로는 침팬지가 더 다양하다.

인간 종, 그리고 다른 종의 특성을 설명하기 위해 영국의 자연학자 Darwin(1859)은 진화 과정을 제시하였다. 그는 유전자를 따를 것을 제안한다. **자연 선택**(natural selection)이 진화를 가능하게 했다는 Darwin의 생각에 대해 철학자 Dennett(2005)은 "누구도 하지 못했던 가장 우수한 아이디어에 금메달을 줘야할 것"이라 하였다. Darwin의 아이디어를 간단히 정리하면 다음과 같다.

- 유기체는 많은, 다양한 후손을 갖는다.
- 그 후손들은 그들의 환경에서 생존하기 위해 경쟁한다.
- 특정 생물학적·행동적 변이는 환경 속에서 재생산과 생존의 기회를 증가시킨다.
- 생존한 후손은 다음 세대로 유전자를 물려줄 가능성이 더 높다
- 이와 같이 시간이 가면서 인구의 특성은 변화한다.

자연 선택이란 후손을 번식하고 육성하기에 충분히 오래 살아남을 확률을 증가시키는 특정 유전자는 더 풍부해진다는 것을 말한다. 예를 들어 눈 덮인 북극 환경에서 북극곰의 유전자는 흰 털로 위장한 두꺼운 코트로 프로그래밍되어 유전자 경쟁에서 승리한 것이다.

생물학을 구성하는 원칙인 자연 선택은 최근 심리학에도 중요한 원칙이 되고 있다. **진화심리학**(evolutionary psychology)은 자연 선택이 유전자 보존과 확산을 향상시키는 심리적 특성과 사회적 행동을 어떻게 유발하는지 연

자연 선택
특정 환경에서 유기체가 생존하고 번식할 수 있게 하는 유전적 특성은 다음 세대에 전달된다는 진화 과정

진화심리학
자연 선택의 원칙을 사용하여 사고와 행동의 진화를 연구하는 것

진화심리학은 현대 인간의 두뇌는 수렵과 채집을 한 조상이 생존하는 데 도움이 된 산물이라고 주장한다.

구한다(Buss, 2005, 2007, 2009; Lewis et al., 2017). 진화심리학자들은 우리 인간은 지금의 우리 자체라고 말한다. 즉 자연은 지금의 특성을 가진, 예를 들어 영양가 있고 에너지를 공급하는 식품의 단맛을 좋아하고, 독성분이 있는 쓴맛이나 신맛을 싫어하는 사람들을 선택하였다. 이러한 선호가 없는 사람은 자신의 유전자를 후손에 물려주어 생존을 유지할 확률이 적어진다.

이동식 유전자 기계로서 우리는 신체적 유산뿐 아니라 우리 조상의 적응적 심리 유산도 운반한다. 우리는 생존과 재생산, 자손의 양육을 돕는 무엇인가를 갈망한다. 불안, 외로움, 우울증, 분노와 같은 부정적인 정서조차 생존 도전에 대처하도록 동기를 부여하는 자연의 방법이다. 진화심리학자인 Barash(2003)는 "심장의 목표는 혈액을 내뿜는 것" 그리고 "뇌의 목표는 우리의 신체와 행동을 유도하는 것"으로서 진화적 성공을 최대화하는 것이라고 한다.

진화적 관점은 우리의 보편적 인간 본성을 강조한다. 우리는 특정 식품을 선호하는 것만 공유하는 것이 아니라 또한 "누구를 신뢰하고 누구를 두려워해야 하는가", "누구를 도와야 하는가", "언제 누구와 관계를 맺어야 하는가", "누가 나를 지배하려 들며, 내가 통제할 수 있는 사람은 누구인가" 등의 사회적 질문에 대한 대답도 공유한다. 진화심리학자들은 그러한 질문에 대한 우리의 정서적·행동적 대답이 곧 우리 조상이 해왔던 대답과 같은 것이라고 주장한다.

이러한 사회적 과업은 모든 사람들에게 공통되는 것이기 때문에 인간은 어디서든 그 대답에 동의하는 경향이 있다. 예를 들어 모든 인간은 다른 사람을 권위와 지위에 따라 서열을 매긴다. 또한 우리 모두 경제적 정의에 대한 아이디어를 가지고 있다(Fiske, 1992). 진화심리학자들은 자연 선택을 통해 진화된 인간의 보편적 특성을 강조한다. 반면 문화는 사회생활의 요소가 잘 기능하도록 특수한 법칙을 제공한다.

생물학과 젠더

쉬는 시간에 초등학교 운동장을 방문하면 남아와 여아가 다르게 행동하는 것을 볼 수 있다. 더 많은 남아들이 달리거나 점프할 것이며, 놀이터 감시자가 보이지 않으면 서로 물리적으로 싸울 수도 있다. 여아들은 좀 더 작은 그룹에서 놀고 서로 대화할 것이다. 궁금한 점은 다음과 같다. 이러한 차이가 생물학에 기인하는가(따라서 우리의 진화적 과거와 연결되어 있는가) 또는 양육과 문화의 산물(따라서 지역과 시대에 따라 다른 것)인가? 성별 차이는 본성과 양육 논쟁에서 가장 많이 연구되고 논쟁이 되는 영역 중 하나이므로 생물학과 문화가 우리를 만들기 위해 어떻게 상호작용하는지 설명하기 위한 주요 사례로 사용할 것이다. 성별 차이에 관한 생물학적 논의부터 시작하겠다.

성과 젠더에 관한 용어

먼저 몇 가지 용어를 정의한다. 많은 사람들이 '성별(sex)'과 '젠더(gender)'라는 용어를 서로 구분 없이 사용하지만 심리학에서는 다른 것을 의미한다. **성별**(sex)은 남성과 여성을 염색체, 생식기, 그리고 남성의 근육량이나 여성의 가슴과 같은 이차 성 특성에 기초한 두 가지 생물학적 범주를 지칭한다.

젠더(gender)는 생물학, 문화, 또는 둘 다에 뿌리를 둔, 드레스 입기, 스포츠 선호, 긴 머리, 더 많은 성적 파트너 원하기, 신체적으로 더 공격적이거나 쇼핑하기를 좋아하기 등과 같은 남성 및 여성에 **연상되는** 특성을 말한다. 유치원 운동장에서의 행동 차이는 젠더화된 행동이며 반면 각 어린이가 생물학적으로 남성인지 여성인지는 성별이다.

성별
두 생물학적 범주인 남과 여

젠더
심리학에서는, 생물학적 또는 사회적 영향과 관계없이 남성 및 여성에 연관시키는 특성 얼마 전까지만 해도 젠더와 성별은 상당히 엄격해 보였다. 두 성별만 있었으며, 누군가 여성으로 태어나면 그녀는 여성으로 머무르고 여성의 역할을 해야 했다. 이러한 생각은 이제 어떤 방식으로든 도전을 받고 있다. 최근까지만 해도 대부분의 문화에서는 누구나 하나의 성별을 배정받아야만 한다는 강력한 메시지를 전달했다. 만일 남성과 여성의 성기 조합을 가진 간성(intersex) 아동이 태어나면 의사와 가족은 외과적으로 모호함을 감소시켜 아이에게 하나의 성별을 부여해야 한다고 느꼈다. 낮과 밤 사이에는 황혼이 있다. 뜨거운 것과 차가운 것 사이에는 따뜻한 것이 있다. 그러나 남성과 여성 사이에는 사회적으로 말해서 본질적으로 아무것도 없다(Sanz, 2017). 이제 어떤 사람들은 남성이나 여성으로 식별되기를 원치 않고 젠더플루이드 (gender fluid) 또는 넌바이너리(nonbinary)로 밝힌다(Broussard et al., 2018).

또한 어떤 사람들은 트랜스젠더로서, 남성 또는 여성으로서의 지각이 출생 성별과 다르다(APA, 2012). 트랜스인 사람은 몸은 남성이지만 여성이라고 느끼거나 몸은 여성이지만 남성이라고 느낄 수 있다. 트랜스젠더가 되는 것은 비정형적인 성 역할을 하는 것과는 다르다. 예를 들어 일부 여성은 머리가 짧고 쇼핑을 좋아하지 않으며 스포츠를 좋아 하지만 여전히 자신의 성별이 여성이라는 기본 신념을 가지고

브루스 제너로 태어난 케이틀린 제너는 2015년 여성으로 전환하기 전까지 대부분의 삶을 남성으로 살았다.

있다. 반면, 여성으로 태어난 트랜스젠더는 어떤 젠더 역할의 위치에도 있을 수 있지만 실제로는 남성이라는 근본적 지각이 있다. 만일 전환할 준비가 되었다면, 남자로 살기 시작할 수 있다. 일부 트랜스젠더 사람들은 자신의 정체성에 맞게 성을 바꾸기 위해 수술을 선택하지만, 다른 트랜스젠더 사람들은 몸을 바꾸지 않고 대신 자신이 선택한 성에 따라 사회적으로 존재한다(Testa et al., 2017). 2007년에 전국적인 주목을 받은 '임신한 남성' 토마스 비티는 여성으로 태어났다. 성인이 되어 그는 남성으로 살았지만 여성 생식 기관을 유지하고 세 자녀를 출산하였다(Abbey, 2012). 현재 추정치에 의하면 미국인의 약 0.4%(1,000명 중 4명) 또는 약 100만 명이 트랜스젠더이다(Meerwijk & Sevelius, 2017). 이 절에서 우리는 성 차이에 대한 진화론적 및 생물학적 설명을 살펴볼 것이다. 이 장의 후반부에는 성차에 대한 연구를 기술할 것이다. 우선 연구가 많이 이루어진 차이점에 대해 살펴보자: 남성은 성행동에 대해 더 많이 생각하고, 자위를 더 많이 하고, 더 많은 수의 성적 파트너를 원한다(Baumeister et al., 2001; Petersen & Hyde, 2011). 왜 그럴까?

젠더와 짝짓기 선호

진화심리학은 이 질문에 대해 비교적 간단한 답을 제시한다: 섹스는 남성에겐 저렴한 투자이고 여성에게는 큰 헌신이기 때문에 남성의 성욕이 더 큰 것이다. 진화심리학자는 남성과 여성이 성과 번식에 관하여 상이한 적응적 도전에 직면한다고 한다(Buss, 1995b, 2009)(이 아이디어는 논쟁이 없지 않다. 이 절의 뒷부분에서 우리는 이 관점에 대한 도전을 탐구할 것이다).

이처럼 진화심리학자들은 여성은 자원과 헌신의 단서를 찾아서 재생산 기회에 신중하게 투자한다고 말한다. 남성은 미래에 유전자를 보내는 것을 통해 유전자 경기에서 승리할 기회를 얻고자 다른 남성과 경쟁하며 또한 씨앗을 심을 건강하고 비옥한 토양을 찾는다. 여성은 방랑하는 건달보다는 자신을 도와 정원을 가꾸는, 자원이 풍부하고 일부일처인 부친을 찾는다. 여성은 현명하게 남성은 폭넓게 재생산하려 한다. 이 이론은 이렇게 말한다.

진화심리학은 또한 놀이터에서 싸우는 유치원 소년들이 좀 더 진지한 게임을 위한 총연습에 참여할 수 있음을 시사한다. 인류 역사 대부분에서 육체적으로 지배적인 남성은 여성에 대한 접

무엇이 당신으로 하여금 누군가에게 이끌리게 하는가? 남녀 모두 친절을 중요시하지만 육체적인 외모의 지위의 평가에 있어 성차가 나타난다.

근성이 뛰어났고 세대에 걸쳐 남성적 공격성과 지배력이 강화되었으며 반면 덜 공격적인 남성은 재생산 가능성이 적었다. 유전자가 몬테주마 2세를 아즈텍의 왕이 되도록 도왔고 또한 하렘의 4,000명의 여성들을 통해 자손을 얻는 데 기여하였다(Wright, 1998). 아시아 대부분을 침략하여 그의 제국으로 두었던 징기스칸은 세계적으로 거의 200명 중 1명의 조상이다(Zerjal, 2003). 오늘날에도 남자들은 데이트와 짝짓기를 할 때 다른 남자들에 대해 더 공격적이다(Ainsworth & Maner, 2012, 2014). 이러한 모든 가정의 기초는 자연은 자신의 유전자를 미래로 보내는 데 도움이 되는 형질을 선택한다는 원칙이다.

이 과정은 거의 무의식적이다. 격정의 늪 속에서 "내 유전자를 후손에 물려주고 싶다"는 생각을 그만두는 사람은 거의 없다. 오히려 진화심리학자들에 따르면 본래적 갈망은 더 많은 유전자를 만드는 유전자의 방법이다. 배고픔이 몸의 영양분 욕구를 집행하는 것처럼 정서는 진화의 특성을 집행한다.

"인간은 살아있는 화석이며, 앞선 선택의 압력에 의해 생성된 메커니즘의 집합이다"라고 Buss(1995a)는 말한다. 진화심리학자들은 또한 이것이 남성의 공격성뿐 아니라 여성과 남성의 상이한 성적 태도와 행동을 설명하는 데 도움이 된다고 믿는다.

진화심리학은 또한 여성은 노동집약적이고 비용이 많이 드는 아이를 완전한 성인으로 양육하는 과정을 돕기 위해 자원을 가진 남성을 선호할 것이라고 예측한다. 따라서 남성은 외적 자원과 신체적 보호와 같은 여성이 원하는 바를 제공하기 위해 노력한다. 수컷 공작은 깃털을 뽐내고, 남성은 복근과 아우디 자동차와 재산을 뽐낸다(Sundie et al., 2011). 한 실험에서 십 대 남성들은 십 대 여성과 함께 한 방에 있은 후에 '많은 돈을 갖는 것'을 더욱 중요하다고 평정했다(Roney, 2003). 웨일즈의 카디프 연구에 따르면 남성들은 여성이 겸손한 포드 피에스타를 타든 멋진 벤틀리를 타든 똑같이 매력적이라고 평가했고, 여성은 남성의 고급차를 본 경우 더 매력적이라고 평가했다(Dunn & Searle, 2010). Wilson(1994)은 '남성의 성취는 궁극적으로 구애의 표시'라고 한다.

남성은 무엇을 원하는가? 진화심리학은 남성은 일반적으로 젊고 건강한 외모로 상징되는 여성의 출산 가능성을 원한다고 지적한다. 이러한 선호를 가진 남성은 대부분 자손을 가질 가능성이 높다. 아마도 이것은 오늘날 대부분 남성의 의식적 욕망이 아닐지 모르지만, 진화의 역사는 무의식적으로 이러한 특성을 선호하도록 이끈다. 진화심리학 연구에 따르면 파트너 선호의 성차는 대부분의 다른 심리적 성차와 비교하여 매우 크다(Conroy-Beam et al., 2015). 그들은 또한 문화 전반에 걸쳐 상당히 보편적이다.

- 호주부터 잠비아에 이르는 37개 문화권의 연구는 남성은 도처에서 번식력을 암시하는 젊은 얼굴과 모습 같은 신체 특성을 지닌 여성에게 매력을 느낀다는 것을 보여준다. 여성은 도처에서 부와 권력과 야망이 있는, 즉 자손을 보호하고 양육할 수 있는 자원을 약속해주는 남성에게 매력을 느낀다. 하지만 성별 유사성도 존재한다: 인도네시아섬에 거주하든 상파울로 도시에 살든 남성과 여성은 모두 친절함, 애정, 상호적 매력을 원하고 있다.

- 남성은 어디에서나 최대 다산을 암시하는 나이와 특징을 지닌 여성에 가장 매력을 느낀다.

십 대 소년의 경우에는 자신보다 몇 살 많은 여성이다. 20대 중반 남성의 경우는 자신 또래의 여성이다. 나이 든 남성의 경우 젊은 여성이다. 남자가 나이가 많을수록 선택하는 파트너의 나이 차이는 더 많다(Kenrick & Keefe, 1992). 이 경향은 유럽의 싱글 광고, 인도의 결혼 광고, 온라인 데이트, 미국, 아프리카, 필리핀의 결혼 기록 등 전 세계적으로 나타나고(Singh, 1993; Singh & Randall, 2007), 다소 적긴 하지만 게이와 레즈비언 중에는 젊은 동성애자를 선호하는 게이 남성과 나이 든 동거인을 선호하는 레즈비언 여성이 있다(Conway et al., 2015). 모든 연령대의 여성은 자신보다 약간 나이가 많은 남성을 선호한다. 육체적으로 매력적인 아내와 결혼한 남성은 결혼 만족도가 더 높았으며, 남편의 육체적 매력은 아내의 만족에 거의 영향을 미치지 않았다(Meltzer et al., 2014). 진화심리학자에 의하면 자연 선택은 남성이 번식력과 관련된 여성의 특징에 매력을 느끼도록 하였다고 말한다.

도널드 트럼프는 첫 번째 부인 이바나보다 3살 많았고, 두 번째 말라와는 17살, 그리고 현재 부인인 멜라니아보다 24살이 더 많다.

- 월 생식력도 중요하다. 여성의 행동, 향기, 목소리는 남성이 감지할 수 있는 배란에 대한 미묘한 단서를 제공한다(Haselton & Gildersleeve, 2011). 생식력이 최대일 때 여성들은 잠재적으로 위협적인 남성에 대한 더 큰 불안감을 표현하고, 또한 남성의 성적 취향 탐지에 더 큰 능력을 보인다. 또한 남성들, 특히 자신감 있고 사회적으로 지배적인 남성에게 더 추파를 보낸다(Cantu et al., 2014).

이러한 결과를 돌아보면서, Buss(1999)는 "전 세계의 남성과 여성이 배우자 선택에 있어 정확히 진화론자들이 예측하는 대로 차이를 보인다는 것은 놀라울 따름이다. 뱀, 높은 장소, 거미에 대한 공포가 우리의 진화적 조상의 생존 위험을 알게 해주듯이 우리의 배우자 선택 욕구는 조상들이 재생산에 필요로 했던 자원을 알게 해준다. 우리는 오늘날 모두 성공적 유전자 전달자의 욕망을 지니고 있다"고 하였다. 또는 William Faulkner는 "과거는 절대 죽지 않았다. 실제로 과거는 끝나지 않았다"고 하였다. 우리 조상의 과거는 우리 속에 계속 살아 있다.

젠더와 호르몬

진화심리학은 성차가 생물학적 과정에 뿌리를 둔 이유를 설명할 수 있겠지만, 어떻게 그러한가는 설명하지 않는다. 생물학이 성차에 영향을 미치는 것을 설명하는 하나의 방법은 행동과 기분에 영향을 주는 우리 몸의 호르몬, 화학물질을 통해서이다. 예를 들어 평균적인 남성은 지배력과 공격성과 관련된 **테스토스테론**(testosterone) 수준이 더 높다.

호르몬은 중요한데 그 이유는 유전자 자체가 성차의 원인이 될 수 없기 때문이다. 유전적으로 남성과 여성은 46개 염색체 중 하나의 염색체만 다르며, Y(남성) 염색체는 일차적으로 하나의 유전자로 인해 구분된다. 이 유전자는 고환의 형성을 지시하여 테스토스테론 분비를 시작한다. 태내 발달 과정에서 과도한 테스토스테론에 노출된 여아들은 다른 여아들보다 더 말괄량이 같은 행동을 보이는 경향이 있으며(Hines, 2004) 경력 선호에 있어 남성과 닮아 있고 사람보다 사물에 더 큰 관심을 보인다(Beltz et al., 2011). 남성과 여성이 다르게 처리하는 것으로 알려져 있는 인지 과제인 물체 회전 과제를 요청하면 유전적인 남성 중 테스토스테론에 덜 민감한 사람은 좀 더 여성 전형적인 뇌 활동을 보인다(Van Hemmen et al., 2016). 전반적으로 태내에서 더 많은 테스토스테론에 노출된 아동은 좀 더 남성 전형적인 심리 패턴을 보여 시선 마주침이 적고, 언어 능

테스토스테론
지배력 및 공격성과 관련된 호르몬은 여성보다 남성에 더 부각된다.

위험 감수의 성별 차이는 적어도 부분적으로 테스토스테론에 의해 촉진된다.

력이 낮으며 공감력이 적다(Auyeung et al., 2013). 다른 사례 연구는 고환 없이 태어나 여아로 양육된 남자들을 추적하였다(Reiner & Gearhart, 2004). 치마를 입히고 여아로 대우되었음에도 대부분은 남성 특유의 행동을 보여주며, 대부분의 경우 정서적 고통과 함께 남성의 정체성을 갖게 된다.

공격성의 성별 차이도 테스토스테론의 영향을 받는 것으로 보인다. 다양한 동물에서 테스토스테론을 투여하면 공격성이 높아진다. 인간의 경우 폭력적 남성 범죄자는 평균적으로 테스토스테론 수치가 정상보다 높으며, 미국 축구 연맹 선수들, 난폭한 클럽 회원들, 스포츠에 관여하는 학생들이 그러하다(Dabbs, 2000; Reed & Meggs, 2017). 더욱이 인간과 원숭이 모두 공격성의 성별 차이는 생애 초기(문화가 큰 영향을 주기 이전)에 나타나고, 성인기 동안 테스토스테론 수치가 감소함에 따라 쇠약해진다.

사람들이 중년 이상으로 성숙하면 흥미로운 일이 생긴다. 여성은 더 단호하고 자신감 있게 되며, 남성은 더 공감하고 덜 지배적이 된다(Kasen et al., 2006; Pratt et al., 1990). 호르몬 변화는 성별 차이가 감소하는 것에 대한 가능한 설명 중 하나이다. 역할 요구는 또 따른 설명이다. 일부 사람들은 연애 때와 초기 부모 시기 동안, 사회적 기대가 두 성별로 하여금 자신의 역할을 강화시키는 특성을 강조하도록 유도한다고 추측한다. 연애하고, 부양하고 방어하는 동안 남성은 그의 사나이다운 면모를 보이고, 상호의존성이나 양육에 대한 욕구를 포기한다(Gutmann, 1977). 데이트하고 어린 자녀를 키우는 동안 젊은 여성은 그들의 충동성과 독립성을 억제한다. 남성과 여성이 이 초기 성인 역할을 졸업함에 따라, 그들은 억제된 경향성을 좀 더 표현할 것으로 예측한다. 각각은 좀 더 **양성적**(androgynous)이 되어 자기주장과 양육 둘 다 가능해진다.

양성적(안드로진)
안드로(남자)+진(여자)을 혼합한 남성이자 여성의 형질

진화심리학에 대한 고찰

자연 선택, 즉 유전자 생존을 향상시키는 신체적·행동적 특성을 선택한다는 자연의 과정에 대한 논박 없이 비평가들은 진화적 설명과 관련한 문제점을 감지하였다. 진화심리학자들은 때때로 성적 주도권에서의 남성-여성의 차이점 발견으로 시작한 다음에 역으로 이를 위한 설명을 구상한다. 생물학자인 Ehrlich와 Feldman(2003)이 지적한 바와 같이 진화이론가의 사후판단 사용은 거의 잃을 것이 없다. 오늘날의 진화심리학은 어제의 프로이트 심리학과 같아서, 일어난 일에 대해 어떤 이론이든 소급 적용할 수 있다는 비판이 있다.

사후판단 편파를 극복하는 방법은 사물이 다르게 전개된다는 것을 상상하는 일이다. 여성이 남성보다 강력하고 신체적으로 공격적이라고 상상해보자. 누군가는 "당연하지, 모든 것은 그들의 아동을 보호하기 위한 것이야"라 할 것이다. 만일 남성들에게 혼외 관계 가지는 것이 전혀 알려지지 않았다면, 우리는 정절 뒤의 진화적 지혜를 알지 않았을까? 단지 정자를 맡기는 것보다는 자손을 키우는 것이 더 낫고, 남성과 여성이 함께 자녀에 투자하면 모두 이득을 가진다. 배우자와 자손에게 충성하는 남성은 후손이 생존하여 자신의 유전자가 영속하는 것을 볼 가능성이 더 높다. 일부일처제 역시 남성의 부성에 대한 확실성을 높인다(이것은 다시금 사후 판단에 근거한 진화적 설명인데, 왜 자손에게 엄청난 부모 투자가 요구되는 인간 및 몇몇 종은 짝을 이루고 일부일처제 경향을 보이는가에 대한 설명을 제공한다).

진화심리학자들은 사후 판단이 문화 설명에 적지 않은 역할을 한다고 주장한다: 왜 여성은 남

초점문제

진화 과학과 종교

찰스 다윈이 종의 기원을 저술한 지 150년이 지난 오늘 모든 지구상의 생명체는 지구상의 다른 생명체로부터 유래한다는 그의 위대한 생각에 대한 논쟁은 지속되고 있다. 이 논쟁이 가장 격렬하게 이루어지는 곳은 미국인데 갤럽 조사에 따르면 성인의 절반이 "어떻게 인간이 지구상에 존재하게 되었는가"는 진화에 있다는 것을 믿지 않으며, 42%는 인간이 "지난 만 년 이내에" 창조되었다고 믿는다(Newport, 2014). 과학자들의 95%를 오래 전에 설득한 "인간이 수백만 년에 걸쳐 발전해왔다"는 종들의 유전적 관련성을 보여주는 연구를 포함한 증거에도 불구하고 이 진화론에 대한 회의는 지속되고 있다(Gallup, 1996).

대부분의 과학자들에게 돌연변이와 자연 선택은 정교하게 설계된 생명의 출현을 잘 설명해주는 것이다. 예를 들어 인간의 눈과 같이 광대한 정보의 흐름을 부호화하고 전달하는 기술상의 경이로움은 그 구성요소들이 "동물의 세계 여기저기에 산재하여 있고", 자연으로 하여금 시간을 두고 디자인을 향상시키는 돌연변이를 선택하도록 하였다(Dennett, 2005). 실제로 많은 과학자들은 진화학자(동시에 러시아 정교의 구성원) Theodosius Dobzhansky의 유명한 선언인 "진화를 고려하는 것 이외에 생물학에서 의미 있는 것은 아무것도 없다"는 말을 즐겨 인용하고 있다.

미국 과학진흥협회의 이사인 Leshner(2005)는 반과학주의자와 반종교적 극단주의자 양쪽의 광신자들에 의해 양극화되는 것을 한탄한다. 그는 증가하는 과학과 종교의 긴장을 해소하기 위해 과학자들은 일반 대중에게 과학과 종교는 공존할 수 있으며, 둘 다 사회에 중요한 기여를 한다는 것을 알려야 한다고 주장한다.

많은 과학자들은 Leshner에 동의하고, 과학은 "언제?", "어떻게?" 등의 질문에 답을 주고, 종교는 "누가?", "왜?"의 질문에 답을 준다고 믿는다. 5세기에 성 어거스틴은 오늘날의 과학을 긍정하는 신앙인을 예견하였다: "우주는 완전히 형성된 상태로 창조된 것이 아니라 부정형의 물질에서 진정 놀라운 구조와 형태의 질서로 전이하는 능력을 선사받았다"(Wilford, 1999).

그리고 우주는 실제로 경탄스럽다고 우주 과학자들은 말한다. 중력이 조금 더 강하거나 약했다면, 아니면 탄소의 양성자 무게가 조금이라도 더하거나 덜 했다면, 생명 생산에 놀라울 정도로 적합한 우리의 우주는 결코 우리를 생성하지 못했을 것이라고 한다. 비록 과학 이면의 질문이 존재하지만(왜 무엇인가가 없기보다는 있는가?), 우주 과학자 Davies(2004, 2007)는 이것만큼은 사실인 것 같다고 결론짓는다: 자연은 자기복제를 하고 정보를 처리하는 시스템(우리)을 만들기 위해 특별하게 고안된 것으로 보인다. 비록 우리가 영원의 시간을 거쳐 창조된 것으로 보이지만 최종 결과는 놀라울 정도로 복합적이고, 의미 있고, 희망으로 가득 찬 존재이다.

성과 다른가? 그들의 문화는 그들의 행동을 **사회화**하기 때문이다! 사람들의 역할이 시간과 장소에 따라 다른 경우, '문화'는 역할을 설명하기보다는 기술한다. 진화심리학자들은 그들의 분야가 단순한 사후 판단적 추측에서 거리가 멀고, 동물 행동, 범문화적 관찰 및 호르몬과 유전자 연구의 자료로부터 진화의 예측을 검토하는 경험과학이라 주장한다. 여러 과학 분야와 마찬가지로 관찰은 새롭고 검토 가능한 예측을 생성하는 이론을 격려한다. 예측은 우리에게 눈에 띄지 않는 현상을 경고하고 이론을 확인, 반박 또는 수정하도록 한다.

비평가들은 또한 집단 폭력, 살인적 질투, 강간에 대한 진화적 설명이 남성의 공격성을 자연스러운 것으로 강화하고 정당화할 수 있으며, 젊은 여성과 바람 피워 아내를 속이는 남성도 그렇다고 우려한다. 하지만 진화심리학자들은 진화의 지혜는 과거의 지혜라는 것을 기억하라고 한다. 그것은 어떤 행동이 우리 종의 초기 역사에 작용했는지 알려준다. 오늘날 그러한 경향이 여전히 적응적인지 또는 사회적으로 덜 용인되는지 여부는 완전히 다른 질문이다.

진화심리학의 비평가들은 진화가 공통점과 차이점의 설명에 도움이 된다는 것을 인정한다(어느 정도의 다양성은 생존을 돕는다). 그러나 그들은 우리의 공통적 진화 유산이 그 자체로 인간의 결혼 패턴의 거대한 문화 차이를 예측하지 못한다고 주장한다(배우자 교체에 대해 한 배우자의 연속 승계에서부터 다수의 부인과 다수의 남편에 이르기까지). 이는 또한 수십 년에 걸친 행동 패턴의 문화적 변동을 설명하지 않는다. 자연이 우리에게 부여한 가장 중요한 특성은 배우고 변화할 수 있는 능력이다. 진화론의 옹호자는 진화가 우리에게 다양한 환경에 적응하도록 준비시켰으므로 진화가 유전적 결정론이 아니라고 주장한다(Confer et al., 2010). 누구나 동의하듯 문화는 다양하고 문화는 변화하며 그리고 우리가 다음에 향할 곳이다.

요약 : 우리는 생물학에 어떤 영향을 받는가?

● 인간은 얼마나 비슷하고 얼마나 다른가, 그리고 왜 그러한가? 진화심리학자들은 자연 선택이 유전자 보존을 촉진하는 행동 특성을 선호한다는 것을 연구한다. 진화 유산의 일부는 배우고 적응할 수 있는 인간의 능력이지만(따라서 서로 다르게 되지만), 진화론적 관점은 공유된 인간 본성에서 비롯된 친족 관계임을 강조한다.

● 진화심리학자들은 진화가 어떻게 공격성이나 성적 주도권과 같은 행동의 성차를 유발할 수 있었는지를 이론화한다.

● 자연의 짝짓기 게임은 여성을 향한 성적 주도권을 행사하는 (특히 다산을 암시하는 신체적 특징을 지닌) 남성과 또한 다른 남성과의 경쟁에서 공격적인 지배성을 보이는 남성을 선

호한다. 생산의 기회가 적은 여성들은 자녀를 보호하고 양육할 수 있는 자원을 제공하는 배우자를 선택하는 데 우선순위를 둔다.

● 호르몬이 행동에 미치는 영향은 성차가 생물학에 의해 영향을 받는 하나의 메커니즘일 수 있다.

● 비평가들은 진화적 설명이 때때로 문화 다양성의 현실을 설명하지 못하는 사후적 추측이라고 한다. 그들은 또한 진화심리학 이론을 뒷받침하기 위해 충분한 경험적 증거가 존재하는지에 대해 의문을 제기하며, 이러한 이론들이 골치 아픈 고정관념을 강화할 것이라 우려한다.

우리는 어떻게 문화의 영향을 받는가?

| 문화가 어떻게 행동과 성 역할을 조형하는지 이해한다.

오늘 밤 비행기를 타서 잠을 자고 내일 다른 나라에서 깨어난다고 상상해보자. 사람들이 다른 언어로 말하고, 다른 방식으로 인사하며, 전날 거주했던 나라와 다른 복장을 하고 있음을 즉시 알 수 있을 것이다. 우리의 유사점에도 불구하고 또한 인간은 전 세계의 생활 방식에 놀라운 다양성을 드러낸다. 먼저 일반적 문화 영향에 대해 논의한 후 이전 생물학에 관한 부분에서처럼 행동에 대한 문화적 영향을 탐구하기 위한 수단으로 성별 차이를 다룰 것이다.

문화와 행동

아마도 우리의 가장 중요한 유사점은 종의 대표적 특징인 학습하고 적응하는 능력일 것이다. 우리의 유전자는 적응적 두뇌를 허용하여 대뇌 하드드라이브가 문화적 소프트웨어를 받아들인다. 진화는 우리로 하여금 변화하는 세계에서 창의적으로 살도록, 적도의 정글에서부터 북극의 빙하 벌판과 같은 환경에서도 적응하도록 준비시켰다. 벌, 새, 불독 등과 비교해볼 때 자연은 인간에게 유전자적인 구속을 느슨히 하고 있다. 아이러니하게도 우리 공동의 생물학이 우리의 문화적 다양성을 가능하게 한다. 유전자는 어떤 **문화**(culture)에서는 신속성을 가치 있게 여기고, 정직성을 환영하고, 혼전 성관계를 수용하게 하지만, 다른 문화권에서는 그렇지 않다. 사회심리학자 Baumeister(2005, p. 29)는 "진화는 우리를 문화적으로 만들었다"고 보았다('초점 문제 : 문화적 동물' 참조).

생물학과 문화는 완전히 별개의 영향이 아니라는 점을 이해할 필요가 있다. 종종 둘은 주변에서 볼 수 있는 행동의 다양성을 만들어내기 위해 함께 상호작용한다. 유전자는 고정적인 청사진이 아니며, 마치 차가 뜨거운 물을 만나기까지는 차의 맛이 '표현'되지 않는 것처럼, 유전자의 표

문화
많은 사람이 공유하고 한 세대에서 다음 세대로 전달되는 지속적인 행동, 생각, 태도 및 전통

초점문제

문화적 동물

아리스토텔레스는 인간은 사회적 동물이라 하였다. 우리는 늑대나 꿀벌들과 적어도 한 가지는 공통점이 있는데 그것은 스스로 집단을 구성하여 함께 일하고 번성하는 것이다.

하지만 그보다는 Roy Baumeister가 그의 2005년의 저서 제목에서 지칭하듯 우리는 문화적 동물이다. 인간은 다른 동물에 비해 삶을 더 향상시키기 위해 문화의 힘을 이용한다. 그는 "문화란 사회적이기 위한 더 나은 방법"이라고 한다. 우리가 언어를 통해 전달하고, 길 한쪽으로 안전하게 운전하며, 겨울에도 과일을 먹고, 자동차와 과일을 지불할 화폐를 사용하는 것 모두 문화의 덕이다. 문화는 우리의 생존과 재생산을 향상시키고, 자연은 우리에게 무엇보다도 문화를 가능케 하는 두뇌를 축복하였다.

다른 동물도 문화와 언어의 기초를 보인다. 새로운 식량 세척 기술을 배운 원숭이들은 이를 미래 세대에 전수한다. 침팬지는 적절한 언어 능력을 보인다. 하지만 인간처럼 세대에 걸쳐 축적하고 진전시키는 종은 없다. 당신의 19세기 조상들은 자동차가 없었고, 실내 화장실, 전기, 에어컨, 인터넷, 스마트폰, 페이스북 페이지, 포스트잇 메모지도 없었으며, 이 모든 것은 문화의 덕이다. 지능은 혁신을 가능케 하고, 문화는 시간과 장소를 넘어 정보의 전파와 혁신을 가능하게 한다.

분업은 "또 다른 거대하고 힘 있는 문화의 장점"이라고 Baumeister는 말한다. 일부만이 식량을 재배하거나 집을 짓지만, 이 책을 읽는 거의 모든 사람은 식량과 주택을 누린다. 실제로 책은 문화에 인해 가능하게 된 분업의 선물이다. 비록 2명의 행운아만이 책 표지에 이름을 낼 수 있지만 책은 연구자, 검토자, 조수, 편집자 팀의 조합된 작품이다. 책과 다른 미디어들은 지식을 전파하여 발전의 동력을 제공한다.

"문화는 인간에게 특별한 것"이라고 Baumeister는 결론짓고 있다. 문화는 우리의 재능, 노력, 여타 개인적 축복의 합보다 더 많아지도록 우리를 돕고 있다. 이러한 의미에서 문화는 무엇보다도 큰 축복이다. … 오직 우리만이 환경에 좌우되는 교활한 동물이다. 모두 함께 우리는 스스로를 위해, 우리 자손과 그 후에 오는 사람들을 위해, 삶을 더 향상시키는 체계를 지속할 수 있다."

현은 환경에 달려 있다. 뉴질랜드의 초기 성인에 대한 한 연구에서는 유전자 변이를 보여주었는데, 유전자가 사람들을 우울증에 걸릴 위험에 처하도록 하지만 단지 부모의 이혼과 같은 주요 생활 스트레스를 경험할 경우에만 그렇다는 것이다(Caspi et al., 2003). 스트레스나 유전자가 단독으로 우울증을 발생시키지 않고, 둘의 상호작용이 우울증을 유발하였다. 이러한 발견은 환경이 유전자 발현을 어떻게 조형하는지를 고려하는 **후성유전학**(epigenetic)을 탄생시켰다.

우리 인간은 큰 뇌와 팔뚝 근육뿐 아니라 또한 문화를 가지도록 선택되었다. 우리는 언어를 배우고, 다른 사람과 협력하여 식량을 확보하고, 아이들을 돌보고, 스스로를 방어하도록 준비되어 태어난다. 자연은 이와 같이 우리가 태어나는 곳의 문화를 배우도록 한다. 문화적 접근은 인간의 적응력을 강조한다. 공자는 "사람의 천성은 비슷하지만, 습성으로 서로 멀어진다"고 하였다. 세계 문화연구자인 Inglehart와 Welzel(2005)은 우리는 여전히 멀리 떨어져 있다고 지적한다. 교육의 증가에도 불구하고 "우리는 균일한 세계 문화를 향해 나아가지 않고 있다: 문화 수렴은 일어나지 않고 있다. 한 사회의 문화 유산은 놀랍도록 오래 지속된다"(p. 46).

후성유전학
DNA의 변화 없이 발생하는 유전자 발현에 대한 환경적 영향 연구

문화의 다양성

언어, 풍습, 표출된 행동의 다양성은 우리 행동 대부분이 사회적으로 프로그램화된 것이지 고정적이지 않다는 것을 확인해준다. 유전의 사슬은 길다. 사회학자인 Robertson(1987)은 다음과 같이 서술했다:

미국인은 굴은 먹지만 달팽이는 먹지 않는다. 프랑스인은 달팽이는 먹지만 메뚜기는 먹지 않는다. 줄루족은 메뚜기는 먹지만 생선은 먹지 않는다. 유대인은 생선은 먹지만 돼지고기는 먹지 않는다. 힌두족은 돼지고기는 먹지만 쇠고기는 먹지 않는다. 러시아인은 쇠고기는 먹지만 뱀은 먹지 않는다. 중국인은 뱀은 먹지만 사람은 먹지 않는다. 뉴기니의 얄레족은 사람이 맛있다고 한다(p. 67).

© J. Scott Applewhite/AP Images

조지 W. 부시 전 대통령은 2005년 압둘라 전 왕과 함께 걸을 때 사우디의 우정 규범을 존중하였다. 그러나 많은 이성애자 남성들은 다른 남성과 거리를 두는 고유의 규범을 위반한 것에 놀라워했다.

© J. B. Handelsman, All rights reserved. Used with permission.

"여성은 여성에게 굿나잇 키스를 한다. 남성은 여성에게 굿나잇 키스를 한다. 하지만 남성은 남성에게 굿나잇 키스를 하지 않는다, 특히 아몽크에서는"

어떤 규범은 보편적이지만, 모든 문화는 수용되고 기대되는 사회 행동에 대한 규칙을 갖는다.

규범
수용되고 기대되는 행동 표준. 규범은 '적절한' 행동을 규정한다[다른 의미로 규범은 또한 대부분의 타인이 하는 것, 즉 무엇이 정상(normal)인가를 규정한다].

일부 사람들이 그러하듯이, 만일 우리가 동종의 민족 집단으로 세계 여러 지역에 산다면 문화적 다양성은 우리 일상생활에 관련이 적을 것이다. 일본은 98.5%가 일본인이고(CIA, 2017), 내부적 문화 다양성은 거의 없다. 대조적으로 900만 거주자의 3분의 1 이상이 외국 출생인 뉴욕 시에서는 문화 차이가 매우 크다.

문화적 다양성은 점점 더 우리를 에워싸고 있다. 우리는 점점 더 글로벌화된 마을에 살고, 전자 사회망, 여객기, 국제 무역을 통해 마을 사람들과 접촉한다. 문화의 혼합은 새로운 것이 아니다. '미국' 청바지는 1872년 독일 이민자 레비 스트라우스가 제노바 선원의 바지 스타일과 프랑스 도시에서 나오는 데님 천을 조합하여 고안해낸 것이다(Legrain, 2003).

타문화를 접하는 것은 이따금 놀라운 경험이 된다. 미국 남성들은 중동 국가의 지도자들이 미국 대통령을 만나 볼에 입을 맞추는 것을 불유쾌하게 받아들인다. 나(DM)의 대학에서는 대개 연구실 문이 열려 있고 학생들이 자유롭게 출입하는데, 드문 경우에만 교수님과 대화하는 데 익숙한 독일 학생은 이것을 낯설게 여긴다. 미국 맥도날드를 처음 방문한 이란 학생은 식당에서 다른 사람들이 감자튀김과 다른 것들도 모두 손으로 먹는 것을 알아차릴 때까지 자신의 종이 봉지 속에서 먹을 도구를 찾았다. 당신이 생각하는 최상의 예절과 태도는 지구상의 다른 지역에서는 예의를 위반하는 것이 된다. 일본을 방문하는 많은 외국인은 신을 벗거나, 차를 따르는 법, 선물을 주고 열어보는 시기, 사회적 위계에서 높거나 낮은 사람에게 행동하는 방법 등의 사회 규칙을 익히는 데 어려움을 겪는다.

이민자나 난민 철수는 그 어느 때보다 문화를 혼합하고 있다. "동은 동이고 서는 서, 분리된 것은 절대 만나지 않는다"고 19세기의 영국의 작가인 Rudyard Kipling은 서술한 바 있다. 하지만 오늘날 동과 서, 남과 북은 늘 만난다. 이탈리아는 많은 알바니아인의 고향이고, 독일은 터키 사람, 영국은 파키스탄 사람의 고향인데 모하메드는 이제 가장 흔한 소년의 이름이다(Cohen, 2011). 이의 결과는 우정과 갈등 둘 다이다. 캐나다인 5명 중 1명, 미국 8명 중 1명은 이민자이다. 다양한 문화적 배경을 가진 사람들과 일하고, 놀고, 생활하는 것은 문화가 우리에게 어떤 영향을 주는지, 그리고 문화가 어떻게 다른지를 이해하는 데 도움이 된다. 갈등이 내재된 세계에서 평화를 이루려면 실제 차이와 깊은 유사성에 대한 인정을 요한다.

규범 : 기대되는 행동

예절 규칙이 보여주듯 모든 문화는 적절한 행동이 어떤 것인가에 대한 통념이 있다. 이러한 사회적 기대 또는 **규범**(norms)은 맹목으로 전통을 지키도록 구속하는 부정적인 힘으로 이해되기도 한다. 규범은 우리를 성공적으로 그것도 은연중에 제재하고 통제하기 때문에 그의 존재를 잘 느낄 수 없다. 바다의 물고기처럼 우리는 문화 속에 잠겨 있어서 그의 영향을 알기 위해서는 밖으로 나와야만 한다. 네덜란드 심리학자인 Dijker(1997)는 "우리가 다른 네덜란드 사람들이 외국인들이 네덜란드식이라고 부르는 방식으로 행동하는 것을 보면, 우리는 종종 이 행동이 전형적인 네덜란드식이라는 것을 인식하지 못한다"고 언급하였다.

자신의 고유문화의 규범을 잘 알기 위해 다른 문화권을 방문하고, 우리가 우리 식으로 행동하는 동안 그들은 그들 식으로 하는 것을 보는 것만큼 좋은 방법은 없다. 스코틀랜드에 살 때 나(DM)는 나의 아이들에게 유럽인들이 고기를 먹을 때 포크를 왼손으로 아래쪽을 향하여 사용하는 것을 인정했다. "하지만 우리 미국인들은 고기를 자른 후 포크를 오른손으로 옮기는 것이 좋은 매너라고 생각한다. 이것이 비효율적이라는 것은 인정하지만 그것은 우리가 사용하는 방식인 것이다."

이것을 인정하지 않는 사람들에게 이러한 규범은 자의적이고 제약적으로 보일 것이다. 대부분의 서구 세계에서 무슬림 여성의 머리 베일(히잡)은 자의적이고 제약적으로 보이지만 다른 무슬림 문화에서는 그렇지 않다. 나(이 책의 저자인 Jean M. Twenge, 이하 JT)의 수업에서 무슬림 여학생들은 히잡이 남성들로 하여금 자신을 성적 대상이 아니라 사람들로 보도록 장려한다고 믿는다. 배우가 자신의 동선을 잘 알면 무대극이 부드럽게 진행되듯이 우리에게 무엇이 기대되는지 알면 사회적 행동도 원활하게 이루어진다. 규범은 사회적 기계의 윤활유이다. 낯선 상황에서 규범이 확실치 않으면 우리는 다른 사람의 행동을 살피고 그에 따라 우리 자신을 조절한다.

문화는 표현성, 시간 엄수, 규칙 위반 및 개인 공간의 규범에서 상이하다. 다음을 고려하자.

문화는 혼합된다. 이 가족(아시아계 미국인 모친과 아프리카계 미국인 부친)이 보여주는 것처럼 이민과 세계화는 한때 멀었던 문화를 하나로 모은다.

개인의 선택 문화는 개인적 자아(개인주의 문화)와 타인 및 사회(집합주의 문화)를 얼마나 강조하는지에 따라 다르다. 결과적으로 서구(대개 개인주의적) 국가들은 스스로의 결정에 더 많은 재량을 허용한다. 내(JT)가 대학에 있을 때, 파키스탄계 미국인 친구는 라틴어 공부를 위해 대학원에 가기를 원했다. 그녀의 부모는 그녀가 의과대학에 가야 한다고 주장하였고, 그렇지 않으면 재정 지원을 중단하겠다고 했다. 내가 미국에서 성장할 때 그녀의 부모가 그녀에게 어떤 직업을 추구해야 하는지 이야기한다는 사실에 충격을 받았지만, 집합주의 문화에서는 이러한 형태의 부모에 대한 복종이 폭넓게 수용되었다(Lum et al., 2016).

표현성 비교적 격식을 갖추는 북유럽 문화권의 사람에게 표현성이 강한 라틴아메리카 문화는 "따뜻하고, 매력적이고, 비효율적이고, 시간 낭비적"으로 보일 수 있다. 라틴아메리카 사람에게 북유럽인은 "효율적이고, 차갑고, 시간에 집착하는 것"으로 보일 수 있다(Beaulieu, 2004; Triandis, 1981). 그리고 그들은 옳을지도 모른다: 북유럽인들은 라틴아메리카보다 공공 거리에서 더 빨리 걷고, 북유럽 은행의 시계는 좀 더 정확하다(Levine & Norenzayan, 1999). 일본을 방문하는 북미 관광객은 지나가는 보행자의 눈 마주침이 없는 것에 대해 의아해할 것이다('연구 보기 : 스치는 마주침, 동과 서' 참조).

시간 엄수 저녁 만찬에 늦게 도착한 라틴 아메리카의 기업 경영인은 시간에 집착하는 북미의 파트너를 신기하게 여길 것이다.

규칙 위반 규범은 특히 전통적이고 집합적인 문화에서 중요하다. 한 연구에서 한국인은 미국인에 비해 규범에 반하는 채식주의자 동료를 회피할 가능성이 더 높았다. 대부분의 미국인에게 채식주의는 개인의 선택이지만, 한국인에게는 눈에 띄는 신호이므로 바람직하지 않다(Kinias et al., 2014). 많은 집합주의 문화는 질병 발병과 같은 인간의 고통이 사회 규범의 위반에서 비롯된다는 신념을 부추긴다(Sullivan et al., 2012). 집합주의 문화는 정체성(게이, 레즈비언, 이민자)이나 행동(술고래, 마약 중독자)이 달라 보이는 사람을 비난할 가능성이 더 높다(Shin et al., 2013).

연구 보기

스치는 마주침, 동과 서

미국 중서부에 있는 나(DM)의 대학 캠퍼스와 고향에서는 보행자들은 의례히 서로 보고 미소 짓는다. 내가 시간을 보냈던 영국과 중국에서는 이러한 미세한 상호작용은 거의 관찰하지 못했다. 유럽인에게는 지나가는 낯선 사람에게 인사하는 것은 약간 실없고 사생활 존중을 하지 않는 것처럼 보인다. 미국의 중서부인에게는 시선 접촉을 피하는 것은 사회학자가 말하는 '시민의 무관심'이고 냉담한 것이다.

보행자의 상호작용의 문화 차이를 양적으로 측정하기 위해 Patterson과 Iizuka(2007)는 미국과 일본에서 1,000명이 넘는 알지 못하는 참가자를 대상으로 간단한 현장 연구를 수행하였다. 이 과정은 사회심리학자들이 자연 상황에서 드러나지 않는 연구를 진행하는 법을 보여준다(Patterson, 2008). 그림 5.1과 같이 실험 보조자(실험자의 공모자)는 사람이 많지 않은 보도에서 보행

자가 약 12피트 이내로 접근하면 다음의 세 행동 중 한 가지를 수행하였다: (1) 회피(앞만 바라보기), (2) 1초 이내의 시선 접촉, (3) 바라보고 미소 짓기. 뒤에 있는 관찰자는 보행자의 반응을 기록하였다. 보행자가 실험 보조자와 시선 접촉을 하는가? 미소 짓는가? 묵례를 하는가? 언어적으로 인사를 건네는가?(세 조건은 임의로 배정되었고 뒤의 관찰 기록자는 알 수 없게 실험 조건에 '맹목'이 되도록 하였다).

예상한 바와 같이 보행자는 자신을 보는 사람을 더 바라보고, 미소 짓고, 묵례하고, 인사할 가능성이 컸다. 특히 실험 보조자가 남성이 아니라 여성인 경우 더 그러하였다. 하지만 그림 5.2와 같이 문화 차이는 현저하였다. 연구 팀이 기대한 대로 외집단 사람과의 상호작용에 있어 일본인의 사생활 및 문화 보존에 대한 존중을 고려할 때 미국인은 실험 보조자에게 훨씬 더 웃고, 묵례하고, 인사하였다.

연구자들은 일본에서는 "실험 보조자와 관계가 없고 반응할 의무가 없기 때문에 상대의 미소에 호혜적으로 대해야 할 압박감이 거의 없다"라고 결론 짓고 있다.

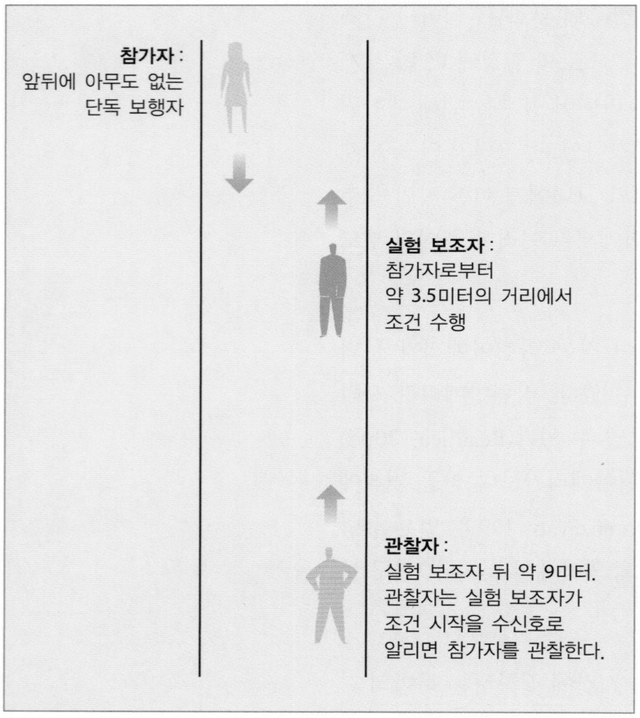

참가자 :
앞뒤에 아무도 없는
단독 보행자

실험 보조자 :
참가자로부터
약 3.5미터의 거리에서
조건 수행

관찰자 :
실험 보조자 뒤 약 9미터.
관찰자는 실험 보조자가
조건 시작을 수신호로
알리면 참가자를 관찰한다.

그림 5.1
스치는 마주침 삽화

출처 : Patterson, M. L., Iizuka, Y., Tubbs, M., Ansel, J., Tsutsumi, M., & Anson, J. (2007).

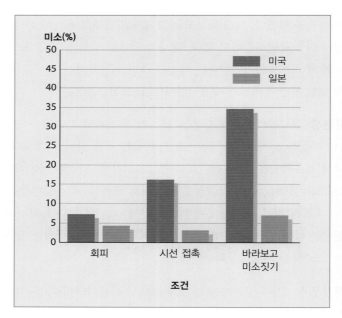

그림 5.2
미국인과 일본인 보행자의 반응

출처 : Adapted from Patterson, M. L., Iizuka, Y., Tubbs, M., Ansel, J., Tsutsumi, M., & Anson, J. (2007).

개인 공간
우리 몸 주위에 확보하고 싶은 완충지대. 그 크기는 우리의 문화와 가까이 있는 사람의 친근감에 따라 달라진다.

개인 공간   개인 공간(personal space)은 일종의 휴대용 풍선이나 완충지대 같은 것으로 자신과 타인 사이에 두고 싶은 거리를 말한다. 상황에 따라 풍선은 크기가 달라진다. 대개의 미국인은 낯선 사람과는 상당히 넓은 개인 공간을 유지해서 약 1미터 이상의 거리를 둔다. 사람이 많지 않

은 버스나 화장실, 또는 도서실에서 우리의 개인 공간을 방어하고 타인의 공간을 존중한다. 친구들에게는 가까이 오는 것을 허락한다 (Novelli et al., 2010).

개인은 상이해서 어떤 사람들은 다른 사람보다 더 넓은 개인 공간을 선호한다(Perry et al., 2013). 집단도 상이해서 성인은 아동보다 넓은 공간을 유지한다. 남성은 여성보다 더 거리를 둔다. 이유는 모르지만 적도에 가까운 문화는 적은 공간, 더 많은 접촉과 포옹을 선호한다. 영국인과 스칸디나비아인은 프랑스인, 아랍인보다 더 거리를 두고, 북미 사람들은 라틴아메리카 사람들보다 더 공간을 둔다 (Sorokowska et al., 2017).

수용되고 기대되는 행동에 대한 규칙으로서의 규범은 문화마다 다르다.

다른 사람의 개인 공간 침해 효과를 보려면 공간 침입을 해보자. 친구로부터 약 30센티미터 이내의 거리에 앉거나 서서 대화를 시도해보라. 그 사람이 안절부절 못하고, 시선을 피하거나, 뒤로 물러나거나, 다른 불쾌감 표시를 하는가? 그것은 공간 침입 연구자들이 주목한 각성의 신호이다(Altman & Vinsel, 1978).

문화는 그러한 행동 규범뿐 아니라 규범의 강도에서도 다르다. 33개국에서 수행된 한 연구에서는 사람들에게 상이한 상황(은행 또는 파티)에서의 다양한 행동(식사 또는 울기)의 적절성을 평가하도록 요청하였다. 행동에 대해 더 강한 강제 규범을 지닌 사회는 '엄격한' 문화이며, 영토 갈등이나 자원 부족과 같은 위협에 노출되었을 가능성이 더 높다(Gelfand et al., 2011).

또래 전수 문화

문화는 아이스크림처럼 다양한 맛을 지닌다. 월스트리트에서 남성들은 주로 양복을 입고 여성들은 치마나 정장을 입는다. 스코틀랜드에서는 많은 남성들이 주름치마(킬트)를 공식 복장으로 입는다. 몇몇 적도 문화권에서는 남성과 여성이 거의 아무것도 입지 않는다. 이런 문화는 어떻게 세대에 걸쳐 유지되었을까?

이에 대한 지배적인 가설은 Harris(1998, 2007)의 '양육 가설'이다 : 부모의 양육, 즉 부모가 자식을 키우는 방식은 그 자손이 무엇이 되는가를 결정한다. 이에 대해 프로이트 지지자도 행동주의자도 그리고 당신의 옆방 사람들도 동의한다. 사랑을 받는 아동과 방치된 아동의 극단 비교는 양육의 중요성을 알려준다. 또한 아동은 집에서 부모의 정치적 신념과 종교적 믿음을 포함하여 여러 가치를 습득한다. 그러나 만일 아동의 성격이 부모의 본보기와 양육으로 형성되는 것이라면, 한 가정 내에서 자란 아동들은 현저하게 같아야 하지 않을까?

아동은 태도의 많은 부분을 또래로부터 배운다.

이 가설은 발달심리학의 가장 놀랍고도 동의된 그리고 극적인 연구 결과에 의해 반증되었다. 행동유전학자인 Plomin과 Daniels(1987)의 지속적 표현은 "같은 가족 내의 두 아동은 (평균적으로) 인구 중 임의로 뽑은 한 쌍의 아동만큼 서로 다르다"고 한다.

쌍생아, 생물학적 형제, 입양된 형제 연구들의 증거는 유전적 영향이 성격 특질의 개인차에 대해 대략 40%를 설명해준다고 한다(Vukasović & Bratko, 2015). 공동의 가정과 같은 공유된 환경의 영향은 성격 차이의 단지 0~1%를 설명한다. 그렇다면 나머지는 무엇일까? Harris는 대부분 **또래의 영향**이라고 주장한다. 아동과 청소년이 관심 갖는 것은 부모가 무엇을 생각하는 지가 아니라 또래가 무엇을 생각하는지이다. 아동과 청소년은 그들의 문화, 즉 게임, 음악 취향, 말투, 상스러운 말까지 대부분을 또래에게서 배운다. 따라서 대개의 십 대들은 부모보다는 또래 처럼 말하고 행동하고 옷을 입는다. 생각해보면 그것은 의미가 있다. 그들이 놀고, 함께 일하고, 배우자가 될 사람은 바로 또래인 것이다. 다음을 살펴보자.

- 유치원 아동들은 부모들의 간청에도 불구하고 특정 음식 먹기를 거부한다. 그 음식을 좋아 하는 아이들과 함께 식탁에 앉기 전까지는.
- 운전 중 문자를 하는 친구가 있는 경우 당신도 그렇게 할 가능성은 세 배가 된다(Trivedi et al., 2017).
- 가족이 외국 문화권으로 이주한 어린 이민자 아동은 대개 새로운 또래 문화의 언어와 규범 을 선호하며 성장한다. 중국에서 가족과 함께 미국으로 이주한 어린 아동은 부모가 영어를 배우지 않았거나 심한 억양을 쓰더라도 미국식 발음으로 영어를 한다. 그들은 가정으로 돌 아가면 '코드 전환'을 하지만 그들의 마음은 또래와 함께 하고 있다. 마찬가지로 청각장애인 학교에 입학한 (들을 수 있는 부모를 둔) 청각장애인들은 일반적으로 부모의 문화를 떠나 청 각장애인의 문화에 적응한다.

따라서 만일 우리가 한 그룹의 아이들을 같은 학교, 이웃, 또래에게 맡기고 부모를 제외시킨다 면, "그들은 모두 같은 종류의 성인으로 발달할 것이다"라고 Harris(1996)는 극단적인 논지를 편 다. 부모는 중요한 영향을 행사하지만 사실상 간접적이다. 부모는 학교, 이웃을 정하는 데 도움 이 되지만, 또래는 아이들이 비행을 저지를지, 마약을 사용할지, 임신하게 될지에 직접적인 영향 을 준다. 더 나아가 아이들은 약간 더 나이 든 아이들을 본받고, 그들은 조금 더 나이 든 청소년 을, 그리고 그들은 다시금 부모 세대의 젊은 성인을 본받는다.

부모 집단이 아동 집단에게 끼치는 영향의 사슬은 매우 약해서 문화 전수가 절대 완벽하지 않 다. 인간과 고등 유인원의 문화에서 변화는 어린 쪽에서 온다. 한 원숭이가 식량을 세척하는 더 나은 방법을 발견하거나, 사람들이 패션이나 성 역할에 새 아이디어를 발달시킬 때, 그러한 창의 력은 일반적으로 젊은이에게서 나오고 또한 젊은 성인에 의해 더 쉽게 환영받는다. 이와 같이 문 화 전통은 계속된다. 그러나 문화는 변화한다.

문화적 유사성

인간의 적응 능력 덕분에 문화는 서로 다르다. 문화 차이라는 간판 아래 문화심리학자들은 '본 질적 보편성'을 본다(Lonner, 1980). 같은 종의 구성원으로서 우리는 상이한 행동의 기초가 되는 과정은 어느 곳이나 동일하다는 것을 발견한다(그림 5.3).

어디서나 사람들은 우정에 대한 공통의 규범을 가지고 있다. Argyle과 Henderson(1985)이 영 국, 이탈리아, 홍콩, 일본에서 수행한 연구에 의하면 친구의 역할을 규정하는 규범이 몇 가지 차 이가 있다는 것을 알려준다. 예를 들어 일본에서는 친구를 공식적으로 비판하여 난처하게 만들 지 않는 것이 특히 중요하다. 그러나 또한 보편적으로 보이는 규범도 있다: 친구의 사생활을 존 중하는 것, 이야기하는 동안 시선을 응시하는 것, 비밀로 한 이야기는 누설하지 않는 것 등이다. 75개국에서 가장 가치 있는 특성은 정직, 공정성, 친절함, 판단과 호기심이다. 이는 우정과 관계 를 위한 거의 모든 중요한 덕목이다(McGrath, 2015).

그림 5.3

(a) 인도와 (b) 미국에서 긍정 정서 표현에 사용되는 단어

페이스북 사용자의 언어에 대한 연구에서 긍정 정서는 인도(위)와 미국(아래)에서 유사하게 표현되며, 인도에서는 '감사'를 좀 더 많이 사용하는 약간의 문화 차이가 나타났다.

(a-b) 출처 : Kern, M. L., & Sap, M. (2014, 2월).

(a)

(b)

상관의 강도   상대적 빈도

전 세계적으로 사람들은 2~5개의 보편적 성격 차원으로 타인을 묘사한다(McCrae & Costa, 2008; Saucier et al., 2014). 거의 모든 문화와 언어권에서 타인을 좋거나 나쁘게 평가한다. 모

그림 5.4
Leung과 Bond의 보편적 사회 신념 차원

5가지 사회적 신념	설문문항 예시
냉소주의	"힘 있는 사람들은 타인을 착취하는 경향이 있다."
사회적 복합성	"특수 상황에 따라 문제를 처리해야 한다."
수고에 대한 보상	"실제 시도한다면 성공할 것이다."
영성	"종교적 믿음은 정신 건강에 기여한다."
운명 통제	"운명은 한 사람의 성공과 실패를 결정한다."

든 문화에는 규범이 있으므로 모든 문화는 다른 사람이 그 규범을 얼마나 잘 따르는지 평가한다 (Saucier et al., 2014).

마찬가지로 사회적 신념에 다섯 가지 보편적 차원이 있다(Leung & Bond, 2004). 38개국에 걸쳐 사람들은 냉소주의, 사회적 복합성, 수고에 대한 보상, 영성, 운명 통제가 다르다(그림 5.4). 이러한 사회적 신념에 대한 사람들의 수용은 그들의 삶을 인도하는 것으로 보인다. 냉소주의를 선택하는 사람은 삶의 만족이 낮고 독단적 영향 전략과 우익 정치를 선호한다. 열심히 일하는 것을 믿는 사람들(수고에 대한 보상)은 연구, 계획 및 경쟁에 투자하는 경향이 있다.

지위 위계를 형성하는 곳에서는 사람들은 늘 높은 지위의 사람들에게는 낯선 사람을 대하듯 정중한 방식으로 대화한다. 그리고 낮은 지위의 사람들에게는 친구와 대화하듯 친근한 방식으로 대화한다(Brown, 1965, 1987; Kroger & Wood, 1992). 환자는 의사에게 "누구누구 선생님"이라 부르고, 의사는 환자의 이름을 부른다. 학생과 교수는 일반적으로 유사한 방식으로 서로 대한다.

대부분의 언어에서는 영어의 대명사 'you'의 두 가지 형태를 가지고 있다: 존중하는 형태와 친근한 형태가 그것이다. 예를 들어 독일어의 *Sie*와 *du*, 프랑스어의 *vous*와 *tu*, 스페인어의 *ustes*와 *tu*와 같이 존중하는 형식과 친숙한 형식이 있다. 사람들은 친구나 가족과 같은 가까운 사람과 부하에게는 친숙한 형식을 사용하지만 또한 어린이나 애완동물에게도 사용한다. 독일 청소년은 낯선 사람이 자신을 'du'가 아닌 'Sie'라고 부르면 고무될 것이다.

문화와 젠더

이 장의 첫 부분에서 우리는 왜 남자와 여자가 다른지에 대한 생물학적 및 진화적 설명을 알아보았다. 그러나 생물학이 전부는 아니다. 남자나 여자, 소년이나 소녀의 의미는 문화마다 다르다.

우리는 남성과 여성은 어떻게 행동해야 하는가에 대한 생각에서 문화의 조형력을 볼 수 있다. 그리고 반감을 가진 남성과 여성이 그러한 기대를 위반할 때 감내하는 문화를 볼 수 있다(Kite, 2001). 모든 국가에서 소녀들은 가사와 육아를 돕는 데 더 많은 시간을 보내고 소년은 감독되지 않은 놀이에 더 많은 시간을 보낸다(Edwards, 1991; Kalenkoski et al., 2009; United Nations, 2010). 현대의 북미 맞벌이 혼인에서도 남성은 대부분 집수리를 하고, 여성은 보육을 담당한다 (Bianchi et al., 2000; Fisher et al., 2007). 경제학 박사학위 학생들은 온라인 풍문 포럼에서 여성에 대해 토론할 때 '따끈한', '매혹적인'과 같은 단어를 사용하여 개인 정보와 신체 외모를 언급할 가능성이 높다. 남성에 대해 논의할 때는 '교과서적', '동기'와 같은 단어를 사용하여 전문 주제를 언급할 가능성이 높다(Wu, 2017).

성의 사회화는 여아에게 '뿌리'와 남아에게 '날개'를 준다고 한다. 요리, 설거지, 사냥 게임과 회사나 국가를 이끌어야 하는 남성과 여성에 대한 이러한 행동 기대는 **성 역할**(gender role)을 정의한다. 문화가 이러한 성 역할을 구성하는가? 아니면 남녀 역할이 남성과 여성의 자연적인 행동 경향을 반영할 뿐인가? 문화와 시간에 따른 다양한 성 역할은 문화가 실제로 성 역할을 구성하는 데 도움이 된다는 것을 보여준다.

성 역할
남성과 여성에 대한 일련의 행동 기대치(규범)

성 역할은 문화에 따라 상이하다

성 역할의 불평등에도 불구하고 전 세계 사람 대다수는 남성과 여성의 역할이 더욱 병행되는 것이 이상적이라 본다. 2010년의 퓨 글로벌 태도(Pew Global Attitudes) 조사는 2만 5,000명에게 두 배우자 모두 일하고 육아를 공유하거나 또는 여성이 집에 머물면서 자녀를 돌볼 때 어느 쪽 삶이 더 만족스러운지 질문하였다. 22개국 중 21개국에서 대부분 두 배우자가 일하는 것을 선택하였다.

어쨌든 나라 간에는 큰 차이가 있다. 파키스탄 사람은 세계 대다수 의견을 4 : 1로 동의하지 않았고, 스페인 사람들은 13 : 1로 동의하였다. 일자리가 부족한 경우 남자가 직업을 가질 권리를 더 가져야 하는가? 영국, 스페인, 미국에서는 8명 중 1명, 인도네시아, 파키스탄, 나이지리아에서는 5명 중 4명이 동의하였다(Pew, 2010).

Wood와 Eagly(2000, 2002)는 전반적으로 문화가 때때로 생물학적 요구에서 비롯된 성 역할을 강화한다는 것을 관찰하였다. 여자들은 집 가까이에 머물러야 했으므로 채집을 하였고, 남성은 그럴 필요가 없으므로 사냥을 하였다. 문화적 차이는 여러 사람에게 영향을 미치는 남녀의 한 가지 차이로 시작될 수 있다. 남성의 신체적 강인함은 가부장제를 가장 공통적인 시스템이 되도록 이끈 것일 수 있다. 사실상 모든 사회는 남성이 사회 권력의 위치에 있고 남성과 여성에게 다른 역할을 부여한다. 결과적으로 문화 간 유사성은 진화적 차이보다는 남성의 사회적 힘을 나타낼 수 있다.

성 역할은 시대에 따라 다르다

지난 반세기 동안(우리의 오랜 역사 중 아주 작은 조각이긴 하나) 성 역할은 극적으로 변화하였다. 1938년에는 미국인 5명 중 하나만이 "남편이 부양할 수 있는 경우 결혼한 여성이 기업이

서구 국가에서는 성 역할이 더욱 유연해지고 있다. 더 이상 조종사가 남자만의, 유치원 교육이 여자만의 일이 아니다.

나 산업체에서 경제활동을 하는 것에 동의하였다. 1996년에는 5명 중 넷이 동의하였다(Niemi et al., 1989; NORC, 1996). 1970년대 후반 미국 12학년 학생들 중 59%는 '어머니가 일하면 미취학 아동이 고통을 겪을 것'이라는 데 동의했지만 2015년에는 20%만 동의하였다(Donnelly et al., 2015; Twenge, 2017). 1960년대와 1970년대에 미국 서적에서 남성 대명사는 여성 대명사의 네 배가 사용되었으나 2008년에는 이 비율이 2 : 1로 줄어들었다(Twenge et al., 2012).

행동의 변화는 이러한 태도 변화를 수반한다. 1965년에 하버드 비즈니스스쿨은 결코 여성에게 학위를 수여하지 않았다. 2016년 수업에서는 학생의 41%가 여성이었다. 1960년부터 2016년까지 여성은 미국 의대생의 6%에서 47%로, 법대생 3%에서 51%로 증가하였으므로(AAMC, 2017; ABA, 2017; Hunt, 2000), 변호사로 공부하는 사람들의 다수는 이제 여성이다. 역할 모델은 이러한 변화에 중요한 촉매제가 될 수 있다. 인도의 법이 일부 마을에서 여성에게 리더십 직책을 주었을 때, 여아들은 여성 역할모델이 없는 마을에 비해 고등교육과 직업을 더 갈망하게 되었다(Beaman et al., 2012).

가정에서도 변화가 있었다. 1960년대 중반 미국의 기혼 여성은 남편보다 일곱 배나 더 많은 시간을 가사 일에 헌신하였다(Bianchi et al., 2000). 2013년까지 남녀 격차는 줄어들었지만 여전히 지속되었다. 평상시 남성의 22%와 여성의 50%는 가사일을 하는 데 여성은 평균 2.3시간, 남자는 1.4시간을 한다(BLS, 2017). 2011년에 어머니들은 여전히 남자들보다 육아에 두 배나 많은 시간을 보냈다. 1965년에 비해 어머니들은 유급 노동에 세 배 더 많은 시간을 보냈지만 남성의 시간에 비해 여전히 약 반 정도이다(Pew Research, 2013).

성 평등의 동향은 여러 문화에 걸쳐 일어나는데, 예를 들어 대부분 국가의 의회에 여성이 점점 더 많이 대표되고 있다(Inglehart & Welzel, 2005; IPU, 2017). 이렇게 전 문화에 걸쳐 그리고 짧은 시간에 일어난 변화는 진화와 생물학이 성 역할의 변화를 막지 않는다는 신호이다: 시간은 또한 성 역할을 유연하게 한다. 진보적인 성 역할은 문화를 좀 더 평화로 향하게 한다. 성 평등이 더 잘 이루어진 사회일수록 전쟁에 참여할 가능성이 적고 폭력이 적다(Caprioli & Boyer, 2001; Melander et al., 2005).

전반적으로 성 역할은 수십 년 동안 상당히 바뀌었지만 여전히 많은 성차가 남아 있다. 생물학과 문화의 상호작용은 계속될 것이며 앞으로 수십 년 동안 성 역할은 계속 진화할 수 있을 것이다.

요약 : 우리는 어떻게 문화에 영향을 받는가?

• 문화적 관점은 인간의 다양성, 즉 집단을 정의하고 여러 세대에 걸쳐 전달되는 행동과 아이디어를 강조한다. 한 문화에서 다른 문화에 이르는 태도와 행동의 차이는 우리가 얼마나 문화 규범과 역할의 산물인지를 나타낸다. 문화심리학자들은 또한 모든 사람의 '본질적 보편성'을 검토한다. 예를 들어 문화는 차이점도 있지만, 친구의 사생활을 존중하고 근친상간을 거부하는 등의 많은 공통된 규범을 가지고 있다.

• 문화적 영향의 대부분은 또래에 의해 아동에게 전수된다.

• 가장 많이 연구된 역할(성 역할)은 생물학의 영향을 반영하지만 또한 문화의 강력한 영향을 보여준다. 보편적인 경향은 여성보다 남성이 사회적으로 지배적 역할을 차지한 것이다.

• 성 역할은 문화마다 그리고 시대에 따라 상당한 변화를 보인다.

남성과 여성은 어떻게 유사하고 다른가?

남성과 여성의 유사점과 차이점을 설명한다.

위에서 보았듯이 남녀 차이처럼 생물학과 문화의 상호작용이 더 분명한 곳은 없다. 그렇다면 일반 통념이나 고정관념이 아닌 연구에서 발견된 실제 차이점은 무엇인가?

먼저 남성과 여성이 어떻게 비슷한지 살펴보자. Harris(1998)는 "인간 유전자의 46개 염색체 중 45개는 남녀 공통"이라는 것을 지적한다. 여성과 남성은 그러므로 여러 신체적 특성 및 유아기 발달에서의 중대한 사건들(일어나 앉는 시기, 이가 나고 걷는 시기 등)에 있어 유사하다. 또한 전반적 어휘, 창의성, 지능, 외향성과 행복감 등 여러 심리적 특성에 있어서도 유사하다. 여성과 남성은 동일한 감정과 욕망을 느끼며, 둘 다 자식을 사랑하고, 비슷해 보이는 뇌를 가지고 있다. 실제로 Zell과 동료들(2015)은 106개 메타 분석(각각 수십 개의 연구에 대한 통계 요약)의 개관에서 검토된 대부분의 변인에 대한 공통된 결과는 **성별 유사성**이라고 지적하였다(Hyde, 2018). 대부분의 심리적 특성에서 성별 공통점은 차이보다 크다(Carothers & Reis, 2013; Hyde, 2005). 당신의 '반대의 성'은 실제로는 당신과 유사한 성인 것이다.

물론 명백한 성별 차이도 있다. 남성과 비교하여 평균적 여성은

- 70% 지방분이 더 많고, 40% 근육량이 적으며, 약 13센티미터 작고, 무게는 약 18킬로그램 적다.
- 냄새와 소리에 더 민감하다.
- 불안장애와 우울증을 경험할 확률이 두 배이다(Salk et al., 2017).

여성과 비교하여 평균적 남성은

- 사춘기에 늦게 진입하지만(약 2년 정도), 더 빨리 사망한다(세계적으로 약 4년 정도).
- ADHD(주의력결핍과잉행동장애) 진단을 세 배 더 많이 받고, 자살을 네 배 더 시도하며, 번개로 사망할 가능성이 다섯 배이다.
- 귀를 더 잘 움직일 수 있다.

1970년대에 많은 학자들은 이러한 성차에 대한 연구가 고정관념을 증대시킬 수 있음을 걱정하였다. 성별 차이가 여성의 결핍으로 해석될 것인가? 연구 결과들은 여성에 대한 고정관념을 어느 정도 확인해주기도 하지만(예 : 신체적으로 덜 공격적이고, 돌보기를 더 잘하며, 사회적으로 더 민감한 것 등) 그러한 특성은 남성과 여성 상관없이 많은 사람들에 의해 선호되는 특질이기도 하다(Prentice & Carranza, 2002; Swim, 1994). 대부분의 사람들이 '여성'에 대해 평정한 신념과 정서는 '남성'에 대한 것보다 더 호의적인 것은 놀라운 일이 아니며, 어떤 사람은 이를 "여성은 훌륭해" 효과라 부른다(Eagly, 1994; Haddock & Zanna, 1994).

연구에서 발견한 성차에 대해 논의할 때, 평균적인 차이이지 집단의 모든 구성원에게 적용되는 것은 아니라는 점을 명심해야 한다. 이러한 차이점 중 많은 부분이 자신의 경험에 부합할 수 있다. 하지만 그렇지 않을 수도 있는데 이는 틀렸다는 의미는 아니다. 예를 들어 나(JT)는 여성이지만 쇼핑에 관심이 없다. 연구 결과 여성이 쇼핑에 더 관심 있는 것으로 밝혀지면 나는 예외가 될 것이다. 내가 젊을 때, 여성을 사소하게 보이게 하는 성차(쇼핑과 같은)에 대한 자료를 좋아하지 않았다. 천천히 나는 평균적 여성에게 진실이라고 해서 나에게도 진실이어야 한다는 것

을 의미하지 않는다는 것을 깨닫기 시작했다. 마찬가지로 남성의 경우 공격성 및 폭력과 같은 바람직하지 않은 행동의 성차에 대한 자료가 해당된다. 비록 그것이 평균적으로 사실일지라도 당신에게 사실일 필요는 없다. 책 읽을 때 그것을 명심해야 한다.

독립성과 연결성

개별적 남성은 거친 경쟁부터 돌봄 양육에 이르기까지 다양한 행동과 외형을 보인다. 개별적 여성도 마찬가지다. 20세기 후반의 일부 페미니스트 심리학자들은 이를 부인하지 않으면서도, 여성이 남성보다 가깝고 친밀한 관계를 우선시한다고 주장했다(Chodorow, 1978, 1989; Gilligan, 1982; Gilligan et al., 1990; Miller, 1986). 다음 증거를 고려해보자.

놀이 Maccoby(2002)는 10여 년간의 성별 발달에 대한 연구를 통해 남아에 비해 여아가 더 친근하게 이야기하고, 덜 공격적인 놀이를 한다고 지적한다. 또한 더 작은 집단에서 놀고 종종 한 명의 친구와 이야기한다. 남아들은 좀 더 자주 더 큰 집단 활동에 참여한다(Rose & Rudolph, 2006). 남아는 남아와, 여아는 여아와 놀면서 성차는 더 커진다. 아동 놀이의 성차는 원숭이와 같은 비인간 영장류에서도 나타나며 이는 보편적이고 아마도 생물학적 뿌리를 암시하는 것이다(Lonsdorf, 2017).

우정과 또래 관계 성인이 되면 여성들은 적어도 개인주의 문화권에서는 남성보다 자신을 더 관계적 관점에서 묘사하며, 도움을 더 받아들이고, 관계 관련 정서를 더 경험하고, 타인과의 관계에 적응한다(Addis & Mahalik, 2003; Gabriel & Gardner, 1999; Tamres et al., 2002; Watkins et al., 1998, 2003). 페이스북에서 여성은 좀 더 관계적 단어(친구, 가족, 자매)를 사용하고, 남성은 좀 더 특수한 활동과 아이디어 단어(정치적, 축구, 전투)를 사용한다. 전반적으로 페이스북에서 여성의 언어는 따뜻하고, 좀 더 온정적이며 공손한 반면 남성의 언어는 차갑고 좀 더 적대적이며 비인격적이다(Park et al., 2016). 평균적으로 여성들은 자신의 행동이 다른 사람에게 어떻게 영향을 주는지 의식하며(You et al., 2011), 친구와 더 친밀한 관계를 느낀다(Gorrese & Ruggieri, 2012). Benenson과 동료들(2009)은 "아마도 친밀감에 대한 더 큰 소망 때문에" 대학 첫해에 여성이 남성보다 룸메이트를 바꿀 확률이 두 배나 높다고 보고한다.

여성의 전화 대화는 더 길고, 소녀는 소년보다 두 배 더 많은 문자 메시지를 보낸다(Friebel &

여아들의 놀이는 종종 작은 집단에서 이루어지고 관계성을 모방한다. 남아들의 놀이는 좀 더 경쟁적이거나 공격적이다.

© FatCamera/iStock/Getty Images

© Corbis-All Rights Reserved

Seabright, 2011; Lenhart, 2010; Smoreda & Licoppe, 2000). 여성은 타인과의 관계가 목표일 때 좀 더 오래 이야기하고 남성은 자신의 의견을 주장하고 정보를 제공하는 것이 목표일 때 실제로 더 많이 이야기한다(Leaper & Ayres, 2007). 여성은 더 많은 감정을 표현하는 이메일을 보내는 데 더 많은 시간을 보내고(Crabtree, 2002; Thomson & Murachver, 2001), 페이스북과 같은 소셜네트워킹 사이트에 더 많은 시간을 보낸다(Thompson & Lougheed, 2012). 소년과 남성은 대신 온라인 게임에 더 많은 시간을 보낸다(Lenhart, 2015).

집단에서 여성은 좀 더 자신의 생활을 공유하고 지원을 제공한다(Dindia & Allen, 1992; Eagly, 1987). 스트레스하에서 남성은 '투쟁 또는 도피'로 반응하는 경향이 있고, 위협에 대한 반응은 주로 싸움이다. Taylor(2002)는 거의 모든 연구에서 스트레스에 처한 여성은 '배려와 친교'의 경향이 있으며 친구와 가족에게 지원을 요청한다고 한다. 대학교 1학년 학생들 중 72%의 남성과 82%의 여성이 "어려움에 처한 사람을 돕는 것"은 매우 중요하다고 하였다(Eagan et al., 2017). 독립성과 연결성의 성차는 페이스북의 언어 사용 연구에서 쉽게 볼 수 있다(Schwartz et al., 2013; 그림 5.5).

글쓰기에서 여성은 공동 전치사('with')는 더 많이, 양적 단어는 더 적게, 그리고 좀 더 현재 시제를 사용하는 경향이 있다. 남성은 좀 더 복잡한 언어를 사용하고 여성은 좀 더 사회적 단어와 대명사를 사용한다(Newman et al., 2008). 단어 사용과 문장 구조의 성차를 인식하도록 가르친 컴퓨터 프로그램은 920개 영국 소설과 논픽션 작품 중 80%에서 저자의 성별을 성공적으로 식별하였다(Koppel et al., 2002).

대화에서 남성의 스타일은 독립성에 대한, 여성은 연결성에 대한 관심을 반영한다. 남성은 힘 있는 사람들이 주로 하는 행동을 하는 경향이 높아서 단정적으로 말하고, 방해하고, 손으로 건드리고, 더 많이 응시하고, 미소 짓는 일이 적다(Leaper & Robnett, 2011). 예를 들어 미국 대법원에서 여성은 남성 동료들에 의해 균형이 안 맞을 정도로 중단된다(Jacobi & Schweers, 2017). 여성의 관점에서 결론을 진술하면, 여성의 영향력 스타일은 보다 간접적이어서, 덜 방해하고, 좀 더 세심하며, 정중하고, 덜 잘난 체하고, 제약되고, 방해받는다. 그렇다면 1990년대 베스트셀러 제목처럼 남성은 화성에서, 여성은 금성에서 왔다고 선언하는 것이 옳은가? 실제로 Deaux와 LaFrance(1998)에 따르면 남성과 여성의 대화 스타일은 사회 맥락에 따라 다르다. 우리가 남성에게 귀인하는 대부분의 유형은 지위와 권력의 위치에 있는 사람들(남성과 여성)에게 전형적인 것이다(Hall et al., 2006; Pennebaker, 2011). 예를 들어 학생은 동료와 이야기할 때보다 교수와 이야기할 때 더 *끄덕*이고, 그리고 여자들은 남자들보다 더 *끄덕*인다(Helweg-Larsen et al., 2004). 남성 또는 높은 지위 역할의 사람들은 더 크게 말하고 더 많이 방해하는 경향이 있다(Hall et al., 2005). 더 나아가 개인은 다양해서 어떤 남성은 주저하고, 어떤 여자는 주장적이다. 여성과 남성이 다른 행성에서 왔다는 것을 제안하는 것은 크게 단순화한 것이다.

직업 일반적으로 여성은 사람과 관련된 직업(교사, 의사)에, 남성은 사물을 다루는 직업(트럭운전사, 엔지니어)에 더 관심이 있다(Diekman et al., 2010; Eagly, 2009, 2017; Lippa, 2010; Su et al., 2009). 여성은 남성보다 수학 집중적인 진로에 관심이 덜하다

여성이 사람에게 집중하는 직업에 더 관심을 가진다면 의학도 결국 여성 지배적인 직업이 될 수 있다.

© Rocketclips, Inc./Shutterstock

그림 5.5
7만 명 이상 페이스북 사용자 사이에 성차가 가장 큰 단어 및 문구
본 자연어 연구에서 독립성과 연결성의 성차는 남성의 욕설 경향, 여성의 쇼핑 치중처럼 명백하다. 빨간색 군집은 성차가 가장 큰 특수 주제를 나타낸다.

(a~b) : 출처 : Schwartz, H. A., Eichstaedt, J. C., Kern, M. L., Dziurzynski, L., Ramones, S. M., Agarwal, M., Shah, A., Kosinski, M., Stillwell, D., Seligman, M. E. P., & Ungar, L. H. (2013).

(Lubinski & Benbow, 2006). 또 다른 차이점은 남성은 불평등을 심화시키는 직업(검사, 기업광고)에 더 끌리고, 여성은 불평등을 줄이는 직업(국선변호인, 자선단체 광고사업)에 끌린다(Pratto et al., 1997). 64만 명을 대상으로 한 직업선호 연구에 따르면 여성보다 남성이 소득, 승진, 도전 및 권력을 중요하게 생각하며, 남성보다 여성이 좋은 시간, 개인적 관계 및 다른 사람을 도울 수 있는 기회를 중요하게 여긴다(Konrad et al., 2000; Pinker, 2008). 실제로 북미 지역에서는 사회복지사, 교사, 간호사와 같은 돌봄 직업에서 여성이 남성보다 많다. 최근 몇 년 동안 몇 가지 변화가 있었다. 2010년에 이스라엘 청년 사이에 경영인 직업에 대한 남녀 차이가 없었으나 1990년에는 남성이 이 직업을 더 선호하였다. 그러나 기술직에서는 여전히 남성이 여성보다 선호가 높

았다(Gati & Perez, 2014). 2012년에는 젊은 여성의 66%가 고임금 직업에서 성공하는 것이 중요하다는 데 동의하였는데 이는 젊은 남성의 59%보다 높은 것이다(Patten & Parker, 2012).

가족관계 어머니, 딸, 자매, 할머니로서의 여성의 연결성은 가족을 묶는다(Rossi & Rossi, 1990). 아이가 태어나면 부모(특히 여성)는 그들의 젠더 관련 태도와 행동은 좀 더 전통을 따른다(Ferriman et al., 2009; Katz-Wise et al., 2010). 여성은 남성보다 아이들 돌봄에 약 두 배의 시간을 소비한다(BLS, 2017). 남성과 비교하여 여성은 선물과 인사말 카드를 세 배 더 구입하며, 개인적 편지를 2~4배 더 쓰고, 친구와 가족에게 10~20% 더 장거리 전화를 한다(Putnam, 2000). 전 세계에서 무작위로 선택한 500개의 페이스북 페이지에서 여성은 가족 사진을 더 많이 올리고, 정서를 더 많이 표현하며 남성은 지위나 위험 부담을 보일 가능성이 높았다(Tiffert & Vilnai-Yavetz, 2014).

미소 미소 짓는 것은 물론 상황에 따라 다르다. 400여 개의 연구들에 의하면 여성의 광범위한 연결성은 일반적으로 더 높은 미소의 비율로 나타난다(Fischer & LaFrance, 2015; LaFrance et al., 2003). 예를 들어 LaFrance(1985)는 9,000장의 대학 앨범 사진을 분석하였는데, 여성들이 더 자주 미소 짓고 있는 것을 발견하였으며 Halberstadt와 Saitta(1987)는 1,100장의 잡지와 신문의 사진들, 그리고 쇼핑몰, 공원, 거리에서 만난 1,300명을 연구하였는데 마찬가지였다. 분명 남아들은 11세까지 많이 웃지 않는 법을 배운다. 남아와 여아는 초등학교 사진에서는 비슷하게 자주 미소 짓지만 6학년이 되면 여아는 남아보다 훨씬 더 웃는다(Wondergem & Friedmeier, 2012).

공감 설문 조사에서 여성은 자신이 **공감**(empathy)을 가지거나 또는 다른 사람이 느끼는 감정을 느낄 수 있다고 기술할 가능성이 훨씬 높아서, 기뻐하는 사람과 함께 기뻐하고 눈물을 흘리는 사람과 함께 눈물을 흘린다(Chopik et al., 2017; O'Brien et al., 2013). 공감의 차이는 실험실 연구로도 이어진다.

공감
타인 정서의 대리 경험. 다른 사람의 입장이 되어보는 것

- 그림을 보여주거나 이야기를 들려주면 여아는 더 공감을 표현한다(Hunt, 1990).
- 실험실이나 실제 생활에서 속상한 경험을 하게 되면 여성은 남성보다 비슷한 경험을 하는 다른 사람들에게 더 공감을 표시한다(Batson et al., 1996).
- 고통스러운 충격을 받는 사람을 관찰한 여성의 공감 관련 뇌 회로는 남성이 나타내지 않는 증가된 활동성을 보인다(Singer et al., 2006).

이 모든 차이점은 왜 여성과 남성 모두 남성과의 친구관계보다는 여성과의 친구관계가 더 친밀하고 즐겁고 배려적이라고 여기는지 설명해준다(Rubin, 1985; Sapadin, 1988). 만일 당신이 공감과 이해를 원한다면 당신의 기쁨과 고통을 말할 수 있는 그 누구에게 갈까? 대부분의 남성과 여성은 보통 여성에게 간다.

이러한 남성-여성의 공감 차이에 대한 한 가지 설명은 여성은 타인의 정서를 알아차리는 것에 더 뛰어나다는 것이다. Hall(1984, 2006)은 비언어적 신호에 대한 여성과 남성의 민감성을 조사한 125개 연구를 분석한 결과 여성이 일반적으로 타인의 정서적 메시지를 해독하는 데 더 우월하다고 하였다. 예를 들어 2초짜리 무성 영화에 고통스러운 여성의 얼굴을 보여주면 여성들은 영화 속의 여성이 누군가를 비판하는 것인지 또는 이혼에 대한 토론을 하는 것인지에 대해 정확하게 추측한다. 또한 다른 사람들의 외모를 기억하는 데 남성보다 훨씬 낫다(Mast & Hall, 2006).

마지막으로, Hall은 여성이 비언어적으로 정서를 표현하는 데 더 능숙하다고 말한다. Coats와 Feldman(1996)은 이것은 특히 긍정적인 정서에 해당된다고 말한다. 연구자들은 사람들에게 행복하고 슬프고 화났던 시간들에 대해 이야기하게 하였다. 그리고 약 5초간 행복한 보고에 대한 무음 비디오를 보여주면 관찰자들은 여성의 정서를 남성의 정서보다 더 정확하게 알아차렸다. 남성은 그러나 분노의 전달에 약간 더 성공적이었다.

사회 지배성

두 사람을 상상해보자 : 하나는 "대담하고, 독재적이고, 거칠고, 지배적이며, 힘 있고, 독립적이고, 강하다". 다른 한 사람은 "따뜻하고, 의존적이며, 꿈이 많고, 정서적이고, 복종적이고, 약하다". 첫 번째 사람이 남성이고 두 번째 사람은 여성이라고 여기는 것은 당신 혼자뿐이 아니라고 Williams와 Best(1990, p. 15)는 알려준다. 아시아에서 아프리카까지, 유럽에서 호주까지, 사람들은 남성들이 더 지배적이고, 충동적이고, 공격적이라 평가한다. 70개국의 8만 명을 조사한 연구에서는 남성은 여성보다 권력과 성취를 중요하게 생각한다고 평가하였다(Schwartz & Rubel, 2005).

이러한 지각과 기대는 실제와도 일치한다. 본질적으로 모든 사회에서 남성은 사회적으로 지배적이다(Pratto, 1996). Hegarty와 동료들(2010)이 관찰한 것은 시대에 관계없이 남성의 직위와 이름이 먼저 온다는 것이다: '왕과 왕비', '그와 그녀', '남편과 아내', '미스터와 미시즈', '빌과 힐러리'. 세익스피어는 줄리엣과 로미오 또는 클레오파트라와 안토니와 같은 제목의 연극을 쓰지 않았다.

앞으로 살펴보겠지만 성별 차이는 문화에 따라 큰 차이가 있고, 많은 산업화된 사회에서는 여성이 더 많은 관리직 및 리더십 직책을 맡음에 따라 성별 차이가 줄고 있다(Koenig et al., 2011). 그러나

- 2017년에 여성은 전 세계 국회의원의 24%에 불과했다(IPU, 20017).
- 남성은 여성보다 사회 지배성에 더 관심이 있고, 집단 불평등을 유지하는 보수적 정치 후보와 정책을 더 선호할 가능성이 크다(Eagly et al., 2004; Sidanius & Pratto, 1999).
- 모든 배심원의 반은 남성인데 배심원의 대표로 뽑힌 사람의 대다수는 남성이며 또한 남성은 대부분의 특별 집단에서도 지도자 역을 맡는다(Colarelli et al., 2006; Hastie et al., 2002).
- 영국에서 남성은 100대 기업 이사회 직위의 74%를 차지한다(BIS, 2015).
- 세계은행에 따르면 대부분의 국가에서 여성의 임금은 평균 남성 임금의 60~75%이다(World Bank, 2012). 이 임금 격차의 약 5분의 1만이 교육, 업무 경험 또는 직무 특성의 성별 차이로 인한 것이다(World Bank, 2003).

많은 연구에서 사람들은 리더가 문화적으로 남성적 특성을 지녔다고 인식한다. 이를테면 더 자신감 있고 강력하며 독립적이며 대담하게 말한다(Koenig et al., 2011). 추천서를 작성할 때 사람들은 남성 후보자를 묘사할 때 '주도적(agentic)'과 같은 형용사를 사용하고, 여성 후보자를 묘사할 때는 '연대적(communal)' 형용사(도움, 친절, 동정심, 양육, 재치)를 더 많이 사용한다(Madera et al., 2009). 그 결과는 리더십 역할에 지원하는 여성에게 불리할 수 있다. 여성이 지배적인 방식으로 행동하면 종종 여성은 덜 바람직하다고 여겨지고(Williams & Tiedens, 2016), 또

다른 장벽을 만든다.

남성의 의사소통 방식은 그들의 사회 권력과 관련된다. 리더십 역할에서 남성은 지시적이고 과제 중심적 지도자로 뛰어난 경향이 있고, 반면 여성은 '변혁적' 또는 '관계적' 리더십에 뛰어나서 팀 정신을 고취하는 감화와 사회적 기술로 점점 더 많은 조직체에서 선호된다(Pfaff et al., 2013). 남성은 여성보다 승리, 출세, 타인을 지배하는 것을 우선시한다(Sidanius et al., 1994). 이것은 왜 남성 지도자에 대한 사람들의 선호가 집단 내 갈등보다는 국가 간 전쟁과 같은 집단 간 경쟁의 경우에 더 큰지 설명해줄 수 있다(Van Vugt & Spisak, 2008).

남성은 여성보다 신체적 · 재정적 위험을 감수할 가능성이 높다.

남성의 더 큰 사회적 권력은 위태로운 남성 현상으로 알려진 바대로, 잃는 것을 두려워할 수 있으므로 전적으로 긍정적인 것은 아니다(Kroeper et al., 2014; Vandello & Bosson, 2013). 많은 문화권에서 남성성은 무언가를 획득하고 방어해야 하는 것으로 여겨진다. Vandello와 Bosson이 지적한 것처럼 "우리는 어려움에 직면했을 때 [남자]에게 '남자답게' 굴기를 간청하고 누군가가 그 직무를 '할 만한 그릇'인지 묻는다… 반면, 여성이 '진정한 여성'인지 '충분한 여성'인지에 대해 의문이 제기되는 경우는 드물다(2013, p. 101). 여성이 남성으로 식별되는 것보다 남성이 여성으로 식별되는 것에 대해 훨씬 더 우려한다(Bosson & Michniewicz, 2013). 아마도 남자가 여자보다 게이 남자에 대해 편견을 가질 가능성이 높은 이유일 것이다(Carnaghi et al., 2011; Glick et al., 2007). 남성은 남성 상사보다는 여성 상사가 있을 때 좀 더 적극적으로 행동함으로써 남성성을 더 방어한다(Netchaeva et al., 2015).

남성은 또한 충동적으로 행동하고 더 많은 위험을 감수하는데(Byrnes et al., 1999; Cross et al., 2011; Petraitis et al., 2014), 이는 아마도 그들이 남성성을 증명하려 들기 때문이다(Parent et al., 2017). 3만 5,000명의 주식 중개인 자료의 연구에 따르면 "남자는 여자보다 지나치게 자신감이 많으므로" 45% 더 많은 주식 거래가 이루어진 것을 발견하였다(Barber & Odean, 2001a). 주식 거래는 돈이 들고 남성의 거래가 더 성공적이지 않기 때문에, 남성들은 주식 시장에서 2.65%의 성과 부족을 보이고 반면 여성은 1.72%의 성과 부족을 보인다. 남성들의 거래는 더 모험적이고 때문에 더 가난하다. 남녀평등 수준이 높은 핀란드에서도 남성은 주식 보유에 더 많은 위험을 감수한다(Halko et al., 2012). 그러나 남성과 여성은 좋지 않은 의견을 표현하는 등의 사회적 위험 감수에는 차이가 없다(Harris et al., 2006).

공격성

심리학자들은 **공격성**(aggression)을 의도적으로 타인을 상해하는 행동이라고 본다. 전 세계적으로 사냥하고 싸우고 전쟁하는 것은 원래 남성의 활동이다(Wood & Eagly, 2007). 조사에 의하면 남성은 여성보다 더 공격성을 인정한다. 실험실 연구에서 남성은 실제로 공격성을 더 드러내는데, 예를 들어 위험한 전기쇼크라고 여기는 신체적 공격을 더 실행한다(Knight et al., 2002). 캐나다와 미국에서 살인으로 구속된 사람은 남성이 여성보다 여덟 배 많다(Statistics Canada, 2010; FBI, 2017). 거의 모든 자살 테러리스트는 젊은 남성이다(Kruglanski & Golec de Zavala, 2005). 또한 거의 모든 전쟁 사망자와 사형수도 남성이다.

하지만 성차는 또한 맥락과 함께 변한다. 만일 어떤 도발이 있는 경우이면 성차는 감소한다

공격성

누군가를 의도적으로 해치는 신체적 또는 언어적 행동. 실험연구에서는 전기쇼크를 가하거나 누군가의 감정을 상하게 말하는 것을 의미할 수 있다.

(Bettencourt & Kernahan, 1997; Richardson, 2005). 그리고 덜 공격적인 공격 유형에서는(예 : 가족 폭행이나, 무언가를 던지고, 언어적 공격을 하는 것은) 여성이 남성보다 덜 하지 않으며 더 공격적일 수 있다(Archer, 2000; Björkqvist, 1994; White & Kowalski, 1994). 또한 여성은 악의적 가십을 퍼뜨리는 등 간접적 공격 행동을 할 가능성이 약간 높다(Archer, 2009). 그러나 전 세계에서 그리고 모든 연령대에서 남성은 더 빈번하게 신체적 공격으로 타인에게 해를 입힌다.

성생활

성적 자극에 대한 생리적 · 주관적 반응은 남성과 여성이 "상이하다기보다는 더 유사하다"(Griffitt, 1987). 차이점은 그 이전에 무슨 일이 있는가이다. 검토해보자:

- 어느 날 캠퍼스를 걷고 있는데 매력적인 다른 성별의 구성원이 다가온다고 상상해보자. "안녕하세요, 얼마 전 캠퍼스 주변에서 당신을 보았고 매우 매력적이라 생각했어요. 오늘 밤 나와 함께 섹스하시겠어요?"라고 그/그녀가 묻는다. 당신은 어떻게 하겠는가? 단 한 명의 여성도 동의하지 않았으며, 남성 4명 중 3명은 동의하였다(Clark & Hatfield, 1989). 대신 데이트를 할 것인지 물었을 때는 남녀 모두 약 절반이 동의하였다(Clark, 1990; Clark & Hatfield, 1989).
- 호주의 한 조사에서 "나는 다양한 파트너와 일시적인 성행위를 부담 없이 즐길 수 있다고 생각한다"의 질문에 48%의 남성과 12%의 여성이 동의하였다(Bailey et al., 2000). 48개국 연구에 의하면 자유로운 성생활에 대한 찬성 의견은 나라마다 달라서 비교적 문란한 핀란드부터 비교적 한 파트너하고만 하는 타이완까지 다양하다(Schmitt, 2005). 그러나 조사된 모든 나라에서 무제한적 성행위를 더 열망하는 사람은 남성인 것으로 나타났다. 이러한 성차는 게이 남성과 레즈비언 여성 사이에서도 나타난다(Howard & Periloux, 2017). 남성과 여성은 분명히 비슷한 수준의 자제력을 가지고 있지만, 남성의 성적 충동이 더 강해서 남성의 성적 유혹이 더 자주 발생한다(Tidwell & Eastwick, 2013).
- 임의로 추출된 18~59세의 미국인 3,400명을 조사한 바에 의하면 여성(48%)의 절반인 남성(25%)이 동정을 잃은 이유로 파트너에 대한 애정을 언급하였다. 18~25세인 대학생 표본에서, 개인차가 많이 있었지만 평균 남자는 한 시간에 한 번 정도, 평균 여자는 약 2시간에 한 번 정도 성행위를 생각했다(Fisher et al., 2011). 또 다른 연구에 의하면 남성은 여성보다 음식과 수면에 대해 더 많이 생각하며, 모든 욕구에 대해 더 많이 생각할 수 있다고 제안한다(Fisher et al., 2012). 남자는 또한 여자보다 자위를 더 자주한다(Peterson & Hyde, 2011).

성적 태도에서의 성차는 행동으로 이어진다. "전 세계 어느 곳이든 거의 예외 없이 남성이 더 성행위를 주도한다"고 비교문화 심리학자인 Segall과 동료들은 보고한다(1990, p. 244).

레즈비언과 비교하면 게이는 구속적이지 않은 성행위에 관심이 더 많고, 더 빈번하며, 포르노그래피에 더 관심을 가지고, 시각적 자극에 더 반응하며, 상대의 매력에 더 관심이 있다(Peplau & Fingerhut, 2007; Rupp & Wallen, 2008; Schmitt, 2007). 미국 레즈비언의 47%는 헌신적 파트너 관계를 유지하며, 이는 게이 남성(24%)의 두 배이다(Doyle, 2005). Pinker(1997)의 관찰은 "이것은 게이가 더 과도한 성생활을 하는 것을 의미하는 것이 아니라 단지 그들이 다른 남성의 욕구를 여성의 욕구보다 더 살피는 남성들이기 때문"이라고 설명한다.

실제로 남성은 성에 대해 더 환상을 가지고, 더 관용적인 태도를 가지고, 더 많은 상대를 찾을 뿐 아니라 또한 더 빨리 흥분하고, 더 빈번한 성행위를 원하고, 더 자주 자위를 하며, 포르노그래피를 사용하고, 독신 생활에 덜 성공적이고, 성행위를 거절하지 못하며, 더 위험을 찾고, 성행위를 위해 더 많은 자원을 소비하고, 성적 다양성을 선호한다(Baumeister et al., 2001; Baumeister & Vohs, 2004; Petersen & Hyde, 2011). 그림 5.6은 한 국가적 설문조사에서 포르노그래피 사용의 큰 성차를 보여준다(Carroll et al., 2017).

다른 조사에서는 52개국 1만 6,228명을 대상으로 다음 달에 몇 명의 성적 파트너를 원하는가를 물었다. 결혼하지 않은 사람들 중 남자의 29%, 여자의 6%는 한 명 이상의 파트너를 원했다(Schmitt, 2003, 2005). 이 결과는 이성애자와 동성애자가 거의 일치하고 있다(29%의 게이 남성과, 6%의 레즈비언은 한 명 이상의 파트너를 원했다).

"어디에서든 성행위란 남성이 원하는 것을 여성이 가지고 있는 것으로 이해된다"고 인류학자인 Symons(1979, p. 253)는 언급한다. 이에 대해 Baumeister와 Vohs는 놀랄 일이 못 된다고 말한다. 어느 문화이든 여성의 성행위는 남성의 성행위보다 더 큰 가치를 가지고, 이것은 성매매와 구혼의 불균형에서도 잘 나타난다. 남성들은 여성의 성적 참여를 유도하기 위한 암묵적 교환에 주로 금품을 제공하고, 선물, 칭찬, 헌신을 제공한다. 성의 경제학에 있어 여성은 성행위를 위해 좀처럼 돈을 지불하지 않는다. 마치 노동조합이 '파업 반대자'들을 자신들의 노동 가치를 떨어뜨리기 때문에 반대하는 것처럼 대부분의 여성들은 자신들의 성행위의 가치를 떨어뜨리는 다른 여성들의 '싼 성행위' 제공에 반대한다. 185개국을 망라하여 획득 가능한 남성이 희귀하면 할수록 십 대의 임신 비율은 증가하는 것을 볼 수 있다. 그 이유는 남성이 드물기 때문에 여성은 헌신이라는 이름하에 싼 가격으로 성행위를 제공하는 것을 서로 경쟁하기 때문이다(Barber, 2000; Baumeister & Vohs, 2004; Moss & Maner, 2016). 요즘 많은 대학 캠퍼스에서 남성이 부족하다(학생의 43%에 불과). 아마도 이것이 더 많은 캠퍼스에서 약속되지 않은 결합을 선호하는 사회 규범이 존재하는 이유일 것이다(Wade, 2017). 대조적으로 중국과 인도의 경우처럼 여성이 부족

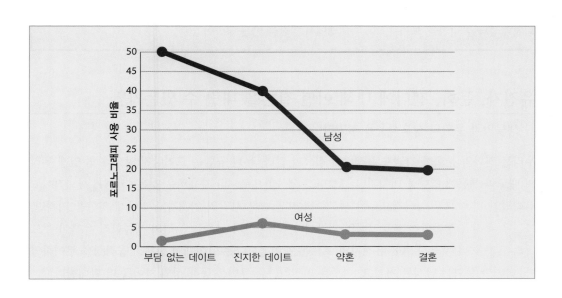

남자 매춘부

"오! 아가씨, 당신 말을 들어줄게, 밤새도록 듣겠어"

© Alex Gregory. All rights reserved. Used with permission.

그림 5.6
포르노그래피 차이
이성애 커플에 대한 대규모 전국 조사는 포르노그래피 소비에서 상당한 성별 격차를 발견하였다.

출처 : Carroll, J. S., Busby, D. M., Willoughby, B., J., Brown, C. C. (2017).

(세로축: 포르노그래피 사용 빈도)
(가로축: 부담 없는 데이트, 진지한 데이트, 약혼, 결혼)
남성
여성

© Ingram Publishing

많은 대학 캠퍼스에서 성관계는 종종 약속한 관계보다는 일회적 만남을 통해 이루어진다. 연구에 따르면 이는 특히 남성에게 매력적인 시스템이다.

한 곳에서는 그들의 성행위의 시장 가치가 상승하고, 남성에게 더 큰 헌신을 명할 수 있다.

성적 상상 역시 성차를 나타낸다(Ellis & Symons, 1990). 남성 지향적 에로물에서 여성들은 구속되어 있지 않고 욕망에 사로잡혀 있다. 여성이 주로 읽는 연애 소설에서는 강한 남성이 여주인공에 대한 헌신적인 열정으로 감정적으로 소비된다. 이것을 주장하는 것은 단지 사회과학자들뿐이 아니다. 익살꾼인 Barry(1995)는 "여성은 전체 구성이 오로지 한 남성과 한 여성이 서로를 열망하는 줄거리로 짜여진, 그러나 절대 서로 관계를 갖지 못하는 내용의 4시간짜리 자막이 달린 영화에 매료될 수 있다"고 하였다. "남성은 그런 것을 증오한다. 남성은 아마도 45초의 갈망을 할 수 있고 모두가 알몸이기를 원한다. 그리고 자동차 추격전이 뒤따른다. '벌거벗은 사람들의 자동차 추격'이라는 영화는 남성들의 실제인 것이다"고 풍자한다.

형사들이 미덕보다는 범죄에 더 흥미를 느끼는 것처럼 심리학적 탐정은 유사성보다는 상이성에 더 흥미를 느낀다. 그러므로 우리 스스로 상기해보자 : 개인적 차이는 성별 차이를 능가한다. 여성과 남성은 거의 '반대' 성이다. 그들은 2개의 포개진 손처럼 비슷하나 같지 않고, 서로 잡을 때처럼 잘 맞지만 차이가 난다.

요약 : 남성과 여성은 어떻게 유사하고 다른가?

- 남아와 여아, 남성과 여성은 여러 면에서 비슷하다. 그러나 그들의 차이점은 유사점보다 더 많은 관심을 끈다.
- 사회심리학자들은 독립성과 연결성의 성차를 탐구하였다. 여성은 일반적으로 더 많은 배려를 하고 더 많은 공감과 정서를 표현하며 자신을 좀 더 관계 측면으로 정의한다.
- 남성과 여성은 또한 상이한 사회지배성과 공격성을 보이는

경향이 있다. 거의 모든 지구상의 문화에서 남자들은 더 많은 사회적 힘을 가지고 있고, 여성보다 육체적 공격에 참여할 가능성이 높다.
- 성행위는 성차가 두드러지는 또 다른 영역이다. 남성은 좀 더 자주 섹스를 생각하고 주도하며 반면 여성의 성욕은 정서적 열정에서 영감을 받는 경향이 있다.

유전자, 문화, 젠더에 대해 어떤 결론을 내릴 수 있는가?

生물학과 문화의 상호작용을 설명한다.

우리는 진화와 문화를 경쟁자로 생각할 필요가 없다. 문화 규범은 드러나지 않으나 힘 있게 우리의 태도와 행동에 영향을 미치지만 그렇다고 생물학으로부터 자유로운 것은 아니다. 사회적이고 심리적인 것은 모두 궁극적으로는 생물학적이다. 다른 사람의 기대가 우리에게 영향을 미치면, 그것은 우리의 생물학적 프로그램의 일부이다. 더 나아가 문화는 우리의 생물학적 유산이 주도하려는 것을 더 부각시킨다. 유전자와 호르몬은 여성보다는 남성에게 신체적 공격성을 부여하였다. 하지만 문화는 남성은 거칠고, 여성은 친절하다는 규범을 통해 성의 차이를 더 확대한다.

생물학과 문화도 역시 **상호작용**(interaction)한다. 유전 과학의 발전은 뇌를 변화시키기 위해 경험이 어떻게 유전자를 사용하는지 보여준다(Carlson et al., 2014; Quartz & Sejnowski, 2002). 환경 자극은 새로운 뇌 세포 분기 수용체를 생산하는 유전자를 활성화할 수 있다. 시각 경험은 뇌의 시각 영역을 발달시키는 유전자를 활성화시킨다. 부모의 접촉은 자손이 미래의 스트레스에 잘 대처하도록 도움이 되는 유전자를 활성화시킨다. 유전자는 고정 불변인 것이 아니며 우리의 경험에 적응적으로 반응한다.

이 장의 앞부분에서 언급했듯이, **후성유전학 분야**(유전학에 '덧붙여'를 의미)는 환경이 유전자 표현을 유발하는 메커니즘을 탐구한다. 다이어트, 약물, 스트레스, 아동 학대는 모두 유전적 표현을 조절할 수 있다(Champagne & Mashoodh, 2009; McGowan et al., 2010; Yang et al., 2013). 동물 연구에 따르면 후성유전학적 변화는 여러 세대에 걸쳐 전수될 수 있다. 예를 들어 임산부가 독소나 건강하지 못한 다이어트에 노출되면 효과는 아기뿐 아니라 그의 자손('손자')에게도 나타난다(De Assis et al., 2012). 지금까지 인간에 대한 연구는 환경이 어떻게 유전적 경향을 변화시키는지에 초점을 두었다. 예를 들어 자주 싸우는 가정에서는 모두가 불안하기 때문에 불안에 대한 유전자의 예측은 감소한다. 그러나 가족이 상당히 고요하면, 오로지 유전적으로 불안하기 쉬운 사람들만 불안해하므로, 유전학은 더 많은 영향을 미친다(Jang et al., 2005). 전반적으로 후성유전학의 과학은 환경 요소가 전 생애에 걸친 생물학적 변화를 조성하여 자연과 양육이 함께(독립적이 아니라) 작용한다는 것을 보여준다고 주장한다.

생물학적 특성이 환경의 반응 방식에 영향을 미칠 때, 생물학과 경험도 서로 상호작용한다. 남성이 여성보다 8% 더 크고, 평균 두 배에 이르는 근육량을 갖는 것은 여성과는 다른 삶의 경험을 하게 한다. 또는 이것을 고려해보자: 아주 강력한 문화적 규범이 남성이 여성 파트너보다 커야 한다고 지시하면 남성은 우연히 예측할 수 있는 것보다 더 많은 커플들에서 여자보다 키가 크다(Stulp et al., 2013). 사후적으로 우리는 심리학적 설명을 추측할 수 있다: 아마도 키가 더 큰 것은 남자가 여자에 대한 사회적 권력을 유지하는 데 도움이 되기 때문인지도 모른다. 하지만 또한 문화 규범을 중시하는 진화적 현명함을 가정할 수 있다: 만일 사람들이 자신과 같은 키의 파트너를 선호한다면, 아주 키가 큰 남자와 아주 작은 여자는 파트너를 얻지 못할 수 있다. 이와 같이 진화는 남성이 여성보다 더 크도록 지시하고, 문화는 커플에게 이것을 지시한다. 그래서 키의 규범은 생물학과 문화의 결과일 수 있다.

Eagly(2009, 2017)와 Wood(Eagly & Wood, 2013; Wood & Eagly, 2007)는 생물학과 문화의 상호작용을 이론화하였다(그림 5.7). 그들은 생물학적 영향과 아동기 사회화를 포함한 다양한 요인들이 성적 분업화를 유발한다고 믿는다. 성인의 삶에 있어 사회 행동의 성차를 야기하는 직접적 원인은 성별 분업화를 투영하는 역할이다. 남성들은 생물학적으로 강인함과 속도가 주어졌기 때문에 신체적 힘이 요구되는 역할을 찾는 경향이 있다. 여성의 출산과 모유 수유능력은 여성을 더 양육적 역할로 기울게 한다. 그런 다음 각 성은 그러한 역할의 수행에 기대되는 행동을 보이고, 그에 따라 기술과 신념을 조성하게 된다.

유전자와 환경은 상호작용한다. 가족이 고요하고 행복할 때, 불안의 유전적 변화는 더 어려운 환경에 있을 때보다 더 큰 영향력을 가진다.

상호작용
한 요인(예 : 생물학)의 효과가 다른 요인(예 : 환경)에 의존적인 관계

여자가 남자보다 키가 큰 커플을 보는 것은 여전히 흔하지 않다. 그것은 생물학, 문화, 또는 아마도 둘 다에 기인할 수 있다.

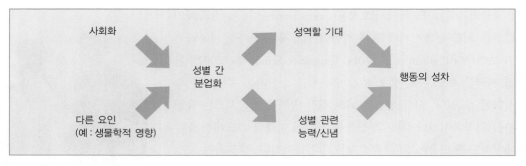

그림 5.7
사회 행동에서의 성차의 사회역할이론
상이한 아동기 경험과 요인들의 영향은 남성과 여성을 상이한 역할로 향하게 한다. 이것은 남성과 여성의 행동에 영향을 미치는 다양한 역할과 관련된 기대와 기술과 신념이다.

출처 : Adapted from Eagly, A. (1987).

자연과 양육은 '얽힌 거미줄'이다. 역할 할당이 좀 더 동등해짐에 따라 Eagly는 성차가 '점차 감소할 것'으로 예측한다.

실제로 Eagly와 Wood는 성 역할 평등이 강한 문화에서는 파트너 선호의 성차(남성은 젊고 가사 능력이 있는 여성, 여성은 지위와 잠재력이 있는 남성)가 적다는 점을 지적한다. 마찬가지로 여성이 과거 남성의 분야인 직종에 진출하는 일이 많아짐에 따라 자기보고로 이루어진 주장성의 성차가 감소했다(Twenge, 1997). 남성과 여성이 좀 더 유사한 역할을 수행함에 따라 심리적 차이는 사라지지는 않지만 어느 정도 줄어든다('숨은 이야기 : Alice Eagly의 성별 유사성과 차이에 대해' 참조).

그러나 전부가 아니라고 Schmitt과 그의 국제적 동료들은(2008, 2016)은 보고한다. 55개국에서 여성들은 더 외향성, 우호성 및 성실성을 보고한다. 이러한 성차는 부유하고, 교육받고, 평등한 국가(놀랍게도!)에서 가장 크다. 불운한 경제적 · 사회적 맥락에서는 "한 개인의 고유한 성격 특성의 발달은 더 제한적"이라고 Schmitt는 제안한다.

숨은 이야기

Alice Eagly의 성별 유사성과 차이에 대해

나는 1970년대 초에 성별에 대한 연구를 시작했다. 당시의 많은 페미니스트 심리학자들과 마찬가지로 나는 문화적 성 고정관념에도 불구하고 여성과 남성은 일반적으로 그들의 심리학과 사회적 행동에서 동등하다고 가정했다. 수년에 걸쳐 나의 견해는 상당히 발전하였다. 나는 여성과 남성 간에, 특히 성 규범이 중요해지는 상황에서 몇몇 사회적 행동이 다르다는 것을 발견했다. 또한 과학자들이 좁게 정의한 심리적 변인의 특성에서 물러나서 여성과 남성 심리학의 일반 주제를 검토하면 여성과 남성은 상당히 다르다. 특히 여성은 남성보다 다른 사람에 대한 따뜻함과 관심과 같은 친교를 더 나타내는 경향이 있다. 남성은 여성보다 지배성과 경쟁을 더 나타내는 경향이 있다. 사람들은 이러한 주제 관련 차이가 여성에게 불리하다고 가정해서는 안 된다. 대신, 이러한 경향은 타인의 관심에 더 잘 적응하는 경향이 일반적으로 감탄을 일으키며 많은 상황에서 자산이 될 수 있다. 사실 여성 고정관념은 일반적으로 남성 고정관념보다 더 긍정적이다. 그러나 여성에 대한 기대에서 중요한 친절함과 양육의 질은 독단적이고 경쟁적인 행동을 요구하는 상황에서는 힘과 효율성을 떨어뜨릴 수 있다.

Alice Eagly
노스웨스턴대학교

Alice Eagly 제공

생물학이 남성에게 강한 과제와 여성에게 아동 보살피기의 속성을 주긴 하지만 또한 "남성과 여성의 생물학은 한 개인이 모든 수준의 역할을 성공적으로 수행할 만큼 충분히 약하다"고 Eagly와 Wood는 결론을 내린다. 오늘날 높은 지위와 고도의 기술을 요하는 직업에서 남성의 키와 공격성은 점차 중요성을 잃고 있다. 더 나아가 감소하는 출산율은 여성이 임신과 양육에 덜 얽매인다는 것을 의미한다. 결과적으로 경쟁의 압박에 처해진 고용주가 성별 구분 없이 최고 재능을 가진 사람을 고용하는 것은 필연적으로 성평등의 향상을 가져올 것이다.

요약 : 유전자, 문화, 젠더에 대해 어떤 결론을 내릴 수 있는가?

• 생물학적 · 문화적 설명이 모순적일 필요는 없다. 실제로 그들은 **상호작용**한다. 생물학적 요인은 문화적 맥락에서 작동하며 문화는 생물학적 기초를 기반으로 한다. 후성유전학 분야의 새로운 연구에 따르면 유전자는 일부 환경에서는 발현되고 다른 환경에서는 발현되지 않는다.

후기 :
우리는 스스로를 생물학 또는 문화의 산물로 보아야 하는가?

생물학 또는 문화가 우리에게 더 큰 영향을 미치는지 고려할 때 우리는 잘못된 질문을 할 수 있다. 대신 우리는 생물학과 문화가 함께 우리를 만드는 것을 고려할 수 있다. 특히 새로운 후성유전학 과학에서 문제는 점차로 서로 대결하는 두 팀과 같이 천성 대 양육이 아니고, 대신 천성과 양육은 우리를 만들기 위해 함께 일하는 하나의 팀이다.

특히 남성과 여성의 차이가 그러하다. 성차는 남성 또는 여성이기 위한 생물학적 요구에서 시작될 수 있지만 거기서 끝나지는 않는다. 문화는 생물학적 성차를 취하고 문화적으로 보편적이고, 구별되는 두 가지 성 역할과 기대를 만든다. 더 많은 성 평등과 성 유동성에 관심이 높아지는 시대에도, 생물학과 문화와 마찬가지로 성은 여전히 우리에게 영향을 미친다.

동조와 복종

© VCG/Getty Images

"개별성을 파괴하는 것은 그것이 어떤 이름으로 불릴지라도 독재다."

— John Stuart Mill, *On Liberty*, 1859.

"공동체가 가하는 사회적 압력은 도덕적 가치의 대들보이다."

— Amitai Etzoni, *The Spirit of Community*, 1993.

음악 콘서트가 끝나면, 앞쪽의 환호하는 팬들은 일어서서 박수를 친다. 그에 동의하는 그 뒤쪽에 있던 사람들도 따라 일어서서 박수를 보낸다. 이제 일어서는 사람들의 물결은 편안한 의자에 앉아서 얌전히 박수만 치고 있는 사람들에게까지 이르게 된다. 앉아있던 사람들 중에는 그냥 앉아있고 싶은 사람도 있을 것이다("이 콘서트는 그저 그랬어"). 그러나 일어서는 사람들의 물결이 다가올 때, 당신 홀로 계속 자리에 앉아있을 수 있겠는가? 한 사람의 소수가 되는 것은 쉬운 일이 아니다. 그래서 아마 당신도 적어도 잠시 동안은 일어설 것이다.

이런 동조 장면은 이 장에서 다룰 다음과 같은 물음들을 떠올리게 한다.

• 우리는 다양한 사람들인데, 왜 마치 사회적 복제품처럼 행동할 때가 많은가?

- 우리는 어떤 상황에서 동조하기 쉬운가?
- 어떤 사람들이 더 동조하는가?
- 누가 동조압력에 저항하는가?
- 유순한 '양떼'가 의미하는 것처럼 동조는 나쁜 것인가? 아니면 '집단 단합'과 '사회적 민감성'으로 보아야 하는가?

동조란 무엇인가?

동조를 정의하고, 순종, 복종 및 수용과 비교한다.

동조는 좋은 것인가 아니면 나쁜 것인가? 이 물음에 대한 과학적 정답은 없지만, 때로는 동조가 나쁘고(원치 않는 사람에게도 술을 마시게 하거나 인종차별적 행동에 합류하게 할 때), 때로는 좋은 것이고(줄 서서 기다리는데 새치기하지 못하도록 할 때), 때로는 좋은 것도 나쁜 것도 아니다(테니스 선수에게 흰색 옷을 입도록 지시한다).

동료들의 압력에 굴복하는 것을 권장하지 않는 서양의 개인주의 문화권에서는 '동조'가 부정적인 의미를 담고 있다. 만약 누군가가 당신을 '진짜 동조자'라고 하는 말을 들으면, 기분이 어떻겠는가? 우리는 당신이 기분 상할 것이라고 생각한다. 개인주의 문화를 반영하고 있는 북미와 유럽의 사회심리학자들은 사회적 영향에 긍정적인 명칭(공감, 반응성, 협동적 팀 활동)보다는 부정적인 명칭(동조, 복종, 순종)을 붙였다. 일본에서는 타인과 함께 하는 것이 단점이 아니라 관용, 자기통제 및 성숙의 표시이다(Markus & Kitayama, 1994). Marrow(1983)는 "일본 어디서나, 사람들은 서로가 무엇을 기대하는지를 정확히 알고 있는 것 같은 묘한 느낌을 받는다"고 하였다.

동조는 다른 사람의 영향으로 인해 다른 행위를 하는 것의 포괄적 개념이다. 동조는 단지 다른 사람처럼 행동하는 것이 아니다. 그것은 다른 사람이 어떻게 행동하는가에 의해 **영향을 받는 것**이다. 그것은 당신이 혼자 있을 때 행위하고 사고하는 방식과는 다르게 행위하고 사고하는 것이다. 그래서 **동조**(conformity)란 다른 사람에 맞춰 행동과 태도를 바꾸는 것이다. 다른 사람들의 영향이 아니라, 당신이 원해서 결승골에 기뻐서 일어나고, 커피를 마시고, 어떤 머리 스타일을 하는 것은 동조하는 것이 아니다. 그러나 다른 사람들이 하기 때문에 당신이 그렇게 하면, 그것은 동조이다.

동조
실제적 또는 상상적 집단 압력의 결과로 인한 행동이나 신념의 변화

수용
사회적 압력과 일치하게 행동하고 믿는 것과 관련된 동조

순종
사적으로 동의하지 않으면서 공적으로 암시된 요청이나 분명한 요청과 일치하게 행동하는 것과 관련된 동조

복종
직접적 명령에 따라 행동하는 것

© Dave Coverly, *The Comic Strips*

빵빵, 만약 네가 뭔든지 할 수 있다면, 사람들은 너에게 그리 하라고 말할 거야.

수용과 순종은 동조의 두 가지 변형이다(Nail et al., 2000). **수용**(acceptance)이란 특정 집단이 당신에게 무언가를 하도록 설득하는 것을 당신이 진짜로 믿는 것을 말한다. 당신은 그 집단의 행위들이 옳다고 진심으로 믿는다. 예를 들어, 당신은 운동이 건강에 좋다는 사실을 인정하기 때문에 운동을 할 수도 있다. 당신은 그렇게 하지 않으면 위험하기 때문에 빨간색 신호등에 멈춘다. 당신은 독감을 예방하는 데 도움을 준다고 믿기 때문에 독감 예방주사를 접종한다.

이와는 대조적으로, **순종**(compliance)은 당신이 하는 것이 진짜 옳다는 믿음 없이 어떤 기대와 요구에 동조하는 것을 말한다. 당신은 싫어도 넥타이를 매고 옷을 입는다. 당신은 당신이 좋아하지 않은 경우에도 친구가 좋아하는 밴드를 좋아한다고 말한다. 이런 순종 행위는 종종 상을 받거나 처벌을 피하게 해준다. 예를 들어 당신의 고등학교 교복이 바보 같다고 생각하더라도, 징계받는 것보다는 낫기 때문에 그 복장 규정을 따랐다. 다시 말해, 순종은 가식적인, 겉으로 드러난 동조이다.

직접적인 명령에 따르는 **복종**(obedience)은 순종의 한 변형이다. 만약 당신의 아버지가 당신의 방을 청소하라고 말하면, 당신은 하기 싫어도 그렇게 한다. 그것은 복종이다(그림 6.1). 복종은 누군가가 당신에게 그렇게 하라고 말하기 때문에, 당신이 원치 않는 무언가를 하는 것이다. 만약 그렇게 생각해서라기보다는 어머니가 당신에게 말해서 독감주사를 맞았다면, 그것은 복종이다.

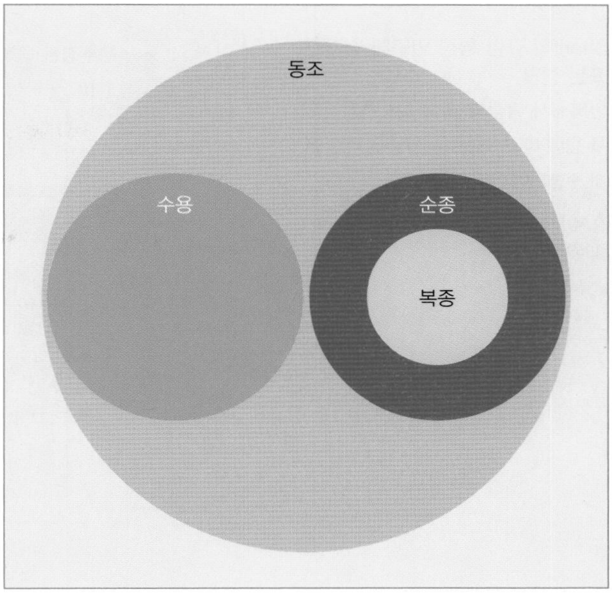

순종과 수용은 뇌에서도 다르다. 공개적인 순종에 기저가 되는 단기기억은 장기적이고 사적인 수용의 기저가 되는 기억과는 다른 신경적 근거를 갖고 있다(Edelson et al., 2011; Zaki et al., 2011). 복종 이후의 뇌 활동은 대부분의 인지적 각성을 이끄는 비자발적인 성질을 보여준다(Xie et al., 2016).

그림 6.1
동조의 유형

요약 : 동조란 무엇인가?

집단 압력으로 인해 자신의 행동이나 신념을 바꾸는 **동조**는 두 가지 형태가 있다. 수용은 사회적 압력과 일치하도록 행동할 뿐만 아니라 그것을 믿는 것이다. 순종은 내적으로는 동의하지 않는 상태로 겉으로는 집단 압력에 따르는 것이다. 순종의 하위집합 중 하나가 직접적인 명령에 순종하는, 복종이다.

고전적 동조와 복종 연구는 무엇인가?

사회심리학자들은 '동조'를 실험실 안에서 어떻게 연구하는지 기술하라. 그들의 연구 결과가 사회적 힘의 잠재력과 악의 본성에 관해 무엇을 드러냈는지 설명하라.

동조와 복종을 연구하는 연구자들은 축소된 사회적 세계(일상생활 속에서 일어나는 사회적 영향의 중요 특징을 단순화하고 모사하는 실험실 세상)를 만들었다. 이 연구들 중 몇몇은 널리 논의되고 재검증되었던 놀랄 만한 결과를 보여주었고, '고전적' 실험이 되었다. 우리는 각각 동조를 연구하는 방법과 많은 생각거리를 제공해주는 세 가지 연구를 살펴볼 것이다.

Sherif의 규범 형성 연구

Sherif(1935, 1937)는 실험실 내에서 사회적 규범의 출현을 관찰할 수 있는지 궁금했다. 마치 생물학자가 바이러스를 분리하여 그것으로 실험을 하듯이, Sherif는 어떻게 사람들이 어떤 것에 동의하게 되는지를 밝히기 위해, 규범을 분리하여 규범 형성을 실험하고자 하였다.

그림 6.2
Sherif의 규범 형성 연구에 참가한 표본 집단
반복해서 광점의 움직임을 추정하도록 함에 따라 3명 각자의 추정치는 점차 수렴되어 간다.

출처 : Sherif, M., & Sherif, C. W. (1969).

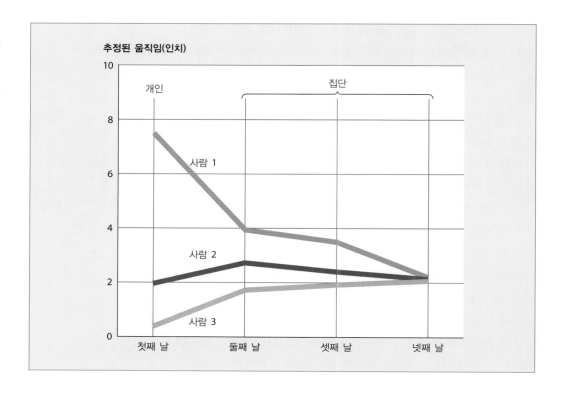

당신이 Sherif 실험의 참가자라고 생각해보라. 당신은 어두운 암실에 앉아 있다. 당신의 15피트 앞에 광점(불빛) 하나가 제시된다. 처음에는 아무 일도 일어나지 않는다. 몇 초 후, 그것이 아무렇게나 움직이다가 사라진다. 실험자가 당신에게 그것이 얼마나 움직였는지 추측해보도록 요청한다. 어두운 암실은 거리를 판단할 어떤 단서도 없기 때문에 당신은 불확실한 '6인치'라고 대답한다. 실험자는 이 절차를 반복한다. 이번엔 당신은 '10인치'라고 말한다. 계속하여 반복하면, 당신의 추정치 평균은 약 8인치가 된다.

당신은 다음날 다시 그 실험실에 와서 전날 같은 실험에 참여하였던 다른 두 사람과 합류하였다. 처음 광점이 사라졌을 때, 다른 두 사람은 그 전날 자신들이 정답이라고 생각한 것을 말한다. 그중 한 사람이 '1인치'라고 말하고 다른 한 사람은 '2인치'라고 말한다. 약간 당황스럽지만, 그럼에도 불구하고 당신은 '6인치'라고 말한다. 이 날과 그 후 이틀 동안 이런 집단 경험을 반복하게 된다면, 당신의 반응이 바뀔까? 결과는 그럴 것이라고 말한다. Sherif의 실험에 참가한 남성 참가자들은 자신들의 추정치를 크게 바꾸었다. 그림 6.2에서 보듯, 집단 규범이 출현하였다[그 규범은 잘못된 것이다. 광점은 전혀 움직이지 않았기 때문이다! Sherif는 **자동운동현상**(autokinetic phenomenon)이라는 착시를 이용했던 것이다].

자동운동현상
어둠 속에서 정지된 광점이 외관상 움직이는 것처럼 보이는 현상

Sherif와 또 다른 학자들은 사람들의 피암시성에 관한 해답을 얻기 위해 이 기법을 사용하였다. 1년 후에 그 사람들을 다시 조사한다면, 그들의 추정치가 다시 벌어질까 아니면 여전히 집단 규범은 따르고 있을까? 놀랍게도 그들은 집단 규범을 따르고 있었다(Rohrer et al., 1954)(이것이 시사하는 것은 수용인가 아니면 순종인가?).

잘못된 신념을 지속시키는 문화의 힘에 충격을 받은 Jacobs와 Campbell(1961)은 노스웨스턴대학교 실험실에서 잘못된 신념의 전달에 관한 연구를 하였다. 그들은 자동운동현상을 이용하여 한 실험 협조자에게 광점의 움직임을 과잉 추정하도록 시켰다. 그런 다음 그 실험 협조자를 실험에서 제외시키고 또 다른 실제 피험자를 투입하였다. 그리고 또 다시 그를 빼고 다른 피험자

를 투입하였다. 비록 과잉 추정치가 약간 줄어들긴 하였지만, 과잉 추정치는 참가자들의 5세대 동안이나 지속되었다. 이들은 '무심코 문화적 사기극이 지속되도록 만든 공모자'가 되어버렸다. 이 실험들이 주는 교훈은 실제에 대한 우리의 견해는 우리만의 것이 아니라는 점이다. 만약 당신 이 소셜 미디어에서 나중에 '가짜 뉴스'로 드러난 이야기를 수용한 적이 있다면, 이것을 직접 경 험한 것이다.

일상생활에서 피암시성에 관한 결과들은 때로 매우 흥미롭다. 한 사람이 기침을 하거나 웃거 나 하품을 하면, 곧이어 다른 사람들도 같은 행동을 한다('연구 보기 : 하품의 전염' 참조). 한 사 람이 휴대폰을 보면, 다른 사람들도 자기 휴대폰을 본다.

코미디 쇼에서 나오는 녹음된 웃음 소리는 우리의 피암시성을 이용하려는 것이다. 녹음된 웃 음 소리는 웃는 청중이 우리와 다른 사람들일 때보다는 우리와 비슷한 사람들이라고 생각될 때 특히 잘 작동한다. 단지 행복한 사람들 사이에 있는 것만으로도 우리는 행복해질 수 있고, 이런 현상을 Totterdell과 동료들(1998)은 '기분 전파'라고 부른다. 영국의 간호사나 회계사들을 대상 으로 한 그들의 연구에서 같은 작업 집단 내에 있는 사람들이 긍정적 기분과 부정적 기분을 공 유하는 경향이 있음을 발견하였다. 같은 사회적 네트워크 안에 있는 사람들은 비슷한 비만, 불 면, 고독, 행복 및 마약 사용도 공유하는 쪽으로 바뀐다(Christakis & Fowler, 2009; Kim et al., 2015). 70만 명의 페이스북 계정을 가진 사람들을 조작하였던, 윤리적으로 논쟁이 있는 한 실험 은 비록 그 효과가 매우 적었지만, 덜 긍정적인 정서가 담긴 뉴스는 페이스북 사용자들에게 덜 긍정적인 게시를 하게 만들고 더 부정적인 게시를 하게 만든다는 사실을 발견하였다(Kramer et al., 2014). 그럼에도 불구하고, 친구들은 하나의 사회적 체계로서 기능한다.

또 다른 형태의 사회적 전염은 Chartrand와 Bargh(1999)가 '카멜레온 효과'라고 부르는 것이 다. 실험에 참여한 당신 옆에 있는 실험 협조자가 가끔 얼굴을 부비거나 발을 흔들고 있다고 상 상해보라. 얼굴을 부비는 사람과 함께 있을 때 평소보다 더 얼굴을 부비고, 발을 흔드는 사람과 함께 있을 때 더 발을 흔들지 않겠는가? 만약 그렇다면 그것은 의식적으로 다른 사람에게 동조 할 의도 없이도 하는 자동 행동일 가능성이 크고, 이런 사회적 흉내는 아동기 초기부터 발달한다 (Cracco et al., 2018; van Schaik & Hunnius, 2016). 뇌 스캔은 사회적 흉내가 본질적으로 자동 적임을 확증해주고 있다. 여성들이 행복한, 슬픈 혹은 화난 표정의 아바타를 볼 때, 그들은 무의 식적으로 같은 표정을 지었고, 이런 정서 표현을 담당하는 뇌 영역이 활성화되었다(Likowski et al., 2012). 남들을 따라하는 행동은 말하는 것에서도 나타난다. 사람들은 자신이 읽고 들은 문 법을 반영한다(Ireland & Pennebaker, 2010). 그리고 우리의 행동 은 우리의 태도와 정서에 영향을 주기 때문에 우리의 자연스러운 흉내는 우리로 하여금 다른 사람이 느끼고 있는 것을 느끼게 한다 (Neumann & Strack, 2000).

Baaren과 동료들(2004)이 네덜란드에서 실시한 한 실험은 흉내가 사람들로 하여금 더 잘 돕도록 하고, 호감가는 사람으로 보이도록 해준다는 사실을 시사한다. 사람들은 자신의 행동을 흉내 내는 사 람을 더 잘 돕게 되는데, 누군가가 자신의 행동을 따랐던 학생들 은 추후 자선단체에 더 쉽게 돈을 기부하였다. 후속 연구에서는 한 면접자가 학생들이 눈치 채지 못할 정도만큼의 시간을 두고 그들의 자세와 움직임을 때때로 따라하면서, 학생들에게 새 스포츠 음료를

"이유는 모르겠지만, 나는 그냥 갑자기 전화를 하고 싶었어."

© Mick Stevens. All rights reserved. Used with permission.

연구 보기

하품의 전염

하품은 우리가 대부분의 척추동물과 공유하는 행동이다. 영장류는 하품을 한다. 그래서 고양이, 악어, 새, 거북이 심지어 물고기도 그렇게 한다. 그러나 언제 그리고 왜 하품을 할까?

때로 과학적 연구가 평범한 행동을 무시한다고 주장하고 있는 볼티모어의 메릴랜드대학교의 심리학자 Provine(2005)을 주목하라. 여기에는 웃음, 하품과 같이 그가 연구하고 싶어 하는 행동도 포함된다. 그는 자연관찰로 하품을 연구하기 위해서 스톱워치, 메모지, 연필만 있으면 된다고 주장한다. 그는 하품이 긴 심호흡과 짧은 절정적 (그리고 유쾌한) 내쉬기를 포함한 약 6초간 지속되는 '고정된 행위 패턴'이라고 보고한다. 때로 하품은 하품과 하품사이에 1분 정도의 시간 간격을 두고 일어난다. 그리고 그것은 남녀 간에도 동등하게 공통적이다. 전신마비로 인해 자발적으로는 신체를 움직일 수 없는 환자도 정상적으로 하품할 수 있으며, 이는 하품이 자동적 행동임을 가리킨다.

언제 우리가 하품을 하는가?

우리는 지겹거나 긴장할 때 하품한다. Provine이 실험 참가자들에게 30분 동안 TV 테스트 패턴을 지켜보도록 부탁했을 때, 그들은 덜 지겨운 음악 비디오를 지켜보았던 통제집단의 사람들보다 70% 더 자주 하품했다. 그러나 긴장도 또한 하품을 유발할 수 있는데, 최초의 점프 시도 전의 낙하산병들, 올림픽 경기 직전의 육상선수 그리고 무대에 오르기를 대기 중인 바이올린 연주자들 사이에서 흔히 볼 수 있다. 한 친구는 일을 제대로 해야 한다는 불안감이 언제나 '하품 발작'을 유발하기 때문에, 자신은 일에서 새로운 무언가를 배울 때 종종 당황스러웠다고 말한다.

우리는 졸릴 때 하품한다. Provine이 작성한 하품 일기에 나오는 사람들을 제외하곤, 잠자기 전 졸릴 때보다는 깨어난 후에 하품을 훨씬 더 많이 한다는 놀라운 일은 아니다. 종종 우리는 깨어나서 하품하며 기지개를 편다. 개와 고양이도 잠에서 깨어났을 때 그렇게 한다.

우리는 다른 사람이 하품할 때 하품한다. 웃음처럼 하품도 전염되는지를 테스트하기 위해서 Provine은 한 남자가 계속해서 하품을 하는 5분짜리 비디오를 사람들에게 보여주었다. 55%의 시청자들이 하품을 하였고, 반면에 웃음이 있는 비디오를 관람한 사람의 21%가 하품을 하였다. 하품이 흑백으로, 거꾸로, 또는 하품하는 모습의 사진으로 제시될지라도, 하품하는 얼굴은 하품의 고정된 행위 패턴을 활성화시키는 자극으로 작용한다. 뇌의 '거울 뉴런(목격한 행위를 흉내내는 뉴런)'의 발견은 왜 종종 우리의 하품이 타인의 하품을 반영하는지, 그리고 왜 심지어 개도 인간의 하품하는 모습을 본 후에 자주 하품하는지를 설명해주는 생물학적 기제가 있음을 시사하고 있다(Joly-Mascheroni et al., 2008; Silva et al., 2012).

하품하는 얼굴의 어떤 부분이 가장 강력한가를 알아내기 위해, Provine은 사람들에게 전체 얼굴, 입을 지운 얼굴, 얼굴을 지운 입, 혹은 (통제집단으로) 하품하지 않는 웃는 얼굴을 보도록 하였다. 그림 6.3이 보여주듯이, 입을 지운 경우에도 하품하는 얼굴은 하품을 촉발했다. 그래서 하품할 때 자신의 입을 가리는 것은 하품의 전염을 막지 못하는 것 같다.

당신은 이 부분을 읽는 동안, Provine이 보고하고 있는 한 현상(통상 하품이 하품을 낳는다는 사실)에 대한 생각에 주목했을 수도 있다. 하품의 전염에 대한 Provine의 연구를 읽는 동안에, 나는 네 번이나 하품하였다(그리고 내가 약간 어리석다고 생각하였다).

그림 6.3

얼굴의 어떤 부분이 하품의 전염을 촉발시키나?

Provine(2005)은 30명으로 된 네 집단 각각에게 웃고 있는 어른 혹은 하품하고 있는 어른이 나오는 5분짜리 비디오테이프를 시청하도록 하였다. 두 집단에게는 그 사람 얼굴의 일부가 지워져 있었다. 하품하고 있는 입도 어느 정도 하품을 촉발시켰지만, 하품하고 있는 눈과 머리 움직임이 한층 더 하품을 많이 촉발시켰다.

ⓒ From Provine, Robert. "Yawning." *American Scientist*, Volume 93, Fig. 6, page 536. Image courtesy, Dr. Robert R. Provine, Department of Psychology, University of Maryland, Baltimore County.

마시도록 하였다(Tanner et al., 2008). 실험이 끝난 후, 면접자가 자신의 행동을 따라 했던 학생들이 새 스포츠 음료를 더 많이 마셨고 구매하겠다고 말하였다. 그러나 "모방이 애정을 키운다"는 규칙에는 예외가 하나 있다. 즉 다른 사람의 화를 흉내내는 것은 혐오를 키운다는 것이다(Van der Velde et al., 2010).

흉내('피암시성'이라고도 함)는 대규모로도 발생할 수 있는데, 이를 **대중 히스테리**(mass hysteria)라고 한다. 2009년 8월, 4명을 태운 렉서스 승용차가 샌디에이고 고속도로에서 갑자기 속도가 높아져 시속 160킬로로 달렸다. 운전자는 119에 전화를 했지만, 자동차의 가속을 멈출 수 없어, 충돌하였고, 화염에 쌓여 4명의 승객이 사망하였다. 그 사고는 전국 뉴스로 전해졌고, 갑자기 많은 사람들이 자기 차가 통제 불능으로 가속되고 있다고 보고하기 시작하였다. 그러나 이후에 조사한 결과, 충돌한 자동차는 수리점에서 빌린 것으로, 큰 자동차의 바닥 매트가 깔려 있었는데, 그 매트가 너무 커서 가속패달을 누르게 된 것으로 밝혀졌다. 렉서스 자동차에는 문제가 없었고, 본래의 바닥 매트로는 문제가 없으며, 일부 사람들이 의심하는 것처럼 '악마'가 차를 가속하도록 만든 것은 아니었다. 미친 자동차는 없었다. 단지 어떤 교통사고를 '의도치 않은 가속' 때문이라고 마음대로 설명하는 미친 뉴스가 있었을 뿐이다. 그것은 모두 대중 히스테리였다(Fumento, 2014).

카멜레온 효과. 다른 사람의 분노와 같은 부정적 표현을 따라하는 것을 제외한 곤, 타인의 자세나 말을 자연스럽게 흉내내는 것은 일반적으로 호감을 유발한다.

Pentland, Alex(Sandy), "To Signal is Human," *American Scientist*, May-June, 2010, 207.
Copy right ⓒ 2010 American Scientist. All rights reserved. Used with permission.

대중 히스테리
대규모 집단 전체에 퍼지는 문제를 일으키는 피암시성

또 하나의 혼란스럽고 미스터리한 사례가 있다. 2011년 어느 날, 케이티라는 여고생은 통제할 수 없이 팔이 흔들리고 목이 요동치는 경련으로 낮잠에서 깨어났고, 몇 초마다 경련이 지속되었다. 몇 주 후, 그녀의 친한 친구도 경련이 시작되었고, 그 학교에서 18명이 될 때까지 점점 더 많은 소녀들이 영향을 받았다. 부모들은 학교에서의 어떤 오염이 그 장애의 원인이라고 생각하게 되었고, 두 명의 소녀와 그들 어머니는 '투데이 쇼'에 출연하여 자신들은 필사적으로 치료하고 있다고 말하였다. 다음 날, 몇몇 소녀를 치료했던 신경과 의사는 발작장애, 즉 심리적 스트레스가 무의식적으로 신체 증상으로 나타나는 일종의 대중 히스테리라고 진단하였다(Dominus, 2012). 그것이 마치 사회적 전염처럼 퍼진 것이다. 이 사례는 젊은 여성에게 더 흔하다는 대중 히스테리의 통상적인 특징에 부합한다.

자살과 총기 폭력도 사회적으로 전염될 수 있다. 메릴린 멀로가 1962년 8월에 자살했을 때, 그 달에 평균보다 303명 이상이 목숨을 끊었다(Stack, 2000). 2014년 로빈 윌리엄스가 자살했을 때, 국립자살예방센터에 걸려온 전화 수가 증가하였다(Carroll, 2014). 한 연구는 유명인이 자살했을 때는 모방 자살이 14배가 더 많으며, 그것이 신문에 나올 때보다 TV에 나올 때 87%나 더 많다는 사실을 발견하였다(Stack, 2003). 십 대 소녀의 자살을 그린 유명한 넷플릭스 시리즈인 '루머의 루머의 루머(13 Reasons Why)'가 2017년 3월 말에 방영된 이후, 구글에서 '자살하는 법'을 검색한 횟수가 26%나 급증하였다(Ayers et al., 2017).

Towers와 동료들(2015)이 1997~2013년 동안의 집단 총기 사건을 조사한 연구에서, 이런 사건들도 전염성이 있음을 발견하였다. 적어도 4명의 사상자를 낸 총기 사건은 이후 2주 동안 총기 폭력을 증가시켰다. 이 같은 전염의 관점에서, 몇몇 심리학자들은 매체에서 총기 사건 범인의 신분을 알리는 일을 중지할 것을 요청하였다. 만약 총격자가 매체의 주목을 받지 않는다면, 폭력 행위를 반복할 유혹을 받는 사람이 더 줄어들 것이다(Perrin, 2016).

Asch의 집단 압력 연구

Sherif의 암실 자동운동실험에 참가한 사람들은 자신의 설명하기 어려운 증상을 해석해야 하는 것과 같은 애매한 현실에 마주쳤다. Asch(1907~1996)라는 이름의 어린 소년이 직면한 그보다는 덜 애매한 지각의 문제를 살펴보자. Asch는 파소버에서 열린 전통적인 유대교 유월절 행사에 참가했던 당시를 다음과 같이 기억한다.

> 나는 뒤에 앉아 있던 삼촌에게 왜 문이 열리는지를 물었다. 그는 "오늘밤 예언자 엘리자가 모든 유대인 가정을 방문하여 자신을 위해 준비한 포도주를 한 모금 마시기 위해서"라고 대답하였다.
>
> 나는 이 말에 놀라서 "진짜 그가 오나요?", "진짜 그가 포도주를 마시나요?"라고 재차 물었다.
>
> 삼촌은 "네가 잘 살펴본다면, 문이 열릴 때 포도주가 조금 줄어드는 것을 보게 될 거야"라고 대답하였다.
>
> 그러면 그것이 일어나는 일이다. 나는 뚫어지게 포도주 잔을 응시하였다. 나는 무슨 일이 일어나는지 봐야겠다고 결심하였다. 그러자 실제로 잔 테두리에서 무슨 일이 일어나는 것처럼 보였고, 포도주가 조금 줄어들었다(Aron & Aron, 1989, p. 27).

몇 년 후, 사회심리학자가 된 Asch는 자신의 소년 시절 경험을 실험실에서 재현하였다. 당신이 Asch 실험의 피험자라고 상상해보라. 당신은 7명으로 된 줄의 여섯 번째에 앉아 있다. 실험자는 당신에게 이 연구가 지각 판단에 관한 연구라고 설명한 후, 당신에게 그림 6.4에 있는 3개의 선분 중 어느 것이 기준 선분과 길이가 같은 것인지를 묻는다. 당신은 정답이 2번 선분이라는 것을 쉽게 알 수 있을 것이다. 당신이 대답하기 전에 앞의 다섯 사람 모두가 '2번'이라고 대답했을 때, 당신은 놀라지 않을 것이다.

그다음 비교도 쉬운 것으로 드러나면 당신은 과제가 쉽다는 것을 확인하고, 단순한 테스트로 보여서 안주한다. 그러나 세 번째 시행에서 당신은 깜짝 놀라게 된다. 정답이 분명함에도 불구하고, 첫 번째 사람이 틀린 대답('1번')을 한다. 두 번째 사람도 똑같은 틀린 대답을 하였을 때, 당신은 자세를 고쳐 앉고 카드를 응시한다. 세 번째 사람이 처음의 두 사람 대답에 동의한다. 당신은 고개를 떨어뜨리고 땀이 나기 시작한다. "이게 무슨 일이지?"라고 스스로 묻는다. "저 사람들의 눈이 먼걸까, 아니면 내 눈이?" 네 번째와 다섯 번째 사람도 앞 사람들에게 동의한다. 그런 다음 실험자가 당신을 쳐다본다. 이제 당신은 "무엇이 진실이지? 다른 사람들이 말하는 것이 진실일까? 아니면 내 눈이 내게 말하는 것이 진실일까?"라는 인식론적 딜레마를 경험하게 된다.

수많은 대학생들이 Asch의 실험에서 그런 갈등을 경험하였다. 혼자서 대답하도록 한 통제조건의 사람들은 전체의 99% 이상 정답을 맞추었다. Asch는 만약 실험자로부터 똑같은 오답을 말하도록 지시받은 실험 협조자들이 누군가에게 그렇지 않으면 부정했을 것을 긍정하게 만들 수 있는지가 궁금하였다. 비록 일부는 오답에 전혀 동조하지 않았지만, 75%가 적어도 한 번은 동조하였다. 전체적으로는 37%의 대답이 동조였다(아니면 '타인들을 믿는 것'이었다).

물론 63%의 사람들은 동조하지 않았다는 의미이기도 하다(Griggs, 2015). Hodges 와 Geyer(2006)는 그 실험이 대부분의 사람들은 "다른 사람들이 그렇게 하지 않을 때라도 진실을 말한다"는 사실을 보여주는 것이라고 지적하였다. Asch(1955)의 실험에 참여한 피험자 중 많은 사람들이 독립성을 보여주었음에도 불구하고, 그의 실험

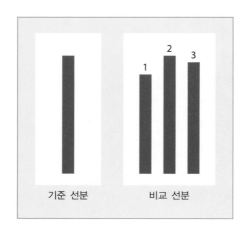

그림 6.4
Asch의 동조절차에서 사용된 선분의 예
피험자들은 3개의 비교 선분 중 어느 것이 기준 선분과 같은 것인지를 판단한다.

에 대한 느낌은 그의 질문에 대해 "충분한 지적 능력을 갖추고 판단 능력이 있는 젊은이들도 기꺼이 흰 것을 검다고 말한다는 것이 문제이다. 그것은 우리의 교육 방식과 우리의 행위를 이끄는 가치관에 대해 의문을 갖게 만든다"라는 정답만큼이나 분명하였다.

　Asch의 실험은 미국 문화에서 동조가 높았던 시기인 1950년대에 수행되었다. 분명히, 1970년대와 1980년대의 더 개인주의적 시대에서는 더 적은 학생들이 Asch의 실험과 비슷한 실험에서 집단 판단에 동조할 것이다. 또한 집합주의적인 국가의 사람들이 개인주의적인 국가의 사람들보다 더 기꺼이 동조하고, 보다 발전된 지역 사람들이 그렇지 못한 지역 사람들보다 덜 동조하고, 여성이 남성보다 더 동조한다(Bond & Smith, 1996; Varnum, 2012). 만약 문화와 성이 동조를 형성하고, 최근에 오면서 개인주의 문화와 남성성이 자아의 자율성을 촉진 및 정립시키고, 집합주의 문화와 여성성이 집단에 맞추는 것을 장려한다면, 이런 결과들은 당신의 예상과 딱 맞는 결과이다. 그럼에도 불구하고, 현대의 인터넷에 능숙한 시민들조차도 동조에 면역된 것은 아니다. Rosander와 Erickson(2012)은 "할리우드는 어느 도시에 있는가?"와 같은 질문에 대부분의 인터넷 사용자들이 그것이 샌프란시스코에 있다고 생각한다는 것을 보여주는 그래프를 보고, 사용자들이 어떻게 응답하였는지를 보여주었다(그것은 LA에 있다). 잘못된 '다수의' 대답에 한 번 이상 동조한 비율이 53%로서, 1950년대 Asch의 선분 실험에서 적어도 한 번 이상 동조한 75%보다는 낮은 비율이지만, 아직도 다수가 동조하였다.

　Asch의 실험과 같은 실험들은 일상생활의 동조라는 측면에서 보면 '일상의 현실성(mundane realism)'이 부족하지만, '실험상의 현실성(experimental realism)'은 지니고 있었다. 사람들은 정서적으로 그런 경험에 몰입되었다. Sherif와 Asch의 연구 결과는 명백한 동조 압력이 없는 상황에서 나온 것이기 때문에 놀라운 것이다. 즉, 집단에서 '팀플레이'를 해도 보상이 없었으며, 개별적으로 행동해도 처벌이 없는 상황이었고, 단지 당신이 두드러진다는 것을 알기 때문에 각성이 증가된 상태일 뿐이었다(Hatcher et al., 2017). 다른 실험들은 일상적 상황에서의 동조를 살펴보았으며, 그 실험들은 다음과 같다.

© Image Source/Getty Images

- 치실 사용 : Schmiege와 동료들(2010)은 학생들에게 "우리의 연구는 당신과 같은 나이의 콜로라도대학교 대학생들(동료)은 일주일에 약 [X]번 치실을 사용한다는 사실을 보여준다"라고 말했는데, 여기서 X는 참가자 자신들이 이전의 질문에서 보고한 비율 혹은 그 수에 5를 더한 수였다. 부풀려진 수치를 받은 학생들이 그 이후 3개월 이상 치실을 더 많이 사용하였다.

- 암 검사 : Sieverding과 동료들(2010)은 거리에서 중년 독일 남성에게 접근하여 암 검사에 대한 정보를 받기 위한 서명을 부탁했다. 만약 다른 독일 남자의 소수('단지 18%')가 이 검사를 받았다고 믿게 만든 경우, 이와 비슷한 18%가 서명하였다. 그러나 대부분의 다른 남자들('실제로 65%')이 검사를 받았다고 말해준 경우, 39%가 서명하였다. 연구자들은 건강교육 캠페인은 낮은 참가율을 공개하지 않는 것이 최선이라고 생각하였다.

- 축구 심판의 결정 : 피겨 스케이팅에서 축구에 이르기까지 많은 스포츠에서 심판은 관중의 함성 속에서 즉각적인 결정을 한다. 그리고 상대 팀이 반칙을 했을 때의 함성이 오심을 하도록 만든다(홈 팀은 그렇지 않다). Unkelbach와 Memmert(2010)는 독일의 분데스리가의 다섯 시즌에 걸친 1,530개의 축구 경

스포츠 경기에서 방문 팀이 더 많은 경고를 받는 이유는 분명히 심판이 의사 표시를 하는 홈 관중의 큰 소리에 의해 영향을 받기 때문이다.

기를 조사했다. 평균 홈 팀이 1.89개, 방문 팀은 2.35개의 페널티 카드를 받았다. 더구나 그 차이는 함성이 더 큰 축구 전용 경기장에서 더 컸다. 또한 실험실 실험에서, 반칙 장면 영상을 높은 소음을 함께 제시했을 때, 전문 심판들은 더 많은 페널티 카드를 주었다.

• 먹기 : 38개의 연구를 살펴본 결과, 사람들은 많이 먹는 사람과 같이 앉아 있을 때 더 많이 먹었으며, 동료가 적게 먹을 때는 그들도 적게 먹었다(Vartanian et al., 2015). 왕창 먹어라, 그러면 당신의 식탁에 앉은 다른 사람들도 따라 할 것이다. 적게 먹어라, 그러면 다른 사람들도 그리 할 것이다.

만약 이런 최소한의 압력하에서도 사람들이 복종한다면, 직접적인 강요가 있는 경우에는 얼마나 많은 사람들이 복종하겠는가? 평범한 미국인이나 영국인에게 잔인한 행위를 하도록 만들 수 있을까? 우리는 그럴 수 없을 거라고 생각한다. 그들이 지닌 인본적 · 민주적 · 개인주의적 가치관은 그들을 이런 압력에 저항하도록 만들 것이다. 더욱이 이 실험들은 말로 하는 것이기 때문에 실제로 누군가를 해치는 행위와는 거리가 멀다. 우리는 결코 다른 사람을 해치라는 강요에 굴복하지 않을 것이다. 혹시 우리가 굴복할까? 사회심리학자인 Milgram은 그것이 궁금하였다.

Milgram의 복종 연구

'과학적 심리학의 역사에서 가장 유명한 혹은 가장 악명 높은 연구'(Benjamin & Simpson, 2009)인, Milgram의 실험(1965, 1974)은 권력자가 양심에 어긋나는 요구를 했을 때 어떤 일이 생기는지를 검증한 것이다. Ross(1988)는 Milgram의 복종 연구를 "사회과학 역사에 기여한 어떤 경험적 연구보다도 이 실험은 심오한 사고자들이 인간의 본성에 대해 논쟁할 때, 혹은 인간의 역사를 고찰할 때 거론하는 역사적 일화, 성서 이야기, 고전 문학과 같은 우리 사회의 지적 전설의 일부가 되었다"고 지적하였다.

이 연구들을 자세히 살펴보자. 여기에 창의력이 뛰어난 극작가이며 연출자인 Milgram이 무대에 올린 장면이 있고, 그는 이 드라마의 효과를 최대로 만들기 위해 시행착오 방식으로 테스트를 하고 있다(Russell, 2011). 두 명의 남자가 학습과 기억에 관한 실험에 참석하기 위해 예일대학교의 심리학 실험실을 찾아온다. 실험복을 입은 단호한 모습의 한 실험자는 이 연구가 처벌이 학습에 미치는 효과에 관한 선도적인 연구라고 설명한다. 실험자는 그들 중 한 명은 나머지 한 명을 대상으로 쌍으로 된 단어 목록을 가르치고, 틀리면 점차 강도가 커지는 전기충격으로 처벌을 준다고 지시한다. 그들은 역할을 배정받기 위해 제비뽑기를 한다. 그들 중 한 남자(사실은 실험 협조자인 점잖은 47세의 회계사)는 자신이 뽑은 쪽지가 '학생'이라고 말하고, 옆방으로 안내되어 간다. 다른 남자(신문광고를 보고 온 실제 피험자)는 '선생' 역할을 맡게 된다. 그는 본보기로 먼저 약한 전기충격을 받는다. 그런 다음 그는 실험자가 '학생'을 의자에 묶고 그의 팔에 전기충격 장치를 부착하는 장면을 본다.

그런 다음 선생 역할자와 실험자는 다시 원래의 방으로 돌아오고, 선생 역할자는 15볼트씩 올라가는 15~450볼트 범위의 스위치가 있는 '전기충격 발생장치' 앞에 앉는다. 스위치에는 '약한 충격', '매우 강한 충격', '위험: 고강도 충격' 등등의 명칭이 붙어 있다. 435~450볼트 스위치 아래에는 'XXX'라고 표시되어 있었다. 실험자는 선생에게 학생이 한 문제를 틀릴 때마다 "전기충격 발생장치 스위치를 한 단계씩 높이라"고 말한다. 스위치를 올리면 불이 켜지고 스위치가 켜지는 소리와 함께 전기 버저 음이 울린다.

만약 참가자가 실험자의 지시에 따르면, 75, 90, 105볼트에서 학생이 투덜대는 소리를 듣게 된다. 120볼트에서 학생은 전기충격이 아프다고 소리친다. 150볼트에서는 "실험자, 나를 나가게 해주세요! 난 더 이상 이 실험을 하지 않겠어요! 계속하기를 거부합니다!"라고 울부짖는다. 270볼트까지 그의 고통스러운 비명은 이어지고 내보내달라고 애원한다. 300~315볼트 사이에서는 대답을 거부하고 신음을 한다. 330볼트 이후에는 아무런 소리도 들리지 않는다. 선생이 실험을 중단하자는 요청에 대해, 실험자는 학생의 무응답도 틀린 답으로 간주해야 한다고 말한다. 실험자는 참가자를 계속하도록 하기 위해, 다음의 네 가지 말을 사용하여 촉구하였다.

촉구 1: 계속 하시길 바랍니다.
촉구 2: 실험자는 당신이 계속하길 요구합니다.
촉구 3: 당신이 계속하는 것이 절대적인 필수 조건입니다.
촉구 4: 당신은 선택의 여지가 없습니다. 계속해야 합니다.

당신은 어디까지 갈 것인가? Milgram은 110명의 정신과 의사, 대학생, 중산층 성인들에게 실험에 대해 설명하였다. 세 집단 모두에서 사람들은 자신의 경우 135볼트쯤에서 실험자의 명령에 따르지 않을 것 같다고 예상하였다. 300볼트 이상까지 갈 것으로 예상한 사람은 아무도 없었다. 자신에 대한 추정치에는 자기본위 편향이 반영된다는 사실을 고려하여, Milgram은 '다른 사람들'은 어느 정도까지 갈 것 같은지를 물었다. 실제로 XXX라고 적힌 곳까지 갈 것으로 예상한 사람은 아무도 없었다(정신과 의사들은 1,000명 중 1명 정도가 그곳까지 갈 것으로 예상하였다).

그러나 Milgram이 다양한 직업의 20~50대 남자 40명을 대상으로 그 실험을 한 결과, 그들 중 26명(65%)이 마지막 450볼트까지 갔다. 다시 말해, 마치 나치 군인들이 그랬듯이, 그들은 누군가를 해치라는 명령에 따랐다('숨은 이야기 : Stanley Milgram의 복종' 참조). 멈춘 사람들은 학생의 항의가 한층 더 간절해진 150볼트 지점에서 대개는 멈추었다(Packer, 2008).

오늘날의 사람들도 마찬가지로 복종하는지 궁금하여, Burger(2009)는 전기충격을 150볼트까지로 제한하여 Milgram의 실험을 재검증하였다. Burger는 2,000명의 참가자 중 70%가 그 지점까지 여전히 복종하고 있음을 발견하였고, 이는 Milgram의 결과인 84%보다는 낮은 수치이다(Milgram의 실험에서, 이 지점까지 복종한 사람들 대부분은 끝까지 계속 복종하였다). 그러나 1962년(18%)보다 2006년(33%)에는 거의 두 배의 남자들이 불복종하였다. 문화가 더 개인주의적으로 변화하여 복종이 줄어들었지만, 결코 복종이 없어진 것은 아니다(Twenge, 2009). 폴란드(미국보다는 더 집합주의적인 문화)에서 이루어진 최근의 재검증 연구에서는 참가자의 90%가 150볼트까지 복종했다는 사실이 밝혀졌다(Dolinski et al., 2018).

복종률이 낮을 것으로 예상하였던 Milgram은 혼란스러웠다(A. Milgram, 2000). 그는 학생의 저항을 보다 강력하게 만들기로 결정하였다. 학생을 의자에 묶을 때, 선생은 학생이 자신은 "심장이 약간 좋지 않다"고 말하는 것과 실험자가 "전기충격이 고통스럽겠지만, 영구적인 근육 손상을 주지는 않는다"고 재확인해주는 말을 들었다. 학생의 고통스러운 저항은 거의 영향을 주지 않았다. 이 새로운 연구에서, 40명의 새로운 남자 피험자 중 25명(63%)이 실험자의 요구에 끝까지 복종하였다(그림 6.5). 여성이 포함된 10개의 후속 연구도 여성의 복종 비율이 남성과 비슷하다는 사실을 발견하였다(Blass, 1999).

Milgram의 실험 참가자가 무조건 실험자의 명령에 복종하지는 않았다는 사실을 주목하는 것이 중요하다. 거의 모두는 실험자가 계속하라고 촉구("당신은 선택의 여지가 없습니다. 계속해

숨은 이야기

Stanley Migram의 복종

Asch의 실험을 하면서. 나는 그의 동조실험이 우리 인간에게 무슨 의미가 있을지 궁금했다. 우선 나는 집단이 저항하는 한 희생자에게 전기충격을 주는 것을 제외하곤, Asch의 것과 유사한 실험을 상상했었다. 그러나 집단 압력이 없는 상태에서 한 사람이 얼마나 많은 전기충격을 주는지를 알아보기 위한 통제조건이 필요했다. 누군가, 아마도 실험자가 피험자에게 전기충격을 주도록 지시해야만 했다. 그러나 그때 "어떤 사람에게 이런 전기충격을 주도록 명령하면, 그는 어디까지 갈까?"라는 새로운 물음이 생겼다. 내 마음속에서, 사람들이 파괴적인 명령에 기꺼이 따르는지의 여부로 주제가 바뀌었다. 그것은 나에게는 흥분되는 순간이었다. 나는 이 단순한 질문이 인간에게도 중요하고, 분명한 대답을 얻을 수 있는 것이라고 생각하였다.

실험실 절차는 권위에 관한 보다 넓은 관심. 즉 우리 세대. 특히 제2차 세계대전의 잔혹행위를 겪은 나와 같은 유대인 세대의 관심을 과학적으로 표현할 수 있게 해주었다. 홀로코스트가 내 마음에 미친 충격은 복종에 대한 나의 관심에 활력소가 되었고, 연구할 구체적인 형태를 만들 수 있게 해주었다.

출처 : Abridged from the original for this book and from Milgram, 1977, with permission of Alexandra Milgram

Stanley Milgram(1933~1984)

Courtesy of Alexandra Milgram

야 합니다")하는 지점에서 멈추고, 학생에게 신경을 썼다. 그 이상에서는 많은 사람들이 여기저기에서 실험자에게 항의를 하였다. 그래서 어떤 사람은 Milgram의 실험이 단순한 복종(직접적인 명령에 복종하는 것)보다는 훨씬 폭넓은 무언가를 보여주는 것이라고 말한다. 즉 그것은 참가자들의 통제감에 도전하는 것이다. 사실상, 참가자들은 자신들이 계속할지의 여부에 대한 선택권을 갖고 있다고 주장한 이후에 중단하였다(Gibson, 2013).

더구나 Burger(2014)는 Milgram의 결과들이 처음에 보는 것만큼 놀라운 것은 아니라고 지적하였다. 그는 Milgram 연구 설계에는 이미 잘 정리되어 있는 네 가지 심리적 효과가 반영되어 있다고 주장한다.

- 작은 요청에 대한 수락이 큰 요청에 대한 수락으로 올라가는 '미끄러운 경사' 효과
- 전기충격을 주는 것이 그 상황에서의 사회 규범이었다.
- 책임을 부정할 수 있는 기회가 있었다.
- 자신의 결정을 심사숙고할 시간이 제한되어 있었다.

Milgram의 연구들과 다른 연구들에서 이것들은 모두 순종과 복종을 증가시킨다.

Milgram 연구의 윤리적 문제

Milgram은 자신의 피험자들이 보여준 복종을 보고 혼란스러웠다. 그가 사용한 절차들은 많은 사회심리학자들을 혼란스럽게 만들었다(Miller, 1986). 이 연구들에서 '학생'은 실제로 전기충격을 받지 않았다(그는 전기충격 의자에서 풀려났고, 대신 저항하는 목소리가 녹음된 테이프를 들려준 것이다). 그럼에도 불구하고 일부 비판자들은 Milgram이 참가자들에게 그들이 희생자에

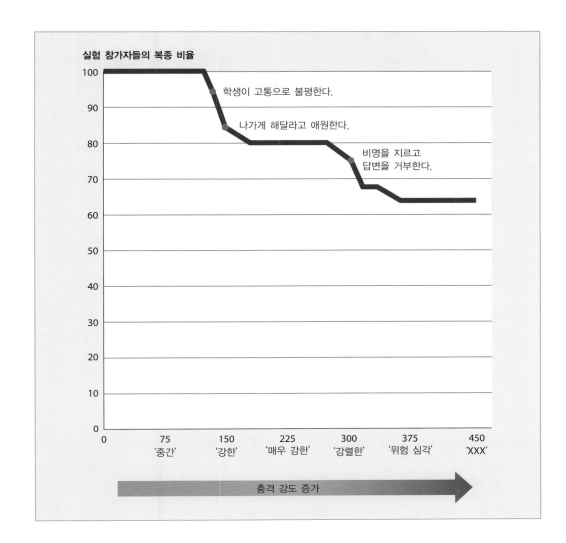

실험 참가자들의 복종 비율

- 학생이 고통으로 불평한다.
- 나가게 해달라고 애원한다.
- 비명을 지르고 답변을 거부한다.

충격 강도 증가

| 0 | 75 '중간' | 150 '강한' | 225 '매우 강한' | 300 '강렬한' | 375 '위험 심각' | 450 'XXX' |

그림 6.5
Milgram의 복종 연구
학생이 울며 저항하고 응답을 하지 않음에도 불구하고 명령에 따른 참가자의 비율

출처 : Milgram, S. (1965).

게 하는 행동을 실제로 믿게 만들었다고 비난하였다. 그는 참가자들의 의지에 반하는 행동을 하도록 강조하였다. 실제로 홀로코스트 초기의 나치 집행관들처럼(Brooks, 2011), 많은 '선생들'이 고통을 경험하였다. 그들은 땀을 흘리거나, 말을 더듬거나, 입술을 깨물거나, 신음 소리를 내거나, 심지어 주체할 수 없는 신경질적인 웃음을 터뜨리는 경우도 있었다. 뉴욕타임스의 한 논평가는 실험에서 무심코 피험자들이 행한 잔인함은 그들을 그렇게 하도록 만든 연구의 잔인함에 비하면 아무것도 아니라고 비판하였다(Marcus, 1974). 또 다른 사람들은 Milgram의 연구들이 참가자들에게 연구의 목적을 속였으며, 그 결과 올바른 사전 동의도 제공할 수 없었기 때문에 그 연구들이 비윤리적이라고 주장한다(Baumrind, 1964, 2015).

또한 비판자들은 그 참가자들의 자기개념이 바뀌었을지도 모른다고 주장하였다. 어떤 실험참가자의 부인이 남편에게 "당신은 스스로를 아이히만(나치의 살인캠프 총책임자)이라고 부를 수 있다"라고 했다는 것이다. 몇몇 학자들은 Milgram의 문헌을 자세

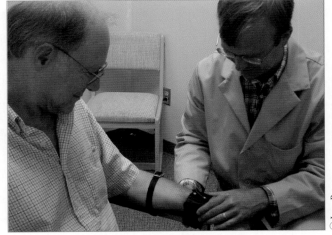

© Jerry Burger

Milgram의 복종 연구에 관한 최근의 반복 연구는 1960년대보다 복종 수준이 약간 낮아졌지만, 남성의 3분의 2는 여전히 높은 크기의 전기충격을 주었다.

히 살펴본 후, 그의 사후해명이 철저하지 않았으며, 참가자들의 고통이 그가 시사한 것보다 훨씬 컸다고 보고하였다(Nicholson, 2011; Perry, 2013). 또 다른 학자들은 참가자들의 인터뷰를 분석한 후, 몇몇 참가자들이 누군가가 실제로 피해를 겪었는지를 의심함으로써, 자신들의 복종을 정당화하고 있다고 보고하였다(Hollander & Turowetz, 2017).

Milgram은 자신을 방어하면서, 1,000명이 넘는 다양한 표본들을 대상으로 한 20여 차례의 실험이 주는 중요한 교훈을 지적하였다. 그는 비판자들에게 자신은 참가자들에게 실험에 속임이 있었다는 사실을 밝히고 그 연구를 설명함으로써 그들의 지지를 받았다는 사실을 상기시켰다. 실험 후에 조사한 결과, 84%가 그 실험에 참석한 것에 대해 만족을 표시하였고, 단지 1%만이 실험에 지원한 것을 후회하는 것으로 나타났다. 1년 후에 한 정신과 의사는 실험 참가로 고통을 심하게 받은 40명을 면담한 결과, 일시적인 스트레스가 있었지만, 상처를 받은 사람은 한 명도 없다고 결론지었다.

Milgram은 다음과 같은 말로서 윤리적 논쟁이 "심각하게 과장되었다"고 생각하였다.

> 자존감에 미치는 영향이라는 입장에서 보면, 이 실험 참가자들의 결과는 대학생들이 학과시험에서 원하는 학점을 받지 못한 것에 비하면 훨씬 적다… 우리는 (시험을 볼 때) 스트레스, 긴장, 자존감을 받아드릴 준비가 잘 되어 있는 것 같다. 그러나 새로운 지식을 만드는 과정에 관해서, 우리는 너무 참을성이 없다(Blass, 1996에서 인용).

복종에 영향을 주는 요인

Milgram은 사람들이 권위자의 명령에 복종한다는 사실만 밝혀낸 것이 아니라, 어떤 조건하에서 더 복종하게 되는지를 연구하였다. 그가 사회적 조건들을 달리 했을 때, 끝까지 복종하는 비율은 0~93%의 범위였다. 복종을 결정해주는 네 가지 요인은 희생자와의 정서적 거리, 권위자와의 근접성과 권위의 합법성, 권위자가 존경받는 기관의 일부인지의 여부 및 불복종하는 동료가 있음으로 인해 생기는 해방감 효과이다.

희생자와의 거리

Milgram 실험의 참가자들은 '학생'이 자기 눈에 보이지 않을 때 가장 복종하였고 매정하게 행동하였다. 희생자가 멀리 떨어져 있고, '선생'이 희생자의 어떤 불평도 듣지 않는 경우에서, 거의 모든 사람들이 끝까지 복종하였다. 학생이 같은 방에 있는 경우는 '겨우' 40%만이 450볼트까지 복종하였다. 선생이 학생의 손을 전기충격 판에 강제로 누른 상태로 전기충격을 주도록 했을 때는 끝까지 복종하는 비율이 30%로 떨어졌다. 고통스러워하는 연기자가 컴퓨터 스크린으로 보이거나 혹은 보이지 않도록 한 비디오테이프를 사용하여 Milgram 실험을 그대로 반복한 연구에서, 참가자들은 희생자를 볼 수 있을 때 훨씬 덜 복종하였다(Dambrun & Vatiné, 2010). 친밀 관계도 문제가 되었다. Milgram이 수행했지만 출간되지 않은 한 연구에서, 단지 15%의 참가자만이 친척, 친구 및 이웃 사람에게 전기충격을 주었다(Perry, 2013). 알지 못하거나 볼 수 없는 희생자보다 알고 있거나 눈에 보이는 희생자에게 해를 끼치는 것이 훨씬 어렵다.

일상생활에서도, 멀리 떨어진 사람이거나 사람이 아닌 대상을 홍보하는 것이 가장 쉽다. 대면 상태에서 누군가에게 잔인하지 못한 사람도 온라인이나 SNS에서 같은 사람에게 코멘트를 게재할 때는 형편없는 사람이 될 수도 있다. 역사적으로 사형을 집행하는 사람은 사형수의 머리에 두건을 씌움으로써 그들을 사람이 아닌 대상으로 느끼게 만든다. 전쟁 윤리에서도 4만 피트 상공에서 무력한 마을에 폭탄을 투하하는 것은 허용하고 있지만, 똑같이 무력한 마을 주민을 직접 사살하는 것은 허용하고 있지 않다. 전장에서도 적이 눈에 보일 때는 많은 군인들이 총을 쏘지 못하거나 조준하지 못한다. 포병대나 항공기로서 멀리 떨어진 적을 죽이도록 명령한 경우, 불복종하는 사례는 매우 드물다(Padgett, 1989). 핵전쟁에서는 더더욱 그렇다('초점 문제 : 희생자를 의인화하기' 참조). 최근에는 시설이 파괴되고, 사람이 죽는 지상으로부터 멀리 떨어져서 폭탄을 투하할 수 있는 무인 드론을 사용하는 공격자는 희생자와의 거리가 더 멀어졌다.

근접성과 권위의 합법성

실험자가 그곳에 있었는지의 여부도 복종에 영향을 주었다. Milgram이 전화로 명령한 경우에는 끝까지 복종하는 비율이 21%까지 떨어졌다(비록 많은 사람들이 복종하였다고 거짓말을 하였지만). 또 다른 연구들에서도 권위자가 물리적으로 가까운 곳에서 명령한 경우, 순종 비율이 증가한다는 사실을 확증해주었다. 어깨가 닿을 정도로 가까운 곳에서 요청한 경우에 동전을 빌려주는 사례, 청원서에 서명하는 사례, 시식용 피자를 받아먹는 사례가 더 많았다(Kleinke, 1977; Smith et al., 1982; Wills & Hamm, 1980).

그러나 권위가 합법적인 것으로 지각되어야 한다. Milgram의 원래 실험을 변형한 또 다른 연구에서, 실험자는 누군가에게 실험실에서 나오라는 전화를 받았다. 그는 '선생'에게 실험장비가 자동으로 자료를 기록하기 때문에, 계속 진행하기만 하면 된다고 말하였다. 실험자가 떠난 후, 한 조교(실제로는 제2의 실험 협조자)가 명령을 하기로 되었다. 조교는 오답이 나올 때마다 전

© Stanley Milgram, 1965, from the film *Obedience*, distributed by Alexandra Street Press.

Milgram의 복종 실험에서 '접촉' 조건의 참가자가 희생자의 손을 전기충격 판에 누르고 있다. 그러나 대개 '선생'은 그들과 가까이 있는 희생자에게는 더 자비로웠다.

초점문제   희생자를 의인화하기

무고한 희생자를 의인화하면 더 많은 동정심이 유발된다. 얼마 전 이란에서 발생한 지진으로 일주일 동안 3,000명이 사망하였지만 이 사건은 금방 잊혀졌다. 이탈리아에서는 한 어린 소년이 유정에 빠져 죽었고 전 세계가 이를 슬퍼하였다. 핵전쟁으로 인한 사망자의 추정치는 헤아릴 수 없어 그들은 개개인으로 보이지 않는다. 국제법 교수인 Fisher는 희생자를 의인화하는 방법을 다음과 같이 제안하였다:

대개는 해군 장교인 젊은 남자가 대통령이 어디를 가든 항상 따라 다닌다. 이 남자는 핵무기 발사에 필요한 암호가 담겨 있는 검은색 가방을 갖고 다닌다.

나는 핵전쟁을 다루는 각료회의에서 대통령이 추상적인 질문을 던지는 것을 볼 수 있다. 대통령은 'SIOP 계획 1'이라고 결론을 내리고, 그 결정은 승인된다. "알파라인 XYZ로 통신하라" 이런 용어들은 우리와 상당히 거리감을 지니고 있다.

내 제안은 매우 간단하다. 필요한 암호를 작은 캡슐에 넣고, 곧바로 그 캡슐을 자원자의 심장에 이식하라는 것이다. 자원자는 대통령을 수행할 때 크고 무거운 식육점 칼을 갖고 다닐 것이다. 만약 대통령이 핵무기 발사를 원한다면, 우선 자기 손으로 한 사람을 죽이고 나서야만 그렇게 할 수 있다.

대통령은 "조지, 미안하지만 수천만 명을 죽이겠다"라고 말할 것이다. 그런 다음 누군가를 보면서 죽음(무고한 한 사람의 죽음)에 대해 인식하게 될 것이다. 백악관 카펫 위의 붉은 피가 실상을 뼈저리게 느끼도록 할 것이다.

내가 국방성에 있는 친구들에게 이를 제안했을 때, 그들은 "맙소사, 끔찍하다. 대통령이 누군가를 죽여야 한다는 사실은 그의 판단을 왜곡시킬 수도 있다. 그러면 그는 결코 발사 버튼을 누르지 않을지도 모른다"고 말하였다.

출처 : Adapted from "Preventing Nuclear War" by Roger Fisher, *Bulletin of the Atomic Scientists*, March 1981, pp. 11–17.

기충격을 한 단계씩 올리기로 '결정하였고' 선생에게 그렇게 지시하였다. 그러자 선생의 80%는 끝까지 복종하지 않았다. 이런 반항에 불쾌한 표정을 지은 조교는 전기충격 발생기 앞에 앉아 선생 역할을 맡아 하려 하였다. 이 시점에서 반항하였던 대부분의 참가자들이 항의하였다. 어떤 사람들은 충격발생기의 전원을 뽑으려 하였다. 어떤 덩치 큰 남자는 그 조교를 의자에서 들어 올려 실험실 저편으로 던져 버리기도 하였다. 불법적인 권위자에 대한 그들의 반란은 통상 실험자에게 보여준 공손한 고분고분함과 크게 대비되는 것이었다. 나중에 Milgram의 연구들을 재분석한 Reicher와 동료들(2012, Haslam, 2015)은 참가자들이 자신을 연구자와 또는 그가 대표하는 과학공동체와 동일시 할 때, 더 많이 복종한다는 사실을 발견하였다. 그들은 자신들이 과학에 기여하고 있고, 가치있고 고상한 어떤 일을 하고 있다고 생각하기 때문에 명령에 복종하였다. 그들은 "명령에 따르는 사람들이 자신들을 일상생활의 딜레마에 빠지도록 만든 그 권위자만큼이나 도덕적 동정심을 잃은 것은 아니다"라고 지적하였다(Reicher & Haslam, 2011, p. 61).

또 다른 연구에서, 간호사는 자신이 알지 못하는 의사로부터 명백히 과도한 분량의 약을 환자에게 주라는 명령을 받았다(Hofling et al., 1966). 그 실험에 대해 이야기해주었을 때, 간호사 집단의 모든 사람들은 자신은 그 명령에 따르지 않을 것이라고 말하였다. 그럼에도 불구하고, 22명의 다른 간호사들에게 실제로 과도한 분량의 약을 주도록 명령했을 때, 한 명을 제외하곤 모든 사람들이 즉시 명령에 복종하였다(환자에게 전달되는 것을 막기 전까지). 비록 모든 간호사가 그렇게 복종적이지는 않았지만(Krackow & Blass, 1955; Rank & Jacobson, 1977), 이들 간호사들은 의사(합법적 권위자)가 명령하면 간호사는 복종한다는 친숙한 스크립트를 따르고 있었다.

합법적 권위자에 대한 복종은 '귓병'에 관한 이상한 사례에서 뚜렷이 볼 수 있다(Cohen & Davis, 1981). 한 의사가 오른쪽 귀에 염증이 있는 환자에게 약물을 투여하도록 간호사에게 지시하였다. 의사는 처방전에 '오른쪽 귀에 투약할 것'을 줄여서 'R ear에 투약'이라고 썼다. 이 명령을 읽은 복종적인 간호사는 그 약물을 환자의 항문에 투여하였다[R ear가 '뒤에서(rear)'로 잘못 해석됨].

기관의 권위

권위의 명성이 이처럼 중요하다면, 예일대학교라는 기관의 명성도 Milgram 실험자의 명령을 합법화시켰을 것이다. 실험 후의 면접에서, 많은 참가자들은 그 실험에서 예일대학교의 평판이 없었더라면, 자신들은 복종하지 않았을 것이라고 말하였다. 이런 주장이 사실인지를 알아보기 위해, Milgram은 명성이 덜 한 코네티컷의 브리지포트로 장소를 옮겨서 연구하였다. 그는 적당한 상업용 건물에서 자신을 '브리지포트 연구원'으로 설정하였다. 같은 사람으로 '학생이 심장에 문제를 지닌 조건'의 실험이 행해진다면, 당신은 몇 퍼센트의 남자들이 끝까지 복종할 것이라고 생각하는가? 비록 복종이 여전히 매우 높은 48%이었지만, 예일대학교에서 나온 복종률인 65%보다는 낮았다.

일상생활에서 기관에 속한 권위자는 사회적 권력을 휘두른다. Ornstein(1991)은 자기 환자 중 한 명인 알

명령이 떨어지면, 대부분의 군인들은 사람들의 집에 불을 지르거나 그들을 사살할 것이다. 다른 맥락에서 이런 행동들은 비도덕적인 것이다.

© STR/AP Images

프레드가 캘리포니아의 산마테온 위의 절벽 끝에서 뛰어내리겠다고 위협을 하고 있다고 정신과 친구에게 말하였다. 알프레드를 내려오도록 하기 위한 정신과 의사의 이성적 설득이 실패하자, 그 의사는 경찰의 위기 전문가가 속히 도착하기만을 기다리고 있었다.

전문가는 아무도 오지 않았지만, 이때 그 상황을 모르는 또 다른 경찰관이 우연히 그 장소에 나타나 휴대용 확성기를 잡고 절벽 주변에 모여 있는 사람들을 향하여 다음과 같이 소리쳤다. "폰티악 트럭 왼쪽 길 가운데 이중 주차를 한 바보가 누구냐? 내가 거의 충돌할 뻔했다. 누구든지 당장 차를 옮겨라." 이 소리를 들은 알프레드는 그 경찰관의 명령에 따라 즉시 절벽에서 내려와 자신의 차를 옮긴 다음, 한 마디 말도 없이 경찰차를 타고 가까운 병원으로 이송되었다.

집단 영향으로부터의 해방감 효과

이들 고전적 실험들은 동조에 대한 부정적 견해를 갖게 해준다. 그러나 동조는 건설적일 수도 있다. 사회심리학자인 Fisk와 동료들(2004)은 9/11 테러 사건 당시 화염에 쌓인 세계무역센터에 뛰어 들어간 영웅적인 소방관들에 대해 "믿을 수 없을 만큼 용감하였다"고 지적하고 있지만, 그들도 "부분적으로는 상관의 명령에 복종하고 있는 것이고, 부분적으로는 특별한 집단의 명예에 동조하고 있는 것"이다. 가끔 생기는 동조로부터의 해방 효과를 살펴보자. 아마도 당신은 불공정하게 행동하는 교사에게 화가 났지만, 항의하기를 주저했던 기억이 있을 것이다. 그때 한두 사람이 항의했다면, 당신도 그들을 따라 항의했을 것이고, 이것이 해방감 효과이다. Milgram은 두 명의 실험 협조자에게 선생을 돕도록 함으로써 동조의 해방감 효과를 알아냈다. 실험 중에 실제 참가자에게 실험을 계속하도록 명령하는 실험자에게 두 실험 협조자가 반항하였다. 그때에도 실제 피험자가 실험자의 명령에 따랐겠는가? 아니다. 90%의 실제 참가자들이 실험자에게 반항하는 실험 협조자에게 동조함으로써 자신을 구했다.

고전적 연구들에 대한 반추

Milgram의 연구 결과에 대한 공통된 반응은 나치 독일의 아이히만, 1968년 베트남의 밀라이 마을에서 수백 명의 양민을 학살하라고 명령한 캐리 미군 중위, 이라크, 르완다, 보스니아, 코소바에서 일어난 '인종 청소' 가해자의 항변인 "나는 그저 명령에 따랐을 뿐"이다.

군인들은 상관의 명령에 복종하도록 훈련받는다. 그래서 밀라이 학살에 참여했던 한 군인은 다음과 같이 기억한다.

"[캐리 중위가] 나에게 사격을 개시하라고 했다. 그래서 나는 사격하였고, 대략 탄창 4개 정도를 그들에게 쏘아댔다…. 그들은 애원하면서 '안 돼요…'라고 소리쳤다. 엄마들은 아이를 껴안고…. 음, 우린 계속 쏘았다. 그들은 팔을 저으며 애원하였다(Wallace, 1969)."

'안전한' 과학적 맥락에서 이뤄지는 복종 연구는 전시 맥락과는 다르다. 더구나 전쟁과 인종학살의 잔인성은 복종 이상의 것이다(Miller, 2004). Mastroianni(2015)와 Fenigstein(2015)은 대부분의 독일군들은 명령에 복종하였기 때문이거나 그들이 원래 악마이기 때문이 아니고, 그들이 나치의 견해에 너무 철저하게 세뇌되어 더 이상 유대인을 인간으로 보지 않았고 공감도 없었기 때문에 자발적으로 죽였다고 주장하였다. Mastroianni는 홀로코스트는 복종보다는 사회화와 대인영향 이론으로 더 잘 설명될 수 있다고 생각한다. "우리 중 누구나 사회심리학 실험실에서는 몇 시간 내에 학살자로 변신할 수 있다는 생각은 잘못된 것"이라고 그는 주장한다. 대조적으로 "어떤 특정 문화 속에서 파괴적인 이념에 젖은 상태로 성장하면, 끔찍한 파괴행위를 범할 사람이 나올 수 있다."

또한 Milgram의 복종 연구들은 사회적 압력의 강도 면에서 다른 동조 연구들과 다르다. 복종의 경우는 분명한 명령이 있다. 그러나 Asch 연구와 Milgram 연구는 다음 네 가지 유사점이 있다.

- 그 연구들은 어떻게 순종이 도덕을 능가할 수 있는지를 보여준다.
- 그 연구들은 사람들을 양심에 반하는 행동을 하도록 만들었다.
- 그 연구들은 우리의 삶 속에 있는 도덕적 갈등을 일깨워 주었다.
- 그 연구들은 **행동과 태도** 간의 관계와 **상황의 힘**이라는 두 가지 유명한 사회심리학 원리를 확증시켜주었다.

행동과 태도

내적 신념을 압도하는 외부 영향이 있을 때, 태도는 행동을 결정하지 못한다. 이 실험들은 그 원리를 생생하게 보여준다. Asch의 피험자들은 단독으로 반응할 때는 거의 항상 정답을 맞혔다. 그들이 홀로 한 집단에 맞서는 경우는 문제가 달랐다.

복종 연구에서 막강한 사회적 압력(실험자의 명령)은 약한 것(희생자의 애원)을 압도하였다. 희생자의 애원과 실험자의 명령, 악행을 피하고자 하는 바람과 좋은 참가자가 되고자 하는 바람 사이에서, 놀랄만한 숫자의 사람들이 복종쪽을 선택하였다.

왜 참가자들은 빠져나오지 못했는가? 어떻게 올가미를 쓰게 되었는가? 당신이 가상적인 Milgram 실험에서 선생 역을 맡은 사람이라고 생각해보라. 학생이 처음으로 틀린 답을 했을 때, 실험자가 당신에게 330볼트를 가하라고 요구한다. 당신이 스위치를 누르자, 당신은 학생의 비명, 심장장애에 관한 불평, 자비를 청하는 소리를 듣게 된다. 당신은 계속할 것인가?

아마도 아닐 것이다. 실제 Milgram 실험에서 첫 번째 집행은 약한 것(15볼트)이었고, 그것이 항의를 일으키지는 않았다. 학생이 처음으로 신음 소리를 내는 75볼트를 줄 때까지, 그들은 이미 5번을 복종하였다. 다음번 요청은 이전보다 약간 더 높은 전기충격을 주는 것이었다. 330볼트를 줄 때까지, 참가자들은 22번이나 복종하였고, 자신들의 부조화를 어느 정도 감소시켰다. 그러므로 그 시점부터 처음 실험을 시작하는 사람과는 다른 심리 상태에 놓여 있었다. 그것은 복종의 '가파른 경사'였고, 일단 내려가기 시작하면 멈추기 힘들었다. 부정행위를 다룬 최근 실험에서 가파른 경사 효과를 확인할 수 있었다. 어떤 참가자들은 1라운드에서 정답당 25센트를 받았고, 2라운드에서는 1불, 3라운드에서는 2.5불을 받았다. 반면 또 다른 참가자들은 처음부터 정답당 2.5불을 받았다. 점차 인센티브가 커지는 사람들이 더 부정행위를 하였으며, 자신들이 더 많이 정답을 맞추었다고 말한다. 아마도 그들의 위반행위가 작은 것에서 시작되어 점차 커졌기 때문일 것이다(Welch et al., 2015). 그러나 이 원리가 완벽하게 작동하지는 않는다. 고통스럽지만 극단적이지 않은 전기충격(150볼트)을 주도록 했을 때, 거의 모든 참가자들이 따랐고, 10번의 시행을 거쳐 그 수준까지 왔다(Dolinski & Grzyb, 2016). 그들은 아직 학생의 항의를 듣지 않았고, 그 시점에서 한 단계 높은 요구는 10단계 높은 요구보다 따르기 쉽다.

외적 행동과 내적 성향은 서로 영향을 줄 수 있고, 때로는 상승 작용을 한다. Milgram은 다음과 같이 보고하였다(1974, p. 10).

많은 피험자들이 희생자에게 가한 결과에 대해 희생자를 호되게 평가절하하였다. "그는 그런 전기충격을 받을 만큼 어리석고 고지식하다"라는 코멘트가 많았다. 일단 희생자에게 해가 되는 행동을 하고 나면, 피험자들은 희생자가 가치 없는 사람이며, 지적 및 성격적으로 문제가 있기 때문에 그런 처벌이 불가피했다고 생각할 필요가 있음을 알게 되었다.

1970년대 초 그리스의 군사정권에서는 고문 기술자를 양성하면서 이런 '희생자-비난' 전략을 사용하였다(Haritos-Fatouros, 1988, 2002; Staub, 1989, 2003). 나치 독일에서 SS(친위대) 요원을 훈련할 때처럼, 그리스 군부에서도 권력자에 대한 존경심과 복종심을 근거로 후보자를 선발하였다. 그러나 이런 성향만으로 고문 기술자를 만들수는 없었다. 그래서 그들은 먼저 훈련병들에게 죄수를 관리하도록 하였고, 그다음으로 체포 조에 참여시켰고, 그다음에는 죄수를 때리도록 하였고, 그다음으로 고문 장면을 보도록 하였고, 그런 다음에서야 비로소 실제로 고문을 하도록 하였다. 원래는 순진했던 사람들이 한 발 한 발씩 잔인한 사람으로 변해갔다. 처음엔 복종이었지만, 점차 수용이 된다. 만약 우리가 끝 지점(450볼트 고문)에 초점을 맞추면, 우리는 그 악행을 보고 경악한다. 만약 우리가 사람들이 어떻게 (작은 단계들을 거쳐) 거기까지 갔는지를 생각해보면, 우리는 그것을 이해하게 된다.

홀로코스트의 생존자 중 한 명인 메사추세츠대학교의 사회심리학자인 Staub는 시민을 저승사자로 바꿀 수 있는 힘에 대해 너무나 잘 알고 있다. Staub(2003)는 전 세계에서 일어난 인간 대학살에 관한 자신의 연구에서, 차츰차츰 커지는 공격이 어디에서 생겨나는지를 보여주고 있다. 매우 자주, 비난은 경멸을 낳고, 그것은 잔인성의 면죄부가 되고, 그것이 정당화될 때 인간은 짐승이 되어 살인을 하고, 그러고 나면 체계적인 살인을 하게 된다. 이렇게 진화한 태도는 행동이 뒤따르고, 그것을 정당화해준다. Staub가 내린 끔찍한 결론은 "놀랄 것도 없이, 인간은 다른 사람들을 죽일 수 있는 능력을 지니고 있다"는 것이다(1989, p. 13).

그러나 인간은 영웅의 자질도 지니고 있다. 나치의 홀로코스트 기간 동안, 독일이 추방한 3,500명의 유대인과 다른 난민들이 프랑스 중부의 르샹봉이라는 시골 마을에 거주하고 있었다. 이들은 주로 박해받던 집단의 후손인 개신교 신자들로서, 그들에게는 이미 목사라는 권위자가 있었으며, 그 목사는 그들에게 "우리의 적들이 우리에게 하나님의 명령에 반하는 복종을 명령할 때는 저항하라"고 가르쳐 왔다(Rochat, 1993; Rochat & Modigliani, 1995). 유대인들이 숨어 있는 곳을 대라는 나치의 명령에 대해 담임목사는 "나는 유대인을 모른다. 단지 인간을 알고 있을 뿐이다"라며 불복종의 모델을 보여주었다. 전쟁이 얼마나 무서운지 모르는 상태에서, 1940년을 시작으로 그들은 저항자로서 첫 헌신을 했고, 그런 다음 자신의 신념으로부터, 권위자로부터, 그리고 서로로부터 지지받아서, 1944년 마을이 해방될 때까지 저항자로 남아있었다. 여기저기서 나치의 점령에 대한 주민들의 최종 반응은 초기에 결정되었다. 초기에 그들을 돕는 것은 헌신을 고조시켰고, 헌신은 그들을 더 많이 돕도록 이끌었다.

사회 규범의 힘

수업 중에 일어서 있거나, 식당에서 큰 소리로 노래를 부르거나, 속옷 차림으로 골프를 치는 것과 같은 사소한 규범을 어기는 행동을 저질렀다고 상상해보라. 이런 사회적 제약들을 깨뜨리려고 시도할 때, 갑자기 우리는 그것들이 얼마나 강한지를 알게 된다.

순종은 수용을 낳는다. 전직 고문 기술자 Jeffrey Benzien이 남아프리카의 진실과 화해위원회에서 누군가를 거의 질식시키는 '젖은 가방' 기법을 시범 보이고 있다. Benzien은 자신이 단지 명령에 따라 했다고 주장하였지만, 희생자에 대해 사과하고 "내가 끔찍한 짓을 했다"고 인정하였다.

© Benny Gool/Capetown Independent Newspaper

펜실베이니아주립대학교에서 이뤄진 한 실험에 참가한 학생들도 자신이 심하게 도발되었을 때라도 적대적인 사람보다는 '좋은' 사람이 되어야 한다는 사회 규범을 어기는 것이 얼마나 힘든 일인지를 알게 되었다. 학생들에게 자신을 무인도에서의 생존에 대해 3명의 다른 사람들과 토론 중이라고 상상하도록 하였다. 학생들에게는 다른 사람들 중 한 남자가 "이런 무인도에서 남자를 만족시키려면 여자가 더 있어야 한다"와 같은 세 가지 성차별적인 발언을 했다고 상상해보도록 하였다. 이런 성차별적 발언에 대해 학생들은 어떤 반응을 보였을까? 겨우 5%의 학생들이 이런 말을 무시하거나 다른 사람들의 반응을 보기 위해 기다릴 것 같다고 예상하였다. 그러나 또 다른 학생들을 실제 그 상황에 넣고, 한 남자 실험 협조자의 이런 발언을 듣게 했을 때, 55%(5%가 아닌)가 아무 말도 하지 않았다(Swim & Hyers, 1999). 마찬가지로 사람들은 인종차별적 비방을 하는 사람을 목격하면 분노할 것이고 그를 배척할 것이라고 예측하지만, 실제로 이런 사건을 경험하는 사람들은 전형적으로 무관심을 보인다(Kawakami et al., 2009). 이 실험들은 사회 규범의 힘을 입증하는 것이며, 행동(심지어 우리 자신의 행동도)을 예측하는 것이 얼마나 어려운지를 보여주는 것이다.

2011년 동료 코치의 소년 성추행에 대해 존경받은 미식축구 코치와 다른 대학 직원들이 어떻게 반응했어야 하느냐에 대한 공개 토론이 있었던 Swim과 Hyers의 펜실베이니아주립대학교에서 인간의 투쟁이 대결로 끝나야만 하는 사실이 얼마나 아이러니인가!(코치들은 상부에 보고만 했을 따름이었고 성추행 혐의자를 계속해서 대학 직원으로 유임시켰다고 한다). 방송 해설가들은 격분했다: 그들은 **그들이** 더 강하게 행동했어야 했다고 생각했다. 이 실험들은 우리가 가상적인 상황에서 하겠다고 **말하는** 것이 실제 상황에서 **행동하는** 것보다 훨씬 쉽다는 사실을 일깨워준다.

Milgram의 연구들은 악에 대한 교훈을 준다. 공포 영화와 서스펜스 소설에서 악은 소수의 나쁜 사과, 즉 소수의 타락한 살인자들이 하는 것이다. 실생활에서도 우리는 히틀러의 유대인 학살이나 오사마 빈 라덴의 테러리스트 음모에 대하여 마찬가지로 생각하게 된다. 그러나 악은 사과 전체를 썩게 만드는 사회적 힘의 산물이기도 하다. 이라크 아브그라이브 포로수용소에서 포로 학대로 전 세계를 충격에 빠뜨리게 한 미군들은 스트레스를 받고 있었고, 그들이 구해준 많은 사람들에게 조롱당했고, 동료의 죽음에 분노했고, 고국에 돌아갈 시간이 지체되었고, 감독이 느슨한 상태로 있었다. 이것들이 악행이 나올 수 있는 악한 상황을 만들었다(Fiske, 2004; Lankford, 2009). 상황은 평범한 사람들을 악에 굴복하게 만들 수 있다.

큰 사회에서 자주 발생하듯, 작은 악마가 큰 악마로 진화하는 경우가 많다. 독일 공무원들은 자발적으로 홀로코스트에 관한 서류작업을 해서 나치 수뇌부를 놀라게 하였다. 물론 그들이 유대인을 죽이지는 않았다. 단지 그들은 나치에게 유대인에 관한 서류를 제출한 것이다(Silver & Geller, 1978). 업무가 분할되면, 악행은 더 쉬워진다. Milgram은 40명의 남자들에게 간접적으로 희생자에게 전기충격을 주는 데 기여하도록 하는 실험을 통해, 악행의 분할을 연구하였다. 전기충격 버튼은 다른 사람이 누르고, 그들은 단지 학습문제만 관리하도록 하였다. 그렇게 하니 40명 중 37명이 끝까지 그 과제를 완수해냈다.

우리의 일상에서는 그럴 의도도 없이 서서히 악으로 떠밀려가는 경우가 종

개인주의 문화일지라도(모자, 양말, 신발, 룩색을 제외하고) 나체로 영국을 종단한 Stephen Gough와 같이 그 문화의 명백한 사회 규범을 어기려는 사람은 드물다. 그는 7개월 동안 847마일을 걸으며, 15번 체포되었고 약 5달 동안 구금되었다. Gough(2003)는 자신의 웹사이트에 "나의 나체활동은 나의 자립과 내 자신을 아름다운 인간으로 선언하는 최우선적이고 가장 중요한 일이다"라고 선언하였다.

ⓒ Daily Mail/Rex/Alamy Stock Photo

종 있다. 꾸물거림도 의도하지 않은 채 서서히 떠밀려간다는 점에서 비슷하다(Sabini & Silver, 1982). 어떤 학생은 기말 보고서의 마감일이 이번 주말이라는 사실을 알고 있다. 여기저기 비디오게임이나 TV프로그램과 같은 것들이 방해는 하겠지만, 보고서 작성에 치명적인 해를 주지는 않을 것으로 보인다. 그러나 의식적으로 안 하려 한 것은 아니었지만, 점차 보고서를 안 하는 쪽으로 방향을 바꾸게 된다.

악의 힘에 흔들리면, 선한 사람도 자신의 비도덕적 행동을 도덕적으로 정당화하는 타락에 빠진다(Tsang, 2002). 그래서 평범한 군인도 결국에는 비무장인 양민들에게 사격하라는 명령에 따르고, 존경받는 정치지도자가 시민들을 불행한 전쟁으로 이끌어가고, 평범한 직장인들이 해로운 저질 제품을 생산하고 배포하라는 명령에 따르고, 평범한 집단성원이 신고식을 잔인하게 행하라는 명령에 따른다.

그렇다면, 악행에 대한 상황적 분석이 악행을 저지를 사람에게 면죄부를 주는가? 그들에게 책임이 없는가? Miller(2006)는 보통 사람들의 마음에는 그 대답이 어느 정도 '그렇다'일 것이라고 지적한다. 그러나 악의 근원을 연구하는 심리학자들은 달리 주장한다. 설명하는 것이 변명하는 것은 아니다. 이해하는 것이 용서하는 것도 아니다. 당신은 이해할 수 없는 행동을 한 사람을 용서할 수는 있고, 용서하지 못할 사람을 이해할 수도 있다. 이에 더해서 Waller(2002)는 "우리가 예외적이라고 생각했던 악이 일반적이라는 사실을 이해할 때, 우리는 악에 덜 놀라게 되고, 자신도 모르는 사이 악인이 될 가능성이 줄어들고, 그리고 아마도 악을 미연에 방지할 준비가 더 잘될 것이다"라고 하였다. 유명한 Milgram 연구를 재검증한 Burger의 연구에서는 그 연구를 알고 있는 사람들을 배제하였다. 만약 그 연구에 지금 당신이 알고 있는 지식을 아는 사람들이 포함되었다면, 복종 비율은 훨씬 떨어지지 않았을까(Elms, 2009)?

마지막으로 동조 연구에서 사용한 실험방법들에 대해 알아보자. 실험실에서의 동조와 복종 상황은 실생활의 그것과는 다르다. 우리가 선분의 길이를 판단하거나 전기충격을 주도록 요구받는 경우가 얼마나 많은가? 연소란 점에서 성냥불과 산불이 비슷하듯이, 우리는 실험실에서의 심리적 과정과 실생활에서의 심리적 과정은 유사하다고 가정한다(Milgram, 1974). 성냥에 불을 붙이는 간단한 것을 산불이라는 복잡한 것으로 일반화시킬 때는 조심해야 한다. 그러나 성냥에 불을 붙이는 통제된 실험이 산불을 관찰함으로써는 얻을 수 없는 연소에 관한 통찰을 우리에게 줄수 있다. 마찬가지로 사회심리학 실험은 일상생활에서는 쉽게 밝혀지지 않는 행동에 관한 통찰을 제공해준다. 실험 상황이 독특한 것이기는 하지만, 모든 사회적 상황이기도 하다. 여러 독특한 과제를 사용하여 검증함으로써, 다른 시간대와 장소에서 실험을 반복함으로써, 연구자들은 표면적으로는 다양한 것들의 기저에 있는 공통 원리를 찾아내고 있다. 고전적 복종 연구들의 요약이 표 6.1에 있다.

고전적 동조 실험은 일부 물음에는 답을 주지만, 다른 물음들을 제기한다. 즉 때로는 사람들이 동조하고, 때로는 동조하지 않는다. 그렇다면, 우리는 (1) 언제 사람들이 동조하는가? (2) 왜 동조하는가? 왜 사람들은 집단을 무시하고 자신이 옳다고 생각하지 않는가? (3) 어떤 유형의 사람이 더 쉽게 동조하는가? 다음에서는 이런 물음들에 대해 알아보도록 하자.

표 6.1 고전적 복종연구들의 요약

주제	연구자	방법	실생활의 예
규범 형성	Sherif	광점의 움직임에 대한 피암시성을 평가	다른 사람의 말을 듣고 사건을 다르게 해석(다른 사람이 좋아하는 음식 맛을 더 높게 평가)
동조	Asch	다른 사람들의 분명히 틀린 지각 판단에 동의	타인이 하는 대로 행동(문신과 같은 유행)
복종	Milgram	타인에게 전기충격을 주라는 명령에 복종	상관의 의심스러운 명령에 추종하는 군인이나 종업원들

요약 : 고전적 동조와 복종 연구는 무엇인가?

다음 세 가지 고전적 실험 세트는 연구자들이 어떻게 동조를 연구하였으며, 어떻게 사람들이 동조할 수 있는지를 보여주었다.

* Sherif는 다른 사람들의 판단이 실제로는 움직이지 않는 광점의 움직임 추정치에 영향을 준다는 사실을 관찰하였다. '적절한' 정답에 대한 규범이 출현하였고, 이 규범은 오랜 시간 동안, 그리고 여러 피험자 세대를 거쳐 지속되었다.
* Asch는 사람들에게 3개의 비교 선분 중에서 기준 선분과 길이가 같은 선분을 고르는 다른 사람들의 판단을 듣고 난 후, 그들에게도 판단을 하

도록 하였다. 다른 사람들이 만장일치로 오답을 말한 경우, 참가자들은 전체 시행의 37%에서 동조하였다.

* Milgram의 복종 연구는 극단적 형태의 복종을 이끌어냈다. 합법적인, 명령권자가 가까이 옆에 있고, 희생자는 멀리 있고, 불복종하는 사람이 아무도 없는 최적의 조건에서, 성인 남성의 65%가 옆 방에서 비명을 지르는 무고한 희생자에게 치명적인 손상을 줄 수도 있는 전기충격을 주라는 명령에 끝까지 복종하였다.
* 행동과 태도는 서로를 강화시켜, 작은 악행은 더 큰 악행을 가져오는 태도를 키울 수 있게 해준다.

동조의 예측 요인은 무엇인가?

> 동조를 많이 또는 적게 촉발시키는 상황은 무엇인가?

사회심리학자들은 Asch 연구가 강요가 없는, 분명한 상황에서 37%의 동조율을 이끌어냈다면, 다른 상황에서는 더 많은 동조를 이끌어낼 수 있을지 궁금했다. 곧 연구자들은 판단과제가 어렵거나 피험자들이 자신을 무능하다고 느낀다면, 동조율이 더 높아진다는 사실을 밝혀냈다. 우리는 자신의 판단에 대해 확신이 없을수록, 다른 사람의 영향을 더 많이 받는다.

집단의 특성도 영향을 준다. 집단이 3명 이상으로 구성되어 있고, 만장일치이며, 응집력이 강하고, 지위가 높은 사람들로 이루어진 경우에 동조율이 가장 높다. 또한 공개적으로 반응할 때, 사전에 약정이 없을 때, 동조율이 가장 높다. 이 조건들을 하나씩 살펴보자.

집단 규모

Asch와 다른 연구자들은 1~2명인 경우보다 3~5명의 사람들이 더 많은 동조를 일으킨다는 사실을 발견하였다. 그러나 5명 이상인 경우는 다시 동조가 줄어들었다(Gerard et al., 1968; Rosenberg, 1961). 즉 소집단이 큰 효과를 낼 수 있다. Milgram과 동료들(1969)은 현장 실험에서 1, 2, 3, 5, 10, 혹은 15명의 사람들에게 복잡한 뉴욕시 인도에 서서 하늘을 쳐다보도록 하였다.

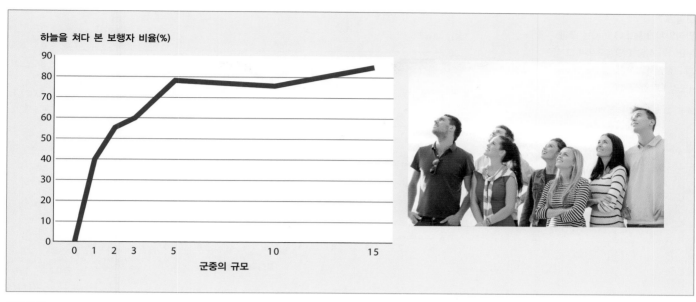

그림 6.6

집단 크기와 동조

집단을 따라 하늘을 쳐다보는 보행자의 비율은 집단 크기가 5명으로 증가할 때까지는 증가하였다.

출처 : Data from Milgram, S., Bickman, L., & Berkowitz, L. (1969).

그림 6.6에서 보듯, 지나가던 행인들이 하늘을 쳐다보는 비율은 하늘을 쳐다보고 있던 사람의 수가 1명에서 5명으로 증가할 때까지 증가하였다. 이를 당신의 대학에서 해보라. 당신이 몇몇 친구들과 함께 하늘을 쳐다보고 있으면 지나가던 대부분의 사람들이 하늘을 쳐다보는 것으로 보게 될 것이다. 나는 내가 미시간대학교의 조교일 때, 학생들과 이것을 해보았다. 1~2명이 건물 밖에 서서 쳐다보았을 때, 몇 사람이 그들을 쳐다보았지만 누구도 하늘을 쳐다보지는 않았다. 그러나 4~5명이 문 밖에 서서 하늘을 쳐다보았을 때는 거의 모든 학생들이 건물 밖으로 나와서 즉각적으로 고개를 하늘로 쳐들었다. 우리 학생들과 나는 당황스러울 만큼 크게 웃었다.

집단이 어떻게 '포장되어' 있느냐의 여부도 동조율 차이를 만든다. 럿거스대학교의 Wilder (1977)는 학생들에게 배심원 사례를 주었다. 학생들은 판단을 내리기 전에 4명의 실험 협조자들이 판단을 내리는 장면의 비디오를 시청하도록 하였다. 실험 협조자들을 4명으로 된 한 집단으로 제시한 경우보다는 2명씩으로 구성된 별도의 두 집단으로 제시한 경우에 동조율이 높았다. 마찬가지로 6명으로 된 한 집단보다는 3명으로 된 두 집단이, 그리고 2명으로 된 세 집단이 더 많은 동조를 이끌어냈다. 독립적인 여러 소집단들의 의견 일치가 그 입장을 더 신뢰하게 만든다.

만장일치

당신이 대답하기 전에 한 명을 제외하곤 모든 사람들이 똑같이 오답을 말하는 동조실험에 참여하고 있다고 상상해보라. Milgram의 연구에서 한 사람이 보여준 것처럼, 이 같은 다수에 비동조하는 1명의 실험 협조자가 동조압력을 피하는 길이 될 수 있을까? 몇몇 실험들은 누군가가 집단의 만장일치를 깨뜨리면, 그 집단의 사회적 힘이 약해진다는 사실을 보여주었다(Allen & Levine, 1969; Asch, 1955; Morris & Miller, 1975). 그림 6.7에서 보듯, 만약 1명이라도 다수와 다르면, 대개 사람들은 자신의 신념대로 제 목소리를 낼 것이다. 이런 실험의 참가자들은 후에 동조하지

그림 6.7
만장일치가 동조에 미치는 효과
누군가가 정답을 말함으로써 그 집단
의 만장일치를 깨면, 동조자의 비율은
4분의 1로 감소한다.

출처 : Data from Asch, 1955.

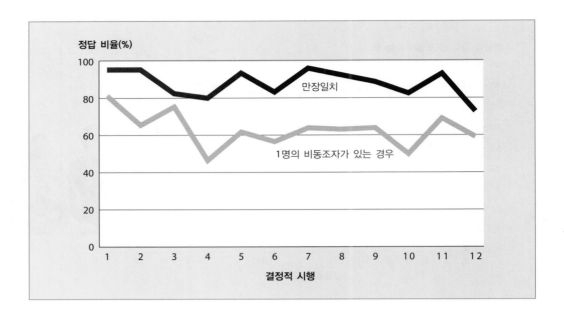

않은 사람에게 따뜻함과 친근함을 느꼈다고 종종 말한다. 하지만 그 사람이 자신에게 영향을 주
었다는 사실은 부정한다: "나는 그가 없었더라도 같은 대답을 했을 것이다."

　집단에서 홀로 소수가 되는 것은 쉬운 일이 아니다. 한 명의 배심원 때문에 배심에서 평결을
내리지 못하는 경우는 드물다. 20세기 후반에 미국 대법원 결정의 10분의 1에서만 1명의 의견
불일치가 있었다. 대부분은 만장일치이거나 5 : 4였다(Grandberg & Bartels, 2005). Levitan과
Verhulst(2016)는 대학생들에게 총기 규제, 사형제도, 낙태와 같은 이슈들에 대해 개인적으로 자
신의 견해를 말하도록 하였다. 나중에 그들에게 생각을 달리 하는 사람들 앞에서 자신의 견해를
다시 말하도록 했을 때, 자기와 같은 편이 1명일 때라도 그들은 자신의 입장을 덜 바꾸었다.

　동조 실험은 당신과 같은 입장을 지닌 누군가가 존재한다는 것을 안다면, 당신 자신의 입장을
고수하기가 더 쉽다는 실용적인 교훈을 가르쳐준다. 많은 종교집단은 이런 사실을 잘 알고 있
다. 교리를 전파하기 위해 제자들을 쌍으로 내보냈던 예수의 예를 따라서, 몰몬교에서도 전도를
위해 항상 2명의 선교사를 함께 보낸다. 1명의 동지가 제공하는 지지는 한 사람의 사회적 용기를
크게 높여준다.

　설사 그것이 오답일지라도, 다수에 동조하지 않는 누군가를 보면, 우리의 독립성이 높아질 수
있다. Nemeth와 Chiles(1988)는 파란색을 녹색으로 잘못 판단하는 4명으로 된 집단 속에서 홀로
다른 주장을 하는 한 사람을 관찰하도록 하는 방법으로 이런 사실을 발견하였다. 비록 비동조자
인 그 사람의 판단도 틀린 것이었지만, 그를 봄으로써 관찰자들은 더 쉽게 자신의 독립성을 보여
주었다. 즉 '빨간색' 슬라이드를 다른 모든 사람들이 '오렌지색'이라고 잘못 부른 경우에도, 그
들 중 76%는 정답인 '빨간색'이라고 대답하였다. 그러나 '초록색'이라고 잘못 대답하는 비동조
자를 볼 기회가 없었던 참가자들은 전체 중 30%만 정답을 말하였다(그러므로 전체의 70%가 다
수의 틀린 대답에 동조하였다).

응집성

소수 의견을 지닌 사람이 다른 학교 학생이거나 다른 종교를 가진 사람의 경우처럼, 그 집단 밖
에 있는 사람인 경우에는 그가 우리와 같은 집단 내에 있는 사람인 경우보다 우리를 덜 흔들리게

한다(Clark & Maass, 1988). 동성애자보다 이성애자들이 동성애자들의 권리 보장을 주장하면 우리(이성애자)는 더 흔들린다. 심지어 사람들은 생일이 같거나, 이름이 같거나, 지문의 특징이 같다고 말하는 사람들의 요구에 더 순종하는 경향이 있다(Burger et al., 2004, Silvia, 2005).

응집력(cohesiveness)이 큰 집단일수록, 그 집단 성원들에게 더 힘이 있다. 즉 당신이 친하다고 생각하지 않는 사람들의 집단보다는 친한 친구들로 된 집단이 당신에게 더 큰 영향을 미친다. 예를 들어 대학생 모임에서 친구들은, 특히 그들이 서로 친할수록 폭식 경향성을 공유하는 경향이 있다(Crandall, 1988). 응집력이 큰 시기인 고등학교 시절에, 학생들이 인기를 끌기 위해(혹은 유지하기 위해) 또래보다 술을 더 많이 마시게 되는 경우가 종종 있다(Balsa et al., 2010). 같은 인종 안에서 사람들

소수의 한 사람으로 홀로 버티는 것은 어렵다. 그러나 마치 1957년에 제작된 (1997년 재제작) 영화 '12명의 성난 사람들'에서 유일하게 반대하였던 배심원처럼, 때로는 홀로 버티는 것이 영웅을 만들기도 한다.

은 그 집단의 모든 사람들처럼 대화하고, 행동하고, 옷 입어야 하는, '자기집단 동조압력'을 느낀다. 실제로 흑인이 '백인처럼 행동'하거나 백인이 '흑인처럼 행동'하면, 자기 인종집단에 동조하지 않았다는 이유로 친구들의 놀림을 받을 수 있다(Contrada et al., 2000).

우리가 우리의 집단과 함께 하려는 경향성(즉 집단이 생각하는 식으로 생각하고, 행동하는 식으로 행동하기)은 사람들이 자신과 유사한 사람들이 좋아한다고 말한 음악을 더 좋아하는 것으로 보고한 한 실험에서 드러났다(그러나 그들과 다른 사람이 그 음악을 좋아할 때는 그 음악을 더 싫어했다; Hilmert et al., 2006). 마찬가지로 대학생들이 자신과 유사하지 않은 음주자와 자신을 비교할 때, 그들은 술을 덜 마시게 되었다(Lane et al., 2011). 그리고 참가자들이 자신과 같은 대학교의 티셔츠를 입은 사람이 부정행위를 저지르는 것을 관찰한 후에는 또 다른 실험에서 부정행위를 할 가능성이 더 커졌다. 그러나 부정행위를 하는 학생이 경쟁 대학의 티셔츠를 입고 있었다면, 반대 효과가 나타났다. 즉 참가자들은 더 정직해졌다(Gino et al., 2009). 응집력이 일으키는 동조는 대학 기숙사에서도 나타날 수 있는데, 기숙사 학생들의 태도는 가까이 거주하는 사람들과 더 유사해졌다(Cullum & Harton, 2007).

지위

당신이 잠작하듯, 지위가 높은 사람은 영향력이 더 크다(Driskell & Mullen, 1990). 젊은 집단 성원들(젊은 사회심리학자들조차도)은 나이 든 집단 성원보다는 그들 집단에 더 동조한다는 사실을 알고 있다(Jetten et al., 2014). 자신의 권력이 크다고 느끼는 중국 소비자들은 유명 제품을 선택함으로써 쉽게 동조하지 않으며, 독창성을 더 강조하는 광고에 이끌린다(Zou et al., 2014). Galak과 동료들(2016)은 1만 6,000개의 여성화 구매를 조사함으로써 지위와 동조 간의 관계를 검증할 수 있는 창의적인 방법을 찾아냈다. 자신들이 살던 곳보다 지위가 더 높은 이웃사람들이 사는 곳으로 최근에 이사한 여성들은 그 이웃들이 좋아하는 신발 유형을 더 많이 구매하였지만, 지위가 더 낮은 이웃 사람들이 사는 곳으로 이사한 여성들은 그 지역 규범을 무시하는 경향이 더 높았다(Horner et al., 2010). 인간과 다른 영장류 모두에서 권위는 영향력을 가져온다.

응집력
'우리라는 느낌', 집단의 구성원들이 서로에 대한 매력과 같은 것으로 함께 묶여 있는 정도

© United Archives GmbH/Alamy Stock Photo

© Image Source, all rights reserved.

사람들은 다른 사람들이 무단횡단을 할 때 무단횡단을 하고, 다른 사람들이 무단횡단을 하지 않을 때 무단횡단을 하지 않을 가능성이 크다. 특히 다른 사람들이 옷차림이 좋고 지위가 높은 사람으로 보일 때 그렇다.

Milgram(1974)은 자신의 복종 실험에서, 지위가 높은 사람보다는 지위가 낮은 사람이 실험자의 명령을 더 잘 수용하였다고 보고하였다. 37세의 용접공은 450볼트의 전기충격을 주고 난 후, 지위가 높은 실험자를 돌아보며 "교수님, 어디로 나가면 됩니까?"라고 공손하게 물었다(p. 46). 150볼트에서 복종을 거부한 또 다른 참가자인 신학대학교 교수는 "나는 왜 사람의 생명보다 실험이 우선인지 이해할 수 없다"고 말하면서, 실험자에게 '이런 일에 대한 윤리'에 관한 질문 공세를 퍼부었다(p. 48).

공개적 반응

동조 연구자들의 첫 번째 궁금증 중 하나는 "사람들이 사적으로 의견을 내놓을 때보다 공개적으로 반응할 때 더 많이 동조하는가? 아니면 사적으로 더 흔들리지만, 줏대 없는 사람으로 보이지 않기 위해 공개적인 경우에 오히려 덜 동조하는가?"이었다.

이제 대답은 분명하다. 실험에서 사람들은 사적으로 자신들의 대답을 적도록 한 경우보다 남들 앞에서 공개적으로 말하도록 한 경우에 더 많이 동조한다. Asch 연구의 참가자들은 자신의 대답을 실험자만이 볼 수 있도록 쓰게 한 경우는, 다른 사람들의 대답을 들은 이후라도 집단압력을 덜 받았다. 중국에서 이루어진 한 연구에서 보았듯이, 자신의 대답을 또래에게 공개적으로 제시해야 할 때, 어린이들보다 청소년들이 자신의 대답을 더 변경하였다는 사실은 청소년들이 동조에 대한 집단 압력을 더 많이 느끼고 있음을 시사하는 것이다(Zhang et al., 2018). 그래서 대학강사가 논란이 될 수 있는 질문을 던졌을 때, 학생들은 손을 들어 대답할 때보다 익명으로 대답할 때 더 다양한 의견을 표현한다(Stowell et al., 2010). 이는 대중 앞에서 하는 투표보다 기표소에서 한 투표를 개인의 의사라고 보는 우리의 생각을 지지해주는 것이다.

사전 약정

1980년 경마에서, 리스크는 더비에서 우승한 두 번째 암컷 경주마가 되었다. 다음 경주에서 그 말은 마지막 바퀴를 남기고 뒤처지는 바람에 수컷 경주마인 코덱에게 선두를 내주었다. 그들이 말머리를 앞서거니 뒤서거니 하며 코너를 돌 때, 코덱이 리스크 옆으로 움직여 리스크를 주춤하게 하는 바람에 간발의 차이로 승리하였다. 코덱이 리스크를 밀쳤는가? 그 말의 기수가 리스크의 얼굴을 때렸는가? 심판들이 모여 짧은 논의를 거친 후, 반칙은 없었고 코덱이 우승자라고 선언하였다. 이 결정은 분노를 일으켰다. 재생화면을 보면, 분명히 코덱이 감정적으로 리스크를 밀쳤다. 항의가 빗발쳤다. 임원들이 결정을 재심하였으나, 결정을 번복하지는 않았다.

경주가 끝나자마자 선언된 결정이 나중에 임원들이 다른 결정을 내리도록 마음을 여는 데 영향을 주었을까? 확실히는 알 수 없다. 그러나 이런 사건의 실험실 버전을 통해, 즉각적이고 공개적인 약정이 있을 때와 없을 때를 비교하여 약정이 그 차이를 만드는지를 볼 수 있었다. 다시 당신이 Asch 유형의 실험에 참여하고 있다고 상상해보라. 실험자가 여러 선분을 보여주고, 맨 먼저 당신에게 대답을 요구한다. 당신이 대답한 후, 모든 다른 사람들이 당신과는 다른 대답을 하였다. 이때 실험자가 당신에게 대답을 재고할 기회를 주었다. 집단 압력에 직면한 당신은 이전 대답을 철회할 것인가?

사람들은 대부분 그렇게 하지 않는다(Deutch & Ge-rard, 1955). 일단 공개적인 약정을 한 경우, 사람들은 그 것을 고수한다. 기껏해야 그들은 나중에 다른 상황에서 자신의 판단을 바꾼다(Saltzstein & Sandberg, 1979). 그러 므로 예를 들어 다이빙이나 다른 운동경기의 심판들이 나 중에는 조정할지언정, 당장은 다른 심판들의 판정을 보고 자신의 판정을 바꾸는 일은 거의 없을 것으로 예상할 수 있다. 사람들이 자신이 틀렸다고 인정하고 사과할 때, 종 종 자신이 통제가 잘 되지 않는다고 느낀다(Okimoto et al., 2013).

사전 약정은 설득을 방해하기도 한다. 모의 배심원들이 평결을 할 때, 배심원들이 비밀투표보다는 거수로서 표결 하는 경우에 평결이 이루어지지 못하는 경우가 더 많았다 (Kerr & MacCoun, 1985). 사람들에게 공개적으로 자신 의 의견을 표시하게 하면, 이는 이전 입장의 철회를 주저 하게 만든다.

© IRA SCHWARZ/AP Images

사전 약정 : 사람들이 일단 어떤 입장에 스스로 약정하면, 그들은 사회적 압력에 굴복하는 경우가 드물다. 가장 안쪽 앞에 있는 코덱이 리스크를 방해했는가? 심판들이 자신들의 결 정을 공개적으로 발표한 후, 경주 장면 다시보기에서 나온 많은 증거도 심판들을 움직일 수 없었다.

영리한 설득자는 이런 사실을 잘 알고 있다. 판매원은 고객들에게 그들이 판매하는 것에 대 해 반대보다는 동의하는 말을 하도록 만든다. 환경보호자들은 사람들에게 쓰레기 분리수거, 에 너지 절약, 버스 타기와 같은 행동을 약속하라고 요청한다. 왜냐하면 단순히 사람들이 그런 호 소를 듣는 것보다 환경보호에 대한 약속을 선언했을 때, 그들의 행동이 더 잘 변하기 때문이다 (Katzev & Wang, 1994). 이런 원리는 건강을 위한 행동에도 적용된다. 스페인 청소년들이 술과 마약에 대한 교육만 받은 경우와 비교해서, 술을 마시지 않겠다고 혹은 마약을 하지 않겠다고 공개적으로 맹세한 청소년들이 그런 행동을 덜 하였다(Hernández-Serrano et al., 2013). 공개적 으로 살을 빼겠다고 선언한 사람들은 살을 빼겠다는 동기가 더 높을 뿐만 아니라, 실제로도 살 을 더 많이 뺐다(Nyer & Dellande, 2010).

요약 : 동조의 예측 요인은 무엇인가?

- 특히 어떤 상황은 동조를 유발시키는 데 막강한 힘이 있다. 예를 들어 사람들은 그 행동이나 태도의 모델이 되는 사람이 3명 이상일 때, 가장 많이 동조한다.
- 모델이 되는 행동이나 신념이 만장일치가 아니면, 즉 1명 이 상의 사람이 동의하지 않으면, 동조는 줄어든다.
- 집단 응집력이 크면, 동조는 높아진다.

- 모델이 되는 행동이나 신념을 지닌 사람들의 지위가 높으면 높을수록 동조의 가능성은 커진다.
- 사람들은 집단에서 공개적으로 반응해야 할 때 가장 동조를 많이 하였다.
- 어떤 행동이나 신념에 대한 사전 약정은 그 사람이 약정을 고 수할 가능성을 증가시킨다.

왜 동조하는가?

왜 사람들이 동조하는지를 설명해주는 두 가지 형태의 사회적 영향을 확인하고 이해한다.

셰익스피어의 햄릿에서 햄릿은 폴로니어스에게 "저기 낙타처럼 생긴 구름이 보이니?"라고 물었다. 폴로니어스는 "정말 낙타같이 생겼네"라고 대답하였다. 잠시 후 햄릿은 "나한텐 그게 족제비처럼 보여"라고 말한다. 그러자 폴로니어스는 "그 구름이 족제비 모양으로 바뀌었네"라고 인정한다. 햄릿은 "아니면 고래인가?"라며 갸우뚱한다. 폴로니어스는 "고래랑 더 비슷해보이네"라고 동의한다. 왜 폴로니어스는 햄릿의 생각이 바뀔 때마다 매번 쉽게 그에게 동의하는가?

미국인인 내(DM)가 독일 대학교에 방문교수로 가서 첫 강의를 했을 때이다. 강의가 끝났을 때, 나는 다 같이 박수를 치려고 손을 치켜들었다. 그런데 다른 사람들은 박수를 치는 것이 아니라 주먹으로 책상을 두드리기 시작하였다. 이게 무슨 뜻인가? 강의가 실망스럽다는 것인가? 분명히 방문교수를 그렇게 공개적으로 모욕할 사람은 없을 것이다. 또한 그들의 표정이 불쾌해 보이지도 않았다. 아니었다. 나는 이것이 틀림없이 독일인의 환호일 것으로 판단하였다. 그래서 나도 내 주먹을 보태 그 환호에 동참하였다.

무엇이 이런 동조를 만드는가? 왜 나는 다른 사람들이 책상을 두드리더라도 박수를 치지 않았는가? 왜 폴로니어스는 그리 쉽게 햄릿의 말에 따라갔는가? 두 가지 가능성이 있다. 사람은 (1) 집단에서 인정받고 배척을 피하기 위해, 혹은 (2) 중요한 정보를 얻기 위해 집단에 동조한다. Deutch와 Gerard(1955)는 이들 두 가지 가능성을 각각 **규범적 영향**(normative influence)과 **정보적 영향**(informational influence)이라고 명명하였다. 첫 번째 것은 호감을 얻고 싶은 바람에서 나온 것이고, 두 번째 것은 올바른 판단을 하기 위한 바람에서 나온 것이다.

규범적 영향이란 다른 사람들에게 배척당하지 않기 위해, 좋은 인상을 주기 위해, 혹은 그들에게 인정받기 위해 '그들과 함께 하는 것'이다. 아마 부하이었던 폴로니어스는 높은 지위의 덴마크 왕자인 햄릿에게 호감을 얻기 위해 그에게 동의하였을 것이다. 정보적 영향은 어떻게 신념이 퍼져나가는지를 보여준다. 사람들이 하늘을 쳐다보고 있는 다른 사람들을 볼 때, 그들도 하늘을 쳐다보듯이, 저녁식사 파티에서 사람들은 다른 사람들이 사용하는 것과 같은 포크를 사용한다.

실험실이나 일상에서 집단은 꾸준한 비동조자를 배척한다(Miller & Anderson, 1979; Schachter, 1951). 이것은 온라인 게임 '영웅의 도시'를 하다가 그 게임에서 추방된 미디어학과의 교수로부터 배운 교훈이다(Vargas, 2009). 우연히 나와 이름이 같았기에 더욱 공감하게 된 그 교수는 규칙대로 게임을 했지만 관습에 동조하지 않았다. 그는 다음과 같은 즉각적인 메시지를 받으며 조롱당했다. "나는 네 어머니가 암에 걸리기를 바라.", "모든 사람이 너를 증오해.", "한 번만 더 네가 나를 죽이면 나는 너를 진짜로 죽여 버릴 거야, 농담이 아냐."

우리 모두가 알고 있듯이, 사회적으로 배척당하는 것은 고통스러운 일이다. 우리가 사회 규범으로부터 일탈할 때는 종종 정서적 대가를 치르기도 한다. Gerard(1999)는 자신의 동조 실험에서 처음에는 친절하였던 참가자들이 마음이 불편해져서 실험실에서 내보내줄 것을 요구하였던 사실을 기억하고 있다.

> (참여자가) 아픈 것처럼 보였다. 나는 걱정이 되었고 우리가 실험을 계속하지 못할 것 같았다. 그를 절대로 그만두지 못하게 하여, 한 시행도 다른 사람에게 넘기지 않고 36번의 모든 시행을 계속하였다. 실험이 끝나고 나는 그에게 몸이 회복된 것 같다고 둘러댔고 그는 안도의 한숨을 쉬었다. 그의 안색이 돌아

규범적 영향
흔히 인정을 받기 위하여 타인의 기대를 충족시키려는 사람들의 욕구에 기반을 둔 동조

정보적 영향
다른 사람이 제공하는 실제에 대한 증거를 사람들이 수용할 때 발생하는 동조

왔다. 나는 그에게 실험실을 떠난 이유를 물었다. 그는 "토하려고"라고 말했다. 그가 내색하지는 않았지만 얼마나 큰 대가를 치렀는가! 그는 다른 사람들에게 인정받고 호감을 얻기를 무척 원했고, 자신이 그들과 대치하면 그렇게 되지 못할까 봐 두려웠다. 그곳에는 보복이라는 규범적 압력이 있다.

때로는 일탈에 대한 대가가 너무 가혹하여 사람들에게 부동의를 생각지도 못하게 하거나 최소한 억제하게 만든다. 한 실험에서, 다른 사람들에게 추방당한 참가자들은 39장의 사진을 찍기 위해 추운 날씨에 밖에 나가라는 실험자의 명령에 더 잘 복종하였다(Riva et al., 2014). 우리가 배척을 당했거나 혹은 배척에 대한 두려움을 경험한 적이 있을 때, 우리는 더 따르게 된다. 한 독일 장교는 자신이 대학살에 반대하지 못한 이유를 설명하면서 "나는 Leideritz와 다른 사람들이 나를 겁쟁이로 생각하는 것이 두려웠다"라고 말했다(Waller, 2002). 규범적 영향은 최근에 다른 사람들이 불복종으로 인해 조롱당하는 것을 본 적이 있거나 승진하려고 노력하는 사람의 경우에 특히 더 순종을 이끌어낸다(Hollander, 1958; Janes & Olson, 2000). J. F. 케네디(1956)가 회고하듯, 그가 국회의원으로 활동하기 시작할 때 들은 이야기는 "출세하는 방법은 다른 사람들의 의견에 잘 따르는 것이다"였다(p. 4).

다른 사람들의 평균적 행동에 관한 정보인 **규범적** 영향은 종종 자각도 없이 우리를 흔든다. 노스일리노이대학교 교직원들은 학생들이 파티에서 하는 위험한 폭음을 줄이고자 하였다. 처음에는 그들은 학생들에게 폭음의 결과를 경고하려 노력했지만, 폭음 비율은 그대로였다. 그런 다음, 그들은 학생들에게 "대부분의 학생들은 술을 적당히 마신다"는 규범에 관한 정보를 퍼뜨렸다. 그 기법은 성공적이었다. 즉 폭음이 10년이 넘도록 절반 수준으로 떨어졌다(Haines, 1996). 청소년들은 친구들이 흡연할 때 흡연할 가능성이 훨씬 높고, 그들은 흡연을 규범으로 본다(Liu et al., 2017). 사람들은 먹을 것을 결정할 때도 다른 사람들을 따라 한다. 한 연구에서, 제과점의 손님들은 옆에 있는 통에 20개의 사탕껍질이 놓여 있을 때, 초콜릿을 더 많이 사먹었다(Prinsen et al., 2013).

반면에 **정보적** 영향은 사적으로 다른 사람들의 영향을 정보의 원천으로 받아들이도록 만든다. 구름의 모양이 변하는 것을 볼 때 햄릿의 반응은 폴로니어스가 실제로 구름을 그렇게 보도록 도와주었을지 모른다. Sherif의 자동운동 실험에 참가한 사람들처럼, 판단이 애매할 때 다른 사람들은 중요한 정보원이 될 수 있다. 개인은 "나는 불빛이 얼마나 움직이는지 잘 모르겠다. 그러나 이 친구는 아는 것 같다"고 생각할 수도 있다. 이는 당신이 옐프(식당을 소개하는 인터넷 사이트)에서 식당에 대한 후기를 읽을 때, 혹은 트립어드바이저(여행 관련 인터넷 사이트)에서 호텔에 대한 후기를 읽을 때도 마찬가지이다. 즉 만약 당신이 그곳을 방문한 적이 없다면, 다른 사람들의 경험이 중요한 정보가 될 수 있다(Chen et al., 2016).

당신의 친구는 규범적 이유뿐만 아니라 정보적인 이유 때문에 우리에게 더 많은 영향을 준다(Denrell, 2008; Denrell & Le Mens, 2007). 만약 당신의 친구가 어떤 차를 사거나 어떤 식당으로 당신을 데려간다면, 심지어 당신은 그가 무엇을 좋아하는지에 대해 관심이 없더라도,

당신이 다음에 어디로 갈 것인지를 결정할 때, 온라인을 찾아보는 것은 정보적 영향을 제공할 수 있다. 이전에 그곳에 갔었던 당신의 친구들이 정보적 영향을 줄 수 있다.

© Antonio Diaz/123RF

그가 무엇을 좋아하는지에 대한 정보를 얻게 된다. 친구는 우리의 태도에 영향을 미치는 경험을 제공한다. 그러나 그 영향이 영원히 지속되는 것은 아니다. 한 연구에서, 다른 사람들의 의견을 따른 동조는 3일 이상은 지속되지 않았다(Huang et al., 2014).

사람들이 Asch 유형의 동조실험을 경험할 때, 뇌에서는 어떤 일이 일어나는지를 밝히기 위해, 에모리대학교 신경과학 연구팀은 다른 사람의 반응을 들은 후에 질문에 답하는 동안 참가자들의 뇌를 기능성자기공명 사진(fMRI)으로 촬영하였다(Berns et al., 2005). 참가자들이 잘못된 대답에 동조했을 때, 지각과 관련된 뇌 영역이 활성화되었다. 그리고 그들이 집단에 대항하게 되었을 때는 정서와 관련된 뇌 영역이 활성화되었다. 이 결과는 동조는 진짜로 그렇게 지각을 하는 것, 즉 자신이 틀리는 것이 두렵기 때문에 동조하는 것임을 시사하는 것이다. 후속 fMRI 연구들은 사람들이 사회적 배척을 걱정할 때 활성화되는 뇌 영역은 규범적 영향을 받는 동안에 활성화되고, 자극의 판단과 관련된 뇌 영역은 정보적 영향을 받는 동안에 활성화된다는 사실을 발견하였다(Zaki et al., 2011).

그래서 자신의 **사회적 이미지**에 대한 관심이 **규범적 영향**을 만들어낸다. 정확한 판단을 하고자 하는 바람이 정보적 영향을 만들어낸다. 일상생활에서 규범적 영향과 정보적 영향은 종종 함께 일어난다. 나는 독일의 강의실에 혼자만 박수치는 사람이 되길 원하지 않았다(규범적 영향). 또한 다른 사람들의 행동은 나에게 감사를 표현하는 적절한 방법을 보여주었다(정보적 영향).

동조 실험들은 때로 동조가 규범적 영향 때문인지 아니면 정보적 영향 때문인지를 분리하여 보여주었다. 사람들이 집단 앞에서 반응하도록 했을 때 동조가 더 크다. 이는 분명히 규범적 영향을 반영하는 것이다(왜냐하면 공개적으로 반응하든 사적으로 반응하든 간에 그들은 동일한 정보를 받았기 때문이다). 반면에 참가자들 자신이 무능하다고 생각할 때, 과제가 어려울 때, 옳은 반응을 하려고 신경을 쓸 때 동조율이 더 높다. 이 모든 것들은 정보적 영향의 증거이다.

요약 : 왜 동조하는가?

- 여러 실험들은 사람들이 동조하는 두 가지 이유를 밝혀냈다. **규범적 영향**은 그 사람이 인정받고 싶은 바람에서 나온다. 즉 우리는 호감을 얻기 원한다. 공개적으로 반응할 때 동조가 더 높다는 사실은 규범적 영향을 반영하는 것이다.

- **정보적 영향**은 다른 사람이 사실에 대한 증거를 제공하기 때문에 나온다. 결정이 어려운 과제에서 동조가 많은 경향성은 정보적 영향을 반영하는 것이다: 우리는 우리가 정확하기를 원한다.

누가 동조하는가?

동조는 상황뿐만 아니라, 사람에 따라서도 달라진다.

일반적으로 어떤 사람들은 사회적 영향을 더 많이(더 자주) 받는가? 당신은 친구들 중에서 누가 '동조자'이고 누가 '독립적인 사람'인지 구분할 수 있는가? 우리 대부분은 그럴 수 있을 것이다. 동조자를 찾기 위해서 연구자들은 여러 영역을 탐색하였다. 동조자에 대한 연구에서, 연구자들은 세 가지 예측 요인(성격, 문화, 사회적 역할)에 초점을 맞추었다.

성격

Milgram 시절에는 동조를 더 많이 하는 성격에 대해 알려진 바가 없었다. Milgram(1974)은 "나는 복종이나 불복종을 일으키는 복잡한 성격의 근거는 있다고 확신한다. 그러나 나는 우리가 그것을 찾지는 못했다고 알고 있다"(p. 205)고 결론 내렸다. 개인차는 분명히 존재한다. Milgram 실험의 참가자들 모두가 실험자의 명령에 복종하지는 않았다는 사실을 기억하라. 일반적으로, 우호성(타인과 잘 지내는 것에 가치를 두는 사람)과 성실성(단정함과 정확함을 위해 사회 규범을 따르는 사람) 점수가 높은 사람들이 동조를 더 많이 한다(Begue et al., 2015; DeYoung et al., 2002; Fürst et al., 2014; Roccas et al., 2002). 다른 사람을 기분 좋게 하고 싶은 사람들은 동료가

롤러코스터에서 어떤 사람은 공포로 반응하고 어떤 사람은 희열로 반응할 때처럼, 우리가 같은 상황에서 다르게 행동하는 사람들을 주목할 때 성격의 효과가 나타난다.

무언가를 먹고 있을 때 사탕을 더 많이 먹고, 손이 사탕 그릇으로 갔다. 이는 분명히 다른 사람들을 기분 좋게 만드는 데 도움을 주기 위해 동조하는 것이다(Exline et al., 2012). 다시 말해, "사람들을 기쁘게 하려고, 햄버거와 튀김을 더 먹는다"(Griffith, 2012).

이와는 반대로, 경험에 대한 개방성(창의성과 사회적으로 진보적인 사고와 관련된 성격 특질)이 높은 사람은 동조를 덜 하였다(Jugert et al., 2009). 나중에 새로운 자극을 추구하는 쪽으로 진행되는, 독특함을 추구하는 사람도 동조를 덜 한다(Athota & O'Connor, 2014). 두 가지 연구에서 자신의 자유의지와 개인적 통제력에 대한 강한 신념을 지닌 학생들이 집단에 덜 동조하고(Alquist et al., 2013; Fennis & Aarts, 2012), 보다 진보적이고 덜 보수적인 정치적 태도를 지닌 사람들이 집단에 덜 동조하는 것으로 밝혀졌다(Begue et al., 2015). 그래서 만약 당신이 의견 불일치보다는 원만한 사회적 경험을 좋아하고, 규칙을 따르고, 전통적인 태도를 지니고 있고, 자유의지의 존재에 대해 회의적인 사람이라면, 당신은 동조할 가능성이 더 높을 수 있다.

이런 개인차는 사람들이 집단에 동조하지 않는 경우를 설명하는 데 도움을 준다. 아브 그라이브 포로 학대 사건에 대한 미 육군 보고서는 조롱과 군법재판 회부의 위협에도 불구하고 동료들과 별개로 행동한 세 사람을 칭찬하였다(O'Conor, 2004). 슈튼 소위는 한 사건을 종결하고 그의 상관에게 경고하였다. "나는 판단하고 싶지 않지만, 알겠습니다. 나는 적절치 못한 일을 목격했고 그것을 보고했습니다"고 슈튼은 말하였다. 해군의 군견 조련사인 킴브로는 '부당한 심문'에 참가하라는 '중대한 압력'에 저항하였다. 그리고 특기병 다비는 경각심을 불러일으키는 증거를 헌병대에 제공하여 그 사건을 폭로하였다. 다비는 '쥐새끼'라고 불렸고, 따르지 않았다고 살해의 위협을 받아서, 군에서 보호가 취해졌다. 그러나 고향에 돌아왔을 때, 그의 어머니는 다른 사람과 함께 환호했다. "아들아, 네가 선행을 했고 항상 선이 악을 이기며, 진리가 항상 너를 자유케 할 것이기 때문에, 나는 네가 매우 자랑스럽다"고 말하였다(ABC 뉴스, 2004년 12월). 결국엔, 성격과 상황 모두가 행동을 형성한다.

문화

호주, 오스트리아, 독일, 이탈리아, 요르단, 남아프리카공화국, 스페인, 미국의 연구자들이 복종

문화적 영향으로서의 사회계층 : 블루컬러 배경을 지닌 사람들은 묻히는 것을 더 좋아하는 반면, 화이트컬러 배경을 지닌 사람은 두드러지기를 더 원한다.

실험을 재검증하면, 당신은 미국인과 비교하여 이들 나라 사람들의 결과가 어떨 것이라고 생각하는가? 복종률이 미국인과 비슷하거나 심지어 더 높았다. 뮌헨에서는 85%였다(Blass, 2000). 일반적으로 동조율은 집합주의적 문화를 지닌 나라에서 더 높고, 1950년대와 같은 시기에 동조자가 더 많았다(Bond & Smith, 1996).

집단주의 문화를 가진 일본에서, 서양의 관찰자들은 2011년 지진과 쓰나미 직후에 약탈과 무질서가 없다는 사실에 충격을 받았다. 사회적 규범에 대한 존중이 널리 퍼져 있었다(Cafferty, 2011). 개인주의 문화를 지닌 나라들에서, 대학생들은 물건을 구매할 때와 정치적 견해에서 다른 사람들보다 자신이 양떼 속의 개인들처럼 덜 동조적이라고 생각한다(Pronin et al., 2007). 미국 참가자들은 동조하는 어린이를 덜 지적으로 생각하는 반면, 태평양 연안의 사람들은 동조하는 어린이를 더 지적으로 생각하였다(Clegg et al., 2017).

동조의 문화적 차이에 대한 어떤 생물학적 지혜가 숨겨져 있을 수 있다. 비록 비동조가 창의적 문제 해결에 도움이 되지만, 위협에 대한 그들의 반응을 조정했을 때 번영한다. 그래서 Murray와 동료들(2011)은 말라리아, 발진티푸스, 결핵과 같은 질병의 위험성이 높은 나라들은 비교적 동조 수순이 높은 경향이 있고, 질병의 위험이 낮은 나라들은 동조를 덜 재촉하고 과학, 기술 및 사업에서 혁신과 새로운 아이디어를 장려한다고 지적하고 있다(Murray, 2014). 유사하게도 미국에서도 병원균 유행이 높은 주에 살고 있는 사람들이 제3당 후보에게 투표(이는 하나의 비동조 행위임)하는 정도가 낮다(Varnum, 2013). 연구자들은 동조가 식량 비축, 위생, 공중보건, 모르는 사람과의 계약과 관련된 사회 규범을 지지해준다고 보고하고 있다. 병원균에 대한 생각은 실제로 동조를 유발한다. 병원균과 관련된 그림을 보거나 혹은 자신들이 세균에 취약했던 시절에 대해 이야기하도록 무선적으로 할당된 학생들이 사고 그림을 보거나 신체적 안전에 대한 위협을 이야기하도록 한 학생들에 비해 더 동조를 많이 하였다(Murray & Schaller, 2012; Wu & Chang, 2012). 우리가 병에 걸린다고 생각하면, 우리는 집단에 맞춤으로 안전감을 갖게 된다.

문화 차이는 사회계층 안에서도 존재한다. 예를 들어, Stephens와 동료들(2007)은 5개의 연구를 통해 노동자 계층은 다른 사람들과 유사하기를 선호하고, 중산층은 자신을 독특한 사람으로 보고 싶은 정도가 더 강하다는 것을 발견했다. 한 실험에서 사람들에게 5개의 초록색과 오렌지색 펜(한 색깔이 3개 또는 4개) 중에서 하나를 고르게 했다. 노동자 계층 배경을 지닌 대학생들 중에서 72%는 많은 색 중에서 하나를 집은 반면, 중산층 배경의 학생들은 단지 44%가 그렇게 했다. 또한 노동자 계층 배경의 학생들은 다른 사람이 동일한 선택을 한 것을 알고 나서 자신이 선택한 펜을 더 좋아하게 되었다. 그들은 친구가 자신이 산 차와 똑같은 차를 산 것을 알고 더욱 긍정적으로 반응했다. 또한 그들은 다른 사람이 선택했다고 알고 있는 시각적 이미지를 더 선호하였다.

사회적 역할

> 온 세상은 무대이다.
>
> 모든 남자와 여자는 배우일 뿐이다.
>
> 그들은 등장했다가 퇴장한다.
>
> 어떤 이는 일생 동안 여러 역할을 연기한다.
>
> — 윌리엄 셰익스피어

'뜻대로 하세요'라는 셰익스피어의 연극의 주인공 자크가 그랬던 것처럼, 역할 이론가들은 사회 생활이 장면, 마스크 및 각본에 따른 연극 무대 위의 연기와 같은 것이라고 보고 있다. 그리고 그 역할은 동조와 밀접한 관련이 있다. 사회적 역할은 연기자에게 해석의 자유를 약간 주지만, 어떤 역의 어떤 부분은 반드시 수행되어야 한다. 학생이라면 적어도 시험 때 나타나야 하고, 보고서를 제출해야 하고, 그리고 최소한의 평균 학점을 유지해야 한다.

겨우 몇 개의 규범만이 사회적인 것(예 : 승강기 승객은 오른쪽에서 서야 하고 왼쪽으로 걸어야 한다)일 때, 우리는 그 지위를 사회적 역할로 보지 않는다. 하나의 역할을 규정하기 위하여 전체 규범이 있어야 한다. 교수로서 또는 아버지로서의 내 역할들은 이와 관련된 전체 규범들을 존중하도록 만드는 것이다. 비록 내가 사소한 규범을 위반하면(나는 효율성에 가치를 두기 때문에, 거의 일찍 오지 않는다) 특별한 이미지를 얻겠지만, 내 역할 중 가장 중요한 규범을 위반하는 것(수업을 빼먹기, 아동 학대하기)은 해고를 당하거나 내 아이들과 격리되도록 만들 수도 있다.

역할은 강력한 효과가 있다. 당신은 첫 번째 데이트나 새로운 직장에서 자의식적으로 그 역할을 수행할 것이다. 당신이 그 역할을 내면화함에 따라, 자의식은 가라앉는다. 어색하게 느꼈던 것이 이제는 편안해진다.

이것은 많은 이민자, 평화봉사단 종사자, 국제학생 및 회사 중역들의 경험이다. 새로운 나라에 도착한 후, 새로운 맥락에서 적절히 말하고 행동하는 방법(즉 내가 책상을 주먹으로 쾅쾅치는 독일 학생들과 함께 했던 것처럼 동조하는 방법)을 배우는 데 시간이 걸린다. 그리고 고국으로 되돌아간 사람들은 거의 보편적으로 재입국 스트레스를 경험한다(Sussman, 2000). 사람들이 의식하지 못하는 방식으로, 동조의 과정은 다른 장소에 적응할 수 있도록 사람들의 행동, 가치 및 정체성을 변화시킬 것이다. 사람들이 과거로 돌아가려면, 자신의 이전 역할에 '재동조'해야 한다.

우리가 이 장의 앞에서 보았듯이, 우리의 행위는 상황의 힘뿐만 아니라 우리의 성격에도 달려 있다. 모든 사람이 동조의 압력에 동일하게 반응하지는 않는다. 그럼에도 불구하고, 우리는 사회적 상황이 대부분의 '정상적인' 사람을 '비정상적인' 방식으로 행동하게 변화시킬 수 있음을 보았다. 선이 이기는지 악이 이기는지를 알기 위해 착한 사람을 나쁜 상황에 처하게 만든 실험들을 보면, 이는 분명하다. 약간 실망스럽겠지만, 악이 이긴다. 종종 좋은 사람도 좋게 끝나지 않는다.

역할 수행은 긍정적인 힘이 될 수도 있다. 의도적으로 새로운 역할을 수행하고 그 기대에 동조함으로써,

© Diego Cervo/Shutterstock

시골에서 도시로 가는 것과 같이, 한 문화에서 또 다른 문화로 옮겨가면 우리가 동조하는 사회적 역할이 얼마나 문화에 달려 있는지를 보여준다.

때로 사람들은 자신을 변모시키거나 자신과 다른 역할을 하는 사람들과 공감하게 된다.

역할은 종종 쌍으로 이루어진 관계(부모와 자식, 교사와 학생, 의사와 환자, 고용자와 피고용자)의 형태일 때도 있다. 역할 바꾸기는 각자가 상대방을 이해하는 데 도움이 될 수 있다. 그러므로 협상가나 집단의 리더는 쌍방이 역할을 바꾸어 봄으로써 의사소통이 더 잘되도록 만들 수 있다. 또는 대답하기 전에 한쪽이 상대방의 입장을 (상대편이 만족하도록) 다시 말해보도록 할 수도 있을 것이다. 다음에 당신이 친구나 부모에게 어려운 주장을 하게 될 때, 당신의 입장을 말하기 전에 다른 사람의 지각(생각)과 느낌을 다시 말해보라. 이런 의도적이고, 일시적인 동조가 당신의 관계를 개선해줄 수도 있다.

지금까지 이 장에서 우리는 동조와 복종의 고전적인 연구를 논의했고, 동조를 예측하는 요인들을 확인했으며, 그리고 누가 왜 동조하는지를 살펴보았다. 사회심리학에서 우리가 중점적으로 추구하는 바는 차이를 나열하는 것이 아니라 행동의 보편적 원리를 찾는 것임을 명심하라.

사회적 역할은 문화에 따라 항상 변하지만, 이 역할이 행동에 영향을 주는 과정은 훨씬 덜 변한다. 나이지리아와 일본인들은 십 대 청소년의 역할을 유럽과 북미 사람들과는 다르게 규정하겠지만, 모든 문화권에서 역할 기대가 사회적 관계에서 동조를 이끌어낸다.

요약 : 누가 동조하는가?

- 다른 사람들을 즐겁게 하려 하고, 사회적 규칙에 따르는 것을 편하게 느끼는 사람들(우호성과 성실성이 높은 사람)이 더 많이 동조한다.
- 비록 동조와 복종이 보편적인 현상이지만, 문화에 따라 사람들이 사회적 영향을 덜 받도록 혹은 더 받도록 사회화시킨다.
- 사회적 역할은 어느 정도의 동조를 담고 있고, 새로운 역할을 맡았을 때 기대에 부응하는 것은 중요한 과제이다.

우리는 진정으로 남들과 다르기를 원하는가?

A를 하도록 압력이 주어질 때 Z를 함으로써, 사람들을 사회적 압력에 능동적으로 저항하도록 동기화시키는 것이 무엇인지 설명한다.

이 장은 사회적 힘의 위력을 강조하고 있다. 그러나 사람의 힘을 상기시키면서 결론내리는 것이 맞는 듯하다. 우리는 미는 대로 굴러가는 당구공이 아니다. 우리는 우리에게 가해지는 힘과 관계없이, 우리의 가치관에 따라 행동하기도 한다. 누군가가 우리에게 강요하고 있음을 알면, 우리는 심지어 그 강요와 **반대로** 행동하기도 한다.

반발심

사람들은 자신의 자유감과 자기효능감을 중시한다. 사회적 압력이 자신의 자유감을 위협하면, 때로 사람들은 반항한다. 가족의 반대로 사랑이 더 강해졌던 로미오와 줄리엣을 생각해보라. 혹은 부모의 요구와는 반대로 행동함으로써, 자신의 자유와 독립성을 주장하는 아이들을 생각해보라. 그래서 현명한 부모는 아이들에게 "씻을 시간이다. 목욕할래 아니면 샤워할래?"라고 명령 대신에 제한된 선택권을 준다.

사람들이 자신의 자유감을 보호하려는 행동을 한다는 심리적 **반발심**(reactance) 이론은 개인의 자유를 제약하려는 시도는 종종 사람들에게 '부메랑 효과'라고 부르는 반동조 행동을 초래한다는 사실을 보여주는, 여러 실험들에 의해 지지되었다(Brehm & Brehm, 1981; Nail et al., 2000; Rains, 2013). 젊은이들에게 음주 반대 메시지를 주거나 흡연자에게 흡연 반대 메시지를 주는 것은 효과가 없다. 아마도 반발심으로 인해, 종종 위험성이 가장 큰 사람들이 그들을 보호하기 위해 만든 프로그램에 가장 반응을 덜 보인다(Noguchi et al., 2007; Wehbe et al., 2017).

우리는 다른 사람들이 건강식을 할 때, 그렇게 하기 쉽다(규범적 영향). 그러나 건강식이 건강에 얼마나 좋은지에 대한 강의를 들을 때는 그렇게 하지 않는다(반발).

반발심
자유감을 보호하거나 회복시키려는 동기. 반발심은 누군가 우리의 행위의 자유를 위협할 때 발생한다.

또한 반발심은 대부분의 사람들이 적당히 먹고 운동하는 것이 왜 어려운지를 설명해주기도 한다. 예를 들어, 전체 인구의 78%가 규칙적인 운동을 하지 않는다. Iso-Ahola(2013)가 설명했듯이, "운동은 신체 단련과 자유감 간의 대결에서 '반드시 해야 하는' 활동이 되었다"(p. 100). 청소년들에게 남들은 과일을 먹는 것이 건강에 좋다고 생각한다고 말해주면, 그들은 과일을 더 적게 먹겠다고 한다. 그러나 그들에게 대부분의 청소년들이 충분한 과일을 먹으려고 노력한다고 말해주면, 그들은 그 후 이틀 동안 더 많은 과일을 먹었다(Stok et al., 2014). 우리가 건강을 위해서는 어떤 것을 해야 한다고 알고 있기 때문에, 우리의 자유가 줄어든다는 느낌도 없이 실제로 그것을 하기가 어려워진다. 만약 다른 사람들이 그것을 하고 있다는 것을 알면(규범적 영향), 동조의 원리에 의해 그것을 하기가 훨씬 더 쉬워진다. 이 교훈은 내가 옳다고 말하는 것이 아니라, 내가 하고 있는 것을 하라는 것이다.

독특성 주장하기

세상에 동조만 있다면, 사람들 간의 차이는 없을 것이다. 이런 세상이 행복한 곳일까? 만약 비동조가 불편함을 초래한다면, 똑같아지면 편안할까?

사람들은 자신이 남들과 너무 다르게 보일 때 불편함을 느낀다. 그러나 특히 개인주의적인 서구 문화권에서, 사람들은 다른 모든 사람과 너무 똑같아 보일 때 불편함을 느낀다. 아마도 비동조가 높은 지위와 연합되어 있기 때문일 것이다. 기업 컨설턴트인 탐 서시가 CBS 방송에서 "나는 찢어진 청바지, 반스 신발 및 티셔츠를 입고 있는 많은 실리콘밸리의 성공한 고객을 보유하고 있다"고 말하였다(2011). "그들은 수백만 달러 이상을 갖고 있지만, 노숙자 같은 복장으로 회의에 참석하는 것이 그 지위의 상징이다". 일련의 실험을 통해, Bellezza와 동료들(2014)은 빨간색 신발과 같은, 비동조자 복장을 하는 사람들은 다른 사람들로부터 지위가 높은 사람으로 지각된다는 사실을 발견하였다. 그리고 만약 누군가가 우리의 복장이나 우리 자신을 표현한 어떤 측면을 따라하면, 우리는 그 흉내쟁이에게 화가 나기도 한다(Reysen et al., 2012). 만약 우리가 그들을 외집단 사람으로 본다면, 특히 그렇다. 한 현장실험에서, 괴짜인 학생들이 라이브스트롱 상표의 손목밴드를 착용하기 시작하자, 많은 학생들이 그 상표의 손목밴드를 착용하지 않게 되었다(Berger & Health, 2008). 마찬가지로 버버리 모자가 많은 축구 훌리건들에게 유행하게 된 이후, 부자인 브릿은 그 모자를 쓰지 않았다(Clevstrom & Passariello, 2006).

전반적으로, 사람들은 자신을 적당히 독특하다고 보고 자신의 개성을 주장하는 방식으로 행동할 때 더 편안하게 느낀다. 예를 들어 한 연구에서 학생들은 자신의 이름이 동료들보다 덜 흔한 이름이라고 믿고 있었다. 분명히 흔한 이름을 가진 사람들은 자기 이름이 좀 더 독특하다고 믿고 싶어 한다. 더구나 개명을 생각했던 학생들은 대개는 보다 독특한 이름을 선택하였다(Kulig, 2012). 한 실험에서, Snyder(1980)는 퍼듀대학교의 학생들에게 그들의 '열 가지 중요한 태도'가 1만 명의 다른 학생들과 다른 것으로 또는 거의 같은 것으로 믿게 하였다. 그런 다음 그들을 동조 실험에 참석하도록 했을 때, 자신에게 독특성이 없다고 믿고 있는 학생들이 더 동조 행동을 하지 않음으로써 자신의 개성을 주장하였다. 전체적으로 '독특성 욕구'가 가장 높은 사람들이 동조를 덜 하는 경향이 있다(Imhogg & Erb, 2009).

인기 있는 아기 이름에서도 사회적 영향과 자신을 독특하게 보이려는 욕구 모두를 볼 수 있다. 덜 평범한 이름을 원했던 사람들이 동시에 같은 이름을 갖게 되는 경우가 종종 있다. 2016년 미국 여아 이름의 상위 10위 중에는 에마(1위), 아바(2위), 미아(6위)가 있었다. Orenstein(2003)은 1960년대 틀에서 벗어나기 위해 자기 아이 이름을 레베카라고 지어 준 사람들은 곧 자신들이 선택한 이름이 새로운 흔한 이름이 되어버렸다는 사실을 알게 되었다고 지적하였다. 1980년대 말에서 1990년대 초까지 유명했던 힐러리라는 이름도 별로 독특하지 않아 보이고, 힐러리 클린턴이 유명해진 이후에는 (그녀를 추종하는 사람들 사이에서조차) 그 이름은 덜 등장하게 되었다. Orenstein의 지적처럼, 지금은 비록 이런 이름들의 인기가 시들해졌지만, 다음 세대에서 재부상할지도 모른다. 막스, 로즈, 소피 같은 이름은 은퇴자의 가정 혹은 초등학교에나 있는 이름처럼 들린다. 이런 경향성은 비동조자가 되려는 욕구에서 나오는 것으로 보인다. 미국과 프랑스에서 이루어진 이름에 관한 대규모 연구에서, 빨리 인기를 끈 이름들은 그 유행이 빨리 사라졌다. 아마도 그 이름들이 유행처럼 보였기 때문이다(Berger & Le Mens, 2009).

사람들이 자신을 독특한 존재로 보면, '자발적 자기개념'이 생긴다. McGuire와 동료들(McGuire & Padawer-Singer, 1978; McGuire et al., 1979)은 어린이들에게 '자기 자신에 대해 말해보도록' 했을 때, 그들은 대부분 자신의 독특한 속성에 대해 언급한다는 사실을 발견하였다. 외국 태생의 어린이들은 다른 사람들보다 자신의 출생지에 대해 더 많이 언급하였다. 검은색과 갈색 머리카락을 지닌 어린이보다 붉은색 머리카락을 지닌 어린이들이 자발적으로 자신의 머리카락 색에 대해 언급하였다. 마르거나 비만인 어린이들은 자신의 체중에 대해 더 많이 언급하였다. 소수인종의 어린이들은 자신의 인종에 대한 언급을 더 많이 하였다.

마찬가지로 우리는 이성과 함께 있을 때 자신의 성을 더 의식하게 된다(Cota & Dion, 1986). 내가 최근 전부 여성인 10명과 미국 심리학회 회의에 참석했을 때, 나는 즉각 내가 남자임을 인식할 수 있었다. 회의 둘째 날의 휴식시간에 나는 화장실의 줄이 짧을 것 같다고 농담을 했고, 그 말은 내 뒤에 앉아 있는 여성에게 그녀가 의식하지 못하고 있던 그 집단의 성 구성 비율을 생각나게 만들었다.

McGuire가 주장하는 원리는 "사람들은 누구나 자신에 대해 의식하고 있으며, 자신은 남들과 다르다고 생각한다"는 것이다. 그

© Image Source, all rights reserved.

독특성 주장. 우리 대부분은 크게 벗어나길 바라지는 않지만, 개인의 스타일과 옷차림을 통해 우리의 독특성을 표현한다.

래서 "만약 내가 백인 여성으로 구성된 집단 속의 흑인 여성이라면, 내 자신을 흑인으로 생각하는 경향이 있고, 만약 흑인 남성으로 된 집단으로 가면, 내가 흑인이란 사실은 흐릿해지고 내가 여성이란 의식이 더 강해진다"(McGuire et al., 1978). 이런 통찰력은 왜 비백인들 사이에서 자란 백인들이 강한 백인 정체성을 지니는지, 왜 동성애자들이 이성애자들보다 자신들의 성적 정체성을 더욱 의식하는지, 그리고 왜 소수 집단이 그들의 독특성에 대해 의식하고 있는지, 어떻게 둘러싼 문화가 그것과 관련되는지를 이해하는 데 도움을 준다(Knowles & Peng, 2005). 아시아계 미국인들은 자신들이 다수 인종인 하와이에서는 인종 정체성 의식이 약하고, 미국의 다른 지역에서는 인종 정체성 의식이 강하다(Xu et al., 2015). 인종에 대해 덜 의식하는 다수 집단은 소수 집단이 인종에 대해 너무 과민하다고 느낄지도 모른다. 내가 가끔 스코틀랜드에 살 때, 나의 미국식 발음 때문에 그들은 나를 외국인 취급하였고, 이때 비로소 나는 내 국적에 대한 정체성을 의식하였고 내 국적에 대한 다른 사람들의 반응에 민감해졌다.

두 문화권의 사람들이 거의 똑같은 경우에도, 그들도 여전히 차이를 느끼지만, 그 차이는 작다. 사소한 차이일지라도 경멸과 갈등을 일으킬 수 있다. 조나단 스위프트는 이런 현상을 그의 책 걸리버 여행기에서 소인국 사람들의 대인국 사람들에 대한 전쟁 이야기로 풍자하였다. 그들의 차이는 소인국 사람들은 달걀의 큰 모서리 쪽을 깨는 것이었고, 대인국 사람들은 작은 모서리 쪽을 깨는 것이었다. 세계라는 척도상에서 그 차이는 수니파와 시아파 간의 차이만큼 크게 보이지 않을 수도 있다. 그러나 뉴스를 보는 사람들은 누구나 그 작은 차이가 큰 갈등을 의미한다고 알고 있다. 타집단이 당신과 매우 흡사할 때, 종종 그 집단과의 라이벌 의식이 격화된다. 그래서 비록 우리가 다른 사람들과 큰 차이가 나는 것을 좋아하지는 않지만, 아이러니하게도 우리는 자신이 독특한 존재로 보이길 원하고, 어떻게 하면 우리가 독특한 존재가 될 수 있는지에 대해 신경을 쓰고 있다(당신은 다르다고 생각하겠지만, 당신은 모든 사람들과 비슷하다). 그러나 자기본위 편향에 관한 연구에서 밝혀진 바와 같이, 우리가 추구하는 것은 무조건적인 독특성이 아니라 좋은 방향으로의 독특성이다. 우리가 원하는 것은 단순히 평균적인 사람과 다른 사람이 아니라, 평균적인 사람보다 더 나은 사람이다.

요약 : 우리는 진정으로 남들과 다르기를 원하는가?

- 사회심리학자들이 강조하고 있는 사회적 압력의 힘은 상호보완적으로 강조하는 사람의 힘과 결합되어야 한다. 우리는 꼭 두각시가 아니다. 사회적 강요가 너무 심한 경우, 종종 사람들은 자신의 자유감을 유지하기 위해 강요를 거부하는 반발심을 갖게 된다.

- 우리는 집단과 너무 다르면 마음이 편하지 않지만, 그렇다고 모든 사람들과 똑같아 보이길 원하는 것도 아니다. 그래서 우리의 독특성과 개성을 유지하려는 방향으로 행동한다. 집단 내에서 우리는 우리가 다른 사람들과 어떻게 다른지를 가장 의식하게 된다.

후기 :
공동체 안에서 한 개인으로 살기

소신 있게 행동하라. 권위에 대해 의심하라. 좋은 일이라고 생각되면 하라. 당신 자신의 행복을 추구하라. 동조하지 마라. 스스로 생각하라. 자신에게 충실하라. 스스로 책임져라.

만약 우리가 서유럽, 호주, 뉴질랜드, 캐나다, 특히 미국과 같은 개인주의적 서구 국가에 살고 있다면, 위와 같은 말을 수없이 들었을 것이다. 셜록 홈즈부터 루크 스카이워커까지 우리의 신화적인 문화적 영웅들은 종종 관습적 규칙에 저항하는 입장이었다. 개인주의자들은 개인의 권리가 가장 중요하다고 생각하고, 집단에 대항하여 싸우는 사람들을 높이 평가한다.

1831년 프랑스의 작가 토크빌은 미국을 여행한 후 '개인주의'란 용어를 만들었다. 그가 말하는 개인주의자는 어떤 것도 다른 사람에게 의지하지 않고 누구에게 무엇을 기대하지 않는 사람을 지칭하는 것이다. 그들은 혼자 스스로 생각하는 습관을 형성하고, 자신의 운명이 자신의 손에 달려있다고 생각한다. 심리학자인 Rogers(1985)는 "나는 진정으로 만족스러운 삶을 살고 있으며, 어떤 것이 진정으로 나를 표현하는 있는가? 하는 것이 유일한 물음이다"라고 말함으로써 이에 동의하였다.

아시아, 남미 및 아프리카 대부분의 많은 나라에 사는 사람들에게는 그것만이 유일한 물음은 아니다. **공동체**가 소중한 곳에서는, 동조가 인정받는다. 종종 어린 학생들은 결속을 보여주기 위해 교복을 입고, 많은 노동자들도 그렇게 한다. 화합을 위해서 대결과 반대를 잘하지 않는다. 한국 속담에 "모난 돌이 정 맞는다"는 말이 있다.

미국 사회학회 회장이었던 Etzioni(1993)는 우리가 비동조적인 개인주의와 공동체 정신이 균형을 이룬 '공산주의적' 개인주의를 지향해야 한다고 촉구한 바 있다. 원로 사회학자인 Bellah(1996)도 그 말에 동의한다. 그는 '공산주의는 개인의 희생이라는 가치에 근거한 것'이라고 설명한다. 그러나 '그것은 우리의 인간관계를 통해 단결을 최고의 가치로 인정하는 것'이기도 하다.

이 책을 읽는 대부분의 서양인들은 비동조적인 개인주의의 혜택을 누리고 있다. 공산주의 사람들은 우리가 기본적인 소속의 욕구를 지닌 사회적 존재라는 사실을 상기시켜주고 있다. 동조가 좋은 것만도 아니고 나쁜 것만도 아니다. 그러므로 우리는 '나'와 '우리', 독립성 욕구와 애착 욕구, 개인 정체성과 사회 정체성 간의 균형을 이루어야 한다.

설득

© Heidi Besen/Shutterstock

"오래된 교리든 새로운 선전이든 믿고 따르는 것은 여전히 인간의 마음을 지배하는 약점이다."

—Charlotte Perkins Gilman, *Human Work*, 1904

"당신의 마음을 바꾸고 당신에게 권리를 준 그를 따를지라도 당신은 여전히 자유로운 주체임을 기억하라."

—Marcus Aurelius Antoninus, *Meditations*, Viii. 16, 121-180

세상의 많은 힘(power)은 우리를 해롭게도 하고 이롭게도 한다. 원자력은 우리의 가정에 불을 밝히게 해주기도 하고 우리의 도시를 파괴하기도 한다. 성적인 힘은 헌신적 사랑을 표현하게도 하고 이기적인 만족을 추구하게도 한다. 마찬가지로, **설득**(persuasion)의 힘으로 사람들은 건강을 증진시키거나 마약류를 팔거나, 평화를 진전시키거나 증오를 선동하거나, 계몽하거나 속이거나 한다. 그리고 그런 힘은 막강하다. 다음의 예를 고려해보자:

- *기이한 신념의 확산* : 대략 4명 중 1명의 미국인과 3명 중 1명의 유럽인들은 태양이 지구를 돈다고 생각한다(Grossan, 2014). 또다른 사람들은 달 착륙이나 유대인 대학살이 발생했다는 것을 부정한다. 2016년 워싱턴 DC의 한 피자 가게가 소아성애 장소의 중심이라는 잘못된 온라인 주장을 믿은 한 남자

설득 경로는 무엇인가?

설득의 요소는 무엇인가?

설득에 저항하는 법은 무엇인가?

후기 : 개방적이지만 현명하기

설득
메시지가 신념, 태도 또는 행동의 변화를 유도하는 과정

가 식당에 돌진하여 총을 난사하기 시작했다. 그 남자는 그 폭력 행위로 기소되어 4년 형을 선고받았다(Bendix, 2017).

- *평등에 대한 태도* : 50년이 지나서 미국은 버스의 뒷 좌석에 흑인을 앉게 했던 나라에서 두 번씩이나 흑인 대통령을 선출한 나라로 변했다. 30년이 지나지 않아 단 12%의 성인들이 동성도 결혼할 수 있어야 한다고 믿는 나라에서 59%가 동성애를 지지하는 나라고 변했다(NORC, 2017). 시민운동, 각종 뉴스 및 소수인종과 성소수자 개인들에 대한 긍정적인 미디어 묘사가 강력한 설득 주체였다.

- *기후변화 회의주의* : 다양한 국립과학원과 기후변화 정부 패널로 대표되는 과학 공동체는 세 가지 사실에 대하여 사실상 동의하고 있다: (1) 대기의 온실 가스가 증가하고 있다, (2) 줄어드는 빙하, 솟아오르는 육지, 바다 및 대기 온도 모두는 지구 온난화를 확증해준다, 그리고 (3) 이 기후변화는 거의 확실히 해수면 상승과 더욱 극단적인 날씨를 초래하며, 여기에는 기록적 홍수, 토네이도, 가뭄 및 고온이 포함된다. 그럼에도 보고서는 '일반적으로 과장되게' 제시되어 있다고 믿는 기후 회의주의가 미국인들의 60%를 차지한다(Dugan, 2014). 연구자들은 궁금해한다: 과학적 합의가 설득시키고 행동에 동기부여하게 하지 못하는 이유는 무엇일까? 그리고 어떤 일이 벌어지는 걸까? 그들의 설득이 성공하기 시작했다: 2017년까지 미국인들의 45%가 지구 온난화에 대하여 "상당히 많이 걱정하고" 있다고 말했는데, 2011년 25%보다 상승한 수치이다(Saad, 2017; 또한 그림 7.1 참조).

- *건강한 삶의 증진* : 부분적으로 건강 증진 운동 덕분에 질병 대책과 예방 센터는 미국인들의 15%가 흡연하는데 이것은 40년 전의 절반이라고 보고했다. 캐나다 통계청은 캐나다에서도 비슷한 흡연인구 감소를 보고한다. 더 적은 수의 고등학교 상급생들이 술을 마신다 ─ 단지 20%만이 2000년에 술을 마시지 않았지만, 2016년에는 39%가 그렇게 하고 있다(Twenge & Park, 2018).

이 예들이 보여주는 주듯이, 설득의 노력은 때로 사악하고, 때로 논란이 있고, 그리고 때로 유익하다. 설득은 본질적으로 선이나 악이 아니다. 선이나 악의 판단을 유발하는 것은 바로 그 메시지의 목적과 내용이다. 악을 '선전(propaganda)', 선을 '교육'이라 부른다. 교육은 선전보다 더욱 사실에 기반을 두며 덜 강제적이다. 그렇지만 대체로 우리가 그것을 믿을 때 '교육'이라 부르고, 그렇지 않을 때 '선전'이라고 부른다(Lumsden et al., 1980).

설득은 그것이 교육이든 선전이든 어디에나 존재한다. 즉, 정치, 마케팅, 구애, 양육, 협상, 전도 및 법원 의사결정의 핵심으로 존재한다. 그래서 사회심리학자들은 효과적이고 장기적인 태도 변화를 이끄는 것을 이해하기 위하여 노력하여야 한다. 어떤 요인이 설득에 영향을 미치는가?

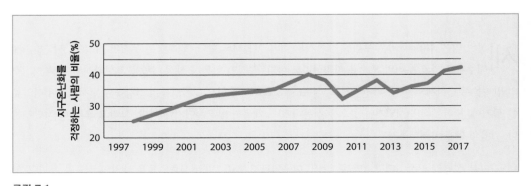

그림 7.1
미국인들의 기후변화에 대한 공포, 1997~2017.
(Gallup data reported by Saad, 2017.)

그리고 설득자로서 우리들은 어떻게 해야 가장 효과적으로 사람들을 '교육'할 수 있는가?

당신이 마케팅이나 광고 실무자라고 상상해보자. 또는 당신이 목사로서 신도들에게 사랑과 자비를 심어주려고 노력하는 사람이라고 상상해보자. 또는 당신이 기후변화 억제를 원하거나 모유 수유를 권장하거나 또는 정치 후보자를 위하여 운동하려고 한다고 상상해보자. 당신 자신과 당신의 메시지가 설득력 있게 보이도록 하기 위하여 무슨 일을 할 것인가? 그리고 당신이 영향받는 것에 대해 염려한다면, 어느 전술에 경계를 하여야 하는가?

이런 질문에 답하기 위하여 사회심리학자들은 대개 일부 지질학자들이 침식을 연구하는 방식처럼 단순하고 통제된 실험에서 다양한 요인의 효과를 관찰함으로써 설득을 연구한다.

설득은 어디에나 존재한다. 우리가 그것을 인정할 때, 그것을 '교육'이라 부를 수 있다.

설득 경로는 무엇인가?

> 설득을 유도하는 두 경로를 확인하고 어떤 유형의 인지과정이 관련되며, 그 효과는 무엇인지 기술한다.

설득은 몇 개의 장애물 제거가 필요하다(그림 7.2 참조). 설득 과정에서 장애물을 제거하는 데 도움이 되는 모든 요인은 설득 가능성을 증가시킨다. 예컨대, 매력적인 출처가 어떤 메시지에 더욱 주의를 기울이게 만든다면, 그 메시지는 당신을 설득시킬 기회를 더 가지게 될 것이다.

중앙경로

Petty와 Cacioppo('카시오포'라 읽음)(1986; Petty et al., 2009), Eagly와 Chaiken(1993, 1998)은 이것을 한 단계 더 발전시켰다. 그들은 설득이 두 가지 경로(route) 중 하나를 통하여 일어나

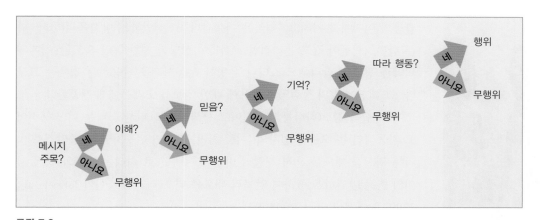

그림 7.2
설득 과정의 허들
행위를 유도하기 위하여 몇 개의 허들을 건너뛰어야 한다. 그러나 중요한 것은 반응에서 자신의 생각을 기억하는 것만큼 메시지 자체를 기억하지는 않는다는 것이다.

출처 : Adapted from McGuire, W. J. (1978).

주변경로 처리. TV와 영화에서 물건 배치는 암묵적 태도에 영향을 주려는 목적이 있다.

설득의 중앙경로
흥미를 가진 사람들이 논거에 초점을 두고 호의적인 사고로 반응할 때 나타난다.

설득의 주변경로
사람들이 매력과 같은 사소한 단서에 영향을 받을 때 나타난다.

투표소에서 결정: 주의깊은 중앙경로 처리가 너무 많은 시간과 노력을 요할 때, 우리는 재빠른 판단을 위하여 주변경로 처리에 의존할 수 있다.

는 것 같다는 가설을 세웠다. 사람들이 어떤 문제에 대하여 체계적으로 생각하려는 마음이 들고 그렇게 생각할 수 있을 때 **설득의 중앙경로**(central route to persuasion)를 취하는 것, 즉 주장에 초점을 맞추는 것 같다. 그 주장이 타당하고 강력한 것이라면, 설득이 일어날 가능성이 크다. 메시지가 단지 약한 주장만을 담고 있다면, 사려 깊은 사람들은 그 주장이 대단히 강력한 것은 아니고 논박할 수 있는 것임을 알아차릴 것이다.

주변경로

그러나 때때로 설득의 강도는 중요하지 않다. 때때로 우리 모두가 그렇게 주의깊게 생각할 마음을 가지거나 생각할 수 있는 것은 아니다. 만일 우리의 주의가 분산되어 있거나 관여되어 있지 않거나 그냥 분명히 바쁘다면, 우리는 메시지 내용에 대하여 주의깊게 생각할 시간을 갖지 못할 수도 있다. 그 주장이 특별히 강력한 것인지를 알아차리기보다는 **설득의 주변경로**(peripheral route to persuasion)를 따르는 것, 즉 깊이 생각하지 않고 설득의 수용을 촉발하는 단서에 초점을 두는 것 같다. 사람들이 주의분산되어 있거나 생각하고 싶은 마음이 별로 없다면, 쉽게 이해되는 친숙한 진술이 동일한 의미를 지닌 생소한 진술보다 더욱 설득적이다. 따라서 관여되어 있지 않거나 주의분산되어 있는 사람들에게는 "달걀을 한 바구니에 담지 말라"는 말이 "한번에 모든 것을 걸지 말라"는 말보다 더 큰 영향을 지닌다(Howard, 1997).

현명한 광고주들은 광고를 고객들의 사고에 맞춘다. 쇼핑 중에 특정 상표의 아이스크림을 집는 자발적 의사결정처럼 많은 소비자의 행동이 생각 없이 이루어지기 때문에 그들이 합당한 근거로 그렇게 하는 것이다(Dijksterhuis et al., 2005). 독일 음악은 고객들이 독일산 포도주를 사게 하는 반면, 프랑스 음악을 들은 사람들은 프랑스 포도주를 사게 한다(North et al., 1997). 그래서 전광판 광고와 TV 광고(고객들이 짧은 시간 동안에 취할 수 있는 매체)는 주변 단서로 시각 이미지를 사용함으로써 주변경로를 사용한다. 담배 광고는 흡연에 호의적인 주장을 하지 않고 제품을 아름다움과 즐거움의 이미지와 연합시킨다. 청량음료 광고도 마찬가지로 행복한 사람과 유쾌한 야외활동의 이미지를 가지고 "미국은 아름답다"고 선언하는 방식을 취한다. 다른 한편, (관심이 깊고 논리적인 고객들이 상당한 시간 동안 숙고할) 잡지의 의약품 광고는 할리우드 스타나 유명한 운동선수를 활용하는 경우는 드물다. 그 대신에 약의 장점과 부작용에 대한 정보를 고객들에게 제공한다.

이 두 설득 경로(하나는 명시적이고 사색적이고, 다른 하나는 더 암묵적이고 자동적인)는 오늘날 인간의 '이중 처리' 모델의 선구자였다. 중앙경로 처리는 명시적 태도를 흔히 재빨리 바꾼다. 주변경로 처리는 태도와 정서 사이의 반복된 연합을 통하여 암묵적 태도를 더 느리게 구축한다(Jones et al., 2009; Petty & Brinol, 2008, Walther et al., 2011).

다른 목적을 위한 다른 경로

광고주, 목사 그리고 심지어 교사의 궁극적 목표는 메시지에 주의를 기울이고, 그리고 계속해서 그렇게 하도록 만드는 것만은 아니다. 전형적으로 그 목표는 일종의 행동 변화와 관련이 있다(물건 구매, 이웃 사랑 또는 더 효과적으로 공부하기). 설득에 대한 두 가지 경로가 이 목표 달성에 똑같이 효과적일까? Petty와 동료들(1995, 2009)은 중앙경로 처리가 주변경로보다 더 지속적인 변화를 얼마나 이끌어낼 수 있는지를 주목했다. 사람들이 문제에 대하여 깊이 생각하고 있을 때는 설득적 호소의 강도뿐만 아니라 그에 대한 자신의 생각에도 또한 의존한다. 설득적인 것은 주장이 아니라 그 주장으로 인한 사람들의 생각이다. 그리고 사람들이 피상적으로 생각하기보다 깊게 생각할 때, 모든 변화된 태도는 더 지속적이고, 공격에 더 저항하고, 그리고 행동에 더 영향을 미치는 것 같다(Petty et al., 1995; Verplanken, 1991).

우리들 중 누구도 모든 문제를 철저히 분석할 수 있을 정도의 시간을 갖지 못한다. 흔히 우리는 "전문가를 믿어라" 또는 "긴 메시지가 신뢰롭다"는 말과 같은 단순한 주먹구구식 휴리스틱을 사용함으로써 주변경로를 거친다(Chaiken & Maheswaran, 1994). 최근 내(DM) 지역 사회의 주민들이 우리 지방 병원의 법적인 소유권에 관한 복잡한 문제에 대하여 투표하였다. 나는 이 문제에 대하여 스스로 연구할 시간도 없었고 관심도 없었다(나는 이 책을 써야 했기 때문이다). 그러나 나는 투표 지지자들 모두가 내가 좋아하거나 전문가라고 간주한 사람들이라는 것에 주목하였다. 그래서 단순한 휴리스틱, 즉 친구와 전문가는 믿을 수 있다는 휴리스틱을 사용하였고 그에 따라 투표하였다. 우리 모두는 또다른 주먹구구식 휴리스틱을 사용하여 즉각적인 판단(snap judgments)을 한다: 연사가 논리정연하고 호소력이 있고, 분명히 좋은 동기를 지니고 있고, 그리고 몇 개의 주장을 지니고 있으면(또는 각각의 주장이 서로 다른 출처에서 나온 것이면 더욱 좋을 것이다), 우리는 대개 손쉬운 주변경로를 사용하여 깊이 생각하여 보지 않고 그 메시지를 수용한다.

중앙경로 호소는 최근 연구에서 줄어든 것처럼 보이는데, 광고주들이 주변적, 정서기반 호소가 다양한 제품에 더 효과적이라는 것을 알아냈기 때문인 것 같다. 한 연구에서 고객들이 최신 TV 제품을 지켜보는 동안의 표정을 기록했다. 이 표정(특히 행복감을 나타내는 사람들)은 그들이 그 광고를 얼마나 설득력 있다고 생각하는지, 그 광고가 브랜드에 얼마나 밀접히 연결되어 있는지, 또는 그 광고가 브랜드의 핵심 메시지를 얼나나 잘 전달하고 있는지보다 제품 구매의 더 나은 예측 요인이었다(Wood, 2012). 이성이 아니라 감성이 물건을 팔게 한다.

요약 : 설득 경로는 무엇인가?

- 때때로 설득은 사람들이 주장에 초점을 맞추고 호의적인 생각으로 반응할 때 발생한다. 이러한 체계적인, 즉 **중앙경로 설득**은 사람들이 문제에 자연스럽게 분석적이 되거나 관련되어 있을 때 발생한다.
- 문제가 체계적인 사고를 끌어내지 못하면, 즉각적인 판단을 하기 위하여 휴리스틱이나 우연적인 단서를 사용할 때처럼 더 신속한 **주변경로**를 통하여 설득이 발생한다.
- 중앙경로 설득은 더 사려 깊고 덜 피상적인 것이며, 더욱 지속적이고 행동에 더 강력히 영향을 미치는 것 같다.

설득의 요소는 무엇인가?

> 설득을 구성하는 요인들은 어떻게 사람들이 설득에 대한 중앙 또는 주변 경로를 취하게 될 가능성에 영향을 주는지 기술해본다.

사회심리학자들이 탐색해낸 설득의 주요 구성요소는 네 가지이다: (1) 전달자, (2) 메시지, (3) 메시지 전달 방식, (4) 수신자. 다시 말해서 누가, 무엇을, 어떤 수단으로, 누구에게 말하는가?

누가 말하는가? 전달자

두 명의 열성적인 일란성 쌍둥이 알래스티어와 앵거스가 런던을 방문하여 연사의 동일한 연설을 듣는 장면을 상상해보자: "당신이 가진 것을 팔아 가난한 자들에게 주시오. 모든 것을 공유하고, 수익금은 누군가 필요할 때는 언제라도 나누어 주시오."

알래스티어는 이 말이 영국 사회주의 정당에서 나왔다고 이해하고 실망하여 고개를 가로젓는다. 동시에 앵거스는 이 말이 성경에서 나왔다고 이해하고(이것이 맞다) 관대한 마음으로 동의하며 고개를 끄덕인다.

알래스티어와 앵거스의 이 반응은 사회심리학자들이 흔히 발견해낸 것, 즉 수신자의 반응에 영향을 미치는 것은 메시지의 내용뿐만 아니라 메시지의 추정된 출처라는 것을 예시해준다.

한 실험에서 사회주의자이자 자유주의자인 지도자들이 독일 의회에서 동일한 용어를 사용하여 동일한 입장을 주장하였을 때, 각각의 주장은 자신의 정당의 구성원들에게 가장 효과적이었다(Wiegman, 1985). 꼭 앵거스처럼 사람들은 자신의 정당 리더가 한 말에 더욱 기꺼이 동의한다(Verkuyten & Maliepaard, 2013). 트럼프가 보편 건강 케어에 승인했다고 들은 공화당원들은 그것이 오바마의 아이디어였다고 들었을 때보다 보편 건강 케어를 지지할 가능성이 더 높았다. 반대로 민주당원들은 그것이 트럼프의 아이디어였다고 들었을 때 지지할 가능성이 더 낮았다(Edwards-Levy, 2015). 중요한 것은 메시지뿐만 아니라 말하는 사람도 마찬가지이다. 그렇다면, 어떤 전달자를 다른 사람보다 더 설득적이 되도록 만드는 것은 무엇인가?

신뢰성
신빙성. 신뢰로운 전달자는 전문적이고 진실한 사람으로 지각된다.

수면자 효과
메시지는 기억하지만 그것을 절감했던 이유를 망각할 때처럼, 원래는 신뢰성이 낮았던 메시지가 설득력이 높아질 때 발생하는 메시지의 지연된 영향

신뢰성

운동의 장점에 대한 설명이 타블로이드판 신문에서 나왔을 때보다 영국학술원이나 국립과학원에서 나왔을 때 누구라도 더 믿을 수 있다고 생각할 것이다. 그러나 출처의 **신뢰성**(credibility, 지각된 전문성과 진실성)의 효과는 한 달 정도 지나면 줄어든다. 만일 어떤 신뢰할 수 있는 사람의 메시지가 설득적이라면, 그 출처가 망각되거나 메시지와 분리됨에 따라 그 영향력은 약화될 가능성이 크다. 그리고 만일 메시지를 절감(discount)하기 위한 이유 이상으로 더욱 그 내용을 잘 기억하고 있다면 신뢰할 수 없는 사람의 영향력은 시간에 걸쳐서 상응하게 증가할 가능성이 크다(Kumkale & Albarracin, 2004; Pratkanis et al., 1988). 사람들이 출처나 메시지와의 연결을 망각한 후의 이러한 지연된 설득을 **수면자 효과**(sleeper effect)라 한다.

지각된 전문성   사람들은 어떻게 합당한 '전문가'가 되는가? 한 가지 방식은 수신자가 동의하는 것을 말함으로써 비롯되고, 이

© Hill Street Studios/Blend Images LLC/Glow Images

이 정치인은 공화당일까 민주당일까? 이것이 당신을 그를 신뢰할지에 지대한 영향을 줄 것이다.

것은 그 사람을 똑똑하게 보이도록 만드는 듯하다. 기후변화에 대한 '과학적 합의'가 설득시키지 못하는 한 가지 이유는 사람들의 기존의 가치와 견해를 지지해주는 결론을 지닌 사람들을 '전문가'로 간주한다는 것이다. 연구자들은 "같은 의견이 더욱 전문가로 보이는" 이 현상을 기후변화에서부터 원자력 폐기물, 총기 규제에 이르기까지 광범위한 주제에서 관찰했다(Kahan et al., 2010). 그것은 또한 그 주제에 대하여 더욱 박식한(knowledgeable) 것으로 보이게 한다. '캐나다 치과협회의 런들 박사'가 말하는 양치질에 대한 메시지는 '치과 위생에 대하여 동료들과 함께 프로젝트를 수행하고 있는 지방 고등학교 학생인 런들'의 똑같은 메시지보다 훨씬 더 설득력이 있다(Olson & Cal, 1984). 유명한 전달자는 그들이 그 제품의 전문적인 사용자로 지각될 때 더욱 설득적이었고, 그렇지 않을 때는 그 호소가 대단히 비효과적이었다(Rossiter & Smidts, 2012).

말하는 방식 신뢰롭게 보이도록 하는 또 다른 방법은 자신감 있고 유창하게 말하는 것이다. 사업 계획을 제시하든지 조언을 하든지, 유창하게 말하며 카리스마 있고, 열정적이고, 확신 있는 것처럼 보이는 사람('알다시피' 또는 '어…'라는 말을 쓰지 않는 사람)이 종종 더 설득력 있다(Moore & Swift, 2011; Pentland, 2010). 말을 더듬거리는 사람은 덜 신뢰롭게 지각되고, 그래서 사람들은 그 메시지를 의심하며, 그 화자가 말하는 것을 수용할 가능성을 낮게 만든다(Carpenter, 2012). Erickson과 그 동료들(1978)은 노스캐롤라이나대학교 학생들에게 단순명료한 방식으로 행해진 법정 증언과 다소 망설이는 방식으로 행해진 법정 증언을 평가하도록 했다. 예를 들면 다음과 같다:

질문 : 앰뷸런스가 도착하기 전에 거기에서 대략 얼마나 오랫동안 머물러 있었습니까?

대답 : [단순 명료] 20분. 데이비드가 몸을 똑바로 펴는 데 충분할 만큼 긴 시간입니다.

　　　　[망설임] 오, 약 음 20분 정도였던 것 같아요. 내 친구 데이비드, 당신도 알고 있을 텐데, 그 사람이 몸을 똑바로 펴는 것을 도와줄 만큼 아주 충분히 긴 시간이지요.

　학생들은 단순 명료하고 유창한 목격자를 훨씬 더 유능하고 신뢰성이 높은 것으로 생각했고, 이것은 배심원들이 목격자의 증언 내용이 아니라 증언 방식에 의하여 영향받을 수 있다는 것을 시사한다(Kaminski & Sporer, 2018).

　다른 한편 너무 많이 말하고 듣지 않는 것은 효과적이 아니다. 이런 접근을 취하는 텔레마케터는 덜 성공적이다. 그렇다면 최선의 접근은 무엇일까? 그것은 말하는 것과 듣는 것의 균형을 잡는 것이다(Grant, 2013).

지각된 진실성 우리들은 우리가 신뢰하는 전달자에 더욱 귀 기울인다. 미디어 통찰 프로젝트(Media Insight Project, 2017)에서 실시한 최근 연구는 페이스북 사용자들은 자신들이 신뢰하는 친구들과 공유한 기사를 그들이 신뢰하지 않는 사람들이 공유한 기사보다 더 믿는다는 것을 발견했다. 놀랍게도 누가 그 기사를 공유하는지가 뉴스의 출처 여부, 즉 잘 구축된 저명한 신문의 기사인지 아니면 가상의 'DailyNewsReview.com'의 기사인지보다 더 큰 차이가 있었다. 이것은 왜 '가짜 뉴스'가 그렇게 빨리 사회 미디어 사이트에 확산되는지를 설명해준다.

　제품을 평가하는 데도 동일한 사실이 적용된다. 사람들은 동일한 진

© Marc Romanelli/Blend Images LLC

당신이 새로운 기사를 온라인으로 읽을 때, 그것을 믿을지를 어떻게 결정할까? 그것은 믿을 만한 친구의 소셜 미디어와 공유하는 정도에 달려 있을 것이다.

© Charles Barsotti, All rights reserved. Used with permission.

"미스터 볼링 씨, 내가 흥분한 것처럼 보인다면,
그것은 다만 내가 당신을 대단한 부자로 만들 수 있는 법을 알기 때문입니다."

효과적인 설득자는 메시지를 효과적으로 전달하는 법을 안다.

술이 리콜 후에 그 제품의 권장하는 회사보다 소비자보호 위원회에서 나왔을 때 그 제품을 더 선호하였다(Smith et al., 2013). 제품의 온라인 평가가 적어도 카메라와 같은 실용적인 제품에 대해서는 부정적일 때 더욱 신뢰로운 것으로 보인다(Hong & Park, 2012; Sen & Lerman, 2007). 분명히 우리는 긍정적 언급보다 부정적 언급이 더 진실하다고 믿는다.

전달자가 자신들을 설득시키려는 것은 아니라고 믿는다면 진실성은 또한 더 높아진다. 연구자들이 영국 성인들에게 가짜 신문기사를 보여주었는데, 하나는 대부분의 과학자들이 시민들에게 기후변화에 대하여 알려주기를 바랄 뿐이라는 것을 시사했고, 다른 하나는 대부분의 과학자들이 시민과 정부가 기후변화를 멈출 행위를 하도록 설득시킬 목적이 있다는 것을 시사했다. 과학자들은 단지 정보를 제공할 목적이 있다고 들은 사람들이 기후 과학자들을 더 신뢰하는 것으로 보고하며 물의 사용을 줄이거나 공동체의 환경 운동에 참여함으로써 환경을 돕는 행위를 취할 것이라고 말하는 경향이 있었다(Rabinovich et al., 2012). 당신이 누군가를 설득시키고자 한다면, 정보 제공으로 시작하고 논쟁부터 하지 말라.

또 다른 효과적인 전략은 다른 사람이 당신의 전문성을 전달하게 하는 것이다. 한 연구에서 부동산 회사에 전화한 고객들에게 그 대리인들이 진정성을 지니고 "내가 당신에게 피터를 소개시켜 드리겠습니다. 그는 우리 회사의 핵심이며 이 지역에서 20년의 부동산 판매 경험이 있습니다"라고 말했다. 단순히 전화에서 연결시켜준 경우와 비교해서 20% 이상의 고객들이 개인적으로 만나러 왔고 15% 이상이 그 회사를 사용하기로 결정했다(Martin et al., 2014).

일부 TV 광고는 분명히 전달자가 전문적이고 진실한 것처럼 보이도록 구성된다. 제약 회사는 흰색 실험복을 입은 발언자를 사용하여 진통제를 판매하려 드는데, 이 발언자는 대부분의 의사들이 이 약의 핵심 성분(물론, 그 성분은 아스피린일 뿐이다)을 추천하였다고 자신있게 주장한다. 그런 주변 단서가 주어지면, 사람들은 자동적으로 그 제품이 특별하다고 추론하게 될 것이다.

그래서 전달자는 전문적이고 진실해 보이면 신뢰성을 획득하게 된다(Pornpitakpan, 2004). 출처가 신뢰롭다는 것을 미리 알게 되면, 우리는 그 메시지에 대한 반응에서 더 호의적인 생각을 하게 된다. 메시지가 호의적인 생각을 생성한 후에 우리가 그 출처를 알게 되면, 높은 신뢰성은 우리의 사고의 확신을 강화시키고, 이것은 또한 그 메시지의 설득 영향을 강화시킨다(Brinol et al., 2002, 2004; Tormala et al., 2006).

사람들이 신뢰하지 않는 전달자에게 저항하는 것을 극복할 길이 없을까? 한 연구에서 학생들에게 돈을 버는 데만 관심 있는 슈퍼마켓 관리자가 자신들을 대상으로 전자메일과 문구를 보낼 계획이라고 말했다. 놀랄 것 없이 학생들은 그런 신뢰롭지 않은 출처에서 온 것은 어떤 것이라도 듣지 않으려 했다. 그러나 그들이 15개의 재미있는 문구(예 : "이진수를 이해하는 두 종류의 사람이 있다. 하는 사람과 하지 않는 사람.")를 받으면, 신뢰하지 않는 브랜드에 대한 부정적 견해는 사라졌다(Strick et al., 2012). 유머는 비신뢰성에서 주의를 분산시킬 수 있다.

놀랍게도 설득력을 높이지 않는 한 가지 방법은 전달자와 수신자 사이의 직접적인 눈 접촉이다. 독일 학생들은 자신들과 동의하지 않는 의견을 옹호하는 연사의 비디오를 보았다. 그들이 연사의 눈이나 입에 시선을 고정시키도록 했다. 눈에 초점을 맞춘 학생들은 그 연사를 향한 태도를 덜 변화시켰다. 동일한 결과가 상관연구에서도 나타났다: 연사의 눈을 쳐다보기를 선택한 학생들이 그 주장에 덜 설득되었다 (Chen et al., 2013).

매력과 호감

대부분의 사람들은 스타 육상선수와 연예인들의 보증이 자신들에게 영향을 미친다는 것을 부정한다. 대부분의 사람들은 스타가 자신들이 보증한 제품에 대하여 거의 모르고 있다는 것을 알고 있다. 게다가, 우리는 그 의도가 우리를 설득시키려고 하는 데 있다는 것을 알고 있다; 우리는 비욘세가 옷이나 향수에 대하여 이야기하는 것을 정말로 우연히 엿듣지 않는다. 그런 광고는 효과적인 전달자의 또다른 특징, 즉 **매력**(attractiveness)에 기반을 두고 있다.

우리 자신들은 매력이나 호감에 영향을 받지 않는다고 생각할지 모르지만, 연구자들은 그렇지 않다는 것을 발견해냈다. 우리는 우리가 좋아하는 사람들에게 반응할 확률이 더 높고, 이러한 현상은 자선 구호단체, 사탕 판매 및 타파웨어 파티(타파웨어는 미국의 음식 보관용기 브랜드로, 마케팅 차원에서 가정 주부들의 모임에 찾아가 타파웨어 브랜드 제품을 판매하였다-역주)를 조직하는 사람들에게 잘 알려져 있다. 어떤 사람과 단순히 지나치는 대화조차도 충분히 그 사람에 대한 호감을 증가시키고, 이어서 그들의 영향력에 대한 우리 자신의 반응성을 증가시키게 된다(Burger et al., 2001). 우리의 호감은 의사전달자의 주장에 우리의 마음을 열게 할 수도 있고(중앙경로 설득), 그 산출물을 나중에 보게 될 때 긍정적 연합을 촉발시킬 수도 있다(주변경로 설득). 신뢰성 (credibility)과 관련하여, 호감이 설득을 낳는다는 원리의 응용 예를 보여준다(표 7.1 참조).

매력은 몇 가지 형태로 나타난다. 신체적 매력이 그 하나다. 주장, 특히 정서적 주장은 아름답다고 생각하는 사람에게서 나올 때 흔히 훨씬 더 영향력이 있다(Chaiken, 1979; Dion과 Stein, 1978; Pallak et al., 1983). 매력과 명성은 사람들이 피상적 판단을 할 때 흔히 가장 강력하다. 인스타그램 광고에서 젊은 성인들은 전자 담배를 유명인이 보증한 광고에서 그렇지 않은 광고에서보다 더 잘 설득되었다(Phua et al., 2018).

유사성 또한 매력에 기여한다. 우리는 우리를 좋아하는 사람을 좋아하는 경향이 있다. 이것이 고객-생성 광고(광고회사가 아니라 보통 사람들이 생성한 것)가 설득적일 수 있는 이유이다. 한 실험에서 소비자-생성 광고는 광고 만드는 사람이 참여자들과 유사해 보일 때 더 효과적이었음을 밝혀냈다(Thompson & Malaviya, 2013). 우리처럼 행동하는, 즉 미묘하게 우리의 몸짓을 흉내내는 식으로 **행동**하는 사람들이 마찬가지로 더 영향력이 있다. 그래서 세일즈맨들은 때때로 "흉내내고 닮아라"라는 가르침을 받는다. 고객이 팔이나 다리를 꼬고 있다면, 당신도 꼬아라. 그녀가 미소지으면, 당신도 미소로 돌려주라('연구 보기 : 가상사회 현실 실험하

향수를 보증하는 베컴 부부처럼 매력적인 전달자들은 흔히 주변경로 설득을 촉발한다. 우리는 그들의 메시지나 상품을 그 전달자들에 대한 좋은 감정과 연결시키고, 우리는 인정하고 믿는다.

매력

수신자를 끄는 자질을 가진 것. 마음을 끄는 전달자(흔히 수신자와 닮은 사람)는 주관적인 선호 면에서 가장 설득적이다.

소비자가 만든 광고가 더 설득력이 있을까? 광고를 보는 사람이 광고 만든 사람을 그들과 비슷하다고 간주한다면, 맞는 말이다.

표 7.1 여섯 가지 설득 원리

원리	응용
권위 : 사람들은 신뢰로운 권위자를 따른다.	당신의 권위를 구축하라(당신이 해결했던 문제와 봉사했던 사람들을 확인하라).
호감 : 사람들은 자신들이 좋아하는 사람들에게 더 긍정적으로 반응한다.	친구를 사귀고 사람들에게 영향력을 발휘하라. 유사한 흥미에 기반을 둔 연대를 창조하고, 자유롭게 칭찬하라.
사회적 증거 : 다른 사람들의 예는 사고하고, 느끼고, 행동하는 방법을 타당화시킨다.	'동료의 힘'을 활용하라(존경받는 타인이 그 방식을 말하게 하라).
상호성 : 사람들은 자신이 받은 유형대로 갚으려는 의무감을 느낀다.	당신의 시간과 자원에 관대하라. 뿌린 대로 거두리라.
일관성 : 사람들은 자신의 공개적 개입을 중시하는 경향이 있다.	사람들의 의도를 적거나 말하게 하라. "제발 이렇게 해달라"고 말하지 말고 부탁에 의하여 "네"라는 답을 유도하라.
희소성 : 사람들은 희소한 것을 높이 평가한다.	진정으로 배타적인 정보나 기회를 강조하라.

출처 : 영향력 : 과학과 실제(*Influence: Science and Practice*)라는 책에서 설득 연구자 Cialdini(2008)는 인간관계와 영향력의 기초가 되는 여섯 가지 원리를 예시했다(이 장에서는 처음 두 가지를 기술하였다).

기' 참조).

무엇이 언급되는가? 메시지의 내용

누가 무엇을 말하는지도 중요하지만 그 사람이 **무엇을** 말하는지도 중요하다. 만약 당신이 사람들로 하여금 교육세에 찬성표를 던지게 하거나 담배를 끊게 하거나 세계 기아 구조단체에 기부하도록 설득하기 위한 청원서를 작성하려 한다면, 당신은 최선의 설득법에 대하여 궁금해할 것이다.

- 논리적인 메시지가 더 설득적인가, 아니면 정서를 유발하는 것이 더 그러한가?
- 당신은 메시지를 어떻게 제시해야 하는가?
- 메시지가 당신의 입장만 표현해야 하는가, 아니면 반대 관점을 인정하고 논박해야 하는가?
- 반상회나 정치적인 토론에서 순차적으로 이야기하게 될 때, 만약 여러분이 두 가지 입장을 제시하려 한다면, 먼저 하는 것이 이로울까, 아니면 맨 마지막에 하는 것이 이로울까?
- 당신은 얼마나 많은 정보를 가지고 있어야 하는가?

이 질문들을 한 번에 하나씩 고려해보자.

이성 대 정서

당신이 세계 기아 구제의 지지 운동을 하고 있다고 가정해보자. 당신의 주장을 최고로 일목요연하게 만들고 인상적인 통계치를 인용하고 싶은가? 아니면 정서적인 접근, 즉 아마도 한 기아 어린이의 감동적인 이야기를 제시하여 더 설득적으로 보이고 싶은가? 물론 주장은 이성적이고 동

연구
보기

가상 사회 현실 실험하기

사회심리학자 Blascovich는 샌타바버라에 있는 캘리포니아대학교의 동료 지각심리학자 Loomis의 가상현실 실험실에 들어갔다 나온 직후에 새로운 흥미를 진전시켰다. 한 학생이 헤드셋을 끼고 그 방 여기저기를 돌아다니는 것을 구경한 후, Blascovich도 그것을 끼자 곧 스스로 가상적인 깊은 구멍을 가로질러 널빤지를 쳐다보게 되었다. 비록 그 방은 아무런 구멍도 없다는 것을 그가 알고 있을지라도, 그는 공포를 억누르면서 스스로 널빤지를 걸을 수가 없었다.

그 경험은 한 가지 생각을 떠올리게 하였다: 사회심리학자들이 가상 환경을 활용할 수 있을까? Blascovich의 이전 동료 Bailenson과 대학원생 Yee의 공동 실험에서 가상 인간 상호작용의 실험적 힘을 보여주었다. 스탠퍼드대학교의 가상 인간 상호작용 실험실에서 69명의 대학생 자원자들이 3차원 가상현실 헤드셋을 끼고 스스로 테이블 건너편의 가상 인간과 마주하게 되었는데, 이 가상 인간은 학생들이 항상 ID를 지녀야 한다는 대학안전 정책을 지지하는 3분짜리 연설을 하는 컴퓨터로 생성한 남자 또는 여자였다.

디지털 인간은 움직이는 진짜 같은 입술, 깜박이는 눈, 그리고 흔들리는 머리를 가졌다. 절반의 실험 참가자들에게 그들의 움직임은 4초 정도 지연되지만 학생의 움직임을 모방했다. 만약 학생이 머리를 기울이고 위를 쳐다보면, 디지털 카멜레온도 유사하게 행동한다. 진짜 인간과 한 초기의 실험은 그런 모방이 공감과 라포 형성에 의하여 연결고리를 강화한다는 것을 발견해냈다(제11장 참조). Bailenson과 Yee(2005)의 실험에서는 모방하지 않는 디지털 동료가 아니라 모방하는 동료를 지닌 학생들이 마찬가지로 그 파트너를 더 좋아하였다(심지어 모방을 의식적으로 알아챈 7명의 학생들의 자료를 삭제한 이후조차도). 그들은 또한 모방자가 더 흥미를 끌고, 정직하고 그리고 설득력이 있었다는 것을 발견해냈다. 즉 그들은 그것에 더욱 주의를 기울였고(덜 눈길을 돌렸다), 그 메시지에 좀 더 동의하는 쪽이었다.

Blascovich와 Bailenson(2011)에게 그런 연구는 가상 사회 현실에 대한 잠재력을 예시하는 것이다. 타인의 존재를 시사해주는 자극을 만드는 것은 '비용이 적게 들고', 노력이 덜 요구되며, 중요하게도 타인의 실제 존재에 기반을 둔 자극을 창조하기보다는 많은 정도의 실험통제를 제공한다. 인간은 (심지어 훈련받은 공모자도) 통제하기 어렵다. 하지만 디지털 인간은 완벽하게 통제할 수 있다. 그리고 정확한 반복이 가능할 수 있다.

가상 사회 현실 실험하기

ⓒ Jeremy Bailenson

시에 정서적일 수 있다. 당신은 열정과 논리를 굳게 결합시킬 수 있다. 그럼에도 이성과 정서 중 어느 것이 더 영향력이 있는가? 세익스피어의 한여름 밤의 꿈에서 나오는 라이샌더가 옳았는가?: "인간의 의지는 자신의 이성에 의해서 동요된다" 또는 체스터필드 경의 충고가 더 현명했는가?: "감각, 가슴 및 인간의 약점에 호소하라, 그렇지만 이성에는 거의 호소하지 말아라"

정답은 수신자에 달려 있다. 교육 수준이 높거나 분석적인 사람들은 이성적 호소에 더 잘 반응하는 경향이 있다(Cacioppo et al., 1983, 1996; Hovland et al., 1949). 쟁점을 숙고할 시간과 동기가 있는 수신자들이 그러하다(Petty & Brinol, 2015). 그래서 사려 깊고 관심이 있는 수신자들은 중앙경로를 여행한다(이들은 이성적인 주장에 가장 잘 반응한다). 관심이 없는 수신자들은 주변경로를 여행한다(이들은 전달자를 얼마나 좋아하느냐에 따라 더 영향을 받는다)(Chaiken, 1980; Petty et al., 1981).

사람들의 태도가 형성되는 방식 또한 중요하다. 초기 태도가 주로 주변경로를 통해 형성되면, 주변적·정서적 호소에 의해 더 설득될 것이다. 반면 그들의 초기 태도가 중앙경로를 통해 주로 형성되면, 정보기반의 중앙경로 주장에 의해 더 설득될 것이다(Edwards, 1990; Fabrigar & Petty, 1999). 예를 들어 백신을 불신하는 많은 사람들은 자신들의 아이가 해를 입을지도 모른다는 정서기반 생각을 통하여 태도를 만들어냈다. 이 태도가 잘못되었다는, 즉 백신은 아이들에게 해가

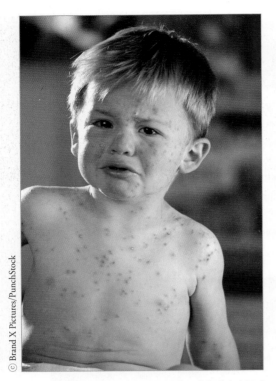

© Brand X Pictures/PunchStock

태도 매칭: 아이들에게 백신 주사를 놓는 것에 대하여 두려워하는 부모들을 설득시키려면 백신 주사를 맞지 않아 병든 아이의 생생한 사진을 제공하라. 이것은 그들이 애초의 불신 태도를 형성하게 했던 주변경로와 동일한 경로를 사용하는 방식이다.

© Frank Cotham, All rights reserved. Used with permission.

"배심원이 멋진 호텔에 격리되어 있었다면,
이런 일은 결코 일어나지 않았을 것이다."

좋은 기분은 긍정적인 태도를 낳는다.

없다는 것을 그들에게 알려주는 것은 태도 변화에 거의 효과가 없다. 그러나 백신을 맞지 않아 홍역으로 고생한 아이에 관한 어머니의 정서적 이야기와 질병에 걸린 아이의 사진을 보게 되면, 백신에 대한 태도가 놀랄만큼 더 긍정적이 되었다(Horne et al., 2015). 새로운 정서는 정서기반 태도를 동요시킬 수 있다. 그러나 정보기반 태도를 변화시키기 위해서는 더 많은 정보가 필요하게 될 것이다.

좋은 기분의 효과   좋은 기분과 연합(association)된 메시지는 더욱 설득력을 갖게 되는데, 음식을 맛있게 먹거나 기분 좋은 음악을 듣거나 할 때가 그 예이다. 돈이나 공짜 샘플을 받는 것은 흔히 돈을 기부하거나 무언가를 사도록 유도한다(Cialdini, 2008). 이것은 많은 자선단체들이 자신들의 우송물에 주소 상표, 스티커 및 심지어 동전을 동봉하는 이유이다.

좋은 기분은 부분적으로 긍정적인 사고를 고양시킴으로써(만약 사람들이 생각해보려는 동기가 있다면) 그리고 좋은 기분을 메시지와 연결시킴으로써 흔히 설득력을 높인다(Petty & others, 1993). 기분 좋은 사람들은 장밋빛 안경으로 세상을 본다. 그러나 그들은 또한 더 빠른, 더욱 강박적인 결정을 내린다(그들은 주변 단서에 더욱 의존한다)(Bodenhausen, 1993; Braverman, 2005; Moons & Mackie, 2007). 불행한 사람들은 반응하기 전에 더욱 반추하며, 그래서 그들은 약한 주장에 쉽사리 동요되지 않는다(그것들이 또한 더욱 강력한 설득 메시지를 산출한다)(Forgas, 2007). 그래서 여러분이 강력한 주장을 할 수 없다면, 청중들이 좋은 기분 상태에 있기를 바라고 그것에 대하여 너무 많이 생각하지 않고 메시지에 대하여 그들이 좋게 느끼기를 희망할 것이다.

유머가 사람들을 기분 좋게 할 수 있다는 것을 알기 때문에, Strick(Strick et al., 2009)이 이끈 네덜란드 연구팀은 사람들을 초대하여 재미있는 만화와 그렇지 않게 변경된 동일한 만화와 함께 광고를 보게 했다. 암묵적 태도 검사로 측정했을 때, 유머와 연합된 상품이 더 사랑받았고, 더 자주 선택되었다.

공포 유발 효과   메시지는 부정적인 정서를 유발함으로써 효과적이 될 수 있다. 담배를 끊거나 이를 더 자주 닦거나, 파상풍 주사를 맞거나 안전 운전을 하도록 사람들을 설득할 때, 공포 유발 메시지는 강력할 수 있다(de Hong et al., 2007; Muller & Johnson, 1990). 시커먼 폐와 썩은 이의 그래프 이미지를 넣은 경고 상표를 본 젊은 성인들은 (경고 문구만 적은 조건에 비해) 그 메시지를 더 정확히 기억하였고(Strasser et al., 2012), 더 많은 공포를 경험하고, 흡연 경향성이 줄어들었다(Cameron et al., 2015). 더욱 중요한 것은 그래프 이미지를 본 사람들의 50% 이상이 (문구만 본 사람들에 비해) 한 달 안에 담배를 끊었다(Brewer et al., 2016). 호주에서 병들어 죽어가는 흡연자들의 그래프 이미지를 2012년 담뱃갑에 추가했을 때 흡연 비율은 대략 5% 하락했다(Innis, 2014). 캐나다, 이집트 및 방글라데시를 포함한 전 세계 수십 개의 국가가 담배 포장에 공포를 유발하는 그래프 이미지를 추가하였다(Cohen, 2016). 2012년 미국에서 법원은 그래프 경고를 담배 포장에 넣는 것을 금했고(AP, 2012), 2017년 현재 미국 담배는 단지 경고문만 표시한다.

그러나 얼마나 많은 공포를 유발해야 할까? 사람들이 너무 놀라서 그 고통스러운 메시지를 스스로 차단하지 않도록 작은 공포만을 유발하여야 할까? 또는 그것 때문에 대낮조차도 무서워하게 해야 할까? 실험은 사람들이 더 무서워하고 더 취약할수록 흔히 더 반응한다는 것을 보여준다(de Hoog et al., 2007; Robberson & Rogers, 1988). 2만 7,372명의 사람들을 포함한 127개 논문의 메타분석에서 Tannenbaum과 동료들(2015)은 "공포 호소는 효과가 있다… 그것이 역효과를 내서 바람직하지 않은 결과를 내는 상황이 아닌 경우에 그러하다"고 말한다.

공포 유발 커뮤니케이션의 효과성은 흡연뿐만 아니라 위험한 성행동, 음주, 운전을 못하게 하는 광고에 적용되고 있다. Levy-Leboyer(1988)는 프랑스 젊은이들 사이의 알코올과 음주 습관에 대한 태도가 공포 유발 그림에 의해 효과적으로 바뀌었다는 것을 찾아냈을 때, 프랑스 정부는 TV 막간 광고에 그런 광고를 포함시켰다.

공포 유발 커뮤니케이션은 유방 X선 사진 찍기나 유방암 자가검사와 같은 유방암 탐지 행동을 증가시키는 데 또한 활용되고 있다. Banks, Salovey와 동료들(1995)은 유방암 X선 검사를 받지 않은 40~66세 여성들에게 유방 X선 촬영에 관한 교육 비디오를 보도록 하였다. 긍정적으로 프레임된 메시지(방사선 검사가 유방암 조기발견을 통하여 당신의 생명을 살릴 수 있다고 강조)를 받은 사람들은 단지 절반만 12개월 이내에 X선 검사를 받았다. 하지만 공포로 프레임된 메시지(방사선 검사를 받지 않으면 생명을 잃을 수 있다고 강조)를 받은 사람들은 그중 3분의 2가 12개월 이내에 방사선 검사를 받았다. 태양의 자외선으로 손상이 간 얼굴 사진(노화로 인해 나타나는 주근깨와 점이 있는 사진)을 본 사람들은 유의미하게 선크림을 바르는 비율이 높았다. 이 경우 개입의 초점은 암에 걸리는 공포가 아니라 못생기게 보이는 공포이다(Williams et al., 2013).

메시지가 위협적인 사건의 심각성과 가능성을 두려워하도록 유도할 뿐만 아니라 해결책을 지각하고 그것을 실행할 마음이 생기게 유도한다면 공포를 계속 이용하는 것이 가장 효과가 크다 (DeVos-Comby & Salvovey, 2002; Maddux & Rogers, 1983; Ruiter et al., 2001). 성적 위험을 줄이기 위해 제작된 많은 광고는 공포를 유발하고("AIDS는 곧 사망이다") 방어전략(절제, 콘

여기에 보이는 미국의 담배 경고문은 공포 유발을 활용한다. 2012년에 법원은 이러한 경고 표시를 금했다.

© Handout/Getty Images

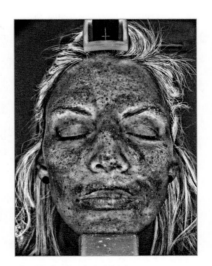

햇볕으로 손상 입은 피부 상태를 보여주는 자외선 노출 사진을 본 사람들은 선크림을 사용할 가능성이 더 높다.

© National News/ZUMA Press/Newscom

돔 사용, 또는 헌신적 관계를 위한 섹스 생략을 제공하는 것을 모두 목표로 삼는다)을 제공하는 것을 모두 목표로 삼는다. 이런 유형의 호소는 사람들에게 공포를 느끼게 할 뿐만 아니라 그것에 대하여 무언가를 하게 만들어 효능감을 증대시키게 된다(Ruiter et al., 2014; Salomon et al., 2017).

호소는 또한 손실에 초점("만약 당신이 선크림을 바르지 않는다면, 매력 없는 피부를 가질 것이다")을 두는 것 대신에 예방 제품을 사용함으로써 얻을 수 있는 이득에 초점("만약 당신이 선크림을 바르면 매력적인 피부를 가질 것이다")을 둘 수 있다(O'Keefe & Jensen, 2011). 건강한 행동(금연, 운동, 선크림 사용)의 장점에 초점을 둔 이득 프레임 메시지는 손실 프레임 메시지보다 더 효과적이다(Gallagher & Updegraff, 2012). 이 원리는 또한 다른 영역에도 적용된다: 가능한 해결책을 논의함으로써 결론 내는 지구환경변화 논문이 미디어의 재앙적 결과를 기술하는 것보다 더 효과적이다(Feinberg & Willer, 2011). 이득 메시지는 소비자의 개인적 욕구에 호소할 때 특히 효과적이다. 예를 들어 불안 수준이 높은 참가자는 "X폰으로 안전하고 확실하게"라는 슬로건의 스마트폰 광고에 가장 잘 설득된다(Hirsh et al., 2012).

메시지 맥락

메시지의 맥락은 설득력에 큰 차이를 가져올 수 있다. 특히 메시지가 맥락 바로 직후에 제시될 때 그렇다. 폴란드 기차역에서 한 실험 공모자는 행인에게 다가가서 "실례지만… 지갑을 잃어버렸나요?"라고 말했다. 모든 사람들은 즉시 주머니나 가방을 확인했고 지갑이 있다는 것에 안심했다. 그러고 나서 그 공모자는 자선용 크리스마스 카드를 팔고 있다고 말했다. 거의 40%가 그 카드를 샀는데, 그에 비해 지갑 분실 이야기를 듣지 않은 경우는 단지 10%였다. 연구자들은 이 대단히 효과적인 접근을 공포-후-안도라고 명명했다(Dolinski & Szczucka, 2012).

문간에 발 들여놓기 현상
처음에 작은 요구에 동의한 사람은 나중에 더 큰 요구에도 따르는 경향

또 다른 설득 기법은 부탁의 크기에 달려 있다. 실험은 사람들에 큰 호의를 베풀도록 만들고 싶다면, 작은 호의를 먼저 제공해야 한다는 것을 시사한다. 이러한 **문간에 발 들여놓기 현상**(foot-in-the-door phenomenon)이라는 유명한 시범에서 안전 운전 자원자로 위장한 연구자들이 캘리포니아인들에게 "안전 운전하시오"라고 크고 조잡하게 쓴 팻말을 앞뜰에 설치해주기를 부탁했다. 단지 17%만이 동의했다. 다른 사람에게는 먼저 작은 부탁(3인치의 '안전 운전' 창문 스티커를 주시겠습니까?)으로 접근했다. 거의 모두가 동의했다. 2주 후 크고 볼품 없는 표지판을 앞뜰에 세워두기를 부탁했을 때, 76%가 동의했다(Freedman & Fraser, 1966).

이러한 100개 이상의 많은 문간에 발 들여놓기 실험에서 최초의 순종(옷핀 꼽기, 의도를 말하기, 청원에 서명하기)이 자발적이었음에 주목하자(Burger & Guadagno, 2003). 사람들은 스스로 공개적 행동에 개입하고 그리고 이 행위를 그들 자신이 선택하여 행동한 것으로 지각할 때 자신들이 했던 것을 더욱 강력히 믿게 된다.

저가 기법
사람들을 동의하게 하는 방식. 처음의 요청에 동의한 사람은 애초의 요청이 증가했을 때도 여전히 순종하는 경향이 있다. 처음부터 부담이 큰 요청을 받은 사람은 순종하지 않을 가능성이 크다.

사회심리학자 Cialdini는 스스로 '어수룩한 사람'이라 말한다. "내가 회상할 수 있는 한, 나는 판매원, 기금 모금자 및 이런저런 운영자의 요청에 쉬운 표적이었다." 한 사람이 다른 사람에게 찬동의 말을 하는 이유를 더 잘 이해하기 위하여 그는 다양한 판매, 기금 모음 및 광고 조직의 실습생으로 3년을 보냈고, '영향력의 무기'를 이용하는 법을 알아냈다. 또한 이 무기를 단순한 실험에서 증명했다. Cialdini와 동료들(1978)은 **저가 기법**(lowball technique)을 실험함으로써 문간에 발 들여놓기 현상의 변종을 탐구했다. 고객이 할인 가격 때문에 새 차를 사기로 동의하고 판매 양식을 작성하기 시작한 후에, 세일즈맨은 옵션 부과나 '우리가 손해 보게 되기' 때문에 그

거래를 승인할 수 없다는 사장의 결재로 가격 이득분을 제거한다. 더 싼 가격을 제의받은 고객은 처음부터 고가에 동의한 고객보다 여전히 그 고가 구매에 더 집착하게 된다고 속설은 말한다. 비행기와 호텔은 단지 소수의 좌석이나 방을 상당한 혜택으로 매혹하는 전략을 사용한다. 그리고 나서 그것이 이용 가능하지 않게 될 때, 고객들이 더 비싼 옵션에 동의하기를 그들은 바란다. 추후 실험에서 사람들이 언어로 자신들의 선택을 정했을 때만 이것이 효과적이라는 것을 알아냈다(Burger & Cornelius, 2003).

마케팅 연구자들과 세일즈맨들은 우리가 이득 동기를 인식하고 있을 때조차도 이 원리가 효과적이라는 것을 알고 있다(Cialdini, 1988). 더 많은 정보, '공짜 선물'을 위한 우편카드 보내기, 투자 가능성 청취에 대한 동의 등의 무해한 초기의 개입은 흔히 더 큰 개입 쪽으로 우리를 움직이게 한다. 세일즈맨은 때때로 사람들을 구매 동의에 묶어두는 노력으로 그러한 작은 개입의 힘을 이용하기 때문에, 많은 주가 현재 그런 구매에 대하여 숙고하고 취소할 수 있는 기간을 며칠 제공하는 법을 만들었다. 이런 법의 효과에 맞서기 위하여 많은 회사는 '고객들의 계약 철회를 막는 매우 심리적인 도움'이라는 식의 판매 훈련 프로그램을 운용한다(Cialdini, 1988, p. 78). 그들은 다만 세일즈맨이 아니라 고객들이 동의서를 작성하게 한다. 그것을 스스로 적음으로써 사람들은 대개 그들의 개입을 실현하게 된다.

문간에 발 들여놓기 현상은 기억할 가치가 있는 교훈이다. 우리를 유혹하려는 어떤 사람(재정적, 정치적 또는 성적으로)은 흔히 이 기법을 사용하여 순종의 순간을 창조할 것이다. 실용적 교훈: 작은 부탁에 동의하기 전에 이 부탁 다음에 무엇이 이어질지 생각해보자.

또한 당신이 큰 부탁을 거절하고 나서 그다음 것을 하게 될 수도 있다는 것에 대하여 생각해보자. 이것은 **얼굴에 문 들이밀기 기법**(door-in-the-face technique)이라 불린다. Cialdini와 동료들(1975)은 애리조나대학교 학생들에게 비행청소년들을 보호하며 동물원 구경을 시켜달라고 부탁하자, 단지 31%만이 그렇게 하기로 동의했다. 한편 다른 학생들에게는 자원봉사 상담자로서 그 비행청소년들을 2년 동안 맡아달라고 부탁했고, 모두 거절했다(세일즈맨의 면전에서 문을 쾅 닫는 것과 같다). 질문자는 그러고 나서 "좋아, 여러분이 그것을 원하지 않으면 이건 어때?"라는 식으로 말하며 그 청소년들에게 동물원을 구경시켜달라고 부탁하며 다른 제안을 했다. 이 기법을 썼을 때, 거의 두 배인 56%가 도와주기로 동의했다. 마찬가지로 학생들이 장기간의 헌혈 프로그램에 참가하도록 먼저 부탁하고 나서 그날 헌혈을 부탁하면, 단순히 헌혈을 부탁했을 때보다 더 잘 순종할 것이다(Gueguen, 2014). 식당에서 식사 후에 점원이 디저트를 제안하는 경우를 생각해보자. 당신이 "아니요"라고 말하면, 그녀는 커피나 차를 제공할 것이다. 디저트를 먼저 제안받은 고객들은 다음 제안에 "네"라고 말할 가능성이 더 클 것이다(Gueguen et al., 2011).

당신은 선거 운동원이 이 커다란 표지판을 당신의 뜰에 설치하는 것을 허락하겠는가? 만약 먼저 작은 표지판이나 창문 스티커를 붙여달라는 부탁을 받았다면 그렇게 할 가능성이 더 높다고 연구자들은 제안한다.

얼굴에 문 들이밀기 기법
양보를 얻어 내기 위한 전략. 먼저 상대방이 커다란 요청에 거절한 후(얼굴에 문 들이밀기), 동일한 요청자가 더 합리적인 요청을 대안으로 제시한다.

소비자가 구매 서류를 작성함으로써 이미 공개적으로 개입했다면, 그들은 더 높은 가격에 동의할 가능성이 커지는데, 이것이 저가 기법의 예이다.

일방 대 양방 주장

내(DM)가 사는 마을에서 동성애 권리 지지자들은 전략적 의문에 직면했다: 사람들이 반대 주장을 인정하고 논박하도록 해야 하는가? 아니면 절감 요소를 망각한 이후에도 오랫동안 기억할 아이디어를 주입하는 것이 역효과가 날 것인가? 다시 한번 언급하자면, 상식은 명확한 답을 제공하지 못한다. 반대 주장을 인정하는 것은 수신자를 당황하게 하고 주장을 약화시킬 수도 있다. 한편, 메시지가 반대 주장을 확인한다면, 메시지는 공평하고 무장해제인 것처럼 보일 가능성이 있다.

Werner 및 동료들(2002)은 단순한 양방향 메시지의 무장해제력을 알루미늄 캔 재활용 실험에서 보여주었다. 예를 들어 유타대학교의 쓰레기 상자에 "알루미늄 캔을 사용하지 마세요 제발!!!!! 출입문 근처 1층 복도에 있는 재활용품을 사용하세요"라고 적혀 있다. 최종 설득 메시지가 주요 반대 주장을 인정하고 반응("이것이 불편한 일일 수 있습니다. 그러나 그것은 중요합니다!!!!!!!!!")할 때 재활용률은 80%에 달했다.

모의재판에서 피고 사례는 피고측이 기소가 되기 전에 해가 되는 증거를 제출할 때 더 신빙성이 있다(Williams et al., 1993). 그래서 정치적으로 알려진 집단이나 동성애 권리에 대한 찬반을 주장하는 공동체에 대하여 언급하는 정치 후보자는 실제로 반대에 반응하는 것이 현명할 것이다. 그래서 만약 당신의 수신자가 반대 의견에 노출될 수 있다면, 양방향 주장을 제공하라. 양방향 주장은 부가적 이점이 있다: 그것이 그 전달자를 더 진실한 것으로 보이게 만들 수 있다. 세일즈맨들이 고객에게는 제품의 사소한 부정적 측면을 말하면, 그 고객은 이 세일즈맨을 더 신뢰하고 그 제품을 살 가능성이 증대되었다(Pizzutti et al., 216).

초두효과 대 최신효과

당신이 이중언어 교육에 대한 투표안에 대하여 상대편의 정치인과 토론해야 할 유명 정치인의 컨설턴트라고 상상해보자. 투표 3주 전에 각 정치인은 야간 뉴스에서 준비된 주장을 제안할 것이다. 동전 던지기를 해서 당신 편이 먼저 또는 나중에 말할 선택권을 갖는다. 당신이 사회심리학을 배웠다는 것을 알고 모든 사람들이 당신에게 조언을 구한다.

당신은 머릿속으로 당신의 옛날 책과 강의 노트를 스캔한다. 먼저가 더 나을까? 사람들의 선입견은 자신들의 해석을 통제한다. 더구나 신념이란 일단 형성되면 불신하기가 힘들고, 그래서 먼저 하는 것이 두 번째 연설에 대한 지각과 해석에 호의적으로 편향을 일으킬 것이라는 생각을 투표자들에게 줄 수 있다. 게다가 사람들은 먼저 오는 것에 더 많은 주의를 기울일 것이다. 그런데 다시 생각하면 사람들은 최근 일을 더 잘 기억한다. 실제로 최후에 하는 것이 더 효과적이지 않을까?

당신의 첫 번째 추론은 가장 흔히 말하는 **초두효과**(primacy effect)를 예측한다: 먼저 제시된 정보가 가장 설득적이다. 첫인상이 중요하다. 예컨대, 다음 두 진술 사이의 차이를 알 수 있는가?

- 존은 지적이고, 근면하고, 충동적이고, 비판적이고, 완고하고 그리고 탐욕적이다.
- 존은 탐욕적이고, 완고하고, 비판적이고, 충동적이고, 근면하고 그리고 지적이다.

Asch(1946)는 이 문장을 뉴욕대 학생들에게 제시했을 때, 지적-탐욕적 순서로 읽은 학생들이 탐욕적-지적 순서로 읽은 학생들보다 그 사람을 더 긍정적으로 평가했다. 초기의 정보는 나중 정보의 해석에 채색을 가하는 것 같고, 초두효과를 산출한다.

초두효과
다른 것이 동일하다면 맨 처음에 제시된 정보가 대개 가장 영향력이 있다.

기타 몇 가지 초두효과의 예:

- 한 호텔에 대한 TripAdvisor.com의 긍정적 비평을 부정적 비평보다 먼저 읽은 학생들은 부정적 비평을 먼저 읽은 학생들보다 그 호텔을 더 좋아하였다(Coker, 2012).
- 정치 투표와 주요 선거에서 후보자들은 투표지의 앞쪽에 위치하면 유리하다(Moore, 2004b).
- 슈퍼볼 관중들은 가장 먼저 제시된 광고의 상표를 더 잘 기억하였다(Li, 2010).
- Miller와 Campbell(1959)은 노스웨스턴대학교 학생들에게 실제 민사재판의 압축된 사본를 주었다. 그들은 원고의 증언

당신이 이 호텔에 갈 것인가? 당신의 결정은 처음에 긍정적 온라인 평가를 읽었는지 부정적 평가를 읽었는지에 달려 있을 것이다.

과 주장을 한 블록에, 피고의 것은 다른 블록에 두었다. 학생들은 양쪽을 다 읽었다. 일주일 후 학생들의 의견 표명을 회수하였을 때, 대부분은 자신들이 먼저 읽은 정보의 편을 들었다.

반대의 가능성은 없는가? 최근 정보에 대한 우리의 더 나은 기억이 **최신효과**(recency effect)를 창조할 수도 있지 않을까? 우리 모두는 경험적으로 "처음에 말한 사람은 다른 사람이 와서 교차 검증할 때까지만 옳은 것으로 보인다"는 것을 알고 있다. 우리는 우리의 경험에서(또한 기억 실험에서) 오늘의 사건은 유의미한 과거의 사건을 잠재적으로 능가할 수 있다는 것을 알고 있다. 우리가 제3장에서 언급한 것처럼, 무더위가 장기간의 지구온난화를 더욱 위협적으로 보이게 만드는 것처럼, 오늘의 눈보라는 그것을 덜 위협적인 것으로 보이게 한다.

최신효과가 가능한지를 검증하기 위하여, Miller와 Campbell은 또다른 집단의 학생들에게 한 절의 증언을 읽도록 했다. 일주일 후 두 번째 절을 읽게 하고 즉시 자신들의 의견을 말하게 하였다. 그 결과는 다른 조건과 반대였다 — 최신효과가 나타난 것이다. 명백히 첫 번째 절의 논거는 일주일 전의 오래된 것이었기 때문에 기억에서 대체로 사라져 버린 상태였다.

(1) 충분한 시간이 두 메시지 사이를 갈라놓을 때, (2) 수신자가 두 번째 메시지 직후에 말할 때, 망각은 최신효과를 창출한다. 두 메시지가 연속할 때는 의견 제시를 나중에 하는 등, 시간 간격이 있더라도 초두효과는 대개 발생한다(그림 7.3). 이것은 특히 첫 메시지가 사고를 자극할

최신효과
최후에 제시된 정보가 때로 가장 영향력이 있다. 최신효과는 초두효과보다 덜 일반적이다.

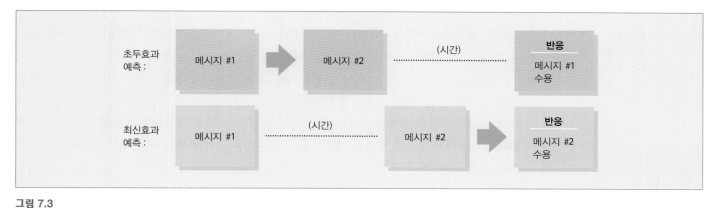

그림 7.3
초두효과 대 최신효과
두 설득 메시지가 연속해 있고 청중이 시간적 지체 이후에 반응한다면, 최초 메시지가 이점을 갖는다(초두효과). 두 메시지가 시간상 분리되어 있고 청중이 두 번째 메시지 직후에 곧 반응한다면, 두 번째 메시지가 이점을 갖는다(최신효과).

2016년 미국 공화당 전당대회는 민주당 전당대회 직후에 개최되었고, 그 후 선거 전까지 3개월의 기간이 있었다. 초두효과와 최신효과에 관한 실험이 적용된다면, 어느 당이 이 타이밍에서 가장 이득을 보았을까?

© mark reinstein/Shutterstock

때 그러하다(Haugtvedt & Wegener, 1994). 이제 당신은 정치 토론자에게 어떤 조언을 할 것인가?

Carney와 Banaji(2008)는 순서가 또한 단순한 선호에 영향을 줄 수 있다는 것을 발견해냈다. 두 사람, 말, 음식 또는 어떤 것이더라도 마주치게 되면 사람들은 먼저 제시된 선택지를 선호하는 경향이 있다. 예컨대, 비슷하게 생긴 2개의 풍선껌을 클립보드 차례대로 놓아두고 고르게 하면, 62%가 먼저 제시된 껌을 선택하였다. 네 가지 실험에 걸쳐, 발견 사실은 동일했다: "처음이 최선이다."

이 절 도입부의 질문에 대한 답으로 설득을 위한 최선의 조언은 다음과 같다:

- 수신자와 메시지에 따라 이성이나 정서(감성)를 사용하라.
- 큰 부탁 전에 작은 부탁을 하라.
- 당신의 메시지에 반대되는 주장을 담은 양방향 메시지를 제공하라.
- 최선의 결과를 위해서는 가장 먼저 또는 맨 나중에 하라.

어떻게 언급되는가? 커뮤니케이션 채널

커뮤니케이션 채널
면대면, 서면, 필름 등의 방식으로 메시지가 전달되는 방식

설득을 위해서는 커뮤니케이션이 있어야 한다. 커뮤니케이션을 위해서는 **채널**(channel of communication)이 있어야 한다: 면대면 주장, 서면 또는 기록, 미디어 광고.

상식적 심리학은 쓰여진 단어의 힘에 신뢰를 둔다. 우리가 어떻게 캠퍼스 사건에 사람들이 주목하도록 할 수 있을까? 우리는 통지문을 붙인다. 우리가 어떻게 운전자들이 천천히 달리고 도로를 주시하도록 할 수 있을까? 우리는 '안전 운전' 메시지를 광고판에 붙인다. 우리가 어떻게 캠퍼스에 쓰레기 투기를 못하게 할 수 있을까? 우리는 쓰레기 투기 금지 메시지를 캠퍼스 게시판에 붙인다.

능동적 경험이냐 수동적 수용이냐?

언급된 호소가 더욱 설득적일까? 항상 그런 것은 아니다. 교사나 설득자처럼 공개적으로 말하는 사람들은 흔히 우리의 언급된 말에 혹하여 자신의 힘을 과대평가한다. 대학생 시절의 어떤 경험

이 가장 가치 있었고, 1학년부터 기억하는 것이 무엇인가를 학생들에게 물어보라. 그러면, 슬픈 얘기지만 우리 대학 교수들이 제공했다고 기억하는 명강의를 학생들은 거의 회상하지 못한다.

서면과 시각적 호소 모두 수동적이고, 그래서 극복해야 할 유사한 장벽을 지닌다. 많은 것들은 상대적으로 비효과적이다. 예를 들어 1,000개의 온라인 광고 중 하나만이 링크에 클릭하는 결과를 가져온다. 그럼에도 그 광고는 정말 효과가 있다: 한 웹사이트가 광고되면 트래픽은 그 주에 65% 이상 증가했다(Fulgoni & Morn, 2009).

그런 힘으로 미디어는 부유한 후보 정치가가 선거를 살 수 있도록 만들 수 있을까? 미국에서 돈이 더 많은 후보가 그 당시 선거에서 91% 이겼다. 의원 선거에서 승리한 후보는 상대보다 2대 1의 비율, 즉 230만 달러 대 110만 달러의 비율로 과다 지출하였다. 광고 노출은 친숙하지 않은 후보를 친숙한 후보로 만들어준다. 비친숙한 자극에 대한 단순 노출도 호감을 낳는다. 게다가 단순 반복은 사물을 신뢰롭게 만들 수 있다(Dechêne et al., 2010 Moons et al., 2009).

연구자 Arkes(1990)는 그런 발견 사실을 '두려움(scary)'이라고 부른다. 정치 조작자들이 알고 있듯이 믿을 만한 거짓말이 확고한 진실을 대체할 수 있다. 반복적인 상투어가 복잡한 진실을 덮어버릴 수 있다. 정치 영역에서는 심지어 올바른 정보도 주입된 틀린 정보를 절감시키지 못할 수도 있다(Bullock, 2006; Nyhan Reifler, 2008). 2016년 미 대선 기간 동안 트럼프는 반복적으로 폭력 범죄가 증가하고 있다고 주장하였고, 미디어들은 2008년 이래 범죄가 실제로 눈에 띄게 감소하고 있다는 FBI 통계를 가지고 그 주장을 일관되게 반박하였다. 그럼에도 트럼프 지지자들의 78%는 범죄가 증가하고 있다고 계속해서 믿었다(Gramlich, 2016). 이런 정치적으로 편향된 정보처리는 초당파적이라고 Ditto와 동료들(2018)은 말한다. 그들은 "진보와 보수 양자 모두에서 당파적 편향에 대한 명백한 증거, 그것도 사실상 동일 수준의 것을" 찾아냈다. 증거가 우리의 견해를 지지하면, 그것은 강력하다고 생각한다. 동일한 증거가 우리의 견해와 반대되면, 우리는 그것을 비난한다.

전체적으로 미리 제공된 정보의 취소는 거의 효과가 없다 — 사람들은 원래의 이야기를 기억하는 경향이 있지 취소하지 않는다(Eckert et al., 2011; Lewandowsky et al., 2012). '해리가 샐리를 만났을 때'라는 한 로맨스 코미디에서 샐리를 기분 나쁘게 한 말을 취소하겠다고 해리가 말한다. 샐리는 "너는 그것을 취소할 수 없어. 이미 엎질러진 물이야"라고 말한다. 법정의 변호사들도 이미 제공된 정보의 취소는 효과가 없다는 것을 알고 있는데, 취소할 수 있는 무언가를 말할 수는 있지만 판사들이 어쨌든 그것을 기억할 것이라는 점이 부담이다. 당신이 거짓을 논박하려 한다면, 단순한 대안적 이야기를 제공하고 그리고 그것을 몇 번이든 반복해야 한다고 연구자들은 제안한다(Ecker et al., 2011; Schwartz et al., 2007).

단순 반복 진술은 또한 신빙성을 증가시키는 유창성(소리내어 말하기 쉬움)을 증가시키는 데 기여한다(McGlone & Tofighbakhsh, 2000). 운율과 같은 기타 요인도 유창성과 신빙성을 더 증가시킨다. "급할수록 돌아가라(Haste makes waste)"는 표현은 "서두르면 실수한다(Rushing causes mistakes)"는 것과 본질적으로 동일한 말이지만, 전자가 더욱 진실해 보인다. 유창성(친숙성, 운율 맞음)을 높이는 어느 것이라도 또한 신뢰성도 높인다.

수동적으로 수용된 주장은 경우에 따라 효과가 있을 수도 없을 수도 있기 때문에, 설득적 주장이 성공적일 수 있는 주제를 미리 특정할 수 있을까? 단순한 규칙은 있다: 쟁점의 중요성과 친숙성이 증가할수록 설득력은 감소한다. 어느 상품의 아스피린을 살 것인지와 같은 사소한 쟁점에 관해서 미디어의 힘을 보여주는 것은 쉽다. 장기간의 논란이 있는 전쟁과 같이 더욱 친숙하고 중요한 쟁점에 관해서 사람들을 설득시키는 것은 피아노를 비탈길에 밀어올리려는 것과 같다. 그것이 불가능하지는 않지만, 한 번의 시도로는 가능하지 않다.

능동적인 경험은 또한 태도를 강화한다. 우리가 행동할 때, 특히 우리가 책임이 있다고 느낄 때 우리가 무언가를 한 후에 그 생각을 확대시킨다. 게다가 태도가 우리의 경험에 뿌리를 두고 있을 때 더욱 흔히 지속되고 우리의 행동에 영향을 준다. 수동적으로 형성된 태도에 비하여, 경험에 기반을 둔 태도는 더 확신이 있고, 더 안정적이며, 그리고 공격에 덜 취약하다. 이것이 그렇게 많은 회사들이 현재 소비자-생성 광고, 입소문 비디오, 페이스북 페이지, 트위터 리트윗 및 온라인 게임을 통하여 광고하려는 이유인데, 브랜드와 제품에 대하여 상호적인 경험을 지닌 소비자들이 광고를 단지 보거나 들은 사람들보다 더 호소력이 높기 때문이다(Huang et al., 2013). 다른 사람과 입소문 비디오를 공유하는 사람은 동일한 비디오를 TV 광고로 본 사람보다 그 경험을 더 길게 기억할 것이다. 상호작용 웹사이트 또한 더 효과적인 것처럼 보인다. 한 연구에서 네덜란드 학생들이 HappyBev라는 가짜 회사의 두 웹사이트 중 하나를 보았다: 하나는 회사의 메시지만 단순히 제시한 것이었고 다른 하나는 그 메시지에 댓글을 달고 그 댓글을 제시하는 것이었다. 댓글을 쓸 수 있는 사이트의 상호작용을 경험한 사람들이 그 회사를 더 신뢰롭게 간주하며 그 회사와 더욱 동일시하였다(Eberle et al., 2013).

사적 영향 대 미디어 영향

설득 연구는 우리에 대한 주요 영향이 미디어가 아니라 사람들과의 접촉이라는 것을 보여준다. 현대 판매 전략은 '바이러스성 마케팅', '흥분을 창조하기', 그리고 '파종식' 영업을 통하여 입에서 입으로의 개인적 영향력을 활용하려고 한다(Walker, 2004). 해리 포터 시리즈는 베스트 셀러가 될 것이라 예측되지 않았다(이 시리즈의 1편은 처음에 500부 인쇄되었다). 그것을 그렇게 만든 것은 바로 다른 아이들에게 말한 아이들이었다.

2010년 중간 선거 기간에 페이스북에서 투표하는 친구의 사진을 본 사람들은 더 많이 투표하였다(Bond et al., 2012). 2012년 선거에서, 문을 두드리고 유권자에게 전화하여 투표를 독려한 선거운동은 치열한 경합지역에서 7~8%까지 투표율을 끌어올렸다(Enos & Fowler, 2016). 케냐에서는 정수 처리되지 않은 수돗물이 특히 어린이들의 질병과 사망을 초래하고 있다. 그럼에도 한 비영리 기관이 각 공동체에 한 사람씩 배치하여 공동 염소 탱크를 채워 정수 처리하는 것을 모든 사람들에게 가르치기 전까지는 그 물을 정수 처리하는 가정이 거의 없었다(Coster, 2014). 사적인 접촉은 설득력이 있다.

한 현장 실험에서 연구자들은 3개의 작은 캘리포니아 마을에서 중년의 심장병 빈도를 낮추려고 하였다. 사적인 영향과 미디어 영향의 상대적 효과성을 점검하기 위하여 그 프로젝트가 시작되기 전에 그리고 다음 3년간 매해 끝 무렵에 1,200명의 참가자들을 인터뷰하고 의학적으로 검사하였다. 캘리포니아 트레이시 주민들은 미디어의 정규적 호소 이상의 설득은 받지 못했다. 캘리포니아 길로리에서는 2년의 멀티미디어 캠페인은 TV, 라디오 및 신문을 활용하였고, 심장병 위험과 그 위험을 감소시키기 위해서 해야 할 일에 대하여 사람들에게 알려주기 위해 직접 편지를 보냈다. 캘리포니아 왓슨빌에서는 이 미디어 캠페인을 혈압, 몸무게, 나이가 고위험군인 3분의 2의 참가자에게 개인적으로 접촉하는 것으로 대체하였다. 행동-수정 원리를 사용하여, 연구자들은 왓슨빌 참가자들이 구체적인 목표를 세우도록 도와주어 자신들의 성공을 강화하였다(Farquhar et al., 1977; Maccoby, 1980; Maccoby & Alexander, 1980).

그림 7.4가 보여주듯이 1년, 2년 및 3년 후에 트레이시의 고위험군(통제 도시)은 대략 그 이전과 비슷한 정도였다. 미디어 호소만 많이 받은 길로리의 고위험군은 자신들의 건강습관을 개선하고 그 위험도를 약간 낮추었다. 미디어 캠페인뿐만 아니라 사적 접촉도 받은 왓슨빌 사람들이 가장 많이 변했다.

미디어 영향 : 2단계 흐름 비록 면대면의 영향력이 대개 미디어 영향력보다 더 클지라도, 우리는 미디어의 힘을 과소평가해서는 안 된다. 우리의 의견에 사적으로 영향을 주는 사람들은 일부 출처에서 의견을 뽑아내야 하고, 흔히 그 출처는 미디어이다. Katz(1957)는 미디어 효과 중 많은 것들이 **2단계 커뮤니케이션 흐름**(two-step flow of communication)으로 작동한다는 것을 관찰하였

사적 접촉은 투표율을 증대시킬 수 있다.

다: 미디어에서 여론 지도자로, 여론 지도자에서 일반인으로. 어떠한 대집단에서도 상인과 정치인들이 구애하고자 하는 사람은 바로 이러한 여론 지도자와 유행 주도자(유력자)이다(Keller & Berry, 2003). 여론 지도자는 전문가로 지각되는 개인들이다. 그들은 토크쇼 호스트와 편집 칼럼니스트를 포함할 수 있을 것이다. 의사, 교사 및 과학자와 같이 정보를 흡수하여 그들의 친구와 가족들에게 알려주는 것을 직업으로 하는 사람들도 마찬가지이다. 내(DM)가 컴퓨터 장비를 평가하고 싶어 한다면, 나는 내 아들들의 의견을 따르는데, 그 아이들은 온라인으로 읽은 정보에서

2단계 커뮤니케이션 흐름
미디어 영향은 흔히 여론 지도자를 통하여 발생하고, 여론 지도자들은 차례로 다른 사람들에게 영향을 주는 과정

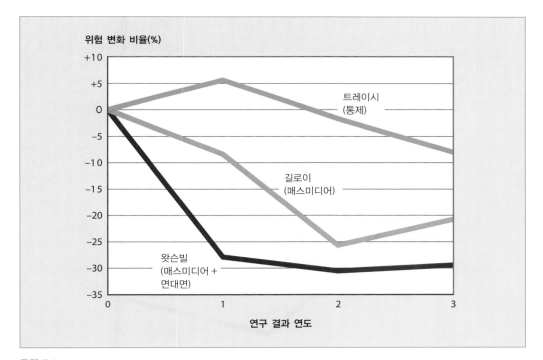

그림 7.4
건강 교육 1년, 2년, 3년 이후 관상동맥 위험도의 기저선으로부터의 변화 비율
출처 : Data from Maccoby, 1980.

많은 아이디어를 얻는다. 그들을 설득시켜라. 그러면 당신은 나를 설득시키게 될 것이다.

정보의 2단계 흐름은 당신의 의사가 처방하는 약에도 영향을 준다고 스탠퍼드경영대학 연구 팀은 보고한다(Nair et al., 2008). 의사들은 어떤 약을 쓸지를 결정할 때 그들의 사회망 속의 여론 지도자들(흔히 대학병원의 전문가들)에 의존한다. 10명 중 9명 이상의 의사들에게 이 영향은 사적 접촉을 통하여 이루어진다. 대규모 제약회사들은 여론 지도자들이 판매를 몰아준다는 것을 알고, 그래서 그들은 판매 금액의 대략 3분의 1을 이 영향력 있는 사람들을 표적으로 삼는다.

2단계 흐름 모델은 미디어 영향이 미묘한 방식으로 문화에 침투한다는 것을 우리에게 상기시켜준다. 미디어가 사람들의 태도에 직접적인 영향은 거의 주지 않을지라도, 여전히 주요한 간접 효과를 지닐 수 있다. TV를 보지 않고 자란 극소수의 아이들도 TV의 영향을 도외시하고 자라지는 않는다. 그들이 은둔자처럼 살지 않는다면, 학교에서 TV 흉내 놀이에 참가할 것이다. 그들은 자신의 부모들에게 친구들이 갖고 있는 TV 관련 장난감을 사달라고 조를 것이다. 그들은 친구가 좋아하는 프로그램을 보게 해달라고 간청하거나 요구할 것이고, 친구 집을 방문할 때 그렇게 할 것이다. 부모들은 단지 "안 돼"라고 말할 수 있을 뿐이지, TV의 영향을 막을 수 없을 것이다.

미디어 비교 대량 메일에서 TV, SNS 작업까지 모든 미디어를 일률적으로 취급하는 것은 지나친 단순화이다. 상이한 미디어를 비교하는 연구는 미디어가 실물 같을수록 그 메시지가 더 설득력이 있다는 것은 찾아냈다. 그래서 설득력의 순서는 이렇게 되는 것처럼 보인다: 살아있음(면대면), 비디오 유형, 오디오 유형 및 서면. 당신과 의견이 불일치하는 어떤 사람을 설득하고 싶다면, 그들에게 편지를 쓰는 것보다 말로 하는 것이 낫다. 당신의 목소리가 당신을 인간적으로 만든다(Schroeder et al., 2018).

그렇지만, 메시지는 글로 쓰여진 것일 때 가장 잘 이해되고 회상된다. 이해는 설득 과정의 첫 단계 중의 하나이다(그림 7.2 참조). 그래서 Chaiken과 Eagly(1976)는 만일 메시지가 이해하기 힘들다면 독자들은 자신에게 맞는 속도로 메시지를 처리할 수 있을 것이기 때문에 메시지가 글로 쓰여졌을 때 설득이 최대가 되어야 한다고 추리했다. 연구자들은 메사추세츠대학교 학생들에게 쉽거나 어려운 메시지를 문자로, 오디오로, 또는 비디오로 제공하였다. 그림 7.5가 그 결과를 보여준다: 어려운 메시지는 문자일 때 가장 효과적이고, 쉬운 메시지는 비디오일 때 그러했다. TV

그림 7.5
이해하기 쉬운 메시지는 비디오테이프를 활용하는 것이, 어려운 메시지는 서면으로 제시하는 것이 가장 설득적이다. 그래서 메시지의 난이도는 설득력을 결정할 미디어와 상호작용한다.

출처 : Chaiken & Eagly, 1976.

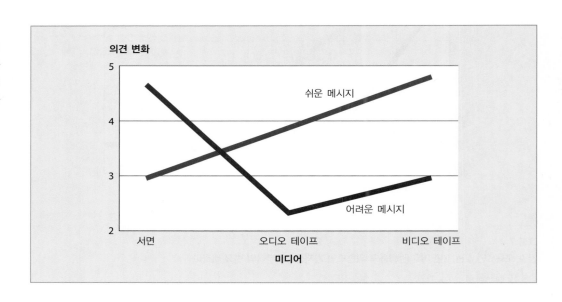

매체는 수용자로부터 떨어지도록 메시지의 보조 맞추기 통제를 한다. 전달자에 주목하고 메시지 자체에서는 벗어남으로써 TV는 또한 전달자의 매력과 같은 주변 단서에 사람들이 초점을 맞추도록 부추긴다(Chaiken & Eagly, 1983).

아이들에 대한 성인들의 영향　커뮤니케이션은 성인들로부터 아이들에게 흘러간다. 비록 대부분의 부모와 교사들이 우리들에게 말할 때는 아이들을 귀 기울이도록 만드는 것이 항상 쉽지는 않다고는 하지만. 당신의 부모들은 어떤 음식이 몸에 좋고 그렇지 않을지를 당신들에게 가르쳤을 것이다. 그러나 그 호소가 얼마나 효과적이었을까? 한 실험에서 아이들은 과자를 먹은 여아에 대한 세 가지 형태의 이야기 중 하나를 읽었다 — 하나는 '튼튼하고 건강에 좋다고 느끼는' 것이었고, 또 하나는 "그 과자가 맛있다"고 생각하고 "그녀는 행복했다"는 것이었고, 세 번째는 추가적 진술이 없었다. 그 후 아이들이 그 과자들 중 어떤 것을 먹을 기회를 가졌다. 누가 가장 많이 먹었을까? 놀랍게도 여아가 과자를 먹었다는 것을 읽은 아이들이었고, 다른 경우는 없었다. 과자가 맛있다고 들은 아이들은 더 적게 먹었고, 과자가 건강에 좋다고 들은 아이들은 그 절반 이하로 먹었다. 당근에 대한 메시지를 읽은 아이들도 마찬가지였다(Maimaran & Fishbach, 2014). 교훈: 아이에게 건강한 음식을 먹게 하고 싶으면, 단지 그것을 주기만 하고, 그밖에 어떤 것도 말하지 말라. 무언가 말하고 싶으면 맛있다거나 건강에 나쁘다고 하라.

누구에게 언급되는가? 수신자

설득은 누구와⋯ 무엇을⋯ 무슨 미디어로⋯ 누구에게 하는가에 따라 다르다. 수신자의 특징 두 가지를 고려해보자: 나이와 사려 깊음.

그들의 나이는?

2016년 미 대통령 선거운동 동안에 명백했듯이 — 노년 유권자의 결정적 지지를 받은 트럼프와 젊은 유권자의 지지를 받은 샌더스 — 사람들의 사회적 · 정치적 태도는 나이와 상관이 있다. 사회심리학자들은 나이 차에 대한 두 가지 가능한 설명을 제시한다.

- 인생 주기 설명 : 사람들은 나이가 들어감에 따라 태도가 변한다(예 : 더 보수적이 된다).
- 세대적 설명 : 태도가 변한 것이 아니다. 더 나이가 든 사람들도 대체로 자신들이 젊었을 때 수용한 태도를 유지한다. 이 태도는 오늘날의 젊은이들이 수용한 태도와 다르기 때문에, 세대 차가 나타난 것이다(그림 7.6은 대규모 세대 차 중 한 예이다).

증거는 대체로 세대적 설명을 지지한다. 몇 년에 걸쳐 젊은층과 노년층에 대한 조사와 재조사에서 노년층의 태도는 대개 젊은층보다 덜 변화함을 보여준다. Sears(1979, 1986)가 주장하듯이, 연구자들은 "거의 항상 인생 주기 효과보다는 세대적 효과를 발견해냈다."

10대와 20대 초반은 중요한 발달적 시기이다(Koenig et al., 2008; Kronsnick & Alwin, 1989). 그때는 태도의 변화가 가능하고, 형성된 태도는 중년을 거치면서 안정화되는 경향이 있다. 12만 명 이상의 갤럽 인터뷰는 18세에 형성된 정치적인 태도(인기 있던 레이건 시대에는 상대적으로 공화당 선호, 인기 없던 G. W. 부시 시대에는 민주당 선호)는 지속되는 경향이 있다는 것을 시사한다(Silver, 2009). 청년기는 또한 사이비 종교(설득의 몇몇 다른 요소들에 의해 영향을 받는 실체)에 더 예민해지는 시기이다('초점 문제 : 사이비 종교와 설득' 참조).

그림 7.6

2016년 미국의 동성 간 결혼에 대한 태도의 세대차(갤럽의 보고). 태도의 세대차에 대한 '인생 주기' 설명에 따르면 사람들은 나이가 들어감에 따라 더 보수적이 된다고 한다. '세대적 설명'에 따르면 각 세대는 청소년기와 청년기에 형성된 태도를 유지하는 경향이 있다고 한다.

출처 : Adapted from http://www.gallup.com/poll/169640/sex-marriage-support-reaches-newhigh.aspx.

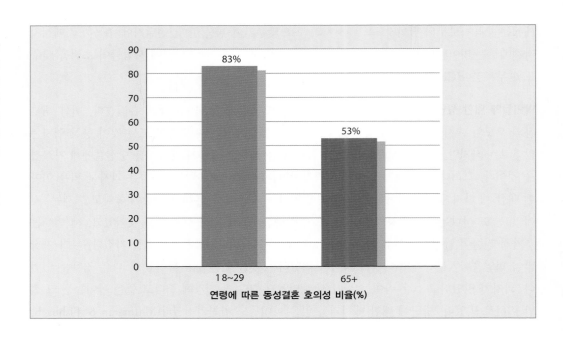

연령에 따른 동성결혼 호의성 비율(%)

따라서 젊은 사람들은 자신들의 사회적 영향(그들이 가입한 집단, 그들이 흡수할 미디어, 그들이 채택할 역할)을 조심스럽게 선택하라는 충고를 받을 수도 있다. 예컨대, 국가 여론 연구 센터의 기록물을 분석하여 Davis(2004)는 1960년대에 16세에 달한 미국인들은 평균보다 정치적으로 더욱 진보적이었고 그 후 줄곧 그랬다는 것을 발견해냈다. 몇 년 뒤에 나이테가 가뭄에 의해 만들어진 증거 표시를 나타내듯이, 10년 뒤의 태도는 청소년과 20대 초반의 마음을 형성한 1960년대의 베트남 전쟁과 시민권 시대와 같은 사건을 나타낼 수 있다. 많은 사람들에게 이때가 태도와 가치 형성의 결정적 시기이다.

청소년과 초기 성인기 경험은 부분적으로 그것이 심층적인 지속적인 인상을 만들기 때문에 형성된다. Schman과 Scott(1989)이 사람들에게 이전 반세기 동안 있었던 가장 중요한 국가적 또는 세계적 사건 한두 개를 말해 달라고 요청했을 때, 대부분은 자신들의 10대나 20대 초반의 사건을 회상해 냈다. 정치적인 견해는 또한 이 시기쯤에 형성된다: 투표 형태에 대한 한 광범위한 분석에서 어떤 유권자가 18세였을 때 미국 대통령의 인기가 일생 공화당에 투표할지 민주당에 투표할지에 영향을 준다는 것을 밝혀냈다(Ghitza & Gelman, 2014).

이것은 노인들이 완고하다고 말하는 것은 아니다. 1930년대에 태어난 사람들(흔히 보수적 색채를 지닌 침묵의 세대로 알려져 있는데)은 40대에서 70대로 나이가 들어감에 따라 혼전 성행위나 일하는 엄마들과 같은 현대의 문화적 아이디어를 인정하는 경향이 증대되었다(Donnelly et al., 2015; Twenge et al., 2015). 이 중년의 사람들은 분명히 시대에 따라 변화되었다. 우리들 중 그 누구도 문화적 규범의 변화에 철저히 영향받지 않은 상태가 되기는 힘들다.

그들은 무엇을 생각하는가?

중앙경로 설득의 핵심 측면은 메시지가 아니라 그것이 사람들의 마음속에 유발하는 반응이다. 우리의 마음은 무엇이든지 흡수하는 스폰지가 아니다. 메시지가 호의적인 생각을 일깨우면, 그것이 우리를 설득한다. 만약 그것이 반대 논거를 생각나게 하면, 우리는 설득되지 않은 채로 있게 된다.

초점문제

사이비 종교와 설득

1997년 3월 22일 캘리포니아에서 Marshall Herff Applewhite와 37명의 제자들은 자신의 신체(단순히 '보관 용기')를 이탈하여 헤일 밥 혜성을 끄는 UFO를 타고 천국으로 갈 때가 왔다는 결정을 했다. 그래서 그들은 페노바비탈(수면제)을 푸딩이나 사과 조각에 섞어 넣고 보드카로 씻어낸 다음, 그들 머리 위의 플라스틱 가방을 고정시킴으로써 스스로를 잠들게 했고, 그렇게 되면 수면 중에 질식사하게 될 것이었다. 그 이전 수년 동안 다른 사이비 종교(cults)들이 신도를 모았고 흔히 파멸적 결말을 맞았는데, 1993년 불타버렸던 데이비드 코레쉬의 웨이코 사태와 1978년 청산가리가 든 쿨-에이드로 자살한 짐 존스의 인민사원 신도들의 사건이 여기에 포함된다.

무엇이 이전의 신념을 버리고 사이비 종교에 가입하게 하였을까? 많은 사람들이 사이비 종교의 신도들이 속기 쉽고 불안정한 사람들로 추측할지 모르지만, 사회심리학적 설득 원리는 다른 관점을 제공한다—정치가나 광고업자들이 하는 것과 동일한 전략이 사람들을 사이비 종교인으로 모집하는 데도 대단히 효과적이었음 시사한다. 다음 사항을 고려해보자:

- 통일교 모집자들은 사람들을 저녁 식사에 초대하고, 나중에는 따뜻한 동료애와 인생 철학 토론의 주말에 초대할 것이다. 주말 대접에서 그들은 참석자들에게 노래, 활동 및 토론에 동참해 달라고 권유할 것이다. 그때 잠정적 개종자들은 더 긴 수련 과정에 참여하도록 유도될 것이다. 사이비 종교의 패턴은 활동이 점차적으로 더욱 열성적이 되어 모집자들이 헌금을 간청하고 다른 사람을 개종시키려고 시도하는 방향으로 나아가게 된다. 환언하면, 그들은 문간에 발 들여놓기 기법을 사용하였다.

- 성공적인 사이비 종교는 전형적으로 카리스마적 리더, 즉 구성원들을 매혹시키고 지시하는 사람을 지닌다. 설득 실험에서처럼 신빙성 있는 전달자는 수신자들이 전문적이고 진실한 것으로 지각하는 사람이다. 예컨대, '아버지' 문선명처럼. 짐 존스는 그의 신뢰를 구축하기 위하여 '정신적 읽기(psychic readings)'를 사용하였다. 신참자들은 예배 전에 그 교회에 들어왔을 때 스스로 정체성을 밝히도록 요청받는다. 그러고 나서 그의 조력자 한 사람이 즉시 그 사람의 집에 전화해서 "안녕하세요. 우리는 설문조사 중인데, 당신에게 몇 가지 질문을 하고 싶습니다"라고 말한다. 예배 중에 존스는 그 사람의 이름을 부르며 다음과 같이 말하곤 했다고 전직 구성원은 말했다:

  당신은 나를 이전에 본 적이 있습니까? 글쎄요, 당신은 그렇고 그런 장소에 살고, 당신의 전화번호는 그렇고 그런 것이고, 그리고 당신의 거실에서 당신은 이런 저런 것을 가지고 있고, 소파 위에서 당신은 그렇고 그런 베개를 베고 있고… 이제 당신의 집에 있었던 저를 기억하십니까?(Conway & Siegelman, 1979, p. 234)

- 수신자도 중요하다. 잠재적 개종자들은 흔히 자신들의 삶의 전환점에 있거나 개인적 위기를 맞고 있거나 휴가 중이거나 가정에서 멀리 떨어져 있다. 그들은 도움이 필요하다. 사이비 종교는 그들에게 답을 준다(Lofland & Stark, 1965; Singer, 1979). 메이더는 그녀의 티셔츠 가게가 실패한 후에 천국의 문에 가입했다. 무어는 학교를 막 나와 방향을 모색 중인 19세 때 가입했다. 사회 경제적 격변의 시대에는 특히 혼란스럽지 않은 외관상 단순한 의미를 전하는 사람에게 특히 끌리게 된다(O'Dea, 1968; Sales, 1972).

중동에서(그리고 발리, 마드리드 및 런던과 같은 다른 장소에서) 자살폭탄을 나르는 대부분의 사람들은 마찬가지로 청소년기와 성인 성숙기 사이의 이행기에 있는 젊은이들이다. 사이비 종교의 신참자들처럼 그들도 권위적이고 종교지향적인 전달자의 영향력 아래에 놓이게 된다. 이 강력한 목소리는 그들을 세뇌시켜 자기파괴의 순간이 축복과 영웅적 행위가 되는 '살아있는 순교자'로 자신들을 간주하게 해준다. 살려는 의지를 극복하기 위하여 각 후보자는 되돌릴 수 없는 심리적 포인트를 만들어주는 공개적 개입(유언장 작성, 작별 편지 쓰기, 작별 비디오 만들기)을 한다(Kruglanski & Golec de Zavala, 2005). 이런 모든 일은 전형적으로 적개심을 불어넣는 집단 영향으로 비교적 고립된 작은 방에서 일어난다.

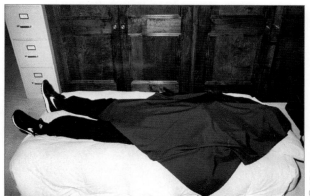

천국의 문을 추구한 37명의 자살 희생자들 중 하나

사전경고는 사전무장—만약 당신이 충분히 논박할 수 있다면　어떤 환경이 반대 논거를 만들어낼까? 하나는 누군가 당신을 설득하려고 한다는 것을 아는 것이다. 만약 당신의 가족에게 학교를 그만두고 싶다고 말해야 한다면, 당신은 아마도 그렇게 하지 말라는 가족의 간청을 예상할 수 있을 것이다. 그래서 당신은 상상해낼 수 있는 모든 반박 논거의 목록을 작성하게 될 것이다—

그리고 가족에게 설득될 가능성은 더 낮아질 것이다(Freedman & Sears, 1965). 또한 법정에서 피고측 변호사는 때때로 제시될 검찰측 증거에 대하여 배심원들에게 사전 경고한다. 모의배심원 연구에서 그런 '번개 훔치기(증거에 대한 사전 경고)'는 영향을 중립화시킨다(Dolnik et al., 2003).

주의분산은 반박을 무장해제시킨다 설득은 또한 반박을 억제하는 주의분산으로 촉진된다(Festinger & Maccoby, 1964; Keating & Brock, 1974; Osterhouse & Brock, 1970). 비디오를 보면서 메시지를 읽은(그래서 '다중 작업 중인') 참가자들은 논박할 가능성이 낮아진다(Jeong & Hwang, 2012). 정치 광고는 흔히 이 기법을 쓴다. 단어는 후보를 홍보하고, 영상이 우리를 사로잡기 때문에 우리는 그 단어를 분석하지 못한다. 주의분산은 그 메시지가 단순할 때 특히 효과적이다(Harkins & Petty, 1982; Regan & Cheng, 1973). 그리고 때로 주의분산이 광고에 대한 우리의 정보처리를 배제하기도 한다. 이것은 왜 폭력이나 선정적 TV 프로그램 중에 본 광고가 그렇게 자주 기억되지도 않고 효과가 없는지의 이유를 설명해준다(Bushman, 2005, 2007).

관여되지 않는 청중은 주변단서를 사용한다 두 가지 설득의 경로를 회상해보자—체계적 사고의 중앙경로와 휴리스틱 단서의 주변경로. 작은 마을을 구불구불 지나가는 길과 같이 중앙경로는 논거를 분석하고 반응을 공식화하기 위하여 가다가 멈추다가 한다. 그 도시를 관통하는 고속도로와 같이 주변경로는 사람들을 종착지에 고속으로 데려간다. 분석적인 사람들, 즉 높은 **인지욕구**(need for cognition)를 지닌 사람들은 신중하게 생각하기를 즐기고 중앙경로를 선호한다(Cacioppo et al., 1996). 자신들의 심리적 자원을 보존하고 싶은 사람들(인지욕구가 낮은 사람들)은 전달자의 매력과 상황의 유쾌성과 같은 주변단서에 재빨리 반응한다. 한 연구에서 학생들에게 봄소풍 계획을 세우고 장소를 상상하게 하였다. 그러고 나서 그 학생들은 5개의 가장 방문 빈도가 높은 미국 도시(LA, 뉴욕, 샌프란시스코, 올랜도 및 마이애미)의 여행 웹사이트를 보았다. 특정 장소에 가장 흥미를 보인 학생들은 웹사이트에 제공된 정보(중앙경로)에 집중함으로써 더욱 설득되었고, 흥미가 적었던 학생들은 웹사이트의 디자인(주변경로)에 집중하였다(Tang et al., 2012).

이 단순한 이론(특히 메시지에 대하여 생각하려는 마음이 있고 생각할 능력이 있다면, 그 메시지에 대한 반응으로 우리가 생각하는 것이 핵심이라는 것)은 많은 예측을 낳았고, 그 대부분은 Petty, Cacioppo 및 동료들에 의하여 확증되었다(Axsom et al., 1987; Haddock et al., 2008; Harkins & Petty, 1987). 많은 실험이 다음과 같이 사람들의 사고를 자극하는 방식을 탐구했다.

- 수사적 질문을 사용함으로써
- 다양한 발언자를 제시함으로써(예 : 한 사람이 세 가지 주장을 하는 것이 아니라 세 사람의 발언자가 각각 하나의 주장만 말함)
- 사람들이 그 메시를 평가하거나 퍼뜨리는 데 **책임을 느끼도록** 만듦으로써
- 메시지를 반복함으로써
- 사람들을 주의분산시키지 않음으로써

각 기법의 일관된 발견 사실: 사고를 자극하는 것은 강한 메시지는 더 설득적으로 만들고(반박 때문에) 약한 메시지는 덜 설득적으로 만든다.

인지욕구

사고하고 분석하려는 동기. "추상적으로 생각한다는 개념은 나에게 매력적이다"라는 항목에는 동의로, "나는 단지 내가 해야 하는 만큼만 열심히 생각한다"와 같은 항목에는 부동의로 평가

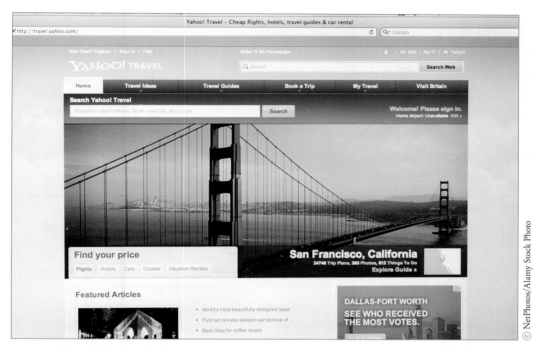

당신은 이 웹사이트의 정보에 더 주의를 기울일까, 아니면 디자인에 주의를 기울일까? 당신의 답은 샌프란시스코 방문에 얼마나 흥미를 느끼는가에 달려 있을 것이다.

이 이론은 또한 실용적인 함축을 지닌다. 효과적 전달자는 이미지와 메시지에 대해서뿐만 아니라 수신자가 어떻게 반응할 것 같은지에 대해서도 유의해야 한다. 최선의 교사는 학생들이 능동적으로 생각하게 하는 사람이다. 그들은 수사적 질문을 하고, 흥미로운 예를 제공하고, 그리고 어려운 질문으로 학생들을 도전적으로 만든다. 그런 기법은 설득의 중앙경로를 강화시킨다. 수업이 덜 몰입적인 강의실에서는 당신이 자신의 중앙경로 처리를 제공할 수 있을 것이다. 당신이 그 주제에 대하여 생각하고 그 논거를 정교화한다면, 그 과목에서 더 나은 점수를 얻을 것이다.

요약 : 설득의 요소는 무엇인가?

- 설득을 효과적으로 만드는 것은 무엇인가? 연구자들은 네 가지 요인을 탐구했다: 전달자(그것을 말하는 사람), 메시지(언급되는 것), 채널(언급되는 방식) 및 수신자(말하는 대상).
- 신뢰로운 전달자가 더 설득적인 경향이 있다. 망설이지 않고 말하는, 빨리 말하는 사람이 더 신뢰를 준다. 자신의 이해관계에 반하는 주장을 하는 사람도 마찬가지이다. 매력적인 전달자는 기호나 사적 가치의 문제에 특히 효과적이다.
- 메시지를 좋은 감정과 연합시키는 것은 더욱 설득력이 있게 만든다. 사람들은 흔히 기분이 좋을 때 더 빨리, 덜 사색적 판단을 한다. 공포 유발 메시지도 특히 수용자가 약하다고 느끼

지만 방어적인 행위를 취할 수 있다면 또한 효과적일 수 있다.
- 큰 부탁을 먼저 받게 되면 작은 부탁을 들어줄 가능성이 더 커지고(얼굴에 문 들이밀기 기법), 작은 부탁에 먼저 동의하면 큰 부탁에 동의할 가능성이 더 커진다(문간에 발 들여놓기 현상). 문간에 발 들여놓기 현상의 한 변종은 저가 기법인데, 세일즈맨이 낮은 가격을 제안하여 구매자의 개입을 유도한 후 가격을 올리는 것이다.
- 메시지가 수신자의 현재 의견과 얼마나 격차가 있어야 하는가는 전달자의 신뢰에 달려 있다. 그리고 일방향 또는 양방향 메시지가 효과적인가 하는 것은 수신자가 이미 동의하고 있

(계속)

는가, 반대 논거를 알고 있는가, 그리고 나중에 그 반대를 고려하지 않을 것 같은가에 달려 있다.

- 쟁점의 두 가지 측면이 포함될 때, **초두효과**는 흔히 처음 메시지가 가장 설득력 있게 해준다. 시간 지체가 제시를 분리한다면, 더 가능한 결과는 두 번째 메시지가 더 효과적이라는 것이 **최신효과**이다.
- 또 다른 중요한 고려사항은 메시지가 어떻게 전달되는가이다. 대개 면대면 호소가 가장 좋다. 프린트 미디어는 복잡한

메시지에 효과적일 수 있다. 그리고 매스 미디어는 쟁점이 사소하거나 친숙하지 않을 때, 그리고 그 미디어가 여론 지도자에게 도달될 때 효과적일 수 있다.

- 끝으로, 누가 그 메시지를 받는지가 중요하다. 수신자의 나이가 중요한데, 젊은이의 태도는 변화 가능성이 더 높다. 메시지를 받는 동안에 수신자는 무엇을 생각할까? 호의적인 생각을 할까? 반박할까? 사전경고를 받았을까?

설득에 저항하는 법은 무엇인가?

영향력에 저항하는 방법을 확인한다. 원치 않는 설득에 넘어가지 않으려면 어떤 준비를 해야 할까?

군대 무술 훈련관은 방어, 회전 및 피하기를 가르치는 시간을 공격을 가르칠 때만큼 많이 들인다. '사회적 영향력 전장에서' 연구자들이 방어보다 설득적 공격에 더 초점을 두고 있다고 Sagarin과 동료들(2002)은 언급한다. 설득되는 것은 자연적으로 진행된다고 Gilbert와 동료들(1990, 1993)은 보고한다. 설득 메시지를 의심하는 것보다 수용하는 것이 더 쉽다. 어떤 주장을 이해하는 것(예 : 납 연필은 건강에 해롭다)은 그것을 믿는 것이다. 최소한 일시적으로 그러하며, 누군가 초기의 자동적 수용을 적극적으로 취소할 때까지 그럴 것이다. 주의를 분산시키는 것들이 취소를 방해한다면, 그 수용 상태는 지속될 것이다.

다행히도 논리, 정보, 동기 덕분에 우리는 거짓에 저항할 수가 있다. 신뢰를 가장한 수리공의 유니폼과 의사의 직함이 우리에게 무개념적 동의를 하게 할지라도, 우리는 권위에 대한 우리의 습관적 반응을 재고할 수 있다. 우리는 시간과 돈을 개입시키기 전에 더 많은 정보를 찾아볼 수 있다. 우리는 이해할 수 없는 것에 의문을 제기할 수 있다.

태도 면역

태도 면역
사람들의 태도를 약하게 공격해서 강한 공격이 왔을 때 논박할 수 있게 하는 것

McGuire는 궁금했다: 우리가 바이러스에 사람들을 면역시키듯이 설득에도 면역시킬 수 없을까? **태도 면역**(attitude inoculation)과 같은 것이 있을까? 그는 그런 방법이 있다는 것을 알아냈다: 참가자들이 신념에 대한 약한 공격을 논박하는 에세이를 씀으로써 '면역'되었을 때, 그들은 나중의 더 강력한 공격에 더 잘 저항할 수 있다.

반박하기

반박
설득적 메시지가 틀릴 수 있다는 이유

면역이 일어나는 한 방식은 사람들에게 **반박**(counterarguments), 즉 설득 메시지가 틀린 이유를 생각하도록 유도하는 것이다. Cialdini와 동료들(2003)은 상대방의 광고에 대한 반응으로 어떻게 논박을 생각해낼지를 궁금해했다. 그 답은 '기생충 약(poison parasite)' 방어, 즉 '기생충'(반대자의 광고를 볼 때 그 주장을 떠올릴 수 있는 인출 단서)과 '약'(강한 반박)을 결합하는 것이라고 제안한다. 그들의 연구에서 친숙한 정치 광고를 본 참가자들이 그 광고의 복사판에 대한 반박을 이전에 보았을 경우에 최소로 설득당했다. 그래서 그 광고를 다시 보는 것이 또한 무효화하

I miss my lung, Bob.

California Department Of Health Services
Funded By The Tobacco Tax Initiative.

익숙한 말보로 담배 광고에 '약'(썩은 폐)을 결합시킨 금연광고, 사진 안의 메시지 : "내 폐가 그립다네, 밥"

ⓒ Rachel Epstein/The Image Works

는 반박을 떠올리게 했다. 예컨대, 금연 광고는 너덜거리는 문에 붙어 있지만 지금은 콜록거리는 병약한 카우보이를 보여주는 '말보로 남자' 광고를 재창조함으로써 이것을 효과적으로 수행하고 있다. 이런 광고는 진짜와 닮은 이미지를 사용하는데 이것은 흡연이 건강에 해롭다는 강력한 반박의 특징을 지니고 있다.

심리학자 Bryan과 동료들(2016)이 십 대가 좀 더 건강식을 선택하도록 설득시키는 방법을 궁금해할 때도 반박이 사용되었다. 텍사스 중학교의 8학년 학생들은 건강식의 중요성에 대한 보통의 보건 수업을 받았다. 그러나 다른 학생들 식료품 회사가 유전자 조작과 기만적인 방법을 사용해서 젊은이들에게 정크 푸드를 팔며 그 회사의 중역은 '통제적이고 위선적인 성인'이라는 내용을 들었다. 나중에 학급 파티를 위한 간식을 고를 기회가 생겼을 때 정크 푸드가 어른들의 이익 추구라는 반박을 들은 십 대들은 당근과 생수를 쿠키와 사이다보다 더 좋아하였다. 이 사례의 교훈은 무엇일까? 그것은 십 대들도 건강식을 먹는 것이 정크푸드를 파는 기업에 대한 일종의 저항이라고 인식한다면 그 음식을 더 많이 먹게 된다는 것이다.

태도 면역이 '가짜 뉴스'(가짜 온라인 뉴스는 사회적 미디어를 통하여 공유된다)의 확산 문제에 대처할 수 있게 해줄까? Linden과 동료들(2017)은 지구 온난화가 인간에 의해 유발되고 있는지에 대한 합의에 아직 도달하지 못하였다고 주장하는 가짜 뉴스를 참가자들에게 노출시켰다(가짜 주장 : 97%의 기후 과학자들이 그렇다고 동의한다). 가짜 주장을 들은 사람들은 나중에 어떤 합의도 이루어지지 않았다고 더 많이 믿었다. 그러나 '정치적인 동기를 지닌 집단들'이 어떤 합의도 없다는 것을 주장하기 위해서 '오도하는 전략'을 썼다는 경고를 들은 사람들, 즉 논박을 만들어내도록 도움을 받은 사람들은 그 가짜 주장을 덜 믿었다. 52개의 연구에 대한 메타 분석에서 연구자들은 가짜 주장이 잘못되었다는 말만 들은 경우에는 더 지속된다는 사실을 발견했다. 그러나 사람들이 상세한 반박을 배우게 되면, 가짜 신념은 힘을 더 많이 잃는 것 같았다(Chan et al., 2017). 그래서 당신의 페이스북 친구가 가짜 뉴스를 퍼뜨리면 그것이 잘못되었다고 말하지 말고, 그것을 자세히 폭로하는 인터넷 사이트에 연결시켜 주어라.

동료의 흡연 압력에 청소년들을 면역시키기

실험실 연구의 발견 사실이 어떻게 실제 응용으로 유도될 수 있는지를 고려해보자. 한 연구팀은 고등학교 학생들이 동료의 흡연 압력에 7학년 학생들을 '면역'시키도록 했다(McAlister et al.,

그림 7.7
'면역된' 중학교 흡연자들의 흡연율이 전형적인 흡연 교육을 실시한 통제학교에 비해 훨씬 적었다.

출처 : Data from McAlister et al., 1980;
Telch et al., 1981.

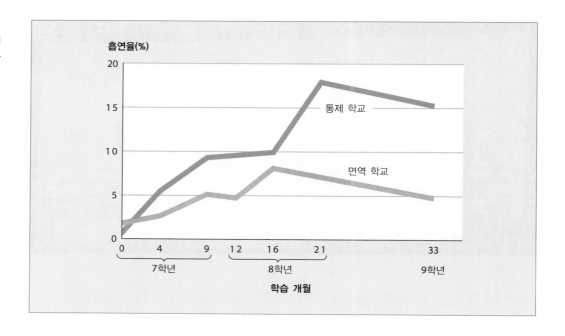

1980). "7학년 학생들은 광고에 반박하면서 반응하는 법을 배웠다. 그들은 또한 담배를 피우지 않기 때문에 '겁쟁이'라고 불린 후에 "내가 너를 감동시키기 위하여 흡연한다면, 나는 진짜 겁쟁이가 될 것이다"와 같은 말로 답하는 역할극을 실행했다. 7, 8학년 동안 몇 번 이런 절차를 밟은 후에, 면역된 학생들은 부모의 흡연 비율이 동일한 상태에서 동학년의 면역되지 않은 학생들이 흡연하는 수에 비해 절반 수준이 흡연했다(그림 7.7).

다른 연구 팀은 면역 절차가 — 때로 다른 생활 기술 훈련으로 보충되기는 했지만 — 십 대 흡연을 감소시킨다는 것을 확증했다(Botvin et al., 1995, 2008; Evans et al., 1984; Flay et al., 1985). 대부분의 최근 노력은 사회적 압력에 저항하기 위한 전략을 강조한다. 한 연구는 6학년에서 8학년 학생들에게 담배를 거부하는 학생용 역할극과 더불어 금연 영화를 보여주거나 흡연에 대한 정보를 제공하였다(Hirschman & Leventhal, 1989). 1년 반 후에 금연 영화를 본 학생들 중 31%가 흡연을 시작했다. 흡연을 거부하는 역할극을 했던 학생들 중에는 단지 19%만 흡연을 시작했다.

금연과 마약 교육 프로그램은 또한 다른 설득 원리를 응용하고 있다. 그 프로그램은 정보를 소통하기 위하여 매력적인 동료를 활용하고, 학생들 자신의 인지 과정을 촉발시킨다("당신이 생각하기를 바라는 무언가가 있다"). 그 프로그램은 흡연에 대한 합리적 결정을 하고 자신의 논리에 따라 동료 학생들에게 그것을 공표하게 함으로써 학생들이 공개적으로 개입하도록 한다. 이런 호소 효과가 있었다: 미국 12학년 중 10.5%만이 2016년 마지막 달에 담배를 피고 있다고 보고했는데, 이 수치는 1976년의 38%보다 낮은 수치이다. 새로운 관심은 전자담배인데, 2016년 마지막 달에 12학년의 13%가 사용 중이었다(Johnston et al., 2017).

광고의 영향력에 아이들을 면역시키기

벨기에, 덴마크, 그리스, 아일랜드, 이탈리아 및 스웨덴은 모두 어린이를 표적으로 삼는 광고를 금지한다(McGuire, 2002). 미국에서 Levine은 설득의 힘: 우리는 어떻게 사고 파는가(*The Power of Persuasion: How We're Bought and Sold*)라는 책에서 평균적으로 어린이들은 1년에 1만 개 이상의 상업광고를 본다고 언급했다. 그는 "20년 전에 어린이들은 탄산음료의 두 배만큼의 우유를 마셨다. 광고 덕에 그 비율이 현재는 역전되었다"라고 말했다(2003. p. 16).

광고의 영향을 억제하기를 바라며, 연구자들은 젊은이들에게 텔레비전 광고의 영향을 면역시키려는 방법을 연구했다. 그들의 연구는 특히 8세 이하의 어린이들이 (1) 상업광고와 프로그램을 구분하기 어려워했고, (2) 다소 무차별적으로 텔레비전 광고를 믿었으며, (3) 광고제품을 가지고 싶어 하며 부모를 조른다는 것을 보여주는 연구에 의해서 부분적으로 촉발되었다(Adler et al., 1980; Feshbach, 1980; Palmer & Dorr, 1980). 어린이들은 광고주들의 꿈으로 보인다: 속기 쉽고, 취약하고, 그리고 팔기 쉽다.

이렇게 밝혀진 사실로 무장한 시민집단은 그런 제품의 광고주들을 비난하고 있다(Moody, 1980): "영리한 광고주들이 단순하고 잘 믿는 아이들에게 건강하지 않은 제품을 팔기 위해 수백만 달러를 쓸 때, 이것은 오직 착취라고 부를 수 있다". '광고주에 대한 어머니의 진술' (Motherhood Project, 2001)에서, 폭넓은 여성 연대는 이 분노를 되풀이했다:

> 우리에게 우리의 아이들은 값을 매길 수 없는 선물이다. 당신들에게 우리의 아이들은 고객이며, 아이다움은 착취당하는 '판매 대상'이다… 당신들의 대단히 훈련받은 창조적 전문가들이 우리 아이들을 연구하고, 분석하고, 설득하고, 조종함에 따라 소비자 욕구와 욕망의 충족과 창조 사이의 선은 점차 교차하고 있다… 그 충동적 메시지는 "당신은 오늘 휴식할 가치가 있다", "당신이 하고 싶은 대로 하라", "당신의 본능을 따르라. 당신의 갈증에 복종하라", "한계란 없다", "충동을 지니라고?" 이것들은 광고와 판매의 압도적 메시지를 [예시한다]: 인생이란 단지 이기심이고, 즉각적 만족이고, 물질적인 것이라는 것.

많은 광고가 온라인에서 이루어지기 시작하면서 새로운 관심이 일어났다. 예컨대, 아이들이 하는 온라인 게임(프루트 루프사의 '보물지도 사냥'이나 맥도날드 웹사이트의 '행복한 소리'와 같은 것)이 실제로는 광고(종종 건강에 해로운 음식의 광고)라는 것을 아이들은 알지 못할 수 있다. 한 실험에서 이런 '광고 게임'을 하는 7~8세 아동들은 그런 게임을 하지 않는 아동들보다 설탕과 지방이 더 많이 함유된 음식을 선택하는 경향이 더 많았다(Mallinckrodt & Mizerski, 2007).

상업 광고 이해관계자는 다른 입장이다. 그들은 광고로 부모들이 자신의 아이들에게 소비 기술을 가르칠 수 있게 해주고, 더욱 중요한 것은 그 광고가 아이들의 텔레비전 프로그램에 자금을 댄다고 주장한다. 미국의 연방통상위원회는 건강에 불리한 음식과 미성년을 대상으로 한 R 등급 영화에 대한 TV 광고에 새로운 규제를 가할 것인지를 결정해야 하는데, 연구에서 밝혀진 사실과 정치적 압력에 의해 압박을 받아 중립 상태에 있다.

한편, 연구자들은 광고에 대하여 비판적으로 생각할 수 있는 도시의 7학년 학생들('미디어 저항 기술'을 가진 학생들)은 8학년일 때 동료의 압력에 더욱 저항적이었고 9학년일 때 음주할 확률이 줄어든다는 것을 발견했다(Epstein & Botvin, 2008). 연구자들은 또한 아이들이 속임수 광고에 저항하는 법을 가르칠 수 있는지 궁금했다. Feshbach(1980; S. Cohen, 1980)가 이끈 일단의 연구자들은 LA 지역의 초등학교 학생

© BananaStock/Getty Images

어린이는 광고주의 꿈이다. 그래서 연구자들은 매년 아이들이 보는 1만 개 이상의 수많은 광고에 대항할 수 있도록 아이들을 면역시키는 방법을 연구하고 있다.

어린이들은 온라인 게임이 실제는 광고라는, 또는 '과일'이라는 이름의 시리얼에는 어떤 과일도 들어 있지 않다는 것을 모른다.

소집단에 반 시간짜리 3개의 상업광고 수업을 했다. 그 아이들은 광고를 보고 그것에 대해 토론함으로써 면역되었다. 예컨대, 장난감 광고를 본 후에 그들은 즉각적으로 그 장난감을 받고 광고에서 방금 본 것을 실제로 해보았다. 이런 경험은 더욱 현실적으로 광고를 이해하게 해줄 것이다.

소비자 옹호자들은 면역이 불충분할 것이라고 걱정한다. 마스크를 쓰는 것보다 공기를 깨끗이 하는 것이 더 낫다. 그런데 광고주들은 아이들이 물건을 보고 그것을 집어서 때로 부모들의 진이 빠질 때까지 조를 수 있도록 낮은 가게 선반에 물건을 배치해서 부모들을 분노하게 한다. 그런 이유로 '광고주를 위한 어머니 규정'은 학교에서 광고가 금지되어야 하며, 8세 이하의 아이들을 대상으로 하지 않아야 하며, 아이들과 청소년들을 대상으로 한 영화와 프로그램에서 물건을 배치하지 않아야 하며, 그리고 아이들과 청소년들을 향한 '이기심의 윤리를 조장하고 즉각적인 만족에 초점을 두는' 광고는 금지되어야 한다고 촉구한다(Motherhood Project, 2001).

태도 면역의 함축

세뇌에 대한 저항을 구축하는 최선의 방법은 아마도 단지 현재의 신념에 더 강한 면역은 아닐 것이다. 아이들이 담배를 필까 봐 걱정하는 부모들은 흡연에 대한 설득적 호소에 되받아치는 법을 가르치는 것이 더 좋을 것이다.

동일한 이유로 교육자들은 교회와 학교에서 '무균 상태의 이념 환경'을 창조하는 것에 유의해야 한다. 다양한 견해 속에 사는 사람들은 분별력이 더 높아지고, 믿을 만한 주장에 대한 반응만으로 그들의 견해를 수정할 확률이 더 커진다(Levitan & Visser, 2008). 또한 자신의 견해에 대한 도전은, 논박된다면 특히 위협적 요소를 자신과 비슷한 타인들과 점검할 수 있는 경우에 자신의 입장을 훼손시키기보다 공고히 할 가능성이 높아질 것이다(Visser & Mirabile, 2004). 사이비 종교는 가족과 친구들이 사이비 종교의 신념을 어떻게 공격할 것인지를 구성원들에게 사전 경고함으로써 이 원리를 응용하고 있다. 예상했던 공격이 들어와도, 사이비 종교의 구성원은 그에 반박할 만반의 준비가 되어 있다.

요약 : 설득에 저항하는 법은 무엇인가?

- 사람들은 어떻게 설득에 저항하는가? 반박하는 것은 도움이 된다.
- 약한 공격은 면역으로 기능할 수 있는데, 면역이란 강한 공격이 왔을 때 이용 가능한 반박을 개발할 수 있도록 사람을 자극시키는 것이다.
- 역설적이게도 기존의 태도를 강하게 하는 것은 그 태도에 도전하는 것임을 의미한다. 비록 그 도전이 태도를 압도할 만큼 강해서는 안 된다고 할지라도 말이다.

후기 :
개방적이지만 현명하기

설득의 수신자로서 우리 인간의 과제는 속기 쉬움과 냉소주의 사이 어딘가에서 살고 있다는 것이다. 어떤 사람들은 설득되기 쉬운 것이 약점이라고 말한다. 우리는 "생각 좀 하고 살아라"라고 추궁당한다. 그러나 정보적 영향에 폐쇄적인 것은 장점일까, 아니면 광인의 표지일까? 타인에게는 겸손하고 개방적이면서도 설득적 호소에는 비판적인 소비자가 되는 방법은 없을까?

　개방적이 되기 위해서 우리는 우리가 만나는 모든 사람이 어떤 방식으로든 우리보다 나은 사람이라고 생각해야 할 것이다. 우리가 만나는 개개인은 우리 자신을 넘어서는 능력을 지니고 있고 그것은 우리를 가르쳐 줄 무언가를 지니고 있을 것이다. 우리가 연결되었을 때, 우리는 비판적으로 생각하길 바라지만, 또한 이 사람들로부터 배우고 우리의 지식을 공유함으로써 상호적이 되길 바란다.

집단 영향

© Peter Muller/Image Source

"사려깊고 헌신적인 소규모 시민집단이 세상을 바꿀 수 있다는 사실은 의심의 여지가 없다."

─인류학자 Margaret Mead

우 리는 집단 속에서 살고 있다. 지구상에는 75억 인구가 살고 있을 뿐만 아니라, 195개의 국가가 있으며, 수십억 개의 공식적 및 비공식적 집단(저녁식사 중인 연인, 많은 시간을 함께 보내는 룸메이트, 전략을 짜고 있는 사업팀)이 있다. 이런 집단들이 개인에게 어떤 영향을 줄까? 그리고 어떻게 개인은 집단에 영향을 줄까?

여기서는 집단 영향에 관한 몇 가지 재미있는 현상들을 살펴볼 것이다. 그러나 먼저 집단은 무엇이고 집단이 존재하는 이유는 무엇인지 알아보자.

이제 막 공부했다면, 당신은 이들을 하나의 집단이라고 생각하는가? 이 물음에 답을 하기 위해 당신은 어떤 질문을 할 수 있는가?

집단
긴 시간 동안 서로 상호작용하고 영향을 주고 서로를 '우리'라고 지각하는 둘 이상의 사람

집단이란 무엇인가?

집단을 정의한다.

이 질문에 대한 답은 몇몇 사람들의 정의를 비교해보면 자명해진다. 조깅 파트너들이 집단인가? 비행기 승객들이 집단인가? 서로 알고 있으며, 같은 소속이라고 느끼는 사람들이 집단인가? 공동의 목표가 있고 서로 의지하는 사람들이 집단인가? 개인들이 조직화되어야 집단인가? 서로의 관계가 지속될 때 집단인가? 이것들은 모두 집단에 대한 사회심리학적 정의들이다(McGrath, 1984).

집단역학의 전문가인 Shaw(1981)는 모든 집단에서 공통적인 것은 구성원들이 상호작용한다는 사실이라고 주장하였다. 그러므로 그는 **집단**(group)을 상호작용하며 서로가 서로에게 영향을 주는 2인 이상의 사람들이라고 정의하였다. 조깅하는 친구들은 실제로 집단이다.

각기 다른 집단들은 인간의 여러 다른 욕구들을 충족시켜 준다. 즉, 군집(소속하려 하고, 타인과 연결되고 싶은), 성취, 그리고 사회 정체성을 획득하려는 욕구를 충족시켜준다(Johnson et al., 2006). 유인원과 달리, 우리 인간은 '협동하는 동물'인 '초사회적 동물'이다(Tomasello, 2014). 먼 선조 때부터 지금까지 우리는 먹거리와 사냥을 위해 의도적으로 협력해왔다.

Shaw의 정의에 따르면, 컴퓨터실에서 각자 자기 일을 하고 있는 학생들은 집단이 아닐 수도 있다. 비록 그들이 물리적으로는 함께 있지만, 그들은 상호작용 집단이 아니라 개인들의 모임에 더 가깝다(하지만 각 사람은 어떤 온라인 채팅방에서는 서로 흩어져 있는 사람들로 된 한 집단의 일부일 수도 있다). 컴퓨터실에 있는 관련없는 개인들과 상호작용하는 개인들은 때로 구분이 모호하다. 단순히 또 다른 사람과 함께 있는 사람들이 때로는 서로에게 영향을 줄 수도 있다. 축구 경기에서, 우리는 우리 자신을 '우리' 팬이라고 지각하고, 그와 대비하여 상대팀 팬을 '그들'이라고 지각한다.

이 장에서 우리는 타인들의 단순한 존재가 미치는 세 가지 효과(사회적 촉진, 사회적 태만, 몰개성화)를 다룰 것이다. 이들 세 가지 현상은 최소한의 상호작용('최소 집단 상황'에서)만으로도 일어날 수 있다. 그런 다음 상호작용하는 집단에서 일어나는 사회적 영향에 관한 세 가지 예(집단 극화, 집단 사고, 소수의 영향)를 다룰 것이다.

요약 : 집단이란 무엇인가?

- 둘 이상의 사람들이 어느 정도 동안 상호작용하고, 어떤 방식으로든 서로가 서로에게 영향을 주고, 자신들을 '우리'라고 생각할 때가 집단이다.

사회적 촉진 : 타인의 존재는 우리에게 어떤 영향을 주는가?

타인의 단순한 존재 자체에 의하여 우리가 얼마나 영향을 받는지를 알아본다. 이들은 수동적인 청중 또는 공동행위자로 단순히 존재하는 사람들이다.

타인의 단순한 존재

1세기 이전, 경륜에 관심이 많았던 심리학자 Triplett(1898)는 경륜 선수들이 홀로 기록을 측정할 때보다는 다른 선수들과 경주할 때 기록이 더 빠르다는 사실에 주목하였다. 그는 자신의 추측(타인의 존재가 수행을 촉진시킨다)을 널리 알리기 전에 사회심리학 최초의 실험실 실험 중 하나를 수행하였다. 아동들에게 최대한 빨리 낚시 릴에 낚시 줄을 감도록 한 결과, 아동들은 혼자 감도록 한 경우보다는 경쟁하는 **공동행위자**(co-actors)가 있을 때 더 빨리 감았다. Triplett는 "또 다른 경쟁자의 육체적 존재가… 잠재적 에너지를 발산시킨다"고 결론내렸다.

Triplett의 자료를 현대적으로 재분석한 결과, 그 차이가 통계적으로 유의한 수준에 도달하지 못하였다(Stroebe, 2012; Strube, 2005). 그러나 이후의 실험에서 단순 곱셈 문제를 풀 때와 틀린 글자 위에 줄을 긋는 과제를 할 때도 타인의 존재가 수행 속도를 향상시킨다는 사실을 발견하였다. 또한 타인의 존재는 돌아가는 동전 크기의 원판에 쇠막대기를 대고 있어야 하는 것과 같은 단순 운동과제의 정확도를 향상시키는 것으로 나타났다(Allport, 1920; Dashiell, 1930; Travis, 1925). 이런 **사회적 촉진**(social facilitation) 효과는 동물에서도 나타난다. 자기 종의 다른 동물이 존재할 때, 개미는 모래를 더 많이 팠으며, 병아리는 모이를 더 많이 쪼아 먹었고, 발정난 쥐들도 짝짓기를 더 많이 하였다(Bayer, 1929; Chen, 1937; Larsson, 1956).

그러나 결론을 잠시 보류하자. 또 다른 과제들에서는 타인의 존재가 오히려 수행을 **방해**한다. 바퀴벌레, 잉꼬, 녹색피리새 등은 미로학습에서 다른 개체가 존재할 때 더 부진하였다(Allee & Masure, 1936; Gates & Allee, 1933; Klopfer, 1958). 이런 부정적 효과는 인간에게서도 나타났다. 타인의 존재가 무의미 철자의 학습, 복잡한 일하기, 복잡한 곱셈 문제 풀기의 효율성을 떨어뜨렸다(Dashiell, 1930; Pessin, 1933; Pessin & Husband, 1933).

타인의 존재가 때로는 수행을 촉진시키고 때로는 수행을 방해한다고 말하는 것은 마치 때로는 맑은 날씨이지만 때로는 비가 오겠다고 예보하는 전형적인 스코틀랜드 기상예보관의 날씨예보와 비슷하다. 1940년대까지 사회적 촉진 연구는 중단되었고, 새로운 아이디어로 인해 잠을 깨기 전까지 약 25년간 휴면 상태였다.

사회심리학자인 Zajonc(1923~2008, 사이언스와 비슷하게 자이온스라 읽음)는 이런 상충된 결과를 어떻게 조정할 수 있을지를 고민하였다. 종종 과학에서 창조적 순간이 발생하는 것처럼, Zajonc(1965)는 다른 학자들에게 빛을 주는 하나의 연구영역을 개척하였다. 그 빛은 "각성은 잠재된 반응 중 우세한 반응을 증가시킨다"는 이미 잘 정립되어 있는 실험심리학의 원리에서 나왔다. 각성이 증가되면 쉬운 과제의 수행이 증가할 것이다. 왜냐하면 이때 나오기 가장 쉬운('우세') 반응이 옳은 반응이기 때문이다. 사람들은 긴장할 때 쉬운 글자 퍼즐을 더 빨리 푼다. 정답이 우세 반응이 아닌 복잡한 과제에서는 각성이 증가되

공동행위자
비경쟁적 활동에서 개별적으로 작업하는 공동 참가자

사회적 촉진
(1) 원래의 의미 : 타인이 존재할 때 사람들이 단순한 과제 또는 숙달된 과제를 더 잘 수행하는 경향성, (2) 현재의 의미 : 타인의 존재 시에 우세한(만연한, 확률이 높은) 반응을 강화시키는 것

사회적 촉진 : 사람들과 함께 자전거를 탈 때 더 빨리 달리는가?

그림 8.1

사회적 각성의 효과

Zajonc는 타인의 존재가 일으키는 각성이 우세 반응(쉬운 혹은 학습이 잘 되어 있는 과제에서만 옳은 반응)을 강화시킨다고 제안함으로써 명백하게 충돌하고 있는 결과들을 조정하였다.

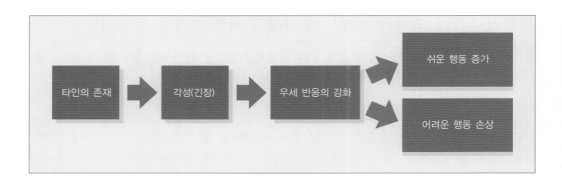

면, 부정확한 반응이 촉진된다. 어려운 글자 퍼즐의 경우는 각성된 상태에서 더 못한다.

이 원리가 사회적 촉진의 미스터리를 해결할 수 있었을까? 타인의 존재가 사람들을 각성시키 거나 활력을 준다는 가정은 타당해 보인다(Mullen et al., 1997). 즉 우리 모두는 많은 관중 앞에 서 긴장되거나 흥분되었던 경험이 있을 것이다. 만약 사회적 각성이 우세 반응을 촉진시킨다면, 그것은 쉬운 과제의 수행을 증진시키고, 어려운 과제의 수행을 손상시켜야 할 것이다.

이 설명으로 이전의 혼란스러운 결과들을 이해할 수 있게 되었다. 낚시 줄을 감는 일, 단순한 곱셈 문제 풀기, 먹기 등은 모두 학습이 잘 되어 있거나 원래부터 우세한 반응을 요구하는 쉬운 과제들이었다. 확실히 주변에 타인이 있으면 수행이 증가되었다.

새로운 것을 배우는 일, 미로를 찾는 일, 복잡한 수학 문제를 푸는 일은 처음부터 옳은 반응이 나오기 힘든 어려운 과제들이다. 이런 경우, 타인의 존재는 그 과제에 대한 틀린 반응의 수를 증 가시킨다.

두 경우 모두에서, 각성은 우세 반응을 촉진시킨다는 동일 법칙이 적용되었다(그림 8.1). 갑자기 모순되는 것처럼 보였던 결과들이 더 이상 모순되지 않게 되었다.

Zajonc의 매우 간결하며 깔끔한 해결은 다른 사회심리학자들에게 다윈의 종의 기원을 처음 읽 은 후 헉슬리가 생각했던 것(그런 생각을 못했다니 얼마나 멍청한가!)을 떠오르게 하였다. 일단 Zajonc가 지적하고 나니, 모든 게 분명해졌다. 겨우 후견지명을 통해서 보니, 이전의 조각난 결 과들이 깔끔하게 맞춰졌다. 그의 해답이 실험에서도 검증되었을까?

그의 해답이 타당하다는 것은 2만 5,000명 이상의 참가자가 동원된 약 300개의 연구들을 통해 서도 확인되었다(Bond & Titus, 1983; Guerin, 1993, 1999). 사회적 각성은 그 반응이 옳은 반응 이든 그른 반응이든 간에 우세 반응을 촉진시킨다. 예를 들어, Hunt와 Hillery(1973)는 (마치 바 퀴벌레가 그러했듯이) 학생들도 타인이 존재할 때 간단한 미로를 학습하는 시간이 덜 걸린다는 사실을 발견하였다. 또한 Michaels과 동료들(1982)은 학생회관에서 당구를 잘 치는 학생(몰래 숨 어서 관찰했을 때는 71%의 정확도)은 다른 사람들이 곁에서 지켜볼 때는 더 잘 쳤다(4명의 관찰 자가 다가와서 보고 있을 때는 80%의 정확도). 사람들이 가까이 와서 관찰할 때, 잘 치지 못하 는 학생(이전에는 평균 36%의 정확도)은 훨씬 더 못 쳤다(25%의 정확도).

먹는 행동은 단순하고 자연스러운 행동이다. 그래서 당신이 집단과 함께 먹을 때, 더 걸신들 린 듯이 먹는 경향이 있는지를 생각해 보았는가? 파티에서, 때로 당신은 과식하는가? 만약 그렇 다면, 일상의 연구, 관찰연구 및 실험연구들이 확증한 것처럼, 당신은 혼자가 아니다(Herman, 2015, 2017). 사람들은 초콜릿 시식과 같은 먹는 즐거움을 공유할 때, 그 일을 더 즐겁고, 더 맛 있었다고 생각한다(Boothby et al., 2014, 2016).

표 8.1 주요 단체 운동경기에서 나타난 홈 경기의 이점

경기 종류	연구한 게임 수	홈팀의 승률
야구	120,576	55.6
미식축구	11,708	57.3
아이스하키	50,739	56.5
농구	30,174	63.7
축구	40,380	67.4

출처 : Jeremy Jamieson (2010).

운동선수들, 배우들 및 음악가들은 숙련된 기술을 지닌 사람들이다. 이는 왜 종종 그들이 자신을 성원하는 관중들의 반응으로 인해 활력을 받을 때, 가장 잘하는지를 설명하는 데 도움을 준다. 전 세계 25만 이상의 대학 및 프로 운동경기를 대상으로 한 연구에서, 홈 팀의 승률이 거의 60%에 달하였고, 홈 팀의 이점은 팀워크가 강조되는 운동에서 더 컸다(Jones, 2015)(표 8.1). 홈 팀의 이점은 모든 시대와 모든 운동에 걸쳐 일정하였다. NBA 농구팀, NHL 하키팀, 국제 축구리그 팀들은 예외 없이 매년 홈 경기에서 더 많이 이겼다(Moskowitz & Wertheim, 2011).

홈 관중이 이미 잘 학습된 기술을 사용하는 수행에 활력을 주는, 사회적 촉진이 홈 이점에 대한 하나의 분명한 설명이 된다. 실제로 영국 축구선수들의 스트레스 호르몬 수준(각성을 나타냄)은 방문 경기보다 홈경기에서 더 높았다(Fothergill et al., 2017). 당신은 또 다른 요인들을 상상할 수 있는가? Allen과 Jones(2014)는 다음과 같은 가능성들을 추가로 포함시켰다.

- 진행 편파 : 1,530개의 독일 축구경기를 분석한 결과, 홈 팀에게는 평균 1.8개의 옐로 카드를 주었고 방문 팀에게는 2.35개를 주었다(Unkelbach & Memmert, 2010).
- 여행 피로 : 서부 해안지역의 NFL 미식축구 팀이 동부 해안지역으로 비행기로 이동했을 때, 오후 1시 경기보다는 야간 경기에서 성적이 더 좋았다.
- 홈 맥락의 친숙성 : 추위, 비, 혹은 해발 고도를 포함한 그 지역과 관련된 것들이 홈 팀에게 유리하다.
- 홈 팀 군중의 소음으로 인한 방해 : 방문 팀 선수들의 플레이 혹은 자유투를 던지는 것을 방해한다.

과밀 : 많은 타인의 존재

타인의 존재 효과는 타인의 수에 따라 증가한다(Jackson & Latané, 1981; Knowles, 1983). 때로 많은 관중으로 인한 각성과 자의식적 주의집중은 말하기와 같이 이미 잘 학습된, 자동적 행동조차도 방해한다. 극단적인 압박이 주어지면, 숨이 꽉 막히는 경우가 있다. 평소 말을 더 듬는 사람도 1~2명에게 말할 때보다는 많은 관중 앞에서 말할 때는 더 더듬게 된다(Mullen, 1986). 주요 토너먼트 게임을 28년 이상 한 프로골프 선수는 처음보다는

James Maas가 2,000석의 강당에서 경험한 코넬대학교 심리학개론 수업과 같이, 좋은 집이란 사람들이 가득 찬 집이다. 만약 이런 규모의 장소에 100명의 수강생이 있다면, 활력이 훨씬 덜할 것이다.

© Mike Okoniewski

마지막 날 라운드에서 점수가 더 낮은 경향이 있었으며, 특히 그 선수가 토너먼트의 선두에 가까이 있을 때 그런 경향이 있었다(Wells & Skowronski, 2012).

군중 속에 있으면 긍정적 혹은 부정적 반응이 강해진다. 좋아하는 사람과 가까이 있으면, 상대가 더 좋아지는 반면, 싫어하는 사람과 가까이 앉으면 그가 더 싫어진다(Schiffenbauer & Schiavo, 1976; Storms & Thomas, 1977). Freedman과 동료들(1979, 1980)이 컬럼비아대학교 학생들과 온타리오 과학센터의 방문객을 대상으로 한 실험에서, 연구자들은 사람들을 다른 참가자와 함께 재미있는 녹음 테이프를 듣게 하거나 영화를 보도록 하였다. 그들이 가까이 앉은 경우, 실험 협조자는 그 사람들을 더 쉽게 웃고, 박수치도록 유도할 수 있었다. 연극 연출가와 스포츠 팬들은 모두 알고 있듯이, 그리고 연구자들이 확인하였듯이, '좋은 집(good house)'이란 사람들로 가득 찬 집(full house)이다(Aiello et al., 1983; Worchel & Brown, 1984). 최근의 실험에서 확증된 바와 같이, 다른 사람들과 함께 하는 즐거움은 더 활력을 주고, 즐겁다(Reis et al., 2017).

35명쯤 앉을 수 있는 방에 35명의 학급 학생들이 앉으면, 100명을 수용하는 방에 35명이 듬성듬성 앉는 경우보다 더 포근하고 생기 있는 분위기를 느낄 것이다. 다른 사람들이 가까이 있을 때, 우리는 그들이 웃고 박수치는 데 더 동참하기 쉽다. 그러나 Evans(1979)가 발견한 것처럼 과밀은 각성을 증가시키기도 한다. 그는 매사추세츠대학교 학생들을 10명 집단으로 만들어, 20×20피트 방 혹은 8×12피트 방에 들어가도록 하였다. 큰 방에 비해 밀집된 좁은 방의 학생들이 맥박과 혈압이 더 높았다(이는 각성을 나타낸다). 어려운 과제에서 더 많은 오류를 범하는 과밀의 효과가 인도의 대학생을 대상으로 한 Nagar와 Pandey(1987)의 연구에서 재검증되었다. 과밀은 군중이 관찰하고 있을 때와 유사한 효과가 있다. 즉 과밀은 각성을 증가시키고, 이는 우세 반응을 촉진시킨다.

왜 타인이 존재하면 각성되는가?

당신이 잘하는 것은 (지나치게 긴장하고, 자의식적이고, 숨 막히지 않는다면) 다른 사람들 앞에서 가장 잘하도록 활력을 받을 것이다. 당신이 어려워하는 것은 똑같은 상황에서 더 잘하기가 불가능해 보인다. 타인들의 무엇이 각성을 일으키는 것일까? 세 가지 가능한 요인들(평가 염려, 주의분산 및 단순 존재)이 있음을 지지하는 증거가 있다(Aiello & Douthitt, 2001; Feinberg & Aiello, 2006).

평가 염려
다른 사람이 우리를 평가하고 있다는 염려

평가 염려

Cottrell은 관찰자들이 우리를 어떻게 평가할까 궁금하기 때문에, 그들이 우리를 염려하게 만든다고 생각하였다. Cottrell과 동료들(1968)은 실제로 **평가 염려**(evaluation apprehension)가 있는지를 검증하기 위하여 지각실험을 준비한다는 명목으로 관찰자들에게 눈가리개를 쓰도록 하였다. 실제로 쳐다보고 있는 관중의 효과와는 대조적으로, 눈가리개를 쓴 관중들의 존재는 수행자들의 숙련된 반응을 높여주지 않았다.

또 다른 실험들도 우세 반응의 향상은 사람들이 평가받고 있다고 생각할 때 가장 강하게 나타난다는 사실을 확증해주었다. 한 실험에서, 조깅 도로를 달리고 있는 사람들은 잔디밭에 앉아 있는 한 여자를 만나

대규모의 열성적인 관중은 각성을 높여주고, 잘 학습된 행동들을 활성화시킬 수 있지만, 때로는 자의식이 없어지도록 만들 수도 있다.

© Lynne Powe

면 속도가 더 빨라졌다. 만약 그녀가 등을 보이고 앉아 있을 때보다는 그들을 정면으로 쳐다보고 있을 때 더 빨리 달렸다(Worringham & Messick, 1983).

우리가 평가받고 있을 때 느끼는 자의식은 가장 자동화된 행동도 방해할 수 있다(Mullen & Baumeister, 1987). 결정적인 자유투를 던질 때, 자의식이 높은 농구선수가 자신의 몸동작에 신경을 쓴다면, 자유투를 실패할 가능성이 크다. 우리는 그들을 너무 생각하지 말아야, 잘 학습된 어떤 행동을 가장 잘할 수 있다.

주의 분산

Sander, Baron 및 Moore(1978; Baron, 1986)는 평가 염려를 한 단계 더 발전시켰다. 그들은 사람들이 동료는 얼마나 잘하고 있는지 혹은 관중의 반응은 어떤지를 궁금해 할 때, 우리의 주의가 분산된다는 이론을 세웠다. 타인에 대한 주의 집중과 과제에 대한 주의 집중 간의 **갈등**은 인지체계를 과부화시켜 각성을 유발한다. 우리는 "주의 분산에 의해 움직이게 된다". 이런 각성은 타인의 존재로 생긴 주의 분산뿐만 아니라 불빛과 같은 다른 자극이 유발한 주의 분산으로 인해 나타나기도 한다(Sanders, 1981a, 1981b).

단순 존재

그러나 Zajonc는 평가 염려나 주의 분산이 없어도 단순히 타인의 존재만으로 각성이 유발된다고 생각하였다. 촉진 효과는 인간이 아닌 동물에게서도 나타난다는 사실을 기억하라. 이는 본래적인 사회적 각성기제가 많은 동물세계에서 공통적이라는 힌트를 준다(아마도 동물은 다른 동물이 자신을 어떻게 평가할까에 관해 의식적으로 염려하지 않을 것이다). 사람의 경우도 대부분의 조깅하는 사람들은 같이 뛰는 사람이 자신의 경쟁자도 아니고 자신을 평가하지 않는 경우에도 그들과 함께 뛸 때 활력을 얻게 된다. 그리고 대학생 조정팀 구성원들도 아마도 공동 활동으로 인한 엔돌핀 상승의 도움을 받아, 혼자서 노를 저을 때보다 함께 노를 저을 때 두 배의 고통을 참아낸다(Cohen et al., 2009).

지금이야말로 좋은 이론이란 과학적으로 간결한 것이라는 사실을 기억해볼 수 있는 좋은 시간이다. 좋은 이론은 다양한 관찰 결과들을 단순화하고 요약해주는 이론이다. 사회적 촉진 이론이 그렇다. 이 이론은 많은 연구결과들을 간단히 요약해준다. 또한 좋은 이론은 (1) 그 이론을 확증하거나 수정하는 데 도움이 되고, (2) 새로운 연구를 이끌어내고, (3) 실용적 적용을 시사하는, 분명한 예언을 제공한다. 사회적 촉진 이론은 분명히 그중 처음 두 가지 예언을 만들어냈다: 즉 (1) 그 이론의 기본적인 아이디어(타인의 존재가 각성을 유발하고, 이 각성이 우세 반응을 증가시킨다)가 확증되었고, (2) 그 이론은 오랜 기간 동안 휴면 상태이던 연구 영역에 새 생명을 불어 넣었다.

그 이론이 (3) 실용적 측면에서 적용할 것이 있는가? 우리는 몇 가지 추측을 해볼 수 있다. 많은 새 사무실 빌딩들은 크고 트인 공간을 지닌 사적 사무실로 바뀌고 있다. 타인의 존재를 인식한 결과가 이미 잘 숙련된 과제의 수

'개방형 사무실' 계획에 따르면, 사람들은 타인이 존재하는 가운데서 일을 한다. 사무실 환경은 점차 노동자들에게 '집합적 공간'을 제공하고 있다(Arieff, 2011).

© stockbroker/123RF

행을 향상시키지만, 복잡한 과제에서 요구되는 창의적 사고는 방해하지 않을까? 당신은 적용 가능한 다른 방법을 생각할 수 있는가?

요약 : 사회적 촉진 : 타인의 존재는 우리에게 어떤 영향을 주는가?

● 사회심리학의 가장 기본적인 주제 중 하나가 타인의 단순한 존재에 관한 것이다. 이 물음에 관한 초기 실험들은 관찰자나 **공동행위자**가 존재하면 수행이 증가한다는 사실을 발견하였다. 또 다른 실험들은 타인의 존재가 수행을 방해한다는 사실을 발견하였다. Zajonc는 각성이 우세 반응을 촉진시킨다는 실험심리학의 유명한 원리를 적용하여 이 상충된 결과들을 조정하였다. 타인의 존재가 각성을 유발시키기 때문에, 관찰자나 공동행위자의 존재는 쉬운 과제(옳은 반응이 우세한 과제)의 수행을 촉진시키고, 어려운 과제(그른 반응이 우세한 과제)의 수행은 방해한다.

● 군중 속에 있거나 혹은 밀집 조건에 있으면, 비슷하게도 각성을 유발하고 우세 반응을 촉진시킨다.

● 그러나 왜 타인의 존재가 우리의 각성을 유발하는가? 여러 실험에 따르면, 부분적으로는 평가에 대한 **염려** 때문에 각성이 생기고, 부분적으로는 주의가 타인들과 과제로 분산되기 때문에 각성이 생긴다는 것이다. 동물을 대상으로 한 실험을 포함하여 또 다른 실험들은 우리가 평가받지 않거나 주의 분산이 없을 때조차도 타인의 존재가 각성을 유발시킬 수 있음을 시사하고 있다.

사회적 태만 : 개인들은 집단에서 덜 노력하는가?

> 우리가 작업집단의 구성원에게 기대할 수 있는 개인적인 노력 크기를 평가해보자. 한쪽이 8명인 줄다리기 팀에서, 그들은 개별적으로 줄을 당길 때 각자가 최선을 다한 것의 총합만큼 힘을 쏟는가? 만약 그렇지 않다면, 그 이유는 무엇인가?

대개 사회적 촉진은 사람들이 자기 자신의 목표를 위해 일할 때, 그리고 낚시 줄을 감는 것이든 혹은 수학문제를 푸는 것이든, 그들의 노력이 개별적으로 평가될 때 발생한다. 이런 상황은 일상적인 작업상황이다. 그러나 사람들이 **공동**의 목표를 위해 합심하고, 개인은 그들의 노력 결과에 대해 책임지지 않는 상황도 있다. 줄다리기 팀이 그런 예이다. 학급여행 경비를 모으기 위한 사탕판매와 같은 조직적 자금조달도 또 다른 예이다. 또한 결과에 따라 모든 학생들이 같은 학점을 받는 학급의 집단 프로젝트도 그렇다. 이런 '가산 과제'(집단의 성취도가 개개인의 노력의 합으로 결정되는 과제)에서 팀 정신은 생산성을 향상시키는가? 벽돌공은 혼자서 일할 때보다 팀으로 일할 때 더 빨리 벽돌을 쌓는가? 실험실의 모의실험이 그 답을 알려준다.

일손이 많으면 일이 쉽다

약 1세기 전, 프랑스의 기술자 Ringelmann(Kravitz와 Martin, 1986에 보고되어 있음)은 줄다리기 팀 전체의 노력 크기는 각 개인 노력의 전체 합의 절반밖에 되지 않는다는 사실을 발견하였다. 이는 "뭉치면 강해진다"는 상식과 달리, 집단 성원들이 가산 과제를 할 때는 실제로는 동기가 더 낮아질 수 있음을 시사해주었다. 어쩌면 그 같은 낮은 수행 결과가 사람들이 똑같은 시간에 똑같은 방향으로 줄을 당기지 않아서 생긴 힘의 조정 문제 때문일 수도 있을 것이다. Ingham(1974)이 이끄는 매사추세츠 연구자들은 개인들에게 실제로는 혼자서 당기고 있지만, 자신이 다른 사람들과 함께 줄을 당기고 있다고 생각하도록 만듦으로써, 그 문제를 깨끗하게 제거하였다. 눈을 가린 참가자들을 그림 8.2에서 보는 장치의 첫 번째 위치에 배정하고, '최대로 세게 당기도록' 지시하였다. 그들은 자기 뒤쪽에 2~5명의 사람들이 같이 줄을 당기고 있다고 생각할 때보다 혼자서 당긴다고 생각할 때 18%를 더 세게 당겼다.

Latané, Williams, 및 Harkins(1979; Harkins et al., 1980)는 자신들이 **사회적 태만**(social loafing)이라고 명명한, 노력이 줄어드는 이 현상을 여러 방식으로 연구하였다. 그들은 6명의 참가자들에게 '최대한 크게' 소리를 지르거나 박수를 치게 했을 때 나온 소음의 크기가 한 사람씩 홀로 했을 때보다 3분의 1밖에 나오지 않는다는 사실을 발견하였다. 그러나 줄다리기 시합처럼 소음을 내는 것도 원래 집단이 불리할 가능성이 크다. 그래서 Latané와 동료들은 Ingham의 예를 따라, 오하이오대학교 학생 참가자들에게 실제로는 혼자서 하지만, 다른 사람들과 함께 소리를 지르거나 박수를 치는 것으로 생각하도록 만들었다.

그들이 사용한 방법은 6명의 참가자들에게 눈을 가리고 반원으로 된 좌석에 앉게 하여, 헤드폰을 쓰도록 하여 사람들이 내는 큰 소리를 들려주었다. 그들은 다른 사람의 소리보다도 자신이 소리치는 혹은 박수치는 소리를 더 들을 수가 없었다. 여러 차례 그들에게 홀로 혹은 집단과 함께 소리치거나 박수치도록 지시하였다. 이 실험의 내용을 들은 사람들은 참가자들이 다른 사람들과 함께 할 때는 억제를 덜 받기 때문에 더 큰 소리를 낼 것이라고 추측하였다(Harkins & Petty, 1982). 실제 결과는? 사회적 태만이었다. 즉 참가자들이 자기 이외에 5명의 다른 사람들도 함께 소리치거나 박수치고 있다고 믿고 있을 때는 혼자라고 믿고 있을 때보다 3분의 1가량 소리를 덜 내었다. 고등학교 치어리더들을 대상으로 그들에게 여럿이 함께 혹은 홀로 환호를 지르도록 했을 때도 사회적 태만이 발생하였다(Hardy & Latané, 1986).

재미있게도 혼자 혹은 집단으로 박수를 치는 당사자는 자신이 태만하였다고 생각하지 않았다. 즉 그들은 두 경우 모두에서 똑같이 박수를 쳤다고 생각하였다. 이런 현상은 똑같은 학점이 주어지는 집단 과제를 수행하는 학생들에게서도 마찬가지이다. Williams는 모두가 사회적 태만이 나타난다는 사실에는 동의하지만, 어느 누구도 자신이 태만했다고 인정하는 사람은 없다고 보고하고 있다.

정치학자인 Sweeney(1973)는 자전거 실험에서 사회적 태만을 살펴보았다. 텍사스대학교 학생들은 자신들의 성과가 다른 학생들의 성과와 합산되는 것으로 알고 있을 때보다는 각자 개별적으로 평가되는 것으로 알고 있을 때, 실내 운동용 자전거를 더 힘차

그림 8.2
줄 당기기 장치
첫 번째 위치에 있는 사람들은 자기 뒤쪽에서 다른 사람들도 줄을 당기고 있다고 생각할 때 줄을 덜 세게 당겼다.

출처 : Alan G. Ingham

사회적 태만
사람들이 공동 목표를 향하여 함께 노력할 때 사람들이 개인적으로 책임이 있을 때보다 노력을 덜 기울이는 경향성

사회적 태만으로 인해, 사람들은 혼자일 때보다 군중 속에 있을 때 박수 소리와 함성을 덜 낸다.

그림 8.3

집단 크기에 따른 노력 감소

4,000명 이상이 포함된 49개의 연구들을 통계적으로 요약한 결과, 집단 크기가 증가함에 따라 노력도 감소하는 것(태만은 증가하는 것)으로 드러났다. 그림 위의 각 점은 이 연구들의 통합 자료를 나타낸다.

출처 : Williams et al., 1992.

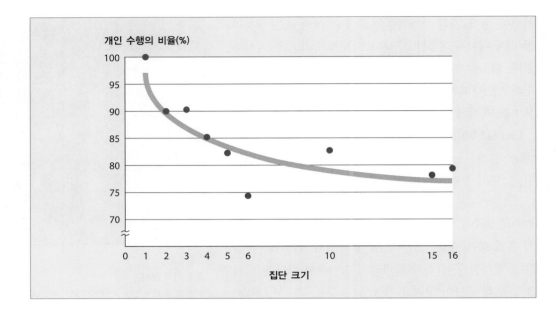

무임승차

집단으로부터 이득은 받고 대가는 거의 하지 않는 것

게 하였다(전자기기로 측정했을 때). 집단 조건에서 사람들은 집단의 노력에 **무임승차**(free-ride) 하려는 유혹을 느끼고 있었다.

이 연구와 160개의 다른 연구들(Karau & Williams, 1993; 그림 8.3)을 통해, 우리는 사회적 태만에는 사회적 촉진을 만들어내는 심리적 힘 중 하나(평가 염려)가 뒤섞여 있다는 사실을 알았다. 사회적 태만 실험들에서 사람들은 홀로 행동할 때만 자신이 평가를 받는다고 생각할 것이다. 집단 상황(줄 당기기, 소리치기 등)은 그런 평가 염려를 줄여준다. 사람이 자신의 노력에 대해 평가받지 않고 책임지지 않아도 될 때, 성과에 대한 책임은 모든 집단 성원에게 분산된다(Harkins & Jackson, 1985; Kerr & Bruun, 1981). 반대로 사회적 촉진 실험들은 평가에 대한 노출을 높여준다. 주목을 받으면, 사람들은 의식적으로 자신의 행동을 살핀다(Mullen & Baumeister, 1987). 그래서 관찰될 때는 평가에 대한 관심이 **높**아져서 사회적 촉진이 생기고, 군중 속에 놓이면 평가에 대한 관심이 줄어들어 사회적 태만이 생긴다(그림 8.4).

집단 성원들을 동기화시키기 위한 하나의 전략은 개인의 수행 크기를 확인할 수 있게 만드는 것이다. 어떤 미식축구 코치는 각 선수의 활약을 개별적으로 녹화하여 평가함으로써 그렇게 하고 있다. 집단이든 아니든 간에 사람들은 각자의 성과가 개별적으로 확인 가능할 때 더 많이 노력하였다. 대학 수영 팀의 선수들도 계영에서 각자의 시간을 기록할 것이라고 알려준 경우, 수영 속도가 더 빨랐다(Williams et al., 1989).

일상생활 속의 사회적 태만

사회적 태만이 어느 정도나 만연되어 있나? 실험실에서 그 현상은 줄 당기기, 운동용 자전거, 소리 치기, 박수 치기뿐만 아니라 물 퍼 올리기, 바람 불어넣기, 시 혹은 사설의 평가, 아이디어 짜내기, 타이핑 및 신호 탐지에서도 나타난다. 이런 일관된 결과들이 일상의 노동자 생산성으로 일반화될까?

작업장 집단 실험에서, 종업원들은 개인의 수행이 게시될 때, 더 많이 생산하였다(Lount & Wilk, 2014). 비슷한 한 실험에서, 조립라인의 노동자들은 자신의 성과에 따라 임금이 영향을 받

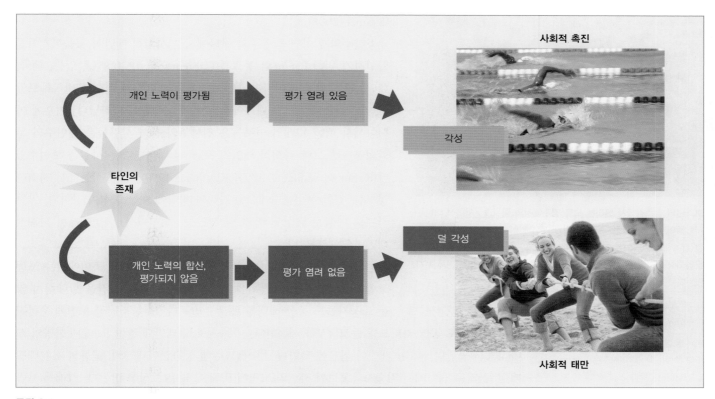

그림 8.4
사회적 촉진인가 아니면 사회적 태만인가?
개인이 평가받지 않거나 책임지지 않는 상황에서는 사회적 태만이 일어날 가능성이 크다. 한 개인 수영선수의 능력은 시합에서의 기록으로 평가된다. 줄다리기에서는 어느 누구도 결과에 책임을 지지 않는다. 그래서 누구나 느슨할 수 있다(혹은 태만할 수 있다).

출처 : (swimmers)ⓒ imagenavi/Getty Images, (tug-of-war)ⓒ Thinkstock Images/Getty Images

지 않는다는 사실을 알고 있더라도, 개인의 성과가 확인될 때, 16%를 더 생산하였다(Faulkner & Williams, 1996). 큰 피클만 골라서 용기에 넣어야 하는 피클 공장의 노동자 예를 살펴보자. 그러나 용기들을 그냥 함께 모으기 때문에(노동자들의 개인적 작업량이 확인되지 않기 때문에), 노동자들은 그냥 아무 크기의 피클로 용기를 채웠다. Williams, Harkins 및 Latané(1981)는 사회적 태만에 관한 연구는 "개인의 생산 크기가 확인될 수 있도록 만들 것을 제안하고, '만약 피클 포장을 하는 사람들에게 잘 포장된 피클에 대해서만 임금을 지불한다면 얼마나 많은 포장을 할 수 있을까?'라는 궁금증을 일으킨다"고 말하였다.

또한 연구자들은 전 공산주의 국가들의 농업 성과를 평가하는 것과 같은, 여러 문화에서 사회적 태만의 증거를 발견하였다. 공산주의의 집단영농에서 러시아 농부들은 하루에 한 필지를 경작하고, 다음날 다시 한 필지를 경작한다. 주어진 구획에 대한 직접적인 책임은 거의 없다. 개인 용도로 작은 사유지가 배정되어 있다. 한 분석에 따르면, 사유지는 전체 농지의 약 1%에 불과하지만 구소련 농산물의 27%를 차지하였다(H. Smith, 1976). 헝가리에서는 사유지가 전체 농지의 13%에 불과하지만, 전체 농산물의 3분의 1을 차지한다(Spivak, 1979). 중국에서 농부들에게 자신이 맡은 생산 초과분에 대한 식량을 판매할 수 있도록 허용했을 때 식량 생산은 연간 8% 향상하였고 이는 지난 26년간의 연간 증가율의 2.5배에 달하는 것이었다(Church, 1986). 보상을 생산적 노력에 연결시키려는 노력의 일환으로, 오늘날 러시아는 많은 농장을 '탈집단화'하였다

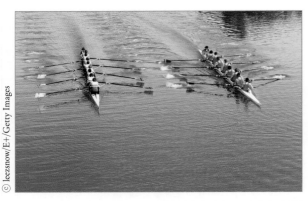

보스턴의 찰스강에서 열리는 보트 경주에서의 팀워크 : 사회적 태만은 사람들이 집단으로 일하지만, 개인에게 책임이 돌아가지 않는 경우에 발생한다. 단 과제가 도전할 만한 가치가 있거나, 매력적이거나, 혹은 몰입되어 있고 집단 성원들이 친구들인 경우는 사회적 태만이 발생하지 않는다.

(Kramer, 2008).

공산주의가 아닌 집합주의 문화에서는 사회적 태만이 있을까? 이를 확인하기 위해 Latané와 동료들(Gabrenya et al., 1985)은 일본, 태국, 대만, 인도 및 말레이시아에서 자신들의 소리치기 실험을 반복해보았다. 그 결과 이들 모든 나라에서도 사회적 태만이 나타났다. 이후에 아시아에서 행한 17개의 연구들은 집합주의 문화 사람들은 개인주의 문화의 사람들보다 사회적 태만이 조금 덜 나타난다는 사실을 보여주었다(Karau & Williams, 1993; Kugihara, 1999). 앞의 장들에서 지적한 것처럼, 집합주의 문화에서는 가족과 직장에 대한 충성이 강하다. 마찬가지로 여성은 남성에 비해 덜 개인주의적이어서, 여성에게서 사회적 태만이 덜 나타난다.

돈과 시간의 기부에서도 사회적 태만은 나타난다. 북미에서는 노동조합이나 전문적인 연합회에 회비를 내지 않거나 시간을 할애하지 않는 노동자들도 통상 혜택은 똑같이 받는다. 방송국 자금 모집에 응하지 않는 사람들도 공영 라디오를 듣고 TV를 시청한다. 이는 사회적 태만에 관한 또 다른 설명의 실마리를 제공한다. 즉 한 개인이 집단에 얼마나 기여했느냐에 상관없이 보상이 균등하게 분배될 때, 누군가는 집단에 무임승차함으로써 자신의 노력에 비해 더 많은 보상을 받는다. 그래서 사람들은 자신의 노력이 개별적으로 밝혀져 그에 따른 보상을 받지 않을 때, 이는 그들을 자신의 상대적 기여도를 과잉 추정하게 만들 수도 있어, 태만해지기 쉽다(Schroeder et al., 2016). 한 공산주의자가 '기생충의 천국'이라고 부르는, 무임 승차자를 환영하는 상황이 있을 수 있다.

그러나 분명히 개인들의 노력을 결합할 때, 항상 사회적 태만이 생기는 것은 아니다. 때로 목표가 매우 도전해볼 만한 것이고 모든 사람의 성과를 최대로 모으는 것이 필수적인 경우, 팀 정신이 유지되고 개인의 노력은 강화된다. 올림픽 조정경기에서 8명이 한 팀인 선수들은 한 팀이 1~2명이 선수들에 비해 노를 젓는 데 노력을 덜할까?

증거로 볼 때, 분명 그렇지 않다. 과제가 도전적이거나, 매력적이거나, 몰입할 만한 것일 때, 집단에 있는 사람들은 덜 태만하다(Karau & Williams, 1993; Tan & Tan, 2008). 도전할 만한 과제일 때, 사람들은 자신의 노력이 필수적이라고 지각한다(Harkins & Petty, 1982; Kerr, 1983; Kerr et al., 2007). 메달이 걸린 수영 계영에서는, 선수들은 개인 경기보다 더 빠르기까지 하였다(Huffmeier et al., 2012).

또한 집단 성원들이 서로 모르는 사람들인 경우보다는 친구들이거나 그 집단에 동일시하는 사람들인 경우는 사회적 태만이 덜 나타난다(Davis & Greenless, 1992; Gockel et al., 2008; Karau & Williams, 1997; Worchel et al., 1998). 심지어 누군가와 또다시 상호작용하게 될 것이라고 기대하는 것만으로도 팀 프로젝트에 대한 노력을 증대시킨다(Griebeboom et al., 2001). 당신이 수업 프로젝트를 다른 사람들과 함께 할 경우에도 그들을 다시 만나지 않을 것이라고 예상할 때보다 다시 만날 것이라고 예상할 때, 더 동기화될 것이다. 응집력은 노력을 더 하도록 만든다.

이 결과들 중 일부는 일상의 작업집단에 관한 연구 결과와 일맥상통한다. 집단에게 도전할만한 목표가 주어진 경우, 집단이 성공하면 자신들도 보상을 받는 경우, '팀'에 대한 희생 정신이 있는 경우는 집단 성원들이 더 열심히 일한다(Hackman, 1986). 집단을 소규모로 구성하면, 구성원들에게 자신의 기여가 필수적이라고 생각하도록 만드는 데 도움이 된다(Comer, 1995).

요약 : 사회적 태만 : 개인들은 집단에서 덜 노력하는가?

- 사회적 촉진 연구자들은 각자가 개별적으로 평가될 수 있는 과제를 수행할 때 사람들의 수행이 어떤지를 연구하고 있다. 그러나 많은 작업 상황에서 사람들은 개인적 책임이 없을 때도 공동의 목표를 위해 함께 노력을 모아 일한다.
- '가산 과제'를 할 때, 종종 집단 성원들은 노력을 덜 한다. 이

결과는 책임 분산으로 인해 개개 집단 성원들이 집단 노력에 무임승차하려는 유혹에 빠지는 것과 일맥상통한다.
- 그러나 사람들은 목표가 중요하고, 보상이 의미가 있으며, 그리고 팀 정신이 있을 때는 집단에서 훨씬 더 많은 노력을 쏟는다.

몰개성화 : 집단 속에서 사람들은 언제 자기감을 상실하는가?

'몰개성화'를 정의하고 이것이 촉발되는 조건을 알아본다.

2003년 4월에 미군이 이라크의 도시에 진군했을 때, 아담 후세인 통치로부터 해방된 약탈자들이 날뛰었다. 약탈자들은 병원의 병상을 가져갔다. 국립도서관은 수만 권의 고문서를 약탈당했고, 걷잡을 수 없는 폐허가 되었다. 대학들에서 컴퓨터, 의자, 심지어 전구가 없어졌다. 바그다드에 있는 국립박물관은 48시간도 안 되어 수천 점의 모조 문화재(진품은 안전을 위해 사전에 옮겨둠)를 잃었다(Burns, 2003a, b; Lawler, 2003c). 사이언스는 스페인 점령군들이 아즈텍과 잉카문명을 약탈한 이후, 그렇게 단시간 내에 많은 것을 잃은 적이 없었다고 보도하였다(Lawler, 2003a). 한 대학의 학장은 "그들은 폭도였다. 50명의 무리가 왔다 가면, 또 다른 한 무리가 왔다"고 설명하였다(Lawler, 2003b).

이런 보도(그리고 런던에서 있었던 2011년 방화와 약탈, 2014년 미주리에서의 약탈, 2016년 시작된 독일에서의 군중에 의한 성폭행 보도)는 세상 사람들에게 다음과 같은 궁금증을 유발했다. 약탈자들의 도덕심에 무슨 일이 생긴 것인가? 왜 그런 행동이 분출했을까? 그리고 왜 그런 행동은 예상할 수 없을까?

그들의 행동은 심지어 많은 폭도들이 나중에 무엇이 그들을 사로잡았는지 궁금하게 여길 정도였다. 일부 체포된 폭도들은 법정에서 자신들의 행동에 당황해 하는 것으로 보였다(Smith, 2011). 그들 중 최근에 대학을 졸업한 사람의 어머니는 자신의 딸이 텔레비전을 훔쳐 체포된 이래로 계속해서 침대에서 울고 있다고 말했다. "딸은 아직도 왜 그렇게 했는지 모르고 있다. 딸은 텔레비전이 필요하지 않았다." 집에 가다가 슈퍼마켓을 약탈한 혐의로 체포된 한 공대생은 변호사를 통해 "분위기에 휩쓸렸고" 현재 "몹시 부끄러워하고 있다"고 말하였다(Somaiya, 2011).

혼자서는 할 수 없는 행동을 여럿이 하기

사회적 촉진에 관한 실험들은 집단이 사람들을 각성시킬 수 있음을 보여주고, 사회적 태만에 관한 실험들은 집단이 개인의 책임을 분산시킬 수 있음을 보여주고 있다. 각성과 책임 분산이 결합되고 정상적인 억제가 줄어들 때, 그 결과는 놀랍다. 사람들은 억제가 풀린 가벼운 행동(식당에 음식 던지기, 심판에게 대들기, 록 콘서트에서 소리 지르기)에

© Lewis Whyld/AP Images

몰개성화 : 2011년 영국의 폭동과 약탈 사태 동안, 폭도들은 사회적 각성과 어둠, 두건 및 마스크가 제공해주는 익명성으로 인해 탈억제되었다. 후에 체포된 사람들 중 일부는 자신이 저지른 행동에 대해 당혹감을 표현하였다.

서부터 충동적인 자기만족(집단적 기물 파괴, 술판, 도둑질), 파괴적인 사회적 분노 폭발(경찰의 잔혹행위, 폭동, 린치)까지 범할 수도 있다.

　이런 탈억제된 행동들은 공통점이 있다. 즉 그 행동들은 집단 속에 있다는 힘에 의해 발생한다. 집단은 흥분감을 일으킬 수 있고, 자기 자신보다는 더 거대한 무언가에 사로잡히게 된다. 한 명의 록 팬이 록 콘서트에서 흥분하여 소리를 지르는 것 혹은 한 명의 폭도가 차에 불을 지르는 것은 상상하기 어렵다. 사람들이 정상적인 억제 상태를 포기하고, 개인의 정체성을 상실하고, 집단이나 군중의 규범에 따라 행동하게 되는 것은 집단 상황 속에 있을 때이다. 한 마디로 집단 속에서는 Festinger, Pepitone 및 Newcomb(1952)가 명명한 **몰개성화**(deindividuation) 상태가 된다. 어떤 상황이 이런 심리 상태를 일으킬까?

몰개성화
자의식과 평가 염려를 상실한 상태로 집단 규범, 선 또는 악에 대한 반응성이 높아진 집단 상황에서 발생한다.

집단 규모

집단은 구성원들을 각성시킬 뿐 아니라 각 개인의 신분을 확인할 수 없게 해준다. 다 같이 소리를 지르는 군중은 누가 소리를 지르는 농구 팬인지를 숨겨준다. 난동을 부린 군중들은 자신이 기소되지 않을 것으로 믿는다. 그들은 그 행동을 자신이 한 행동이 아닌 집단이 한 행동으로 생각한다. 군중 때문에 자신의 얼굴이 밝혀지지 않는 폭도들은 자유롭게 약탈을 한다. 한 연구자는 군중이 있는 상태에서 누군가가 건물에서 혹은 다리에서 뛰어내리겠다고 위협한 21개의 사례를 분석하였다(Mann, 1981). 군중의 수가 적고 대낮인 경우, 대개 사람들은 그 사람에게 "뛰어내려!"라고 소리쳐서 그를 유혹하지 않았다. 그러나 군중의 수가 많거나 어둠이 사람들에게 익명성을 가져다 주었을 때, 대개 사람들은 그를 뛰어 내리도록 유혹하거나 조롱하였다.

　폭도들에게도 비슷한 효과가 있다. 즉 폭도의 수가 많을수록 그들은 자의식을 잃고 불을 지르거나 희생자에게 상처를 입히거나 손발을 자르는 것과 같은 잔인한 행위를 기꺼이 저지르게 된다(Leader et al., 2007; Mullen, 1986a).

　경기장 난동으로부터 폭도까지에 이르는 이런 예들에서 평가에 대한 염려는 사라진다. 사람들의 관심은 자신이 아니라 상황에 집중된다. 그래서 '모두가 그렇게 하기' 때문에, 모든 사람들이 자신의 행동을 자신의 선택보다는 상황으로 귀인할 수 있다.

익명성

우리가 어떻게 군중이 익명성을 제공한다고 확신할 수 있는가? 확신할 수 없다. 그러나 익명성이 실제로 억제력을 줄여주는지의 여부를 알아볼 수 있는 실험을 해볼 수 있다. Zimbardo(1970, 2002)는 어떻게 윌리엄 골딩의 **파리대왕**에서 착한 소년들이 자신의 얼굴에 페인팅을 하고 난 후, 그렇게 갑자기 악마가 되는지를 질문하였던 학부생으로부터 아이디어를 얻었다. 익명성을 실험하기 위해, 뉴욕대학교의 여대생들에게 마치 KKK 단원처럼 똑같은 흰색 옷과 두건을 입도록 하였다(그림 8.5). 그런 다음 한 여자에게 전기충격을 주도록 요청했을 때, 그들은 자신의 옷을 입은 채, 큰 명찰을 달고 있는 여대생들보다 두 배 정도에 해당하는 전기충격 단추를 눌렀다. 심지어 어두운 빛이나 선글라스의 착용도 사람들이 지각하는 익명성을 증대시키고, 그래서 속임수를 쓰거나 이기적으로 행동하려는 마음이 생긴다(Zhong et al., 2010).

　인터넷도 비슷한 익명성을 준다. 바그다드의 폭도들이 저지른 약탈을 보고 놀란 수많은 사람들도 파일 공유 프로그램을 이용하여 바로 그날 익명으로 음악을 불법으로 내려받았다. 수많은 사람들이 양심의 가책도 없이 저작권이 보호된 재산을 내려받고, 이를 MP3 플레이어를 통해 들

그림 8.5
Zimbardo의 몰개성화 연구에서, 신분 확인이 가능한 여성들보다 익명이 보장된 여성들이 무기력한 희생자에게 더 많은 전기충격을 주었다.

출처 : ⓒ Philip Zimbardo

는 행동이 매우 부도덕한 것으로 보이지도 않는다. "정신 차려, 바보 자식아"와 같이 면전에서 도저히 못할 말을 하며 인터넷상에서 놀리는 사람은 온라인 익명성 뒤에서 숨은 것이다. 대부분의 SNS 사이트는 신용을 위해 실명을 요구하는데, 이것은 독설을 제한시켜준다.

몇몇 경우에 익명의 온라인 방관자들은 자살의 위험에 처한 사람을 부추기며, 때로 그 장면을 비디오 생방송으로 수많은 사람들에게 보낸다. 테크놀로지가 미치는 사회적 효과를 분석한 어떤 사람은 온라인 공동체는 "건물 끝에 서있는 아이 주변에 몰려있는 군중과 같다"고 말하였다 (Stelter, 2008에서 인용). 때로 배려심 많은 어떤 사람은 그 사람을 내려오게 하려고 말하려고 애쓰지만, 그 반면에 다른 사람들은 실제로 "뛰어, 뛰어"라고 외친다. "이 공동체가 주는 익명성이라는 본질은 이 사이트 사람들의 야비함이나 무정함을 대담하게 만들 뿐이었다."

Ellison, Govern 및 동료들(1995)은 몰개성화 현상을 길거리에서 검증하기 위해 실험에 협조하고 있는 한 운전자에게 컨버터블 자동차(지붕을 접었다 폈다 할 수 있는 승용차) 또는 4륜 구동 자동차가 자기 차 뒤에 있을 때 적색 신호등에 서서, 신호가 바뀐 뒤 출발하지 않고 12초간 기다리도록 하였다. 기다리는 동안 뒤차가 경적(온순한 형태의 공격 행위)을 울리는지를 기록하였다. 지붕을 내린 컨버터블과 4륜 구동 자동차와 비교했을 때, 지붕을 올려 비교적 운전자의 익명성이 확보된 컨버터블 운전자들이 3분의 1 정도 더 빨리 경적을 울렸고, 횟수도 두 배, 경적 시간도 거의 두 배나 오랫동안 울렸다. 즉 익명성은 무례함을 만든다.

Diener(1976)가 이끄는 연구팀은 집단에 속해 있고 신체적으로 익명이 보장된 상태에서 그 효과를 잘 보여주었다. 그들은 시애틀에 거주하는 1,352명의 아이들이 핼러윈 데이(만성절)에 하는 "과자 안 주면 장난칠 거예요(trick-or-treating)" 놀이를 관찰하였다. 아이들이 혼자 혹은 집단으로 시애틀에 있는 27개 가정 중 한 가정을 찾아 갔을 때, 실험자는 그들을 따뜻하게 맞이하고 "사탕 하나씩만 가져가라"고 말한 후 사탕에 신경을 쓰지 않았다. 숨어서 그들을 관찰한 결과, 집단으로 온 아이들이 혼자서 온 아이보다 추가로 더 가져간 사탕이 두 배였다. 또한 실험자가 이름과 사는 곳을 물어본 아이들은 익명으로 남겨둔 아이들에 비해 위반 행동(추가로 사탕을 더 가져간 행동)을 절반밖에 하지 않았다. 그림 8.6에서 보듯, 집단에 묻히고 익명성으로 몰개성화된 대부분의 아이들은 추가로 사탕을 더 가져갔다.

이런 결과들은 유니폼 착용의 효과를 궁금하게 만든다. 어떤 부족의 전사들은 전쟁을 준비할 때 자신의 몸과 얼굴에 페인트나 특수한 표식을 함으로써 각자의 특징을 없앤다(열성 스포츠팬

그림 8.6
아이들이 집단으로 왔을 때, 익명일 때, 핼러윈 사탕을 추가로 가져감으로 써 위반 행동을 한 비율이 더 많았다. 특히 집단에 묻혀 있음과 익명성이 결합되어 몰개성화된 경우에 위반이 가장 많았다.

출처 : Data from Diener et al., 1976.

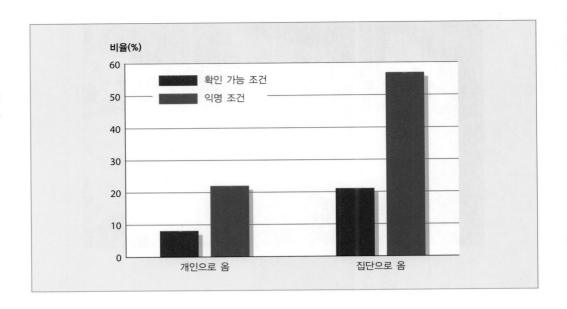

도 마찬가지이다). Watson(1973)은 문화인류학적 자료를 정리한 결과, 전쟁 때 각 전사의 개인적 특징을 없애는 문화가 적을 잔인하게 다루는 문화임을 발견하였다. Silke(2003)의 연구에 따르면, 북아일랜드에서 500건의 폭행 사건 중 206건은 공격자가 마스크, 두건 혹은 얼굴 위장을 하고 있었다. 위장하지 않은 공격자와 비교해보면, 이들 익명의 공격자들이 더 심각한 상처를 입혔고, 더 많은 사람을 공격했으며, 더 많이 파괴하였다.

신체적으로 익명이 되면 항상 우리의 나쁜 충동이 나오는가? 다행히 그렇지는 않다. 이런 모든 상황에서 사람들은 두드러진 반사회적 단서에 반응한다. Johnson과 Dowing(1979)은 Zimbardo의 실험에 참여한 참가자들이 입은 KKK 단원복 같은 복장은 호전성의 자극단서가 될 수 있다고 지적하였다. 조지아대학교에서 수행된 한 실험에서, 참가 여성들이 어떤 사람에게 줄 전기충격의 크기를 결정하기 전에 간호사 복장을 입도록 하였다. 간호사복 착용이 그들을 익명으로 만들었을 때, 그들은 전기충격을 주는 일에서 덜 공격적이 되었다. Postmes와 Spears(1998; Reicher et al., 1995)는 60개의 몰개성화 연구들을 분석하여, 익명이 되면 자의식이 낮아지고, 집단의식은 높아지고, 부정적이든(KKK 단복) 긍정적이든(간호사복) 간에 그 상황의 단서에 더 민감하게 반응하게 된다고 결론내렸다.

각성과 주의 분산 행위

대규모 집단의 공격적 분출은 사람들을 흥분시키고 그들의 주의를 전환시키는 작은 행동이 이후에 뒤따라 나오는 경우가 많다. 집단적으로 소리 치고, 환호하고, 박수 치고, 춤추는 것은 사람들을 흥분시켜 자의식을 감소시킨다.

여러 실험들은 돌 던지기와 집단적으로 노래 부르기와 같은 행위들이 보다 탈억제적 행동을 할 수 있는 무대를 제공해줄 수 있음을 보여주었다(Diener, 1976, 1979). 다른 사람들이 같은 행동을 하는 것을 보면서 그 행동에서 충동적으로 쾌감이 생긴다. 다른 사람들이 우리처럼 행동하는 것을 보면, 우리는 그들도 우리와 같은 느낌일 것이라고 생각하며, 그것은 우리 자신의 감정을 강화시킨다(Orive, 1984). 더욱이 충동적인 집단 행동은 우리의 주의를 빼앗는다. 우리가 심판에게 고함을 지를 때, 우리는 자신의 가치에 대해 생각하지 않는다. 즉 우리는 단지 눈앞에 놓인 상황에 반응하고 있는 것이다. 나중에 우리가 했던 말이나 행동을 생각해보면, 때로 창피함을 느끼기도 한다. 어떤 경우, 우리는 강렬한 긍정적 감정과 타인과의 친밀함을 즐길 수 있는 춤, 예배, 팀 스포츠와 같이 우리를 몰개성화시키는 집단 경험을 추구한다.

자의식의 감소

자의식을 감소시키는 집단 경험은 행동과 태도 간의 연결을 끊어버리는 경향이 있다. Diener(1980), Prentice-Dunn과 Rogers(1980, 1989)의 연구는 자의식적이지 못하고, 몰개성화 상태인 사람들은 자제력이 덜 하고, 덜 자기조정적이고, 자신의 가치에 대한 생각 없이 행동하기 쉬우며, 그 상황에 더 반응적이라는 사실을 보여주었다. 이런 결과들은 **자의식**(self-awareness)에 관한 실험들을 보완해주고 강화시켜주는 것이다.

자의식은 몰개성화의 반대 개념이다. 거울이나 TV 카메라 앞에서 행동하도록 함으로써 자의식적으로 만든 사람들은 자기통제력이 **높아졌음**을 보여주며, 그들의 행동은 자신의 태도를 보다 잘 반영하고 있다. 사람들을 거울 앞에서 여러 종류의 크림치즈를 먹도록 하면, 지방이 많은 것을 덜 먹는다(Sntyrz & Bushman, 1998).

자의식적인 사람은 커닝도 덜 하였다(Beaman et al., 1979; Diener & Wallborn, 1976). 그래서 일반적으로 자의식이 강한 사람은 개성있고 독립적인 사람이다(Nadler et al., 1982). 자신이 다른 사람에게 어떻게 보이는지를 더 자주 생각하는 일본에서는 거울이 있느냐의 여부가 커닝에 아무런 영향을 주지 않았다(Heine et al., 2008). 원리는 이렇다. 원래 자의식적인 사람 또는 일시적으로 그렇게 만든 사람들은 그 상황 밖에서 한 말과 그 상황 안에서의 행동이 더 일치한다.

우리는 이런 결과들을 일상의 많은 상황에 적용할 수 있다. 술을 마시는 것과 같이 자의식이 낮아지는 상황에서는 몰개성화 상태가 **증가된다**(Hull et al., 1983). 거울과 카메라, 작은 동네, 밝은 불빛, 큰 이름표, 주의 분산이 없는 고요함, 사복과 사저 같은 자의식을 높여주는 상황에서는 몰개성화가 **감소한다**(Ickes et al., 1978). 십 대 청소년들이 놀러나갈 때, 부모들은 "재미있게 놀아라. 하지만 네가 누군지를 잊지 마라"라고 충고하는 것이 좋다. 다시 말해 집단에서 즐겁게 지내되, 자의식적이어야 한다. 즉 당신의 정체성을 지키고, 몰개성화를 조심하라.

거울을 보거나 카메라 앞에 서면 자의식이 증가하여, 우리로 하여금 각자의 행동에 대해 더 주의깊게 생각하도록 만든다.

자의식
자기 자신에게 주의를 기울이는 자의식적 상태. 이것이 사람들에게 자신의 태도와 성향에 더욱 민감하게 만든다.

요약 : 몰개성화 : 집단 속에서 사람들은 언제 자기감을 상실하는가?

- 높은 수준의 사회적 각성이 책임감 분산과 결합될 때, 사람들은 정상적인 자제력을 포기하고 개인의 정체성을 잃어버린다.
- 특히 사람들이 큰 규모의 집단 속에 있고, 신체적으로 익명이 되고, 각성되고 주의가 분산되어 있을 때, 몰개성화 상태가 되기 쉽다.
- 자의식과 자제력이 낮아지면, 사람들은 긍정적이든 혹은 부정적이든 그 당시의 상황에 따라 반응하는 경향이 커진다. 자의식이 높을 때는 몰개성화가 덜 나타난다.

집단 극화 : 집단이 우리의 의견을 더 강하게 만드는가?

> 어떻게 같은 마음을 가진 사람들과의 상호작용이 기존의 태도를 더 강하게 만드는 경향이 있는지를 알아본다.

집단 상호작용은 좋은 결과가 더 많은가 아니면 나쁜 결과가 더 많은가? 경찰관의 잔인성과 폭도들의 폭력은 집단의 파괴적인 잠재력을 보여주는 것이다. 그러나 지지집단의 리더, 작업집단의 자문위원, 및 교육이론가들은 집단 상호작용의 유익한 효과를 공언하고 있다. 그리고 자조집단 구성원들과 종교 신도들은 같은 마음을 지닌 사람들과의 교류를 통해 자신들의 정체성을 강화시킨다.

소집단으로 이루어진 연구들은 좋은 결과와 나쁜 결과 모두를 설명해줄 수 있는 하나의 원리를 알아냈다. 즉 집단 논의는 구성원들이 지닌 초기의 태도를 강하게 만든다는 것이다. **집단 극화**(group polarization)에 관한 연구를 살펴보면, 그 과정을 볼 수 있다. 즉 하나의 재미있는 발견이 어떻게 연구자들을 성급하고 잘못된 결론으로 종종 유도하는지, 그리고 후에 그것이 정확한 결론으로 대체되는지를 예시하고 있다. 이는 내(DM)가 직접 체험하여 말할 수 있는 과학의 미스터리 중 하나이다.

집단 극화
구성원들의 이미 지니고 있는 경향을 집단이 더 고양시키는 것으로, 집단 내의 분열이 아니라 구성원들의 평균 경향성이 강화된다.

'모험 이행' 사례

그 당시 MIT 대학원생이었던 Stoner(1961)의 놀라운 연구 결과가 발표된 이후 이와 관련된 300여 편의 연구가 나왔다. Stoner는 경영학 분야의 석사학위 논문을 위해, 집단이 개인보다 더 신중하다는 일반적인 생각을 검증하였다. 그는 연구 참가자들에게 한 가상인물이 어느 정도의 모험을 해야 하는지 조언하는 의사결정 딜레마 과제를 주었다. 만약 당신이 참가자라면, 다음과 같은 상황에서 그 가상인물에게 어떤 조언을 하겠는가?

> 헬렌은 상당한 재능을 지닌 작가지만, 싸구려 글쓰기로는 편안하게 생활할 만큼의 수입과는 거리가 멀었다. 최근에 그녀는 좋은 소설이 될 수 있는 아이디어가 생각났다. 만약 그 소설을 써서 채택되면, 상당한 문학적 파장을 일으키고 그녀의 경력도 크게 올라갈 것이다. 한편 그녀가 그 아이디어를 소설로 집필하지 못하거나 소설이 실패작이 되면, 수입도 없이 상당한 시간과 에너지를 낭비하게 될 것이다.
>
> 당신이 헬렌에게 조언을 한다고 생각해보라. 헬렌이 그 소설을 집필해야 한다고 생각하는 '최소한'의 확률에 체크하라.
>
> 당신은 그 소설이 성공할 가능성이 다음 중 최소한 어느 정도일 때, 헬렌이 그 소설을 집필해야 한다고 생각하는가?
>
> _____ 1/10
>
> _____ 2/10
>
> _____ 3/10
>
> _____ 4/10
>
> _____ 5/10
>
> _____ 6/10
>
> _____ 7/10
>
> _____ 8/10
>
> _____ 9/10

_____ 10/10 (그 소설이 어느 정도의 성공 가능성이 있을 때만, 헬렌이 그 소설을 집필해야 한다고 생각하는지를 체크하라)

모험 이행 : 차 안에 함께 있는 십 대들처럼, 집단은 개인 혼자일 때보다 더 모험적인 결정을 하게 만든다.

당신이 먼저 결정을 내린 후에 이 책의 평균적인 독자들이 내린 결정을 추측해보라.

각자가 이런 종류의 여러 문항들에 표시하고 난 후, 5명이 함께 논의하여 각 문항에 대해 합의에 도달하도록 하였다. 당신은 논의 이전에 각자가 내린 결정의 평균치와 비교할 때, 집단 논의의 결과는 어떠했을 것으로 생각하나? 집단이 더 모험적인 결정을 했을까? 더 신중한 결정을 했을까? 아니면 개인일 때와 같았을까?

놀랍게도, 대개 집단의 결정이 더 모험적이었다. 이 '모험 이행 현상'은 집단이 모험을 추구한다는 연구들이 쏟아져 나오게 만들었다. 이 연구들은 집단이 합의로 의사결정을 할 때만 모험 이행이 발생하는 것은 아님을 보여주었다. 즉 잠시 동안의 집단 논의도 개인들의 결정을 바꾸었다. 더욱이 연구자들은 여러 나라에서 다양한 연령층과 다양한 직업을 지닌 사람들을 대상으로 연구한 결과, Stoner의 연구 결과가 반복되었다는 사실을 확인하였다.

논의 도중, 의견이 수렴된다. 그러나 의아하게도 의견이 수렴되는 지점이 대개는 구성원들의 처음 평균치보다 낮은(즉 모험적인) 쪽이라는 점이었다. 여기에 흥미로운 수수께끼가 있다. 약간의 모험 이행 효과는 일관된 결과이며 예상치 못한 것이었고, 당장은 명확히 설명할 수 없는 것이었다. 이런 효과를 만드는 집단 영향은 무엇인가? 그리고 그 효과가 얼마나 널리 산재하는가? 배심원들, 회사의 각종 위원회, 군 조직에서의 논의도 모험적인 결정을 하도록 촉진시키나? 이것이 혼자인 경우에 비해 탑승자가 2명인 상태에서 16~17세 청소년들의 무모한 운전으로 사망률이 거의 두 배나 되는 이유를 설명해주는가(Chen et al., 2000)? 이것이 사람들이 주식이 오르고 있는 이유를 논의할 때, 주식이 한층 더 높게 치솟게 만드는 정보의 홍수를 만들어내는 주식의 거품 현상을 설명해주는가(Sustein, 2009)?

수년간의 연구 끝에 우리는 모험 이행이 보편적으로 나타나는 현상이 아니라는 사실을 알게 되었다. 논의 후에 사람들이 더 **신중한** 결정을 하는 경우도 있었다. 한 딜레마의 예에서 '로저스'는 2명의 초등학생 자녀를 둔 젊은 기혼 남자지만 수입이 적은 직업을 갖고 있었다. 로저스는 생활필수품을 구입할 여유는 있었지만, 고급 물건을 살 여유는 거의 없었다. 그는 비교적 무명인 어느 회사에서 출시한 신제품이 소비자의 호감을 사면 그 회사의 주식이 곧 세 배로 오르고, 만약 그 신제품이 잘 팔리지 않으면 그 주식이 상당히 떨어질 것이라는 소식을 들었다. 로저스는 저축해 놓은 돈이 없었다. 로저스는 그 회사에 투자하기 위해, 자신의 생명보험 해지를 고려하고 있다.

당신은 헬렌이 처한 상황에 대한 논의 후에는 집단이 더 모험적인 조언을 하는 경향성과 로저스의 상황에 대한 논의 후에는 집단이 더 신중한 조언을 하는 경향성을 모두 예언하는 일반 원리를 찾을 수 있는가? 만약 당신이 대부분의 다른 사람과 같다면, 다른 사람과 논의하기 전에도, 로저스보다는 헬렌에게 더 모험적인 선택을 하도록 조언할 것이다. 집단 논의는 각자의 처음 생각을 더 강화시키는 경향이 있음이 밝혀졌다. 그러므로 '로저스'의 딜레마에 대한 집단 논의는 논의 이전에 비하여 더 위험을 피하는 쪽으로 변하게 되었다(Myers, 2010).

© Big Cheese Photo/Superstock

집단은 의견을 더 강하게 만들까?

우리는 이 집단 현상이 일관되게 모험을 증가시키는 쪽으로 이동시키는 것이 아니라는 사실을 알고 난 후, 그 현상이 집단 논의가 집단 성원들의 초기 생각을 더 강하게 만드는 경향성이라고 재정리하게 되었다. 비슷한 마음들이 극화되는 것이다. 이런 아이디어는 프랑스의 심리학자인 Moscovici와 Zavalloni(1969)로 하여금 집단 극화라고 부르는 현상을 제안하도록 만들었다. **집단 극화란 대개는 집단 논의가 집단 성원들의 평균적 성향을 강화시키는 현상이다.**

집단 극화 실험

집단 논의로 인해 생기는 구성원들의 의견 변화에 대한 새로운 입장을 검증하기 위해, 실험자들은 대부분의 구성원들이 찬성하는 혹은 대부분의 구성원들이 반대하는 주제를 논의하도록 하였다. 집단에서 논의가 이뤄지면 구성원들의 초기 태도가 더 강화되나? 집단 속에서는 모험을 추구하는 사람은 더 모험적이 되고, 고집쟁이는 더 고집스러워지고, 기부자는 더욱 더 기부를 많이 하는 사람이 되는가? 그것이 집단 극화 가설이 예언하는 바이다(그림 8.7).

수많은 연구들이 집단 극화 현상을 입증하였다. 다음은 그중 몇 가지이다.

- Moscovici와 Zavalloni(1969)는 집단 논의가 프랑스 학생들의 자국 대통령에 대한 초기의 긍정적 태도와 미국인에 대한 부정적 태도를 더 강화시킨다는 사실을 발견하였다.
- Isozaki(1984)는 일본 대학생들이 교통사고 사례에 대해 논의를 한 후 운전자에 대해 '유죄' 판단이 더 우세해짐을 발견하였다. 배심원들이 손해배상을 평결하는 경향이 있을 때, 집단은 평균적인 배심원보다 더 큰 손해배상을 평결하는 경향이 있다(Sunstein, 2007a).
- 사람들이 다른 사람들과 동시에 정치적 연설에 관한 온라인 비디오를 시청하고 있다고 생각할 때, (다른 시청자가 없을 때와 비교하여) 그 연설에 대해 내린 판단이 더 극단적이었다(Sheteynberg et al., 2016).
- Brauer와 동료들(2001)은 프랑스 학생들이 공통적으로 부정적인 인상을 가진 어떤 사람들을 집단 논의 후에는 더 혐오하게 된다는 사실을 발견하였다. 만약 어떤 사람들이 당신을 싫어한다면, 그들이 모이면 당신을 더 싫어하게 될 수도 있다.

또 하나의 연구 책략은 구성원들의 의견이 나눠져 있는 주제를 선택하여, 같은 입장을 지닌 사람들만을 따로 모으는 것이다. 같은 생각을 지닌 사람들끼리의 논의는 그들이 공유한 입장을 강화시킬 것인가? 양측으로 나뉜 태도의 격차가 더 커질 것인가?

Bishop과 나는 그것이 궁금하였다. 그래서 비교적 편견이 심한 고등학생들과 편견이 없는 고등학생들에게 인종 태도가 관여되어 있는 주제에 대해 논의 이전과 이후에 응답하도록 하였다(Myer & Bishop, 1970). 예를 들어 학생들에게 자신과 같은 인종에게만 빌려줄 수도 있는 사적 재산권이냐 혹은 차별을 받지 않을 시민권이냐 하는 문제가 포함된 사례에 대해 응답하도록 하였다. 우리는 생각이 같은 학생들끼리의 논의가 두 집단 간의 초기 격차를 실제로 더 증가시킴을 발견하였다(그림 8.8). 더구나, Keating과 동료들(2016)은 사람들이 생활 속에서 그 현상에 대해 알지 못한다고 보고하였다. 오바마와 부시 중 누가 더 좋은 대통령인지를 같은 생각

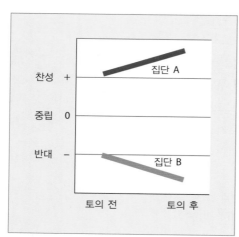

그림 8.7
집단 극화
집단 극화 가설은 집단 논의가 집단 성원이 공유한 태도를 강화시킬 것으로 예언한다.

을 지닌 소집단에서 논의하도록 했을 때, 참가자들은 논의가 자신의 태도를 얼마나 극화시키는지에 대해 과소평가하였고, 논의 이전 자신의 태도가 실제보다 덜 극단적이란 사실을 잘못 기억하고 있었다.

영국과 호주에서 실시한 연구에서도 집단 논의가 긍정적 경향성과 부정적 경향성 모두를 더 확대시킬 수 있음이 확인되었다. 사람들이 이민자 집단과 같이 어떤 집단에 대해 부정적 인상을 공유하고 있으면, 논의는 그 부정적 입장을 지지하고, 그 집단을 차별하려는 태도를 증대시킨다(Smith & Postmes, 2011). 그리고 사람들이 어떤 정의롭지 못한 일에 대한 관심을 공유할 때, 논의는 도덕적 관심을 확대시킨다(Thomas & McGarty, 2009). 뜨거운 석탄이 함께 있는 것과 같이, 같은 마음은 서로를 강하게 만든다.

일상생활 속의 집단 극화

일상생활 속에서 사람들은 자신과 태도가 비슷한 사람끼리 주로 어울려 지낸다(매력에 관한 장을 참조하거나 당신 주변의 친구들을 보라). 그렇다면, 실험실 밖에서도 같은 생각을 지닌 친구들 간의 일상적인 집단 상호작용이 이미 공유하고 있는 태도를 강화시키는가? 바보는 더 바보가 되고, 영리한 사람은 더 영리해지고, 반항아는 더 반항적이 되는가?

그렇다. Maccoby(2002)는 소년들을 모두 남성인 집단에 넣고, 소녀들을 모두 여성인 집단에 넣은 결과, 처음에는 미약했던 성 차이가 강해졌다. 소년들 속의 소년은 놀이에서 점차 더 경쟁적이고, 활동 지향적이고, 허세적으로 변하였다. 소녀들 속의 소녀는 점차 더 관계 지향적으로 변하였다.

미국 연방 항소심 재판 사례에서, 공화당 대통령이 임명한 판사들은 공화당에 유리한 쪽으로 판결하는 경향이 있는 반면, 민주당 대통령이 임명한 판사들은 민주당에 유리한 쪽으로 판결하는 경향이 있다. 놀랄 일은 아니다. 그러나 이런 경향은 같은 생각을 지닌 판사들일 때, 더 가속화된다. Schkade와 Sunstein(2003)은 "공화당 지명자가 또 다른 두 명의 공화당원과 함께 앉아 있으면 최소한 한 명의 민주당원과 함께 앉아 있는 경우보다 더 보수적으로 판결하였다. 반면 민주당 지명자는 또 다른 두 명의 민주당원과 함께 앉아 있으면 최소한 한 명의 공화당원과 함께 앉아 있는 경우보다 더 진보적인 방향으로 판결하였다"라고 보고하였다.

학교에서의 집단 극화 실험실 현상과 비슷하게, 실제 생활에서 일어나는 현상 중 하나가 교육 연구자들이 '가속' 효과라고 부르는 것이다. 이는 시간이 지날수록 대학생 집단 간의 초기 차이가 더 가속화되는 현상이다. 만약 A대학의 1학년들이 B대학의 1학년들보다 처음에 더 우수한 학생들이었다면, 그 차이는 대학을 졸업할 때 더 커질 가능성이 높다. 마찬가지로 여러 학생회에 가입된 학생들과 비교해볼 때, 학생회에 가입하지 않은 학생은 정치적으로 진보적 태도를 지니는 경향이 있고, 이런 차이는 대학 시절에 더 커진다(Pascarella & Terenzini, 1991). 연구자들은 이런 결과가 부분적으로는 집단 성원들이 서로 공유하고 있는 성향을 강화해주기 때문에 생기는 것으로 믿고 있다.

공동체에서의 집단 극화 극화는 개별적인 사람들 사이에서뿐만 아니라, 공동체에서도 발생한다. Brooks(2005)는 "바삭한 음식을 파는 식당은 … 바삭한 것을 좋아하는 사람에게 인기가 있

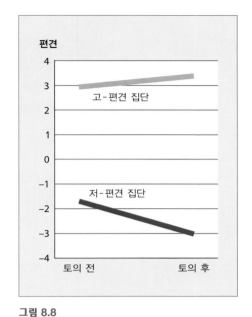

그림 8.8

집단 논의는 동질적으로 편견이 높은 고등학생 집단과 낮은 고등학생 집단 간의 극화를 증가시켰다. 즉 인종이 관여된 주제에 대한 대화는 편견이 높은 집단의 편견을 더 높게 만들었고, 편견이 낮은 집단의 편견을 감소시켰다.

출처 : Myers & Bishop (1970).

고, 그래서 음식은 더욱 바삭해진다"는 사실을 발견하였다. "보수주의자들이 모이는 장소는 … 보수주의자들에게 인기가 있고, 그래서 더 그렇게 된다." 이웃은 생각이 비슷한 친구들과 주고받는 의견으로 인해 메아리의 방이 될 수도 있다.

사회심리학자들이 주로 자기들끼리 상호작용하는 생각이 유사한 집단을 보여주었고, 그들은 당신에게 그 집단이 훨씬 더 극단적으로 될 수 있을을 보여줄 것이다. 다양성은 우리를 조절해주지만, 같은 마음은 극화시킨다.

한 실험에서 콜로라도에서 진보주의 색채의 볼더 사람들과 보수주의 색채의 스프링스 사람들을 소집단을 모았다. 집단 논의가 지구온난화, 차별 철폐 및 동성애 단체에 대한 소집단 내의 의견일치를 증가시켰다. 뿐만 아니라, 대체로 볼더 사람들은 더욱 진보주의 쪽으로, 스프링스 사람들은 더욱 보수주의 쪽으로 수렴되어 갔다(Schkade et al., 2007).

실험실 연구에서 사람들이 상대방과 게임을 할 때 흔히 보이는 경쟁적 관계와 불신은 그들이 집단일 때 종종 더 악화된다(Winquist & Larson, 2004). 실제로 공동체가 갈등을 겪는 동안, 생각이 같은 사람들이 점차 연합하게 되고, 그들이 공유한 생각은 더 증폭된다. 자질과 호전성을 공유한 갱들은 집단 내의 상호 강화 과정을 통해 범죄를 저지르게 된다(Cartwright, 1975). Lykken(1997)은 "당신이 사는 동네에 15세인 두 번째로 통제 불가능한 아이가 이사 오면, 먼저 있던 통제 불가능한 아이와 한 팀이 되어, 이들이 미치는 해악은 한 아이가 주는 해악의 두 배가 넘을 것이므로, 불량 패거리는 개개인의 총합보다 더 위험할 것"으로 예상하고 있다. 실제로 Veysey와 Messner(1999)는 '감독받지 않는 또래 집단'이 이웃이 범죄 피해자가 되는 비율의 '가장 강력한 예언변인'이라고 보고하였다. 더욱이 실험적으로도 비행청소년을 다른 비행청소년과 집단으로 만들면, (집단 극화 연구자들에게는 놀랄 것이 못되지만) 문제 행동의 비율이 증가한다(Dishton et al., 1999).

정치에서의 집단 극화 같은 생각을 지닌 사람들의 공동체가 정치적 메아리의 방을 제공해주기 때문에, 미국은 정치적 극화라는 긴급한 사회 문제의 사례가 되고 있다. 점점 더 많은 사람들이 자신이 지지하는 정당을 도덕적으로 더 우수하다고 보고, 반대편을 타락한 정당으로 봄으로써, 협력과 공동 목표가 정체 상태에 빠지게 되었다. 아래의 예들을 보라.

종종 집단은 개인들을 능가한다. '무리가 한 마리 늑대보다 더 막강하듯' 패거리는 각자의 합보다 더 위험하다.

- 같은 생각을 가진 카운티(선거구) : 주민의 60% 이상이 같은 대통령 후보에게 투표하는 '압도적으로 편향된 카운티'에 사는 미국인들의 비율이 1992년에는 38%에서 2016년도에는 60%로 올라갔다(Aisch et al., 2016).

- 중도층이 줄어들었다 : 자신을 정치적으로 '중도층'이라고 주장하는 대학생들의 비율이 1983년 60%에서 2016년 42%로 떨어졌으며, 자신을 '상당히 좌파(진보적)' 혹은 '상당히 우파(보수적)'라고 하는 사람이 증가하였다(Eagan et al., 2017; Twenge et al., 2016).

- 분파의 증가 : 의회 연설과 시민 태도 조사에서

나타난 공화당 지지자와 민주당 지지자 간의 격차가 더 커졌다(그림 8.9) (Gentzkow et al., 2017; Pew, 2017).

- **적대감** : 2016년 대부분의 공화당원과 민주당원들은 상대 정당에 대해 '매우 비호감' 입장을 지녔다는 사실을 알게 되었다(Doherty & Kiley, 2016). 1960년에는 단지 5%의 공화당원과 4%의 민주당원들만이 만약 자기 자녀가 상대 정당 사람과 결혼하면 역겨울 것 같다고 말했었다. 2010년에는 49%의 공화당원과 33%의 민주당원이 역겨울 것 같다고 말하였다(Iyengar et al., 2012).
- **지지 정당의 연속성** : 대통령 선거에서 연속적으로 똑같은 정당 후보에게 투표한 미국인의 비율이 더 높아지지는 않았다(Smidt, 2017).

이처럼 악화되고 있는 분열은 모든 사람들에게 더 분명해져서, 미국인의 77%가 미국이 분열되어 있다고 지각하고 있다(Jones, 2016).

인터넷상의 집단 극화   오래전의 인쇄물로부터 오늘날의 인터넷까지, 우리가 사용할 수 있는 정보의 양은 급속히 증가하였다. 사람들이 몇몇 네트워크와 전국적 뉴스 잡지로부터 똑같은 정보를 얻을 수 있는 곳이라면, 오늘날 우리는 많은 정보 원천을 선택할 수 있다. 많은 선택의 여지가 있기 때문에, 우리는 자연스럽게 우리와 같은 생각인 미디어에 "선택적으로 노출된다"(Dylko et al., 2017). 우리는 우리의 입장을 지지하는 미디어의 정보를 수용하고, 우리를 천대하는 미디어 정보에 귀를 닫는다(당신이 선택한 미디어를 우리에게 말해주면, 우리는 당신의 정치적 이념을 짐작할 수 있다).

사람들이 선택적으로 블로그를 읽고 채팅방을 방문함에 따라, 인터넷이 사람들을 "같은 생각의 부족들"로 모아줄 것인가(아니면 우리가 일상에서보다 페이스북에서 더 많고 다양한 친구들을 갖게 될 것인가)? 사람들은 자신들이 동의하는 내용은 클릭하고, 동의하지 않는 내용을 차단할까? 진보적인 사람은 진보적인 사람을 친구로 삼고 그들과 링크를 공유하는 경향이 있는가? 보수적인 사람들도 마찬가지일까? 인터넷이 갈라놓은 공동체가 자신들이 구미에 맞는 뉴스를 제공받아서, 사회적 분열과 정치적 극화를 증폭시킬까?

인터넷상의 무수한 가상집단은 평화주의자와 신나치주의자, 컴퓨터광과 컴맹, 음모 설계자와 암 정복자들을 자기들끼리 모이고, 공통의 관심사, 흥미 및 의혹에 대한 지지를 발견할 수 있게 해준다(Gerstenfeld et al., 2003; McKenna & Bargh, 1998, 2000; Sunstein, 2009, 2016). 리트윗, 개개인의 입맛에 맞는 뉴스, 많은 뉴스 중 자신이 고른 것들로서, 생각이 같은 사람들은 서로에게 가치 있는 정보를 제공해주기도 하고, 독이 되는 가짜 정보(여러 사람들이 반복해서 말함으로써 진실이 아닌 내용이 사실로 받아들여지는 것)를 제공해주기도 한다(Barbera et al., 2015). 그래서 다른 의견을 지닌 사람은 악마가 되고, 이를 의심하는 사람은 편집증 환자가 된다.

연구에 따르면, 우리 모두는 우리의 입장에 도전하는 블로그보다는 우리의 입장에 강화를 주는 블로그, 마치 거울을 보고 대화하는 것처럼 진보적인 사람을 진보적인 사람과 보수적인 사람을 보수적인 사람과 연결해주는, 같은 생각을 지닌 블로그와 연결되어 있는 블로그를 읽는다(Lazer et al., 2009). 그 결과, 오늘날 정치적 입장이 반대인 사람들을 경멸하는 정치적 극화가 인종 극화보다 상당히 더 강해졌다(Iyengar & Westwood, 2014). 정보가 많을수록, 이는 분파를 조정하기보다는 심화시킨다. Wright(2003)는 이메일, 구글, 채팅방은 "작은 집단이 생각이 비슷한

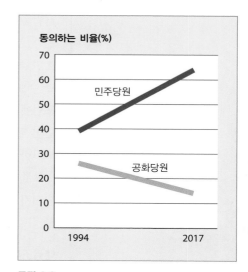

그림 8.9
양극화되는 사회
"오늘날 많은 흑인들이 출세하지 못하는 주된 이유는 인종차별 때문이다(Pew, 2017)"라는 말에 동의하는 민주당원들의 비율이 증가하고 있다. 공화당원들의 동의 비율은 줄어들었다.

사람들을 쉽게 모으고 산재된 증오심을 결집하여 치명적인 힘으로 만들 수 있게 해준다"고 보았다. 평화주의자는 더 평화적이 되고, 민병대는 테러를 저지르기가 더 쉬워진다. 한 분석에 따르면, 테러리스트 웹사이트(1997년 12개에서 2005년 말 약 4,700개로 급증했다)는 전체 웹사이트 수보다 네 배 이상 증가했다(Ariza, 2006). 더욱이 사람들이 인종차별적인 다크웹(Dark Web) 포럼에 오래 머물수록, 그들의 메시지는 더 폭력적이다(Chen, 2012). 보스턴 마라톤에서 폭탄을 던진 타머랜드와 차르나예프는 자신들이 인터넷을 통해 "자발적으로 과격주의자가 되었다"고 보고하였다(Wilson et al., 2013).

요점 : 기후변화 억제에 결코 뒤지지 않는, 우리가 만든 미래의 큰 도전 목록은 집단 극화를 악화시키지 않으면서 세계를 더 많이 연결시키는 데 있어서 디지털 미래의 이점을 이용하는 방법을 알아내는 것이다.

테러조직의 집단 극화   McCauley와 동료들(2002; McCauley & Moskalenko, 2017)은 전 세계의 테러조직을 분석하여, 테러가 갑자기 등장하는 것이 아님을 지적하였다. 즉 "외로운 늑대인 테러리스트는 드물다." 그보다 테러는 불평을 공유한 사람들 사이에서 생겨나서, 그들을 함께 하도록 만들고 불을 지피게 된다. 그들은 일방적인 영향을 주는 상태에서 상호작용함에 따라, 점점 더 극단적이 된다. 사회적 증폭기가 신호를 더 강하게 키우는 것이다. 결과는 집단에 속하지 않은 개인들은 결코 저지를 수 없는 폭력 행위이다('초점 문제 : 집단 극화' 참조).

예를 들어, 2001년 9월 11일, 테러리스트들은 장기간에 걸쳐서 같은 생각을 지닌 사람들의 상호작용으로 생기는 극화 효과가 포함된 과정을 통하여 길러졌다. 한 국립연구위원회 패널은 테러리스트가 되는 과정에서 개인들은 다른 신념체계와 분리되고, 잠재적 표적을 비인간화하고, 그리고 어떠한 반대도 용인하지 않는다는 사실을 지적하였다(Smelser & Mitchell, 2002). 집단 성원들은 세상을 '우리'와 '그들'로 범주화하게 된다(Moghaddam, 2005; Qirko, 2004). 중동과 스리랑카 자살 테러에 관한 연구자인 Merari(2002)는 자살 테러를 만드는 핵심은 집단 과정이라고 생각한다. "내가 아는 한, 개인적 충동으로 저지른 자살 테러는 단 한 건도 없었다."

살라피 지하드(알카에다를 포함한 이슬람 근본주의 운동)의 구성원들이었던 테러리스트들에 대한 한 분석에 따르면, 이들의 70%가 국외 거주자로 살면서 가입하였다. 교육이나 직업을 찾아 외국으로 이사를 간 후, 그들은 이슬람의 정체성을 예민하게 유념하게 되었고, 종종 이슬람 사원

초점 문제

집단 극화

셰익스피어는 줄리어스 시저의 추종자들의 대화에서 같은 생각의 집단이 보이는 극화의 힘을 묘사했다.

안토니우스 : 친애하는 시민 여러분, 시저의 찢어진 옷을 보고 울기만 해야 겠습니까? 여기를 보십시오. 그가 여기에 배신자와 함께 있습니다.

시민 1 : 오 가련한 광경이로고!

시민 2 : 오 고상한 시저여!

시민 3 : 오 슬픈 날이여!

시민 4 : 오 배신자, 악마야!

시민 1 : 오 유혈이 낭자하구나!

시민 2 : 우리는 복수할 것이다!

모두 : 복수하라! 당장! 찾아라! 불붙여라! 태워라! 죽여라! 살해해라! 배신자를 살려두지 말자!

출처 : From Julius Caesar by William Shakespeare, Act III, Scene ii, lines 199~209.

에 마음이 끌리고 다른 국외 이주 이슬람교도와 함께 움직이게 되었다. 그리고 종종 그들을 '상호 정서적·사회적 지지'와 '공동 정체성 발달'을 제공하는 셀그룹으로 모집하였다(Reicher & Haslam, 2016; Sageman, 2004). 이슬람 국가의 한 고위 민병대원은 자신의 운동은 이라크 내의 미국인 교도소 안에서 시작되었다고 다음과 같이 보고하였다: "만약 이라크 내에 미국인 교도소가 없었다면, 지금의 IS도 없었을 것이다. [그 교도소가] 공장이다. 그것이 우리의 모든 것을 만들었다. 그것이 우리의 이념을 건축하였다…. 우리는 앉아서 계획을 세울 시간이 많았다. 교도소는 완벽한 환경이었다"(Chulov, 2014에서 인용).

대학살도 비슷한 집단 현상이다. 제2차 세계대전 당시 바르샤바 공중 공습으로 부모를 잃은 생존자로서 폭력을 알고 있었던 Zajonc(2000)는 폭력은 서로를 부추기는 살인자들에 의하여 가능해지고 증폭된다고 주장하였다(Burnstein, 2009). Post(2005)는 기소된 많은 테러리스트를 면접한 후, 일단 '테러 집단의 압력솥'에 있던 사람에게 영향력을 미치는 것은 어렵다고 지적하였다. "결국 가장 효과적인 반테러 정책은 우선 잠재적인 지원자들이 그 집단에 가입하지 못하도록 하는 것이다."

집단 극화에 대한 설명

왜 집단은 개별 구성원들의 평균 의견보다 더 과장된 입장을 취하게 되는가? 연구자들은 집단 극화라는 미스터리를 해결하는 것이 어떤 통찰을 제공해줄 것이라는 희망을 갖고 있었다. 때로는 작은 수수께끼를 푸는 것이 그보다 큰 수수께끼의 단서를 제공해준다.

집단 극화를 설명하기 위해 제안한 여러 이론들 중 두 이론이 과학적으로 간결한 설명을 제공해준다. 한 이론에서는 논의 중 제시되는 **주장**을 다루는 것으로서, 이는 **정보적 영향**(실제에 관한 증거를 수용하기 때문에 생기는 영향력)의 한 예이다. 다른 한 이론은 집단 성원들이 다른 구성원들 앞에 있는 자신을 어떻게 보느냐를 다루는 것으로서, 이는 **규범적 영향**(사람들이 타인에게 수용되고 인정받기를 원하기 때문에 생기는 영향력)의 한 예이다.

정보적 영향

가장 지지받고 있는 설명에 따르면, 집단 논의는 많은 아이디어들을 이끌어내고, 대부분은 우세한 입장을 선호한다는 것이다. 논의된 어떤 아이디어는 집단 성원들이 공통적으로 알고 있는 것이다(Gigone & Hastie, 1993; Larson et al., 1994; Stasser, 1991). 다른 아이디어들은 일부 집단 성원들이 이전에는 생각하지 못했던 설득력 있는 주장을 포함하고 있다. 작가 헬렌에 대해 논의할 때, 누군가가 "헬렌은 잃을 것도 거의 없기 때문에 모험을 감행해야 한다. 만약 그녀의 소설이 실패하면, 언제든지 다시 싸구려 글쓰기로 되돌아 갈 수 있다"고 말할지도 모른다. 이 말은 그 주제에 대한 그 사람의 입장을 알려주는 확고한 정보이다. 그러나 사람들은 다른 사람의 입장을 알지 못해도, 적절하다고 판단되는 주장을 들으면 자신의 입장을 바꾼다(Burnstein & Vinokur, 1977; Hinz et al., 1997). 주장(arguments) 그 자체가 핵심이다.

그러나 단순히 어떤 사람의 주장을 듣는 것보다 태도 변화가 일어나는 더 많은 이유가 있다. 수동적으로 타인의 주장을 청취하는 것보다 논의에 적극적으로 참여하는 것이 더 태도 변화를 일으킨다. 논의 참가자와 관찰자가 같은 주장을 듣지만, 참가자에게 자신의 말로 태도를 표현하도록 하면, 이러한 언

다원적 무지 : 때로 상대방은 관심이 없다는 잘못된 가정은 서로 사랑의 관심이 있는 두 사람의 연결을 방해한다.

© visualspace/E+/Getty Images

어적 약정은 그 효과를 증대시킨다. 집단 성원들이 서로 각자의 생각을 많이 주장할수록, 그들은 리허설을 많이 하게 되므로 그 주장들은 더 타당한 것이 된다(Brauer et al., 1995).

사람의 마음은 설득자가 마음대로 작성할 수 있는 그냥 빈 공간이 아니다. 중심 경로를 통한 설득에서는 사람들이 어떤 메시지에 대해 어떤 생각을 하느냐가 핵심이다. 실제로 어떤 주제에 대해 단지 몇 분 동안 생각해보도록 하면, 태도가 강해질 수 있다(Tesser et al., 1995)(아마도 당신이 싫어하는 혹은 좋아하는 누군가를 회상하는 것만으로도 당신의 감정이 극화된다는 사실을 기억할 수 있을 것이다).

규범적 영향

사회 비교
자신과 타인을 비교함으로써 자신의 의견과 능력을 평가하는 것

극화에 대한 두 번째 설명은 타인과의 비교와 관련된 것이다. Festinger(1954)의 **사회 비교**(social comparison) 이론에 따르면, 우리 인간은 다른 사람과의 비교를 통해 자신의 의견과 능력을 평가하고 싶어 한다는 것이다. 우리는 우리가 동일시하는 집단인 '참조집단'에 속한 사람들에 의해 가장 잘 설득된다(Abrams et al., 1990; Hogg et al., 1990). 더욱이 다른 사람들이 우리를 좋아하기를 바라기 때문에, 다른 사람들의 입장이 우리의 입장과 같다는 것을 알고 나면 더 강한 의견을 표현할지도 모른다.

다원적 무지
대부분의 다른 사람들이 생각하는 것, 느끼는 것, 또는 반응하는 방식에 대한 잘못된 인상

우리가 사람들에게 '헬렌' 딜레마와 같은 경우에서 다른 사람들이 어떻게 반응할 지를 예측해보도록 요청하면, 사람들은 전형적으로 **다원적 무지**(pluralistic ignorance)를 보여준다. 즉 사람들은 얼마나 사람들이 사회적으로 선호되는 입장(이 경우, 소설을 쓰는 것)을 강력히 지지하는지를 인식하지 못한다. 보통 자신은 성공 확률이 40% 정도일지라도 헬렌에게 소설을 쓰도록 권할 것이지만, 대부분의 다른 사람들은 성공 확률이 50~60% 정도가 되어야 권할 것이라고 추정한다 (이 결과는 자기본위 편향을 생각나게 한다. 즉 사람들은 사회적으로 바람직한 특질과 태도 면에서 자신이 평균 이상이라고 보는 경향이 있다). 논의가 시작되면, 대부분의 사람들은 생각했던 것보다 자신이 다른 사람에게 돋보이지 않다는 것을 알게 된다. 실제로 어떤 사람은 자신보다 헬렌의 소설 집필에 대해 더 강한 입장(모험적 입장)을 지니고 있어서, 더 두드러진다. 누구도 잘못 알고 있던 집단 규범에 더 이상 얽매이지 않고, 자유롭게 자신의 입장을 더 강하게 주장하게 된다.

아마도 당신이 누군가와 데이트하길 원했지만, 상대방은 관심이 없을까 봐서 먼저 움직이기를 주저했던 때를 기억할 것이다. 이런 다원적 무지는 관계의 시작을 방해한다(Vorauer & Ratner, 1996).

혹은 누군가가 적막을 깨고 "아, 솔직히 말해서 내 생각은…" 이라고 말할 때까지, 당신과 다른 사람들이 남의 눈치를 보며 그냥 집단 속에 잠자코 있었던 적이 있을 것이다. 곧 당신은 당신과 같은 입장을 지닌 많은 사람이 있음을 알고서 놀라게 된다. 때로 교수가 질문 있는 사람이 있는지를 물었을 때 아무도 반응이 없으면, 학생들은 자기만 이해를 제대로 못한 사람이라고 생각하게 된다. 모든 학생들은 자신들의 침묵은 창피함에 대한 두려움 때문이라고 설명하지만, 다른 모든 사람들의 침묵은 그들이 수업 내용을 이해하고 있음을 의미한다고 생각한다.

주식시장의 대폭락을 묘사한 '이코노미스트'의 표지

Reprinted by permission of Kevin Kal Kallaugher, *The Economist*, Kaltoons.com

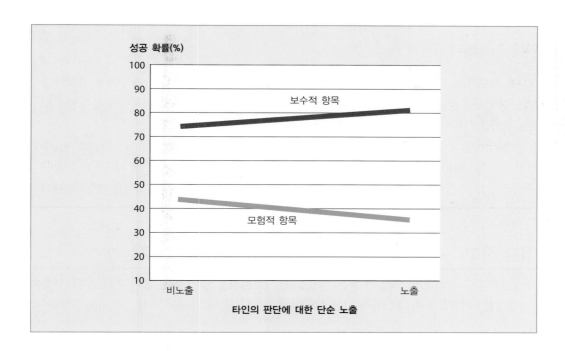

그림 8.10
(헬렌의 사례와 같은) '모험' 딜레마에서 다른 사람들의 판단을 알기만 해도, 각 개인의 모험 추구적인 경향성은 더 높아진다. (로저스의 사례와 같은) '보수' 딜레마에서 다른 사람들의 판단을 알면 각 개인의 보수 성향은 더 높아진다.

출처 : Data from Myers, 1978.

사회비교이론은 사람들에게 자신의 입장을 드러내지 않은 채, 다른 사람들의 입장을 알게 되는 실험을 하도록 만들었다. 대체로 우리가 어떤 여론 조사 결과를 읽거나 선거 당일 출구조사 결과를 읽을 때 이런 경험을 한다. 사람들이 (사전의 약정도 없고, 토론이나 주장의 공유도 없이) 다른 사람들의 입장을 알게 될 때, 자신의 입장을 사회적으로 선호되는 입장 쪽으로 조절할까? 그림 8.10에서 보듯, 그렇다. 이런 사회 비교에 근거한 극화는 생생한 논의를 통한 극화보다는 대개 더 작다. 하지만 여전히 사람들이 집단의 평균에 동조하기보다는 종종 더 나은 쪽의 입장을 취하게 된다는 것은 놀라운 일이다.

단지 사람들의 선택을 아는 것만으로도 블록버스터 노래, 책 및 영화를 만들어내는 밴드왜건 효과(bandwagon effect, 편승 효과)가 발생하기도 한다. 1만 4,341명의 인터넷 참가자들을 대상으로 한 실험에서, 참여자들에게 이전에 몰랐던 노래를 듣고 원한다면 다운로드하도록 하였다 (Salganik et al., 2006). 연구자들은 무작위로 어떤 참가자들을 이전 참가자들의 다운로드 선택 수가 달리 공개된 조건에 배정하였다. 이 정보를 받은 사람들에게서 인기가요는 더 인기가 높아졌고 비인기가요는 더 인기가 떨어졌다.

집단 극화 연구는 사회심리학적 탐구가 얼마나 복잡한지를 잘 보여준다. 우리는 어떤 현상에 대한 간단한 설명을 좋아하지만, 하나의 설명이 모든 연구 결과를 설명해주는 경우는 거의 없다. 사람 자체가 복잡한 존재이기 때문에 하나의 결과에는 통상 하나 이상의 요인이 영향을 준다. 집단 논의 과정에서 사실적 요소를 지닌 주제("그녀가 그 범죄에 책임이 있는가?")에서는 설득적인 주장이 영향력을 지닌다. 가치적 판단("그녀에게 어느 정도의 형량이 부여되어야 하는가?") 에서는 사회 비교가 판단을 좌우한다(Kaplan, 1989). 사실적 요소와 가치적 요소를 모두 지닌 많은 주제에서 이들 두 요소가 함께 작용한다. 다른 사람들이 자신과 비슷한 느낌을 지니고 있음을 알면(사회 비교), 모든 사람들이 은밀히 선호하는 쪽을 지지하는 주장을 하게 된다(정보적 영향).

요약 : 집단 극화 : 집단이 우리의 의견을 더 강하게 만드는가?

- 집단 논의를 통해 긍정적 결과가 나올 수도 있고 부정적 결과가 나올 수도 있다. 연구자들은 집단 논의가 모험을 선택하게 할 가능성을 높여준다는 흥미 있는 결과를 이해하기 위해 노력하다가, 집단 논의가 실제로는 모험적이든 보수적이든 처음부터 그 집단에서 우세했던 입장을 강화시키는 경향이 있음을 발견하였다.

- 일상생활에서도 집단 상호작용은 그 집단의 입장을 강화시키는 경향이 있다. 집단 극화 현상은 연구자들에게 집단 영향을 관찰할 수 있는 창문을 제공하였다.

- 실험을 통해 두 가지 집단 영향(정보적 및 규범적 영향)이 확인되었다. 논의를 통해 수집된 정보가 주로 처음부터 그들이 선호하는 것이기 때문에, 그것은 처음의 입장을 강화시킨다.

집단 사고 : 집단은 좋은 결정을 돕는가? 혹은 방해하는가?

언제 그리고 왜 집단 영향이 좋은 결정을 방해하는지를 알아본다. 또한 언제 집단이 좋은 결정을 내리며, 우리가 어떻게 하면 집단이 좋은 결정을 내리도록 할 수 있는지를 알아본다.

우리가 다루어왔던 사회심리적 현상이 중역 회의나 내각과 같은 고위급 집단에서도 일어나는가? 그런 집단에서도 자기정당화가 일어나는가? 자기본위 편향은? 응집력을 주는 '우리라는 느낌'은 이단자를 배척하는 동조를 일으키는가? 공개적으로 밝히는 것이 변화에 저항하도록 만드는가? 집단 극화는?

사회심리학자인 Janis(1971, 1982)는 이런 현상들이 20세기 미국 대통령과 참모들이 내린 좋은 결정과 나쁜 결정을 설명하는 데 도움이 되는지를 궁금해 하였다. 그것을 알아보기 위해, 그는 중요한 큰 실패를 초래한 몇몇 의사결정 과정들을 분석하였다.

- **진주만 사건 :** 미국이 제2차 세계대전에 참전하도록 만든 1941년 12월의 진주만 침공이 있기 몇 주일 전, 하와이의 군사령관들은 일본이 태평양에 있는 미국을 공격할 준비를 하고 있다는 정보를 수차례 입수하였다. 그때 군 정보부는 일본 항모와의 교신을 놓쳤고, 일본 공군기들이 하와이로 출격을 시작하였다. 공군 정찰로 일본 전투기의 출현을 알았거나, 적어도 몇 분 전에는 경보를 울릴 수 있었다. 그러나 자만한 사령관은 이런 대비에 반하는 결정을 내렸다. 그 결과 완전히 무방비인 상태로 기지가 공격받을 때까지 경보도 울리지 않았다. 함정 18대, 항공기 170대, 및 2,400명의 인명 피해가 발생하였다.

- **피그스만 침공사건 :** 1961년 케네디 대통령과 그의 참모들은 CIA가 훈련시킨 1,400명의 쿠바 난민을 쿠바에 침공시킴으로써 카스트로(쿠바 지도자)를 전복시키고자 하였다. 침공 직후 침공한 대부분은 사살되거나 체포되었고, 미국은 망신을 당했으며, 쿠바는 구소련과의 동맹을 더 강화하였다. 케네디는 결과를 보고받은 후, "우리가 이렇게 어리석었단 말인가?"라고 놀라워하였다.

- **월남전 :** 1964년에서 1967년까지 존슨 대통령과 그의 정책자문인 '화요 오찬 집단'은 미국의 공중폭격, 고엽제 살포, 섬멸 작전으로 월맹을 월남측이 원하는 평화의 테이블로 나오게 할 수 있다는 가정하에 월남전을 확대시켰다. 그들은 정부의 정보 전문가와 거의 모든 미국의 동맹국들의 경고에도 불구하고 확전을 계속하였다. 그 결과 미국인 5만 8,000명과 월남인 100만 명 이상의 엄청난 피해가 발생했으며, 미국인들은 양분되었고, 대통령은 쫓겨났으

며, 1970년대 기름값 폭등을 초래하는 데 일조한 엄청난 예산 낭비를 가져왔다.

Janis는 의사결정 집단들이 집단의 화합을 위해 반대 의견을 자제하는 경향성이 있기 때문에 이런 실수들이 나오게 된 것으로 생각하였고, 그는 이런 현상을 **집단 사고**(groupthink)라고 불렀다('숨은 이야기 : Janis의 집단 사고' 참조). 작업 집단에서 팀 정신은 집단의 사기에 좋고, 생산성을 향상시킨다(Mullen & Copper, 1994). 공유하고 있는 집단 정체성은 프로젝트를 지속하도록 사람들을 동기화시킨다(Haslam et al., 2014). 그러나 의사결정을 할 때, 긴밀하게 단합된 집단은 비싼 비용을 치러야 한다. Janis는 다음과 같은 토양에서 집단 사고가 출현한다고 생각하였다.

- 친밀하고, 응집력이 큰 집단
- 집단이 반대 입장으로부터 상대적으로 격리된 경우
- 리더가 자신이 선호하는 결정을 표방하는 독재적 리더인 경우

예를 들어 피그스만 침공을 계획할 당시, 새로 당선된 케네디 대통령과 그의 참모들은 강한 단결심을 즐기고 있었다. 그 계획에 비판적인 주장들은 억압되었거나 배제되었으며, 곧 대통령은 그 침공을 승인하였다.

일본군의 진주만 습격으로 불타고 있는 미국 해군의 애리조나호

© National Archives and Records Administration (NLR-PHOCO-A-8150(29)

집단 사고
"응집력 높은 내집단에서 동의 추구가 대단히 우세하여 대안적 행위 과정에 대한 현실적 평가를 압도하는 사고 방식"
– Irving Janis(1971)

집단 사고의 증후

Janis는 역사 기록과 참여자 및 관찰자들의 기억에 근거하여 집단 사고의 여덟 가지 증후들을 찾아냈다. 이 증후들은 집단 성원들이 자신의 집단이 위협에 처했을 때, 긍정적 집단감정을 유지하기 위해, 부조화를 감소시키려는 것들의 집합적 형태이다(Turner & Pratkanis, 1994; Turner et al., 1992).

숨은 이야기

Janis의 집단 사고

내가 케네디 행정부가 어떻게 피그스만 침공을 결정하게 되었는지를 설명하는 슐레진저의 설명을 읽는 도중, 집단 사고라는 아이디어가 떠올랐다. 처음에 나는 혼란스러웠다. 어떻게 현명하고 빈틈없는 케네디와 참모진이 멍청하고 엉성한 CIA의 계획을 그대로 수용할 수가 있었을까? 나는 사회적 동조나 내가 응집력이 큰 소집단에서 발견한 합의 추구와 같은 어떤 심리적 오염이 개입되었는지의 여부에 대해 의문을 갖기 시작하였다. 이후의 연구(내 딸의 고등학교 보고서의 도움으로 시작됨)는 나로 하여금 미묘한 집단 과정이 그들에게 그 사안의 위험성을 주의깊게 평가하고 토론하는 것을 방해한다는 사실을 확신하게 만들었다. 그런 다음 내가 다른 미국의 대외정책의 실패와 워터게이트 은폐사건을 분석했을 때, 나는 같은 치명적인 집단 과정이 작동했음을 발견하였다.

Courtesy of Irving Janis

Irving Janis(1918~1990)

© Henry Martin, All rights reserved, Used with permission,

자기검열은 만장일치의 착각에 기여한다.

다음의 두 가지 증후는 집단 성원들이 과도하게 자기 집단이 유능하고 옳은 판단을 한다는 생각이다.

• **완전무결의 착각** : Janis가 연구한 모든 집단들은 자기 집단이 위험에 처하게 될지도 모른다는 생각을 하지 못하게 만드는 지나친 낙관주의를 발달시켰다. 진주만 해군 사령관이었던 킴멜 제독은 자기 군대가 일본 항모와의 교신이 되지 않는다는 보고를 받았을 때, 일본군들이 아마도 호놀룰루의 다이아몬드 헤드 근처쯤 오고 있을 것이라고 농담을 하였다. 그들이 실제로 그랬지만, 그 생각에 대한 킴멜의 비웃음은 그것이 사실일 가능성을 묵살하는 것이었다.

• **자기 집단의 도덕성에 대한 확고한 신념** : 집단 성원들은 자기 집단이 원래 도덕적이라고 생각하며, 윤리적 · 도덕적인 문제들은 염두에 두지를 않는다. 케네디 집단은 작은 이웃나라를 침공하는 것이 도덕적으로 문제가 된다는 참모진 슐레진저와 풀브라이트 상원의원의 의견을 알고 있었다. 그러나 그 집단은 이러한 도덕적 염려에 대해 결코 생각해보거나 논의하지 않았다.

또한 집단 성원들은 닫힌 마음을 갖게 된다.

• **집단 결정의 합리화** : 집단은 자신의 결정을 집합적으로 정당화함으로써 그 결정에 대한 도전들을 평가절하한다. 존슨 대통령의 화요 오찬집단은 사전에 내린 결정에 대해 재고하고 재논의하기보다는 그 결정을 합리화하는 데(설명하고 정당화하는 데) 더 많은 시간을 보냈다. 처음 발의한 사람들은 그것을 방어하고 정당화하는 일에 몰두하였다.

• **상대방에 대한 고정관념적 견해** : 집단 사고 집단에 참여한 사람들은 그들의 상대방(적)이 너무 사악하기 때문에 협상의 대상이 아니거나, 너무 허약하고 무지하여 자신들을 방어할 수 없는 집단이라고 생각한다. 케네디 집단은 카스트로의 군대가 매우 약하고 그의 대중적 인기가 매우 낮기 때문에 1개 여단 병력으로 그의 체제를 쉽게 전복할 수 있을 것으로 확신하였다.

마지막으로 집단은 **만장일치의 압력**을 겪는다.

• **동조압력** : 집단 성원들은 그 집단의 생각과 계획에 대해 이의를 제기하는 사람에 대해서는 때로는 그를 개인적으로 비꼼으로써 제지하였다. 한번은 존슨 대통령의 보좌관인 빌 모이어가 회의에 참석했을 때, 대통령은 "어이, 여기 폭격-중단 씨가 오셨군" 하며 그를 조롱하였다. 이런 조롱을 받게 되면, 대부분의 사람들은 선 안으로 들어오게 된다. 사회적 태만과 몰개성화처럼, 개인의 자아가 집단에 함몰될 때 집단 사고는 수행을 약화시킨다(Baumeister et al., 2016).

• **자기검열** : 집단 성원들은 불편한 의견 충돌을 피하기 위해, 그들이 염려하는 바를 철회하거나 깎아내린다. 피그스만 침공 몇 달 후, 슐레진저(1965, p. 255)는 "반대해 보았자 내가 성가신 사람이라는 이름을 얻게 될 뿐이라는 사실을 알았기 때문에 죄책감이 덜하긴 하지만,

내각 회의실에서 있었던 중요한 논의들에서 (자신이) 침묵했던 것"에 대해 자신을 책망하였다. 그런 일이 단지 정치인에게서만 일어나는 것은 아니다. 온라인과 교도소에서도 사람들은 다른 사람들이 동의하지 않을 것이라고 생각할 때는 자신의 견해를 그들과 공유하려는 정도가 덜하다(Hampton et al., 2014).

- **만장일치의 착각** : 합의를 깨지 않으려는 자기검열과 압력은 만장일치의 착각을 만든다. 더욱이 만장일치의 합의는 집단 결정을 확고하게 만든다. 이런 분명한 합의는 진주만, 피그스만 및 월남전의 실패와 그 이전과 이후의 다른 실패에서도 있었다. 히틀러의 참모이었던 Speer(1971)는 히틀러 주변의 분위기를 동조압력이 모든 반대 의견을 압도하고 있었다고 아래와 같이 기술하였다. 즉 반대 의견이 없어서 만장일치라는 착각이 생겼다는 것이다:

타이타닉호의 집단 사고. 빙하가 앞에 있다는 네 번의 메시지에도 불구하고, 지시적 리더이며 존경받는 리더였던 에드워드 스미스는 밤중에도 전속력으로 항해하도록 하였다. 그곳에는 완전무결의 착각이 있었다(많은 사람들이 이 배는 침몰하지 않는다고 믿었다). 그곳에는 동조압력이 있었다(선원들은 감시원이 육안을 사용하여 보지 않는다고 꾸짖었고 그의 걱정을 묵살하였다). 그곳에는 정신경호원이 있었다(타이타닉 교환원은 마지막이고 가장 완전한 빙하에 대한 경고를 선장에게 전달하지 못하였다).

정상적인 상황에서 현실에 반하는 주장을 하는 사람은 주변 사람들의 비웃음과 비난을 받고 곧 현실을 직시하게 되었고, 이로 인해 자신들이 그 집단의 신뢰를 잃었다는 사실을 알게 되었다. 제3제국(독일)에는 교정 역할을 하는 사람이 없었다… 어떤 외부요인들도 모두 나처럼 하나같이 변함없는 수백 명이 내리는 만장일치를 방해할 수 없었다(p. 379).

- **정신경호원** : 어떤 집단 성원들은 집단의 결정에 대한 효율성이나 도덕성에 의문을 제기할 수 있는 정보로부터 집단을 보호한다. 피그스만 침공이 있기 전, 로버트 케네디는 슐레진저를 따로 불러 "더 이상 밀어붙이지 마라"고 말하였다. 러스크 국무장관은 외교 전문가와 지식인들의 피그스만 침공에 반대하는 경고를 막았다. 그들은 대통령을 신체적 위해보다는 불일치하는 사실들로부터 방어하는 '정신경호원' 역할을 하였다.

집단 사고 증후들은 결정과 상반되는 정보와 가능한 대안들을 찾고 논의하지 못하게 만들 수 있다(그림 8.11). 리더가 특정 생각을 장려하고 집단이 반대 의견으로부터 격리되어 있을 때, 집단 사고는 집단이 잘못된 결정을 내리도록 만들 수 있다(McCauley, 1989).

영국의 심리학자인 Newell과 Lagnado(2003)는 이라크 전쟁에도 집단 사고의 증후가 기여했을 수 있다고 생각한다. 그들과 다른 심리학자들은 사담 후세인과 조지 부시 모두 자신과 같은 생각을 지닌 사람들로 둘러싸여 있어 반대 목소리를 잠재웠다고 주장하였다. 더욱이 그들은 주로 자신들의 가정(즉 이라크는 침공군들은 강력한 저항을 받게 될 것이라는 가정, 미국은 이라크가 대량살상 무기를 지니고 있고, 이라크 국민들은 미군을 해방군으로 환영하고, 미군이 단기간 평화롭게 점령하면 이라크에 민주주의가 정착될 것이라는 가정)을 지지해주는 걸러진 정보들만 받았다.

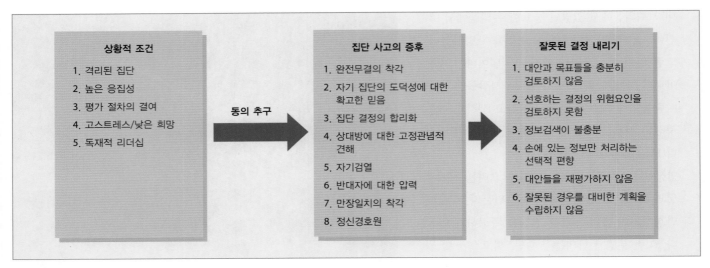

그림 8.11
집단 사고에 대한 이론적 분석

출처 : Janis & Mann, 1977, p. 132.

집단 사고에 대한 비판

집단 사고라는 개념의 설명력과 이론적 틀에도 불구하고, 일부 연구자들은 회의적 입장이다 (Fuller & Aldag, 1998; t'Hart, 1998). 제시된 증거가 회고적 자료이기 때문에 Janis가 자신의 가설을 지지해주는 사례들만 선별하였을 수도 있다. 그러나 이후의 실험들은 Janis의 이론을 지지해주었다.

- 나쁜 결정은 실제로 독재적 리더십과 관련되어 있다. 이는 때로 부하들이 너무 약하거나 자신감이 없어 의견을 제시하지 못하기 때문이다(Granstrom & Stiwine, 1998; McCauley, 1998).
- 집단들은 도전적 정보보다는 지지적 정보를 선호한다(Schulz-Hardt et al., 2000).
- 집단 성원들이 집단에 수용되고, 인정받고, 사회적 정체성을 지니고 있을 때, 그들은 동의하지 않는 생각을 억압한다(Hogg & Harins, 1998; Turner & PratKanis, 1997).
- 현명한 결정을 내리는 집단들은 말할 기회를 잡은 사회적으로 적응된 사람들과 폭넓게 대화를 나눈다(Woolley et al., 2010).
- 다양한 관점을 지닌 사람들의 집단이 같은 생각을 지닌 전문가 집단보다 수행이 우수하다 (Nemeth & Ormiston, 2007; Page, 2007). 자신과 생각이 다른 사람들과 어울리는 것이 당신을 불편하게 느끼게 만들 수도 있다. 그러나 편안하게 동일한 의견을 지닌 집단과 비교하여 다양한 의견의 집단이 더 많은 아이디어를 내고 더 창의성이 높다.
- 집단의 성공은 집단 성원들이 알고 있는 것과 그들이 그 정보를 얼마나 효율적으로 공유할수 있느냐 모두에 달려있다(Bonner & Baumann, 2012). 논의에서, 집단 성원들은 이미 알고있는 정보들에 논의를 집중하기 때문에 종종 공유되지 않은 정보들은 억압된다(Sunstein & Hastie, 2008).

그러나 동료애가 꼭 집단 사고를 키우는 것은 아니다(Esser, 1998; Mullen et al., 1994). 든든하고 응집성이 높은 집단(예 : 가족)에서 사람들은 종종 자유롭게 반대 목소리를 낼 수 있다 (Packer, 2009). 응집력 높은 집단의 규범이 (집단 사고를 초래할 수 있는) 합의를 옹호하는 것일 수도 있고, 아니면 그것을 방지하는 비판적 분석을 옹호하는 것일 수도 있다(Postines et al., 2001). 친밀한 학과 동료 학생들은 보고서 초고를 서로 돌려보며, "잘못된 부분이 있으면 나한테 알려줘"라며 비평을 요구하기도 한다. 자유로운 분위기에서 응집성은 효과적인 팀워크를 향상시키기도 한다.

더구나 Tetlock과 동료들(1992)이 광범위한 역사적 사례들을 살펴본 결과, 때로는 집단 절차가 좋은 경우에서도 불행한 결정이 나오기도 한다는 사실이 명백해졌다. 카터 대통령과 참모들이 1980년 이란에 억류된 미국인 인질 구출작전을 수립할 때, 서로 다른 의견들을 환영하였으며 그 계획의 위험성에 대해서도 현실적으로 고려하였다. 헬리콥터의 문제가 없었더라면, 구출은 성공했었을 것이다. (카터는 그때 헬리콥터 한 대만 더 보냈더라면 대통령 재선에 성공했었을 것이라고 회고하였다). 때로 좋은 집단도 나쁜 결과를 낳을 수도 있다.

집단 사고의 예방

집단 역동에서의 문제가 실패한 결정을 설명하는 데 도움이 된다(때로는 사공이 많으면 배가 산으로 간다). 그러나 개방적 리더십이 존재하는 경우 응집력 있는 팀 정신은 결정의 질을 향상시킬 수 있다. 때로 집단에서 한 명보다는 두 사람 이상이 내린 결정이 더 낫다.

좋은 결정이 내려지는 조건들을 연구하기 위해, Janis는 두 가지 성공적인 모험 사례를 분석하였다. 하나는 제2차 세계대전 이후 유럽의 복구를 위해 마셜 플랜을 수립하였던 트루먼 행정부였고, 다른 하나는 구소련이 1962년 쿠바에 미사일 기지를 설치하려는 시도에 성공적으로 대처한 케네디 행정부의 사례이다. Janis(1982)는 두 사례에서 사용된 효과적인 집단 절차들을 통합하여, 집단 사고를 방지하기 위한 다음과 같은 방법들을 추천하였다:

- 공평하라 : 어떤 입장을 지지하지 말라. 사람들에게 자신의 입장을 말하게 하는 것으로 집단 논의를 시작하지 말라. 그렇게 하는 것은 정보 공유를 억압하고, 결정의 동등성을 떨어뜨린다(Mojzisch & Schulz-Hardt, 2010).
- 비판을 장려하라 : '악마 역할자'를 배정하라. Nemeth와 동료들(2001a, b)은 더 좋은 것은 진짜 반대자의 등장을 환영하는 것이고, 이는 원안을 자극하도록 하며, 집단이 반대 견해에 대해 개방적이 되도록 만든다고 보고하였다.
- 때로 집단을 나누었다가, 나중에 분위기 차이를 재통합하라.
- 외부 전문가와 관련자의 비판을 수용하라.
- 계획을 이행하기 전에 미심쩍은 부분을 되짚어 보기 위한 2차 모임을 소집하라.

이런 단계를 취하게 되면, 시간은 더 많이 걸리지만, 궁극적으로 결함이 더 적고 더 효과적인 집단 결정이 된다.

집단 문제해결

한 사람의 머리보다는 여러 사람의 머리가 더 낫다. 모든 집단 결정이 집단 사고에 의해 문제가 생기는 것은 아니다. 수술실과 중역회의 같은 작업현장에서, 각 개인의 기술과 지식이 존중되고 다양한 정보를 이끌어내는 논의가 이루어지는 경우에는 팀의 결정이 개인의 결정보다 더 낫다 (Mesmer-Magner & DeChurch, 2009).

Laughlin과 Adamopoulos(1980, Laughlin, 1996; Laughlin et al., 2003)는 여러 가지 지적 과제

어떤 아이디어는 듣지 말아야 할까? 집단 사고는 반대가 비난보다는 격려를 받을 때 집단이 좋은 결정을 내린다는 사실을 시사한다. 학교에서 어떤 일을 논의할 때 명심해야 할 것이다.

를 사용한 연구에서 집단 지혜를 보여주었다. 그들이 사용하였던 유추문제 중 하나를 보자.

> '주장'이 '입증되지 못하는 것'의 관계는 '행위'가 '_____' 것과 같다.
> a. 방해받는
> b. 반대에 부딪히는
> c. 불법적인
> d. 촉진되는
> e. 좌절되는

대부분의 대학생들은 혼자서는 이 문제를 맞히지 못하지만, 논의를 거치면 정답(좌절되는)을 맞춘다. 더욱이 Laughlin은 6인 집단에서 2명이 처음부터 정답을 알고 있는 경우, 다른 모든 구성원들을 깨닫게 하는 경우가 전체 문제의 3분의 2에 달한다는 사실을 발견하였다. 만약 처음부터 정답을 알고 있는 사람이 한 명뿐인 경우에는 '소수인 한 사람'이 다른 모든 구성원들을 깨닫게 하는 경우는 전체 문제의 4분의 3에서 실패한다. 또한 까다로운 논리 문제가 주어진 경우, 2명의 머리보다 3, 4, 혹은 5명의 머리가 더 낫다(Laughlin et al., 2006).

비디오테이프에 담긴 범죄나 취업면접을 본 목격자의 판단 정확성에 관한 연구들은 한 사람의 판단보다는 여러 사람의 판단이 더 정확할 수 있음을 입증해주었다(Hinsz, 1990; Warnick & Sanders, 1980). 목격자들의 집단 상호작용은 여러 개인들의 평균치보다 더 정확한 설명을 제공하였다. 심지어 단순한 지각 판단에서도 한 사람보다는 비슷한 능력을 지닌 두 사람이 더 우수하였다(Bahrami et al., 2010; Ernst, 2010). 운동경기 심판들은 자신들이 본 것에 대해 불확실할 때, 영리하게도 판정을 내리기 전에 상의한다.

여러 사람들이 서로를 비평하는 것은 그 집단이 어떤 형태의 인지적 편향을 피하고, 보다 좋은 생각을 만들어내도록 할 수도 있다(McGlynn et al., 1995; Wright et al., 1990). 라이트 형제들의 논쟁에서 첫 비행기가 나왔다. 스티브 잡스와 스티브 워즈니악 간의 토론으로 인해 첫 애플 컴퓨터가 나왔다(Grant, 2017). 과학에서, 다양한 생각들이 합작되는 이점으로 인해 특히 많이 인용되는 과학 분야의 출간물에서 여러 저자가 한 팀으로 된 '팀 과학'이 점점 더 증가하고 있다(Cacioppo, 2007). 세계의 정치적 사건들을 예측하는 데 있어서도 개인보다는 팀이 더 우수하다(Mellers et al., 2014, 2015).

브레인스토밍의 한계. 혼자일 때보다 대면 상태에서의 브레인스토밍이 더 창의적인 아이디어를 산출한다는 일반적인 생각과 달리, 연구자들은 그렇지 않다는 데 동의한다(Paulus et al., 1995, 2000, 2011; Stroebe & Diehl, 1994). 그리고 브레인스토밍 하는 사람들이 '비판하지 않는 것'을 책망할 때, 브레인스토밍이 가장 생산적이라는 일반적인 생각과 달리, 사람들을 토론하도록 격려하는 것이 아이디어를 자극하고 브레인스토밍 기간 이후까지 창의적 사고를 확대시킨다(Nemeth et al., 2004).

흔히 알려진 생각과 달리, 집단에서의 브레인스토밍은 더 좋은 아이디어나 더 창의적인 아이디어를 생산하지 못한다.

사람들은 집단으로 아이디어를 모으는 것이 더 생산적이라고 느낀다(이는 부분적으로는 사람들이 지나치게 자신들을 믿기 때문이다). 그러나 연구자들은 사람들이 집단보다는 혼자서 좋은 아이디어를 더 많이 산출한다는 사실을 수차례나 반복하여 발견하였다(Nijstad et al., 2006; Rietzschel et al., 2006). 특히 규모가 큰 브레인스토밍 집단은 비효율적이다. 사람들이 각자 아이디어를 만든 후, 소집단으로 모여 서로서로 자극을 주는 것이 더 낫다(Paulus & Korde, 2014). 사회적 태만 이론과 일치하게도, 대규모 집단은 몇몇 사람들로 하여금 다른 사람들의 노력에 무임승차하도록 만든다. 대규모 집단은 사람들에게 기발한 아이디어를 말하는 것을 염려하게 만든다. 또한 대규모 집단에서 사람들이 자신이 말할 차례를 기다리는 동안에 자신의 아이디어를 잃어버리는 '생산 저지'를 일으킨다(Nijstad & Stroebe, 2006).

Watson과 Crick이 DNA를 발견할 때 보여준 것처럼, 서로 도전적인 두 사람의 대화는 창의적 사고에 훨씬 효과적일 수 있다. 나중에 Watson은 자신과 Crick이 유전코드를 찾는 대부분의 뛰어난 사람들과 어울리지 않는 것이 유익했다고 기억하였다. 대부분의 뛰어난 학자들은 "자신이 너무 똑똑해서 거의 다른 사람의 조언을 찾지 않는다"(Cialdini, 2005에서 인용). 만약 당신이 가장 천재적인 사람이라면, 왜 다른 사람들의 투입을 찾겠는가? Watson과 Crick처럼, 비슷하게 심리학자인 Kahneman과 Tversky도 직관에 관한 탐구와 직관이 경제적 의사결정에 미치는 영향을 공동으로 연구하였다('숨은 이야기 : 노벨상의 뒷이야기' 참조).

Brown과 Paulus(2002)는 집단 브레인스토밍을 향상시키는 다음의 세 가지 방법을 발견하였다:

- 집단과 개별 브레인스토밍을 결합하라 : 집단 브레인스토밍은 그것이 개별 브레인스토밍보다 먼저일 때 가장 생산적이다. 집단 브레인스토밍에서는 새로운 범주를 만들면, 한 사람에게

숨은 이야기

노벨상의 뒷이야기 : 두 사람이 한 사람보다 낫다

1969년 봄, 나는 예루살렘의 히브리대학교에 근무하는 나보다는 나이 어린 동료인 Tversky와 만나서 점심을 먹으면서 우리 각자가 범한 최근의 판단 오류에 대해 의견을 나누었다. 그곳에서부터 인간의 직관에 대한 우리의 연구가 탄생하게 되었다.

나는 예전에도 공동연구를 즐겨 했지만, 이 연구는 황홀한 것이었다. Tversky는 매우 똑똑하였고, 매우 재미있기도 하였다. 우리는 딱딱한 작업을 웃으면서 오랜 시간 동안 할 수 있었다. 그의 연구는 항상 확신과, 깔끔하면서도 우아한 것이 특징이었고, 이런 특징들이 내 아이디어와 결합되는 것을 보는 일은 즐거움이었다. 우리가 첫 번째 논문을 썼을 때, 나는 나 혼자 쓴 부분에 대해 주저했던 것보다 훨씬 더 낫다는 것을 알게 되었다.

우리의 모든 아이디어는 공동의 것이다. 우리는 육체적으로도 함께 있는 동안 설문지와 논문의 초안을 작성하는 것을 포함하여 우리의 공동 프로젝트의 모든 일을 거의 함께 하였다. 우리의 원칙은 모든 의견 차이를 서로 만족스럽게 해결될 때까지 논의하는 것이었다.

우리의 공동연구 중 가장 즐거운 일은—아마도 공동연구의 성공 중 많은 것들은—각자의 초기 생각들을 정교화하는 우리의 능력에서 비롯된 것이었

다. 만약 내가 절반쯤 구성한 아이디어를 꺼낸다면, 나는 Tversky가 그것을 이해하고, 아마도 나보다도 더 정확히 이해하고, 만약 그것이 장점을 지니고 있다면, 그가 그것을 알아볼 것이라는 사실을 알고 있었다.

Tversky와 나는 황금 알(합심이 우리 각자의 마음보다 더 낫다)을 낳는 거위를 공동으로 소유하고 있음을 서로 알고 있었다. 우리는 한 팀이었고, 10년 이상 그 형태를 잘 유지하였다. 열심히 공동연구를 진행하던 시기에 우리가 진행한 연구로 인해 노벨상을 받았다.

Daniel Kahneman
프린스턴대학교,
2002년 노벨상 수상자

Courtesy of Daniel Kahneman

한 번만 발언하도록 허용되는 집단 맥락의 방해를 받지 않고, 개인의 아이디어가 자연스럽게 이어질 수 있다. 창의적인 작업팀도 규모가 작아지고, 한 명씩, 둘씩 교대로 일하고, 순환제로 모임을 갖는 추세이다(Paulus & Coskun, 2012).

- **글쓰기로 집단 성원들이 상호작용을 하도록 하라** : 한 번에 하나씩만 제시하는 규칙으로 인해 방해받지 않으면서, 집단의 장점을 취하는 또 다른 방법은 집단 성원들에게 말하고 듣는 것보다 쓰고 읽게 하는 것이다. 더욱이 리더가 사람들에게 (단지 좋은 아이디어보다는) 많은 아이디어를 만들도록 촉구할 때, 그들은 더 많은 아이디어와 더 좋은 아이디어를 만든다(Paulus et al., 2011). 그래서 떠오르는 것은 무엇이든 적어라.
- **전자 브레인스토밍을 이용하라** : 대규모 집단의 전통적 집단 브레인스토밍에서 일어나는 언어적 교통정체를 피할 수 있는 효과적인 방법은 각 개인들이 컴퓨터 네트워크상에서 아이디어를 제시하고 읽도록 하는 것이다.

그래서, 집단 성원들이 자유롭게 자신들의 창의적인 아이디어와 다양한 통찰을 결합할 때 흔히 나타나는 결과는 집단 사고가 아니라 집단 문제해결이다. 집단의 지혜는 실험실에서뿐만 아니라 일상생활에서도 분명하다 :

- **일기예보** : 가장 큰 민간 예보 기관장 Myers(1997)는 "두 예보관이 함께 작업할 때가 각자 혼자 할 때보다 더 정확하다"고 보고하였다. 2010년 여름 북극해 빙하에 대한 과학자들의 예측은 250~560만 제곱킬로미터였다. 그 평균인 480만 제곱킬로미터는 실제 결과와 거의 정확히 일치하였다(Wiltze, 2010).
- **구글** : 구글은 Surowiecki(2004)가 집단지성(The Wisdom of Crowds)이라고 부르는 것을 활용함으로써 최고의 검색엔진이 되었다. 구글은 페이지 X에 대한 링크를 페이지 X에 대한 투표로 해석하고, 가장 순위가 높은 페이지의 링크에 가장 큰 가중치를 부여한다.
- **군중 내부** : 마찬가지로 동일한 사람의 각기 다른 추측을 평균하면, 그 사람의 개별 추측을 능가하는 경향이 있다(Herzog & Hertwig, 2009). Vul과 Pashler(2008)는 사람들에게 "세계 공항의 몇 퍼센트가 미국에 있는가?"와 같은 사실적인 질문에 대한 정답을 추정하게 했을 때 이런 사실을 발견하였다. 그런 다음 그 연구자들은 실험 참가자들에게 두 번째 추측을 즉각 또는 3주 후에 하도록 하였다. 그 결과는? "두 번째 의견을 다른 사람으로부터 받을 때에 비하여 스스로 두 번 생각했을 때 약 10분의 1의 이득이 있었지만, 만약 3주를 기다렸다가 동일한 질문을 한다면, 두 번째 의견으로 인한 이득은 3분의 1까지 높아졌다."
- **시장 예측** : 1988년 이래로 미 대통령 선거에서 최종 여론조사는 선거결과에 대한 좋은 예측 요인이 되었다. 그러나 훨씬 더 나은 예측 요인은 선거 관련 주식 시장이었다. 사람들은 모든 것(여론조사 포함)을 고려하여 후보자들과 관련된 주식을 사고판다.
- **전문가의 예상을 결합하기** : 2010년에 실시된 한 연구에서, 전 세계 사람에게 "2012년 1월 1일 이탈리아 지도자가 사임할 것이다"와 같은 199개의 사건이 발생할 가능성을 추정하도록 하였다. 예측자가 인지적 편향을 조심하도록 훈련받았고, 팀(특히 이전에 성공적으로 '예측을 잘하는 사람들'로 구성된 엘리트 팀) 안에서 서로 정보를 공유할 때, 그들의 예측이 우수하였다(Mellers et al., 2014; Mannes et al., 2014).

그래서 우리는 많은 다양한 사람들로부터의 정보가 결합될 때, 우리 모두는 홀로 있는 사람보다 더 똑똑해질 수 있다고 결론내릴 수 있다. 우리는 어떤 면에서 기러기 떼와 같아서, 어느 누구도 완벽한 비행 능력을 갖고 있지는 않다. 그럼에도 불구하고, 기러기 집단은 서로서로 가까이 있음으로써 정확하게 비행할 수 있다. 새 떼는 새보다 더 똑똑하다.

요약 : 집단 사고 : 집단은 좋은 결정을 돕는가? 혹은 방해하는가?

- 몇몇 국제적 재앙에 대한 분석은 집단의 응집성이 상황에 대한 현실적 평가를 무시하도록 할 수 있음을 보여준다. 특히 집단 성원들이 일심동체를 강력히 희망할 때, 반대 의견과는 격리되어 있을 때, 그리고 리더가 그 집단에게 바라는 것이 무엇인지에 대해 신호를 줄 때, 그런 일이 생긴다.

- 집단 사고라고 부르는 집단 조화에 관한 지나친 관심으로 인한 증후는 (1) 그 결정이 완전무결하다는 착각, (2) 합리화, (3) 자기 집단의 도덕성에 대한 의심 없는 믿음, (4) 반대편에 대한 고정관념적 입장, (5) 동조 압력, (6) 의혹에 대한 자기 검열, (7) 만장일치의 착각, (8) 집단을 원치 않는 정보로부터 보호하는 '정신경호원' 등이다. 몇몇 비평가들은 Janis의 집단 사고 모형 중 일부 측면(예 : 독재적 리더십)이 다른 측면

(예 : 응집성)보다 잘못된 결정과 관련이 더 크다는 점을 지적하고 있다.

- 그러나 때로 실험에서 그리고 실제 역사 속에서 집단이 현명한 결정을 하기도 한다. 이는 집단 사고를 예방할 수 있는 방법들을 시사해준다: 공평성 유지, '악마의 옹호자' 입장을 격려, 결정을 토론하기 위한 집단의 분할과 결합, 외부 인물 투입 및 결정을 끝내기 전에 '2차 기회' 모임 갖기.

- 집단 문제해결에 대한 연구는 집단이 개인들보다 더 정확할 수 있다는 것을 시사한다. 또한 집단이 규모가 작거나, 혹은 큰 집단이라도, 집단 회합에 뒤이어 개인적 브레인스토밍이 진행된다면, 더 많고 더 좋은 아이디어를 만든다.

소수의 영향 : 개인은 어떻게 집단에 영향을 주는가?

언제 그리고 어떻게 개인들이 집단에 영향을 주는지를 설명한다. 개인들을 효과적으로 만들어주는 요건을 찾아본다.

사회적 영향을 다룬 각 장은 개인의 힘이 중요하다는 사실을 상기시켜주었다. 우리는 다음과 같은 사실들을 확인하였다.

- 문화적 상황이 우리의 성향을 결정해주지만, 우리도 그런 상황을 만들고 선택하는 데 기여한다.

- 때로 동조 압력이 우리가 더 나은 판단을 하지 못하도록 압도하지만, 노골적인 압력은 오히려 우리로 하여금 개성과 자유를 주장하도록 반발하게 만든다.

- 설득의 힘이 막강하지만, 우리는 공개적으로 자신의 입장을 표현함으로써, 그리고 설득 시도를 예상함으로써 설득에 저항할 수 있다.

이 장은 개인에게 미치는 집단의 영향을 강조하고 있다. 이제 어떻게 개인이 집단에 영향을 주는지를 살펴봄으로써 최종 결론을 내릴 것이다.

영화 '12명의 성난 사람들'에서 한 명의 배심원이 마침내 11인의 나머지 배심원들을 이겼다. 실제 배심원실에서 그것은 드문 일이다. 그렇지만 대부분의 사회 운동에서 소수는 다수를 동요시키고, 그리고 마침내 다수가 된다. 미국의 사상가인 랠프 애머슨은 "모든 역사는 소수의 힘에

대한 기록이고, 한 사람의 힘에 대한 기록이다"라고 적었다. 코페르니쿠스, 갈릴레오, 마틴 루터 킹, 수잔 B. 앤서니, 넬슨 만델라를 생각해보라. 미국의 시민 운동도 몽고메리 앨라바마 버스에서 백인에게 자리 양보를 거부한 흑인 여성인 로자 파크스로부터 시작되었다. 과학기술의 역사도 혁신적인 소수들에 의해 이루어졌다. Fulton이 증기선(Fultons Folly)을 개발했을 때, 주위의 조롱을 참아야 했다: "용기를 주는 한 마디, 밝은 희망, 따뜻한 소망은 무엇도 나의 길을 가로막지 못하게 했다"(Cantril & Bumstead, 1960). 실제로 소수의 견해가 승리하지 못했다면, 역사는 정체되었을 것이고 어떤 것도 변하지 않았을 것이다.

언제 소수가 설득력을 지니는가? 슐레진저가 어떻게 했으면, 케네디 집단이 피그스만 침공에 대한 그의 의문사항을 고려했었을까? Moscovici가 파리에서 수행한 실험들에서 소수의 영향을 결정해주는 몇몇 요인들(일관성, 자기확신, 다수로부터의 이탈)이 밝혀졌다.

일관성

우유부단한 소수보다는 한 가지 입장을 고수하는 소수가 더 영향력 있다. Moscovici와 그의 동료들(1969, 1985)은 소수의 참가자가 파란색 슬라이드를 일관되게 초록색 슬라이드라고 판단할 때, 다수 구성원들이 때로는 소수의 판단에 동의한다는 사실을 발견하였다. 그러나 소수가 우유부단한 경우, 즉 파란색 슬라이드 중 3분의 1은 '파란색'으로 판단하고 나머지는 '초록색'으로 판단한 경우는 실제로 다수 중 어느 누구도 '초록색'이라는 소수의 판단에 동의하지 않았다.

실험들은 동조하지 않는 것, 특히 일관되게 다수에게 동조하지 않는 일이 종종 얼마나 고통스러운가를 잘 보여주고 있다(Levine, 1989; Lücken & Simon, 2005). 이는 소수 완만 효과(minority slowness effect), 즉 다수 입장인 사람들에 비해 소수 입장인 사람들이 자신의 의사표현을 더 늦게 하는 경향성을 설명하는 데 도움이 된다(Bassili, 2003). 만약 당신이 소수 중 한 명이 된다면, 조롱받을 준비를 해야 한다. 개인적으로 다수와 상반된 주장을 할 때와 집단이 만장일치 합의를 통해 어떤 문제를 해결하고자 할 때 특히 그렇다(Kameda & Sugimori, 1993; Kruglanski & Webster, 1991; Trost et al., 1992).

심지어 다수에 속하는 사람들이 부동의자가 실제로 또는 도덕적으로 옳다는 것을 알고 있더라도, 소수가 의견을 바꾸지 않는다면 그들은 여전히 그 사람을 싫어할 것이다(Chan et al., 2010). Nemeth(1979, 2011)가 모의 배심원 집단에 2명의 소수를 심어놓고, 이들로 하여금 다수의 주장에 반대하도록 했을 때, 이들 두 명은 불가피하게 다수에게 미움을 샀다. 그럼에도 불구하고 다수는 이들의 일관된 주장이 자신들로 하여금 당초의 입장을 다시 생각하도록 만드는 것 이상의 역할을 하였다는 사실을 인정하였다. 흔히 아무 생각 없이 동의를 일으키는 다수의 영향과 비교하여, 소수의 영향은 때로는 주장들에 대한 창의성을 높여주는, 보다 깊은 처리과정을 자극한다(Kenworthy et al., 2008; Martin et al., 2007, 2008). 특히 만약 당신이 집단의 주변 사람이면서 소수의 입장이면, 당신은 미움을 받을 수도 있지만, 창의적인 혁신을 높일 수도 있다(Rijnbout & McKimmie, 2012).

일부 성공적인 회사들은 소수의 관점이 창의성과 혁신을 키울 수 있음을 인식하고 있다. '개인의 창의성을 존중하기'로 유명한 회사인 3M은 기발한 아이디어를 생각해내는 사원을 환영하고 있다. 포스트잇은 스펜서 실버사가 초강력 아교를 개발하려다 실패한 것이었다. 종잇조각으로 성가대 찬송가를 표시해두는 데 어려움

오랜 기간 동안, 3M 회사의 몇 사람이 일관되고, 자기확신적이고, 오랫동안 꾸준히 포스트잇에 사용된 아교풀의 필요성을 주장하였다. 이것들이 다수 집단에 영향을 줄 수 있는 세 요인이다.

을 느낀 아트 프라이는 "내가 필요한 것은 스펜서의 접착제를 종이 끝에만 발라서 북마크를 만드는 것"이라고 생각했다. 그의 생각은 회의적인 입장의 마케팅 부서를 궁극적으로 이긴 소수의 견해였다(Nemeth, 1997).

자기확신

일관성과 고집은 자기확신을 낳는다. Nemeth와 Wachtler(1974)는 자기확신을 낳는 소수의 어떤 행동(예 : 헤드시트를 탁자에 놓는 것)은 다수에게 자기의구심을 높여주는 경향이 있다는 사실을 보고하였다. 확고하고 당당하게 행동하는 소수의 자기확신은 다수로 하여금 그들의 기존 입장을 재고하게 만든다. 특히 이는 사실(예 : 이탈리아가 원유를 가장 많이 수입하고 있는 나라는?)보다는 의견(예 : 이탈리아가 원유를 가장 많이 수입해야 하는 나라는?)의 경우에서 그렇다(Maass et al., 1996).

다수로부터의 이탈

고집스러운 소수는 만장일치의 착각을 무너뜨린다. 소수가 다수의 주장에 일관되게 이의를 제기하면, 다수 구성원들도 보다 자유롭게 의심나는 점들을 표현하게 되고, 심지어 소수 쪽으로 입장을 바꾸기도 한다. 그러나 한 명의 이탈자가 처음부터 다수에 동의했던 누군가를 다시 생각하도록 하여 다수에 반대하는 사람으로 만드는 일이 생길까? 피츠버그대학교 학생을 대상으로 한 연구에서, Levine(1989)은 일관된 소수의 목소리보다는 다수로부터 이탈한 소수가 더 설득적이란 사실을 발견하였다. Nemeth는 모의 배심원 실험에서 — '12명의 성난 사람들'의 시나리오처럼 — 일단 이탈이 시작되면, 곧 다른 사람들이 뒤따라 이탈하는 눈덩이 효과가 시작된다는 것을 발견하였다.

개인이 어떻게 집단에게 영향을 줄 수 있는지에 관한 이 같은 새로운 제안에는 재미있는 아이러니가 있다. 최근까지, 소수가 다수를 흔들 수 있다는 생각은 그 자체가 사회심리학에서는 소수의 견해였다. 그럼에도 불구하고 Moscovici, Nemeth, Maass 등이 일관되고 강력하게 주장함으로써 집단 영향을 연구하는 다수 연구자들이 소수의 영향이 연구할 가치가 있는 현상이라는 사실을 인정하게 되었다. 그러던 도중에 소수의 영향에 관한 연구자들 중 몇몇은 연구할 주제를 얻게 된 사실은 놀랄 일이 아니다. Maass(1998)는 전후 독일에서 자라면서 할머니로부터 파시즘에 대한 설명을 들은 후, 어떻게 소수가 사회 변동에 영향을 주는지에 관심을 갖게 되었다. Nemeth(1999)는 교환교수로 유럽에 머무르는 동안 Tajfel과 Moscovici와 함께 연구하면서 자신의 관심사를 발전시켰다. "우리 셋(Tajfel, Moscovici, Nemeth)은 모두 이방인들이었다. 나는 유럽에 사는 미국인 로마 가톨릭 여성이고, 그들은 동유럽 유대인으로서 제2차 세계대전 때 살아남은 사람들이었다. 소수 입장의 가치와 투쟁에 대한 민감성이 우리의 연구를 이끌게 되었다."

리더십이 소수의 영향인가?

1910년 노르웨이와 영국이 남극 탐험의 경주를 벌였다. 로알 아문센이 효과적으로 이끈 노르웨이 팀은 탐험에 성공했다. 로버트 팔콘 스콧이 서툴게 이끈 영국 팀은 실패하였고, 스콧과 3명의 팀원이 사망하였다. 아문센은 개인들을 움직이고 집단을 이끄는 과정인 **리더십**(leadership)의 힘을 보여주었다.

어떤 리더는 공식적으로 지명되거나 선출되는 반면, 어떤 리더는 집단 상호작용을 통해 비공

리더십
특정 집단 성원들이 집단에 동기를 부여하고 안내하는 과정

과제 리더십
작업을 조직하고, 기준을 설정하고, 목표에 초점을 두는 리더십

사회적 리더십
팀워크를 구축하고, 갈등을 중재하고, 지지를 제공하는 리더십

식적으로 출현한다. 훌륭한 리더십을 만드는 것은 상황에 달려있다. 엔지니어 팀을 잘 이끄는 사람이 판매부서에서는 훌륭한 리더가 아닐 수도 있다. 어떤 사람은 **과제 리더십**(task leadership, 과제를 조직화하고, 기준을 설정하고, 목표 달성에 초점을 두는 리더십)에서 우수한 반면, 어떤 사람은 **사회적 리더십**(social leadership, 팀워크를 만들고, 갈등을 중재하고, 구성원들에게 지지를 제공하는 리더십)에서 우수하다.

과제 리더는 종종 독재적 스타일이다. 즉 리더가 올바른 명령을 내린다면, 사람들이 일을 잘할 수 있는 스타일이다(Fiedler, 1987). 이런 리더는 목표 지향적이기 때문에 구성원들이 계속해서 집단에 주목하며 집단의 임무 완수에 노력을 기울이도록 할 수 있다. 실험 연구에 따르면 구체적

초점문제

변형적 공동체 리더십

변형적(일관성 있고, 자신감이 있고, 자극적인) 리더십의 놀라운 예로서 Walt와 Mildred Woodward 부부를 살펴보자. 제2차 세계대전 중에도 그리고 20년 후에도 그들은 워싱턴 베인브릿지섬에서 신문을 소유하고 편집하고 있었다. 1942년 3월 30일, 거의 12만 명의 일본계 서부 해안 거주민의 선발대가 포로수용소에 재배치된 것은 베인브릿지가 처음이었다. 6일의 통지 후 무장 보안군의 감독하에 여객선에 실려 부두 위에서 눈물 흘리는 친구와 이웃(그들의 보험대리인 중 한 명인 나의 아버지도 이웃이었다)을 남겨두고 멀리 보내졌다. Woodward(1942)는 '베인브릿지 리뷰'에서 "12월 7일(진주만 공습일) 이래의 깨끗한 기록, 시민권, 미군에 징집되었거나 명부에 이름을 올린 그들의 친척들, 미국인의 품위 어디에 이런 강압적이고 너무나도 짧은 소개 명령에 변명거리가 있단 말인가?"라고 기사화했다. 그 전쟁 내내 모든 서부 해안 신문 편집장들 중 Woodward 부부만이 계속해서 그 포로수용소에 반대하는 목소리를 냈다. 또한 그들은 이전 임시 직원이었던 Paul Ohtaki를 채용하여 퇴거된 섬 주민들의 소식을 전달하는 칼럼을 쓰도록 하였다. Ohtaki 등이 쓴 "폐렴이 쿠라 할아버지를 덮쳤다"와 "만자나르에서 태어난 첫 섬 아기"와 같은 기사는 그들에게 지금은 없는 이웃 가정을 회상하도록 해주었고 결국 환영받을 가정으로 돌아갈 방법을 준비하게 해주었다. 이것은 신문들이 포로수용을 지지하고 일본인에 대한 적대감을 강화시키는 서부 해안의 다른 공동체 쪽으로 선회하기를 반기는 편견과는 대조적인 것이었다.

일부 신랄한 반대가 지속된 이후에, Woodword 부부의 용기는 존경을 받게 되었고, 이 내용은 '삼나무에 내리는 눈'이라는 제목의 책과 영화로 각색되었다. 2004년 3월 30일 여객선 출발 장소에서 열린 국가기념식에서 이전 포로수용자이자 현직 베인브릿지섬 일본계 미국인 공동체 의장인 Frank Kitamoto는 "이 기념식도 Woodward 부부, Ken Myers, Genevive Williams… 및 우리를 지지했던 많은 사람들을 위한 것"이라고 선언했고, 그들은 매국노라 불리는 위험도 무릅쓰고 강제이주에 도전했던 사람들이다. "Walt Woodward는 만약 우리가 일본계 미국인들에게 권리장전을 중단시킬 수 있다면, 뚱뚱한 미국인 또는 푸른 눈을 가진 미국인에 대해서도 그렇게 해야 할 것이라고 말했다." Woodward 부부의 변형적 리더십을 회고하며, 풋내기 기자 Ohtaki(1999)는 "베인브릿지섬에서는 다른 지역에서 보였던 일본인 귀향자에 대한 적대감

1942년 3월, 제2차 세계대전 중 274명의 베인브릿지섬 주민들이 처음으로 12만 명의 일본계 미국인들과 일본인 이민자들을 억류하게 되었다. 62년 후 억류자들을 기억하고 그들이 환영받을 가정으로 돌아가는 것을 돕고 준비하도록 한 변형적 리더들을 기억하는 국가기념관 공사가 시작되었다.

© Library of Congress/Corbis Historical/Getty Images

이 존재하지 않았는데, 내 생각에는 그것은 대부분 Woodward 부부 때문이다"라고 적었다. 나중에 그가 Woodword 부부에게 "그렇게 하지 않았다면 일부 독자의 분노를 겪지 않았을 것인데, 왜 그렇게 했느냐?"고 물었을 때, 그들은 항상 "그렇게 하는 것이 올바른 일이었다"라고 말하였다.

이고 도전할만한 목표와 일의 진행과정에 대한 정기적인 보고가 있으면, 구성원들이 높은 성취를 달성하도록 동기화시키는 데 도움을 준다는 것이다(Locke & Latham, 1990, 2002, 2009). 전통적인 남성 리더십을 연상시키는 특성(건장한 몸, 큰 신장, 남자다운 얼굴)을 지닌 남성은 지배적인 리더로 지각되고 CEO로 성공적인 경향이 있다(Blaker et al., 2013; Wong et al., 2011).

사회적 리더는 대개 민주적 스타일이다. 즉 권위를 버리고, 팀 성원들의 참여를 환영하고, 이미 살펴보았듯이, 이는 집단 사고를 방지하는 데 도움이 된다. 118개의 연구에서 나온 자료에 따르면, 여성이 남성보다 훨씬 평등주의자임이 밝혀졌다. 즉 여성들이 사회적 위계에 더 반대한다(Lee et al., 2011). 많은 실험을 통해 사회적 리더십이

'품질관리 모임'에서 보듯, 참여적 경영은 독재적 리더보다는 민주적 리더를 필요로 한다.

구성원들의 사기에 더 좋다는 사실들이 밝혀졌다. 대체로 집단 성원들은 자신들이 의사결정에 참여했을 때 더 큰 만족을 느낀다(Spector, 1986; Vanderslice et al., 1987). 과제의 종류를 통제하더라도, 이 경우에 작업자들의 성취 동기가 더 높아진다(Burger, 1987).

모든 위대한 리더들에게는 공통적인 특질이 있다고 보는, 한때는 유명했던 '위인' 리더십 이론에 대한 평판은 나빠졌다. 이제 우리가 알고 있는 효과적인 리더십 양식은 위대한 '내'가 아니라 위대한 '우리들'이다. 효과적인 리더는 한 집단의 정체성을 보여주고, 고양시키고, 그리고 지켜낸다. 상황에 따라 효과적인 리더십이 무엇인지는 다르다. 무엇을 해야 하는지 잘 알고 있는 부하들은 과제 리더십 아래에서 일하는 것을 싫어하는 반면, 그것을 모르는 사람은 그런 리더십을 좋아한다. 그러나 최근 사회심리학자들은 많은 상황에서 훌륭한 리더를 보여주는 자질이 있을 수 있다는 사실에 다시 놀라고 있다(Hogan et al., 1994). 영국의 사회심리학자인 Smith와 Tayeb(1989)은 인도, 대만 및 이란에서 이뤄진 연구를 통해 탄광, 은행, 행정부에서 가장 효율적인 상사들은 과제 리더십과 사회적 리더십 모두에서 높은 점수를 받은 사람들이라는 사실을 발견하였다. 그들은 업무의 진전에 대해서도 적극적인 관심을 보이고, 부하들의 욕구를 살피는 데도 세심한 사람들이었다.

또한 연구들은 실험실 집단, 작업팀, 대기업 등에서 효율적인 리더들은 다양한 견해를 환영함으로써 집단 사고를 피할 뿐만 아니라 소수 견해가 설득력을 지니도록 돕는 행동을 한다는 사실을 밝혀냈다. 이런 리더들은 그들의 목표를 **일관되게** 고수함으로써 신뢰를 심어준다. 또한 그들은 종종 부하들의 충성심을 끌어내는 자신감 넘치는 카리스마를 보여준다(Bennis, 1984; House & Singh, 1987). 효과적인 리더는 전형적으로 원하는 업무 상태에 관한 확실한 비전을 지니고 있으며, 특히 집단적 스트레스 상황에서 그렇다(Halevy et al., 2011). 또한 그들은 그 비전을 다른 사람들에게 간결한 언어로 전달하는 능력을 갖고 있고, 다른 사람들이 추종하도록 만드는 충분한 낙관주의와 신념을 지니고 있다. 사회적으로 지배적이고 영향력 있는 사람들은 발언을 많이 하는 등의 방법으로 행동하기 때문에 (실제와 관계없이) 유능한 사람으로 보인다(Anderson & Kilduff, 2009).

50개의 네덜란드 회사에 대한 분석에서, 자신의 동료들에게 "전체를 위하여 개인적 이해관계를 초월하라"고 강력하게 고취시키는 경영자가 있는 회사가 가장 사기가 높았다(de Hoogh et

Lei Yixin/U.S. National Park Service

변형적 리더십 : 카리스마적이고, 활기차고, 자기확신적인 사람은 다른 사람들에게 비전을 갖게 함으로써 때로 조직이나 사회를 변화시킨다. 마틴 루터 킹은 이런 리더였다.

변형적 리더십
리더의 비전과 자극에 의하여 가능하게 되며 중요한 영향을 발휘하게 만드는 리더십

al., 2004). **변형적 리더십**(transformational leadership)이라 부르는 이런 유형의 리더십은 사람들을 집단에 동일시하게 만들고, 집단의 임무에 헌신하도록 동기화시킨다. 변형적 리더들(그들 중 많은 사람들은 카리스마적이고, 정열적이고, 자신감 넘치는 외향적 성격을 지닌 사람들이다)은 높은 기준을 명시하고, 사람들에게 비전을 공유하게 하고, 그리고 개인적으로 신경을 써주는 사람이다(Bono & Judge, 2004). 조직에서 그런 리더십은 사람들을 더욱 몰입하는, 신뢰로운, 유능한 직원으로 만든다(Turner et al., 2002).

분명히 집단도 리더에게 영향을 준다. 때로 무리의 선두에 있는 사람은 그 집단이 이미 어느 쪽을 향하고 있는지에 대해 민감하다. 정치 후보자들은 여론을 읽을 줄 안다. 집단의 입장을 대표하는 사람이 리더로 선출될 가능성이 크다. 집단의 기준으로부터 너무 벗어나는 리더는 배척받기 쉽다(Hogg et al., 1998). 대개 영리한 리더는 다수의 입장을 취하며, 자신의 영향력을 신중하게 사용한다. 매우 드문 경우지만, 어떤 특질이 어떤 상황과 만나면 역사가 위인을 만든다고 Simonton(1994)은 지적한다. 처칠, 제퍼슨, 링컨, 마틴 루터 킹 같은 위인은 그 사람이 그 시기에 그곳에 살았기 때문이다. 지능, 기술, 결단력, 자신감 및 사회적 카리스마가 드문 기회를 만났을 때, 때로는 우승, 노벨상 수상 혹은 사회적 혁명을 가져온다.

요약 : 소수의 영향 : 개인은 어떻게 집단에 영향을 주는가?

- 비록 대개는 다수의 의견이 우세하지만, 때로는 소수가 영향을 줄 수 있고 심지어 다수의 의견을 뒤집을 수도 있다. 다수가 소수의 견해를 채택하지 않을지라도, 소수의 목소리는 다수에게 자기의구심을 증가시키고, 종종 더 좋고 창의적인 결정을 하도록 이끄는 다른 대안을 고려해보도록 촉구한다.
- 실험에서 소수의 견해가 일관적이고 고집스러울 때, 그 행위가 자신감을 나타낼 때, 그리고 다수로부터 이탈을 유발하기

시작할 때 가장 영향력이 있다.
- 공식적 및 비공식적인 집단의 리더들은 과제 리더십과 사회적 리더십을 통해 각기 다른 영향력을 발휘한다. 목표를 추구하도록 지속적으로 압력을 가하며, 자신감 넘치는 카리스마를 풍기는 사람들은 종종 다른 사람들로부터 신뢰를 얻고 그들이 추종하도록 만든다.

후기 :
집단은 우리에게 나쁜 것인가?

우리는 이 장의 내용들을 선별적으로 읽으면, 독자들에게 집단은 대체로 나쁜 것이란 인상을 주었을 것임을 인정한다. 집단 속에서 우리는 더 각성되고, 더 스트레스를 받고, 더 긴장하고, 복잡한 과제를 할 때는 오류를 더 많이 범하게 된다. 우리는 자유롭게 행동할 수 있는 집단에 들어가

면, 태만해지거나 몰개성화되는 나쁜 충동을 갖게 되는 경향이 있다. 경찰의 야만적 행위, 사형(私刑), 갱의 파괴 행동, 테러리즘 등은 모두 집단 현상이다. 집단 논의는 종종 우리의 견해를 극화시키고, 인종차별과 적대감을 증가시킨다. 또한 집단 논의는 반대 의견을 억압하고 파국적 결정을 낳는 동질화된 집단 사고를 만들 수도 있다. 우리가 집단에 맞서 홀로 진실과 정의를 위해 싸우는 개인을 칭송하는 것은 당연하다. 집단은 아주 '나쁜' 것으로 보인다.

이것들이 모두 맞는 사실이지만, 그것은 진실의 한쪽 면일 뿐이다. 또 다른 한쪽 면은 우리가 사회적 동물로서 집단 생활을 하고 있는 존재라는 점이다. 과거 조상들처럼, 우리는 생존, 지지 및 안전을 위해 서로서로 의지하고 있다. 더욱이 우리 각자의 성향이 긍정적인 경우, 집단 상호작용은 우리에게 이득이 된다. 집단 속에서 달리는 사람은 더 빨리 달리고, 청중들은 더 크게 웃으며, 기부자들은 더 많이 기부하게 된다. 자조집단에서 사람들은 금주, 다이어트, 공부를 더 열심히 한다. 신앙인들로 구성된 집단에서 영적 의식은 확장한다. 15세기 성직자인 토마스 아 켐피스는 "영적인 것에 대해 헌신적으로 대화를 나누는 것이 영혼의 건강에 큰 도움이 된다." 특히 신앙인이 "서로 만나서 이야기하고 교제할 때 그렇다"라고 말하였다.

집단이 어떤 것을 증가시키느냐 아니면 억제시키느냐에 따라 집단은 매우 나쁜 것일 수도 있고 매우 좋은 것일 수도 있다. 그래서 우리는 현명하게 그리고 의도적으로 집단들을 잘 선택해 왔다.

편견

CHAPTER

9

© Rena Schild/Shutterstock

지금까지 우리는 제1부와 제2부에서 사람들이 서로에 대해서 어떻게 *생각*하고 어떻게 *영향*을 주고 받는지에 대해 공부했다. 제3부에서는 우리가 서로 어떻게 *관계*를 맺는지에 대해서 알아볼 것이다. 우리는 왜 서로를 싫어하고 심지어는 경멸하기도 하는가? 우리는 언제, 어떤 이유로 다른 사람을 다치게 하는가? 왜 우리는 어떤 사람을 좋아하거나 사랑하는가? 우리는 언제 친구나 낯선 사람을 도와주는가? 사회적 갈등은 어떻게 발생하며 이를 공정하고 평화롭게 해결하는 방법은 무엇인가?

편견은 다양한 형태로 나타난다. 우리가 속한 집단에게 호의적인 형태일 수도 있고 또는 다른 집단에 적대적인 형태일 수도 있다. 앞으로 살펴보겠지만, 연구자들은 인종, 성별, 성적 지향성에 대한 편견과 함께 다음과 같은 편견을 연구해왔다.

- **종교** 9/11과 이라크 전쟁, 아프가니스탄 전쟁의 여파로 국가 정체성이 강한 미국인들은 아랍계 이민자들에게 강한 거부감을 표현했다(Lyons et al., 2010). 많은 관리자들은 취업 지원자가 무슬림이라고 하면 채용하지 않으려고 하거나 높은 임금을 지불하지 않으려고 했다(Parks et al., 2009). 유럽에서는 무슬림이 아닌 사람들 대부분이 '이슬람 극단주의'에 대한 우려를 표현했고 2014~2016년 사이에 무슬림

에 대한 부정적 견해가 증가했다.

- **비만** 뚱뚱한 것은 즐겁지 않다. 220만 개의 소셜 미디어 글을 분석한 결과에 따르면 '비만'이나 '뚱뚱한'이라는 단어는 망신 주기나 모욕하기(비판과 경멸적 농담)와 관련되어 있었다(Chou et al., 2014). 연애 상대를 찾거나 직장을 찾을 때, 체중이 많이 나가는 사람, 그중에서도 특히 과체중의 백인 여성은 성공할 확률이 매우 낮다. 과체중인 사람들은 결혼을 덜 하고, 덜 바람직한 직장에 다니며, 돈을 덜 번다(Swami et al., 2008). 체중에 기반한 차별은 인종이나 성별에 따른 차별보다 더 심각하며 채용, 배치, 승진, 보상, 징계, 해고와 같은 고용의 모든 단계에서 일어난다(Roehling, 2000). 아동에게서는 따돌림의 원인이 되는 경우가 많다(Broday, 2017; Reece, 2017).

- **나이** 노인은 전반적으로 친절하지만 약하고 무능하고 비생산적이라는 사람들의 인식은 노인을 하대하게 만든다. 예를 들어, 어린아이를 대하는 것과 같은 말투로 노인을 대하면 노인들은 자신이 덜 유능하다고 느끼고 행동하게 된다(Bugental & Hehman, 2007).

- **이민자** 독일인들의 터키인에 대한 편견, 프랑스인의 북아프리카인에 대한 편견, 영국인의 서인도인과 파키스탄인에 대한 편견, 미국인의 라틴아메리카계 불법 이민자들에 대한 편견을 보고하는 연구들이 있다(Murray & Marx, 2013; Pettigrew, 2006). 유럽으로 유입되는 난민이 폭증한 결과, 유럽인들은 인종적 다양성 증가가 자신들의 나라를 '더 살기 좋은 곳'으로 만든다는 응답을 미국인들보다 덜 했다(Drake & Poushter, 2016).

- **정치** 진보주의자들과 보수주의자들은 서로를 비슷한 정도로 싫어하고 때로는 혐오한다(Crawford et al., 2017). 진보주의자들과 보수주의자들은 서로에 대해서 거의 비슷한 정도의 편향을 나타낸다(Ditto et al., 2018). 정치적 정보를 처리할 때, 양측 모두 자신의 견해를 지지하는 정보를 더 잘 받아들인다.

편견의 본질과 영향력은 무엇인가?

> 편견의 본질과 편견, 고정관념, 차별의 차이점에 대해서 이해한다.

편견, 고정관념, 차별, 인종차별주의, 성차별주의. 이 용어들은 그 쓰임이 종종 중첩된다. 용어를 명확하게 구분해보자.

편견의 정의

편견
어떤 집단과 그 집단의 구성원들에 대해서 사전에 가지고 있는 부정적 판단

앞에서 묘사했던 상황들에는 어떤 집단에 대한 부정적 평가가 관련되어 있는데, 그것이 바로 편견의 핵심이라고 할 수 있다. **편견**(prejudice)은 어떤 집단과 그 집단 구성원에 대해서 사전에 가지고 있는 부정적 판단을 말한다(어떤 경우는 편견이 **긍정적** 판단을 포함하기도 하지만, 거의 대부분의 경우 '편견'은 **부정적** 의미로 사용된다).

편견은 태도이다. 느낌과 행동 경향성, 신념을 포함한다. 감정(affect), 행동 경향성(behavior tendency), 인지(cognition)의 첫 글자를 따서 태도의 ABC로 기억하면 편리하다. 편견을 가진 사람은 자신과 다른 사람을 **싫어**하고, 차별하는 방식으로 **행동**하며, 상대방이 무지하고 위험하다고 **생각**할 수 있다.

고정관념
어떤 집단 구성원들의 개인적 특성에 대한 신념. 고정관념은 때때로 과잉 일반화되어 있고 부정확하며 새로운 정보에 저항하게 만든다(그러나 정확할 때도 있다).

편견의 특징인 부정적 평가는 종종 **고정관념**(stereotype)이라고 불리는 사회적 신념의 지원을 받는다. 고정관념을 갖는다는 것은 일반화한다는 의미이다. 우리는 세상을 단순화하기 위해서 일반화한다. 영국인은 속마음을 잘 드러내지 않고 미국인은 외향적이다. 여성은 아이들을 사랑하고 남성은 스포츠를 사랑한다. 교수는 건망증이 심하다. 노인은 약하다. 이런 믿음들이 고정

관념이다.

이런 식의 일반화는 어느 정도는 사실이라고 할 수 있고 항상 부정적인 것도 아니다. 노인들은 일반적으로 약하다. 사람들은 아시아인이 수학을 잘하고 아프리카계는 운동 영역에서 뛰어나다는 고정관념을 가질 수 있다(Kay et al., 2013). 이러한 고정관념은 종종 우리가 관찰하는 직업적 역할로부터 비롯된다(Koenig & Eagly, 2014). 실제로 흑인 남성이 NBA 농구선수일 가능성이 백인의 40배이다(Stephens-Davidowitz, 2017).

따라서 고정관념은 정확할 수도 있다(고정관념이 다양성에 대한 민감성을 반영할 수도 있다). 사람들은 호주 문

이 사람들이 서로에 대해 가지고 있는 고정관념은 무엇일까? 어떤 집단 전체에 대한 고정관념이 어느 정도 정확하다고 하더라도 특정 개인에 대해서는 정확하지 않은 경우가 많다.

화가 영국에 비해서 거칠다고 지각하는데 실제로 페이스북 글 수백만 건을 분석한 결과 호주인들이 비속어를 더 많이 사용했다(Kramer & Chung, 2011). 멕시코인에 비해 영국인이 시간을 정확하게 지키는 것을 더 중요하게 여긴다는 고정관념을 가지는 것은 각각의 문화에서 무엇을 기대해야 하고 어떻게 다른 사람들과 어울려야 하는지 이해하기 위함이다. Lee Jussim(2012, 2017)은 "정확성이 편향보다 우세하다"며, "다른 사람들을 판단하는 데 사용되는 사회 지각이라는 잔은 90% 정도 차 있다"고 했다.

고정관념으로부터 비롯되는 10%의 문제점은 고정관념이 과잉 일반화되거나 틀렸을 때이다. 진보주의자들과 보수주의자들이 서로의 관점을 실제보다 더 극단적이라고 추정하거나 똑같은 덩치의 백인 남성에 비해서 흑인 남성이 더 크고 더 근육질이고 따라서 더 위협적이라고 생각하는 경우가 문제인 것이다(Graham et al., 2012; Wilson et al., 2017). 미국에서 대부분의 사회보장 대상자들이 아프리카계 미국인이라는 가정은 과잉 일반화이다. 사실이 아니기 때문이다. 독일에서 이루어진 한 연구에 따르면 독일 사람들은 혼자인 사람들이 파트너나 배우자가 있는 사람들보다 성실하지 못하고 더 예민하다고 믿지만 이는 사실이 아니다(Greitemeyer, 2009c). 오리건주 사람들을 대상으로 한 또 다른 연구에 따르면, 사람들이 장애를 가진 사람들이 무능하고 성에 관심이 없다고 가정하지만 이는 실제와 다른 잘못된 생각이다(Nario-Redmound, 2010). 비만인 사람들이 느리고 게으르고 무절제하다는 낙인은 정확하지 않다(Puhl & Heuer, 2009, 2010). 무슬림은 테러리스트이고 성직자들은 소아성애자이며 복음주의 기독교인들은 동성애자를 싫어한다는 가정은 최악의 사례들을 과잉 일반화하는 것이다. 우리가 집단 간 차이, 예를 들어 여성이 뛰어난 공감 능력을 지녔다는 믿음에 대한 강한 견해를 가지고 있을 때, 우리의 신념은 현실을 정확하게 지각하지 못하고 과장하여 지각하게 만든다(Eyal & Epley, 2017).

편견은 부정적 태도를 말하고 **차별**(discrimination)은 부정적 행동을 말한다. 차별적 행동은 종종 편견적 태도로부터 비롯된다(Dovidio et al., 1996; Wagner et al., 2008). 한 연구에서는 미국 로스앤젤레스 지역의 아파트를 구하는 동일한 내용의 이메일 1,115통을 발송했는데 보낸 사람이 '패트릭 맥두걸'인 경우 89%, '사이드 알라만'인 경우 66%, '타이렐 잭슨'인 경우 56%의 긍정적인 답장을 받았다(Carpusor & Loges, 2006). 미국 주의회 의원 4,859명에게 투표 등록 방법을 문의하는 이메일을 보낸 결과, '제이크 뮐러'가 '드숀 잭슨'보다 더 많은 답장을 받았다(Butler & Broockman, 2011). 유대계 이스라엘 학생들은 잘못 전달된 이메일을 받았을 때, 보낸 사람이 자기 집단 사람인 경우("텔아비브의 요압 마롱")보다 아랍계 사람인 경우('아슈도드의 무하마드

차별
어떤 집단이나 집단 구성원에 대한 정당지 않은 부정적 행동

인종차별
(1) 특정 인종의 사람들에 대한 개인의 편견적 태도와 차별적 행동, 또는 (2) 편견에 의한 것이 아니더라도 특정 인종을 경시하는 제도적 관행

성차별
(1) 특정 성별의 사람들에 대한 개인의 편견적 태도와 차별적 행동, 또는 (2) 편견에 의한 것이 아니더라도 특정 성별을 경시하는 제도적 관행

유니스')에 이메일이 잘못왔다는 것을 덜 알려주었다(Tykocinski & Bareket-Bojmel, 2009).

그러나 태도와 행동 사이의 연결이 느슨한 경우도 드물지 않다. 적대적 행동이나 탄압에 편견적 태도가 반드시 필요한 것은 아니다. **인종차별**(racism)과 **성차별**(sexism)은 차별의 제도적 관행으로, 편견적 의도가 없을 때에도 존재한다. 인종차별주의자나 성차별주의자가 없어도 인종차별과 성차별이 존재할 수 있다. 만약 백인으로만 이루어진 업계에서 입소문에 의존하는 채용 관행이 있고 그 결과 백인이 아닌 사람들을 배제하는 결과를 가져온다면, 고용인이 차별 의도가 없다고 하더라도 이러한 관행은 인종차별이라고 할 수 있을 것이다. 많은 차별은 자신과 유사한 사람들을 단순히 선호하는 것과 같이 피해를 주려는 의도 없이 이루어진다(Greenwald & Pettigrew, 2014). 최근에 인기를 끌었던 1,000편의 영화(2007~2016년 사이 매년 상위 100개의 영화)에서 남성 감독과 여성 감독의 비율이 24대 1이었던 이유를 여기서 찾아볼 수 있을 것이다(Smith et al., 2017).

남성 위주의 직장에서 내는 채용 광고에는 남성 고정관념과 관련된 단어를 주로 사용한다("우리는 업계에서 우위를 차지하고 있는 공학기술 회사로 경쟁적인 환경에서 일할 수 있는 사람을 찾습니다"). 여성 위주의 직장에서는 반대로 여성 고정관념과 관련된 단어를 주로 사용한다("우리는 고객의 요구에 민감하게 반응하고 고객과 따뜻한 관계를 만들어갈 수 있는 사람을 찾습니다"). 이러한 광고의 결과가 제도적 성차별이 될 수 있다. 어떤 편견적 의도 없이, 특정 성별과 관련된 단어를 사용하는 것만으로도 성 불평등을 유지하는 데 기여할 수 있다(Gaucher et al., 2011).

편견 : 암묵적 편견과 명시적 편견

편견은 이중 태도 체계(dual attitude system)를 보여준다. 암묵적 연합 검사(implicit association task, IAT)를 사용한 수백 개의 연구들이 보여주듯이 같은 대상에 대한 명시적(의식적) 태도와 암묵적(자동적) 태도가 다를 수 있다(Benaji & Greenwald, 2013). 제4장에서 보았듯이 2018년까지 2,000만 번 넘게 시행된 암묵적 연합 검사는 '암묵적 인지(내가 아는지도 모르는 내가 아는 것)'를 평가한다. 이 검사는 연합 속도를 측정하는 방식으로 이루어진다. 망치와 못을 망치와 목보다 더 빠르게 연합하는지 측정할 수 있듯이 암묵적 연합 검사를 통해 사람들이 '백인'과 '좋다'를 '흑인'과 '좋다'보다 얼마나 더 빠르게 연합하는지 측정할 수 있다. 지금은 존중하고 존경하는 사람에 대해서라도 어릴 때 형성된 습관적이고 자동적인 공포나 반감이 남아 있을 수 있다. 명시적 태도는 교육을 통해서 극적으로 변화할 수 있지만, 암묵적 태도는 연습을 통해 새로운 습관을 형성하기 전까지는 변하지 않은 채 남아 있을 수 있다(Kawakami et al., 2000).

암묵적 연합 검사를 비판하는 사람들은 이 검사가 개인을 평가하거나 어떤 개인이 편견을 가졌다는 꼬리표를 붙일 수 있을 정도로 행동을 잘 예측하지는 못한다고 주장한다(Blanton et al., 2006, 2009, 2015; Oswald et al., 2013, 2015). 어쩌면 암묵적 연합 검사의 낮은 예측력은 이 검사가 공통의 문화적 연합을 드러내는 것일 뿐임을 의미할 수도 있다. 빵과 버터를 빵과 당근보다 더 빠르게 연합시킨다고 해서 야채에 대한 편견이 있다고 할 수 없듯이 말이다.

이 검사는 연구용으로 더 적합하다. 예를 들어, 암묵적 편향은 우호적 행동에서부터 업무 평가에 이르는 행동들을 약하게 예측한다. 2008년 미국 대통령선거에서, 암묵적 편견과 외현적 편견 모두 유권자들의 버락 오바마에 대한 지지 여부를 예측했다. 그리고 버락 오바마의 당선은 암묵적 편견을 어느정도 감소시켰다(Bernstein et al., 2010; Columb & Plant, 2016; Goldman, 2012; Payne et al., 2010). 선거에서처럼 아주 사소한 암묵적 편견이라도 오랜 시간에 걸쳐 여러 사람들에게 영향이 누적되면 큰 사회적 결과로 이어질 수 있다(Greenwald et al., 2014). 다른 심리학적 측정치들과 마찬가지로 암묵적 연합 검사가 개인의 행동을 예측하는 정확도는 높지 않지만, 평균적으로 사람들이 어떻게 행동할 것인지는 예측한다고 할 수 있다. 예를 들어, 암묵적 편견 점수가 높은 도시에서 경찰의 오인 사격에서 나타나는 인종 간 차이가 더 컸다(Heyman et al., 2018).

다른 많은 실험 결과들도 다음과 같은 사회심리학의 중요한 교훈으로 수렴한다: 편견과 고정관념은 사람들의 의식 밖에서 평가할 수 있다. 어떤 연구들은 단어나 얼굴을 짧은 시간 동안 제시해서 특정 인종이나 성별, 연령 집단에 대한 고정관념을 '점화(prime, 자동적으로 활성화)'시킨다. 참가자들은 의식하지 못한 상태에서 활성화된 고정관념에 따라 편향된 행동을 한다. 예를 들어, 아프리카계 미국인과 관련된 이미지를 사용하여 점화시키면 참가자들은 실험자의 (의도적인) 짜증스러운 요구에 더 적대적으로 반응할 수 있다.

의식적이고 명시적인 편견과 무의식적이고 암묵적인 편견이 다르다는 점을 염두에 두고, 흔히 볼 수 있는 세 가지 편견인 인종 편견, 성별 편견, LGBT(lesbian, gay, bisexual, transgender의 약자로, 성적 지향성의 다양성을 의미한다) 편견에 대해 살펴보도록 하자. 차별 행동을 더 잘 예측하는 명시적 편견을 각 사례마다 먼저 알아볼 것이다.

인종 편견

전 세계적인 관점에서 본다면 모든 인종은 소수 인종이다. 예를 들어, 히스패닉계가 아닌 백인들은 전 세계 인구의 5분의 1을 차지하고 있고 반 세기 안에 8분의 1로 줄어들 것이다. 지난 두 세기 동안의 이동과 이주로 인해 세계의 인종들은 이제 때로는 적대적인 관계로, 때로는 우호적인 관계로 서로 뒤섞여 살아간다.

분자생물학자에게 피부색이란 매우 작은 유전적 차이에서 비롯되는 사소한 인간 특성에 불과하다. 버락 오바마(백인 여성과 흑인 남성의 아들)와 메건 마클(흑인 여성과 백인 남성의 딸)을 '흑인'으로 분류하는 것은 자연이 아니라 사람이다[흑인 얼굴에 주로 노출되는 사람들은 혼혈인 사람들을 백인으로 분류하는 경향이 더 강하다(Lewis, 2016)].

인종 편견은 사라지고 있는가?

명시적 편견은 매우 빠르게 변화하고 있다.

- 1942년에 대부분의 미국인들은 "전차와 버스에 흑인 전용 구역을 만들어야 한다"는 의견에 동의했다(Hyman & Sheatsley, 1956). 오늘날 이 질문은 매우 이상하게 들린다. 이렇게 노골적인 편견은 거의 사라졌기 때문이다.
- 1942년에 학교에서의 인종 통합 정책에 찬성하는 미국 백인들은 3분의 1(미국 남부에서는 50분의 1)이 채 되지 않았다. 1980년에는 90%가 찬성했다.
- "흑인과 백인이 데이트해도 괜찮다"는 의견에 동의하는 미국인은 1987년에 48%, 2012년에

Library of Congress Prints and Photographs Division [LC-DIG-ppmsca-04292]

1962년에 아프리카계 미국인 제임스 메러디스가 재판에서 승소하여 미시시피대학교에 다니게 되자 폭동이 일어났다. 1965년에 제임스 메러디스는 미시시피대학교의 첫 번째 흑인 졸업생이 되었다.

는 86%였다(Pew, 2012). '흑인과 백인 사이의 결혼'에 찬성하는 미국인은 1958년에 4%에 불과했지만 2013년에는 87%였다(Newport, 2013).

1942년 이후, 또는 노예제도가 있던 때부터 계산하더라도, 매우 짧은 기간에 일어난 극적인 변화라고 할 수 있다. 영국에서도 인종 간 결혼이나 소수 인종인 직장 상사를 반대하는 것과 같은 명시적 인종 편견은 특히 젊은이들 사이에서 급격히 줄어들었다(Ford, 2008).

아프리카계 미국인들의 태도 또한 1940년대 이후로 변화했다. Kenneth Clark와 Mamie Clark(1947)은 많은 아프리카계 미국인들이 흑인에 대한 부정적 편견을 가지고 있음을 보였다. 1954년에 학교에서의 인종 분리 정책이 위헌이라는 역사적인 판결을 내리면서, 미국 대법원은 아프리카계 미국인 아동에게 흑인 인형과 백인 인형 중 하나를 선택하도록 했을 때 대부분 백인 인형을 선택했다는 Clark과 Clark의 연구에 주목했다. 1950~1970년대 사이에 이루어진 연구들에서 흑인 아동들의 흑인 인형에 대한 선호가 점차 증가했다. 흑인 어른들도 흑인과 백인이 지능이나 게으름, 신뢰성과 같은 특질에서 차이가 없다고 생각하게 되었다(Jackman & Senter, 1981; Smedley & Bayton, 1978). 그러나 21세기에도 아이들에게 다양한 인종이 섞여 있는 사진을 보여주고 누가 좋은지 고르도록 하면 흑인 남아프리카 공화국 아동은 백인 아동을 더 선호한다(Shutts et al., 2011).

미국과 영국, 캐나다 같은 나라에서 인종 편견이 거의 사라졌다고 결론지어도 될까? 그렇지 않다. 인종차별이 큰 문제라고 생각하는 미국인들의 비율이 2009년 28%에서 2015년 50%로 증가했다(Drake, 2016). 최근 신고된 혐오 범죄가 증가하고 있다(2016년에만 6,121건이 발생했다)(FBI, 2017). 그림 9.1에서 볼 수 있듯이 미국 백인의 4%는 여전히 흑인 대통령 후보에게 투표하지 않겠다고 응답하며 31%는 미국이 "백인 유럽 계통을 보호하고 지켜야 한다"고 생각한다(Reuters, 2017). 백인의 인종 편견이 없었다면 2008년 선거에서 오바마 대통령이 6% 더 많은 지지를 받았을 것이라는 통계 결과가 있다(Fournier & Tompson, 2008). 사람들은 자신의 부정적 고정관념이나 감정을 실제보다 축소해서 보고한다는 점도 고려해야 한다(Bergsieker et al., 2012).

그러면 인종 평등에 얼마나 가까워졌을까? 미국의 경우 백인들은 현재를 억압적인 과거와 비교해서 빠르고 극단적인 진보가 있었다고 인식한다. 흑인들은 현재를 아직 실현되지 못한 공평한 세상과 비교해서 작은 진보가 일어났다고 인식한다(Eibach & Ehrlinger, 2006).

미묘한 인종 편견

여전히 적대적 태도가 남아 있지만, 오늘날 더 큰 문제가 되는 것은 명시적이고 의식적인 편견이 아니다. 대다수의 사람들은 인종 평등과 차별 철폐를 지지한다. 그러나 암묵적 연합 검사에 참여한 사람들 중 4분의 3은 자동적이고 무의식적으로 흑인보다는 백인을 긍정적인 단어와 연합시키는 경향을 나타낸다(Banaji & Greenwald, 2013). 현대의 편견은 무엇이 친숙하고 나와 유사

그림 9.1

1958~2012년 사이 미국 백인들의 인종에 대한 태도 변화

에이브러햄 링컨이 버락 오바마를 유령처럼 포옹하는 장면이 '우리가 믿을 수 있는 변화'라는 오바마 만트라를 보여주고 있다. 이틀 뒤, 오바마는 노예들이 만든 계단 위에 서서, 링컨 대통령이 취임식 때 사용했던 성경 위에 손을 얹고 불과 60년 전만 해도 그의 아버지가 동네 식당에서 손님으로 식사할 수 없었던 곳에서 '가장 신성한 맹세'를 했다.

출처 : Data from Gallup Polls (brain.gallup.com). 사진 : ⓒ Charles Dharapak/AP Images

하고 편안한지에 대한 선호를 통해 미묘하게 드러난다(Dovidio et al., 1992; Esses et al., 1993a; Gaertner & Dovidio, 2005).

편견적 태도와 차별 행동은 다른 동기 뒤에 숨길 수 있을 때 드러난다. 호주와 영국, 프랑스, 독일, 네덜란드에서는 노골적 편견이 미묘한 편견으로 대체되었다(인종적 차이를 과장하거나 이민자들에게 존경이나 애정을 덜 느끼거나 인종과 무관한 이유를 들어 거부한다)(Pedersen & Walker, 1992; Tropp & Pettigrew, 2005a). 어떤 연구자들은 이렇게 미묘한 편견을 '현대의 인종차별' 또는 '문화적 인종차별'이라고 부른다.

우리는 다음과 같은 **행동**에서도 편향을 찾아볼 수 있다.

- **고용 차별.** MIT 연구자들이 1,300개의 다양한 채용 공고에 5,000건의 이력서를 보냈다(Bertrand & Mullainathan, 2004). 무작위로 백인 이름(에밀리, 그레그)이 부여된 지원자들은 이력서 10통당 한 건의 응답을 받았다. 흑인 이름(라키샤, 자말)이 부여된 지원자들은 이력서 15통당 한 건의 응답을 받았다. 버락 오바마(2015)는 미국인들이 '자말 대신 조니에게 취업 면접을 하러 오라고 연락하고 싶은 미묘한 충동'을 이겨내려고 노력해야 한다고 했다.
- **편애.** 비슷한 실험들에서 다음과 같은 결과를 얻었다.
  - 에어비앤비 호스트들은 아프리카계 미국인 이름을 사용하는 손님들의 숙박을 덜 허용한다(Edelman et al., 2017).
  - 아프리카계 미국인 이름을 가진 승객은 우버나 리프트 서비스 대기 시간이 더 길고 더 많이 취소당한다(Ge et al., 2016).
  - 호주의 버스 운전 기사들은 버스 카드 충전을 잊은 승객이 유색 인종인 경우 그렇지 않은 경우에 비해 절반 정도만 승차를 허락한다(Mujcic & Frijters, 2014).

ⓒ Design Pics/Darren Greenwood

사회적으로 친밀한 관계에서 편견은 여전히 사라지지 않고 있지만, 인종 간 결혼은 대부분의 국가에서 증가했으며 87%의 미국인들은 '흑인과 백인의 결혼'에 찬성한다. 1958년에 4%만 찬성했던 것에 비하면 급격한 증가이다(Newport, 2013).

- **차량 검문.** 한 분석에서 아프리카계 미국인과 라틴계는 백인에 비해 네 배나 더 자주 검문을 받고, 두 배 더 자주 체포되며, 세 배 더 많이 수갑이 채워지고 과도한 통제를 받는다(Lichblau, 2005). 또 다른 분석 결과에 따르면 아프리카계 미국인들은 백인들보다 더 자주 검문을 당하며 경찰을 만났을 때 더 자주 신체적 구속을 당하거나 바닥에 밀쳐진다(Fryer, 2016). 오클랜드 지역 경찰의 차량 검문에 사용된 바디 카메라 영상 918건을 분석한 결과, 모든 인종의 경찰관들이 백인 운전자에 비해서 흑인 운전자들을 덜 존중하는 것으로 나타났다(Voigt et al., 2017).

- **후원.** 현재의 편견은 인종 민감성의 형태로 나타나기도 하는데, 고립된 소수 인종의 사람에 대한 과장된 반응으로 이어진다. 예를 들어 소수 인종의 성취를 과도하게 칭찬하고 실수를 과도하게 비판하며, 백인 학생이었다면 경고했을 만한 잠재적 학업 문제에 대해 흑인 학생들에게는 경고하지 않는다(Crosby & Monin, 2007; Fiske, 1989; Hart & Morry, 1997; Hass et al., 1991). 스탠퍼드대학교의 Harber(1998)는 백인 학생들에게 수준이 떨어지는 에세이를 주고 평가하도록 했다. 학생들은 에세이를 쓴 사람이 흑인이라고 알려주자, 백인이라고 한 경우보다 더 높은 점수를 줬으며 냉정한 비판을 하지 않았다. 연구 참가자들은 아마도 편향이 드러나는 것을 피하고 싶어서 에세이를 쓴 흑인 학생에게 낮은 기준을 적용하여 더 호의적으로 대했을 것이다. Harber는 이러한 '과장된 칭찬과 불충분한 비판'은 소수 인종 학생들의 성취를 방해할 수 있다고 하였다. 후속 연구에서 Harber와 동료 연구자들(2010)은 편향이 드러나는 것을 걱정하는 백인 참가자들이 흑인 학생이 쓴 에세이를 더 호의적으로 평가하였을 뿐만 아니라, 글쓰기 능력 향상을 위해 필요한 시간을 제안하도록 했을 때 더 짧은 시간을 제안했다. 편견 없는 사람이라는 자기 이미지를 보호하기 위해서, 긍정적이고 평범한 피드백을 주려고 애썼던 것이다.

자동적 인종 편견

자동적(암묵적) 편견도 명시적 편견처럼 문제가 될까? 비판적인 관점을 가진 사람들은 무의식적 연합은 (부정적 감정과 행동 경향성을 포함하는) 편견이 아니라 문화적 가정들을 반영할 뿐이라고 주장한다. 또는 친숙성이나 실제 인종적 차이와 관련된 무릎 반사 같은 반응일지도 모른다고 주장한다(Tetlock, 2007). 그러나 어떤 연구들에 따르면 암묵적 편향이 행동에 영향을 미친다. 암묵적 연합 검사에서 암묵적 편향을 보이는 사람들, 예를 들어 평화나 낙원과 같은 단어가 흑인과 연합되었을 때, 백인과 연합되었을 때보다 '좋은 단어'로 분류하는 데 시간이 더 오래 걸리는 사람들은 백인 취업 지원자들을 더 호의적으로 평가하고 흑인보다 백인 응급 환자들에게 더 나은 처치를 추천하며 흑인의 얼굴에서 분노를 더 빠르게 지각한다(Green et al., 2007; Hugenberg & Bodenhausen, 2003; Rooth, 2007).

한편 어떤 상황에서는 자동적이고 암묵적인 편견이 삶과 죽음을 나누는 결과를 가져오기도 한다. 일련의 실험에서 Correl과 동료 연구자들(2002, 2007, 2015; Sadler et al., 2012), Greenwald와 동료 연구자들(2003)은 사람들에게 화면에 총 또는 손전등이나 병처럼 무기가 될 만한 물건을 손에 들고 있는 남자가 갑자기 나타나는 화면을 보여주고, 그 사람을 총으로 "쏜다" 또는 "쏘지 않는다"는 버튼을 재빨리 누르도록 했다. 참가자들은 (한 연구에서는 흑인과 백인이 모두 참가했다) 화면에 나타난 남자가 흑인이었을 때 물건을 총으로 오인하고 사격을 하는 실수를 더 자주 범했다[후속 연구에서 시뮬레이션한 결과, 위협과 연합되어 총을 맞을 가능성이 높은 사람은 흑인 남성 용의자였다. 여성은 흑인과 백인 모두 그 가능성이 낮았다(Plant et al., 2011)].

다른 연구들에서는 흑인 얼굴로 점화되었을 때 백인 얼굴로 점화된 경우에 비해 총을 더 많이 생각하는 것으로 나타났다. 참가자들은 총을 더 빨리 알아차리고 렌치 같은 도구를 총으로 오인했다(Judd et al., 2004; Payne, 2001; 2006). 인종이 지각을 편향시키지 않는 경우에도 반응은 편향시킬 수 있다. 총을 쏘겠다는 판단을 내리기까지 증거를 덜 수집하기 때문이다(Klauer & Voss, 2008).

지친 상태이거나 위험한 세상 속에서 위협받는다고 느꼈을 때 소수 인종 사람을 오인 사격할 가능성이 높아진다(Ma et al., 2013; Miller et al., 2012). 공포와 공격성과 관련되어 있는 두뇌 구조인 편도체의 반응이 이러한 자동적 반응을 촉진한다

자동적 편견. Correl과 동료 연구자들이 참가자들에게 총이나 무해한 물건을 들고 있는 사람이 나타났을 때 빠르게 반응하도록 했을 때, 참가자들의 지각과 반응은 인종의 영향을 받았다.

(Eberhardt, 2005; Harris & Fiske, 2006). 이러한 연구들은 1999년에 아마두 디알로(뉴욕에 살던 흑인 이민자)가 호주머니에서 지갑을 꺼내려다가 경찰에게 41발의 총격을 받은 이유를 설명해준다. 좋은 소식은 암묵적 편향 훈련이 현대 경찰 교육에 포함되어 있다는 것이다. 고정관념의 영향을 극복하는 연습을 한 경찰들은 다른 사람들에 비해서 인종의 영향을 덜 받는다(Correll et al., 2014).

암묵적 편향에 대한 이러한 연구들은 정치적 무대에도 등장하게 되었다. 무장하지 않은 아프리카계 미국인이 차량 검문 중 경찰의 총을 맞고 숨진 사건이 발생한 뒤, 민주당 대선 후보였던 힐러리 클린턴은 "우리는 암묵적 편향을 바로잡기 위해서 할 수 있는 모든 노력을 기울여야 합니다"(2016년 9월 20일)라고 했다. 공화당 부통령 후보였던 마이크 펜스는 여기에 동의하지 않았다. "비극이 일어날 때마다 암묵적 편향을 탓하며 법 집행자의 품위를 손상시키는 기회를 노리는 일은 그만할 때가 됐습니다"(2016년 10월 4일).

편견을 연구하는 사회과학자들조차도 자동적 편견에 취약한 것으로 보인다. Greenwald와 Schuh(1994)는 사회과학 논문에서 비유대계 이름(에릭슨, 맥브라이드 등)과 유대계 이름(골드슈타인, 시겔 등)을 가진 저자들의 논문이 인용되는 양상을 분석했다. 편견 연구 1만 7,000건을 포함하여 거의 3만 건의 인용 사례를 분석한 결과, 놀라운 사실을 발견했다. 유대계 저자들과 비교했을 때 비유대계 저자들이 비유대계 저자의 연구를 인용할 가능성이 40% 더 높았다(Greenwald와 Schuh는 유대계 저자들이 유대계 저자를 더 많이 인용하는지, 비유대계 저자들이 비유대계 저자를 더 많이 인용하는지, 혹은 둘 다인지를 밝히지는 못했다).

성별 편견

여성에 대한 편견은 얼마나 만연해 있을까? 다른 장에서 우리는 성 역할 규범(gender-role norms), 즉 여성과 남성이 특정한 방식으로 행동해야 한다는 생각에 대해서 살펴보았다. 여기서는 성 고정관념, 즉 여성과 남성이 특정한 방식으로 **행동한다는** 믿음에 대해서 생각해볼 것이다. 규범은 행동을 **규정**(prescribe)하고 고정관념은 행동을 **기술**(describe)한다.

성 고정관념

고정관념에 대한 연구에서 다음 두 가지 결론은 반론의 여지가 없다: 강한 성 고정관념이 존재하고, 고정관념의 대상이 되는 집단의 구성원들도 이러한 고정관념을 받아들인다. 남성과 여성 모두 성별만으로 사람을 알 수 있다는 데 동의한다. 2017년에 이루어진 퓨 연구소 조사에 따르면 미국인의 87%가 남성과 여성은 "감정을 표현하는 방식에서 기본적으로 차이가 있다"는 데 동의했다(Parker et al., 2017).

고정관념은 어떤 집단의 구성원들에 대한 일반화로서, 그것은 사실일 수도 거짓일 수도 있으며 약간의 사실을 바탕으로 한 과잉 일반화일 수도 있다는 점을 기억하자. 다른 장에서 우리는 남성과 여성이 평균적으로 사회적 유대감이나 공감, 사회적 권력, 공격성, 성적 주도권에 있어서 차이를 보인다는 점을 확인했다(그러나 지능에는 차이가 없다). 그렇다고 해서 성 고정관념이 정확하다고 할 수 있을까? 때때로 고정관념은 차이를 과장한다. 그러나 항상 그런 것만은 아니다. Swim(1994)은 펜실베이니아주립대학교 학생들이 생각하는 불안정함, 비언어적 민감성, 공격성 등에서의 남녀 차이가 실제로 관찰되는 남녀 차이를 상당히 근사하게 반영한다는 것을 발견했다.

성 고정관념은 여러 시간과 문화에 걸쳐 존재해왔다. 수십 년 동안, 미국인들은 남성과 여성의 역할이 동등하다는 생각을 점점 더 지지하게 되었지만, 여성과 남성의 기질이 다르다는 믿음은 유지되어 왔다(Donnelly et al., 2016; Haines et al., 2016). Williams와 동료들(1999, 2000)은 27개 국가의 자료를 분석한 결과, 모든 국가에서 여성이 남성보다 더 우호적이고 남성은 여성보다 더 외향적이라고 인식한다는 것을 확인했다. 지속적이고 보편적으로 존재하는 성 고정관념은 몇몇 진화심리학자들로 하여금 성 고정관념이 안정적인 실제를 반영하는 것이라고 믿게 만들었다(Lueptow et al., 1995).

고정관념(신념)은 편견(태도)이 아니다. 고정관념이 편견을 지지해줄 수는 있다. 그러나 어떤 사람은 편견 없이 남성과 여성이 "서로 다르지만 동등하다"고 생각할 수도 있다. 다음에서는 연구자들이 성별 편견을 어떻게 연구해왔는지 알아보자.

성차별주의 : 온정적 성차별과 적대적 성차별

사람들이 조사 연구자들에게 응답하는 바에 따르면 여성에 대한 태도는 인종 태도만큼 급속도로 변화했다. 그림 9.2에서 볼 수 있듯이, 여성 대통령 후보에게 투표하겠다는 미국인들의 비율은 흑인 후보에게 투표하겠다는 비율과 대체로 비슷하게 증가했다. 1967년에 미국 대학 1학년 학생의 67%가 "결혼한 여성의 활동은 집과 가족에 국한되는 것이 가장 좋다"는 데 동의했지만, 2002년에는 22%만 여기에 동의했다(Sax et al., 2002). 그 이후로는 집-가정과 관련된 질문은 더 이상 물어볼 가치가 없는 것으로 보인다.

Eagly와 동료들(1991), Haddock과 Zanna(1994)는 사람들이 다른 편견 대상 집단과는 달리 여성에 대해서는 직관적 수준의 부정적 정서 반응을 보이지 않는다는 연구 결과를 발표했다. 대부분의 사람들은 남성보다 여성을 좋아한다. 사람들은 여성이 더 이해심 많고, 친절하고, 협조적이라고 인식한다. Eagly(1994)는 이러한 우호적 고정관념을 멋진 **여성 효과**(women-are-wonderful effect)라고 이름붙였다.

그러나 Glick과 Fiske와 동료 연구자들(1996, 2007, 2011)이 19개 국가에서 1만 5,000명을 대상으로 조사한 결과에 따르면, 성별 태도는 종종 양가적이다. 성별 태도는 흔히 온정적 성차별주의(benevolent sexism, "여성은 우월한 도덕 감수성을 지녔다")와 적대적 성차별주의(hostile sexism,

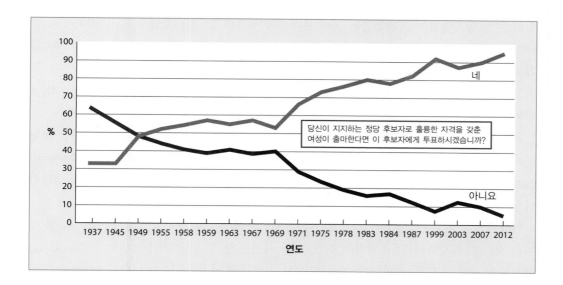

그림 9.2
1958~2012년 사이 성별 태도 변화

출처 : Data from Gallup Polls.

차트 내 텍스트:
- 네
- 아니요
- %
- 연도
- 당신이 지지하는 정당 후보자로 훌륭한 자격을 갖춘 여성이 출마한다면 이 후보자에게 투표하시겠습니까?

"남성이 헌신하면 여성은 남성을 구속한다")로 나타난다. 57개 국가를 대상으로 한 또 다른 연구에서는 적대적 성차별주의적 믿음("전체적으로 남성들이 여성보다 더 나은 정치적 리더이다")이 미래의 성 불평등을 예측했다(Brandt, 2011). 미국에서는 공공연한 적대적 성차별 태도가 주요 정당 최초의 여성 대통령 후보였던 힐러리 클린턴에 반대하는 투표를 예측했다(Bock et al., 2017). 온정적 성차별은 긍정적으로 들리지만("여성은 보호받아야 한다"), 전통적으로 남성 지배적인 직업에서 여성 고용을 방해함으로써 성 평등을 저해한다(Hideg & Ferris, 2016).

성 차별

남자라고 항상 좋은 것은 아니다. 남성은 여성에 비해 자살을 시도할 가능성과 살해당할 가능성이 세 배 높다. 전사자와 사형수는 거의 대부분 남성이다. 남성이 여성보다 5년 더 일찍 죽는다. 지적장애나 자폐를 가졌거나 특수교육을 받는 학생들도 대부분 남자다(Baumeister, 2007; Brunner et al., 2013; S. Pinker, 2008).

그러나 친남성적 편견(pro-male bias)을 보여주는 잘 알려진 1968년 연구가 있다. 이 연구에서는 여학생들이 짧은 글 몇 편을 읽고 글의 가치를 평가했다. 어떤 경우에는 글쓴이가 남성(예 : 존 T. 매카이)이라고 알려줬고 어떤 경우에는 글쓴이가 여성(예 : 조앤 T. 매카이)이라고 알려줬는데, 참가자들은 글쓴이가 여성이라고 한 경우에 글의 가치를 더 낮게 평가했다. 여성이 여성을 차별한 것이다.

성 차별의 미묘한 현실을 보여주기 위해서, 나(DM)는 이 1968년 연구에서 사용되었던 자료를 얻어서 우리 학생들에게 똑같은 실험을 반복해보았다. 우리 학생들은(남성과 여성 모두) 여성의 글을 폄하하는 경향을 보이지 않았다. 그래서 Swim, Borgida, Maruyama와 필자(1989)는 관련 문헌을 조사하고 연구자들과 서신을 주고 받으며 남성과 여성의 일에 대한 평가에서 나타나는 성별 편향 연구로부터 배울 수 있는 모든 것을 알아보려고 했다. 놀랍게도, 성별 편향은 여성만큼이나 남성에게 불리한 방향으로도 나타났다. 거의 2만 명의 연구 참가자가 포함된 104개의 연구에서 얻은 공통된 결론은 성별에 따른 차이가 없다는 것이었다. 대부분의 연구에서 어떤 사람이 한 일에 대한 평가는 그 일을 한 사람이 남성인지 여성인지에 영향받지 않았다. Eagly(1994)는 리더나 교수 등으로서의 남성과 여성에 대한 평가 연구들을 요약하면서 "여러 실험들은 여성의 일을 평가절하하는 경향성을 전혀 보여주지 못했다"고 결론지었다. 더 나아가 Ceci와 Williams(2015)는 5개의 국가 단위 연구 결과에 따르면 학문 분야에서 "교수들은 비슷한 자격을 갖춘 지원자라면 남성보다 여성을 선호한다"고 했다.

그렇다면 서구 국가들에서는 성 편견이 빠르게 사라진 것일까? 여성 운동은 임무를 완수한 것일까?

편견은 더욱 미묘한 형태로 여전히 남아 있다. 성 고정관념을 위반하면, 사람들은 반응을 보일 것이다. 사람들은 시가를 피우는 여성이나 눈물을 흘리는 남성에 주목한다(Phelan & Rudman, 2010). 유권자들은 권력에 굶주린 것처럼 보이는 여성에 대해서, 비슷한 정도로 권력에 굶주린 남성에 대해서 보다 더 크게 반발한다(Okimoto & Brescoll, 2010).

비서구 사회에서는 성 차별이 덜 미묘하다. 유럽인의 80%가 "여성이 남성과 동등한 권리를 가지는 것은 매우 중요하다"고 말하는 반면, 중동 사람들은 48%만 여기에 동의한다(Zainulbhai, 2016). 전 세계 문맹의 3분의 2가 여성이다(UN, 2015). 전 세계적으로 30%의 여성이 배우자 폭력(intimate partner violence, 친밀한 파트너 폭력)을 경험한 적이 있다(Devries et al., 2013). 이러한 경향성은 암묵적으로 여성을 동물이나 물체와 연합시켜 대상화하는 남성에게서 특히 더 빈번하게 나타난다(Rudman & Mescher, 2012). 여성에게 쓰는 표현들 — "honey", "sweetie", "chick" — 은 여성을 유아화하고 음식이나 동물과 관련짓는다.

그러나 여성에게 가해지는 가장 큰 폭력은 출생 이전에 발생한다. 전 세계적으로 사람들은 남자 아이를 선호한다. 미국에서는 1941년에 38%의 예비 부모들이 아이를 한 명만 낳을 수 있다면 아들을 선호한다고 말했다. 딸을 선호한다고 응답한 비율은 24%, 선호가 없다고 한 비율은 23%였다. 2011년에도 거의 변화가 없다. 40%는 여전히 아들을 선호한다(Newport, 2011).

태아의 성별을 알아낼 수 있는 초음파 검사 사용이 증가하고 낙태를 할 수 있는 기회가 늘어남에 따라서, 일부 국가에서는 남아 선호가 성비에 영향을 미친다. 인도의 성비는 남성 108명 대 여성 100명으로, 여성 6,300만 명이 부족하다(Subramanian, 2018; United Nations 2017). 중국에서는 고아원 아이들의 95%가 여자 아이이고(Webley, 2009), 성비는 남성 106명 대 여성 100명이다. 중국에서는 20세 이하 남성이 여성보다 3,200만 명 더 많다. 이들은 미래의 '헐벗은 가지(짝을 찾는 데 어려움을 겪는 총각들)'가 될 것이다(Hvistendahl, 2009, 2010, 2011; Zhu et al., 2009). 높은 성비는 폭력, 범죄, 매춘, 여성 인신매매 증가의 원인이 되기도 한다(Brooks, 2012). 이러한 문제에 대응하기 위해서 중국은 성별을 선택하기 위한 목적의 낙태를 범죄로 규정했다. 한국도 오랫동안 낮은 여아 출산 비율의 문제를 겪었으나 현재는 정상으로 돌아왔다(Gupta, 2017).

구글 검색 기록 데이터에 따르면 자녀에 대한 부모의 기대는 성별 중립(gender neutral)적이지 않다(Stephens-Davidowitz, 2014). 많은 부모들이 똑똑한 아들과 날씬하고 아름다운 딸을 원하는 것으로 보이고, 아버지와 아들이 어머니와 딸보다 더 똑똑하다고 생각하는 것 같다(Furnham, 2016). 여러분도 직접 검색 데이터를 확인해볼 수 있다. 다음과 같은 질문을 입력하고 검색 결과 개수를 확인해보자.

- 우리 딸이 똑똑한가요?
- 우리 아들이 똑똑한가요?
- 우리 아들이 뚱뚱한 편인가요?

• 우리 딸이 뚱뚱한 편인가요?

결론적으로, 유색 인종과 여성에 대한 공공연한 편견은 20세기 중반에 비해서 크게 감소했다. 그럼에도 불구하고, 미묘한 편견을 탐지하는 방법들을 사용하면 여전히 만연한 편향을 확인할 수 있다. 일부 지역에서 성별 편견은 불행을 야기한다.

LGBT 편견

대부분의 게이와 레즈비언들은 자신이 누구이고 누구를 사랑하는지 편안하게 밝히지 못한다(Katz-Wise & Hyde, 2012; United Nations, 2011). 많은 국가들에서, 동성애는 범죄로 간주된다. 그러나 문화에 따라 차이가 크다. "동성애는 도덕적으로 받아들일 수 없다"는 생각에 동의하는 사람의 비율이 스페인에서는 6%에 불과하지만 가나에서는 98%이다(Pwe, 2014). 23개 국가를 대상으로 한 조사 연구에서 트랜스젠더의 인권을 지지하는 비율이 러시아에서 가장 낮았고 스페인에서 가장 높았다(Flores et al., 2016). 반동성애적 태도는 전 세계적으로 연령이 높을수록, 교육 수준이 낮을수록, 그리고 남성일수록 높게 나타난다(Anderson, 2017).

서구 국가들에서는 반동성애 편견이 빠르게 사라지는 추세이기는 하지만, 여전히 남아 있기도 하다.

반동성애 편견은 급속도로 사라지고 있지만 여전히 남아 있다. 어떤 문화에서는 더 강하게 나타나기도 한다.

• **직장에서의 차별.**   여러 실험들에서 수백 쌍의 여성 또는 남성의 이력서를 오스트리아, 그리스, 미국 회사에 제출했다(Drydakis, 2009; Tilcsik, 2011; Weichselbaumer, 2003). 무선 할당을 통해 각 이력서 쌍 중 하나에 게이-레즈비언 기구에서 일한 경력을 추가했다. 동성애 관련 이력이 있는 경우 이력서를 보고 회사에서 연락을 취해오는 비율이 더 낮았다. 예를 들어, 미국에서 이루어진 실험에서 '게이-레즈비언 연합, 회계 담당'이라는 경력이 있는 지원자들의 7.2%가 회사로부터 연락을 받은 반면, 동성애와 무관한 진보적 경력('진보 사회주의 연합, 회계 담당')이 있는 경우 11.5%가 연락을 받았다. 직장에서의 차별은 트랜스젠더에게 더 심하다. 트랜스젠더의 90%가 직장에서 괴롭힘을 당하거나 부당한 대우를 받았다고 보고했으며(Grant et al., 2011), 많은 사람들이 성적 선호를 이유로 해고된 적이 있다고 하였다(Mizock et al., 2017).

• **동성 결혼 지지는 점차 증가하고 있다.**   서구 국가들에서 동성 결혼에 대한 지지는 지난 20년간 급격히 증가했다. 예를 들어, 미국에서는 1996년 27%에서 2017년 64%로 증가했다(Gallup, 2017).

• **괴롭힘은 고통스럽다.**   전국 학교 환경 조사에서 게이-레즈비언 청소년 10명 중 8명이 성과 관련된 괴롭힘을 경험한 적 있다고 보고했다(GLSEN, 2012). 미국의 LGBT는 다른 어떤 집단보다 빈번하게 혐오 범죄 대상이 된다. 이는 2016년 올란도 게이 나이트클럽에서 49명이 희생당한 총기 난사 사건에서 가장 잘 드러난다(Sherman, 2016). 영국의 게이 청소년들 중 3분의 2가 동성애 혐오적인 괴롭힘을 당했다

동성 결혼에 대한 대중의 지지가 증가함에 따라서 더 많은 국가들에서 동성 결혼을 합법화하고 있다.

고 보고한다(Hunt & Jensen, 2007).

- **거부당한다.** 미국에서 이루어진 전국 규모 조사에서 게이와 레즈비언의 40%가 자신이 속한 커뮤니티에서 '공개적으로 게이와 레즈비언으로 살아가는 것'이 어려울 것이라고 응답했다 (Jones, 2012). 39%는 '친구나 가족'이 성적 지향성이나 성 정체성을 이유로 자신을 거부한 적이 있다고 했다(Pew, 2013). 트랜스젠더의 대다수(54%)는 학교에서 괴롭힘을 당하고, 8% 는 집에서 쫓겨난다(James et al., 2016).

게이와 레즈비언에 대한 폄하적 태도와 차별적 관행이 실제로 피해를 줄까? LGBT의 신체적 건강과 심리적 건강을 위험하게 할까? 다음을 생각해보자(Hatzenbuehler, 2014에 의한 미국 연구 결과의 요약).

- **주 정책이 동성애자의 건강과 웰빙을 예측한다.** 게이-레즈비언 혐오 범죄와 차별 방지 제도가 없는 주에 사는 LGBT는 교육과 소득 수준의 영향을 통제하더라도 기분장애 유병률이 매우 높다.
- **커뮤니티의 태도도 LGBT 건강을 예측한다.** 반동성애적 편견을 갖고 있는 커뮤니티에서는 게이-레즈비언의 자살률과 심혈관계 질환으로 인한 사망률이 높다. 차별을 경험하는 게이와 레즈비언은 우울증과 불안장애의 위험이 높다(Schmitt et al., 2014). 전반적으로 자주 괴롭힘당하는 게이와 레즈비언 십 대들의 자살률은 미국 십 대들의 평균 자살률보다 세 배 더 높다(Raifman et al., 2017). 한 조사에서는 미국 트랜스젠더의 40% 이상이 자살을 시도한 적이 있다고 보고했다(Haas et al., 2014). 그러나 가족의 지원이 있으면 자살 시도율이 감소한다(Klein & Golub, 2016).
- **2개의 준실험(quasi-experiment)이 동성애 낙인의 유해성과 낙인 제거의 유용성을 확인해준다.** 2001~2005년 사이에 미국의 16개 주에서 동성 결혼을 금지했다. 이들 주에서 게이와 레즈비언들의 기분장애가 37%, 알코올 사용장애는 42%, 범불안장애는 248% 증가했다(이성애자들에게서는 이러한 변화가 나타나지 않았다)(Hatzenbuehler, 2014). 다른 주에 사는 게이와 레즈비언들에게서는 이러한 정신과 질환의 증가가 나타나지 않았다. 기류가 바뀌어서 2004~2015년 사이에 몇몇 주에서 동성 결혼을 합법화하자, 해당 주에서 십 대 자살 시도율이 감소했다(Raifman et al., 2017).

요약 : 편견의 본질과 영향력은 무엇인가?

- 편견은 사전에 형성된 부정적 태도이다. 고정관념은 다른 집단에 대한 신념으로 정확할 수도 있고 부정확할 수도 있으며, 약간의 사실에 바탕을 둔 과잉 일반화일 수도 있다. 차별은 정당화되지 않는 부정적 행동이다. 인종차별주의와 성차별주의는 개인의 편견적 태도나 차별적 행동, (의도적 편견이 없는 경우라도) 억압적인 제도적 관행을 일컫는다.
- 편견은 공공연하고 의식적인 형태뿐만 아니라 미묘하고 무의식적인 모습으로도 존재한다. 연구자들은 무의식적 편견을 탐지하기 위해서 사람들의 태도와 행동을 측정하는 미묘한

설문 문항들과 간접적인 방법들을 고안해냈다.
- 미국에서 흑인에 대한 인종 편견은 1960년대까지 널리 받아들여졌다. 그 이후로 인종 편견은 크게 감소했으나 여전히 남아 있다.
- 비슷하게, 여성과 동성애에 대한 편견은 최근에 감소했다. 그러나 미국에는 강한 성 고정관념과 상당한 수준의 성적 지향성 편견이 여전히 존재하며, 다른 나라들에서는 편견의 정도가 더 강하다.

편견의 사회적 원인은 무엇인가?

편견을 일으키고 유지시키는 사회적 영향력들을 이해하고 검토한다.

편견의 원천에는 여러가지가 있다. 편견은 사회적 지위의 차이와 그 차이를 정당화하고 유지하려는 욕망으로부터 비롯될 수 있다. 편견은 사회화 과정을 통해 부모님이 중요하다고 여기는 사람들의 차이에 대해서 학습하면서 생겨날 수도 있다. 사회적 제도 또한 편견을 유지하고 지원할 수 있다. 먼저, 어떻게 편견이 사람들의 사회적 위치를 지키는 기능을 하는지 생각해보자.

사회적 불평등 : 불평등한 지위와 편견

다음 원칙을 기억하자: 불평등한 지위가 편견을 낳는다. 노예 주인은 노예들을 게으르고, 무책임하고, 야망이 없다고 봤다. 노예들이 이런 특질을 가지는 것이 노예 제도를 정당화하기 때문이다. 역사가들은 무엇이 지위 불평등을 만드는가에 대해 논쟁한다. 그러나 일단 이러한 불평등이 존재하고 나면, 편견은 부와 권력을 가진 사람들의 사회경제적 우위를 정당화하는 것을 돕는다. 우리에게 두 집단 사이의 경제적 관계를 알려주면 우리는 집단 간 태도를 예측할 수 있다. 상위 계층 사람들은 빈곤층 사람들에 비해서 사람들의 부가 노력으로 얻어진 것이라고 생각하는 경향이 더 강하다. 즉, 인맥이나 돈, 행운의 결과가 아니라 기술과 노력의 결과라고 생각한다(Costa-Lopes et al., 2013; Kraus & Keltner, 2013).

풍부한 역사적 사례가 있다. 노예 제도가 시행되던 곳에서 강한 편견이 존재했다. 19세기 정치인들은 식민지 사람들이 '열등하고', '보호가 필요하며', '짐이 되는 존재'라고 묘사하면서 제국의 확장을 정당화했다(G. W. Allport, 1958, pp. 204-205). 사회학자 Hacker(1951)는 흑인과 여성에 대한 고정관념이 흑인과 여성의 낮은 지위를 어떻게 합리화했는지에 대해서 다음과 같이 설명했다. 많은 사람들은 흑인과 여성이 정신적으로 느리고, 감정적이고 원시적이며, 피지배적 역할에 '만족한다'고 생각했다. 흑인들은 '열등하고' 여성들은 '연약하다'. 흑인들은 자신의 위치에 있는 것이 맞았고, 여성들을 위한 자리는 가정이었다.

Vescio와 동료들(2005)은 이러한 추론을 검증했다. 연구자들은 권력을 가진 남성은 고정관념의 대상이 되는 여성을 많이 칭찬하지만 자원은 덜 제공했고, 그 결과 여성의 수행이 저하되고 남성의 권력이 유지된다는 것을 발견했다. 실험실 연구에서도 마찬가지로 우호적 성차별주의(여성은 연약하기 때문에 도움이 필요하다는 것을 암시하는 문장)가 방해가 되는 생각(자기의심, 걱정, 자존감의 감소)을 심어줌으로써 여성의 인지적 수행을 약화시켰다.

Glick과 Fiske가 제안한 '적대적' 성차별주의와 '우호적' 성차별주의는 다른 편견에도 확장할 수 있다. 우리는 다른 집단이 유능하다 또는 호감이 간다고 생각할 수 있지만, 둘 다라고 생각하는 경우는 드물다. 문화 보편적인 사회 지각의 두 차원인 유능성과 호감(따뜻함)은 한 유럽인이 했던 말에 잘 나타나 있다. "독일인들은 이탈리아인들을 좋아하지만 동경하지는 않는다. 이탈리아인들은 독일인들을 동경하지 좋아하지는 않는다."(Cuddy et al., 2009). 우리는 전형적으로 높은 지위를 가진 사람들을 존중하고(respect) 순순히 낮은 지위를 받아들이는 사람들을 좋아한다(like). 상황에 따라서, 우리는 다

성희롱에 대한 #미투 운동이 보여주듯이, 여성을 좋아한다는 것이 여성을 유능하다고 생각한다는 의미는 아니다.

© Photographee.eu/Shutterstock

른 사람들에게 우리의 유능성 또는 따뜻함을 보여주려고 한다. 유능해보이고 싶을 때는 대체로 따뜻함을 감소시킨다. 따뜻하고 호감을 주는 인상을 보여주고 싶을 때는 유능함을 감소시킨다(Holoien & Fiske, 2013).

어떤 사람들은 다른 사람에 비해서 지위의 차이를 더 잘 알아차리고 정당화하려고 한다. **사회 지배 지향성**(social dominance orientation)이 높은 사람들은 다른 사람들을 위계적 관점에서 바라본다. 사회 지배 지향성이 높은 사람들은 자신이 속한 그룹이 높은 지위를 가지기를 바란다. 즉 위계의 꼭대기에 위치하는 것을 선호한다(Guimond et al., 2003). Jim Sidanius, Felicia Pratto, 그리고 동료 연구자들(Bratt et al., 2016; Ho et al., 2015; Pratto et al., 1994)은 사회 지배 지향성이 높은 사람들이 지닌 높은 지위에 대한 욕구가 편견을 받아들이게 만들고 편견을 정당화하는 정치적 입장을 지지하게 만든다고 주장한다.

실제로, 사회 지배 지향성이 높은 사람들은 부유층의 세금을 감면하는 것과 같은 위계를 유지하는 정책을 지지한다. 이들은 자신의 지위를 높여주고 위계를 유지시켜주는 정치나 사업가와 같은 직업을 선호한다. 사회사업과 같이 사회적으로 혜택받지 못한 집단을 도와주고 위계를 약화시키는 직업을 피한다. 그리고 특히 강한 인종 정체성을 지닌 사람들과 같은 소수 집단 사람들에 대한 부정적 태도를 빈번하게 표현한다(Kaiser & Pratt-Hyatt, 2009; Meeusen et al., 2017). 지위는 편견을 낳는다. 특히 사회 지배 지향성이 높은 사람들 사이에서 더 그렇다.

사회화

편견은 불평등한 지위 및 획득된 가치와 태도를 포함하는 다른 사회적 원인으로부터 비롯된다. 가족 사회화의 영향이 아동의 편견에 나타나는데, 아동의 편견은 주로 어머니의 지각을 반영한다(Castelli et al., 2007). 예를 들어, 스웨덴의 십 대들은 부모가 편견을 표현하는 경우에 증가된 반이민적 편견을 보인다(Miklikowska, 2017). 아동의 암묵적 인종 편견도 부모의 명시적 편견을 반영한다(Sinclair et al., 2004). 우리의 가족과 문화는 모든 종류의 정보(어떻게 짝을 찾고 운전을 하고 가사 노동을 분담하는지, 그리고 누구를 불신하고 싫어할지)를 전승한다. 자녀 출생 직후 부모의 태도는 17년 뒤 자녀의 태도를 예언한다(Fraley et al., 2012).

권위주의 성격

1940년대에 미국 캘리포니아주립대학교 버클리 캠퍼스의 연구자들(이 중 두 사람은 독일 나치를 피해서 온 연구자들이었다)은 긴급한 연구 목표를 세웠다. 그것은 수백만 유대인들의 학살을 야기한 반유대주의의 심리적 근원을 밝히는 것이었다. 미국 성인들을 대상으로 한 연구에서 Adorno와 동료들(1950)은 유대인에 대한 적대적 태도는 다른 소수 집단에 대한 적대적 태도와 함께 나타나는 경우가 많다는 것을 발견했다. 강한 편견을 가진 사람들에게 있어서 편견이란 자신과 '다른' 사람들 또는 소외된 사람들에 대해서 생각하는 방식 그 자체인 것처럼 보였다. 이러한 **자민족 중심주의적인**(ethnocentric) 사람들은 특정 경향성을 공유했다. "권위에 대한 복종과 존중은 아이들이 배워야 할 가장 중요한 덕목이다"와 같은 문장에 동의하는 것에서 볼 수 있듯이, 이들은 나약함에 대한 비관용, 징벌적 태도, 자신이 소속된 집단의 권위자에 대한 복종적 존중을 나타냈다. Adorno와 동료들(1950)은 이러한 경향성이 편견 지향적인(prejudice-prone) **권위주의 성격**(authoritarian personality)으로 정의될 수 있다고 보았다.

오늘날까지도 다양한 편견이 공존한다. 반동성애, 반이민자, 반흑인, 반무슬림, 반여성적 기조

사회 지배 지향성
자신이 속한 집단이 다른 집단을 지배하기를 바라는 동기

자민족 중심주의적인
자신이 속한 민족과 문화 집단의 우월성을 믿고 나머지 모든 다른 집단을 업신여기는

권위주의 성격
권위에 대한 복종 및 외집단과 지위가 낮은 사람들에 대한 비관용을 선호하는 성격

는 같은 사람 안에 존재한다(Akrami et al., 2011; Zick et al., 2008). 사람들은 직관적으로 이것을 알고 있다. 그래서 백인 여성은 인종차별주의자를 위협적으로 느끼고, 유색인종은 성차별주의자를 그렇게 느낀다(Sanchez et al., 2017).

권위주의적인 사람들의 어린 시절에 대한 연구는 그들이 어렸을 때 엄격한 훈육을 받았음을 밝혔다. 극단주의는, 정치적으로 좌우를 가리지 않고, 유사한 점이 있다. 파국적 사고, 보복 욕구, 적에 대한 비인간화, 그리고 통제감의 추구와 같은 특성을 공유한다(Kay & Eibach, 2013; Saucier et al., 2009). 좌우파 모두 자신과 다른 가치와 신념을 가진 집단에 대해서 비슷한 정도의 비관용적 태도를 보인다(Brandt & Van Tongeren, 2017; Kossowska et al., 2017; Toner et al., 2013; van Prooijen et al., 2015). 아이러니하게도 문화적 관용을 강하게 지지하는 사람은 여기에 동의하지 않는 사람에 대해서 상당한 비관용과 차별을 나타낼 수 있다(Bizumic et al., 2017).

연구 결과들은 권위주의적인 사람들이 느끼는 불안이 권력과 지위에 대한 과도한 생각과 융통성 없는 옳고 그름에 대한 생각을 하게 만들어 모호성을 견디지 못하게 만든다고 제안한다. 권위주의적인 사람들은 그 결과 자신보다 강한 권력을 가진 사람에게 순종적이고, 자신보다 낮은 지위에 있다고 생각하는 사람에 대해서는 공격적이거나 징벌적인 경향이 있다(Altermeyer, 1988, 1992). "내 방식대로가 아니면 안 된다." 권위주의자들이 느끼는 도덕적 우월성은 약자에 대한 무자비함, 그리고 지배적 위치를 제공하고 위계의 회복을 약속하는 정치인에 대한 지지와 관련되어 있다(Choma & Hanoch, 2017; McAdams, 2017; Taub, 2016).

종교와 인종 편견

"모든 사람은 평등하게 태어났다"라고 말하며 사회적 불평등으로부터 이득을 보는 사람들을 생각해보자. 이 사람들은 그 상태를 그대로 유지하는 것을 정당화할 필요가 있다. 신이 현재 존재하는 사회 질서를 만들었다고 믿는 것보다 더 강력한 정당화가 있을까? 윌리엄 제임스가 말했듯이, 모든 종류의 잔인한 행동을 "신앙심이 가려준다"(1902, p. 264).

거의 모든 국가에서 지도자들은 현재의 질서를 신성시하기 위해서 종교를 끌어들인다. 불공정함을 지지하기 위해 종교를 사용하는 것은 북미 기독교에 대한 두 가지 일관된 발견들을 설명해준다: (1) 백인 교회 신도들은 교회에 다니지 않는 사람들에 비해서 더 강한 인종 편견을 나타낸다. (2) 근본주의적 믿음을 주장하는 사람들은 개혁적 믿음을 주장하는 사람들에 비해서 더 강한 편견을 나타낸다(Hall et al., 2010; Johnson et al., 2011).

종교와 편견 사이의 상관을 안다고 해서 두 변인 사이의 인과 관계를 알 수 있는 것은 아니다. 다음 세 가지 가능성에 대해서 생각해보자.

- 인과 관계가 없을 수도 있다. 아마도 교육 수준이 낮을수록 더 근본주의적이고 더 편견을 가질 수 있을 것이다[영국인 7,070명을 대상으로 한 연구에서 10세 때 IQ검사에서 높은 점수를 얻은 사람들이 30세 때 비전통적이고 반인종차별적인 관점을 나타냈다(Deary et al., 2008)].
- 편견을 지지하기 위해서 종교적인 생각들을 만들어내는 방식으로 편견이 종교를 야기할 수도 있을 것이다. 혐오감을 느끼는 사람들이 타인에 대한 자신의 경멸을 정당화하기 위해서 종교나 심지어 신을 이용할 수도 있다.
- 모든 사람들이 자유의지를 지녔기 때문에, 빈곤한 소수 집단은 자신의 지위에 대한 책임이 있고 게이와 레즈비언도 자신의 성적 지향성을 선택한 것이라고 믿게 만드는 식으로 **종교가**

편견을 야기할 수도 있다.

만약 실제로 종교가 편견을 야기한다면, 교회 신도 수가 늘어날수록 편견이 증가할 것이다. 그러나 3개의 다른 연구 결과는 그렇지 않음을 시사한다.

- 충실한 신도들은 편견이 덜하다.   20세기 중반에 이루어진 26개 연구 중 24개에서, 교회 신도들 중에서 충실하게 교회에 나가는 사람들이 가끔씩 나가는 사람들에 비해서 편견이 덜했다(Batson & Ventis, 1982).
- 내재적으로 종교적인 사람들이 편견이 덜하다.   Allport와 Ross(1967)는 '내재적' 종교성과 '외재적' 종교성을 비교했다. 이들은 종교 그 자체에 내재적 목적이 있는 사람들(예 : "나의 종교적 신념은 내 삶의 전반적인 접근 방식의 바탕을 이룬다"에 동의하는 사람들)은 다른 목적이 있는 사람들(예 : "내가 종교에 관심을 가지는 일차적 이유는 나에게 잘 맞는 사회적 활동이기 때문이다"에 동의하는 사람들)에 비해서 편견을 덜 보인다. 테러리스트의 위협과 같이 죽음을 상기시키는 경험에 직면한 상황에서 내재적 종교성은 미국 기독교인과 유대인, 이란의 무슬림, 폴란드 기독교인들에게서 외집단에 대한 적대감의 감소를 예측했다(de Zavala et al., 2012). 갤럽 조사에서 '영적 헌신' 인덱스에서 가장 높은 점수를 받은 사람들은 이웃 집에 다른 인종이 이사 오는 것을 환영한다고 응답했다(Gallup & Jones, 1992).
- 성직자들은 편견이 덜하다.   개신교 목사와 로마 카톨릭 신부들은 일반 대중에 비해서 미국 민권 운동을 더 강하게 지지했다(Fichter, 1968; Hadden, 1969). 독일에서는 1934년에 성직자의 45%가 독일 개신교회에 대한 나치의 영향력에 저항하기 위해 조직된 고백교회와 함께했다(Reed, 1989).

그렇다면 종교와 인종 편견은 어떤 관계에 있을까? 우리가 어떻게 질문하는지에 따라서 그 답은 달라진다. 교회 신도인지 아닌지, 최소한 피상적 수준에서 전통적인 종교적 신념에 동의하려는 의지가 있는지, 없는지로 종교성을 정의한다면 종교적인 사람들은 인종 편견이 더 심하다고 할 수 있다. 편견이 심한 사람들은 종교를 이용해서 편견을 합리화한다. 그러나 우리가 종교적 헌신의 깊이를 평가한다면, 독실한 사람들일수록 편견이 덜하다. 이들은 많은 목사와 신부들이 이끌었던 현대의 민권 운동이나 반인종분리 운동의 종교적 근원이다. 두 세기 전에 대영제국의 노예 무역과 노예 제도를 종식시켰던 운동을 성공적으로 이끌었던 것은 Thomas Clarkson과 William Wilberforce의 신앙에 기반한 가치("네 이웃을 사랑하라")였다. Allport는 "종교의 역할은 역설적이다. 종교는 편견을 만들기도 하고 편견을 없애기도 한다"라고 결론 지었다(1958, p. 413).

동조

일단 편견이 확립되면 관성에 의해 유지된다. 편견이 사회적으로 받아들여지면 많은 사람들이 대세에 저항하지 않고 동조할 것이다. 사람들은 싫어하기 위해서라기보다는 호감을 사고 받아들여지기 위해서 행동할 것이다. 사람들은 다른 사람들이 차별한다는 이야기를 듣고 나면 차별을 더 선호하게 되고 성차별적인 유머를 듣고 나면 여성을 덜 지지하게 된다(Ford et al., 2008; Zitek & Hebl, 2007).

1950년대에 Pettigrew(1958)는 남아프리카공화국의 백인들과 미국 남부지역 백인들을 연구했다. 그의 발견에 따르면, 다른 사회 규범에 대해서도 가장 동조를 많이 하는 사람들이 가장 강한 편견을 나타냈다. 다른 규범에 대해서 동조를 덜 하는 사람들이 주변의 편견도 덜 따랐다.

1954년 미국 대법원의 학교에서의 인종 분리 정책 판결이 시행되었을 때 미국 아칸소주 리틀록 지역의 목사들이 경험했던 비동조의 대가는 명백하게 고통스러웠다. 대부분의 목사들은 개인적으로는 인종 통합을 지지했으나 신도 수나 기부금의 감소를 우려해서 공개적으로 자신의 입장을 표명하는 것을 두려워했다(Campbell & Pettigrew, 1959). 같은 시기 인디애나주의 철강 노동자들이나 웨스트버지니아주의 탄광 노동자들도 마찬가지였다. 제철 공장과 탄광에서 노동자들은 인종 통합을 수용했다. 그러나 동네에서는 엄격한 인종 분리가 규범이었다(Minard, 1952; Reitzes, 1953). 편견은 '병든' 인격의 표현이 아니라 단순히 사회 규범에 지나지 않았다.

"루크, 네가 백인이라는 점을 이용해라."

© Benjamin Schwartz. All rights reserved. Used with permission.

만약 어떤 국가의 대통령이 이민자들, 무슬림, 소수 인종에 대한 경멸을 표현한다면, 문제가 될까? 남부 빈곤 법률 센터(Southern Poverty Law Center)는 2016년 미국 대통령 선거에서 도널드 트럼프 대통령이 당선되고, 2017년 8월에 백인 우월주의 집회 참가자들 중에 '매우 훌륭한 사람들(very fine people)'이 있다고 말한 이후 나타난 괴롭힘과 따돌림 사례들을 바탕으로, 혐오를 퍼뜨리는 행위가 대담해지고 활력을 띠게 되었다고 보고했다.

그러나 여전히 편견에 찬 정치적 발언이 이미 존재하는 태도를 드러내도록 해주는 것인지, 편견을 정상적인 것처럼 만들어주는 것인지 궁금할 수 있다.

2개의 대규모 조사와 하나의 실험이 혐오 연설(hate speech)이 사회적으로 유해할 수 있음을 확인해준다. 바르샤바대학교의 심리학자 Soral과 동료들(2018)은 "혐오 연설에 대한 빈번하고 반복적인 노출은 사람들을 혐오 연설과 외집단에 대한 편견의 증가에 둔감하게 만든다"고 했다. 미국 FBI(2017)의 연례 혐오 범죄 보고서는 이러한 사실을 확인해준다. 실제로 2016년에 혐오 범죄가 5% 증가했다. 미국인들 사이에서 LGBT를 수용하는 정도가 전반적으로 증가했음에도 불구하고, LGBT도 인종적·종교적 소수 집단과 함께 혐오 범죄의 증가를 경험했다. 마찬가지로, 영국에서도 부분적으로 반이민 정서가 촉발한 브렉시트 투표 이후 혐오 범죄가 증가했다(Kenyon, 2016).

대통령의 연설로 혐오 범죄가 증가할 수 있다니, 우리가 놀라워해야 할 일일까? 사회심리학자 Crandall과 White(2016)가 알려주듯이, 대통령은 규범에 영향을 미칠 수 있는 힘을 가지고 있고, 규범은 중요하다. "사람들은 사회적으로 받아들여지는 편견을 표현하고, 받아들여지지 않는 편견은 숨긴다."

동조는 성 편견도 유지시킨다. 조지 버나드 쇼는 1891년 에세이에서 이렇게 썼다. "만약 우리가 아기 방과 부엌이 여성을 위한 자연스러운 공간이라고 생각하게 된다면, 영국 아이들이 앵무새가 새장 밖에 있는 것을 본 적이 없기 때문에 새장이 앵무새를 위한 자연스러운 공간이라고 생각하는 것과 정확히 똑같은 생각을 한 것이다." 여성이 아기방과 부엌 이외의 장소에 있는 것을 본 적이 있는 일하는 엄마를 둔 아이들은 남성과 여성에 대한 고정관념을 덜 가진다(Hoffman, 1977). 여성 과학, 기술, 공학, 수학(STEM) 전문가들을 본 여성 학생들은 STEM 공부에 대해 긍정적인 암묵적 태도를 나타냈으며 STEM 시험에서 더 많은 노력을 보였다(Stout et al., 2011).

© Chris Smith/PhotoEdit

비의도적 편향 : 밝은 피부가 '정상(normal)'일까?

희망적 메시지도 있다. 편견이 인성에 깊이 새겨진 것이 아니라면, 유행이 변화하고 새로운 규범이 진화함에 따라 편견은 사라질 수 있다. 실제로 그랬다. 미국 대법원이 전국적으로 인종 간 결혼(1967년)과 동성 간 결혼(2015년)을 인정한 이후, 미국인들은 사회 규범이 그에 따라 변화했다고 인식했다(Tankard & Paluck, 2017).

제도적 지원

사회적 제도(학교, 정부, 미디어, 가족)도 인종 분리 정책과 같은 공공연한 정책이나 현 상태를 수동적으로 강화하는 방식으로 편견을 지지할 수 있다. 1970년대까지 많은 은행에서 비혼 여성과 소수 인종들에게 대출을 해주지 않는 것이 보통이었다. 그 결과 집을 소유한 사람들은 대부분 백인 기혼 커플이었다.

미디어도 고정관념을 강화할 수 있다. 몇몇 연구에서, 무슬림 테러리스트를 묘사하는 뉴스에 노출되면 무슬림이 공격적이라는 인식과 무슬림 테러리스트에 대한 군사적 조치와 무슬림에게 해를 끼치는 정책에 대한 지지가 증가했다(Saleem et al., 2017).

편견에 대한 제도적 지원은 종종 의도가 없고 눈에 띄지 않는다. 우리 대부분이 알아차리지 못했지만 바로 우리 눈 앞에 있었던 사례가 있다. Archer와 동료 연구자들(1983)은 일반적으로 남성 사진의 3분의 2가 얼굴 사진인 데 반해, 여성 사진은 얼굴만 찍힌 사진이 2분의 1이 채 안 된다는 것을 발견했다. Archer는 이러한 '용모 차별(face-ism)'이 흔한 현상이라는 것을 알아냈다. 용모 차별은 11개 국가들의 정기 간행물과, 6세기에 걸친 미술 작품들의 인물화 920점, 캘리포니아주립대학교 산타크루즈 캠퍼스 학생들의 그림에서도 나타났다. 후속 연구들에서 용모 차별 현상이 잡지(페미니스트 잡지 포함)와 비교적 성평등적인 국가들의 정치인 웹사이트 사진에서도 나타남을 확인했다(Konrath et al., 2012; Nigro et al., 1988). 연구자들은 시각적으로 남성은 얼굴이, 여성은 몸이 더 현저하게 드러나는 현상이 성 편견을 반영할 뿐만 아니라 성 편견을 유지시킬지도 모른다고 추정한다.

요약 : 편견의 사회적 원인은 무엇인가?

- 사회적 상황은 다양한 방법으로 편견을 키우고 유지시킨다. 사회적 · 경제적 우월성을 누리는 집단은 자신들의 혜택받은 지위를 정당화하기 위해서 편견을 이용한다.
- 아이들은 편견을 강화시키거나 감소시키는 방식으로 키워진

다. 권위주의 성격은 복종과 비관용이 사회화된 결과이다. 가족, 종교 공동체, 사회가 편견을 유지하거나 감소시킬 수 있다.
- 사회 제도(정부, 학교, 미디어)도 때로는 공공연한 정책으로, 때로는 의도치 않은 관성으로 편견을 지지한다.

편견의 동기적 원인은 무엇인가?

편견의 동기적 원인을 확인하고 검토한다.

편견의 이면에는 다양한 동기가 있다. 그러나 사람들이 편견을 피하게 만드는 동기도 있다.

좌절과 공격성 : 희생양 이론

좌절(목표를 방해받는 데서 비롯된)은 적대감을 불러일으킨다. 좌절의 원인이 위협적이거나

알려지지 않은 것이면, 그 적대감의 방향은 종종 다른 곳을 향한다. '전위된 공격성[displaced agreesion(희생양 찾기, scapegoating)]'이라고 불리는 이 현상은 미국 남북 전쟁 이후 남부에서 아프리카계 흑인들에게 가해진 린치의 원인이 되었다. 1882~1930년 사이에 목화 값이 떨어져서 경제적 좌절이 높아졌을 것으로 예상되는 시기에 린치가 증가했다(Hepworth & West, 1988; Hovland & Sears, 1940). 생활 수준이 높아지면, 사회는 다양성과 차별 반대법의 통과와 시행에 대해 더 개방적이 된다(Frank, 1999). 풍요로울 때는 인종 간 평화를 유지하기 쉽다.

전위된 공격성의 대상은 다양하다. 제1차 세계대전 패전 이후 이어진 경제 위기 속에서 많은 독일인은 유대인을 악인이라고 생각했다. 히틀러가 권력을 잡기 오래 전에, 한 독일 정치인은 "유대인은 편리하다…. 유대인이 없다면 반유대주의자들은 유대인을 만들어내려고 할 것이다"라고 했다(Allport, 1958, p. 325).

보다 최근에는 9/11 테러에 대해서 공포보다는 분노를 나타냈던 미국인들이 이민자들과 중동 사람들에 대한 비관용적 태도를 더 강하게 표현했다(Skitka et al., 2004). 21세기 그리스에서는 경제가 매우 나빠졌을 때 이민자들에 대한 분노가 증가했다(Becatoros, 2012). 테러리스트의 공격처럼 거리가 먼 집단에서 발생한 위협이라도 지역 내 편견을 강화시킬 수 있다(Bouman et al., 2014; Greenaway et al., 2014). 감정이 편견을 유발한다.

반대로, 사회적 위협에 대한 부정적 정서 반응을 경험하지 않는 사람들의 경우(윌리엄스 신드롬이라고 불리우는 유전 질환을 앓는 아이들의 경우) 인종에 대한 고정관념과 편견이 놀라울 정도로 없다(Santos et al., 2010). 감정이 없으면 편견도 없다.

경쟁은 좌절의 주요 원인으로 편견을 강화할 수 있다. 두 집단이 직장, 주택, 사회적 특권을 두고 경쟁할 때, 한 집단의 목표 달성은 다른 집단의 목표 좌절이 될 수 있다. **현실적 집단 갈등 이론**(realistic group conflict theory)은 여러 집단이 희소한 자원을 두고 경쟁할 때 편견이 발생한다고 제안한다(Maddux et al., 2008; Pereira et al., 2010; Sassenberg et al., 2007). 진화생물학의 가우스 법칙(Gause's Law)에 따르면 두 종이 동일한 자원을 두고 경쟁할 때 경쟁이 극대화된다.

전 세계적으로 이러한 법칙이 어떻게 나타났는지 살펴보자.

> **현실적 집단 갈등 이론**
> 희소한 자원을 두고 경쟁하는 집단 사이에서 편견이 발생한다는 이론

- 서유럽에서는 경제적으로 좌절한 사람들이 소수 인종에 대해 더 강한 편견을 나타냈다(Pettigrew et al., 2008, 2010).
- 캐나다에서는 1975년 이후 이민에 반대하는 정도가 실업률과 함께 오르내렸다(Palmer, 1996).
- 미국에서 이민자들에게 직장을 빼앗길 것을 걱정하는 사람들은 주로 저소득층이다(AP/Ipsos, 2006; Pew, 2006).
- 남아프리카 공화국에서는 수십 명의 아프리카계 이민자들이 살해당했고 경제적 경쟁에서 좌절한 가난한 남아프리카인들이 3만 5,000명을 빈민가로부터 쫓아냈다. 남아프리카 공화국의 한 실업자는 "이 외국인들은 신분증도, 합법적인 서류도 없으면서 직장이 있다. 이 사람들은 하루에 15랜드(약 2달러)를 받고도 기꺼이 일하려고 한다"라고 했다(Bearak, 2010). 이해관계가 충돌하는 곳에서 종종 편견이 생겨난다.

사회 정체성 이론 : 다른 사람보다 우월하다는 느낌

인간은 사회적 동물이다. 인류의 역사는 우리를 집단 속에서 살아가고 보호받게끔 준비시켰다.

인간은 자기 집단을 응원하고, 자기 집단을 위해 적을 죽이고, 자기 집단을 위해 죽는다. 우리는 낯선 사람을 만났을 때 친구인지 적인지를 빠르게 판단하도록 진화했다. 우리는 우리 집단 출신의 사람들, 우리와 비슷하게 생겼고 비슷하게 말하는(억양이 비슷한) 사람을 쉽게 좋아하게 되는 경향이 있다(Gluszek & Dovidio, 2010; Kinzler et al., 2009).

심리학자 Turner(1981, 2000)와 Hogg(1992, 2010, 2014), 그리고 그들의 동료 연구자들이 밝힌 것처럼, 우리는 우리가 소속된 집단을 우리 자신을 바탕으로 정의한다. 자기개념(우리가 누구인지에 대한 인식)에는 개인 정체성(자신의 개인적 특성과 태도에 대한 인식)뿐만 아니라 **사회 정체성**(social identity; Chen et al., 2006; Haslam, 2014)도 포함된다. 피오나는 자기 자신을 여성이면서 호주인이고 노동당원이자 뉴사우스웨일스대학교 학생이고 맥도널드 패밀리 멤버라고 정의한다.

가족과 친구들을 홀로코스트에서 잃은 폴란드인이면서 인종 간 혐오 연구에 대부분의 커리어를 바친 Turner(1947~2011)는 영국 사회심리학자 Henri Tajfel과 함께 사회 정체성 이론을 제안했다. Turner와 Tajfel은 다음과 같은 현상을 관찰했다.

- 우리는 범주화한다 : 우리는 우리 자신을 포함해서 사람들을 범주로 나누는 것이 유용하다고 생각한다. 어떤 사람을 힌두교 신자, 스코틀랜드 사람 또는 버스 운전사로 이름 붙이는 것은 그 사람의 다른 측면들에 대해서도 간단하고 빠르게 이야기하는 방법이다.
- 우리는 동일시한다 : 우리는 우리 자신을 특정 집단[**내집단**(ingroup)]과 관련짓고 이를 통해서 자존감을 얻는다.
- 우리는 비교한다 : 우리는 우리 집단에 호의적인 편향을 가지고 우리 집단을 다른 집단[**외집단**(outgroup)]과 비교한다.

유아기 때부터, 인간은 자연스럽게 다른 사람들을 우리 집단에 속하는 사람과 그렇지 않은 사람으로 나눈다(Buttelmann & Bohm, 2014; Dunham et al., 2013). 우리는 우리 자신을 집단 멤버십에 따라서 평가하기도 한다. "'우리'라는 인식(a sense of we-ness)"은 우리의 자기개념을 강화시킨다. 우리라는 인식은 기분을 좋게 한다. 우리는 우리 자신에 대한 **존중**뿐만 아니라 우리 집단의 **자긍심**도 찾고 싶어 한다(Greenaway et al., 2016; Sani et al., 2012). 우리 집단의 우월성을 확인하는 것은 더욱 기분 좋은 일이다. 마치 우리 모두가 "나는 X[당신이 소속된 집단 이름]이다. X는 훌륭하다. 따라서 나도 훌륭하다"라고 생각하는 것 같다.

긍정적 개인 정체성이 부족하면 사람들은 집단과의 동일시로부터 자존감을 찾는다. 따라서 사회적으로 혜택받지 못한 청소년들은 자긍심, 권력감, 안정감, 정체성을 갱단의 일원이 되는 데서 찾는다. 부조화가 부조화 감소 동기를 유발하는 것과 마찬가지로, 불안정은 권위주의를 부추긴다. 불확실성은 사회 정체성을 찾으려는 동기를 유발한다. 불확실성은 '우리'가 누구고 '그들'이 누구인지를 지각하게 되면 감소한다. 특히 혼란스럽고 불확실한 세상에서 열성적이고 서로 강하게 결속되어 있는 집단은 기분을 좋게 한다. 누가 어떤 사람인지를 확인해주기 때문이다(Hogg et al., 2017).

사람들의 개인 정체성과 사회 정체성이 융합될 때(개인과 집단 사이의 경계가 흐려질 때) 자신의 집단을 위해 싸우거나 죽으려는 의지가 강해진다(Gómez et al.,

사회 정체성
자기개념에서 '우리'와 관련된 측면. "나는 누구인가?"라는 질문에 대한 답 중에서 집단 멤버십과 관련된 것

내집단
'우리' – 소속감과 공통의 정체성을 공유하는 집단 구성원들

외집단
'그들' – 내집단과 명백하게 다르거나 구별되는 집단 구성원들

© Juanmonino/Getty Images

이 사진의 인물은 어느 집단에 속할까? 사회 정체성 이론에 따르면 사람들은 자동적으로 타인을 범주화하려고 한다. 그 이유 중 하나는 타인이 자신과 같은 집단(내집단)에 속해 있는지 아닌지(외집단)를 알아내기 위해서이다.

그림 9.3
개인 정체성과 사회 정체성의 영향을 받는 자존감

출처 : (위) ⓒ Sam Edwards/AGE Fotostock; (아래) ⓒ Digital Vision/Punchstock

2011; Swann et al., 2012, 2014a, b). 예를 들어 많은 애국심 강한 사람들은 국가 정체성으로 자신을 정의한다(Staub, 1997a, 2005a). 그리고 많은 실업자들은 자신의 정체성을 새로운 종교 운동이나 자조 집단, 친목 집단에서 찾는다(그림 9.3).

사회적 동일시 때문에 우리는 우리 집단의 규범에 동조한다. 우리는 우리 자신을 팀과 가족, 국가를 위해 희생한다. 사회 정체성이 중요할수록 다른 집단으로부터의 위협에 더 강한 편견을 가지고 반응한다(Crocker & Luhtanen, 1990; Hinkle et al., 1992).

내집단 편향

당신이 누구인지에 대한 집단 정의(당신의 성별, 인종, 종교, 결혼 상태, 전공)는 당신이 아닌 부분을 정의하는 데에도 적용된다. '우리(내집단)'를 포함하는 원은 '그들(외집단)'을 포함하지 않는다. 네덜란드의 터키인 이민자들 중에서 스스로를 터키인 또는 무슬림으로 정의하는 사람들일수록 자신을 네덜란드인이라고 생각하지 않는 경향이 강했다(Verkuyten & Yildiz, 2007).

단순히 집단으로 구분되는 것만으로도 **내집단 편향**(ingroup bias)이 강화될 수 있다. 아이들에게 다음 질문을 해보자. "누가 더 낫다고 생각하니? 너희 학교에 다니는 아이들, 아니면 [가까이 있는 다른 학교 이름]에 다니는 아이들?" 거의 모든 아이들이 자신이 다니는 학교 아이들이 더 낫다고 대답할 것이다.

내집단 편향은 긍정적 자기개념을 지지한다 내집단 편향은 긍정적 자기개념 탐색의 또다른 사례이다. 우리 집단이 성공적일 때 우리는 자신과 집단을 더 강하게 동일시함으로써 자신이 더 나은 사람인 것처럼 느낀다. 자기 대학 팀이 막 승리했을 때 대학생들은 "우리가 이겼다"고 말하지만, 졌을 때는 "그들이 졌다"고 한다. 성공적인 내집단의 반사된 영광 누리기(basking in the reflected glory)는 '창의력 테스트'에서 나쁜 점수를 받는 것과 같이 자존감에 타격을 입었을 때 더 강하게

내집단 편향
자신이 소속된 집단에 우호적인 경향성

나타난다(Cialdini et al., 1976). 우리는 친구의 성취에서도 반사된 영광을 누릴 수 있다. 단, 우리 자신의 정체성에 특별히 관련되어 있는 어떤 것에서 친구가 더 잘 하는 경우에는 그렇지 않다(Tesser et al., 1988). 만약 여러분이 스스로를 뛰어난 심리학과 학생이라고 생각한다면, 여러분의 친구가 수학에서 뛰어난 성취를 보일 때 기뻐할 것이다.

내집단 편향은 편애를 부추긴다 우리는 집단을 너무 의식한 나머지 우리 자신을 집단으로 생각할 수 있는 기회가 주어진다면 언제든지 그렇게 한다. 이렇게 집단을 구분하게 되면 내집단 편향을 나타낸다. 논리적 근거 없이 표면적으로 구별되는 집단을 형성하는 경우에도, 예를 들어 집단 X와 Y를 동전을 던져서 정하더라도 약간의 내집단 편향을 만들어낼 수 있다(Billing & Tajfel, 1973; Brewer & Silver, 1978; Locksley et al., 1980). Kurt Vonnegut의 소설 슬랩스틱(*Slapstick*)에서는 컴퓨터가 사람들에게 새로운 중간 이름(middle name)을 만들어준다. '데포딜-11'이라는 이름을 받은 사람들은 서로 하나됨을 느끼고 자신들이 '라스베리 13'이라는 이름을 받은 사람들과는 다르다고 생각한다. 다시 자기본위 편향이 작동해서, 사람들이 더 긍정적인 사회 정체성을 획득할 수 있게 만든다. '우리'는 '그들'보다 더 나은 사람이라고 생각하게 되는 것이다. '우리'와 '그들'이 랜덤하게 정해진 것이라고 하더라도 말이다.

Tajfel과 Billig(1974; Tajfel, 1970, 1981, 1982)는 실험을 통해 우리에 대한 편애와 그들에 대한 불공평함을 유발하는 것이 얼마나 쉬운지를 탐색했다. 한 연구에서 Tajfel과 Billig는 영국 십 대들에게 현대 추상 미술 작품을 평가하도록 한 다음, 어떤 십 대들은 클레의 작품을 칸딘스키의 작품보다 더 좋아했고 다른 십 대들은 칸딘스키를 더 좋아했다고 알려줬다. 연구에 참가한 십 대들은 실제로 클레 선호 집단과 칸딘스키 선호 집단을 만나보지 않은 상태에서, 클레를 선호하는 집단과 칸딘스키를 선호하는 집단에게 약간의 돈을 나누어주었다. 이 실험뿐만 아니라 다른 실험들에서도 마찬가지로 이렇게 사소한 방식으로 집단을 정의하는 것만으로도, 내집단 편애가 생겼다. Wilder(1981)는 이러한 전형적인 연구 결과를 다음과 같이 요약했다: 15포인트(일정 금액의 돈으로 환산됨)를 분배하는 기회가 주어졌을 때, 참가자들은 대체로 자신과 같은 집단에는 9~10포인트를, 다른 집단에는 5~6포인트를 분배했다."

우리는 우리 집단이 작을수록, 그리고 다른 집단과 지위에서 차이가 날수록, 내집단 편향을 더 나타낸다(Ellemers et al., 1997; Moscatelli et al., 2014). 우리가 큰 집단으로 둘러싸인 작은 집단의 일원일 때, 우리는 우리 집단 구성원을 더 의식하게 된다. 내집단이 다수일 때는 집단에 대해서 덜 생각하게 된다. 외국인 학생, 게이나 레즈비언, 소수 인종이나 소수 성별일 때 사회 정체성을 더 예민하게 느끼고 그에 따라 반응하게 된다.

내집단 선호가 외집단 혐오를 강화할까? 내집단 편향은 내집단 선호를 반영할까, 외집단 혐오를 반영할까, 아니면 둘 다일까? 민족적 자긍심이 편견을 유발할까? 강한 페미니스트 정체성이 페미니스트가 아닌 사람을 싫어하게 만들까? 특정한 사교클럽에 대한 충성심이 클럽에 속하지 않은 사람들이나 다른 사교클럽 멤버들을 비난하게 만들까? 아니면 사람들은 타인에 대한 어떤 적대감 없이 그저 자신이 속한 집단을 좋아할까?

여러 실험들은 내집단 선호와 외집단 혐오를 모두 보여준다. 때로는 사랑과 미움이 동전의 양면이 되기도 한다. 만약 여러분이 보스턴 레드삭스를 사랑한다면 뉴욕 양키스는 싫어할 것이다. 애국자의 애국심은 적으로부터 나라를 지키기 위해 목숨을 버리게 만든다. 우리가 우리 안에서 미덕을 발견하는 만큼, 그들 안에서 악덕을 발견한다. 외집단에

© DIETER ENDLICHER/AP Images

반사된 영광 누리기. 자메이카계 캐나다인 육상선수 벤 존슨이 올림픽 100미터 경기에서 우승했을 때, 캐나다 언론은 그의 승리를 '캐나다의' 승리로 묘사했다. 이후에 스테로이드 사용이 발각되어 금메달을 박탈당하자 캐나다 언론은 그의 '자메이카' 정체성을 강조했다(Stelzl et al., 2008).

대한 고정관념은 사람들이 내집단 정체성을 가장 예민하게 느낄 때 번성한다(Wilder & Shapiro, 1991).

우리는 인간 고유의 정서들(사랑, 희망, 경멸, 분노)을 내집단 사람들과 관련지으면서 외집단 사람들에게서 이러한 인간적 정서들을 찾기를 꺼려한다(Demoulin et al., 2008; Kteily et al., 2016; Leyens et al., 2003, 2007). 외집단의 인간적 특성을 부정하는 데는 오랜 역사가 있다. 그리고 이러한 과정을 '하위인간화(infrahumanization)'라고 한다. 유럽 탐험가들은 탐험 중 만난 사람들을 동물적 본능에 지배받는 미개인으로 묘사했다. 호주 사회심리학자 Stephen Loughman과 Nick Haslam(2007)은 "아프리카인들은 유인원에 비유되어 왔다. 유대인은 해충에, 이민자는 기생충에 비유되었다"고 하였다. 우리는 반려동물을 인간화하면서 외집단은 비인간화한다.

그러나 내집단 편향과 차별은 외집단에 대한 적대감보다는 내집단 선호에서 비롯되는 경우가 많다(Balliet et al., 2014; Greenwald & Pettigrew, 2014). 내집단 편향에서 중요한 것은 우리와 다른 사람들에 대한 혐오보다는 우리 집단 사람들과의 관계 맺기와 상호 협력이다. '그들'이 없는 경우(예 : 무인도에서 소수의 생존자들과 함께 있는 상황을 생각해보자)라도 '우리'를 사랑하게 될 수 있다(Gaertner et al., 2006). 우리 집단에 대해 느끼는 긍정적 감정이 외집단에 대해서 느끼는 부정적 감정과 대칭을 이룰 필요는 없다.

지위와 자존, 소속의 욕구

지위는 상대적이다: 우리가 지위가 있다고 인식하려면 우리보다 지위가 낮은 사람들이 필요하다. 편견이나 지위 체계의 심리적 이점 중 하나는 우월감을 느낄 수 있다는 것이다. 우리 대부분은 다른 사람의 실패를 보고 남몰래 만족감을 느꼈던 적이 있을 것이다. 아마도 형제가 부모님께 벌받거나 학교 친구가 나쁜 성적을 받았을 때 그랬을 수도 있다. 유럽과 북미에서는 사회경제적 지위가 낮거나 떨어지고 있는 사람들, 또는 긍정적 자아상이 위협받고 있는 사람들이 강한 편견을 드러내는 경우가 많다(Lemyre & Smith, 1982; Pettigrew et al., 1998; Thompson & Crocker, 1985). 한 연구에서 지위가 높은 여학생 사교클럽보다는 지위가 낮은 여학생 사교클럽 멤버들이 경쟁 클럽을 더 많이 비난하는 것으로 나타났다(Crocker et al., 1987). 우리 지위가 안정적이라면, 즉 자기과시가 아닌 성취로부터 비롯된 '진정한 자긍심'을 느낀다면 우월감에 대한 욕구가 덜하고 편견을 덜 표현할 것이다(Ashton-James & Tracy, 2012).

여러 연구들에 따르면 여러분 자신의 죽음에 대해 생각하는 것(죽음에 관한, 그리고 죽음에 대해 생각할 때 떠오르는 감정에 관한 짧은 글을 쓰는 것)이 불안정함을 유도해서 내집단 편애와 외집단 편견을 강화시킬 수 있다(Greenberg et al., 1990, 2013; Schimel et al., 1999). 한 연구에서는 백인 연구 참가자들에게 죽음에 대해서 생각하도록 하면 백인의 우월성을 주장하는 인종차별주의자들에 대한 선호를 증가시킨다는 것을 발견했다(Greenberg et al., 2001, 2008). 죽음을 생각하게 하면 사람들은 **공포 관리**(terror management) 행동을 보인다. 사람들은 죽음의 위협으로부터 자신을 지키기 위해서 자신의 불안을 증폭시키는 세계관을 가진 사람들을 폄하한다. 자신이 죽음에 대해서 취약하다고 느낄 때, 편견은 위협받는 신념 체계를 유지하도록 돕는다. 그러나 죽음에 대한 생각은 내집단 동일시, 연대감, 이타심과 같은 공동체적 감정 또한 증가시킨다(McGregor et al., 2001; Sani et al., 2009).

사람들에게 죽음을 상기시키는 것은 중요한 공공 정책에 대한 태도에도 영향을 줄 수 있다. 2004년 미국 대통령 선거 이전에, 사람들에게 — 9/11 테러에 대한 감정을 떠올리거나 9/11 테러

공포 관리
공포관리이론에 따르면, 사람들은 자신의 죽음을 생각하게 만드는 상황에 직면할 때 자기방어적 감정과 인지 반응(자기 문화의 세계관과 편견을 고수하는 것을 포함)을 보인다.

관련 사진들에 식역하로 노출시키는 것을 포함하여 — 죽음과 관련된 단서들을 제시했을 때, 조지 부시 대통령과 그의 반테러리즘 정책에 대한 지지가 증가했다(Landau et al., 2004). 이란에서는 대학생들에게 죽음을 떠올리게 하는 단서를 보여주는 것이 미국에 대한 자살 공격에 대한 지지를 증가시켰다(Pyszczynski et al., 2006).

지위와 안전에 대한 욕구는 자신의 힘과 독립성에 대해 의심하는 남자가 자신의 남자다운 이미지를 강화하기 위해서 여성이 약하고 의존적이라고 주장할 수 있음을 시사한다. 실제로 워싱턴주립대학교에서 수행된 연구에 따르면 남성 참가자들에게 젊은 여성들의 취업 면접 장면을 촬영한 영상을 보여주었을 때, 자기 수용성이 낮은 남성 참가자들일수록 강하고 전통적이지 않은 여성을 싫어했다. 자기 수용성이 높은 남성들은 강하고 전통적이지 않은 여성을 선호했다(Grube et al. 1982). 실험 연구들이 자아상과 편견의 관련성을 재확인해주었다. 누군가를 긍정해주면 그들은 외집단을 더 긍정적으로 평가한다. 자존감을 위협하면 외집단을 폄하하는 것으로 자존감을 회복하려고 한다(Fein & Spencer, 1997; Spencer et al., 1998).

외집단을 경멸하는 것은 내집단을 강화시켜준다. 애교심은 최대의 라이벌 학교와 경쟁할 때 가장 강하다. 직장인들 사이의 동료애는 경영진에 대한 반감을 공유할 때 증가된다. 히틀러는 나치의 결속을 강화시키기 위해서 독일인들을 '유대인의 위험성'으로 위협했다.

Mikulincer와 Shaver(2001)는 소속감 욕구가 충족되면 사람들은 외집단에 대해 더 수용적이 된다는 결과를 보고했다. 연구자들은 이스라엘 학생들에게 소속감을 강화시키는 단어(사랑, 지지, 포옹) 또는 중립 단어를 사용하여 식역하 점화 절차를 실시했다. 그 후 학생들은 유대계 학생들 또는 아랍계 학생들이 썼다고 알려준 에세이를 읽었다. 중립 단어를 봤던 학생들은 이스라엘 학생이 썼다고 알려준 에세이를 아랍 학생이 썼다고 알려준 에세이보다 더 높게 평가했다. 소속감을 강화시키는 단어를 봤던 학생들에게서는 이러한 편향이 사라졌다.

편견 회피 동기

사람들이 편견을 갖게 만드는 동기도 있지만 편견을 회피하게 만드는 동기도 있다. 그러나 우리가 원치 않는 생각(음식에 대한 생각이나 친구 애인과의 로맨스에 대한 생각이나, 다른 집단에 대한 판단적 사고)을 억제하려고 할수록 그 생각이 더 사라지지 않기도 한다(Macrae et al., 1994; Wegner & Erber, 1992). 노인들이나 알코올 섭취로 원치 않는 생각을 억제하는 능력의 일부를 잃어버린, 그래서 오랜 고정관념을 억제하지 못하는 사람들은 더 그런 경향이 있다(Bartholow et al., 2006; von Hippel et al., 2000). Devine과 동료 연구자들(1989, 2012; Forscher et al., 2015)은 편견이 약한 사람들과 강한 사람들이 어떤 경우에는 서로 비슷한 자동적(비의도적) 편견 반응을 보인다는 결과를 보고했다. 원치 않는(불편한) 생각과 느낌은 지속적으로 남아 있는 경우가 많다. 편견의 습관을 깨는 일은 쉽지 않다.

실생활에서 대부분의 사람들은 소수 집단 사람을 만났을 때 무릎반사와 같은 자동적 고정관념을 떠올린다. 동성애를 받아들이는 사람과 반대하는 사람 모두 버스에서 동성애자인 남자와 같이 앉는 것을 불편하게 느낄 수 있다(Monteith, 1993). 낯선 흑인 남자와 마주치게 되면 심지어 자신이 편견이 없음을 자랑스럽게 여기는 사람들조차도 조심스럽게 행동한다. 편견이 없는 것처럼 보이기 위해서 사람들은 그 사람에게 주의를 기울이지 않으려 할 수도 있다(Richeson & Trawalter, 2008).

그러나 고정관념 연구자들은 편견적 반응을 피할 수 없는 것은 아니라고 주장한다(Crandall

& Eshleman, 2003; Kunda & Spencer, 2003). 편견을 피하려는 동기는 사람들의 생각과 행동을 바꾼다. 어떻게 느껴야만 하는지와 실제로 어떻게 느끼는지 사이의 차이를 인식하게 되면, 자의식이 있는 사람들은 죄책감을 느끼고 자신의 편견적 반응을 억제하려고 할 것이다(Bodenhausen & Macrae, 1998; Dasgupta & Rivera, 2006; Zuwerink et al., 1996). Devine과 동료 연구자들(2005)에 따르면 편견을 피하려는 동기는 외적(다른 사람들에게 나쁘게 보이고 싶지 않기 위함)이라기보다는 내적(편견이 잘못되었다는 믿음에서 비롯되었기)이기 때문에, 자동적 편견 또한 감소할 수 있다.

우리가 얻을 수 있는 교훈은 다음과 같다. Devine이 말하는 '편견의 습관'을 극복하기는 쉽지 않다. 그러나 불가능한 것은 아니다. 24명의 연구자로 이루어진 연구팀이 1만 7,000명의 연구 참가자들을 대상으로 의도치 않은 편견을 감소시키기 위한 개입 방법 17가지를 비교하는 '연구 콘테스트'를 열었다(Lai et al., 2014). 효과가 있는 것으로 밝혀진 여덟 가지 개입 방법은 트랜스젠더에 대한 편견을 감소시키는 효과도 있었는데, 특히 고정관념에 대항하는 흑인들의 생생하고 긍정적인 사례를 경험하도록 하거나, 집집마다 찾아다니며 10분간 비판단적인 대화를 나누도록 하는 방법이 효과적이었다(Broockman & Kalla, 2016). 또다른 연구에서 Devine과 동료 연구자들(2012)은 편견을 감소시킬 의지가 있는 자원자들이 편견을 인식하고 생각하도록 해서 편향된 무릎 반사를 편향되지 않은 무릎 반사로 변화시켰다. 개입 조건에 할당된 참가자들은 2년간의 추적 기간 동안 지속적으로 암묵적 편견의 감소를 보였다. 만약 여러분이 무릎 반사와 같은 추정이나 감정 반응을 보인다고 하더라도 좌절할 필요는 없다. 그런 반응은 드물지 않다. 의식된 편견으로 무엇을 하는지가 중요하다. 여러분은 이런 느낌들이 행동에 영향을 미치도록 내버려두는가? 아니면 다음에 그런 상황을 마주했을 때 여러분의 행동을 점검하고 수정하는 것으로 문제를 보완하려고 하는가?

요약 : 편견의 동기적 원인은 무엇인가?

- 동기가 편견에 영향을 준다. 좌절은 적대감을 낳는다. 사람들은 희생양에게 적대감을 돌리기도 하고 경쟁 집단에 직접적으로 적대감을 표현하기도 한다.
- 사람들은 자기 자신과 자기 집단이 다른 집단에 비해 우월하다고 생각하려는 동기가 있다. 아무리 사소한 집단 멤버십이라도 자기 집단에 대한 선호를 만들어낼 수 있다. 자기상의 위협과 소속의 욕구는 이러한 **내집단 편애**를 강화시킨다.
- 긍정적인 이야기를 하자면, 사람들이 편견을 피하려는 동기가 있다면 편견의 습관을 깰 수 있다.

편견의 인지적 원인은 무엇인가?

다양한 편견의 인지적 원인을 서술한다.

우리가 세상에 대해 생각하는 방식이 고정관념에 어떤 영향을 줄까? 우리가 가진 고정관념이 우리의 일상적 판단에 어떤 영향을 줄까? 고정관념적 신념과 편견적 태도는 사회화나 전위된 적대감에서만 비롯되는 것은 아니다. 정상적 사고 과정의 부산물일 수도 있다. 고정관념은 악의적 감정보다는 마음이 작동하는 방식에서 비롯된다. 지각적 착시가 우리가 세상을 해석하는 방식에서 파생된 것이듯, 고정관념도 우리가 복잡한 세상을 단순화하는 과정에서 파생된 것일 수 있다.

범주화 : 사람들을 집단으로 구분하기

우리가 우리를 둘러싼 환경을 단순화하는 한 가지 방법은 **범주화**(categorize, 대상을 집단으로 분류해서 세상을 조직화하는 것)이다(Macrae & Bodenhausen, 2000, 2001). 생물학자는 식물과 동물을 분류한다. 인간은 사람들을 분류한다. 분류를 통해서 우리는 대상을 더 쉽게 이해한다. 어떤 집단에 속한 사람들이 유사한 특성을 공유한다면(멘사 회원들이 대부분 똑똑하고 농구 선수들은 대부분 키가 크다면) 집단 멤버십을 아는 것이 최소한의 노력으로 유용한 정보를 얻을 수 있는 방법일 것이다(Macrae et al., 1994). 고정관념은 때때로 '노력 대비 유용한 정보'를 얻게 해준다(Sherman et al., 1998). 고정관념은 인지 효율성을 보여준다. 고정관념은 빠른 판단을 내리고 다른 사람의 생각과 행동을 예측하기 위한 에너지 효율이 높은 인지 책략이다. 우리는 외집단 사람들은 빠르게 판단하면서 내집단원을 평가할 때는 더 오랜 시간이 걸린다(Vala et al., 2012). 고정관념과 외집단 편향에는 우리 조상들이 상황에 대처하고 생존하는 데 도움이 되는 진화적 기능이 있었을 것이다(Navarrete et al., 2010).

자발적 범주화

우리는 특히 다음과 같은 경우에 고정관념에 기대는 것이 쉽고 효율적이라고 느낀다.

- 시간에 쫓길 때(Kaplan et al., 1993)
- 다른 생각에 사로잡혀 있을 때(Gilbert & Hixon, 1991)
- 피곤할 때(Bodenhausen, 1990; Ghumman & Barnes, 2013)
- 감정적일 때(Esses et al., 1993b; Stroesser & Mackie, 1993)

인종과 성별에 따른 분류는 사람들을 범주화하는 강력한 방법이다. 애틀랜타에 살고 있는 45세의 아프리카계 미국인 부동산 중개업자 줄리우스를 상상해보자. 아마도 여러분에게는 '중년'이나 '사업가'라는 범주보다는 '흑인 남성'이라는 범주가 더 두드러질 것이다.

우리의 빠르고 자발적인 인종에 근거한 분류는 여러 실험을 통해 밝혀졌다. 우리가 연속적인 색상을 빨강, 파랑, 초록이라는 서로 구별되는 색으로 지각하듯이, 우리의 '불연속적 정신(discontinuous mind)'은 사람들을 범주로 구분한다. 우리는 다양한 인종적 배경을 가진 사람들을 단순하게 '흑인'과 '백인'으로 명명한다. 마치 그런 범주가 흑백으로 명확히 구분되기라도 하는 것처럼. 범주화 그 자체는 편견이 아니다. 그러나 범주화는 편견의 토대를 제공한다.

지각된 유사성과 차이

몇 개의 사과, 의자, 연필을 상상해보자.

사람들은 한 집단에 속한 대상들을 실제보다 더 유사하게 본다. 여러분이 떠올린 사과는 모두 빨간색인가? 의자는 모두 등받이가 있는가? 연필은 모두 노란색인가? 두 날짜가 같은 달에 속하는 것으로 범주화하는 순간 이 두 날은 동일 간격이지만 다른 달에 속하는 두 날에 비해서 기온이 더 유사하다고 지각된다. 사람들에게 8일 간격의 두 날짜, 예를 들어 11월 15일과 23일의 기온 차이를 추측하도록 하면, 11월 30일과 12월 8일 사이의 기온 차이보다 더 작게 추정한다(Krueger & Clement, 1994a).

사람에 대해서도 마찬가지다. 사람들을 집단으로 구분하면(운동선수, 연기 전공자, 수학과 교수 등) 우리는 각 집단 내의 유사성과 집단 간의 차이를 과장한다(S. E. Taylor, 1981; Wilder,

1978). 우리는 다른 집단이 우리 집단보다 더 동질적이라고 가정한다. 단순히 집단을 구분하는 것만으로도 **외집단 동질성 효과**(outgroup homogeneity effect, 그들은 "다 똑같고", '우리'와 '우리 집단'과는 다르다는 생각)가 나타난다(Ostrom & Sedikides, 1992). 다음을 생각해보자.

외집단 동질성 효과
내집단원들보다 외집단원들이 서로 더 비슷하다고 지각하는 것. "그들은 다 비슷하고 우리는 서로 다르다."

- 많은 비유럽인들은 스위스인이 상당히 동질적이라고 생각한다. 그러나 스위스에 사는 사람들은 스위스인이 프랑스어, 독일어, 이탈리아어, 로만어를 사용하는 다양성이 높은 집단이라고 생각한다.
- 많은 비라틴계 미국인들은 '라틴계'는 다 비슷하다고 생각한다. 멕시코계 미국인, 쿠바계 미국인, 푸에르토리코계 미국인들은 서로 큰 차이가 있다고 생각한다(Huddy & Virtanen, 1995).
- 여학생 사교클럽 멤버들은 다른 사교클럽 멤버들이 자기 클럽 멤버들보다 다양성이 떨어진다고 생각한다(Park & Rothbart, 1982).

일반적으로 어떤 사회 집단에 대한 친숙성이 높을수록 그 집단의 다양성을 더 잘 인식한다(Brown & Wooton-Millward, 1993; Linville et al., 1989). 친숙하지 않을수록 더 고정관념을 가진다.

여러분은 이미 알아차렸을지도 모른다. 그들(여러분이 속하지 않는 다른 인종 집단의 구성원들)은 심지어 겉모습도 비슷해 보인다. 많은 사람들이 자신과 다른 인종 집단에 속한 두 사람을 헷갈려서 이름을 잘못 부르는 바람에 "당신은 우리가 모두 똑같아 보이죠"라는 말을 듣고 당황한 적이 있을 것이다. 미국과 스코틀랜드, 독일에서 이루어진 실험들에 따르면, 실제로 자기 인종 집단 사람들보다 다른 인종 집단 사람들이 서로 더 비슷해 보이는 것 같다(Chance & Goldstein, 1981, 1996; Ellis, 1981; Meissner & Brigham, 2001; Sporer & Horry, 2011). 백인 학생들이 백인과 흑인의 얼굴을 본 다음 여러 사진 속에서 같은 얼굴을 찾도록 했을 때, **자기인종 편향**(own-race bias)을 나타냈다. 백인 학생들은 백인 얼굴을 흑인 얼굴보다 더 정확하게 재인했고, 흑인 얼굴은 한 번도 본 적 없는 얼굴로 잘못 재인했다[그러나 개인 차가 있어서 어떤 학생들은 자기인종 편향을 보이지 않았고 어떤 학생들은 다른 인종의 얼굴을 극단적으로 재인하지 못했다(Wan et al., 2017)].

자기인종 편향
사람들이 자기 인종의 얼굴을 더 정확하게 알아보는 경향성('인종 간 효과' 또는 '다른 인종 효과'라고도 한다)

그림 9.4에서처럼, 흑인들은 백인보다 흑인을 더 잘 재인한다(Bothwell et al., 1989). 히스패닉과 흑인, 아시아인 모두 다른 인종의 얼굴보다 자기 인종의 얼굴을 더 잘 인식한다(Gross, 2009). 마찬가지로 영국계 남아시아인들은 영국 백인들보다 남아시아인의 얼굴을 더 빨리 재인한다(Walker & Hewstone, 2008). 10~15세 사이 터키 아동은 터키인 얼굴을 오스트리아 아동보다 더 빨리 재인한다(Sporer et al., 2007). 9개월 영아도 자기인종의 얼굴을 더 잘 재인한다(Kelly et al., 2005, 2007; Sugden & Marquis, 2017).

우리가 다른 집단 사람들의 얼굴을 구별하지 못한다는 의미는 아니다. 그보다는, 다른 인종 집단의 얼굴을 볼 때 우리는 개별 특성보다는 집단("저 남자는 흑인이다")에 먼저 주의를 기울인다는 의미이다. 우리 집단 사람을 볼 때는 인종 범주에 주의를 덜 기울이고 눈과 같은 개인의 세부 특성에 관심을 둔다(Kawakami et al., 2014; Shriver et al., 2008; Van Bavel & Cunningham, 2012; Young et al., 2010).

인간 만화가에게는 모든 펭귄이 똑같아 보인다. 펭귄에게는 다르게 보인다.

그림 9.4
자기인종 편향
백인 참가자들은 흑인보다 백인 얼굴을 더 정확하게 재인한다. 흑인 참가자들은 백인보다 흑인 얼굴을 더 정확하게 재인한다.

출처 : Devine & Malpass, 1985.

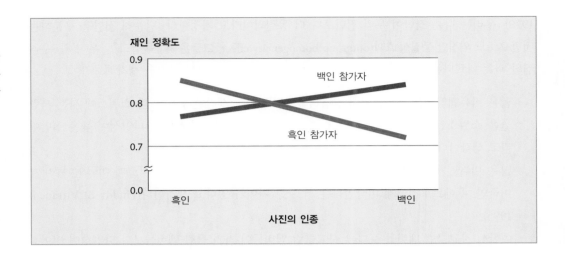

다른 집단 사람의 사회적 범주에 주의를 기울이는 현상은 자기연령 편향(own-age bias: 아동과 노인 모두 자신과 같은 연령 집단 얼굴을 더 정확하게 알아보는 경향성)에서도 나타난다(He et al., 2011; Rhodes & Anastasi, 2012; Wright & Stroud, 2002). 아마 여러분도 또래 학생들보다는 노인들이 서로 더 비슷해보인다는 것을 알아차렸을지 모른다.

특이성 : 눈에 띄는 사람을 지각하기

우리의 정상적인 사회 지각은 다른 방식으로도 고정관념을 만든다. 눈에 띄는 사람들과 생생하고 극단적인 사건은 주의를 끌기 쉽고 판단을 왜곡시킨다.

특이한 사람들

여러분과 같은 성별이나 인종, 국적인 사람이 아무도 없는 상황에 처해본 적이 있는가? 만약 그런 상황에 있었다면, 다른 사람과 구별되는 차이점 때문에 여러분은 더 눈에 띄고 관심의 대상이 되었을 것이다. 백인 집단의 유일한 흑인, 여성 집단의 유일한 남성, 남성 집단의 유일한 여성은 더 눈에 띄고 더 영향력이 있고 장점과 단점 모두 더 부각되어 보인다(Crocker & McGraw, 1984; S. E. Taylor et al., 1979). 여러 사람들 중 한 사람이 눈에 띄면 우리는 그 사람이 모든 사건의 원인이라고 생각하는 경향이 있다(Taylor & Fiske, 1978). 우리가 조를 바라보는 위치에 있으면, 조가 그저 평범한 집단 구성원이라도, 평균 이상으로 집단에 영향을 미치는 것처럼 보인다.

사람들이 여러분을 여러분이 가진 가장 구별되는 특질과 행동으로 정의한다는 것을 알아차린 적이 있는가? Nelson과 Miller(1995)는 사람들에게 어떤 사람이 스카이다이버이면서 테니스를 친다고 이야기하면 사람들은 그 사람이 스카이다이버라고 생각한다는 결과를 보고했다. 이 사람을 위한 책 선물을 고르라고 하면 사람들은 테니스 서적보다는 스카이 다이빙 서적을 고를 것이다. 어떤 사람이 반려동물로 뱀과 개를 키운다고 하면, 이 사람은 개를 키우는 사람이라기보다는 뱀을 키우는 사람으로 여겨진다.

Langer와 Imber(1980)는 특이한 사람들에게 주어지는 관심을 영리한 방법으로 보여주었다. 연구자들은 하버드대학교 학생들에게 한 남자가 책을 읽고 있는 비디오를 보여주었다. 학생들은 이 남자가 평범하지 않은 사람이라고 생각했을 때(암 환자라거나, 동성애자 또는 백만장자라고 알려줬을 때) 더 주의깊게 비디오를 시청했다. 연구 참가자들은 다른 시청자들은 무시했던 특징들을 알아차렸고 이 사람에 대한 평가가 더 극단적이었다. 남자가 암 환자라고 생각했던 참가자들은 특이한 얼굴 특징과 몸의 움직임을 알아차렸고 "다른 사람들과 다르다"고 지각했다. 특이한 사람들에게 우리가 기울이는 추가적인 관심은 이 사람들이 다른 사람들과 다르다는 착각을 만들어낸다. 만약 사람들이 여러분이 천재적 IQ를 가졌다고 생각한다면, 평소에는 모르고 지나갔을 여러분의 특징들을 알아차릴 것이다.

특이성은 자의식을 강화한다 흑인들은 백인들로 둘러싸여 있을 때 사람들이 자신의 특이성에 반응한다는 것을 알아챘다. 많은 흑인들이 자신을 바라보는 시선을 느끼거나, 무신경한 비평의 대상이 되거나, 나쁜 서비스를 받는다고 보고했다(Swim et al., 1998). 백인들도 다른 인종 속에서 혼자일 때 다른 사람들의 반응에 비슷하게 민감할 수 있다. 그러나 때때로 우리는 다른 사람들이 우리의 특이성에 반응하는 것으로 잘못 지각하기도 한다. Clerk와 Strenta(1980)는 다트머스 대학교 여학생들을 대상으로 한 연구에서 이러한 사실을 확인했다. 여학생들은 실험의 목적이 연극용 분장으로 만든 얼굴 흉터에 다른 사람들이 어떻게 반응하는지 알아보는 것이라고 생각했다. 흉터는 귀에서부터 얼굴까지 길게 나 있었다. 그러나 실제로 실험의 목적은 여학생들이 스스로 다른 사람들과 다르다고 느낄 때 자신을 대하는 다른 사람들의 행동을 어떻게 지각하는지 알아보는 것이었다. 분장을 마친 후, 실험자는 참가자들에게 작은 손거울을 주고 흉터가 얼마나 진짜 같아보이는지 확인하도록 했다. 참가자들이 거울을 내려놓고 나면, 실험 진행자는 '분장이 갈라지는 것을 막기 위해서', '수분크림'을 바르겠다고 이야기했다. 실제로 '수분크림'은 분장을 지우기 위한 것이었다.

이어지는 장면은 강렬하다. 흉터로 망가진 얼굴 때문에 매우 강한 자의식을 느끼는 젊은 여성이, 이전에 무슨 일이 있었는지 모르는 채 멀쩡한 얼굴을 보고 있는 다른 여성과 대화를 나눈다. 여러분이 비슷하게 자의식이 높았던 경험이 있다면 — 신체적 불구나 여드름, 아니면 그저 헤어스타일이 마음에 들지 않았던 날의 경험이 있다면 — 이 자의식이 높아진 여성에 공감할 수 있을 것이다. 단순히 자신이 알려지가 있다고 대화 상대에게 알려져 있다고 믿었던 여성들에 비해서, '흉터가 있다'고 믿었던 여성은 대화 상대가 자신을 어떻게 바라보는지에 극도로 예민해졌다. 대화 장면을 녹화한 영상을 다른 관찰자들에게 분석하도록 했을 때, 대화 상대가 자기 얼굴에 흉터가 있다고 생각하는 사람들을 대하는 데서 그러한 차이를 발견하지 못했다. 다른 사람들과 다르다는 것을 의식한 '흉터가 있는' 여성들은, 그것을 의식하지 않았더라면 알아차리지 못했을 말이나 행동을 잘못 해석했던 것이다.

자의식이 높은 상태에서 일어나는 다수 집단 사람과 소수 집단 사람의 상호작용은 양쪽 모두 좋은 의도를 가지고 있더라도 긴장감을 유발할 수 있다 (Devine et al., 1996). 게이라고 알려져 있는 톰이 이성애자이면서 편견 없이 반응하고 싶은 관용적인 빌을 만난다. 빌은 자신에 대한 확신이 없어서 약간 뒤로 물러선다. 톰은 대부분의 사람들에게 부정적 태도를 기대하기 때문에 빌의 망설임을 적대감으로 잘못 읽고 적대적으로 반응한다.

누구나 이런 현상을 경험할 수 있다. 다수 집단 구성원들은 (한 연구에서는 매니토바주의 백인이었는데) 소수 집단이 자신들에 대해 어떤 고정관념을 가지고 있는지에 대한 신념인 '메타 고정관념(meta-stereotype)'이 있다

키가 229cm인 휴스턴 로켓의 야오밍 선수처럼 특이한 사람들은 주의를 끈다.

© Eugene Hoshiko/AP Images

(Vorauer et al., 1998). 상대적으로 편견이 덜한 캐나다 백인들이나 이스라엘 유대인, 미국 기독교인들도 소수 집단 사람들이 자신들에 대해서 편견 있고 오만하고 얕잡아본다는 고정관념을 가지고 있다는 것을 안다. 백인 조지가 이집트인 가말이 자신을 '전형적인 잘 배운 인종차별주의자'로 볼까 봐 걱정한다면, 가말과 대화할 때 의식적으로 방어적인 태도를 취할 것이다.

생생한 사례들 우리 마음은 특이한 사례들을 집단을 판단하는 지름길로 사용하기도 한다. 일본인들은 야구를 잘할까? "스즈키 이치로와 마츠이 히데키, 다르빗슈 유가 있으니, 잘하는 것 같다." 여기서 작동하는 사고 과정을 생각해보자. 특정 사회집단에 대한 제한적인 경험 속에서 사례를 떠올리고 일반화한다(Sherman, 1996). 부정적 고정관념의 사례를 마주하면(예 : 적대적인 흑인 남성), 부정적 고정관념이 점화되어 사람들이 그 집단과의 접촉을 최소화하도록 만든다(Henderson-King & Nisbett, 1996).

이러한 단일 사례의 일반화는 문제를 일으킬 수 있다. 생생한 사례들은 더 쉽게 떠올릴 수 있지만 집단을 거의 대표하지 못한다. 예외적으로 뛰어난 운동선수는 구별되고 기억에 남지만 집단 전체의 운동 관련 재능의 분포를 판단하는 데 최적의 근거가 아니다.

소수 집단은 소수이기 때문에 더 특이한 동시에 다수 집단은 그 수를 과대평가한다. 여러분 나라에서 무슬림 인구가 차지하는 비율이 어느정도일 것 같은가? 비무슬림 국가 사람들은 이 비율을 종종 과대평가한다.

2011년 갤럽 조사에서 미국인들은 평균적으로 25%가 동성애자일 것이라고 추측했다(Morales, 2011). 최선의 증거를 고려하더라도 동성애적 지향성을 가진 사람은 미국인의 4% 혹은 그 이하에 불과하다(Chandra et al., 2011; Gates, 2017; Herbenick et al., 2010).

Rothbart와 동료 연구자들(1978)은 특이한 사례들이 어떻게 고정관념을 강화시키는지 보여주었다. 연구자들은 오리건대학교 학생들에게 각 장마다 남성의 키가 표시되어 있는 슬라이드 50장을 보여줬다. 한 집단에게는 이 중에서 10명의 남성들이 180cm를 약간 넘는다고(최대 193cm) 알려줬다. 다른 학생들에게는 동일한 10명의 남자들이 180cm를 훌쩍 넘는다고(최대 210cm) 알려줬다. 나중에 참가자들에게 몇 명이 180cm를 넘었는지 회상하도록 하자, 180cm를 약간 넘는다고 알려줬던 학생들은 실제보다 5% 더 많은 남자들이 180cm가 넘었다고 회상했다. 180cm를 훌쩍 넘는다고 알려줬던 참가자들은 실제보다 50%나 더 많은 남자들이 180cm가 넘었다고 회상했다. 후속 연구에서 학생들은 남자 50명의 행동을 묘사한 글을 읽었고, 조건에 따라서 이 중 10명이 위조와 같은 폭력적이지 않은 범죄를 저질렀다고 알려주거나 강간과 같은 폭력 범죄를 저질렀다고 알려주었다. 폭력 범죄 사례를 본 학생들이 범죄 행위의 개수를 과대 평가했다. 생생한 사례는 판단을 왜곡시키고 고정관념을 생성한다.

특이한 사건은 착각 상관을 강화한다

고정관념은 집단 멤버십과 개인 특성 간의 상관을 가정한다("이탈리아인은 감정적이다", "유대인은 약삭빠르다",

© Rawpixel.com/Shutterstock

미국 인구의 몇 퍼센트가 무슬림일까? 미국인들은 15%라고 추측하지만 실제로 무슬림은 미국 인구의 1%이다.

"회계사들은 완벽주의자다"). 고정관념이 정확할 때도 있다(Jussim, 2012). 그러나 흔치 않은 사건에 대한 우리의 관심이 착각 상관을 만드는 경우도 있다. 우리는 특이한 사건들에 민감하기 때문에, 특이한 두 사건이 동시에 발생하는 것은 특히 눈에 띈다.

Hamilton과 Gifford(1976)는 고전적인 실험에서 착각 상관을 보여줬다. 연구자들은 학생들에게 '집단 A' 또는 '집단 B' 소속의 다양한 사람들을 보여주면서 이 사람들이 바람직한 일이나 바람직하지 않은 일을 했다고 알려줬다(예 : "집단 A 소속의 존은 아픈 친구를 문병했다"). 집단 A에 속한 사람들에 대한 설명이 집단 B 사람들보다 두 배 더 많았다. 그러나 두 집단 모두 바람직한 행동과 바람직하지 않은 행동의 비율이 9대 4였다. 집단 B와 바람직하지 않은 행동은 둘 다 드물게 발생하기 때문에, 이 두 사건이 동시에 발생하는 것(예 : "집단 B에 속한 앨런은 주차되어 있는 자동차 범퍼를 찌그러뜨리고 연락처를 남기지 않았다")은 사람들의 주의를 끄는 흔치 않은 조합이다. 그래서 학생들은 '소수' 집단(B)이 바람직하지 않은 행동을 하는 빈도를 과대 추정하여 집단 B를 더 부정적으로 평가했다.

집단 A 구성원이 집단 B 구성원보다 두 배나 더 많았고, 집단 B 구성원들이 집단 A 구성원과 동일한 비율로 바람직하지 않은 행동을 했다는 점을 기억하자. 더구나 집단 정보는 일상생활에서보다 더 체계적으로 전달되었기 때문에 참가자들은 집단 B에 대해서 사전에 가지고 있던 편향도 없었다. 왜 이런 현상이 나타나는가에 대해서는 논란이 있지만, 연구자들은 착각 상관이 발생하며, 이것이 인종 고정관념 형성의 또 다른 원인이 될 수 있다는 데 동의한다(Berdsen et al., 2002). 소수 집단을 다수 집단과 가장 잘 구별지어주는 특징이 소수 집단과 연합되는 것이다(Sherman et al., 2009). 여러분이 속한 인종 집단이나 사회적 집단이 다른 집단들과 대부분의 면에서 비슷하더라도 사람들은 차이를 알아차릴 것이다.

비전형적 집단에 소속된 누군가가 흔치 않은 행동을 하는 것이 단 한 번만 일어나더라도("여호와의 증인 신자인 벤이 나무늘보를 반려동물로 키운다"), 착각 상관이 생길 수 있다(Risen et al., 2007). 대중 매체가 착각 상관을 촉진할 수 있는 것도 이 때문이다. 스스로를 동성애자라고 말하는 사람이 살인이나 성폭력을 저지르면 동성애가 언급된다. 이성애자가 같은 행동을 하면 성적 지향성은 언급되지 않는다. 이러한 보도는 (1) 폭력 성향과 (2) 동성애 또는 정신병력이 크게 관련되어 있는 것 같은 착각을 더해준다.

집단 A와 집단 B를 판단했던 학생들과는 달리 우리는 종종 선재(preexisting)하는 편향을 가지고 있다. Hamilton이 Rose(1980)와 함께 한 후속 연구에 따르면 우리가 이미 가지고 있는 고정관념이 존재하지 않는 상관을 '보게' 만든다. 연구자들은 캘리포니아주립대학교 샌타바버라 캠퍼스 학생들에게 서로 다른 직업군의 사람들을 다양한 형용사로 묘사하는 문장을 읽게 했다("회계사인 후안은 소심하고 사려깊다"). 사실은 각각의 직업에 사용된 형용사가 동일했다. 회계사, 의사, 판매원은 동일한 빈도로 소심하고, 부유하고, 수다스럽다고 묘사되어 있었다. 그러나 학생들은 소심한 회계사, 부유한 의사, 수다스러운 판매원에 대한 묘사를 더 자주 읽었다고 생각했다. 학생들이 이미 가지고 있었던 고정관념이 실제로는 존재하지 않는 상관을 지각하게 만들어서 그 고정관념을 영속시켰던 것이다.

마찬가지로, Becker와 동료 연구자들(2010)은 대학생들에게 흑인 얼굴과 백인 얼굴(화난 얼굴 하나와 중립 얼굴 하나)을 0.1초간 보여줬다(그림 9.5). 연구 참가자들에게 무엇을 보았는지 기억하도록 했을 때 인종 편향이 나타났다. 연구자들은 "백인의 화난 얼굴은 흑인의 중립 얼굴 판단에 영향을 미쳤지만(34%) 흑인의 화난 얼굴은 백인의 중립 얼굴 판단에 영향을 덜 미쳤다(19%)"

그림 9.5
내집단 편향은 지각에 영향을 준다. 무표정 얼굴과 화난 얼굴을 짧은 시간 동안 보여주면 사람들은 백인보다 흑인 얼굴을 화난 얼굴이라고 잘못 회상하는 경우가 더 많다(Becker et al., 2010).

출처 : (왼쪽) ⓒ Paul Burns/Getty Images, (오른쪽) ⓒ Cordelia Molloy/Science Source

고 보고했다.

귀인 : 세상은 공정한가?

우리는 다른 사람들의 행동을 설명할 때 근본적 귀인 오류(fundamental attribution error)를 범한다. 우리는 다른 사람들의 행동이 내적 특성에서 비롯된다고 믿고 중요한 상황의 힘을 무시한다. 인종과 성별은 선명하기 때문에 주의를 끈다. 상황의 힘은 잘 보이지 않는다. 노예의 행동을 설명할 때 노예제도는 종종 간과되었고, 노예들의 타고난 본성을 원인으로 보는 경우가 많았다.

최근까지 남성과 여성의 차이를 설명할 때도 이러한 귀인이 적용되었다. 성 역할에 따른 제약이 눈에 잘 띄지 않기 때문에 우리는 남성과 여성의 행동을 오로지 타고난 성향에 귀인했다. 인간의 특질이 고정된 성향이라고 믿는 사람들일수록 고정관념이 강하고 인종 간 불평등을 더 많이 수용한다(Levy et al., 1998; Williams & Eberhardt, 2008).

집단본위 편향

Pettigrew(1979, 1980)는 귀인 오류가 어떻게 집단 구성원의 행동에 대한 설명을 편향시키는지 보여주었다. 우리는 우리 집단 사람들에게 유리한 해석을 한다: "저 사람이 기부한 이유는 마음이 따뜻해서이고, 이 사람이 기부하지 않은 이유는 어머니를 부양하는 데 돈을 다 썼기 때문이야." 다른 집단 사람들의 행동을 설명할 때는 최악의 경우를 가정한다. "저 사람이 기부한 이유는 호감을 사기 위해서이고, 이 사람이 기부하지 않은 이유는 이기적이기 때문이야". 한 고전적 연구에서 백인들은 가볍게 밀치는 행동을 백인이 하면 '거친 장난을 치며 노는 것'이라고 보는 반면에 흑인이 하면 '폭력적 제스처'라고 보았다(Duncan, 1976).

외집단원의 긍정적 행동은 종종 무시된다. 외집단원의 긍정적 행동은 특별한 사례("다른 사람들하고는 다르게 그 사람은 확실히 똑똑하고 부지런해…"), 행운이나 특혜("그 여자가 의대에 합격한 이유는 여성 지원자에게 할당된 자리를 채워야했기 때문일 거야"), 상황의 요구("스코틀랜드 구두쇠가 그 상황에서 밥값을 다 내지 않을 수 없었겠지") 때문이라고 여겨질 수 있다.

집단본위 편향
외집단원의 긍정적 행동을 다른 이유 때문이라고 설명하고(내집단원의 부정적 행동에 대해서는 변명하면서), 외집단원의 부정적 행동은 성향에 귀인하는 현상

취약 계층이나 겸손을 강조하는 집단(중국처럼)은 이러한 **집단본위 편향**(group-serving bias)을 잘 나타내지 않는다(Flecher & Ward, 1989; Heine & Lehman, 1997; Jackson et al., 1993). 반면에 자기 집단의 위대함에 신경쓰는 거만한 집단은 위협에 대해 집단본위 편향과 적대적 태도로 반응한다(de Zavala et al., 2013). 사회심리학자 Vorauer와 Sasaki(2010, 2011)는 차이에 초점을 두는 다문화주의가 갈등이 없는 상황에서는 긍정적일 수 있지만(집단 간 교류가 흥미롭고 활기를 주는 것으로 보이게 해주기 때문에), 대가를 치르게 할 때도 있다고 하였다. 갈등이나 위협이 있는 상황에서는 차이에 초점을 두는 것이 집단 수준의 귀인을 강화하고 적대감을 증가시킬 수 있다.

집단본위 편향은 미묘하게 우리가 사용하는 언어를 물들일 수 있다. 이탈리아 파도바대학교 연구팀의 Maass와 동료 연구자들(Maass, 1999' Maass et al., 1995)은 내집단원의 긍정적 행동은 일반적 성향으로 묘사되는 경우가 많다는 것을 발견하였다(예 : "카렌은 잘 도와준다"). 외집단

표 9.1 자기본위적 사회 정체성이 고정관념을 지지하는 방식

	내집단	외집단
태도	선호	폄하
지각	다양성(우리는 다르다)	동질성(그들은 똑같다)
부정적 행동의 귀인	상황 귀인	성향 귀인

원이 같은 행동을 하면 특수하고 개별적인 행위로 묘사되곤 한다("카르멘은 지팡이를 든 남자를 위해 문을 열어줬다"). 부정적 행동에 대해서는 반대였다. 내집단원의 행동은 "에릭이 그 여자를 밀쳤다(개별적인 행위)"라고 묘사하지만 외집단원의 행동은 "엔리크는 공격적이다(일반적 성향)"라고 묘사했다.

앞에서 우리는 희생자 탓하기가 탓하는 사람 자신의 우월한 지위를 정당화한다는 점을 확인했다(표 9.1). Hewstone(1990)은 희생자 탓하기는 사람들이 외집단의 실패를 외집단원의 문제 있는 성향에 귀인할 때 일어난다고 했다. "그들이 실패하는 이유는 그들이 멍청하기 때문이다. 우리가 실패하는 이유는 우리가 노력하지 않았기 때문이다." 여성이나 흑인, 유대인이 학대받는 이유는 그들 스스로가 학대를 유발했기 때문이다. 영국이 독일 사람들에게 베르겐-벨젠 강제 수용소를 보여주자 독일인들은 이렇게 반응했다: "도대체 얼마나 끔찍한 범죄를 저질렀길래 이런 취급을 받아야만 했을까." 이런 식의 집단본위 편향은 편견에 깔려 있는 동기와 인지를 함께 보여준다. 동기와 인지, 정서와 사고는 불가분의 관계이다.

공정한 세상 현상

잘 알려진 일련의 실험들에서 Lerner와 동료 연구자들(Lerner, 1980; Lerner & Miller, 1978)은 무고한 사람이 희생되는 것을 관찰하는 것만으로도 희생자를 존중할 만한 가치를 낮춰볼 수 있음을 보여주었다.

Lerner(1980)는 사람들이 "나는 뿌린 대로 거두는 공정한 세상에 사는 공정한 사람이다"라는 믿음을 유지하기 위해서 불운한 희생자를 폄하한다고 하였다. 어릴 때부터 우리는 선한 사람은 상을 받고 악한 사람은 벌을 받는다고 배운다. 성실한 노력과 덕행은 보답받고 게으름과 부도덕함은 그렇지 않다. 그래서 번영하는 사람은 선한 사람이고 고통받는 사람은 그럴 만하기 때문에 고통받는다고 가정하는 것도 어렵지 않다.

수많은 연구들이 이러한 **공정한 세상 현상**(just-world phenomenon)을 확인했다(Hafer & Rubel, 2015). 여러분이 다른 사람과 함께 Lerner의 정서적 단서의 지각에 관한 연구로 알려진 연구 중 하나에 참여했다고 상상해보자(Lerner & Simmons, 1966). 참가자들 중 한 명, 실제로는 실험 도우미가 추첨을 통해 기억 과제를 하기로 결정되었다. 이 사람은 답을 틀릴 때마다 고통스러운 전기 충격을 받는다. 여러분과 다른 참가자들은 이 사람의 정서 반응을 기록해야 한다.

희생자가 명백하게 고통스러운 전기 충격을 받는 동안에 실험자는 여러분에게 이 사람을 평가하라고 요구한다. 여러분은 어떻게 반응할까? 따뜻한 동정심을 보일까? 아마 그럴 것이라고 기대할 것이다. Ralph Waldo Emerson도 썼듯이, "순교자는 명예가 더럽혀질 수 없다." 그러나 실제로 실험에서는 순교자의 명예가 더럽혀졌다. 관찰자들이 희생자의 운명을 바꿀 힘이 없을 때, 관찰자들은 희생자를 거부하고 희생자의 가치를 폄하했다. 로마의 풍자 작가 유베날리스는 이

공정한 세상 현상
세상은 공정하기 때문에 사람들은 자신이 당할 만한 일을 당한다고 믿는 경향성

공정한 세상 사고. 어떤 사람들은 아프가니스탄과 이라크 전투원들이 수감된 관타나모 수용소의 포로들에게 법적 권한을 주는 것을 반대한다. 이러한 주장의 논거 중 하나는 포로들이 끔찍한 일을 저지르지 않았다면 수용소에 갇히지 않았을 것이므로 미국 법원에서 무죄를 주장할 수 있는 권한을 줄 이유가 없다는 것이다.

결과를 예상했다. "로마의 군중들은 운명의 여신을 따른다… 그들은 불행한 사람들을 싫어한다." 홀로코스트 이후의 유대인들처럼, 고통이 길어질수록 희생자에 대한 혐오는 커진다(Imhoff & Banse, 2009).

Carli와 동료 연구자들(1989, 1999)은 공정한 세상 현상이 강간 피해자에 대해 우리가 가지는 인상에 영향을 준다고 하였다. Carli는 사람들에게 한 남자와 한 여자 사이의 상호작용에 대해 자세히 묘사한 글을 읽도록 했다. 한 시나리오에서는 어떤 여성과 남자 직장 상사가 만나서 저녁 식사를 함께 하고 남자의 집에 간 뒤 와인을 한 잔 씩 마신다는 내용이 담겨 있었다. 어떤 참가자들은 이 시나리오가 해피엔딩으로 이어지는 글을 읽었다. "그런 다음 그는 나를 소파로 데리고 갔다. 그는 손을 잡고 나에게 결혼해달라고 말했다." 결말을 알고 난 뒤에 사람들은 이 결말이 놀랍지 않다고 생각했으며 남자와 여자의 성품을 칭찬했다. 다른 참가자들은 동일한 시나리오가 끔찍하게 끝나는 글을 읽었다. "그러나 그는 갑자기 거칠게 변하더니 나를 소파로 밀었다. 그는 나를 소파에 눕힌 뒤 강간했다." 이러한 결말을 읽은 뒤, 참가자들은 강간이 피할 수 없는 것이었으며 해피 엔딩에서는 전혀 잘못이 없다고 판단했던 여성의 행동이 도발적이었다고 비난했다.

이러한 연구는 사람들이 사회적 불공정함에 무관심한 이유가 정의를 고려하지 않기 때문에 아니라 불공정함을 보지 못하기 때문이라는 것을 시사한다. 공정한 세상을 가정하는 사람들은 다음과 같이 생각하는 것이다.

- 강간 피해자는 유혹적으로 행동했음이 틀림없다(Borgida & Brekke, 1985).
- 매맞는 배우자는 때리는 사람을 도발하는 행동을 했을 것이다(Summers & Feldman, 1984).
- 가난한 사람들은 더 나은 삶을 누릴 자격이 없다(Furham & Gunter, 1984).
- 아픈 사람들은 자신의 병에 대한 책임이 있다(Gruman & Sloan, 1983).
- 온라인 괴롭힘을 당하는 십 대들은 그런 일을 당할 만하다(Chapin & Coleman, 2017).

이런 생각들은 성공한 사람들이 자신들 또한 자신이 현재 가진 것을 누릴 만한 자격이 있다고 확신하게 만든다. 부자들과 건강한 사람들은 자신의 행운과 다른 사람들의 불운을 당연한 것으로 생각할 수 있다. 행운을 미덕과, 불운을 도덕적 실패와 연결지어서 운 좋은 사람들이 자부심을 느끼고 불운한 사람들에 대한 책임을 회피할 수 있도록 한다. 긍정적인 면을 본다면, 세상이 공정하다는 믿음은 장기적 목표에 더 많은 에너지를 투자할 동기를 부여한다(Hafer & Sutton, 2016).

사람들은 패배의 원인이 불운에 있다는 것이 명백하더라도 패자를 싫어한다. 예를 들어, 아동들은 길에서 돈을 줍는 것처럼 운 좋은 아이를 운 나쁜 아이보다 더 착하고 좋은 사람이라고 생각하는 경향이 있다(Olson et al., 2008). 어른들은 도박의 결과가 운에 달려 있다는 것을 알고 있고 도박꾼에 대해 평가할 때 도박 결과에 영향을 받으면 안 된다는 것을 알고 있다. 그럼에도 불구하고, 사람들은 결과에 따라서 다른 사람들을 판단하고 뒷말하기를 좋아한다. 합리적인 결정도 나쁜 결과를 가져올 수 있다는 사실을 무시하고 실패한 사람을 덜 유능하다고 판단한다(Baron & Hershey, 1988). 변호사와 증권 투자자들은 자기 자신에 대해서도 결과를 중심으로 판단한다. 성공에 우쭐하고 실패에 자책한다. 재능과 노력은 중요하다. 그러나 공정한 세상에 대한 가정은 재능 있는 사람들의 좋은 노력도 어긋나게 만들 수 있는 통제 불가능한 요소들의 중요성을 간과하게 만든다.

공정한 세상 사고는 사람들이 자기 문화의 친숙한 사회 체계를 정당화하게 만든다(Jost et al., 2009; Kay et al., 2009; Osborne & Sibley, 2013). 어릴 때부터 우리는 세상이 돌아가는 방식이 본질적으로 그럴 수밖에 없는 것이고 그래야만 하는 것이라고 생각하는 경향이 있다(Brescoll et al., 2013; Hussak & Cimpian, 2015). 이러한 자연적 보수주의는 투표권 관련 법안이나 세제 개혁, 건강 보험 개혁과 같은 새로운 사회 정책을 통과시키기 어렵게 만든다. 그러나 일단 새로운 정책이 실행되면, 우리의 '체제 정당화'가 작동해서 그 정책이 유지되게 만든다. 따라서 캐나다 사람들은 공공 건강 보험, 엄격한 총기 규제, 사형 금지와 같은 정부 정책을 대부분 인정한다. 마찬가지로, 미국인들은 자신들이 익숙한 정반대의 정책을 지지한다.

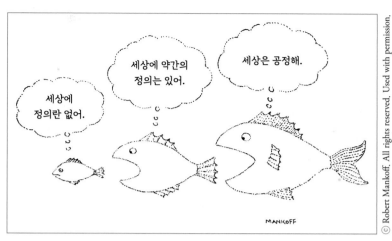

공정한 세상 현상

© Robert Mankoff. All rights reserved. Used with permission.

요약 : 편견의 인지적 원인은 무엇인가?

- 최근 연구는 편견의 기저에 있는 고정관념이 우리 사고 방식(세상을 단순화하는 방식)의 부산물임을 보여준다. 사람들을 범주로 분류하는 것은 집단 내 동질성과 집단 간 차이를 부각시킨다.
- 집단 속에 혼자 있는 소수 집단 사람과 같이 특이한 개인은 평소에는 눈치 채기 어려운 차이도 알아차리기 쉽게 만든다. 두 가지 특이한 사건이 동시에 발생하는 경우(예 : 소수 집단 사람이 흔치 않은 범죄를 저지르는 경우) 사람과 행동 사이에 착각 상관이 생기기 쉽다. 다른 사람의 행동을 성향에 귀인하는 것은 **집단본위 편향**을 야기한다. 집단본위 편향은 외집단원의 부정적 행동을 그 사람의 타고난 성격에 귀인하고 긍정적 행동은 다른 이유 때문이라고 설명하는 현상을 말한다.
- 희생자 비난은 사람들은 자기가 당할 만한 일을 당하게 되어 있기 때문에 이 세상이 **공정하다**는 전제에서 비롯한다.

편견의 결과는 무엇인가?

편견의 결과를 확인하고 이해한다.

고정관념은 어떻게 현실이 되는가? 편견은 어떻게 수행을 저하시키는가? 편견에는 원인과 결과가 모두 있다.

자기영속적 예단

편견은 선입견에 따른 판단을 포함한다. 예단(prejudgment)은 불가피하다. 우리 중 그 누구도 우리가 가지고 있는 편향에 부합하는 증거와 부합하지 않는 증거를 점검하면서 감정에 치우치지 않은 채 사회적 사건들을 기록하지 않는다. 예단은 중요하다.

예단은 우리의 주의와 기억을 이끈다. 성 고정관념을 받아들이는 사람들은 고정관념에 부합하는 방식으로 학교 성적을 잘못 회상한다. 예를 들어, 여성들은 실제 성적보다 수학 성적이 나빴다고 회상하고 미술 성적은 좋았다고 회상한다(Chatard et al., 2007).

특정 인종이나 성별에 속한 대상을 판단하고 나면 그 범주와 연관된 특징에 가까운 방향으로 기억이 달라진다. 한 실험에서 벨기에 대학생들은 남성 얼굴 70%와 여성 얼굴 30%, 또는 여성 얼굴 70%와 남성 얼굴 30%가 섞여 있는 얼굴 사진을 봤다. 남성 얼굴이 70% 섞여 있는 얼굴을 봤던 학생들은 남성을 봤다고 회상하는 데 그치지 않고 그 얼굴이 남성 얼굴의 전형에 더 가까웠던 것으로, 예를 들어 80% 남성 얼굴이었다고 잘못 회상했다(Huart et al., 2005).

예단은 자기영속적이다. 어떤 집단의 구성원이 예상과 일치하는 방식으로 행동할 때마다, 우리는 당연히 그 사실을 알아차린다. 우리의 사전 믿음이 확인되는 것이다. 어떤 집단의 구성원이 우리 기대와 다르게 행동하면 우리는 그 행동이 특수한 상황 때문이라고 해석한다(Crocker et al., 1983).

아마도 여러분은 아무리 노력해도 여러분에 대한 다른 사람들의 생각을 극복할 수 없었던 적이 있을 것이다. 오해석(misinterpretation)은 누군가가 여러분과 유쾌하지 않은 만남을 기대할 때 일어나기 쉽다(Wilder & Shapiro, 1989). Ickes와 동료 연구자들(1982)은 이런 현상을 한 실험에서 보여주었다. 실험실에 남성 연구 참가자가 도착하면 실험자들은 또 다른 남성 참가자가 "최근에 이야기해 본 사람들 중에 가장 비우호적인 사람이었다"는 잘못된 정보를 미리 알려줬다. 그런 다음 두 참가자들을 서로에게 소개시켜주고 5분간 상호작용하도록 두었다. 또 다른 실험 조건에서는 참가자들에게 상호작용 상대가 예외적으로 우호적이었다고 알려줬다.

하위유형화
고정관념에서 벗어나는 사람들을 '규칙의 예외'라고 생각하는 방식으로 받아들이는 것

상대방이 비우호적일 거라고 기대했던 참가자들은 각자의 방식으로 상대방에게 우호적으로 대했고 그들의 우호적 행동이 따뜻한 반응을 이끌어냈다. 그러나 상대방에 대한 긍정적 편향을 가졌던 참가자들과는 달리, 상대방이 비우호적인 사람이라고 기대했던 사람들은 상대방의 우호적 행동을 자신의 조심스러운 태도 때문이라고 귀인했다. 나중에 참가자들은 상대방에 대한 불신과 비선호를 나타냈으며 상대방의 행동을 덜 우호적이라고 평가했다. 상대방의 실제 우호성에도 불구하고 부정적 편향은 학생들이 '강요된 미소' 아래 숨어 있는 적대감을 '보게' 만들었다. 비우호적일 것이라는 믿음이 없었더라면 보이지 않았을 것이다.

우리는 고정관념과 전혀 일치하지 않는 정보를 알아차리지만, 그런 정보도 생각보다 영향을 미치지 않는다. 비전형적 사례에 집중할 때, 우리는 새로운 범주를 형성하는 방식으로 고정관념을 지킨다(Brewer & Gaertner, 2004; Hewstone, 1994; Kunda & Oleson, 1995, 1997). 영국 학령기 아동이 우호적인 학교 경찰관(특별한 범주로 지각됨)에 대해 가지는 긍정적 인상이 경찰관에 대한 일반적인 인상을 향상시키지 않는다(Hewstone et al., 1992). 이러한 **하위유형화**(subtyping, 고정관념에서 벗어나는 사람을 예외라고 바라보는 현상)는 경찰관은 비우호적이고 위험하다는 고정관념을 유지시킨다. 편견이 강한 사람들은 **긍정적 외집단원을 하위유형화하는 경향**

우리의 고정관념과 일치하지 않는 사람들을 볼 때, 우리는 '노인 올림픽 선수'와 같은 새로운 하위집단 고정관념을 형성해서 기존의 고정관념을 지킨다.

© Shih-Hao Liao/123RF

이 있다(긍정적 외집단원을 비전형적인 예외라고 생각한다). 편견이 약한 사람들은 **부정적 외집단원**을 하위유형화하는 경향이 있다(Riek et al., 2013).

불일치하는 정보를 수용하는 또다른 방법은 새로운 고정관념을 형성하는 것이다. 고정관념이 그 범주에 해당하는 모든 사람에게 적용되지 않는다는 것을 알게되면, '바람직한' 흑인 이웃이 있는 주택 소유자들은 '전문직의 중산층 흑인'이라는 새로운 고정관념을 형성할 수 있다. 이러한 **하위집단화**(subgrouping, 하위집단에 대한 고정관념을 형성하는 것)는 고정관념이 분화되어감에 따라서 고정관념을 다소 변화시킬 수 있다(Richards & Hewstone, 2001). 하위유형(subtypes)은 집단의 **예외적** 사례이고, 하위집단(subgroups)은 다양한 구성원들로 이루어진 집단의 일부분으로 여겨진다.

하위집단화
고정관념에서 벗어나 있는 사람들을 하위집단으로 구분하고 이 집단에 대한 새로운 고정관념을 형성하는 방식으로 받아들이는 것

차별의 영향 : 자기 완성 예언

태도가 사회적 위계에 부합하는 이유는 사회적 위계를 합리화하기 때문이기도 하지만 차별이 그 피해자에게 영향을 주기 때문이기도 하다. Allport는 "한 사람의 평판은 그 사람의 생각에만 영향을 주는 것이 아니라 성격에도 영향을 준다"고 했다(1958, p. 139). 우리가 손가락으로 딱 소리를 내는 것만으로 모든 차별을 끝낼 수 있다고 하더라도, 백인 다수 집단이 흑인들에게 "이제 힘든 시간은 끝났어, 친구들! 지금부터는 모두가 서류가방을 든 경영진과 전문가가 될 수 있어"라고 말하는 것은 순진한 일이다. 억압이 끝나더라도 그 효과는 숙취처럼 남아 있다.

편견의 본질(*The Nature of Prejudice*)이라는 저서에서 Allport는 피해자들이 겪게 되는 결과 열다섯 가지를 나열했다. Allport는 피해자들의 반응은 두 가지 기본 유형으로 구분할 수 있다고 생각했다. 하나는 자기 탓하기(철회, 자기혐오, 자기 집단에 대한 공격성)이고 다른 하나는 외적 원인 탓하기(맞서 싸우기, 의심, 집단 자부심의 증가)이다. 희생자가 피해를 준다면(예 : 높은 범죄율) 사람들은 이런 결과를 차별을 정당화하는 데 이용할 수 있다: "저런 사람들을 우리 동네에 받아들인다면 집값이 폭락할 거야."

차별이 실제로 피해자에게 영향을 줄까? 사회적 믿음은 자기확증적일 수 있다. Word, Zanna, Cooper(1974)는 두 가지 영리한 실험을 통해 이것을 보여줬다. 첫 번째 실험에서 프린스턴대학교의 백인 남성들이 취업 지원자를 가장한 백인과 흑인 연구 보조원들을 면접했다. 지원자가 백인인 경우보다 흑인인 경우에 면접관들은 더 멀리 떨어져 앉았고, 면접을 25% 더 빨리 끝냈으며, 말실수를 50% 더 많이 했다. 멀리 떨어져 앉아 있고 , 말을 더듬고, 면접을 빨리 끝내려는 면접관에게 면접을 본다고 상상해보자. 이런 상황이 여러분의 면접 수행과 면접관에 대한 감정에 영향을 줄까?

두 번째 실험에서 연구자들은 면접관들을 첫 번째 실험 면접관들이 백인이나 흑인 지원자를 대했던 방식으로 행동하도록 훈련시켰다. 면접 장면을 녹화한 뒤 나중에 다른 참가자들에게 평가하도록 하자, 첫 번째 실험에서 흑인 지원자를 대했던 방식으로 대우받은 지원자들이 더 긴장하고 덜 효과적인 것으로 평가되었다. 면접관들 자신도 차이를 알아차렸다. 흑인 지원자를 대하는 방식으로 행동했던 면접관들이 지원자가 덜 적합하고 덜 우호적이라고 평가했다. 연구자들은 "흑인들의 수행과 관련된 '문제'는 부분적으로 상호작용 환경 그 자체에 있다"고 결론지었다. 다른 자기완성 예언과 마찬가지로 편견도 그 대상에게 영향을 미친다.

고정관념 위협

백인 커뮤니티의 흑인이거나 흑인 커뮤터니의 백인처럼 수적으로 소수일 때, 우리는 편견에 민감해지는 것만으로도 자기를 의식하게 된다. 우리의 정신적 에너지와 주의를 소모시키는 다른 환경들처럼, 편견에 민감해지는 것이 정신적 에너지와 신체적 에너지를 소모시킬 수 있다(Inzlicht et al., 2006, 2012). 다른사람들이 여러분이 잘 해내지 못할 것이라고 기대하는 상황에 놓이면 여러분의 불안이 그 믿음을 확인시켜줄 수 있다. 나[데이비드 마이어스]는 70대 중반의 키 작은 남자이다. 만약 내가 나보다 크고 젊은 사람들과 함께 즉석 농구 경기를 한다면, 나는 다른 사람들이 내가 팀에 피해가 될 것이라고 기대할 것이라고 가정할 것이고, 이것이 내 자신감과 수행을 떨어뜨릴 것이다. Claude Steele과 동료 연구자들은 이러한 현상을 **고정관념 위협**(stereotype threat: 부정적 고정관념에 근거해서 자신이 평가될 것이라는 자기확증적 불안)이라고 불렀다(Steele, 2010; Steele et al., 2002; reducingstereotypethreat.org도 참조).

일련의 실험을 통해서 Steven Spencer, Claude Steele, Diane Quinn(1999)은 비슷한 수학 실력을 지닌 남학생과 여학생에게 매우 어려운 수학 문제를 줬다. 시험 점수에 성차가 없으며 어떤 집단 관련 고정관념에 대한 평가도 없다고 알려줬을 때는 여학생들도 남학생과 동등한 수준의 수행을 보였다. 성차가 있었다고 알려줬을 때는 여학생들은 극적으로 그 고정관념을 확증해주었다(그림 9.6). 매우 어려운 수학 문제에 좌절하면서 더 큰 불안을 느끼고 수행이 저하된 것으로 보였다. 공대 여학생들이 성차별적인 남성과 상호작용하면 수행이 감소한다(Logel et al., 2009). 시험을 치기 전에도 고정관념 위협은 여성의 수학 규칙과 연산 학습을 방해했다(Rydell et al., 2010). 노인에 대해서도 마찬가지였다. 나이 관련 고정관념 위협(그리고 그와 관련된 수행 저하)이 거의 30여 개의 연구에서 관찰되었다(Lamont et al., 2015). 이민자들의 수행에도 고정관념 위협이 비슷한 영향을 미쳤다(Appel et al., 2015).

인종 고정관념도 마찬가지로 자기완성적일까? Steele과 Aronson(1995)은 백인과 흑인에게 어려운 언어 능력 검사를 제시했다. 고정관념 위협 상황에서만 흑인들이 백인보다 낮은 수행을 보였다. 히스패닉계 미국인들에서도 비슷한 고정관념 위협 효과가 관찰되었다(Nadler & Clark, 2011).

Stone과 동료 연구자들(1999)은 고정관념 위협이 운동선수들의 수행에도 영향을 미친다고 보고했다. 골프가 '스포츠 지능'을 검사하기 위한 것이라고 했을 때 흑인이 백인보다 수행이 떨어졌으며, '타고난 운동 능력'을 검사하기 위한 것이라고 했을 때는 백인의 수행이 감소했다. Stone(2000)은 "사람들은 자신에 대한 부정적 고정관념('백인은 점프를 못한다'거나 '흑인은 생각을 못한다')을 떠올리게 하면 수행에 불리한 영향을 준다"고 요약했다. 장애를 가진 사람들의 경우도 마찬가지로 부정적 고정관

고정관념 위협
부정적 고정관념에 직면했을 때, 그 고정관념에 근거해서 평가받을 것이라는 우려. 한 사람에 대한 평판이 그 사람의 자기개념에 영향을 주는 자기충족적 예언과는 달리 고정관념 위협 상황은 즉각적인 결과를 가져온다.

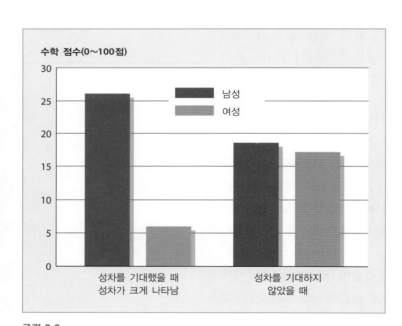

그림 9.6
고정관념 취약성과 여성의 수학 실력
Spencer, Steel, Quinn(1999)은 실력이 동일한 남성과 여성에게 어려운 수학 시험 문제를 줬다. 연구 참가자들에게 시험 성적에 성차가 있었다고 알려주었을 때, 여성이 남성보다 더 낮은 점수를 받았다. 고정관념 확증에 대한 위협이 제거되었을 때(성차가 기대되지 않을 때), 여성은 남성과 똑같이 잘했다.

출처 : Spencer, S. J., Steele, C. M., & Quinn, D. M. (1999).

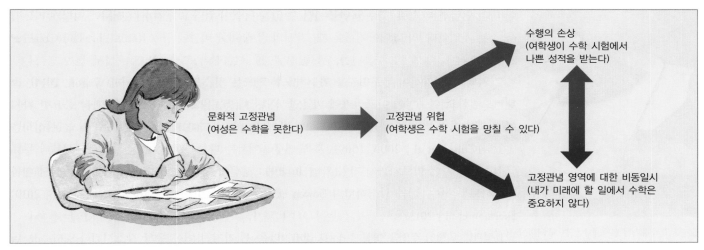

문화적 고정관념
(여성은 수학을 못한다)

→

고정관념 위협
(여학생은 수학 시험을 망칠 수 있다)

수행의 손상
(여학생이 수학 시험에서
나쁜 성적을 받는다)

고정관념 영역에 대한 비동일시
(내가 미래에 할 일에서 수학은
중요하지 않다)

그림 9.7
고정관념 위협
부정적 고정관념에 직면하는 것에서 비롯되는 위협이 수행의 손상과 비동일시를 유발할 수 있다.

념에 대한 걱정이 성취를 방해한다(Silverman & Cohen, 2014).

Steele(1997)은 만약 여러분이 학생들에게 그들이 실패할 위험이 있다(소수 집단 지원 프로그램에서 흔히 그러는 것처럼)고 알려준다면, 이 고정관념이 그들의 수행을 저해할 수 있다고 했다. 고정관념 위협은 학생들이 자신을 학교와 '비동일시(disidentify)'하고 학교 밖에서 자존감을 찾도록 만들 수 있다(그림 9.7, '숨은 이야기 : Caude Steel과 고정관념 위협'). 실제로 아프리카계 미국인 학생들이 8학년에서 10학년으로 올라가면서 학교에서의 수행과 자존감 사이의 관련성이 약해진다(Osborne, 1995). 자신이 대학 입시나 학업 집단에서 성별이나 인종 때문에 혜택을 받았다고 생각하는 학생들은 자신이 유능하다고 느끼는 학생들에 비해 수행이 낮았다(Brown et al., 2000).

Steele의 관찰에 따르면, 학생들이 자신의 잠재력을 믿도록 하는 것이 더 낫다. Steele의 연구팀에서 수행한 다른 실험들에서 흑인 학생들은 "당신의 추천서에서 읽은 내용을 감안할 때 당신

숨은 이야기

Claude Steele과 고정관념 위협

1980년대 후반 미시간대학교의 캠퍼스 다양성 위원회 회의에서 나는 흥미로운 사실을 알아차렸다. 모든 능력 수준에서(SAT 점수로 측정된 능력 수준에서) 소수 집단 학생들이 소수 집단이 아닌 학생들보다 대학교 학점이 낮았던 것이다. 오래지 않아 Steven Spencer, Joshua Aronson, 그리고 나는 이것이 전국적인 현상임을 발견했다. 이 현상은 대부분의 대학교에서 일어났으며, 부정적 고정관념이 있는 다른 집단들, 이를테면 고급 수학 강의를 듣는 여학생들에서도 나타났다. 이 집단들의 낮은 수행은 준비된 능력의 부족에서 비롯된 것이 아니었다. 이 현상은 모든 능력 수준(SAT로 측정된 능력)에서 나타났다.

우리는 자기 집단에 대한 부정적 고정관념이 있는 영역에서 어려운 과제를 하도록 하는 것만으로 실험실 안에서 이러한 수행 저하를 유도할 수 있었다. 우리는 동일한 과제를 고정관념과 무관하게 만들어서 '고정관념 위협'을 없애는 방법으로 수행 저하를 제거할 수 있다는 사실도 발견했다. 이러한 발견은 고정관념 위협과 그 부정적 결과를 감소시키는 방법에 대한 많은 후속 연구를 낳았다. 이 작업을 통해서 우리는 두 가지 중요한 사실을 알게 되었다. 첫째, 심리적 기능을 형성하는 데 있어서 삶의 맥락이 중요하다는 것과 둘째, 이러한 맥락을 형성하는 데 있어서 나이, 인종, 성별과 같은 사회 정체성이 중요하다는 것이다.

Claude Steele
스탠퍼드대학교

Courtesy of Claude Steele

이 내가 언급한 더 높은 기준을 만족시킬 수 있는 능력이 있다고 생각하기 때문에 이렇게 피드백을 주는 것입니다"라고 이야기했을 때, 자신의 글에 대한 비판에 긍정적으로 반응했다(Cohen et al., 1999).

'가치의 확인(자신이 누구인지를 확인하도록 만드는 것)' 또한 도움이 된다(Walton, 2014). 스탠퍼드대학교 연구팀이 아프리카계 미국인 7학년 학생들을 초대해서 자신의 가장 중요한 가치에 대해서 여러 번 쓰도록 했다. 그 후 2년간 이 학생들은 다른 학생들에 비해서 더 높은 성적을 받았다(Cohen et al., 2006, 2009). 후속 연구들에서는 다른 물리학 전공 여학생에서부터 무료 급식소 이용자에 이르기까지 가치 확인 효과(예 : 자신이 성공적이고 자랑스럽다고 느꼈던 때를 회상하도록 하는 것)를 확장하였다(Bowen et al., 2013; Hall et al., 2014; Miyake et al., 2010; Sherman et al., 2013).

고정관념 위협이 수행을 어떻게 감소시킬까? 다음 세 가지 방법을 통해 감소시킨다(Schmader et al., 2008).

- 스트레스. fMRI 뇌 영상 연구에 따르면 고정관념 위협에 대한 스트레스가 수학적 정보처리 과정에 관련된 뇌 활동을 손상시키고 정서 처리 관련 영역의 뇌 활동을 증가시킨다(Derks et al., 2009; Krendl et al., 2009; Wraga et al., 2007).
- 자기감찰. 실수에 대한 걱정이 주의 집중을 방해한다(Keller & Dauenheimer, 2003; Seibt & Foster, 2004).
- 원치 않는 생각과 감정의 억압. 사고를 조절하려는 노력은 에너지를 필요로 하고 작업 기억을 방해한다(Bonnot & Croizet, 2007).

고정관념 위협이 수행을 방해한다면 긍정적 고정관념은 수행을 향상시킬까? Shin, Pittinsky, Ambady(1999)는 이러한 가능성을 확인했다. 아시아계 미국인 여성에게 그들의 성 정체성을 상기시키는 생애사적 질문을 한 뒤 수학 시험을 치르게 하면(통제 집단에 비해서) 수행 수준이 감소했다. 같은 방식으로 아시아인으로서의 정체성을 상기시키면 수행 수준이 향상되었다. 부정적 고정관념은 수행을 방해하고 긍정적 고정관념은 수행을 촉진하는 것으로 보인다(Rydell et al., 2009).

고정관념은 개인에 대한 판단을 편향시키는가?

그렇다. 고정관념은 판단을 편향시킨다. 그러나 좋은 소식이 있다. 첫째, 우리의 **고정관념은 대부분 현실을 반영한다**(때때로 왜곡되기는 하지만). 다문화주의가 보여주듯이 사람들은 서로 다르다. 그리고 그 차이점을 인식하고 이해한다. Jussim(2012)은 "고정관념의 정확성은 사회심리학이 발견한 효과들 중에서 가장 강한 효과 중 하나"라고 주장했다.

둘째, 사람들은 종종 개인을 그 개인이 속한 집단보다 긍정적으로 평가한다(Miller & Felicio, 1990). Locksley, Borgida, Brekke는 어떤 사람을 알게 되면 "고정관념은 그 사람에 대한 판단에 최소한의 영향만 주게 된다"고 했다(Borgida et al., 1981; Locksley et al., 1980, 1982). 연구자들은 미네소타대학교 학생들에게 '낸시'에게 최근 일어난 사건들에 대한 일화적 정보를 들려주었다. 참가자들에게 전화 통화 내용이라고 알려진 대화에서 낸시는 세 가지 서로 다른 상황(예 : 쇼핑을 하던 중에 수상한 사람으로부터 괴롭힘을 당하는 상황)에서 어떻게 대응했는지를 친구에게 이야기했다. 어떤 학생들은 낸시가 단호하게 대응하는 내용을 읽었다(수상한 사람에게 저리 가라고 말함). 다른 학생들은 낸시가 수동적으로 반응하는 내용을 읽었다(그 사람이 떠날 때까지 그냥 무시함). 또 다른 학생들은 동일한 정보가 담긴 대화 내용을 읽었는데, 이야기를 하는 사람의 이름만 낸시가 아닌 '폴'이었다. 하루가 지난 뒤, 학생들은 다른 상황에서 낸시(또는 폴)가 어떻게 반응할 것 같은지 예측했다.

성별을 아는 것이 예측에 영향을 줬을까? 전혀 그렇지 않았다. 그 사람의 단호함을 예측하는 데는 학생들이 읽었던 대화 내용만 영향을 줬다. 심지어 남성성과 여성성에 대한 판단도 성별에 대한 지식에 영향받지 않았다. 성별 고정관념은 사용되지 않았다. 학생들은 낸시와 폴을 개인으로서 평가했다.

한 집단에 대한 일반적인(기저율) 정보와 특정한 집단원에 대한 사소하지만 생생한 정보를 동시에 제공하면, 생생한 정보는 대체로 일반적 정보의 효과를 압도한다. 그 집단원이 우리가 전형적인 집단원에 대해 가지고 있는 인상에 맞지 않을 때 특히 그렇다(Fein & Hilton, 1992; Lord et al., 1991). 예를 들어, 여러분이 동조 실험에 참여한 대부분의 사람들이 실제로 어떻게 행동했는지에 대해서 듣고 그중 한 참가자의 짧은 인터뷰를 본다고 상상해보자. 여러분이라면 이 사람의 행동을 인터뷰에만 근거해서 판단할까? 대부분의 사람들이 실제로 어떻게 행동했는지에 대한 기저율 정보를 무시할까?

사람들은 종종 고정관념을 믿지만, 개인적이고 일화적인 정보를 받게 되면 고정관념을 무시한다. 그래서 많은 사람들은 "정치인은 사기꾼"이라고 믿지만 "우리 상원의원 존스는 정직하다"고 생각한다. 많은 사람들이 정치인들을 낮게 평가하지만 대체로 자기가 뽑은 사람을 다시 뽑는다. 이러한 발견들은 이 장의 전반부에서 고려했던 혼란스러운 발견들에 대한 설명을 제공한다. 우리는 성별 고정관념이 강하다는 것을 알고 있지만, 남성과 여성의 작업 결과를 판단하는 데에는 거의 영향을 주지 않는다. 이제 우리는 그 이유를 안다. 사람들은 강한 성 고정관념을 가질 수 있지만, 자신이 만나거나 알게 되는 개인을 판단할 때는 고정관념을 무시한다.

강한 고정관념의 중요성

하지만 **강한** 고정관념은 개인에 대한 우리의 판단에 영향을 준다(Krueger & Rothbart, 1988). 연구자들이 학생들에게 남성과 여성 개개인의 키를 추정하도록 하자 학생들은 남성들을 여성보다 더 크다고 판단했다. 실제로는 키가 동일했고, 주어진 샘플에서 성별과 키는 무관하다고 알려주었고, 정확도에 대해 금전적 보상을 준다고 했음에도 불구하고 말이다(Nelson et al., 1990).

후속 연구에서 미시간대학교 학생들은 공대와 간호대 학생들의 사진과 각 학생들의 관심사에 대한 정보를 함께 봤다(Nelson et al., 1996). 참가자들에게 사진에 포함된 공대와 간호대 학생들의 남성과 여성 비율이 동일하다고 알려주었음에도 불구하고, 여성 얼굴과 함께 제시된 인물 묘사가 간호대 학생일 것이라고 판단하는 경우가 더 많았다. 성 고정관념과 무관하다는 것을 알고 있더라도 강한 고정관념은 저항하기 어려운 힘을 발휘한다.

실험실 밖에서, 강한 고정관념은 일상의 경험에 영향을 준다. 예를 들어, '적대적 성차별주의'를 지닌 남성은 여성 파트너를 더 부정적으로 대하고 관계 만족도가 낮다(Hammond & Overall, 2013).

고정관념은 해석을 편향시킨다

Dunning과 Sherman(1997)은 고정관념이 우리가 사건을 해석하는 방식에도 영향을 준다고 했

사람들은 때때로 닐 패트릭 해리스처럼 자신이 알고 있고 존중하는 특정 개인에게는 편견을 적용하지 않으면서 일반적 편견(예 : 게이와 레즈비언에 반대하는 편견)을 유지한다.

© Tinseltown/Shutterstock

다. 만약 "어떤 사람들은 그 정치인의 말이 사실이 아니라고 생각한다"는 이야기를 들으면, 사람들은 그 정치인이 거짓말을 하고 있다고 추론할 것이다. "어떤 사람들은 그 의사의 말이 사실이 아니라고 생각한다"는 말을 들으면, 사람들은 그 의사가 실수했을 것이라고 추론한다. 두 사람이 논쟁을 벌였고, 그들이 벌목꾼이었다는 이야기를 들으면 사람들은 주먹다짐을 했을 것으로 생각한다. 그러나 논쟁을 벌인 두 사람이 결혼 상담가라고 하면 말싸움을 벌였을 것으로 생각한다. 어떤 사람이 자신의 신체 상태를 신경 쓰는데, 그 사람이 모델이라면 허영심으로 보이지만 그 사람이 철인 3종 경기 선수라면 건강에 신경 쓰는 것으로 보인다. Dunning과 Sherman은 마치 감옥이 죄수들의 행동을 이끌고 제약하는 것처럼, 고정관념이라는 '인지적 감옥(cognitive prison)'이 우리의 인상을 이끌고 제약한다고 결론지었다.

때때로 우리는 거의 고정관념에만 의존해서 다른 사람을 판단하거나 상호작용하기도 한다. 이런 경우에 고정관념은 사람들에 대한 우리의 해석과 기억을 강하게 편향시킬 수 있다. 예를 들어, Bond와 동료 연구자들(1988)은 환자들을 알아감에 따라서 백인 간호사들이 흑인과 백인 환자에게 동일한 빈도로 신체적 구속을 가한다는 것을 발견했다. 그러나 새로 입원하는 환자들에 대해서는 백인 환자보다 흑인 환자들을 더 자주 신체적으로 구속한다는 것을 발견했다. 고정관념 이외에는 아무것도 없는 경우, 고정관념이 중요하게 작용했다.

고정관념은 교묘하게 작용하기도 한다. Darley와 Gross(1983)가 수행한 실험에서, 프린스턴대학교 학생들은 4학년 여자아이 한나에 대한 비디오를 봤다. 이 비디오에서 한나는 우중충한 도심 동네에 있는 저소득층 부모를 둔 아이인 것처럼 그려지거나, 풍족한 교외의 전문직 부모를 둔 아이인 것처럼 그려졌다. 다양한 영역에서 한나의 능력을 추측하도록 했을 때, 두 조건의 참가자들은 모두 한나의 계층적 배경을 능력을 판단하는 데 이용하지 않겠다고 했으며, 한나의 학년을 고려해서 능력을 평가했다.

또 다른 두 집단의 프린스턴 학생들이 두 번째 비디오를 시청했다. 이 비디오에서는 한나가 구두 성취도 시험을 보는 장면이 담겨 있었는데 어떤 문제는 맞히고 어떤 문제는 틀렸다. 전문직 계층의 한나를 소개받았던 사람들은 한나의 대답이 뛰어난 능력을 보여준다고 응답했으며, 이후에 한나가 대부분의 질문에 정답을 말했다고 회상했다. 저소득층 한나를 소개받았던 사람들은 한나의 능력이 학년에 비해 뒤떨어진다고 평가했으며 대부분의 질문에 오답을 말했다고 회상했다. 그러나 두 집단이 봤던 두 번째 비디오는 **동일했다**. 고정관념이 강하고 어떤 사람에 대한 정보가 모호하면(낸시나 폴의 사례와는 다르게), 고정관념이 개인에 대한 우리의 판단을 **교묘하게** 편향시킨다.

마지막으로, 우리는 사람들이 우리의 고정관념에 위배되는 행동을 할 때 더 극단적으로 평가한다(Bettencourt et al., 1997). 새치기를 하는 사람을 힐책하는 여성("줄 맨 뒤로 가서 서야 하는 거 아닌가요?")은 비슷하게 반응하는 남성보다 더 단호한 사람으로 보일 수 있다(Manins et al., 1988). 사회심리학자 Fiske와 동료 연구자들(1991)의 증언을 참고한 미국 대법원은 미국 최고의 회계법인인 프라이스 워터하우스가 앤 홉킨스의 이사 승진을 거절한 것을 직장 내 성 고정관념이라고 보았다. 88명의 승진 후보자 중에서 홉킨스는 유일한 여성이면서 사업 유치 실적 1위였고, 증언에 따르면 열심히 일하고 정확한 사람이었다. 그러나 또 다른 사람들은 홉킨스가 '차밍 스쿨(Charm school, 여성에게 여성다

적극적이거나 공격적이거나. 성별에 따라서 지각이 달라질 수 있다.

운 사교술을 가르치는 학교-역주) 수업'에서 '더 여성스럽게 걷고 더 여성스럽게 말하고, 더 여성스럽게 입는 방법'을 배워야 한다고 증언했다. 재판 내용과 고정관념 연구를 검토한 뒤, 1989년 미국 대법원은 남성만 공격적이어야 한다고 장려하는 것은 '성별에 근거한' 행동이라고 판결했다.

> 우리는 홉킨스 씨가 친절한지를 결정하려고 여기 있는 것이 아닙니다. 우리는 홉킨스 씨가 여성이기 때문에 이사진이 그녀의 성격에 대해서 부정적으로 반응했는지를 판단하기 위해 여기 있는 것입니다. … 고용주가 여성의 공격성에 반감을 가지고 있는데 직위가 이런 성격을 필요로 한다면, 여성은 견디기 힘든 진퇴양난의 상황에 처하게 됩니다. 공격적으로 행동해도 직장에서 쫓겨나고, 공격성이 없어도 쫓겨나는 것입니다.

요약 : 편견의 결과는 무엇인가?

- 편견과 고정관념은 중요한 결과를 가져온다. 특히 편견과 고정관념이 강할 때, 모르는 개인을 판단할 때, 그리고 집단 전체와 관련된 정책을 결정할 때 그렇다.
- 고정관념은 한번 형성되면 자기영속적이고 변화에 저항하는 경향이 있다. 고정관념은 자기충족적 예언을 통해서 실현된다.

- 편견은 다른 사람들이 자신을 고정관념을 가지고 바라볼 것에 대해 걱정하게 만드는 **고정관념 위협**을 통해서 사람들의 수행을 저하시킬 수도 있다.
- 고정관념이 특히 강할 때는 우리가 사람들을 지각하고 사건을 해석하는 방식에 영향을 줄 수 있다.

후기 :
우리는 편견을 감소시킬 수 있는가?

사회심리학자들은 편견을 감소시키기보다는 편견을 설명하는 데 더 성공적이었다. 편견의 원천은 여러 가지이기 때문에 단순한 해법은 존재하지 않는다. 그럼에도 불구하고, 우리는 편견을 감소하는 기법들을 예상할 수 있다.

- 불평등한 지위가 편견을 만든다면, 협조적이고 동등한 지위의 관계를 만들도록 노력해야 한다.
- 편견이 차별적 행동을 합리화한다면 우리는 차별 금지를 의무화할 수 있다.
- 사회적 제도가 편견을 지지한다면, 우리는 그러한 제도적 지원을 솎아낼 수 있다(예 : 인종 간 조화와 LGBT에 수용적인 모델을 제시하는 미디어를 이용할 수 있다).
- 외집단이 실제보다 더 동질적으로 보인다면, 우리는 외집단원들을 개인으로 이해하려는 노력을 기울일 수 있다.
- 우리의 자동적 편견이 죄책감을 느끼도록 한다면 우리는 그 죄책감을 편견의 습관을 깨려는 동기로 활용할 수 있다.

1945년에 제2차 세계대전이 끝난 이후, 몇 가지 해법이 사용되었고, 인종과 성별, 그리고 성적 지향성 관련 편견이 실제로 감소했다. 사회심리학적 연구들이 차별의 장벽을 허무는 데 일조하기도 했다. 프라이스 워터하우스가 이사 승진을 거절했던 앤 홉킨스를 위해 증언했던 사회심리학자 Fiske(1999)는 나중에 다음과 같이 썼다.

> 우리는 앤 홉킨스를 위한 증언을 하면서 많은 위험을 감수했다. … 우리가 아는 한 누구도 고정관념에 대한 사회심리학을 성차별 사건에서 소개한 적이 없었다. … 만약 우리가 성공한다면, 우리는 최신의 고정관념 연구를 먼지 쌓인 학술지 밖으로 꺼내어 연구가 유용하게 쓰일 수 있는 법적 논쟁의 진흙탕으로 끌어내게 될 것이다. 만약 우리가 실패한다면, 우리는 의뢰인에게 상처를 줄 것이고, 사회심리학의 명예를 훼손할 것이고, 과학자로서의 내 평판을 손상시킬 것이다. 그 당시에 나는 그 증언이 대법원에서 성공적으로 받아들여질 수 있을지 전혀 몰랐다.

이번 세기 동안 이러한 진보가 지속될 것인지, 아니면 증가하는 인구가 감소하는 자원을 두고 경쟁하는 시기에 나타나기 쉬운 적대감이 증가할지는 지켜봐야 할 것이다.

공격성

© PACIFIC PRESS/Alamy stock photo

"서로를 향한 우리의 행동은 우리가 견디며 살아야 하는 모든 현상들 중에서도 가장 이상하고 가장 예측하기 어렵고 가장 설명하기 어렵다. 자연에서 인간만큼 인간에게 위협이 되는 것도 없다."

- Lewis Thomas, *Notes of a Biology Watcher*, 1981

지난 세기부터 이번 세기 초에 이르기까지, 약 250번의 전쟁에서 1억 1,000만 명이 죽었다. 프랑스, 벨기에, 네덜란드, 덴마크, 핀란드, 노르웨이, 스웨덴 인구를 합친 것보다 더 많은 사람들로 '죽은 자들의 나라'를 세워도 될 정도다. 이 숫자는 두 번의 세계대전뿐만 아니라 대량학살 희생자도 포함한 것이다. 1915년에서 1923년 사이 오토만 정권이 100만 명의 아르메니아인을 학살했고, 1937년 난징 대학살에서 일본이 중국인 25만 명을 학살했으며, 1975년에서 1979년 사이에 150만 명의 캄보디아인들이 살해당했고, 1994년에 르완다에서는 100만 명이 살해당했다(Sternberg, 2003). 그리고 시리아에서는 2011년 이후 50만 명 이상이 죽임을 당했다(SOHR, 2018). 히틀러가 수백만 유대인을 학살하고, 스탈린이 수백만 러시아인을 죽이고, 마오쩌둥이 수백만 중국인을 학살하고, 콜럼버스 시대부터 19세기에 이르기까지 미국 원주민들 수백명이 학살당한 사례가 명백하게 보여주듯이, 인간이 지닌 극도의 잔인함은 문화와 인종을 가리지 않는다.

공격성은 무엇인가?

공격성을 설명하는 이론에는 어떤 것이 있는가?

공격성에 영향을 주는 요인은 무엇인가?

공격성을 어떻게 감소시킬 수 있는가?

후기 : 폭력적 문화를 개선하기

전쟁이 아니더라도 인류는 서로를 다치게 하는 데 있어서 놀라운 능력을 보유하고 있다. 지난 몇 년간 학교와 공연장에서 일어난 총기 난사 사건으로 총기 폭력이 대중의 관심을 끌게 되었다. 미국 역사 전체에서 전쟁으로 사망한 사람의 숫자보다 1968년부터 지금까지 총으로 죽은 미국인의 숫자가 더 많다(Jacobson, 2013). 2016년 미국에서는 1만 7,250명이 살해당했고, 13만 603명이 강간당했으며, 믿기 어렵게도 80만 3,007명이 총에 맞거나 칼에 찔리거나 다른 무기로 공격당했다(FBI, 2017). 이 숫자들은 빙산의 일각에 불과할 수도 있다. 강간이나 폭행 사건은 신고되지 않는 경우가 많기 때문이다. 익명으로 이루어진 광범위한 조사에서 미국 여성의 거의 5분의 1이 성폭력을 당한 경험이 있으며, 4분의 1이 배우자에게 맞거나 밀쳐진 경험이 있다고 응답했다(Black et al., 2011). 전 세계적으로 여성의 30%가 배우자 폭력을 경험한다(WHO, 2016).

이보다 덜 심각한 공격성은 더 흔하다. 한 연구에서 젊은 커플의 90%가 소리 지르기나 모욕하기처럼 서로에게 언어적 공격성을 나타냄을 밝혔다(Munoz-Rivas et al., 2007). 35개 국가 아동을 대상으로 한 조사에서 10분의 1 이상이 학교에서 괴롭힘을 당했다고 보고했다(Craig & Harel, 2004). 캐나다 중고등학생 절반이 최근 3개월간 온라인 괴롭힘을 당한 적이 있다고 했다. 온라인 괴롭힘에는 욕하기, 소문 퍼뜨리기, 사적인 사진을 동의 없이 돌려보기 등이 포함된다(Mishana et al., 2010). 아동과 청소년의 75%가 **사이버 괴롭힘**(cyberbullying)을 경험한 적이 있다. 사이버 괴롭힘은 이메일, 문자 메시지, 사회 관계망 사이트, 그 밖의 전자 매체를 통한 의도적이고 반복적인 공격성으로 정의된다(Katzer et al., 2009). 사이버 괴롭힘은 종종 우울증, 공포, 약물 남용, 학교 자퇴, 신체적 건강의 저하, 자살(괴롭힘을 경험하고 몇 년이 지나도 일어날 수 있다)과 같은 부정적 결과로 이어진다(Kowalski et al., 2014; Ortega et al., 2012; Sigurdson et al., 2014).

우리는 신화에 나오는 미노타우르스 같은 반인반수의 존재일까? 1941년 여름, 폴란드 예드바브네에서 비유대계 주민들이 마을 인구의 절반을 섬뜩한 광기로 살해하고, 1,600명의 유대인 중에서 겨우 10여 명만 살아남았던 사건은 어떻게 설명할 수 있을까(Gross, 2001)? 2010년에 럿거스대학교에서 한 대학생이 동성애자 룸메이트의 성적 만남을 중계해서 자살로 몰고 간 이유는 무엇일까? 2013년 12월 중학생들이 13살짜리 해일리 램버스를 잔인하고 끈질기게 괴롭혀서("죽는 게 어때?") 자살에 이르게 한 이유는 무엇일까? 2011년 평화로운 노르웨이에서 총으로 무장한 남자가 정부 건물에서 폭탄을 터뜨리고 대부분 십 대였던 69명의 사람들을 총으로 쏴 죽인 이유는 무엇일까? 2017년 라스베이거스에서 콘서트를 보러 온 사람들 58명을 총으로 죽인 사람은 왜 그런 행동을 했을까? 이런 짐승 같은 행동을 어떻게 설명할 수 있을까? 이 장에서 우리는 다음과 같은 질문을 던진다.

- 공격성은 생물학적으로 타고난 성향에서 비롯되는 것인가, 아니면 학습되는 것인가?
- 어떤 환경이 적대감을 촉발시키는가?
- 미디어가 공격성에 영향을 주는가?
- 공격성을 어떻게 감소시킬 수 있을까?

먼저, '공격성'이라는 용어를 분명하게 정의할 필요가 있다.

사이버 괴롭힘
문자메시지, 온라인 사회관계망, 이메일과 같은 전자 통신 기술을 이용한 괴롭힘과 공격, 협박

공격성은 무엇인가?

| 공격성을 정의하고 공격성의 다양한 형태를 기술한다.

북인도 지역 종파인 원조 서그(Thugs)는 1550~1850년 사이에 200만 명이 넘는 사람들을 교살하

는 공격성을 보였다. 그들은 이 행동이 칼리 여신을 섬기기 위한 것이라고 주장했다. 그러나 사람들은 '공격적'이라는 표현을 역동적인 영업 사원을 묘사할 때도 사용한다. 사회심리학자들은 영업 사원의 확신에 차고 에너지 넘치고 수완 좋은 행동을 다른 사람을 다치게 하고 피해를 입히고 파괴하는 행동과 구분한다. 전자는 적극성(assertiveness)이고 후자는 공격성이다.

　사회심리학자에게 **공격성**(aggression)이란 해를 끼치기 위한 의도적인 신체적 또는 언어적 행동을 말한다. 이러한 정의는 자동차 사고나 보도 블럭에서 다른 사람에게 부딪히는 것과 같은 비의도적 위해를 제외시킨다. 치과 치료나 극단적인 사례로는 조력 자살과 같이 다른 사람을 돕는 과정에서 불가피하게 겪게 되는 고통도 제외된다.

　공격성의 정의에 포함되는 행동으로는 발로 차기, 때리기, 위협과 모욕, 험담하고 헐뜯기, 온라인상에서 욕을 하거나 괴롭히는 행동을 포함하는 빈정거림과 악성 댓글 달기 등이 있다 (Cheng et al., 2017). 다른 운전자에게 손가락 욕을 하거나 길에서 느리게 걷는 사람에게 소리를 지르는 것 같은 무례한 행동도 포함된다(Park et al., 2014). 실험 상황에서 전기 충격을 얼마나 줄지 결정하는 것처럼, 누군가를 얼마나 다치게 할지 결정하는 것도 포함된다. 재산 손괴, 거짓말, 상처를 주기 위한 기타 행동들도 해당된다. 이런 사례들이 보여주듯이, 공격성은 **신체적 공격성**(physical aggression, 누군가의 신체를 다치게 하는 것)과 **사회적 공격성**[social aggression, 괴롭힘이나 사이버 괴롭힘, 모욕, 험담, 마음에 상처를 주는 따돌림(Dehue et al., 2008)]을 모두 포함한다. 사회적 공격성은 심각한 결과를 가져올 수 있다. 피해자는 우울증으로 고통받고, 어떤 경우는 대중에 잘 알려진 몇몇 사건들이 보여주듯이 자살을 시도하기도 한다. 괴롭힘을 연구하는 Olweus와 Breivik(2013)는 괴롭힘의 결과를 '웰빙의 대척점'이라고 했다.

　그러나 공격성의 사회심리학적 정의에는 소외된 집단에 대한 편견을 의도치 않게 말이나 행동으로 표출하는 미세 공격성(microaggression)이 포함되지 않는다. 사회심리학의 정의를 만족시키기 위해서는 공격성이 의도적인 것이어야 한다. 그래서 어떤 사람들은 '미세 공격성'이라는 용어를 비의도적 속성을 더 잘 반영하는 '의도치 않은 인종 무시'와 같은 다른 용어로 대체해야 한다고 제안했다(Lilienfeld, 2017).

　심리학자들은 **적대적 공격성**(hostile aggression, 분노에서 비롯되고 해를 입히는 것을 목표로 하는 공격성)과 **도구적 공격성**(instrumental aggression, 해를 입히는 것을 목적으로 하지만 다른 목표를 달성하기 위해서 행해지는 공격성)을 구분한다. 신체적 공격성과 사회적 공격성 모두 적대적이거나 도구적일 수 있다. 예를 들어, 괴롭힘은 적대적일 수도 있고(십 대 청소년이 자신의 남자친구를 빼앗아 간 다른 십 대 청소년에게 화가 나서 공격하는 경우), 도구적일 수도 있다[한 고등학생이 인기 없는 친구를 무시하면 자신이 인기를 얻을 수 있다고 생각하는 경우(Juvonen & Graham, 2014; Prinstein & Cillessen, 2003)].

　대부분의 테러리즘은 도구적 공격성이다. Pape(2003)는 1980년에서 2001년 사이에 있었던 모든 자살 폭탄 테러를 연구한 뒤, "거의 모든 자살 테러 캠페인의 공통점은 그것이 특정한 세속적이고 전략적인 목표라는 점이다"라고 결론지었다. 이 목표는 '자유 민주주의 진영이 테러리스트들이 자신의 조국이라고 생각하는 지역에서 군대를 철수하도록 만드는 것'이다. Kruglanski와 동료 연구자들(2009)에 따르면, 정신 질환이 있는 사람이 테러리즘을 저지르는 일은 거의 없다. 오히려 테러리스트들은 영웅이나 순교자의 지위를 얻는 것과 같은 개인적 의미를 추구한다. 테러리즘은 갈등 속에서 전략적 도

공격성
누군가를 다치게 하려는 의도에서 행해지는 신체적 또는 언어적 행동. 실험실 연구에서는 다른 사람에게 전기 충격을 가하거나 마음 상하게 하는 말을 하는 것을 의미할 수 있다.

신체적 공격성
누군가의 신체를 다치게 하는 것

사회적 공격성
누군가의 감정을 다치게 하거나 관계를 위협하는 것. 관계적 공격성이라고도 한다. 사이버 괴롭힘과 몇몇 형태의 직접적 괴롭힘을 포함한다.

적대적 공격성
분노로부터 비롯된 공격성. 해를 입히는 것 자체가 목적임

도구적 공격성
다른 목적을 위한 수단으로 해를 입히고자 하는 공격성

온라인 괴롭힘은 신체적 피해보다는 정서적 피해를 가져오지만, 해를 끼치는 것을 의도하기 때문에 공격성이라고 할 수 있다.

구로 사용되기도 한다. 오사마 빈 라덴은 9/11 테러의 목표를 설명하면서 겨우 50달러의 비용을 들여서 미국 경제에 5,000억 달러의 손실을 입혔다고 언급했다(Zakaria, 2008).

대부분의 전쟁은 도구적 공격성이다. 2003년에 미국과 영국 지도자들은 이라크를 공격하는 것이 이라크 사람들을 죽이는 것을 목표로 하는 적대적 노력이 아니라 이라크를 해방시키기 위한 것이며 대량 살상 무기에 대한 자기 방어를 위한 것이라고 정당화했다. 언어적으로나 신체적으로 다른 친구들을 괴롭히는 청소년들도 도구적 공격성을 나타내는 것이라고 할 수 있는데, 괴롭힘을 통해서 자신의 지배적이고 높은 지위를 보여주는 것이 목적이기 때문이다. 청소년기의 이상한 위계 구조에서는 비열하고 호감가지 않는 사람이 되는 것이 때로는 인기와 존경을 가져다 준다(Salmivalli, 2009).

대부분의 살인은 적대적 공격성이다. 살인 사건의 절반 정도는 언쟁 중에 발생하고 나머지 절반은 사랑의 삼각관계나 술이나 약물과 관련된 다툼에서 발생한다(Asch, 1999). 이런 살인은 충동적인 감정의 분출이다. 그렇기 때문에 110개 국가에서 조사된 바와 같이 사형 제도가 살인을 감소시키지 않는다(Costanzo, 1998; Wilkes, 1987). 그러나 보복이나 성적 강요를 위한 살인과 폭행도 있으며 이러한 공격성은 도구적이다(Felson, 2000). 금주령 기간 동안 시카고에서 발생한 1,000건 이상의 살인 사건 중 대부분은 조직 범죄로 정적 제거와 같은 특수한 목적을 위한 차갑고 계산된 도구적 공격성에 해당한다.

공격성을 설명하는 이론에는 어떤 것이 있는가?

> 공격성을 설명하는 주요 이론들을 이해하고 평가한다.

사회심리학자들은 공격성의 원인을 분석하는 데 있어서 생물학적 영향, 좌절, 학습된 행동이라는 세 가지 관점에 초점을 맞춰왔다.

생물학적 현상으로서의 공격성

철학자들은 인간 본성이 근본적으로 선량하고 행복한 '고결한 야만인(noble savage)'인지 잔혹한 짐승인지 논쟁해왔다. 18세기 프랑스 철학자 장 자크 루소(1712~1778)는 전자를 주장하면서 사회 악의 원인으로 인간 본성이 아닌 사회를 탓했다. 후자는 영국 철학자 토마스 홉스(1588~1679)와 관련 있는데, 사회가 인간의 잔혹성을 제약할 수 있다는 주장이다. 20세기에는 비엔나 출신의 정신분석 창시자 지그문트 프로이드와 독일 출신의 동물 행동 전문가 콘라드 로렌츠가 '잔혹성' 관점(공격성 충동은 타고난 것이기 때문에 불가피하다는 관점)을 주장했다.

본능적 행동과 진화 심리학

프로이드는 인간의 공격성이 자기 파괴적 충동에서 비롯된다고 생각했다. 공격성은 원초적인 죽음의 충동('죽음의 본능')이라는 에너지를 다른 사람들에게로 돌린다. 동물 행동 전문가인 로렌츠는 공격성을 자기 파괴적이라기보다는 적응적이라고 보았다. 두 사람은 공격적 에너지가 **본능적**(instinctive, 타고났으며 학습되지 않았고 보편적)이라는 것에 동의했다. 공격적 에너지가 해소되지 않으면 계속 쌓여서 폭발하거나, 적절한 자극에 의해 쥐가 쥐덫에서 벗어나듯이 "방출된다".

공격성이 본능이라는 관점은 인간 본능 목록이 거의 모든 생각해낼 수 있는 인간 행동을 포함하는 지경에 이르렀을 때 무너졌다. 1924년에 이루어진 사회과학 서적들에 대한 조사 결과에

본능적 행동
같은 종에 속한 모든 구성원이 나타내는 타고난, 학습되지 않은 행동 양상

따르면 거의 6,000개의 본능이 나열되었다(Barash, 1979). 사회과학자들은 사회적 행동에 이름을 붙이는 것으로 그 행동을 설명하려고 했다. 이름을 붙여서 설명하는 게임은 매력적이다. "왜 양들은 무리를 지어 다니는가?", "무리를 짓는 본능 때문이다.", "양들이 무리를 짓는 본능이 있다는 것을 어떻게 아는가?", "보면 알 수 있다. 양들은 언제나 무리 지어 다닌다!"

남성의 공격성은 데이트와 짝짓기 상황에서 고조될 수 있다.

공격성이 본능이라는 관점은 공격적 성향의 개인차와 문화 차를 설명하지 못한다. 공격성이 공유된 인간 본능이라면 백인이 침입하기 전의 평화로웠던 이라크인들과 침입 이후 적대적인 이라크인들의 차이를 어떻게 설명할 수 있을까(Hornstein, 1976)? 공격성이 생물학적 영향하에 있다고 하더라도, 인간의 공격 성향은 본능적 행동의 요건을 충족시키지 못한다.

그러나 공격성이 기본적인 진화적 충동에서 비롯되는 경우도 있다. Archer(2006)와 McAndrew(2009) 같은 진화심리학자들이 지적하였듯이, 인류 역사에서 특히 남성의 공격성은 적응적으로 여겨졌다. 목적이 있는 공격성은 생존과 번식의 가능성을 향상시켰다. McAndrew는 패자는 "유전적 절멸의 위험을 안고 있었다"고 했다.

짝짓기와 관련된 공격성은 종종 남성이 다른 남성과 경쟁할 때 일어난다. 한 연구에서 짝짓기에 대해 생각하도록 점화된 남성 참가자들은 통제 조건 참가자들에 비해서 자신을 도발한 다른 남성에게 더 크고 더 오랜 시간 동안 고통스러운 소음을 들려줬다. 진화심리학자들은 유전적 관련성과 공격성의 관계에 대한 '이기적 유전자' 이론을 상정한다. 남성들은 친자녀보다 의붓자녀를 해칠 확률이 더 높다는 불행한 통계 결과도 여기에 포함된다(Archer, 2013).

남성들은 자신의 사회적 지위가 도전받을 때도 공격적이 된다. McAndrew가 관찰한 바에 따르면 "적절한 시점에 적절한 사람에게 가해지는 폭력은 사회적 성공으로 가는 티켓이다." 프로농구 선수 찰스 바클리는 1997년 바에서 술을 마시고 있었는데 어떤 남자가 바클리에게 물잔을 던졌다. 바클리는 다치지 않았고, 물잔을 던진 남자가 보복할 가능성이 있었고, 폭행으로 몇 분 만에 체포되었지만, 바클리는 자신이 공격받은 즉시 상대를 유리창 너머로 던졌다. 뉴스 보도에 따르면 목격자들은 바클리의 공격성에 감명받기라도 한 것처럼 그를 칭송했다. 바클리에게 그 남자를 창문으로 던진 행동을 후회하는지 묻자 그는 다음과 같이 답했다. "우리가 더 높은 층에 있지 않았던 것이 아쉽습니다"(Griskevicius et al., 2009).

명백히 바클리가 유일한 사례는 아니다. 세 가지 실험에서 지위 향상 동기가 부여된 남자 대학생들은 면대면 상호작용 상황에서 상대방에게 더 공격적으로 행동했다(Griskevicius et al., 2009). 지위 기반 공격성(status-based aggression)은 청소년기와 성인 초기에 공격성이 가장 높은 이유를 설명해준다. 이 시기는 지위와 이성에 대한 경쟁이 가장 심하다. 비록 폭력에 대한 보상이 과거보다는 적지만, 지위와 이성을 찾기 위해 실랑이를 벌이는 젊은 남성들을 전 세계의 술집과 캠퍼스에서 볼 수 있다. 때로는 지위를 위한 싸움이 극단으로 치닫기도 한다. Filipovic(2017)은 다음과 같이 썼다. "미국에서 또 다시 총기난사 사건이 발생했다. 또 다시 질문을 던진다. 그는 정치적 목적이 있었을까? 그는 정신적으로 병들었는가? …. 우리가 한 번도 던지지 않는 질문이 있다. 범인이 남자인가? 대답은 언제나 같다." 98퍼센트의 총기 난사범은 남성이다(Stone, 2015).

신경계의 영향

공격성은 복잡한 행동이기 때문에, 두뇌의 단일 영역에서 통제하지 않는다. 그러나 연구자들은 동물과 인간 모두에서 공격성을 촉진하는 두뇌 신경 시스템을 발견했다. 과학자들이 이 영역들을 활성화시키면 적대감이 증가한다. 이 영역들을 억제하면 적대감이 감소한다. 주로 시상하부를 자극하는 방법을 사용해서 온순한 동물들도 화나게 만들 수 있고, 화난 동물들도 온순하게 만들 수도 있다(Falkner et al., 2016; Falkner & Lin, 2014).

한 실험에서 연구자들은 지배적인 원숭이의 공격성–억제 영역에 전극을 삽입했다. 이 영역을 활성화시키는 버튼을 몸집이 작은 원숭이에게 주자, 이 원숭이는 폭군 원숭이가 위협적인 행동을 할 때마다 버튼을 누르는 것을 학습했다. 뇌 자극은 인간에게도 적용된다. 정서와 관련된 핵심 구조인 편도체에 통증 없는 전기 자극을 받은 한 여성은 분노에 차서 벽에 기타를 휘둘렀고 기타는 그녀의 정신과 의사 머리를 아슬아슬하게 비켜갔다(Moyer, 1976, 1983).

이것은 폭력적인 사람들의 뇌가 어딘가 비정상이라는 의미일까? Raine과 동료 연구자들(1998, 2000, 2005, 2008)은 뇌 영상 기법을 사용해서 살인자들의 뇌 활동과 반사회적 품행장애를 가진 남성들의 회색질 양을 측정했다. 공격성과 관련된 두뇌 깊은 곳에 있는 영역들의 브레이크 역할을 하는 전전두피질의 활성화 정도가 정상인에 비해 살인범(부모의 학대를 받은 사람들은 제외)에서 15% 낮게 나타났고 반사회적인 사람들에서 전전두피질의 크기가 15% 작았다. 또 다른 연구에 따르면 공격적이고 폭력적인 사람일수록 편도체 부피가 작았다(Pardini et al., 2014). 살인범과 사형수를 대상으로 한 다른 연구들에서도 비정상적 뇌가 비정상적으로 공격적인 행동에 기여할 수 있음을 확인했다(Davidson et al., 2000; Lewis, 1998; Pincus, 2001). 상황 요인도 영향을 줄 수 있다. 수면 박탈은 자기통제를 담당하는 전전두피질의 활동을 감소시킨다. 공격성 지향적인 사람들에게서 수면 부족은 폭력과 공격 행동으로 이어질 수 있다(Kamphuis et al. 2012). 425명의 독일 대학생들을 대상으로 한 연구에서, 수면 시간이 짧은 학생들이 신체적·언어적으로 더 공격적인 것으로 나타났다(Randler & Vollmer, 2013).

정신 질환은 어떨까? 총기 난사 사건이 뉴스에 보도되면 정치인들은 종종 정신 질환을 탓한다(미국 하원 대변인 폴 라이언은 2017년에 "정신 건강 개선은 총기 난사를 확실히 예방하기 위해 매우 중요한 요소입니다"라고 말했다[Fuller, 2017]). 사실, 젊은 나이, 남성, 음주가 정신 질환보다 폭력을 더 잘 예측한다(Corrigan et al., 2005; Metzl & MadLeish, 2014). 총기 난사범의 78%는 정신 질환이 없었다(Stone, 2015). 듀크대학교의 Jeffrey Swanson 교수에 따르면(Swanson, 2016), 만약 누군가가 마법처럼 하루아침에 조현병, 양극성장애, 우울증을 치료한다고 하더라도, 미국에서 일어나는 폭력 범죄는 겨우 4% 감소할 것이다. 정신 질환을 앓는 사람들은 폭력의 가해자보다는 피해자가 될 가능성이 더 크다(Brekke et al., 2001).

유전의 영향

유전은 공격성 단서에 대한 신경계의 민감성에 영향을 준다. 동물들은 공격성을 가지도록 번식시킬 수 있다는 것이 오랫동안 알려져 왔다. 때로는 (투계의 육종과 같은) 실용적 목적을 위해 그렇게 해왔다. 육종은 연구 목적으로 이루어지기도 한다. 핀란드 심리학자 Lagerspetz(1979)는 공격성이 보통인 흰 쥐를 가장 공격적인 쥐와 교배하거나 가장 덜

잠을 충분히 자야 하는 이유 : 공격적인 사람들은 피곤한 사람들인 경우가 많다.

공격적인 쥐와 교배시키는 것을 26세대에 걸쳐 반복한 결과, 사나운 쥐 한 무리와 얌전한 쥐 한 무리를 얻었다.

공격적 성향에는 개인차가 있다(Asher, 1987; Bettencourt et al., 2006; Denson et al., 2006; Olweus, 1979). 우리의 기질(우리가 얼마나 강하고 예민하게 자극에 반응하는지)은 자율신경계 반응성에 영향받으며, 부분적으로 타고나는 것이다(Kagan, 1989; Wilkowski & Robinson, 2008). 영아기 때 관찰된 기질은 대체로 평생 유지된다(Larsen & Diener, 1987; Wilson & Matheny, 1986). 3세 때 낮은 자기통제를 보이는 아이들은 32세에 물질남용에 빠지거나 체포될 가능성이 크다(Monffitt et al., 2011). 8세에 공격적이지 않은 아동은 48세에도 공격적이지 않을 가능성이 크다(Huesmann et al., 2003). 쌍둥이들에게 따로 '폭력적 기질'이 있는지, 싸움에 휘말린 적이 있는지 물었을 때, 이란성 쌍둥이에 비해서 일란성 쌍둥이들이 더 유사한 대답을 했다 (Rowe et al., 1999; Rushton et al., 1986). 유죄 판결을 받은 범죄자들 중에서 쌍둥이 형제가 있는 경우, 일란성 쌍둥이의 거의 절반(그러나 이란성 쌍둥이는 겨우 5분의 1만)이 전과가 있었다 (Raine, 1993, 2008).

스웨덴 거주자 1,250만 명을 대상으로 한 연구에서는 생물학적 형제가 폭력 전과가 있는 경우 자신도 범죄자가 될 가능성이 네 배 더 높았다. 입양 형제의 경우 그 확률이 훨씬 더 낮았다. 이 결과는 유전적 요인이 더 강하고 환경의 영향은 그보다 덜하다는 것을 시사한다(Frisell et al., 2011). 최근 연구에서는 공격성과 관련된 특정 유전자(MAOA-L)를 확인했다. 어떤 사람들은 이 유전자를 '전사 유전자(warrior gene)'나 '폭력 유전자(violence gene)'라고 부른다. 핀란드 범죄자 900명 중에서 이 유전자를 가진 사람들은 폭력 범죄를 반복해서 저지를 가능성이 13배 더 높았으며, 이 유전자는 핀란드 내 심각한 폭력 범죄의 10%를 설명했다(Tiihonen et al., 2015). 몇 개의 실험실 연구에서 이 유전자를 가진 사람들은 도발당했을 때 더 공격적으로 행동하는 경향이 있었다(Ficks & Waldman, 2014; McDermott et al., 2009). 뉴질랜드 아동 수백 명을 추적한 장기적 연구에 따르면 공격적 행동은 MAOA-L 유전자와 아동학대의 조합에서 비롯되었다(Caspi et al., 2002; Moffitt et al., 2003). '나쁜' 유전자도 '나쁜' 환경도 혼자서는 공격 성향과 반사회적 행동을 야기할 수 없다. 그보다는 유전자가 어떤 아이들을 학대에 더 민감하고 반응적이 되도록 만들 수 있다. 유전과 환경은 상호작용한다.

생화학적 영향

혈액의 화학적 구성도 공격적 자극에 대한 신경계의 민감성에 영향을 준다.

알코올 실험실 연구와 경찰 데이터는 모두 도발 상황에서 알코올이 공격성을 촉발시킨다는 것을 보여준다(Bushman, 1993; Taylor & Chermack, 1993; Testa, 2002). 여러 연구들을 분석한 결과에 따르면 알코올 소비는 특히 남성에게서 높은 수준의 공격성과 관련되어 있다(Duke et al.,2018). 다음을 생각해보자.

* 실험실 연구에서 사람들에게 대인관계 갈등을 회상하도록 했을 때, 술 취한 사람들은 그렇지 않은 사람들에 비해서 더 강한 전기 충격을 가했다(MacDonald et al., 2000).
* 술에 대해 생각하도록 점화된 대학생들은 애매모호한 모욕에 더 공격적으로 반응했다 (Pedersen et al., 2000). 알코올이 중립적인 발언을 적대적으로 해석하게 만드는 것이 분명해 보였다.

알코올과 성폭력. 대학생 연령대의 여성들 중 5분의 1이 성폭력을 경험하는데, 대부분의 성폭력 범죄는 알코올과 관련 있다.

- 미국에서 발생한 폭력 범죄의 40%, 전 세계적으로 살인의 50%는 알코올과 관련되어 있다(Kuhns et al., 2014). 미국에서 일어난 강간과 성폭행 사건의 37%가 알코올과 관련 있다(NCADD, 2014). 주류 판매를 엄격하게 제한하는 주에서 알코올 관련 살인이 덜 발생한다(Naimi et al., 2017).
- 두 달에 걸쳐 전자 일기를 쓴 대학생들은 분명한 패턴을 보였다. 술을 마신 학생들이 데이트 상대에게 더 공격적으로 행동했다. 음주량에 따라서 학대 빈도가 증가했다(Moore et al., 2011).
- 덩치 큰 남성이 술을 마시면 더 공격적이 된다. 그러나 알코올은 여성이나 덩치가 작은 남성의 공격성에는 거의 영향을 주지 않는다. 연구자들에 따르면 알코올은 '덩치 큰 사람이 공격적으로 행동함으로써 자신의 몸집을 과시하고 다른 사람들을 위협하도록' 만드는 것 같다(DeWall et al., 2010). 실제로 사람들은 현명하게도 술집에서 '덩치 큰 술취한 남자'를 피할 줄 안다.

알코올은 사람들의 자의식을 감소시키고 도발에 주의를 기울이게 만들며, 알코올과 공격성을 심리적으로 연관짓게 만들어서 공격성을 증가시킨다(Bartholow & Heinz, 2006; Giancola & Corman, 2007; Ito et al., 1996). 알코올은 사람들이 애매한 행동(예 : 군중 속에서 부딪히는 것)을 도발로 해석하도록 만든다(Begue et al., 2010). 알코올은 탈개인화와 탈억제에 기여한다.

테스토스테론   호르몬의 영향은 인간보다는 다른 동물들에서 훨씬 더 큰 것으로 보인다. 그러나 인간의 공격성도 남성 호르몬 테스토스테론과 상관이 있다. 다음을 생각해보자.

- 폭력적인 남성의 테스토스테론 수준을 낮추어주는 약물은 공격적 성향을 감소시킨다.
- 남성들은 25세 이후 테스토스테론 수준과 폭력 범죄를 저지르는 비율이 함께 감소한다.
- 테스토스테론 수준은 교도소 수감자들 중에서도 계획적이고 정당한 이유 없는 폭력 범죄를 저지른 사람들에게서 폭력 범죄가 아닌 범죄를 저지른 사람들보다 더 높게 나타난다(Dabbs, 1992; Dabbs et al., 1995, 1997, 2001).
- 정상 범위의 남자 청소년과 성인들의 경우, 테스토스테론 수준이 높을수록 비행, 심각한 마약 사용, 도발에 대한 공격적 반응 성향이 더 강하다(Archer, 1991; Barzman et al., 2013).
- 지배 성향이 강하거나 자기통제력이 약한 남성에게 테스토스테론을 주입하면 도발에 대해 더 공격적으로 반응한다(Carre et al., 2017).
- 사회적 배척을 당한 뒤 높은 수준의 분노를 보고한 대학생들은 타액에서 측정된 테스토스테론 수준이 높았다(Peterson & Harmon-Jones, 2012).
- 총을 다루고 나면 남성의 테스토스테론 수준이 증가한다. 테스토스테론 수준이 증가할수록 타인에 대해서 더 공격적이 된다(Klinesmith et al., 2006).
- 테스토스테론에 많이 노출된 뇌 구조적 특성을 보이는 사람들은 아동기부터 성인기까지 높은 공격성을 보인다(Nguyen et al., 2016).

빈약한 식사   영국의 연구자 Bernard Gesch가 식단이 공격성에 미치는 영향을 처음 연구하려고 했을 때, 영국의 한 감옥에서 수백 명의 수감자들 앞에 섰다. 그러나 아무리 큰 소리로 이야기해도 듣는 사람이 아무도 없었다. 결국 Gesch가 '아버지(재소자들의 터프가이 리더)와 사적으로 대화한 다음에야 231명의 재소자들이 영양 보충제 또는 위약을 받는 연구에 참여하게 되었다. 추가적인 영양분을 공급받은 재소자들이 폭력 사건에 휘말리는 빈도가 35% 더 낮았다(Gesch et al., 2002; Zaalberg et al., 2010). 이러한 영양 공급 프로그램은 감옥 밖의 사람들에게도 도움이 될 수 있다. 많은 사람들이 오메가-3 지방산(생선에 함유되어 있고 뇌 기능에 중요함)이나 칼슘(충동성을 방지해줌)과 같은 영양분이 부족하기 때문이다.

또 다른 연구에서, 연구자들이 보스턴 공립 고등학교 학생들의 식단을 조사하고 공격적이거나 폭력적인 행동에 대해 조사했다. 다이어트 소다가 아닌 소다 음료를 일주일에 다섯 캔 이상 마시는 학생들

젊음, 남성, 불안. 2011년 폭동이 영국 도시들을 휩쓸었을 때, 체포된 사람들은 압도적으로 하나의 유전적 특성(Y 염색체)을 공유했으며, 대부분 테스토스테론의 자극을 받은 십 대나 20대 초반이었다(The Guardian, 2011).

© Matt Dunham/AP Images

이 또래나 형제자매, 데이트 상대에게 더 폭력적으로 행동하고, 총이나 칼 같은 무기를 소지할 가능성이 높았다. 여덟 가지 다른 관련 요인들을 통제하더라도 결과는 마찬가지였다(Solnick & Hemenway, 2012). 또 다른 상관 연구에 따르면 경화유로도 알려져 있는 트랜스 지방을 많이 섭취하는 남성과 여성이, 제3의 변인을 통제하더라도, 더 공격적이었다(Golomb et al., 2012). 놀랍기는 하지만, 살인죄로 기소된 피고인의 변호사가 트윙키(매우 달콤한 크림이 들어있는 스펀지 케이크 과자-역주)와 코카콜라를 주식으로 하는 정크푸드 식사를 해 온 탓에 살인을 저질렀다고 했던 고전적인 '트윙키 변호(Twinkie Defense)'에 약간의 진실이 있을 수도 있다. 결론은 공격성을 낮추기 위해서 오메가-3 지방산이 풍부하고 트랜스 지방이 적은 식사를 해야 하며 설탕 음료는 피해야 한다는 것이다.

생물학과 행동은 상호작용한다 생물학과 행동은 서로 영향을 주고 받는다. 예를 들어, 높은 수준의 테스토스테론은 지배적이고 공격적인 행동을 야기할 수 있지만, 지배적이고 공격적인 행동도 높은 테스토스테론 수준의 원인이 될 수 있다(Mazur & Booth, 1998). 월드컵 축구 경기나 중요한 농구 경기 이후, 팬들의 테스토스테론 수준을 측정하면 이긴 팀의 팬은 테스토스테론이 증가하고 진 팀의 팬은 감소한다(Bernhardt et al., 1998). 2008년 미국 대선에서 승리한 후보(버락 오바마)의 지지자와 패배한 후보의 지지자(존 맥케인)에서도 비슷한 결과가 관찰되었다(Stanton et al., 2009). 사회 불안이 높은 남성은 면대면 경쟁에서 진 다음에 확연한 테스테스테론 수준의 감소를 나타낸다(Maner et al., 2008). 카디프대학교 연구자들이 축구나 럭비 경기에서 이긴 팀이 진 팀보다 경기 후 폭행을 저지르는 경우가 더 많다는 것을 발견했는데, 아마도 테스토스테론의 급격한 증가와 승리를 기념하는 음주가 그 원인일 것이다(Sivarajasingam et al., 2005).

신경계, 유전, 생화학적 영향이 어떤 사람들을 갈등이나 도발에 대해 더 공격적으로 반응하게 만든다. 그렇다면, 공격성이 인간 본성의 일부이기 때문에 평화는 실현 불가능한 것일까? 미국 심리학회(The American Psychological Association)와 국제 심리학자 회의(International Council of Psychologists)는 10여 개 국가의 과학자들이 만든 폭력에 대한 다음과 같은 성명을 공개적으

로 지지했다(Adams, 1991): "전쟁이나 다른 모든 형태의 폭력 행동이 유전적으로 인간 본성에 프로그램되어 있다거나, '본능'이나 어떤 단일 동기로부터 비롯되었다는 것은 과학적으로 틀린 말이다." 앞으로 보게 되겠지만, 인간의 공격성을 감소시킬 수 있는 방법이 있다.

좌절에 대한 반응으로서의 공격성

더운 저녁이었다. 두 시간의 공부로 지치고 갈증이 나는 상태에서 당신은 친구에게 동전을 빌려 가장 가까운 음료 자동판매기로 간다. 자동판매기가 동전을 삼키고, 당신은 시원하고 신선한 콜라를 맛보기 직전이다. 그런데 버튼을 눌렀는데도 아무 일도 일어나지 않는다. 버튼을 다시 누른다. 그런 다음 동전 반환 버튼을 누른다. 여전히 아무 반응이 없다. 다시 버튼을 누른다. 자동판매기를 때린다. 이런, 동전도 없고 음료수도 없다. 당신은 빈손으로 돈도 잃은 채 쿵쿵거리며 공부하던 곳으로 돌아간다. 당신의 룸메이트는 조심해야 할까? 당신이 해가 되는 말이나 행동을 할 가능성이 높아졌을까?

공격성에 대한 초기의 심리학 이론들 중 하나인 **좌절–공격성 이론**(frustration-aggression theory)에 따르면 그렇다(Dollard et al., 1939). **좌절**(frustration)이란 목표 달성을 방해하는 어떤 것(고장 난 자동판매기 같은 것)이다. 목표를 달성하려는 우리의 동기가 매우 강할 때, 우리가 만족감을 기대하고 있을 때, 그리고 방해가 완전할 때, 좌절이 커진다. Brown과 동료 연구자들 (2001)이 영국에서 프랑스행 페리 승객들을 대상으로 조사한 결과에 따르면, 프랑스 어선이 항구를 가로막아서 여행을 방해했던 날 더 강한 공격적 태도를 보였다. 목표 달성을 방해받은 승객들은 커피를 쏟은 프랑스 사람을 모욕하는 행동에 동의할 가능성이 더 높았다. 축구 비디오 게임에서 진 대학생들은 상대방에게 더 길고 시끄러운 소음을 들려줬다(Breuer et al., 2014). 사이버 괴롭힘은 이별과 같은 좌절에서 비롯되는 경우가 많다. 어떤 사이버 괴롭힘 가해자는 자신의 공격성을 자신의 헤어진 파트너와 현재 사귀고 있는 상대에게 향하기도 한다. 한 여성은 자신의 경험을 다음과 같이 묘사했다. "어떤 여자애는 제가 그 애의 전 남자친구와 데이트하는 것 때문에 화가 났어요. 그 애는 제가 나쁜 친구였고 난잡한 여자라는 문자 메시지를 보내면서 괴롭혔어요."(Rafferty & Vander Ven, 2014).

공격적 에너지가 반드시 직접적으로 공격성의 원천을 향하는 것은 아니다. 대부분의 사람들은 직접적 보복을 억제하는 것을 배운다. 특히 다른 사람들이 직접적 보복을 인정하지 않거나 처벌하는 경우에 그렇다. 대신, 우리는 우리의 적대감을 더 안전한 대상으로 **전위**(displacement), 또는 전향(redirect)한다. 직장 상사에게 모욕을 당한 남자가 아내에게 화풀이하고 그 아내는 아들에게 소리를 지르고 그 아들은 개를 발로 차고 그 개는 우편 배달부를 무는 (그 우편 배달부는 집에 가서 아내에게 화풀이하고 …) 식의 오래된 우화에 전위가 잘 나타나 있다. 실험과 실생활에서는 공격성의 대상이 원인 제공자와 유사하거나, 사소한 거슬리는 행동을 했을 때, 전위된 공격성이 발생하기 쉽다(Marcus-Newhall et al., 2000; Miller et al., 2003; Pedersen et al., 2000, 2008). 이전에 있었던 도발로 인해 누군가 분노를 품고 있으면, 사소한 공격이라도 폭발적인 과잉 반응(여러분이 고장난 자동판매기에게 돈을 빼앗긴 뒤에 룸메이트에게 소리 질러본 적이 한 번이라도 있다

좌절–공격성 이론
좌절이 공격 준비 상태를 촉발한다는 이론

좌절
목표 지향적 행동이 방해받는 것

전위
공격성을 좌절의 원인이 아닌 다른 대상으로 돌리는 것. 일반적으로 새로운 대상은 더 안전하고 사회적으로 받아들여지는 대상이다.

© O. Burriel/Science Source

좌절이 유발한 공격성은 보복 운전으로 나타나기도 한다. 보복 운전은 앞지르기를 당하는 상황에서 다른 운전자가 적대적 의도를 지녔다고 인식할 때 발생한다.

면 알겠지만)이 유발될 수 있다.

Vasquez와 동료 연구자들(2005)이 수행한 실험에서, 서던캘리포니아대학교 학생들에게 애너그램 과제(단어 만들기 과제-역주)를 풀게 한 뒤, 실험자가 일부 참가자들에게는 수행이 엉망이라며 모욕을 주고 다른 참가자들에게는 모욕을 주지 않았다. 잠시 후, 참가자들은 다른 학생이 과제를 하는 동안에 고통스러울 정도로 차가운 물에 손을 담그고 있어야 하는데 그 시간을 어느 정도로 할지 결정해야 했다. 찬물에 손 담그기 과제를 하기로 되어 있는 학생이 사소한 무례를 저지르는 경우, 애너그램에서 실험자에게 모욕을 당했던 참가자들은 이 학생이 더 오랜 시간 동안 찬물에 손 담그기 과제를 해야 한다고 응답했다. Vasquez에 따르면, 이러한 전위된 공격성이, 다른 도발로 인해 화가 나 있는 사람이 고속도로에서 일어나는 사소한 무례에 보복 운전으로 반응하거나 배우자의 비난에 배우자 학대로 반응하는 이유를 설명해준다. 메이저리그 7만 4,197개 야구 경기의 약 500만 타석을 분석한 결과에 따르면 타자가 바로 전 타석에서 홈런을 쳤거나, 그 타자의 직전 타자가 홈런을 친 경우에, 투수가 몸에 맞는 공을 던질 가능성이 가장 높았는데(Timmerman, 2007), 이러한 현상도 전위된 공격성으로 이해할 수 있다.

외집단은 전위된 공격성에 특히 취약한 대상이다(Pedersen et al., 2008). 적은 서로를 공격한다. 다양한 시사 평론가들은 9/11에 대한 미국인의 강력한 분노가 이라크 공격에 대한 열망에 기여했음을 관찰했다. 미국인들은 그들의 분노를 배출할 수단을 찾고 있었고 사담 후세인이라는 사악한 독재자를 발견했던 것이다. Friedaman(2003)은 이라크 전쟁의 진짜 이유를 다음과 같이 설명했다. "9/11 이후 미국은 아랍-무슬림 세계의 누군가를 공격할 필요가 있었다. … 우리는 단순한 이유에서 사담을 공격했다. 우리가 그럴 수 있었기 때문이고, 그가 공격받을 만했기 때문이며, 그가 바로 그 세계의 심장부에 있었기 때문이다." 전쟁을 옹호하는 사람들 중 한 명인 리처드 체니 부통령(2003)도 여기에 동의하는 것 같다. 그는 세상 사람들 대부분이 미국의 전쟁에 동의하지 않는 이유를 묻자 "그 사람들은 9/11을 겪지 않았기 때문"이라고 대답했다.

좌절-공격성 이론의 수정

좌절-공격성 이론에 대한 실험실 연구 결과들은 혼재되어 있다. 좌절이 공격성을 증가시키는 경우도 있지만 그렇지 않은 경우도 있다. 예를 들어, 한 실험에서는 실험 동조자가(주의를 기울이지 않아서가 아니라) 보청기 오작동 때문에 집단의 문제 해결을 방해했는데, 이와 같이 이해 가능한 좌절은 짜증으로 이어질 수 있지만 공격성을 유발하지는 않았다(Burnstein & Worchel, 1962).

Berkowitz(1978, 1989)는 기존 이론이 좌절과 공격성의 연관성을 과장했다는 것을 깨닫고 이론을 수정했다. Berkowitz는 사람들이 화났을 때만 좌절이 공격성을 유발한다는 이론을 제안하였다(Averill, 1983; Weiner, 1981). 예를 들어, 좌절을 안겨준 사람이 다른 행동을 선택할 수 있었기 때문에 분노를 느낄 때만 공격성을 유발한다는 것이다. 일례로, 사람들은 스포츠 경기에서 목표가 좌절되었을 때, 대체로 공격성을 보이지 않는다. 상대편 선수가 고의적으로 부당한 행동을 했을 때만 분노를 경험하고 공격성을 나타낸다.

좌절감을 느끼는 사람은 차오르는 분노를 폭발시킬 수 있는 계기를 제공하는 공격성 단서가 주어질 때 공격성을 표출한다(그림 10.1). 때로는 그런 단서 없이 공격성이 표출되기도 한다. 그러나 앞으로 보게 되겠지만 공격성과 관련된 단서는 공격성을 증폭시킨다(Carlson et al., 1990).

그림 10.1
Leonard Berkowitz의 수정된 좌절-공격성 이론의 단순화된 개요

그림 10.1
Leonard Berkowitz의 수정된 좌절-공격성 이론의 단순화된 개요

상대적 박탈

좌절은 완전한 박탈에서만 비롯되는 것이 아니다. 좌절은 기대와 성취 사이의 차이에서 비롯될 때가 더 많다. 경제적 좌절감을 느끼는 사람들의 대부분은 다른 방식의 삶이 있다는 것을 모르는 아프리카 빈민가의 가난한 사람들이 아니라 부자가 되고 싶어 하는 혹은 적어도 중상 계층이 되고 싶어하는 중류 계층 미국인들일 것이다. 여러분의 기대가 여러분의 성취로 인해 충족되고, 여러분의 욕망이 여러분의 소득 안에서 채워질 수 있다면, 여러분은 좌절보다는 만족을 느낀다 (Solberg et al., 2002). 그러나 부자가 되는 길이 요원하게 느껴진다면, 그 결과는 공격성이 될 수 있다.

상대적 박탈감
자신과 다른 사람을 비교했을 때 자신이 상대적으로 못 지낸다고 지각하는 것

상대적 박탈감(relative deprivation)이라고 불리는 이 느낌은 소득 불평등(빈부 격차)이 심한 국가들에서 행복 수준이 낮고 범죄율이 높은 이유를 설명해준다(Coccia, 2018). 소득 격차가 심할수록, 다른 사람들이 자신은 가질 수 없는 것을 가진다는 느낌이 강하다(Cheung & Lucas, 2016). 영국 부자 동네에 사는 저소득층 소년들(대부분 자신이 무엇이 부족한지를 알고 있는 소년들)은 빈곤이 집중된 지역에 사는 소년들보다 더 공격적이었다(Odgers et al., 2015). 경기 침체 동안 스트레스를 경험한다고 보고한 대학생들이 더 공격적이었으며, 경기가 나쁘다는 뉴스를 시청하는 조건에 무선적으로 할당된 대학생들이 더 강한 적대감을 보고했다(Barlett & Anderson, 2014). 자신의 사회경제적 지위가 낮다고 생각하는 사람들은(실제 사회경제적 지위와 무관하게) 더 공격적이고, 다른 사람에 비해 상대적으로 박탈당했다고 느끼는 실험 조건에 할당된 사람들이 더 공격적이었다(Greitemeyer & Sagioglou, 2016).

상대적 박탈감이라는 용어는 제2차 세계대전에서 미국 군인들의 만족감을 연구하던 연구자들이 처음 만들었다(Merton & Kitt, 1980; Stouffer et al., 1949). 아이러니하게도 육군 항공대 소속 군인들이 군 경찰 소속의 군인들보다 진급 속도에 대해 더 큰 좌절감을 느꼈는데, 실제 진급 속도는 군 경찰이 더 느렸다. 육군 항공대는 진급 속도가 빨랐고, 대부분의 항공대 소속 군인들은 자신이 다른 사람들보다 더 낫다고 지각했을 것이다(자기고양 편파). 따라서 그들의 기대는 성취보다 더 빠르게 증가했다. 그 결과는 좌절감이었다.

오늘날 이러한 좌절감의 한 가지 가능한 원인은 텔레비전 프로그램과 광고에서 보여주는 풍족함이다. 텔레비전이 보편적인 가전제품인 문화에서 절대적 박탈(다른 사람이 가진 것을 가지지 않은 것)은 상대적 박탈감(박탈당했다고 느끼는 것)이 된다. Hennigan과 동료 연구자들(1982)은 텔레비전이 보급되던 시절 미국 도시들의 범죄율을 분석했다. 1951년에 34개 도시에 텔레비전이 널리 보급되었는데, 1951년의 절도 범죄율(가게에서 물건을 훔치거나 자전거를 훔치는 등의 범죄)이 눈에 띄게 증가했다. 다른 34개의 도시에서는 정부 사정으로 텔레비전 보급이 1955년까지 지체되었는데, 이 도시의 절도 범죄율은 1955년에 유사한 증가를 보였다.

학습된 사회적 행동으로서의 공격성

본능과 좌절에 기반한 공격성 이론들은 적대적 충동이 내면의 정서로부터 분출되며 이러한 정서는 자연스럽게 공격성을 안에서부터 밖으로 '밀어낸다(push)'고 가정한다. 사회심리학자들은 학습이 공격성을 우리 밖으로 '끌어내기(pull)'도 한다고 주장한다.

공격성의 보상

복수를 위한 공격성은 만족스럽다. 대부분의 사람들은 자신이 싫어하는 사람을 나타내는 저주 인형(voodoo doll)에 핀을 꽂아 넣은 뒤 기분이 좋다고 보고한다(Chester et al., 2017). 다른 보상도 있다. 경험과 관찰을 통해서 우리는 공격성에 보답이 따른다는 것을 학습한다. 다른 아이를 위협하는 데 성공한 아이는 더욱 더 공격적이 되는 경향이 있다(Patterson et al., 1967). 공격적인 하키 선수들(거친 플레이로 가장 자주 페널티 박스로 보내지는 선수들)은 공격적이지 않은 선수보다 더 많이 득점한다(McCarthy & Kelly, 1978a, b). 캐나다 십 대 하키 선수들 중에서 아버지가 신체적으로 공격적인 플레이를 칭찬해주는 선수들은 가장 공격적인 태도와 플레이 스타일을 보인다(Ennis & Zanna, 1991). 소말리아 근해에서 배를 납치하는 해적들에게 몸값을 지불하는 것[2009년에 15억 달러가 지불되었음(BBC, 2008)]은 해적들에게 보상이 되고, 또 다른 납치를 촉진한다. 이런 사례에서 공격성은 특정 보상을 획득하기 위한 도구가 된다.

힘 없는 사람들이 널리 주목받게 해주는 테러리스트들의 활동도 마찬가지다. Marsen과 Attia (2005)는 "자살 폭탄 테러의 일차적 대상은 그 피해자가 아니라 미디어를 통해 테러를 목격해야 하는 사람들이다"라고 지적했다. 테러리즘의 목적은 미디어의 힘을 빌려서 사람들에게 겁을 주는 것이다. 고대 중국 속담에는 "한 명을 죽여서 만 명을 두렵게 하라"는 말이 있다. Rubin (1986)은 영국 수상 마거릿 대처가 말했던 '대중의 관심이라는 산소(the oxygen of publicity)'가 박탈되면 테러리즘은 분명히 사라질 것이라고 결론지었다. 1970년대에 벌거벗은 관중이 텔레비전에 나오기 위해서 미식축구 경기장을 '스트리킹(streaking, 알몸으로 대중 앞에서 뛰어다니기)' 했던 것과 비슷하다. 중계 방송사에서 이런 사고들을 방송하지 않기로 결정한 뒤로 이 현상은 사라졌다.

관찰학습

Bandura(1997)는 공격성의 **사회학습이론**(social learning theory)을 제안했다. 그는 공격성의 보상을 경험하는 것뿐만 아니라 다른 사람들을 관찰하는 것을 통해서도 공격성을 학습할 수 있다고 생각했다. 대부분의 사회적 행동과 마찬가지로, 우리는 다른 사람의 행동을 관찰하고 그 결과를 알아차리는 방식을 통해서 공격성을 획득한다.

Bandura가 했던 실험(Bandura et al., 1961)의 한 장면을 상상해보자. 취학 전 아동이 재미있는 미술 활동에 참여하고 있다. 조립식 장난감과 나무 망치, '보보'라고 불리는 커다란 풍선 인형이 있는 방의 한쪽에 어른이 한 사람 있다. 이 어른은 조립식 장난감을 1분 정도 가지고 놀다가 일어나서 거의 10분 동안 풍선 인형을 공격한다. 나무 망치로 인형을 치고 발로 차고 집어던지면서 "코를 때려… 때려 눕혀 … 발로 차버려"라고 소리지른다.

아동은 어른이 분노의 감정을 폭발시키는 것을 관찰한 뒤, 재미있는 장난감이 가득한 다른 방으로 안내받는다. 2분 뒤, 실험자가 끼어들어서 "다른 친구들을 위해서 장난감을 남겨두라"고 말한다. 좌절한 아동은 또 다른 방으로 이동하는데, 이 방에는 공격적 놀이와 공격적이지 않은

사회학습이론
우리가 사회적 학습을 관찰과 모방, 보상과 처벌을 통해 학습한다고 설명하는 이론

Bandura의 유명한 실험에서 보보 인형을 향한 어른들의 공격성에 노출된 아이들은 관찰했던 공격성을 재연할 가능성이 높은 것으로 나타났다.

출처 : Courtesy of Albert Bandura

놀이를 위한 다양한 장난감들이 있고 그중에는 보보 인형과 나무 망치도 있다.

공격적인 어른 모델에 노출되지 않은 아동들은 공격적인 놀이나 대화를 거의 하지 않았다. 비록 좌절한 상태였지만 조용히 놀이를 했다. 공격적인 어른을 관찰했던 아동들은 나무 망치를 들어서 인형을 때리는 행동을 훨씬 더 많이 했다. 어른의 공격적 행동을 관찰한 아동들은 더 낮은 수준의 억제를 보였다. 더욱이 이 아동들은 어른 모델의 구체적 행동을 재현했고 어른이 했던 말을 따라했다. 공격적 행동을 관찰하는 것이 억제 수준을 낮추었을 뿐만 아니라 공격하는 방법도 가르쳐준 것이다.

Bandura(1979)는 우리가 일상 생활에서 가족, 문화, 그리고 앞으로 이야기하겠지만, 대중 매체 속의 공격적 모델들을 접한다고 생각했다.

가족 신체적으로 공격적인 아동은 부모가 신체적 처벌을 가하는 경향이 있다. 부모가 아동을 훈육하기 위해서 소리를 지르고 뺨을 때리고 두들겨 패면서 공격성의 모델이 된다(Patterson et al., 1982). 이런 부모의 부모 또한 신체적 처벌을 가했던 경우가 많다(Bandura & Walters, 1959; Straus & Gelles, 1980). 이러한 징벌적 행동은 학대로 이어질 수 있고, 대부분의 학대 아동은 범죄자나 학대하는 부모가 되지 않지만, 30%는 자신의 자녀를 학대하며 이것은 일반적 인구에서 관찰되는 것보다 네 배 더 많은 비율이다(Kaufman & Zigler, 1987; Widom, 1989). 엉덩이를 때리는 것 같은 가벼운 신체적 처벌도 이후의 공격성과 관련 있다(Gershoff, 2002; MacKenzie et al., 2015). 폭력은 종종 폭력을 낳는다.

문화 가정 밖의 사회적 환경도 공격성 모델을 제공한다. '마초'적 이미지가 존경받는 커뮤니티에서는 공격성이 새로운 세대로 쉽게 전해진다(Cartwright, 1975; Short, 1969). 예를 들어, 십 대 갱단의 폭력적 하위문화는 신입 멤버들에게 공격성 모델을 제공한다. 폭력성의 위험이 동일한 시카고 청소년들 중에서, 총격 사건을 목격한 적이 있는 청소년들이 폭력적이 될 가능성이 두 배 더 높았다(Bingenheimer et al., 2005).

더 광범위한 문화도 영향을 준다. 비민주적이고 소득 불평등이 심하고 남성이 전사가 되도록 가르치

평화로운 왕국. 2008년에 스코틀랜드 오크니섬에서 한 사람이 살인으로 기소되었는데, 1800년대 이후에 발생한 겨우 두 번째 살인이었다.

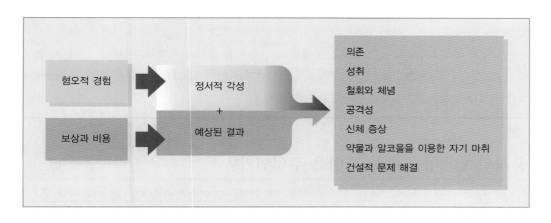

그림 10.2
사회 학습의 관점에서 바라본 공격성

정서적 각성은 혐오적 경험에서 비롯되고 이것이 공격성의 동기로 작용한다. 공격성이나 다른 반응들이 나타날지 여부는 우리가 어떤 결과를 기대하도록 학습했는지에 따라 달라진다.

출처 : Based on Bandura, 1979, 1997.

며 전쟁을 경험한 적이 있는 문화 출신의 남성은 그 반대의 문화 출신 남성에 비해서 더 공격적으로 행동할 가능성이 높다(Bond, 2004).

 Nisbett(1990, 1993)과 Cohen(1996, 1998)은 하위 문화가 폭력에 대한 태도에 어떤 영향을 미치는지 탐구했다. 연구자들은 자신의 양이 공격받는 것을 항상 경계하는 스코틀랜드–아일랜드계의 목축업자들이 정착한 미국 남부에는 모욕에는 당연히 보복이 뒤따라야 한다고 믿는 '명예 문화(culture of honor)'가 있다고 보고했다(Henry, 2009). 복도에서 다른 사람이 자신을 밀치고 지나가면서 모욕적인 말을 하는 것을 들은 뒤에, 남부 출신 백인 남성은 공격적인 생각을 더 많이 표현했고 테스토스테론의 급격한 증가를 경험했다. 북부 출신 백인 남성은 같은 상황을 우습다고 생각했다(Cohen et al., 1996). 오늘날까지도 남부 출신이 많은 미국 도시들은 백인들이 저지르는 살인율이 평균보다 더 높다(Vandello et al., 2008). '명예 문화'에 속한 주의 학생들이 학교에 무기를 가지고 오는 경우가 더 많고, 이들 주에서 학교 총격 사건이 세 배 더 많이 발생했다(Brown et al., 2009).

 사람들은 경험과 관찰을 통해 공격적 반응을 학습한다. 그렇다면 공격적 반응은 실제로 언제 발생하는가? Bandura(1979)는 공격적 행동이 다양한 혐오적 경험(좌절, 고통, 모욕)에 의해 발생할 수 있다고 주장했다(그림 10.2). 이런 경험들이 우리를 정서적으로 각성시킨다. 그러나 우리가 공격적으로 행동할지 여부는 우리가 기대하는 결과에 따라 다르다. 우리가 정서적으로 각성되어 있고 공격하는 것이 안전하고 보상이 된다고 생각할 때 공격성이 발생할 가능성이 가장 높다.

요약 : 공격성을 설명하는 이론에는 어떤 것이 있는가?

• **공격성**(해를 끼치는 것을 목적으로 하는 의도된 행동으로 정의)은 **신체적**(누군가의 신체를 다치게 함)일 수도 있고 **사회적**(누군가의 감정이나 지위를 다치게 함)일 수도 있다. 사회적 공격성에는 괴롭힘과 사이버 괴롭힘(온라인이나 문자 메시지를 이용한 괴롭힘)이 포함된다.

• **공격성**(신체적 공격성과 사회적 공격성 둘 다)에는 분노와 같은 감정에서 비롯되는 **적대적 공격성**과 다른 목적을 위한 수단으로 해를 가하는 **도구적 공격성**이 있다.

• 공격성을 설명하는 세 가지 이론이 있다. 첫째, 본능 이론은 주로 지그문트 프로이트와 콘라드 로렌츠의 이론과 관련 있는데, 공격적 에너지가 마치 댐에 모이는 물처럼 내부에서 축적된다고 주장한다. 이러한 관점을 지지하는 증거는 별로 없지만 공격성이 유전, 혈액의 화학적 구성, 뇌와 같은 생물학적 요인의 영향을 받는 것은 사실이다.

• 두 번째 이론에 따르면 좌절이 분노와 적대감을 유발한다. 이렇게 유발된 분노는 공격적 단서가 주어지면 공격성을 촉발

(계속)

할 수 있다. 좌절은 박탈 그 자체보다는 기대와 성취 사이의 차이에서 비롯된다.

• 사회학습이론에서는 공격성이 학습된 행동이라고 주장한다. 우리는 경험을 통해서, 그리고 다른 사람의 성공을 관찰하면

서, 공격성에 보상이 있다는 것을 배우기도 한다. 사회 학습을 통해서 가족과 하위 문화가 공격성에 영향을 준다. 다음 절에서 살펴보겠지만 미디어도 사회 학습을 통해 공격성에 영향을 준다.

공격성에 영향을 주는 요인은 무엇인가?

공격성에 영향을 주는 요인들을 확인하고 이 요인들이 어떻게 작용하는지 설명한다.

혐오적 사건과 각성, 미디어, 집단 맥락과 같은 몇 가지 구체적 영향 요인들을 생각해보자.

혐오적 사건

공격성을 만들어내는 재료들은 일종의 혐오적 경험을 포함하는 경우가 많다. 혐오적 경험에는 고통이나 불편한 열기, 공격, 밀집한 군중이 있다.

고통

Azrin(1967)은 발바닥에 전기 충격을 주는 장치가 설치된 케이지 안의 실험용 쥐를 대상으로 실험을 했다. Azrin은 전기 충격을 멈추는 부적 강화를 이용해서 케이지 안의 쥐 두 마리가 긍정적인 상호작용을 하도록 학습시킬 수 있는지 알고 싶었다. 그는 전기 충격 장치를 켜두었다가, 쥐들에 서로에게 접근하면 장치를 끌 계획이었다. 놀랍게도 이 실험은 불가능했다. 쥐들이 고통을 느끼기 시작하자마자, 실험자가 전기 충격을 멈출 겨를도 없이, 서로를 공격했다. 전기 충격(그리고 고통)이 강하면 강할수록, 공격도 더 강했다. 고양이, 거북이, 뱀을 포함한 여러 동물 종에서 같은 효과가 관찰되었다. 동물들은 공격 대상을 가리지 않았다. 자기와 같은 종의 동물들을 공격하기도 했고, 다른 종의 동물들도 공격했으며, 인형이나, 심지어 테니스 공도 공격했다.

연구자들은 통증의 원인을 다양하게 변화시켜보기도 했다. 그들은 전기 충격뿐만 아니라, 뜨거운 자극이나 '심리적 고통(psychological pain)'(예 : 디스크를 쪼면 곡식을 보상으로 기대하도록 훈련된 배고픈 비둘기에게 갑자기 보상을 제공하지 않는 것)도 전기 충격과 같은 반응을 일으켰다. 이러한 '심리적 고통'은 바로 좌절감이다.

고통은 인간의 공격성도 증가시킨다. 우리 중 많은 사람들이 발가락을 부딪히거나 두통이 심할 때 그런 반응을 보였던 적이 있었을 것이다. Berkowitz와 동료 연구자들은 위스콘신대학교 학생들을 대상으로 한 연구에서 이것을 증명했다. Berkowitz의 연구에서 학생들은 미지근한 물 또는 고통스러울 정도로 차가운 물에 손을 담그고 있어야 했다. 찬물에 손을 담근 학생들이 더 화가 나고 짜증이 난다고 보고했고, 다른 사람에게 불쾌한 소음을 들려주려는 의지가 더 강했다. 이러한 연구 결과들을 해석하면서 Berkowitz(1983, 1989, 1998)는 좌절보다는 혐오적 자극이 적대적 공격성의 기본적 촉진 장치라고 제안했다. 좌절은 분명 불쾌함의 중요한 유형 중 하나이다. 그러나 내동댕이 쳐진 기대이든,

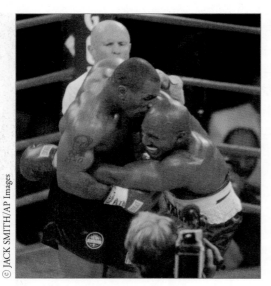

© JACK SMITH/AP Images

통증 발작. 1997년에 헤비급 챔피언십에서 에반더 홀리필드에게 처음 두 라운드를 져서 좌절한 상태에서 실수로 일어난 박치기로 고통을 겪자, 마이크 타이슨은 홀리필드의 귀를 물어뜯었다.

개인적 모욕이든, 신체적 고통이든, 어떤 혐오적 사건이라도 감정의 폭발을 일으킬 수 있다. 우울한 상태의 지속도 적대적이고 공격적인 행동 가능성을 증가시킨다.

열기

일시적 기후 변화도 행동에 영향을 줄 수 있다. 불쾌한 냄새와 담배 연기, 대기 오염도 모두 공격적 행동과 관련되어 있다 (Rotton & Frey, 1985). 하지만 가장 잘 연구된 환경적 요인은 열기이다. Griffit(1970; Griffit & Veitch, 1971)는 정상적 온도를 유지한 방에서 설문을 작성한 학생들에 비해서 불편할 정도로 더운 방(섭씨 32도 이상)에서 설문을 작성한 학생들이 더 지치고, 더 공격적이고, 낯선 사람에게 더 적대적임을 보였다.

미주리주 퍼거슨, 2014년 8월. 폭동과 약탈은 더운 여름 날씨에 더 자주 일어난다.

후속 실험들에서 열기가 공격이나 부상에 대한 보복 반응을 촉발하며(Bell, 1980; Rule et al., 1987), 예민한 사람들이 사회적으로 배척당했을 때에만 열기가 공격성을 이끌어낸다는 것이 밝혀졌다(Fay & Maner, 2014).

실험실뿐만 아니라 실생활에서도 불편한 열기가 공격성을 증가시킬까?

- 애리조나 피닉스에 무더위가 찾아왔을 때 에어컨이 없는 차량의 운전자들이 멈춰 있는 차에 경적을 더 많이 울렸다(Kenrick & MacFarlane, 1986).

- 1952년 이후 5만 7,293번의 메이저 리그 경기를 분석한 결과에 따르면, 더운 날씨에 투수가 던진 공에 타자가 맞는 비율이 더 높았고(섭씨 15도 이하인 날에 비해서 섭씨 32도 이상인 날에 50% 더 높았고) 투수의 동료 선수 세 사람이 이전에 공에 맞은 적이 있는 경우에 더 높았다(Larrick et al., 2011). 이것은 투구 정확도가 떨어졌기 때문이 아니다. 출루율이나 폭투율에서는 차이가 없었다. 그저 더 많은 타자들을 공격했을 뿐이다.

- 6개 도시에서 이루어진 연구에 따르면 날씨가 더울 때 폭력 범죄율이 증가한다(Anderson & Anderson, 1984; Cohn, 1993; Cotton, 1981, 1986; Harries & Stdler, 1988; Rotton & Cohn, 2004).

- 북반구 전역에 걸쳐서 더운 날에만 폭력 범죄가 증가하는 것이 아니라 평소보다 더 더운 계절, 더 더운 여름, 더 더운 해, 더 더운 도시, 더 더운 지역에서 폭력 범죄가 늘어난다 (Anderson & Delisi, 2010). Anderson과 동료들은 지구 온난화로 섭씨 약 2도 정도 증가할 때마다, 심각한 폭행 사건이 미국에서만 매년 5만 건 증가할 것으로 추정했다.

이러한 실생활의 발견들이 열기로 인한 불편감이 공격성을 직접적으로 촉진한다는 것을 보여줄까? 그런 결론이 가능할 수도 있지만, 기후와 공격성의 상관이 인과 관계를 증명해주는 것은 아니다. 사람들이 덥고 끈적끈적한 날씨에서 더 쉽게 화를 내는 것은 분명해보인다. 그리고 실험실 연구에서도 더운 온도가 각성과 적대적 사고와 느낌들을 증가시켰다(Anderson & Anderson, 1998). 그러나 다른 요인들도 영향을 줄 수 있다. 더운 여름 저녁이 사람들을 거리로 나가게 만들어서 기온이 아닌 다른 요인들이 영향을 줄 수도 있을 것이다. 만약 그렇다면 (연구자들 사이에 논란이 있기는 하지만) 숨막히는 열기가 폭력을 억제하는 지점도 있을 수 있다(뭔가를 하기에 너무 더우면, 다른 사람을 해치는 일도 덜 하게 될 수 있다)(Bell, 2005; Bushman et al.; 2005a, b; Cohn & Rotton, 2005).

공격

공격당하거나 모욕당하는 것은 특히 공격성으로 이어지기 쉽다. 의도적 공격이 보복성 공격을 낳는다는 사실이 몇몇 실험에서 밝혀졌다. 이 실험들에서는 대부분 참가자들이 다른 참가자와 반응 시간 경쟁을 벌인다. 매 시행마다 승자는 패자에게 어느 정도의 전기 충격을 줄지 결정한다. 사실 각 참가자는 점진적으로 전기 충격의 강도를 증가시키도록 프로그램된 상대와 경쟁한다. 진짜 참가자들은 자비롭게 반응할까? 거의 그렇지 않다. '눈에는 눈'으로 대응할 때가 더 많다(Ohbuchi & Kambara, 1985).

각성

지금까지 우리는 다양한 혐오적 자극이 분노를 일으킬 수 있음을 보았다. 운동이나 성적 흥분과 같은 다른 종류의 각성도 비슷한 효과가 있을까? 영희가 짧은 달리기를 마친 직후 집에 돌아왔는데 데이트 상대가 전화를 해서 다른 계획이 있어서 데이트를 할 수 없다는 말을 남겼다고 상상해보자. 영희는 똑같은 메시지를 낮잠에서 막 깨어나서 받았을 때보다 달리기 직후 받았을 때 분노를 폭발시킬 가능성이 더 높을까? 아니면 방금 운동을 했기 때문에 분노가 해소되었을까? 여기에 대한 답을 찾기 위해서, 우리가 신체적 상태를 해석하고 명명하는 방식에 대해서 생각해보자.

한 유명한 실험에서, Schachter와 Singer(1962)는 우리가 신체적 각성을 서로 다른 방식으로 경험할 수 있다는 것을 발견했다. 연구자들은 미네소타대학교 남성들에게 아드레날린을 주입해서 신체적 각성을 유도했다. 아드레날린은 신체를 상기시키고 심박수를 증가시키고 호흡을 빠르게 했다. 약물의 효과에 대해서 미리 경고받았던 사람들은 옆 사람이 적대적이든, 유쾌하든 상관없이 정서를 거의 경험하지 않았다. 이 사람들은 신체 감각을 약물에 귀인할 준비가 되어 있었다. Schacter와 Singer는 다른 참가자 집단으로 하여금 약물의 부작용이 없다고 믿게 만들었다. 그런 다음, 이 사람들 역시 적대적이거나 유쾌한 사람과 같은 장소에 있도록 했다. 이 사람들은 어떻게 느끼고 행동했을까? 적대적인 사람과 함께 있었을 때는 분노를, 유쾌한 사람과 함께 있었을 때는 즐거움을 느꼈다. 여기서 알 수 있는 원리는 각성 상태가 맥락에 따라서 다르게 해석될 수 있다는 것이다.

다른 연구들은 각성이 Schacter가 생각했던만큼 정서적으로 구별되지 않는 것은 아님을 보여준다. 그러나 신체적 각성이 거의 모든 감정을 증폭시킬 수 있다는 것도 사실이다(Reisenzein, 1983). 예를 들어, 사람들은 라디오 잡음을 불쾌하게 느끼는데, 특히 밝은 불빛으로 각성되었을 때 그렇다(Biner, 1991). 방금 운동용 자전거를 탔거나 록 음악 콘서트 영상을 본 직후에 자신의 각성을 도발 때문이라고 오귀인해서 증가된 공격성으로 보복하기 쉽다(Zillmann et al., 1988). 상식적으로 영희의 달리기가 공격적 긴장감을 해소시켜줄 것이라고 생각하기 쉽지만, 더 큰 분노와 공격성으로 반응하게 만들 가능성이 더 크다. 연구 결과들이 보여주듯이, 각성은 감정을 부추긴다.

성적 각성과 분노 같은 다른 형태의 각성은 상호 증폭시킬 수 있다(Zillmann, 1989). 사랑은 투쟁 또는 도피 직후 가장 열정적이다. 이것은 마음에 드는 데이트 상대와 공포 영화를 보러 가는 이유 중 하나이기도 하다. 실험실 연구에 따르면, 공포를 경험한 직후의 사람들이 에로틱한 자극에 더 많이 각성된다. 비슷하게, 롤러코스터를 타고 난 뒤의 각성이 파트너에 대한 로맨틱한

그림 10.3
적대적 공격성의 구성요소
혐오적 상황이 적대적 인지와 적대적 감정, 그리고 각성을 일으켜 공격성을 촉박할 수 있다. 이러한 반응들은 우리가 해를 끼치려는 의도를 더 쉽게 지각하게 만들고 더 공격적으로 반응하게 만든다.

출처 : Simplified from Anderson, Deuser, & DeNeve, 1995. For an updated but more complex version, see Anderson & Bushman, 2018.

```
                 ┌─────────────────┐
                 │   혐오적 상황     │
                 │ 통증이나 불편감   │
                 │ 좌절             │
                 │ 공격이나 모욕     │
                 │ 군중             │
                 └─────────────────┘

┌──────────────┐  ┌──────────────┐  ┌──────────────┐
│ 적대적 사고와 기억 │  │  화난 감정    │  │    각성       │
└──────────────┘  └──────────────┘  └──────────────┘

                 ┌──────────────┐
                 │  공격적 반응   │
                 └──────────────┘
```

감정으로 이어질 수 있다.

좌절감을 주거나 모욕적인 상황이 각성을 증가시킨다. 증가한 각성과 적대적 사고와 느낌들이 조합되면 공격적 행동을 만들어낼 수 있다(그림 10.3).

공격성 단서

좌절-공격성 가설에서도 언급했듯이, 공격성 단서가 축적된 분노를 방출시킬 때 폭력이 발생할 가능성이 커진다. Berkowitz(1968, 1981, 1995)와 다른 연구자들은 무기를 보는 것이 그러한 단서가 될 수 있음을 발견했다. 한 실험에서는 장난감 총을 가지고 놀았던 아이들이 더 적극적으로 다른 아이들의 블록을 망가뜨리려고 했다. 위스콘신대학교 남성들을 대상으로 한 다른 실험에서는 방에 소총과 권총이 놓여 있을 때, 배드민턴 라켓이 놓여 있을 때보다 자신을 괴롭히는 사람에게 더 많은 전기 충격을 가했다(Berkowitz & LePage, 1967). 더 최근의 실험에서는 모의 운전 장치에서 조수석에 총이 놓여 있으면(테니스 라켓이 놓여 있을 때보다) 사람들이 더 공격적으로 운전했다(Bushman et al., 2017). 78개의 독립적 연구들을 메타 분석한 결과에 따르면, 단순히 무기가 존재하는 것만으로도 공격적 사고와 행동을 증가시키는데, 이러한 현상을 '무기 효과(weapons effect)'라고 한다(Benjamin et al., 2013). 시야에 들어오는 것이 마음에도 들어오는 것이다.

무기 효과는 3억 개의 개인 소유 총기가 있는 미국에서 전체 살인 사건의 절반에서 권총이 사용되고, 집에 권총이 있는 경우 침입자보다는 가족 구성원을 죽이는 경우가 더 많은 이유를 설명해준다. Berkowitz는 "총이 폭력을 허용할 뿐만 아니라, 폭력을 촉진한다. 손가락이 방아쇠를 당기기도 하지만 방아쇠가 손가락을 당길 수도 있다"고 했다.

Berkowitz는 권총을 금지하는 국가들에서 살인율이 더 낮은 것은 놀라운 일이 아니라고 한다. 영국 인구는 미국의 5분의 1이지만, 살인율

직접 만지거나 사용하지 않더라도 조수석에 놓여 있는 것처럼 총이 단순히 존재하는 것만으로도 공격성으로 이어질 수 있다.

은 26분의 1에 불과하다. 미국은 인구당 총기 수가 세계에서 가장 많고, 소득 수준이 높은 다른 국가들에 비해서 총기로 인한 살인이 25배나 더 많이 발생한다(Grinshteyn & Hemenway, 2016). 소득 수준이 높은 26개 국가들 중에서, 총기가 많은 국가들이 살인율도 높다. 워싱턴 D.C.에서 권총 소지를 금지하는 법안을 받아들이자, 총기 관련 살인과 자살율이 각각 25% 감소했다. 총기와 무관한 살인과 자살에는 변화가 없었고, 가까운 도시의 총기 관련 범죄에도 변화가 없었다(Loftin et al., 1991). 10개국에서 이루어진 130개 연구에 따르면 총기 판매를 제한하는 법이 총기 범죄의 감소를 가져왔다(Santaella-Tenorio et al., 2016). 1996년에 있었던 총기 난사 사건 이후 호주에서는 총기 관련 법을 더 엄격하게 개정하고 70만 개의 총기를 정부에서 구매하여 회수했다. 그 결과 총기 관련 살인이 59% 감소했고, 총기 난사 사건은 발생하지 않았다(Howard, 2013). 총기 소지 비율이 높은 주에서 총기를 사용한 살인율도 높다(Siegel et al., 2013). 어떤 사람들은 무기를 소지한 사람들이 총기 폭력을 예방할 수 있다고 주장하지만, 사람들이 무기를 가린 채로 들고 다닐 수 있도록 허용하는 '총기 소지권' 법안을 통과시킨 11개 주에서는 오히려 폭력 범죄가 증가했다(Donohue et al., 2017).

연구자들은 총이 있는 집과 그렇지 않은 집의 폭력 위험도를 분석했다. 총이 있는 집과 없는 집은 다른 여러가지 면에서도 차이가 있을 수 있기 때문에 이 연구는 논란의 여지가 있다. 질병 통제 센터(the Centers for Disease Control)의 지원을 받았던 한 연구에서는 성별, 인종, 연령, 주 거지가 비슷한 총기 소지자와 비소지자를 비교했다. 아이러니면서도 비극적인 결과는(대개는 보호를 위해) 집에 총을 두고 있는 사람들이(거의 항상 가족 구성원이나 가까운 사람에게) 살해당할 가능성이 2.7배 더 높았다(Kellermann, 1997; Kellermann et al., 1993). 한 메타 분석에서는 집에 총이 있는 사람들이 살해당할 가능성이 세 배 더 높고, 자살할 가능성은 두 배 더 높았다(Anglemyer et al., 2014). 성별, 연령, 인종의 효과를 통제하더라도 집에 총이 있는 사람들이 살해당할 가능성이 41% 더 높고, 자살할 가능성은 세 배 더 높았다(Narang et al., 2010). 집에 총이 있으면 다툼을 장례식으로, 일시적 고통을 자살로 바꾸어 놓는 경우가 많다.

총기는 공격성 단서로만 작용하는 것이 아니라 공격하는 사람과 피해자 사이에 심리적 거리를 만들어낸다. Milgram의 복종 연구가 가르쳐주듯이 피해자와의 거리는 잔인함을 촉진한다. 칼로 사람을 죽일 수도 있지만 칼로 공격하기 위해서는 멀리서 방아쇠를 당기는 것보다 훨씬 더 많은 개인적 접촉이 필요하다(그림 10.4).

미디어의 영향 : 포르노그라피와 성폭력

오늘날 포르노그라피는 미국에서 프로 미식축구, 농구, 야구를 합친 것보다 더 큰 산업이다. 케이블 방송과 위성 방송 네트워크, 극장, 유료 채널 영화, 호텔에서 제공하는 영화, 폰섹스, 섹스 매거진, 인터넷 사이트 등을 통해 포르노그라피 산업에 연간 130억 달러가 소비된다(D'Orlando, 2011). 인터넷 포르노그라피의 쉬운 접근성이 인기를 촉진했다. 18~26세 사이 미국 남성을 대상으로 한 최근 조사에 따르면 87%가 적어도 한 달에 한 번, 거의 절반의 사람들이 적어도 일주일에 한 번 포르노그라피를 봤다고 응답했다. 그러나 여성은 겨우 31%만이 포르노그라피를 본 적이 있다고 응답했다(Carroll et al., 2008). 포르노그라피는 젊고, 종교성이 낮고, 평균 이상의 성적 파트너가 있는 남성들이 더 많이 이용한다. 1993~2010년 사이 미국에서 남성의 포르노그라피 소비가 증가했다(Wright, 2013). 포르노그라피에 대한 사회심리학 연구는 대부분 포르노그라피 비디오의 공통점인 성폭력의 묘사에 초점을 뒀다(Sun et al., 2008). 전형적인 성폭력 에피소

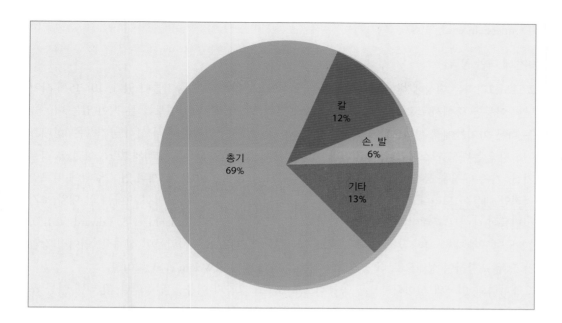

그림 10.4
2013년 미국에서 살인에 이용된 무기

출처 : FBI Uniform Crime Reports.

드에서 남성은 여성에게 강압적으로 행동한다. 여성은 처음에는 공격자에게 저항하고 맞서 싸운다. 점차 여성이 저항하고 남성이 강요하면서 여성은 성적으로 각성되고 그녀의 저항은 누그러진다. 결국 여성은 절정을 경험하면서 남성에게 더 요구하게 된다. 물론, 여기서 문제는 실제로는 여성들이 강간이나 성희롱에 이런 식으로 반응하지 않는다는 데 있다. 이 시나리오는 순전히 판타지이다.

사회심리학자들은 남성이 과도하게 힘을 행사하고 여성을 각성시키는 이러한 가상의 장면이 (a) 성적 강압에 여성이 어떻게 반응하는지에 대한 남성의 (그리고 아마도 여성의) 인식을 왜곡시키며 (b) 여성에 대한 남성의 공격성을 증가시킨다고 보고한다.

성적 현실에 대한 왜곡된 지각

성폭력 장면을 보는 것이 '강간 신화(rape myth, 어떤 여성들은 성폭력을 환영하며 "싫다는 말이 싫다는 의미가 아니다"는 믿음)'를 강화할까? 연구자들은 TV 시청 시간과 강간 신화를 수용하는 정도 사이에 상관이 있음을 확인했다(Kahlor & Morrison, 2007). 상관 관계를 실험적으로 탐색하기 위해서 Malamuth와 Check(1981)는 매니토바대학교 남성들에게 두 편의 성적이지 않은 영화 또는 두 편의 성적인 영화를 보여주었다. 일주일 뒤, 다른 실험자가 시행한 설문 조사에서, 약한 성폭력 영화를 시청했던 사람들이 여성에 대한 폭력에 더 수용적인 것으로 나타났다. 특히 성적인 영화 시청 후 각성 수준이 높았던 사람들에게서 이러한 태도가 관찰되었다(Hald & Malamuth, 2015).

다른 연구들도 포르노그라피에 노출되는 것이 강간 신화에 대한 수용을 증가시킨다는 것을 확인했다(Oddone-Paolucci et al., 2000). 예를 들어, 남성들이 성적으로 폭력적인 영화를 사흘 저녁에 걸쳐 시청하고 나면 강간과 폭력을 덜 불편하게 느끼게 되었다(Mullin & Linz, 1995). 영화에 노출되지 않았던 남성들과 비교했을 때, 성적으로 폭력적인 영화를 시청했던 남성들은 가정 폭력 피해자를 덜 동정했고 피해자의 부상이 덜 심각하다고 평가했다(사흘이 지난 후에도 마찬가지였다). 연구자들은 여성을 고문하고 해치는 폭력에 침묵하도록 만드는 데 있어서, 점진적으로 정도를 더해가는 이런 영화들을 보여주는 것만큼 효과적인 방법이 또 있겠느냐고 반문했다

(Donnerstein et al., 1987).

여성에 대한 공격성

포르노그라피는 여성에 대한 남성의 실제 공격성에도 기여한다는 증거들이 있다. 10~15세 사이 남녀 아동들 중에서 폭력적인 성적 내용이 포함된 영화, 잡지, 웹사이트를 본 적이 있는 아동들은 다른 아이들에게 성적으로 공격적일 가능성이 여섯 배 높았다(여기서 성적 공격성은 '상대가 원하지 않는데도 키스하거나, 만지거나, 성적인 행동을 하는 것'으로 정의되었다). 성별, 공격적 기질, 가족 배경을 통제하더라도 마찬가지였다(Ybarra et al., 2011). 43개의 연구 결과에 따르면 성적인 내용이 드러나고 성적으로 폭력적인 내용이 담긴 미디어를 많이 소비하는 십 대와 초기 성인들이 데이트 폭력이나 성폭력에 관여할 가능성이 더 높았다(Rodenhizer & Edwards, 2017). 22개 연구에 대한 메타 분석 결과 포르노그라피를 더 자주 보는 사람들이 신체적 · 언어적 강압을 모두 포함하여 성적으로 더 공격적이 되는 경향이 있었다(Wright et al., 2016).

캐나다와 미국의 성범죄자들은 공통적으로 포르노그라피 이용을 인정한다. 인터넷 아동 포르노그라피로 체포된 남성 155명 중에서 85%가 적어도 한 번은 아동을 추행한 적이 있으며, 평균적으로 13명을 추행했다(Bourke & Hernandez, 2009). 그 반대의 경우도 마찬가지다. 강간범, 연쇄살인범, 아동 성추행범들은 비정상적으로 높은 비율의 포르노그라피 이용률을 보인다(Bennet, 1991; Kingston et al., 2008).

그러나 포르노그라피가 실제로 폭력을 유발하는 것은 아닐 수도 있다. 그보다는, 폭력적인 남성이 폭력적인 포르노그라피를 좋아하는 것일 수도 있다. 이러한 설명을 배제하기 위해서는 실험을 수행할 필요가 있다. 예를 들어, 어떤 사람들은 포르노그라피를 시청하고 어떤 사람들은 그렇지 않도록 무선 할당을 하는 것이다. 이렇게 했던 한 실험에서, 120명의 위스콘신대학교 남성들이 중립적이거나 에로틱하거나 혹은 공격적이면서 에로틱한(강간) 영화를 봤다. 그런 다음, 이 남성들은 다른 실험의 일환이라고 알려진 다음 실험에서, 남성 또는 여성 실험 동조자에게 의미 없는 음절을, 오답을 말하면 전기 충격을 가하는 방식으로 "가르치라"는 지시를 받았다. 강간 영화를 시청했던 남성들은 특히 여성에게, 특히 화가 났을 때, 눈에 띄게 강한 전기 충격을 가했다(그림 10.5). 21명의 저명한 사회과학자들은 이 분야의 실험 결과를 요약하면서 다음과 같은 주장에 합의했다. "폭력적 포르노그라피에 노출되면 여성에 대한 처벌적 행동이 증가한다"(Koop, 1987).

이런 식의 실험을 수행하는 것이 여러분을 불편하게 한다면, 안심해도 된다. 이 연구자들은 연구 참가자들이 실험에서 겪게 될, 논란의 여지가 있는 강력한 경험에 대해서 잘 알고 있다. 실험에 대해서 사전에 알려주고 참가자들이 동의한 경우에만 실험에 참가하도록 했다. 또한, 실험이 끝난 뒤, 연구자들은 영화가 전하고자 하는 믿음이 잘못되었다는 점을 효과적으로 전달했다(Check & Malamuth, 1984).

미디어의 영향 : 텔레비전, 영화, 인터넷

우리는 공격적인 사람이 보보 인형을 공격하는 시범을 보여주면 아이들이 공격성을 분출시키고 새로운 공격 방법들을 배운다는 사실을 알았다. 우리는 많은 화난 남성들이 성폭력을 묘사하는 영화를 보고난 뒤 여성에게 더 폭력적으로 행동한다는 사실도 알았다. 그렇다면 일상적인 텔레비전 시청도 비슷한 효과가 있을까?

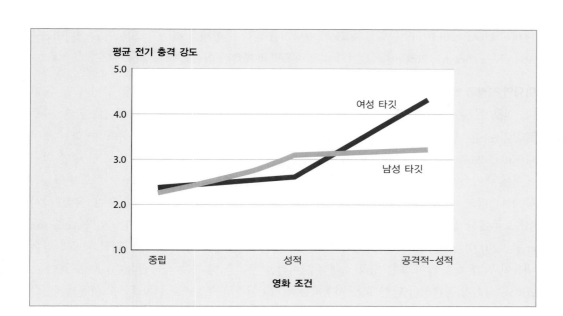

그림 10.5
공격적이면서 성적인 영화를 시청한 후, 남자 대학생들은 다른 참가자에게 이전보다 더 강한 전기 충격을 가했는데, 특히 상대가 여성일 때 그랬다.

출처 : Data from Donnerstein, 1980.

오늘날, 대부분의 산업화된 나라에서는 거의 모든 가구(예 : 호주에서는 99.2%)에 텔레비전이 있다. 2009년에 평균적인 미국 가정에 텔레비전이 세 대 있었는데, 이것이 자녀가 어떤 프로그램을 시청하는지에 대해서 부모와 자녀가 다른 보고를 하는 이유를 알려준다(Nielsen, 2010). 어떤 가정에는 가족 구성원 각자가 개인 태블릿 컴퓨터를 갖고 있어서, 부모가 자녀의 미디어 사용을 모니터하기가 더욱 어려워지고 있다.

평균적인 미국 가정에서 TV가 켜져 있는 시간은 하루 7시간이며, 십 대의 하루 평균 시청 시간은 3시간, 어른들의 하루 평균 시청 시간은 6시간이다(Nielsen, 2011). 십 대는 비디오나 휴대폰을 보는 것으로 미디어 시청 시간을 보충한다. 영상 녹화가 가능해지면서 TV 시청 시간이 자유로워진 덕분에 2010년대의 미국인들은 그 어느 때보다도 TV를 많이 시청하고 있다(Nielsen, 2011).

텔레비전은 아이들이 학교에 있는 시간보다 더 오랜 시간 동안 아이들의 눈에 전자기파를 쏘아대고 있다. 사실, 아이들이 깨어 있는 시간 동안 하는 그 어떤 활동보다도 긴 시간이다. 2012~2013년 사이에 방송된 TV 드라마 내용 분석에 따르면 총, 칼, 그리고 검이 매 3분마다 화면에 등장한다. 2012년 가을에 '크리미널 마인드'라는 드라마를 4회 시청한 아이들은 매 회차마다 거의 53번의 폭력 장면(1분에 한 번, 8초 동안)을 시청했다(PTC, 2013). 사회적 분노(괴롭힘이나 따돌림) 또한 이에 못지 않게 흔하다. 2~11세 사이 아이들에게 가장 인기 있는 TV쇼 50개 중에서 92%가 최소한 특정 종류의 사회적 공격성을 담고 있었다. 이러한 괴롭힘은 매력적인 공격자로부터 시작되는 경우가 많고, 재미있게 표현되며, 보상도 처벌도 받지않는다(Nartins & Wilson, 2012a).

텔레비전 시청과 공격성에 대한 연구들은 대중의 관심을 끄는 '모방(copycat)' 살인과 같이 가끔 발생하는 현상이 아닌 보다 미묘하고 만연한 효과를 찾아내는 것을 목표로 한다. 이 연구들이 던지는 질문은 다음과 같다. 텔레비전이 시청자의 **행동**과 **사고**에 어떻게 영향을 줄까?

미디어가 행동에 미치는 영향

시청자들은 폭력적 모델을 모방할까? TV에서 본 레슬링 동작을 따라하다가 5세 여동생을 죽인

13세 소년(AP, 2013)부터 만화를 보고 목 매달기를 따라한 형제들 때문에 죽은 인도 소년(Indo-Asian News Service, 2013)에 이르기까지, TV 폭력을 재현한 아동들의 사례는 매우 많다.

미디어 시청과 행동의 상관 TV에 영감을 받은 폭력에 관한 단일 사례는 과학적 증거가 될 수 없다. 연구자들은 상관 연구와 실험 연구를 통해서 폭력적 미디어 시청의 효과를 검토한다. 자주 관찰되는 결과는 아동이 보는 TV에 폭력적 내용이 많을수록 그 아동은 더 폭력적이라는 것이다(Eron, 1987; Turner et al., 1986). 예를 들어, 독일 청소년 1,715명을 대상으로 한 종단 연구에서는 폭력적 미디어를 많이 시청하는 청소년들이 2년 뒤에 더 공격적이었으며, 주요 변인들을 통제하더라도 마찬가지였다(Krahe et al., 2012). 이러한 관련성은 크지 않지만 북미, 유럽, 아시아, 호주에서 일관되게 확인되었으며, 어른들을 대상으로 한 연구에서도 관찰되었다(Anderson et al., 2017). 또한 사회적 공격성에서도 나타난다. 소문 내기, 뒷말하기, 사회적 배척과 같은 내용이 담긴 쇼를 많이 보는 영국 소녀들은 이러한 행동을 더 자주 나타냈다(Coyne & Archer, 2005). 사회적 공격성이 담긴 쇼를 시청하는 일리노이주의 초등학교 여학생들도 마찬가지였다(Martins & Wilson, 2012b).

그렇다면 폭력적인 TV 시청이 공격성을 촉진한다고 결론내릴 수 있을까? 아마도 당신은 이미 상관 연구에서는 인과 관계가 반대 방향일 수도 있다고 생각하고 있을지도 모른다. 공격적인 아이들이 공격적인 프로그램을 좋아할 수도 있다. 혹은 어떤 제3의 변인이, 예를 들면 낮은 지능 같은 변인이, 공격적 프로그램과 공격적 행동에 대한 선호를 둘 다 증가시킬 수도 있을 것이다.

연구자들은 숨겨진 제3의 변인들의 영향을 통계적으로 감소시키는 방식으로 이러한 대안 가설들을 검증하기 위한 방법들을 고안했다. 예를 들어, Belson(1978; Muson, 1978)은 1,565명의 런던 소년들을 연구했다. 폭력물을 거의 시청하지 않는 아이들에 비해서 폭력물(특히 만화보다는 실제에 가까운 폭력물)을 많이 시청한 아이들이, 지난 6개월간 폭력 행동을 50% 더 많이 보였다. Belson은 가족의 수 같은 제3의 변인 22개를 검토했다. 그러나 이러한 제3의 변인들이 포함되더라도 '심한 폭력물'과 '가벼운 폭력물'을 시청하는 아이들 사이에는 여전히 차이가 있었다. Belson은 심한 폭력물 시청자들이 TV 프로그램에 대한 노출 때문에 더 폭력적이라고 결론지었다.

이와 비슷하게, Eron과 Huesmann(1980, 1985)은 명백한 제3의 요인들을 통계적으로 고려하더라도 8세 아동 875명의 폭력물 시청이 공격성과 상관을 보인다는 것을 발견했다. 또한 같은 참가자들이 19세가 되어 다시 조사했을 때도 8세 때 폭력물 시청이 19세 때의 공격성을 예측했다. 폭력물 시청이 먼저고 공격성이 다음이었다. 반대 방향의 인과 관계는 성립하지 않았다. 더욱이, 어렸을 때 폭력물을 가장 많이 봤던 아이들이 30세 때 범죄를 저지를 가능성이 더 높았다. 또 다른 종단 연구에서는 5~26세 사이의 뉴질랜드 아동 1,073명을 추적 연구했다. TV 시청을 많이 하는 아동과 십 대는 성인 초기에 범죄를 저지르고, 반사회적 성격장애로 진단받고, 공격적 성격 특질을 보일 가능성이 높았다. 성별, IQ, 사회경제적 지위, 이전의 반사회적 행동, 부모의 양육 태도와 같은 제3의 변인들을 통제하더라도 마찬가지였다(Robertson et al., 2013; 그림 10.6). 연구자들은 폭력적 미디어를 시청하는 모든 사람이 실생활에서 공격적이 된다고 말하지 않는다. 폭력적 미디어 시청은 가족 문제, 성별, 공격성의 피해자가 되는 것과 함께 공격적 행동을 야기하는 위험 요인들 중 하나이다. 그러나 이러한 위험 요인들을 고려하더라도, 폭력적 미디어에 노출되는 것은 공격성을 유의하게 예측한다(Gentile & Bushman, 2012).

오늘날 많은 사람들이 텔레비전보다는 컴퓨터 앞에서 더 많은 영상을 시청한다. 여러 가지 방

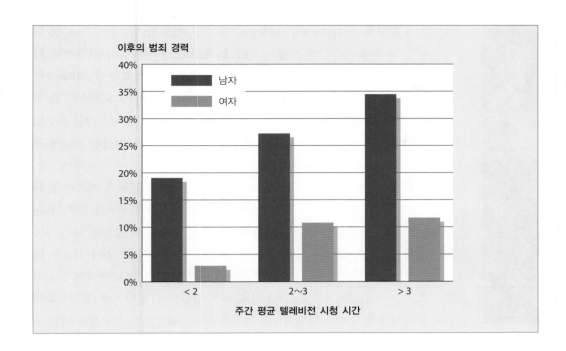

그림 10.6
TV 시청과 이후의 범죄 행동
5~15세 때 텔레비전 시청이 26세 때 범죄 경력을 예측했다.

[그림 내 라벨]
이후의 범죄 경력
40%
35%
30%
25%
20%
15%
10%
5%
0%
남자
여자
< 2   2~3   > 3
주간 평균 텔레비전 시청 시간

향에서 인터넷은 텔레비전보다 훨씬 더 다양한 폭력물 시청 옵션(폭력적 비디오, 폭력적 사진, 혐오 집단 웹사이트 등)을 제공한다(Donnerstein, 2011). 인터넷은 사람들이 스스로 폭력적 미디어를 만들어 배포하고, 이메일이나 문자 메시지, 사회관계망 서비스를 이용해서 다른 사람들을 괴롭히는 것을 가능하게 한다(Donnerstein, 2011). 유럽 청소년들을 대상으로 한 조사에서 응답자의 3분의 1이 온라인으로 폭력적이거나 혐오적인 내용을 본 적이 있다고 보고했다(Ybarra et al., 2008). 책도 사람들에게 영향을 줄 수 있다. 공격성과 폭력을 담고 있는 책을 더 많이 읽는 중학생들이 더 공격적으로 행동한다(Stockdale et al., 2013).

다른 연구들도 다양한 방법으로 이러한 결론을 확인했다.

- 8세 때의 폭력물 시청이 성인이 되었을 때 배우자 학대를 예측했다(Huesmann et al., 1984, 2003).
- 청소년의 폭력물 시청이 폭행, 강도, 상해 위협에 관여할 가능성을 예측했다(Johnson et al., 2002).
- 초등학교 학생들의 폭력물 시청은 2~6개월 뒤에 싸움을 얼마나 자주할지를 예측했다 (Gentile et al., 2004).

이 모든 연구들에서 연구자들은 지능이나 적대감 같은 가능한 제3의 변인들을 고려하는 데 주의를 기울인다. 그럼에도 불구하고, 무수히 많은 제3의 변인들이 폭력물 시청과 공격성 사이의 관계를 우연히 만들어낼 수도 있다. 다행히, 실험이라는 방법을 사용하면 이러한 가외 변인들을 통제할 수 있다. 어떤 사람들은 폭력적 영상을 보고 어떤 사람들은 폭력적이지 않은 영상을 보도록 무선 할당한다면, 그 이후 관찰되는 두 집단 간 공격성의 차이는 폭력물 시청이라는 유일한 요인 때문이라고 할 수 있을 것이다. 다음 절에서 우리는 실험 방법을 이용해서, 상관 연구보다는 인과성을 더 명확하게 증명할 수 있는 연구들을 논할 것이다.

폭력적 미디어는 실생활에서 사회적 · 신체적 공격성을 유도할 수 있다.

미디어 시청 실험 Bandura와 Walters(1963)가 했던 선구적인 보보 인형 실험들에서, 때때로 아이들에게 풍선 인형을 때리는 어른을 직접 관찰하게 하지 않고 영상으로 시청하게 했는데, 거의 비슷한 효과가 있었다. Berkowitz와 Geen(1966)은 폭력적인 영상을 본 화난 대학생들이 비슷한 정도로 화났지만 폭력적이지 않은 영상을 본 대학생들보다 더 공격적으로 행동한다는 것을 발견했다. 100개 이상의 실험들에서 폭력물 시청이 공격성을 증폭시킨다는 사실이 확인되었다(Anderson et al., 2003).

한 실험에서는 8~12세 사이 아동들이 PG등급(보호자의 지도가 필요한 등급) 영화를 20분간 시청하였는데, 등장인물 몇 명이 총을 사용하는 원본 영화, 또는 총이 나오는 장면이 없도록 편집된 영화를 보는 조건에 무선 할당되었다. 아동들은 영화 시청 후, 레고와 게임, 장난감 총이 들어 있는 캐비닛과 실제로는 발사되지 않도록 만들어진 9mm 권총이 들어 있는 서랍이 있었다. 권총이 발사되지는 않지만 방아쇠는 여전히 작동하도록 되어 있으며, 방아쇠에 센서가 부착되어 방아쇠가 몇 번이나 당겨졌는지 기록하도록 되어 있었다. 두 실험 조건 모두에서 대부분의 아이들은 서랍에 있는 진짜 총을 찾아냈으며, 42%가 이것을 집어들었다. 차이는 그다음부터 나타났다. 총이 없는 영화를 시청한 아이들은 방아쇠를 거의 당기지 않았다. 그러나 총이 등장하는 영화를 본 아이들은 평균 3회 방아쇠를 당겼다. 한 아이는 진짜(그러나 다행히도 작동하지 않는) 총을 다른 아이의 관자놀이에 대고 방아쇠를 당겼다(Dillon & Bushman, 2017).

성인에서도 이러한 효과가 관찰되는 것 같다. 또 다른 실험에서, 여자 대학생들이 신체적으로 공격적인 영화('킬 빌'), 관계적으로 공격적인 영화('퀸카로 살아남는 법'), 또는 공격적이지 않은 통제 영화('왓 라이즈 비니스')의 일부를 보는 조건에 무선 할당되었다. 통제 집단에 비해서 공격적 영화를 본 여학생들은 죄 없는 다른 사람에게 크고 불편한 소음을 헤드폰을 통해서 들려주는 과제에서 더 공격적으로 행동했다. 공격적 영화를 본 학생들은 그들을 귀찮게 구는 다른 참가자(실제로는 실험 공모자)에 대해 부정적인 평가를 하는 방식으로 미묘한 공격성을 보이기도 했다(Coyne et al., 2008). 신체적 또는 관계적 공격성에 대한 글을 읽는 것만으로도 같은 결과가 나왔다(Coyne et al., 2012). Zillmann과 Weaver(1999)는 남성과 여성을 나흘에 걸쳐 폭력적이거나 폭력적이지 않은 영화에 노출시켰다. 5일 째 되는 날 참가자들이 다른 프로젝트에 참가했을 때, 폭력적 영화를 본 참가자들이 연구 조교에게 더 적대적으로 대했다. 5학년 아동들이 사회적 공격성을 담은 시트콤을 시청한 뒤(통제 영상을 시청한 아동들에 비해서) 다른 집단 출신의 학생을 자신이 속한 팀에 들어오지 못하도록 배제해야 한다는 데 더 많이 동의했다(Mares & Braun, 2013).

1993년 미국심리학회 청소년 폭력 위원회는 "반박할 수 없는 결론은 폭력물 시청이 폭력을 증가시킨다는 것이다"라고 했다. 공격적 성향이 있는 사람들에게 특히 그렇다. 그리고 매력적인 사람이 정당화된 현실적 폭력을 행사하고, 처벌받지 않고 어떤 고통이나 피해도 보여주지 않는 경우에도 그렇다(Comstock, 2008; Gentile et al., 2007; Zillmann & Weaver, 2007). 이러한 폭력의 묘사는 TV와 영화에 등장하는 폭력과 유사하다.

미디어 폭력에 노출되는 것이 공격성을 유발한다면, 미디어 폭력에 대한 노출이 감소하면 공격성도 감소할까? 실제로 그렇다는 것을 한 연구팀이 발견했다. 독일 중학생들이 통제 집단 또는 개입 집단에 무선 할당되었다. 개입 집단에서는 미디어 사용을 줄이고 미디어에 대해서 비판적 질문을 던지도록 했다. 이미 높은 수준의 공격적 행동을 하던 참가자들 중에서, 개입 집단에 속한 사람들이, 개입 이후에 통제 집단보다 더 낮은 수준의 공격적 행동을 보였다(Krahe & Busching, 2015; Moller et al., 2012).

Bushman과 Anderson(2001)은 대체적으로 공격성에 대한 미디어의 효과를 보여주는 증거가 '압도적'이라고 결론지었다. 연구 기반이 넓고, 연구 방법도 다양하고, 전반적으로 연구 결과가 일치한다는 점에 국립 정신 보건원(National Institute of Mental Health)의 미디어 폭력 연구자들도 동의한다(Anderson et al., 2003). "우리가 깊이 있게 검토한 결과 … 미디어 폭력에 노출되는 것이 장단기적으로 공격적이고 폭력적인 행동 경향성을 증가시킴을 보여주는 명백한 증거들이 있다." 이러한 결론은 몇몇 비판적인 사람들의 의심을 샀다(Elson & Ferguson, 2014). 그러나 이 분야의 전문가들 대부분은 이러한 결론을 받아들인다(Bushman & Huesmann, 2014). 미디어 연구자들과 소아과 전문의, 그리고 부모들 사이에서도 광범위하게 받아들여지고 있다(Bushman et al., 2015). 폭력적 미디어 시청이 공격성의 많은 원인들 중 유일한 원인은 아니지만, 실험 연구들은 폭력적 미디어 시청이 공격성의 한 원인이 될 수 있음을 보여준다(Bushman & Anderson, 2015).

미디어 시청이 행동에 영향을 주는 이유는 무엇인가? 상관 연구와 실험 연구 결과들이 하나로 수렴되어감에 따라서 연구자들은 폭력물을 시청하는 것이 이러한 효과를 가져오는 이유를 탐색했다. 세 가지 가능성을 고려해보자(Geen & Thomas, 1986). 한 가지 가능성은 폭력물이 가져오는 각성(arousal)이다(Mueller et al., 1983; Zillmann, 1989). 앞에서 살펴보았듯이, 각성의 효과는 퍼져나가는 경향이 있다. 한 가지 종류의 각성이 다른 종류의 행동들을 촉진할 수 있다.

다른 연구는 폭력물 시청이 탈억제(disinhibit)를 일으킴을 보여준다. Bandura의 실험에서, 보보 인형을 때리는 어른들은 감정의 폭발을 정당한 것으로 만들어 아동의 억제를 약화시키는 것처럼 보였다. 폭력물 시청은 폭력 관련 사고를 활성화하여 시청자의 공격적 행동을 점화시킬 수 있다(Berkowitz, 1984; Bushman & Geen, 1990; Josephson, 1987). 성적으로 폭력적인 가사가 담긴 음악을 듣는 것도 비슷한 효과가 있다(Barongan & Hall, 1995; Johnson et al., 1995; Pritchard, 1998).

미디어는 모방(imitation)을 끌어낸다. Bandura의 실험에서 아이들은 자신이 목격했던 구체적 행동들을 재현했다. 상업적 텔레비전 산업은 텔레비전이 시청자들의 모방을 이끌어낸다는 것을 반박하는 데 어려움을 겪어왔다. 광고는 소비의 모델을 제시한다. TV는 단순히 폭력적 사회를 반영하는 거울에 불과할까? 예술이 삶을 모방하듯이 TV 속 세상은 실제 세상을 보여주는 것일까? 사실, TV 프로그램에 등장하는 폭력 연기는 다정한 연기보다 네 배 더 많다. 다른 많은 면에서도 텔레비전은 비현실적 세상을 반영한다.

그러나 여기에도 좋은 소식이 있다. TV에서 보여주는 관계를 맺고 문제를 해결하는 방식들이 특히 어린 시청자들의 모방을 촉진한다면, TV에서 **친사회적 행동**(prosocial behavior)을 보여주는 것은 사회적으로 유익할 것이다. 다른 사람을 도와주는 인물(탐험가 도라나 맥스터핀 박사: 미국 만화영화 주인공들로 주변 사람들이나 동물들의 어려움을 해결하고 도와주는 역할을 한다-역주)은 아이들에게 친사회적 행동을 가르쳐줄 수 있다.

친사회적 행동
긍정적이고 건설적이고 도움이 되는 사회적 행동. 반사회적 행동의 반댓말

미디어가 사고에 미치는 영향

우리는 지금까지 텔레비전이 행동에 미치는 영향에 초점을 두었다. 그러나 연구자들은 폭력물 시청의 인지적 영향에 대해서도 연구해왔다. 폭력물을 장기간 시청하면 잔인함에 대해서 둔감(desensitize)해질까? 황금 시간대 범죄물이 어떻게 행동해야하는지에 대한 정신적 각본(script)을 제공할까? 우리의 현실에 대한 지각(perception)을 왜곡시킬까? 공격적 사고를 점화(prime) 시킬까?

둔감화 외설적 단어처럼 정서적으로 각성시키는 자극을 반복적으로 제시하면 무슨 일이 벌어질까? 정서 반응은 '소멸(extinguish)'할 것이다. 수천 번의 잔인한 행동을 목격하고 나면, 비슷한 정서적 둔감화가 일어날 것이라고 기대할 수 있다. 가장 흔한 반응은 "더 이상 내 마음을 불편하게 하지 않는다"일 것이다. 이것이 바로 Krahe와 동료 연구자들(2010)이 폭력적 영상을 시청한 303명의 대학생들의 생리적 각성을 측정하여 관찰한 반응이다. TV나 영화에서 폭력물을 정기적으로 시청하는 사람들은 폭력물을 자주 시청하지 않는 사람들에 비해서 폭력에 대해 걱정보다는 어깨를 으쓱하는 정도의 가벼운 반응을 보인다. 독일 청소년들을 대상으로 한 종단 연구에서도 같은 결과를 확인했다. 미디어 폭력에 대한 노출은 타인에 대한 공감을 감소시켰다(Krahe & Moller, 2010).

Bushman과 Anderson(2009)은 한 영리한 실험에서, 발목에 붕대를 감은 여성이 영화관 밖에서 목발을 놓쳐서 다시 주으려고 애쓰는 모습을 연출했다. 영화관에서 막 폭력적인 영화(루인스)를 보고 나온 사람들이 폭력적이지 않은 영화(님스 아일랜드)를 보고 나온 사람들보다 이 여성을 돕기까지 더 오랜 시간이 걸렸다. 영화 상영 전에 목발을 떨어뜨린 경우에는 두 영화 관람객들 사이에 차이가 없었다. 이 결과는 폭력적인 영화를 보는 사람들이 아니라 폭력적 영화 그 자체가 사람들을 도움이 필요한 여성의 문제에 둔감하게 만들었음을 시사한다.

사회적 각본
문화적으로 주어지는 다양한 상황에서 어떻게 행동해야 하는지 알려주는 심적 안내문

사회적 각본 우리는 새로운 상황에 놓였을 때, 어떻게 행동해야 할지 잘 모르기 때문에 사회적 각본에 의존한다. **사회적 각본**(social script)이란, 문화적으로 형성된 행동 양식에 대한 마음속 안내문이다. 수많은 액션 영화를 보고 나면, 청소년들은 실생활의 갈등을 마주했을 때 작동하는 각본을 획득할 수 있다. 도전받는 상황에서, 청소년들은 겁을 주거나 위협을 제거하는 방법으로 '남자답게 행동'할 것이다. 마찬가지로 대체로 충동적이고 단기적 관계와 관련된 수 없는 성적 풍자와 행동을 TV와 노래 가사를 통해 접하고 나면, 청소년들은 나중에 실생활의 관계에서 적용하게 될 각본을 획득할 수 있다(Escobar-Chaves & Anderson, 2008; Fischer & Greitemeyer, 2006; Kunkel, 2001). 성적 컨텐츠를 더 많이 시청하는 청소년들이(초기 성적 활동을 예측하는 다른 변인들을 통제하더라도) 또래 친구들이 성적으로 활동적이라고 지각하고, 성적으로 허용적인 태도를 발달시키고, 일찍 성관계를 경험할 가능성이 더 높다(Escobbar-Chaves et al., 2005; Martino et al., 2005). 미디어의 묘사가 사회적 각본을 심어주는 것이다.

© MachineHeadz/iStockphoto/Getty Images

폭력적 미디어를 많이 시청하는 아이들은 잔인함에 둔감해지고 타인에게 공감을 덜 하게 된다.

변화된 지각 텔레비전 속의 가상 세계가 현실 세계에 대한 우리의 인식에도 영향을 줄까? Gerbner와 펜실베이니아대학교 연구진(1979, 1994)은 이것이 텔레비전의 가장 강력한 효과일 것으로 의심했다. 청소년과 성인을 대상으로 한 조사에서 텔레비전을 많이 시청하는 사람들(하루 4시간 이상)이 적게 시청하는 사람들(하루 2시간 이하)에 비해서 주변에서 폭력이 더 빈번하게 일어난다고 과장되게 지각하고, 개인적으로 폭행의 피해자가 될까 봐 두려워할 가능성이 높았다. 남아프리카 여성들은 여성에 대한 폭력적 영상을 시청한 뒤 자신이 더 취약하다는 느낌을 표현했다(Reid & Finchilescu, 1995). 7~11세 사이 미국 아동들을 대상으로 한 전국 규모 조사에서는 TV 시청을 많이 하는 사람들이 적게 하는 사람들에 비해서 '누군가 나쁜 사람이 집에 침입하는 것'이나 '밖에 나갔을 때 누군가 나를 다치게 할 것'이라는 두려움을 더 많이 느끼는 경향이 있었다(Peterson & Zill, 1981). 텔레비전을 많이 시청하는 사람들에게 세상은 무서운 곳이 된다. 미디어의 묘사는 현실에 대한 지각을 형성한다.

인지적 점화 연구자들은 폭력적인 텔레비전이 공격성 관련 생각을 점화시킨다는 사실도 발견했다(Bushman, 1998). 폭력물 시청 후 사람들은 다른 사람의 행동(그 사람이 고의로 밀었다고 생각하는가?)을 더 적대적으로 설명했다. 그들은 동음 이의어를 더 공격적 의미로 해석했다('펀치'를 음료가 아닌 때리는 것으로 해석했다). 그리고 공격적 단어를 더 빨리 재인했다. 미디어의 묘사는 생각을 점화시킨다.

또 하나의 미디어 : 비디오 게임

Gentile과 Anderson(2003; Anderson & Gentile, 2008)은 TV와 영화에 담긴 폭력의 효과에 대한 과학적 논쟁은 "끝났다"고 주장한다. 연구자들은 비디오 게임으로 관심을 돌리고 있다. 비디오 게임은 십 대들과 많은 성인들에게 매우 인기 있으며 극단적으로 폭력적이 될 수 있다. Gentile과 Anderson은 '비디오 게임이 훌륭한 교육 도구'라고 지적한다. "건강 비디오 게임이 건강 관련 행동을 성공적으로 가르칠 수 있고, 비행 시뮬레이터 비디오 게임이 비행기를 조종하는 방법을 가르칠 수 있다면, 폭력적인 살인 조장 게임은 무엇을 가르치겠는가?"

1972년에 최초의 비디오 게임이 소개된 이후, 전자 탁구 게임은 유혈낭자한 게임으로 대체됐다(Anderson et al., 2007). 2015년 미국 조사에 따르면, 18~29세 사이의 응답자 3분의 2가 비디오 게임을 한다. 남성의 77%, 여성의 57%가 비디오 게임을 한다(Duggan, 2015). 조사 하루 전날에도 비디오 게임을 했다고 응답한 사람이 절반이었다. 십 대 청소년을 대상으로 한 조사에서는 97%가 비디오 게임을 한다고 응답했다. 응답자의 절반은 '헤일로'나 '카운터 스트라이크' 같은 1인칭 총격 게임을 한다고 했으며, 3분의 2는 '그랜드 테프트 오토' 같은 폭력이 포함된 액션 게임을 한다고 보고했다(Lenhart et al, 2008). 더 어린 아동들도 폭력적인 게임을 하고 있다. 4학년 아동들을 대상으로 한 조사에서 여아의 59%, 남아의 73%가 가장 좋아하는 게임으로 폭력적 게임을 꼽았다(Anderson, 2003; 2004).

Gentile(2004)에 따르면, 그랜드 테프트 오토라는 인기 있는 게임에서 청소년들은 사이코패스 역할을 하게 된다. "여러분은 보행자를 차로 칠 수 있고, 차를 훔칠 수도 있고, 차를 타고 가면서 총을 쏠 수도 있고, 홍등가를 지나갈 수도 있고, 매춘부를 차에 태울 수도 있고, 차 안에서 성관계를 가질 수도 있고, 돈을 되찾기 위해 그 매춘부를 죽일 수도 있다." 효과적인 3D 그래픽 속에서 여러분은 사람들을 쓰러뜨리고 그들이 피를 토할 때까지 밟고, 죽는 것을 지켜볼 수 있다.

비디오 게임의 효과

몇 건의 총기 난사 사건에서 십 대 청소년들이 게임에서 했던 끔찍한 폭력을 재연하자, 폭력적 비디오 게임에 대한 우려가 고조되었다. 2012년 코네티컷의 샌디 혹 초등학교에서 20명의 1학년 학생들과 6명의 교사에게 총격을 가한 애덤 란자는 '콜 오브 듀티'라는 전쟁 게임을 하는 데 많은 시간을 보냈다(Kleinfield et al., 2013). 2013년에는 8세 소년이 그랜드 테프트 오토 4를 한 뒤 90세 할머니를 쏘아서 죽였다(Stegall, 2013). 사람들은 궁금해했다. 사람을 공격하고 훼손시키는 롤플레잉 게임을 끝없이 하는 것에서 청소년들은 무엇을 배울까? 2011년에 일어난 테러로 십 대들이 희생된 뒤 일부 노르웨이 상점들에서는 비디오 게임을 치워버린 것은 효과가 있었을까 (Anderson, 2011)?

대부분의 흡연자들은 폐암으로 죽지 않는다. 대부분의 학대받은 아동은 학대하는 사람이 되지 않는다. 인간 도륙을 연습하는 데 수백 시간을 보내는 사람들도 대부분은 얌전한 삶을 산다. 어떤 사람들은 이렇게 반박할 것이다. "나는 비디오 게임을 하지만 공격적이지 않다." 담배나 TV를 옹호하는 사람들과 마찬가지로, 이것이 비디오 게임을 옹호하는 사람들이 비디오 게임이 해롭지 않다고 말하는 이유다. 이 흔한 주장의 문제점은, 단일 사례는 아무것도 증명해주지 못한다는 것이다. 과학적 연구가 아니라는 뜻이다. 총기 난사범 한 사람이 비디오 게임을 한다고 해서 비디오 게임이 공격성을 유발한다고 할 수 없듯이, 폭력적이지 않은 사람들이 비디오 게임을 한다고 해서 비디오 게임이 공격성을 유발하지 않는다고 할 수 없다. 더 나은 접근 방법은 많은 수의 사람들을 연구해서 평균적으로 비디오 게임이 공격성을 증가시키는지 알아보는 것이다.

Gentile과 Anderson(2003)은 폭력적 비디오 게임이 폭력적 텔레비전 시청보다 더 해로운 몇 가지 이유를 제시한다. 게임을 하면 사람들은

- 폭력적 인물과 자신을 동일시하고 그 인물의 역할을 수행한다.
- 수동적으로 폭력을 보는 것이 아니라 능동적으로 연습한다.
- 폭력의 모든 단계에 참여한다(피해자를 선택하고 무기와 탄약을 획득하고, 피해자를 따라다니고, 무기를 겨누고, 방아쇠를 당긴다).
- 계속되는 폭력과 공격의 위협에 관여한다.
- 폭력적 행동을 계속해서 반복한다.
- 폭력적 행동의 결과 보상을 받는다.

이런 이유 때문에 군대에서는 군인들을 공격 시뮬레이션 게임에 참여시켜서 실제 전투에서 공격할 수 있도록 준비시키는 경우가 많다.

많은 사람들을 대상으로 한 연구에 따르면 폭력적 비디오 게임을 하는 것은 평균적으로 게임 밖 상황에서의 공격적 행동, 사고, 느낌을 증가시킨다. Anderson과 동료들(2010)은 13만 296명을 대상으로 한 381개의 연구 결과들을 종합한 결과 명백한 효과를 찾아냈다. 폭력적 비디오 게임을 하는 것은 공격성을 증가시켰다. 아동, 청소년, 초기 성인에서, 북미, 일본, 서유럽에서, 그리고 세 종류의 연구 설계(상관, 실험, 종단 연구)에서 같은 결과가 관찰되었다. 연구 참가자들이 폭력적 비디오 게임 또는 폭력적이지 않은 비디오 게임을 하는 조건에 무선할당된 경우에도, 폭력적 비디오 게임을 하는 것이 공격성을 증가시켰다. 이러한 설계는 공격적인 사람들이 공격적 게임을 하는 것을 좋아한다는 대안 설명을 배제할 수 있게 해준다. 폭력적 게임은 사람들을

공격적인 행동으로 이끈다. 그러나 효과의 크기에 대해서는 논란의 여지가 있다(Hilgard et al., 2017; Kepes et al., 2017).

예를 들어, 한 실험에서는 프랑스 대학생들이 폭력적 비디오 게임('컨뎀드 2', '콜 오브 듀티 4', '더 클럽') 또는 폭력적이지 않은 비디오 게임('S3K 수퍼바이크', '더트 2', '퓨어')을 사흘간 매일 20분씩 하는 조건에 무선할당되었다. 죄 없는 사람에게 불쾌한 소음을 들려주도록 했을 때, 폭력적이지 않은 게임을 했던 사람들에 비해서 폭력적인 게임을 했던 사람들이 더 큰 소리를 더 오랫동안 들려줬으며, 폭력적 게임을 했던 사흘간 매일 매일 공격성이 증가했다(Hasan et al, 2013).

실생활의 공격성을 연구한 경우에도 비슷한 결과를 얻었다. 3,372명의 핀란드 청소년들 중에서 폭력적 비디오 게임을 하는 데 많은 시간을 쓰는 학생들이 심각하게 해를 입히려는 의도를 가지고 누군가

일인칭 사격 게임은 공격성을 가르치고 보상을 제공하기 때문에 게임을 하고 나면 공격성 증가로 이어진다.

를 공격하거나 무기로 위협하는 것과 같은 실생활의 공격적 행동을 많이 하는 것으로 나타났다(Exelmans et al, 2015). 사람들을 시간에 걸쳐 추적 연구하는 종단 연구에서도 비슷한 결과가 관찰되었다. 독일 청소년들 대상 연구에서 현재 폭력적 비디오 게임을 하는 것이 이후의 공격성을 예측했으나, 현재의 공격성이 미래에 폭력적 비디오 게임을 얼마나 하는지는 예측하지 못했다(Moller & Krahe, 2008). 캐나다 청소년들을 4년간 추적한 연구에서도 마찬가지였다(Willoughby et al., 2012). 2015년에 미국심리학회 특별 대책팀에서 2005~2013년 사이에 수행된 300개 연구를 개관한 결과, 폭력적 비디오 게임과 공격성의 관련성을 지지하는 증거가 충분하기 때문에 폭력이 포함된 비디오 게임 산업에서 등급제를 도입해야 한다고 권장할 수 있다고 결론지었다(APA, 2015).

폭력적 비디오 게임을 하는 것은 다음과 같은 일련의 효과가 있다.

- **공격적 행동의 증가** : 폭력적 게임을 한 뒤, 아동과 청소년은 또래와 더 공격적으로 놀고, 교사들과 언쟁을 더 많이 벌이고, 더 많이 싸운다. 이 효과는 실험실 안과 밖에서 모두 관찰되었으며, 자기 보고, 교사 보고, 부모 보고에서 모두 나타난다. 그 이유는 그림 10.7과 같다. 대체로 공격성이 낮은 청소년 초기에도, 폭력적 게임을 많이 하는 아이들이 게임을 하지 않는 아이들보다 열 배 더 많이 싸움에 휘말린다. 폭력적 게임을 하기 시작하면, 이전에는 적대적이지 않았던 아이들도 싸울 가능성이 증가한다(Gentile et al., 2004). 일본에서도 학령기 초기에 폭력적 비디오 게임을 하는 것이 성별과 이전의 공격성을 통제하더라도 이후의 신체적 공격성을 예측했다(Anderson et al., 2008).

- **공격적 사고의 증가** : 폭력적인 비디오 게임을 하고 나면, 학생들은 방금 추돌 사고를 당한 차의 운전자가 욕설을 하거나 창문을 발로 차거나 싸움을 거는 식으로 공격적으로 반응할 것이라고 추측할 가능성이 높았다(Bushman & Anderson, 2002; Gentile et al., 2017). 폭력적 비디오 게임을 했던 사람들은 적대적 귀인 편향을 보일 가능성이 높았다. 다른 사람들이 도발에 대해 공격적으로 반응할 것이라고 기대했으며, 이러한 편향이 클수록, 그들 자신도 더 공격적으로 행동했다. 연구자들은 폭력적 게임을 하는 사람들은 세상을 '피로 물든 안경'으로 바라본다고 결론지었다(Hasan et al., 2012).

- **공격적 느낌의 증가** : 적대감, 분노, 복수심을 포함한 공격적 감정이 증가한다. 폭력적 비디

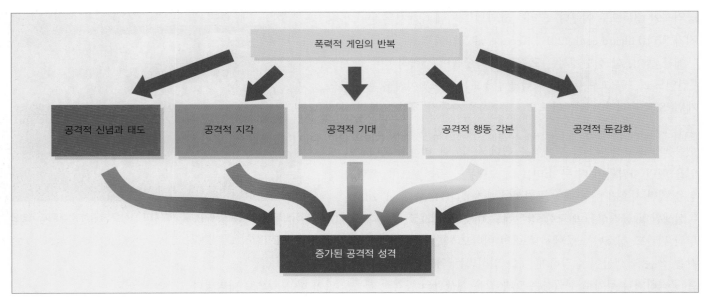

그림 10.7
폭력적 비디오 게임은 공격적 성향에 영향을 준다.

출처 : Adapted from Anderson & Bushman, 2001.

오 게임을 했던 학생들은 다른 사람들이 게임을 하는 것을 녹화한 영상을 본 학생들이나 폭력적 영화를 본 학생들에 비해서 더 공격적인 사고와 감정을 나타냈다. 이 결과는 폭력적 비디오 게임이 폭력적 미디어보다 공격성을 훨씬 더 크게 고조시킴을 시사한다. 비디오 게임을 할 때는 폭력을 수동적으로 관찰하는 대신에 실제로 공격적으로 행동하기 때문이다 (Lin, 2013). 폭력적 비디오 게임을 하는 조건에 무선할당되었던 사람들이 친사회적 게임이나 중립적 게임을 하는 조건에 할당되었던 사람들에 비해서 행복감도 덜 느낀다고 보고했다 (Saleem et al., 2012).

- 두뇌의 습관화 : 폭력적 게임을 하지 않는 사람들에 비해서 게임을 자주 하는 사람들의 두뇌는 부정적 이미지에 덜 강하게 반응한다. 그들의 두뇌는 폭력에 습관화되어 둔하게 반응하는 것으로 보인다(Montag et al., 2012).

- 무기를 소지할 가능성 증가 : 미국에서 이루어진 9~18세 사이 아동·청소년을 대상으로 한 종단 연구에서 제3의 변인들을 통제하더라도 1년 전에 폭력적 비디오 게임을 했던 아이들이 현재 학교에 무기를 가지고 갈 가능성이 다섯 배 더 높았다(Ybarra et al., 2014).

- 자기통제 감소와 반사회적 행동의 증가 : 폭력적 비디오 게임을 한 고등학생들은(폭력적이지 않은 게임을 한 통제 집단에 비해서) 컴퓨터 옆에 놓아둔 M&M 초콜렛을 네 배 더 많이 먹었다. 즉, 낮은 자기통제를 보였다. 그들은 매력적인 보상을 얻을 수 있는 추첨권을 실제 획득한 개수보다 더 많이 가져갔다(Gabbiadini et al., 2014). 한 상관 연구에서 폭력적 비디오 게임을 했던 청소년들이 절도, 재물 손괴, 마약 판매를 할 가능성이 더 높은 것으로 나타났다(DeLisi et al., 2013).

- 도움 행동과 공감의 감소 : 폭력적 비디오 게임과 폭력적이지 않은 비디오 게임을 하도록 무선할당된 학생들은 게임을 한 뒤, 시끄러운 다툼 끝에 한 사람이 발목을 삐어서 고통스럽게 바

닥을 뒹구는 소리를 듣게 된다. 폭력적 비디오 게임을 했던 학생들은 이 사람을 도와주기까지 평균 1분이 넘게 걸렸고, 이것은 폭력적이지 않은 게임을 했던 학생들이 이 사람을 도와주기까지 걸린 시간의 네 배였다(Bushman & Anderson, 2009).

폭력적 비디오 게임을 한 다음, 사람들은 파트너를 신뢰하고 협조하기보다는 이용할 가능성이 더 높았다(Sheese & Gtaziano, 2005). 폭력적 비디오 게임을 한 사람들은 정서 관련 두뇌 활동이 감소했다(Bartholow et al., 2006; Carnagey et al., 2007). Greitemeyer와 McLatchie(2011)는 영국 대학생들을 대상으로 다른 사람들을 인간으로 덜 여기는 형태의 둔감화를 연구했다. 폭력적 게임을 하는 조건에 무선할당된 학생들은 자신을 모욕한 사람을 비인간적인 용어로 묘사했다. 그리고 다른 사람을 인간으로 덜 여기는 학생들이 더 공격적이었다. 또 다른 연구에서는 폭력적 비디오 게임을 했던 학생들이 자기 자신을 인간으로 덜 여기는 것으로 나타났다(Bastian et al., 2012). 비디오 게임의 강렬한 폭력은 명백한 실생활의 공격성(예 : 밀치는 행동)이 상대적으로 덜 해로워 보이게 만든다. 누군가가 폭력적인 비디오 게임을 하는 것이 사람들을 더 공격적으로 만드는 것이 아니라고 주장한다면, 그것은 '공격적'이라고 지각하는 행동의 범주 안에 심각성이 덜 하지만 여전히 해로운 행동이 더 이상 포함되지 않기 때문일 것이다(Greitemeyer, 2014).

게임이 더 폭력적일수록, 그 효과는 더 크다. 게임이 유혈낭자할수록(예 : '모탈컴뱃' 게임을 하는 사람들을 대상으로 했던 한 실험에서 피가 나오는 수준을 높게 설정할수록), 게임 후 게이머의 적대성과 각성 수준이 높아졌다(Barlett et al., 2008). 더 현실적인 게임들(실생활에서 일어날 법한 폭력을 보여주는 게임들)도 덜 현실적인 게임들보다 더 공격적인 느낌을 유발했다(Bartlett & Rodeheffer, 2009). 아직 연구되어야 할 부분이 많지만, 이러한 연구들은 **카타르시스**(catharsis) 가설을 반박한다. 카타르시스 가설이란 폭력적 게임을 통해서 사람들이 안전하게 자신의 공격적 경향성을 표현하고 '분노를 내보낼 수 있게' 해준다는 가설이다(Kutner & Olson, 2008). 카타르시스를 비판하는 사람들은 폭력을 실행하는 것이 폭력을 해소시켜주기보다는 오히려 키워준다고 말한다. 그러나 게임이 분노의 감정을 해소시켜줄 것이라는 생각은 화난 사람들이 폭력적 비디오게임을 하게 만드는 주요 이유이다(Bushman & Whitaker, 2010). 불행하게도 이 전략은 더 큰 분노와 공격성을 가져오는 역효과를 일으킬 수 있다.

2005년에 캘리포니아주 상원의원 Leland Yee는 18세 이하에게는 폭력적 비디오 게임의 판매를 금지하는 법안을 제안했다. 법안은 통과되었으나 비디오 게임 생산자들이 즉각 소송을 하여, 실제로 실행되지는 못했다. 2010년에 미국 대법원이 이 사건을 담당하게 되었고, 100명이 넘는 사회과학자들이 이 법안을 찬성하는 진술서에 서명했다. 그들은 "전반적으로, 연구 자료들은 폭력적 비디오 게임에 노출되는 것이 공격적 행동의 가능성을 증가시키는 원인이 된다는 결론을 지지한다"고 하였다.

그러나 Ferguson과 Kilburn(2010)은 캘리포니아 법을 비판하는 진술서를 제출했다. 그들은 1996~2006년 사이 폭력적인 비디오 게임의 판매가 증가했으나 실생활에서 청소년 범죄는 감소했다는 점을 지적했다(Markey et al., 2015). Ferguson과 Kilburn은 폭력적인 비디오 게임이 공격성에 미치는 효과가 작다고 주장했다(폭력적인 비디오 게임을 하는 일부 사람들만 실생활에서 공격적으로 행동할 것이라고 하였다). Anderson과 동료 연구자들(2010)은 폭력적인 비디오 게임의 효과가 석면이나 간접 흡연이 폐암에 미치는 영향보다 더 크다고 반박했다. 이들은 석면이나 간접 흡연에 노출되는 사람들이 모두 암에 걸리는 것은 아니지만, 석면이나 간접 흡연은 공중 보

카타르시스

감정의 방출. 공격성에 대한 카타르시스적 관점은 공격적으로 행동하거나 공격성을 상상하는 방법으로 공격적 에너지를 '방출'함으로써 공격적 충동을 감소시킬 수 있다고 설명한다.

폭력적 게임을 하는 것은 카타르시스를 가져올까? 해로울까? 아니면 영향이 없을까? 실험 연구들이 답을 알려준다.

건을 위협하는 것으로 여겨진다고 지적했다. 또 다른 비판자들은 폭력적 비디오 게임을 사용한 대부분의 실험이 경쟁이나 속도 면에서 유사한 통제 게임을 사용하지 않았기 때문에, 공격성의 증가가 게임의 폭력성 그 자체 때문이 아닐 수 있다고 지적한다(Adachi & Willoughy, 2011).

미국 대법원은 2011년에 법률의 폐기를 결정하면서, 수정헌법 제1조의 언론의 자유를 주로 인용하는 동시에, 연구들이 '폭력적 게임을 하는 것과 미성년자들이 입게 될 실제 피해 사이의 직접적 인과 관계'를 보여주는지에 대한 의심을 표명했다(Scalia, 2011).

비디오 게임이 항상 나쁜 것은 아니다. 모든 게임이 폭력적인 것도 아니고 폭력적인 게임도 시각운동 협응, 반응 시간, 공간적 능력, 선택적 주의력을 향상시킨다(Dye et al., 2009; Sanchez, 2012; Wu et al., 2012). 그러나 이 효과는 게임을 자주 하고 오랜 시간 동안 하는 사람들에게만 국한된다(Unsworth et al., 2015). 또한 게임은 유능성, 통제감, 사회적 연결을 느끼고자 하는 기본 욕구를 만족시켜주는 집중 놀이이다. 게임기를 받는 조건에 무선할당된 6~9세 사이 남자 아이들이 수개월간 하루 평균 40분씩 게임을 했다는 것은 놀랍지 않다. 문제는, 이 아이들은 게임기를 받지 않은 통제집단 아이들에 비해서 학교 숙제에 시간을 덜 썼고, 읽기와 작문 점수가 더 낮았다는 것이다(Weis & Cerankosky, 2010).

사람들이 서로를 도와주는(폭력적 게임과 개념적으로 대척점에 있는) 친사회적 게임은 어떨까? 싱가포르, 일본, 미국의 아동과 성인을 대상으로 한 세 가지 연구에서, 친사회적 비디오 게임을 했던 사람들이 실생활 상황에서도 다른 사람들을 더 많이 도와주고, 더 잘 나누고, 더 협동했다(Gentile et al., 2009). 친사회적 게임(vs. 중립적 게임)에 무선할당된 독일 학생들이 자신을 모욕한 사람에 대해 신체적으로나 사회적으로 덜 공격적으로 대했다(Greitmeyer et al., 2012). 98개 연구를 메타분석한 결과도 마찬가지다. 폭력적 비디오 게임은 더 많은 반사회적 행동과 더 적은 친사회적 행동과 관련 있었으며, 친사회적 게임은 더 적은 반사회적 행동과 더 많은 친사회적 행동과 관련 있었다(Greitemeyer & Mugge, 2014). Gentile과 Anderson(2011)이 말했듯이, "비디오 게임은 훌륭한 선생님이다." 교육적 게임은 아이들에게 읽기와 수학을 가르치고 친사회적 게임은 친사회적 행동을 가르치며, 폭력적 게임은 폭력을 가르친다. 우리는 우리가 배운대로 행동한다. 그것이 남을 돕기 위한 것이든 해치기 위한 것이든 말이다.

Anderson(2003, 2004)('숨은 이야기 : Craig Anderson과 비디오 게임 폭력' 참조)은 부모들에게 자녀가 무엇을 접하는지 확인하고 적어도 가정에서는 자녀들의 미디어 식단이 건강할 수 있게 하라고 말한다. 자녀들이 다른 사람의 집에서 무엇을 보고, 어떤 놀이를 하고, 무엇을 먹는지 통제하기는 어려울 것이다. 미디어가 자녀의 또래 문화에 미치는 영향도 통제할 수 없을 것이다(그래서 부모들에게 "그냥 안 된다고 말하세요"라고 조언하는 것은 순진한 생각이다). 그러나 부모들은 자신의 집에서 일어나는 소비는 감독할 수 있고 대안 활동들을 위한 시간을 늘릴 수 있다. 다른 부모들과의 네트워킹으로 아동 친화적인 동네를 만들 수 있다. 그리고 학교는 미디어 의식 교육을 통해 도움을 줄 수 있을 것이다.

숨은 이야기

Craig Anderson과 비디오 게임 폭력

TV와 영화 폭력 연구자들이 기록한 명백하게 해로운 효과를 이해하면서, 나는 비디오 게임 속의 폭력이 증가하고 있다는 사실에 마음이 불편해졌다. 그래서 나는 내가 지도하던 대학원생들 중 한 명이었던 Karen Dill과 함께 상관 연구와 실험 연구를 시작했다. 이 연구들은 증가하던 대중의 우려와 맞닿아 있었고 그 결과 나는 미국 하원 의회의 위원회에서 증언했으며, 부모와 아동을 지원하는 조직을 포함하는 광범위한 정부와 공공 정책 집단에서 자문을 했다.

누군가의 연구가 긍정적 영향을 줄 수 있다는 것은 흐뭇한 일이지만, 비디오 게임 산업은 연구 결과를 일축하기 위해 전력을 다했다. 30년 전에 담배 생산업자들이 실험용 쥐가 말보로를 얼마나 많이 피워야 암에 걸리겠냐며 기초 의학 연구를 조롱했던 것과 비슷한 반응이다. 나는 게이머들로부터도 꽤 고약한 편지를 받는다. 수많은 요청에 부응하기 위해서 관련 자료와 질문에 대한 답을 다음 웹사이트에서 제공하고 있다: craiganderson.org

많은 사람들이 복잡한 문제에 대한 이해를 증진시키는 최선의 방법은 서로 대립하는 관점을 제시하는 사람들을 찾아서 양 편 모두에 똑같은 시간을 주는 것이라고 생각한다. 미디어 폭력 관련 뉴스 기사들은 산업을 대표하는 사람들과 그들이 선호하는 '전문가들', 근심 걱정 없는 4세 아이의 안심시키는 말에 똑같은 시간을 할애함으로써 우리가 실제로 알고 있는 것보다 더 모르는 것 같은 인상을 남긴다. 어떤 분야의 모든 전문가들이 하나의 의견에 동의한다면, '공평함'과 '균형'이라는 개념이 무슨 의미가 있을까? 아니면 우리는 적절한 전문가가 동료 심사(pear-review)를 거친 연구 논문을 가까운 시일 내에 출판하기를 기대해야 할까?

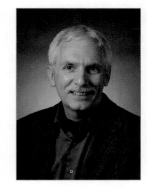

Craig A. Anderson
아이오와주립대학교
ⓒ Iowa State University

집단의 영향

우리는 지금까지 무엇이 개인의 공격성을 일으키는지 살펴보았다. 좌절, 모욕, 공격적 모델이 개별적인 사람들의 공격적 경향성을 증가시킨다면, 이러한 요인들이 집단에서도 같은 반응을 촉진할 수 있다. 폭동이 시작될 때, 공격적 행동은 대개 한 명의 적대적 인물의 '촉발(trigger)' 행동 이후에 빠르게 퍼져나간다. 도둑이 자유롭게 TV 세트를 훔쳐가는 것을 보면 평소에 법을 잘 지키던 사람들도 도덕적 억제를 놓아버리고 모방할 수 있다.

집단은 책임감을 분산시키는 방식으로 공격적 반응을 증폭시킬 수 있다. 전쟁에서 공격을 결정하는 사람은 전선에서 멀리 떨어진 전략가이다. 전략가들이 명령을 내리지만 그것을 수행하는 것은 다른 사람들이다. 이러한 거리감이 공격성을 권장하는 것을 더 쉽게 만들까?

한 실험에서, 학생들은 직접 누군가에게 전기 충격을 주거나, 다른 참가자가 누군가에게 전기 충격을 얼마나 주는 것이 좋을지 조언하는 조건에 할당되었다. 집단 공격성의 희생자들이 대부분 그렇듯이 전기 충격을 받는 사람이 아무런 도발을 하지 않았는데도, 조언을 하는 조건에 있었던 사람들은 전선에 있는 참가자들(피해에 대해서 더 직접적으로 책임을 느끼는 사람들)에게 더 많은 전기 충격을 줘야 한다고 조언했다(Gaebelein & Mander, 1978).

책임감 분산은 거리뿐만 아니라 숫자에 따라서도 증가했다. Mullen(1986)은 1899~1946년 사이에 일어난 60건의 린치 관련 정보를 분석한 뒤 흥미로운 사실을 발견했다. 린치를 가한 군중이 많을수록, 살인과 신체 훼손의 잔인성이 더 컸다.

집단은 다른 경향성들을 극단화시키는 것과 마찬가지로 사회적 '전염(contagion)'을 통해서 공격적 경향성을 증폭시킨다. 청소년 갱, 축구 팬, 착취하는 군인들, 도시의 폭도들, 그리고 스칸디나비아 사람들이 '모빙(mobbing)'이라고 부르는, 학교에서 아이들이 집단적으로 불안하고 약한

© Gus van Dyk

사회적 전염 : 17마리의 부모 잃은 수코끼리들을 1990년대 중반 남아프리카의 공원으로 이주시키자 이 코끼리들은 통제 불가능한 청소년 갱이 되어서 40마리의 흰코뿔소를 죽였다. 1998년에, 걱정하던 공원 관리자들이 6마리의 더 나이 들고 강한 수코끼리를 이들 무리에 이주시켰다. 그 결과, 광란은 곧 가라앉았다(Slotow et al., 2000). 지배적 코끼리들 중 한 마리(그림 왼쪽)가 청소년 코끼리들을 내려다보고 있다.

학교 친구를 반복해서 괴롭히고 공격하는 일 등이 이러한 사례에 해당한다(Lagerspetz et al., 1982). 모빙은 집단 활동이다.

반사회적 경향성이 있고 가까운 가족 관계와 학업 성취에 대한 기대가 결여된 청소년들은 갱단에서 사회 정체성을 찾을 수도 있다. 집단 정체성이 발달함에 따라, 동조 압력과 탈개인화가 증가한다(Staub, 1996). 집단 구성원이 집단에 헌신하면서 자기정체성이 감소하고, 만족스러운 일체감을 경험하게 된다. 흔한 결과는 사회적 전염이다. 집단에서 비롯된 각성, 탈억제, 극단화(polarization)로 이어지는 것이다. 갱 전문가 Goldstein(1994)은 갱단원들이 결혼하거나 나이가 들거나 직장을 잡거나 감옥에 가거나 죽어서 떠나기 전까지 서로 어울려 지내는 것을 관찰했다. 그들은 자신의 영역을 정의하고, 자신의 색깔을 표현하고, 라이벌에게 시비를 걸고, 때때로 범죄와 비행을 저지르고, 마약, 영역, 명예, 여자, 모욕을 이유로 싸운다.

Zajonc(2000)는 1억 5,000만 명의 생명을 앗아간 20세기 대량 학살은 '개인 행동의 단순 합'이 아니라고 지적했다. "집단 학살은 살인의 복수형이 아니다." 대량 학살은 '도덕적 명령'에서 비롯되는 사회적 현상이다[한 집단이나 문화가 예외적인 행동을 하도록 만드는(이미지, 레토릭, 이데올로기를 포함하는) 집단적 정신 상태이다]. 르완다 투치족, 유럽의 유대인, 미국 원주민 대량 학살은 광범위한 지원과 조직, 참여를 필요로 하는 집단적 현상이었다. 집단 학살을 시작하기 전에 르완다의 후투 정부와 경제 지도자들은 200만 개의 중국산 마체테(날이 넓은 칼-역주)를 구입하고 배포했다. 후투 전사들은 3개월에 걸쳐서 아침에 일어나서 푸짐한 아침을 먹고 함께 모여 도망친 예전의 이웃들을 사냥하러 갔다. 후투 전사들은 도망친 이들을 찾는 족족 토막내고, 집으로 돌아와서, 씻고, 맥주 몇 잔을 마시며 어울렸다(Dlrymple, 2007; Hatzfeld, 2007).

Jaffe와 Yinon(1983)이 수행한 실험 결과에 따르면 집단은 공격적 경향성을 증폭시킬 수 있다. 한 실험에서 동료 참가자로 알려진 사람이 남자 대학생 참가자들을 화나게 만들자, 참가자들은 혼자 있을 때보다 집단 속에 있을 때 이 사람에게 더 강한 전기 충격을 가해서 복수했다. 또 다른 실험(Jaffe et al., 1981)에서는 오답을 말하는 사람에게 처벌로 어느 정도의 전기 충격을 줄지 결정하도록 했는데, 실험 조건에 따라서 혼자 결정하거나 집단으로 결정했다. 그림 10.8에서 볼 수 있듯이, 개인이 결정하는 조건에서 실험이 진행됨에 따라 전기 충격의 강도가 증가했는데, 집단 상호작용이 이러한 경향을 증폭시켰다('연구 보기 : 화가 나는 상황에서 집단이 개인보다 더 공격적일까?' 참조).

아마도 당신은 중학교 때나 고등학교 때 당신이나 당신이 아는 누군가가 언어적으로나 신체적으로 괴롭힘을 당했던 기억이 있을지도 모른다. 대부분 다른 학생들은 괴롭힘을 관찰하거나 심지어 괴롭힘에 합류하기도 한다. 이러한 방관자들은 괴롭힘에서 능동적 역할을 할 수 있다. 예를 들어 웃거나 응원하는 방식으로 모욕에 일조할 수 있다(Salmivalli et al., 1999). 또는 희생자를 옹호할 수도 있다. 핀란드에서 사용된 효과적 괴롭힘 방지 프로그램에서 방관자들이 괴롭힘에 대해 긍정적 피드백과 지위를 제공하는 방식으로 보상을 주는 것을 멈추자 괴롭힘이 감소했다(Karna et al., 2011).

공격성 연구는 사회심리학 실험실에서 이루어진 발견들이 일상생활에 얼마나 일반화될 수 있

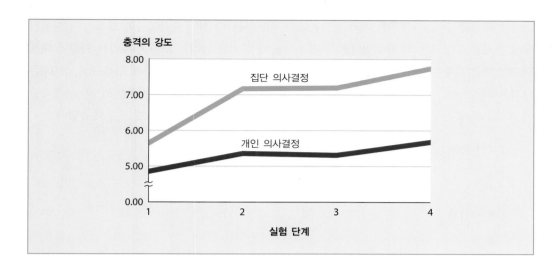

그림 10.8
집단에 의한 공격성의 증가
개인에게 오답에 대한 처벌로 어느 정
도의 전기 충격을 줘야 할지 결정하게
하자, 사람들은 실험이 진행됨에 따라
충격의 강도를 증가시켰다. 집단 의사
결정은 이러한 경향성을 더 극단화시
켰다.

출처 : Data from Jaffe et al., 1981.

연구 보기

화가 나는 상황에서 집단이 개인보다 더 공격적일까?

공격성 연구자들은 공격성을 측정하는 창의적인 방식으로 주목받았다. 다양한 실험에서 전기 충격을 주거나, 소음을 들려주거나, 다른 사람의 감정을 상하게 만드는 것과 같은 방법들을 사용했다. Mcgregor와 동료 연구자들(1999)은 음식에 타바스코 핫소스를 섞어서 두 명의 경찰을 공격했다는 이유로 체포된 요리사의 사례와 부모가 자녀에게 강제로 핫소스를 먹인 아동학대 사례에 힌트를 얻었다. 사람들에게 다른 사람에게 먹일 핫소스의 양을 결정하도록 하는 방법으로 공격성을 측정하는 방법을 생각해낸 것이다.

Meier와 Hinsz(2004)도 집단과 개인의 공격적 행동을 비교하기 위해서 이 방법을 사용했다. 참가자들은 혼자서 또는 세 사람과 함께 집단으로 실험에 참가했다. 연구자들은 참가자들에게 성격과 음식 선호의 관련성에 대한 연구를 수행 중이라고 하면서 핫소스를 맛보고 평가하게 될 것이라고 알려줬다. 실험자는 자신은 참가자들이 먹게 될 핫소스 양을 알아서는 안 되기 때문에 참가자들이 핫소스의 양을 정해줘야 한다고 설명했다. 실험자는 참가자들이 나무 스푼으로 핫소스를 맛보도록 한 뒤에, 상대방 참가자 개인 또는 집단이 배분한 핫소스를 가지러 가겠다고 말하고 떠난다. 실험자는 48그램의 핫소스가 담긴 컵을 가지고 돌아오는데 참가자들은 자신이 이 핫소스를 나중에 먹게 될 것으로 알고 있다. 그런 다음, 참가자들은 상대방 참가자 개인 또는 집단에게 먹일 핫소스를 컵에 담았다(실제로는 다른 참가자들은 존재하지 않았고, 누구도 핫소스를 먹지 않았다).

그림 10.9에서 볼 수 있듯이, 놀라운 결과가 관찰되었다. 집단이 개인보다 24% 더 많은 핫소스를 담았고, 타깃이 집단이었을 때가 개인이었을 때보다 24% 더 많은 핫소스를 담았다. 즉, 유해한 상황이 주어지면, 집단과의 상호작용(가해자 또는 타깃이 집단인 경우)이 개인의 공격적 성향을 증폭시킨다. 이러한 발견은 특히 집단과 집단이 상호작용하는 조건에서 두드러졌다. 각자 48그램의 핫소스를 배분받았던 집단 구성원들은, 상대 집단 구성원들 각각에게 93그램의 핫소스를 배분하는 것으로 보복했다. Meier와 Hinz는 도발에 대해서 집단이 더 공격적으로 반응했을 뿐만 아니라 개인보다 집단에게서 적대감이 더 크게 지각될 것이라고 추측했다.

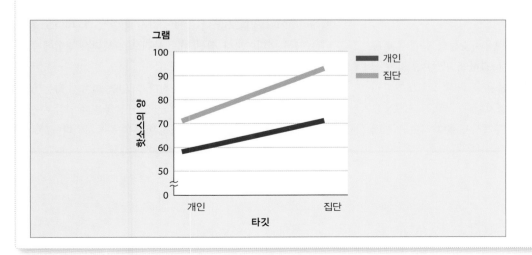

그림 10.9
접시에 담은 평균 핫소스 양(그램 단위)

출처 : Meier & Hinsz, 2004.

는지를 확인할 수 있는 적절한 기회를 제공한다. 어떤 사람이 전기 충격이나 핫소스를 다른 사람에게 주게끔 부추기는 환경이 언어적 학대나 얼굴에 주먹을 날리는 것을 부추기는 환경에 대해서 정말로 알려주는 것이 있는가? Anderson과 Bushman(1997; Bushman & Anderson, 1998)은 사회심리학자들이 실험실과 실생활에서 모두 공격성을 연구해왔다고 지적하면서, 연구 결과들이 놀랍도록 일관성 있다고 했다. 두 맥락 모두에서 다음 요인들이 공격성 증가를 예측했다.

- 남성인 경우
- 공격적 또는 화를 잘 내는 성격
- 알코올 소비
- 폭력물 시청
- 익명성
- 도발
- 무기의 존재
- 집단 상호작용

실험실은 통제된 조건하에서 이론을 검증하고 수정할 수 있도록 도와준다. 실생활 사건들은 아이디어를 제공하고 이론을 적용할 수 있는 장소를 제공한다. 공격성 연구는 통제된 실험실과 복합적인 실생활의 상호작용이 어떻게 인류의 행복에 대한 심리학의 기여를 증진시키는지 보여준다. 일상의 경험에서 얻는 직감이 이론에 영감을 주고, 실험실 연구를 촉진하고, 이것이 우리의 이해와 심리학을 실생활 문제에 적용하는 능력을 깊어지게 한다.

요약 : 공격성에 영향을 주는 요인은 무엇인가?

- 많은 요인들이 공격성에 영향을 준다. 한 요인은 혐오적 경험으로, 좌절뿐만 아니라 불편, 고통, 신체적·언어적 공격도 여기에 포함된다.
- 원인을 막론하고 각성은, 심지어 운동이나 성적 자극에 의한 것이라고 하더라도, 분노와 같은 다른 정서로 전환될 수 있다.
- 총의 존재와 같은 공격성 단서는 공격적 행동의 가능성을 증가시킨다.
- 폭력물을 보는 것은 (1) 특히 화가 난 사람들의 공격적 행동을 다소 증가시키고, (2) 공격성에 둔감하게 만들며, (3) 현실 지각을 변화시킨다. 이러한 발견들은 폭력적 포르노그라피 시청 효과에 대한 연구 결과와도 일치한다. 폭력적 포르노그라피 시청은 남성의 여성에 대한 공격성을 증가시키고 성적

강제에 대한 여성의 반응에 대한 남성의 인식을 왜곡시킨다.
- 텔레비전은 수백만 명의 일상의 삶에 스며들어서 우려할 만한 수준의 폭력을 묘사한다. 상관 연구와 실험 연구는 텔레비전 폭력에 대한 노출이 공격적 행동과 관련 있다는 결론으로 수렴한다.
- 폭력적 비디오 게임을 하는 것은 공격적 사고, 느낌, 행동을, 텔레비전이나 영화보다 더 크게 증가시킬 수 있다. 비디오 게임은 다른 미디어보다 훨씬 더 능동적으로 폭력적 경험에 참여시키기 때문이다.
- 많은 공격성은 집단에 의해 행해진다. 개인을 화나게 하는 상황들은 집단도 화나게 할 수 있다. 집단 상황은 책임감 분산과 행동의 극단화를 통해서 공격적 반응을 증폭시킨다.

공격성을 어떻게 감소시킬 수 있는가?

| 공격성을 유발하는 요인들에 대응하는 방법을 검토한다.

우리는 공격성을 감소시킬 수 있을까? 여기서 우리는 이론과 연구가 공격성을 통제하는 방법을 어떻게 제안하는지 살펴볼 것이다.

카타르시스?

뉴욕에서는 분노를 배출하고 싶은 사람들은 돈을 내고 파괴 클럽(Wrecking Club)이라고 불리는 시설에서 금속 몽둥이로 접시, 랩톱, 텔레비전을 때려부수는 특권을 누릴 수 있다. 댈러스에는 분노의 방(Anger Room)이 있고, 토론토, 부다페스트, 싱가포르, 호주, 영국에는 격노의 방(Rage Room)이 있다(Green, 2017).

이렇게 분노를 표현하는 것이 분노를 감소시켜줄 것이라고 생각하는 사람들도 있다. 정신과 의사 Perls(1973)는 어떤 사람의 "분노가 치밀어 오를 때는 열을 분출하게 한다"고 했다. 2012년에 발생한 총기 난사 사건 이후 폭력적 비디오 게임이 언급되자, 게임을 옹호자들 중 한 명은 다음과 같이 썼다. "폭력적 비디오 게임이 공격성을 배출시키는 중요한 방법일 수 있지 않을까? 전체적으로, 이런 게임들과 '폭력적으로 놀기'는 우리의 분노와 공격성을 안전한 방식으로 표현할 수 있게 해주지 않는가?"(Gilsdorf, 2013). 이러한 주장은 댐에 차오른 물처럼 누적된 공격적 에너지도 방출이 필요하다고 가정한다.

카타르시스라는 개념은 대체로 아리스토텔레스가 제안한 것으로 여겨진다. 아리스토텔레스는 공격성에 대해서 아무런 말을 한 적이 없지만, 우리가 감정을 경험함으로써 감정을 제거할 수 있으며, 고전 비극을 보는 것이 슬픔과 공포의 카타르시스를 가능하게 한다고 주장한 것은 사실이다(Butcher, 1951). 카타르시스 가설은 연극을 보는 데서 얻어지는 감정의 해소뿐만 아니라 과거 사건을 회상하고 다시 경험하는 것을 통해서, 감정의 표현을 통해서, 그리고 행동을 통해서 얻어지는 감정의 해소까지 포함하는 것으로 확장되었다.

공격적 행동이나 공상이 누적된 공격성을 해소시켜준다는 가정하에, 일부 치료자들과 집단 지도자들은 사람들에게 억압된 공격성을 행동(서로를 스티로폼 방망이로 때리거나, 소리를 지르면서 테니스 라켓으로 침대를 두들겨 패는 방법으로)으로 표현해서 해소하는 것을 장려했다. 카타르시스가 감정을 효과적으로 배출시켜준다고 믿게 되면 사람들은 자신의 기분을 나아지게 만들기 위해서 모욕에 대해 더 공격적으로 반응하게 될 것이다(Bushman et al., 2001). 어떤 심리학자들은 카타르시스가 치료 효과가 있다고 믿어서 부모들에게 자녀가 공격적 놀이를 통해 정서적 긴장을 해소하는 것을 장려하라고 조언한다. 앞에서 살펴보았듯이, 이것은 폭력적 비디오 게임을 옹호할 때 흔히 제시되는 주장이기도 하다. 그러나 카타르시스가 정말 작동할까? 분노를 해소하는 사람들은 덜 공격적이 될까? 아니면 더 공격적이 될까?

카타르시스에 대한 실험실 연구에서 화난 참가자들이 자신을 화나게 만든 누군가를 떠올리거나 신체적으로 건강해지는 것에 대해 생각하면서 펀칭백을 쳤다.세 번째 집단은 펀칭백을 치지 않았다. 자신을 화나게 한 사람에게 시끄러운 소음을 들려줄 수 있는 기회가 주어졌을 때,

여러분의 분노를 온라인에 쏟아내는 것이 공격성을 감소시킬까, 증가시킬까? 연구에 따르면 증가시킨다.

© Lisa S./Shutterstock

펀칭백을 치면서 화나게 만든 사람을 떠올렸던 참가자들이 분노를 더 많이 느꼈고 가장 공격적이었다. 아무것도 하지 않는 것이 펀칭백을 치는 것으로 '열을 분출한' 사람들보다 더 효과적으로 공격성을 감소시켰다(Bushman, 2002). 분노의 배출은 공격성을 감소시키는 것이 아니라 증가시켰다.

실생활 실험들도 비슷한 결과를 보였다. 한 연구에서는 사람들이 자신의 분노를 표현하는 것이 장려되는 '소리치는(rant)' 사이트에 자주 방문하는 인터넷 이용자들을 조사했다. 적대감을 표현할 수 있는 기회가 적대감을 감소시켰을까? 아니다. 그들의 적대감과 분노는 증가했고 행복감은 감소했다(Martin et al., 2013). 적대감의 표현은 더 큰 적대감을 불렀다. 몇몇 연구들에서 캐나다와 미국의 미식축구, 레슬링, 하키 경기 관람객들은 경기를 보기 전보다 경기를 본 다음에 더 강한 적대감을 표현했다(Arms et al., 1979; Goldstein & Arms, 1971; Russell, 1983). 공격적 스포츠 관람은 분노를 감소시키지 않고 증가시켰다. Bushman(2002)은 "분노를 감소시키기 위해서 분노를 방출하는 것은 불을 끄기 위해 휘발유를 사용하는 것과 같다"고 지적했다.

잔인한 행동은 잔인한 태도를 낳는다. 더욱이, 작은 공격적 행동이 정당화를 일으킬 수 있다. 사람들은 피해자를 폄하하여 자신의 공격성을 합리화한다.

보복은 단기적으로는 긴장을 감소시키고 즐거움을 주기도 한다(Ramirez et al., 2005). 그러나 장기적으로는 부정적 감정을 더욱 부채질한다. 화난 사람들이 펀칭백을 쳤을 때, 카타르시스를 경험하게 해줄 것이라고 믿었음에도 불구하고, 그 효과는 반대였다. Bushman과 동료 연구자들(1999, 2000, 2001)은 펀칭백을 때리는 것이 잔인성을 더욱 표현하도록 만들었다고 보고했다. Bushman(1999)은 "이것은 마치 오래된 농담 같다"고 하였다. "카네기 홀에 가는 방법은 무엇인가? 연습하고 연습하고 또 연습하는 것이다. 매우 화난 사람이 되는 방법은 무엇인가? 연습하고 연습하고 또 연습하는 것이다."

그러면 우리는 분노와 공격성 충동을 계속 쌓아둬야 할까? 조용히 골을 내는 것도 거의 효과가 없다. 머릿속으로 혼잣말을 하면서 우리의 불만을 계속해서 중얼거리게 되기 때문이다. Bushman과 동료 연구자들(2005)은 이러한 반추(rumination)의 부정적 효과를 실험했다. 매우 불쾌한 실험자가 "제 지시를 이해 못하겠어요? 더 크게 말하세요!"라고 소리치는 식으로 모욕해서 화가 난 참가자들 중 절반에게는 주의를 돌릴 수 있는 방해(distraction) 과제(캠퍼스 지형에 대한 글쓰기)가 주어졌고, 나머지 절반에게는 반추를 유도하는 과제(연구 참가자로서의 경험에 대한 글쓰기)가 주어졌다. 그런 다음, 이 참가자들은 동료 참가자(실제로는 실험 도우미)에게 가벼운 모욕을 당하고, 나중에 이 사람에게 핫소스를 먹일 수 있는 기회를 얻는다. 방해 과제를 했던 참가자들은 분노가 줄어들어서 상대방에게 적은 양의 핫소스를 할당했다. 여전히 씩씩거리고 있는 반추 과제를 한 참가자들은 자신의 공격적 충동을 전위시켜서 두 배 많은 양의 핫소스를 할당했다.

다행히도, 우리의 감정을 표현하면서도 사람들에게 그들의 행동이 우리에게 어떤 영향을 줬는지 알려줄 수 있는 공격적이지 않은 방법이 있다. 여러 문화에 걸쳐서 남을 탓하는 '당신'으로 시작하는 메시지를 '나'로 시작하는 메시지("나는 당신이 한 말에 화가 났어요", "나는 당신이 접시를 씻지 않고 내버려 두면 짜증이 나요")로 재구성하는 사람들이 상대방의 긍정적 반응을 이끌어내는 데 더 효과적인 방식으로 자신의 감정을 전달한다(Kubany et al., 1995). 우리는 화를 내지 않고도 단호해질 수 있다.

사회 학습에 기반한 접근법

공격적 행동이 학습될 수 있다면, 이것을 통제할 수 있다는 희망도 있다. 공격성에 영향을 주는 요인들을 간략하게 살펴보고 어떻게 대응할 수 있을지 생각해보자.

기대의 좌절과 개인적 공격과 같은 혐오적 경험은 적대적 공격성을 촉진한다. 따라서 사람들 마음속에 잘못된, 도달할 수 없는 기대를 심어주지 않는 것이 현명하다. 기대된 보상과 비용은 도구적 공격성에 영향을 준다. 이는 우리가 협동과 비공격적 행동에 보상을 줘야 한다는 것을 시사한다.

처벌 위협은 공격성을 감소시키지만 이상적인 조건에서만 그렇다. 처벌이 강하고, 재빠르고, 확실할 때, 바람직한 행동에 대한 보상과 함께 주어질 때, 그리고 처벌받는 사람이 화나지 않았을 때만 효과적이다(R. A. Baron, 1977). 일반적으로 공격적 행동을 하는 아동에 대한 처벌은 신체적 처벌(더 큰 공격성을 가르칠 뿐이다)보다는 특권을 박탈하는 것과 같은 전략에 초점을 둬야 한다(Fletcher, 2012).

그러나 처벌의 효과에는 한계가 있다. 대부분의 살인은 언쟁이나 모욕, 공격의 결과로서 충동적이고 뜨거운 공격성이다. 심각한 공격성이 차갑고 도구적이라면, 우리는 사건이 벌어질 때까지 기다렸다가 범죄자를 강하게 처벌하는 것으로 그 행동을 감소시킬 수 있다. 차가운 살인이 일어나는 세상에서는 사형제를 허용하는 주의 살인율이 사형제가 없는 주보다 낮을 것이다. 그러나 우리가 사는 세상은 뜨거운 살인이 일어나는 곳이며 사형제가 살인을 감소시키지 않는다(Constanzo, 1998). Darley와 Alter(2009)가 지적했듯이, "놀랍도록 많은 범죄가 충동적인 사람들에 의해 저질러진다. 주로 술에 취하거나 약에 취하고, 유유상종으로 아무 생각 없는 무리의 젊은 남성들이 여기에 포함된다." 형량을 높여서 범죄를 줄이려는 시도가 효과가 없는 것은 놀라운 일이 아니다. 반면에 길거리 치안을 강화하여 체포율을 높이는 것은 몇몇 도시에서 총기 관련 범죄를 50% 감소시키는 것과 같은 고무적 결과를 가져왔다.

우리는 사건이 발생하기 전에 공격성을 **예방**해야 한다. 우리는 공격적이지 않은 갈등 해결 전략을 가르쳐야 한다. 심리학자 Wilson과 Lipsey(2005)는 학교 폭력 예방 프로그램에 관한 249개 연구의 자료를 종합한 결과, 선택된 '문제' 학생에 집중하는 프로그램들에서 특히 고무적인 효과를 확인했다. 문제 해결 기술과 정서 통제 전략, 갈등 해결 기술을 배운 뒤, 폭력적이거나 문제가 되는 행동을 하는 학생들의 숫자가 20%에서 13%로 감소했다. 부모가 허용적인(행동에 제한을 두지 않고 규칙을 지키게 하지 않는) 아이들은 공격적인 청소년으로 자라는 경향이 있는데(Enrenreich et al., 2014), 이러한 결과는 권위 있는 양육이 공격성을 예방할 수 있음을 보여준다. 괴롭힘(사이버 괴롭힘 포함)은 부모와 교사들이 아동을 면밀하게 관찰하면 감소했으며(Campbell, 2005; Wingate et al., 2013), 아이들에게 어떤 행동이 괴롭힘인지 교육하면 감소했다(Mishna, 2004). 다른 프로그램들은 공감을 가르치는 데 초점을 두며 아이들이 괴롭힘을 모른 척하지 않고 나서서 도움을 주는 말을 하도록 권장한다(Noble, 2003).

더 온화한 세상을 만들기 위해서 부모에게 폭력을 쓰지 않고 훈육하는 방법을 교육함으로써, 아이들이 어릴 때부터 배려와 협력의 모범을 보여주고 배려와 협력에 대한 보상을 제공할 수 있을 것이다. 훈련 프

아이들에게 괴롭힘에 대해 교육하고 더 주의깊게 감독하면 사이버 괴롭힘을 줄일 수 있다.

© SpeedKingz/Shutterstock

로그램들은 부모가 바람직한 행동을 강화하고 긍정적으로 말하도록 권장한다("방 안 치우면 아무 데도 못 갈 줄 알아" 대신에 "방을 다 치우고 나면 나가 놀아도 좋아"). 한 '공격성 대체 프로그램(aggression-replacement program)'에서는 청소년과 부모들에게 의사소통 기술을 가르치고 분노를 조절하는 훈련을 시키고 도덕적 추론 능력을 향상시킴으로써 소년 범죄자들과 갱 단원들의 재범을 예방했다(Goldstein et al., 1998). 공격적 행동은 사회 집단 내에서 모방을 통해 퍼져 나간다. 미국 청소년들은 친구(또는 친구의 친구)가 몸싸움을 하거나, 다른 사람을 심각하게 다치게 만들거나, 흉기를 휘두르는 행동을 했을 때, 자신도 같은 행동을 할 가능성이 유의하게 더 높았다(Bond & Bushman, 2017).

공격성 모델을 관찰하는 것이 억제를 낮추고 모방을 유도한다면, 미디어의 잔혹하고 비인간적인 묘사를 감소시키는 방법도 있을 것이다. 인종차별과 성차별적 묘사를 감소시키기 위해서 이미 시행했던 것과 비슷한 방법을 사용할 수 있을 것이다. 아이들이 미디어 폭력의 효과에 대응할 수 있는 면역을 길러주는 방법도 있다. TV 네트워크 기업들이 '사실을 직면하고 프로그램을 변화시킬 것인지' 의문을 가졌던 Eron과 Huesmann(1984)은 일리노이 오크파트 지역의 아동 170명에게 텔레비전이 세상을 비현실적으로 묘사하며, 공격성은 TV에서 보여지는 것에 비해서 흔치 않고 효과적이지 않고, 공격적 행동이 바람직하지 않다고 가르쳤다(태도 연구의 방법을 사용해서, Eron과 Huesmann은 아이들이 스스로 이러한 추론을 하도록 장려했으며, 텔레비전에 대한 비판이 자신의 신념에서 비롯된 것으로 귀인하게 만들었다). 2년 뒤에 다시 이루어진 연구에서, 이 아이들은 이러한 훈련을 받지 않은 아이들에 비해서 텔레비전 폭력의 영향을 덜 받는 것으로 나타났다.

보다 최근의 연구에서 스탠퍼드대학교는 아이들에게 TV 시청과 비디오 게임을 하는 시간을 줄이도록 설득하는 18개의 수업을 적용했다(Robinson et al., 2001). 이 아이들은 TV 시청이 3분의 1 감소했고, 통제 집단 학생들에 비해서 학교에서의 공격적 행동이 25% 감소했다. 음악도 올바른 행동의 모범을 보여줄 수 있다면 공격성을 감소시킬 수 있다. '위 아 더 월드(We Are the World)'나 '헬프(Help)' 같은 친사회적 음악을 듣는 조건에 무선할당되었던 독일 학생들은 중립적인 음악을 들었던 학생들에 비해서 덜 공격적으로 행동했다(Greitemeyer, 2011).

개인차 연구들도 공격성을 예방하는 방법에 대한 아이디어를 제공한다. 예를 들어, 역겨움에 민감한 사람은 덜 공격적인데(Pond et al., 2012), 이러한 결과는 폭력의 역겨운 측면을 강조하면 공격성을 예방할 수 있음을 시사한다. 도덕 규칙이 협상 가능하다고 생각하는 사람들(예 : "시험에서의 부정 행위는 아무도 다치게 하지 않기 때문에 괜찮은 행동이다"에 동의하는 사람들)이 더 공격적이라는 연구(Gini et al., 2014)는 협상 불가능한 규칙과 도덕 추론("때리는 것은 항상 나쁘다", "부정 행위는 모든 사람에게 해롭다")을 가르치는 것이 공격적 행동을 감소시킬 수 있음을 시사한다.

이러한 제안들이 우리가 공격성을 최소화하도록 도와줄 수 있다. 그러나 공격성의 원인은 매우 복잡하며 이 원인들을 통제하기도 어렵다는 점을 생각할 때, 앤드루 카네기의 다음과 같은 예언에 표현된 낙관주의에 공감할 수 있는 사람은 드물 것이다: "20세기에는 사람을 죽이는 것이 사람을 먹는 것만큼 역겨운 일로 여겨질 것이다." 카네기가 이 말을 한 1900년 이래로 2억 명의 사람들이 죽임을 당했다. 오늘날 우리가 인간의 공격성을 그 어느 때보다 잘 이해한다고 하더라도 인류의 비인간성은 지속된다는 것은 슬픈 아이러니다.

문화 변화와 세계의 폭력

그럼에도 불구하고, 문화는 변화할 수 있다. 과학저술가 Natalie Angier는 "바이킹은 학살과 약탈을 일삼았다. 그들의 후손인 스웨덴은 거의 200년간 한 번도 전쟁에 참여하지 않았다. Pinker(2011)에 따르면, 실제로 전쟁, 종족 학살, 살인을 포함한 모든 형태의 폭력은 과거에 비해서 줄어들었다. 우리는 이웃 부족을 약탈하는 것에서 경제적 상호의존 관계로, 600년간 서유럽 국가들이 두 번의 새로운 전쟁을 시작했던 세계에서 70년간 전쟁을 하지 않는 것으로 변화했다. 현대 영국 추리 소설을 사랑하는 우리들에게는 놀라운 사실이지만, "중세와 비교할 때 현대의 영국인들이 살해당할 확률은 50배 더 낮다." 서구 민주 국가들 중 한 곳을 제외하고 사형제는 폐지되었다. 유일한 예외가 미국인데, 마법의 사용, 화폐 위조, 말을 훔치는 것에는 더 이상 적용하지 않는다. 미국에서 다음과 같은 공격적이고 폭력적인 행동은 감소하거나 사라지고 있다.

- 린치
- 강간
- 체벌
- 반동성애적 태도와 협박

Pinker는 세계적으로 폭력이 감소하는 것은 '문명화된 계몽주의적 제도(경제 무역, 교육, 정부의 정책과 사법제도) 덕분'이라고 했다.

요약 : 공격성을 어떻게 감소시킬 수 있는가?

- 공격성을 최소화하는 방법은 무엇일까? 카타르시스 가설과는 반대로 공격성을 표현하는 것은 공격성을 감소시키기보다는 더 큰 공격성을 불러온다.
- 사회학습이론에서는 공격성을 유발하는 요인들에 대응하는 공격성 통제 방법을 제안한다. 혐오적 자극을 감소시키고, 공격적이지 않은 행동에 보상을 주고, 모범을 보이고, 공격성과 양립 불가능한 반응을 유도하는 방법이 있다.

후기 :
폭력적 문화를 개선하기

1960년에 미국에서는(다른 지역의 독자들에게는 미안하지만, 미국인들은 폭력에 관해서 특히 문제가 있다) 신고된 폭력 범죄당 3.3명의 경찰이 있었다. 1993년에는 경찰 1인당 3.5건의 범죄가 발생한다(Walinsky, 1995). 그 이후로, 범죄율은 줄어들었지만 여전히 과도하게 높은 비율이 유지되고 있다. 1960년에는 캠퍼스 경찰이 필요하지 않았던 우리 학교(David Myers가 재직 중인 호프칼리지)에서는 이제 9명의 상근 경찰과 6명의 비상근 경찰을 고용하고 학생들을 위한 야간 셔틀 서비스를 제공한다.

미국인들은 자신을 보호하는 방법에 대해 풍부한 아이디어를 가지고 있다.

- 자기 보호를 위해 총을 구입한다. 총기 소유자의 3분의 2가 언급한 총기 소지 이유이다

(Parker et al., 2017)[미국에는 3억 정의 총이 있고, 총을 소유한 사람은 주로 가족에게 살해 당할 위험이 세 배 더 높고 자살 위험이 두 배 더 높다(Anglemyer et al., 2014). 폭행 상황에서 저항할 수 있는 기회가 있는 경우, 총이 있는 사람들이 총에 맞을 확률이 다섯 배 더 높다(Branas et al., 2009). 영국이나 캐나다와 같이 총기 소유를 제한하는 국가들이 더 안전하다].

- 감옥을 더 많이 만든다(최근까지도 범죄율이 지속적으로 증가했다. 주로 남성인 200만 명의 사람들을 투옥시키는 데 드는 사회적·국가적 비용은 엄청나다).

- 폭력 범죄로 세 번 기소되면 무기징역을 살게 되는 '삼진 아웃제'를 시행한다(그러나 여기에 필요한 새로운 감옥과 교도소 병원과 양로원을 지을 예산이 있는가? 1990년부터 삼진아웃제를 도입하고 재정난에 처한 캘리포니아주의 감옥들은 끊임없이 과밀화되고 있다).

- 몇몇 다른 나라들에서 하는 것처럼 잔혹한 범죄를 줄이고 범죄자들을 처형하는 방식으로 최악의 범죄자를 제거한다(그러나 폭력 범죄율이 상위 12위 안에 드는 도시와 주 대부분은 이미 사형 제도를 시행하고 있다. 대부분의 살인은 충동적으로 일어나거나 약물이나 알코올의 영향으로 일어나기 때문에 살인자들이 결과를 미리 계산하는 경우는 거의 없다).

급류에 떠내려가는 사람을 구하는 이야기에서 대안적 접근 방법을 찾아볼 수 있다. 응급처치를 성공적으로 마친 뒤, 구조대원은 또 다른 떠내려오는 사람을 구한다. 대여섯 번의 구조를 반복하던 구조대원은 갑자기 구조를 멈추고 달리기 시작한다. 강에서는 다른 사람이 또 떠내려오고 있다. "저 사람을 구하지 않을 생각인가요?" 구경하던 사람이 물었다. 구조대원이 대답했다. "네. 저는 상류로 가서 이 사람들이 왜 떠내려오고 있는지 알아보려고 합니다."

우리는 우리를 병들게 하는 사회 병리적 현상에 대처하는 것을 돕는 경찰과 감옥, 사회복지사가 모두 필요하다. 모기를 죽이는 것도 괜찮은 방법이지만, 물웅덩이를 제거하는 것이 더 좋은 방법이다. 우리 문화에 비폭력적 이상이 스며들게 함으로써, 가장 치명적인 무기에 접근이 어렵게 만들고, 청소년을 물들이는 사회적 독소에 대항하고, 인격의 도덕적 뿌리를 개선하여 폭력의 원인을 제거할 수 있다.

매력과 친밀감

© Jack Hollingsworth/Blend Images LLC

"세상에서 가장 좋고 가장 아름다운 것들은 보이지도 않고 만질 수도 없지만, 마음으로 느낄 수 있다."

ㅡ 11살 Helen Keller의 편지, 1891

우리는 평생에 걸쳐 서로 의존하며 살아가고, 대인관계는 우리 존재의 핵심에 있다. 여러분이 태어날 수 있었던 것도 바로 매력-한 남자와 한 여자 사이의 끌림 덕분일 것이다. 아리스토텔레스는 인간을 '사회적 동물'이라고 불렀다. 실제로 우리는 오늘날 사회심리학자들이 **소속 욕구**(need to belong)라 부르는, 지속되고 친밀한 관계 내에서 다른 사람들과 연결되고자 하는 욕구를 가지고 있다. 이 욕구는 우리가 이 장에서 탐구하는 현상들의 기초이다: 연인으로 또는 친구로, 우리는 다른 사람을 어떻게 그리고 왜 좋아하고 사랑하는가?

사회심리학자 Baumeister와 Leary(1995; Leary, 2010)는 사회적 애착의 힘을 다음과 같이 설명하였다.

- 우리 조상들에게, 상호 애착은 집단을 생존하게 하였다. 사냥을 하거나 집을 지을 때, 백지장도 맞들면 낫다.

소속 욕구는 얼마나 중요한가?

무엇이 우정과 매력을 만드는가?

사랑은 무엇인가?

무엇이 친밀한 관계를 가능하게 하는가?

관계는 어떻게 끝나는가?

후기 : 사랑을 나누기

- 사랑의 유대는 아이들로 이어지는데, 아이들의 생존 기회는 서로를 지지하는 두 결속된 부모의 양육으로 인해 증가한다(Fletcher et al., 2015).

- 관계는 인생의 많은 부분을 차지한다. 당신은 깨어있는 하루 일과 중 얼마를 사람들과 이야기하는 데 사용하는가? 학생들이 깨어있는 시간을 30초 단위로 기록한 1만 개의 테이프를 분석한 결과(벨트에 장착한 녹음기를 이용) 28%의 시간을 누군가에게 이야기하고 있는 것으로 나타났다. 여기에는 다른 사람의 이야기를 듣는 데 소요된 시간은 포함되지 않았다(Mehl & Pennebaker, 2003).

- 대면하고 있지 않을 때도, 전 세계 70억 사람들은 음성과 문자 또는 페이스북과 같은 소셜네트워크를 통해 연결된다. 미국의 경우 대학 신입생들의 96%가 소셜미디어를 사용하고, 41%는 주당 6시간 이상을 이에 사용한다(Eagan et al., 2017). 미국의 보통 18세들은 하루 2시간을 문자를 주고받는 데 쓰고, 2시간 좀 못 되게 소셜미디어를 한다(Twenge, 2017). 우리의 소속 욕구는 끊임없이 연결되는 데 시간을 투자하게 한다.

- 모든 곳의 사람들에게, 실제의 그리고 소망하는 친밀한 관계는 사고와 감정을 지배할 수 있다. 마음을 터놓을 수 있는 지지적인 사람을 만나게 되면, 우리는 수용되고 소중히 여겨지는 것을 느낀다. 사랑에 빠질 때 우리는 억누를 수 없는 기쁨을 느낀다. 파트너, 가족 그리고 친구와의 관계가 건강할 때, 우리 관계의 지표인, 자존감도 높아진다(Denissen et al., 2008). 수용과 사랑을 갈망하며 우리는 화장품과 옷, 다이어트에 수억 원을 지출한다. 냉담해 보이는 사람조차 타인에게 받아들여지는 것을 좋아한다(Carvallo & Gabriel, 2006).

- 추방되거나, 감옥에 갇히거나, 홀로 감금되면 사람들은 자신이 살았던 장소와 사람들을 몹시 그리워한다. 다른 사람에게 거부당하면 우울증에 취약해진다(Nolan et al., 2003). 시간은 더디 가고 삶은 의미를 잃는다(Twenge et al., 2003). 큰 대학 캠퍼스에 도착한 후 3개월이 지나면 많은 유학생은, 일부 향수병을 겪는 국내 학생도 마찬가지로, 슬픔과 외로움을 보고한다(Cemalcilar & Falbo, 2008).

- 연인에게서 버림받거나, 사별하거나, 그리고 낯선 곳에 머무는 사람들에게, 사회적 유대의 상실은 고통과 외로움을 일으키고 자기 속에 움츠러들게 한다. 친밀한 관계를 잃었을 때, 사람들은 질투심, 심란함, 또는 상실감을 느낄 뿐만 아니라, 죽음과 삶의 허무함을 생각하게 된다. 이주 후 사람들은, 특히 소속 욕구가 가장 강한 사람들은 일반적으로 향수병을 느낀다(Watt & Badger, 2009).

- 죽음을 상기하는 것은 역으로 소속되고, 다른 사람들과 함께하고, 사랑하는 사람들을 껴안으려는 욕구를 강화한다(Mikulincer et al., 2003; Wisman & Koole, 2003). 9/11 테러를 직면하면서, 수백만의 미국인들은 사랑하는 사람에게 전화하고 연결되었다. 마찬가지로 학우, 동료, 또는 가족의 충격적인 죽음은 사람들을 한데 모이게 하고, 서로의 차이는 더는 문제가 되지 않는다.

프란치스코 교황이 2017년 말하듯, "각각 그리고 모든 사람의 존재는 타인의 존재와 깊이 연결되어 있다: 인생은 그냥 흘러가는 시간이 아니다. 인생은 상호작용에 관한 것이다." 사회적 유대는 다양한 방식으로 인생을 살 가치가 있게 한다.

소속 욕구는 얼마나 중요한가?

거절되거나 왕따당하는 것이 왜 상처가 되는지 설명한다.

우리는 말 그대로 사회적 동물이다. 우리는 속하기를 원한다. 다른 동기들과 마찬가지로, 우리는 속해있는 곳이 없을 때는 소속을 추구하고, 욕구가 충족되면 이를 덜 추구한다(Baumeister &

Leary, 1995; DeWall et al., 2009, 2011). 우리가 소속되어 있을 때, 즉 가깝고 친밀한 관계에 의해 지지받는다고 느낄 때 우리는 더 건강하고 더 행복한 경향이 있다. 인간의 다른 두 욕구인 자율성 및 유능감과 균형을 이루어 소속 욕구가 충족이 되면, 전형적으로는 깊은 안녕감을 느낀다 (Deci & Ryan, 2002; Milyavskaya et al., 2009; Sheldon & Niemiec, 2006). 행복은 연결되고, 자유롭고, 유능하다 느끼는 것이다.

사회심리학자인 Williams(2001, 2011; Wesselmann & Williams, 2017)는 우리가 왕따(배제하거나 무시하는 행위)로 인하여 소속 욕구가 좌절될 때 어떤 일이 일어나는지 연구하였다. 모든 문화에서 사람들은 학교, 직장, 가정에서든 사회적 행동을 규제하기 위하여 왕따를 사용한다. 우리 중 일부는 외면되는 것, 즉 사람들이 나를 멀리 하거나, 눈을 맞추지 않거나, 말을 걸지 않는 것이 어떤 것인지를 안다. 가족에게서나 동료로부터 이를 겪어 본 사람들은 이 조용한 대우를 '감정적 학대'이고 '끔찍하고, 끔찍한 무기'라고 말한다. 실험에서도, 공 주고받기와 같은 간단한 게임에서 배제된 사람들은 기가 죽고 스트레스를 받는다. 왕따는 아프고, 왕따를 당해보지 않은 사람은 상상할 수 없을 정도로 사회적 고통은 날카롭게 느껴진다(Nordgren et al., 2011). 왕따는 괴롭힘보다 더 나쁠 수 있다: 괴롭힘도 매우 나쁘지만, 이는 적어도 누군가의 존재와 중요성을 인정하는 반면, 왕따는 그가 전혀 존재하지 않는 것처럼 취급한다(Williams & Nida, 2009). 한 연구에 따르면, 왕따를 당하지만 괴롭힘은 당하지 않는 아이들이 괴롭힘을 당하지만 왕따당하지는 않은 아이보다 더 나쁘게 느꼈다(Carpenter et al., 2012). 거부당한 사람들에게 더 잘 공감한다면, 왕따에 대해 덜 관용적일 수 있을 것이다.

때로 위축감은 자기를 수용해주기 바랬던 사람들에 대한 맹렬한 비난이나(Reijntjes et al., 2011) 자기패배적 행동으로 고약하게 변한다. 여러 실험에서, 또래에게 거부되는 조건에 무작위로 할당된 학생들은(수용되는 사람들 대비) 보다 자기패배적인 행동을 하기 쉬웠고(잡지를 읽으며 꾸물거리는 등) 자신의 행동을 더 조절하지 못했다[과자를 먹는 등(Baumeister et al., 2005; Twenge et al., 2002)]. 이별 후 아이스크림을 엄청 먹는 사람과 같은 고정관념은 친숙할 것이다. 거부당한 사람이 술로 자신의 슬픔을 묻어버리려는 비유도 마찬가지일 것이다(가까운 사람에게서 거부당한 사람들은 이후 더 많은 술을 마셨다)(Laws et al., 2017).

이러한 과식이나 알코올 사용은 자기조절장애의 결과일 수 있다: 왕따당한 사람은 원하지 않는 행동을 억제하는 뇌 기제에 결함을 보인다(Otten & Jonas, 2013). 실험실 밖에서도, 거부당한 아이들은 2년 후, 과제를 끝내지 않거나 지시를 듣지 않는 등 자기조절의 문제를 보일 가능성이 높았으며(Stenseng et al., 2014), 공격적으로 행동할 가능성이 더 높았다(Stenseng et al., 2014). 실험실 실험에서, 사회적으로 거부된 사람들은 다른 사람을 헐뜯거나 소음을 들려주도록 하였을 때 자신을 모욕한 사람에게 더 큰 소음을 쏟아 부었고, 다른 사람을 적게 돕고, 속이거나 도둑질할 가능성이 더 높았다(Kouchaki & Wareham, 2015; Poon et al., 2013; Twenge et al., 2001, 2007). '섬에서 나갈 사람 투표하기'와 같은 실험에서 작은 경험으로도 그러한 공격성이 생겨난다면, '일렬의 주요한 거부나 만성적인 왕따'로부터 어떤 공격적 또

폭력에 대한 처방전 : 13개국에서 126건의 학교 총격사건을 검토한 결과 총격자의 88%가 학교에서 사회적 거부 또는 사회적 갈등을 경험한 것으로 나타났다(Sommer et al., 2014). 2014년 샌타바버라, 캘리포니아대학교 근처에서 7명을 죽이기 전 만든 비디오에서 Elliot Rodger는 여성에게 거부당한 것을 이야기하였다.

© ROBYN BECK/Getty Images

는 반사회적 경향이 초래될지 알 수 없다는 점에 연구자들은 주목하였다.

Williams와 Nida(2011)는 만날 일이 없는 안면부지 사람들에 의한 '사이버 왕따'조차도 피해를 준다는 발견에 놀랐다. 실험 절차는 윌리엄스의 피크닉 경험에서 영감을 얻었다. 그의 발 근처에 프리스비가 떨어지면 윌리엄스는 그것을 다른 두 사람에게 던졌고, 그들은 얼마간 던지기에 그를 끼워주었다. 그러나 갑자기 그들이 그를 향해 프리스비를 던지지 않자, 윌리엄스는 그러한 왕따에 자신이 얼마나 상처받는지에 "놀랐다"(Storr, 2018).

이 경험을 실험에 적용하여, 연구자들은 수십 개국에서 5,000명 이상의 참가자들을 모집하여, 다른 두 사람(실제로는 컴퓨터가 만들어낸 경기자들)과 공을 던지는 인터넷 기반의 게임을 하게 하였다. 다른 경기자들에게 왕따당한 참가자들은 더 나쁜 기분을 경험하고, 이어진 지각 과제에서 다른 사람들의 틀린 판단에 동조할 가능성이 더 컸다. 사이버에서든 현실에서든, 배제는 불안한 사람들에게 가장 오랫동안 상처가 되었다(Zadro et al., 2006). 나이 든 성인보다 어릴수록 더 상처가 되었다(Hawkley et al., 2011). 그리고 사회가 인정하지 않는(한 실험의 경우 호주의 KKK 일원처럼) 집단에서 배제되는 것도 마찬가지로 상처가 된다(Gonsalkorale & Williams, 2006). 사람이 아닌 로봇에게서 거부될 때도 상처를 받는다(Nash et al., 2018).

소셜미디어에서 무시당했다고 느낄 때도 사이버 왕따는 발생할 수 있다. Wolf와 그의 동료들(2015)은 온라인에서 이런 유형의 왕따를 검증하기 위하여 실험 설계를 하였다. 참가자들에게 개인 프로필을 작성하게 하고("자신을 집단에 소개할 문단을 작성하시오"), 왕따 조건에서는 매우 적은 수의 '좋아요'를 받게 하였다. 이런 식으로 배척된 참가자들은 온라인 공 던지기 게임 동안 왕따당한 사람들만큼 부정적 기분과 의미 부족을 보고하였다. '좋아요'를 많이 받지 못해 상처받은 느낌이 들 때는, 가끔 그렇게 느끼는 사람이 당신만이 아니라는 것을 상기하자.

Williams와 그의 동료들(2001)은, 정해진 하루 동안 네 사람이 서로 반응하지 않고 무시하기로 동의한 때에도 왕따가 스트레스가 된다는 것을 발견하였다. 재미있는 역할 게임이 될 것이란 예상과 달리, 이 모의 왕따는 일에 혼란을 주었고, 유쾌한 사회적 기능을 방해했고, "일시적인 걱정, 불안, 의심 그리고 영혼의 전반적인 취약성을 야기했다." 소속되고자 하는 우리의 깊은 욕구를 좌절시키는 것은 우리의 삶을 불안정하게 만든다.

왕따당한 사람들은 신체 통증에 반응하여 활성화되는 뇌 피질 영역에서도 고조된 활동성을 보였다(Rotge et al., 2015). 신체적 고통과 마찬가지로 왕따의 사회적 고통은 공격성을 증가시켰다(Riva et al., 2011). 상처받은 느낌은 억제된 심박수로도 나타났다(Moor et al., 2010). 마음이 상하면 심장도 영향을 받는다.

실제로, 사회적 거부의 고통은 뇌에서 너무나 현실적이어서, 통증을 완화하는 타이레놀은 상처받은 느낌을 줄인다(DeWall et al., 2010). 거부를 느끼는 뇌 영역으로 가벼운 전류를 보내는 것처럼(Riva et al., 2012). 왕따의 반대, 즉 사랑을 느끼는 것은 뇌 보상 시스템을 활성화시킨다. 사랑하는 사람의 사진을 볼 때는, 대학생들은 차가운 물에 손을 담그고 있는 동안 현저히 적은 고통을 느낀다(Younger et al., 2010). 왕따는 진짜 고통이고, 사랑은 천연 진통제이다.

한 실험에서 사회적으로 소외된 때를 떠올리라고(다른 사람들은 다 나갔는데 기숙사에 홀로 남겨졌을 때) 요구받을 때, 사회적 수용 경험을 회상하도록 요구받은 사람들보다, 사람들은 실내 온도를 5도 낮게 인식하기조차 하였다(Zhong & Leonardelli, 2008). 그런 회상은 쉽다: 사람들은 과거의 신체적 고통보다 과거의 사회적 고통을 더 쉽게 기억하고 재현한다(Chen et al., 2008). 그 효과는 다른 방향으로도 작동한다: 다른 사람들을 따돌리라고 지시받은 학생들도 왕따당한 학생만큼 고통스러웠고(Legate et al., 2013) 스스로 인간미가 덜하다고 느꼈다(Bastian et al., 2012).

Baumeister(2005)는 소외 연구에서 밝은 면을 발견했다. 왕따당한지 얼마 지나지 않은 사람들이 새로운 친구를 사귈 안전한 기회를 경험하면, 그들은 "이를 기꺼이, 심지어 간절히 받아들이려는 것으로 보인다." 그들은 미소 짓고 수용적인 얼굴에 보다 주의를 기울이게 된다(DeWall et al., 2009). 소외 경험은 또한 교감을 형성하려는 무의식적 시도로 다른 사람의 행동 모방을 증가시킨다(Lakin et al., 2008). 사회적 차원에서, 소속요구를 충족하는 것은 큰 이득이 됨을 Baumeister(2005)는 강조한다.

> 사회학을 연구하는 나의 동료들은, 소외되었다고 느끼는 소수 집단이 실험 처치가 일으키는 바와 똑같은 행태들을 자주 보인다는 점을 강조해왔다: 높은 비율의 공격성과 반사회적 행동, 협조와 규칙 준수에 대한 자발성 감소, 저조한 지적 활동, 자기파괴적인 행동들과 단기적 초점 등. 만약 우리가 더 많은 사람이 자신이 귀한 구성원으로 받아들여진다고 느낄 수 있는 더욱 포용적인 사회를 만들어 간다면, 이러한 비극적인 행태들 일부는 감소할 것이다.

요약 : 소속 욕구는 얼마나 중요한가?

- 인간은 근본적인 소속 욕구를 갖는다. 소외나 왕따를 겪는 것처럼 내쳐질 때, 사람들은 스트레스를 받고 자기통제력을 잃는다. 사회적 고통은 신체적 고통과 비슷하다.

- 멸시되는 집단으로부터일 때조차, 예상만으로도, 또는 온라인이나 소셜미디어를 통할 때조차 왕따는 상처가 된다.

무엇이 우정과 매력을 만드는가?

> 근접성, 신체적 매력, 유사성, 나를 좋아하는 느낌이 어떻게 우정과 사랑을 키우는지 설명한다.

무엇이 다른 사람을 좋아하거나 사랑하게 만드는 것일까? 인간 본성에 대한 몇 가지 질문들은 강한 흥미를 불러일으킨다. 애정이 피고 지는 것은 드라마, 대중음악, 소설, 그리고 우리의 일상 대화의 크고 작은 소재이다. 사회심리학이라는 분야가 있다는 것을 알기 훨씬 전에 나는 데일 카네기가 제안한 우정과 영향력을 얻는 비법을 암기했었다.

호감과 사랑에 대한 수많은 저작이 이어졌고, 생각해 낼 수 있는 거의 모든 설명과 그 반대급부도 이미 제시되었다. 대다수 사람에게 그리고 당신에게 어떤 요소가 호감과 사랑을 키우는가?

- 부재로 인해 마음이 더 커질까? 혹은 눈에서 멀어지면 마음에서도 멀어질까?
- 좋아하면 매력을 느낄까? 또는 그 반대일까?
- 좋은 외모가 얼마나 중요한가?
- 무엇이 친밀한 관계를 촉진하는가?

우정의 형성을 돕는 요인들부터 시작하자. 그리고 관계를 유지하고 심화시켜 우리의 소속 욕구를 만족시켜주는 요인들을 알아보자.

가족과 친구와의 친밀한 관계는 건강과 행복에 기여한다.

근접성
지리적 가까움. 근접성(더 정확히는 '기능 거리')은 좋아함을 강력하게 예측한다.

근접성

어떤 두 사람이 친구인지를 예측하는 하나의 강력한 변인은 단순한 **근접성**(proximity)이다. 근접성은 적대감 역시 키울 수 있다(대부분 폭력과 살인은 가까이 사는 사람들 사이에서 발생한다). 그러나 이보다 훨씬 더 빈번히, 근접성은 호감을 불러일으킨다. Back와 라이프치히대학의 동료들(2008)은 첫 수업 시간에 무작위로 학생들의 자리를 배정하고, 전체 수강생에게 간단한 자기소개를 하게 하였다. 이 단 한 번의 자리 배정 후 1년이 지나, 학생들은 첫 수업시간에 옆이나 근처에 앉은 사람들과 더 큰 우정을 보고하였다. 야구에서, 심판들은 게임 내내 더 가까이 서 있던 타자에게 스트라이크 판정을 내릴 가능성이 더 작다(Mills, 2014).

낭만적인 사랑의 비밀스러운 기원을 탐구하는 사람들에게는 사소해 보일 수 있지만, 대부분 같은 동네에 살거나, 같은 회사나 직업에서 일하거나, 같은 교실에서 지내거나, 좋아하는 같은 장소를 방문한 누군가와 결혼한다는 것을 사회학자들은 오래전에 발견했다(Bossard, 1932; Burr, 1973; Clarke, 1952; McPherson et al., 2001). 결혼했거나 오랫동안 교제한 사람들에 대한 퓨 설문조사(2006)에서 38%의 응답자는 직장이나 학교, 나머지 일부는 동네나 교회, 체육관 또는 성장하는 동안 만났다. 주변을 둘러보라. 당신이 결혼했다면 가까운 거리에서 살았거나 일했거나 공부한 누군가일 것이다.

상호작용

지리적인 거리보다 훨씬 더 중요한 것은 '기능적인 거리', 즉 사람들이 얼마나 자주 마주치는가이다. 우리는 같은 출입구, 주차장, 휴식공간을 이용하는 사람들과 친구가 된다. 임의로 배정되어 빈번하게 상호작용하는 대학 룸메이트는 적보다는 좋은 친구가 될 가능성이 훨씬 더 크다(Newcomb, 1961). 내(DM)가 몸담은 대학에서, 예전에는 남성들과 여성들이 캠퍼스의 반대편에 살았다. 예상되듯, 이성 간의 우정은 흔하지 않았다. 현재 대학생들은 통합 기숙사에 살면서 복도, 라운지, 세탁시설을 공유하는데, 남성과 여성 사이의 우정은 훨씬 더 빈번하다. 상호작용은 사람들이 서로의 유사성을 탐색하게 하고, 서로의 취향을 느끼고, 서로를 더 알게 되며, 자신을 하나의 사회 단위의 일부로 인식하게 한다(Arkin & Burger, 1980). 한 연구에서, 낯선 사람들은 더 오래 이야기할수록 서로를 더 좋아했다(Reis et al., 2011).

그러므로 당신이 새로 왔고 친구를 사귀고 싶다면 우편함 가까운 곳에 집을 얻고, 커피포트 가까운 곳에 책상을 두며, 주요 건물 가까이 주차 공간을 얻거나 공중목욕 시설이 있는 기숙사 방을 구하도록 노력하라. 그것이 우정의 건축학이다.

이러한 접촉이 가지는 기회의 속성은 놀라운 발견들을 이해할 수 있게 한다. 다음을 생각해보자: 만약 당신의 일란성 쌍둥이가 누군가와 약혼했다면 당신은(쌍둥이와 참으로 많은 면에서 유사한) 당신의 쌍둥이 형제처럼 그 약혼자에게 매력을 느낄 것인가? Lykken과 Tellegen(1993)의 대답은 그렇지 않다는 것이다. 일란성 쌍생아의 절반만이 쌍둥이의 선택을 정말 좋아했다고 회상했고, 단지 5%만이 "쌍둥이의 약혼자와 사랑에 빠질 수도 있었다"라고 말했다. 낭만적인 사랑은 오히려 새끼오리의 각인과 같다고 Lykken과 Tellegen은 추측한다. 누군가와 반복적으로 마주치고 상호작용하면, 우리는 대략 비슷한 특징을 가지며 우리의 애정에 응답하는 거의 누구에게라도 열정을 쏟을 수 있다.

왜 근접성이 호감을 낳는가? 한 가지 요인은 가용성이다. 다른 학교에 다니거나 다른 마을에 사는 사람을 알아갈 기회는 분명히 적다. 그러나 여기에는 그 이상의 무엇이 있다. 대부분 룸메이트를 좋아하거나, 바로 옆집에 사는 사람을 두 집 건너 사는 사람보다 더 좋아한다. 몇 집 떨어져 살거나, 또는 아래층에 사는 것이 거리상의 불편함이라 할 수는 없다. 게다가, 가까이에 있는 사람들은 친구뿐 아니라 적이 될 수도 있다. 그렇다면 왜 근접성은 미움보다는 애정을 강화하는가?

상호작용의 기대

근접성은 사람들이 공통점을 발견하고 보상을 주고받게 한다. 그러나 단순히 상호작용을 기대하는 것 또한 호감을 북돋운다. Darley와 Berscheid(1967)는 미네소타대학교 여성들을 대상으로 벌인 연구에서 이 사실을 발견하였다. 참가자들은 두 명의 여성들에 대해 애매한 정보를 받고 그중 한 명과 친밀하게 이야기 나눌 것을 기대하게 된다. 두 사람을 각각 얼마나 좋아하는지 질문받으면, 참가자들은 그들이 만날 것으로 기대하는 사람을 더 좋아했다. 누군가와 데이트하기를 기대하는 것도 비슷하게 호감을 증가시켰다(Berscheid et al., 1976). 심지어 선거에 패배한 편에 투표한 사람들도, 이제는 함께할 수밖에 없는, 당선된 후보에 대해 자신의 견해가 좋아진다는 것을 발견할 것이다(Gilbert et al., 1998).

이 현상은 적응적이다. 기대로 인한 호감, 누군가와 유쾌하고 잘 맞을 것이라는 기대는 서로에게 좋은 관계를 형성할 기회를 높인다(Klein & Kunda, 1992; Knight & Vallacher, 1981; Miller & Marks, 1982). 자주 보는 사람을 좋아하도록 편향되어 있다는 것은 좋은 일이다. 왜냐하면, 우리의 삶은, 우리가 선택하지는 않았으나 지속적으로 상호작용해야 할 사람들(룸메이트, 형제자매, 조부모, 선생님, 급우, 동료)과의 관계로 가득하기 때문이다. 그러한 사람들을 좋아하는 것은 그들과 더 좋은 관계를 갖는 데 분명 도움이 되며, 보다 행복하고 생산적인 삶에도 도움이 된다.

단순 노출

근접성은 상호작용과 기대로 인해 좋아하게 할 수 있을 뿐 아니라, 더 단순한 이유로도 호감에 이르게 한다. 오랜 속담과는 달리 200개 이상의 실험 결과는 친숙함은 경멸을 낳지 않음을 밝혔다. 오히려, 이는 호감을 키운다(Bornstein, 1989, 1999). 모든 종류의 새로운 자극(무의미 철자, 중국 한자, 음악 선곡, 얼굴)에 **단순 노출**(mere-exposure effect)은 이에 대한 평가를 높였다. 터키 단어 *nansoma, saricik, afworbu*가 *iktitaf, biiwojni, kadirga*보다 더 좋거나 나쁜 것을 의미하는가? Zajonc(1968, 1970)의 실험에 참여한 미시간대학교 학생들은 이 단어 중, 어떤 것이든 그들이 가장 자주 본 것을 선호하였다. 무의미 철자나 중국 상형문자도 더 자주 볼수록, 무엇인가 좋은 의미라고 말할 가능성이 크다(그림 11.1). 나(DM)는 이 아이디어를 우리 학생들에게 검증해보았다. 주기적으로 어떤 무의미 단어를 화면에 짧게 보이면, 종강 무렵 학생들은 이전에 본 적이 없는 무의미 단어보다 '이 단어들'을 더욱 긍정적으로 평

단순 노출 효과
반복적으로 새로운 자극에 노출되었을 때 그것을 더 좋아하거나 더 긍정적으로 평가하는 경향

© Isaac Koval/Getty Images

가까이 있는 사람을 가깝게 느낀다. 사람들은 활동을 같이 하는 사람들과 애착을 형성하고, 때로 사랑에 빠진다.

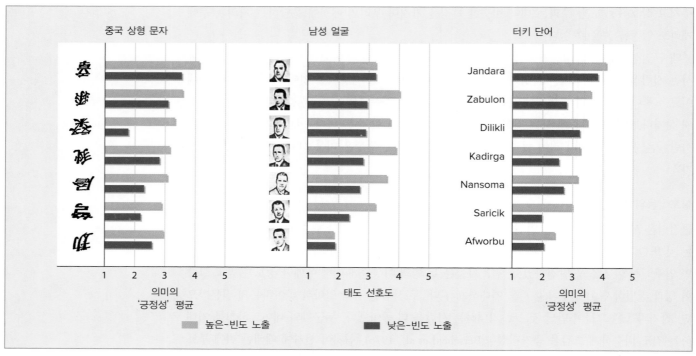

그림 11.1

단순 노출 효과

학생들은 자극에 반복적으로 노출된 후 이 자극들을 더욱 긍정적으로 평가했다.

출처 : Zajonc, 1968.

가할 것이다. 허리케인 피해가 정말 심각하여 허리케인 이름이 자주 언급되는 경우, 단순 노출로 인해, 아기에게 해당 문자로 시작하는 이름을 지어줄 가능성이 더 크다(Berger et al., 2012). 단순 노출만으로 사회단체에 대한 태도도 바꿀 수 있다. 사람들이 성전환자 개인들에 관한 이야기를 사진과 함께 읽으면, 그들은 성전환자에게 더 편안해지고 덜 두려워하게 된다(Flores et al., 2018).

혹은 다음을 생각해보라: 당신이 가장 좋아하는 알파벳 철자는 무엇인가? 국적, 언어, 나이가 다른 사람들도 자신의 이름에 있는 철자나, 자국의 언어에 자주 나타나는 철자를 선호한다(Hoorens et al., 1990; Hoorens & Nuttin, 1993; Kitayama & Karasawa, 1997; Nuttin, 1987). 프랑스 학생들은 프랑스어에서 빈도가 가장 낮은 철자 W를 가장 좋아하지 않는 철자로 평가한다. 주식 시장 시뮬레이션 연구에서 미국 경영대 학생들은 자신의 이름과 같은 첫 글자를 갖는 주식 매수를 선호하였다(Knewtson & Sias, 2010). 일본 학생들은 자신의 이름에 있는 철자뿐만 아니라 자신의 생일에 해당하는 숫자 또한 선호한다. 소비자들은 가격이 자신의 생년월일(생일이 15일일 때 49.15달러)과 이름(F로 시작하는 이름은 55달러)을 상기시키는 제품을 선호한다. 가격이 더 높을 때도 이 선호는 유지되었다(Coulter & Grewal, 2014). 그러나 이 '이름 글자 효과'는 단순 노출 이상을 의미한다('초점 문제 : 사람들은 자신과 관련된 것을 좋아한다' 참조).

단순 노출 효과는 반복해서 듣는 음악이나 맛보는 음식과 관련된, 지루함에 대한 상식적인 예언(저하된 흥미)을 반박한다(Kahneman & Snell, 1992). 파리의 에펠탑은 1889년 준공되었을 때 괴상하다 조롱받았다(Harrison, 1977). 오늘날 에펠탑은 사랑받는 파리의 상징이다. 친숙함은

초점문제

사람들은 자신과 관련된 것을 좋아한다

사람들은 일반적으로 자신에 대해서 좋게 느끼고 싶어 한다. 자기본위 편향(제2장)이 있을 뿐 아니라, Pelham, Mirenberg, 그리고 Jone(2002)이 암묵적 *에고티즘*(implicit egotism)이라 부른 경향을 보인다: 우리는 우리와 연관된 것을 좋아한다.

우리가 무의식적으로 자신과 연결하는 것은 내 이름의 철자뿐 아니라, 사람, 장소, 물건들까지 포함한다(Jones et al., 2001). 만약 낯선 사람의 얼굴이 자신과 닮은 점이 있다면, 우리는 그 새로운 얼굴을 더 좋아한다(DeBruine, 2004). 임의로 부여한 실험 번호가 자신의 생일과 유사한 사람에게 더 끌리고, 성이나 이름이 자신과 유사한 사람과 결혼하는 경향마저 있다(Jones et al., 2004).

Pelham과 그의 동료들은, 이러한 선호가 주거지와 직업을 포함한 주요한 삶의 의사결정에도 미묘하게 영향을 준다고 보고한다. 잭슨빌보다 더 큰 필라델피아에는 잭이라는 이름의 사람이 2.2배 더 많지만, 필립이라는 이름을 가진 사람이 10.4배 더 많다. 이와 마찬가지로, 버지니아 해변에는 버지니아라는 이름을 가진 사람들이 불균형적으로 많다.

이는 아이 이름을 지을 때 단순히 거주하는 장소의 영향을 받았음을 반영하는 것일까? 예를 들면, 조지아에 사는 사람들은 자신의 아기들에게 조지 또는 조지아라고 이름 지을 가능성이 더 큰가? 그럴지도 모른다. 그러나 이는 왜 주의 이름과 비슷한 성을 가진 사람들이 상대적으로 과도하게 많은지를 설명하지는 못한다. 예를 들어, 캘리포니아에는 칼리(칼리파노처럼)로 시작하는 이름을 가진 사람들이 불균형적으로 많다. 마찬가지로 주요 캐나다 도시는 그

도시 이름과 겹쳐지는 성을 가진 사람들이 기대 이상으로 많은 경향이 있다. 토론토는 토르로 시작하는 이름을 가진 사람들이 두드러지게 많다.

전국 평균에 비해 세인트루이스에는 루이스라는 이름의 남성이 49% 더 많다. 힐, 파크, 비치, 레이크 또는 록이라는 이름의 사람들이 자신의 이름이 포함된 이름의 도시(예 : 파크 시티)에 살 가능성이 불균형적으로 많다. "사람들은 자신의 이름과 비슷한 장소에 끌린다"고 Pelham, Mirenberg, Jones(2002)는 추측한다.

그러나 더 신기하게도—이것은 지어낸 이야기가 아니다—사람들은 자신의 이름과 관련된 직업을 선호하는 것처럼 보인다. 미국 전역에서 제리, 데니스, 그리고 솔터는 동등하게 인기 있는 이름들이다(0.42%의 사람들이 이 이름들을 가진다). 그러나 미국의 치과의사들은 제리나 월터보다 데니스라는 이름을 가질 가능성이 거의 두 배이다. 또한 동일하게 인기 있는 이름인 비벌리나 태미보다 데니스라는 이름을 가진 사람이 2.5배 더 많다. 조지 또는 제프리라는 이름을 가진 사람은 지구과학자(지질학자, 지구물리학자, 지구화학자)에서 과도하게 많다. 그리고 2000년의 대통령 선거에서, B와 G로 시작하는 성을 가진 사람들이 각각 부시와 고어의 정당에 불균형적으로 이바지하는 경향이 있었다.

암묵적 에고티즘에 기반을 둔 선호에 관해 읽으면서 잠시 생각해본다. 이것이 내가 포트마이어스로 여행하기를 즐기는 이유와 관련이 있을까? 나는 왜 기분(moods)과 미디어(media), 그리고 결혼(marriage)에 관해서 출판해왔는가? 나는 왜 Murdoch 교수와 공동으로 연구하였는가?

보통 경멸을 낳지 않으며, 호감을 증진시킨다.

그러나 지나치게 많은 노출도 있다(Montoya et al., 2017). 반복이 끊임없으면, 결국 좋아함은 줄어든다(Montoya et al., 2017). 음악이 생생한 예이다. 더 자주 들을수록 인기곡을 좋아하게 될 수 있지만, 너무 많이 들으면 결국에는 한계에 이른다. 한국 속담에서는 "듣기 좋은 꽃노래도 한두 번"이라 하였다.

그렇다면, 루브르 박물관의 관람객들은 정말 모나리자의 예술성 때문에 모나리자를 좋아하는가, 아니면 단순히 친숙한 얼굴을 보고 즐거워하는 것인가? 둘 다일지 모른다(그녀를 아는 것이 곧 그녀를 좋아하는 것이다). Harmon-Jones와 Allen(2001)은 실험으로 이 현상을 탐구하였다. 사람들에게 한 여성의 얼굴을 보여주었을 때, 얼굴을 반복적으로 보여줄수록 참가자들의 뺨 근육이 활성화(미소)되었다. 단순 노출은 유쾌한 느낌을 낳는다.

사람들이 의식 없이 자극을 받을 때 단순 노출은 훨씬 더 강한 효과가 있다(Bornstein & D'Agostino, 1992; Hansen & Wänke, 2009; Kunst-Wilson & Zajonc, 1980; Willems et al., 2010). 한 실험에서, 여성들은 헤드폰의 한쪽으로는 선율을 듣고 다른 쪽으로는 단어를 들었다: 그들은 단어를 크게 소리 내 반복하도록 요청받았다. 이는 단어에 주의를 집중하고 선율에는 주의하지 않도록 하는 것이다. 이후, 그 선율이 이전에 연주되지 않았던 비슷한 것들과 섞여 있다고 들었지만, 그들은 그 선율을 재인하지 못했다. 그런데도, 그들은 이전에 들었던 그 선율을 가

장 좋아하였다. 기억 상실증 환자(의식적으로 자신이 경험한 것을 거의 기억하지 못하는 환자)조차도 최근 본 얼굴을 선호한다(Marin-Garcia et al., 2013).

이들 실험에서 자극에 대한 의식적인 판단은 즉각적인 느낌보다 사람들이 보거나 들은 것에 대해 단서를 제공하지 않았다는 점을 주의하라. 당신은 왜 그런지 의식하지 못한 채, 좋아하거나 싫어하는 사물이나 사람을 즉각적이고 직관적으로 떠올릴 수 있을 것이다. Zajonc(1980)은 정서는 사고보다 더 즉각적으로 일어난다고 주장한다. 정서와 사고가 반독립적("정서가 인지에 선행할 수 있다")이라는 Zajonc의 놀라운 아이디어는 최근 뇌 연구에서 지지를 받는다. 정서와 인지는 별개의 뇌 영역에 의해 기능한다. 원숭이의 편도체(정서와 관련된 뇌 구조)를 손상시키면 정서 반응은 손상되지만, 인지 기능은 손상되지 않는다. 원숭이의 해마(기억과 관련된 구조)를 손상시키면, 인지는 손상되지만, 정서 반응은 손상 없이 유지된다(Zola-Morgan et al., 1991).

단순 노출 효과는 '엄청난 적응적 의미'를 가지고 있다고 Zajonc(1998)은 강조하였다. 이는 우리가 매력과 애착을 느끼도록 '내장된' 현상이다. 이는 우리의 선조가 사물과 사람을 익숙하고 안전한 것과 낯설고 잠재적으로 위험한 것으로 범주화하도록 도왔다. 두 낯선 사람들이 더 많이 상호작용할수록 서로에게서 더 많은 매력을 찾는 경향이 있다(Reis et al., 2011). 단순 노출 효과는 타인에 대한 평가에 색을 입힌다: 우리는 친숙한 사람들을 좋아하고(Swap, 1977), 그들을 더 행복하다 지각하고(Carr et al., 2017) 더 신뢰롭다고 인식한다(Sofer et al., 2015). "친숙하다는 것은, 당신을 아직 잡아먹지 않은 것이지"라 Zajonc은 말하곤 했다(Bennett, 2010). 이는 다른 방식으로도 작동한다: 우리가 좋아하는 사람들(예 : 무표정보다 웃는 낯선 이)은 좀 더 친숙해 보인다(Garcia-Marques et al., 2004).

단순 노출의 부정적 측면은 친숙하지 않은 것들에 대한 우리의 경계이다. 이는 사람들이 자신과 다른 이들을 대면할 때 종종 느끼는 자동적이고, 무의식적인 편견을 설명할 수 있다(Bar-Haim et al., 2006; Kelly et al., 2005, 2007). 3개월 된 영아는 동일 인종 선호를 보인다: 아기들이 자신과 다른 인종에게 양육되면 자신에게 친숙한 인종의 얼굴을 응시하는 것을 선호한다(Bar-Haim et al., 2006; Kelly et al., 2005, 2007).

우리는 심지어 자신을 늘 보던 익숙한 방식으로 볼 때, 우리 자신을 더 좋아한다. 한 유쾌한 실험에서, 연구자들은 여성들에게 자신의 사진과 거울 이미지 사진을 함께 보여주었다. 어떤 사진이 더 좋은지 묻자, 대부분 그들에게 익숙한 이미지인 거울 이미지를 선호하였다(사진이 잘 나오지 않았다고 느끼는 데에도 다 이유가 있었다). 여성들의 친한 친구에게 같은 두 사진을 보여주었을 때, 그들은 그들에게 익숙한 실제 사진을 더 선호하였다(Mita et al., 1977). 셀카 사진을 너무 자주 보기 때문에, 당신은 결과가 다를 것으로 생각하는가?

단순노출 효과. 만약 독일 수상 앙겔라 메르켈이 우리 대부분과 같다면 그녀는 아마도 그녀가 매일 아침 양치질을 할 때 보는 익숙한 거울상(왼쪽)을 그녀의 실제 상(오른쪽)보다 선호할 것이다.

ⓒ MICHAEL SOHN/AP Images

광고주와 정치가들은 이 현상을 활용한다. 사람들이 어떤 제품이나 후보자에 대해 강한 감정이 없을 때, 반복만으로 매출이나 득표수를 올릴 수 있다(McCullough & Ostrom, 1974; Winter, 1973). 광고를 끝도 없이 반복한 후, 소비자들은 종종 그 제품에 대해 생각 없이, 자동적으로 호의적인 반응을 보인다. 웹 페이지에서 유명 브랜드 제품에 대한 팝업 광고를 본 학생들은 광고 본 것을 기억하지 못하더라도 브랜드에 대해 더 긍정적 태도를 보였다(Courbet et al., 2014). 만약 후보자들이 상대적으로 알려지지 않았다면, 언론에 가장 많이 노출된 사람이 보통 승리한다(Patterson, 1980; Schaffner et al., 1981). 단순 노출 효과를 이해하는 정치적 전략가들은 후보자 이름과 적절한 메시지를 주입하는 짧은 광고로 논리적인 토론을 대신한다.

워싱턴주의 존경받는 대법관장 Keith Callow도 1990년, 승산 없어 보였던 상대인 Charles Johnson에게 패했을 때 이 교훈을 배웠다. 사소한 형사 사건과 이혼 사건을 담당하던 무명 변호사인 Johnson은 판사들이 "도전받을 필요가 있다"라는 신념으로 재판관 자리에 입후보 등록했다. 누구도 선거운동을 하지 않았고, 언론도 그 경합을 무시했다. 선거 날, 두 입후보자의 이름은 아무런 설명 없이 그저 나란히 제시되었다. 결과는 53% 대 47%로 Johnson의 승리였다. 쫓겨난 판사는 이후 대경실색한 법조계에 "바깥 세상에는 Callow보다는 Johnson이 훨씬 많다"고 말했다. 실제로 주에서 가장 큰 신문은 지역 전화번호부에서 27명의 Charles Johnson을 찾았다. 모르는 두 이름 중 하나를 선택해야 할 때, 많은 유권자는 편안하고 친숙한 Charles Johnson이라는 이름을 선호하였다(그중 한 명은 TV 앵커였다).

신체적 매력

당신은 이성을 고를 때 무엇을 중요하게 여겼거나 여기는가? 진실함? 성격? 잘생긴 외모? 고상하고 지적인 사람들은 잘생긴 외모와 같은 피상적인 특질에 개의치 않는다. 그들은 "미모는 단지 한 꺼풀"이고, "표지만 보고 책을 판단하지 말라"라는 것을 안다. 최소한 그들은 그렇게 느껴야 한다는 것을 안다. 키케로가 조언했듯이, "외모에 저항하라."

외모가 중요하지 않다는 믿음은 우리가 받는 실제 영향을 어떻게 부정하는지를 보여주는 또다른 예이다. 외모가 중요하다는 결과가 서류함을 가득 채우고 있기 때문이다. 이 효과의 일관성과 보편성은 놀랍다. 좋은 외모는 자산이다.

매력과 데이트

좋든 싫든, 젊은 여성의 신체적 매력은 그녀가 얼마나 자주 데이트하는지에 대한 양호하게 좋은 예측변인이며, 젊은 남성의 매력은 그가 얼마나 자주 데이트를 하는지에 대한 보통 정도의 좋은 예측변인이다(Berscheid et al., 1971; Reis et al., 1980, 1982; Walster et al., 1966). 그렇지만 여성들은 남성보다는, 매력적이고 차가운 짝보다 가정적이고 따뜻한 짝을 선호할 것이라 말한다(Fletcher et al., 2004). 전 세계 BBC 인터넷 조사에서 22만여 명에게 조사한 결과, 여성보다 남성이 배우자의 매력을 중요하게 평정했지만, 남성보다 여성은 정직, 유머, 친절 및 신뢰성에 중요성을 부여했다(Lippa, 2007). 4년 동안 이성 부부를 대상으로 진행된 종단연구에서, 남편의 신체적 매력이 아내의 만족도를 예측한 것보다 아내의 신체적 매력이 남편의 결혼 만족도를 더 잘 예측했다. 다시 말해, 매력적인 아내는 남편을 더 행복하게 했지만, 남편의 매력은 아내의 행복에 영향을 덜 미쳤다(Meltzer et al., 2014). 게이 남성과 레즈비언 여성도 이러한 성차가 나타내며, 동성애와 이성애 남성 모두 동성애나 이성애 여성보다 외모를 더 중시하였다(Ha et al., 2012).

Maxine!Comix © Marian Henley.
Reprinted by permission of the artist.

이런 자기보고는 많은 사람이 가정하는 것처럼 여성이 키케로의 충고를 더 잘 따른다는 것을 의미할까? 아니면 영국 철학가 Bertrand Russel(1930, p. 139)의 "대체로 여자는 남자의 성격 때문에 사랑하는 반면 남자는 여자의 외모 때문에 사랑하는 경향이 있다"란 언급 이래 아무것도 변하지 않은 것인가? 아니면 이는 남성이 데이트 요청을 하는 경우가 대체로 더 많아서 발생한 것인가? 여성이 다양한 남성 중 누구를 선호하는지 표시해야 한다면, 남성처럼 외모가 중요해질까?

한 고전적 연구에서, Hatfield와 동료들(1966)은 '환영 주간' 매칭 댄스를 위해 미네소타대학교 1학년생 752명을 짝짓기하였다. 연구자들은 각 학생에게 성격 및 적성검사를 하였고, 짝짓기는 무작위로 이루어졌다. 댄스파티가 있던 밤, 커플들은 두 시간 반 동안 춤추고 이야기를 나누었으며, 짧은 휴식 시간 동안 자신의 데이트 상대를 평가하였다. 성격 및 적성검사가 매력을 얼마나 잘 예측할까? 사람들은 자존감이 높거나, 불안이 적거나, 사교성에서 뛰어난 사람을 좋아할까? 연구자들은 수많은 가능성을 검토하였다. 그러나 그들이 파악한 한에서는 한 가지 요소만이 중요했다. 그 사람이 신체적으로 얼마나 매력적인가(미리 연구자들에 의해서 평정된 대로)이다. 여성이 더 매력적일수록, 남성들은 그녀를 더 좋아했고 그녀와 다시 만나기를 원했다. 그리고 남성이 더 매력적일수록, 여성은 그를 더 좋아했고, 그와 다시 만나기를 원했다. 아름다운 사람이 유쾌하다.

더 최근 연구는 스피드 데이트 행사에서 자료를 수집했는데, 이 기간에 사람들은 연이어 잠재적인 데이트 상대와 각각 몇 분간 상호작용하고 이후 누구를 다시 보고 싶은지 표시한다(서로 "네"라고 한 경우 연락처 정보 제공). 이 절차는 사회적 행동의 몇 초간의 '짧은 순간들'에 근거하여 타인에 대한 영속적인 이미지를 형성할 수 있다는 것을 보인 연구에 기반하였다(Ambady et al., 2000). 스피드 데이트 연구에서, 남성(여성 대비)은 잠재적 데이트 상대의 신체적 매력에 대해 더 신경을 쓸 것으로 생각했지만, 누구와 데이트할지 결정할

© Wavebreak Media Ltd/123RF

매력과 데이트. 인터넷 데이트 고객들에게 있어서, 외모는 제공되고 요구되는 한 부분이다.

때가 오자, 후보의 매력은 남녀 모두에게 비슷하게 중요했다(Eastwick & Finkel, 2008 a, b).

최근 97개 연구를 메타 분석한 결과 남성과 여성은 신체적 매력에 대해 거의 같게 상당히 높은 중요성을, 수입 전망에 대해서는 거의 같게 더 낮은 중요성을 부여하였다(Eastwick et al., 2014). 앞서 본 것처럼 다른 연구들은 다른 결과를 발견하였다. 따라서 남성이 여성보다 신체적 매력을 더 중시하는지는 논쟁의 여지가 있지만, 데이트에서 신체적 매력의 전반적인 중요성은 상당히 크다(첫인상에서 데이트가 비롯될 때는 특히). 그러나 사람들이 직업이나 우정을 통해 서로를 수개월 또는 수년간 알아가게 되면, 신체적 매력이나 지위보다는 각 개인의 고유한 특성에 더 중점을 둔다. 친구들 사이

교제를 시작하기 전에 친구였던 커플들에게는 신체적 외모가 그다지 중요하지 않다.

의 시간에 따른 호감을 조사한 여러 연구에서는, 시간이 많이 지날수록 누가 짝으로 가장 매력적인지에 대해 친구들의 의견을 더욱 갈렸다. 167쌍의 커플 중, 서로를 더 오랜 기간 알았고 데이트 이전에 친구였던 사람들은, 서로를 더 짧은 기간 알았고 데이트 전에 친구가 아니었던 사람들에 비해, 신체적 매력에서 덜 유사하였다(Hunt et al., 2015). 2012년 조사에 따르면 여성의 43%와 남성의 33%는 처음에는 끌리지 않았던 사람과 사랑에 빠졌다(Fisher & Garcia, 2013). 다시 말하면, 일단 알게 된다면, 모든 사람에게 그를 위한 누군가가 있다(Eastwick & Hunt, 2014). 미모는 즐거움을 주지만, 아마도 아주 짧은 기간만 그럴 것이다.

외모는 심지어 투표에도 영향을 미친다. Todorov와 동료들(2005; Todorov, 2011)의 연구를 보면 그러한 것 같다. 그들은 프린스턴대학교 학생들에게 2000년 이후 95개 미국 상원의원 선거와 600개 하원의원 선거에서의 두 주요 후보들의 사진을 보여주었다. 외모 하나에 근거하여, 학생들은 (젊어 보이는 후보자보다 유능해 보이는 외모를 선호함으로써) 72%의 상원의원과 67%의 하원의원 선거의 당선자를 정확하게 추측하였다. 후속 연구도 유권자들은 유능해 보이는 후보자를 선호한다는 결과를 확인하였다(Antonakis & Dalgas, 2009; Chiao et al., 2008). 그러나 성차도 또한 중요하였다: 남성은 신체적으로 매력적인 여성 후보에 투표할 가능성이 컸고, 여성은 접근 가능한 외모의 남성 후보에 투표할 가능성이 컸다. 마찬가지로 만약 다른 성별이라면 이성애자들은 매력적인 구직자와 대학 지원자에게 긍정 편향을 보였다(Agthe et al., 2011).

짝 맞추기 현상

모든 사람이 놀랄 만큼 매력적인 사람과 짝이 될 수는 없다. 그러면 사람들은 어떻게 짝이 되는 걸까? Murstein(1986) 등의 연구 결과로 판단해볼 때, 사람들은 현실적이다. 그들은 거의 자신과 비슷하게 매력적인 사람과 짝을 이룬다. 여러 연구가 부부, 연인 그리고 심지어 특정 동호회의 사람들 사이의 평정된 매력이 강하게 일치한다는 것을 밝혀왔다(Feingold, 1988; Montoya, 2008). 사람들은 지식 수준뿐만 아니라 매력 수준이 '잘 어울리는' 사람들을 친구로 선택하거나 결혼하는 경향이 있다(McClintock, 2014; Taylor et al., 2011).

실험들을 통해서도 이러한 **짝 맞추기 현상**(matching phenomenon)은 검증되었다. 상대가 자유롭게 수락이나 거절할 수 있음을 알고 누구에게 다가갈지 선택할 때, 사람들은 종종 상대방의 매력이 대략 자신과 비슷한 사람들에게 다가가고 투자한다(Berscheid et al., 1971; Huston, 1973;

짝 맞추기 현상
남성과 여성이 매력과 다른 특질에서 '잘 어울리는' 사람을 파트너로 선택하는 경향

ⓒ s_bukley/Shutterstock

자산 맞추기. 사회적 지위가 높은 롤링스톤즈 기타리스트 케이트 리처드는 19살 어린 슈퍼모델 패티 한슨과 1983년에 결혼했다.

Stroebe et al., 1971). 그들은 마음에 드는 상대를 찾지만, 자신의 매력의 한계도 마음에 둔다. 외모의 어울림은 좋은 관계에 도움이 될 수 있다고 White(1980)는 UCLA 데이트 커플 연구에서 보고한다. 신체적 매력이 가장 비슷한 사람들이 9개월 후 사랑에 더 깊이 빠질 가능성이 컸다. 반면 커플이 매력에서 비슷하지 않으면, 그들은 관계를 그만둘 생각할 가능성이 더 컸다(Davies & Shackelford, 2017).

이러한 연구를 보면 당신은 보이는 매력에서는 다르지만, 행복한 커플들을 떠올릴 것이다. 그런 경우, 덜 매력적인 쪽이 종종 이를 상쇄하는 속성들을 가지고 있다. 각 파트너는 자신의 자산을 사회적 시장에 내어놓고, 저마다의 자산의 가치는 공평한 짝짓기를 만들어낸다. 온라인 데이트 서비스에서 자기 홍보나 자기소개는 이러한 자산 교환을 보여준다(Cicerello & Sheehan, 1995; Hitsch et al., 2006; Koestner & Wheeler, 1988; Rajecki et al., 1991). 남성은 전형적으로 부와 지위를 내놓고 젊음과 매력을 찾는다. 여성들은 종종 반대로 한다. "매력적이고 머리 좋은 여성, 26세, 날씬함, 따뜻하고 전문직의 남자를 찾습니다." 자신의 수입과 학력을 홍보하는 남성들과 젊음과 외모를 홍보하는 여성들은 그들의 홍보에서 더 많은 호응을 얻는다(Baize & Schroeder, 1995). 자산 맞추기 과정은 종종 아름답고 젊은 여성이 더 높은 사회적 지위를 가진 나이 많은 남성과 결혼하는지 설명할 수 있게 한다(Elder, 1969; Kanazawa & Kovar, 2004)

외모에 대한 고정관념

매력의 효과는 전적으로 성적 매력에서 생겨날까? 분장을 통해(그렇지 않았으면 매력적이었을) 실험 도우미를 흉터 있고, 멍들고, 모반이 있는 얼굴로 만들었을 때, 연구자들이 발견한 것처럼 분명히 아니다. 글래스고 통근 열차에서, 남녀 모두 얼굴이 변형된 그녀 옆에 앉기 피했다(Houston & Bull, 1994). 한 실험에서 두 그룹의 관찰자에게 사진을 보고 사람들의 성격을 추측하도록 요청했다. 얼굴이 흉한 사람의 사진을 본 사람은 성형수술을 한 같은 사람의 사진을 본 사람들보다, 인물을 지능적이지 않고 정서적으로 안정적이고 신뢰할 만하다 판단했다(Jamrozik et al., 2018). 게다가 다수의 성인이 매력적인 성인에게 편향되는 것처럼 아이들도 매력적인 아이에게 편향된다(Dion, 1973; Dion & Berscheid, 1974; Langlois et al., 2000). 누군가를 얼마나 오래 바라보는가를 통해 판단해 보면, 3개월 된 영아조차도 매력적인 얼굴을 선호한다(Langlois et al., 1987).

어른들이 아이들을 판단할 때도 비슷한 편향을 보인다. 미주리주 5학년 교사들에게 남학생이나 여학생에 대하여, 동일 내용이지만 매력적이거나 매력적이지 않은 사진이 붙어있는 정보를 받았다. 교사들은 매력적인 아이를 더 똑똑하고 학교생활을 잘한다고 인지했다(Clifford & Walster, 1973). 당신이 제멋대로인 아이들을 단속해야 하는 놀이터 관리인이라고 생각해보자. 당신은, Dion(1972)의 연구에서의 여성들과 같이, 매력적이지 않은 아이에게 따뜻함과 예민함을 덜 보일까? 슬픈 진실은, 우리 대부분이 못생긴 아이가 예쁜 또래에 비해 능력이나 사회적 유능성이 떨어진다고 가정한다는 것이다('숨은 이야기 : Ellen Berscheid의 매력' 참조).

더욱이, 우리는 아름다운 사람들이 어떤 바람직한 특질들을 지니고 있다고 가정한다. 다른 점이 같다면, 우리는 아름다운 사람들이 더 행복하고, 성적으로 따뜻하고, 더 외향적이고, 지적이고, 성공했을 것으로 추측한다. 그러나 더 정직하거나 다른 사람에게 관심을 가지는 것으로 생각하지는 않는다(Eagly et al., 1991; Feingold, 1992b; Jackson et al., 1995). 한 연구에서 학생들은 매력적인 여성이 더 우호적이고 개방적이고 외향적이고 야심적이고 정서적으로 안정적이라고 판단했다(Segal-Caspi et al., 2012). 우리는 매력적인 사람들과 친하기를 더 바라고, 친절과 상호 관심과 같은 바람직한 속성을 투사하도록 동기화된다(Lemay et al., 2010). 매력적인 회사의 CEO가 텔레비전에 등장하면 회사 주가가 오르지만, 사진 없이 신문에 인용될 때는 아무런 효과가 없다(Halford & Hsu, 2014).

종합하면, 이러한 발견들은 **외모에 대한 고정관념**(physical-attractiveness stereotype)을 이렇게 정의한다 : 아름다운 것은 좋은 것이다. 아이들은 이 고정관념을 상당히 일찍 배운다. 그리고 아이들이 이를 배우는 한 경로는 어른들이 들려준 이야기를 통해서이다. "디즈니 영화는 아름다움이 좋다는 고정관념을 장려한다"고 Bazzini와 동료(2010)는 21개 애니메이션 영화에서 인간 인물 분석 결과를 보고한다. 백설공주와 신데렐라는 아름답고 친절하다. 마녀와 의붓자매들은 못생기고 사악하다. "당신이 가족이 아닌 누군가에게 사랑받기를 원한다면 아름다워서 손해 볼 것은 없다"고 8살 소녀는 생각한다. 유치원을 다니는 소녀에게 예쁘다는 의미를 물으면, "그것은 공주가 되는 것과 같아요. 모두가 당신을 사랑해요"라고 답한다(Dion, 1979).

만약 신체적 매력이 그렇게 중요하다면, 사람의 매력을 영구적으로 변화시키는 것은, 그들에 대한 다른 사람들의 반응을 변화시켜야 할 것이다. 그러나 누군가의 외모를 바꾸는 것은 윤리적일까? 그런 조작은 성형외과 의사와 치과의사들에 의해서 1년에 수백만 번 시행되고 있다. 이를 가지런하고 미백하고, 머리카락을 심고 염색하고, 얼굴을 당기고, 지방을 흡입하고, 가슴을 크게 하거나 작게 하면서, 자신에게 불만족스러웠던 사람들은 대부분 수술 결과에 대해 만족해했다. 비록 일부 불행한 환자들은 수술을 반복하고자 하지만(Honigman et al., 2004).

그런 변화가 다른 사람에게 미치는 효과를 검증하기 위해, Kalick(1977)은 하버드 학생들에게 소개 사진에 기반해서 8명의 여성의 성형수술 전후의 인상을 평정하게 하였다. 그들은 그 여성들이 수술 후에 신체적으로 더 매력적일 뿐만 아니라, 친절하고, 더 섬세하고, 더 성적으로 따뜻하고 민감하며, 더 호감 간다고 평가했다.

외모에 대한 고정관념
신체적으로 매력적인 사람들이 사회적으로 바람직한 다른 특질들도 가지고 있을 것이라는 가정 : 아름다운 것은 좋다.

숨은 이야기
Ellen Berscheid의 매력

나는 신체적 매력의 광범위한 영향을 깨닫기 시작했던 오후를 생생하게 기억한다. 대학원생 Karen Dion(현 토론토대학교의 교수)은 우리 아동발달 기관의 일부 연구자들이 보육원 아이들에게서 인기도 평정과 그 아이들의 사진 자료를 모았다는 것을 알았다. 선생님과 아이 보호자들은 "모든 아이가 예쁘고", 신체적 외모에 따른 차별이 있을 수 없다고 우리를 설득했지만, Dion은 일부 연구자들에게 각 아이의 외모를 평정하고 이를 인기도와 연관 지어보자고 제안했다. 그렇게 해본 후, 우리는 우리의 모험이 정곡을 찔렀음을 알았다 : 매력적인 아이들이 인기 있는 아이들이었다. 실제, 이 효과는 우리나 다른 사람들이 추측한 것보다 훨씬 더 강했고, 연구자들이 지금까지 탐구하고 있는 수많은 함의를 남겼다.

출처 : Berscheid, E., University of Minnesota.

Ellen Berscheid
미네소타대학교

ⓒ Ellen Berscheid

첫인상   다른 조건이 같을 때 매력이 중요하다는 사실이 외모가 항상 다른 특질보다 더 중요하다는 의미는 아니다. 어떤 사람들은 다른 사람들에 비해서 타인을 외모로 판단하는 경향이 더 강하다(Livingston, 2001). 또한, 매력은 첫인상에 가장 큰 영향을 미치는 요인이다. 그러나 첫인상은 중요하다. 사회가 점차 유동적이고 도시화되어감에 따라, 사람들과의 접촉이 더 약해지면서 첫인상은 더욱 중요해진다(Berscheid, 1981). 페이스북에서 자기소개는 얼굴에서 시작된다. 스피드 데이트 실험에서, 많은 사람들을 빠르게 만날 때처럼 사람들의 선택이 피상적으로 이루어질 때, 매력 효과는 가장 강력하다(Lenton & Francesconi, 2010). 이는 시골보다 도시 환경에서, 매력이 사람들의 행복과 사회적 관계를 더 잘 예측하는지 설명하는 데 도움이 된다(Plaut et al., 2009).

면접관들은 인정하지 않을지라도, 매력과 단정한 차림새는 채용 면접에서 첫인상에 영향을 미친다. 특히 평가자가 성별이 다를 때는 더욱 그렇다(Agthe et al., 2011; Cash & Janda, 1984; Mack & Rainey, 1990; Marvelle & Green, 1980). 사람들은 새로운 제품이 매력적인 생산자와 연관될 때 더 좋게 평가한다(Baron et al., 2006). 이는 매력적인 사람들이나 키가 큰 사람들이 더 좋은 직업을 갖고, 돈을 더 많이 버는 이유를 설명한다(Engemann & Owyang, 2003; Persico et al., 2004). Roszell과 그녀의 동료들(1990)은 면접자가 1(못생긴)~5점(눈에 띄게 매력적인) 척도에 평정한, 캐나다인들의 수입을 검토하였다. 그 결과 매력 평정이 한 단계 높아질 때마다 사람들은 연평균 1,988달러를 추가로 벌어들인다는 것을 발견했다. Frieze와 그녀의 동료들(1991)은 737명의 MBA 졸업생을 대상으로, 졸업앨범 사진을 이용해서 비슷하게 1~5점 척도에서 그들의 매력을 평정한 후 같은 분석을 실시하였다. 평정된 매력의 척도 단위에 따라, 남성은 추가로 2,600달러를 더 벌었고, 여성은 2,150달러를 더 벌었다. *Beauty Pays*에서 경제학자 Hamermesh(2011)는 남자의 경우 외모가 학력에 따른 벌이의 1년 반만큼의 수입 효과가 있다고 주장한다.

첫인상이 형성되는 속도와 사고에 미치는 영향은 왜 아름다움이 성공하는지를 설명할 수 있게 한다. 0.13초(얼굴을 식별하기에는 너무 짧은) 노출조차도 얼굴의 매력을 추측하기에 충분하다(Olson & Marshuetz, 2005). 그뿐만 아니라, 이어지는 단어들을 좋거나 나쁜 것으로 범주화할 때, 매력적인 얼굴은 좋은 단어를 더 빨리 범주화하게 한다. 아름다움은 즉시 인식되고, 긍정적인 처리를 점화한다.

"아름다움이 좋다"는 고정관념은 정확한가?   아름다운 사람들은 정말로 바람직한 특질들을 가지고 있을까? 몇 세기 동안 자신을 진지한 과학자라 자부했던 사람들은 범죄 행동을 예언하는 신체적인 특질들(교활한 눈, 약한 턱)을 확인하려 노력하며, 그렇게 생각했다. 한편으로 Leo Tolstoy가 "아름다움이 선함이라고 가정하는 것은… 이상한 환상"이라고 썼을 때, 그가 옳았을까? 다른 인식에도 불구하고 신체적으로 매력적인 사람들은 우호성, 개방성, 외향성, 야망 또는 정서적 안정성과 같은 기본적인 성격 특질에서 다른 사람들과 다르지 않았다(Segal-Caspi et al., 2012). 그러나 고정관념이 부분적으로는 사실이었다. 매력적인 아이들과 젊은이들은 약간 더 느긋하고, 사교적이고, 사회적으로 세련되었다(Feingold, 1992b; Langlois et al., 2000). 한 실험에서 60명의 조지아대학교의 남학생들은 3명의 여학생에게 각각 전화를 걸어 5분간 이야기를 나누었다. 이후 남학생과 여학생은 자신의 통화 파트너들을 사회적 기술과 호감도 면에서 평가하였다. 매력적인 사람들은(보지 못했음에도) 더 높은 평가를 받았다(Goldman & Lewis, 1977). 온라인에서도 마찬가지이다: 남성의 사진을 보지 못했을 때도, 여성들은 매력적인 남성의 데이트 웹 사이트 프로필을 더 바람직하고 자신감 있는 것으로 평가하였다. 아름다운 것은 좋다, 온라인에 서조차(Brand et al., 2012). 신체적으로 매력적인 개인들은 또한 더 유명하고, 더 사교적이고, 보다 성 전형적인(남성이면 더 전통적으로 남성적이고 여성이면 더 여성적인) 경향이 있다(Langlois et al., 1996).

매력적이거나 매력적이지 않은 사람들 사이의 작은 평균 차이는 아마도 자기충족적 예언에서 기인할 것이다. 매력적인 사람들은 더 존중과 호의를 받는데, 따라서 많은 경우 사회적 자신감을 발달시킨다(앞서 남성들이 그들이 매력적이라고 생각한 보이지 않는 여성으로부터 따뜻한 반응을 끌어낸 실험을 떠올려보라). 그 분석에 의하면, 당신의 사회적 기술에 결정적인 것은 당신이 어떻게 보이는지가 아니라, 사람들이 당신을 어떻게 대하고, 당신이 스스로에 대해 어떻게 느끼는가이다. 자기 자신을 수용하고, 좋아하고, 자신에 대해 편안하게 느끼는가이다.

누가 매력적인가?

지금까지 매력을 키와 같은 객관적인 속성으로, 어떤 사람은 더 많이 가지고 어떤 사람은 더 적게 가진 것처럼 설명하였다. 엄밀히 말하자면, 어떤 장소, 어떤 시간이든 사람들이 매력적이라 느끼는 무엇이든 매력이 될 수 있다. 이는 물론 다양하다. 미스 유니버스를 판단하는 미의 기준은 지구 전체에 똑같이 적용될 수 없다. 다양한 장소와 시간에 있는 사람들은 코에 피어싱하고, 목을 늘리고, 머리카락을 염색하고, 치아를 미백하고, 얼굴에 색을 칠하고, 관능적으로 되기 위해 먹고, 날씬해지기 위해 굶고, 가슴을 작게 보이려 가죽 코르셋으로 몸을 동여매고 또는 가슴을 크게 보이려 실리콘과 패딩 브래지어를 사용한다. 자원이 부족한 문화와 가난하고 배고픈 사람들에게는 통통한 것이 매력적이다. 자원이 풍부한 문화와 개인에게는 아름다움은 마른 것과 더 자주 동일시된다(Nelson & Morrison, 2005). 더욱이, 관계가 혈연이나 사회적 합의에 더 기반을 둔 문화에서는 개인적 선택에 기반한 문화보다, 매력은 삶의 결과에 영향을 덜 미친다(Anderson et al., 2008). 이러한 다양성에도 불구하고, "한 문화 안에서나 특정 문화를 넘어서, 누가 매력적이고 누가 매력적이지 않은지에 대한 강한 동의"가 여전히 존재한다고 Langlois와

아름다움의 기준은 문화마다 다르다. 그러나 일부 사람들은 대부분 세계에서 매력적으로 여겨진다.

출처 : (왼쪽부터) ⓒ 2009 Jupiterimages Corporation; ⓒ John Lund/Getty Images; Courtesy of Catherine Karnow; ⓒ Marc Romanelli/Getty Images

© Oliver Bodmer/Action Press/ZUMAPRESS.com

© Dr. Martin Gruendl

그림 11.2

그들 중 누가 가장 아름다울까?

매년 '미스 독일' 선발은 한 나라의 답을 제공한다. Regensburg 대학의 학생 연구팀은, 독일 텔레비전 채널을 대상으로 연구한 대안을 제시한다. Braun과 그의 동료들(Gruendl, 2005)은 22명의 2002 '미의 여왕' 결선 진출자들의 맨얼굴과 머리카락을 뒤로 묶은 사진을 찍었고, 출전자 모두를 혼합한 합성의 '가상 미스 독일'을 만들어내었다. 지역 쇼핑몰에서 성인들이 결선진출자들과 가상 미스 독일의 사진을 보았을 때, 그들은 가상 미스 독일이 그들 중에서 가장 매력적이라고 쉽게 평정하였다. 실제 미스 독일 당선자는 모든 사람이 자신보다 가상의 경쟁자를 더 좋아한다는 소식에 실망하겠지만, 그래도 결코 그녀의 가상 경쟁자를 만나지 않을 것이라는 점에 안심할 수 있을 것이다.

그녀의 동료들(2000)은 지적한다.

정말 매력적으로 되는 것은, 역설적이게도, 완벽하게 평균이 되는 것이다(Rhodes, 2006). 연구자들은 컴퓨터를 이용해서 다양한 얼굴을 디지털 정보로 전환하고, 이를 평균화하였다. 사람들은 대부분의 실제 얼굴보다 합성된 얼굴을 더 매력적이라고 느꼈다(Langlois & Roggman, 1990; Langlois et al., 1994; Perrett, 2010; 그림 11.2). 27개국에서 평균적인 다리 길이 대 신체 비율은 매우 짧거나 긴 다리보다 매력적으로 보인다(Sorokowski et al., 2011). Halberstadt(2006)는 인간과 동물 모두, 평균적인 외형(전형적인 남자, 여자, 개 등)의 프로토타입을 가장 잘 구현하고 따라서 뇌에서 쉽게 처리되고 분류될 수 있다고 지적했다. 우리는 이제 완벽한 평균은 눈으로(뇌로도) 보기에 더 좋다는 점을 직면해야 한다. 이 결과가 시사하는 것처럼, 매력적인 얼굴들은 매력적이지 않은 얼굴들보다 서로 더 닮은 것으로 인식된다(Potter et al., 2006). 아름다운 얼굴보다는 못생긴 얼굴의 종류가 더 많은 것이다.

컴퓨터로 평균을 낸 얼굴들은 또한 완벽하게 대칭을 이루는데, 이는 현저하게 매력적인(그리고 아이를 잘 낳는) 사람들의 또 다른 특징이다(Gangestad & Thornhill, 1997; Mealey et al., 1999; Shackelfore & Larsen, 1997). Rhodes(1999, 2006)와 Penton-Voak(2001)이 이끄는 연구팀들은 만약 당신의 얼굴의 반쪽을 거울상과 합칠 수 있다면, 그래서 완벽히 대칭적인 새 얼굴을 만든다면, 당신의 외모를 나아지게 할 수 있음을 보여주었다. 그렇게 매력적이고, 대칭적인 얼굴들을 여러 개 평균을 내면 훨씬 잘생긴 얼굴을 만들어낸다.

진화와 매력   진화심리학적 관점에서 연구하는 심리학자들은 매력적인 파트너에 대한 선호를 재생산 전략이라는 관점에서 설명한다. 그들은 아름다움은 생물학적으로 중요한 정보에 대한 신

호라고 본다: 건강, 젊음, 그리고 출산 능력. 매력적인 얼굴의 남성은 더 질 높은 정자를 갖는다. 호리병 몸매의 여성은 월경 주기가 규칙적이고 더욱 출산 가능성이 크다(Gallup et al., 2008). 시간이 지나면서, 아이를 잘 낳을 것 같은 외모를 선호한 남성들은 폐경기를 지난 여성과 짝을 지은 남성보다 자손을 더 많이 보았다. Buss(1989)는 그것이 호주에서 잠비아까지 그가 연구한 37개 문화권의 남성이 실제로 출산 능력을 의미하는 젊은 여성적인 특성들을 선호하는 이유를 설명한다고 믿었다.

진화심리학자들은 진화는 여성이 자원을 제공하고 보호하는 능력을 의미하는 남성 특성을 선호하도록 한다고 가정하였다. Li와 동료 연구자들은(2002), 잠재적 짝을 선별할 때, 남성은 신체적 매력을 요구하고, 여성은 지위와 자원을, 그리고 양쪽 모두 친절과 지능을 중시한다고 보고하였다. 남성의 신체적 매력을 여성이 중시하는 정도는 목적에 따라 달라질 수 있다: 단기 관계에 초점을 둔 사람들은 더 유사한, 따라서 매력적인 남성을 선호하는 반면, 장기적 관계에 초점을 둔 사람들은 신체적 매력은 불륜과 같은 보다 부정적인 속성과 같이 할 수 있으므로 이를 덜 중요하게 여긴다(Quist et al., 2012).

진화심리학자들은 또한 성공적인 재생산을 위한 다른 단서들에 대한 남성과 여성의 반응을 연구하였다. 모든 남성은 엉덩이보다 허리가 30% 가는(최적의 출산 능력을 연상시키는 몸매의) 여성에게 가장 매력을 느꼈다(Karremans et al., 2010; Perilloux et al., 2010; Platek & Singh, 2010; Zotto & Pegna, 2017). 여성의 출산 능력을 저하하는 환경(영양실조, 임신, 폐경)은 여성의 몸매 또한 변화시킨다.

남성을 잠재적 결혼 상대로 판단할 때, 여성들 역시 건강과 정력을 암시하는 남성의 허리 대비 엉덩이 비율을 선호한다. 그들은 근육질 남성을 더 섹시하다 평가하며, 근육질 남성들은 실제로 더 섹시하게 느끼고 평생 더 많은 섹스 파트너를 보고한다(Frederick & Haselton, 2007). 이는 진화적 관점에서 볼 때 합당하다고, Diamond(1996)는 지적한다: 근육이 잘 발달한 건장한 남성은 왜소한 남성보다 식량을 모아오고, 집을 짓고, 경쟁자들을 이길 가능성이 더 크다. 그러나 요즘 여성들은 수입이 높은 남성들을 더 선호한다(Muggleton & Fincher, 2017; Singh, 1995).

배란기 여성은 남성의 성적 지향성을 판단하는 데 정확도가 높아지고(Rule et al., 2011), 외집단 남성에 대한 경계가 증가한다(McDonald et al., 2011). 한 연구에 따르면 배란 시 젊은 여성들은, 가임기가 아닐 때보다, 노출이 심한 옷을 입고 선호하는 경향이 있다(Durante et al., 2008). 또 다른 연구에서 배란기의 랩 댄서는 시간당 평균 70달러의 팁을 받았는데, 이는 월경 중인 사람이 35달러를 받은 것에 비해 두 배이다(Miller et al., 2007).

진화심리학자들은 우리가 원초적 매력에 이끌린다고 제안한다. 먹고 숨 쉬는 것처럼, 매력과 짝짓기는 문화의 변덕에 맡기기에는 너무나 중요한 문제이다.

사회 비교 짝짓기 심리학에는 생물학적 지혜가 담겨있지만, 매력이 전적으로 생물학적으로 타고난 것은 아니다. 당신에게 매력적인 것은 또한 당신의 비교 기준에도 달려있다.

잡지에서 섹시한 여성의 사진을 쳐다본 남성들에게는 평범한 여성이나 심지어 자신의 아내조차 덜 매력적으로 보이는 경향이 있다(Kenrick et al., 1989). 열정적인 성교를 자극하는 포르노 영화를 보는 것도 유사하게 자신의 파트너와의 만족을 감소시킨다(Zillmann, 1989). 성적 흥분은 일시적으로 이성을 더 매력적으로 보이게 할 수 있다. 그러나 완벽한 '10점'이나 비현실적인 성적 묘사에 노출되는 것의 느린 효과는 자신의 파트너를 덜 매력적으로('8점'보다는 '6점'같이)

진화심리학은 인류 역사의 흐름 속에서 강한 남자는 생존하고 번식할 가능성이 더 높았을 것이라는 이론을 통해 근육질 남성에 대한 여성의 선호를 설명한다.

느끼도록 만드는 것이다.

이는 우리의 자기지각에도 같은 방식으로 작용한다. 사람들은 정말로 매력적인 동성을 본 후에는, 못생긴 사람을 본 후보다 자신을 덜 매력적으로 평정했다(Brown et al., 1992; Thornton & Maurice, 1997). 남성들도 자신보다 더 지배적이고 성공한 남성에게 노출된 후에 자신의 바람직성에 대한 평가가 낮아진다. 현대 사회의 미디어의 덕분에, 우리는 "우리의 조상은 1년 동안, 심지어 평생 보았을 것보다 매력적이고 성공한 수십 명의 사람"을 한 시간 내 볼 수 있다는 점을 Gutierres와 그녀의 동료들(1999)은 주목한다. 더구나 우리는 날씬하고 주름 한 점 없이 포토샵으로 수정된 존재하지도 않는 사람들을 종종 본다. 그러한 엄청난 비교 기준은 우리의 잠재적인 배우자와 우리 자신의 가치를 낮추고, 수많은 돈을 화장품, 다이어트 보조제, 성형수술에 쓰도록 우리를 유혹한다. 그러나 미국에서만 매년 1,700만여 건의 성형수술 후에도, 실질적으로 얻는 인간적 만족은 없을지도 모른다. 만약 다른 사람들이 치아를 교정하고 미백하는데 당신은 하지 않는다면, 사회 비교로 인하여, 자연스러운 치아를 가진 사람들과 있을 때보다, 자신의 정상적이고 자연스러운 치아에 더 불만족할 것이다.

우리가 사랑하는 사람들의 매력 매력에 대한 논의를 보다 낙관적인 결론으로 이끌어보자. 첫째, 17세 소녀의 얼굴의 매력은 이 소녀가 30대와 50대가 되었을 때 매력을 놀라우리만큼 예언하지 못한다. 때로는 평범해 보이는, 특히 따뜻하고 매력적인 성격을 가지고 있는 청소년이 상당히 매력적인 중년이 된다(Zebrowitz et al., 1993, 1998).

둘째, 우리는 매력적인 사람들에게 호감을 느낄 뿐 아니라, 호감 가는 사람을 매력적이라 인식한다. 아마도 당신은 좋아할수록, 점점 매력적으로 느꼈던 사람들을 떠올릴 수 있을 것이다. 그들의 신체적인 결점이 더는 눈에 띄지도 않았을 것이다. Gross와 Crofton(1977; Lewandowski et al., 2007 참조)은 학생들에게, 어떤 사람에 대한 우호적인 또는 비우호적인 설명을 읽은 후에 그의 사진을 보게 하였다. 따뜻하고, 잘 돕고, 사려 깊다고 묘사된 사람들은 더 매력적으로 보였다. 민주당원들은 공화당원들보다 버락 오바마를 더 신체적으로 매력적이라 평가한다. 공화당원들은 민주당원보다 공화당원 동료 세라 페일린을 신체적으로 더 매력적이라고 평가한다(Kniffin et al., 2014). "행동이 멋있으면 외모도 멋있어 보인다"와 "좋은 것이 아름답다"는 말이 사실일지도 모른다. 자신과 비슷한 점을 발견하는 것 또한 그 사람을 더욱 매력적으로 보이게 한다(Beaman & Klentz, 1983; Klentz et al., 1987).

게다가, 사랑하면 사랑스러움을 본다: 한 여성이 한 남성을 더 사랑할수록, 그녀는 그가 신체적으로도 더 매력적임을 발견할 것이다(Price et al., 1974). 그리고 더 많이 서로 사랑할수록, 다른 이성들은 덜 매력적이라 느낀다(Johnson & Rusbult, 1989; Simpson et al., 1990). "남의 집 잔디가 더 푸르다" 그러나 "행복한 정원사의 눈에는 보이지 않는다"고 Miller와 Simpson(1990)은 짚고 있다.

유사성 대 상보성

이제까지의 우리의 논의로부터, 레프 톨스토이가 전적으로 옳았다고 생각할 수 있다: "사랑은… 빈번한 만남, 머리를 꾸미는 방식, 그리고 드레스의 색과 마름질에 달려있다." 그러나 시간이 주어지면, 아는 사이에서 우정으로 발전하는 데는 다른 요인들이 영향을 미친다.

© London Stereoscopic Company/Hulton Archive/Getty Images

소설가 조지 엘리엇(매리 앤 에반스의 필명)에 대한 헨리 제임스의 기술 : "그녀는 대단히 못생겼다. 기막힐 정도로 흉측하다. 그녀는 낮은 이마, 흐릿한 회색 눈, 넓게 매달린 코, 고르지 않은 치아로 가득한 거대한 입, 그리고 긴 턱과 턱뼈… 이제 이 엄청난 추함에는 강력한 아름다움이 존재하여, 불과 몇 분 만에 다른 사람의 마음을 훔치고 사로잡는다. 당신도 나와 마찬가지로 그녀에게 빠져버리고 말 것이다."

같은 깃털의 새들이 함께 모이는가?

우리가 확신할 수 있는 한 가지는, 함께 모여 있는 새들은 같은 깃털을 가졌다는 것이다. 친구, 약혼한 커플, 그리고 부부는 임의로 짝지어진 사람들에 비해서 공통의 습관, 신념, 그리고 가치를 공유하는 경향이 훨씬 크다(Youyou et al., 2017). 나아가 부부간에 유사성이 더 클수록, 더 행복하고 이혼할 가능성이 더 작다(Byrne, 1971; Caspi & Herbener, 1990). 정치적·종교적 태도가 더 비슷한 데이트 커플은 11개월 후에도 함께할 가능성이 더 높다(Bleske-Rechek et al., 2009). 그러한 상관관계의 발견은 흥미롭다. 그러나 원인과 결과는 수수께끼로 남아있다. 유사성이 호감으로 이어지는가? 아니면 호감이 유사성으로 이어지는가?

유사성은 호감을 낳는다 원인과 결과를 구분하기 위해서, 우리는 실험을 한다. 캠퍼스 파티에서 라케샤는 레스, 론과 함께 정치, 종교, 사적으로 좋아하는 것과 좋아하지 않는 것에 대해 긴 토론을 한다고 상상해보자. 그녀와 레스는 거의 모든 의견이 맞지만, 그녀와 론은 거의 그렇지 않음을 발견한다. 후에, 그녀는 회상한다: "레스는 정말로 지적이고, 호감이 가. 우리가 다시 만났으면 좋겠어." Byrne(1971)과 그녀의 동료들은 실험을 통해 라케샤의 경험의 핵심을 잡아내었다. 그들은 반복적으로, 누군가의 태도가 당신의 태도와 비슷하면 비슷할수록, 당신은 그 사람에게 더 호감을 느끼게 됨을 발견했다.

최근 연구들은 이 영향을 재현하였고, 학생들이 비슷한 태도를 보인 사람들을 좋아한다는 것을 발견했다(Montoya & Horton, 2012; Reid et al., 2013). 페이스북 친구와 친목 동호회 회원들은 서로 생김새가 닮은 경향이 있다(Hehman et al., 2018).

대학생뿐만 아니라, 아이들이나 노인들, 다양한 직업의 사람들, 다양한 문화의 사람들에게 있어서도, 유사성은 호감을 만든다.

유사성이 호감으로 이어지는 효과는 실생활 상황에서 검증되었다:

- 룸메이트와 스피드 데이트 : 홍콩의 두 대학교에서, Lee와 Bond(1996)는 룸메이트들이 가치관과 성격 특질을 공유할 때, 자신이 룸메이트와 비슷하다고 지각할 때 룸메이트 우정이 6개월 이상의 기간 더욱 두터워졌다. 지각된 유사성은 스피드 데이트 동안 실제 유사성보다 더 중요하였다(Tidwell et al., 2013). 실제가 중요하지만, 인식은 더욱 중요하다.

- 낯선 사람 : 다양한 환경에서 낯선 사람들이 있는 방에 들어가는 사람들은 자신과 비슷한 사람들과 더 가까이 앉는다(Mackinnon et al., 2011). 안경 쓴 사람은 안경 쓴 사람 가까이 앉는다. 긴 머리를 가진 사람들은 긴 머리를 가진 사람들에게 더 가까이, 짙은 머리 색의 사람들은 짙은 머리카락을 가진 사람들에게 더 가까이 앉는다(인종과 성별을 통제한 후에도).

- 아기들 : 11개월 된 영아는 자기와 같은 음식을 먹거나 같은 색의 장갑을 끼는 척하는 동물 인형을 선택할 가능성이 더 컸다. 이는 유사한 사람에 대한 선호가 매우 이른 시기에, 말을 하기도 전에 발달한다는 것을 시사한다(Mahajan & Wynn, 2012).

- 행동 유사성으로 모방 : 사람들은 자신이 생각하는 대로 생각하는 사람뿐만 아니라, 자신과 같이 행동하는 대로 행동하는 사람을 좋아한다. 미묘한 모방은 호감을 촉진한다. 누군가가 당신이 하는대로 고개를 끄덕이고, 당신의 생각에 공감할 때, 어떤 유대감과 호감을 느끼는 것을 알아차린 적이 있는가? 그것은 흔한 경험이라고 van Baaren과 그의 동료들(2003a, 2003b)은 말한다. 단순히 손님의 주문을 반복함으로써 자신의 고객을 모방하는 네덜란드

식당의 종업원들이 더 많은 팁을 받는다는 것도 한 가지 결과이다. 자연스러운 흉내는 유대감을 증가시키고 유대감을 향한 욕구는 모방을 증가시킨다고 Lakin과 Cartrand(2003)는 말한다.

• 아시아도 마찬가지 : 중국이든 서구이든, 유사한 태도, 특질, 가치는 부부를 합심하게 하고 만족을 예측한다(Chen et al., 2009; Gaunt, 2006; Gonzaga et al., 2007).

(그래서) 유사성이 만족을 낳는다. 깃털이 같은 새들이 정말로 무리를 짓는다. 확실히 당신은 자신의 생각, 가치, 그리고 열망을 함께 하는 특별한 누군가를, 당신과 같은 음악, 같은 활동, 심지어 같은 음식을 좋아하는 소울메이트를 만났을 때, 이를 느꼈던 적이 있을 것이다[같은 음악을 좋아할 때, 사람들은 같은 가치를 가졌다고 추론한다(Boer et al., 2011)].

비슷한 사람끼리 끌린다는 원리는, 비밀 공식을 통해 비슷한 회원들을 짝짓는 chemistry.com과 eHarmony.com과 같은 온라인 데이트 사이트의 주요한 영업 포인트이다. 이를 염두에 두고, Joel과 동료들(2017)은 대학생들에게 100개의 성격 및 태도 설문을 돌리고 그 결과를 고성능 컴퓨터에 입력하였다. 그러나 그 프로그램은 일련의 4분 스피드 데이트 동안 누가 서로 좋아하게 될지를 예측하지 못했다. 그렇다면 어떻게 그렇게 많은 사람들이 온라인 데이트 사이트를 이용할 뿐 아니라 장기적인 파트너를 찾을 수 있을까? 아마도 그 사이트들은 당신의 잠재적인 데이트 상대의 범위를 넓히기 때문일 것이다(Finkel et al., 2012). 이후 발생하는 일들은 더욱 더 예측할 수 없다.

비유사성은 비호감을 낳는다 우리는 다른 사람들이 우리와 태도를 같이한다고 가정하는 편향인 허위 합의 편향(false consensus bias)을 지닌다. 우리는 또한 우리가 좋아하는 사람들이 우리와 같다고 보는 경향이 있다(Castelli et al., 2009). 누군가를 알아가며, 그 사람이 사실은 비슷하지 않다는 것을 발견하면, 호감이 줄어드는 경향이 있다(Norton et al., 2007). 그 다른 태도가 우리의 강한 도덕적 신념과 관련된다면, 우리는 그들을 더 많이 싫어하고 거리를 둔다(Skitka et al., 2005). 한 정당의 사람들은 반대를 경멸하기 때문에 종종 다른 정당의 당원들을 그리 좋아하지 않는다(Hoyle, 1993; Rosenbaum, 1986).

일반적으로 유사한 태도가 호감을 높이는 것보다 서로 다른 태도가 호감을 더 많이 낮춘다(Singh et al., 2005). 유사성을 기대하는 자신들만의 집단 내에서, 다른 관점을 가진 누군가를 좋아하기 특히 힘들다는 것을 알게 된다(Chen & Kenrick, 2002). 이는 왜 연인과 룸메이트가 시간이 지남에 따라 어떤 사건에 대한 정서적 반응과 태도에서 더 비슷해지는지를 설명한다. '태도의 동조'는 가까운 관계를 증진과 유지를 돕는데, 이는 또한 파트너들이 서로의 태도 유사성을 과대평가하게 할 수 있다(Kenny & Acitelli, 2001; Murray et al., 2002).

사람들이 다른 인종의 사람들을 유사하다 또는 다르다 인식하는지는 인종적 태도에 영향을 준다. 한 집단이 다른 집단을 '다른 사람', 즉 다르게 말하고, 다르게 살고, 다르게 생각하는 존재로 간주할 때마다, 갈등의 가능성이 크다. 실제로 데이트와 같은 친밀한 관계를 제외하고는, 생각이 비슷하다는 인식은 피부색이 같다는 것보다 매력에 더 중요하다. 한 연구에서 민주당원들은 보수당원과 보수적인 민주당원을 싫어한다고 표현하지만 인종은 호감에 영향을 미치지 않았다(Chambers et al., 2012).

문화 차는 삶에 실재하기 때문에 '문화적 인종주의(cultural racism)'가 지속된다고 사회심리학자 Jones(1988, 2003, 2004)는 주장한다. 흑인 문화는 현재 지향적이고, 거침없이 표현적이며, 영적이고, 감정 중심적인 경향이 있다. 백인 문화는 보다 미래 지향적이고 물질주의적이며, 성취 중심적인 경향이 있다. Jones는 우리는 그러한 차이를 없애려 하기보다 그러한 차이가 "다문화 사회의 문화 구성에 기여하는 것"을 인정하는 것이 더 낫다고 말한다. 표현성이 유리한 상황이 있고, 미래 지향성이 유리한 상황이 있다. 각 문화는 다른 문화로부터 배울 것이 많다. 이민과 다인종의 출산으로 다양성이 증가하는 캐나다, 영국, 그리고 미국과 같은 나라에서는, 서로 다른 것은 존중하고 즐기도록 교육하는 것이 중요한 과제이다. 문화적 다양성이 증가하고 있다는 점과 우리가 차이에 대해 조심스러워하는 성향을 타고났다는 점을 고려할 때, 이것은 사실 우리 시대의 주요한 사회적 과제일 것이다.

정반대의 사람들은 서로에게 끌릴까?

우리는 어떤 면에서 자신과 다른 사람들에게도 끌리지 않는가? 우리는 근친교배를 막을 만할 유전자의 차이를 함의하는 체취를 가진 사람들에게 신체적으로 끌린다(Garver-Apgar et al., 2006). 그러나 태도와 행동적 특성은 어떠한가? 연구자들은 이 질문을 탐구하기 위하여, 친구와 배우자의 태도와 신념뿐만 아니라 그들의 나이, 종교, 인종, 흡연 습관, 경제 수준, 교육, 키, 지능, 그리고 외모를 비교하였다. 이 모든 점에서, 유사성이 여전히 우세하다(Buss, 1985; Kandel, 1978). 410명의 7학기 학생들을 조사할 때, 학생들 사이에서 인기, 공격성 및 학업 성취도가 비슷한 사람들은 1년 후에도 여전히 친구일 가능성이 더 높았다(Hartl et al., 2015). 똑똑한 새들은 함께 모인다. 부자인 새들도, 개신교 새들도, 키가 큰 새들도, 예쁜 새들도 그렇다.

그렇지만 아직 의구심이 남는다: 우리는 그의 욕구와 성격이 우리 자신을 보완하는 사람들에게 끌리지 않는가? 가학증 환자(사디스트)와 피학증 환자(마조히스트)는 진정한 사랑을 찾을까? 리더스다이제스트에는 "정반대의 사람에게 끌린다… 사교적인 사람은 고독한 사람과, 새로움을 좋아하는 사람은 변화를 싫어하는 사람과, 돈을 헤프게 쓰는 사람은 절약하는 사람과, 모험을 즐기는 사람은 매우 신중한 사람과 짝이 된다"라고 이야기했다(Jacoby, 1986). 사회학자 Winch(1958)는 외향적이고 지배적인 사람들의 욕구가 수줍고 순종적인 사람들의 욕구를 자연스럽게 보완할 것이라 추론하였다. 이 논리는 설명력이 있어 보이는데, 우리 대부분은 서로의 차이를 보완적이라 보는 커플들을 떠올릴 수 있다: "남편과 나는 서로에게 완벽하다. 나는 물병자리로 결단 있는 사람이고 그는 천칭자리로 결정을 내리지 못한다. 그렇지만 그는 항상 내가 준비한 것에 기쁘게 따른다."

이러한 견해가 설득력 있음에도, 연구자들이 이를 검증하지 못한다는 것은 놀라운 일이다. 예를 들어, 대부분의 사람은 표현력이 좋고, 외향적인 사람들에게 매력을 느낀다(Friedman et al., 1988; Watson et al., 2014). 우울함에 빠져있는 때는 특히 그럴까? 우울한 사람들은 기분을 북돋는 쾌활함을 가진 이들을 찾을까? 결과는 정반대로, 행복한 사람들을 가장 선호하는 사람들은 우울하지 않은 사람들이다(Locke & Horowitz, 1990; Rosenblatt & Greenberg, 1988, 1991; Wenzlaff & Prohaska, 1989). 당신이 우울할 때, 다른 사람의 명랑한 성격은 화를 돋울 수 있다. 평범한 사람이 아름다운 사람들과 함께 있을 때 못생겼다고 느끼게 하는 대조 효과는, 또한 슬픈 사람이

반대 성향(예 : 조용한 사람들과 목소리가 큰 사람들)은 서로를 보완한다(상보성)는 인기 이론에도 불구하고, 비슷한 사람들이 서로에게 낭만적으로 이끌릴 가능성이 더 크다.

© Sunshine Pics/Alamy Stock Photo

상보성
일반적으로 두 사람 사이에 존재한다고
믿어지는 경향성으로, 서로의 부족한
점을 보완해주는 현상

명량한 사람과 함께할 때 그들의 비참함을 더 의식하게 만든다.

일부 **상보성**(complementarity)은 관계가 진전됨에 따라 발전할 수 있다. 그러나 사람들은 욕구, 태도 및 성격이 비슷한 사람을 좋아하고 결혼하는 경향이 약간 더 있다(Botwin et al., 1997; Buss, 1984; Rammstedt & Schupp, 2008; Watson et al., 2004). 아마도 언젠가는 차이에서 호감을 가져오는 방식을 발견하게 될 것이다. 지배/순종은 그런 방식 중 하나일지 모른다(Dryer & Horowitz, 1997; Markey & Kurtz, 2006). 그러나 일반적으로, 정반대의 것은 끌어당기지 않는다.

우리를 좋아하는 사람을 좋아하기

호감은 보통 상호적이다. 근접성과 매력은 누군가에게 처음 매력을 느끼는 데 영향을 주며, 유사성은 더 장기적 관계에 영향을 준다. 우리가 소속되고, 사랑받고, 수용되는 데 깊은 욕구를 갖는다면, 우리를 좋아하는 사람들을 좋아하게 되지 않을까? 최고의 우정은 서로를 존경하는 관계일까? 실제로, 한 사람이 다른 사람을 좋아하는 정도는 역으로 상대방이 그 사람을 좋아하는 정도를 예언한다(Kenny & Nasby, 1980; Montoya & Insko, 2008). 질문은 누군가에게 관심을 보이는 보편적 방법이며, 이는 특히 호감을 높이는 데 효과적이다(Huang et al., 2017).

그러나 한 사람이 다른 사람을 좋아하면, 상대는 감사함에 보답하게 할까? 사람들이 어떻게 사랑에 빠졌는지에 대한 보고서는 그러함을 시사한다(Aron et al., 1989). 매력적인 누군가가 정말로 자신을 좋아하는 것을 알게 되는 것은 연애 감정을 일깨우는 것으로 보인다. 이는 실험들을 통해 검증되었다: 어떤 사람이 자신을 좋아하거나 칭찬한다고 들은 사람들은 종종 상호 애정을 느낀다(Berscheid & Walster, 1978). 스피드-데이트 실험 결과, 누군가가 당신을 특별히 좋아할 때는 더 그러하다(Eastwick et al., 2007). 불확실성도 욕망을 불러일으킬 수 있다. 다른 사람이 당신을 좋아한다 생각하지만 확실하지 않을 때 그에 대한 생각과 관심을 높이는 경향이 있다(Whitechurch et al., 2011).

이 연구 결과를 참조해보자: 학생들은 자신에 대해 7개 좋은 점과 한 가지 나쁜 점을 말하는 학생보다, 8개 좋은 점을 말하는 학생을 더 좋아한다(Berscheid et al., 1969). 우리는 아주 작은 비난의 단서에도 민감하다. 작가 래리 L. 킹은 다음과 같은 말로 많은 이들의 마음을 대변한다. "나는 어떤 호평도 혹평이 마음을 상하게 하는 만큼 작가의 기분을 좋게 하지 못한다는 사실을 수년 동안 봐 왔다."

우리가 자신을 판단하든, 타인을 판단하든 부정적 정보는 더 큰 무게를 갖는데, 왜냐하면 이는 흔하지 않으면서, 더 주의를 끌기 때문이다(Yzerbyt & Leyens, 1991). 대통령 후보의 강점보다 약점에 대한 인상이 투표에 더 많은 영향을 미치는데, 네거티브 선거운동을 기획하는 사람은 놓치지 않는 현상이다(Klein, 1991). 이는 보편적인 삶의 법칙이다: 나쁜 건 좋은 것보다 강하다(Baumeister et al., 2001)('초점 문제 : 나쁜 것이 좋은 것보다 강하다' 참조).

우리를 좋아한다고 느끼는 사람을 좋아하는 것은 오래전부터 인식되었다. 고대 철학자 헤카토("사랑받기를 원한다면, 사랑하라")에서 랠프 월도 에머슨("친구를 갖는 방법은 하나이다")과 데일 카네기("아낌없이 칭찬하라")까지 관찰자들은 같은 결과를 예상하였다. 그들이 예상하지 못한 것은 그 원리가 작동하는 정확한 조건이었다.

귀인

살펴본 바대로, 아첨은 무엇인가를 얻게 한다. 그렇지만 모든 것은 아니다. 만약 칭찬이 우리가

초점 문제

나쁜 것이 좋은 것보다 강하다

우리가 앞서 살펴본 바와 같이, 유사한 태도가 흥미를 자극하는 것 이상으로 다른 태도는 다른 사람에 대한 흥미를 잃게 한다. 그리고 다른 사람들의 비난은, 칭찬보다 더 우리의 주의를 끌고 감정에 영향을 미친다. Baumeister, Bratslavsky, Finkenauer, 그리고 Vohs(2001)는 이는 단지 빙산의 일각이라 말한다: "일상생활에서 나쁜 사건들은, 그만한 좋은 사건들보다, 더 강하고 지속적인 결과를 가진다." 다음을 생각해보자.

- 건설적인 행동이 가까운 관계를 만드는 이상으로 파괴적 행동은 가까운 관계에 해를 끼친다(좋은 말들이 잊혀진 후에도 잔인한 단어들은 남는다).
- 나쁜 기분은 좋은 기분보다 더 많이 우리의 생각과 기억에 영향을 끼친다(우리의 타고난 낙관성에도 불구하고, 지나간 좋은 일을 생각하는 것보다 부정적인 감정적 사건을 떠올리기가 더 쉽다).
- 긍정 정서보다 부정 정서에 대한 단어들이 더 많다. 사람들에게 감정 단어를 생각하라고 하면, 대부분 부정적인 단어들을 떠올린다(슬픔, 분노, 두려움은 가장 흔한 세 단어이다).
- 좋은 사건인 기쁨을 불러일으키는 것보다 나쁜 사건은 더 많은 비참함을 불러일으킨다[Larsen(2009)의 분석에서, 부정적인 정서 경험은 긍정적인 정서 경험의 강도를 우연히도 파이(pi)와 같은 값인 3.14만큼 초과하였다].
- 단 한 번의 나쁜 사건(외상)은 한 번의 아주 좋은 사건보다 지속하는 효과가 있다(탄생보다 죽음은 삶의 의미를 더 추구하게 한다).
- 일상의 부정적인 사건은 일상의 긍정적인 사건보다 더 많이 주목받고, 더 많은 반추를 하게 한다.
- 돈을 잃으면, 같은 돈을 벌어 행복한 것보다 더 화나게 된다. 소득 손실은 소득 증가보다 삶의 만족과 행복에 더 큰 영향을 미친다(Boyce et al., 2013).
- 매우 나쁜 가족 환경은 매우 좋은 가족 환경보다 지능의 유전적 영향력에서, 더욱 더 중요하다(나쁜 부모가 유전적으로 명민한 자녀를 덜 똑똑하게 만들 수 있지만, 좋은 부모가 지능이 낮은 아이를 영민하게 만들 수는 없다).
- 나쁜 평판은 좋은 평판보다 얻기는 쉽고, 지우기는 어렵다(한 번의 거짓말로도 정직함에 대한 평판을 망칠 수 있다).
- 좋은 건강이 행복을 증진하는 것보다, 나쁜 건강이 행복을 감소시키는 것이 더 심각하다(편안함이 기쁨을 만들어내는 것보다 고통은 훨씬 더 많이 비참함을 만들어낸다).

나쁜 것의 힘은 우리가 위협을 다룰 수 있게 준비시키고, 죽음과 장애로부터 우리를 보호한다. 생존을 위해서는, 좋은 것이 좋은 것보다 나쁜 것이 훨씬 더 나쁘다. 나쁜 것의 중요성은 한 세기 동안 심리학자들이 좋은 것보다 나쁜 것에 대해 그렇게도 더 많이 집중했던 한 이유일 것이다. 2017년까지 PsycINFO(심리학 문헌 검색)에 분노가 언급된 논문은 3만 1,060건, 불안은 23만 8,157건, 우울증은 29만 2,136건의 논문에서 언급되었다. 기쁨(9,299), 삶의 만족(14,781), 또는 행복(17,395)과 같은 긍정 정서를 다루는 논문이 하나일 때 이러한 부정 정서 주제에 대한 논문은 10개였다. 마찬가지로 '두려움'(74,250 논문)은 '용기'(3,648)를 압도한다. 나쁜 것의 힘은 "아마도 긍정 심리학 발전의 가장 중요한 원인"이라고 Baumeister와 그의 동료들은 이야기한다. 개개의 부정적 사건의 영향을 극복하기 위해, "인간의 삶은 나쁜 것보다 훨씬 더 많은 좋은 것을 필요로 한다."

아는 진실과 다를 때(3일 동안 머리를 감지 않았는데, 누군가가 "머리가 정말 멋지다"고 말한다면) 이 아첨꾼에 대한 존중은 사라지고, 어떤 숨은 목적을 가지고 칭찬을 하는지 의문을 가질 것이다(Shrauger, 1975). 따라서 우리는 종종 칭찬보다 비판을 더 진지하게 생각한다(Coleman et al., 1987). 사실, 누군가가 "솔직히 말해서"라는 말로 서두를 꺼낸다면, 우리는 비판을 들으리라는 것을 안다.

실험을 통해 우리가 앞 장에서 논의한 한 현상을 밝혀내었다: 우리의 반응은 우리가 그 이유를 무엇이라 보는가에 좌우된다. 아첨을 **비위 맞추기**(ingratiation), 자기 잇속만 차리는 전략이라고 귀인하는가? 상대가 우리로 하여금 무엇을 사게 하려는 것인가?, 성적인 관계를 하려는 건가?, 부탁하려는 건가? 만약 그렇다면, 아첨하는 사람과 칭찬 모두 호소력을 잃는다(Gordon, 1996; Jones, 1964). 그러나 분명한 숨은 동기가 없다면, 그때 우리는 아첨과 아첨가 모두를 따뜻하게 받아들인다.

Aronso(1988)은 끊임없는 칭찬이 그 가치를 잃을 수 있다고 생각했다. 만약 남편이 "자기, 너무 멋진데"라고 500번을 말한다면, 이런 말은 "자기, 그 옷 입으니 끔찍해 보여"라고 말하는 것보다 훨씬 더 적은 영향을 미칠 것이다. 사랑하는 사람을 기쁘게 하기는 어렵고 상처 주기는 쉽

비위 맞추기
아첨과 같이, 다른 사람의 호의를 얻기 위해 노력하는 전략

© Robert Mankoff. All rights reserved. Used with permission.

"음- 당신이 남편이라 이 이야기를 하는 것은 아니예요.
정말 냄새가 지독해요."

아내의 말에 남편에 대한 찬사는 없을 수 있지만, 그러나 진정성은 보여준다.

다. 이것이 시사하는 바는 개방적이고 정직한 관계, 즉 서로 존중과 수용을 즐기면서도 정직한 관계에서는 불쾌한 감정을 억압하느라 무뎌진 관계보다 지속적인 보상을 제공할 가능성이 더 크다는 것이다. 그 관계에서 사람들은 데일 카네기가 조언하듯, "아낌없이 칭찬하려" 노력한다. Aronson(1988)은 이를 이렇게 표현하였다.

관계가 더 큰 친밀감을 향해 무르익어감에 따라, 점차 중요해지는 것은 진정성, 즉 좋은 인상을 주기 위해 노력하는 것을 포기하는 것, 그리고 정직하고 심지어는 나쁘더라도 우리 자신에 대한 것을 밝히기 시작하는 것이다. 만약 두 사람이 진정으로 서로를 좋아한다면, 그들은 그들이 항상 서로에 대해 완벽하게 '친절할' 때보다 긍정적이고 부정적인 감정을 모두 표현할 수 있을 때 더 오랜 시간 동안 더욱 만족스럽고 더욱 흥미진진한 관계를 유지할 것이다.

대부분의 사회적 상호작용에서, 우리는 부정적인 감정을 스스로 검열한다. 그러므로 일부 사람들은 아무런 교정적인 피드백을 받지 못한다는 점을 Swann과 그의 동료들(1991)은 이야기한다. 유쾌한 착각 속에서 살면서, 그들은 친구가 될 수 있었던 사람들을 소외시키는 방식으로 계속 행동한다. 진정한 친구는 우리가 나쁜 소식을 알 수 있게(좋은 방식으로) 하는 사람이다.

우리를 정말 사랑하는 사람은 우리에게 정직하지만 장밋빛 안경을 통해 우리를 보는 경향이 있다. 가장 행복한 연인과 부부(시간이 지남에 따라서 더 행복해지는 사람들)는 그들의 파트너가 자신을 보는 것보다 더욱 긍정적으로 자신의 파트너를 보는 사람들이었다(Murray & Holmes, 1997; Murray et al., 1996a, b). 사랑할 때 우리는, 사랑하는 사람이 신체적으로 매력적일 뿐만 아니라 사회적으로도 매력적임을 찾으려 편향되며, 파트너가 비슷하게 긍정적인 편향으로 자신을 볼 때 행복하다(Boyes & Fletcher, 2007). 가장 만족스러운 부부들은, 신혼 때 서로를 이상화하고, 즉각적으로 배우자를 비난하거나 결점을 찾지 않으며 문제에 접근하는 경향이 있다(Karney & Bradbury, 1997; Miller et al., 2006; Murray et al., 2011). 좋은 관계에서 정직함이 나름의 역할을 하는 것처럼, 상대의 기본적인 선함을 전제하는 것도 마찬가지다.

관계 보상

왜 누군가와 친구인지 또는 왜 그의 파트너에게 매료되었는지 질문받으면, 대부분 사람들은 쉽게 답할 수 있다. "나는 캐럴이 따뜻하고, 재치있고, 박식해서 좋아해요." 그 설명이 생략한 것, 그리고 사회심리학자들이 가장 중요하다고 믿는 것은 우리 자신이다. 이끌림에는 끌어당기는 사람뿐만 아니라 이끌리는 사람도 필요하다. 그러므로 심리학적으로 더 정확한 답은 아마도, "내가 그녀와 함께 있을 때 내가 느끼는 감정 때문에 나는 캐럴을 좋아해요"가 될 것이다. 우리는 함께 있는 것이 만족스럽고 기분 좋은 사람에게 끌린다. 매력은 보는 사람의 눈(그리고 뇌)에 있다.

요점은 간단히 **매력의 보상 이론**(reward theory of attraction)으로 표현할 수 있다. 우리에게 보상을 주는 사람, 또는 우리가 보상과 연합된 사람들을 우리는 좋아한다. 어떤 관계에 비용보다 보상이 더 크면, 우리는 그것을 좋아하고 관계가 지속되기를 바랄 것이다. 무작위로, 세 가지 친

매력의 보상 이론
우리에게 보상을 주는 행동을 하거나 보상이 되는 사건들과 연상되는 사람들을 좋아한다는 이론

절한 행동을 하도록(세 곳을 방문하는 것 대비) 배정된 캐나다 어린이들은 사회적으로 더 수용되고 괴롭힘을 당할 가능성이 더 적었다. 다른 사람을 도우면서 이들은 친구를 얻었다(Layous et al., 2012). 1665년 출간된 금언집에서 La Rochefoucauld는 "우정은 개인적 이득과 호의를 상호 교환할 수 있는(여기서는 자존감에 도움이 되는) 체계이다"라고 표현하였다.

우리는 함께하는 데서 보상받는 사람들을 좋아할 뿐만 아니라, 보상 원칙의 두 번째 버전에 따라, 좋은 감정들과 관련된 사람들을 좋아한다. 조건형성에 의해서 보상받은 사건과 연합된 사물이나 사람에 대해서 긍정적 감정을 가지게 된다(Byrne & Clore, 1970; De Houwer et al., 2001; Lott & Lott, 1974). 격렬한 한 주를 보낸 후 불 앞에 앉아 좋은 음식과 음악을 즐기며 휴식을 취할 때, 우리는 주위 사람들에게 특별한 따뜻함을 느낄 것이다. 머리가 깨질 것 같은 두통으로 고통스러워할 때 만난 사람을 좋아할 가능성은 더 적다.

매력의 보상 이론은 사람들이 파트너를 즐거운 활동과 연상 지을 때 관계가 지속된다고 주장한다.

실험을 통해 조건형성에 의해 좋아하고 싫어하는 현상이 검증되었다(Hofmann et al., 2010). 실험자가 친근했을 때, 참가자들은 그녀를 닮은 사람과 대화하기로 선택했지만, 실험자가 친근하지 않았다면, 비슷해 보이는 여성을 피했다(Lewicki, 1985). Hatfield와 Walster(1978)은 이러한 연구들에서 실용적인 팁을 발견하였다: "낭만적인 저녁식사, 극장으로의 여행, 집에서 함께 하는 저녁, 그리고 휴가는 항상 중요하다. 관계가 살아남으려면, 두 사람 모두 지속적으로 관계를 좋은 것들과 연결시키는 것이 중요하다."

이 간단한 매력의 이론(우리에게 보상을 주는 사람 그리고 보상과 조건형성된 사람을 좋아한다는 것)은 사람들이 누구나 따뜻하고, 신뢰할 수 있고, 반응적인 사람들에게 끌리는 이유를 알려준다(Fletcher et al., 1999; Regan, 1998; Wojciszke et al., 1998). 보상 이론은 또한 매력에 영향요인 일부를 설명하는 데 도움이 된다.

- 근접성은 보상이 된다. 가까이 살거나 일하는 사람에게서 우정의 혜택을 얻는 데는 시간과 노력이 적게 든다.
- 우리는 매력적인 사람들을 좋아한다. 왜냐하면 우리는 그들이 다른 바람직한 특성을 제공한다고 생각되고, 우리가 그들과 연합됨으로써 이득을 얻기 때문이다.
- 만약 다른 사람들이 비슷한 의견을 가지고 있다면, 이번에는 그들이 우리를 좋아한다고 추측하기 때문에 보상받았다 느낀다. 게다가 관점이 비슷한 사람들은 그러한 관점을 타당화하는 데 도움이 된다. 우리는 그들의 생각을 우리가 생각하는 방식으로 성공적으로 바꾼 사람들을 특히 좋아한다(Lombardo et al., 1972; Riordan, 1980; Sigall, 1970).
- 우리는 호감을 얻기를 바라고, 사랑받고 싶어 한다. 그러므로 호감은 대게 상호적이다. 우리는 우리를 좋아하는 사람들을 좋아한다.

요약 : 무엇이 우정과 매력을 만드는가?

- 두 사람이 친구인지를 가장 잘 예측하는 변인은 **근접성**이다. 근접성은 반복 **노출**과 상호작용에 도움이 되어, 유사성을 발견하고 서로의 호감을 알 수 있게 한다.
- 초기의 매력의 두 번째 결정요소는 신체적 매력이다. 실험실 연구와 미팅을 포함한 현장 실험에서 대학생들은 매력적인 사람들을 선호하는 경향이 있다. 그러나 일상생활에서, 사람들은 그들 자신의 매력과 대략 비슷한 매력을 가진 누군가(또는 덜 매력적이라면 그것을 보상하는 다른 특질이 있는 누군

가)를 선택하는 경향이 있다. 매력적인 사람들에 대한 긍정적 귀인은 아름다운 것이 좋다는 **외모**에 대한 **고정관념**을 보여준다.
- 호감은 태도, 신념과 가치의 유사성에 의해 크게 영향받는다. 유사성은 호감으로 이어지며, 서로 반대인 사람은 거의 끌리지 않는다.
- 우리는 우리를 좋아하는 사람들과 우정을 쌓는 경향이 있다.
- 매력의 **보상** 이론에 따르면, 우리는 그 사람의 행동이 보상이 되거나, 보상이 되는 사건과 연합된 사람을 좋아한다.

사랑은 무엇인가?

| 사랑의 종류와 구성요소를 설명한다.

사랑은 호감보다 더 복잡하다. 그래서 측정하기 더 어렵고 연구하기 더 까다롭다. 사람들은 사랑을 갈망하고, 사랑을 위해 살고, 사랑을 위해 죽는다.

대부분의 매력 연구자들은 가장 쉽게 연구할 수 있는 것(낯선 사람들 사이에서 짧은 만남에서 일어나는 반응들)을 연구해왔다. 타인과 초기 호감 형성에 영향을 미치는 요인들(근접성, 매력, 유사성, 상대방의 호감, 그 밖에 보상을 주는 특질들)은 장기적이고 친밀한 관계에도 영향을 준다. 그러므로 데이트하는 커플들이 서로에 대해 빠르게 형성한 인상은 그들의 장기적인 미래의 단서를 제공한다(Berg, 1984; Berg & McQuinn, 1986). 만약 로맨스가 근접성이나 유사성과 관계없이 **무작위로** 꽃피운다면, 북미에서 대부분의 카톨릭 신자(소수자)는 개신교와 결혼하고, 대부분의 흑인은 백인과 결혼하고, 대학 졸업자(소수자)는 대학 졸업자와 결혼하는 만큼이나 고등학교 중퇴자들과 결혼했을 것이다.

첫인상은 중요하다. 그런데도 장기적인 사랑은 단순히 처음의 호감이 깊어지는 것만은 아니다. 그래서 사회심리학자들은 지속적이고 밀접한 관계를 연구한다.

열정적 사랑

낭만적 사랑을 과학적으로 연구하는 첫걸음은, 다른 변인을 연구할 때와 마찬가지로, 이를 어떻게 정의하고 측정할지를 정하는 것이다. 우리는 공격성, 이타주의, 편견 그리고 호감을 측정하는 방법들을 가지고 있다. 그러나 사랑을 어떻게 측정할 것인가?

"내가 당신을 어떻게 사랑하는가? 그 방법을 헤아리게 해주오"라고 Elizabeth Barrett Browning은 묘사했다. 사회과학자들은 다양한 방법을 시도하였다. 심리학자 Sternberg(1988)는 사랑을 세 가지 요소, 즉 열정, 친밀감, 그리고 헌신(그림 11.3)으로 구성된 삼각형으로 보았다.

사랑의 어떤 요소들은 모든 애정 관계에서 공통으로 발견된다: 서로 이해하기, 지지를 주고받기, 사랑하는 사람과의 교제를 즐기기. 어떤 요소들은 특수하다. 만약 우리가 열정적인 사랑에 빠진다면 이를 신체적으로 표현하고, 그 관계가 배타적일 것을 기대하고, 우리의 파트너에게 강렬하게 매혹된다. 그것은 우리의 눈에 드러난다.

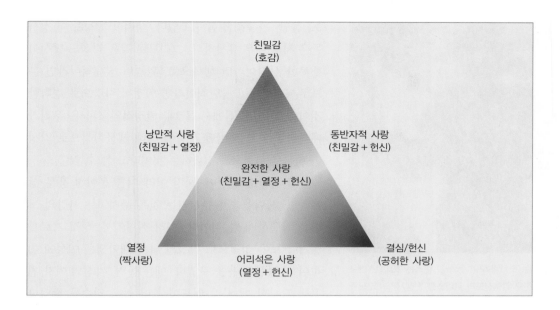

그림 11.3
Sternberg(1988)의 세 기본 요소의 조합으로서 사랑의 종류

Rubin(1973)은 이를 확인하였다. 그는 미시간대학교에서 수백 명의 연인에게 사랑 척도를 시행하였다. 후에, 실험 대기실 일방향 거울 뒤에서, '약한 사랑', 그리고 '강한 사랑'을 하는 연인들의 눈 맞춤을 측정하였다[서로 바라보는 것은 좋아함을 전하고 시선을 피하는 것은 거부를 전한다(Wirth et al., 2010)]. 결과는 놀랍지 않다: 강한 사랑 연인들은 서로의 눈을 오래 바라봄으로써 자신을 맡겼다. 대화를 나눌 때, 그들은 고개를 끄덕이고 자연스럽게 미소지었고, 상대에게로 몸을 기울였다(Gonzaga et al., 2001). 스피드 데이트를 하는 사람들을 관찰하면, 한 사람이 다른 사람에게 관심이 있는지를 합리적으로 정확하게 추측하는 데 몇 초밖에 걸리지 않는다(Place et al., 2009).

열정적 사랑(passionate love)은 감정적이고, 흥분되며, 강렬하다. Hatfield(1988)는 이를 "다른 사람과 하나가 되고 싶은 강렬한 욕망의 상태"라고 정의했다(p. 193). 만약 서로 상응한다면, 사람들은 만족과 기쁨을 느끼며, 그렇지 않다면 사람들은 공허와 절망을 느낀다. 다른 형태의 감정적 흥분과 같이, 열정적 사랑은 의기양양함과 우울, 울렁울렁하는 흥분과 낙담한 비참함의 롤러코스터와 같다. "사랑할 때만큼 고통에 무방비일 때는 없다"고 프로이트는 관찰했다. 열정적인 사랑을 하는 사람은 상대에 관한 생각으로 머리가 가득한데, 여기에는 물질 중독과 같은 보상 경로가 관여한다(Fisher et al., 2016; Takahashi et al., 2015).

열정적인 사랑은 누군가를 사랑할 때뿐만 아니라 그 혹은 그녀와 '사랑에 빠져있을 때'도 느끼는 것이다. Meyers와 Berscheid(1997)가 주목하듯, 누군가가 "나는 당신을 사랑해요. 그러나 나는 당신과 사랑에 빠지진 않았어요"라고 말한다면, 이는 "나는 당신을 좋아해요. 나는 당신에게 관심이 있어요. 나는 당신이 훌륭하다고 생각해요. 그러나 나는 당신에게 성적으로 매력을 느끼지는 않아요"를 의미한다는 것을 안다. 우정을 느끼지만, 열정은 아니다.

열정적 사랑
다른 사람과 일체가 되고 싶은 강렬한 욕망의 상태. 열정적인 사랑을 하는 사람들은 서로에게 몰두하고, 파트너의 사랑을 받을 때 황홀감을 느끼고, 그것을 잃을 때 절망에 빠진다.

열정적 사랑 이론

열정적 사랑을 설명하기 위해 Hatfield는, 우리가 각성의 원인을 어디에 귀인하는가에 따라 여러 정서 중 어떤 것으로든 경험할 수 있다는 점에 주목하였다. 정서는 몸과 마음(각성과 그 각성을 해석하고 명명하는 방식) 모두 관여한다. 가슴이 뛰고 손이 떨린다고 상상해보자. 당신은 공

이들의 입맞춤이 순수한 열정적 사랑을 나타내는 것처럼 보이나, 스콧 존스는 2011년 벤쿠버에서 폭동에 떠밀려 쓰러진 겁에 질린 여자친구 알렉산드라 토마스를 진정시키려고 노력하고 있었다(Tran, 2015). 이는 친밀함, 열정과 헌신이 결합된 완전한 사랑의 행위다.

포, 불안, 기쁨을 경험하고 있다. 생리학적으로, 이 정서들은 서로 매우 유사하다. 그러므로 같은 각성도 당신이 행복한 상황이라면 행복으로, 환경이 적대적이라면 분노로, 그 상황이 낭만적이라면 열정적 사랑으로 경험할 것이다. 이런 관점에서 볼 때, 열정적인 사랑은 우리가 매력적이라 느낀 어떤 사람에 의해 생물학적으로 각성한 바를 심리적으로 경험하는 것이라고 할 수 있다.

만약 정말로 열정이 '사랑'이라 이름 붙여진 흥분 상태라면, 사람들을 흥분시키는 것은 무엇이든 사랑의 느낌을 강렬하게 할 것이다. 여러 실험에서, 성적 자료를 읽거나 보아 성적으로 각성된 남자 대학생은 여성에 대하여 더 강한 반응을 보였다. 예를 들면, 자신의 여자 친구를 묘사할 때 사랑 척도에서 더 높은 점수를 주었다(Carducci et al., 1978; Dermer & Pyszczynski, 1978).

정서의 2요인 이론
각성×이름 붙이기=정서

Schachter와 Singer(1962)가 발전시킨 **정서의 2요인 이론**(two-factor theory of emotion)의 지지자들은, 흥분한 남성이 어떤 여성에게 반응할 때, 그들은 쉽게 자신의 각성의 일부가 여성 때문이라고 잘못 귀인한다고 본다.

이 이론에 따르면, 마음이 각성 일부를 자유롭게 낭만적 자극에 귀인할 수 있다면, 어떤 원인에 의해서든 각성은 열정적인 느낌을 강하게 해야 한다. 이 현상을 극적으로 보여주는 실험으로 Dutton과 Aron(1974)의 연구를 들 수 있다. 이 실험에서 연구자들은 브리티시컬럼비아의 카필라노강 위 230피트 높이에 매달린 좁고 흔들리는 450피트 길이의 다리를 막 건넌 젊은 남성에게, 매력적인 젊은 여성이 다가가도록 하였다. 그 여성은 각 남성에게 수업에 필요한 설문조사를 도와달라고 요청하였다. 남자들이 설문지 작성을 끝마쳤을 때, 여자는 이름과 전화번호를 적어주며, 이 프로젝트에 대해서 더 자세히 알고 싶으면 연락을 달라고 하였다. 대부분 남성이 전화번호를 받았고, 그중 절반이 전화했다. 대조적으로, 낮고 단단한 다리에서 같은 여성이 다가간 남성들은 거의 전화하지 않았다. 다시 한 번, 신체적 각성은 낭만적인 반응을 두드러지게 하였다.

무서운 영화, 롤러코스터 타기, 운동은 특히 우리가 매력적이라 느낀 사람들에게 이런 효과를 가진다(Foster et al., 1998; White & Kight, 1984). 이 효과는 결혼한 부부에게도 들어맞는다. 흥분되는 일을 함께한 사람들은 최고의 관계를 나타냈다. 그리고 평범한 실험실 과제(거의 비슷한 손과 무릎의 이인삼각 경기)보다 각성되는 일을 한 후에 부부들은 그들의 전반적인 관계에 대해 더 높은 만족도를 보고하였다(Aron et al., 2000). 아드레날린은 애정을 더한다.

이것이 시사하는 바와 같이, 열정적인 사랑은 심리학적뿐만 아니라 생물학적인 현상이다. 사회심리학자 Aron과 그의 동료들(2005)의 연구는 열정적인 사랑이 보상과 관련된 도파민이 풍부한 뇌 영역을 사용한다고 지적한다(그림 11.4).

사랑은 또한 사회적 현상이다. 사랑은 정욕 이상의 의미가 있다고 Berscheid(2010)는 말한다. 깊어진 우정에 성적 욕망이 보충되면 결

정서의 2요인 이론에 의하면, 놀이기구를 타는 것과 같은 자극적인 경험이 유발하는 정서적 흥분은 성적인 이끌림으로 착각할 수 있다.

과는 낭만적 사랑이 된다. 열정적 사랑은 정욕과 애착의 합이다.

사랑에서의 변이성 : 문화 차와 성차

대부분의 사람들에게는 타인의 느낌과 생각이 자신과 같다고 가정하고 싶은 유혹은 항상 있다. 예를 들면, 우리는 사랑이 결혼의 전제조건이라고 가정한다. 대부분 문화(한 분석에서 166개 문화의 89%)가, 불장난 같은 연애나 연인이 함께 달아나는 것에 반영되듯, 낭만적 사랑의 개념을 가지고 있다(Jankowiak & Fischer, 1992). 그러나 뚜렷이 중매결혼의 관습을 가진 문화에서는 사랑은 결혼에 앞서기보다 결혼이 사랑에 앞서는 경향이 있다. 반

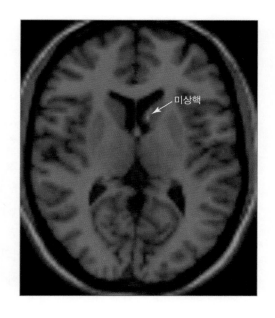

그림 11.4
사랑할 때의 당신의 뇌
강렬하게 사랑을 하는 젊은 성인의 MRI 스캔은 사랑하는 사람의 사진을 바라볼 때 더욱 활성화되는(그러나 다른 지인의 사진을 바라보았을 때는 활성화되지 않는) 미상핵과 같은 영역을 밝혀내었다.

출처 : Aron, A., Fisher, H., Mashek, D. J., Strong, G., Li, H., & Brown, L. L. (2005). Reward, motivation, and emotion systems associated with early-stage intense romance love. *Journal of Neurophysiology, 94,* 327-337. Image courtesy of Lucy L. Brown.

세기 전만 해도 상당수의 미국 사람들이 사랑과 결혼을 분리하였다. 1960년대는 여자 대학생의 24%와 남자 대학생의 65%만이 사랑을 결혼의 기반으로 간주했다. 최근에는 거의 모든 대학생이 이를 믿는다(Reis & Aron, 2008).

남성과 여성은 열정적인 사랑을 경험하는 데 있어서 차이가 있는가? 사랑에 빠지고 사랑이 식는 남성과 여성에 관한 연구들은 몇 가지 놀라운 사실을 보여준다. 상담 칼럼리스트에게 다음과 같은 편지를 쓴 사람을 포함해서, 대부분 여성이 좀 더 쉽게 사랑에 빠진다고 가정한다.

> 브라더스 박사님께,
>
> 19세 남자가 세상이 뱅뱅 도는 것처럼 심하게 사랑에 빠지는 것이 여자 같다고 생각하십니까? 저는 제가 정말 미쳤다고 생각합니다. 왜냐하면 이것은 지금 여러 번 일어나고 있고, 사랑은 마치 미지의 곳에서부터 제 머리를 강타하는 것 같습니다… 제 아버지는 이것이 여자애들이 사랑에 빠지는 방식이고 남자들에게는 이런 방식으로 일어나지 않는다(적어도 그렇게 되어 있지는 않다)고 말씀하십니다. 저는 이런 제 자신을 어쩔 수 없지만 걱정이 됩니다-P.T.(Dion & Dion에서 인용됨, 1985)

P.T.가 실제로는 남자들이 더 쉽게 사랑에 빠지는 경향이 있다는 반복된 발견들에 대해 알게 된다면 아마 안심할 것이다(Ackerman et al., 2011; Dion & Dion, 1985). 또한 남성은 더 천천히 사랑이 식는 것처럼 보이고, 결혼 전의 연애를 그만두는 가능성이 적다. 놀랍게도 대부분 사람에게(이성애 관계에서) 가장 자주 그리고 먼저 "당신을 사랑합니다"고 말하는 사람은 여성이 아닌, 남성이다(Ackerman et al., 2011).

그러나 일단 사랑에 빠지면, 여성들은 전형적으로 그들의 파트너만큼 또는 그보다 더 감정적으로 열중한다. 그들은 행복하고 마치 그들이 '구름 위를 떠다니는 것'처럼 '들뜨고 근심없다'고 보고하는 경향이 더 많다. 또한 여성들은 남성보다 약간 더 우정의 친밀감과 그들의 파트너에 관한 관심에 초점을 두는 경향이 있다. 남성들은 여성보다 더 관계의 유희적이고 육체적인 면을 생각하는 경향이 있다(Hendrick & Hendrick, 1995).

동반자적 사랑

열정적 사랑은 가속 로켓처럼 뜨겁게 불타오르지만, 일단 관계가 안정적인 궤도에 이르면 이는 결국은 천천히 식는다. 로맨스의 고조는 몇 달 동안, 심지어 몇 년 동안 지속될 수 있다. 그러나 영원히 지속하지는 않는다. "당신이 사랑할 때 그것은 당신의 삶에서 가장 빛나는 이틀 반이다"라고 희극인 리처드 루이스가 농담한다. 신기함, 상대방에게로의 강렬한 몰두, 낭만의 전율, '구름 위를 떠다니는' 들뜬 느낌이 사라진다. 결혼한 지 2년이 지나면, 배우자들은 그들이 신혼일 때의 절반의 빈도로 애정을 표현한다(Huston & Chorost, 1994). 결혼한 지 4년이 지나면, 전 세계 문화에서 이혼율이 최고조에 달한다(Fisher, 1994). 만약 친밀한 관계가 지속된다면, 그것은 Hatfield가 **동반자적 사랑**(companionate love)이라고 부르는 더 안정적이지만 여전히 따뜻한 여운으로 정착할 것이다. 친밀한 관계가 지속된다면 열정을 촉진하는 호르몬(테스토스테론, 도파민, 아드레날린)은 가라앉고 옥시토신은 애착과 신뢰감을 지원한다(Taylor et al., 2010).

동반자적 사랑
우리가 우리의 삶이 깊이 얽혀 있다고 생각하는 사람들에 대해 느끼는 애정

열정적인 사랑의 거친 정서들과 달리, 동반자적 사랑은 좀 더 차분한 정서이다. 그것은 깊고, 애정 어린 애착이다. 그것은 뇌의 다른 영역을 활성화한다(Aron et al., 2005). 그리고 그것은 진짜이다. 아프리카 칼라하리 사막의 쿵 산(!Kung San)족 여성인 니사는 이렇게 설명하였다. "두 사람이 처음 함께할 때, 그들의 심장은 불타오르고 그들의 열정은 매우 크다. 잠시 후, 그 불은 식으며 그대로 유지된다. 그들은 계속 서로를 사랑하지만, 그것은 따뜻하고 믿을 수 있는 또다른 방식이다"(Shostak, 1981).

낭만적 사랑의 변화는 커피나 술, 그리고 다른 물질 중독과 같은 양상을 보인다(Burkett & Young, 2012). 처음에 약물은 커다란 자극, 아마도 절정의 느낌을 줄 것이다. 반복하면서 반대의 정서들이 힘을 얻고 내성이 길러진다. 한번 크게 자극을 주었던 양은 더는 전율을 일으키지 못한다. 그러나 약물을 중단한다고 시작점으로 되돌아가지는 못한다. 오히려 불쾌감, 우울 등과 같은 금단증상을 유발한다. 똑같은 현상이 종종 사랑에서도 나타난다. 열정적인 최고점은 미적지근해질 운명이다. 이제 낭만적이지 않은 관계는 그것이 끝날 때까지 당연하게 여겨진다. 그런 다음 실연당한 사람, 미망인, 이혼자들은 그들이 오래전부터 열정적인 애착을 느끼지 못한 그 사람이 없는 인생이 지금 얼마나 공허해 보이는지 놀라게 된다. 작동하지 않는 것에 초점을 맞추며, 그들은 작동하는 것을 알아차리지 못한 것이다(Carlson & Hatfield, 1992).

시간이 지남에 따라 열정적인 사랑이 식어가고, 공유하는 가치와 같은 다른 요소들의 중요성이 커진다는 것에 대한 증거는 인도에서 중매 결혼과 연애 결혼을 한 사람들이 느끼는 감정을 비교한 연구에서 찾아볼 수 있다. 연애 결혼을 한 사람들은 결혼 후 5년이 지나면 사랑의 감정이 사라지고 있다고 보고했다. 대조적으로, 중매 결혼한 사람들은 5년 후 더 많은 사랑을 보고했다(Gupta & Singh, 1982; 그림 11.5; 중매 결혼의 성공을 논하는 다른 자료는, J. E. Myers et al., 2005, Thakar & Epstein, 2011, Yelsma & Athappilly, 1988 참조).

강력한 낭만적 사랑의 냉각은 종종 환멸의 기간을 유발하는데, 특히 낭만적 사랑이 결혼과 결혼생활의 지속에 필수적이라고 생각하는 사람

© Jae C. Hong/AP Images

열정적 사랑과 달리, 동반자적 사랑은 평생 유지될 수 있다.

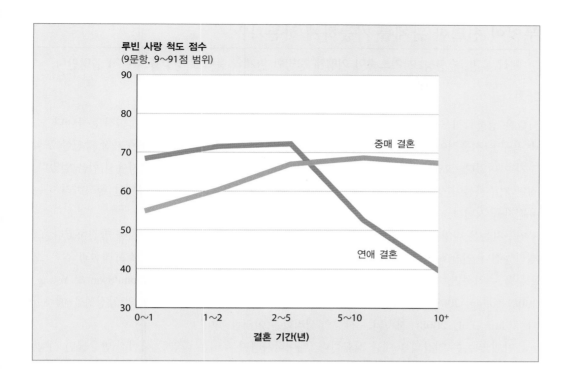

그림 11.5
인도 자이푸르에서 중매 결혼과 연애 결혼 파트너 간의 낭만적 사랑

출처 : Data from Gupta & Singh, 1982.

들 사이에서 그렇다. 북미인과 비교해서, 아시아인은 개인적인 감정에 초점을 덜 맞추고 사회적인 애착의 실용적 측면에 더 초점을 맞춘다(Dion & Dion, 1988; Sprecher & Toro-Morn, 2002; Sprecher et al., 1994b). 따라서 그들은 환멸감에 덜 취약하다. 아시아 사람들은 또한 장기적으로 관계를 해치고 이혼으로 이끄는 자기 초점적인 개인주의 경향이 적다(Dion & Dion, 1991; Triandis et al., 1988).

강렬한 상호 매혹의 감소는 종의 생존에 있어서 자연적이고 적응적이다. 열정적 사랑의 결과는 대부분 자녀이고, 부모가 서로에게 사로잡혀 있는 정도가 감소할수록 자녀의 생존에 도움이 된다(Kenrick & Trost, 1987). 그럼에도 결혼한 지 20년이 넘은 부부들에게 있어서, 잃어버린 낭만적인 감정은 가족 둥지가 비고, 부부가 다시 한 번 서로에게 자유롭게 주의를 집중하면서 종종 다시 시작된다(Hatfield & Sprecher, 1986; White & Edwards, 1990). "어느 남성이나 여성도 25년 동안 결혼생활을 하지 않았다면 정말로 사랑이 무엇인지 모른다"라고 마크 트웨인은 말했다. 만약 관계가 친밀하고 서로 간에 보상을 준다면, 공유된 풍부한 경험에 뿌리박고 있는 동반자적 사랑은 깊어진다.

요약 : 사랑은 무엇인가?

- 연구자들은 사랑을 우정, 열정, 그리고 헌신의 요소들을 가진 것으로 특징지었다. **열정적 사랑**은 황홀경과 불안, 환희와 고통의 당혹스러운 혼란으로 경험된다. 정서의 2요인 이론은 낭만적인 맥락에서는, 어떤 원천으로부터의 각성도, 심지어 고 통스러운 경험도 열정으로 움직일 수 있다고 제안한다.

- 최상의 관계에서, 초기의 열정적 고조는 **동반자적 사랑**이라고 불리는 더 안정적이고 더 애정이 깊은 관계로 정착한다.

무엇이 친밀한 관계를 가능하게 하는가?

> 애착 유형, 형평성, 자기노출이 어떻게 친밀한 관계의 등락에 영향을 주는지 설명한다.

애착

사랑은 생물학적 숙명이다. 우리는 다른 사람들과 관계 맺도록 운명 지어진 사회적 동물이다. 소속 욕구는 적응적이다. 협력은 생존을 돕는다. 혼자서 싸울 때, 우리 조상들은 가장 강인한 포식자가 아니었다. 그러나 수렵채집을 하며, 포식자와 맞서 싸울 때, 그들은 숫자에서 힘을 얻었다. 집단 거주자들이 생존하고, 아이를 낳았기 때문에 오늘날 우리는 그러한 유대를 형성하려 하는 유전자를 지닌다.

연구자들은 다양한 형태의 특정 유전자가 포유류의 짝짓기를 예측한다는 것을 발견하였다. 프레리들쥐나 인간에게 옥시토신(양육이나 교미 중 암컷에서 방출되는)과 바소프레신과 같은 호르몬을 주입하면, 남성과 여성의 유대를 유발하는 좋은 느낌이 생겨난다(Donaldson & Young, 2008; Young, 2009). 인간에게서 바소프레신 활성과 관련된 유전자는 결혼의 안정성을 예측한다(Walum et al., 2008). 지속되는 사랑의 생리학은 이러한 것이다.

유아의 의존은 인간의 유대를 강화한다. 태어나자마자 우리는 다양한 사회적 반응들인 사랑, 공포, 분노를 나타낸다. 그러나 이들 중 가장 먼저 나타나고 가장 큰 것은 사랑이다. 아기들은 거의 즉시 익숙한 얼굴과 목소리를 선호한다. 부모가 관심을 쏟을 때 아기는 소리 내며 좋아하거나 웃는다. 8개월까지, 우리는 엄마나 아빠를 향해 기어가고, 부모로부터 분리될 때 울음을 터뜨린다. 다시 만나면 달라붙어 떨어지지 않는다. 유아가 자신의 보호자 가까이 근접성을 유지하면서, 강력한 사회적 애착은 강력한 생존 충동으로 작용한다.

때때로 극도로 방임된 조건에서 친밀한 애착 형성 기회가 박탈되었을 때, 아이들은 철수하거나, 겁을 먹거나, 조용해진다. 세계보건기구(WHO)에서 버려진 아이들의 정신건강을 연구한 정신과 의사 Bowlby(1980, p. 442)는 "다른 사람과의 친밀한 애착은 한 사람의 삶이 돌아가는 중심축이다… 이 친밀한 애착으로부터 사람들은 힘과 삶의 기쁨을 끌어낸다"고 숙고했다.

연구자들은 부모와 아이 사이, 친구 사이, 배우자 또는 연인 사이와 같은 친밀한 관계에서의 애착과 사랑의 본질을 비교해왔다(Davis, 1985; Maxwell, 1985; Sternberg & Grajek, 1984). 어떤 요소들은 모든 애착에서 공통적인 요소이다: 상호 이해, 지지를 주고받기, 사랑하는 사람과 함께 하는 것을 가치 있게 여기고 즐거워하는 것이 이에 해당한다. 성인이 자신의 애인을 생각할 때 모성적 애착과 관련된 동일 뇌 영역이 또한 활성화된다(Acevedo et al., 2012). 그러나 열정적 사랑에는 신체적 애정, 배타성에 대한 기대, 그리고 사랑하는 사람에게 느끼는 강렬한 매혹과 같은 몇 가지 부가적 특징이 더해진다.

열정적인 사랑은 연인들만을 위한 것이 아니다. 부모와 유아의 서로에 대한 강렬한 사랑은 열정적인 사랑의 형태로 볼 수 있다. 한 살배기 유아는 젊은 성인 연인들과 마찬가지로 신체적 애정을 반기고, 분리되면 고통을 느끼고, 재결합 시 강렬한 애정을 표현하고 중요한 타인의 관심과 인정에 크게 즐거워한다(Shaver & Mikulincer, 2011).

보호자와의 애착은 강력한 생존 추동이다.

물론 유아가 보호자와 관계 맺는 방식이 다양하며 마찬가지로 연인들이 서로 관계 맺는 방식도 다양하다. Shaver와 Hazan(1993, 1994)은 유아의 애착 유형이 성인 관계에까지 이어지는지 밝히고 싶어 했다.

애착 유형

10명 중 7명의 유아, 그리고 성인들도 거의 비슷한 비율로 **안정애착**(secure attachment)을 보인다 (Baldwin et al., 1996; Jones & Cunningham, 1996; Mickelson et al., 1997). 유아가 낯선 상황에 놓일 때(대개는 연구실 놀이방), 엄마가 있을 때는 이 낯선 환경을 행복하게 탐색하면서 편안하게 논다. 만약 엄마가 떠나면 아이들은 괴로워한다. 엄마가 돌아오면, 아이들은 엄마에게 달려가고, 매달리고, 그리고 편안해져서 탐색과 놀이로 돌아간다(Ainsworth, 1973, 1979). 많은 연구자는 이러한 신뢰하는 애착 유형이, 성인기 친밀한 관계의 청사진이며 이에 내재하는 신뢰는 갈등의 시기에 관계를 유지하는, 친밀함의 작동모델(working model)을 형성한다고 믿는다(Miller & Rempel, 2004; Oriña et al., 2011; Salvatore et al., 2011). 안정애착을 형성한 성인은 다른 사람들과 친해지기가 쉽고, 지나치게 의존적이지 않으며, 버림받는 것에 대해 초조해하지 않는다. 연인 관계에서도 그들은 안정적이고 헌신적인 관계라는 맥락 속에서 성행위를 즐긴다. 그리고 그들의 관계는 만족스럽고 지속되는 경향이 있다(Feeney, 1996; Feeney & Noller, 1990; Simpson et al., 1992).

영아와 성인 10명 중 약 2명은 불안정애착의 한 유형인 **회피애착**(avoidant attachment)을 보인다. 회피적인 유아들은 분리되어 있는 동안 내적으로 각성하여도 고통을 거의 드러내지 않으며, 재회할 때 거의 달라붙지 않는다. 회피적인 성인은, 친밀함을 피하며 관계에 노력을 기울이지 않고 쉽게 다른 사람을 떠나는 경향이 있다. 그들은 헌신 없는 성적 관계에 관여될 우려가 있고(Garneau et al., 2013) 이성애(DeWall et al., 2011) 동성애(Starks & Parsons, 2014) 관계 모두에서 자신의 파트너에게 성적으로 충실하지 않을 가능성이 컸다. 회피적인 사람들은 두렵거나("나는 다른 사람들과 가까워지는 것이 불편하다") 거부하는["독립적이고 자족적이라 느끼는 것이 나에게는 매우 중요하다"(Bartholomew & Horowitz, 1991)] 것일 수 있다. 2010년대(1980년대 대비) 미국 대학생들은 더 많이 거부형 애착 유형으로 나타나고 안정애착은 줄었다. 연구자들은 이러한 변화가 변화하는 가족 구조와 증가하는 개인주의의 강조에 뿌리를 둔다고 생각하였다(Konrath et al., 2014).

유아와 성인 10명 중 약 1명은 두 번째 불안정애착인 **불안애착**(anxious attachment)의 특징인 불안과 양가성을 나타낸다. 낯선 환경에서, 유아들은 엄마에게 불안해하며 달라붙는 경향이 더 크다. 엄마가 떠나면 울다가 엄마가 돌아오면 무심하거나 적대적인 태도를 보인다. 성인의 경우, 불안정한 개인들은 잘 신뢰하지 못하고, 파트너가 다른 사람에게 관심을 가지는 것을 더 두려워하며, 소유욕이 더 강하고 질투를 많이 한다. 그들은 한 사람과의 헤어짐과 만남을 반복할지 모른다. 갈등을 논할 때, 그들은 감정적으로 반응하고 화를 잘 낸다(Cassidy, 2000; Simpson et al., 1996). 그리고 그들의 자존감은 타인의, 특히 연인의 피드백에 따라 변동한다(Hepper & Carnelley, 2012). 그들의 관계를 맺으려는 열망은 타인이 그들의 불안을 느끼고 상호작용이 어색해지게 하여 노력을 방해한다(McClure & Lydon, 2014). 불안하게 애착된 사람들은 자신의 불안한 애착 방식을 자신의 휴대전화에도 전이시켜, 자신의 휴대전화에 더 의존하고 자신의 휴대전화를 더 자주, 심지어 운전할 때도 확인하게 된다(Bodford et al., 2017).

안정애착
신뢰에 기반하고 친밀감이 특징인 애착

회피애착
다른 사람과 친밀하게 되는 데 불편해하고 저항하는 것이 특징인 애착. 불안정 애착의 한 유형

불안애착
불안과 양가성이 특징이 애착. 불안정 애착의 한 유형

불안 애착의 여성과 회피 애착의 남성 커플은 더 많은 스트레스를 겪는다.

일부 연구자들은 62개 문화에 걸쳐 연구되어온 다양한 애착 유형의 원인을 부모의 반응성에서 찾는다(Schmitt et al., 2004). Hazan (2004)이 요약하기를, "초기의 애착 경험은 내적작동모델이나 관계에 대한 독특한 사고방식의 기초를 형성한다." Ainsworth(1979)와 Erikson(1963)이 관찰한 바에 따르면, 민감하고 반응적인 엄마들, 즉 세상이 믿을 만한가에 대해 기본적인 신뢰감을 주는 엄마들의 자녀들은 유아기에 대부분 안정애착을 형성한다. 실제로, 애정 어리고 정성 들인 양육을 경험한 청소년들은 후에 그들의 연애 파트너와 따뜻하고 협력적인 관계를 맺을 가능성이 높다(Conger et al., 2000). 그러나 부모가 이혼한 성인과 부모가 결혼을 유지한 사람들은 애착 유형에서 차이가 나지 않는다(Washington & Hans, 2013). 애착 유형은 타고난 기질에 부분적으로 기반할 수 있다(Gillath et al., 2008; Harris, 1998). 프레리들쥐가 일생 동안 껴안고 짝짓기를 하도록 하는 유전자(유전자 조작을 통해 그 유전자를 갖게 된 실험용 생쥐에게서 같은 효과를 나타냄)는 인간에게서는 다양한 형태로 나타난다. 이 유전자는 충실한 기혼 남자에게서 보다 공통으로 발견되며, 미혼이거나 충실하지 않은 사람들에게서는 또다른 유전자가 발견된다(Caldwell et al., 2008; Walum et al., 2008).

애착의 영향은 평생 지속될 수 있다: 22년간 진행된 종단연구에서, 어머니에게 불안정 애착된 유아는 더 긍정적 감정을 느끼기 위해 애쓰는 성인이 되었다(Moutsiana et al., 2014). 애착 유형은 성인의 관계에도 명백한 영향을 미친다: 188건의 연구를 분석한 결과 회피애착인 사람들은 관계에서 덜 만족하고 덜 지지받았고, 불안애착의 사람들은 더 많은 관계 갈등을 경험하였다(Li & Chan, 2012).

어떤 애착 유형의 조합이 가장 좋고 또 가장 나쁠까? 안전애착의 두 파트너가 이상적으로 보일 수 있으며 적어도 한 명의 파트너는 불안정 애착인 짝은 더 많은 문제가 있을 수 있다. 가장 어려운 짝은 불안한 여자와 회피하는 남자일 것으로 보인다. 이 커플은 갈등에 관해 이야기할 것을 예상할 때 가장 높은 수준의 스트레스 호르몬을 나타내고, 자신의 파트너로부터 돌봄을 주고받는 것이 더 어려웠다(Beck et al., 2013). 이는 말이 된다: 불안한 여자는, 파트너가 불확실하므로 친밀함을 찾고, 반면 회피적인 남자는 친밀함이 불편하기 때문에 거리를 둔다. 좋든 나쁘든, 초기 애착 유형은 미래 관계의 토대가 되는 것 같다.

형평성

형평성
관계로부터 사람들이 받는 결과가 그들이 기여한 것과 비례하는 조건. 참고 : 공평한 결과가 항상 같은 결과일 필요는 없다.

각자가 자신의 욕망만을 막무가내로 추구한다면, 그 관계는 끝날 것이다. 따라서 우리 사회는 매력의 **형평성**(equity) 원리에 따라 보상을 주고받을 것을 가르친다. 당신과 당신의 파트너가 관계로부터 얻는 것이 각자가 관계에 쏟은 것에 비례해야 한다(Hatfield et al., 1978). 두 사람이 동등한 결과를 얻었다면, 기여한 정도가 같아야 한다. 만약 그렇지 않다면 어느 한쪽은 불공평하다고 느끼게 될 것이다. 만약 모두가 자신이 얻은 것이 각자가 기여한 자산과 노력에 부합한다고 느끼면, 그때는 모두가 공평하다고 인식한다.

낯선 사람과 가볍게 아는 사람은 이익을 교환함으로써 형평성을 유지한다. 당신이 나에게 강의 노트를 빌려준다면 나도 내 것을 빌려줄 것이다. 내가 당신을 나의 파티에 초대한다면 당신도 당신의 파티에 나를 초대할 것이다. 룸메이트나 사랑하는 사람과 같이 지속적인 관계를 맺고 있는 사람들은 반드시 노트에는 노트, 파티에는 파티와 같은 식으로 비슷한 이익을 교환해야 한다는 의무감을 느끼지는 않는다(Berg, 1984). 그들은 더 자유롭게 다양한 이익을 주고받으며 형평성을 유지하고("네 노트 빌려주려 올 때, 함께 저녁 먹을래?") 결국 누가 누구에게 갚아야 하는지 계산하기를 멈춘다. 형평성의 문제는 오랜 기간 함께할 파트너를 고려할 때, 대학생들이 '관계의 걸림돌'이라 식별한 거의 모든 조건들에 내재한다. 대부분 무심하거나 배려하지 않았던, 자신의 관심사를 무시하거나 또는 이미 애인이 있거나 결혼한 사람과는 함께할 것을 고려하지 않을 것이라 말했다(Jonason et al., 2015).

장기적인 형평성

우정과 사랑이 공평한 보상의 교환에 뿌리를 둔다고 가정하는 것은 너무 지나칠까? 우리는 때로 어떤 종류의 보답도 기대하지 않고 사랑하는 사람의 욕구에 응하지 않는가? 실제로, 공평하고 장기적인 관계에 있는 사람들은 단기적인 형평성에 개의치 않는다. Clark과 Mills(1979, 1993; Clark, 1984, 1986)는 사람들이 심지어는 이익의 교환을 계산하는 것을 피하고자 노력한다고 주장했다. 친한 친구를 도와줄 때, 우리는 즉각적인 보답을 바라지 않는다. 만약 누군가 우리를 저녁식사에 초대한다면, 우리는 그 초대에 보답하기 전에 그 사람이 우리의 초대를 단순히 사회적 채무를 갚는 것에 불과하다고 느끼지 않도록 충분한 시간을 둔다. 진정한 친구는 보답할 수 없을 때도 서로에게 마음을 쓴다(Clark et al., 1986, 1989). 유사하게, 행복한 부부는 그들이 얼마나 주고받았는지 점수 매기지 않는다(Buunk & Van Yperen, 1991; Clark et al., 2010). 사람들은 자신의 파트너가 희생적인 것을 보며, 신뢰감은 자란다(Wieselquist et al., 1999).

매릴랜드대학교 학생을 대상으로 한 실험에서, Clark과 Mills는 계산적이지 않은 것이 우정의 표시라는 것을 확인했다. 주고받는 교환은 관계가 비교적 공적일 때는 호감을 증가시키나, 우정을 추구할 때는 호감을 감소시킨다. Clark과 Mills는 각 배우자가 상대방에게 기대하는 것을 일일이 열거하는 결혼 계약은 사랑을 강화하기보다 손상시킬 가능성이 더 크다고 생각한다. 상대방의 긍정적인 행동이 자발적일 때에만 이를 사랑 때문이라고 생각할 수 있다.

앞서 우리는 짝짓기 현상에서 형평성 원리가 작동하는 데 주의하였다. 사람들은 종종 낭만적인 관계에 동등한 자산을 가지고 온다. 종종 매력, 지위 등등으로 짝이 지워진다. 만약 매력과 같은 한 영역에서 불일치하며, 이를테면 지위와 같은 다른 영역에서 일치하지 않는 경향이 있다. 그러나 전체 자산에서는 그들은 공평하게 짝지어진다. "나는 멋진 외모를 당신의 높은 연봉과 교환할 것이다"라고는 누구도 말하지 않고, 심지어 이렇게 생각하는 사람도 거의 없다. 그러나 특히 지속적 관계에서, 형평성은 규칙이다.

인식된 형평성과 만족

한 조사에 따르면, '집안일 나누기'는 성공적인 결혼생활의 표시로 본 아홉 가지 중 3위('충실함'과 '행복한 성관계'에 이어)였다(Pew Research Center, 2007b). 실제로 공평한 관계를 가진 사람들은 일반적으로 만족감이 높다(Fletcher et al., 1987; Hatfield et al., 1985; Van Yperen & Buunk, 1990). 자신의 관계가 불공평하다고 생각하는 사람은 불편함을 느낀다. 더 많이 누리는 사람은 죄책감을 느낄 수 있고, 부당

가사노동을 공평하게 나누는 커플은 더 좋은 관계를 누린다. 둘 중 한 명이 자신이 더 많은 힘을 들이고 있다고 느낀다면 향후 문제가 발생할 수 있다.

그림 11.6
지각된 불공평성은 결혼생활의 고통을 유발시키고, 이는 불공평하다는 인식을 키운다.

출처 : Adapted from Grote & Clark, 2001.

지각된
불공정성

결혼
스트레스

한 대우를 받는다고 느끼는 사람은 강한 분노를 느낄 수 있다(자기본위 편향으로, 대부분 남편들은 자신의 아내가 인정하는 것보다 자신이 집안일에 더 많이 이바지한다고 생각한다 — '이득을 보는' 사람은 불공평성에 덜 민감하다).

Schafer와 Keith(1980)는 모든 연령대의 부부 수백 쌍에게 설문을 하였는데, 사람들은 한쪽 배우자가 요리, 집안일, 양육 또는 돕는 데 너무나 적게 기여하기 때문에 그들의 결혼생활이 다소 불공평하다고 느끼는 사람들에 주목하였다. 불공평에는 대가가 따르는데, 불공평을 느끼는 사람들은 더 많은 스트레스와 우울을 느낀다. 아이를 키우는 동안, 아내가 자신이 손해 보고 남편이 이득을 본다고 느낄 때, 결혼 만족은 급감할 가능성이 크다. 신혼이나 빈 둥지 단계에는, 부부가 공평함을 더 느끼고, 결혼에 만족을 느끼는 경향이 크다(Feeney et al., 1994). 부부가 서로 자유롭게 주고받으며, 함께 결정을 내릴 때, 지속적이고 만족스러운 사랑을 할 가능성이 크다.

부부들을 장시간 추적 연구한 Grote와 Clark(2001)는 인식된 불공평성이 결혼생활의 고통을 유발한다는 점에 동의한다. 이들은 불공평함과 고통은 양방향으로 영향을 미친다. 결혼생활에서의 고통은 불공평의 인식을 악화시킨다(그림 11.6).

자기공개

깊은 동반자적인 관계는 친밀하다. 그러한 관계에서는 있는 그대로 자신을 보일 수 있고, 수용됨을 느낀다. 좋은 결혼생활이나 친한 친구 사이, 신뢰가 불안을 대신하고 타인의 애정을 잃는다는 두려움 없이 자신을 자유롭게 드러내는 관계에서 이 달콤한 경험을 하게 된다(Holmes & Remple, 1989). 이런 관계는 **자기공개**(self-disclosure)를 특징으로 한다(Delega et al., 1993). 관계가 깊어질수록, 자기를 공개하는 파트너들은 서로에게 자신에 대해 점점 더 많이 드러내고, 서로에 대한 앎의 깊이를 더해간다. 잘 지내는 관계에서 자기공개의 상당 부분은 성공과 승리를 나누고, 그리고 좋은 일에 서로의 기쁨을 나눈다(Gable et al., 2006). 좋은 소식에 친구가 우리와 함께 기뻐할 때, 이는 행복한 사건에 대한 기쁨을 키울 뿐 아니라 우정 또한 더욱 소중하게 느끼게 한다(Reis et al., 2010).

우리 대부분은 친밀감을 즐긴다. 타인이 마음을 털어놓을 대상으로 선택된 것은 만족스럽다. 우리는 평소에 내성적인 사람이 우리의 어떤 특성 때문에 "털어놓고 싶은 마음이 든다"고 하며 비밀을 나누면, 기쁨을 느낀다(Archer & Cook, 1986; D. Taylor et al., 1981). 우리는 자기를 공개하는 사람들을 좋아할 뿐만 아니라, 좋아하는 사람들에게 우리를 공개한다. 그리고 자신을 개방한 후 그 사람들을 더 좋아한다(Collins & Miller, 1994). 친밀함과 사랑을 키우는 한 가지 방법은 당신의 감정과 견해에 관해 이야기하는 것이다. "세상에서 한 사람만 고른다면, 누구와 저녁을 먹겠는가?" 그리고 "당신 삶에서 이룬 가장 큰 성취는 무엇이었는가?"와 같은 질문을 나눈 커플들은 이후 서로에게 열정적인 사랑을 더 많이 느꼈다(Welker et al., 2014). 친밀한 자기공개나 괴로움을 털어놓을 기회가 부족할 때, 우리는 외로움의 고통을 겪는다(Berg & Peplau,

자기공개
자신의 내밀한 면을 다른 사람들에게 드러내는 것

자기공개는 친밀함을 만드는 효과적인 방법이다

© Dmytro Zinkevych/Shutterstock

1982; Solano et al., 1982; Uysal et al., 2010).

자기공개의 원인과 결과는 실험들을 통하여 탐구되어왔다. "자신에 대해서 좋아하거나 좋아하지 않는 것은 무엇인가?" 혹은 "가장 부끄러운 그리고 가장 자랑스러운 것은 무엇인가"와 같은 질문에 대해, 사람들은 언제 기꺼이 친밀한 정보를 밝히는가? 그리고 그런 공개는 밝히는 사람이나 듣는 사람들에게 어떤 영향이 있는가?

가장 신뢰할 만한 발견은 **공개의 상호성**(disclosure reciprocity) 효과이다. 공개는 공개를 낳는다(Berg, 1987; Miller, 1990; Reis & Shaver, 1988). 우리는 우리에게 털어놓은 사람에게 더 많이 드러내 보인다. 그러나 친밀한 노출은 한순간에 생겨나지 않는다(만약 그렇다면, 사람은 경솔하고 불안정하게 보일 것이다). 적절한 친밀감은 춤과 같이 진전된다. 내가 조금 밝히면, 당신이 조금 밝히고, 그러나 너무 많이는 말고. 그러면 당신은 조금 더 밝히고 그에 내가 상응한다.

사랑에 빠진 사람들에게 친밀감이 깊어지는 것은 흥미롭다. "친밀감의 상승은 강한 열정의 감각을 만들어낸다"라고, Baumeister와 Bratslavsky(1999)는 주목한다. 이는 상처 후 재혼한 사람들이 새로운 결혼생활을 시작하면서 성관계의 빈도가 증가, 심한 갈등 뒤 친밀감이 회복될 때 열정이 종종 최고조에 이르는 이유를 설명할 수 있게 한다.

어떤 사람들(대부분이 여성)은 특별히 '마음을 여는 데' 숙련돼 있다. 그들은 다른 사람들로부터, 심지어는 보통은 자신을 많이 드러내지 않는 사람들로부터도 친밀한 개방을 쉽게 이끌어낸다(Pegalis et al., 1994; Shaffer et al., 1996). 그런 사람들은 잘 듣는 경향이 있다. 대화하는 동안 그들은 주의깊은 표정을 유지하고, 편안하게 즐기는 것처럼 보인다(Purvis et al., 1984). 그들은 또한 대화 상대가 말하는 동안 지지적인 말을 함으로써 관심을 표현한다. 그들은 심리학자 Rogers(1980)가 부르길, "성장을 촉진하는" 청자, 자신의 감정을 밝히는 데 진실하고, 다른 사람의 감정을 수용하고, 공감적이며 민감하고, 반영적인 청자들이다.

그러한 자기공개의 효과는 무엇일까? 인본주의 심리학자 Jourard(1964)는 가면을 벗어던지고, 있는 그대로 자신을 알리는 것이 사랑을 키운다고 주장한다. 다른 사람에게 자산의 생각을 솔직하게 털어놓은 다음, 다른 사람도 우리에게 솔직해짐으로써 이것이 의미하는 신뢰를 받는 것은 기쁜 일이라고 생각했다. 사람들은 동성애자처럼 자신에 대해 중요한 것을 밝힌 날은 기분이 좋아지고, 자신의 정체성을 숨긴 날은 기분이 나빠진다(Beals et al., 2009). 잡담보다는 깊이 있거나 실질적인 대화를 하는 사람들이 더 행복한 경향이 있다. Mehl과 공동 연구자들(2010)은 70명의 학부생에게 4일간 매시간 5회씩 30초간 대화를 발췌하는 녹음 장치를 장착하여 이를 발견하였다.

우리가 자신의 자아상이 위협받을 때 이를 의논할 수 있는 친밀한 친구가 있는 것은 그러한 스트레스를 견뎌내는 데 도움이 되는 것 같다(Swann & Predmore, 1985). 진정한 우정은 다른 관계들을 잘 대처할 수 있도록 돕는 특별한 관계이다. 로마 극작가 세네카는 다음과 같이 회고한 바 있다. "나는 내 친구와 있을 때면, 마치 혼자 있을 때처럼 생각나는 것은 무엇이든 자유롭게 말해도 될 것처럼 느껴진다" 최상의 상태라면, 결혼생활은 헌신으로 맺어진 그러한 우정이다.

친밀한 자기공개는 또한 동반자적 사랑의 기쁨 중 하나이다. 서로에게 자신을 가장 많이 드러낸 연인이나 부부는 가장 만족스럽고 지속적인 관계를 누리는 경향이 있었다(Berg & McQuinn, 1986; Hendrick et al., 1988; Sprecher, 1987). 예를 들어, 모두 비슷하게 사랑에 빠진 신혼부부 대상의 한 연구에서, 서로를 가장 깊고 정확하게 아는 사람들이 지속적인 사랑을 즐길 가능성이 가장 높았다(Neff & Karney, 2005). "나의 가장 내밀한 생각과 느낌들을 배우자와 공유하려고

공개의 상호성
어떤 사람의 자기공개의 친밀함이 대화 상대와 대등한 경향

노력한다"는 항목에 가장 강하게 동의한 부부들이 가장 만족스러운 결혼생활을 하는 경향이 있다(Sanderson & Cantor, 2001). 매우 말수가 적은 사람들에게는, 자신의 감정을 기꺼이 나누는 사람들처럼 결혼이 만족스럽지 않을 수 있다(Baker & McNulty, 2010). 불가피한 의견 불일치가 생길 때, 자신의 파트너가 자신의 관점을 이해한다고 믿는 커플은 파트너가 자신에게 동의하지 않더라도 관계 만족이 더 높았다(Gordon & Chen, 2016).

갤럽의 미국 결혼 조사에서, 배우자와 함께 기도하는 사람들의 75%(그리고 그렇지 않은 57%)가 그들의 결혼생활을 매우 행복하다고 보고했다. 함께 기도하는 사람들은 더 자주 그들의 결혼에 대해 함께 논의하고, 배우자를 존중하고, 자신의 배우자를 숙련된 연인이라 평가한다(Greely, 1991). 상호 기도에 참여한 부부는 배우자와의 결속과 신뢰를 느꼈다(Lambert et al., 2012). 신자들 사이에서, 가슴으로부터의 공동 기도는 겸허하고 친밀하며 감동적인 노출이다(Beach et al., 2011).

연구자들은 또한 여성이 남성보다 종종 자신의 두려움과 약함을 기꺼이 드러낸다는 것을 알아냈다(Cunningham, 1981). 페미니스트 작가 Millett(1975)가 표현하듯, "여성들은 표현하고, 남성들은 억압한다." 남성과 여성 모두 여성과의 우정이 더욱 친밀하고, 즐겁고, 보살핌을 받는다고 보고하고 사회적 네트워크에서도 여성과 남성 모두 여성 친구를 선호하는 것처럼 보인다는 것이 그다지 놀랍지는 않다(Thelwall, 2008).

그런데도, 오늘날의 남성, 특히 평등주의적인 성 역할 태도를 지닌 남성들은 점점 더 친밀한 감정을 드러내고, 서로 신뢰하고 자기를 공개하는 관계에 수반되는 만족을 즐기려 한다. 그리고 그것이 사랑의 본질이라고 Aron과 Aron(1994)은 말한다: 두 자아가 서로 연결되고, 공개되며, 일체가 되는 것. 각자가 개성을 유지하지만, 활동을 공유하고 유사성에 기뻐하고, 서로를 지지하는 것. 많은 낭만적 관계들의 결과는 '자신과 타인의 통합' 상호연결된 자기개념인 것이다(Slotter & Gardner, 2009; 그림 11.7).

그렇다면, 싹트는 우정에서 증가하는 친밀함을 모방하는 경험들로 친밀함을 키울 수 있을까? Aron과 동료들(1997)은 이를 궁금해했다. 그들은 서로 처음 만난 자원 학생들을 짝지어 45분간 상호작용하게 했다. 처음 15분간, 그들은 개인적이지만 친밀함은 떨어지는 주제들("마지막으로 혼자 노래를 부른 것이 언제였니?")에 대해 생각을 나누었다. 다음 15분은 보다 친밀한 주제들("가장 소중한 기억이 무엇이니?")에 썼다. 마지막 15분은 "이 문장을 완성하세요. 내 곁에 누군가가 있어서… 을 함께 나눌 수 있으면 좋겠다" 그리고 "다른 사람 앞에서나 혼자서 마지막으로 운 게 언제였는가?"과 같은 보다 더 깊은 자기공개를 요청했다.

45분간 잡담("너의 고등학교 시절은 어떠했니?", "가장 좋아하는 공휴일이 무엇이니?")을 한 통제집단 참가자와 비교하여, 점증적으로 자기공개를 경험한 사람들은 자신의 대화 상대를 매우 가깝게 느끼며 실험을 마쳤다. 사실, "(실험집단에) 해당하는 학생 중 30%가 살면서 가장 가까웠던 관계보다도 더 가깝게 느꼈다"고 연구자들은 보고하였다. 이런 관계에서 분명 아직은 진정한 우정의 충실함이나 헌신이 뚜렷한 것은 아니다. 그럼에도, 이 실험은 자기공개가 이루어진다면 얼마나 쉽게 타인과 가까워지는 느

그림 11.7
사랑 : 자아 간의 중첩. 당신은 나의 일부가 되고 나는 당신의 일부가 된다.

출처 : Weber & Harvey, 1994.

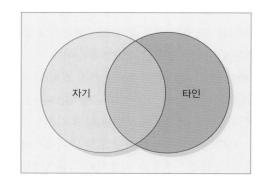

자기   타인

낌이 생겨날 수 있는지에 대한 놀라운 증거를 제시한다. 이는 또한 인터넷을 통해서도 일어날 수 있다('초점 문제 : 인터넷으로 인해 사람들은 더 가까워질까, 고립될까?' 참조). 지속적으로 사귀는 관계에서 자기공개를 촉진하기 위해 Slatcher와 Pennebaker(2006)는 86쌍 중 한 명에게 3일마다 20분 동안 관계에 대한 마음속 깊은 생각과 느낌을 적어보도록(통제 조건에서는, 단순히 자신의 일상 활동에 대해 적도록) 권하였다. 자신의 느낌에 대해 적은 사람들은 다음날 파트너에게 더 많은 감정을 표현했다. 3개월 후, 77%가(통제집단의 52%와 비교하여) 여전히 교제를 하고 있었다.

초점문제

인터넷으로 인해 사람들은 더 가까워질까, 고립될까?

이 책을 읽고 있는 당신도 분명 37억 명(2017년 기준)의 전 세계 인터넷 사용자 중 한 명일 것이다. 미국 가정에 전화기 보급률이 1%에서 75%까지 증가하는 데 70년이 걸렸는데, 인터넷의 경우는 약 7년 만에 75%에 도달했다(Putnam, 2000). 당신은 SNS, 웹서핑, 문자 보내기를 즐기고 어쩌면 리스트서브나 채팅방에 참여하고 있을 것이다.

당신의 생각은 어떠한가? 가상의 공동체에서 컴퓨터를 매개로 한 의사소통이 직접적인 인간관계를 대체하기에 부족하다 보는가? 또는 이것이 우리의 사회적 관계망을 넓히는 멋진 방식이라고 보는가? 인터넷이 사람들의 연결 이상의 일을 하고 있는가 아니면 얼굴을 맞대고 관계를 맺을 시간을 축내고 있는가? 새로이 떠오르고 있는 논란들을 살펴보자.

논점 : 인터넷은, 인쇄나 전화처럼, 의사소통을 확장하고 이런 의사소통은 인간관계를 가능하게 한다. 인쇄는 얼굴을 보며 이야기하는 시간을 줄여주었으며 전화는 면대면 대화를 줄였지만, 둘 다 사람들이 시간이나 거리에 구애받지 않고 서로 연락할 수 있게 하였다. 사회적 관계는 네트워킹을 해야 하는데 여기서 인터넷은 최상의 연락망이다. 그것은 가족, 친구, 그리고 마음이 맞는 사람들(다발성 경화증 환자, 성 니콜라스 수집인, 스타트렉 팬들과 같이 발견하기 어려운 사람들을 포함한) 효율적인 네트워킹이 가능하게 한다.

반론 : 사실이다. 그러나 컴퓨터를 통한 의사소통은 그 질이 떨어진다. 이는 비언어적 단서와 신체적 접촉으로 더 세밀한 정보를 전달하는 눈 맞춤의 뉘앙스가 모자란다. 몇몇 이모티콘을 제외하고는, 전자적 메시지는 몸짓, 표정, 음색이 없다. 그래서 메시지를 잘못 이해하게 되기 쉽다는 점도 놀랄 일은 아니다. 감정 표현의 부재는 모호한 감정을 남게 한다.

예를 들어, 우리는 목소리의 뉘앙스를 통해 지금 한 말이 심각한지, 농담인지, 비꼬는 것인지 알 수 있다. Kruger와 그 동료들(2006)은 사람들이 이메일이든 이야기든 농담이 똑같이 명료하게 전달되었을 것이라 종종 생각함을 보여준다. 그러나 실제로 이메일을 통할 때는 그렇지 않다. 또한 가상공간 토의에서는 익명성 때문에 때로는 적대적인 상호비난이 생겨나기도 한다.

1990년대 후반 인터넷 이용자 4,000명을 대상으로 한 조사는 25%가 온라인에 보내는 시간 때문에 가족과 친구들을 직접 만나고 전화하는 시간이 줄었다고 응답하였다(Nie & Erbring, 2000). 현재 이 숫자는 증가했을 수도 있

다. TV와 마찬가지로 인터넷은 실제로 관계하는 시간을 빼앗는다. 인터넷상의 토론은 실제 사람과 하는 친밀한 대화와는 다르다. 사이버섹스는 인공적인 친밀함이다. 개인화된 웹 기반의 오락거리들은 사람들이 모이는 것을 대체한다. 그런 인공성과 고립은 통탄할 만하다. 왜냐하면 우리에게 이어져 온 역사는 우리가 웃음과 미소로 가득 찬 실시간의 관계를 원하는 성향이 있게 하였기 때문이다.

논점 : 그렇지만 대부분 사람은 인터넷이 고립을 조장한다고 느끼지 않는다. 2014년 미국 인터넷 사용자 중 3분의 2는 온라인 커뮤니케이션이 가족이나 친구들과의 관계를 더 돈독하게 만들었다고 말한다(Pew Research Center,

"인터넷에서는 그 누구도 네가 개라는 걸 몰라."

© Peter Steiner. All rights reserved. Used with permission.

인터넷은 사람들이 자신이 아닌 존재로 위장하는 것을 가능하게 한다.

(계속)

2014). 인터넷 사용이 직접적인 대인관계의 친밀함을 대체했을지 모르나 이는 텔레비전 시청 역시 대체했다. 클릭 하나로 가능한 온라인 쇼핑이 동네 서점 입장에서는 나쁘지만, 관계를 위한 시간을 더 자유롭게 한다. 인터넷을 이용한 재택근무 역시 사람들이 집에서 일하는 것을 가능하게 하여 가족과 더 많은 시간을 보낼 수 있게 한다.

그리고 왜 컴퓨터로 형성된 관계들이 비현실적이라고 말하는가? 인터넷에서는 당신의 외모와 사는 곳이 더는 중요하지 않다. 당신의 외모, 나이, 인종보다는 진정으로 중요한 것, 즉 공유하는 관심과 가치관을 기반으로 당신과 사람들이 연결된다. 직장과 전문직 네트워크에서, 컴퓨터로 매개된 토의는 지위에 덜 영향받고 결과적으로 더 솔직하고 동등하게 참여하게 된다. 컴퓨터로 매개된 의사소통은 면대면 대화보다 자발적인 자기공개를 북돋우며(Joinson, 2001), 이러한 공개는 더 친밀하다고 여겨진다(Jiang et al., 2013).

인터넷에서 일어나는 대부분의 유혹은 아무것도 남기지 못했다. 한 토론토 여성은 "온라인 데이트를 시도했던 내가 아는 모든 사람은… 몇 시간이나 누군가와 수다를 떨고 그를 만난 후 그가 형편없는 사람이라는 것을 알게 되는 데 염증이 났다고 입을 모았다"고 이야기한다(Dicum, 2003). 이런 경험은 Finkel과 동료 사회심리학자들(2012)에게는 새로운 이야기가 아닐 것이다. 로맨틱한 궁합에 대한 거의 100년에 가까운 연구 결과는 온라인 중매 사이트의 공식이 그들의 주장하는 바처럼 작동하지 않는다는 결론으로 이어진다. 의사소통 패턴이나 궁합을 나타내는 다른 요소들과 같은 성공적인 관계에 대한 가장 좋은 예측치들은 오직 사람들이 만나고 서로를 알아가게 된 *이후에야* 나타난다.

그런데도, 온라인에서 만나 결혼한 부부들은 이혼할 가능성이 더 낮고, 결혼에 만족감을 더 많이 느낄 가능성이 있다(Cacioppo et al., 2013). 인터넷을 통해 형성된 우정과 연인관계는, 직접 만나는 관계보다도, 적어도 2년 이상 지속하는 경향이 있다(Bargh et al., 2002; Bargh & McKenna, 2004; McKenna et al., 2002; McKenna & Bargh, 1998, 2000). 한 실험에서, 사람들이 온라인에서 만나면 더 정직하고 덜 젠체하며 더 많은 것을 개방함을 발견하였다. 그들은 20분간 온라인에서 만나 대화를 나눈 사람을, 같은 시간을 면대면으로 만난 사람들보다 더 많이 호감을 느꼈다. 심지어 이들이 같은 사람을 두 맥락 모두에서 만나도 같은 결과가 나타났다. 조사된 사람들은 유사하게 인터넷 친구를 오프라인 친구만큼이나 실재하고 중요하고 친밀하다고 느꼈다.

반론 : 인터넷은 사람들이 자신의 참모습이게 하기도 하고, 때로는 성적 이용의 목적으로, 자신이 아닌 존재로 위장하게 하기도 한다. 인터넷 음란 매체는 다른 음란물과 마찬가지로 실생활에서 파트너가 덜 매력적이라 느끼게 하거나, 남자들이 여자를 성적인 관점에서 보게 만들거나, 성희롱을 보다 사소한 문제로 보게 하거나, 흥분된 상황에서 행동에 대한 정신적 스크립트를 형성하거나, 성적 흥분을 높이고 애정 없는 성적 행동을 억제하지 않거나 모방하게 하는 등 성적 현실에 대한 지각을 왜곡시킬 수 있다.

마지막으로 Putnam(2000)이 제안하듯, 컴퓨터로 매개된 의사소통의 사회적 이득은 '사이버 발칸화(cyberbalkanization, 사이버 공간에서 관점과 입장이 비슷한 사람들끼리 공동체를 형성하고, 그렇지 않은 사람들을 싫어하고 적대하는 인터넷 분열 현상)'로 인해 제약된다. 인터넷은 청각장애인들이 네트워크를 형성할 수 있게 하지만, 동시에 백인 지상주의자들이 서로를 발견하고 그에 따라 사회적·정치적 대립에 기여하기도 한다.

인터넷이 사회에 미친 영향을 논의하는 데 있어 '가장 중요한 질문'은 "인터넷이 우리를 위해 무엇을 하는가가 아니라, 우리가 그것을 가지고 무엇을 할 것인가?… 이 유망한 기술을 상용하여 공동체의 연대감을 두텁게 하도록 할 것인가? 사회적 존재감, 사회적 피드백, 사회적 단서들을 향상하기 위해 이 기술을 어떻게 발전시킬 수 있을 것인가? 지금 닮아가고 있는 현실의 의사소통을 개선하기 위해 이 빠르고 저렴한 커뮤니케이션의 가능성을 어떻게 활용할 것인가?"와 같은 질문이라고 Putnum(p. 180)은 지적하고 있다.

요약 : 무엇이 친밀한 관계를 가능하게 하는가?

- 유아기부터 노년기까지, 애착은 인간의 삶에서 중심이 된다. 안정애착은 지속적인 결혼이 그렇듯이 행복한 삶에 중요하다.
- 양쪽 모두가 파트너십이 **형평**을 이룬다고 느끼고, 모두가 자신이 관계에 기여하는 만큼 관계로부터 받고 있다고 지각할 때,

동반자적 사랑은 영속될 가능성이 가장 크다.
- 동반자적 사랑이 주는 한 가지 보상은 친밀한 **자기공개**의 기회, 서로가 상대의 점증적인 솔직함에 상응(공개의 상호성)하면서 점진적으로 성취하는 상태이다.

관계는 어떻게 끝나는가?

| 결혼생활의 파경을 예측하는 요인들을 요약하고 분리 과정을 서술한다.

1971년 한 남자가 자신의 신부에게 적은 사랑의 시를 병 속에 넣어, 이를 시애틀과 하와이 사이의 태평양 바다에 던졌다. 10여 년이 지나 괌의 바닷가에 조깅을 하던 한 사람이 이를 발견하였다.

이 편지가 당신에게 도착할 때쯤, 내가 늙고 백발이 되었다 해도 우리의 사랑은 오늘처럼 신선하리라는 것을 나는 아오.

이 편지가 당신에게 도착하는 데 일주일 또는 몇 년이 걸릴지라도. 도착하지 않을지도 모르지만, 이것은 내 심장에 새겨져 있을 것이고 나는 무슨 일이 있어도 당신에 대한 나의 사랑을 증명할 것이오. 당신의 남편, 밥.

이 사랑의 편지의 수신인이었던 여성과 전화로 연락이 되었다. 이 글을 그녀에게 읽어주자 그녀는 웃음을 터뜨렸다. 더 읽어내려 갈수록 그녀는 더 심하게 웃었다. "우리 이혼했어요" 마침내 그녀는 이 말을 하고 전화를 끊었다.

이런 일은 자주 일어난다. 자신이 상상했던 지지와 애정을 불만스러운 관계와 비교하는 것은 어디서든 볼 수 있는 현상이며, 많은 관계는 끝난다. 매년, 캐나다와 미국에서는 결혼하는 두 쌍 중 한 쌍은 이혼한다고 기록한다. 1960년대와 1970년대에 경제적 · 사회적 장벽이 약해지며 이혼율은 증가했다. "우리의 수명은 길어졌지만, 사랑하는 기간은 더 짧아졌다"고 Guiness(1933, p. 309)는 일침을 놓는다.

이혼

한 문화의 이혼율을 예언하는 데는 그들의 가치관을 아는 것이 도움이 된다(Triandis, 1994). 개인주의적 문화(사랑은 느낌이며 "당신의 심장이 무엇을 이야기하는가?"라고 묻는 곳)에서는 집단주의 문화(사랑은 의무를 수반하며 "다른 사람은 무엇이라고 이야기하던가?"라고 묻는 곳)보다 이혼이 더 많다. 개인주의자들은 '서로가 사랑하는 동안' 결혼생활을 하고, 집합주의자는 이보다는 생활을 위해 결혼생활을 한다. 개인주의자는 결혼에서 열정과 개인적인 충만을 기대하는데 이는 관계에 더 큰 압력을 주게 된다(Dion & Dion, 1993). '로맨스가 살아있게 유지하는 것'이 좋은 결혼생활에 중요하다고 미국 여성의 78%가, 그리고 일본 여성은 29%가 응답하였다(American Enterprise, 1992). Finkel과 동료들(2014, 2017)은 최근에는 개인주의적인 연인들이 자원은 덜 투자하면서 결혼생활을 통해 더 많은 성취를 기대하는 불가능한 공식을 갖기 때문에 결혼생활이 더 어려워졌다고 주장한다.

그러나 서구 사회에서도 장기적 지향과 지속시키려는 의도로 관계를 시작하는 사람들이 더 건강하고 덜 소란스럽고 더 지속적인 파트너십을 경험한다(Arriaga, 2001; Arriaga & Agnew, 2001). 지속하는 관계는 지속되는 사랑과 만족감과 동시에, 종결 비용에 대한 두려움, 도덕적인 의무감, 그리고 대안으로 선택 가능한 파트너에 주의하지 않음을 바탕으로 한다(Adams & Jones, 1997; Maner et al., 2009; Miller, 1997). 자신들의 결혼이 지속될 거라고 확신하는 사람들의 경우에는 대개 결혼이 지속된다.

결합을 탄생시킨 욕망보다 결합을 유지하려는 헌신이 더 강한 사람들은 갈등과 불행의 시기를 더 잘 견딜 것이다. 한 전국 조사에서 결혼생활이 불행하지만, 결혼을 유지하는 사람들의 86%가, 5년 후에 다시 면접하였을 때는, '아주' 또는 '상당히' 자신의 결혼에 행복해하였다(Popenoe, 2002). 대조적으로, 자기 자신의 욕구와 이미지에 더 관심을 두는 '나르시스트'는 더 적은 헌신으로 관계를 시작하며 장기적인 관계 성공 가능성이 작다(Campbell & Foster, 2002).

이혼의 위험은 누구와 결혼하는지에도 달려있다(Fergusson et al., 1984; Myers, 2000a; Tzeng, 1992). 사람들은 다음과 같은 경우는 일반적으로 결혼생활을 유지한다.

- 20세 이후에 결혼
- 양쪽 모두 안정적이고 부모가 모두 있는 가정에서 자람

- 결혼 전에 오랜 기간 연애함
- 유사한 수준으로 잘 교육받음
- 좋은 직장으로부터 안정적인 수입을 누림
- 작은 마을이나 농장에서 거주
- 결혼 전에 동거나 임신을 하지 않음
- 신앙에 열성적
- 비슷한 나이, 신념 그리고 교육

이들 예측변인 어느것도 하나만으로는 안정적인 결혼생활에 결정적이지 않다. 그렇지만, 이들이 반드시 필요하지는 않더라도, 영속된 결혼생활과 상관이 있다. 만약 어떤 사람이 이들 중 어느것도 해당되지 않는다면, 결혼생활의 와해를 거의 예상할 수 있다. 이 모든 항목에 해당된다면 그들은 죽을 때까지 함께할 가능성이 아주 높다. 수세기 전, 열정적인 사랑에 일시적인 중독으로 영속적인 결혼 결정을 하는 것은 어리석다고 생각한 조상들이 옳았을지도 모른다. 그들은 안정적인 우정과 유사한 배경, 관심사, 습관, 그리고 가치관에 기반하여 짝을 고르는 것이 낫다고 느꼈다(Stone, 1977).

이별의 과정

친밀한 관계들은 우리의 자기개념을 형성하는 사회적 정체감을 정의하는 데 도움이 된다(Slotter et al., 2010). 그래서 우리는 아기가 태어나거나, 친구를 사귀거나, 사랑에 빠질 때와 같이 관계가 시작될 때 삶의 최고의 순간들을 경험하는 것만큼, 죽음이나 끊어진 유대로 인해 관계가 끝날 때 삶의 최악의 순간들을 경험한다(Jaremka et al., 2011). 관계의 단절은 떠나간 상대에 대한 힘겨운 집착, 이어지는 깊은 슬픔, 그리고 마침내는 옛사람을 보내며 새로운 누군가에게 집중하는 정서적 분리의 시작, 자기에 대한 새로운 느낌으로 이어지는 일련의 예상 가능한 과정들을 가져온다(Hazan & Shaver, 1994; Lewandowski & Bizzoco, 2007; Spielmann et al., 2009). 인간은 종종 한 명 이상의 파트너와 관계를 맺기 때문에, 진화심리학자들이 '짝 방출 모듈(mate ejection module)'이라고 부르는 기제인, 관계를 단절하는 심리적인 과정을 발달시킨 것이 분명하다(Boutwell et al., 2015). 깊고 오래 지속되는 애착은 좀처럼 쉽게 깨지지 않는다. 헤어짐은 과정이며, 일회성 사건이 아니다.

연애하는 커플 중, 관계가 가깝고 오래되고, 다른 가능한 상대들이 적을수록, 이별은 더욱 고통스럽다(Simpson, 1987). 놀랍게도 Baumeister와 Wotman(1992)은, 몇 달이나 몇 년이 지나면, 자신이 거절당한 것보다 누군가의 사랑을 거절한 것에 대해 더욱 큰 고통을 기억한다고 한다. 그들의 고통은 누군가에게 상처를 준 죄책감, 낙담한 애인의 완고함, 또는 어떻게 반응해야 할지 모르는 불분명함으로부터 생겨난다. 결혼한 커플에게 이별은 충격받은 부모와 친구들, 서약을 저버린 데 대한 죄책감, 줄어든 가정 수입으로 인한 괴로움, 그리고 아이들과 함께하는 시간이 줄어들 수 있는 점과 같은 부가적 비용을 치르게 한다. 그런데도, 매년 수많은 커플은 더 큰 비용으로 여겨지는 고통스럽고 보상 없는 관계에서 해방되기 위해 기꺼이 그와 같은 비용을 지급하고자 한다. 그런 비용은 328쌍의 부부에 관한 한 연구에서, 결혼이 만족보다는 불화로 점철되었을 때 열 배로 증가한 우울 증세를 포함한다(O'Leary et al., 194). 그렇지만 결혼이 '매우 행복'할 때, 전반적으로 삶도 '매우 행복'한 것으로 보인다(그림 11.8 참조).

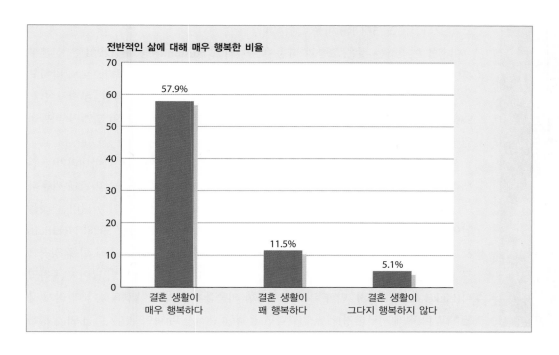

그림 11.8
기혼 미국인 33,555명을 대상으로 한 전국여론조사센터 조사, 1972~2016

표 11.1　관계 스트레스에 대한 반응

	수동적	능동적
건설적	충실 : 개선을 기다림	목소리 : 관계를 개선시키고자 함
파괴적	방치 : 상대를 무시함	퇴장 : 관계를 끝냄

출처 : Rusbult et al., 1986, 1987, 1998, 2001.

　관계가 어려움에 봉착했을 때, 더 나은 상대가 없거나 관계에 지나치게 많은 투자(시간, 에너지, 서로의 친구들, 재산, 어쩌면 아이들도 포함하여)를 했다고 느끼는 사람들은 그 관계를 벗어나는 대신 다른 대안을 찾으려고 할 것이다. Rusbult와 그녀의 동료들(1986, 1987, 1998)은 위기에 처한 관계를 구하기 위하여 사람들이 사용하는 세 가지 대처 방법을 찾았다(표 11.1). 어떤 사람들은, 상황이 나아지기를 기다리며, **충실함**(loyalty)을 지킨다. 문제가 너무 고통스러워 직면하기 어렵고 헤어짐의 위험은 너무 커서, 충실한 상대는 좋았던 옛 시절이 돌아오기를 희망하며, 참고 견딘다. 어떤 사람들(특히 남자들)은 방치한다. 그들은 상대를 무시하고 관계가 악화되는 것을 그냥 둔다. 고통스러운 불만이 무시되면, 서로 적게 이야기하면서 모르는 사이에 정서적 분리가 일어나고 서로가 없는 자신의 삶을 다시 정의하기 시작한다. 또 어떤 사람들은 그들의 관심사에 목소리를 내고, 문제를 논의하고 충고를 구하고 변화를 시도함으로써 관계를 개선하려 적극적인 방치한다.

　연구에 연구를 걸쳐 4만 5,000쌍의 115개 연구는 불행한 커플은 다투고, 명령하고, 비난하며, 서로를 깎아내린다는 것을 밝혔다. 행복한 커플은 더욱 자주 의견이 맞고, 인정하며, 동의하고, 그리고 웃는다(Karney & Bradburry, 1995; Noller & Fitzpatrick, 1990). 2,000쌍을 관찰한 후 Gottman(1994, 1998, 2005)은 행복한 결혼에 반드시 갈등이 없는 것은 아니라는 점을 지적한다. 오히려, 그들은 차이를 조정하고 비난보다 애정에 더 무게를 두는 능력을 특징으로 한다. 성공적인 결혼에서, 긍정적인 상호작용(미소, 접촉, 칭찬, 웃음)은 부정적인 상호작용(비꼬기, 불인정,

차가움, 환멸, 무력감은 언쟁보다 이혼을 더 잘 예측하는 변인이다.

모욕)보다 적어도 5대 1의 비율로 더 많다.

이혼을 예언하는 것은 고통과 다툼이 아니라고 Huston과 동료들(2001)은 신혼부부(신혼부부 대부분은 갈등을 경험한다)들을 시간에 따라 추적 연구함으로써 밝히고 있다. 그보다 어두운 미래의 결혼생활을 예언하는 것은 차가움, 환멸, 무력감이다. Swann과 그의 동료들(2003, 2006)이 관찰에 따르면, 이는 억제적인 남자가 비판적인 여자와 결혼했을 때 특히 그러하다.

잘 사는 커플은 때로는 커뮤니케이션 조력자의 도움으로, 해로운 깎아내리기나 원색적인 반응을 자제하고 더 긍정적으로 사고하고 처신한다. 그들은 올바르게 싸운다(모욕하지 않고 감정을 이야기함으로써). "나는 이것이 당신 잘못이 아니라는 것을 알아요"라는 말로 갈등을 객관화하는 것을 배운다(Markman et al., 1988; Notarious & Markman, 1993; Yovetich & Rusbult, 1994). 무작위로 싸움 도중에 덜 감정적으로 더 관찰자처럼 생각하라고 지시받은 커플들은 이후 결혼생활에 더 많이 만족하였다(Finkel et al., 2013). 만약 부부가 행복한 커플들처럼 더 많이 **행동**하기(더 적게 불평하고 더 적게 비난하기)에 동의한다면 불행한 관계가 더 나아질까? 더 많이 긍정하고 지지한다면? 그들의 관심사를 말로 표현할 시간을 따로 갖는다면? 매일 같이 놀거나 기도한다면? 태도가 행동에 따라가듯, 애정도 행동에 따라갈까?

Kellerman, Lewis, 그리고 Laird(1989)는 이것이 궁금했다. 그들은 특히 열정적인 사랑에 빠져 있는 커플들에게, 눈 맞춤이 전형적으로 길고 상호적이라는 것을 알았다(Rubin, 1973). 친밀한 눈 맞춤이 마찬가지로 사랑하지 않는 사람들(서로 모르던 학생들이 45분간 점증적으로 자기공개를 한 것이 가까운 느낌을 불러일으킨 것처럼) 사이에도 감정을 일으킬까? 이를 알아보기 위해, 연구자들 서로 모르는 여성과 남성에게 2분 동안 서로의 손 또는 눈을 의도적으로 바라보도록 요청하였다. 헤어졌을 때, 눈을 응시했던 사람들은 서로에게 설렘과 애정을 보고하였다. 사랑 실험이 사랑을 발생시킨 것이다.

Sternberg(1988)는 사랑을 주고 표현함으로써 초기의 열정이 지속적인 사랑으로 발전할 수 있다고 믿는다:

"그들은 그 후로 오래오래 행복하게 살았다"가 반드시 동화 속의 이야기만은 아니다. 그렇지만 이것이 현실이 되려면, 행복은 관계의 다양한 시점들에서 다양한 모습의 오고가는 감정에 토대를 두어야 한다. 그 열정이 영원히 지속된다거나 자신들의 친밀감이 변함없이 유지될 것이라고 기대하는 커플은 실망할 수밖에 없다. 우리는 우리의 애정 관계를 이해하고 짓고 다시 짓는 작업을 끊임없이 해야 한다. 관계는 건축물과 같아서, 유지보수하고 개선하지 않으면 시간이 지남에 따라 쇠퇴한다. 저절로 생겨나고 저절로 유지되는 관계는 없다. 그보다는 우리의 관계가 최상이 되게 하는 책임은 우리에게 있다.

요약 : 관계는 어떻게 끝나는가?

- 종종 사랑은 지속되지 않는다. 20세기에 이혼율이 증가함에 따라, 연구자들은 이혼의 예측변인을 연구하였다. 한 예측변인은 개인의 감정을 헌신보다 우선시하는 개인주의 문화이고, 다른 요인은 부부의 나이, 교육, 가치관, 그리고 유사성을 포함한다.

- 커플이 헤어지거나 그들의 관계를 다시 세우는 과정 역시 연구되었다. 긍정적이고 방어적이지 않은 의사소통 스타일이 건강하고 안정적인 결혼의 특징이다.

후기 :
사랑을 나누기

현대의 삶에서 두 가지 측면은 논쟁의 여지가 없어 보인다. 첫째, 친밀하고 지속적인 관계는 행복한 삶의 특징이다. 친밀한 관계의 예로는 결혼생활을 들 수 있다. 전국 여론조사 센터에서 1972년부터 5만 7,731명의 미국인을 대상으로 조사한 결과, 결혼한 성인의 40%, 한 번도 결혼하지 않은 성인의 23%, 이혼한 사람들의 20%, 그리고 별거 중인 사람들의 17%가 자신의 삶을 "매우 행복하다"고 말했다. 캐나다와 유럽에서의 조사(Inglehart, 1990)에서도 비슷한 결과가 나타났다.

둘째, 친밀하고 지속적인 관계는 줄어들고 있다. 증가한 이주와 기동성은 더 많은 사람이 대가족과 어린 시절 관계들로부터 동떨어져 있다는 것을 의미한다. 반세기 전과 비교하면 오늘날의 사람들은 더 자주 이사하고, 혼자 살고, 이혼하며, 파트너를 바꾼다.

행복한 결혼의 심리적 자양분(마음이 맞고, 사회적으로나 신체적으로 모두 친밀하며, 정서적으로나 물질적으로 자원을 공평하게 주고받는)이 주어진다면, "사랑은 시간이 지나가게 하고 시간은 사랑을 지나가게 한다"는 프랑스 격언에 도전해볼 만하다. 그렇지만 사랑의 쇠퇴를 막기 위해서는 노력이 필요하다. 매일 시간을 쪼개어 오늘은 무슨 일이 있었는지 이야기 나누는 노력이 필요하며, 잔소리나 말다툼을 그만두고 서로의 상처, 관심, 그리고 꿈을 나누고 귀 기울이는 노력이 필요하다. 양측 모두가 자유롭게 주고받으며, 의사결정을 같이 하고, 함께 인생을 즐기는 '사회적 평등의 유토피아'(Sarnoff & Sarnoff, 1989)로 관계를 만드는 데는 역시 노력이 필요하다.

Harvey와 Omarzu(1997)는 친밀한 관계들에 마음을 씀으로써, 만족을 지속하는 것이 가능하다고 이야기한다. 호주에서 인간관계를 연구하는 Noller(1996) 역시 다음과 같이 역설했다: "성숙한 사랑… 결혼과 가정을 유지하여 가족 구성원들이 성장할 수 있는 환경을 만들어내는 사랑은… 서로의 차이와 결점을 인정하고 수용해야 한다는 생각, 상대방을 사랑하겠다는 결심과 그 사랑을 지키기 위해 장기적인 헌신이 필요하리라는 생각, 마지막으로 사랑은 통제 가능하며 서로가 보살피고 키워나가는 것이라는 생각에 따라 유지된다."

동등하고, 친밀하며, 서로 지지하는 관계를 만들기 위해 노력하는 사람들에게는 지속되는 동반자적 사랑의 안정감과 기쁨이 찾아올 수 있다. 이는 아이들을 위한 고전인 **토끼인형의 눈물**(*The Velveteen Rabbit*)에서 상기된다. 지혜로운 장난감 말 스킨 호스는 벨벳 토끼에게 이렇게 이야기한다: 누군가가 "당신을 오랫동안 사랑할 때… 같이 즐기기 위한 것이 아니라 진실로 당신을 사랑하면, 당신은 진짜가 될 수 있다…"

"그건 갑자기 일어나나요?" 토끼가 물었다. "아니면 조금씩?"

"그건 갑자기 일어나지 않아" 스킨 호스는 말했다. "그렇게 되어가는 거야. 시간이 오래 걸리지. 그래서 쉽게 헤어지거나 날카롭거나 너무 조심스럽게 대해야 하는 사람들에게는 좀처럼 일어나지 않아. 대개는, 네가 진짜가 되어 있을 때쯤에는, 네 머리카락은 거의 다 닳고, 네 눈도 떨어져 나가고, 마디마디 헐거워져 누더기 같을 거야. 그렇지만 이런 것들은 전혀 문제 되지 않지. 왜냐하면, 네가 진짜가 되면 너는 미울 수가 없단다, 이걸 이해하지 못하는 사람들에게 말고는."

도움

© Ariel Skelley/Blend Images/Getty Images

"사랑은 사람을 치료한다. 그것을 주는 사람도 그것을 받는 사람들도."

— 정신의학자 Meninger, "An Autumn Visit with Dr. Karl," 1969.

예루살렘 언덕 위의 수백 그루의 나무는 정의의 정원을 형성하고 있다. 각 나무 아래에는 나치 대학살 때 한두 명의 유대인에게 피난처를 제공해준 유럽 기독교인의 이름을 새긴 현판이 있다. 이 '정의로운 이교도들'은 그 피난민이 발견되면, 나치 정책에 따라 주인과 피난민이 동일한 운명을 겪을 것이라는 것을 알았다. 그럼에도 많은 사람들이 그렇게 했다(Hellman, 1980; Wiesel, 1985).

살아남지 못한 한 영웅은 400명 대부분이 유대인 소녀였던 학교의 여자 감독관이었던 스코틀랜드 교회 선교사 Jane Haining이었다. 전쟁의 막바지에 그녀의 안전을 염려한 교회는 그녀에게 고향으로 돌아가라고 명령했다. 그녀는 거절하며, 말하기를 "이 아이들이 태양이 비치는 날(평화스러운 날)에도 나를 필요로 한다면, 어두운 날에는 얼마나 많이 나를 필요로 하겠는가?"라고 했다(Barness, 2008; Brown, 2008). 전하는 바에 의하면 그녀는 자신의 가죽 가방을 잘라 그 소녀들의 신발 밑창을 만들어주었다. 1944년 4월에

우리는 왜 돕는가?

우리는 언제 돕는가?

누가 돕는가?

도움 행동을 어떻게 증가시킬까?

후기 : 사회심리학을 실생활에 적용하기

선한 사마리아인, Fernand Schultz-Wettel

Permission of the Trustees of the National Gallery, London

© Freedom Studio/Shutterstock

이타주의
자신의 이해관계에 대한 의식적 고려 없이 타인의 복지를 증가시키려는 동기

Haining은 소녀들을 위한 빈약한 배급 음식을 먹어버렸다고 한 요리사를 고소했다. 나치 당원이었던 그 요리사는 게슈타포에게 그녀를 고발했다. 그녀는 유대인들 사이에서 일했고, 소녀들이 강제로 노란 별을 다는 것을 울면서 보았다는 죄목으로 체포되었다. 몇 주일 후 그녀는 아우슈비츠 수용소로 보내졌고, 거기에서 수백만의 유대인과 동일한 운명을 겪었다.

소소한 위로, 돌봄 및 동정의 행위는 널려 있다. 어떠한 보상도 바라지 않고, 사람들은 안내하고 기부하고 헌혈하고 자원봉사한다.

- 왜, 그리고 언제 사람들은 돕는가?
- 누가 돕는가?
- 냉담함을 줄이고 도움 행동을 증가시키기 위하여 무엇을 할 수 있는가?

이것들이 이 장의 주요 질문이다.

이타주의(altruism, 이타성)란 이기주의의 반대말이다. 이타적인 사람은 어떠한 이득도 없거나 보답이 예상되지 않는 상황조차도 관심을 가지고 돕는다. 성경의 선한 사마리아인의 비유가 그 고전적인 예이다:

한 남자가 예루살렘에서 예리코로 가다가 강도를 당했다. 강도들은 그의 옷을 벗기고 두들겨 패서 반쯤 죽은 채로 남겨두고 가버렸다. 우연히 한 목사가 그 길을 지나갔는데 그를 보고도 지나쳐 버렸다. 그러나 여행 중인 한 사마리아인이 그의 곁에 다가왔고 불쌍한 마음이 들었다. 그는 오일과 포도주를 상처에 붓고 싸맨 다음, 자기 노새에 태워 여관으로 데려가 돌보았다. 다음 날 그는 2데나리를 가져와 여관 주인에게 주면서 말하기를 "저 사람을 돌보아 주시오. 그리고 당신이 쓴 돈은 돌아와서 모두 내가 갚아주리다"라고 하였다(Luke 10:30-35, NRSV).

사마리아인 이야기는 이타주의를 설명한다. 그는 공감에 가득 차 아무런 보답이나 감사를 기대하지 않고 낯선 이에게 돈과 시간, 에너지를 제공하려는 마음을 먹었다.

우리는 왜 돕는가?

도움을 유발하는 동기에 대한 심리학적 이론과 각 이론이 말하는 도움의 유형을 설명한다.

사회 교환과 사회 규범

몇 가지 도움 이론은 결국 도움 행동이 수용자뿐만 아니라 제공자도 이롭게 하는 것이라는 것에 동의한다. 한 설명은 인간의 상호작용은 '사회경제학'에 의해 유도된다고 가정한다. 우리는 물질적 재화와 금전만 교환하는 것이 아니라 사회적 재화, 즉 사랑, 서비스, 정보, 지위도 교환한다(Foa & Foa, 1975). 그렇게 함으로써 비용을 최소로 하고 보상을 최대로 하려고 한다. **사회교환이론**(social-exchange theory)은 우리가 의식적으로 비용과 보상을 감시한다고 주장하지는 않고, 다만 그런 고려가 우리의 행동을 예측해준다고 한다.

사회교환이론
인간의 상호작용은 자신의 보상은 최대로, 자신의 비용은 최소로 하는 교섭이라는 이론

당신의 캠퍼스에서 헌혈 운동을 하고 어떤 사람이 다가와 참여를 부탁한다고 가정해보자. 당신은 헌혈의 비용(바늘 찌름, 시간, 피로)을 헌혈하지 않음으로써 치르는 비용(죄의식, 비난)과 암묵적으로 견주어보지 않을까? 또한 당신은 헌혈의 이득(도움에 대한 좋은 기분, 자유로운 유

쾌함)을 헌혈하지 않음의 이득(시간 절약, 불편 및 불안하지 않음)과 견주어 보지 않을까? 사회 교환이론에 따르면 그러한 미묘한 계산이 도울지 말지 결정하는 데 선행한다.

긍정 정서 증가시키기

도움에 동기부여하는 보상은 외적 또는 내적일 수 있다. 기차 연착을 막기 위하여 철로에 뛰어들어 기절한 한 남자를 구한 뉴요커("만일 그가 기차에 치이면 나는 일하러 갈 수 없다고 생각했다")는 자신의 시간과 반나절의 일요일 봉급이라는 외적 보상에 의하여 동기부여되었다 (Weischelbaum et al., 2010). 기업에서 회사의 이미지를 향상시키기 위하여 금전을 기부할 때, 누군가 감사나 우정을 얻으려는 희망으로 차를 빌려줄 때, 그 보상은 외적인 것이다. 우리는 얻기 위하여 준다. 그래서 우리는 우리에게 매력적인 사람, 우리가 인정받고 싶은 사람을 가장 열렬히 돕는다(Krebs, 1970; Unger, 1979). 실험에서 그리고 일상생활에서도 공개적인 관용은 우리의 지위를 높여주는 반면에, 이기적 행동은 처벌을 초래할 수도 있다(Hardy & Van Vugt, 2006; Henrich et al., 2006). 그것은 심지어 성행위와 연결될 수 있다: 한 연구는 이타적인 사람, 특히 남자는 더 많은 성행위 파트너를 가지며 관계 내에서 더 자주 성행위를 하였다는 것을 밝혀냈다 (Arnocky et al., 2017).

보상은 또한 내적일 수 있는데, 흔히 긍정 정서를 높이는 데 초점을 둔다. 거의 모든 헌혈자는 "자신에 대하여 좋은 기분이 들게 한다"와 "자기만족감을 갖게 해준다"에 동의했다(Piliavin, 2003; Piliavin et al., 1982). 실제로 오래된 적십자 포스터는 "피를 주세요. 당신의 기분이 좋아질 겁니다"라고 권한다. 좋은 기분을 느끼게 해주는 도움은 왜 고향에서 멀리 떨어진 사람들이 다시는 보지 못할 낯선 이를 위하여 진정한 친절을 베푸는지 설명해준다.

도움의 자존심 고양은 이 선행하기/좋은 기분 효과를 설명해준다. 85쌍의 커플에 대한 한 달간의 연구는 자신의 상대방에게 정서적 지지를 주는 것이 제공자에게 긍정적이었고, 지지를 제공하는 것이 제공자의 기분도 높인다는 것을 보여주었다(Gleason et al., 2003). 사별한 배우자들은 자신들이 다른 사람을 돕는 일에 관여하고 있을 때 가장 빨리 우울한 기분에서 회복된다(Brown et al., 2008, 2009). 자발적으로 타인을 돕는 사람은 인생에서 더 많은 의미를 찾게 되었다고 보고한다(Klein, 2017). 심지어 일부 학자들은 의료인들이 기분과 신체 건강을 증진시키기 위하여 자발성을 처방해야 한다고 주장하였다(Johnson & Post, 2017).

Piliavin(2003)과 Anderson(1998)은 지역사회 봉사 프로젝트, 학교 기반의 '봉사 교육' 또는 가정교사 등의 형태로 일하는 젊은이들이 사교 기술과 긍정적 사회 가치를 형성하고 있다는 것을 보여주는 연구를 개관하였다. 그런 젊은이들이 비행, 임신 및 학교 중퇴의 위험도가 훨씬 낮고 바람직한 시민이 될 가능성은 훨씬 크다. 마찬가지로 봉사활동은 사기와 건강에 유익한데, 특히 강제가 아니라 자기주도적일 때 그러하다(Weinstein & Ryan, 2010). 선행을 하는 사람은 건강한 경향이 있다.

돈의 기부도 마찬가지이다. 기부를 하는 것은 대뇌의 보상 관련 영역을 활성화한다(Harbaugh et al., 2007). 관대한 사람들은 자신에게 초점을 둔 소비를 하는 사람보다 더 행복하

다른 사람에게 기부하는 것은 자신에게 돈을 쓰는 것보다 더 기쁘다.

다. 한 실험에서 일부는 자신을 위해 쓰라는 지시를 담은 돈 봉투를 받고, 나머지는 자신이 아니라 다른 사람을 위하여 쓰라는 지시를 받았다. 실험이 끝날 때, 타인에게 돈을 쓴 사람이 더 행복했다(Dunn et al., 2008, 2013; Green et al., 2014). 다른 사람을 도우라고 지시를 받은 사람은 면역체계의 증진을 경험하였지만, 자기 자신에 초점을 두도록 한 사람은 그렇지 않았다(Nelson-Coffey et al., 2017). 또다른 연구도 기부가 행복을 증가시킨다는 것을 확증시켜준다:

- 136개 나라에서 20만 명 이상의 사람들에게 이루어진 조사에 따르면, 사실상 모든 곳에서 사람들은 자기 자신보다 타인들을 위하여 돈을 쓴 후에 더 행복함을 느꼈다고 보고했다(Aknin et al., 2013, 2015). 또한 기부자는 비기부자보다 우울증에 걸리는 경향이 더 낮다(Smith & Davidson, 2014).
- 직원들에게 '친사회적 보너스(자신이 아니라 다른 사람 또는 팀원을 위해 사용할 자선 기부)'를 제공하는 것은 '더 행복하고 더 만족하는 직원'이 되게 하며 작업 성과도 향상시킨다(Anik et al., 2013).
- 아픈 아이를 위하여 선물 주머니를 사는 것은 행복의 증가를 다른 사람들이 알 수 있을 정도로 충분히 사람들의 기분을 향상시킨다(Aknin et al., 2014).

이 비용-편익 분석은 저급해 보일 수 있다. 그렇지만 이 이론을 방어한다는 측면에서 보면, 도움이란 원래 보상적일 수 있고, 우리 행동의 많은 부분이 반사회적이 아니라 '친사회적'이며, 우리가 사랑을 주는 데서 완성을 발견할 수 있다는 것이 인간에 대한 신뢰일 것이다. 만일 우리가 자신을 위하여 일할 때만 기쁨을 얻는다면 인간 종족은 훨씬 나빠졌을 것이다.

부정 정서 감소시키기

도움의 이점에는 부정 정서 감소 또는 회피가 포함된다. 가까이 있는 사람이 고통스러워하면 우리도 고통을 느낄 수 있다. 창문 밖에서 들리는 여성의 비명 소리는 당신을 흥분시키고 고통스럽게 할 것이다. 만약 당신이 그 비명을 놀이의 외침이라고 해석함으로써 흥분을 가라앉힐 수 없다면, 조사하고 도움을 줄 수도 있고, 그렇게 해서 자신의 고통을 낮출 것이다(Piliavin & Piliavin, 1973). 이타주의 연구자 Krebs(1975; '숨은 이야기 : 인생 경험과 이타주의 연구에 관한 Krebs' 참조)는 생리적 반응과 자기보고에서 타인의 고통에 가장 큰 흥분을 보인 하버드 대학생들이 또한 다른 사람들을 가장 많이 돕는다는 것을 밝혀냈다. 확실히, '특별한 이타주의자들' ─ 모르는 사람에게 신장을 기증하는 사람 등 ─ 은 공포스러운 얼굴 모습에 가장 강하게 반응했다. 또한 그들의 편도체(공포에 반응하는 뇌 영역)는 보통 사람보다 컸다(Marsh et al., 2014).

죄책감

고통은 우리가 감소시키고 싶어 하는 유일한 부정적 정서는 아니다. 역사적으로 죄책감은 사람들이 피하고 완화시키고자 하는 괴로운 정서였다(Ty et al., 2017). Sanderson은 다가오는 기차 앞에서 지하철로에 떨어진 아이를 영웅적으로 구한 후에 다음과 같이 말했다. "만약 내가 그 어린 소녀를 구하려고 하지 않았더라면, 만약 내가 다른 사람처럼 거기에 가만히 서 있기만 했더라면, 나는 마음속으로 죽었을 것이다. 나는 그 후로 계속해서 나 자신에게 쓸모없는 사람이 되었을 것이다."

문화는 죄책감을 낮추는 방식을 제도화했다: 동물과 인간의 희생, 곡식과 금전의 제공, 참회

숨은 이야기

인생 경험과 이타주의 연구에 관한 Krebs

14세 때 나의 가족이 밴쿠버에서 캘리포니아로 이사왔을 때 나는 상처받았다. 나는 고등학교 학생회장 선거에 떨어져서 나의 옷, 액센트 및 행동 때문에 사회적 놀림감이 되었다. 복싱으로 얻은 싸움의 기술은 캐나다에서 얻은 명성과는 다른 명성을 만들어냈다. 나는 점점 가라앉아서 몇 번의 청소년 유치장에 갇혔다가 마침내 마약 운전으로 체포당해 기소되었다. 나는 교도소에서 나와 히치하이킹으로 오리건의 숙소까지 갔다가 드디어 브리티시 컬럼비아에 되돌아오게 되었다. 나는 보호관찰 상태에서 대학교에 입학했고, 반 수석으로 졸업하여 우드로우 윌슨 장학금을 받았고, 하버드대학교에서 심리학 박사학위를 받았다.

하버드 입학은 미국으로 다시 이사해야 함을 의미했다. 캘리포니아에서의 도망자 기록 때문에 걱정하다가 나는 자수하였고 이어지는 평판 때문에 괴로워하였다. 나는 용서를 받았는데, 주로 많은 사람들로부터 받은 엄청난 지지 때문이었다. 하버드에서 3년 후 나는 조교수로 임명되었다. 마침내 나는 브리티시 컬럼비아에 되돌아와 사이먼프레이저대학교의 심리학과장이 되었다. 내게는 이것이 다소 불편하기는 하지만, 투 스트라이크 당한 사람들에게 용기를 주는 방식으로 이 이야기를 공개한다. 도덕성을 이해하는 데 내가 투자한 많은 에너지는 왜 내가 잘못을 저질렀는지를 이해할 필요성에서 나왔고, 이타주의에 대한 나의 관심은 내가 나의 과거를 극복하도록 도와준 사람들의 관용에 의해서 부채질되었다.

Dennis Krebs
사이먼프레이저대학교
Courtesy of Dennis Krebs

행동, 고백, 부정. 고대 이스라엘에서 인간의 죄는 '희생양' 동물에 주기적으로 실려 황야로 내보내져 인간의 죄책감도 가져가게 했다.

죄책감의 결과를 알아보기 위하여 사회심리학자들은 사람들에게 다음과 같은 위반 행위를 유도했다: 거짓말하기, 전기충격 주기, 알파벳 카드가 놓인 테이블을 엎어버리기, 기계 부수기, 부정행위 하기. 나중에 죄책감에 휩싸인 참가자들은 그 죄책감을 경감시킬 수 있는 제안을 받게 된다: 고백하기, 해를 입을 사람을 폄하하기, 나쁜 것을 상쇄하도록 선행하기. 결과는 놀랄 만큼 일관적이다: 죄책감을 없애기 위해서, 자신들의 나쁜 감정을 줄이기 위해서, 자아상을 회복시키기 위해서 그들이 할 수 있는 무슨 일이라도 하게 될 것이다(Ding et al., 2016; Ilies et al., 2013; Sachdeva et al., 2009; Xu et al., 2011).

당신이 미시시피대학교 학생들에게 실행된 실험의 참가자라고 생각해보자(McMillen & Austin, 1971). 당신과 다른 학생이 과목 요구조건으로 부가 점수를 얻으려 그 실험실에 도착하였다. 그 후 곧 공모자가 들어와서 잃어버린 책을 찾는 이전 실험 참가자라고 자신을 설명한다. 그 실험은 객관식이며, 대부분의 답은 'B'라는 대화를 나눈다. 공범이 떠나고 나서, 실험자가 도착하여 그 실험을 설명하고 "여러분 누구라도 이 실험을 해본 적이 있거나 들어본 것이 있습니까?"라고 물었다.

당신이라면 거짓말을 할까? 이 실험에서 당신에 앞서 지나갔던 사람들(100% 사소한 거짓말을 했다)의 행동으로 짐작해 보면 당신도 그럴 것이다. 당신이 그 검사를 마친 후에(그것에 대하여 아무런 피드백도 받지 못한 채), 실험자는 말한다: "당신은 떠나도 좋습니다. 그렇지만 시간이 있다면 약간의 질문지를 채점하는 데 당신이 도와주었으면 좋겠다." 당신이 거짓말을 했다고 가정하면, 당신은 이제 잠시 동안 기꺼이 자원봉사할 것이라고 생각할까? 평균적으로 거짓말을 하도록 유도되지 않은 사람들은 단지 2분 동안 자원봉사했다. 거짓말을 한 사람들

가난한 아이들을 위해 기부할 장난감을 포장하는 초등학생들. 어린이들은 성장함에 따라, 대개 타인을 돕는 일에 기쁨을 느끼게 된다.

은 명백히 열성적으로 자신들의 자아상을 회복하려고 하였다(평균적으로 그들은 무려 63분 동안 그렇게 했다). 이 실험의 한 가지 교훈은 내(DM) 실험에 참가하였던 7세 소녀가 잘 표현했다: "거짓말을 하지 말아라. 그러면 죄책감을 갖고 살게 될 것이다"(그리고 그것을 줄일 필요를 느끼게 될 것이다).

우리가 악행 후 선행을 하려고 하는 것은 사적인 죄책감을 감소시키고 흔들리는 자아상을 회복시키려는 욕구를 반영한다. 그것은 또한 긍정적인 공적 이미지를 되찾으려는 욕구를 반영한다. 다른 사람들이 우리의 나쁜 짓을 알 때 우리는 도움 행동으로 우리 자신을 더욱 회복시키려고 하는 것 같다(Carlsmith & Gross, 1969).

대체로 죄책감은 많은 선행을 유도한다. 사람들을 고백하게, 사과하게, 돕게 그리고 반복된 악행을 피하게 하면, 죄책감은 감수성을 일으키고 친밀한 관계를 유지시키게 한다.

나쁜 기분/선행 시나리오의 예외　사회화가 잘된 성인들 사이에서 우리는 항상 '나쁜 기분/선행 (feel-bad/do-good)' 현상을 발견할 수 있을까? 그렇지는 않다. 부정적 기분, 분노는 동정이 아닌 어떤 것을 낳는다. 또 하나의 예외는 깊은 슬픔이다. 배우자나 자식을 잃고 괴로워하는 사람은 사망이든 결별이든 흔히 강렬한 자기몰입의 기간을 겪고, 이것은 타인과의 접촉을 꺼리게 한다 (Anderman & Berkowitz, 1983; Gibbons & Wicklund, 1982).

자기초점적 슬픔을 실험실에서 강력히 모사한 연구에서, Thompson, Cowan, Rosenhan(1980) 은 스탠퍼드대학교 학생들이 어떤 사람(그들이 이성의 가장 가까운 친구라고 상상한 사람)이 암으로 죽어가고 있다는 녹음 기록을 사적으로 듣게 하였다. 이 실험은 학생들의 주의를 자신의 걱정과 슬픔에 초점을 두게 하였다:

> 그(그녀)는 죽을 수 있고, (그러면) 당신은 그를 잃게 되어 그에게 다시는 말하지 못하게 될 것이다. 또는 더 불행하게도 그가 천천히 죽을 수도 있다. 매 순간이 그와 함께 한 마지막 순간이라는 것을 알게 될 것이다. 몇 달 동안 당신은 슬프겠지만 그를 위해 쾌활한 척해야 할 것이다. 당신은 그가 산산이 부서져 죽어가는 것을 최후의 순간까지 지켜볼 것이고, 마침내 혼자가 될 것이다.

다른 사람들에게는 친구에게 초점을 둔 것이었다:

> 그는 침대에 누워 시간을 보내고, 끝없이 긴 시간 동안 무슨 일이라도 일어나기를 기다리고 희망하고 있다. 그는 당신에게 말하기를, 가장 힘든 일은 모른다는 사실이다.

연구자들은 어떤 테이프를 들었더라도 그 경험으로 크게 감동하고 진지해졌지만, 참가를 조금도 후회하지는 않았다(비록 지겨운 테이프를 들은 통제집단의 일부 참가자들은 후회했을지라도). 이런 기분은 그들의 도움에 영향을 줄까? 그 후 즉시 연구에 참여 중인 대학원생을 도울 기회를 익명으로 주었을 때, 자신에 초점을 두었던 학생들 중 25%가 도와주었다. 물론 타인에 초점을 맞추었던 학생들 중 83%가 도와주었다. 두 집단이 똑같이 감동했지만, 타인에 초점을 맞춘 참가자들만이 타인을 도우는 것을 특히 보상으로 간주하였다. 요약하면, 나쁜 기분/선행 효과는 주의가 타인에게 쏠려 있는 사람, 그래서 이타주의가 보상인 사람에게 나타난다(Barnett et al., 1980; McMillen et al., 1977). 만약 그들이 우울이나 슬픔으로 자기몰입적이 아니라면, 슬픈 사람들은 감수성이 예민해져 타인을 도울 것이다.

좋은 기분, 선행하기　행복한 사람들은 돕지 않는가? 전혀 반대다. 심리학에서 이보다 더 일관적인 발견 사실도 드물다: 행복한 사람은 돕는 사람이다. 좋은 기분이 성공에서, 행복한 생각에서, 또는 기타 긍정적 경험에서 온 것과 관계없이 이 효과는 어른과 아이 모두에게서 발생한다(Salovey et al., 1991). 한 여성은 사랑에 빠진 후의 경험을 회상했다:

> 사무실에서 나는 미칠 듯이 기뻐 계속해서 소리를 지르지 않을 수 없었다. 일은 쉬웠다. 예전에 나를 괴롭히던 일들이 수월하게 처리되었다. 나는 사람들을 돕고 싶은 강렬한 충동을 느꼈다. 나는 나의 기쁨을 공유하고 싶었다. 메리의 타자기가 고장이 났을 때, 나는 거의 뛰어가서 도와주었다. 한때 나의 '적'이었던 메리를 말이다!(Tennov, 1979, p. 22)

행복과 도움에 관한 실험에서 도움을 받은 사람은 기부를 하려는 사람, 사무 처리를 도와주려는 실험자, 또는 논문을 빠뜨린 여성일 수도 있다. 다음의 세 가지 예를 살펴보자.

호주 시드니에서 Forgas와 동료들(2008)은 실험 공모자가 표적 백화점 판매원들에게 기분을 좋게 하는 칭찬 또는 중립적이거나 기분 나쁘게 하는 말을 하게 하였다. 잠시 후, 기분 유도 조건에 대하여 '맹목'인 두 번째 공모자가 없는 물건의 위치를 알기 위하여 그 판매원의 도움을 요청하였다. 경험이 적은 직원들(그런 요청에 답하는 실습 경험이 부족한 사람들) 중에서 기분 좋게 만든 사람들이 가장 열심히 도와주려고 노력하였다.

폴란드의 오폴에서 Dolinski와 Nawrat(1998)는 긍정적 안도의 기분은 도움을 극적으로 증가시킬 수 있다는 사실을 발견했다. 당신이 그들의 무지한 피험자 중 한 사람이었다고 상상해보자. 잠시 동안 당신의 차를 불법 주차한 후, 돌아와서(주차 티켓이 붙어 있는) 창문 와이퍼 아래에 벌금 티켓처럼 보이는 것을 본다. 마음속으로 신음하며, 그 티켓처럼 보이는 것을 집어들고 나서 그것이 단지 광고(헌혈 호소)라는 것을 알고 대단히 안도한다. 잠시 뒤, 한 대학생이 다가와 5분 동안 질문에 응답해줄 수 있는지 묻는다 ─"나의 석사논문을 완성하는 데 도움이 필요하다." 당신의 긍정적인 안도의 기분 때문에 도와줄 것 같은가? 실제로 공포가 안도로 바뀐 사람들 중 62%가 기꺼이 동의하였다. 이것은 벌금 티켓 같은 종이가 없었을 때나(티켓 두는 장소가 아닌) 차 문에 그것이 붙어 있을 때에 도와준 사람의 거의 두 배였다.

미국에서 Isen, Clark 및 Schwartz(1976)는 한 공모자가 0~20분 일찍 공짜 문방구 샘플을 받은 사람들에게 전화를 걸도록 했다. 그 공모자는 자신이 이(잘못된 것으로 추정되는) 번호에 전화하느라 마지막 돈을 써버렸다고 말하고, 전화로 메시지를 전달해 달라고 각 사람들에게 부탁하였다. 그림 12.1이 보여주듯이, 그 전화 메시지를 전달해주려는 자발성이 직후 5분 동안은 증대되었다. 그러고 나서 좋은 기분이 없어져감에 따라 도움도 감소했다.

만약 슬픈 사람들이 때때로 특히 도움을 주는 사람들이라면, 행복한 사람도 역시 그렇다는 것을 어떻게 설명할 수 있을까? 실험은 몇 가지 요인이 작용한다는 것을 밝혀냈다(Carlson et al., 1988). 도움은 나쁜 기분을 풀어주고 좋은 기분을 유지시켜준다(아마 당신도 어떤 사람에게 길을 알려준 후의 좋은 기분을 회상할 수 있을 것이다). 긍정적인 기분은 차례로 긍정적인 생각과 긍정적인 자긍심을 유도하게 되고, 우리들이 긍정적인 행동을 하도록 마음먹게 한다(Berkowitz, 1987; Cunningham et al., 1990; Isen et al., 1978). 기분이 좋을 때(선물을 받은 후나 성공의 훈기를 느낄 때), 사람들은 긍정적 생각을 가질 가능성이 더 높아지는 것 같다. 그리고 긍정적인 사고자는 긍정적 행위자가 될 가능성이 커지는데…이것은 심지어 인구학적 요인들을 통제한 후에도 특별한 이타적 행위는 행복한 장소에서 나오는 경향이 있는 이유이다. 가장 행복한 사람들이 있는 미국 지역은 또한 가장 높은 비율의 신장 기증의 장소이기도 하다(Brethel-Haurwitz &

그림 12.1
공짜 샘플을 받은 후에 0~20분 사이에 전화 메시지를 전달하려는 의지를 지닌 사람들의 퍼센트
선물을 받지 않은 통제집단의 피험자들 중에는 단지 10%만 도움을 제공했다.

출처 : Data from Isen et al., 1976.

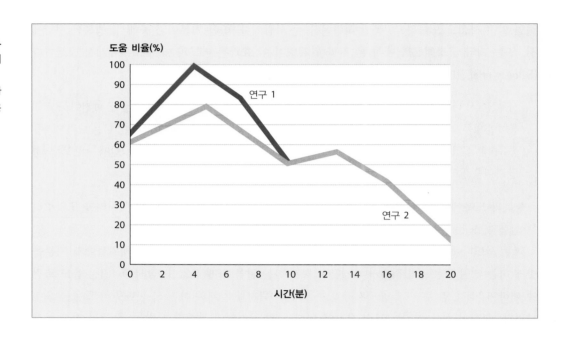

Marsh, 2014). 또한 뉴욕의 화창한 날(사람들이 아마도 더 밝은 기분일 때)은 승객들이 택시 기사에게 더 많은 팁을 주는 날이었다(Deveraj & Patel, 2017).

사회 규범

흔히, 우리는 그런 행동이 우리 자신에게 이득이 된다고 의식적으로 계산했기 때문이 아니라 더욱 미묘한 형태의 자기이해 관계 때문에 타인을 돕는다: 우리가 해야 한다고 말하는 어떤 것 때문에. 우리는 이사 오는 새 이웃을 도와야 한다. 우리는 우리가 주운 지갑을 돌려주어야 한다. 우리는 전우를 해로움으로부터 보호해야 한다. 규범, 즉 우리 생활의 의무는 사회적 기대이다. 규범은 적절한 행동을 규정해준다. 도움 행동을 연구하는 연구자들은 이타성을 자극하는 두 가지 사회적 동기를 확인했다: 상호성 규범과 사회적 책임 규범.

상호성 규범

사람들은 자신을 도와주는 사람을 해치지 않고 도와줄 것이라는 기대

상호성 규범   하나의 범세계적 도덕률은 **상호성 규범**(reciprocity norm)이다: 우리를 도와주는 사람에게 해가 아니라 도움을 되돌려 주어야 한다(Gouldner, 1960). 이 규범은 근친상간 금기처럼 범세계적이다. 우리는 다른 사람에게 '투자'하고 그 배당금을 기대한다. 정치가들은 호의를 베푼 사람이 나중에 호의를 기대한다는 사실을 알고 있다. 우편 조사와 권유는 때때로 작은 금전적 선물이나 사적 주소 라벨을 포함하고 있는데, 이는 일부 사람들이 그 호의를 되갚아주려 할 것이라고 가정하기 때문이다. 심지어 21개월 아이들도 그들에게 장난감을 주려고 애쓰는 사람들을 더욱 도와주려는 마음을 표시함으로써 상호성을 보여주었다(Dunfield & Kuhlmeier, 2010). 이 상호성 규범은 또한 결혼에도 적용된다. 때때로 사람들은 자신이 받은 것보다 더 많이 주기도 하지만, 결국 그 교환은 균형을 잡게 될 것이다. 모든 그런 상호작용에서 주지 않고 받기만 하는 것은 차례로 상호성 규범을 어기는 것이다.

사회 자본

사회망에 의하여 가능해진 상호 지지와 협조

사회망 속의 상호성 규범은 **사회 자본**(social capital), 즉 지지적 관계, 정보 유통, 신뢰 및 협조적 행위를 정의하는 데 유용하며, 이것이 공동체를 건강하게 만든다. 서로서로의 가정에 눈길을 주는 이웃들은 행위의 측면에서 사회 자본이다.

사람들이 자신들에게 이전에 주어진 행위에 공개적으로 반응할 때 이 규범이 가장 효과적으로

작용한다. 일상생활에서처럼 실험실 게임에서도 덧없는 한 번의 만남은 관계 유지보다 이기심을 더 크게 낳는다. 그러나 익명으로 반응할 때조차도, 사람들은 때때로 올바른 일을 하며 그들에게 행해진 선행을 되갚는다(Burger et al., 2009). 한 실험에서 이전에 그들에게 사탕 몇 개를 사 주었던 사람의 자선이 존재할 때, 대학생들도 더욱 기꺼이 자선맹세를 한다는 것을 밝혀냈다(Whatley et al., 1999; 그림 12.2).

사람들이 상호성을 보일 수 없을 때는 도움받는 것이 위협과 품위 손상이라고 느낄 수도 있다. 그래서 자부심 강하고 자긍심이 높은 사람들은 흔히 도움받는 것을 꺼려한다(Nadler & Fisher, 1986). 청하지 않은 도움을 받는 것은 자긍심의 콧대가 꺾이는 것일 수 있다(Schneider et al., 1996; Shell & Eisenberg, 1992). 특히 차별

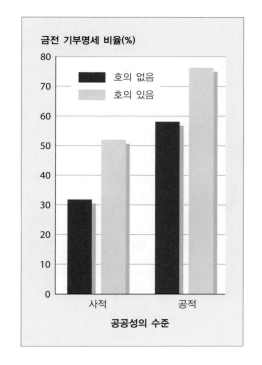

그림 12.2
호의에 대한 사적 · 공적 상호성
사람들은 실험 공모자가 그들에게 미리 작은 호의를 베풀었을 때 그 공모자의 모금행사에 기부를 약속할 가능성이 더 높았는데, 특히 그들의 상호성이 그 공모자에게 알려지게 되었을 때 더욱 그러하였다.

출처 : Whatley et al., 1999.

철폐 조처가 자신의 유능함과 미래의 성공 기회를 보장해주지 못할 때, 이런 일이 차별 철폐 조처의 수혜자들에게 흔히 발생할 수 있다는 것을 연구는 밝혀냈다(Pratkanis & Turner, 1996). 그래서 아시아인들은 북미인들보다 사회적 연대와 상호성 규범이 더 강한데, 이들은 상호적으로 행동해야 할 필요가 있다는 느낌을 피하기 위하여 우연히 아는 사이로부터 선물받는 것을 거부할 가능성이 더 큰 것 같다(Shen et al., 2011).

실용적 교훈은 우리가 아이들이나 친구들에게 필요한 만큼의 지원을 제공해야지 그들의 유능감을 손상시킬 정도로 지나친 지원을 제공해서는 안 된다는 것이다(Finkel & Fitzsimmons, 2013). 지원은 타인의 행위의 대체가 아니라 보조여야 한다.

사회적 책임 규범 상호성 규범은 우리에게 주고받는 것 사이의 균형을 상기시킨다. 그렇지만 만약 유일한 규범이 상호성이라면, 사마리아인은 착한 사마리아인이 될 수 없었을 것이다. 성경의 우화에서 예수는 명백히 더욱 인도주의적인 무언가를 마음에 품고 다른 가르침에서도 그것을 명백히 하였다: "만약 너희가 너희를 사랑하는 사람을 사랑한다면(상호성 규범), 무슨 권리로 믿음을 주장하겠는가?… 내 너희에게 이르노니, 원수를 사랑하라(Matthew 5 : 46, 44)."

어린이, 극빈자 및 장애인들처럼 명백히 의존적이고 상호성을 보일 수 없는 사람들에게는 또 다른 사회 규범이 우리의 도움을 자극한다. **사회적 책임 규범**(social-responsibility norm)은 사람들이 미래의 교환을 고려하지 않고 도움이 필요한 사람을 도와야 한다고 규정한다(Berkowitz, 1972; Schwartz, 1975). 목발 짚은 사람이 책을 떨어뜨리면, 당신은 그것을 주워주는 것과 같은 사회적 책임 규범을 지킬 것이다. 상대적으로 집단주의 문화인 인도에서 사람들은 개인주의적인 서구보다 더 강하게 사회적 책임 규범을 지지한다(Baron & Miller, 2000). 생명에 위협이 없거나 도움이 필요한 사람(아마도 골수 이식을 필요로 하는 이방인)이 가족이 아닌 때조차도 그들은 도와줄 의무를 표명한다.

심지어 서구에서도 도와주는 사람이 익명이고 아무런 보상을 기대하지 않을 때조차 그들은 종

사회적 책임 규범
사람들이 도움이 필요한 사람을 도울 것이라는 기대

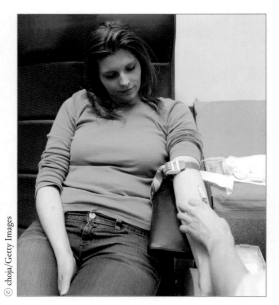

© choja/Getty Images

헌혈하는 사람들은 사회적 책임 규범에 반응한다.

종 필요한 사람을 돕는다(Shotland & Stebbins, 1983). 그렇지만, 그들은 대개 필요성(need)이 외관상으로 자신들의 태만 때문에 발생한 것으로 보이지 않는 사람들에게 선택적으로 사회적 책임 규범을 적용한다. 특히 정치적 보수주의자들(Skita & Tetlock, 1993) 중에는 이 규범이 다음과 같이 보이는 것 같다: 그럴 만한 가치가 있는 사람을 도와라. 만약 그들이 자연재해와 같은 환경의 희생자라면, 반드시 동정을 받아야 한다(Goetz et al., 2010; Zagefka et al., 2011). 만약 그들이(게으름, 부도덕 또는 선경지명의 부족 등으로) 스스로 문제를 만들어낸 것처럼 보이면, 이 규범이 시사하는 바는 그들은 도움받을 가치가 없다는 것이다.

그래서 응답은 귀인과 밀접히 연결되어 있다. 만약 우리가 그 필요성을 통제 불가능함에 귀인한다면, 우리는 돕는다. 만약 우리가 그 필요성을 그 사람의 선택에 귀인한다면, 돕지 않는 것이 공평하다고 여긴다. 우리는 그것이 그 사람의 잘못이라고 말한다(Weiner, 1980). 귀인은 개인적 도움의 결정뿐만 아니라 공공정책에도 영향을 준다.

Rudolph와 동료들(2004)은 수십 개 이상의 관련 연구를 개관하였고, 핵심은 귀인이 공감을 유발하는가?"이며, 이것은 차례로 도움을 자극한다고 밝혔다(그림 12.3).

당신이 위스콘신대학교 학생을 대상으로 한 연구의 참가자가 되어 자신을 심리학개론 수강생이라고 설명하는 '토니 프리만'이라는 사람으로부터 전화를 받는다고 상상해보자(Barnes et al., 1979). 그는 다가올 시험을 위해 도움이 필요하고 출석부에서 당신의 이름을 알아냈다고 말한다. "잘 모르겠지만 난 필기를 제대로 못한 것 같다"라고 토니는 설명한다. "할 수 있다는 건 알지만, 때때로 그렇게 하지 못할 것 같다. 그래서 내가 가진 대부분의 필기는 공부하기에 그렇게 좋지 못하다." 당신은 토니에 대하여 얼마나 공감할 것인가? 당신은 토니에게 노트필기를 빌려줄 만큼의 희생정신이 생기는가? 당신이 이 실험의 참가자와 같은 사람이라면, 토니가 자신의 곤경이 그의 통제력을 넘어선 것이라고 설명했을 때보다 도움을 주려는 마음이 훨씬 줄어들었을 것이다. 그래서 사회적 책임 규범은 대체로 필요하고 그럴 만한 가치가 있는 사람을 도우라고 강제하는 식으로 작용한다.

성차와 도움 수용 타인에게 도움이 필요하다는 지각이 도와주려는 의지를 강력히 결정해주는 것이라면, 여성들이 남성들보다 더 많은 도움을 받을까? 실제로 이것은 사실이다. Eagly와

그림 12.3
귀인과 도움
독일 연구자 Udo Rudolph와 동료들(2004)이 제안한 이 모델에서 도움은 곤경에 대한 사람들의 해석과 동정심의 정도에 의해 매개된다.

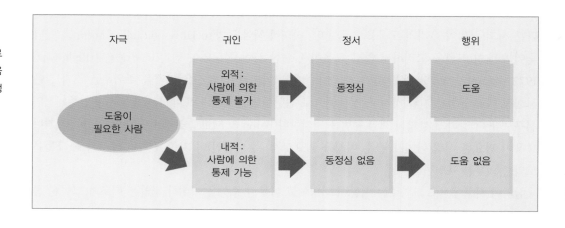

자극	귀인	정서	행위
도움이 필요한 사람	외적: 사람에 의한 통제 불가	동정심	도움
	내적: 사람에 의한 통제 가능	동정심 없음	도움 없음

타이타닉호가 침몰했을 때 70%의 여성과 20%의 남성이 살아남았다. 3등칸 승객들보다 1등칸 승객들이 살아남을 확률이 2.5배 높았다. 그렇지만 이타성에 대한 성별 규범 덕분에 1등칸 남성 승객들(31%)보다 3등칸 여성 승객들(47%)의 생존 확률이 더 높았다.

ⓒ Everett Historical/Shutterstock

Crowley(1986)는 여성 또는 남성 피해자들이 받은 도움을 비교한 35개 연구를 살펴보았다(사실상 모든 연구는 도움이 필요한 낯선 이와 짧은 기간의 만남에 관한 것이었다. 그리고 사람들이 남성들의 기사도를 기대하는 바로 그런 상황이었다고 Eagly와 Crowley는 언급한다).

여성들은 남성들과 여성들에게 똑같은 도움을 제공한 반면에, 남성들은 필요한 사람이 여성일 때 더 많은 도움을 제공하였다. 1970년대의 몇 가지 실험은 장애인 차를 타고 있는 여성들(예 : 타이어 펑크가 난 상태)이 남성들보다 더 많은 도움을 받았다(Penner et al., 1973; Pomazal & Clore, 1973; West et al., 1975). 마찬가지로 여성 혼자인 히치하이커가 남성 혼자 또는 커플보다 훨씬 더 많은 도움을 받았다(Pomazal & Clore, 1973; M. Snyder et al., 1974). 물론 혼자인 여성에 대한 남성의 기사도는 이타성이 아닌 다른 요인에 의해서 동기부여된 것일 수도 있다. 짝짓기 동기는 외관상 사치품에 남성의 비용을 증가시킬 뿐만 아니라 영웅적 행동의 표출도 동기부여한다(Griskevicius et al., 2007). 놀랄 것 없이 남성들은 매력적이지 않은 여성보다 매력적인 여성을 더 자주 돕는다(Nims et al., 1975; Stoufe et al., 1977; West & Brown, 1975).

여성들은 어떤 상황에서 더 많은 도움을 받을 뿐만 아니라 더 많은 도움을 찾기도 한다(Addis & Mahalik, 2003). 그녀들은 의학적·정신과적 도움을 두 배나 찾는 것 같다. 그녀들은 라디오 상담 프로그램의 대다수 호출자이고 대학 상담 센터의 고객이다. 그들은 친구로부터의 도움을 훨씬 자주 환대한다. 텔아비브대학교 도움센터 전문가 Nadler(1991)는 이것을 개인주의 대 집단주의에서의 성차에 귀인시키는데, 여성들이 더 집단주의적이고 타인에게 도움을 더 요청하는 경향이 있다.

진화심리학

또 다른 도움 행동에 대한 설명은 진화심리학이론에서 나온다. 진화심리학은 생활의 본질은 유전자 생존이라고 주장한다. 우리의 유전자는 유전자의 생존을 최대화하는 방식으로 우리를 몰아간다. 우리의 조상이 죽었을 때, 그 유전자는 살아남았고, 미래 속으로 그 유전자를 확산시킬 수 있는 방식으로 우리들이 행동하도록 미리 조처해 두었다.

Dawkins(1976)의 유명한 책 이기적 유전자(*The Selfish Gene*)의 제목이 시사하듯이, 진화심리학은 보잘것없는 인간상, 즉 심리학자 Campbell(1975a, 1975b)이 깊고 자기희생적인 '원죄'의 생물학적 재확인이라 부른 것을 제공한다. 타인의 복지를 위하여 스스로 희생하도록 개인들을 미리 조처한 유전자는 진화적 경쟁 상황에서 살아남을 수 없었을 것이다. 그렇지만 진화론적 성공은 협력으로부터 나온다. 그리고 우리는 다음의 내용을 포함하여 이기심을 극복하기 위한 다양한 메커니즘을 보이기 때문에 인간은 동물의 왕국의 최상위 협력자이다(Nowak & Highfield, 2011; Pfaff, 2014):

- 친족 선택 : 만약 당신이 나의 유전자를 전달한다면, 내가 당신을 돕겠다.
- 직접적 상호성 : 우리는 타인의 등을 긁어준다.
- 간접적 상호성 : 내가 당신을 등을 긁어줄 것이고, 당신은 누군가의 등을 긁어주고, 그리고 누군가는 나의 등을 긁어줄 것이다.
- 집단 선택 : 등을 긁어주는 집단은 살아남는다.

친족 선택

우리의 유전자는 우리에게 친족을 돌보도록 조처한다. 그래서 유전자 생존을 증대시키는 자기희생 형태 중 하나는 자신의 자녀들에 대한 헌신이며, 이것은 부모의 뇌에 내재되어 있는 이타주의의 원시 형태이다(Preston, 2013). 소홀한 부모와 비교해서 자신의 자녀들의 복지를 우선시하는 부모가 자신들의 유전자를 전승시킬 확률이 더 높다. 진화심리학자 Barash(1979, p. 153)가 적었듯이, "유전자는 비록 다른 몸에 갇혀 있을지라도 자신들에게 좋은 일을 함으로써 스스로를 돕는다." (생물학적 수준에서) 유전적 이기주의는 (심리적 수준에서) 부모의 이타주의를 강화한다. 비록 진화가 자신의 자녀들을 위한 희생에는 호의적일지라도, 자녀들은 그 부모의 유전자의 생존에 덜 투자할 것이다. 그래서 부모는 일반적으로 자녀들이 하는 것보다 자신의 자녀들에게 더욱 헌신적이 될 것이다.

다른 친척들도 생물학적 가까움에 비례해서 유전자를 공유한다. 당신은 형제자매와 절반의 유전자를 공유하고, 4촌과는 8분의 1의 유전자를 공유한다. **친족 선택**(kin selection), 즉 유전자를 공유한 사람들에 대한 편애 때문에 진화생물학자 Haldane이 자신의 형제를 위하여 생명을 포기할 수는 없을지라도 3명의 형제를 위하여 또는 9명의 4촌을 위하여 스스로 희생할 수 있다고 농담하기도 했다. Haldane은 유전적 관련성이 도움을 예측하고 일란성 쌍둥이가 이란성 쌍둥이보다 두드러지게 더 상호적으로 지지적이라는 것에 놀라지 않을 것이다(Segal, 1984; Stewart-Williams, 2007). 한 게임 실험에서, 일란성 쌍둥이는 돈 내기 게임에서 공동 이득을 위해서 자신의 쌍둥이와 협조하는 정도가 이란성의 두 배에 가까웠다(Segal & Hershberger, 1999).

핵심은 우리가 돕기 전에 유전적 관련성을 계산한다는 것이 아니라(문화뿐만 아니라) 자연도 우리가 가까운 친척을 돌보도록 우리를 프로그램해 두었다는 것이다. 토론토 랩터 농구팀의 카를로스 로저는 은퇴 후 신장을 그의 누이(신장을 받기 전에 사망함)에게 기증하려 자원했을 때, 사람들은 그의 자기희생적 사랑에 갈채를 보냈다. 그러나 가까운 친족을 위한 그러한 행동은 전적으로 예측 불가능한 것은 아니다. 우리가 예측하지 못하는(그래서 영예롭게 여기는) 것은 타인을 돕기 위해 스스로 위험을 무릅쓰는 사람들의 이타주의이다.

우리는 우리의 친척이 아닌 많은 사람들과도 유전자를 공유한다. 푸른 눈의 사람들은 다른 푸

친족 선택
상호 공유하는 유전자의 생존을 향상시키기 위하여 진화가 이타주의를 선택했다는 이론

른 눈의 사람들과 특별한 유전자를 공유한다. 우리는 어떻게 우리의 유전자의 복사판이 가장 풍부하게 나타나는 사람들을 탐지할까? 푸른 눈의 예가 시사하듯이 한 단서는 신체적 유사성에 놓여있다. 또한 진화의 역사에서 유전자는 외지인보다 이웃과 더욱 공유되어 왔다. 따라서 우리는 우리와 닮은 사람들 그리고 우리 가까이 있는 사람들을 더욱 돕도록 유전적으로 편향되어 있는가? 자연재해와 기타 생사의 상황에서 도움받는 순서는 진화심리학자를 놀라게 하지는 않는다: 노인보다 아이, 친구보다 가족, 낯선 이보다 이웃(Burnstein et al., 1994; Form & Nosow, 1958). 우리는 우리 집단에서 고통받거나 고문당하는 사람에게 더 공감을 느끼고, 심지어 라이벌이나 외집단 구성원의 불행을 은근히 즐긴다(Batson et al., 2009; Cikara et al., 2011; Tarrant et al., 2009). 도움은 가정 가까이에 머문다.

일부 진화심리학자들은 친족 선택이 민족적 내집단 편애, 즉 무수한 역사적·동시대적 갈등의 근원을 미리 조처해둔 것이라고 주장한다(Rushton, 1991). Wilson(1978)은 친족 선택이 "문명의 적이다. 만약 인간이 자신들의 친척과 종족에게만 호의적이 된다면, 단지 제한적인 세계의 조화만이 가능할 것이다"(p. 167)라고 주장하였다.

상호성

유전적 자기이해 관계는 또한 상호성을 예측하게 해준다. 유기체는 다음 차례로 도움을 기대하기 때문에 타인을 돕는다고 생물학자 Trivers는 주장했다(Binham, 1980). 제공자는 나중에는 수여자가 되기를 기대한다. 상호성을 보이지 않으면 벌을 받게 된다. 사기꾼, 배신자, 매국노는 보편적으로 경멸당한다.

상호성은 소규모의 격리 집단에서 가장 잘 작용하며, 그런 집단에서 사람들은 흔히 서로 호의를 베푸는 사람으로 간주하게 될 것이다. 사회적인 암놈 개코원숭이(동료와 긴밀히 운명적으로 접촉을 맺는 종족)는 재생산적 이득을 얻는다: 그들의 새끼는 더욱 흔히 살아서 돌을 맞는다(Silk et al., 2003). 흡혈 박쥐는 음식 없이 하루 이틀을 보내면, 잘 먹은 둥지 동료에게 음식을 토해달라고 부탁한다(Wilkinson, 1990). 기증자 박쥐는 아주 기꺼이 그렇게 하고, 굶주릴 때까지 더 적은 시간을 보내고 수혜자가 이득을 보게 된다. 그러나 그런 호의는 단지 주고 받음을 공유하는 친밀한 둥지 동료들 사이에서만 발생한다. 항상 받기만 하고 주지 않는 박쥐, 그리고 기증자 박쥐와 아무 관계가 없는 박쥐는 계속 굶주리게 된다. 대가를 지불해야 친구가 되는 것이다.

비슷한 이유로 인간의 상호성도 대도시보다 농촌 마을에서 더 강하다. 작은 학교, 도시, 교회, 작업팀 및 기숙사는 사람들이 서로서로에게 호의를 베푸는 공동체 정신에 유리하다. 소규모 도시나 농촌 환경과 비교하여 대도시 사람들은 전화를 덜 하고, '분실한' 편지에 답장을 덜 하고, 조사면접자에게 덜 협조적이고, 미아에 도움을 덜 주고, 작은 선행을 덜 보인다(Hedge & Yousif, 1992; Steblay, 1987).

집단 선택

만약 개인의 자기이해 관계가 필수적으로 유전적 경쟁에 유리하다면, 왜 우리는 모르는 사람을 돕는가? 왜 우리는 제한된 자원과 능력 때문에 상호성을 보이기 힘든 사람들을 돕는가? 한 가지 답은 원래 다윈이 선호했던 것으로(나중에 이기적 유전자로 평가절하하였다가 다시 현재는 회복되었다) **집단 선택**이다: 집단이 경쟁적일 때, 상호 지지적인 이타주의 집단이 비이타주의 집단보다 오래 살아남는다(Krebs, 1998; McAndrew, 2002; Wilson, 2015). 이것은 사회적 곤충에서

© Westend61/SuperStock

상호성 : 네가 날 도와준다면, 나도 널 도와줄게.

가장 극적으로 증명되며, 이 동물들은 몸의 세포처럼 기능한다. 벌과 개미는 자신의 집단의 생존을 위하여 희생적으로 노동한다.

훨씬 적은 정도이지만 인간도 '우리'를 지지하고 때로 '그들'과 대항하기 위하여 희생함으로써 내집단 충성심을 보인다. 우리는 회사의 승진 사다리를 올라가기 위하여 서로 경쟁하는 종업원과 같이 협력하면서 경쟁자를 능가하려고 한다(Nowak, 2012). 그러므로 자연 선택(natural selection)은 '다수준'이라고 일부 연구자들은 말한다(Mirsky, 2009). 그것은 개인 수준과 집단 수준 모두에서 작동한다.

Campbell(1975a, 1975b)은 비상호적 이타주의의 또다른 기초를 제공했다: 인간 사회는 자기이해 관계를 향한 생물학적 편향의 브레이크로 작용하는 윤리적·종교적 규칙을 진화시켰다. "네 자신처럼 이웃을 사랑하라"는 십계명은 자신에 대한 관심과 집단에 대한 관심의 균형을 잡도록 훈계하고, 그렇게 해서 집단의 생존에도 기여하게 된다. Dawkins(1976)도 비슷한 결론을 내렸다: "우리는 이기적으로 태어났기 때문에 관대성과 이타성을 가르치려고 노력하자. 그렇게 해야 적어도 그 설계를 엎을 수 있는 기회, 어떤 다른 종족도 결코 꿈꿀 수 없었던 것을 가질 수 있게 될 것이기 때문에 우리의 이기적 유전자가 해야 할 일을 이해하자"(p. 3).

도움 이론 비교 평가하기

지금까지 아마도 여러분들은 사회 교환, 사회 규범 및 이타성의 진화적 견해 사이의 유사성을 알아챘을 것이다. 표 12.1이 보여주듯이, 각각은 두 가지 유형의 친사회적 행동을 제안한다: 상호적인 등가(tit-for-tat, 눈에는 눈, 이에는 이 방식) 교환, 더욱 무조건적인 도움 행동. 그것들은 세 가지 보충적 설명 수준에서도 그렇다. 만약 진화적 견해가 맞다면, 우리의 유전적 선조치는 심리적·사회적 현상에서 스스로 자명해야 한다.

각 이론은 논리에 호소한다. 그렇지만 각자 사변적이고 결과 이후의 문제를 다룬다는 측면에서 취약성이 있다. 알려진 효과(일상생활에서 주고받기)에서 시작하여 사회 교환 과정, '상호성 규범', 또는 진화적 기원을 추측함으로써 그것을 설명하려 한다면, 우리는 단지 이름만 달리하여 설명하는 중(explaining-by-naming)일 수도 있다. 행동이 그 생존 기능 때문에 나타날 수 있다는 주장은 반증하기가 어렵다. 결과론적으로 보자면 마땅히 그런 식으로 되기로 되어 있었다고 생각하기 쉽다. 우리가 사회 교환, 규범 또는 자연 선택의 결과로 그 사실 후의 어떠한 상상할 수 있는 행동이라도 설명할 수 있다면, 우리는 그 이론들을 반증할 수 없을 것이다. 그러므로 각 이론의 과제는 우리가 검증해볼 수 있는 예언을 생성하는 것이다.

또한 효과적 이론이란 다양한 관찰을 요약하기 위한 일관된 틀을 제공하는 것이다. 이런 기준

표 12.1 이타성 이론 비교

어떻게 이타성을 설명하는가?

이론	설명 수준	외적으로 보상받는 도움	내적 도움
사회 교환	심리학적	도움에 대한 외적 보상	고통 → 도움에 대한 내적 보상
사회 규범	사회학적	상호성 규범	사회적 책임 규범
진화론	생물학적	상호성	친족 선택

으로 세 가지 이타주의 이론은 높은 장점을 지닌다. 각각은 지속적 헌신과 자발적 도움 둘 다를 밝혀주는 폭넓은 관점을 제공한다.

진정한 이타주의

나(DM)의 도시 미시간 홀랜드는 수천 명의 피고용인들을 지닌 회사가 있는데, 지난 반세기 대부분 매년 세전 이익의 10%를 한 가지 조건으로 기부했다: 기부는 항상 익명이었다. 근처 칼라마주에서 2005년 익명의 기부자들이 모든 시의 공립 학교 졸업생들을 위하여 미시간 공립대학교 또는 지역사회 대학교 비용을 공급하고 선언했다(거주 기간에 따라 65~100%까지). 이런 익명의 기부자들(생명 구조 영웅, 일상의 헌혈자 그리고 평화재단 자원자들)은 타인에 대한 이기심 없는 배려라는 궁극적인 목표에 의하여 동기부여되지 않았을까? 또는 보상을 얻거나 처벌과 죄를 피하거나 또는 고통을 더는 것과 같은 자기 이익이라는 궁극적인 목표가 있지는 않았을까?

에이브러햄 링컨은 마차의 다른 승객과의 대화에서 철학적 쟁점을 예시했다. 링컨은 이기심이 모든 선행을 촉진한다고 주장한 후에, 암돼지가 끔찍한 비명을 지르는 것을 들었다. 그 새끼 돼지가 늪에 빠져 익사하기 직전이었다. 링컨은 마차를 멈추게 하고, 뛰어내려 달려가서 새끼 돼지를 안전하게 구해냈다. 돌아오자마자 동료가 말했다. "자, 에이브, 이 일화에서 이기심은 대체 어디서 찾을 수 있는 거지?", "이런, 에디, 그것이 바로 이기심의 핵심이야. 만약 내가 그냥 지나쳐서 새끼 돼지를 걱정하는 그 고통스러운 늙은 암돼지를 모른 체했다면 나는 하루종일 평화로운 마음을 갖지 못했을 거야. 나는 내 마음의 평화를 위해서 그렇게 했어, 알겠지?"(Batson et al., 1986). 최근까지 심리학자들은 링컨 편이었다.

도움은 조력자를 대단히 기분 좋게 만들기 때문에 Batson(2011)은 자신의 경력의 많은 부분을 도움에 진정한 이타주의가 포함되어 있는지를 확인해보는 데 바쳤다. Batson은 우리의 도우려는 의지는 자기고양과 비이기적인 생각에 영향을 받는다고 이론화하였다(그림 12.4). 타인의 괴로움에 대한 고통은(목사와 레비와 같이) 고통스러운 상황을 도피하거나 (사마리아인과 같이) 도움을 줌으로써 우리의 혼란을 경감시키도록 우리에게 동기부여한다. 그러나 특히 우리가 어떤 사람과 안정적으로 애착되어 있다고 느낄 때, Batson뿐만 아니라 Mikulincer(2005)가 이끈 애착 연구자 팀도 우리가 **공감**(empathy)을 느낀다고 보고하였다. 사랑하는 부모는 자녀가 괴로우면 같이 괴롭고, 자녀가 기쁘면 같이 기쁘다.

우리가 공감을 느낄 때, 우리는 자신의 괴로움이 아니라 고통당하는 사람에게 초점을 맞춘다. 진정한 연민과 동정심은 그 자체로 타인을 돕도록 동기부여한다. 우리가 타인의 복지에 가치를 두고 그 사람을 필요한 사람으로 지각하고, 그리고 그 사람의 관점을 받아들일 때, 우리는 공감적 염려를 느낀다(Batson et al., 2007). 공감하는 사람들은 타인의 고통을 동일시할 때 타인들을 돕고 싶어 한다. 타인의 긍정 정서와 동일시될 때, 그들은 또한 그 감정이 그들을 더 행복하게 만들어주기를 바란다. 이것이 이타주의에 대한 '친절의 무작위 행위' 접근이다(Andreychik & Migliaccio, 2015).

공감을 증가시키기 위하여 다른 사람이 느끼는 것의 소량만이라도 가져보는 것이 도움이 된다. 특정 고문 기법은 조금이라도 그것을 경험하게 되면 수용할 가능성이 줄어들게 된다. 예컨대, 수면을 조금 박탈당했을 때, 사람들은 극단적인 수면 박탈이 정말로 고문이라고 말할 확률이 증대된다(Nordgren et al., 2011).

인간에게 공감은 본능적이다. 심지어 태어난 지 하루된 아이도 다른 아이가 우는 소리를 들으

공감
타인의 감정에 대한 대리 경험으로 자신을 다른 사람의 입장에 두는 것이다.

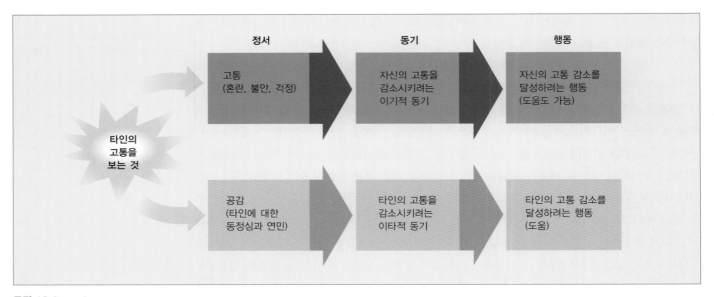

그림 12.4

도움에 대한 이기적 · 이타적 경로
타인의 고통을 보는 것은 자기에 초점을 둔 고통과 타인에 초점을 둔 공감의 혼합 형태를 야기할 수 있다. 연구자들은 고통이 이기적 동기를 촉발한다는 데 동의한다. 그러나 공감이 순수한 이타적 동기를 촉발할 수 있는지에 대해서는 논쟁 중이다.

출처 : Adapted from Batson et al., 1987.

면 더 운다(Hoffman, 1981). 병원 신생아실에서 한 아이의 울음은 때로 울음의 합창을 일으킨다. 대부분의 18개월 아이는 모르는 어른이 우연히 펜이나 옷핀을 떨어뜨리고 그것을 잡지 못하고 있는 것을 보게 되면, 기꺼이 도와줄 것이다(Tomasello, 2009). 도움을 필요로 하는 다른 사람을 보았을 때, 2살 아이도 (생리적) 흥분을 보인다(Hepach et al., 2012). 그리고 6~9세의 아동들은 공감을 더 크게 느낄수록 도움도 더 많이 제공한다(Li et al., 2013). 어느 정도 이것이 시사하는 바는 인간은 공감하도록 하드웨어적으로 설계되어 있다는 것이다.

유인원, 코끼리, 개, 심지어 쥐도 또한 공감을 표출하여 이타성의 구성 요소는 인간을 선행한다는 것을 보여준다(de Waal, 2014a, b; Langford et al., 2006). 침팬지는 자신만을 기쁘게 하는 토큰보다 자신과 다른 침팬지 모두에게 음식을 주는 바나나를 공유하거나 토큰을 고른다(Horner et al., 2011; Schmelz et al., 2018).

이기적 고통 감소와 공감에 기초한 이타성을 분리하기 위하여 Batson의 연구집단은 공감을 야기하는 연구를 수행했다. 그 연구집단은 공감 유발된 사람들이 그 상황을 도피함으로써 자신의 고통을 감소시키는지 아니면 밖으로 나가서 그 사람을 돕는지를 주목했다. 결과는 일정했다: 공감을 일으킨 집단에서 사람들은 대개 도왔다.

이 실험 중 하나에서, Batson과 동료들(1981)은 캔자스대학교 여학생들에게 한 젊은 여성이 전기 충격을 받는다고 생각되는 장면에서 그 여성이 괴로워하는 것을 관찰하게 했다. 실험 중 쉬는 시간에 명백히 괴로운 희생자는 그 실험자에게 어린 시절 전기 울

진정한 이타성이 우간다 아이들에게 체조를 지도하고 있는 국제 건강교육가의 동기를 불러일으킨 것일까? Daniel Batson은 그렇다고 믿는다.

타리에 떨어졌던 경험 때문에 전기 충격에 특히 예민하다고 설명했다. 그 실험자는 혹시 관찰자(실제 실험 참가자)가 장소를 바꾸어 그녀에게 남은 나머지 충격을 받을 수 있는지를 제안했다. 사전에 이 실제 참가자들 중 절반은 고통받는 사람이 가치와 관심의 문제에서 동일한 정신 상태라고 믿도록 유도하였다(그래서 공감이 유발됨). 또한 일부는 실험에서 자신들이 맡은 부분은 끝났고 그래서 어쨌든 그 여자의 고통을 지켜보면 된다고 믿도록 유도했다. 그럼에도 불구하고 공감이 유발되면 거의 모든 실험 참가자들이 기꺼이 희생자를 위하여 고통을 대신하고 싶다는 제안을 했다.

이것이 진정한 이타성일까? Schaller과 Cialdini(1988)은 그것이 의심스러웠다. 고통받는 이를 위하여 공감을 느끼는 것은 사람들을 슬프게 한다고 그들은 말했다. 그들의 실험 중 하나에서 사람들의 슬픔은 기분을 좋게 하는 다른 종류의 경험, 즉 코미디 테이프를 듣는 것과 같은 것으로 줄어들게 될 것이라고 믿도록 유도하였다. 그런 조건에서 공감을 느낀 사람들이 특별히 도움을 주는 것은 아니었다. Schaller와 Cialdini는 만약 우리가 공감을 느끼지만 그 밖에 무언가가 우리를 더 기분좋게 만들어주는 것이 있다면, 우리는 그만큼 도움을 주려는 마음이 줄어들 것이라고 결론지었다.

그러나 또 다른 발견 사실은 진정한 도움도 당연히 존재한다는 것을 시사한다: 공감이 이루어지면 사람들은 누구도 자신의 도움을 알지 못할 것이라고 믿을 때조차도 돕는다. 그들의 관심은 누군가가 도움을 받을 때까지 계속된다(Fultz et al., 1986). 만약 그들의 도우려는 노력이 성공하지 못하면, 그들은 실패가 자신의 잘못이 아닐지라도 기분이 나빠진다(Batson & Weeks, 1996). 그리고 사람들은 때로 자신의 고통스러운 기분이 '기분을 고정시키는(mood-fixing)' 약에서 야기되었다고 믿을 때조차도 고통스러워하는 타인을 돕기를 바라는 마음이 멈추지 않는다(Schroeder et al., 1988).

이기심 대 이타적 공감을 검증한 25개의 실험 후에 Batson(2001, 2006, 2011) 및 기타 연구자들(Dovidio, 1991; Staub, 1991; Stocks et al., 2009)은 때로 사람들은 자신의 복지가 아니라 타인의 복지에 진정으로 주목한다고 믿는다. 전에 철학과 신학생이었던 Batson은 "만약 우리가 사람들의 관심 반응이 단지 이기심의 미묘한 형태가 아니라 진실한 것인지를 확인할 수 있다면, 우리는 인간 본성에 대한 기본적 쟁점에 새로운 빛을 던지는 것이라는 생각에 흥분을 느끼며" 자신의 연구를 시작했다(1999a). 20년이 지나 그는 답을 찾았다고 믿는다. 진정한 "공감 유도 이타심이 인간 본성의 일부이다"(1999b). 그리고 그것이 공감을 유도하는 것이 낙인 찍힌 사람들에 대한 태도를 향상시킬 것이라는 — 연구로 확증된 — 희망을 들어올리고 있다고 Batson은 말한다: 에이즈 환자, 홈리스, 죄수 및 기타 소수자들('초점 문제 : 공감 유도 이타성의 비용-편익' 참조)

초점문제 　공감 유도 이타성의 비용-편익

캔자스대학교 이타성 연구가 Batson(2011)은 사람들은 다른 사람을 위한 것을 포함해서 자기 자신의 이득을 위해서 그들이 하는 일의 대부분을 한다고 말한다. 그러나 이기주의가 도움 행동의 전체를 설명할 순 없다고 그는 믿는

다. 거기에는 공감, 타인의 복지를 위한 동정심과 연민에 뿌리를 둔 진정한 이타성도 존재한다. 다음을 생각해보자:

(계속)

공감 유도 이타성

- *민감한 도움 제공.* 공감은 가치 있는 사고일 뿐만 아니라 타인의 고통을 덜어주는 것이다.
- *공격 억제.* 잠재적 공격 표적에 대해 공감을 느끼는 사람을 Batson에게 보여주어라. 그러면 그는 공격을 선호하지 않을 것 같은 사람, 즉 분노를 품은 것만큼 용서할 것 같은 사람을 당신에게 보여줄 것이다. 대체로 여성들은 남성들보다 더욱 공감의 느낌을 보고하고, 그들은 전쟁과 기타 형태의 공격을 지지할 가능성이 낮을 것이다(Jones, 2003).
- *협력의 증가.* 실험실 실험에서, Batson과 Ahmad는 갈등 가능성이 있는 사람이 다른 사람에 대하여 공감을 하게 되면 더욱 신뢰를 보이고 협력적이 된다는 것을 발견해냈다. 외집단의 사람들을 알게 됨으로써 외집단을 자신의 것으로 생각하게 하는 것은 그들의 관점을 이해할 수 있게 해준다.
- *낙인찍힌 집단을 향한 태도 개선.* 타인의 관점에서 그들이 느끼는 것을 당신 스스로 느껴보라, 그러면 그들처럼 다른 사람들에 대해서도 더욱 지지적이 될 것이다(홈리스, AIDS 환자 및 심지어 죄수들).

그러나 공감 유도 이타성은 책임감과 더불어 출현한다고 Batson과 동료는 말한다.

- *그것은 해로울 수 있다.* 때로 다른 사람을 위하여 생명을 거는 사람들은 실제로 생명을 잃기도 한다. 선행을 추구하는 사람들 또한 예기치 않게 수혜자를 창피하게 하거나 수혜자의 의욕을 꺾음으로써 악행을 하게 될

수도 있다.

- *모든 욕구에 응할 수는 없다.* 후손들이 위험할 정도로 환경이 박탈당하고 온난화되는 지구를 위해서 공감하는 것보다 필요한 개인을 대상으로 공감하기가 더 쉽다.
- *방전되다.* 타인의 고통을 느끼는 것은 고통스러운 것이고, 이것은 우리의 공감을 일으키는 상황을 피하게 하거나 '방전' 또는 '동정심 피로'를 경험하게 할 수도 있다.
- *그것은 편파성, 불공정 및 더 큰 공동선에 대한 무관심을 키울 수 있다*(Decety & Cowell, 2014). 공감은 유별나게 되면 독자, 가족 또는 애완동물 등에 대한 편애를 낳을 수 있다. 어떤 사람에 대한 공감이 유발되면, 사람들은 그 사람을 편파적으로 대우함으로써 자신의 공평성과 정의의 기준을 위반할 것이다(Batson et al., 1997; Oceja, 2008). 예를 들어 사람들은 이름과 사진을 보고 도움이 필요한 아이들에게 더 많은 돈을 준다. 비록 이것이 8명의 이름도 없고 보이지 않는 아이들에게 더 적은 도움을 제공하는 것을 의미할지라도. 그래서 아이러니하게도 공감 유발 이타성이 "공동선에 강력한 위협이 되어 내가 특별히 신경을 쓰는 사람(도움이 필요한 친구)에게 관심의 초점을 좁히고 그렇게 해서 피 흘리는 다수에 대한 시야를 잃게 된다"고 Batson과 동료들은 말한다. 자비심이 가족들 사이에서 그렇게 흔히 나타난다는 것은 놀라운 일이 아니다. 그 대신에 Bloom(2016)과 같은 학자들은 다른 사람들을 동등하게 도울 '합리적 동정심'의 전략을 제안한다.

요약 : 우리는 왜 돕는가?

- 세 가지 이론이 도움 행동을 설명한다. **사회교환이론**은 도움 행동이 다른 사회 행동과 같이 최대의 보상(그것이 내적이든 외적이든)을 바라는 욕구에 의해서 동기부여된다는 것이다. 그래서 잘못된 일을 한 후에 사람들은 흔히 더욱 도우려고 하게 된다. 슬픈 사람들이 또한 도움을 주는 경향이 있다. 끝으로 분명히 좋은 기분/선행 효과도 있다: 행복한 사람들은 잘 돕는 사람이다. 사회적 규범도 또한 도움을 강제한다. **상호성 규범**은 우리를 돕는 사람을 돕도록 자극한다. **사회적 책임 규범**은 필요로 하는 사람이 되갚을 수 없을지라도 받을 만한 가치가 있기만 하면 그 사람들을 돕게 해준다. 위기에 처한 여성들은 부분적으로 더욱 필요한 것으로 보일 수 있기 때문에 남자들보다 더 많은 도움을 받을 수 있다. 특히 남자들로부터 그러하다.
- 진화심리학은 두 가지 형태의 도움을 가정한다: 친족에 대한

헌신과 상호성. 그렇지만 대부분의 진화심리학자들은 이기적 유전자가 자기희생적 유전자보다 더욱 생존 확률이 높다고 믿는다. 그래서 이기심은 우리의 자연스러운 경향이고, 그러므로 사회는 도움을 가르쳐야 한다.

- 우리는 이 세 가지 이론이 친사회적 행동을 등가 교환 그리고/또는 무조건적인 도움 성향에 기반을 둔 것으로 해석하는 방식에 따라 그 이론을 평가할 수 있다. 각각은 이론적 또는 사후적으로 추론했다고 비판받지만, 친사회적 행동의 관찰을 요약하기 위한 일관된 틀을 제공해주기도 한다.
- 외적·내적 보상과 처벌 또는 고통의 회피에 의해 동기부여된 도움과 더불어 공감에 기반을 둔 진정한 이타성도 또한 존재하는 것 같다. 공감이 유발되면 자신들의 도움이 익명이거나 자신의 기분이 영향을 받지 않을 때조차도 많은 사람들은 곤경에 처해 있거나 고통받는 사람들을 도우려고 한다.

우리는 언제 돕는가?

> 사람들을 돕거나 돕지 않도록 자극하는 상황을 확인하고, 도움이 다른 방관자들의 수와 행동, 기분 상태, 특성 및 가치에 의하여 영향을 받는 방식과 이유를 설명한다.

1964년 3월 13일, 28세의 술집 지배인 키티 제노비스는 새벽 3시에 뉴욕 퀸즈의 자신의 아파트로 돌아가다가 칼을 휘두르는 괴한의 습격을 받았다. "칼에 찔렸어요. 도와주세요. 도와주세요." 공포에 질린 비명과 도와달라는 호소가 이웃 사람들을 깨웠다(초기 뉴욕 타임스 보고에 의하면 38명). 괴한이 떠났다가 되돌아왔을 때 일부는 창문으로 다가가 흘끗 쳐다보고만 있었다. 그 괴한이 마침내 떠날 때까지 누구도 경찰에 전화를 걸지 않았다. 그 직후 키티 제노비스는 죽었다.

추후의 분석에서 38명의 목격자들이 살인을 목격하고도 아무것도 하지 않았다는 초기의 **뉴욕 타임스**의 보고는 반박되었다 — 아마도 목격자는 12명에 가까웠고, 실제로 2명은 경찰에 전화를 걸었다(Cook, 2014; Pelonero, 2014). 그럼에도 초기의 이야기는 방관자 무대응(inaction)에 대한 연구를 고무하는 역할을 했고, 이것은 다른 사건에서도 드러났다. 브래들리는 여행하다가 쇼핑 중에 다리가 부러졌다. 당황스럽고 고통스러운 상태에서 도움을 간청하였다. 40분 동안 행인의 물결은 갈라져서 그녀 주위를 지나갈 따름이었다. 마침내 택시 기사가 그녀를 의사에게 데려갔다(Darley & Latané, 1968). 1917년 3월 일단의 시카고 남자들은 갱단이 15세 여자 아이를 강간하는 장면을 페이스북으로 실시간으로 보았다. 40명의 남자들이 실시간으로 지켜보았지만, 누구도 그것을 경찰에 신고하지 않았다(Haberman, 2017).

당신이 기차가 다가오는 도중에 어떤 사람이 지하철 선로로 떨어진 것을 보았다면, 어떻게 반응할지를 생각해보자. 당신은 2012년 어떤 남자 지하철 선로에 떨어져서 결국 기차에 치어 죽었을 때 아무것도 하지 않은 붐비는 뉴욕 지하철 승객들처럼 반응할까? 아니면 2017년 선로에 떨어진 승객을 뛰어내려가 구한 카푸조처럼 행동할까? 카푸조는 나중에 키티 제노비스 사례를 알려주는 오래된 공익광고를 기억해 냈다고 말했다: "20명의 사람들은 가스 누출에 대해 다른 누군가를 전화했을 것이라고 생각한다"(Wilson, 2017).

사회심리학자들은 방관자의 무대응에 호기심을 지니고 관심을 기울였다. 그래서 사람들이 긴급한 상황에서 돕는지를 확인하기 위한 실험에 착수했다. 그리고 나서 그들은 "비상사태가 아닌 경우에 돈을 기부하거나 헌혈하거나 시간을 제공하는 것과 같은 행위를 함으로써 누가 도울 것 같은가?"라는 질문으로 연구를 확대했다. 그들이 알아낸 것을 보도록 하자. 먼저 도움을 고양시키는 **상황**을, 다음으로 도와주는 **사람**을 살펴보자.

방관자의 수

위기 시 방관자의 수동성은 시사 해설가들이 사람들의 '소외', '냉담', '무관심', '무의식적 가학적 충동'을 한탄하게 만들었다. 무개입을 방관자들의 기질에 귀인시킴으로써, 우리는 우리가 사람들을 염려하게 되면 도움을 줄 것이라고 스스로 확신할 수 있다. 그러나 방관자들은 그런 비인간적 성격을 가진 자들인가?

사회심리학자 Latané와 Darley(1970)는 확신할 수 없었다. 그들은 독창적인 긴급 상황을 만들어서 하나의 상황 요인(다른 방관자들의 존재)이

© Janine Wiedel Photolibrary/Alamy Stock Photo

방관자 무대응. 이와 같은 장면을 해석하고 도움 제공 여부를 결정하는 데 영향을 주는 요소는 무엇일까?

숨은 이야기

방관자 반응에 대한 John M. Darley의 이야기

키티 제노비스 살인사건에 충격을 받고 Latané와 나는 만나서 저녁 식사를 하며 방관자들의 반응을 분석했다. 사회심리학자였기 때문에 우리는 '냉담한' 개인의 성격적 단점에 대해서는 생각하지 않고, 그 상황에서 다른 사람들이 하는 식으로 반응하는 방식에 대해서 생각했다. 식사를 마쳤을 때쯤 "누구도 돕지 않는다"라는 놀라운 결론을 함께 유발할 수 있는 몇 가지 요인들을 공식화했다. 그리고 나서 우리는 각 요인을 분리해서 실험했고 비상 상황의 중요성을 실증해냈다.

John M. Darley
프리스턴대학교

Courtesy of John M. Darley, Princeton University

개입을 크게 감소시킨다는 것을 밝혀냈다. 1980년까지 그들은 혼자 또는 다른 사람과 함께 있다고 생각하는 방관자들이 제공하는 도움을 비교한 50여 개의 실험의 실행했다. 방관자들 사이에 제한되지 않는 의사소통이 가능하면, 사람은 몇 명의 방관자들에 의해 관찰될 때도 적어도 한 사람에 의해 관찰될 때만큼 도움을 받았다(Latané & Nida, 1981; Stalder, 2008). 또한 인터넷 의사소통에서, 사람들은(캠퍼스 도서관의 링크를 찾는 사람으로부터의 도움과 같은) 도움의 요청이 여러 사람에게서 온 것이 아니라 그들에게만 왔다고 믿는다면 도와주는 방향으로 대응할 가능성이 더 높았다(Blair et al., 2005).

때때로 희생자는 많은 사람들이 주위에 있으면 도움받을 가능성이 실제로 더 줄어들었다. Latané, Dabbs(1975)와 145명의 협조자들은 '우연히' 동전이나 연필을 1,497개의 엘리베이터를 타는 동안에 떨어뜨렸을 때, 한 사람이 엘리베이터에 있을 때는 도움을 받을 확률이 40%였지만, 6명의 승객이 있을 때는 20% 이하였다. 105개 연구에 대한 메타분석에서 비상상황에서 더 많은 사람의 존재는 사람들이 도와줄 기회를 낮추었다(Fisher et al., 2011). 심지어 5세의 어린 아이들도 다른 아이가 존재하면 덜 돕는 것으로 나타났다(Plotner et al., 2015).

다른 방관자들의 존재가 왜 때때로 도움을 억제하는가? Latané와 Darley는 방관자들의 수가 증가함에 따라 각자 그 사건을 **알아차릴** 가능성, 그 사건을 문제나 긴급 사태로 **해석**할 가능성, 그리고 행위를 취할 **책임**을 느낄 가능성도 더 줄어들 것이라고 요약했다(그림 12.5).

그림 12.5

Latané와 Darley의 결정의 나무
나무 위쪽의 오직 한 경로만이 도움과 연결된다. 경로의 각 가지 사이에서 타인의 존재는 돕지 않는 가지 쪽으로 사람들을 전환시킬 수도 있다.

출처 : Adapted from Darley & Latané, 1968.

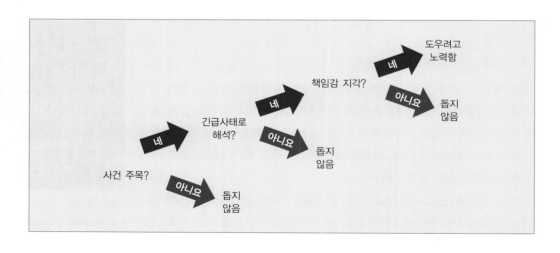

주목

브래들리가 붐비는 인도에서 넘어져 다리가 부러진 후 20분 만에 당신이 나타난다. 당신의 눈은 당신 앞의 보행자들의 등에 꽂히고(당신이 통과한 그들을 째려보는 것은 나쁜 태도이다) 당신의 개인적 생각은 그날의 사건에 쏠려 있다. 그러므로 인도가 사실상 비어 있을 때보다 부상당한 여자를 당신이 알아차릴 수 있는 가능성은 더 적지 않았을까?

이것을 밝히기 위하여 Latané와 Darley(1968)는 컬럼비아대학교 남학생들에게 방 안에서 혼자 또는 낯선 사람 둘과 함께 질문지를 작성하도록 했다. 그들이 작성할 때(그리고 일방 거울로 관찰됨) 연출된 긴급 사태가 있었다: 연기가 벽의 구멍에서 방 안으로 쏟아져 들어왔다. 질문지를 작성하는 동안에 종종 천천히 힐끗 쳐다보던 혼자였던 학생들은 거의 즉각적으로 연기를 알아차렸다 — 대개 5초가 넘지 않았다. 집단으로 있었던 사람들은 질문지 작성에 더 집중하고 있었다. 그들은 연기를 알아차리는 데 일반적으로 20초 이상 걸렸다.

해석

일단 애매한 상황을 알아차리게 되면, 우리는 그것을 해석해야 한다. 연기가 차오르는 방 안에 있다고 가정해보자. 비록 걱정스러울지라도, 허둥댐으로써 스스로 당황한 것으로 보이기를 원치 않는다. 당신은 조용하고 냉담해 보인다. 모든 것이 정상임에 틀림없다고 추측하고, 그것을 무시하고 질문지를 계속 작성한다. 그런데 타인들 중의 한 사람이 그 연기를 알아차리고 당신의 외관상 냉담을 주목하고 마찬가지로 반응한다. 이것은 정보적 영향의 또 다른 예이다. 각 개인은 다른 사람의 행동을 사실에 대한 단서로 사용한다. 그런 오해가 사무실, 레스토랑 및 기타 다중 주거 시설의 실제 화재에 대한 늑장 대응의 이유이다(Canter et al., 1980).

오해는 Gilovich, Savitsky, Medvec(1998)이 투영의 착각(illusion of transparency)이라 부른 것, 즉 우리의 내적 상태를 '읽을' 타인의 능력을 과대평가하는 경향성에 의하여 되먹임된다. 그들의 실험에서 긴급사태를 직면하는 사람들은 그들의 관심이 실제보다 더욱 잘 보일 수 있다고 추측했다. 우리가 대개 가정하는 것 이상으로 우리의 관심이나 경고는 애매하다. 우리의 정서를 사람들이 예민하게 알기 때문에 그 정서가 누출되어 다른 사람들이 우리를 통하여 올바르게 볼 것이라고 우리는 추측한다. 때때로 다른 사람들이 우리의 정서를 읽는 것은 사실이지만, 흔히 우리는 우리의 냉정을 상당히 효과적으로 유지한다. 그 결과는 우리가 '다원적 무지(pluralistic ignorance)'라고 부른 것, 즉 다른 사람들이 우리와 같이 생각하고 느낀다는 무지이다. 긴급 사태에서 각자는 "나는 매우 관심이 있지만 다른 사람들이 조용히 있는 것을 보니 아마도 그것은 긴급 사태가 아니다"라고 생각할지도 모른다.

Latané와 Darley의 실험에서 정말로 그런 일이 발생했다. 혼자 질문지를 작성하던 사람이 연기를 알아차렸을 때, 그들은 대개 잠시 머뭇거리고 곧 일어나서 그 연기 구멍으로 가 감지하고 냄새를 맡아보고 연기를 저어보고는 다시 망설이다가 알려주려고 나갔다. 극적인 대비로 3인의 집단은 움직이지 않았다. 8개의 집단 24명 중에서 오직 1인만 4분 내에 연기를 보고했

불이냐 안개냐? 들불이냐 안전한 통제 소각이냐? 당신이 이 장면을 고속도로에서 보았고, 그 밖의 모든 운전자들이 외관상 무관심하게 그냥 지나쳤다면, 911로 전화할까?

© WeatherVideoHD.TV

다(그림 12.6). 6분 실험의 끝 즈음에 연기는 아주 자욱해져 학생들의 시야를 흐릿하게 하고, 눈을 비비며 재채기하기 시작했다. 여전히 8개 집단 중 3개 집단에서는 심지어 단 한 명만 그 사무실을 나와 보고했다.

마찬가지로 흥미로운 것은 집단의 수동성이 구성원들의 해석에 영향을 미쳤다는 것이다. 연기의 원인은 무엇일까? '에어컨 누출', '빌딩의 화학 실험실', '증기 파이프', '실제 가스'. 누구도 "불이야"라고 말하지 않았다. 집단 구성원들은 비반응 모델로 기능함으로써 그 상황에 대한 서로서로의 해석에 영향을 주었다.

이 실험적 딜레마는 우리 모두가 마주치는 실제 생활의 딜레마와 유사하다. 밖에서 나는 비명은 단지 장난일 뿐인가 아니면 습격당하는 사람의 절망적인 고함인가? 소년들의 야단법석은 친구 사이의 장난인가 악의 있는 싸움인가? 길에 쓰러져 있는 사람은 자는 건가, 마약에 취한 건가, 아니면 아마도 당뇨병 혼수 상태와 같은 심각한 질병 상태인가? 뉴욕 퀸즈의 인도에서 테일-약스가 수십 군데를 찔려 엎드려서 피를 흘리고 죽어갈 때 그 옆을 지나가던 사람들이 직면한 문제는 바로 이것이었다. 한 시간 이상 동안 그 홈리스 청년을 사람들이 지나치고 마침내 한 행인이 그를 흔들어 뒤집어서 그의 중상이 드러난 장면을 감시 비디오는 보여주었다(New York Times, 2010).

연기가 가득 차는 방 실험과 달리, 이런 일상의 상황 각각은 다른 사람이 절대적으로 필요하다. 동일한 **방관자 효과**(bystander effect)가 그런 상황에서 발생하는지를 알기 위해서, Latané와 Rodin(1969)은 주위에 곤경에 처한 여자가 있는 것처럼 실험을 꾸몄다. 여성 연구원이 컬럼비아 대학교 학생에게 질문지를 작성하게 하고는 이웃 사무실로 일하러 갔다. 4분이 지나서 그녀는 의자에 올라가 서류를 꺼내려고 하는 소리를 냈다(녹음 테이프 활용). 이후에 비명 소리와 의자가 부서져 그녀가 바닥에 쓰러지는 소리가 들렸다. "아이구, 내 다리… 나는… 나는 움직일 수가 없어"라고 흐느낀다. "아… 내 발목… 이 일을 어쩌나." 단지 2분의 신음 소리 후에 거기서 겨우 도망쳐 사무실 문 밖으로 나올 수 있었다.

그들이 그 '사고'를 엿들었을 때, 혼자 있던 사람들 중 70%는 그 방으로 와서 도와주려고 소리쳤다. 낯선 2명일 때는 단지 40%의 경우에 한 사람이 도와주었다. 외관상으로 아무것도 하지 않

방관자 효과
사람은 다른 방관자들이 있을 때 도움을 제공할 가능성이 줄어든다는 사실

그림 12.6
연기 차는 방 실험
검사실로 쏟아져 들어온 연기는 3인의 집단보다 홀로 작업 중인 개인에 의해 보고될 가능성이 훨씬 더 높았다.

출처 : Darley & Latané, 1968.

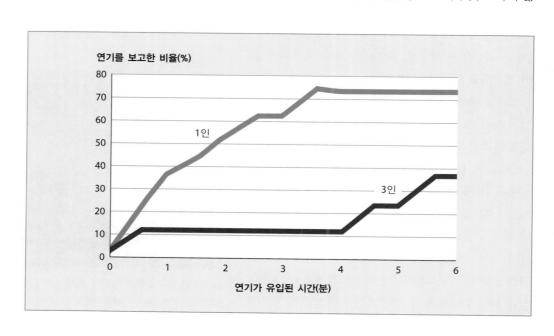

연기를 보고한 비율(%)

연기가 유입된 시간(분)

은 사람들은 그 상황을 긴급사태가 아닌 것으로 해석하였다. 일부 사람은 "발목을 삐끗한 모양"이라고 말했다. 또 다른 사람들은 "나는 그녀를 당황시키고 싶지 않았다"라고 설명했다. 이것은 다시 방관자 효과를 보여주는 것이다. 긴급 사태를 알아차리고 있다고 알게 되는 사람의 수가 증가할수록, 누군가 도움을 줄 확률은 줄어든다. 피해자에게는 목격자의 수가 많은 것이 안전하지 않은 것이다.

사람들의 해석은 또한 거리의 범죄에 대한 자신들의 반응에도 영향을 미친다. 남녀가 신체적으로 싸우는 장면을 연출했을 때, Shotland와 Straw(1976)는 그 여성이 "나에게서 떨어져. 나는 당신을 몰라"라고 소리칠 때는 65%가 개입했지만, "나에게서 떨어져. 난 당신과 결혼한 이유를 몰라"라고 소리칠 때는 단지 19%가 개입했다. 배우자 학대인 것처럼 꾸민 것이 낯선 사람 학대보다 더 적은 개입을 유발하는 것처럼 보인다.

가해자가 현장에 있고 신체적 위험을 감수할 개입이 필요한 그런 위험한 상황에서, 방관자 효과는 줄어든다(Fisher et al., 2011). 때로는 실제로 방관자들이 개입해서 신체적 지원을 한다. 이것은 4명의 알카에다 비행기 납치범이 유나이티드 93기를 몰아 미 국회의사당을 예상 목표로 향하여 날고 있을 때, 토드 비머("붙어 보자")가 주동이 된 승객들이 집단적으로 개입했던 9/11 사건에서 극적으로 증명되었다.

책임감 지각

주목 실패와 오해(misinterpretation)는 방관자 효과의 유일한 원인은 아니다. 때로 긴급 사태가 명확하다. 초기 보고에 따르면, 키티 제노비스의 도움 요청을 보고 들은 사람들은 무슨 일이 일어났는지 올바로 알고 있었다. 그러나 이웃 창문의 불빛과 그림자 비친 사람들의 모습은 그들에게 다른 사람들도 또한 쳐다보고 있다는 것을 말해주었다. 이것이 행동의 책임감을 분산시켰다.

우리들 누구도 살인을 지켜만 보지는 않는다. 그러나 우리들 모두는 때때로 다른 사람이 있으면 필요한 반응을 더 늦게 보인다. 붐비는 고속도로에서 넘어진 운전자를 지나갈 때, 우리는 시골길에서 보다 도움을 줄 확률이 낮을 것이다. 명백한 긴급 사태에도 방관자들이 행동하지 않는 것을 탐구하기 위하여 Darley와 Latané(1968)는 제노비스와 같은 장면을 연출했다. 그들은 사람들을 분리된 방에 있게 하고 거기서 피해자의 도움 요청 소리를 듣게 했다. 그런 상황을 만들기 위하여 Darley와 Latané는 몇몇 뉴욕대학교 학생들에게 실험실 인터폰에 대한 사생활 문제를 토의하게 했다. 연구자들은 학생들에게 익명성을 보장하기 위하여 누구도 볼 수 없고 실험자도 도청할 수 없다고 말했다. 이어진 토론 동안에 실험자가 마이크를 켰을 때, 실험 참가자들은 한 사람이 발작을 일으키는 것을 들었다. 강도가 증가하고 말하기 힘들어 하면서 그는 누군가의 도움을 요청했다.

그 요청 소리를 듣는 다른 사람이 없다고 믿도록 유도된 사람들 중에는 85%가 방을 나가서 도와주려 했다. 또 다른 4명이 피해자의 소리를 듣고 있다고 믿은 사람들 중에는 단지 31%가 도와주러 나갔다. 반응을 보이지 않은 사람들은 냉담하고 무관심했을까? 실험자가 실험을 끝내려 들어왔을 때, 대부분은 즉각 염려를 표시했다. 많은 사람들은 손을 떨고 손바닥에 땀이 나 있었다. 그들은 긴급 사태가 발생했다고 믿었지만 어떤 행동을 해야 하는지에 대해서는 우유부단했다.

해석이 중요하다. 이 사람은 자신의 차 문을 열고 있는가? 도둑인가? 우리의 해석은 우리의 반응에 영향을 준다.

© Peter Dazeley/Photographer's Choice/Getty Images

책임감 분산. 다이애나 왕세자비의 치명적인 교통사고 직후에 그 장면을 찍은 9명의 파파라치들은 모두 핸드폰을 가지고 있었다. 단지 한 사람만 도움 요청 전화를 했다. 거의 모든 사람들은 '다른 사람들'이 이미 전화했을 것이라고 생각했다고 말했다(Sancton, 1997).

연기 들어오는 방, 곤경에 처한 여성, 그리고 발작 실험 후에 Latané와 Darley는 참가자들에게 타인의 존재가 그들에게 영향을 미쳤는지를 물어보았다. 우리는 타인의 존재 여부가 극적인 효과를 지녔다는 것을 안다. 그럼에도 참가자들 거의 한결같이 그 영향을 부정하였다. 그들은 전형적으로 "나는 다른 사람이 있다는 것을 알고 있었지만 그들이 거기에 없었더라도 똑같이 반응했을 것이다"라고 대답했다. 이 반응은 익숙한 내용을 강화시켜준다: 우리가 한 일의 이유를 우리는 흔히 모른다. 그것이 실험이 밝히고 있는 이유이다. 긴급 사태 이후에 개입하지 않은 방관자들에 대한 조사는 방관자 효과가 숨겨진 형태로 나타남을 보여줄 것이다.

동조와 복종의 장에서 우리 자신들의 행위를 예측하지 못하는 다른 예를 언급하였다. 대학생들이 성차별적 언급, 인종차별 중상모략 또는 핸드폰 절도에 대하여 도덕적 용기를 가지고 대처할 것이라고 예측하지만 또래의 급우들은(실제 장면에 직면했을 때도) 그렇게 하는 경우가 극히 적다. 그래서 사람들이 실제로 행동하는 방식을 알아내기 위하여 연구가 필요하다.

도시 거주자들은 공공장소에 거의 혼자 있지 않으며, 이것은 왜 농촌 사람들보다 도시 사람들이 덜 도와주는지의 이유를 설명해준다. 그렇게 곤경에 처한 사람을 자주 마주침으로 인한 '동정심의 피로(compassion fatigue)'와 '감각의 과부하'가 세계적으로 대도시에서 도움을 더욱 억제시킨다(Levine & others, 1994; Yousif & Korte, 1995). 대도시에서 방관자들은 또한 더 흔히 서로 모르는 사람이다(그런 사람의 수가 증가하는 것도 도움을 둔하게 한다). 방관자들이 친구나 집단 정체성을 공유하는 사람들일 때, 수적 증가는 오히려 도움을 증가시킨다(Levine & Crowther, 2008). 대학 학부생들은 어떤 사람이 파티에서 술 취한 여학생을 침대로 끌고가는 장면을 목격하고 있다고 상상했을 때, 그 여성이 모르는 사람일 때보다 친구일 때 더욱 개입할 가능성이 컸다(Katz et al., 2015).

훈련 프로그램은 또한 성폭행이나 성희롱의 상황에서 개입하는 쪽으로 태도를 변하게 만들 수 있다(Katz & Moore, 2013). 2017년 시작된 미투 운동이 시범을 보였을 때, 방관자들이 아무것도 하지 않을 때는 성희롱이 흔히 몇 년 계속될 수 있었다. 대학생들이 '방관자 소개' 프로그램을 통하여 이런 상황에 개입하는 방법을 배우게 되었을 때, 그들은 성폭행을 유발할 수 있는 행동을 목격할 때[술 취한 사람이 일단의 사람들에 의해 침대로 끌려가는 것을 목격하는 경우처럼(Cares 등)], 개입하는 일에 더욱 적극적이었다. 동일한 프로그램이 군대에서 또한 효과적이어서 참가한 병사가 성적 공격이나 스토킹을 멈추도록 하는 행동을 취할 가능성이 통제집단에 비하여 더 높았다(Potter & Moynihan, 2011).

심지어 방관자들이 직접적으로 개입하지 않을 때조차도, 그 사건을 즉각적으로 보고함으로써, 잠재적 희생자에게 말을 걸어 상호작용을 중단시킴으로써, 또는 단지 주의를 많이 분산시킴으로써 효과를 낼 수 있다. 뉴욕 지하철에서 한 남자가 주의를 분산시켜서 대단한 효과를 냈다: 그는 싸우고 있는 남자와 여자 사이에 서서 조용히 과자를 우적우적 먹었다 — 그는 "스낵맨"이라는 별명을 얻었다(Dwyer, 2012).

2015년 3명의 뉴올리언스 경찰은 공공 장소 만취로 체포되어 수갑 찬 남자를 동료 경찰 모란이 반복해서 때렸을 때 지켜보고만 있었다. 그 방관자 경찰은 그 사건을 멈추기 위한 어떠한 행동도 하지 않았고 감독관에게 그 사실을 보고하지도 않았다. 모란과 그들 중 2명은 해고되었다 (Bullington, 2016). 이런 저런 사건에 대한 조처로 뉴올리언스 경찰국은 경찰관들에게 방관자 개입에 대하여 교육하고, 동료가 폭력을 저지르려 할 때 개입하는 기법을 가르쳤다(Robertson, 2016). 이 전략은 '능동적 방관자 자격(active bystandership)'이라 한다(Novotney, 2017). 그것은 효과가 있는 것 같다: 뉴올리언스 경찰이 2017년 남부연합 기념물을 지지하는 고성지르는 시위 대를 맞닥뜨려서 다른 경찰이 마침 분노를 폭발시키려고 하는 것을 관찰하고 개입하였다고 그 훈련을 설계하는 데 도움을 준 이타주의 연구자 Staub는 보고하였다(Staub, 2018).

연구 윤리의 재고

이 실험들은 윤리적 문제를 일으킨다. 그 사실을 모르는 사람이 다른 사람의 가짜 사고를 엿듣 도록 강제하는 것이 올바른 것일까? 발작 실험의 연구자들이 실험 참가자들에게 그 문제를 보고 하기 위하여 토의를 중단할지를 결정하도록 할 때 그들은 윤리적일까? 그런 실험에 처하게 되는 것을 당신은 반대할까? '알고서 하는 동의(informed consent)'를 구하는 것이 불가능할 것이라는 점에 주목하자. 그렇게 하는 것은 실험의 위장을 파괴하는 것이다.

연구자들은 항상 조심스럽게 실험 참가자들에게 사후해명했다. 발작 실험, 아마 가장 스트레 스를 받은 이 실험을 설명한 후에, 실험자는 참가자들에게 질문지를 나누어 주었다. 100%가 그 기만은 정당한 것이었고 그들은 기꺼이 나중에도 유사한 실험에 참가할 것이라고 말했다. 누구 도 그 실험에서 분노를 느끼지 않았다고 보고했다. 다른 연구자들도 그런 실험의 압도적 다수 의 실험 참가자들이 그들의 참가가 교훈적이고 또한 윤리적으로 정당한 것이라고 말한다는 것을 확신한다(Schwartz & Gottlieb, 1981). 현장 실험에서 실험 공모자는 아무도 돕는 사람이 없으면 피해자를 돕고, 그래서 문제가 제대로 처리되고 있다는 것을 방관자들에게 확신시켜준다.

사회심리학자들은 두 가지 측면의 윤리적 의무를 지니고 있다는 것을 기억하자: 참가자들을 보호하는 것과 인간행동에 대한 영향을 발견함으로써 인류 복지를 증진시키는 것. 그런 발견이 원치 않는 영향에 대하여 우리에게 경고할 수도 있고 우리가 긍정적 영향을 발휘할 수 있는 방법 을 보여줄 수도 있다. 윤리적 원리는 다음과 같다: 실험 참가자들의 복지를 보호한 후에, 사회심 리학자들은 우리 행동에 대한 통찰력을 제공함으로써 사회에 대한 책임을 완수하는 것이다.

타인이 도울 때 돕기

공격적인 모델을 관찰하는 것이 공격을 증가시킬 수 있다면, 그리고 비반응 모델이 비반응을 증 가시킬 수 있다면, 도움을 주는 모델은 도움을 촉진할까? 사고 후에 비명과 흐느끼는 소리를 들 었다고 상상해보자. 다른 방관자가 "어어. 긴급사태 발생! 우리는 뭔가 해야 해"라고 말했다면, 이것이 사람들이 돕도록 자극할까?

증거는 명백하다: 친사회적 모델은 실제로 이타성을 촉진한다. 몇 가지 예:

- LA 운전자들이 4분의 1마일 앞에서 여성의 타이어 교환을 도와주는 사람을 목격하였을 경 우, 그들이 펑크 난 차량의 여성 운전자를 도울 확률이 증가했다는 것을 발견했다(Bryan & Test, 1967). Bryan과 Test는 또한 뉴저지의 크리스마스 쇼핑객들이 다른 사람들이 구세군 냄비에 돈을 넣는 것을 보았다면, 그들도 그렇게 할 가능성이 더 커진다는 것을 관찰했다.
- 영국 성인들은 공모자가 헌혈을 동의하는 것을 관찰한 후에 더욱 기꺼이 헌혈하려고 한다는 것을 발견했다(Rushton & Campbell, 1977).

모든 사람들이 그 일을 하기. 다른 사람들의 도움을 목격하는 것은 사람들의 도움 행동을 자극한다.

• 예외적인 인간의 친절과 자선의 목격(이 장의 서두에서 제시한 영웅적 이타성의 예에서처럼)은 흔히 Haidt (2003)가 숭고함(elevation)이라고 부르는 것을 촉발한다. 이것은 오싹함, 눈물 및 목이 메이는 것을 유발할 수 있는 특유의 따뜻함과 확장의 마음이다. 그런 숭고함은 흔히 사람들에게 더욱 자기희생적이 되도록 고취한다(Schnall et al., 2010).

그렇지만 때로 현실은 모델들이 자신들의 말과 모순된 행동을 한다. 부모들은 자신의 아이들에게 "내가 행동한 것이 아니라 말하는 대로 행동하라"고 말할지도 모른다. 실험 결과에 따르면 아이들은 그들이 들은 내용과 본 것 둘 모두에서 도덕적 판단을 배운다(Rice & Grusec, 1975; Rushton, 1975). 위선을 접하게 되면, 그들은 흉내낸다: 모델이 말한 것을 말하고 **행동**한 것은 **행동**한다.

시간적 압박

Darley와 Batson(1973)은 선한 사마리아인 우화에서 도움의 또 다른 결정 요인을 찾아냈다. 목사와 레위인은 둘 다 바쁘고, 중요한 사람들이고, 아마도 자신들의 의무에 서두르는 사람들이었다. 낮은 계층의 사마리아인은 확실히 시간적 압박을 덜 받았다. 바쁜 사람들이 목사와 레위인처럼 행동하는지를 알기 위하여, Darley와 Batson은 그 우화에서 기술된 상황을 재치있게 연출하였다. 짧은 즉흥적 대화(실험 참가자들의 절반에 대해서는 그것이 실제로 착한 사마리아인 우화였다)를 녹음하기에 앞서 그들의 생각을 수집한 후에, 프린스턴 신학교 학생들을 이웃 건물의 녹음 스튜디오로 향해 가게 했다. 가는 도중에 그들은 복도에 쓰러져 고개를 숙이고 기침하며 신음하는 한 남자를 지나가게 되었다. 이 학생들 중 일부는 무심하게 보내졌다: "몇 분 지나야 그들이 당신과 만날 수 있을 것이지만 당신이 가는 게 좋겠다." 이들 중에는 거의 3분의 2가 멈추어 도와주었다. 다른 사람들은 "아, 당신은 늦었어. 그들은 몇 분 전부터 당신을 기다리고 있다 … 그래서 당신은 더 서두르는게 좋겠다"라는 말을 들었다. 이들 중에는 겨우 10%가 도와주었다.
이 발견 사실을 숙고하고 Darley와 Batson은 바쁜 실험참가자들은 "선한 사마리아인의 우화를 말하기 위하여 가는 도중에도 곤경에 처한 사람을 통과했고, 그래서 무심코 그 우화의 핵심을 확증시켰다"고 말했다(실제로 몇몇 경우에 선한 사마리아인의 우화에 대한 말을 하기 위해 가던 신학생들은 자신들이 서둘러 가느라 그 피해자를 글자 그대로 넘어갔다!).
우리는 신학생들에게 불공평한 것은 아닌가? 결국 그들은 실험자를 돕기 위하여 서둘렀는데. 아마도 그들은 사회적 책임의 규범을 예민하게 알고 있었을 것이지만, 그것이 두 가지 방향으로 그들을 이끌었을 것이다 — 실험자를 향한 것과 희생자를 향한 것. 선한 사마리아인 상황에 대한 또 다른 연출에서 Batson과 동료들(1978)은 40명의 캔자스대학교 학생들에게 다른 건물에서의 실험에 참가하러 가도록 했다. 절반은 늦었다고 했고, 나머지 절반은 시간이 많이 남아 있다고 했다. 이 집단 각각의 절반은 자신들의 참가가 실험자에게 절대적으로 중요하다고 생각했고, 절반은 그것이 필수적은 아니라고 생각했다. 그 결과 중요하지 않은 약속 장소로 느긋하게 길을 가던 사람들은 대개 돕기 위하여 멈추었다. 그러나 이상한 나라 앨리스의 하얀 토끼와 같이 매우 중요한 약속에 늦었다면 사람들은 거의 돕기 위하여 멈추지 않았다.

바쁜 사람들은 냉담하다고 결론지을 수 있을까? 신학생들이 피해자의 고통을 알아채고 있었지만 의식적으로 그것을 무시하기로 한 것일까? 아니다. 바쁘고, 몰두 상태이고, 실험자를 돕기 위하여 서둘러 갔기 때문에 그들은 단지 곤경에 처한 사람에게 집중할 시간이 없었을 뿐이다. 사회심리학자들이 아주 흔히 관찰해 왔듯이, 그들의 행동은 신념보다 맥락에 의하여 더욱 영향을 받았다.

유사성

유사성은 호감을 유도하고, 호감은 도움을 유도하기 때문에 우리들은 우리와 닮은 사람들을 향하여 더욱 공감하게 되고 도움을 주게 된다(Miller et al., 2001). 유사성 편향은 옷과 신념 둘 다에도 적용된다. Emswiller와 동료들(1971)은 보수적인 또는 반문화적인 옷차림을 한 실험 공모자들이 전화하기 위해 동전을 찾고 있는 '보수적' 및 '히피적' 퍼듀대학생들에게 접근하게 했다. 절반 미만의 학생들이 그들과 다른 옷차림을 한 사람을 도와주었다. 3분의 2의 학생들은 유사한 옷차림의 학생들을 도와주었다('연구 보기 : 내집단 유사성과 도움' 참조).

유사성처럼 친숙성도 동정심을 유발한다. 재난 피해자들과 그들이 사는 장소에 대하여 많이 알면 알수록 기부를 더 많이 한다(Zagefka et al., 2013). 어떤 얼굴도 자신의 얼굴보다 더 친숙하지는 않다. 이것은 DeBruine(2002)이 맥마스터대학교 학생들에게 가상의 선수와 상호작용 게임을 하도록 했을 때 왜 그들이 다른 사람의 얼굴 사진이 자신의 변형된 얼굴의 특징을 일부 지니고 있을 때 더욱 신뢰하고 관대한지를 설명해준다(그림 12.9). 나에게 있는 것을 나는 믿는다. 단지 생일, 성 또는 지문의 모양을 공유하는 것조차도 도움 요청에 더 반응하게 해준다(Burger et al., 2004).

유사성 편향이 인종에게도 확대될까? 1970년대에 연구자들은 그 질문을 탐구하여 혼란스러운 결과를 냈다. 일부 연구들은 사람들이 동일 인종을 더 도우려 한다는 것을 발견해냈고, 다른 인종을 더 도우려는 경우도 있었고, 그리고 인종 간에 아무런 차이가 없는 경우도 있었다(Benson et al., 1976; Dutton & Lake, 1973, Lerner & Frank, 1974).

이 외관상 모순되는 발견 사실을 해결해주는 일반 규칙이 있을까?

편견을 가진 모습으로 보이기를 원하는 사람은 거의 없다. 그런데 아마도 사람들은 자신과 같은 인종을 편애하지만 긍정적 이미지를 유지하기 위하여 그 편향을 비밀로 유지한다. 만약 그렇다면, 동일 인종 편향은 사람들이 도움의 실패를 비인종 요소에 귀인시킬 수 있을 때만 나타나야 할 것이다. 이것은 Gaertner와 Dovidio(1977, 1986)의 실험에서 발생한 것이다. 예컨대, 델라웨어대학교의 백인 여성들은 자신들의 책임이 방관자들 사이에서 분산된다면 곤경에 처한 백인 여성보다 흑인 여성을 도우려는 마음이 더 낮았다("도움을 줄 수 있는 다른 사람이 존재하기 때문에 나는 흑인을 돕지 않았다."). 다른 방관자들이 없을 때, 그 여성들은 흑인과 백인에게 똑같이 도움을 주었다. 규칙은 다음과 같다: 적절한 행동을 위한 규범이 잘 정의될 때, 백인은 차별하지 않는다. 규범이 애매하거나 갈등을 일으키는 것일 때, 인종 유사성은 반응을 편향시킬 수 있다(Saucier et al., 2005).

나(DM)에 대한 이야기를 하자면, 내가 워싱턴 DC에서의 저녁 모임을 마치고 호텔로 걸어가고 있을 때 실험 상황이 어느 날 밤 내게 실제로 발생했다. 한적한 인도에서 잘 차려입은 당황한

연구 보기

내집단 유사성과 도움

닮음은 호감을 낳고, 호감은 도움을 이끌어낸다. 그래서 사람들은 자신들에게 유사성을 보이는 타인들에게 더 많이 도와줄까? 유사성-도움 관계를 탐구하기 위하여 랭커스터대학교의 Levine, Prosser 및 Evans는 근처의 맨체스터 유나이티드 축구 팀의 랭커스터 학생 팬의 행동을 연구하기 위하여 세이트앤드루스대학교의 Reicher(2005)와 함께 했다. Darley와 Batson(1973)의 유명한 선한 사마리아인 실험에서 힌트를 얻어, 그들은 방금 새로 도착한 실험 참가자들 각각을 이웃 건물에 가게 했다. 가는 도중에 조깅을 가장한 공모자(맨체스터 유나이티드 또는 라이벌 리버풀의 셔츠를 입음)가 그들 바로 앞에서 잔디 둑에 넘어져 자신의 다리를 붙잡고 외관상 고통으로 신음했다. 그림 12.7이 보여주듯이, 맨체스터 팬은 자신의 동료 맨체스터 지지자들을 돕기 위해 일반적으로 멈추어 섰지만 리버풀 지지자로 가장한 사람에게는 대체로 그런 도움을 제공하지 않았다.

그러나 연구자들은 축구 팬을 폭력적인 훌리건들이라고 경멸하는 비방꾼이 아니라 리버풀 지지자들도 자신들과 공유하는 정체성을 가진 사람들이라고 맨체스터 팬들에게 회상시키면 어떻게 될까를 궁금해 했다. 그래서 그들은 실험을 반복했지만, 한 가지 차이가 있었다: 참가자들이 조깅하는 사람의 넘어짐을 목격하기 전에 연구자들은 그 연구가 축구 팬인 것의 긍정적 측면에 관한 것이라고 설명했다. 축구 팬 중 단지 소수가 문제이고, 이 연구는 팬들이 '아름다운 경기'를 위한 사랑을 도출하는 것을 탐구하려는 목적을 지닌 것이다. 이제 맨체스터나 리버풀의 축구 클럽 유니폼을 입은 조깅하는 사람이 '우리 팬' 중 일원이 되었다. 그리고 그림 12.8이 보여주듯이 일그러진 얼굴의 조깅맨은 지지하는 팀과 관계없이 도움을 받았고 평범한 셔츠를 입고 있을 때보다 더 그러했다.

이 두 경우의 원리는 동일하다고 랭커스터 연구 팀은 말한다: 사람들은 그것이 더욱 좁게 정의되든 ('우리 맨체스터 팬'처럼) 또는 더욱 포괄적으로 정의되든 ('우리 축구 팬'처럼) 동료 집단 구성원들을 도와주는 성향이 있다. 심지어 라이벌 팬조차도 서로서로를 돕도록 설득될 수 있다면, 그들을 결합하는 것에 대하여 생각하게 한다면 분명히 적대자들로 마찬가지일 것이다. 다른 사람을 도우려는 자발성을 증가시키는 한 가지 방법은 배타적이 아니라 포괄적인 사회 정체성을 촉진하는 것이다.

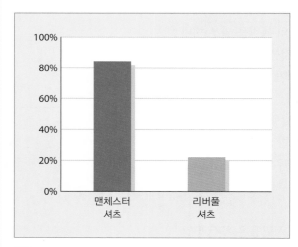

그림 12.7
맨체스터나 리버풀 셔츠를 입고 있는 피해자를 도와준 맨체스터 유나이티드 팬의 비율

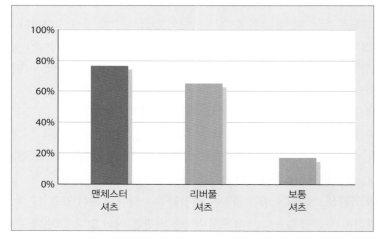

그림 12.8
공통 팬 정체성 조건 : 맨체스터나 리버풀 셔츠를 입고 있는 피해자를 도와준 맨체스터 유나이티드 팬의 비율

듯 보이는 내 또래의 남자가 나에게 접근해서 1달러를 구걸했다. 그는 런던에서 방금 넘어왔는데 대학살 박물관을 방문한 후에 우연히 지갑을 택시에 두고 내렸다고 설명했다. 그래서 그는 여기에서 오도가도 못하게 되었고, 교외 DC에 있는 친구 집에 가는 택시비 24달러가 필요하다고 했다.

"그런데 어떻게 1달러로 거기로 가려고 하느냐?"고 내가 물었다.

"내가 사람들에게 더 많이 요청했지만, 누구도 나를 도와주지 않았다. 그래서 나는 택시비보다 더 적은 돈을 부탁하는 것이 좋겠다고 생각했다"고 말하며 거의 흐느꼈다.

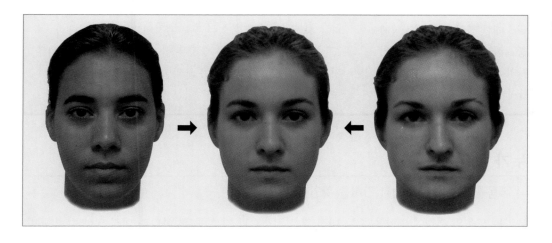

그림 12.9
유사성은 협조를 낳는다.
Debruine(2002)은 실험 참가자의 얼굴(왼쪽)을 낯선 이의 얼굴(오른쪽)과 합성하여 복합적 얼굴(중앙)을 만들었다. 합성 얼굴에 대하여 참가자들은 낯선 이보다 더 관대했다.

출처 : Courtesy of Lisa DeBruine

"그러면 지하철로 가면 되지 않냐?"고 내가 맞받았다.

"그린바에서 대략 5마일쯤에 멈추는데, 내가 거기에 가야 한다"고 설명했다. "오 제발, 내가 어떻게 거기에 가겠어요? 만약 당신이 나를 도와준다면, 내가 월요일에 우편으로 그 돈을 부쳐 주겠어요."

여기서 나는 거리의 이타성 실험 참가자처럼 되었다. 도시에서 자라 뉴욕과 시카고의 빈번한 방문자로서 나는 구걸에 익숙했고 결코 그 보답을 받은 적이 없었다. 그러나 나는 또한 스스로 조심스러운 사람이라고 생각한다. 게다가 이 사람은 내가 만난 그런 거지처럼 보이지 않았다. 그는 세련되게 차려입고 있었다. 그는 지성인이었다. 그는 설득력 있는 이야기를 하고 있었다. 그리고 그는 나처럼 보였다. 그가 거짓말하고 있고, 비열한 자라면, 그에게 돈을 주는 것이 어리석고, 순진하고, 비열한 작태에 맞장구치는 것이라고 스스로 생각했다. 만약 그가 진실을 말하는데 내가 등을 돌린다면, 내가 비열한 자가 된다.

그는 1달러를 요청했다. 나는 30달러를 주면서 나의 이름과 주소를 가르쳐 주었고, 그는 감사하며 받고는 어둠 속으로 사라졌다.

걸어가면서 내가 어수룩한 사람이 아닌가 하고 의심하기 시작하였다. 그리고 그것은 사실로 밝혀졌다. 영국에 살았다고 했는데, 왜 나는 그의 영국에 관한 지식을 시험해보지 않았던가? 그를 전화 박스로 데려가서 그의 친구에 전화하도록 하지 않았던가? 왜 나는 그에게 돈을 주기보다는 적어도 택시 기사에게 돈을 주고 그를 보내지 않았던가? 그리고 사기를 당하지 않고 인생을 살았음에도 이런 자에게 속게 되었는가?

소심하게도, 나 스스로 인종적 고정관념에 영향받지 않는다고 생각하고 싶기 때문에 그것은 그의 사교술 높은 사적인 접근일 뿐만 아니라 단순히 나와 유사하다는 사실이었다는 점을 인정해야만 했다.

요약 : 우리는 언제 돕는가?

- 몇몇 상황적 영향이 이타성을 억제하거나 고취하는 기능을 한다. 긴급 사태의 방관자들의 수가 증가함에 따라, 특정 방관자는 (1) 그 사건을 주목할 가능성이 줄어들고, (2) 긴급 사태로 해석할 가능성이 줄어들고, (3) 책임감을 느낄 가능성이

(계속)

줄어든다(방관자 효과). 도움 행동에 대한 실험은 윤리적 딜레마를 제공하지만 행동에 대한 중요한 영향을 밝혀냄으로써 인간 삶을 증진시키려는 연구자들의 의무를 완수하는 것이다.
* 사람들은 언제 가장 도와줄 확률이 높은가? 한 가지 상황은

다른 사람이 도와주고 있는 것을 관찰하고 있을 때이다.
* 도움을 촉진하는 또 다른 상황은 적어도 약간의 시간적 여유가 있을 때이다. 바쁜 사람은 도와줄 가능성이 줄어든다.
* 우리는 우리와 닮았다고 지각하는 사람을 돕는 경향이 있다.

누가 돕는가?

도움을 예측하는 특성과 가치를 확인한다.

우리는 도움의 결정에 영향을 주는 내적 영향(죄책감과 기분 등)뿐 아니라 외적 영향(사회 규범, 방관자들의 수, 시간적 압박과 유사성 등)도 고려해 왔다.

성격 특성과 지위

틀림없이 일부 특성은 테레사 수녀와 다른 사람들을 구분해준다. 동일한 상황에 직면해서 어떤 사람들은 도와주는 반응을 할 것이고, 다른 사람들은 귀찮아할 것이다. 누가 도움 제공자일 것 같은가?

몇 년 동안 사회심리학자들은 상황, 죄책감 및 기분 요인의 예측력에 필적하는, 도움을 예측해주는 단일 성격 특성을 찾아낼 수 없었다. 도움과 사회적 인정의 필요성과 같은 성격 변인과의 적당한 관계는 발견되었다. 그러나 대체로 성격검사는 도움 제공자를 확인할 수 없었다. 나치 유럽에서 유대인 구출에 대한 연구도 비슷한 결론을 냈다: 비록 사회적 맥락이 분명히 도움의 의지에 영향을 미쳤을지라도, 명확한 이타적 성격 특성의 집합은 없었다(Darley, 1995).

이 발견 사실은 친숙한 고리를 가진다면, 그것은 동조 연구자들에 의한 유사한 결론에서 도출될 수 있을 것이다: 동조는 또한 측정 가능한 성격 특성보다 상황에 의하여 더욱 영향을 받는 것으로 보였다. 그렇지만 아마 우리가 누구인가 하는 것은 우리가 무엇을 하고 있는가에 영향을 준다. 태도와 특성 측정치는 **구체적인** 행동을 거의 예측하지 못하는데, 이것은 이타성에 대한 대부분의 연구가 측정하는 것이다(테레사 수녀의 평생의 이타성과 대비). 그러나 그들은 많은 상황에 걸친 평균 행동을 더욱 정확히 예측한다.

성격 연구자들은 그 도전에 대응해서 세 가지 방식으로 이타성에 영향을 주는 성격의 효과를 요약했다:

* 도움에 **개인차**를 발견하고 그 차이가 시간에 걸쳐서 지속되고 다른 동료들에 의해서 감지된다는 것을 보여주었다(Hampson, 1984; Penner, 2002; Rushton et al., 1981). 한 연구에서 기쁨을 가장 기꺼이 공유하는 5살 아이들은 23과 32살이 되었을 때 정치적인 견해에서 가장 사회적으로 진보적이었다(Dunkel, 2014). 일부 사람들은 더 일관되게 도움을 주는 경향이 있다.
* 연구자들은 사람들을 도와주도록 마음먹게 하는 **특성**의 네트워크에 대한 단서를 모으고 있다. 긍정적 정서성, 공감 및 자기효과성이 높은 사람들은 관심을 가지고 도움을 줄 가능성이 더 높다(Eisenberg et al., 1991; Krueger et al., 2001; Walker & Frimer, 2007). 전반적으로 도움 제공을 가장 잘 예측해주는 성격 특성은 상냥함으로 다른 사람들과 잘 지내는 것에 높

은 가치를 두는 것이다(Habashi et al., 2016). 놀랄 것 없이 냉담한 특성을 지닌 사람들(예 : 정신병질자)은 도움이나 공감의 정도가 낮다(Beussink et al., 2017).

- 성격은 특정 사람들이 **특정 상황에서** 어떻게 반응할지에 영향을 준다(Carlo et al., 1991; Romer et al., 1986; Wilson & Petruska, 1984)). 자기감찰(self-monitoring) 동기가 높은 사람은 다른 사람의 기대에 맞추려고 하고, 그러므로 도움이 사회적으로 보답을 받을 것이라고 생각하면 돕는다(White & Gerstein, 1987). 타인들의 의견은 내적으로 인도되는 낮은 자기감찰 동기를 지닌 사람들에게는 덜 중요하다. 민감성 또한 중요하다. 비상 상황에서 희생자들에게 더 연민을 느끼는 사람들은 거기에 혼자

조화로운 사회 관계에 가치를 두는 외향적이고 친절한 사람들이 타인을 더 잘 도와준다.

있을 때 더 빨리 반응하지만, 다른 방관자들이 있을 때는 더 느리다(Hortensius et al., 2016).

지위와 사회적 계층도 또한 이타성에 영향을 준다. 네 가지 연구에서 Piff와 동료들(2010)은 특권이 낮은 사람들이 특권이 높은 사람들보다 더 관대하고, 신뢰롭고 그리고 도움을 주는 것을 밝혀냈는데, 이는 그들이 타인에 대하여 더 동정심을 느끼고 사회적 대우를 덜 받는다고 느끼기 때문이다(Piff, 2014; Stellar et al., 2012). 특히 사적인 상황에서(누구도 '지켜보고' 있지 않을 때) 사회적 계층이 낮은 사람들은 타인과의 민감성에 연결된 뇌 영역에서 더 많은 반응을 보였고 (Muscatell et al., 2016), 다른 사람의 정서를 더 정확히 판단했다(Kraus et al., 2010). 심지어 더 강력하다고 느끼게 만드는 조건에 무작위로 배정된 사람들도 더 낮은 공감을 시사하는 뇌 활동을 보였다(Hogeveen et al., 2014). 이 연구는 냉담한 부자에 대한 고정관념이 어느 정도 사실일 수 있음을 시사한다.

성별

사람과 상황의 상호작용은 또한 거의 5만 명의 남녀 개인들의 도움을 비교한 172개 연구에서 나타난다. 이 결과를 분석한 후, Eagly와 Crowley(1986)는 (펑크 난 타이어나 지하철 추락처럼) 낯선 이가 도움을 필요로 하는 잠재적으로 위험한 상황에 직면했을 때 남자들이 흔히 더 많이 돕는다고 보고했다. Eagly(2009)는 또한 생명을 구했을 때 주는 카네기 영웅 메달의 수령자들 중에는 91%가 남자였다.

성별 규범('여자와 아이 먼저')은 (본능적으로 충동적으로 행동하는 것에 반대되는 것으로) 사람들이 사회 규범에 대해 생각할 시간을 가지고 있을 때 상황에 작용할 가능성이 더 커진다. 이 가능성을 탐구하기 위하여, 어떤 사악한 실험자는 승객들을 빨리 또는 천천히 가라앉는 배에 배정하고 행동을 관찰하고 싶을지도 모른다. 실제로 취리히 연구자 Frey와 동료들(2010)은 인류사는 이 실험을 실시하고 있다고 언급한다. 1915년 독일 U-보트가 여객선 루시타니아호를 가라앉혔을 때, 공포의 18분이 지나 승선했던 여성들은 남성들보다 1% 적게 살아남은 것 같다. 1912년 비슷한 남녀 승객을 태운 타이타닉호가 빙하와 충돌하고 거의 3시간에 걸쳐서 가라앉았을 때, 여성들은 남성들보다 53% 더 많이 살아남은 것 같다. 이 자연 실험에서 시간이 친사회적 행동과 성별 규범의 활성화를 가능케 했다.

실험을 돕기 또는 발달장애를 지닌 아이들과 시간 보내기에 지원하는 것과 같은 더 안전한 상황에서 여성들이 약간 더 잘 돕는 것 같다. 2016년 13만 7,456명의 미국 대학 신입생들에 대한 국가 조사에서 72%의 남성들과 82%의 여성들이 '곤경에 처한 타인을 돕는 것'을 '매우 중요하거나' 또는 '핵심적'인 것으로 평가했다(Eagan et al., 2017). 여성들은 스스로를 잘 도와주는 사람으로 기술할 가능성이 더 컸다(Nielson et al., 2017). 여성들은 또한 유대인 대학살 구출자로 목숨을 걸기, 신장 기증, 그리고 세계평화봉사단 자원에 남성들보다 더 많이 또는 그 정도로 참여하는 것 같다(Becker & Eagly, 2004). 그래서 성차는 상황과 상호작용한다(상황에 의존한다). 친구의 문제에 직면할 때 여성들은 더 큰 공감을 보이며 더 많은 시간을 돕는 데 보낸다(George et al., 1998).

끝으로 여성들은 더 관대하다. 그들은 부를 분배하는 정부 프로그램에 더 지지적이고 자신의 부를 더 많이 분배한다. 인디애나대학교의 여성 박애기관은 (1) 한 명의 여성이 한 명의 남성보다 더 많이 기부하고, (2) 남성들은 여성과 결혼하면 더 많이 기부하고, (3) 모든 소득 수준에서 여성 주도의 가계가 남성 주도의 가계보다 더 많이 기부한다(Mesch & Pactor, 2015)고 말했다. 좀 놀랍게도, 20년 전에 박애주의자 빌 게이츠는 자선재단을 설립하라는 충고를 거절했지만, 결혼해서 두 딸을 가지게 되어 '다른 사람을 위하여 더 많은 것을 하도록 압박하는 것을 멈추지 않았던' 자신의 어머니를 회상하게 되었다는 것에 Grant(2013)는 주목했다.

종교적 신앙

1943년 나치 잠수함이 연합군이 대체할 수 있는 것보다 더 빨리 배를 가라앉혔을 때, 군 수송선 SS 도체스터호는 뉴욕항에서 902명의 남성을 태우고 출항하여 그린란드로 향해 갔다(Elliott, 1989; Kurzman, 2004; Parachin, 1992). 걱정하는 가족을 뒤에 남겨 둔 사람들 중에는 4명의 성직자들이 있었다: 감리교 목사 폭스, 랍비 구드, 카톨릭 신부 워싱턴 및 개신교 목사 폴링. 종착지에 50마일쯤 떨어졌을 때 달도 없는 밤중에 U-보트 456이 조준용 십자선으로 도체스터호를 잡았다. 어뢰 공격을 받고 배가 기울기 시작하자 충격받은 남자들이 침상에서 쏟아져 나왔다. 전기가 나가고, 배의 라디오는 무용지물이 되었다. 에스코트 중이던 함정은 펼쳐진 비극을 모른 채 어둠 속으로 돌진했다. 배 위에서는 공포에 질린 남자들이 구명조끼도 없이 선체에서 나와 초만원인 구명보트로 뛰어들 때 무질서의 도가니였다.

4명의 성직자들이 가파르게 기울어지는 갑판에 도착했을 때, 그들은 남자들을 배 기지 쪽으로 안내하기 시작했다. 그들은 창고 문을 열고, 구명조끼를 배부하고, 그리고 곁에 있는 남자들을 달래어 일을 시켰다. 하사관 마호니는 그의 장갑을 가지러 되돌아갔을 때, 랍비 구드는 "걱정 마라. 나는 한 켤레 더 있다"라고 말했다. 나중에야 마호니는 그 랍비가 불편하게 다른 짝을 끼고 있는 것을 알았다. 그는 자신의 장갑을 포기한 것이다.

얼음이 얼고 기름으로 오염된 바다에서 사병 베드나르가 성직자들이 용기를 달라고 기도하는 소리를 들었을 때, 배에서 헤엄을 쳐 구명 뗏목까지 갈 수 있는 힘을 얻었다. 여전히 배 위에서 클라크는 성직자들이 마지막 구명조끼를 건네주고 궁극적 이타심으로 자신의 것조차 나누어줄 때 경외심을 가지고 지켜보았다. 클라크가 물속으로 미끄러졌을 때, 그는 잊을 수 없는 광경을 돌아보았다: 4명의 성직자들은 팔짱을 끼고 서서 라틴어, 히브리어, 영어로 기도하고 있었다. 도체스터호가 바다로 침몰할 때, 다른 남자들이 그들과 함께 모여 있었다. "그것은 내가 보았던 또는 이런 모습의 천국을 보고 싶어 했던 가장 훌륭한 장면이었다"라고 230명의 생존자 중 한 사람인 라드는 말했다.

성직자들의 영웅적 사례는 신앙이 용기와 보살핌을 촉진시킨다고 보는 것이 맞는 것일까? 세계의 4대 종교(기독교, 이슬람교, 힌두교, 불교) 모두는 동정심과 자비를 가르친다(Steffen & Masters, 2005). 그러나 그 신도들은 그 말씀대로 행동할까? 종교는 복잡한 가방이라고 Malka와 동료들(2011)은 말한다. 그것은 가난한 자에 대한 지지를 포함하여 정부 주도권에 대한 보수적인 반대와 흔히 관련되지만, 또한 친사회적 가치도 촉진한다.

사람들이 물질적인 또는 정신적인 사고에 미묘하게 '점화'되었을 때 무슨 일이 발생하는지 생각해보자. 마음속으로 신을 생각하고 있을 때 — '영혼', '신성한', '하느님' 및 '성스러운'과 같은 단어로 문장을 정리한 후 — 사람들은 자신들의 기부에 훨씬 더 관대했

© Lynn Burkholder/First Impressions

4명의 성직자들의 궁극적 비이기심이 이 그림에 영감을 주었고, 이 그림은 밸리 포지에 있는 펜실베이니아 사성인 성당에 걸려 있다.

다(Pichon et al., 2007; Schumann et al., 2014; Shariff et al., 2015). 후속 연구에서 종교적 점화는 할당된 과제나 도덕적 신념과 일치하는 행위를 지속하는 것과 같은 다른 '선한' 행동을 증가시킨다는 것을 밝혀냈다(Carpenter & Marshall, 2009; Toburen & Meier, 2010). 그러나 '종교'와 '하느님'은 다소 다른 점화 효과를 지닌다. '종교'는 내집단 구성원들을 향한 도움을 점화하고, '하느님'은 외집단의 구성원들에게 그렇게 했다(Preston & Ritter, 2013).

대학생과 일반인들을 대상으로 한 연구에서 종교적으로 개입된 사람들은 종교적으로 개입되지 않은 사람들보다 가정교사, 구조원 및 사회 정의를 위한 운동원으로 더 많은 시간 동안 자원봉사하였다(Benson et al., 1980; Hansen et al., 1995; Penner, 2002). 갤럽 조사에서 신앙 공동체에 '참여하고' 있는 것으로 분류한 미국인들 중에서 중앙치(median)인 사람들은 주당 2시간의 자원봉사를 보고하지만, 참여하지 않는 사람의 중앙치는 주당 0시간의 자원봉사를 보고하였다(Winsemam, 2005). 세계 조사는 신앙 참여와 자원봉사 간의 상관관계를 확인시켜준다. 53개국에서 세계 가치 조사 기관에 응답한 11만 7,007명의 자료를 분석한 결과, 주당 두 번 종교 모임에 참여한 사람들은 비참여자보다 자원봉사에 더욱 참여할 가능성이 다섯 배 이상이었다(Ruiter & De Graat, 2006).

게다가 샘 레벤슨의 농담(베풀 기회가 오면, 일부 사람들은 물불을 가리지 않는다")은 대단히 적극적으로 종교적인 사람들에게는 거의 적용되지 않는다. 대규모 세계 갤럽 조사에서 140개국 각각 2,000명 이상 조사했다. 낮은 소득에도 불구하고 대단히 종교적인 사람들(종교가 자신의 일상 삶에 중요하고 지난주에 종교 예배에 참여했다고 보고한 사람)이 자선, 자원봉사 및 지난 달에 낯선 이에 대한 도움의 평균 비율이 현저하게 더 높았다고 보고했다(그림 12.10).

종교인들이 자신들의 교회, 예배당 또는 회교 사원을 통하여 기부와 자원봉사 기회의 출구를 가지기 때문에 이런 일이 발생하는지 궁금할 수 있다. 그러나 종교인들은 온라인 게임에서도 또한 타인에게 더 관대하였거나(Everett et al., 2016) 한 학생의 논문 프로젝트를 도와주기 위하여 질문지에 30분을 쓰는 것을 동의하였다(Blogowska et al., 2013).

게다가 종교와 계획된 도움 사이의 연결은 지역사회 조직에서 비교적 독특한 것으로 보인다.

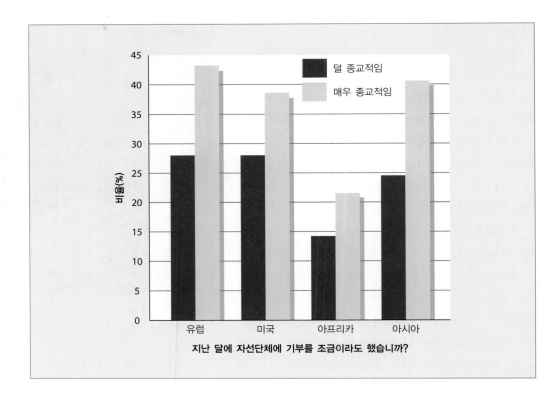

그림 12.10
도움 행동과 종교적 개입
전 세계적으로 대단히 종교적인 사람들이(평균 이하의 수입에도 불구하고) 지난 달 돈을 기부했고 자원봉사를 했고 모르는 사람들을 도왔다고 말하는 비율이 더 높았다고 갤럽 연구원 Pelham과 Crabtree(2008)는 보고하였다. 대단히 종교적인 사람들은 일상생활에서 종교가 중요하다고 말했고, 지난주에 예배에 참석했다고 말했다. 덜 종교적인 사람들은 그렇지 않은 기타 사람들이다.

Putnam(2000)은 취미 단체, 전문가 협회, 자조집단 및 봉사단체를 포함한 22개 조직 유형에서 추출한 국가 조사 자료를 분석하였다. "투표, 배심원 봉사, 공동체 계획, 이웃과의 대화 및 자선 행사와 같은 또 다른 시민 참여에 가장 밀접히 관련되어 있는 것은 바로 종교집단의 멤버십이었다"고 그는 보고하였다(p. 67).

70개 국가에 걸친 새로운 분석에서 "종교적 개인들이 자선기관의 구성원이 될 가능성이 더 높았고" 그리고 이기적 거짓말이나 기만을 저지를 가능성이 더 낮았다. 그러나 종교성의 이러한 외관적 친사회적 효과는 종교 행동이 강력한 사회 규범에 의하여 부과될 때보다 '자신의 선택이 중요한' 국가에서 가장 강하였다(Stavrova & Siegers, 2014).

요약 : 누가 돕는가?

- 이타성의 강력한 상황적 · 기분적 결정 요인에 비하여, 성격검사 점수는 단지 도움의 미약한 예측 요인으로 기능할 뿐이었다. 그렇지만 새로운 증거에 의하면 일부 사람들은 다른 사람들보다 더욱 일관적으로 도움을 베푼다.

- 성격이나 성별의 효과는 상황에 따라 달라질 수 있다. 예를 들어 남성들은 위험한 상황에서 여성들보다 자원자로서 더욱 도움을 주는 것이 관찰되었다.
- 신앙은 자원봉사와 자선 행사에 반영되듯이 장기간의 이타성을 예측해준다.

도움 행동을 어떻게 증가시킬까?

> 도움을 억제시키는 요인을 뒤집음으로써, 도움의 규범을 가르침으로써, 그리고 사람들 스스로를 도와주는 존재로 간주하도록 사회화시킴으로써 도움 행동을 증가시키는 방법을 제안한다.

사회과학자들로서 우리의 목표는 인간의 행동을 이해하고, 그렇게 해서 또한 그것을 개선하는 방법을 제안하는 것이다. 이타성을 촉진하는 한 가지 방법은 그것을 억제하는 요인들은 뒤집는 것이다. 바쁘고 몰두하고 있는 사람들이 도와줄 가능성이 더 낮다면, 사람들을 여유있게 만들고 주의를 외부로 돌리게 하는 방법을 생각해볼 수 있지 않을까? 타인의 존재가 방관자의 책임감에 의하여 낮아진다면, 우리가 책임을 증가시킬 수 있지 않을까?

애매성을 감소시키고 책임을 증가시키기

만약 Latané와 Darley의 결정의 나무(그림 12.5 참조)가 방관자들이 직면하는 딜레마를 기술한 것이라면, 사람들에게 상황을 올바로 해석하게 하고 책임을 느끼도록 만들 수 있다면 도움 행동은 증가되어야 한다. Bickman과 동료들(Bickman, 1975, 1979; Bickman & Green, 1977)은 범죄 보고에 대한 일련의 실험에서 그 가정을 검증했다. 각 경우에 그들은 슈퍼마켓이나 서점에서 절도 사건을 연출했다. 일부 장소에서 그들은 도둑질에 방관자들을 예민하게 하고 그것을 보고하는 방식을 알려주는 표지판을 설치했다. 연구자들은 그 표지판이 거의 효과가 없다는 것을 알아냈다. 또 다른 경우에 목격자는 방관자가 그 사건을 해석하는 것을 들었다: "어이, 저 여자 좀 봐. 도둑질 하고 있어. 그녀가 그것을 가방에 넣었어." (그 방관자는 그러고 나서 잃어버린 아이를 찾으러 떠났다.) 또한 다른 사람들은 이 사람이 덧붙여 말하는 것을 들었다: "우리가 그것을 봤어. 우리는 그것을 보고해야 해. 그것이 우리의 책임이야." 두 진술 모두 실질적으로 범죄의 보고를 높여주었다. 성폭행이나 성희롱의 여지가 있는 상황에서 대학생들이 개입하도록 할 목적으로 만든 기차 프로그램은 상황을 해석하고 고함지르는 법 배우기와 같은 비슷한 기법을 가르친다(Katz & Moore, 2013).

개인화된 호소

개인화된 비언어적 호소도 또한 효과적일 수 있다. Snyder와 동료들(1974; Omoto & Snyder, 2002)은 히치하이커들이 운전자의 눈을 똑바로 봄으로써 성공률을 두 배나 증가시켰다는 것, 그리고 대부분의 AIDS 자원봉사자들은 누군가의 사적인 영향을 통하여 개입되었다는 것을 발견해냈다. 사적인 접근은 나(DM)에게 택시비를 구걸했던 남자가 알고 있었듯이 사람들에게 덜 익명적으로, 더 책임있게 느끼도록 만든다.

익명성을 감소시키기 위하여 연구자들은 방관자 서로에게 자신들을 이름, 나이 등등으로 확인시켰고, 이것이 익명적인 방관자들보다 아픈 사람에게 도움을 줄 가능성을 더 높였다는 것을 발견해냈다. 마찬가지로 한 여성 실험자가 다른 쇼핑객의 눈을 쳐다보고 엘리베이터에 타기 전에 따뜻한 미소를 건넸을 때, 그 쇼핑객은 그 실험자가 나중에 "이런, 안경을 두고 왔네. 우산이 어느 층에 있는지 알려주실 분 없으세요?"라고 말했을 때 다른 쇼핑객보다 도움을 줄 가능성이 훨씬 높았다. 심지어 누군가와 사소한 짧막한 대화도("실례합니다만, 수지 스피어의 언니 아닙니까?", "아닙니다") 극적으로 그 사람의 나중의 도움을 증가시켰다.

도움은 또한 그 희생자와 기타 목격자를 다시 만날 것이라고 예상할 때 증가한다. 실험실 인터 콤을 사용하여 Gottlieb와 Carver(1980)는 마이애미대학교 학생들에게 자신들이 다른 학생들과 대학생활의 문제를 토론하고 있다고 믿도록 유도했다(실제로 다른 토론자는 녹음 테이프였다). 가상적 동료 토론자들 중 한 사람이 숨막힐 듯 발작을 하며 도와달라고 외칠 때, 자신들이 곧 토론자들을 대면하여 만나게 될 것이라고 믿은 사람이 가장 빨리 도와주었다. 요약하면, 방관자를 개인화하는 것은 어떤 것이라도(사적인 요청, 눈 접촉, 이름을 부르기, 상호작용의 예상) 도와주려는 의지를 증가시킨다. 실험에서 레스토랑 고객들은 종업원들이 이름으로 자신을 소개하고, 친절하게 수표 위에 메시지를 적어주고, 손님의 팔이나 어깨에 접촉을 하고, 서비스 중에 테이블에 앉아 있거나 쭈그리고 앉아 있을 때 팁을 더 많이 주었다(Leodoro & Lynn, 2007; Schirmer et al., 2011).

사적인 대우는 방관자들에게 자의식을 더 갖도록 만들어주고 그래서 자신의 이타적인 이상에 더욱 익숙해진다. 거울이나 TV 카메라 앞에서 행동함으로써 자의식을 느낀 사람들이 태도와 행위 간의 일관성을 증가시킨다는 이 전 장의 내용을 기억해보자. 대조적으로 '탈개성화된(deindividuated)' 사람들은 책임을 덜 느낀다. 그래서 자의식을 촉진시키는 상황(이름표, 지켜보거나 평가되는 상황, 주의집중되는 고요)은 또한 도움을 증가시켜야 할 것이다.

Duval, Duval 및 Neely(1979)는 이것을 확증했다. 그들은 사우스캘리포니아대학교에 재학 중인 몇몇 여학생들에게 자신의 이미지를 TV 스크린으로 보여주거나 자전적 질문지에 답하게 한 직후에 곤궁한 사람들에게 시간이나 돈을 기부할 기회를 주었다. 자의식을 느낀 여학생들이 더 많이 기부했다. 마찬가지로 누구에겐가 방금 사진이 찍힌 행인들이 다른 행인의 떨어진 봉투를 줍는 일을 도와줄 가능성이 더 컸다(Hoover et al., 1983). 그리고 거울 속에서 자신의 이미지를 방금 본 사람들 중에서 70%의 이탈리아 행인들은 낯선 사람을 도와 엽서를 붙여준 데 비하여 그렇지 않은 경우는 13%가 도와주었다(Abbate et al., 2006). 자의식을 지닌 사람들은 자신들의 이상을 더욱 자주 실천한다.

죄책감과 자아상의 염려

이전에 우리는 죄책감을 느낀 사람들이 죄책감을 낮추고 자기 가치감을 회복하기 위하여 행동할 것이라고 언급하였다. 그러므로 사람들의 죄책감을 깨우는 것이 도우려는 욕구를 증가시킬 수 있을까? 대학생들에게 자신들의 과거의 위반에 대하여 생각하게 하라. 그러면 그들은 학교 일을 돕는 자원봉사자로 동의할 가능성이 더 커지게 된다.

Katzev(1978)가 중심이 된 리드대학 연구팀은 일상의 맥락에서 죄책감-유도 도움을 실험했다. 포틀랜드 미술 박물관의 방문객들이 "만지지 마시오"라는 표지판을 따르지 않았을 때, 실험자들은 그들을 질책했다: "제발 그 물건을 만지지 마세요. 모든 사람이 그것을 만지면, 상태가 나빠집니다." 마찬가지로 포틀랜드 동물원 방문객들이 허용되지 않은 음식을 곰에게 주었을 때, 일부 사람들은 "이보세요, 허용되지 않은 음식을 동물에게 주지 마세요. 동물에게는 해가 될 수 있다는 것을 알지 않습니까?"와 같은 훈계의 말을 들었다. 두 경우에 이제 죄책감을 지게 된 개인들의 58%는 그 직후에 '우연히' 무언가를 떨어뜨린 또 다른 실험자에게 도움을 제공하였다. 물론 질책받지 않은 사람들 중에 단지 3분의 1만이 도움을 주었다. 죄책감을 지게 된 사람들은 도와주는 사람이 된다.

최근에 나(DM)는 이런 경험을 했다. 내가 기차를 타려고 달려갔을 때, 바쁜 도시 인도에서 일어서려고 애쓰는 어떤 남자를 지나치고 있었다. 그의 흐릿한 눈은 내가 응급실 안내원으로 대학 시절에 도와주었던 많은 취객을 떠올리게 했다. 또는… 지나친 후에 나는 궁금했다… 그가 실제로 건강상의 위기를 겪고 있다면? 죄책감에 사로잡혀 나는 인도의 쓰레기를 줍고, 의자를 함께 쳐다보고 있던 노인 부부에게 나의 기차 좌석을 제공하고, 다음 번에 낯선 도시에서 불확실한 상황을 직면하면 나는 911로 전화할 것이라고 맹세했다.

Cialdini와 Schroeder(1976)는 자아상에 대한 염려를 촉발하는 또 다른 실용적 방법을 제안한다: 너무 사소해서 상대방이 스스로 스크루지 같다는 느낌이 들지 않으면서 '아니요'라고 말하기 힘든 부탁을 하라. 미국 자선단체 유나이티드 웨이의 운동원이 그의 집에 왔을 때, Cialdini(1995)는 이것을 발견했다. 그녀가 그의 기부를 간청했을 때, 그는 심리적으로 거부할 준비를 하고 있었다. 그런데 그녀는 그의

많은 사람들이 이 노숙자를 지나친 후 느끼는 죄책감 때문에 다음에 마주치는 상황에서는 사람을 도울 마음이 생길 것이다.

재정적 변명을 무너뜨리는 마술과 같은 말을 했다: "1페니조차도 도움이 됩니다", "나는 깔끔하게 속아서 응하게 되었다"고 Cialdini는 회상했다. "우리 교환에는 또 다른 흥미로운 측면이 있었다. 내가 기침을 멈추었을 때(나는 실제로 나의 시도된 거부에 질식 상태였다), 내가 그녀가 언급한 푼돈을 준 것이 아니라 내가 대개 자선 요청자들에게 할당한 정도의 돈이었다. 그제서야 그녀는 감사해 했고 천진하게 웃으며 이동했다."

Cialdini의 반응은 비전형적이었을까? 이것을 확인하기 위하여 그와 Schroeder는 기부 요청자가 교외 거주자들에게 접근하게 했다. 기부 요청자가 "나는 미국 암 협회를 위하여 모금 중입니다"라고 말했을 때, 29%가 각자 평균 1.44달러 기부했다. 그 요청자가 "1페니조차도 도움이 됩니다"라고 덧붙이면 50%가 각자 평균 1.54달러 기부했다. Weyant(1984)가 이 실험을 반복했을 때, 그는 비슷한 결과를 찾아냈다: "1페니조차도 도움이 됩니다"라는 말은 기부자의 수를 39%에서 57%로 급증시켰다. 그리고 6,000명에게 미국 암 협회를 위한 기부를 우편으로 부탁했을 때, 소량을 부탁받은 사람들이 더 많은 양을 부탁받은 사람들보다 기부할 가능성이 더 컸다 — 적어도 평균에서 적지 않았다(Weyant & Smith, 1987). 이전 기부자들에게 접근했을 때, (합당한 이유 이내에서) 더 큰 부탁은 정말로 더 큰 기증을 유도해냈다(Doob & McLaughlin, 1989). 그러나 현관에서 대면 부탁을 할 때, 작은 기부를 위한 부탁은 더욱 성공적이고, 이것은 거절하기 힘들며, 여전히 그 사람에게 이타적 자아상을 유지하게 해주는 것이다.

사람들은 도움을 잘 주는 존재로 명명하는 것은 또한 도움을 주는 자아상을 강화시킬 수 있다. 그들이 자선 기부를 한 후에 Kraut(1973)는 일부 코네티컷 여성들에게 "당신은 관대한 사람이다"라고 말했다. 2주 후 이 여성들은 그렇게 명명되지 않은 사람보다 다른 자선행사에 더욱 기꺼이 기부하려 하였다.

이타성의 사회화

어떻게 우리는 이타성을 사회화할 수 있을까? 다섯 가지 방법이 있다(그림 12.11).

도덕적 포함을 가르치기

나치 유럽에서 유대인 구출자들, 노예 반대운동의 지도자들 및 의료 선교사들은 적어도 한 가지

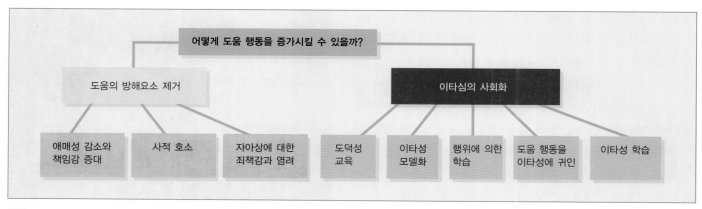

그림 12.11
도움 행동을 증가시키는 실용적 방식

도덕적 배제
어떤 개인들이나 집단을 도덕적 가치와
공평성의 규칙이 적용되는 경계 밖에
있는 것으로 지각하는 것. 도덕적 포함
은 타인들을 자신의 도덕적 관심의 범
위 내에 있는 것으로 간주하는 것이다.

공통 특성을 공유하고 있었다: 그들은 **도덕적으로 포함자**들이다. 그들의 도덕적 관심은 다양한 사람을 포괄하고 있다. 한 구출자는 숨어 있던 임신 상태의 유대인을 위하여 본인이 임신한 것처럼 꾸몄다. 그래서 자신의 호적에 곧 태어나게 될 아이를 포함시켰다(Fogelman, 1994).

도덕적 배제(moral exclusion, 도덕적 관심의 범위에서 어떤 사람을 생략하는 것)는 정반대 효과를 지닌다. 그것은 차별에서 인종 학살까지 모든 종류의 해악을 정당화시킨다(Opotow, 1990; Staub, 2005a; Tyler & Lind, 1990). 착취나 잔악 행위는 그럴 가치가 없거나 인간이 아닌 것으로 간주하는 사람들에 대해서는 인정할 수 있거나 심지어 적절한 것이다. 나치는 유대인들을 자신들의 도덕적 공동체에서 배제하였다. 인질, 암살단 또는 고문에 참여한 사람은 누구나 비슷한 도덕적 배제를 실천한 사람들이다. 더 느슨한 기준으로 본다면, 도덕적 배제는 우리 자신의 관심, 호의 및 재정적 상속을 '우리의 사람(예 : 우리 자식들)'에게 집중하고 타인들을 배제하는 현상을 말하는 것이다.

그것은 또한 전쟁의 인간 비용에 대한 공적 공감에 제약을 가한다. 보고된 전쟁 사망자들은 전형적으로 '우리의 사망자들'이다. 예컨대 많은 미국인들은 약 5만 8,000명의 미국인들이 베트남전에서 죽었다는 것을 알고 있다(그들 5만 8,248명의 이름이 베트남 전쟁 기념관에 새겨져 있다). 그러나 미국인들은 그 전쟁에서 또한 약 200만의 베트남인들이 죽었다는 사실을 거의 모르고 있다. 이라크 전쟁 동안에 미국인 사망자 수(2011년 말 시점까지 약 4,500명)의 뉴스는 거의 알려지지 않은 이라크 사망자의 수보다 더욱 관심을 끌었지만, 주도적 의학 잡지가 출간한 최소 추정치의 범위도 15만 명 이상이었다(Alkhuzai et al., 2008).

우리는 쉽사리 외집단의 비인간적 대규모 사망자의 수에 무감각해진다고 Slovic(2007)과 Dunn 및 Ashton-James(2008)는 말한다. 사람들은 50명이 아니라 5,000명을 죽인 허리케인에 대하여 더 놀랄 것이라고 가정한다. 그러나 Dunn과 Ashton-James는 사람들에게 허리케인 카트리나가 50, 500, 1,000 또는 5,000명의 생명을 앗아갔다고 말했을 때, 그들의 슬픔은 그 숫자에 영향을 받지 않았다. 스페인의 산불과 시리아 탈출 난민을 포함하여 다른 비극의 규모에서도 마찬가지였다. 익사한 시리아 영아의 가슴 아픈 사진이 2015년 세상에 나왔을 때, 난민을 도우려는 기부가 갑자기 급증했다. 비록 그 위기는 4년간 지속됐고 벌써 25만 명의 희생자를 냈을지라도(Slovic, 2017). 마더 테레사는 "내가 그 엄청난 규모를 본다면 행동하지 못할 것이다"라고 말했다. "내가 한 사람을 본다면, 나는 행동할 것이다." 로키아라는 7세 여자 아이 한 명의 사진을 보여주었을 때 사람들은 수백만을 구조하기 위해 그 조직이 일하고 있다고 들었을 때보다 기아 자선모금에 더 많은 돈을 제공했다(Slovic & Västfjäll, 2010). 정신과 의사 Lifton(1967)은 이것을 '심리적 마비(psychic numbing)'라고 불렀는데, 1945년 히로시마와 나가사키에 떨어진 원폭의 생존자들을 연구한 후에 만든 용어이다.

그러므로 이타성을 사회회하는 첫 단계는 우리가 안녕을 걱정하는 사람들의 범위를 사인화하고(personalizing) 넓힘으로써 친족과 종족을 편애하는 자연스러운 내집단 편향을 저지하는 것이다. Batson(1983)은 종교적인 가르침이 이 일을 하는 방법에 주목한다. 그들은 전 인간 '가족'에 대한 '하느님의 모든 자녀들'을 향한 '형제 자매적' 사랑을 촉구함으로써 가족과 연결된 이타성의 범위를 넓힌다. '모든 인간과 동일시 척도'를 통한 연구에서 보여주듯이, 모든 사람들이 우리의 가족의 일부라면 모든 사람은 같은 집단이다(MacFarland et al., 2013). '우리'와 '그들' 사이의 경계가 희미해진다. 유리한 사람들을 다른 사람의 입장에 서 보게 하여 그들이 어떻게 느끼는지를 상상하게 만드는 것도 또한 도움이 된다(Batson et al., 2003). '그들이 당신에게 하기를 바라는 대로 다른 사람에게 하기' 위해서 사람들은 다른 사람들의 관점을 가져야만 한다.

이타성 모델화

앞에서 우리는 비반응 방관자들을 보는 것이 우리가 도울 가능성을 낮추게 될 것이라고 말했다. 또한 많은 비행청소년과 누범자들처럼 극단적으로 가혹한 부모들이 양육한 사람들은 이타주의자들을 대표하는 공감과 원칙적 배려를 훨씬 더 적게 보인다.

실생활 모델화 그러나 만약 우리가 도와주는 사람에 대하여 보거나 읽게 된다면, 도움을 제공할 가능성은 더 커지게 된다. 그들이 이전에 책을 떨어뜨리는 여자를 어떤 사람이 돕는 것을 목격했다면, 실생활 실험에서 여성 쇼핑객들은 1달러를 떨어뜨린 사람을 도울 가능성이 증대되었다(Burger et al., 2014).

Cialdini와 동료들(2003)은 횡행하는 세금 포탈, 쓰레기 투기 및 십대 음주를 공론화하는 것이 아니라 사람들의 광범위한 정직, 청결 및 절제를 강조하는 것(그런 규범을 정하는 것)이 더 좋다고 말했다. 한 실험에서 그들은 애리조나의 화석림 국립공원의 길에 있는 화석나무를 떼어가지 말라고 부탁했다. 일부 사람들에게는 또한 "지난번 방문객들이 화석나무를 떼어내고 있어요"라고 말했다. 다른 사람들에게는 공원을 보존하기 위하여 "지난번 방문객들은 화석나무를 그대로 두었어요"라고 말했고, 이들은 길에 있는 화석나무 표본을 훨씬 더 적게 집어들었다. 규범이 호의적으로 변하는 방식을 사람들에게 알려주는 것이 더 효과적이다. '역동적 규범'의 제시(30%의 사람들이 지난 5년간 육고기를 더 적게 먹기 시작했다고 말하는 것)가 육고기를 더 적게 먹기 위해 노력하는 꾸준한 30%의 사람들이라는 '정태적 규범' 제시보다 동일한 일을 하는 데 더 많은 관심을 표시한다(Sparkman & Walton, 2018).

모델화 효과는 유대인들을 구하기 위하여 목숨을 걸었던 유럽 기독교인들과 미국 시민 운동 활동가들의 가족 내에도 또한 분명했다. 이 예외적인 이타주의자들은 마찬가지로 가장 '도덕주의자' 또는 인도주

도덕적 포함을 실천하는 방법 한 가지는 '모든 인간은 우리의 내집단'이라고 믿는 것이다(McFarland et al., 2012).

© John Lund/Blend Images LLC

의적 대의명분을 지닌 최소한 한 부모와 따뜻하고 밀접한 관계를 가지고 있다고 전형적으로 보고했다(London, 1970; Oliner & Oliner, 1988; Rosenhan, 1970). 그들의 가족들(흔히 그들의 친구와 교회인들)은 타인에 대한 도움과 배려의 규범을 그들에게 가르쳤다. 이 '친사회적 가치 지향'은 그들에게 다른 집단의 사람들을 자신들의 도덕적 염려의 범위 내에 포함시킬 수 있도록 유도하고, 타인의 복지에 대하여 책임감을 느끼게 해주었다(Staub 1989, 1991, 2015).

Staub(1999)는 그가 말하는 것의 의미를 알고 있다: "부다페스트의 한 유대인 어린이로서 나는 홀로코스트(유대인 대학살) — 나치 독일인과 동맹국들에 의해 저질러진 대부분의 서유럽 유대인 학살 — 에서 살아남았다. 나의 생명은 나를 구하기 위하여 반복적으로 목숨을 걸었던 기독교 여성과 스웨덴인 Raoul Wallenberg에 의해 구출되었다. Wallenberg는 부다페스트로 와서 용기, 지혜와 완전한 헌신으로 가스실로 갈 운명에 처해 있던 수만 명의 유대인들의 목숨을 구했다. 이 두 영웅은 수동적 방관자가 아니었고, 나의 경우도 마찬가지였다('초점 문제 : 유대인 구출자들의 행동과 태도' 참조)."

미디어 모델화   텔레비전의 공격적 묘사가 공격성을 촉진하는 것과 마찬가지로 TV의 긍정적 모델도 도움을 촉진할까? 친사회적 TV 모델은 실제로 반사회적 모델보다 훨씬 더 큰 효과를 지녔다. Hearold(1986)는 친사회적 프로그램과 중립 프로그램 또는 프로그램 없음에 대한 108개의 비교를 통계적으로 조합했다. 평균적으로 "중립 프로그램이 아니라 친사회적 프로그램을 시

초점 문제

유대인 구출자들의 행동과 태도

선은 악처럼 흔히 사소한 단계에서 발전해 간다. 유대인들을 구한 크리스트교들은 하루 이틀 정도 누군가를 숨겨주는 것과 같은 사소한 개입으로 흔히 시작했다. 이 단계를 거치게 되면 그들은 타인을 도와주는 사람으로 자신들을 다르게 보기 시작했다. 그다음에 그들은 더욱 강하게 관련된다. 몰수된 유대인 소유의 공장을 통제하게 되어 Oskar Schindler는 상당한 이익을 내주는 유대인 노동자들에게 작은 선행을 베풂으로써 시작했다. 점차 그는 그들을 보호하기 위하여 더욱 더 큰 위험을 감수했다. 공장 곁에 노동자 숙소 건설의 허가를 취득했다. 그는 그들의 가족에게서 분리된 개인들을 구출했고 사랑하는 사람들을 재결합시켰다. 마침내 러시아군이 진출했을 때 그는 자신의 고향에 가짜 공장을 세우고 '숙련공' 전체 집단을 그 공장에 배치함으로써 약 1,200명의 유대인들을 구했다.

Raoul Wallenberg와 같은 사람들은 사적인 부탁을 들어주는 것에서 시작했다가 결국에는 반복적으로 자신의 목숨을 걸면서까지 유대인을 도왔다. Wallenberg는 헝가리로 간 스웨덴 대사였는데, 거기서 그는 수만 명의 헝가리 유대인들을 아우슈비츠 몰살에서 구해냈다. 신분 보호증을 받은 사람들 한 사람이 6세의 Ervin Staub이었고, 현재 매사추세츠대학교의 사회심리학자이다. 그는 그때의 경험으로 일부 사람은 악을 행하고, 일부는 방관하며 그리고 일부는 돕는 이유를 이해하는 것을 평생의 임무로 삼고 있다.

뮌헨, 1948년 제2차 세계대전 중 나치로부터 유대인들을 구한 Oskar Schindler와 구출된 유대인들

출처 : Leopold Page Photographic Collection, Courtesy of USHMM Photo Archives

청하면, 시청자는 친사회적 행동(전형적으로 이타성)이 백분위 50에서 74로 [적어도 일시적으로] 상승했다"는 것을 발견해냈다.

그러한 연구에서 연구자 Friedrich와 Stein(1973; Stein & Friedrich, 1972)은 미취학 아동들에게 유치원 프로그램의 일환으로 4주 동안 매일 '로저스 아저씨의 이웃'이라는 영상을 보여주었다(로저스 아저씨의 이웃은 아동의 사회성 및 정서 발달을 높이려는 의도를 지닌 영상이다). 시청 기간 동안에 교육을 제대로 받지 못한 가정의 아동들이 더욱 협조적이 되고, 도와주었으며 자신의 감정을 표현할 가능성이 커졌다. 후속 연구에서 4개의 로저스 아저씨 영상을 본 유치원생들이 검사와 인형극 모두에서 그 쇼의 친사회적 내용을 말할 수 있었다(Coates et al., 1976; Friedrich & Stein, 1975).

다른 미디어도 또한 친사회적 행동을 효과적으로 모델화하고 있다. 최근 연구들은 친사회적 비디오 게임을 하고 친사회적 음악을 듣는 것을 포함한 친사회적 미디어에서 태도나 행동에 대하여 긍정적 효과를 보여준다(Gentile et al., 2009; Greitemeyer et al., 2010; Prot et al., 2014). 예컨대, 타인을 돕는 것을 목적으로 한 레밍스라는 게임을 하는 것은 나중에 타인의 불행에 대한 반응으로 실생활의 공감과 도움 행동을 증가시킨다(Greitemeyer & Osswald, 2010; Greitemeyer et al., 2010). 마이클 잭슨의 '힐 더 월드(Heal the World)'와 같은 친사회적 음악을 듣는 것은 청취자들에게 떨어진 연필을 주어 누군가를 돕게 할 가능성을 크게 높여주고 구직자에게 거친 말을 할 가능성이나 누군가를 괴롭힐 가능성을 줄여준다(Greitemeyer, 2009a, b, 2011).

행동함으로써 배우기

Staub(2005b)는 비도적적 행동이 비도덕적 태도에 연료의 역할을 하듯이 도움도 미래의 도움을 증가시킨다는 것을 보여주었다. 어린이와 성인들은 행동함으로써 배운다. 12세 전후의 아동들을 대상으로 한 일련의 연구에서 Staub와 그의 학생들은 아동들이 아픈 아동이나 미술 교사를 위하여 장난감을 만들도록 유도된 후에 그들은 더욱 잘 도와주는 아동이 되었다는 것을 밝혀냈다. 더 어린 아동들에게 수수께끼를 만들어주거나 먼저 도와주도록 가르친 후의 아동들도 마찬가지였다.

아동들이 도와주는 식으로 행동할 때, 그들은 도움과 관련된 가치, 신념 및 재주를 발달시킨다고 Staub는 말한다. 도움은 또한 긍정적 자기개념의 욕구를 충족시켜준다. 대규모 조사에서 학교 정규과정에 들어 있는 '봉사 학습'과 자원봉사 프로그램이 나중의 시민 참여, 사회적 책임, 협조 및 리더십을 증가시키는 것으로 나타났다(Andersen, 1998; Putnam, 2000). 태도는 행동을 뒤따른다. 그러므로 도움을 주는 행동은 스스로 배려하고 도와주는 사람이라는 자기지각을 촉진하고, 이것은 차례로 나중의 도움을 촉진한다.

도움 행동을 이타적 동기로 귀인하기

이타성 사회화의 또 다른 단서는 **과잉 정당화 효과**(overjustification effect)라고 지칭한 연구에서 나온다: 행동에 대한 정당화가 필요 이상일 때, 사람들은 그 행위를 내적 동기가 아니라 외적 정당화에 귀인하게 될 수 있다. 그러므로 무엇이든 그들이 원하는 일을 한 것에 보상을 주는 것은 내적 동기를 손상시킨다. 우리는 이 원리를 긍정적으로 말할 수 있다: 사람들에게 선행을 촉구하기 위하여(뇌물이나

과잉 정당화 효과
사람들이 이미 좋아하는 일을 하도록 부추기는 것의 결과로, 그 후에 그들은 자신의 행위를 내적인 호소가 아니라 외적인 통제에 의한 것으로 간주하게 될 수 있다.

© Eric Audras/SuperStock

대개 도움을 통하여 도움을 좋아하도록 배운 아이들은 장차 도움을 줄 가능성이 커진다.

위협을 멀리하고) 꼭 맞을 정도의 정당화를 제공함으로써, 우리는 그런 행위를 그들 스스로 한 것에서 그들의 기쁨을 증가시킬 수 있다.

Batson과 동료들(1978, 1979)은 과잉 정당화 현상이 작동되게 만들었다. 몇 개의 실험에서 캔자스대학교 학생들이 보상이나 사회적 압력 없이 누군가를 돕는 일에 동의한 후에 그들은 더 이타적이라고 느꼈다. 또 다른 실험에서 연구자들은 학생들에게 도와주는 행위를 순종("우리는 실제로 선택권을 가지지 못했다고 나는 추측한다") 또는 동정심("그 녀석은 실제로 도움이 필요하다")에 귀인하도록 했다.

나중에 그 학생들에게 지역 봉사 단체에 자신의 시간을 자원하도록 부탁했을 때, 그들의 이전의 도움을 단순한 순종으로 지각하도록 유도된 사람의 25%가 자원했다. 그들 스스로를 동정적으로 보도록 유도된 사람들 중에는 60%가 자원했다. 도덕은? 사람들이 "왜 내가 돕고 있나?"를 궁금해할 때, "도움이 필요했고, 나는 배려심 있고 기부를 좋아하며 잘 도와주는 사람이기 때문이다"라고 답하도록 상황을 유도하는 것이 최선이다.

대부분의 사람들이 도와주지 않는 상황에서 더 많은 사람들이 도와줄 마음이 생기게 하기 위하여 잠정적인 긍정적 개입을 유도하는 것이 또한 보상일 수 있으며, 이 개입에서 사람들은 그들 자신의 도움 특성을 추론하게 될 것이다. Cioffi와 Garner(1998)는 일주일 전에 전자 우편 공지를 받은 후 단지 약 5%의 학생들만이 캠퍼스 헌혈 운동에 찬성의 반응을 했다는 것을 관찰하였다. 그들은 다른 학생들에게는 "만약 당신이 아마도 기증할 것이라고 생각한다면", "그렇다"라고 공표하는 형식으로 대답하도록 부탁했다. 물론 29%가 응답했고 실제로 기증 비율은 8%였다. 그들은 세 번째 집단에게 자신들이 기증을 기대하지 않는다면 "아니요"라고 답하도록 부탁했다. 이제 71%가 자신들이(대답하지 않음으로써) 기부하리라는 것을 시사했다. 당신이 세 번째 집단에 있다고 상상해보자. 결국 당신은 배려심 있는 사람이고 그래서 당신이 기부할 기회가 있기 때문에 "아니요"라고 말하지 않기로 결심하지 않을까? 그리고 당신이 그다음 주에 캠퍼스 포스터와 전단지를 마주쳤을 때 그 생각이 설득에 대해서 스스로 개방적이 되도록 하지 않을까? 이 학생들 중 12%(정상 비율의 두 배 이상)가 헌혈하기 위해 나타났기 때문에 그러한 일이 명백히 발생했다.

자신이 도움을 주는 사람이라고 추론하는 것은 또한 Dolinski(2000)가 폴란드의 브로츠와프의 거리에서 행인을 세우고 그들에게 존재하지 않는 'Zubrzyckiergo 거리' 또는 판독할 수 없는 주소의 방향을 물어보았을 때도 발생한 듯하다. 모든 사람이 도와주려 했지만 성공하지 못했다. 그렇게 한 후에 길 아래쪽 100미터 멀리 떨어진 곳에 있는 무거운 가방이나 자전거를 5분 동안 지켜봐 달라는 부탁을 받았을 때 약 3분의 2(도와주려 애쓸 기회를 받지 못한 사람들 수의 두 배)는 동의했다.

이타성 배우기

연구자들은 이타성을 향상시킬 수 있는 또다른 방법을 찾아냈는데, 그것은 이 장에 행복한 결론을 제공하는 것이다. 일부 사회심리학자들은 사람들이 사회심리학의 발견 사실을 더욱 많이 알게 되었을 때, 그들의 행동이 변할 것이고, 그래서 그 발견 사실을 쓸모없게 만들지도 모른다고 걱정한다(Gergen, 1982). 이타성을 억제하는 요인들에 대하여 배우는 것이 그 영향을 감소시킬까? Zimbardo(그의 '영웅주의 프로젝트'는 사람들의 용기와 동정심을 강화시키려는 목적을 지니고 있다)는 영웅이 되는 첫 번째 단계가 당신의 방관자적 행위를 저지할 수 있는 사회적 압력을 인식하는 것이라고 주장한다(Miller, 2011).

Beaman과 동료들(1978)이 몬태나대학교 학생들을 대상으로 실시한 연구는 사람들이 일단 방관자의 존재가 도움을 억제하는지를 이해하게 되면 그들은 집단 상황에서 도움 행동을 할 가능성이 높아지게 된다는 것이었다. 연구자들은 어떻게 방관자들의 무대응이 긴급 상황의 해석과 책임감의 느낌에 영향을 주는지를 일부 학생들에게 알려주기 위하여 강의를 사용했다. 다른 학생들은 다른 강의를 듣거나 어떤 강의도 듣지 못했다. 2주 후 다른 장소의 다른 실험의 일부로서 실험 참가자들이 쓰러진 사람이나 자전거 아래에 뻗어 있는 사람을 지나쳐(무반응 공모자와 함께) 걷고 있는 것을 발견했다. 도움 강의를 듣지 못했던 사람들 중 4분의 1은 멈추어 도와주었다. '계몽된' 사람들 중에는 두 배나 많은 사람들이 그렇게 했다.

이 장을 읽고 나서 아마 당신도 또한 변했을 것이다. 여러분이 인간의 반응에 영향을 주는 것을 이해하게 됨에 따라 태도와 행동이 같아지지 않을까?

요약 : 도움 행위를 어떻게 증가시킬까?

연구자들은 우리가 세 가지 방식으로 도움을 증진시킬 수 있다고 제안한다.

- 첫째, 우리는 도움을 억제하는 요인들을 뒤집을 수 있다. 긴급 사태의 애매성을 감소시키고, 사적 호소를 하고, 책임감을 증가시키는 조치를 취할 수 있다.
- 둘째, 심지어 질책 또는 죄책감을 유발하는 얼굴에 문 들이밀기 기법 또는 자아상의 염려를 사용할 수 있다.
- 셋째, 우리는 이타성을 가르칠 수 있다. 친사회적 모델의 텔레비전 묘사에 대한 연구는 긍정적 행동을 가르치는 매체의

힘을 보여주었다. 도움 행동을 본 아동이 도와주는 식으로 행동하는 경향이 있다. 우리가 이타적 행동을 촉진시키고자 한다면, 우리는 과잉 정당화 효과를 기억해야 한다. 우리가 선행을 강요할 때, 그 활동의 내적 사랑은 흔히 줄어든다. 우리가 사람들에게 선행을 결심시킬 충분한 이유를 제공한다면, 그리고 지나치게 많지만 않다면 그들은 자신의 행동을 자신의 고유한 이타적 동기에 귀인시킬 것이고 그 후에 도우려는 의지가 더욱 커지게 될 것이다. 여러분이 방금 한 것처럼 이타성에 대하여 배우는 것도 또한 사람들에게 타인의 욕구를 지각하게 하고 반응하게 만들 수 있을 것이다.

후기 :
사회심리학을 실생활에 적용하기

사회심리학을 연구하고, 가르치고, 집필하는 우리와 같은 사람들은 우리의 작업이 효과가 있다는 것을 정말로 믿는다. 그것은 인간다운 의미 있는 현상과 관련된다. 그러므로 사회심리학을 연구하는 것은 우리의 사고를 확장시킬 수 있고, 더 많은 주의와 동정심을 지니고 살며 행동할 수 있도록 준비시켜줄 것이다. 또는 그럴 것이라고 추정한다.

학생들과 이전의 학생들이 사회심리학을 실생활과 관련시킨 방법에 대한 이야기에서 우리의 추정을 확신시켜줄 때, 얼마나 기분이 좋겠는가. 그런 일이 나타나고, 우리 저자 둘 다 그런 경험이 있다. 내(JT)가 이 연구에 대하여 가르친 이후, 한 학생이 이메일로 젊은 여성이 교실 밖에서 갑자기 쓰러지는 것을 본 것에 대하여 말했다. 그런 경우에 아무도 돕지 않을 수 있다는 것을 강의에서 들은 기억이 나서 911로 전화하고 그녀 곁에 머물러 있었다. 내(DM)가 이 절을 쓰기

직전에 현재 워싱턴 D.C.에 살고 있는 예전 제자가 잠깐 들렀다. 그녀는 자신도 인도 위에 의식을 잃고 쓰러져 있는 남자를 지나치는 행인들의 무리의 일부였던 것을 최근에 알았다고 말했다. "사회심리학 수업을 회상해보고 왜 사람들이 그런 상황에서 돕지 않는지를 알게 되었다. 그래서 이제는 '내가 그냥 지나치면 누가 돕겠는가'라고 생각하게 되었다." 그래서 그녀는 비상 전화를 했고, 전문가가 올 때까지 피해자와 함께 기다렸다. 이때 다른 방관자들이 함께 할 때도 있었다.

갈등과 화해

© MATJAZ SLANIC/iStock/Getty Images

"평화를 원한다면, 정의를 위해 일하라."

— Pope Paul VI, Message for the Celebration of the Day of Peace, 1972

많은 나라의 지도자들이 여러 언어로 말해온 연설이 있다. 그 연설은 다음과 같다 : "우리의 의도는 전적으로 평화스러운 것입니다. 그러나 다른 나라들은 우리를 위협합니다. 따라서 우리는 공격으로부터 스스로 방어해야 합니다. 그렇게 함으로써 우리의 삶의 방식을 보호하고 평화를 보존할 것입니다"(Richardson, 1960). 대부분 국가는 평화에만 관심 있다고 주장하지만 다른 국가를 불신하여 정당방위로 무장한다. 그 결과 수백만 명이 기아와 질병으로 죽어가는 동안 무기와 군대를 위해 하루에 거의 50억 달러를 지출하는 세상이 되었다(SIPRI, 2017).

그러한 **갈등**(conflict, 행위나 목표의 인식된 불합치)의 요소는 국가에서 개인에 이르기까지 여러 수준에서 유사하다. 갈등에 처한 사람들은 한쪽의 이익이 다른 쪽의 손실이라고 인식한다.

무엇이 갈등을 일으키는가?

평화는 어떻게 달성할 수 있는가?

후기 : 개인과 공동의 권리 충돌

인권지도자들이 알고 있듯이, 창의적으로 관리된 갈등은 건설적 결과를 가져올 수 있다.

갈등
행위나 목표의 인식된 불일치

평화
낮은 수준의 적대감과 공격성, 그리고 상호 이익 관계를 특징으로 하는 상태

사회적 함정
갈등 당사자가 합리적으로 자신의 이익을 추구함으로써 상호 파괴적 행동이 일어나는 것. 그 예로 죄수의 딜레마와 공유지의 비극이 있다.

- "우리는 평화와 안전을 원한다.", "우리도 마찬가지지만 당신들은 우리를 위협한다."
- "우리는 더 많은 돈을 원한다.", "우리는 감당할 수 없다."
- "음악을 끄고 싶다.", "나는 음악이 좋다."

갈등이 없는 조직이나 관계는 아마도 냉담한 관계일 것이다. 갈등은 관여, 몰입 및 배려를 의미한다. 갈등을 이해하고 인정한다면, 억압을 끝내고 새로워진 관계를 고무할 수 있다. 갈등 없는 사람들은 좀처럼 문제를 직면하고 해결하려 들지 않는다.

진정한 **평화**(peace)는 공공연한 갈등 은폐나 깨지기 쉬운 피상적인 평온함 이상의 것이다. 평화는 창의적으로 관리된 갈등의 결과이다. 평화는 당사자들이 인식된 차이를 조정하고 진정한 일치에 도달하는 것이다. "우리는 인상된 임금을 얻었고, 당신은 확대된 이익을 얻었다. 이제 우리는 모두 조직의 목표를 달성하기 위해 서로를 돕자."

무엇이 갈등을 일으키는가?

무엇이 갈등을 일으키는지 설명한다.

사회심리학 연구는 몇 가지 갈등 요인을 찾아냈다. 눈에 띄는(그래서 과제를 단순화시키는) 것은 이러한 요인들이 집단 간(우리 대 그들) 또는 개인 간(나 대 우리) 모든 수준의 사회 갈등에 공통이라는 것이다.

사회 딜레마

인간의 미래를 위협하는 몇 가지 문제(핵무기, 기후 변화, 인구 과잉, 해양 어류의 고갈)들은 다양한 당사자들이 자기 이익을 추구하는 데서 일어나는데, 아이러니하게도 그들에게 집단적 손해를 가져온다. 한 개인은 이렇게 생각할지도 모른다. "고가의 온실 배출 제어 장치를 구입하려면 비용이 너무 들어. 게다가 내가 개인적으로 발생시킨 오염은 미미한걸." 많은 사람들이 비슷하게 생각하고, 결과적으로 기후는 온난해지고, 얼음층은 녹고, 해수면은 상승하며, 더 극단적인 날씨가 발생한다.

개인에게 이득이 되는 선택은 집단적으로는 피해가 되어 딜레마가 발생한다. 어떻게 우리는 개인의 이익과 공동 복지를 조화시킬 수 있을까?

사회심리학자들은 딜레마를 분리하여 연구하기 위해 여러 실제 사회 갈등의 핵심을 드러내는 실험실 게임을 사용했다. 갈등 연구가인 Deutsch(1999)는 "갈등을 연구하는 사회심리학자들은 천문학자와 같은 상태"라고 언급했다. "우리는 광범위한 사회 사건을 실제 실험할 수는 없다. 그러나 천문학자들이 행성과 뉴턴의 사과 간의 관계를 이해하는 것처럼 우리는 크고 작은 규모의 사건 사이의 개념적 유사성을 알 수 있다. 그렇기 때문에 실험실에서 참가자로서 실행하는 게임이 전쟁, 평화, 그리고 사회 정의에 대한 이해를 증진시킬 수 있다."

사회적 함정(social trap, 갈등하는 당사자가 상호 파괴적 행동에 빠지는 상황)의 두 가지 예시인 죄수의 딜레마와 공유지의 비극을 고찰해보자.

죄수의 딜레마

죄수의 딜레마는 용의자를 기소할 수 있는 지방 검사가 두 명의 용의자를 별도로 조사하는 일화

에서 유래한다(Rapoport, 1960). 검사는 두 용의자가 공범인 것을 알지만 간신히 경범으로 판결할 정도의 증거밖에 없다. 따라서 검사는 각자 개인적으로 자백하도록 유도하려 한다.

- 만일 죄수 A가 자백하고, 죄수 B는 하지 않으면, 검사는 A를 풀어주고, A의 자백을 사용하여 B에게 최대치 형량을 판결할 것이다(역으로 B가 자백하고 A는 하지 않을 경우도).
- 만일 둘 다 자백하면, 각자 보통의 형벌을 선고받을 것이다.
- 만일 아무도 자백하지 않으면, 각각 경범으로 판결받고, 가벼운 선고를 받을 것이다.

그림 13.1의 매트릭스는 선택사항을 요약하였다. 만일 당신이 그러한 딜레마에 직면한 죄수이고, 다른 죄수와 이야기할 기회가 없다면 자백할 것인가?

많은 사람은 서로 자백하지 않는 것이 서로 자백하는 것보다 가벼운 형벌을 받게 하는데도 불구하고 자백할 것이라 말한다. 아마도 이것은(그림 13.1에 표시된 것처럼) 다른 죄수가 어떤 결정을 하는가와 상관없이 각자 유죄판결을 받는 것보다는 자백하는 것이 낫기 때문일 수 있다.

대학생들은 실험실 연구에서 신중하게 변형된 죄수의 딜레마 게임에서 배반(협력하지 않기로 선택) 또는 협력을 선택하고, 결과로 칩, 돈 또는 강의 점수를 받았다. 그림 13.2에서 알 수 있듯, 주어진 결정에서 개인은 배반하는 편이 더 좋다(그러한 행동은 상대의 협력을 이용하거나 또는 상대의 착취를 방지하기 때문이다). 그러나 협력하지 않으면 두 당사자는 서로 신뢰하고 공동의 이익을 얻을 때보다 훨씬 더 나쁜 결과를 얻는다. 이 딜레마는 둘 다 서로 이득을 가질 수도 있다는 것을 깨닫는 기막힌 곤경에 처하게 한다. 그러나 의사소통을 못하고 서로를 불신하는 것이 두 사람을 비협조하도록 만든다. 타인의 협조 부족을 처벌하는 것은 현명한 전략처럼 보일 수 있지만, 실험실에서는 반생산적일 수 있다(Dreber et al., 2008). 처벌은 일반적으로 보복을 유발하여, 처벌하는 사람은 갈등을 심화시키고 결과를 나쁘게 하는 반면, 착한 사람들은 우승한다. 처벌자들이 방어 행동이라 여기는 것을 처벌받는 사람들은 공격적 상승이라 여긴다(Anderson et al.,

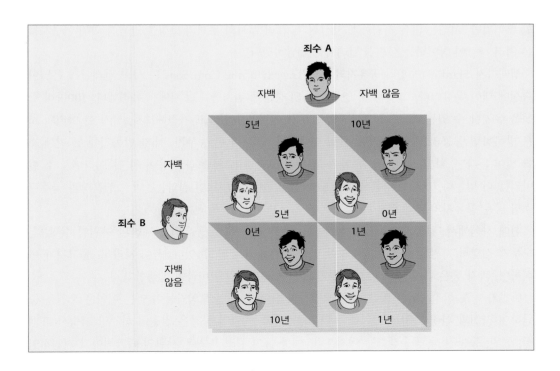

그림 13.1

고전적 죄수의 딜레마

각 칸에 대각선 위의 숫자는 죄수 A의 결과다. 죄수 둘 다 자백하면, 둘 다 5년 형을 받는다. 누구도 자백하지 않는다면, 둘 다 1년 형을 받는다. 만일 한 명만 자백하면 그 증거로 다른 죄수는 10년 형을 받고 자수한 사람은 풀려난다. 당신이 죄수 중 하나라면 동료 죄수와 의사소통할 수 없는 상황에서 자백하겠는가?

그림 13.2
죄수의 딜레마의 실험실 버전
숫자는 돈과 같은 보상을 의미한다.
각 칸의 대각선 위의 숫자는 인물 A의
결과이다. 전형적인 죄수의 딜레마와
달리(일회적 결정), 대부분 실험실 버
전은 반복 게임을 한다.

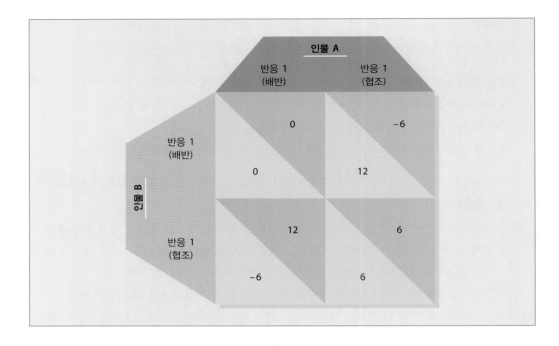

2008). 반격할 때 그들은 단지 받은 것만큼 되돌려 준다고 생각하면서 더 강하게 타격을 줄 수 있다. 한 실험에서 자원자들은 자신의 손가락에 압력을 받은 후 기계 장치를 사용하여 다른 사람의 손가락에 압력을 가했다. 그들은 같은 압력으로 응답하려 하였지만, 일반적으로 40% 더 많은 압력으로 반응하였다. 따라서 아이가 "나는 그냥 만졌는데, 그 애는 나를 때렸어요!" 하는 것처럼 접촉은 곧 강한 압력으로 확대될 수 있다(Shergill et al., 2003).

공유지의 비극

많은 사회 딜레마는 둘 이상의 당사자가 연루된다. 기후 변화는 삼림 벌목, 자동차, 용광로 그리고 화력 발전소에서 배출하는 이산화탄소에서 비롯된다. 각 자동차는 극소량으로 문제에 기여할 뿐이지만, 피해는 많은 사람에게 확산된다. 그러한 사회 문제의 모형을 만들기 위해 연구자들은 여러 사람이 참여하는 실험실 딜레마를 개발하였다.

생태학자 Hardin(1968)의 **공유지의 비극**(Tragedy of the Commons)은 사회 딜레마의 은밀한 속성에 대한 은유이다. 그것은 옛 영국 마을의 중앙에 위치한 목초지에서 유래했다. 100마리 소들을 유지할 수 있는 목초지를 100명의 농부가 에워싸고 있다고 가정해보자. 각자 한 마리의 소를 방목하면 공공의 목초지는 최적으로 이용된다. 그러나 한 농부가 "내가 방목지에 두 번째 소를 넣어 둔다면, 나의 생산량은 두 배가 될 것이고 단지 1%의 초과 사용이 될 것"이라면서 소 한 마리를 더 넣는다. 그리고 다른 농부들도 이처럼 한다. 필연적인 결과는? 바로 진흙땅과 굶주린 소만 남은 공유지의 비극이다.

현대 사회에서 '공공재'란 공기, 물, 생선, 과자 또는 모든 공유되고 제한된 자원일 수 있다. 모두가 적당히 자원을 사용하면 수확한 만큼 빠르게 보충될 수 있다. 풀이 자라고, 물고기가 번식하며, 과자 통은 다시 채워진다. 그렇지 않으면 공유자원의 비극이 발생한다.

마찬가지로, 환경오염은 많은 작은 오염들의 합이며, 개인 오염자들이 얻는 이익은 오염을 중단하여 자신과 환경이 얻는 이익보다 더 크다. 우리는 개인 공간은 청결히 하지만 기숙사 휴게실, 공원, 동물원 등 공공장소는 어지른다. 예를 들어 길고 뜨거운 샤워의 즉각적이고 개인적인

공유지의 비극
'공유자원'은 공기, 물, 에너지 자원, 식량 공급을 포함하는 모든 공유되는 자원을 말한다. 비극은 개인이 자신의 비율보다 많은 것을 소비할 때 발생하며, 그 비용은 모두에게 분산되어 공동의 궁극적인 붕괴, 즉 비극을 초래한다.

이득은 대수롭지 않아 보이는 비용보다 더 중요하기 때문에 우리의 천연자원은 고갈된다. 고래잡이들은 자신이 고래를 잡지 않으면 다른 사람들이 잡을 수 있으며, 고래 몇 마리 잡더라도 고래 종이 멸종되지 않으리라 생각한다. 거기에 비극이 있다. 모두의 일(보존)은 결국 누구의 일도 아니다.

이러한 이기주의는 미국인에게 독특한 것일까? Kaori Sato(1987)는 좀 더 집합주의 문화인 일본에서 학생들에게 실제 금전적 수익을 위해 가상의 숲에서 나무를 수확할 기회를 주었다. 학생들은 나무 심는 비용을 동등하게 분배하였다. 결과는 서구 문화에서와 비슷했다. 절반 이상의 나무들은 가장 수익이 좋은 크기로 자라기 전에 수확되어 버렸다.

Sato의 숲은 일주일에 한 번 채워졌던 우리(DM) 집 과자 통을 연상케 한다. 우리가 했었어야 할 것은 과자를 잘 보존해서 각자 매일 2~3개 정도를 즐기는 것이었다. 그러나 조절을 잘하지 못했고, 다른 가족 구성원이 순식간에 자원을 고갈시킬까 걱정하여 실제로 우리가 한 일은 과자를 잇달아 먹어 치움으로써 개인의 과자 소비를 극대화한 것이다. 그 결과 24시간 이내에 과자 공급은 끝나고, 과자 통은 남은 일주일 동안 빈 채로 있었다.

자원을 분할하지 않으면 사람들은 종종 스스로 생각하는 것보다 더 많이 소비한다(Herlocker et al., 1997). 으깬 감자 그릇이 10명 테이블에 돌려지면 처음 몇 사람들은 닭다리 10개가 있는 접시가 지나갈 때보다 더 비균형적으로 덜어낼 가능성이 있다.

죄수의 딜레마와 공유지의 비극 게임은 몇 가지 비슷한 면이 있다.

다른 사람들도 원하는 자원을 비축하려는 유혹이 있다. 그러나 모든 사람이 비축하면 곧 자원이 고갈된다. 어쨌든 모든 쿠키를 가지고 다닐 수는 없다.

기본적 귀인 오류

첫째, 두 게임 모두 사람들은 **자신의 행동을 상황으로 설명**하고("나는 상대의 착취로부터 방어해야 했다"), 상대의 행동에 대해서는 성향으로 설명한다("그녀는 욕심이 많다", "그는 신뢰롭지 않다"). 대개는 상대도 동일한 기본적 귀인 오류로 자신을 본다는 걸 전혀 생각하지 않는다(Gifford & Hine, 1997; Hine & Gifford, 1996).

무슬림이 미국인을 죽이면 서방 언론은 그 살인을 원시적이고 광신적이며 증오로 인한 테러리스트들의 악의적 행동이라 귀인했다. 한 미국 군인이 9명의 어린이를 포함하여 16명의 아프간인을 살해했을 때, 그는 재정적 스트레스를 받고, 결혼 문제를 겪고 있으며, 승진에 누락되어 좌절하였다고 말하였다(Greenwald, 2012). 폭력에 대한 설명은 그 행위가 자기편에 의한 것인지 또는 자기편을 겨냥한 것인지에 따라 다르다.

진화하는 동기

둘째, **동기는 자주 변한다**. 일단 사람들은 쉽게 돈 벌기 바라고, 손실을 줄이기 원하며, 마지막엔 체면을 살리고 패배를 피하길 바란다(Brockner et al., 1982; Teger, 1980). 이러한 동기 변화는 1960년대 베트남 전쟁이 진행되는 동안 동기가 변화한 것과 매우 흡사하다. 처음에 존슨 대통령의 연설은 민주주의, 자유, 정의에 관한 관심과 우려를 표명했다. 갈등이 커지면서 그의 관심은 미국의 명예를 보호하고 패전으로 인한 국가적 모욕을 피하는 것으로 바뀌었다. 이라크 전쟁에서도 같은 일이 일어났는데, 처음에는 사담 후세인의 대량 살상 무기를 파괴하는 것이었고, 이후 (아무것도 발견되지 않았을 때) 후세인을 퇴치하는 것으로 정당화되었다.

결과는 합영일 필요가 없다

비합영 게임

결과가 0이 될 필요가 없는 게임. 협력을 통해 둘 다 이길 수 있고, 경쟁을 통해 둘 다 잃을 수 있다(혼합동기 상황이라고도 한다).

셋째, 죄수의 딜레마나 공유지의 비극처럼 실생활의 갈등은 대부분 **비합영 게임**(non-zero-sum games)이다. 양방의 이득과 손실은 0이 될 필요가 없다. 둘 다 이길 수도 질 수도 있는 것이다. 각 게임은 직접적인 개인의 이익과 집단의 복지를 대립하게 한다. 그것은 각 개인이 합리적으로 행동하더라도 피해를 끼칠 수 있는 악마적인 사회적 함정이다. 악의적인 사람이 이산화탄소층으로 대기를 덥히려고 계획하는 것은 아니다.

자기기여적 행동이 모두 집단 파멸로 이어지는 것은 아니다. 18세기 자본주의 경제학자 Smith(1776, p. 18)의 세계에서와 같이 공공 자원이 풍요로운 상황에서는 자기 이익을 극대화하려는 개인은 또한 공동체가 필요로 하는 것을 줄 수 있다. "우리가 저녁을 기대할 수 있는 것은 정육점 주인, 양조업자, 또는 제빵사의 자비가 아니라, 그들 자신의 이익에 관한 관심에서 나온 것이다."

사회 딜레마의 해결

실제 상황에서 많은 사람은 협력적 시각으로 공공 딜레마를 접하고 다른 사람들에게도 비슷한 협력을 기대하여 집단적 개선을 가능케 한다(Krueger et al., 2012; Ostrom, 2014). 실험실 딜레마 연구는 그러한 상호 개선을 더욱 장려하는 몇 가지 방법을 확인했다(Gifford & Hine, 1997; Nowak, 2012).

규제 만일 세금이 전적으로 자발적이라면 얼마나 많은 사람이 전액을 낼까? 현대 사회는 학교, 공원, 사회적·군사적 안보를 자선에 의존하지 않는다. 또한 우리는 공공 재화를 지키기 위해 안전장치들을 개발한다. 어업과 수렵은 오랫동안 지역별 수확 시기와 제한사항을 두어 조절하고 있다. 세계적 차원에서 국제 포경위원회는 고래가 재생산을 할 수 있도록 '포획' 합의를 정하였다. 마찬가지로 알래스카의 넙치 어장과 같은 어업 기업은 각 어부에게 매년 허용되는 어획 비율을 보장하는 '어획 지분'을 구현하여 어류 남획이 크게 감소하였다(Costello et al., 2008).

그러나 매일의 일상적 규제는 비용, 즉 규정의 관리와 시행을 위한 비용 및 축소된 개인의 자유에 대한 비용이 따른다. 이에 따라 즉각 발생하는 정치 문제는 규제 비용이 이익을 초과하는 시점이 언제인가에 관한 것이다.

작은 것이 아름답다 사회 딜레마를 해결하는 또 다른 방법이 있다. 집단을 작게 만드는 것이다. 작은 공동체에선 각 개인이 더 책임감 있고 효과적이라 느낀다(Kerr, 1989). 집단이 커지면, 사람들은 "나는 어쨌든 변화를 가져올 수 없을 거야"라고 생각하기 쉽고, 이것은 비협조에 대한 일반적인 변명이다(Kerr & Kaufman-Gilliland, 1997).

소규모 집단에선 사람들은 집단의 성공과 좀 더 동일시한다. 동일한 가족이 이웃으로 남아 있는 주거 안정성 또한 공동체 정체성과 친공동체 행동을 강화한다(Oishi et al., 2007). 내(DM)가 성장한 태평양 북서쪽 섬의 작은 동네는 공동 급수 시설을 이용하였다. 더운 여름날 저장량이 적어지면 표시등이 들어와 열다섯 가구에게 물을 아껴쓸 것을 알려주었다. 서로에 대한 책임 인식과 물 확보의 중요성을 느낌으로써 우리 각자는 물을 아껴썼고, 물 저장고는 절대 마르지 않았다.

작은 것은 협조적이다. 스코틀랜드의 머크섬에서 로렌스 맥이완 경찰은 섬에 사는 33명 주민의 치안을 유지하기 쉬웠다. 그가 근무했던 40년 동안 범죄가 한 번도 없었다(Scottish Life, 2001). 2010년 결혼식에서 술을 마시던 두 친구 사이의 말다툼이 5년 만에 처음으로 기록된 범죄가 되었다. 그러나 다음날 아침 그들은 악수하고 모든 것이 잘되었다(Cameron, 2010). 2015년 근처의 카나섬에서는 도둑이 가게에서 공예품, 식료품과 돈을 훔쳤을 때 '세기의 범죄'(1960년대 이후 처음 발생한 범죄)를 경험했다. 그 가게는 부두에서 밤새 쉬고 있는 낚시꾼들이 '무인 판매함'을 통해 필요한 것을 구입할 수 있도록 잠그지 않은 상태였다.

도시와 같은 큰 공동체에서는 자발적인 보존은 덜 성공적이다. 케이프타운은 2018년에 세계 최초의 물이 고갈된 주요 도시가 되어 약 400만 명이 극단적인 물 보전 조치를 하도록 권고되었다. 그러나 누구라도 "내가 화장실 물을 내리거나 샤워를 해도 도시 저장고에는 큰 차이가 없을 거야"라고 생각하기 쉽다. 따라서 주민과 기업들은 예상처럼 절약하지 못하여 저장고의 고갈을 앞당겼다(Maxmen, 2018).

진화심리학자 Dunbar(1992, 2010)는 부족 마을과 씨족은 평균 150명 정도로 이루어져 있고, 이것은 상호 지원과 방어에는 충분하고, 감시하기에는 한 사람 이상 필요하지 않은 크기라고 지적한다. 이 자연스러운 집단의 크기는 곧 기업 조직, 종교 집회와 군사 전투 부대의 적합한 규모라고 하였다.

의사소통 사회 딜레마를 해결하기 위해 사람들은 대화해야 한다. 실생활과 같이 실험실에서도 집단의 의사소통은 종종 위협이나 욕으로 변질한다(Deutsch & Krauss, 1960). 그러나 의사소통은 더 자주 협력을 가능케 한다(Bornstein et al., 1988, 1989). 딜레마에 관해 토론하면 집단 정체성이 형성되어 모든 사람의 복지에 관한 관심을 증가시킨다. 토론은 구성원이 따라야 하는 집단 규범과 기대 및 압력을 만든다. 토론은 협력에 헌신할 수 있게 한다(Bouas & Komorita, 1996; Drolet & Morris, 2000; Kerr et al., 1994, 1997; Pruitt, 1998). 인간은 완전한 언어 덕분에 가장 협조적이고 서로 도움이 되는 종이다(Nowak, 2012).

Dawes(1980a, 1994)의 기발한 실험은 의사소통의 중요성을 보여준다. 실험자가 당신과 6명의 낯선 사람들에게 선택권을 준다고 상상해보자: 당신은 6달러를 가질 수도 있고 혹은 6달러를 다른 사람들에게 나누어줄 수도 있다. 돈을 나누어주는 경우 실험자는 그것을 두 배로 만들어준다. 누구도 당신이 6달러를 나누었는지 가졌는지 모른다. 이처럼 7명이 모두 나눈다면, 누구나 12달러를 얻는다. 만일 당신 혼자만 6달러를 갖고, 다른 모든 사람은 돈을 나누면 당신은 18달러를 갖게 된다. 만일 당신이 돈을 나누어주고, 모든 다른 사람들은 갖기만 한다면, 당신에겐 아무것도 남지 않는다. 이 실험에서 협력은 서로에게 이득이지만 위험을 동반한다. Dawes는 토론이 없을 경우 약 30%의 사람이 돈을 나눈 것을 발견했다. 토론을 하면 신뢰와 협력을 확보할 수 있었고, 약 80%가 돈을 나누었다.

두 당사자의 공개적이며 명확하고 솔직한 의사소통은 불신을 감소시킨다. 의사소통이 없으면 다른 사람은 협력하지 않을 것이라 기대하는 사람들은 대개 자신의 협조도 거부한다(Messe & Sivacek, 1979; Pruitt & Kimmel, 1977). 상대를 믿지 못하는 사람은 대부분(착취에 대해 방어하기 위해) 비협조적인 것이 분명하다. 거꾸로 비협력은 더욱 깊은 불신을 낳는다("내가 무엇을 할 수 있겠는가? 이건 아귀다툼의 세상이야"). 실험에서 의사소통은 불신을 감소시키고 공동의 발전으로 이어지도록 합의를 이끌어냈다.

지급 방식 변경하기   실험자가 협력을 보상하고 착취를 처벌하기 위해 지급 매트릭스를 변경하면 실험실 협력이 증가한다(Balliet et al., 2011). 지급을 변경하는 것은 당면한 딜레마 해결에 도움이 된다. 일부 도시에서는 도로가 정체되고 하늘은 매연으로 뒤덮이는데, 이는 직장으로 차를 몰고 가는 편리함을 선호하는 많은 사람 때문이다. 각 개인은 자동차 하나 더하는 것이 혼잡과 오염을 눈에 띄게 증가시키지 않는다고 생각한다. 개인적 비용-편익 계산을 변경하기 위해 여러 도시에선 최근 카풀러나 전기차에 지정 도로 차선이나 통행료 감소 등의 보상을 제공한다.

이타적 규범에 호소하기   우리는 방관자의 타인에 대한 책임감 증가가 이타주의를 증가시키는 것을 보았다. 그렇다면 공공 재화를 위해 행동하도록 고무하기 위해 이타적 동기에 호소해야 할까?

결과는 혼합적이다. 한편으로, 비협력의 비참한 결과를 아는 것만으론 거의 효과가 없다. 실험상의 게임에서 사람들은 자기기여적 선택이 상호 파괴적이라는 것을 깨닫지만, 여전히 그 선택을 계속한다. 사람들은 기후 변화가 진행되는 것을 알지만, 연료를 삼키는 SUV 차량을 계속 구매한다. 이 책에서 여러 차례 보았듯이 태도는 이따금 행동에 영향을 주지 못한다. 좋은 것을 아는 것이 반드시 좋은 일을 하는 것으로 이끌지 않는다.

여전히 대부분의 사람은 사회적 책임, 상호성, 공평성, 의무 이행에 대한 규범을 준수한다(Kerr, 1992). 문제는 그러한 감정을 어떻게 활용하는가이다. 한 가지 방법은 다른 사람들로 하여금 협력하도록 영감을 주는 카리스마적 지도자의 영향을 통하는 방법이다(De Cremer, 2002). 중국에서 균등한 부의 분배를 강조한 모택동의 '계획경제' 시대에 교육을 받은 사람들은 그렇지 않은 사람들보다 협력적인 사회 딜레마 게임을 선택한다(Zhu et al., 2013).

또 다른 방법은 협력 규범을 불러오는 방식으로 상황을 정의하는 것이다. 한 실험에서 '월스트리트 게임'이라 명명한 상황에서 참가자의 3분의 1만 협력하였다. 동일 사회 딜레마를 '공동체 게임'이라 명명할 때 3분의 2가 협력하였다(Liberman et al., 2004).

행동 변화를 위해 많은 도시는 지급 매트릭스를 변경했다. 빠른 카풀 전용 차선은 카풀 및 청정 배기 차량의 이득 및 나홀로 운전의 비용을 증가시켰다.

의사소통은 또한 이타적 규범을 활성화시킬 수 있다. 의사소통이 허용되면 실험 게임 참가자들은 종종 사회적 책임의 규범에 호소했다: "만일 당신이 우리를 배반한다면 남은 생애를 그 배신과 함께 살아야 할 거야"(Dawes et al., 1977). 그래서 Dawes(1980a)와 그의 동료들은 참가자들에게 집단의 이익과 착취, 윤리에 대해 짧은 설교를 하였고 그 후에 참가자들은 딜레마 게임을 수행하였다. 설교는 적중했다: 사람들은 공공의 이익을 위해 즉각적인 개인의 이득을 포기하였다.

이러한 호소가 큰 규모의 딜레마에서도 작용할 수 있을까? 1960년대 시민권 투쟁에서 많은 거리행진 참가자들은 더 큰 집단을 위하여 기꺼이 괴롭힘, 구타, 감금을 겪는 것에 동의하였다. 전쟁 중에 사람들은 자신의 집단을 위해 커다란 개인적 희생을 치렀다. 윈스턴 처칠이 영국 전쟁에 대해 말했듯이 영국 공군 조종사의 행동은 진실로 이타적이었다. 비행에서 돌아올 수 없는 확률이 70%라는 것을 알면서도 전쟁터로 날아간 이 사람들에게 많은 영국인은 빚을 지고 있다(Levinson, 1950).

규범과 기대는 중요하다. 일반적으로 주식시장 거래소에서는 협력이 강조되지 않지만, 많은 지역 단체와 기타 직장에서는 강조된다.

요약하자면 우리는 이기적 행동을 규제하는 규칙을 수립하고, 집단을 작게 유지하고, 사람들이 의사소통할 수 있게 하며, 보상을 변경하여 협력에 보상을 제공하고, 강력한 이타 규범을 따르도록 호소함으로써, 사회 딜레마의 파괴적 결과를 최소화할 수 있다.

경쟁

적개심은 종종 집단이 부족한 일자리, 주택 또는 자원을 놓고 경쟁할 때 발생한다. 이익이 충돌하면 갈등이 발생한다. 경제적 위협이나 테러의 위협을 느끼는 것은 네덜란드 국민의 우익 권위주의 증가를 예측하게 한다(Onraet et al., 2014). 마찬가지로 런던 폭탄 테러로 영국의 반무슬림 및 반이민 감정이 증가하였다(Van de Vyver et al., 2016). 다른 인종 집단의 인구증가 또는 전염병으로 인한 먼 위협 인식조차도 사람들의 편협성을 증가시킬 수 있다(Beall et al., 2016; Bouman et al., 2015). 또한 위협 인식이 편견과 갈등을 유발할 뿐 아니라, 악순환되어 편견이 위협 지각을 증폭시키기도 한다(Bahns, 2017).

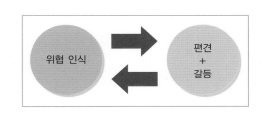

경쟁 효과를 실험하기 위해 사람들을 무작위로 두 집단으로 나누고, 부족한 자원을 놓고 경쟁시키고 무슨 일이 일어나는지 관찰할 수 있다. 바로 Sherif(1966)와 동료들은 11살, 12살 소년들을 대상으로 유명한 일련의 실험을 수행하였다. 이 실험의 발상은 Sherif가 십 대였던 1919년 그리스 군대가 터키 지방을 침략했을 때 그의 목격으로 거슬러 올라간다.

> 그들은 좌우에서 사람을 죽이기 시작했다. 그것은 내게 커다란 인상을 남겼다. 거기서 나는 왜 이런 일들이 인간 사이에서 일어나는지 이해하는 데 관심을 갖게 되었다. … 나는 이러한 집단 간 야만을 이해하는 데 필요한 학문이나 전문 지식을 배우고 싶었다(Aron & Aron, 1989, p. 131 인용).

야만의 사회적 근원을 연구한 후 Sherif는 몇 차례 3주간의 여름 캠프에서 본질적인 요소들을 조사하였다. 한 연구에서 그는 22명의 서로 모르는 오클라호마 시의 소년들을 두 집단으로 나누고, 별도의 버스로 보이스카우트 캠프에 데려가서 오클라호마에서 약 반 마일 떨어진 로버스 케이브 주립공원에다 숙소를 잡게 했다. 첫 주에는 각 집단은 서로의 존재를 알지 못했다. 식사 준비, 야영, 수영장 수리, 밧줄 다리 설치와 같은 다양한 활동에 협력함으로써 각 집단은 이내 친밀한 관계가 되었다. 그들은 스스로를 '방울뱀' 그리고 '독수리' 팀이라고 이름을 붙였다. 호감을 나타내기 위해 한 숙소에서는 'Home Sweet Home'의 표시가 붙었다.

집단 정체성이 이처럼 확립되었고, 다음엔 갈등의 단계로 접어들었다. 첫 주가 끝나갈 무렵, 방울뱀 팀은 '우리의 야구장에' 독수리 팀이 있는 것을 발견했다. 캠프 지도자가 두 집단 간 야구, 줄다리기, 숙소 검사, 보물찾기 등 경쟁적 시합을 제안하자, 양쪽 집단은 모두 열광적으로 반응했다. 이것은 이기고 지는 경쟁이었다. 메달과 칼 등의 전리품은 모두 시합의 승자에게 돌아가게 되었다.

결과는? 캠프는 공공연한 전쟁으로 변질하였다. 이것은 마치 윌리엄 골딩의 소설 파리 대왕에서 무인도에 남겨진 소년들이 사회적으로 붕괴되는 것을 묘사한 장면과 같았다. Sherif의 연구에서 경쟁 활동 동안 양측이 다른 이름을 부르는 것으로 갈등이 시작되었다. 갈등은 곧 식당의 쓰레기 전쟁, 깃발 태우기, 숙소 약탈, 주먹 싸움으로 확대되었다. 다른 집단에 관해 물어보면 그들은 '비열하고', '건방지고', '역겨운' 놈들이지만, 자신의 집단에 대해선 '용감하고', '강하며', '우호적'이라 언급하였다. 소년 중 일부는 오줌을 싸고, 도주하고, 향수병에 걸리고, 나중에 불행한 경험을 회상하게 된 것은 힘든 경험이었다(Perry, 2014).

승패 경쟁은 심각한 갈등과 외집단의 부정적 이미지, 그리고 강한 내집단 응집력과 자부심을 불러왔다. 집단의 양극화는 의심할 여지없이 갈등을 악화시켰다. 경쟁 촉진 상황에서 집단은 개인보다 더 경쟁적으로 행동한다(Wildschut et al., 2003, 2007). 관용을 지지하는 메시지를 들은 후에도 내집단 토론은 종종 경쟁 집단을 싫어하게 만든다(Paluck, 2010).

이 모든 것은 두 집단 간 하등의 문화적, 물리적 혹은 경제적 차이 없이, 그리고 지역 사회의 '최고 소년들'에게 일어났다. Sherif는 우리가 그 시기에 캠프를 방문했다면, 소년들을 '심술 맞고, 산만하고, 악귀 같은 소년의 무리'라고 결론지었을 것이라고 하였다(1996, p. 85). 사실 그들의 악마 같은 행동은 악마 같은 상황에 의해 유발된 것이다. 다행스럽게 Sherif는 낯선 사람을 적으로 만들었을 뿐 아니라, 또한 적을 친구로 만들었다.

경쟁은 충돌한다. 이 침략에서와 같이 경쟁을 장려하는 상황에서 집단은 개인보다 더 경쟁적으로 행동한다.

출처 : Muzafer Sherif

지각된 불공정성

"그것은 불공평해!", "이건 사기야!", "우리는 더 대접받을 자격이 있어!" 이러한 언급은 불공정 인식으로 인해 초래된 갈등을 표시한다.

그러나 '정의'란 무엇일까? 사회심리학자들에 따르면, 사람들은 정의를 형평성, 즉 개인의 기여에 비례한 보상의 분배로 인식한다고 한다(Starmans et al., 2017; Walster et al., 1978). 만일 당신과 '제이미'가 고용주-고용인, 교사-학생, 남편-부인, 동료-동료 등의 관계성 속에 있다면 이런 상황에서 다음과 같은 경우이면 공정하다:

$$당신의 결과/당신의 투입=제이미의 결과/제이미의 투입$$

만일 당신이 더 투입했으나 제이미보다 적은 이익을 얻는다면, 당신은 착취되었다고 느끼고 혼란스러울 것이며 제이미는 착취한 기분이 들고, 죄책감을 느낄 것이다. 그럼에도 당신은 제이미보다 불공정에 더 민감할 것이다(Greenberg, 1986; Messick & Sentis, 1979).

우리는 정의에 대한 형평성 원칙의 정의에 동의할 수 있지만 우리의 관계가 동등한지에 대해서는 동의하지 않을 수 있다. 만일 두 사람이 동료 관계라면 각자는 중요한 투입에 대해 무엇을 생각할까? 나이 든 사람이라면 연공에 기초한 보수를 선호할 것이고, 젊은 사람은 현재의 생산성을 중요하게 여길 것이다. 둘의 생각이 불일치할 경우 누구의 정의가 더 우선할까? 사회적 힘을 가진 사람들은 대개 자신과 다른 사람들 모두 합당하게 받는다고 믿는다(Guinote, 2017; Mikula, 1984). 황금을 가지는 사람이 규칙을 만든다는 것을 '황금' 법칙이라 부른다.

비평가들은 형평성이 정의에 대해 생각할 수 있는 유일한 정의는 아니라고 주장한다(잠깐, 당신은 다른 의미를 상상할 수 있는가?). Edward Sampson(1975)은 형평성 이론가들이 서구 자본주의 국가를 인도하는 경제 원칙들이 보편적일 것이라 잘못 가정한다고 주장하였다. 일부 비자본주의 문화는 정의를 형평성이 아니라 **평등** 또는 **욕구의 충족**이라 정의한다: "능력에 따른 개인에서 필요에 따른 개인으로"(카를 마르크스). 개인주의적 미국인과 비교하여 중국, 인도 및 아프리카 시골과 같은 집합주의 문화의 영향으로 사회화된 아동과 성인은 정의를 좀 더 평등 또는 욕구 충족이라 정의하였다(Hui et al., 1991; Leung & Bond, 1984; Schäfer et al., 2015).

보상은 어떤 기준으로 분배되어야 하는가? 공로? 평등? 필요? 이들의 조합? 정치 철학자 Rawls(1971)는 우리 자신의 위치를 알 수 없는 경제적 사다리 위에서 미래를 생각해보라고 권유했다. 어떤 정의의 기준을 선호할까?

평등=동일한 결과
형평성=사람들의 기여에 비례한 결과

오해

갈등은 행위나 목표의 **인식된** 불일치라는 것을 기억하자. 그러나 많은 갈등은 진정으로 양립할 수 없는 목표의 작은 핵만을 갖고 있다. 더 큰 문제는 상대의 동기와 목표에 대한 오해이다. 독수리 팀과 방울뱀 팀은 실제로 일치하지 않는 목표를 갖고 있었다. 그러나 그들의 인식은 그 차이를 주관적으로 확대했다(그림 13.3).

앞 장에서 우리는 이러한 오해의 원인에 대해 살펴보았다:

- **자기기여적 편향**은 개인과 집단에게 자신들의 선행은 칭찬, 나쁜 결과에는 책임을 회피하게 한다.
- **자기정당화** 경향은 자신의 나쁜 행동의 잘못을 부정하도록 만든다("그게 때린 거

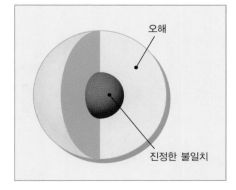

그림 13.3
많은 갈등은 더 큰 외각의 오해로 둘러싸인 진정한 양립 불가능한 목표의 핵을 포함한다.

라고? 나는 건드리지도 않았는데!").

- **기본적 귀인 오류** 때문에, 양측은 상대의 적대감을 상대의 악의적 성향이 반영된 것이라 이해한다.
- 그런 다음 정보를 여과하여 자신의 선입견에 맞게 해석한다. 집단은 이러한 자기고양, 자기정당화, 왜곡하는 경향을 극화한다.
- 집단은 종종 자기기여 및 자기정당화 편향 경향성을 극화한다.
- 집단 사고의 한 증상은 자신의 집단은 도덕적이고 강하며, 상대는 악마이고 약하다고 여기는 경향이다. 대부분 사람의 눈에 비열한 테러리즘 행위는 다른 사람에게는 '거룩한 전쟁'으로 여겨진다.
- 실제로 한 집단에 속한다는 사실만으로도 **내집단** 편향이 일어난다.
- 한번 만들어진 외집단 **고정관념**은 상반되는 증거에 저항한다.

따라서 갈등이 우리를 냉정하게 해야 하지만, 갈등하는 사람들이 서로 왜곡된 이미지를 형성하는 것을 발견하는 것은 놀랄 일은 아니다. 당신이 세계 어디에 살든 당신의 국가가 과거 전쟁에서 도덕 덕목으로 치장한 것은 사실 아닌가? 적을 악마화하여 전쟁을 준비한 것 아닌가? 국민 대부분이 그들 정부의 전쟁 의지를 받아들이고 깃발 주위로 집결하지 않았는가? 사회심리학자 Staub과 Bar-Tal(2003)은 조정하기 어려운 갈등 속의 집단을 보여준다. 그 집단은

- 자신의 목표가 매우 중요하다고 본다.
- '우리'에게 자부심을 갖고 '그들'의 가치는 낮춘다.
- 스스로는 희생자라고 믿는다.
- 애국심, 단결, 그리고 집단 요구에 대한 충성심을 고양한다.
- 자기희생을 칭송하고
- 비판을 억제한다.

갈등의 한쪽이 실제 더 큰 도덕적 덕목으로 행동할 수 있지만, 요점은 적의 이미지는 상당히 예측 가능하다는 점이다. 오해의 유형조차도 흥미롭게도 예측이 가능하다.

거울 이미지 지각

갈등 속 당사자들의 오해는 상당한 정도로 상호적이다. 갈등을 겪고 있는 사람들은 스스로는 선하고 상대는 반대로 여긴다. 미국 심리학자 Bronfenbrenner(1961)가 1960년 소비에트 연방을 방문하여 여러 평범한 시민들과 대화를 나누었을 때, 그는 미국인들이 러시아에 대해 말하는 것과 똑같은 이야기를 러시아인들이 하는 것을 듣고 놀랐다. 러시아인들은 미국 정부가 군사적으로 공격적이고 미국민을 이용하고 속이며, 외교적으로 신뢰할 수 없다고 말했다. "천천히 그리고 고통스럽게, 러시아인의 우리에 대한 왜곡된 상이 이상하리만큼 우리의 그들에 대한 것과 유사한 거울 이미지로 밀려왔다."

두 상대의 인식이 충돌하면, 적어도 한쪽은 상대에 대해 오해한다. 그리고 그러한 오해가 존재하면 "그것은 그 결과의 중대성에 있어 유례없는 심리적 현상이다 … 그것은 자기확증적인 이미지의 속성"이라고 Bronfenbrenner는 말한다. 만일 A가 B를 적대적이라 기대하면, A가 B를 취급할 때 B가 A의 기대를 충족시키는 방식으로 하여 악순환을 시작할 수 있다(Kennedy & Pronin,

2008). Deutsch(1986)는 다음과 같이 설명하였다.

> 친구가 당신에 대해 불쾌한 말을 했다는 잘못된 소문을 듣는다면 당신은 그를 타박하고 그러면 그는 당신을 헐뜯게 되고 당신의 예측은 확실해진다. 마찬가지로 동과 서의 정책 결정자들이 전쟁이 일어날 가능성이 있다고 생각하고 상대에 대하여 군사 안보를 증강하려 시도하면, 상대의 대응은 그들의 선제공격을 정당화할 것이다.

부정적인 **거울 이미지의 지각**(mirror-image perceptions)은 많은 곳에서 평화에 장애가 되어왔다.

- **중동의 인식** : 아랍-이스라엘 분쟁에서 양측은 '우리'는 우리의 안보과 영토를 보호할 필요에 의해 동기화되었지만, '그들'은 우리를 제거하고 우리 영토를 통째로 삼키길 원한다고 주장한다. '우리'는 이곳의 토착민이고, '그들'은 침입자이다. '우리'는 피해자이고, '그들'은 공격자이다(Bar-Tal, 2004, 2013; Heradstveit, 1979; Kelman, 2007). 이러한 극도의 불신이 있으면, 협상은 어렵다.
- **테러는 무엇으로 정의하는가?** : 테러는 보는 사람에 달려 있다. 중동의 여론 조사에 의하면 팔레스타인 사람의 98%가 폭행을 일삼는 이스라엘인이 모스크에서 29명의 팔레스타인 사람들을 살해한 것이 테러에 해당한다고 동의했으며, 82%는 팔레스타인 자살 폭탄 테러로 이스라엘 청소년 21명이 사망한 것이 테러에 해당한다고 동의하지 않았다(Kruglanski & Fishman, 2006). 이스라엘도 마찬가지로 팔레스타인의 악마적 의도에 대한 인식이 심화되면서 폭력에 반응했다(Bar-Tal, 2004, 2013).
- **자기편 편향** : 사람들은 지능에 상관없이 자기편 편향을 나타낸다. 한 실험에서 미국 학생들은 사고 나기 쉬운 독일 차를 미국 도로에서 금지하는 것을, 동일하게 사고 나기 쉬운 미국 차를 독일 도로에서 금지하는 것보다 선호한다(Stanovich et al., 2013). 괴롭힘조차 '우리'가 아니라 '그들'이 할 때 더 도덕적으로 정당화된다(Tarrant et al., 2012).
- **정치적 양극화** : 양극화된 미국에서는 민주당과 공화당이 서로 자신의 편에서는 사랑과 자비를 보고, 다른 편에서는 미움과 악을 본다(Waytz et al., 2014).

Zimbardo(2004)는 이러한 갈등은 우리와 같은 좋은 사람과 '그들'과 같은 나쁜 사람의 두 가지 범주의 세계로 나눈다고 지적하였다. Kahneman과 Renshon(2007)은 40년간 심리학 연구에서 밝혀진 모든 편견은 '사실상' 전쟁을 조장했다고 지적했다. 그들은 "국가 지도자들이 적의 사악한 의도를 과장하고, 적이 자신을 어떻게 인식하고 있는지 오판단하고, 적대감이 시작될 때 지나치게 자신감 있고, 협상에 필요한 양보를 지나치게 꺼린다"고 하였다.

갈등의 두 상대는 차이점을 과장하는 경향이 있다. 낙태나 정치와 관련한 쟁점에 있어 지지자들은 상대와의 차이점을 과장하여 인식하지만 실제로는 생각보다 더 자주 그들에게 동의한다(Chambers et al., 2006). 이민

거울 이미지의 지각
서로 충돌하는 당사자들이 종종 보이는 상호적 시각으로, 예를 들어 각자는 자신을 도덕적이고 평화를 사랑하는 것으로, 타인은 악하고 공격적으로 보는 것

© asiseeit/E+/Getty Images

자기확증적인 거울 이미지 인식은 격렬한 갈등의 특징이다.

과 차별 철폐 조치에 있어 제안자들은 상대가 생각하는 만큼 진보적이지 않고 반대자는 보수적이지 않다(Sherman et al. 2003). Frantz(2006)는 반대편도 '편파의 맹점'을 가지고 있다고 지적했다. 그들은 자신의 이해는 타인에 대한 호불호에 의해 편향되지 않았다고 여기지만, 그들에게 동의하지 않는 사람들은 불공평하고 편향되었다고 본다.

집단 갈등은 종종 적의 최고 지도자는 악마이고, 그의 국민은 통제되고 조종되긴 하지만 우리 편이라는 착각에 의해 부추겨진다. 이러한 악마 지도자–착한 국민 인식은 냉전 동안 미국인과 러시아인의 서로에 대한 인식의 특징이었다. 베트남 전쟁에 참여한 미군은 그 지역은 공산주의 베트콩 '테러리스트'에 의해 지배당하고 있지만 많은 사람은 미국과의 동맹을 기다린다고 믿었다. 후에 억압했던 정보들이 드러났을 때 이 믿음은 단지 희망 사항이었음이 알려졌다. 2003년 미국은 "거대한 이라크 지하조직이 존재하고, 이라크의 안전과 법 집행을 지원하기 위해 연합군 지원이 증가할 것"이란 가정하에 전쟁을 시작했다(Phillips, 2003). 애석하게도 지하조직은 실체화되지 않았고, 그 결과로 발생한 전후 안보의 공백은 약탈, 파괴, 미군을 향한 지속적 공격이 나오게 하였다('연구 보기 : 오해와 전쟁' 참조).

단순한 사고

국제 분쟁에서 보듯 긴장이 고조되면 이성적인 사고는 더 어려워진다(Janis, 1989). 적에 대한 시각은 더 단순해지고 고정관념화되며, 상투적인 판단이 더 많아진다. 갈등에 대한 단순한 예측조차도 사고를 얼어붙게 하며 창의적 문제해결을 방해한다(Carnevale & Probst, 1998). 사회심리학자 Tetlock(1988)은 1945년 이후의 러시아와 미국의 연설문에서 복합성을 분석하여 그들의 경직된 사고를 관찰했다. 베를린 봉쇄, 한국전쟁, 러시아의 아프가니스탄 침공 동안 정치적 성명은 엄청나게 선악의 용어로 단순화되었다.

연구자들은 또한 주요 전쟁, 기습 군사 공격, 중동 분쟁, 그리고 혁명의 발발 이전의 정치적 연

연구 보기

오해와 전쟁

이 책에서 언급하는 대부분의 연구는 실험실이나 서베이 연구를 통해 사람들의 행동, 인식 및 태도를 관찰하여 얻은 수치 자료를 제공한다. 그러나 다른 연구방법도 있다. 특히 유럽의 일부 사회심리학자들은 자연스러운 인간의 담화를 분석한다. 그들은 사람들이 자기 삶의 사건을 어떻게 해석하고 구성하는지 엿보기 위해 쓰인 글이나 대화를 연구한다(Edwards & Potter, 2005). 다른 사람들은 역사적 맥락에서 인간의 행동을 분석한다. Janis(1972)가 역사적 대실패 사건에서 집단 사고를 탐구하였고, Tetlock(2005)은 정치 전문가의 판단 실수를 탐구하였다.

아마도 사회심리학의 가장 오랜 경력을 지녔으며, 1930년대 후반 민주적 대 권위주의적 리더십에 대한 연구로 유명한(사회심리학의 선구자 Kurt Lewin과 Ronald Lippitt과 함께) Ralph K. White는 2004년 97세의 나이로 어떻게 오해가 전쟁을 일으키는지에 대한 그의 초기 분석(1968, 1984, 1986)을 요약한 중요한 논문을 발표했다. 지난 세기의 10개 전쟁을 검토한 결과 White는 각 전쟁은 세 가지 오해 중 적어도 하나가 관찰된다고 보고했다: 적의 능력을 과

소평가하고, 자신의 동기와 행동을 합리화하며, 특히 적을 악마화하는 것이다.

그가 관찰한 바로는 적을 과소평가하여 히틀러가 러시아를 공격하고, 일본이 미국을 공격하고, 미국은 한국전과 베트남전에 참가하였다. 그리고 자기 행동의 합리화와, 상대의 악마화가 전쟁의 특징이다. 21세기 초 미국과 이라크는 전쟁에 대해 서로 상대를 '악마'라고 하였다. 조지 W. 부시에게 사담 후세인은 대량 살상 무기로 문명 세계를 위협한 '살인 폭군'이자 '미치광이'였다. 이라크 정부에게 부시 정부는 '악의 무리'였다(Preston, 2002). 2017년 도널드 트럼프와 북한의 김정은도 마찬가지로 으르렁거리며 서로를 모욕했다.

진실은 그러한 충돌하는 인식 중간에 있을 필요가 없다. '정당한 인식은 증오에 대한 해독제'라고 White는 평화심리학자로서의 평생을 반추하면서 결론짓는다. 상대방의 생각과 감정을 정확히 인식하는 공감은 "전쟁을 예방하는 가장 중요한 요소 중 하나이다. … 둘 이상의 국가가 대부분 원하지 않는 전쟁으로 이끄는 오해의 위험을 피하는 데 공감이 도움이 될 수 있다"

설들을 분석했다(Conway et al., 2001). 거의 모든 경우 공격하는 지도자들은 공격 행위 직전에 점점 더 우리는 좋고 그들은 나쁘다는 단순화된 사고방식을 보여주었다. 하지만 미국과 러시아 간의 새로운 협정은 단순화된 연설에서 벗어나고 있다고 Tetlock은 보고하였다. 그의 낙관론은 1988년 레이건 대통령이 모스크바를 방문하여 미-러 간 중거리 핵전력(INF) 조약에 서명한 후 고르바초프가 뉴욕을 방문하여 UN에서 동유럽에 있는 50만 소비에트 군대를 철수시키겠다고 말했을 때 확증되었다:

> 나는 전쟁, 대립, 지역 갈등, 자연 파괴, 기아와 빈곤의 테러, 정치적 테러의 시대를 끝내려는 공동의 노력으로 우리의 희망에 부응한다고 믿고 싶다. 이것이 우리의 공동 목표이며 함께 해야만 그것을 달성할 수 있다.

인식의 변화

오해가 갈등을 수반한다면, 갈등의 증가와 감소에 따라 오해도 나타나거나 사라져야 한다. 그리고 그것은 놀랄 만큼 규칙적이다. 적 이미지를 생성하는 동일한 과정이 적이 동맹국이 되었을 때의 이미지로 뒤바꿀 수 있다. 따라서 제2차 세계대전 당시의 '피에 굶주린, 잔인하고, 믿을 수 없는, 뻐드렁니 난쟁이 일본'의 이미지는 곧 북미 사람들의 생각과 미디어에서 '지적이고, 근면하며, 자제력 있는, 자원이 풍부한 동맹'으로 바뀌었다(Gallup, 1972).

두 번의 세계대전 후 미움을 받고, 경탄하고, 또다시 미움을 받았던 독일은 예전에 국민성이 잔인하다고 여겨진 것 때문에 더 이상 괴로워하지 않는다. 이라크가 인기 없는 이란을 공격하는 한, 쿠르드인을 화학무기로 대량학살하여도 많은 국가는 지지해주었다. 우리의 적의 적은 친구이다. 이라크가 이란과의 전쟁을 끝내고 석유가 많은 쿠웨이트를 침공했을 때 이라크의 행동은 갑자기 '야만적'이 되었다. 우리 적의 이미지는 놀라울 만큼 쉽게 바뀐다.

갈등하는 동안의 오해 정도가 차갑게 상기시켜주는 것은, 적대자의 일그러진 이미지를 형성하기 위해 정신 이상이거나 비정상적 악의를 가질 필요가 없다는 것이다. 우리가 다른 나라, 다른 집단, 아니면 단순히 룸메이트나 부모와 갈등을 경험할 때, 우리는 자신의 동기는 선하고, 다른 사람은 마치 악마인 것으로 인식하기 쉽다. 그리고 우리의 적은 쉽게 우리의 거울 이미지 지각을 형성한다.

따라서 적대자와 함께 사회 딜레마에 갇혀 부족한 자원을 두고 경쟁하거나 불공정을 지각하며, 무언가가 양쪽의 오해를 벗겨내고 실제 차이를 조정해줄 때까지 갈등은 지속된다. 좋은 충고는 이런 것이다: 갈등이 있을 때 상대가 당신의 가치나 도덕성을 공유하지 못한다고 간주하지 마라. 그보다는 상대는 상황을 다르게 인식할 수 있다고 가정하고 인식을 공유하고 비교해보라.

요약 : 무엇이 갈등을 일으키는가?

- 둘 이상의 사람, 집단, 국가가 상호작용할 때마다 그들의 인식된 욕구와 목표는 충돌할 수 있다. 사람들이 개인적 이기심을 추구함에 따라 많은 사회 딜레마가 발생한다. 죄수의 딜레마와 공유자원의 비극과 같은 두 가지 실험적 합영 게임은 그러한 딜레마의 예시를 보여준다. 실제 생활에서 우리는 자기기여적 행동을 규제하는 규칙을 설정함으로써, 사람들이 서로에 대한 책임감을 느끼도록 사회 집단을 작게 유지함으로써, 의사소통을 가능하게 하여 불신을 줄임으로써, 협력이 좀 더

(계속)

보상되도록 지급을 변경함으로써, 그리고 이타적 규범을 청함으로써 그러한 함정을 피할 수 있다.

- 사람들이 희소 자원을 놓고 경쟁할 때 인간관계는 종종 편견과 적대감에 빠지게 된다. Muzafer Sherif는 그의 유명한 실험에서 이기고 지는 경쟁이 순식간에 낯선 사람을 적으로 만들고, 평범한 소년들 사이에서도 전면적인 전쟁을 일으킨다는 것을 발견했다.
- 사람들이 부정당함을 인식할 때도 갈등이 발생한다. 형평성 이론에 따르면, 사람들은 정의를 기여에 비례한 보상의 분배로 정의한다. 사람들이 자신의 기여 정도와 결과의 형평성에 대해 동의하지 않으면 갈등이 발생한다.

- 갈등은 종종 적의 동기와 목표에 대한 두꺼운 오해로 둘러싸인 진정한 양립할 수 없는 목표의 작은 핵심을 포함한다. 종종 갈등하는 당사자는 거울 이미지로 지각한다. 양쪽이 "우리는 평화를 사랑하고, 그들은 적대적"이라 믿으면, 각자는 그 기대를 확증하는 방식으로 상대방을 대할 수 있다. 국제 갈등은 때때로 악한 지도자와 선한 국민의 착각 때문에 유발된다.

평화는 어떻게 달성할 수 있는가?

| 평화를 이룰 수 있는 과정을 설명한다

우리는 사회적 함정, 경쟁, 불공정 인식과 오해 때문에 갈등이 불붙는 것을 보았다. 상황은 비록 암울해 보이지만 희망이 없는 것은 아니다. 이따금 적대감은 우정으로 변한다. 닫힌 주먹에서 열린 팔로의 전환을 탐구하기 위해 사회심리학자들은 네 가지 평화 전략에 주목해왔다. 우리는 이것을 평화를 이룩하는 네 가지 C로 기억할 수 있다: 접촉(contact), 협력(cooperation), 의사소통(communication), 조정(conciliation).

접촉

서로 갈등하고 있는 두 개인 또는 집단을 가까이 접촉하도록 하면 서로를 알고 좋아하게 만들 수 있을까? 아마도 아닐 것이다. 우리는 부정적인 기대가 어떻게 판단을 왜곡하고 자기충족적인 예언을 일으키는지 살펴보았다. 긴장이 높아지면, 접촉은 싸움을 일으킬 수 있다.

그러나 또한 우리는 근접성, 동반적 상호작용, 상호작용에 대한 기대, 단순 노출이 호감을 일으키는 것을 보았다. 그리고 인종차별 폐지 후 노골적인 인종 편견이 감소하고, **태도가 행동을 따르는 것을 보았다.** 이 사회심리적 원리가 이제 확실해 보인다면 기억하도록 하자: 그것은 당신이 그들을 알고 나면 그렇게 보이는 것이다. 1896년 미연방 대법원에서는 인종차별금지 행동이 편견 태도를 줄일 것이라는 아이디어는 결코 확실하지 않았다. 그 시기에 확실하게 보였던 것은 "법은 인종적 본능을 근절할 힘이 없다"는 것이었다(Plessy v. Ferguson).

접촉이 태도를 예측하는가?

일반적으로 접촉은 관용을 예측하게 한다. 매우 공들인 한 분석에서 연구자들은 38개국 25만 555명에 대한 516건의 연구 자료를 수집하였다(Tropp & Pettigrew, 2005a; Pettigrew & Tropp, 2008, 2011). 연구의 94%에서 **접촉 증가는 편견 감소를 예측**하였다. 특히 다수 집단의 소수 집단에 대한 태도에서 그러하였다(Durrheim et al., 2011; Gibson & Claassen, 2010).

보스니아, 이스라엘/팔레스타인, 터키, 북아일랜드, 레바논, 라이베리아, 남아프리카 및 영국의 최근 연구들(Wright et al., 2017)은 접촉과 긍정적 태도의 상관에 관한 다른 연구들을 확장하였다.

- 남아프리카 : 남아프리카 흑인과 백인의 인종 접촉이 많을수록 그들이 느끼는 편견은 적고 정치적 태도는 좀 더 공감적이다(Dixon et al., 2007, 2010; Tredoux & Finchilescu, 2010).
- 성적 지향과 트랜스젠더 정체성 : 게이와 레즈비언과의 직접 접촉이 많을수록 그들을 더 수용하게 된다(Collier et al., 2012; Górska et al., 2017; Smith et al., 2009). 트랜스젠더와 접촉이 많을수록 트랜스 편견의 표현이 적다(Norton & Herek, 2013). 중요한 것은 당신이 게이나 트랜스젠더에 대해 무엇을 아는가가 아니라 누구를 아는가이다.
- 무슬림 : 네덜란드 청소년이 무슬림과 더 많이 접촉할수록 무슬림을 더 많이 받아들인다(Gonzàlez et al., 2008).
- 룸메이트와 가족 : 백인 학생의 경우 흑인 룸메이트가 있으면 인종적 태도가 향상되고 다른 인종의 사람들과 더 편하게 지낸다(Gaither & Sommers, 2013). 인종 간 입양이나 동성애자 자녀와 같은 단일 외집단 구성원과의 강한 연결도 마찬가지로 외집단과 연결하고 암묵적 편견을 줄인다(Gulker & Monteith, 2013).
- 세대 간 : 젊은이가 노인을 더 많이 만날수록 노인에 대한 태도가 호의적이다(Drury et al., 2016).
- 간접 접촉 : 이야기를 읽거나 상상을 통해, 또는 외집단 친구를 가진 친구를 통한 대리적 간접 접촉도 편견을 줄이는 경향이 있다(Bilewicz & Kogan, 2014; Crisp et al., 2011; Turner et al., 2007a,b, 2008, 2010). 낙인 집단과의 지지적 접촉을 다룬 해리 포터 책을 읽은 사람은 이민자, 동성애자, 난민에 대해 더 나은 태도를 보인다(Vezzali et al., 2014). 확장된 접촉 효과라고 불리기도 하는 이 간접 접촉 효과는 또래 집단을 통해 더욱 긍정적 태도를 전파할 수 있다(Christ et al., 2010).

미국에서는 1960년대 이래 인종차별과 표현된 편견이 줄어들었다. 그러나 인종 간 접촉이 이러한 개선된 태도의 원인이었을까? 실제로 인종차별 철폐를 경험한 사람들이 그의 영향을 받은 것일까?

인종차별 폐지가 인종적 태도를 개선시키는가?

학교의 인종차별 금지는 더 많은 흑인이 대학에 진학하고 성공하도록 하는 등 눈에 띌 만한 성과를 가져왔다(Stephan, 1988). 학교, 이웃 및 직장에서의 인종차별 금지가 유리한 **사회적** 결과를 가져 왔을까? 그 증거는 혼합적이다.

한편으로 인종차별 금지 직후에 수행된 많은 연구에서 백인의 흑인에 대한 태도가 현저하게 개선되는 것으로 나타났다. 백화점 직원, 고객, 상선 해병(merchant marines), 공직자, 경찰, 이웃 또는 학생 등 인종 접촉은 편견을 감소시켰다(Amir, 1969; Pettigrew, 1969). 예를 들어 제2차 세계대전 말 미군은 그들의 소총 중대에서 부분적으로 인종차별을 금지하였다(Stouffer et al., 1949). 그러한 인종차별 금지에 대한 의견을 묻자, 차별이 있는 군대의 백인 군인 중 11%만이 찬성했다. 차별폐지를 한 군대의 군인들은 60%가 찬성했다. 그들은 현상을 인정하는 경향성인 '체제 정당화(system justification)'를 보였다.

Deutsch와 Collins(1951)는 맞춤형 자연 실험을 이용하여 비슷한 결과를 관찰하였다. 주의 법에 따라 뉴욕은 공공 주택 단지에서 인종차별을 폐지했다. 즉 인종과 관계없이 가족들에게 아파트를 배정한 것이다. 뉴저지의 뉴어크강 건너편에서는 비슷한 개발 사업에서 흑인과 백인을 분

© lisegagne/E+/Getty Images

일부 연구에서는 학교의 인종차별 철폐가 인종적 태도를 개선하였고 다른 연구는 그렇지 않았다. 추가 연구(읽기)에서 긍정적 결과를 일으키는 인종 간 상황을 찾아내었다.

리된 건물에 배정하였다. 조사에 의하면 차별을 철폐한 개발지역의 백인 여성들은 인종이 혼합된 거주를 선호하고, 흑인에 대한 태도가 향상되었다. 과도한 고정관념은 현실에 직면하여 약해졌다. 한 여성은 "나는 정말 좋아하게 되었어요. 그들도 우리와 같은 인간이라는 것을 알게 되었어요"라고 하였다.

이러한 연구 결과는 1954년 미연방 대법원의 학교 인종차별 금지 결정에 영향을 주었고, 1960년대 시민권리 운동에 활기를 불어넣었다(Pettigrew, 1986, 2004). 그러나 학교의 차별폐지 효과에 관한 연구 결과는 그리 고무적이지만은 않다. 모든 수집 가능한 연구들을 검토한 후에 Stephan(1986)은 인종적 태도는 인종차별 금지에 의해 거의 영향받지 않았다고 결론지었다. 흑인의 경우, 차별이 철폐된 학교에서의 눈에 띄는 효과는 태도보다는 통합된 대학(주로 백인)에 다니고 통합된 동네에 거주하며 통합된 환경에서 일할 가능성이 커진 것이었다.

이처럼 가끔은 인종차별 금지가 인종적 태도를 개선하는 것을 볼 수 있고 또한 가끔은, 특히 불안이나 위협을 느낄 때(Pettigrew, 2004)는 그렇지 않기도 하다. 이러한 불일치는 학자들의 탐구 정신을 자극한다. 지금까지 우리는 모든 종류의 인종차별 금지를 총괄하였다. 실제 인종차별 폐지는 여러 방식으로, 그리고 매우 상이한 조건에서 일어난다.

언제 인종분리 폐지가 인종적 태도를 개선시키는가?

그렇지 않을 경우 : 자기격리 '단순 노출'은 호감을 유발할 수 있음을 고려할 때('제11장 매력과 친밀감'을 기억하라), 타인종 얼굴의 노출이 타인종 선호를 증가시킬 수 있을까? Zebrowitz와 동료들(2008)이 아시아와 흑인 얼굴을 백인 참가자에게 노출하자 실제로 그러했다.

연구자들은 인종분리를 철폐한 수십 개 학교를 찾아가서 특정 인종의 아동들이 누구와 함께 식사하고, 대화하고, 배회하는지 관찰하였다. 인종은 접촉에 영향을 준다. 백인은 백인과, 흑인은 흑인과 비균형적으로 연관되었다(Schofield, 1982, 1986). Dixon과 Durrheim(2003)은 남아프리카의 한 여름(12월 30일) 오후에 해변을 거니는 흑인, 백인, 인도인의 위치를 기록하였는데, 인종분리가 철폐된 해안에서 동일한 자기주도적 격리가 명백히 나타났다(그림 13.4).

인종분리가 철폐된 이웃, 카페, 식당도 마찬가지로 통합된 상호작용을 일으키지 않을 수 있다(Clack et al., 2005; Dixon et al., 2005a,b). 학교 식당에서 사람들은 "왜 모든 흑인 아이들은 함께 앉아 있을까(백인 아동에게 쉽게 물어볼 수 있는 질문)에 대해 궁금할 것이다. 한 자연 상황 연구는 케이프타운대학교의 26개 튜토리얼 집단의 119개 수업에서 관찰하였는데, 각 집단은 평균 6명의 흑인과 10명의 백인으로 구성되었다(Alexander & Tredoux, 2010). 연구자들은 완전히 통합된 착석 패턴을 달성하기 위해서는 평균 흑인 학생의 71%는 좌석을 변경해야 한다고 계산하였다. 같은 인종 내에서도 자기분리를 선호하는 경향이 있다. 그것이 얼스터대학교(북아일랜드) 연구자들이 가톨릭과 개신교 학생들의 강의실 착석 패턴에 주목하였을 때 알아낸 것이다(Orr et al., 2012). 1,600명 이상의 유럽 학생의 태도를 추적한 한 연구에서 접촉은 편견을 감소시켰다. 그러나 편견은 또한 접촉을 감소시켰다(Binder et al., 2009). 하지만 편견만이 접촉에 장

그림 13.4
인종분리 철폐는 곧 접촉을 의미하지 않는다
새로운 남아프리카 공화국에서 스캇버그 해변이 '개방되고' 인종분리가 폐지된 이후, 흑인(빨간 점으로 표시), 백인(파란 점), 인도인(노란 점)은 자신의 인종과 무리를 이루는 경향이 있었다.

출처 : Dixon & Durrheim, 2003

애가 되는 것은 아니다. 불안 또한 인종 간 관계에 있는 사람들이(학생들이 룸메이트나 실험에서 파트너로 짝을 지었을 때) 동일 인종 관계에 있는 사람들보다 덜 친밀한 자기공개에 관여할 수 있는 이유를 설명한다(Johnson et al., 2009; Trail et al., 2009).

접촉을 증진시키려는 노력은 가끔 도움이 되지만, 때로는 효과가 없다. 북아일랜드 학교 교류 후 가톨릭 아동은 "어느 날 프로테스탄트 학교의 학생이 온 적이 있어요. 우리는 서로 섞여야 하는 거였어요. 하지만 거의 섞이지 않았어요. 우리가 원하지 않았기 때문이 아니라, 그건 정말 거북했어요."라 하였다(Cairns & Hewstone, 2002). 교제가 잘 이루어지지 않는 것은 부분적으로 다원적 무지(pluralistic ignorance)에서 비롯된다. 많은 백인과 흑인은 스스로는 더 많은 접촉을 원하지만, 상대방이 그들의 감정에 응하지 않는다고 오해한다('연구 보기 : 있을 수 있는 관계'와 '숨은 이야기 : 인종 간 우정에 관하여' 참조).

우정 점원, 군인, 공영 주택 이웃을 대상으로 이루어진 고무적인 예전 연구들은 상당한 인종 접촉을 포함하였는데, 이는 초기 집단 간 접촉에 특징적인 불안감을 감소시키기에 충분하였다. 다른 연구에서는 흑인과 백인 수감자, 여름철 캠프에서 흑인과 백인 소녀들, 흑인과 백인 대학생 룸메이트, 그리고 남아프리카의 흑인, 유색인종, 백인, 그리고 미국 태생이나 이민자 간에도 장기적인 개인 접촉은 비슷한 이점이 있음을 보여준다(Al Ramiah & Hewstone, 2013; Beelmann & Heinemann, 2014; Tropp et al., 2018). 북아일랜드, 키프러스, 보스니아의 집단 간 접촉 프로그램도 마찬가지이다(Hewstone et al., 2014). 이스라엘과 팔레스타인 젊은이들을 3주간의 미국 캠프에 데려간 한 프로그램은 유의하면서도 지속적인 집단 간 태도 향상을 만들어냈다.

그렇다면 집단 간 접촉은 어떻게 편견을 줄이고 인종 평등에 대한 지지를 증가시키는가? 접촉

연구 보기

있을 수 있는 관계

아마도 당신은 누군가에게 진정으로 접근하고 싶었던 순간을 떠올릴 수 있을 것이다. 어쩌면 당신이 매력을 느끼는 사람이었을 수도 있다. 하지만 당신의 감정이 상호적인지 의심하여, 당신은 거절당할 위험을 감수하지 않았다. 혹은 그 사람은 당신이 식당이나, 도서관 책상의 빈자리에 오기를 환영하는 타인종 사람이었을 수도 있다. 그러나 당신은 그 사람이 당신과 함께 앉는 것을 꺼릴까 걱정했다. 어떤 경우에는 상대방이 당신과의 연결을 원했지만 당신의 거리감이 무관심 또는 편견을 의미한다고 가정했다. 타인의 감정에 대한 잘못된 인상을 공유하는 다원적 무지 덕분에 당신은 한밤중의 배처럼 지나쳐버렸다.

매니토바대학교의 심리학자 Vorauer(2001, 2005; Vorauer & Sakamoto, 2006)의 연구는 이 현상을 조명한다. Vorauer는 새로운 관계에서 사람들은 종종 자신의 감정의 투명성을 과대평가한다고 말한다. 그들의 감정이 새어 나온다고 가정하면, 그들은 '투명성의 착각'을 경험한다. 따라서 목표한 수신자가 실제 메시지를 받지 못한 경우에도, 그들의 신체 언어가 낭만적 관심을 전달한다고 가정할 수 있다. 만일 상대방이 긍정적인 감정을 공유한다면, 그리고 비슷하게 자신의 투명성을 과대평가한다면, 가능한 관계는 소멸한다.

Vorauer는 자기 인종이나 사회 집단 이외의 사람들과 우정 나누기를 좋아하는 편견 적은 사람들에게 동일 현상이 종종 발생한다고 보고했다. 만일 백인이 흑인은 편견이 있다고 가정하거나, 흑인이 백인은 고정관념이 있다고 가정하면, 둘 다 먼저 행동을 취하는 것이 겁날 것이다. 이러한 불안은 남아프리카의 '지속적인 비공식적 분리'의 '핵심 요인'이라고 Finchilescu(2005)는 지적한다. Vorauer의 연구를 반복하고 확장하기 위해 Shelton과 Richeson(2005; Richeson & Shelton, 2012)은 일련의 통합된 조사와 행동 검사를 수행하였다.

첫 번째 연구에서 메사추세츠대학교 백인 학생들은 스스로를 인종 접촉과 우정에 대해 평균 이상의 관심을 가졌다고 생각했고 또한 백인 학생들이 일반적으로 흑인 학생보다 더 희망한다고 지각했다. 흑인 학생들은 거울 이미지 지각을 가지고 그들이 백인 학생들보다 인종 간 우정을 더 희망한다고 보았다. 전형적인 학생은 "나는 인종 경계를 넘는 우정을 쌓길 원하지만 다른 인종 집단 학생들은 내 소망을 공유하지 않아"라고 생각했다.

이러한 다원적 무지가 특수 상황으로 일반화되는가? 이를 알아보기 위해 Shelton과 Richeson의 두 번째 연구는 프리스턴대학교의 백인 학생들에게 만일 식당에 들어가서 "여러분 가까이 사는 몇몇 흑인(또는 백인)이 함께 앉아 있는 것"을 보게 된다면 어떻게 반응할지 상상해보라고 요청했다. 그들과 합류하는 것에 얼마나 관심이 있는가? 그들 중 한 사람이 당신을 합류시키려고 할 가능성은 얼마나 되는가? 이번에도 백인 학생들은 자신이 타인종 학생보다 접촉에 더 관심이 있을 것이라 믿었다.

그리고 사람들은 인종 간 접촉을 하지 못하는 이유를 어떻게 설명할까? 세 번째 연구에서 Shelton과 Richeson은 프리스턴의 백인과 흑인 학생에게 그들이 식당에서 타인종의 친숙한 학생들이 함께 앉아 있는 것을 발견했으나 그들도, 앉아 있는 학생들도 서로 손 내밀지 않는 상황을 상상해보라고 하였다. 연구 참여자들은 인종과 관계없이 그러한 상황에서 자신의 무대책은 주로 거부에 대한 두려움 때문으로, 그리고 앉아 있던 학생들의 무대책은 그들의 무관심 탓으로 돌렸다. 다트머스대학교에서의 네 번째 연구에서도 Shelton과 Richeson은 비슷한 결과를 재현하였다.

이 다원적 무지 현상이 다른 일상의 맥락과, 한 명의 타인과의 접촉에도 확장될까? 다섯 번째 연구에서 Shelton과 Richeson은 Princeton의 흑인과 백인 학생들을 '우정의 형성' 연구에 청했다. 참가자들이 몇 가지 배경 정보를 채운 후, 실험자는 그들의 사진을 찍어 배경 정보에 첨부한 다음, 표면상 동료 참가자로 추정되는 사람의 방으로 가져갔다. 그런 다음 성별은 같으나 인종이 다른 사람의 정보 및 사진을 전해주었다. 그리고 참가자들은 "다른 참가자가 수용하는 것에 어느 정도 관심이 있는가?", 그리고 "다른 사람이 당신을 친구로 원하지 않을 가능성이 얼마나 되는가?"라는 질문을 받았다. 인종과 관계없이 참가자들은 자신은 타 인종의 동료 참가자보다 친구 관계에 더 관심이 있지만 거절이 두렵다고 하였다.

이러한 사회적 오해가 실제 인종 접촉을 방해할까? 여섯 번째 연구에서 Shelton과 Richeson은 다원적 무지에 가장 취약한 백인 프린스턴 학생들이 흑인 학생보다 인종 거부를 더 두려워하고, 다음 7주 동안 인종 접촉의 감소를 경험할 확률이 가장 높다는 것을 확인하였다.

Vorauer, Shelton 및 Richeson은 오해만이 낭만과 인종 간 우정을 방해한다고 주장하지 않는다. 그러나 오해는 위험을 무릅쓰지 못하게 한다. 이 현상을 이해하는 것, 즉 타인의 냉정함은 곧 자신과 유사한 동기와 감정을 반영할 수 있다고 인식하는 것은 타인에게 손을 내밀고, 때로는 잠재적 우정을 실제 우정으로 전환하는 데 도움이 될 수 있다.

연구자들은 다음과 같이 보고한다(Al Ramiah & Hewstone, 2013; Tropp & Barlow, 2018).

- 불안 감소(접촉이 많을수록 편안함이 커짐)
- 공감 증가(접촉은 타인의 입장을 이해하는 데 도움이 됨)
- 타인의 인간화(자신과의 유사점을 발견하도록 함)
- 지각된 위협 감소(과도한 두려움을 완화하고 신뢰감을 증진시킴)

독일이나 영국에서 유학한 미국인 학생들 간에는, 그 나라 사람들과 접촉이 많을수록 그들

숨은 이야기

인종 간 우정에 관하여

우리는 우리 반 백인과 소수 민족 학생들이 종종 진정으로 자신의 인종 집단 이외 사람들과 교류하기를 원했지만 수용되지 않을까 두려워하는 것을 주목하였다. 그러나 그들은 다른 집단 구성원들이 단순히 관계 맺기를 원치 않는다고 가정하였다. 이것은 Dale Miller의 다원적 무지 연구와 매우 흡사하다. 몇 주 동안 우리는 인종 간 상호작용에서 다원적 무지를 탐구하기 위한 일련의 연구를 설계하였다. 우리 논문이 출판된 이래로 연구자들은 인종 경계를 넘는데 대한 두려움을 줄이기 위해 신입생 오리엔테이션에서 우리의 연구를 사용해야 한다고 말한다. 우리가 이 연구를 수업에서 제시할 때 모든 인종 배경을 가진 학생들이 인종 간 우정을 발전시키기 위한 첫걸음을 내딛는 데 실제 눈을 뜨게 되었다고 말해주는 것을 기쁘게 생각한다.

Nicole Shelton
프린스턴대학교
Nicole이 제공

Jennifer Richeson
예일대학교
Jennifer 제공

에 대한 태도는 더 긍정적이었다(Stangor et al., 1996). 교환학생의 호스트도 경험에 따라 변화한다. 새 경험에 더 개방적으로 되고 방문자의 문화적 관점에서 볼 수 있는 가능성이 높아진다(Sparkman et al., 2016; Vollhardt, 2010).

집단 현저성(가시성)은 또한 사람들 간 분열을 이어주는 데 도움이 된다. 친구를 전적으로 개인으로만 생각한다면, 정서적 유대가 친구 집단의 다른 구성원으로 일반화되지 않을 수 있다(Miller, 2002). 이상적으로, 우리는 집단 경계를 넘어 신뢰하는 우정을 형성해야 하지만 또한 친구는 다른 집단 구성원을 대표한다는 것을 인식해야 한다(Brown et al., 2007; Davies & Aron, 2016).

특히 유사하지 않은 사람들의 외집단 정체성이 초기에 최소화될 때 우리는 그들과 친구가 될 가능성이 높다. 우리의 새로운 친구 선호가 다른 사람에게 일반화되기를 원한다면, 그들의 집단 정체성이 어느 시점에서 현저해져야 한다. 따라서 편견과 갈등을 줄이기 위해 처음에는 집단 다양성을 최소화한 다음 인정하고 초월하는 것이 가장 좋다.

약 4,000명의 유럽인에 대한 설문 조사에 따르면 우정은 성공적 접촉의 열쇠이다. 만일 당신이 소수 집단 친구를 가지고 있다면, 친구 집단에 대한 공감과 지지를 표현할 가능성이 커지고, 그 집단의 이민에 대한 지지도 높아진다. 서독인의 터키인에 대한 태도, 프랑스인의 아시아 및 북아프리카인에 대한 태도, 네덜란드인의 수리남과 터키인에 대한 태도, 영국인의 서인도와 아시아인에 대한 태도, 북아일랜드 개신교와 가톨릭 신자들의 서로에 대한 태도에서 그러하였다(Brown et al., 1999; Hamberger & Hewstone, 1997; Paolini et al., 2004; Pettigrew, 1997).

동등 지위에서의 접촉 인종분리 철폐를 옹호한 사회심리학자들은 모든 접촉이 태도를 개선할 것이라 주장하지 않는다. 긍정적 접촉은 선호를 증가시키고, 부정적 접촉은 반감을 증가시킨다(Guffler & Wagner, 2017;

사람들이 친구를 개인이자 그들 집단의 구성원으로 보는 경우 인종 간 우정은 편견을 줄일 수 있다. "색을 보지 않습니다"라고 말하는 것은 부정확하고 종종 비생산적이다.

Hayward et al., 2017, 2018; McKeown & Psaltis, 2017). 긍정적 접촉이 더 흔하지만, 부정적 경험은 더 큰 영향을 미친다(Graf et al., 2014; Paolini et al., 2014).

사회심리학자들은 접촉이 경쟁적이거나, 권위 있는 사람에 의해 지지받지 못하거나, 불공평할 때 결과가 빈약하다고 본다(Pettigrew, 1988; Stephan, 1987). 1954년 이전에 편견이 많은 백인은 구두닦이나 하인과 같은 흑인과 자주 접촉했다. 우리가 본 것처럼, 불평등한 접촉은 불평등의 지속을 정당화하는 태도를 양산한다. 따라서 가게 점원, 군인, 이웃, 죄수, 여름 야영객과 같은 **동등한 지위의 접촉**(equal-status contact)이 중요하다.

동등한 지위의 접촉
동등한 토대에서의 접촉. 동등하지 않은 사람들 간의 관계는 그에 해당하는 태도를 낳고, 동일한 지위의 사람들 간의 관계 또한 그렇다. 따라서 편견을 줄이기 위해선, 인종 간의 접촉은 평등한 지위의 사람 사이에 이루어져야 한다.

협력

동등한 지위의 접촉이 도움이 될 수 있지만 때로는 충분하지 않다. Muzafer Sherif가 독수리 팀과 방울뱀 팀의 경쟁을 중단하고 두 집단을 영화 보기, 불꽃놀이, 식사 등과 같은 비경쟁적 활동으로 집단을 모은 것도 도움이 되지 않았다. 그때까지 그들의 적대감은 너무 강해서 단순 접촉은 조롱과 공격의 기회만 제공할 뿐이었다. 독수리 팀원이 방울뱀 팀원과 부딪쳤을 때, 독수리 팀 동료들은 "먼지를 털어 내"라고 부추겼다. 두 집단의 차별대우 폐지는 그들의 사회적 통합을 거의 촉진하지 않았다.

적대감이 견고하면 평화중재자는 무엇을 할 수 있는가? 성공적이거나 실패했던 인종분리 철폐의 노력을 되돌아보자. 육군 소총 회사의 인종 혼합은 흑인과 백인을 동등한 지위의 접촉으로 이끈 것이 아니라 그들을 상호의존적 관계로 만들었다. 그들은 함께 공동의 적과 싸웠고, 공동의 목표를 위해 노력하였다.

이것이 인종분리 철폐 효과가 유망할 것인지를 예측하는 두 번째 요소라고 생각해도 될까? 경쟁적 접촉은 분열을 가져오고, **협조적** 접촉은 통합을 가져올까? 공동의 곤경에 처한 사람들에게 어떤 일이 발생할지 생각해보자. 커플에서부터 경쟁팀, 국가에 이르기까지 모든 수준의 갈등에 있어 **공유된 위협과 공동의 목표**는 결속을 가져온다.

공동의 외부 위협은 응집을 가져온다

다른 사람들과 함께 폭풍 속에 고립되거나 선생님께 처벌받거나 당신의 사회적·인종적·종교적 정체성 때문에 박해와 조롱을 받은 적이 있는가? 그렇다면, 당신은 공동의 곤경에 처한 사람들에게 가까움을 느꼈던 걸 기억할 것이다. 아마 눈을 파헤치는 것을 서로 돕고 공동의 적에 대처하기 위해 고투하면서 이전의 사회적 장벽은 사라졌을 것이다. 폭격과 같은 공유된 고통이나 더 심각한 위기의 생존자들은 종종 그들 스스로 공황 상태가 아닌 협력과 연대의 정신을 보고한다(Bastian et al., 2014; Drury et al., 2009).

이러한 우정은 공동의 위협을 경험한 사람들 사이에서 일반적이다. Lanzetta(1955)는 4인조 해군 ROTC 학생 집단에게 문제해결 과제를 수행하도록 한 후, 스피커를 통해 답변이 잘못되었고, 성과는 용서할 수 없을 만큼 저조하고, 생각은 바보 같았다고 알려주고 그들을 관찰하였다. 다른 집단은 이 괴롭힘을 받지 않았다. Lanzetta는 압박에 처한 집단 구성원들은 서로 더 우호적이고, 더 협력적이며, 덜 논쟁적이며, 경쟁이 덜한 것을 관찰했다. 그들은 함께 하였으며 그 결과는 단결된 정신이었다. 최근 실험들은 상관에 의한 학대의 밝은 전망, 즉 학대받는 사람들은 더 응집력이 생긴다는 것을 확인하였다(Stoverink et al., 2014). 동병상련인 것이다.

공동의 적을 갖는 것은 Sherif의 캠프 실험과 많은 후속 연구에서 경쟁하던 소년들을 통일시켰다(Dion, 1979). 외집단(예 : 경쟁 학교)을 상기시키면 자기 집단에 대한 민감성이 높아진다(Wilder & Shapiro, 1984). 자신의 인종 또는 종교 집단에 대한 차별 인식은 더 유대감과 동일시를 느끼게 하는 것이다(Craig & Richeson, 2012; Martinovic & Verkuyten, 2012; Ramos et al., 2012). 한 집단과 다른 집단이 차별 경험을 공유한다는 것을 지각하면 그들 간의 관계를 북돋운다(Cortland et al., 2017). '그들'이 누구인지 의식하는 것은 곧 '우리'가 누구인지 알게 하는 것이다.

독일에서 파업 중인 월마트 노동자들이 보여주듯, 곤경을 공유하는 것은 협력을 일으킨다.

전쟁 기간 동안 명백한 외부 위협에 직면할 때 '우리 감정'은 치솟는다. 시민 단체의 가입이 급격히 증가한다(Putnam, 2000). 공유된 위협은 정치적인 '깃발 들고 모이기' 효과를 낳으며(Lambert et al., 2011), 전쟁의 노출에서 살아남은 아동과 청소년은 나중에 자신의 내집단에 대해 더욱 협력 정신을 보인다(Bauer et al., 2014). 뉴욕타임스는 2001년 9월 11일 이후 "오랜 인종 간 대립이 … 해결되었다"고 보도했다(Sengupta, 2001). "나는 나 자신을 흑인으로만 생각했어요. 하지만 지금은 그 어느 때보다 미국인이란 걸 느껴요"하고 18세의 루이스 존슨은 9/11 이전의 삶에 관해 이야기하였다. 뉴욕시에서는 9/11의 여파로 이혼율도 떨어졌다(Hansel et al., 2011). 9/11에 관한 대화와 뉴욕 시장 줄리아니의 9/11 전후의 기자회견에서 보면 '우리'라는 단어가 두 배나 더 발견되었다(Liehr et al., 2004; Pennebaker & Lay, 2002).

조지 W. 부시의 직무 수행 평가는 이러한 위협이 낳은 통합 정신을 보여준다. 대중의 관점에서 평범해 보이는 9/10의 대통령은 '우리를 증오하는 자들'에 대항해 싸우는 '우리의 지도자'인 고귀한 9/12의 대통령이 되었다. 이후 그의 평가는 점차 감소했지만 이라크전을 시작하자 다시 급등했다(그림 13.5).

자기 집단의 멸망을 상상하거나 염려하는 것도 종종 집단 내 결속 강화에 기여한다(Wohl et al., 2010). 마찬가지로 공유된 기후 변화 위협을 상상하는 것으로도 국제적 적대감을 감소시켰다(Pyszczynski et al., 2012). 따라서 지도자는 집단 응집력을 구축하는 기술로 위협적인 외부 적을 만들 수 있다. 조지 오웰의 소설 1984가 이 전략을 보여준다. 적대국의 지도자는 내부 분쟁을 감소시키기 위해 다른 두 주요 세력과의 국경 갈등을 이용한다. 때에 따라 적은 바뀌지만, 적은 항상 있다. 실제로 국가는 적을 필요로 하는 것 같다. 세계, 국가, 집단을 위해 공동의 적을 갖는 것은 강력한 결합을 불러온다. 이라크에서는 크게 느껴지는 수니파와 시아파 이슬람의 차이는 둘 모두 반무슬림 태도에 대처해야 하는 국가의 무슬림들에게는 그리 크지 않아 보인다.

마찬가지로 이 세계도 공동의 적을

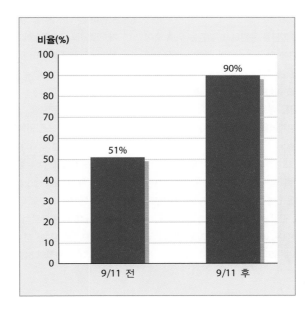

비율(%)

100 —
90 — 90%
80 —
70 —
60 —
50 — 51%
40 —
30 —
20 —
10 —
0 —

9/11 전   9/11 후

그림 13.5
외부 위협은 내부 단결을 가져온다
조지 W. 부시 대통령의 지지율에서 볼 수 있듯, 국가 갈등은 공공의 태도를 형성한다.

출처 : Gallup, 2006.

© FRANK AUGSTEIN/AP Images

대하면 통합할 수 있을까? 1987년 미국 대통령 로널드 레이건은 "현재의 적개심에 대한 집착 속에서 우리는 종종 모든 인류 구성원이 얼마나 많이 통합되었는지 잊어버린다. 아마도 공통된 유대감을 인식하기 위해 외부의 보편적 위협이 필요할 것이다."20년 후 앨 고어(2007)는 이에 동의하면서 기후 변화의 망령과 함께 "우리는 모두 이제 보편적 위협에 직면해 있다. 그것은 이 세계 밖에서 온 것은 아니지만 그럼에도 불구하고 그 규모는 우주적이다"라고 언급하였다(스포츠 경쟁에서 이러한 사회 역학을 생각해보기 위해 '초점 문제 : 왜 누가 이기는가에 신경쓰는가?' 참조).

초점문제

왜 누가 이기는가에 신경 쓰는가?

왜 어디에서든 스포츠 팬들에게는 누가 이기는지가 중요할까? 매년 NCAA 농구시합 '3월의 광란' 동안 왜 정상적인 성인들이 미친 듯이 자기 팀을 응원하고, 패배하면 우울해지는가? 왜 전 세계 축구 팬들이 최고의 스포츠 행사인 월드컵 축구에 자기 나라가 승리하길 꿈꾸는 걸까?

경쟁의 뿌리는 깊다. 두 맞수가 운동장이나 체육관에 들어서고 군중이 폭발할 때는 무언가 원초적인 것이 작용한다. 단순한 가죽 공의 비행에 반응하여 지속되는 열광 중에는 무언가 종족 중심적인 것이 있다.

이웃 부족이 이따금 타부족의 막사를 기습하고 약탈했던 세계에 살았던 우리 조상은 단결 속에 안전이 있다는 걸 알았다(함께 뭉치지 않은 사람들은 거의 자손을 남기지 못했다). 사냥, 방어 혹은 공격과 관계없이 여러 개의 손은 2개보다 낫다. 인종차별이나 전쟁과 같이 세상을 '우리'와 '그들'로 구분하는 것은 상당한 비용을 수반하지만, 또한 사회 결속의 이익을 제공한다. 우리와 그들을 식별하기 위해, 우리의 조상들은 오늘날의 격렬한 팬들과 별로 다르지 않게 집단 특유의 의상이나 색상으로 입고 치장하였다. 진화심리학자 Winegard(2010)는 스포츠와 전쟁은 대부분 지리적 영역과 관련된 그리고 집단을 구분하는 유니폼을 입은 남성에 의해 이루어진다고 지적했다. 둘 다 전쟁 관련 기술(달리기, 씨름, 던지기)를 사용한다. 그리고 둘 다 승자에게 보상을 제공한다.

사회적 동물로서 우리는 집단에 살고, 집단을 응원하고, 집단을 위해 죽이고, 집단을 위해 죽는다. 또한 우리는 집단에 의해 스스로를 정의한다. 우리의 자기개념(우리가 누구인지에 대한 감각)은 개인적 특성과 태도뿐 아니라 사회 정체성으로 구성된다. '우리'가 누구인지를 아는 사회 정체성은 특히 '우리'가 우월하다고 인지할 때 자기개념과 자부심을 강화시킨다. 긍정적 개인 정체성이 결여되면, 많은 청소년은 자부심, 힘, 정체성을 갱단에서 찾는다. 많은 애국자는 자기 국가 정체성으로 자신을 정의한다.

우리가 누구인지에 대한 집단 정의는 또한 우리가 누구인지 암시한다. 많은 사회심리학 실험은 집단의 형성은 비록 임의의 집단일지라도 '내집단 편향'을 촉진한다는 것을 보여준다. 사람들을 단순히 생일이나 아니면 운전면허 마지막 숫자 같은 것으로 집단을 묶으면, 같은 숫자의 사람들과 친밀감을 느끼고 호의를 보일 것이다. 우리의 집단의식은 이렇게 강해서 임의적으로 '우리'와 '그들'을 구분했더라도 '우리'는 '그들'보다 나아 보인다.

공동의 적과 대면하면 집단 결속력이 높아진다. Muzafer Sherif의 Robber's Camp 실험이 생생하게 시연한 것처럼, 경쟁은 적을 만든다. 경쟁으로 불붙고 군중의 익명성으로 촉발되어 열정은 스포츠 최악의 순간으로 치닫게 된다. 팬들은 상대방을 조롱하고, 심판에게 소리 지르며 심지어 맥주병을 심판에게 던진다.

집단 정체성은 성공과 함께 상승한다. 팬들은 팀이 이길 때 승리한 선수와 연계함으로써 적어도 조금은 자존감을 찾는다. 축구에서 자기 팀이 큰 승리를 한 후 학생들은 일반적으로 "우리가 이겼다"고 보고한다(Cialdini et al., 1976).

그들은 반사된 영광에 빠졌다. 패배 후 결과를 물으면 학생들은 "그들이 졌다"라고 말함으로써 스스로 팀으로부터 거리를 두었다.

아이러니하게도 우리는 종종 우리와 가장 유사한 경쟁자에게 가장 강한 열정을 보인다. 프로이트는 오래 전에 증오는 작은 차이로 유발된다는 것을 알고 있었다. "두 이웃 마을은 서로가 가장 질투하는 경쟁자며, 모든 작은 주는 다른 주를 경멸하며 깔본다. 가깝게 관련된 민족은 서로 거리를 둔다. 남독은 북독을 견딜 수 없고, 영국인들은 스코틀랜드에 온갖 종류의 비방을 던지고, 스페인은 포르투갈을 멸시한다."

오늘날의 적대자인 수니파와 시아파는 비무슬림들에게는 상당히 유사해 보인다(둘 다 코란을 경외하고 모하메드를 따르며 알라에게 기도한다). 마찬가지로 비기독교인들에게는 과거에 투쟁하던 북아일랜드의 개신교와 가톨릭은(둘 다 같은 예수의 추종자이다) 종교적으로나 민족적으로 매우 유사해 보인다. 그러나 우리와 우리 주변 사람의 관심은 상당한 유사성이 아니라 차이점에 중점이 있다.

가끔 스코틀랜드에 거주하면서 나는 스콧인의 외국인 혐오 지침의 여러 예시를 목격했다. 스콧인들은 비스콧인을 크게 두 집단으로 나눈다: (1) 영국인, (2) 나머지. 격렬한 시카고 클럽 팬들이 컵스가 이기거나 화이트 삭스가 지면 기뻐하듯이, 열렬한 뉴질랜드의 축구 팬들은 호주에서 경기하는 뉴질랜드 팀을 응원한다(Halberstadt et al., 2006).

스코틀랜드 축구의 열렬한 팬들도 스코틀랜드의 승리나 영국의 패배에 기뻐한다. 1996년 유로컵에서 영국이 독일에 패배한 후 한 스코틀랜드의 타블로이드판 신문은 첫 장 머리기사에 "꺄! 그들이 졌다"라고 기뻐하였다. 스포츠 팬에게는 숙적의 불행만큼 달콤한 것은 거의 없다. 경쟁자의 실패와 선호하는 팀의 성공은 쾌락과 관련된 뇌 영역을 활성화한다(Cikara et al., 2011).

영국의 스코틀랜드인과 같은 소수 민족은 특별히 그들의 사회정체성을 의식한다. 500만 명의 스코트랜드인과 그 후손들은 이웃한 5,500만 명의 영국인에 비해 반대 경우보다 더 국가 정체성을 의식한다. 미국과 캐나다에는 9개의 영국 사회단체와 111개의 스코틀랜드 단체가 있다(Watson, 2015). 마찬가지로 500만 명의 뉴질랜드인이 2,200만 명 호주인에 비해 자신의 정체성을 더 의식하고 있으며, 그들은 호주의 스포츠 상대 팀을 응원할 가능성이 더 높다(Halberstadt et al., 2006).

집단 정체성은 경쟁을 낳고, 경쟁에 의해 유발된다.

상위 목표는 협력을 촉진한다

외부 위협의 통합 능력과 밀접한 관련이 있는 것은 **상위 목표**(superordinate goal), 즉 집단 내 모든 것을 하나로 묶고 협력적 노력이 필요한 목표이다. 상위 목표는 집단을 일치시키고 협력을 요구한다. Sherif는 그의 야영자들의 화합을 도모하기 위해 그러한 목표들을 도입하였다. 그는 캠프의 물 공급 문제를 일으켰고, 이를 수리하기 위해서는 두 집단의 협력이 필요했다. 두 집단의 공동 자원을 필요로 할만큼 비싼 영화를 대여할 기회를 주자 그들은 다시 협력했다. 캠프 답사 중 트럭이 고장 났을 때 캠프 지도자는 줄다리기 밧줄을 근처에 갖춰 놓았고 한 소년이 트럭이 다시 출발할 수 있도록 밧줄로 함께 끌자는 제안을 하였다. 트럭이 움직이자 '트럭과의 줄다리기'에서 승리한 것을 축하하는 환호가 이어졌다.

그러한 상위 목표의 달성을 위해 서로 협력한 후 소년들은 모닥불 주위에서 함께 식사하며 즐거워했다. 우정은 집단의 경계를 넘어 싹트기 시작했고 적개심은 줄었다(그림 13.6). 마지막 날 소년들은 모두 한 버스로 집으로 가기로 했다. 오는 도중 소년들은 더 이상 집단별로 앉지 않았다. 버스가 오클라호마시, 그리고 집에 다 와가자, 그들은 하나가 되어 즉흥적으로 '오클라호마'를 노래했고 친구들에게 작별을 고했다. Sherif는 고립과 경쟁심으로 낯선 사람을 잔혹한 적으로 만들었고, 상위 목표로 적을 친구로 만들었다.

Sherif의 실험들은 단순한 아이들의 놀이일까? 아니면 갈등하는 성인들에게도 상위 목표 달성을 위한 협력이 비슷하게 유익할까? Blake와 Mouton(1979)은 그에 대한 궁금증을 가졌다. 그들은 150개 상이한 집단의 1,000명이 넘는 경영자들이 참여하는 2주간에 걸친 일련의 실험에서 방울뱀과 독수리 팀이 경험한 실험 상황의 기본 특징을 재현하였다. 각 집단은 먼저 자신들의 활동에 참여하고, 그 후 다른 집단과 경쟁을 하고, 그 이후엔 공동으로 선택한 상위 목표를 위해 다른 집단과 협력하였다. 그 결과 "성인들도 Sherif의 어린 참가자와 유사하게 반응한다"는 명백한 증거를 얻었다. 경쟁이 화합되는 동일 현상이 국가적 선거에서 발생한다. 정당 내의 경쟁 후보자 간 격렬한 경쟁은, 그들이 선택한 지명자가 경쟁 정당의 후보와 선거 경쟁에 직면할 때 대부분

상위 목표

협력적 노력이 필요한 공유 목표. 사람들 간의 차이보다 중요한 목표

그림 13.6
경쟁 후 독수리 팀과 방울뱀 팀은 서로를 부정적으로 평가했다. 그들이 상위 목표를 달성하기 위해 협조적으로 일한 후에 적대감은 급격히 떨어졌다.

출처 : Sherif, M(1966)의 자료. *In common predicament: Social psychology of intergroup conflict and cooperation.* Boston, MA: Houghton Mifflin, p. 84.

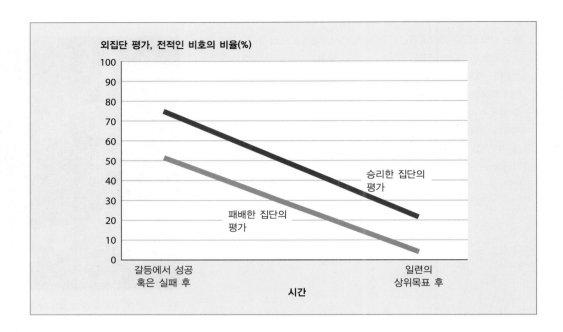

사라진다.

Dovidio, Gaertner 및 공동 연구자(2005, 2009)는 이 연구 결과를 확장하여 협력 작업은 특히 기존 하위집단을 해체하고 새로운 포괄적 집단으로 정의하게 하는 조건에서 효과가 좋다는 것을 보고하였다. 두 집단 구성원이 테이블 주위에 교대로 앉아(반대편이 아니라) 새 집단에 하나의 이름을 지정하고 좋은 분위기를 조성하는 조건에서 함께 일할 때 타집단에 대한 낡은 왜곡된 감정을 감소시키는 것이 가능하다. '우리(us)'와 '그들(them)'은 '우리(we)'가 된다. 제2차 세계대전 때 독일, 이탈리아, 일본과 싸우기 위해 미국과 구소련은 다른 국가들과 함께 연합군이라는 하나의 연합 집단을 구성했다.

공동의 적을 물리치는 상위 목표가 지속되는 한 미국의 러시아에 대한 태도는 우호적이었다. 아마존 부족에서 유럽 국가에 이르기까지 집단이 서로 연결되고 상호의존적이 되어 중요한 사회 정체성을 발달시킬 때 평화가 이루어진다(Fry, 2012). 중앙아프리카 공화국의 무슬림-기독교 긴장을 줄이기 위해 가톨릭 구호 서비스는 한 가지 조건으로 배수구를 파는 사람들에게 돈을 지불했다: 무슬림과 기독교인은 함께 일해야 한다는 것이다(Kristof, 2018).

국제 무역을 통한 경제적 상호의존 또한 평화를 유발한다. Shermer(2006)는 "상품은 국경을 넘으나, 군대는 그렇지 않다"고 하였다. 현재 중국 경제의 많은 부분이 서구 경제와 얽혀 있기 때문에 경제적 상호의존성은 중국과 서방 간의 전쟁 가능성을 감소시킨다.

방울뱀과 독수리 간의 협력 노력은 성공으로 끝났다. 만약 물이 고갈되고, 영화는 볼 수 없었고, 트럭은 멈춰 선 상태였더라도 그와 같은 조화가 나타날 수 있을까? 아마 아닐 것이다. 대학생을 상대로 한 실험에서, 성공적 협력은 서로에 대한 매력을 높이는 것으로 나타났다. 그러나 이전에 충돌하는 집단들이 협동적인 노력에 실패한다면, 그리고 상황이 실패에 대한 책임을 서로의 탓으로 돌리도록 허용한다면, 갈등은 더 악화될 수 있다(Worchel et al.,

'공동 내집단 정체성' 촉진하기. 패거리 색깔 금지 및 학교 교복에 대한 유럽의 일반 관행(미국에서도 증가 추세)은 '우리'와 '그들'을 '우리'로 바꾸는 것을 목표로 한다.

1977, 1978, 1980). Sherif의 집단은 이미 서로에게 적대감을 느끼고 있었다. 따라서 영화를 보기에 충분한 자금을 모으는 데 실패하면 한 집단의 '인색함'과 '이기심'에 귀인할 수 있다. 그것은 서로의 갈등을 완화하기보다는 오히려 악화시켰을 것이다. 통합은 상위 목표의 달성을 위해 노력하는 것을 통해 이루어진다.

협동 학습은 인종 태도를 향상시킨다

지금까지 우리는 인종분리 폐지가 우정의 정서적 유대감 그리고 동등한 지위의 관계가 수반되지 않으면 빈약한 사회적 이득만을 가져온다는 것을 지적했다. 그리고 경쟁 집단 구성원 간 성공적이고 협조적인 접촉의 극적인 사회 이득에 주목하였다. 여러 연구팀들은 학업 성취도를 떨어뜨리지 않으면서도 경쟁적 학습 상황을 협력적 상황으로 대체하여 인종 간 우정을 증진할 수 있을 것인지 궁금해 하였다. 연구들의 방법적 다양성을 감안하여도 모두 학생들을 통합 학습팀에 참여시켰고 때로는 다른 팀과 경쟁하도록 하였는데, 연구 결과는 놀랍고도 고무적이다.

범인종적 운동팀이나 학급 과제와 같은 협력 활동에 참여하는 학생은 편견이 적을까? 한 실험에서 2~3주간 아웃워드 바운드 탐험대에 있었던 백인 청소년은 인종이 혼합된 탐험(친밀한 접촉과 협력을 포함)에 무작위로 배정된 경우, 탐험 한 달 후 흑인에 대한 태도가 향상되었음을 표현하였다(Green & Wong, 2008).

Slavin과 Madden(1979)은 71개 미국 고등학교의 2,400명 학생의 설문 자료를 분석해서 비슷하게 고무적인 결과를 발견했다. 타인종과 함께 놀고 함께 일하는 학생들은 타인종 친구가 있다고 보고하고 또한 긍정적인 인종 태도를 표현할 가능성이 높다. Green과 동료(1988)는 3,200명의 플로리다 중학생 연구에서 이를 확인하였다. 경쟁적인 전통적 학교의 학생들과 비교했을 때 인종 간 '학습 팀'을 가진 학교는 더 긍정적인 인종 태도를 보였다.

이러한 상관관계 발견으로부터 협조적인 인종 간 활동은 인종 태도를 향상시킨다고 결론지을 수 있을까? 이것을 알아내기 위해 우리는 실험을 한다. 무작위로 지명한 학생들은 인종이 혼합된 집단에서 함께 일하고, 다른 학생은 그렇지 않았다. Slavin(1985; Slavin et al., 2003, 2009)과 동료들은 각 학급을 인종이 혼합된 팀으로 나누었고, 각 팀은 모든 성취 수준의 4~5명 학생으로 구성되었다. 팀원들은 함께 모여 다양한 과제를 공부하였고 매 주말 다른 팀과 학급 토너먼트로 경쟁했다. 모든 팀원은 수행을 잘함으로써, 때로는 최근 성취도가 자신과 비슷한 다른 학생들과 경쟁함으로써, 때로는 자신의 이전 성취 수준과 경쟁함으로써 팀 점수에 기여했다. 누구나 성공할 수 있는 기회를 가졌다. 더 나아가 팀원은 다음 과제가 무엇이든 분수, 철자 맞추기, 역사적 사건 등에 대해 매주 토너먼트를 준비하기 위해 서로 돕도록 부추겨졌다. 팀 경쟁은 학생들을 서로 고립시키기보다는 더 긴밀한 접촉과 상호적 지지를 이끌어냈다.

Aronson(2004; Aronson & Gonzalez, 1988)이 이끄는 또 다른 연구팀은 '퍼즐' 기법으로 비슷한 집단 협력을 끌어냈다. 텍사스와 캘리포니아의 초등학교 실험에서

운동팀, 수업 프로젝트 및 과외활동에서의 인종 간 협력은 차이를 녹이고 인종 태도를 개선한다. 흑인 팀원과 협조적인 팀 운동(농구와 같은)을 하는 백인 십 대 운동선수는 개인 운동(레슬링과 같은)에 참여하는 선수보다 흑인에 대해 더욱 선호와 지지를 표현한다(Brown et al., 2003).

© sirtravelalot/Shutterstock

협력과 평화. 연구자들은 기록된 폭력 사건이 없거나 거의 없는 사람들이 사는 40개 이상의 평화로운 사회를 찾아냈다. 여기 제시된 아미시 사람들의 협동적인 창고 건설을 포함하여, 이들 사회 중 25개를 분석한 결과, 대부분 경쟁보다 협조의 세계관에 기초하고 있는 것이 밝혀졌다(Bonta, 1997).

인종 및 공부 수준이 상이한 어린이들을 6인조 집단에 배정하였다. 그리고 과제는 6개 부분으로 나누어져 각 학생은 자신의 분야에 대해 전문가가 된다. 칠레에 관한 단원에서, 한 학생은 칠레의 역사에 대해, 다른 학생은 지리, 또 다른 학생은 문화에 대해 전문가가 될 수 있다. 먼저 각 팀의 '역사가', '지리학자' 등은 함께 모여 자신의 자료를 숙달한다. 그 후 자신의 팀으로 돌아가 팀원에게 가르쳐준다. 팀의 각 구성원들은 말하자면 하나의 퍼즐 조각을 들고 있는 것이다.

따라서 자신감 있는 학생도 말 없는 학생에게 귀 기울이고 그로부터 배워야 했고, 그 학생은 차례로 동료에게 제공할 중요한 것이 있다는 것을 깨달았다. 다른 연구팀은 협력 학습을 위한 추가적 방법을 고안하였다. 11개국의 148개 연구에 따르면 청소년도 경쟁적이기보다는 협조적으로 일할 때 더 긍정적인 또래 관계를 맺으며 더 좋은 성과를 거둘 수 있음을 보여준다(Lemmer & Wagner, 2015; Roseth et al., 2008).

이 모든 연구로부터 우리는 무슨 결론을 내릴 수 있을까? 협동 학습을 통해 학생들은 학습 내용뿐 아니라 다른 교훈들도 배운다. Slavin과 Cooper(1999)는 협동 학습은 "모든 학생의 학문적 성취를 촉진하는 동시에 내집단 관계를 향상시킨다"고 한다. Aronson은 "상호의존적인 퍼즐 학급에서 어린이들은 서로를 더 좋아하고, 전통적인 학급의 어린이들보다 학교를 더 좋아하고 더 큰 자부심을 키운다"고 보고하였다(1980, p. 232).

인종을 넘는 우정도 꽃피기 시작한다. 소수 집단 학생들의 시험 성적은 개선되었다(아마도 학업 성취가 이제 또래에 의해 지원되기 때문일 것이다). 실험이 끝난 후 많은 교사는 협동 학습을 계속 사용하였다(D. W. Johnson et al., 1981; Slavin, 1990). 인종 관계 전문가인 McConahay(1981)는 협동 학습은 "인종분리 철폐를 실시하는 학교에서 지금까지 우리가 알고 있던 모든 인종 관계를 개선하는 가장 효과적인 방법인 것이 확실하다"라고 했다.

우리는 "이것을 줄곧 알고 있었을까?" 1954년 연방 대법원 판결 때, Gordon Allport는 많은 사회심리학자들에게 "편견은 … 공동의 목표를 추구함에 있어 동등한 지위를 가진 다수와 소수의 접촉에 의해 감소할 것이다"라고 예측하였다(1954, p. 281). 협동 학습의 실험은 Allport의 통찰력을 확인하였고, Slavin과 동료들(1985, 2003)을 낙관적으로 만들었다. "Allport가 협동 학습 방법으로 운영하는 기본 원칙을 제시한 지 30년 후 마침내 우리는 차별이 철폐된 학급에서 접촉 이론을 구현하기 위한 실용적이고 입증된 방법을 가지게 되었다. … 협동 학습 연구는 교육 연구 역사상 가장 성공적인 이야기 중 하나이다."

요약하면, 협력적이고 동등한 지위의 접촉은 소년 캠프, 기업 경영인, 대학생 및 초등학생에게 긍정적인 영향을 준다. 이 원리가 모든 수준의 인간관계로 확장될 수 있을까? 가족은 땅을 경작하고, 낡은 집을 복원하고, 배로 항해하기 위해 서로 단결할까? 이웃과 창고를 세우고, 합창하고, 풋볼팀을 응원하여 공동체적 정체성이 형성될까? 과학과 우주 분야의 국제 협력, 세계 식량 공급과 자원 보존을 위한 공동의 노력, 다른 나라 사람들과의 친근한 개인적 접촉을 통해 국제적 이해가 이루어질까? 징후들은 이 모든 질문에 대한 답이 "그렇다"라고 알려준다(Brewer & Miller, 1988; Desforges et al., 1991, 1997; Deutsch, 1985, 1994).

초점문제

Brach Rickey, Jackie Robinson, 그리고 야구의 통합

1947년 4월 10일, 19개 단어로 이루어진 발표는 야구의 얼굴을 영원히 바꾸고 사회심리학의 원리를 시험하게 하였다. "브루클린 다저스는 오늘 Jackie Roosevelt Robinson을 몬트리올 로얄스로부터 사들이기로 계약하였습니다. 그는 즉시 보고할 것입니다." 5일 후 Robinson은 1887년 이래 메이저 리그에서 활동하는 첫 번째 흑인이 되었다. 가을에 다저스 팬은 월드 시리즈에 진출하는 꿈을 실현하였다. Robinson은 인종 모욕과 위협구(beanball), 스파이크(남을 상처 입히기)를 겪은 후, 올해 스포팅 뉴스의 신인 선수로 선정되었고, 여론 조사에서 Bing Crosby 다음으로 미국의 가장 인기 있는 사람으로 선정되었다. 야구의 인종 장벽은 영원히 깨졌다.

메이저 리그 야구 임원 Branch Rickey는 그의 감리교 윤리와 야구 성공의 원동력으로 동기를 부여받아 얼마 동안 Robinson의 이적을 계획해 왔다고 사회심리학자인 Anthony Pratkanis와 Marlene Turner는 보고한다(1994a, b). 3년 전 Rickey는 지방단체장 위원회의 사회학 의장으로부터 팀의 인종분리 철폐를 요청받았다. 그의 반응은 시간을 달라는 부탁과(따라서 계약이 압력에 의한 것이 아니다), 최선의 방법에 대한 조언을 구하는 것이었다. 1945년 Rickey는 야구에서 흑인을 제외하는 것에 대항한 유일한 구단주였다. 1947년에 그는 Pratkanis와 Turner가 찾아낸 다음의 원칙을 사용하여 그의 이적을 실행하였다:

- *변화가 불가피하다는 인식 만들기* : 항의와 저항으로 시간을 되돌릴 수 있을 것이라는 가능성을 거의 남기지 말라. 전형적인 남부인 팀의 라디오 아나운서 Red Barber는 1945년 Rickey가 자신을 점심에 불러서 매우 천천히 그리고 강력하게 팀의 스카우트 담당자가 "하얀 다저스에 투입할 최초의 흑인 선수를 찾고 있다. 그가 누구인지 어디에 있는지는 모르지만, 그는 올 것이다"라고 설명한 것을 기억한다. 화가 난 Barber는 처음에는 그만두려 했으나, 시간이 지나면서 결국 피할 수 없는 것을 받아들이기로 하고 세계 '최고의 스포츠 아나운서 직무'를 계속하기로 하였다. Rickey는 1947년에 선수들에게 똑같이 사무적으로 Robinson과 경기하길 원치 않는 선수의 교체를 제안하였다.
- *상위 목표를 가진 동등한 지위의 접촉을 확립하기* : 한 사회학자는 Rickey에게 인간관계는 우승과 같은 상위 목표에 집중할 때 "참여하는 사람들이 적절히 조절할 것"이라 설명했다. 처음에 반대했던 선수 중 한

명은 나중에 Robinson에게 타구 법에 도움을 주며 "너도 팀에 있으니, 이기기 위해 함께 협력해야 해"라고 설명하였다.
- *편견 규범에 구멍 내기* : Rickey는 길을 인도하였고, 다른 사람들은 도왔다. 팀 주장이자 유격수인 남부지방 출신 Pee Wee Reese는 Robinson과 함께 앉고 먹는 방식을 정하였다. 어느 날 신시내티에서 군중이 "검둥이를 구장에서 내쫓아라"라고 비방하자 Reese는 그의 유격수 자리를 떠나 1루에 있던 Robinson에게 걸어가 웃으며 말을 건넸다. 그리고 숨죽인 관중이 지켜보는 가운데 Robinson의 어깨에 팔을 얹었다.
- *비폭력으로 폭력의 소용돌이를 자르기* : Rickey는 "맞서 싸우지 않을 인내를 가진 야구선수"를 원했고, Robinson에게 그가 겪게 될 무례하고 불쾌한 경기의 역할 놀이를 시키고, 폭력을 폭력으로 반격하지 않겠다는 Robinson의 참여를 끌어냈다. Robinson이 놀림받고 스파이크를 당했을 때, 그는 반응을 팀 동료들에게 맡겼다. 팀의 단결은 그 때문에 향상되었다.

후에 Robinson과 Bob Feller는 야구 역사상 최초로, 자격을 갖춘 명예의 전당에 선출되는 선수가 되었다. 그가 상을 받았을 때, 그는 세 명에게 곁에 서 주길 부탁했는데, 그의 어머니, 그의 부인, 그리고 그의 친구인 Branch Rickey였다.

Jackie Robinson과 Branch Rickey

이처럼 우리의 분열된 세계가 직면한 중대한 도전은 우리의 상위 목표를 찾고 동의하며 그것을 달성하기 위해 협조적 노력을 구축하는 것이다.

집단과 상위 정체성

일상생활에서 우리는 종종 다중 정체성을 조화시킨다(Gaertner et al., 2000, 2001). 우리는 하위집단의 정체성(부모 또는 자녀로서)을 인정하고 그것을 초월한다(가족으로서의 상위 정체성을 느낀다). 우리의 민족적 유산에 대한 자부심은 공동체적 또는 국가적 정체성을 보완해준다.

우리가 다중 정체성을 염두에 두면 사회 응집이 가능해진다(Brewer & Pierce, 2005; Crisp & Hewstone, 1999, 2000). "나는 많은 것들이며, 그중 일부는 당신이다."

그러나 인종적으로 다양한 문화 속에서 사람들은 어떻게 자신의 민족 정체성과 국가 정체성의 균형을 유지할까? 그들은 '이중 문화적(bicultural)' 또는 '전(全) 문화적(omnicultural)' 정체성을 가질 수 있고, 상위 문화 및 자신의 민족적·종교적 문화 둘 다를 동일시할 수 있다(Moghaddam, 2009, 2010; Phinney, 1990). "여러 측면에서 나는 내 주변의 모든 사람들과 유사하지만 나의 고유한 문화적 유산도 긍정한다". 따라서 영국에 거주하는 민족의식이 있는 아시아인도 강하게 영국인이라 느낄 수 있다(Hutnik, 1985). 자신의 민족적 뿌리를 동일시하는 프랑스계 캐나다인은 캐나다인으로 강하게 느끼거나 느끼지 않을 수 있다(Driedger, 1975). '쿠바인'(또는 멕시코인 또는 푸에르토리코 전통)에 대한 강한 정서를 유지하는 미국인들도 강하게 미국인으로 느낄 수 있다(Roger et al., 1991). DuBois(1903, p. 17)가 검은 민족의 영혼(*The Souls of Black Folk*)에서 "미국의 흑인은 … 흑인이자 미국인 둘 다"라고 하였다.

시간이 지남에 따라 새로운 문화와의 동일시는 점차 증가한다. 이전의 동독인과 서독인은 자신을 '독일인'으로 본다(Kessler & Mummendey, 2001). 호주와 미국의 중국 이민자 자녀는 자신의 중국 정체성을 덜 민감하게 느끼고, 새 국가에 대한 정체성은 중국에서 태어난 이주자들보다 더 강하다(Rosenthal & Feldman, 1992). 그러나 종종 이민자의 손자들은 자기 민족성과 동일시하는 것을 더 편하게 여긴다(Triandis, 1994).

연구자들은 자신의 집단 자부심과 상위 문화와의 정체성이 경쟁하는지 궁금하였다. 우리는 자신을 부분적으로 사회 정체성 측면에서 평가한다. 우리 집단(우리 학교, 우리 고용주, 우리 가족, 우리 민족, 우리 국가)을 좋게 보는 것은 스스로에게 좋은 느낌이 들게 한다. 그러므로 긍정적인 민족 정체성은 긍정적인 자긍심에 기여할 수 있다. 이렇게 긍정적인 주류 문화는 정체성이 될 수 있다. 강한 민족적 정체성도, 강한 주류 문화 정체성(표 13.1)도 없는 '주변적' 사람들은 종종 낮은 자긍심을 갖는다. 두 정체성을 모두 긍정하는 이중 문화적 사람들은 전형적으로 강한 긍정적 자기개념을 지닌다(Phinney, 1990; Sam & Berry, 2010). 종종 그들은 두 문화를 교대하면서, 언어와 행동을 그들이 속한 집단에 맞게 적용한다(LaFromboise et al., 1993).

집단의 차이점을 인식하고 긍정하는 것이 나은가 아니면 그 이상을 보는 것이 나은가(Hahn et al., 2015)? 다양성을 기리는 다문화주의의 이상인가 아니면 자신의 가치관과 습관을 지배적 문화에 맞추는 인종 불문의 동화인가에 대한 논쟁은 지속된다. 대학의 소수 집단 학생들은 다수 집단 학생들과 비교할 때 그들이 흑인이든 백인이든 동화를 선호할 가능성이 크다. 그들은 예를 들어 "다른 인종 집단의 학생들을 위한 별도의 문화 센터가 아니라 모든 학생을 위한 단일

표 13.1 민족적 그리고 문화적 정체성

다수 집단 동일시	민족 집단 동일시	
	강	약
강	이중 문화적	동화
약	분리	주변적

출처 : Adapted from Phinney, J. S. (1990). Ethnic identity in adolescents and adults: Review of research. *Psychological Bulletin, 108,* 499–514.

센터가 캠퍼스에 있어야 한다"는 것에 더 자주 동의한다 (Hehman et al., 2012).

다문화주의 대 동화 논쟁의 한쪽에는 캐나다 문화부 (2006)가 선언한 바와 같이 "다문화주의는 모든 시민이 자신의 정체성을 유지하고, 그들의 조상에 자부심을 느끼고, 소속의식을 느낄 수 있게 한다. 수용은 캐나다인들에게 안전과 자신감의 느낌을 주고, 다양한 문화에 개방적이고, 수용적으로 되게 한다"는 것을 믿는 사람들이 있다.

다른 쪽에는 다문화주의가 사람들을 분리시킬까 염려하는 영국의 인종평등위원회 회장인 Phillips(2004)에 동의하는 사람들이 있다. Vorauer와 Sasaki(2011)의 실험은 위협 상황에서 다문화 차이를 강조하는 것은 적대감을 증가시키는 것을 보여주었다. 차이에 중점을 두면 사람들은 외집단 구성원의 위협적 행동에 주의하고 의미를 부여하도록 자극한다. 마찬가지로 민족 간 유전적 차이의 강조는 폭력 위험을 일으키고, 유전적 유사성 학습은 평화 증진에 도움이 된다(Kimel et al., 2016). 따라서 대안적 공동가치의 시각은 르완다 정부를 고무시켜 "민족성이란 없다, 우리 모두는 르완다인이다"라는 공식 입장을 선언하게 하였다. 르완다의 민족 유혈 사태의 여파로 정부 문서와 정부 통제를 받는 라디오와 신문은 후투족과 투치족에 대한 언급을 중단했다(Lacey, 2004).

단일성 내 다양성 : 스코틀랜드와 영국. 그들 고유의 의회 설립과 스코틀랜드 국민당의 부상은 스코틀랜드의 정체성을 강화하였다. 그러나 2014년 스코틀랜드는 영국의 일부로서 영국의 정체성을 유지하기로 투표하였다.

다문화주의와 동화 사이에는 문화심리학자인 Moghaddam(2009, 2010)과 사회학자 Etzioni와 동료들(2005)이 옹호하는 전 문화적 시각인 '단일성 내 다양성'이 놓여 있다: "그것은 주어진 사회의 모든 구성원이 사회의 기본적 공동 틀의 한 부분이라 여기는 기본 가치와 제도를 전적으로 존중하고 준수하는 것을 전제로 한다. 동시에 사회의 모든 집단은 공동의 핵심과 충돌하지 않는 정책, 풍습, 제도 등 그들의 독특한 하위문화를 자유롭게 유지할 수 있다."

미국이나 캐나다, 호주와 같은 이민국들은 통합의 이념을 강화함으로써 민족 분쟁을 피해왔다. 이러한 국가에서는 아일랜드와 이탈리아인, 스웨덴과 스코틀랜드인, 아시아인과 아프리카인들이 민족 정체성을 지키기 위해 죽는 일은 거의 없다. 그럼에도 불구하고 이민 국가들은 분리와 전체성 사이에서, 사람들의 독특한 전통에 대한 자부심과 한 국가로서의 통일성 사이에서, 다양성의 현실을 인정하는 것과 공동의 가치를 추구하는 것 사이에서 고심한다. 단일성 속의 다양성 이상은 미국의 좌우명인 *E pluribus unum*(여럿으로 이루어진 하나)를 만들어내었다.

의사소통

갈등 당사자에게는 차이를 해소하는 다른 방법이 있다. 남편과 부인, 노동자와 경영자, 혹은 X국과 Y국이 동의하지 않으면 서로 직접 **흥정**(bargain)할 수 있다. 그들은 제3자에게 제안하고 협상을 진척시키도록 **중개**(mediation)를 요청할 수 있다. 혹은 쟁점을 연구하여 화해를 강요하는 누군가에게 자신들의 불일치를 제출함으로써 **중재**(arbitration)에 회부할 수 있다.

흥정

새 차를 사거나 팔고 싶을 때, 강경한 협상 자세로 극단적 제안으로 시작하여 차액을 등분하면

흥정
당사자 간 직접 협상을 통해 갈등에 대한 합의를 찾는 것

중개
의사소통 촉진과 제안을 제시함으로써 중립적 제3자를 통한 갈등 해결을 시도하는 것

중재
양측을 연구하고 화해를 강제하는 중립적인 제3자에 의한 갈등 해결

더 유리한 결과를 얻을 수 있을까? 아니면 진지하게 '선의'의 제안으로 시작하는 것이 더 나을까?

실험은 간단한 대답을 제시하지 않는다. 한편으론 더 많은 것을 요구하는 사람들이 종종 더 많이 얻는다. Cialdini, Bickman, Cacioppo(1979)는 전형적인 결과를 보여준다. 통제 조건에서는 그들은 여러 쉐보레 판매인들에게 접근하여 신형 몬테카를로 스포츠 쿠페의 가격을 물어보았다. 실험 조건에서는 다른 판매인들에게 접근하여, 먼저 강한 흥정 태도를 보이고, 다양한 차의 가격을 물어보고 거부하였다("그것보다 더 낮은 가격의 차가 필요해요. 그건 너무 비싸요"). 그리고 나서 통제 조건과 마찬가지로 몬테카를로 가격을 물어보자 그들은 평균 200달러 더 낮은 가격을 제안하였다.

강한 흥정은 상대의 기대를 낮추어, 상대로 하여금 더 적은 금액으로 합의하도록 만들 수 있다 (Yukl, 1974). 그러나 강경함은 때로 역효과를 낼 수 있다. 많은 갈등은 고정된 크기의 파이가 아니라 갈등이 지속될수록 줄어드는 파이이다. 시간 지연은 종종 손실-손실 시나리오이다. 파업이 장기화하면 노동자는 임금을 잃고 경영진은 수익을 잃는다. 강경하게 구는 것은 따라서 잠재적 손실-손실 시나리오이다. 상대방이 똑같이 강경한 태도로 반응하면 둘 다 체면을 잃지 않고는 후퇴할 수 없는 위치로 고정될 수 있다.

1991년 페르시아만 전쟁 몇 주 전에 부시 대통령은 먼저 세간의 이목을 끌면서 '사담의 궁둥이를 차버릴 것'이라 위협하였다. 마초로는 뒤지지 않는 사담 후세인은 '신앙심 없는' 미국인들은 '자신들의 핏속에서 수영'하게 될 것이라 위협했다. 그러한 호전적 성명을 한 후, 양측은 전쟁을 피하고 체면을 지키는 일이 어려워졌다.

중개

제3의 중개자는 다투는 당사자들이 양보하고 체면을 지킬 수 있는 제안을 제공할 수 있다 (Pruitt, 1998). 나의 양보를 중개자 때문으로 돌릴 수 있다면 그리고 그는 나의 적대자로부터 동등한 양보를 얻어낸다면, 우리 중 누구도 힘없이 무너졌다고 여기지 않을 것이다.

'이득-손실'을 '이득-이득'으로 바꾸기 중개자는 건설적 대화를 촉진함으로써 갈등 해결에 도움을 준다. 그의 첫 번째 과제는 당사자들이 갈등을 재고하고 상대의 관심에 대한 정보를 얻도록 돕는 것이다. 전형적으로 양측의 사람들은 경쟁적 '이득-손실'을 지향한다. 상대방이 결과에 불행해 하면 성공한 것이고, 상대방이 즐거워하면 성공하지 못한 것이다(Thompson et al., 1995). 중개자들은 양측이 싸우는 요구사항을 제쳐두고, 그 대신 서로의 근본적인 욕구, 관심, 목표에 대해 생각하도록 자극함으로써 이득-손실 지향을 협조적인 '이득-이득' 지향으로 바꾸는 것을 목표로 한다.

고전적인 이득-이득 일화는 하나의 오렌지를 두고 다투는 두 자매에 대한 것이다(Follett, 1940). 결국 그들은 타협하여 오렌지를 반으로 나누었고, 한 자매는 반쪽을 주스로 만들고, 다른 자매는 껍질을 사용하여 케이크를 만들었다. 자매들이 각자 왜 오렌지를 원했는지 설명했다면, 한 자매에게 모든 주스를 주고 다른 자매에게 모든 껍질을 주어 나누는 것에 동의했을 것이다. 이것은 **통합적 합의**(integrative agreements)의 한 예이다(Pruitt & Lewis, 1975, 1977). 각 당사자가 중요한 무언가를 희생해야 하는 타협과 비교한다면 통합적 합의는 더 견딜 만하다. 그들은 서로 보상을 주기 때문에 더 나은 관계를 유지하게 된다(Pruitt, 1986).

통합적 합의
상호이익을 위해 양 당사자의 이해관계를 조정하는 이득-이득 합의

통제된 의사소통으로 오해 풀기   대화는 종종 자기충족적 오해를 감소시키는 데 도움이 된다. 아마도 당신은 아래 대학생과 비슷한 경험을 기억할 수 있을 것이다:

> 대화가 거의 없는 시간이 지속된 후, 나는 종종 마사의 침묵을 나를 싫어한다는 신호로 인식한다. 그녀는 거꾸로 나의 침묵이 내가 그녀에게 화를 낸 결과라고 생각한다. 나의 침묵은 그녀의 침묵을 유도하여, 나를 더 침묵하게 하였다… 이 눈덩이 효과가 상호작용을 해야만 하는 어떤 일 때문에 깨질 때까지. 그리고 대화는 우리가 서로에게 가졌던 모든 오해를 풀어준다.

이러한 갈등의 결과는 종종 사람들이 자신의 감정을 어떻게 상대방에게 전하는지에 달려 있다. 심리학자 Gotlib과 Colby(1988)는 커플들에게 파괴적 다툼을 피하는 법과 좋은 다툼을 하는 방법에 대한 조언을 제시하였다(표 13.2). 예를 들어 어린이들은 갈등은 정상적이며, 서로 다른 사람과 어울리는 법을 배울 수 있고, 대부분의 분쟁은 두 명의 승자로 해결할 수 있으며, 비폭력적 의사소통 전략은 가해자와 희생자의 세계에 대한 대안이라는 것을 배울 수 있다. Prothrow-Stith(1991, p. 183)는 "폭력 예방 교과과정은 … 소극성에 관한 것이 아니다. 그것은 자신이나 또래를 다치지 않고 세상을 바꾸기 위해 분노를 사용하는 것에 대한 것"이라고 지적한다.

Johnson과 Johnson(1995, 2000, 2003)은 6개의 학교에서 1학년부터 9학년까지 학생들에게 십여 시간에 걸친 갈등 해결 훈련을 하여 감동적인 결과를 얻었다. 훈련 전에 대부분 학생은 일상적 갈등(깔보기, 괴롭히기, 운동장에서 교대로 괴롭히기, 소유물 갈등)에 휘말렸고, 갈등은 거의 항상 승자와 패자를 만들었다. 훈련 후, 아이들은 더 자주 '이득–이득' 해법을 발견했고, 친구들의 갈등을 더 잘 중개하였고, 그해 내내 학교 안팎에서 그들의 새 기술을 유지하고 적용하였다. 전체 학생에게 실행한다면, 더욱 평화로운 학생 공동체와 향상된 학업 성취도를 가져올 것이다.

갈등 연구자들은 핵심 요소가 신뢰라고 한다(Balliet & Van Lange, 2013). 만약 상대방이 좋

표 13.2   커플이 건설적으로 논쟁하는 법

하지 말 것	할 것
논쟁을 피하고 침묵하기 또는 밖으로 나가기	쟁점을 명확히 정의하고 상대의 주장을 자신의 말로 반복하기
상대에 대한 긴밀한 지식을 사용하여 야비하게 굴고 굴욕감을 주기	긍정적, 부정적 느낌을 드러내기
관련 없는 쟁점 가져오기	당신의 행동에 관한 의견을 환영하기
원한을 품으면서 합의를 가장하기	동의하거나 동의하지 않는 부분과 가장 중요한 부분을 명확히하기
상대가 어떻게 느끼고 있는지 알려주기	상대가 우려 사항을 표현하는 말을 찾도록 도와주는 질문을 하기
상대가 중요하게 여기는 사람이나 무언가를 비판하여 간접적으로 공격하기	보복하지 않고 자연적 폭발이 진정될 때까지 기다리기
상대의 불안을 심화하거나 재앙을 위협함으로써 상대를 손상하기	상호 개선을 위한 긍정적 제안을 하기

대화 촉진자는 이러한 다양성 훈련 연습에서와 같이 벽을 허물기 위해 노력한다. 작업 조직에서도 다양성 훈련이 태도를 개선할 수 있다(Kalinoski et al., 2013).

은 의도를 가졌다고 믿는다면, 당신의 욕구와 우려를 털어놓을 가능성이 높다. 신뢰가 부족하면, 개방하는 것이 당신에게 불리하게 사용될 수 있는 정보를 상대에게 주게 될 수 있음을 두려워할 것이다. 단순한 행동도 신뢰를 향상시킬 수 있다. 실험에서, 자연스럽게 공감하는 사람들이 종종 하는 것처럼 다른 사람의 버릇을 모방하라는 지시를 받은 협상가들은 더 많은 신뢰와 양립 가능한 이해관계 및 상호 만족스러운 거래에 대해 더 많은 결과를 이끌어냈다(Maddux et al., 2008). 사람을 면대면으로 만나고, 서면이 아닌 그들의 목소리로 그들의 견해를 듣는 것도 그들을 인간화하는 데 도움이 된다(Schroeder et al., 2018).

두 당사자가 서로 불신하고 비생산적인 의사소통을 할 때 결혼상담사, 노동 중개자, 외교관과 같은 제3의 중개자가 때로는 도움이 된다. 중개자는 주로 양쪽의 신뢰를 받는 사람이다. 1980년대 한 알제리의 무슬림이 이란과 이라크의 갈등을 중개하였고, 교황은 아르헨티나와 칠레 사이의 지리적 분쟁을 해결하였다(Carnevale & Choi, 2000).

갈등하는 당사자가 그들의 지각된 이득-손실 갈등을 재고하도록 달랜 후에 중개자는 종종 각 당사자가 목표를 찾고 우선순위를 정하도록 한다. 목표가 양립할 수 있으면, 순위를 정하는 절차를 통해 각자 덜 중요한 목표는 양보하여 양쪽 다 중요한 목표를 얻도록 한다(Erickson et al., 1974; Schulz & Pruitt, 1978). 남아프리카는 흑인과 백인이 서로의 최우선 선호를 인정함으로써, 즉 인종차별정책(apartheid)을 다수결 규칙으로 대체하고 백인의 안전 보장, 권리를 보호하여 내부적 평화를 달성하였다(Kelman, 1998).

경영자의 목표인 높은 생산성 및 이윤이 노동자의 목표인 더 나은 임금과 작업 조건과 합치한다고 노동자나 경영진 모두 믿는다면, 통합적 이득-이득 해결 작업을 시작할 수 있다. 만약 노동자들이 그들에겐 어느 정도 이득이 되지만 사측에게는 매우 비용이 많이 드는(예 : 회사가 제공하는 치과 치료) 편익을 포기하고, 경영자가 그들에겐 어느 정도 가치가 있지만 노동자들에게는 큰 불만족을 초래하는(예 : 근로시간의 경직성) 제도를 포기할 수 있다면, 양쪽 모두 이득을 얻을 수 있다(Ross & Ward, 1995). 양측은 협상을 양보로 여기지 않고, 더 가치 있는 것으로 협상 카드를 교환하려는 노력으로 이해할 수 있다.

당사자들이 직접 대화를 위해 모이면 일반적으로 정면대치하여 갈등이 절로 해결될 것이라는 희망으로 느슨해지지 않는다. 위협적이고 스트레스 많은 갈등 속에서 감정은 종종 상대의 관점을 이해하려는 능력을 방해한다. 행복과 감사는 신뢰를 높이지만 분노는 신뢰를 감소시킨다(Dunn & Schweitzer, 2005). 따라서 의사소통은 가장 필요할 때 가장 어려워질 수 있다(Tetlock, 1985).

신뢰는 다른 사회적 행동과 마찬가지로 생물학적 현상이다. 사회신경과학자들은 뇌 신경전달물질인 세로토닌 수치가 낮은 개인은 실험실 게임에서 낮은 금액을 불공정한 것으로 여겨 거부할 가능성이 높다는 것을 발견했다(Bilderbeck et al., 2014; Colzato et al., 2013; Crockett et al., 2008). 옥시토신 호르몬의 주입은 반대 효과가 있어서 실험실 게임에서 낯선 사람에 대한 신뢰를 높인다(Zak, 2008).

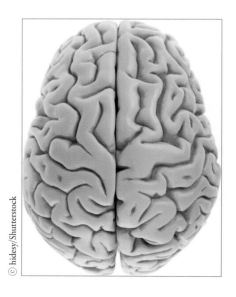

중개자는 종종 각 당사자가 상대를 이해하고 또한 상대에게 이해받았다고 느끼도록 모임을 조율한다. 중개자는 다투는 당사자들에게 논쟁을 사실에 근거한 진술로 제한할 것을 요청한다. 또한 상대가 다음 방식으로 행동할 때 어떤 기분이 들지 그리고 어떻게 반응할지 말해보도록 한다: "나는 음악을 좋아해요. 하지만 당신이 크게 연주하면 집중할 수 없어요. 그것이 나를 괴롭혀요". 공감을 높이기 위해 중개자는 역할을 바꾸거나, 상대의 입장을 논하거나, 상대가 어떤 경험을 하는지 상상하고 설명해보도록 요청할 수 있다(Yaniv, 2012). 중개자는 그들에게 자신의 답변을 하기 전에 서로의 입장을 다시 고쳐 말하도록 할 수 있다: "내가 음악을 연주하고 당신은 공부하려 할 때 당신을 성가시게 하는군요".

'대립적 협업' – 경쟁자를 팀 동료로 바꾸기. 상충하는 생각을 지닌 집단은 그들이 동의하는 부분을 제시하고, 불일치 부분을 식별하고, 그 지점에 대한 해결책을 공동으로 제안한다.

© Photononstop/Alamy Stock Photo

실험에 따르면 상대의 관점을 수용하고 공감을 유도하면 고정관념이 줄고 협력이 증가하는 것으로 나타났다(Galinsky & Moskowitz, 2000; Gutenbrunner & Wagner, 2016; Todd et al., 2011). 마치 이스라엘 유대인이 팔레스타인 사람이 팔레스타인을 비판하는 것을 듣는 것처럼, 외집단 구성원이 그들의 집단을 비판하는 것을 들으면 사람들을 외집단 시각으로 개방시킨다(Saguy & Halperin, 2014). 그것은 다른 사람을 악마화하기보다는 인간화하는 데 도움이 된다. 나이 든 사람들은 종종 여러 관점과 지식의 한계를 이해하는 지혜를 소유함으로써 그렇게 하기 더 수월하다고 느낀다(Grossmann et al., 2010). 때때로 우리의 연장자는 나이가 많고, 현명하며 사회 갈등을 더 잘 극복할 수 있다.

두 동료 또는 두 파트너와 같은 당사자들이 곤경에 처해 있고, 답보 상태에서 나아가야 하는 경우, 한 가지 단순 전략은 말 그대로 산책하러 … 함께 나아가는 것이다. 다른 형태의 운동 동시성과 마찬가지로 함께 걷는 사람들에게 공동으로 자신의 환경에 주목하고 그들의 발걸음을 조정하도록 한다. 그렇게 하면 공감과 교감이 커지고 그들 사이의 경계가 완화되며 협력을 낳는다(Good et al., 2017; Webb et al., 2017).

중립적인 제3자는 또한 어느 한 쪽이 제안하는 경우 묵살될("반응적으로 평가절하되는") 상호 동의 가능한 제안을 할 수 있다. 핵무기 군비축소 제안을 구소련의 덕분으로 돌렸을 때 미국이 묵살하였는데, 중립적 제3자의 덕으로 돌리면 더 수용 가능한 것으로 여겨졌다(Stillinger et al., 1991). 마찬가지로, 사람들은 종종 적에 의해 제공된 양보를 반응적으로 평가절하하는데("그들은 그것을 가치 있게 평가하면 안 된다") 동일한 양보를 제3자가 제안하면 형식적 시늉 이상으로 보일 수 있다.

부분적으로 실험실 실험, 부분적으로 실제 경험을 토대로 한 이러한 평화 결정 원칙은 국제 및 산업 분쟁을 중재하는 데 도움이 되었다(Blake & Mouton, 1962, 1979; Fisher, 1994; Wehr, 1979). 사회심리학자인 Kelman(1997, 2010)이 이끄는 아랍계 및 유대인계 미국인의 어떤 작은 집단은 영향력 있는 아랍인과 이스라엘인을 화해시키려는 워크숍을 진행했다. Kelman과 동료들은 오지각에 직면하고, 참가자들에게 공통 이익을 위한 창조적인 해결책을 찾도록 하였다. 참가자들은 분리되어 상대방과 직접 대화할 수 있었으며, 자기 구성원이 자신이 말하는 것을 비판하는 데 대한 두려움이 없도록 하였다. 결과는? 양쪽 모두 상대의 관점, 그리고 다른 쪽은 그들의 집단적 행동에 어떻게 반응하는지 이해하였다.

중재

어떤 갈등은 너무 다루기 어렵고 근본적인 이해관계가 너무 달라 상호 만족스러운 해결에 도달하기 어렵다. 자녀 양육권에 대한 이혼 분쟁에서 양 부모 모두 전적인 양육권을 가질 수 없다. 이러한 경우(임차인의 수리 청구서, 운동선수의 급여, 그리고 국경문제 등) 제3의 중개자는 갈등 해결에 도움이 될 수도 그렇지 않을 수도 있다.

만일 아니라면 당사자는 중개인이나 다른 제3자에 의해 타결을 의무화하는 **중재**로 전환할 수 있다. 대립자들은 일반적으로 중재 없이 불합치를 해결하여, 결과에 대한 통제력을 유지하는 것을 선호한다. McGillicuddy와 동료들(1987)은 분쟁 조정센터에서 대립자들을 대상으로 한 실험에서 이러한 선호를 관찰하였다. 사람들은 중개가 실패하면 중재 합의에 직면한다는 것을 알게 되면, 문제 해결을 위해 더 열심히 노력했고, 적대감을 덜 나타내고, 또한 합의에 도달할 가능성이 더 컸다.

불합치가 너무 크고 화해가 불가능해 보이는 경우, 중재에 대한 전망은 대립자들로 하여금 중재자가 타협을 선택할 경우 이점을 얻을 것을 희망하여 자신의 입장을 더 요지부동으로 동결시킬 수 있다. 이러한 경향에 대응하기 위해, 예를 들어 개별 야구선수의 급여 책정과 같은 분쟁은 '최종 제안 중재'로 해결하며, 여기서 제3자는 두 최종 제안 중 하나를 선택한다. 최종 제안 중재는 각 당사자가 합리적 제안을 하도록 동기를 부여한다.

하지만 최종 제안은 각 당사자가 자기기여적 편파 없이 상대의 눈으로 자신의 제안을 보는 것만큼 합리적이지 않다. 자주 발생하는 것처럼, 양 당사자가 최종 제안 중재에서 3분의 2의 승리 기회가 있다고 믿으면 성공적인 중재는 어렵게 된다(Bazerman, 1986, 1990).

화해

때로 긴장과 의심은 너무 고조되어 해결은 차치하고 의사소통조차 불가능해진다. 당사자들은 상대를 위협하고, 강요하고, 보복할 수 있다. 불행히도 그러한 행동은 보답되는 경향이 있어 갈등을 상승시킨다. 그렇다면 무조건 협조함으로써 상대를 진정시키는 전략이 만족스러운 결과를 가져올까? 종종 그렇지 않다. 실험실 게임에서 100% 협조적인 사람들은 종종 착취당한다. 정치적으로 일방적 평화주의는 논의의 여지가 없다.

GRIT

사회심리학자인 Osgood(1962, 1980)은 착취를 막기에 충분한 강력한 세 번째 대안을 주창한다. Osgood은 이를 '긴장 감축을 위한 점진적 상호 조치(graduated and reciprocated initiatives in tension reduction)'라 불렀다. 그는 이것을 필요한 결정을 암시하는 부호로 **GRIT**이라 약칭하였다. GRIT은 상호 갈등을 축소함으로써 '갈등의 순환'을 역전하는 것을 목표로 한다. 이를 위해 호혜성 규범과 동기 귀인과 같은 사회심리학적인 개념에 근거를 두었다.

GRIT은 화해의 의도를 알린 후 한쪽에서 몇 가지 갈등 축소 행위를 개시하는 것이 필요하다. 화해 개시자는 긴장을 줄이겠다는 소망을 진술하고, 각 화해 행위를 시작하기 이전에 선언하고, 상대방에게 보답하도록 초대한다. 이러한 발표는 약하게 보이거나 속임수를 쓴다고 간주할 수

GRIT
'긴장 감소를 위한 점진적 상호 조치'의 약어로서 국제 긴장을 완화하기 위해 고안된 전략

있는 것을 올바로 해석하는 데 도움이 되는 틀을 만든다. 또한 상대방이 호혜적 규범을 따르도록 공식적 압력을 가한다.

다음으로, 개시자는 발표한 그대로 몇 가지 입증 가능한 **화해 행위**를 수행함으로써 신뢰와 진실성을 확립한다. 이것은 보답의 압력을 증가시킨다. 의료 지원을 제공하고, 군사기지를 폐쇄하고, 무역 금지를 해제하는 등 화해 행위를 다양하게 하는 것은 개시자가 어떤 한 영역에서 큰 희생을 하는 것을 막고, 상대방이 자신의 상응 수단을 자유롭게 선택할 수 있게 해준다. 상대방이 자발적으로 보답한다면 그들의 화해 행위는 상대의 태도를 완화할 수 있다.

GRIT은 회유적이다. 하지만 '할부제에 항복하는' 것은 아니다. 계획의 남은 측면은 **보복 가능성**을 유지함으로써 각자의 자기 이익을 보호하는 것이다. 초기 화해 단계는 약간의 위험을 수반하지만 어느 한쪽의 안전을 위태롭게 하지는 않는다. 오히려, 양쪽이 긴장 사다리를 조금씩 내려가기 시작하도록 계산된 것이다. 한쪽이 공격적 행동을 취하면, 다른 쪽은 보답하여 착취를 용납하지 않는다는 것을 분명히 한다. 이러한 보복 행동은 갈등을 재상승시키는 과잉 반응이 아니다. 만일 상대가 화해 행동을 제공하면, 이것 또한 상응하거나 조금 더 상회한다. Deutsch(1993)는 GRIT의 정신에 대해 협상자에게 "확고하고, 공정하며, 우호적인 것, 즉 위협, 착취, 지저분한 계략에 저항하는 **단호함**, 도덕적 원칙을 지키고 도발에도 불구하고 상대방의 부도덕한 행동에 상응하지 않는 **공정함**, 그리고 자신은 협조를 시작하고 상응하고자 한다는 의미의 **우호성**"을 담아내었다.

GRIT는 정말 작동할까? 오하이오대학교에서 진행된 일련의 실험에서, Lindskold와 동료(1976, 1986, 1988)는 "GRIT 제안의 다양한 단계에 대한 강력한 지지"를 발견했다. 실험실 게임에서 협력 의도를 알리면 실제 협력이 강화된다. 반복적인 화해 또는 관대한 행위는 더 큰 신뢰를 낳는다(Klapwijk & Van Lange, 2009; Shapiro, 2010). 동등한 권력을 유지하는 것은 착취로부터 보호해준다.

Lindskold는 실험실 실험의 세계가 더 복합적인 실제적 세계를 반영한다고 주장하지 않는다. 오히려 실험을 통해 우리가 호혜성 규범이나 이기적 편향과 같은 강력한 이론적 원리를 설정하고 검증하게 해준다. Lindskold(1981)가 언급하듯 "세상을 해석하는 데 사용되는 것은 이론이지 개인적 실험이 아니다."

실제 적용

GRIT과 같은 전략은 때로 실험실 밖에서 시도되었으며, 촉망되는 결과가 있었다. 1960년대 초 베를린 위기 동안, 미국과 러시아 탱크는 서로 맞서고 있었다. 이 위기는 미국이 그들의 탱크를 단계적으로 감축시키면서 해제되었다. 각 단계에 러시아는 이에 부응하였다. 마찬가지로 1970년대 이스라엘과 이집트에 의해 행해진 작은 양보(예 : 이스라엘이 이집트에게 수에즈 운하 개방을 허용했고, 이집트는 이스라엘행의 선박을 통과시켰다)는 협상이 가능해지는 시점까지 긴장 완화에 도움이 되었다(Rubin, 1981).

많은 시도 중 GRIT에서 가장 중요한 시도는 이른바 케네디 실험이다(Etzioni, 1967). 1963년 6월 10일, 케네디 대통령은 '평화를 위한 전략'이라는 중요한 연설을 했다. 그는 "우리의 문제는 인간이 만든 것이며 … 그리고 인간에 의해 해결될 수 있습니다"고 언급했고, 그의 첫 번째 화해 행위를 발표하였다. 미국은 모든 대기 핵실험을 중단하고 있으며, 다른 나라가 하지 않는 한 그것을 재개하지 않는다는 내용이다. 케네디의 연설 전문은 소련 언론에 발표되었다. 5일 후 흐

루시초프 서기장은 이에 부응하여 전략적 폭격기 생산 중단을 발표했다. 그리고 다른 호혜적 제스처가 따랐다. 미국은 러시아에 밀 수출을 동의했고, 러시아는 양국 간 '직통 전화'에 동의했으며, 양국은 곧 핵실험 금지 조약을 달성했다. 한동안, 이러한 화해의 개시가 두 국가의 관계를 용이하게 했다.

화해 노력이 개인 간 긴장의 감소에도 도움이 될까? 그렇게 기대해야 할 모든 이유가 있다. 관계가 긴장되고, 의사소통이 존재하지 않으면, 때로는 양 당사자가 긴장의 사다리를 내려오고, 접촉, 협력 및 의사소통이 가능해지도록 부드러운 응답, 따뜻한 미소, 부드러운 접촉과 같은 화해적 제스처만 필요할 뿐이다.

요약 : 평화는 어떻게 달성할 수 있는가?

- 사회 딜레마, 경쟁 및 오해에 의해 갈등이 쉽게 불붙고 부채질되지만 접촉, 협력, 의사소통 및 화해와 같은 동등한 강력한 힘은 적대감을 조화로 바꿀 수 있다. 초기 고무적 연구들에도 불구하고 다른 연구에 따르면 단순 접촉(예 : 학교에서의 단순한 인종분리 폐지)은 인종 태도에 거의 영향을 미치지 않는다. 그러나 접촉이 외집단으로 인식된 사람과 정서적 유대를 독려하고 **동등한 지위**를 전하도록 구조화되면 적대감은 감소한다.

- 접촉은 사람들이 공동의 위협을 극복하거나 **상위 목표**를 달성하기 위해 협력할 때 특히 유용하다. 협력적 접촉에 대한 실험에서 힌트를 얻은 몇몇 연구팀은 경쟁적 교실의 학습 상황을 협력적 학습 기회로 바꾸어 고무적인 결과를 보여주었다.

- 갈등하는 당사자는 종종 의사소통에 어려움을 겪는다. 제3의 **중개자**는 갈등에 대한 경쟁적 이득-손실 관점을 좀 더 협력적 이득-이득 지향으로 대체하도록 경쟁자를 부추기고, **통합**적 합의로 유도함으로써 의사소통을 촉진할 수 있다. 중개자는 또한 오지각을 없애고 상호 이해와 신뢰를 높이는 의사소통을 구성할 수 있다. 협상 타결에 도달하지 못하면 갈등 당사자는 합의를 명령하거나 두 가지 최종 제안 중 하나를 선택하는 **중재**에 결과를 미룰 수 있다.

- 때로는 긴장이 너무 상승하여 진정한 의사소통이 불가능하다. 그러한 경우 한 당사자에 의한 작은 화해 제스처는 다른 당사자에 의한 상호 화해 행위를 유도할 수 있다. 그러한 화해 전략 중 하나인 긴장 완화를 위한 점진적 상호 조치(**GRIT**)는 긴장된 국제 상황을 완화하는 것을 목표로 한다. 긴장된 노무 관리와 국제 갈등을 중개하는 사람들은 때로 또 다른 평화 전략을 사용한다. 그들은 이 장에서 가르친 바와 같이, 예전의 적대자들이 평화롭고 보람 있는 관계를 확립하고 즐기는 데 이해가 도움이 될 수 있기를 희망하면서 참가자들에게 갈등과 평화의 역동을 가르친다.

후기 :
개인과 공동의 권리 충돌

많은 사회 갈등은 개인과 집단의 권리 경쟁이다. 한 사람의 흡연 권리는 연기 없는 환경에 대한 다른 사람의 권리와 충돌한다. 한 기업가의 규제받지 않는 비즈니스에 관한 권리는 지역사회의 깨끗한 공기에 관한 권리와 충돌한다. 한 사람의 총기 소지 권리는 학교 안전을 위한 이웃의 권리와 충돌한다.

개인주의와 집단주의 가치의 최선을 혼합하기 희망하면서 일부 사회과학자들은 공동 복지에 대한 집합적 권리와 개인 권리의 균형을 목표로 하는 **공동체적 합성**을 옹호했다. 공동체주의자들은 개별적 주도권에 대한 혜택을 환영하고 왜 마르크스주의 경제가 무너졌는지 인정한다. 공동체주의 사회학자인 Etzioni(1991)는 "내가 지금 알바니아에 있다고 가정하면, 나는 아마도 공동체는 너무 많고 개인의 권리는 충분치 않다"고 주장할 것이다. 그러나 공동체주의자들은 또 다른 극단에 의문을 제기한다: 1960년대의 극렬한 개인주의와 방종("자기가 하고 싶은 일을 하라"), 1970년대("자기중심주의"), 1980년대("탐욕은 좋은 것"), 1990년대("당신의 행복을 따르라"), 2000년대("하나의 군대"), 2010년대("절대 타협하지 말라"). 그들은 무제한의 개인적 자유가 문화의 사회 구조를 파괴한다고 주장하며, 규제되지 않은 상업적 자유가 우리의 공공 환경을 약탈했다고 덧붙였다.

지난 반세기 동안 서구 개인주의는 강화되었다. 부모는 자녀의 독립심과 자립심을 치하하고, 복종에는 덜 관심을 갖는다(Alwin, 1990; Remley, 1988; Park et al., 2014). 아이들은 흔치 않은 이름을 가지고 있다(Twenge et al., 2010). 의상과 몸단장 스타일이 더욱 다양해지고 개인의 자유가 증가했으며 공동의 가치가 줄었다(Putnam, 2000; Schlesinger, 1991).

공동체주의자들은 향수 어린 여행, 예를 들어 1950년대의 더 제한적이고 불평등한 성 역할로의 귀환을 옹호하지 않는다. 오히려 서구의 개인주의와 동양의 집단주의 사이에서, 전통적으로 남성과 관련된 마초적 독립성과 전통적으로 여성과 관련된 보살핌 사이에서, 개인의 권리와 공동의 안녕에 관한 관심 사이에서, 자유와 박애 사이에서, 나에 관한 생각과 우리에 관한 생각 사이에서 중간 입장을 제안한다.

공항의 수화물 검색, 비행기의 흡연 금지, 음주운전 검문소, 고속도로의 속도 제한과 마찬가지로 사회는 공공재를 보호하기 위해 개인의 권리에 대한 조정을 일부 수용한다. 온실가스를 뿜어내고, 고래를 사냥하고, 삼림을 훼손하기 위한 개인의 자유에 대한 환경적 제약은 유사하게 특정 단기적 자유를 장기적 공동 이익과 교환한다. 일부 개인주의자들은 그러한 개인의 자유에 대한 제약은 더 중요한 자유의 상실로 이어지는 미끄러운 경사길로 내려가게 한다고 경고한다. (만약 오늘 우리가 그들에게 우리 짐을 수색하도록 내버려 둔다면 내일 그들은 우리 집 문을 두드리게 될 것이다. 오늘 우리가 담배 광고나 TV의 포르노를 검열한다면 내일 그들은 우리의 도서관에서 책을 치울 것이다. 오늘 우리가 소총을 금지한다면 내일 그들은 우리의 사냥총을 가져갈 것이다). 다수의 이익을 보호할 때 소수의 기본 권리를 억압할 위험이 있는가? 공동체주의자들은 개인의 권리에 관한 관심과 집합적 복지에 관한 관심의 균형을 맞추지 않으면 더 나쁜 시민적 장애를 겪을 위험이 있으며 이는 결국 독재적 탄압에 대한 비명을 일으킬 것이라 답한다.

이만큼은 확실하다: 개인과 집합적 권리 사이의 갈등이 지속되면, 범문화 그리고 젠더에 대한 배움은 대안적 문화 가치를 밝히고, 우리 자신의 가정적 가치를 보여줄 수 있다.

용어해설

가설 : 두 사상 간에 존재할 수 있는 관계를 기술한 검증 가능한 제안

가용성 휴리스틱 : 기억에서 떠올리기 쉬운 관점에서 사건의 발생 가능성을 판단하려는 인지적 규칙. 만약 어떤 것의 예가 쉽게 떠오른다면, 그것이 보편적인 일이라고 가정한다.

갈등 : 행위나 목표의 인식된 불일치

개인 공간 : 우리 몸 주위에 확보하고 싶은 완충지대. 그 크기는 우리의 문화와 가까이 있는 사람의 친근감에 따라 달라진다.

개인주의 : 집단의 목표보다는 개인의 목표를 우선시하는 개념, 그리고 집단 동일시보다는 개인의 속성으로 개인의 정체성을 규정함

거울 이미지의 지각 : 서로 충돌하는 당사자들이 종종 보이는 상호적 시각으로, 예를 들어 각자는 자신을 도덕적이고 평화를 사랑하는 것으로, 타인은 악하고 공격적으로 보는 것

계획오류 : 과제를 완수하는 데 걸리는 시간을 과소 추정하는 경향성

고정관념 : 어떤 집단 구성원들의 개인적 특성에 대한 신념. 고정관념은 때때로 과잉 일반화되어 있고 부정확하며 새로운 정보에 저항하게 만든다(그러나 정확할 때도 있다).

고정관념 위협 : 부정적 고정관념에 직면했을 때, 그 고정관념에 근거해서 평가받을 것이라는 우려. 한 사람에 대한 평판이 그 사람의 자기개념에 영향을 주는 자기충족적 예언과는 달리 고정관념 위협 상황은 즉각적인 결과를 가져온다.

공감 : 타인의 감정에 대한 대리 경험으로 자신을 다른 사람의 입장에 두는 것이다.

공개의 상호성 : 어떤 사람의 자기공개의 친밀함이 대화 상대와 대등한 경향

공격성 : 누군가를 다치게 하려는 의도에서 행해지는 신체적 또는 언어적 행동. 실험실 연구에서는 다른 사람에게 전기 충격을 가하거나 마음 상하게 하는 말을 하는 것을 의미할 수 있다.

공격성 : 누군가를 의도적으로 해치는 신체적 또는 언어적 행동. 실험연구에서는 전기쇼크를 가하거나 누군가의 감정을 상하게 말하는 것을 의미할 수 있다.

공동행위자 : 비경쟁적 활동에서 개별적으로 작업하는 공동 참가자

공유지의 비극 : '공유자원'은 공기, 물, 에너지 자원, 식량 공급을 포함하는 모든 공유되는 자원을 말한다. 비극은 개인이 자신의 비율보다 많은 것을 소비할 때 발생하며, 그 비용은 모두에게 분산되어 공동의 궁극적 붕괴, 즉 비극을 초래한다.

공정한 세상 현상 : 세상은 공정하기 때문에 사람들은 자신이 당할 만한 일을 당한다고 믿는 경향성

공포 관리 : 공포관리이론에 따르면, 사람들은 자신의 죽음을 생각하게 만드는 상황에 직면할 때 자기방어적 감정과 인지 반응(자기 문화의 세계관과 편견을 고수하는 것을 포함)을 보인다.

공포관리이론 : 자신의 죽음을 상기시키면 사람들은 자기보호적인 정서적ㆍ인지적 반응(더 문화적 세계관과 편견을 강하게 담고 있는 반응)을 보인다고 제안한다.

과잉 정당화 효과 : 사람들이 이미 좋아하는 일을 하도록 부추기는 것의 결과로, 그 후에 그들은 자신의 행위를 내적인 호소가 아니라 외적인 통제에 의한 것으로 간주하게 될 수 있다.

과잉 확신 : 실제 정확성보다 더욱 확신하는 경향, 자신이 믿는 바의 정확성을 과잉 추정하는 경향

과제 리더십 : 작업을 조직하고, 기준을 설정하고, 목표에 초점을 두는 리더십

구실 만들기 : 이후의 실패를 위해 간단한 핑계로 창출된 행동으로 자아상을 보호하는 것

권위주의 성격 : 권위에 대한 복종 및 외집단과 지위가 낮은 사람들에 대한 비관용을 선호하는 성격

귀인 이론 : 사람이 타인의 행동을 어떻게 설명하는지에 대한 이론으로, 예를 들어 행동을 내적인 성향(지속되는 특질, 동기, 그리고 태도) 또는 외부 상황에 귀인한다

규범 : 수용되고 기대되는 행동 표준. 규범은 '적절한' 행동을 규정한다[다른 의미로 규범은 또한 대부분의 타인이 하는 것, 즉 무엇이 정상(normal)인가를 규정한다].

규범적 영향 : 흔히 인정을 받기 위하여 타인의 기대를 충족시키려는 사람들의 욕구에 기반을 둔 동조

근본적 귀인 오류 : 관찰자들이 타인의 행동에 대해 상황적 영향을 과소 추정하고 성향적 영향을 과잉 추정하는 경향(우리가 행동이 성향과 일치한다고 보기 때문에 대응 편향이라고도 불린다)

근접성 : 지리적 가까움. 근접성(더 정확히는 '기능 거리')은 좋아함을 강력하게 예측한다.

기만 : 연구에서 참가자에게 연구의 방법과 목적에 관해 틀린 정보를 주거나 틀리게 참가자를 이끎으로써 발생하는 효과

내집단 : '우리'-소속감과 공통의 정체성을 공유하는 집단 구성원들

내집단 편향 : 자신이 소속된 집단에 우호적인 경향성

다원적 무지 : 대부분의 다른 사람들이 생각하는 것, 느끼는 것,

또는 반응하는 방식에 대한 잘못된 인상

단순 노출 효과 : 반복적으로 새로운 자극에 노출되었을 때 그것을 더 좋아하거나 더 긍정적으로 평가하는 경향

대중 히스테리 : 대규모 집단 전체에 퍼지는 문제를 일으키는 피암시성

대표성 휴리스틱 : 전형적인 예를 닮았을 때, 때로는 대조적인 불일치에도 불구하고, 어떤 사람이나 사물이 특정 집단에 속한다고 가정하려는 경향

도구적 공격성 : 다른 목적을 위한 수단으로 해를 입히고자 하는 공격성

도덕적 배제 : 어떤 개인들이나 집단을 도덕적 가치와 공평성의 규칙이 적용되는 경계 밖에 있는 것으로 지각하는 것. 도덕적 포함은 타인들을 자신의 도덕적 관심의 범위 내에 있는 것으로 간주하는 것이다.

독립적 자기 : 자율적 자기로서 자신의 정체성을 해석함

독립변인 : 연구자가 조작하는 실험 요소

동등한 지위의 접촉 : 동등한 토대에서의 접촉. 동등하지 않은 사람들 간의 관계는 그에 해당하는 태도를 낳고, 동일한 지위의 사람들 간의 관계 또한 그렇다. 따라서 편견을 줄이기 위해선, 인종 간의 접촉은 평등한 지위의 사람 사이에 이루어져야 한다.

동반자적 사랑 : 우리가 우리의 삶이 깊이 얽혀 있다고 생각하는 사람들에 대해 느끼는 애정

동조 : 실제적 또는 상상적 집단 압력의 결과로 인한 행동이나 신념의 변화

뒷궁리 편향 : 결과를 알고 난 후 어떻게 될까 하고 예견하는 개인의 능력을 과장하는 경향성. 이미 나는 그것을 알고 있었다는 현상으로 알려져 있다.

리더십 : 특정 집단 성원들이 집단에 동기를 부여하고 안내하는 과정

매력 : 수신자를 끄는 자질을 가진 것. 마음을 끄는 전달자(흔히 수신자와 닮은 사람)는 주관적인 선호 면에서 가장 설득적이다.

매력의 보상 이론 : 우리에게 보상을 주는 행동을 하거나 보상이 되는 사건들과 연상되는 사람들을 좋아한다는 이론

몰개성화 : 자의식과 평가 염려를 상실한 상태로 집단 규범, 선 또는 악에 대한 반응성이 높아진 집단 상황에서 발생한다.

무임승차 : 집단으로부터 이득은 받고 대가는 거의 하지 않는 것

무작위 배정 : 모든 사람이 주어진 조건에 할당될 기회가 동등한 것처럼 실험의 조건에 참가자들이 배정되는 절차(실험에서 무작위 배정과 서베이에서 무작위 표집을 구별하라. 무작위 배정은 우리가 인과관계를 추론할 수 있게 한다. 무작위 표집은 전집으로 일반화할 수 있게 해준다).

무작위 표집 : 연구의 대상이 되는 전집의 개개인이 표본에 포함될 기회가 동등한 서베이 절차

문간에 발 들여놓기 현상 : 처음에 작은 요구에 동의한 사람은 나중에 더 큰 요구에도 따르는 경향

문화 : 많은 사람이 공유하고 한 세대에서 다음 세대로 전달되는 지속적인 행동, 생각, 태도 및 전통

반박 : 설득적 메시지가 틀릴 수 있다는 이유

반발심 : 자유감을 보호하거나 회복시키려는 동기. 반발심은 누군가 우리의 행위의 자유를 위협할 때 발생한다.

반복 검증 : 연구를 반복하는 것, 종종 다른 상황에서 다른 참여자를 대상으로 결과가 다시 나타나는가를 확인한다.

방관자 효과 : 사람은 다른 방관자들이 있을 때 도움을 제공할 가능성이 줄어든다는 사실

방어적 비관주의 : 예견되는 문제와 효과적인 행동을 동기화하는 데 동력이 되는 사람들의 불안의 적응적 수준

변형적 리더십 : 리더의 비전과 자극에 의하여 가능하게 되며 중요한 영향을 발휘하게 만드는 리더십

복종 : 직접적 명령에 따라 행동하는 것

본능적 행동 : 같은 종에 속한 모든 구성원이 나타내는 타고난, 학습되지 않은 행동 양상

불안애착 : 불안과 양가성이 특징이 애착. 불안정 애착의 한 유형

불충분한 정당화 : 외적인 정당화가 '불충분'할 때 자신의 행동을 내적으로 정당화함으로써 부조화를 감소시킴

비위 맞추기 : 아첨과 같이, 다른 사람의 호의를 얻기 위해 노력하는 전략

비합영 게임 : 결과가 0이 될 필요가 없는 게임. 협력을 통해 둘 다 이길 수 있고, 경쟁을 통해 둘 다 잃을 수 있다(혼합동기 상황이라고도 한다).

사이버 괴롭힘 : 문자메시지, 온라인 사회관계망, 이메일과 같은 전자 통신 기술을 이용한 괴롭힘과 공격, 협박

사회교환이론 : 인간의 상호작용은 자신의 보상은 최대로, 자신의 비용은 최소로 하는 교섭이라는 이론

사회 비교 : 자신과 타인을 비교함으로써 자신의 의견과 능력을 평가하는 것

사회신경과학 : 사회적 · 정서적 과정과 행동 그리고 이 같은 과정과 행동이 뇌와 생물학적 과정에 어떻게 영향을 미치는가를 신경에 근거해서 밝히고자 하는 학제 간 학문영역

사회심리학 : 우리가 서로에 관해 어떻게 생각하고, 어떻게 영향을 주고받고, 어떻게 관계를 맺는가에 관한 과학적 연구

사회 자본 : 사회망에 의하여 가능해진 상호 지지와 협조

사회적 각본 : 문화적으로 주어지는 다양한 상황에서 어떻게 행

동해야 하는지 알려주는 심적 안내문

사회적 공격성 : 누군가의 감정을 다치게 하거나 관계를 위협하는 것. 관계적 공격성이라고도 한다. 사이버 괴롭힘과 몇몇 형태의 직접적 괴롭힘을 포함한다.

사회적 리더십 : 팀워크를 구축하고, 갈등을 중재하고, 지지를 제공하는 리더십

사회적 책임 규범 : 사람들이 도움이 필요한 사람을 도울 것이라는 기대

사회적 촉진 : (1) 원래의 의미 : 타인이 존재할 때 사람들이 단순한 과제 또는 숙달된 과제를 더 잘 수행하는 경향성, (2) 현재의 의미 : 타인의 존재 시에 우세한(만연한, 확률이 높은) 반응을 강화시키는 것

사회적 태만 : 사람들이 공동 목표를 향하여 함께 노력할 때 사람들이 개인적으로 책임이 있을 때보다 노력을 덜 기울이는 경향성

사회적 표상 : 사회적으로 공유된 신념들. 우리의 가정과 문화적 이데올로기를 포함하는 폭넓게 주장되는 사상과 가치를 말한다. 우리의 사회적 표상은 우리가 우리 세상을 이해하는 데 도움을 준다.

사회적 함정 : 갈등 당사자가 합리적으로 자신의 이익을 추구함으로써 상호 파괴적 행동이 일어나는 것. 그 예로 죄수의 딜레마와 공유지의 비극이 있다.

사회 정체성 : 자기개념에서 '우리'와 관련된 측면. "나는 누구인가?"라는 질문에 대한 답 중에서 집단 멤버십과 관련된 것

사회지각이론 : 자신의 태도를 확신하지 못할 때, 우리의 행동과 그것이 발생한 환경을 관찰함으로써 다른 사람이 우리를 관찰하는 것과 똑같이 태도를 추론한다는 이론

사회 지배 지향성 : 자신이 속한 집단이 다른 집단을 지배하기를 바라는 동기

사회학습이론 : 우리가 사회적 학습을 관찰과 모방, 보상과 처벌을 통해 학습한다고 설명하는 이론

사후해명 : 사회심리학에서 실험 참가자에게 실험 후에 하는 연구에 대한 설명. 사후해명은 어떤 기만이 종료된 후에 통상적으로 이루어진다. 종종 참가자의 이해와 느낌에 대해 질문하기도 한다.

상관연구 : 변인들 간의 논리적으로 자연스럽게 발생하는 관계에 대한 연구

상대적 박탈감 : 자신과 다른 사람을 비교했을 때 자신이 상대적으로 못 지낸다고 지각하는 것

상보성 : 일반적으로 두 사람 사이에 존재한다고 믿어지는 경향성으로, 서로의 부족한 점을 보완해주는 현상

상위 목표 : 협력적 노력이 필요한 공유 목표. 사람들 간의 차이보다 중요한 목표

상호성 규범 : 사람들은 자신을 도와주는 사람을 해치지 않고 도와줄 것이라는 기대

상호작용 : 한 요인(예 : 생물학)의 효과가 다른 요인(예 : 환경)에 의존적인 관계

상황 귀인 : 행동을 환경에 귀인

선택적 노출 : 자신의 견해와 일치하는 정보와 미디어를 추구하고 부조화 정보를 회피하려는 경향성

설득 : 메시지가 신념, 태도 또는 행동의 변화를 유도하는 과정

설득의 주변경로 : 사람들이 매력과 같은 사소한 단서에 영향을 받을 때 나타난다.

설득의 중앙경로 : 흥미를 가진 사람들이 논거에 초점을 두고 호의적인 사고로 반응할 때 나타난다.

성별 : 두 생물학적 범주인 남과 여

성 역할 : 남성과 여성에 대한 일련의 행동 기대치(규범)

성차별 : (1) 특정 성별의 사람들에 대한 개인의 편견적 태도와 차별적 행동, 또는 (2) 편견에 의한 것이 아니더라도 특정 성별을 경시하는 제도적 관행

성향 귀인 : 행동을 그 사람의 성향이나 특질에 귀인

소속 욕구 : 지속적이고 긍정적으로 상호작용하는 관계 속에서 다른 사람들과 유대를 형성하고자 하는 동기

수면자 효과 : 메시지는 기억하지만 그것을 절감했던 이유를 망각할 때처럼, 원래는 신뢰성이 낮았던 메시지가 설득력이 높아질 때 발생하는 메시지의 지연된 영향

수용 : 사회적 압력과 일치하게 행동하고 믿는 것과 관련된 동조

순종 : 사적으로 동의하지 않으면서 공적으로 암시된 요청이나 분명한 요청과 일치하게 행동하는 것과 관련된 동조

스포트라이트 효과 : 다른 사람들이 자신의 외모와 행동에 실제로 그들이 하는 것보다 더 주의를 기울일 것이라고 믿는 것

시스템 1 : 직관적·자동적·무의식적인 빠른 사고 유형. 자동적 처리로 알려짐

시스템 2 : 의도적·통제적·의식적인 느린 사고 유형. 통제된 처리로 알려짐

신념 고수 : 특정 신념을 형성하게 한 정보가 신빙성을 잃었지만 그 신념이 사실일 수 있는지에 대한 설명은 살아남아 자신의 초기 신념을 유지함

신뢰성 : 신빙성. 신뢰로운 전달자는 전문적이고 진실한 사람으로 지각된다.

신체적 공격성 : 누군가의 신체를 다치게 하는 것

실험상의 현실성 : 실험에 참가자가 빠져들고 관여되도록 하는 정도

실험연구 : 다른 것들은 통제하고(그것들을 일정하게 한다) 하나

혹은 그 이상의 요인들을 조작함으로써(독립변인) 인과관계의 단서를 찾고자 하는 연구

안면 피드백 효과 : 표정이 공포, 분노 또는 행복과 같은 상응하는 감정을 촉발하는 경향

안정애착 : 신뢰에 기반하고 친밀감이 특징인 애착

암묵적 연합 검사 : 암묵적 태도에 대한 컴퓨터 활용 평가. 태도 대상과 평가 단어 사이의 사람들의 자동적 연상을 측정하기 위하여 반응 시간을 사용한다. 더 쉬운 짝(그리고 더 빠른 반응)은 더 강력한 무의식적 연합을 나타내는 것으로 간주된다.

양성적(안드로진) : 안드로(남자) + 진(여자)을 혼합한 남성이자 여성의 형질

얼굴에 문 들이밀기 기법 : 양보를 얻어 내기 위한 전략. 먼저 상대방이 커다란 요청에 거절한 후(얼굴에 문 들이밀기), 동일한 요청자가 더 합리적인 요청을 대안으로 제시한다.

역사실적 사고 : 발생할 수도 있었으나 발생하지 않은, 대안적 시나리오와 결과를 상상하는 것

역할 : 일정한 사회적 지위에 있는 사람들이 어떻게 행동해야 하는지를 규정하는 규범의 총체

열정적 사랑 : 다른 사람과 일체가 되고 싶은 강렬한 욕망의 상태. 열정적인 사랑을 하는 사람들은 서로에게 몰두하고, 파트너의 사랑을 받을 때 황홀감을 느끼고, 그것을 잃을 때 절망에 빠진다.

오귀인 : 행동을 틀린 원인에 잘못 귀인하는 것

오정보 효과 : 사건을 목격하고 호도시키는 정보를 받은 후, 오정보를 사건에 대한 자신의 기억에 통합함

외모에 대한 고정관념 : 신체적으로 매력적인 사람들이 사회적으로 바람직한 다른 특질들도 가지고 있을 것이라는 가정 : 아름다운 것은 좋다.

외집단 : '그들' – 내집단과 명백하게 다르거나 구별되는 집단 구성원들

외집단 동질성 효과 : 내집단원들보다 외집단원들이 서로 더 비슷하다고 지각하는 것. "그들은 다 비슷하고 우리는 서로 다르다."

요구특성 : 실험에서 참가자에게 행동하도록 기대하는 것을 말해 주는 단서

응집력 : '우리라는 느낌', 집단의 구성원들이 서로에 대한 매력과 같은 것으로 함께 묶여 있는 정도

이론 : 관찰된 사상들을 설명하고 예언하는 원리들의 통합된 집합

이중 태도 체계 : 같은 대상에 대한 구분되는 암묵적(자동적) 태도와 외현적(의식적, 통제적) 태도. 언어적으로 표현된 외현적 태도는 교육과 설득으로 변화될 수 있다. 암묵적 태도는 새로운 습관을 형성하는 연습과 함께 서서히 변한다.

이타주의 : 자신의 이해관계에 대한 의식적 고려 없이 타인의 복지를 증가시키려는 동기

인종차별 : (1) 특정 인종의 사람들에 대한 개인의 편견적 태도와 차별적 행동, 또는 (2) 편견에 의한 것이 아니더라도 특정 인종을 경시하는 제도적 관행

인지부조화 : 사람들이 두 가지의 불일치하는 인지를 동시에 의식하게 될 때 발생하는 긴장. 예컨대, 우리의 태도와 상반되게 정당화시키기 어려운 행동을 했거나 다른 것에 호의적인 이유가 있음에도 불구하고 하나의 대안을 선호하는 결정을 내렸다는 것을 알았을 때 부조화가 발생할 것이다.

인지욕구 : 사고하고 분석하려는 동기. "추상적으로 생각한다는 개념은 나에게 매력적이다"라는 항목에는 동의로, "나는 단지 내가 해야 하는 만큼만 열심히 생각한다"와 같은 항목에는 부동의로 평가

일상의 현실성 : 실험이 외견상 일상적 상황과 유사한 정도

자긍심 : 자신이 가치 있다고 느끼는 개인의 전반적인 자기평가

자기감찰 : 사회적 상황에서 자신을 제시하는 방식을 조율하고 바람직한 인상을 창출하기 위해 자신의 수행을 조절하는 것

자기개념 : 우리가 자신에 대해 알고, 믿고 있는 것

자기공개 : 자신의 내밀한 면을 다른 사람들에게 드러내는 것

자기도식 : 자기 관련 정보처리를 조직화하거나 이끄는 자기에 대한 신념들

자기본위 귀인 : 자기본위의 한 형태. 긍정적인 결과는 자기 자신 덕택으로, 부정적인 결과는 다른 요인으로 귀인하는 경향

자기본위 편향 : 자신을 호의적으로 지각하는 경향

자기인종 편향 : 사람들이 자기 인종의 얼굴을 더 정확하게 알아보는 경향성('인종 간 효과' 또는 '다른 인종 효과'라고도 한다)

자기제시 : 호의적인 인상을 창출하기 위해 혹은 이상적인 것과 일치하는 인상을 창출하기 위해 행동하거나 자신을 표현하는 행위

자기충족적 예언 : 자체 충족으로 이어지는 신념

자기확증이론 : (a) 사람들이 바람직하지 않은 행동에 개입되고 나면 흔히 자아상의 위협을 경험하고, (b) 자신의 다른 측면을 확증함으로써 상쇄할 수 있다는 이론. 한 영역에서 사람들의 자기개념을 위협하라. 그러면 그들은 재초점화 또는 다른 영역에서 선행을 함으로써 상쇄할 것이다.

자기효능감 : 자신이 능력 있고 효과적이라는 느낌. 자신이 가치 있다고 느끼는 자긍심과 구별된다. 군대의 저격수는 높은 자기효능감을 보이지만 자긍심은 낮다.

자동운동현상 : 어둠 속에서 정지된 광점이 외관상 움직이는 것처럼 보이는 현상

자동적 처리 : 노력을 들이지 않고, 습관적이고, 자각 없는 '암묵적' 사고. 대략 '직관'과 상응함. 시스템 1로도 알려짐

자민족 중심주의적인 : 자신이 속한 민족과 문화 집단의 우월성을 믿고 나머지 모든 다른 집단을 업신여기는

자연 선택 : 특정 환경에서 유기체가 생존하고 번식할 수 있게 하는 유전적 특성은 다음 세대에 전달된다는 진화 과정

자연적 특질 추론 : 다른 사람의 행동에 노출된 후 쉽고, 자동적으로 특질을 추론

자의식 : 자기 자신에게 주의를 기울이는 자의식적 상태. 이것이 사람들에게 자신의 태도와 성향에 더욱 민감하게 만든다.

잘못된 독특성 효과 : 누군가의 능력, 욕구 혹은 성공적인 행동의 공통성을 과소평가하는 경향

잘못된 합의 효과 : 자신의 의견과 자신의 바람직하지 않은 혹은 성공하지 못한 행동의 공유성(commonality)을 과대평가하는 경향

장기종단적 연구 : 같은 사람을 긴 시간 동안 연구하는 것

저가 기법 : 사람들을 동의하게 하는 방식. 처음의 요청에 동의한 사람은 애초의 요청이 증가했을 때도 여전히 순종하는 경향이 있다. 처음부터 부담이 큰 요청을 받은 사람은 순종하지 않을 가능성이 크다.

적대적 공격성 : 분노로부터 비롯된 공격성. 해를 입히는 것 자체가 목적임

전위 : 공격성을 좌절의 원인이 아닌 다른 대상으로 돌리는 것. 일반적으로 새로운 대상은 더 안전하고 사회적으로 받아들여지는 대상이다.

점화 : 기억에서 특정 연상이 활성화됨

정보적 영향 : 다른 사람이 제공하는 실제에 대한 증거를 사람들이 수용할 때 발생하는 동조

정서의 2요인 이론 : 각성×이름 붙이기＝정서

젠더 : 심리학에서는, 생물학적 또는 사회적 영향과 관계없이 남성 및 여성에 연관시키는 특성

종속변인 : 측정되는 변인, 독립변인의 조작에 의존하기 때문에 이렇게 불린다.

좌절 : 목표 지향적 행동이 방해받는 것

좌절-공격성 이론 : 좌절이 공격 준비 상태를 촉발한다는 이론

중개 : 의사소통 촉진과 제안을 제시함으로써 중립적 제3자를 통한 갈등 해결을 시도하는 것

중재 : 양측을 연구하고 화해를 강제하는 중립적인 제3자에 의한 갈등 해결

진화심리학 : 자연 선택의 원칙을 사용하여 사고와 행동의 진화를 연구하는 것

집단 : 긴 시간 동안 서로 상호작용하고 영향을 주고 서로를 '우리'라고 지각하는 둘 이상의 사람

집단 극화 : 구성원들의 이미 지니고 있는 경향을 집단이 더 고양시키는 것으로, 집단 내의 분열이 아니라 구성원들의 평균 경향성이 강화된다.

집단본위 편향 : 외집단원의 긍정적 행동을 다른 이유 때문이라고 설명하고(내집단원의 부정적 행동에 대해서는 변명하면서), 외집단원의 부정적 행동은 성향에 귀인하는 현상

집단 사고 : "응집력 높은 내집단에서 동의 추구가 대단히 우세하여 대안적 행위 과정에 대한 현실적 평가를 압도하는 사고 방식"—Irving Janis(1971)

집합주의 : 집단(종종 확대가족이나 일을 같이 하는 집단)의 목표를 우선시 하며 그에 따라 자신의 정체성을 규정한다.

짝 맞추기 현상 : 남성과 여성이 매력과 다른 특질에서 '잘 어울리는' 사람을 파트너로 선택하는 경향

차별 : 어떤 집단이나 집단 구성원에 대한 정당하지 않은 부정적 행동

착각적 상관 : 존재하지 않는 관계를 지각, 또는 실제보다 관계를 더 강하게 지각

체화된 인지 : 신체적 감각과 인지적 선호 및 사회적 판단 사이의 상호 영향

초두효과 : 다른 것이 동일하다면 맨 처음에 제시된 정보가 대개 가장 영향력이 있다.

최신효과 : 최후에 제시된 정보가 때로 가장 영향력이 있다. 최신효과는 초두효과보다 덜 일반적이다.

충격 편향 : 정서가 원인이 되는 사건의 영향 지속을 과대평가하는 것

친사회적 행동 : 긍정적이고 건설적이고 도움이 되는 사회적 행동. 반사회적 행동의 반댓말

친족 선택 : 상호 공유하는 유전자의 생존을 향상시키기 위하여 진화가 이타주의를 선택했다는 이론

카타르시스 : 감정의 방출. 공격성에 대한 카타르시스적 관점은 공격적으로 행동하거나 공격성을 상상하는 방법으로 공격적 에너지를 '방출'함으로써 공격적 충동을 감소시킬 수 있다고 설명한다.

커뮤니케이션 채널 : 면대면, 서면, 필름 등의 방식으로 메시지가 전달되는 방식

태도 : 사물, 사람 및 사건에 대하여 호의적 또는 비호의적으로 반응하게 하는 감정으로 흔히 자신의 신념에 의하여 영향을 받음

태도 면역 : 사람들의 태도를 약하게 공격해서 강한 공격이 왔을 때 논박할 수 있게 하는 것

테스토스테론 : 지배력 및 공격성과 관련된 호르몬은 여성보다 남성에 더 부각된다.

통보 후 동의 : 실험 참가자가 자신의 연구에 참가할 것인가를 선택할 수 있도록 충분히 설명해줄 것을 요구하는 윤리적 원칙

통제된 처리 : 의도적이고, 반성적이며, 의식적인 '명시적' 사고. 시스템 2로도 알려짐

통합적 합의 : 상호이익을 위해 양 당사자의 이해관계를 조정하는 이득-이득 합의

투시의 착각 : 우리의 비밀스러운 정서가 흘러 나와 다른 사람들에게 쉽게 읽힐 수 있다고 생각하는 착각

틀 잡기 : 질문 혹은 쟁점이 제기되는 방법. 틀 잡기는 사람들의 결정과 의견의 표명에 영향을 미칠 수 있다.

편견 : 어떤 집단과 그 집단의 구성원들에 대해서 사전에 가지고 있는 부정적 판단

평가 염려 : 다른 사람이 우리를 평가하고 있다는 염려

평균으로 회귀 : 극단의 점수나 극단의 행동은 자신의 평균을 향해 되돌아가는 통계적 경향

평화 : 낮은 수준의 적대감과 공격성, 그리고 상호 이익 관계를 특징으로 하는 상태

하위유형화 : 고정관념에서 벗어나는 사람들을 '규칙의 예외'라고 생각하는 방식으로 받아들이는 것

하위집단화 : 고정관념에서 벗어나 있는 사람들을 하위집단으로 구분하고 이 집단에 대한 새로운 고정관념을 형성하는 방식으로

받아들이는 것

행동 확증 : 자기충족적 예언의 한 유형으로, 사람들이 갖는 사회적 기대는 타인이 그들의 기대를 증명하게 하는 방식으로 그들을 행동하게 이끈다.

현실적 집단 갈등 이론 : 희소한 자원을 두고 경쟁하는 집단 사이에서 편견이 발생한다는 이론

현장연구 : 실험실 밖의 실생활의 장면에서 자연스럽게 수행되는 연구

형평성 : 관계로부터 사람들이 받는 결과가 그들이 기여한 것과 비례하는 조건. 참고 : 공평한 결과가 항상 같은 결과일 필요는 없다.

확증 편향 : 자신의 선입견을 확인하는 정보를 찾는 경향

회피애착 : 다른 사람과 친밀하게 되는 데 불편해하고 저항하는 것이 특징인 애착. 불안정 애착의 한 유형

후성유전학 : DNA의 변화 없이 발생하는 유전자 발현에 대한 환경적 영향 연구

휴리스틱 : 신속하고 효율적인 판단을 가능하게 하는 사고 전략

흥정 : 당사자 간 직접 협상을 통해 갈등에 대한 합의를 찾는 것

2단계 커뮤니케이션 흐름 : 미디어 영향은 흔히 여론 지도자를 통하여 발생하고, 여론 지도자들은 차례로 다른 사람들에게 영향을 주는 과정

GRIT : '긴장 감소를 위한 점진적 상호 조치'의 약어로서 국제 긴장을 완화하기 위해 고안된 전략

참고문헌

AAAS. (2014). What we know: The reality, risks and response to climate change. Washington, DC: The American Association for the Advancement of Science Climate Science Panel.

AAMC: American Association of Medical Colleges. (2017). Medical students, selected years, 1965–2016. Retrieved October 20, 2017, from https://www.aamc.org/download/481178/data/2015table1.pdf.

ABA: American Bar Association. (2017). A current glance at women in the law. Retrieved October 20, 2017, from https://www.americanbar.org/groups/legal_education/resources/statistics.html.

Abbate, C. S., Isgro, A., Wicklund, R. A., & Boca, S. (2006). A field experiment on perspective-taking, helping, and self-awareness. *Basic and Applied Social Psychology, 28,* 283–287.

Abbey, A. (1987). Misperceptions of friendly behavior as sexual interest: A survey of naturally occurring incidents. *Psychology of Women Quarterly, 11,* 173–194.

Abbey, A. (1991). Misperception as an antecedent of acquaintance rape: A consequence of ambiguity in communication between women and men. In A. Parrot (Ed.), *Acquaintance rape.* New York: Wiley.

Abbey, A. (2011). Alcohol and dating risk factors for sexual assault: Double standards are still alive and well entrenched. *Psychology of Women Quarterly, 35,* 362–368.

Abbey, J. (2012). "Pregnant man" Thomas Beatie separates from wife. ABCNews.com.

ABC News. (2004, December 28). Whistleblower revealed abuse at Abu Ghraib prison (abcnews.go.com).

Abelson, R. (1972). Are attitudes necessary? In B. T. King & E. McGinnies (Eds.), *Attitudes, conflict and social change.* New York: Academic Press.

Abrams, D., Wetherell, M., Cochrane, S., Hogg, M. A., & Turner, J. C. (1990). Knowing what to think by knowing who you are: Self-categorization and the nature of norm formation, conformity and group polarization. *British Journal of Social Psychology, 29,* 97–119.

Abramson, L. Y. (Ed.). (1988). *Social cognition and clinical psychology: A synthesis.* New York: Guilford.

Abramson, L. Y., Metalsky, G. I., & Alloy, L.

Ackermann, R., & DeRubeis, R. J. (1991). Is depressive realism real? *Clinical Psychology Review, 11,* 565–584.

Ackerman, J. M., Griskevicius, V., & Li, N. P. (2011). Let's get serious: Communicating commitment in romantic relationships. *Journal of Personality and Social Psychology, 100,* 1079–1094.

Adachi, P. J. C., & Willoughby, T. (2011). The effect of violent video games on aggression: Is it more than just the violence? *Aggression and Violent Behavior, 16,* 55–62.

Adams, D. (1991). (Ed. and Commentator). *The Seville statement on violence: Preparing the ground for the constructing of peace.* Paris: UNESCO.

Adams, G., Garcia, D. M., Purdie-Vaughns, V., & Steele, C. M. (2006). The detrimental effects of a suggestion of sexism in an instruction situation. *Journal of Experimental Social Psychology, 42,* 602–615.

Adams, J. M., & Jones, W. H. (1997). The conceptualization of marital commitment: An integrative analysis. *Journal of Personality and Social Psychology, 72,* 1177–1196.

Addis, M. E., & Mahalik, J. R. (2003). Men, masculinity, and the contexts of help seeking. *American Psychologist, 58,* 5–14.

Aderman, D., & Berkowitz, L. (1983). Self-concern and the unwillingness to be helpful. *Social Psychology Quarterly, 46,* 293–301.

Adler, N. E., & Snibbe, A. C. (2003). The role of psychosocial processes in explaining the gradient between socioeconomic status and health. *Current Directions in Psychological Science, 12,* 119–123.

Adler, N. E., Boyce, T., Chesney, M. A., Cohen, S., Folkman, S., Kahn, R. L., & Syme, S. L. (1993). Socioeconomic inequalities in health: No easy solution. *Journal of the American Medical Association, 269,* 3140–3145.

Adler, N. E., Boyce, T., Chesney, M. A., Cohen, S., Folkman, S., Kahn, R. L., & Syme, S. L. (1994). Socioeconomic status and health: The challenge of the gradient. *American Psychologist, 49,* 15–24.

Adler, R. P., Lesser, G. S., Meringoff, L. K., Robertson, T. S., & Ward, S. (1980). *The effects of television advertising on children.*

AFP relaxnews. (2013, March 13). Young UK drivers overconfident of their abilities: Survey (https://sg.news.yahoo.com/young-uk-drivers-overconfident-abilitiessurvey-165114562.html).

Agerström, J., & Rooth, D-O. (2011). The role of automatic obesity stereotypes in real hiring discrimination. *Journal of Applied Psychology, 96,* 790–805.

Agthe, M., Spörrle, M., & Maner, J. K. (2011). Does being attractive always help? Positive and negative effects of attractiveness on social decision making. *Personality and Social Psychology Bulletin, 37,* 1042–1054.

Aiello, J. R., & Douthitt, E. Z. (2001). Social facilitation from Triplett to electronic performance monitoring. *Group Dynamics: Theory, Research, and Practice, 5,* 163–180.

Aiello, J. R., Thompson, D. E., & Brodzinsky, D. M. (1983). How funny is crowding anyway? Effects of room size, group size, and the introduction of humor. *Basic and Applied Social Psychology, 4,* 193–207.

Ainsworth, M. D. S. (1973). The development of infant-mother attachment. In B. Caldwell & H. Ricciuti (Eds.), *Review of child development research* (Vol. 3). Chicago: University of Chicago Press.

Ainsworth, M. D. S. (1979). Infant–mother attachment. *American Psychologist, 34,* 932–937.

Ainsworth, S. E., & Maner, J. K. (2012). Sex begets violence: Mating motives, social dominance, and physical aggression in men. *Journal of Personality and Social Psychology, 103,* 819–829.

Ainsworth, S. E., & Maner, J. K. (2014). Assailing the competition: Sexual selection, proximate mating motives, and aggressive behavior in men. *Personality and Social Psychology Bulletin, 40,* 1648–1658.

Aisch, G., et al. (2016, November 10). The divide between red and blue America grew even deeper in 2016. *New York Times.*

Ajzen, I., & Fishbein, M. (1977). Attitude-behavior relations: A theoretical analysis and review of empirical research. *Psychological Bulletin, 84,* 888–918.

Ajzen, I., & Fishbein, M. (2005). The influence of attitudes on behavior. In D. Albarracin, B. T. Johnson, & M. P. Zanna (Eds.), *The handbook of attitudes.* Mahwah, NJ: Erlbaum.

Aknin, L. B., Barrington-Leigh, C., Dunn,

찾아보기

저자 소개

© David Myers

David G. Myers

아이오와대학교에서 박사학위를 받은 후, 미시간의 호프칼리지에서 심리학 교수로 재직 중이다. 호프칼리지 학생들은 그를 졸업식 연사로 초대하였고, '저명한 교수'로 인정했다.

미국 국립과학재단의 지원으로 그의 연구는 30여 개의 과학 정기간행물에 실렸는데, *Science, American Scientist, Psychological Science* 및 *American Psychologist*가 대표적이다.

또한 *Today's Education*에서 *Scientific American*에 이르는 40여 개의 잡지와 *The Pursuit of Happiness and Intuition: It's Powers and Perils*를 포함한 17권의 저서를 통하여 심리과학을 소개해 오고 있다.

그의 연구와 저작은 고든 올포트상, 뇌행동과학협회의 '명예 과학자'상 및 성격-사회심리학의 저명 업적상의 수상으로 인정받았다.

자신이 거주하는 도시의 인간관계위원회의 의장이며, 가난한 가정을 위한 번영 센터 설립에 도움을 주었고, 수백 개의 대학교와 지역사회 단체에 강연자로 활약 중이다. 미국에서 난청자들에게 보청기를 지급하는 방식(hearingloop.org 참조)을 변화시키려는 노력을 인정받아 미국 청각학회, 미국 난청자 협회 및 청각산업 분야로부터 상을 받았다.

© Sandy Huffaker, Jr.

Jean M. Twenge

샌디에이고주립대학교 교수로, 세대 차, 문화 차, 사회적 거부, 디지털 미디어 활용, 성역할, 자긍심 및 나르시시즘에 관한 140개 이상의 과학 출판물의 저자이다. 그의 연구는 *Time, Newsweek, The New York Times, USA Today, U.S. News and World Report, and The Washington Post*에 실렸으며, 투데이 굿모닝 아메리카, CBS 오늘의 아침, 폭스와 친구들, NBC 저녁 뉴스, 데이트라인 NBC 및 미국 공영 라디오에 출연했다.

또한 자신의 연구를 활용한 책을 발간하여 폭넓은 독자층을 확보하고 있다. 대표적으로 *iGen: Why Today's Super-Connected Kids Are Growing Up Less Rebellious, More Tolerant, Less Happy — And Completely Unprepared for Adulthood*(2017), *Generation Me: Why Today's Young Americans Are More Confident, Assertive, Entitled — And More Miserable Than Ever Before*(2014, 2판)가 있다. *The Atlantic*에 기고된 그의 기사는 내셔널매거진어워드에 추천되었다. 그는 자주 대학교 교직원, 부모-교사 단체, 군대 인사부, 캠프 감독관 및 회사 중역들과 같은 사람들과 세대 차에 대해 토론하고 세미나를 한다.

미네소타와 텍사스에서 자랐으며, 시카고대학교에서 학사와 석사 학위를 받았고, 미시간대학교에서 박사 학위를 받았다. 케이스웨스턴리저브대학교에서 박사후 과정을 마쳤다. 샌디에이고에서 남편과 세 딸과 살고 있다.

역자 소개

이종택

서울대학교 심리학과 박사
현 서울대학교 강사

고재홍

서울대학교 심리학과 박사
현 경남대학교 심리학과 교수

김범준

연세대학교 심리학과 박사
현 경기대학교 교양학부/대학원 범죄심리학과 교수

노혜경

독일 튀빙겐대학교 심리학과 박사
현 숙명여자대학교 사회심리학과 교수

설선혜

서울대학교 심리학과 박사
현 부산대학교 심리학과 교수

최해연

서울대학교 심리학과 박사
현 한국상담대학원대학교 상담학과 교수